金剛大學外國語叢書

地論宗の研究

金剛大學佛教文化研究所 編

国書刊行会

이 책은 2007년 한국정부(교육과학기술부)의 재원에 의하여
한국연구재단의 지원을 받아서 간행된 출판물입니다.
(NRF-2007-361-AM0046)

序

本書は金剛大學佛教文化研究所人文韓國研究センターが二〇一六年三月二六・二七の兩日、韓國・ソウルで開催した國際學術大會、「地論宗文獻と淨影寺慧遠」において發表された一二編の論文に、新たに五編の論文と四編の資料とを付け加えて編纂された論文・資料集である。

韓國・忠淸南道論山市に位置する金剛大學は韓國天台宗が二〇〇三年に設立した宗立大學であり、佛教文化研究所はその附設研究所の一つである。本研究所は二〇〇七年に韓國政府の學術機關である韓國研究財團が韓國における人文學の振興を目指して創設した人文韓國支援事業（Humanities Korea, HK）の支援對象として選定され（二〇〇七年九月から二〇一七年八月まで）、それ以來、研究所内に人文韓國研究センターを組織し、インド大乘佛教文獻の成立と東アジア世界におけるその受容過程をテーマに研究事業を推進してきた。地論宗研究は本研究所の東アジア佛教部門における中心課題の一つであり、本研究所はまず二〇〇九年八月に地論宗をテーマとした世界初の學術大會、「地論思想の形成と變容」を金剛大學で開催し、翌二〇一〇年六月にその成果報告論文集である『地論思想の形成と變容』（金剛大學校佛教文化研究所編、國書刊行會。韓國語版はソウル、圖書出版ＣＩＲ）を刊行した。續いて二〇一二年六月には敦煌寫本を中心として大藏經等に收錄されていない地論宗文獻を集成した資料集『藏外地論宗文獻集成』（青木隆・方廣錩・池田將則・石井公成・山口弘江共著、ソウル、圖書出版ＣＩＲ）を刊行し、翌二〇一三年一一月にその續編『藏外地論宗文獻集成　續集』（青木隆・荒牧典俊・池田將則・金天鶴・李相旻・山口弘江共著、ソウル、圖書出版ＣＩＲ）を刊行するなど、地論宗關連の研究成果を公表してきた。

本書『地論宗の研究』の基礎となった國際學術大會、「地論宗文獻と淨影寺慧遠」はこれらの成果を承けて開催された、金剛大學としては二回目の地論宗をテーマとした學術大會であり、『藏外地論宗文獻集成』『同　續集』に収錄した敦煌寫本を中心とする文獻資料と、地論宗教學の大成者である淨影寺慧遠（五二三―五九二）の存在とに焦點を當てたことを特色とする。一九八〇年代以降、敦煌寫本中に傳存する地論宗文獻の發見を契機としてこの分野の研究が飛躍的に進展したことは紛れもない事實であり、地論宗の思想運動の實錄として敦煌寫本が持つ價値はきわめて大きい。ただ敦煌寫本はほとんど全てが斷片であるため、敦煌寫本を研究するだけでは地論宗の思想・教理の全體像を把握することはできない。地論宗の思想を體系的に理解するためには、何といっても慧遠の多數の著述を讀み解くことが重要となる。「地論宗文獻と淨影寺慧遠」は、このような認識に基づき、地論宗關連の文獻研究の更なる推進と慧遠研究の重要性の再認識とを目的として開催された學術大會であり、本書編纂の意圖もこの延長線上にある。

前述のように本書は一二編の大會發表論文に五編の論文と四編の資料とを付け加えて構成したものであり、大きく論文篇と資料篇との二篇から成る。大會發表論文と追加收錄した論文・資料との内譯は次の通りである。

大會發表論文――論文篇二～四、六、七、九～一二、一四、一五、一七

追加收錄論文・資料――論文篇一、五、八、一三、一六、資料篇一～四

以下、本書に收錄した論文・資料の梗概を簡單に解說しておきたい。

まず論文篇は第一部「地論宗の歷史と思想」と第二部「淨影寺慧遠の傳記と著述」との二部から成り、第一部には一一編の論考を收める。

王頌「陽の光の下に覆い隱されたもの――宗派問題を再び議論する」は本研究所が二〇一三年七月に「中國における宗派佛教前史の研究」をテーマとして開催した學術大會における發表原稿を再錄したものであり、中國佛教史における「宗派」の定義という問題を概括的に論じている。本書においては凝然（一二四〇―一三二一）『三國佛法傳通緣起』卷上（『大日本佛教全書』第一〇一卷、一〇四頁上―一〇五頁上）以來の用法に倣い、『十地經論』を研究する學派という意味で「地論宗」という呼稱を使用し、書名に冠したが、宗派概念に關する學界の議論を再確認する

意味で本論文を追加收錄することとした。

續く二編、聖凱「僧賢と地論學派――「大齊故沙門大統僧賢墓銘」等の考古資料を中心として」、昌如「〝地論師〟考辨」は地論宗の歴史性に關する論考である。聖凱論文は近年出土した新資料、「大齊故沙門大統僧賢墓銘」を中心に關連資料を讀み解き、東魏―北齊系統の禪法の大家として名高い僧稠（四八〇―五六〇）の弟子であり北齊の沙門大統であった僧賢（五〇五―五七〇）の傳記事實を考證しながら、北齊の都、鄴城における地論宗の隆盛の様子を描き出す。昌如論文は惠達『肇論疏』や智顗（五三八―五九七）・吉藏（五四九―六二三）が引用・言及する「地論師」の學説を地論宗の實錄資料である敦煌寫本等のうちに追跡し、「地論師」と稱される學派（＝地論宗）が當時確かに存在していたことを再確認している。

次の四編、大竹晉「地論宗の佛身説」、同「地論宗の煩惱説」、朴ボラム「六相説の變遷過程の考察――『十地經』から淨影寺慧遠までを對象として」、李相旻「地論學派の四量説について――教理集成文獻S四三〇三「廣四量義」とS六一三「四量義」「又解四量」とを中心に」は地論宗の特徴的な思想・教理の形成・發達過程を論ずる。大竹晉論文二編は地論宗の佛身説・煩惱説を主題とし、インド瑜伽行派の正統説とは異なる地論宗の特殊な教義が形成されていった過程を、逸文や敦煌寫本等を含む多種多様な文獻資料を驅使してきわめて詳細に解き明かす。朴ボラム論文は世親『十地經論』から慧遠『大乘義章』に至るまでの六相解釋の變遷を具體的に跡づけ、華嚴宗成立以前の六相説が多様な論理と形態とをそなえていたことを明らかにする。李相旻論文は敦煌寫本中に傳存する二つの代表的な地論宗教理集成文獻、スタイン四三〇三およびスタイン六一三を考察の基盤に据え、地論宗の特徴的な教理の一つである四量説がどのように形成され展開していったのかを詳細に檢討していく。

最後の四編、金天鶴「大正八五、二七九九番『十地論義疏』のテキスト問題に對する考察」、同「法上『十地論義疏』「加分釋」の展開」、池田將則「敦煌出土地論宗教理集成文獻スタイン六一三V第二一章「經辨五住地煩惱義」にみられるアビダルマ教理について」、史經鵬「敦煌遺書 地論宗『涅槃經疏』（擬）の佛性思想――BD

〇二二二四、BD〇二三一六、BD〇二二七六を中心に」は特定の敦煌寫本を主題とする論考である。金天鶴論文二編は地論宗の祖とされる慧光（四六九―五三八）の弟子であり慧遠の師である法上（四九五―五八〇）の撰述と考えられる敦煌寫本、『十地論義疏』を取り上げ、まず『大正新脩大藏經』第八十五巻、古逸部に收錄された翻刻テクストに誤りが多いことを指摘する。その上で『十地經論』初歡喜地の八分のうちの「加分」に對する『十地論義疏』の注釋に着目し、法上の解釋が弟子である慧遠によって直接に繼承・發展されると共に時には批判されてもいることを明らかにする。池田將則論文は前述の李相旻の論文においても取り上げられていた教理集成文獻、スタイン六一三（V）の第二一章、「經辨五住地煩惱義」の前半部分を研究對象とし、この章にみられるアビダルマ教理が主として『成實論』に基づくことを明らかにする。史經鵬論文は、一九八〇年代以降の地論宗研究を主導してきた青木隆氏が初めて見出した敦煌寫本、『涅槃經疏』（擬題）を取り上げ、この文獻が說く佛性概念の特色を眞性（眞如）依持思想と修行論という二つの觀點から分析している。

續いて論文篇の第二部「淨影寺慧遠の傳記と著述」には六編の論考を收める。

池麗梅「『續高僧傳』のテキストとその特色——卷八所收の淨影慧遠傳を例として」は慧遠の傳記の根本資料である道宣（五九六―六六七）『續高僧傳』のテクスト問題を主題とし、近年急速に情報公開が進んだ日本古寫經本『續高僧傳』に關する自身の研究成果を要約した上で、道宣の生涯の事跡を檢證しながら日本古寫經本と諸系統の刊本大藏經本とを詳細に對校することによって『續高僧傳』の增廣・編纂過程を解明する、という新たな研究方法論を提示する。

次の四編、池田將則「慧遠『大般涅槃經義記』の成立過程について——現行本『大般涅槃經義記』卷七と敦煌寫本『涅槃義疏』第七卷（Pelliot chinois 2164）との比較を中心に」、馮煥珍「敦煌遺書にみられる淨影寺慧遠『地持義記』の研究——【附錄】敦煌本『地持論義記』標校」、岡本一平「淨影寺慧遠における初期の識論」、同「淨影寺慧遠の『別章』について——『大乘義章』の成立試論」は慧遠の著述とそこに表れた思想とを論ずる。池田將則論文は慧遠『大般涅槃經義記』の異本である敦煌寫本、『涅槃義疏』第七卷に夥しく存在する修訂の跡を分析し、現行本『大般涅槃經義記』完成に至るまでの改訂作業の實態を明らかにする。馮煥珍論文は『大正新脩大藏經』第八十五卷、古逸部に收録された敦煌寫本、『地持義記』卷第四が慧遠『地持論義記』の殘卷である可能性を檢討した上で、『地持義記』卷第四の新たな校定テクストを提示する。なお『地持義記』卷第四が慧遠『地持論義記』の殘卷であることは、後述の田戸大智論文が、身延文庫藏「大乘義章第八抄」が引く慧遠『地持論義記』卷四末の佚文を『地持義記』卷第四のうちに同定したことにより確定された（田戸論文の注三五を參照）。岡本一平「淨影寺慧遠における初期の識論」は慧遠の最初期の著述と考えられる『勝鬘經義記』『十地經論義記』を考察對象とし、兩文獻の識論が『大乘起信論』の影響を強く受けていること、『十地經論義記』の段階ですでに慧遠の識論の基本的な枠組みが確立されていることなどを明らかにする。同「淨影寺慧遠の『別章』について」は慧遠の諸注釋書に頻出する「別章」ないし「〜章」への參照指示を網羅的に整理・分析し、これらの參照指示が慧遠自身によって插入された可能性が高いことを明らかにする。なお前述の池田論文でも慧遠『大般涅槃經義記』卷七に出る「別章」への參照指示が考察されている（「慧遠『大般涅槃經義記』の成立過程について」第六節の4）。

田戸大智「日本における『大乘義章』の受容と展開——附 身延文庫藏「大乘義章第八抄」所收「二種生死義」翻刻」は從來知られていなかった『大乘義章』に基づく論義の古寫本を基礎資料として、慧遠の主著である『大乘義章』が日本古代において特に三論宗の學僧によって積極的に受容され研鑽されていたことを明らかにする。附錄の「二種生死義」は新資料である寬信（一〇八四—一一五三）筆「大乘義章抄」の一部の貴重な翻刻である。なお本書のカバー圖版は東大寺に傳えられる三論宗祖師像のうちの「淨影大師（慧遠）像」であり、日本三論宗の教學傳統において慧遠が占める位置を如實に示す好個の資料でもある。「淨影大師像」の詳細については平田寬「三論祖師の畫像——傳統の繼承」（『南都佛教』第二九號、一九七二年）、奈良國立博物館展示圖錄『大佛開眼一二五〇年 東大寺のすべて』（朝日新聞社、二〇〇二年、圖版一六五）を參照していただきたい。

最後に資料篇には四編の資料を收める。

大竹晉「地論宗斷片集成」は地論宗の諸師の著作の逸文と他學派の諸師が引用・紹介する地論宗の學說とを集成し、嚴密な譯注を施したものである。同「北朝經錄斷片集成」は北朝において編纂されたと考えられる三種の經錄――李廓『衆經錄目』、法上『衆經目錄』、達摩欝多羅『錄』の逸文の集成。同「慧影『大智度論疏』逸文集成」は北周から隋にかけての「智度論師」の一人として著名な慧影（？―六〇〇）が撰述した『大智度論』の注釋、『大智度論疏』（全二四卷のうち七卷のみ現存、『大日本續藏經』第一編第八七套第三册所收）の逸文の集成である。以上の三編はいずれも膨大な量の佛教文獻を博捜して編まれた勞作であり、特に「地論宗斷片集成」は難解な逸文・學說を正確に讀み解き、地論宗の教理の具體的な内容を明らかにしたという點において、まさに今後の地論宗研究の指針となる業績と言うことができる。

「地論宗・淨影寺慧遠研究文獻一覽」は本書の主題である地論宗と慧遠とに關する先行研究の目錄である。地論宗と關係する研究分野はアビダルマ思想・唯識思想・如來藏思想・譯經・律・菩薩戒・淨土教・初期禪宗・初期天台・禮讚儀禮・僧官制度・石窟寺院・石刻史料等々、インド・中國にわたって幅廣いが、本一覽では明確に地論宗研究ないし慧遠研究という問題意識を持って論述された論著のみを收錄した。

以上、計一七編の論文と四編の資料とが地論宗研究進展の原動力となることを願い、本書を公刊する次第である。

最後になったが、本書のために貴重な研究成果を提供して下さった執筆者の方々と、困難な編集をやり遂げて下さった國書刊行會編集部の今野道隆氏とに深甚の謝意を捧げたい。

本研究所は本年八月をもって十年間續いた人文韓國支援事業を終了するが、地論宗研究については引き續き本研究所の主要な研究課題の一つとして取り組んでいく豫定である。具體的には『藏外地論宗文獻集成』『同 續集』に收錄した地論宗關連文獻の譯注を順次刊行していく豫定であり、また地論宗と密接に關連する成實師・攝論宗關係の佚文・注釋書類の收集整理や、敦煌寫本中に傳存する『法華經』『維摩經』注釋書類のテクスト集成の作成なども企劃に上がっている。本研究所の更なる取り組みに對しても暖かい聲援を賜ることができれば幸いである。

二〇一七年三月八日

編者・金剛大學佛教文化研究所人文韓國研究センター教授　池田　將則

地論宗の研究＊目　次

論文篇

第一部　地論宗の歴史と思想

資料篇

論文篇

第一部　地論宗の歴史と思想

一　陽の光の下に覆い隠されたもの
——宗派問題を再び議論する

王　頌

はじめに

ハイデッガー『存在と時間』の中國語版の序には、次のような一節がある。

> 「存在《ある》」(Sein)、かつてプラトンとアリストテレスといった先哲が力のかぎり探求を続けた根本的な問いである。しかし、それ以降は棚上げされ、この問いは沈黙してしまった。その要因は、みながあたかもその意味を理解しているかのように、ひっきりなしにそれ(「存在」)を用いることにある。そのため、「古代の哲學思想においては、覆い隠されたものとして、みなを終始動搖へといざなったもの[=「存在」]が、陽の光のごとく自明な概念へと變化してしまい」、ひいては、「存在」について定義するという問いじたいが、餘計なものへと變わってしまった[1]。

ハイデッガーのこの一節を取りあげたのは、今回の學術會議組織委員會からの招待状を受けとり、「中國における宗派佛教前史の研究——宗派佛教成立期の中國佛教思想の展開」というテーマを見た際に、思わずある一つの考えが浮かんできたからである。宗派の「前史」と「後史」を敍述する場合、宗派の成立等の問題を考察する前に、「宗派」の定義をあらためて定める必要があるのではないか、と。もちろん、會議のテーマ設定を責めるつもりは毛頭なく、この問題には二つの難點があると十分に理解している。というのも、宗派の「前史」や「後史」、あるいは宗派成立の前後を定めるためには、「宗派」そのものを定めることが前提として必要である。しかし、「宗派」そのものを定めるためには、宗派成立前後の相違を全面的に比較することがその基礎にあり、多くの歴史や思想の實證的考察が求められる。資料が乏しい現在の狀況では、歸納的な方法を採用して中國佛敎の各宗派が成立した時點を確定することは途方もない作業であり、それはおそらく完成できない。それゆえ、宗派の定義を定めることは、一種の方法論にかかわる問題であり、實證の問題ではないかもしれない。しかし、逆説的ではあるが、この問題は實證的な方法を運用することではじめて解決できるのであり、さらには實證的研究にも大きな影響を與えるように思われる。

博士課程における宋代華嚴敎團についての研究で、私は中國佛敎の宗派の問題は、新たな思考が必要な重要な問題であると氣づいた。實證的な考察をとおして、實質的な華嚴敎團すなわち華嚴宗という宗派は宋代に形成されたという結論(2)は、最初の段階ですでに導き出されたものである。ただし、それと同時に、さらなる研究を模索するなかで、この問題が普遍性を有することに氣づいたのだ。宗派の定義は、中國佛敎史の歴史區分の問題、あるいは中國佛敎史そのものの全體的樣相という問題においても、疑う餘地もない重要な意義を有している。また、嚴密な意味での「子孫相承」という宗派における特定の現象は中國で生まれ、(3)さらに日本で頂點に達する。宗派の問題は、佛敎の中國化や東アジア化を理解する上でも無視することのできない重大な學術的問題であり、同樣に重要な意義がある。それゆえ、身のほど知らずかも知れないが、みずからの未熟な考察について學會の仲間に教えを請い、この問題に對する學會の關心と議論を喚起したいと考えた次第である。

上述の視點を敷衍して說明するため、本論文では以下の具體的な問題を考察の對象としている。

・中國佛教および東アジア佛教にたいする宗派佛教の重大な學術的意義
・宗派の定義とその混在性
・宗派概念およびその對象が東アジア佛教史上において有する一貫性と相違

一　「宗」——多様かつ複雑な概念

現在われわれが中國佛教の宗派について語る際、「〇〇宗」とよぶのは往々にして台・賢・禪・淨という四つの宗である。しかし、歴史的にみて、「〇〇宗」はわれわれがいま宗派とみなしているものとはたして同じだろうか。まずは、この「宗」の意味について考える必要がある。

中村元『廣說佛教語大辭典』の「宗」の項目には、以下の八種の意味が記載されている。

①尊・主・要・根本の意趣。根本の眞理。根本的立場。根本的態度。經論のなかでその核心となる主意。中心となる教義。
②儒家は「そう」と讀む。おおもと。「萬物之宗」（萬物の祖先）。
③經典のたてまえ。「此經正以不思議爲宗」（『上宮維摩經疏』上）。
④禪宗では、宗は言語では表現されないが、教えをかりて表現されると考えた。
⑤因明學の術語。命題（pakṣa）。
⑥宗通相に同じ。眞理（siddhānta）。
⑦佛教についての自己一家の見解、說。部派。
⑧宗派・門派・教團。

単純に語義の面からいえば、上記の八種は、「①・③・④」、「⑤・⑥」、「②」、「⑦・⑧」の四つのグループに分類される。①の意味はもっとも根本的なもので、先人が明確に定めている。たとえば、窺基『大乘法苑義林章』には「夫論宗者、『崇・尊・主』義。聖教所崇・所尊・所主、名爲宗故。且如外道内道、小乘大乘、崇・尊・主法、各各有異、說爲宗別」とある。③と④は、①から直接派生した意味である。⑤と⑥は術語の翻譯であり、①の意味に近い。漢語の面では、②が最も原初の意味である。たとえば、『說文解字』は「宗」を「尊祖廟也。從宀從示」と解釋し、また、「示、天垂象見吉凶以示人也。從二。三垂、日・月・星也。觀乎天文以察時變、示神事也」とも述べる。『詩經』大雅・雲漢には、「上下奠瘞、靡神不宗」という用例がある。さらに、『禮記』祭法には、「有虞氏禘黃帝而郊嚳、祖顓頊而宗堯。夏后氏亦禘黃帝而郊鯀、祖顓頊而宗禹。殷人禘嚳而郊冥、祖契而宗湯。周人禘嚳而郊稷、祖文王而宗武王」とある。「宗」は祖先崇拜・祭祀と關係した儒家思想を基盤とする中國文化のキーワードの一つであるといえよう。

以上から、①と②が佛教の「宗」ということばのインド・中國兩國の源泉であり、それらが結びついて⑦と⑧が生み出されたと概括しうる。これは本論文のポイントでもある。比較すると、⑦は①に由來する比重が大きく、これはインドを淵源とする概念の派生である。⑧は②の比重が大きく、中國で生み出された。この點について、以下でより詳しく説明したい。

そもそも「宗」は多義的であり、定義の混亂は不可避である。その原因は、一つには、漢字や漢語そのものの特質、すなわち同じ漢字がさまざまな字義を含んでいることにある。漢語のこの特質から、これまでの歴史において、語義の近いサンスクリット文を翻譯する際、翻譯者たちはしばしば同じ漢字を用いている。たとえば、⑤と⑥は①の派生的な譯とみなすことができるが、對應するサンスクリット語は同じではない。また、⑦と⑧の意味は遠く隔たっている。歐米における「宗」の翻譯は、この點をはっきり説明している(4)。

もう一つには、本論文において重點的に考察する⑦と⑧のように、學派としての「宗」と宗派（教派）としての「宗」との混同は、歴史における實際の運用に由來するということである。そもそも、［⑦と⑧の］これらがそれぞれ指し示している對象は質的に異なるものである。しかし、宗派の建立によって、［「宗」の意味が］自然發生的なものから自覺的なものへとゆるやかに變化してゆく。昔の人は、「宗」を用いる際にほとんど議論していない。さらに時が流れ、［語義が變わったにもかかわらず、］後代の人も、この變遷についてこまかな考察をおこなわなかった。そのため、語義の曖昧さにより、宗派の歴史に對する不確かな認識が生まれたのである。これらの點について、以下で詳細に考察をすすめてゆきたい。

二　「宗義」と「宗衆」

上述の「宗」のそれぞれの項目が指し示す對象から、「宗」を二つのカテゴリーに分類できる。一つは思想的なエッセンスであり、もう一つはその思想的なエッセンスに準じてそれを尊重する人および集團である。私はこれらを「宗義」と「宗衆」と概括したい。佛教の傳統的な考え方では、兩者はいわば所依と能依の關係であり、指し示す對象は同じではないが、その内にあるものは密接不可分であり、實際に用いる際もそれぞれを區別して用いることはむずかしい。

僧叡『喻疑論』には「附文求旨、義不遠宗、言不乖實」とあり、これは宗義を示している。宗義の内包するものがより一層深化すると、「宗・趣」というカテゴリーに變化する。法藏(5)『華嚴經文義綱目』には、「問、宗・趣何別？　答、語之所表曰宗、宗之所歸曰趣」とある。

宗義を受け繼ぐ學術集團や團體もまた宗と稱されるが、これは宗衆に他ならない。僧肇の批判する對象の「六家七宗」はその例である。湯用彤もすでに指摘しているように、「六家七宗」(6)の宗は「家」に通じ、「儒家」「道家」の用法と同じである。また、「心無宗」が「心無主義」とされるように、「主義」を指すこともある。なお、

「宗」や「家」［の段階］で、すでに密接な關係を有する學派を構成していたという學説もあるが、この點は明確ではない。元康『肇論疏』には、「如安法師立義、以性空爲宗、作性空論。什法師立義、以實相爲宗、作實相論、是謂命宗也」とある。ここから、宗衆が宗義の派生義であること、道安およびその門下は「以性空爲宗」（ここではひとまず元康にしたがう）であり、彼らは「本無宗」と稱されたこと、羅什は「以實相爲宗」し、その追從者は「實相宗」と稱されたことがわかる。注意すべきは、宗衆の命名は外部からの觀察者によってなされたということであり、自分たちで命名したのではないという點である。道安と羅什の門徒衆は非常に多く、それぞれ道安・慧遠の廬山僧團と羅什の長安僧團を形成しており、彼らを宗衆と命名することは比較的妥當であろう。しかし、その他の「宗」が實質的な集團を構成していたかは定かでなく、この點に關しては判斷が難しい。

吉藏『中觀論疏』には、「如舊地論師等、辨四宗義、謂『毘曇』云是因緣宗、『成實』爲假名宗。般若教等爲不眞宗、涅槃教等名爲眞宗」とあり、これは主義の觀點から述べたものである。また、法藏『一乘教義分齊章』には、「依大衍法師等一次諸德立四宗教、以通收一代聖教。一、因緣宗、謂小乘薩婆多等部。二、假名宗、謂成實・經部等。三、不眞宗、謂諸部『般若』説卽空理、明一切法不眞實等。四、眞實宗、『涅槃』『華嚴』等、明佛性・法界・眞理等」とある。これらの内容は同じであるが、吉藏が地論師の區別していた四種の「宗義」をくりかえし述べているのに對して、法藏の場合は、古今の教判を敍述するという視點から、四宗における教義や學説の高下低劣を述べており、有部や經量部など實體のある學派にも對應している。「宗義」と「宗衆」は、［この時點において、］すでに互いに關連するものであった。

なお、指摘しておかなければならないのは、これらの關連性は、インド佛教の歴史的事實にもとづくもので、傳法譯經のために中國にやって來た僧や玄奘一派によってはじめて提唱されたということである。窺基『阿彌陀經通贊疏序』には、「第二別明宗旨者、此方先德總判經論有其四宗。一、立性宗、『雜心』等是。二、破性宗、『成實』等是。三、破相宗、『般若』等是。四、顯實宗、『涅槃』『華嚴』『法華』等是」、「以類准宗、宗乃有八」、

「宗有八者。一、我法空有宗、犢子部等是。二、有法無我宗、薩婆多等是。三、法無去來宗、大衆部等是。四、現通假實宗、説假部等是。五、俗妄眞實宗、説出世部等是。六、諸法但名宗、一説部等是。七、勝義皆空宗、『般若』等經、龍樹等説、『中』『百』論等是。八、應理圓實宗、『華嚴』『法華』等、及無著等説中道教是」とある。この窺基の説をもとに、法藏はさらに整理して「五教十宗」の説を提示しており、「分教開宗者、於中有二。初就法分教、教類有五。後以理開宗、宗乃有十」と述べる。ここでの「教」と「宗」との區分の基準は、教説の相違に他ならない。具體的に言えば、「教」とは「小・始・終・頓・圓」であり、「宗」とは、『一、我法倶有宗。……小乘中犢子部等。二、法有我無宗、謂薩婆多等。三、法無去來宗、謂大衆部等。四、現通假實宗、謂法假部等。……『成實論』等經部別師亦卽此類。五、俗妄眞實宗、謂説出世部等。六、諸法但名宗、謂説一部等。七、一切法皆空宗、……如『般若』等。八、眞德不空宗、……如來藏實德故、有自體故、具性德故。九、相想倶絶宗。如頓教中顯絶言之理等、如淨名默顯等、準知。十、圓明具德宗。如別教一乘、主伴具足、無盡自在」である（以上は、法藏『一乘教義分齊章』による）。

この二つから、以下の點を指摘することができる。

・「宗」は、まずは、宗義（宗旨）について述べられたものである。中土（「此方先德」）には、これ以前に、すでに經にもとづく教判である「四宗」の説があった。

・宗義にもとづく分類（「以類准宗」）では、「八宗」や「十宗」に分けることができ、このうちいくつかの「宗」は「衆」と關連する。ただし、法藏の後の四宗［一切法皆空宗・眞德不空宗・相想倶絶宗・圓明具德宗］はそうではない。

・［「宗」と「衆」とを］關連させることができるものは、すべてインドの部派・中觀・唯識であり、中國佛教の狀況についてはまったく言及していない。推測ではあるが、これについて二つの可能性を指摘しておきたい。一つは、窺基・法藏のこの考え方の重點はインドにあるということである。ただし、二人は前後の文脈においてインド・中國兩方の狀況について述べており、釋尊一代の說法の解釋［という教相判釋のあり方］からみると、この［兩者の］解釋は合理的ではない。もう一つは、おそらく、窺基と法藏の視線の範圍において、インドと同列に語ることのできる學派が、中國佛教ではまったく存在しなかったということである。

その他、吉藏などの記述から、隋代にすでに攝論師・地論師・地持論師・智論師・成實師などの呼稱が出現していたことが確認できる。ただし、湯用彤が夙に明確に指摘しているように、「師」と宗派とは同じではない。また、中國では毘曇・成實等の宗は無く、毘曇師・成實師等の考え方は、經論を講究する經師・論師に端を發したものであるという(7)。これらの人々は、ある經典や論書に精通しているが、「『提章比句』であって、自ら［思想や學說］を述べるわけでは決してない。それゆえ、彼らの弟子も師匠の學說を繼承してさらに詳しく述べるというわけではないのだ(8)」。ここで湯用彤が指摘する二つの點は重要であろう。經論師の原典にたいする詳しい理解には限界があり、あらたに創造することもない。弟子もまた師匠の說を祖述するとはかぎらない。南北朝の時期の中國佛教では、宗派が存在しないだけでなく、正眞正銘の學派もまた數えるほどしか存在しなかったのである。

三　「宗」「衆」「教」の異同

「宗義」と「宗衆」の區別と關係を考察したところで、歷史の發展順序から、宗衆における「宗」の用法の變遷過程を確認したい。今のところ、私は以下のようにおおまかに把握している。比較的早い時期における宗衆の「宗」の一つの用法は、固定的ではなく柔軟なものである。「六家七宗」の大部分は、實際には、相互に關連する學術の流派の數には入らず、一つの學說の主張にすぎない。その後の師承していく學派は、まずは「衆」がそのはじまりであり、この集團の出現は南北朝時代、隋初には、爲政者側の認識をとおして固定的な名稱となっていった。ただし、「宗」という一つの言葉は、すでに普遍的に使用されており、「宗」と「衆」とはつねに混用され、唐代にいたるまで依然として變わらず、むしろかえってそのような「宗」の用法がさらに多くなる。しかし、「宗」は「衆」とはいえ、その意味は學派に相當するものであった。

　隋が天下統一を果たすと、南北兩地の佛教が結びつき、都に「二十五衆」「五衆」などの僧侶集團が出現する。道宣『續高僧傳』には、「隋高荷負在躬、專弘佛教。開皇伊始、廣樹仁祠、有僧行處、皆爲立寺。召諸學徒普會京輦。其中高第自爲等級。故二十五衆峙列帝城、隨慕學方任其披化。毎日登殿坐列七僧、轉讀衆經及開理義」とある。「二十五衆」の詳しい情報については知るよしもないが、この記述から、彼らがそれぞれの部門やタイプに別れて、様々な經典や論書を轉讀・講解する僧侶の集團であったことがわかる。『續高僧傳』はさらに「五衆」を列擧し、「大論衆・講論衆・講律衆・涅槃衆・十地衆」と分類する。これらは『人智度論』・毘曇[9]・律・『涅槃經』・『十地經論』を教授する僧侶の集團に他ならない。日本ではこの「衆」の考え方を引き繼いでおり、『法隆寺資財帳幷大安寺資財帳』では、「修多羅衆・唯識衆・三論衆・別三論衆・攝論衆・律衆」との記載がある。「五衆」や「二十五衆」は、中央に設立された學術講義を行う集團であり、官學に屬するものである。これ以外には、各地において著名な法師が代表（衆首）となり、ある經典や論書を語り傳える「衆」を形成するのが一般的であった。『續高僧傳』などには關連する記述が多く確認されるが、ここでは省略しておきたい。

　湯用彤は、「衆」は知識の傳授に限定されており、後世における傳法のような意味合いとは異なると指摘する。彼はさらに『續高僧傳』の三カ所の記述を引用し、その實證をこころみている[10]。たとえば、『法敏傳』の記述は次のようなものである。

　興皇法朗がいままさに示寂せんとする時、門人を招集して［次の］衆主を推擧したが、［法朗の］推擧した候補にたいして「皆不衷意」であった。法朗自身は明法師に［衆主を］續けさせたかったが、多くのものは不服であり、裏で非難していた。そこで、法朗が明法師に命じて「十科深義」を講說させると、「旣敍之後、大衆慽伏」という次第であった。明法師は、すぐさま門人を率いて茅山へ入り、生涯、山を下りることはなかった。この後、法敏は茅山へ上り、明法師に教えを請うた。

注目すべきは、さらにこの後、法敏は多くの師のもとに詣で、一種に限らず［幅廣い種類の］經論の講説を受けており、法朗・茅山明・法敏の閒には、後世のような傳法關係はまったくない。ただし、道宣は彼らを「興皇之宗」と稱しており、道宣の時代において、「宗」や「衆」の意味は廣範圍であるものの、後世の宗派の意味合いについては、まったく有していないことが確認される。

これまで述べてきたことを綜合すると、「衆」の指す對象は、それぞれに異なった經典や論書を傳授する僧侶の集團であり、「衆」の領袖は「衆主」である。衆主は衆人の推擧によって選ばれ、後世の宗派における傳法關係は存在しない。したがって、「衆」と宗派とは相當に隔たりがある。その他、彼らの學藝には專門があり、それぞれ得意とするものがあるが、學際性はなく、同じ經論について觀點が衝突する可能性はない。また、ある特定の經論を傳奉し、それ以外の［宗教的な］現象の出現を抑壓する可能性もない。それゆえ、「衆」はあたかも職業のようなもので、學派の性質さえ備えてはいない。なお、「衆」の內部について、相互に論爭する［性格を有した］團體であったかどうかは、今のところはっきりしない。ただし、たとえ論爭があったにせよ、それは學派の性質に屬するものである。

「宗」と似てはいるが相違を有する「教」ということばも頻繁に使用される。兩者の相違も複雜である。さきに引用した窺基『阿彌陀經通贊疏序』は、「教」と宗義を意味する「宗」とは、基本的には同じであるとみる。宗派の意味として用いられる「三階教」「淨土教」は、後代の人があたえた外部からの命名であることは確定的であり、日本由來の可能性もある。三階教は歷史的にはつねに「三階佛法」と稱される。語義の上では「佛法」と「教」とは同じであるが、「教」と名付けるのは妥當ではなく、これは他の宗派や學派との差別を強調したものである。同樣に、禪宗の主張する「籍教悟宗」での「教」は經教［經の教え］を意味し、「教外別傳」の「教」

は禪宗外部の經教に依據して講說傳習する各宗派や學派を指す。それゆえ、宋代には「宗」と「敎」との明確な區別があり、「宗」は特に禪宗を指し、「敎」は天台・華嚴の宗派の別を指す、むろん、これらは後代の用法である。

四　宗派の十大要素

歷史的に概括して考察することをとおして、宗派の問題の複雜性が再認識されたであろう。宗派に定義を與えることは困難な問題である。一つの事柄の本質について、簡單にその境界を定めることは難しいが、現象を描寫するという方法によって、その本質に說明を加えることはできる。それゆえ、以下では、宗派の要素について歸納的な分析を施すことで、宗派の實質について說明したい。

私は宗派の根本的な要素について以下の十種類があると考えている。ただし、その內のいくつかはさらに下位區分がある。この要素の多寡によって、宗派性の強弱を定めることができる。しかし、說明しなければならないのは、いかなる要素であっても、それは宗派の必要條件ではないという點である。ある集團が以下の一つの要素を有しているからといって宗派とみなすことができるとも限らないし、一つの條件が缺けているからといって宗派であることを否定することもできない。宗派の要素の多寡によって、宗派的性質の強弱をはかることができるにすぎない。この點については多言を要しはしないであろう。

さて、私が考える十大要素とは、「教義學說・法統の系譜・所依の經典・宗祖崇拜・敎團組織・制法・儀軌・專屬寺院・外在制度・派系鬪爭」である。

教義學說

教義學說は、當然、宗派のみが享受するものではなく、前述のように、學派もまたその教義學說を有し、傳承も有している。しかし、教義學說はやはり宗派的立場の基礎であり、缺かすことのできないものである。宗派と學派はこの點において最も大きな相違がある。教義學說における［宗派と］その他の［學派などの］集團との隔たりとは、その隔たりが弱から強へと至るにともなって、「有異」「排他」「獨尊」などの段階がある點である。地論師・攝論師などの南北朝期の多くの學派は、自らの教義學說を有し、その他の學派との論爭もあった。ただし、彼らには自らの說によって釋尊一代の聖教を包括するという考えはない。

この要素には、より具體的には、唯我獨尊の教判、厖大な教觀の體系という二つの點も含まれている。周知のとおり、教判の出現は宗派よりも早い。最初期の教判の意圖は、インド傳來の經典・學說における矛盾や差異を調和させることであり、宗派の創立と關係は無い。しかし、その後の宗派は、教判を一つの武器として利用し、相手を批判して自說の正統性を示す唯我獨尊的なものとなった。宗派意識の萌芽は、多くの教判體系に確認される。なかでも代表的なものは、窺基と法藏のものである。彼らは自說を鼓吹し、他說をおさえ込むが、動機という點からみると、やはり會通を中心としたものである。また、實際の效果からみれば、以下に詳細に考察するように、ただ教判を有しているということだけでは宗派の創立には不十分である。たとえば、法藏の仕事は後代の華嚴宗のための基盤を準備したことであり、宋代の觀復・師會にいたって、教判の說はさらに強化され、いわゆるセクト主義へと變化することになった。

厖大な教觀體系もまた宗派の一大標識である。宗派をうちたて、自說を佛法の正宗とし、力のかぎり自說によって釋尊一代の佛法を概括する。佛法はすべて定と慧の二學があり、教と觀とがそなわって、はじめて宗となる。たとえば、宋代の華嚴宗は、いくつかのテキストにおいて、教義や價値體系のみを具えるにすぎない觀法の著作を、實際に觀法を修めていく指南書として強調している。これは天台宗の「有教無觀」という批判への回答に他ならず、このような對應は苦しいとはいえ、教と觀の具備が宗派創建において必要であることを強く印象づける。なお、補足すれば、この［敎観の］體系には二種の類型がある。一つは天台や華嚴などの融攝型であり、もう一つは淨土や禪の代替型である。

法統の系譜

法統の系譜は宗派成立の重要な指標の一つであり、宗派が含む典型的な中國的要素であろう。この點については、湯用彤の指摘がある。(11)法統と儒家の道統との間の關係はさらなる研究の進展を待たねばならないが、中國社會の血緣關係重視という文化と法統の關係性については首肯しうる。また、法統は傳法關係の系譜とも關連がある。傳法は付法ともいうが、これは宗派を理解する一つの「キーコンセプト」である。「傳法と師承とは同じではない。傳法は二層の特殊な意味を備えている。一つは佛法の正統を自ら任じていること、もう一つは神祕的な意義を有することである」と湯用彤は指摘する。

そして、禪宗において傳法の概念が發明され、法統系譜も編纂された。(12)これは中國の宗派形成を推進した重要な要素の一つであり、天台・華嚴の兩者に對して重大な影響を與えた。インドの傳統では、禪はもともと師承關係を重視するものであったが、(13)「血脈」という一つのことばと禪宗の祕密付法の儀式は、それを押し廣げたものである。(14)付法は父と子の相承關係であり、子や孫へ連綿と繼承され、代々途絶えることなく、長幼や嫡庶のけじめもはっきりしたものである。それゆえ、禪宗のいう「敎」に相對する「宗」ということばは、「宗祖」の意味により近似しており、宗派の備える根本的なものである。

所依の經典

この綱目にも二つの分類がある。一つは、依りどころとなる聖言經論であり、もう一つは本門の教典である。

宗派確立の點からいえば、後者は前者よりも重要性が高い。そもそも、經論は宗派のみが享受するものではなく、學派もまた各々依りどころとするものである。[宗派と學派の]二者を區分する一つの重要な指標としては、唯一性を有しているかどうかである。學派は、ある一つの經論を唯一の依りどころとすることは決してない。たとえば、地論師がただ『十地經論』のみを講究するということはない。しかし、宗派は、ただ一つ[の經論]を他を凌駕するものとして掲げる。中唐の湛然は、天台宗を稱して、「以『法華』爲宗骨、以『智論』爲指南、以『大經』(『涅槃經』)爲扶疏、以『大品』爲觀法。引諸經以增信、引諸論以助成」(湛然『止觀義例』)と述べる。これは、當時の天台宗が、學派から宗派へと向かう過渡期であったことを示す格好の例である。なお、日本の天台宗は、自らを「天台法華宗」と稱し、ただ『妙法蓮華經』のみを尊重する。

もう一つ別の面で、本門の教典とりわけ祖師の著作を推しあげるという點に、宗派の一大特色がある。中國佛教についていえば、本門の教典の入藏を、宗派確立の重要な指標と見なすことができる。大藏經は、そもそもはインド撰述[の經論]や中國撰述のいくつか史傳の類を收錄したものである。ここには、智昇など經錄の編纂者個人の見解は決して反映されていない。當時の視點では、後世に宗派の祖師とされる智顗や法藏などは、聖賢としての地位をまだ獲得してはおらず、その學說も經意に合致していると認められているわけではなく、彼らの著作を大藏經に收錄することは困難であった。宋代では、禪宗を筆頭に諸宗がこぞって本宗の典籍を入藏する事業を推しすすめる。このことは、著者にとって榮譽のある大きな出來事というだけでなく、法統が聖化するかどうか、宗派が政府の認可を得るかどうか、これらと關連した重要なことがらである(15)。なお、日本においては、宗派の典籍が中國よりも早く定められている。朝廷は各宗に對して本宗の宗義と教典を提示するよう命じており、宗派の實現には政府の認可が必要であった(16)。

宗祖崇拜

この項目は、上記の三つの項目よりも密接に［宗派の問題と］關連している。強弱の程度や表現の形式に相違はあるものの、宗派にはみな宗祖崇拜がある。弱いものは華嚴宗であり、宗祖崇拜は數名の祖師を祭るという形式で表現される。強いものは日本の日蓮宗・淨土眞宗であり、宗祖の崇拜は釋尊崇拜さえ超えている場合もある。中國の禪宗は［宗祖崇拜と釋尊崇拜との］中間にあるが、佛陀崇拜から宗祖崇拜への發展變化における重要な轉換點である。

教團組織

この項目は、前述した「法統の系譜」と後述の「制法」と密接な關係にある。先行研究では、教團組織の境線について曖昧であり、考察し直していない。そのため、教團組織についての認識と使用とが混亂して不明瞭であり、基準も統一されていない。法統や傳法の系譜と教團とは關連があるが、同列に扱うことはできない。なぜなら、法統や傳法の系譜において、その由來はしばしば杜撰なものであるが、教團は實際の存在事物が必須となるからである。また、單純な師承關係と教團も同じではない。師承關係は廣範であり、散漫であるからである。これまでの研究では、この兩者を混同し、宗派の形成時期について誤った判斷を下している。たとえば、南北朝から隋唐にいたるまでの名僧たちは、門下の者が非常に多く、文獻からも有名な弟子が數多く存在していたことが確認される。しかし、彼らはかならずしも教團關係を構成していたわけではない。鍵はここにある。まず、彼らは傳法關係を有していたのか。師はある特定の學問を學び、さらには複數兼學することもあるが、その弟子が同じように修めたとしても教團を構成することはない。なお、湯用彤はかつて關河學派の例をあげて知識の傳授と傳法とが同じでないと指摘したが(17)、この問題はここでは扱わない。また、教團はそれにふさわしい制法が必要であり、制法のない僧侶の集團は教團と呼ぶことはできない。この點については以下で述べる。

制法

制法は規則制度であり、廣汎にいえば様々な内容を含んでいるが、最も主要なものは戒律を補うものとして定められた清規であろう。宗派における制法の意義は、教團を統括して取り締まることにあり、それによって宗派が活動を展開してゆくその行動の主體を統一するのである。制法があってはじめて教團がある。ただし、この教團がそのまま宗派を意味するわけではない。湯用彤は、智顗が晩年に制法を立てて僧衆を取り締まったという『國清百錄』の用例にもとづき、智顗の時代にすでに天台宗が形をなしていたと指摘するが、この點は檢討を要しよう。道安・廬山慧遠らはみな制法を立て、ここに教團の出現をみることはできたとしても、いかなる宗派の出現もいまだ確認できない。本節の冒頭ですでに強調したが、この十項目は互いに補完しあって成立するもので、一つの要素が單獨で宗派の十分條件を構成することはない。

禪宗の成立における清規の意義は、あらためて強調するまでもないが、宗派と關連するもう一つの制法にも注意をしておく必要がある。たとえば、日本天台宗の最澄が制定した僧侶の育成制度(18)などである。これらは宗派の特色を際立たせ、宗派の求心力を強めるという面において作用を發揮した。

儀軌

儀軌の含んでいる面も廣汎である。各宗派の教修觀念は同じではなく、各宗派の儀軌の相違も大きい。歷史の面からいえば、現存する儀軌の大半は諸宗の特徵を備えている。たとえば、懺儀はそもそも佛教においては共通の儀式であるが、天台智顗の改訂以降は、天台宗の特色を濃厚に帶びたものになった。このような宗派の特徵は華嚴や禪にも影響しており、彼らもまた本宗の懺儀をそれぞれに制定している。以降の懺儀は實踐において宗派的な色彩を取り除かれ、より普遍的な意味合いを帶びるようになる。眞言密教の儀軌は鎌倉以降の多くの日本の諸宗に採用された同樣の例である。このような歷史的に複雜な要素を切り捨てることはできない。儀軌は教義思想のイメージ化の展開であり、それぞれの宗派は理論的には獨自の儀軌を有している。それゆえ、儀軌もまた宗派の要素の一つといえよう。

專屬寺院

專屬寺院も宗派成立の重要な指標の一つである。寺院はそもそも政府建立か政府の承認をうけて建立されたものであり、そこでは僧侶が居住し、修行し、講學し、研究し、公共性を有する場所である。周知のように、「寺」は古くは政府の機關を指し、たとえば鴻臚寺は政府の賓客をもてなす機關である。佛法が西から傳來し、それを傳えた外國人僧侶は中國の官吏としてまず寺に住んだため、それ以降、寺は次第に佛敎の專門用語へと變化した。「寺」の字義は、政府によって建立されたもの、朝廷に服務する性質があることを説明している。魏晉南北朝から隋唐にいたるまでの大多數の寺院はこの種類に屬する。それゆえ、本來、寺院は公立のもので、宗派とはまったく關係がない。南北朝期のいくつかの學派（「衆」）は、特定の寺院に寄り集まり、これによって寺院と名がつけられたほどである。たとえば、隋初の曇延は、隋の文帝の尊敬をうけ、「有敕于（京都）廣恩坊給地、立『延法師衆』。開皇四年下敕、改『延衆』、可爲『延興寺』、面對通衢。京城之東西二門、亦可取延名以爲『延興』『延平』也。然其名爲世重、道爲帝師、而欽承若此、終古罕類」と記される（『續高僧傳』）。曇延の門徒は「延法師衆」や「延衆」と、彼らが居住した寺院は「延興寺」と稱され、さらには彼の法號から都の城門が「延興」「延平」と名づけられた。皇帝の恩は廣大であり、「終古罕類」である。しかし、曇延門下はこの寺院を世襲していない。唐代も同樣である。また、同時期の日本の狀況もほぼ同じであり、その傍證とすることができる。たとえば、平安初期以前において、官立寺院に諸宗が混在しており、特定の宗派と隷屬關係にあったわけでは決してない。平安時代の嵯峨天皇が空海に東寺を與えて眞言宗の永久道場とし（八二三）、ようやくそれまでの慣例が破られた。

ちなみに、中國佛教における特定の宗派の寺院は、三階教が嚆矢であり、彼らはその他の僧侶の集團と院を別にして居住していた。嚴密な意味においては、專屬寺院は禪宗からはじまり、道信らがこの種類の寺院を民間に建立している。中唐以降では、禪宗のいくつかの派において、たとえば北宗では禪僧が次第にエリート化し、特定の寺院を獨占・世襲するという現象がすでに起こっていた。五代宋初は天下の寺院の大半がすでに禪宗に獨占されていたが、天台・華嚴の復興および宗派の確立にともない、宋代においては禪宗寺院を主としつつ、天台の教院[19]・賢首（華嚴）の教院・律の寺院をその補助とするような寺院の格が出來上がった。これ以降、宗派的性質をまったく帶びていないという寺院はむしろほとんど見かけなくなった。

外在制度

宗派にたいする國家政權の外在制度は、宗派の強化である。ただし、中國佛教においては、この要素はほとんど確認されない。中國の歴史において、現在確認できるもので、この種の制度の最も早いものは、南宋期の五山十刹の制度である。日本では、類似する制度の確立は中國よりもかなり早く、有名な「年分度者」の制度がある。最澄は南都六宗の獨立合法的な地位から天台宗の獨立を勝ち取るため、天台宗の得度者の定數の認可を朝廷に上奏し[20]、朝廷はこの請求を承認した[21]。その後、眞言宗もこの前例に依據して一年における得度者の定數を整えた。この「年分度者」は、朝廷が宗派に對して與えた政府の認可という重要な指標である。江戸時代初期には、崇傳という住職によって數多くの「法度」が制定された。その多くは、宗派として區分を設けるもので、政府の佛教に對する管理を強めるものである。この種の制度は中國では缺けており、中國佛教の宗派性が日本佛教に遠く及ばないことを示している。

派系鬪爭

中國佛教において、宗派を主體とした論爭は宋代よりはじまる。代表的なものは、天台と禪宗の法統の爭いである。この種類の爭いは、ことばの側面にとどまるもので、兩宗派が水と火のように相容れず、どうあっても兩立しえないという情勢の出現ではない。これとは逆に、日本佛教における派系鬪爭は相當に激烈である。同類が助け合って部外者を攻擊し、宗派間で相互に軋轢を生じて攻擊するということはめずらしいことではない。鎌倉時代に法然が專修念佛宗（淨土宗）の創立をこころみた時、他宗派の猛反發にあった。『興福寺奏狀』は、「創立宗派『須奏公家、以待敕許、私號一宗、甚以不當』」と明確に批判する。(22) 類似した例は枚擧にいとまがない。また、平安時代に活躍しはじめた僧兵も宗派鬪爭をよりはげしいものへと押しすすめた。派系鬪爭の激烈さは宗派性の強弱と關連しており、これもまた宗派をはかる重要な指標の一つである。

五　宗派成立の類型

漢語佛教圈の歷史において、各宗派成立の時間と形式は單一なものではなく、樣々な類型が存在する。先行研究はみなひとくくりに概括して論じており、狀況の複雜さを輕視している。實際、これまで述べてきた宗派の十大要素から考えてみると、この一つの問題をまとめるのは非常に困難である。それゆえ、まずは宗祖と宗派の關係を取りあげ、「宗祖生前創立」「宗祖沒後創立」という宗派の二つの類型に簡略に分類する。そして、同樣に、宗派の十大要素を簡略化し、思想（教義學說）と組織（實體的な僧團）の二つに分類した上で、これらをあわせてまとめると次頁表1のようになる。

ひとめでわかるように、表1において、宗祖と宗派の關係の緊密さは［上から下へ］強から弱へと推移してゆく。以下には、實例をあげて表の内容を具體的に說明する。ただし、言うまでもなく、以下にとりあげる例には

表1

(1)	宗祖生前創立	①宗祖が教義學說と實體的な僧團の兩者の實際の創立者で、政府の認可を受けている。
		②宗祖が教義學說と實體的な僧團の兩者の實際の創立者である。しかし、政府の認可を受けていない。
		③宗祖が教義學說の創立者である。
(2)	宗祖沒後創立	④宗祖は教義學說の面で教團に重大な影響をあたえ、後世に追認された。
		⑤宗祖は教義學說の面で教團に重大な影響をあたえてはいない。後世にこじつけられた。
(3)	虛構の宗派	

限りがある。漢語佛教圈のすべての宗派を整理しているわけでは決してない點は注記しておきたい。

上記のうち、①は中國佛教では確認されず、むしろ日本の佛教に對應するもので、最澄と天台宗、空海と眞言宗が相當する。②の狀況も中國では多くなく、ほとんど異端や主流ではないものが相當する。信行と三階教などである。禪宗史上における道信と弘忍が創立した教團もおおよそこの種類に屬する。日本ではこの例は比較的多く、鎌倉新佛教における法然と淨土宗、親鸞と淨土眞宗、道元と曹洞宗、日蓮と日蓮宗などがこの例に屬する。しかし、中國と日本の最大の相違點は、中國にあってはまだ自然發生的な段階にあり、宗祖ないし教團はいまだ明確な宗派意識を有していないが、日本にあっては自覺的であるということである。③の狀況については、さらなる研究が必要である。日本の平安末期の良忍の融通念佛宗が比較的典型である。智顗と天台宗はおおよそこの類に屬する。智顗は天台宗の宗祖であり、天台宗の教義の實際の創立者であるが、天台教團の形成は彼よりも遲い。④と⑤は、中國佛教においてはよく眼にする類であり、④は法藏と華嚴宗、⑤は杜順と華嚴宗、慧文と天台宗である。禪宗の情況は少し複雜であり、④と⑤の兩方の面がある。

①以外の類は、宗派の實際の建立と傳說上の宗祖および神聖化された宗派の歷史とが、まったく一致していな

いということを説明する。歴史上におけるいわゆる宗派というのは、中國淨土宗のように完全に虚構されたもの（もしくは日本淨土宗から逆輸入されたもの）であり、有名無實である。天台宗や三階教は唐代において形成され、別の宗派は宗派意識の萌芽は唐代にあったが、實質的な宗派の形成は宋代である。もし唐代の宗派の形成を自然發生的・偶發的な現象というならば、宋代における宗派の創建は自覺的・意識的な行動である。宋代は中國佛教の宗派成立史の重要な段階であるが、この點についてはあまり注意されておらず、より深く細やかな考證がまたれる。

以上、二つの節にわたって、二つの側面から、宗派問題に關する視點を提示してきた。理解をより深めるために、以下では中國華嚴宗という一つの具體例を取りあげ、より詳細に説明したい。

六　宗派成立の實例分析——華嚴宗

華嚴宗の成立は、一般的には唐初とみなされ、すでに定説となっている[23]。學者のこの問題に對する關心の中心は初祖の問題である。つまり、杜順・智儼・法藏の三人のうち、結局のところ誰が華嚴宗の創立者なのかということである。この論爭は、華嚴宗が唐代において成立したということ、華嚴宗の［教理の］體系を創出した者が華嚴宗の創建者であるということ、この二つの事柄を前提とする。しかし、自明の共通認識とするためには、より愼重な檢討が必要である。實際、上述の［宗派成立の］基準にもとづいてより詳細な考察を加えるならば、ここにはあきらかな見落としが存在していると氣づくであろう。

まずは、教義思想の問題である。教義思想は宗派の核心であるが、教義思想によって、宗祖・宗派の創立時期を考えることは、實際、決して簡單なことではない。華嚴宗を例にすれば、一般的に、法藏が華嚴宗學を集大成したとみなされているが、これには二つの問題點がある。一つめに、法藏はすばらしい大成者ではあるが、卓越した創始者では決してない。彼の體系の核心的な内容は、ほとんど一つの例外もなく智儼に依據している。では、結局のところ、誰が華嚴教學の創始者と稱するにふさわしいのであろうか。これは智儼と法藏のどちらを華嚴宗の初祖と位置づけるかという理由にかんする議論でもある。二つめに、法藏の後の澄觀・宗密は、法藏と比較すると、あきらかに思想的にモデルチェンジしており、後の華嚴教學は澄觀・宗密がその［思想的な］よりどころであり、はたして法藏と澄觀のどちらで華嚴宗の教學が確立したと捉えるべきなのか。教義思想の完成による宗派の成立時點の確定というのは、嚴密な方法ではなく、こじつけようとしてもそれは難しい。

次に、法統・教團・制法などのいくつかの相互に密接した觀點からである。ただし、法藏の時代には、法統と制法がないことを考慮し、付法體系に焦點をしぼって考察したい。法藏と弟子の閒には付法體系は存在したのか。崔致遠『唐大薦福寺故寺翻經大德法藏和尚傳』（『法藏和尚傳』）は、法藏の弟子について、「從學如云、莫能悉數、其錚錚者略擧六人。釋宏觀・釋文超・東都華嚴寺智光・荷恩寺宗一・靜法寺慧苑・經行寺慧英、幷名雷于時、迹露于後」と記載する。これらの弟子のうち、法藏を繼承して慧苑が『華嚴經』を研究した以外、その他の弟子にかんする記述はまったくなく、その生沒年でさえ考證することはできない。その他、「至比丘尼衆從問道者、多誦晉經」とあり、法藏に追隨する比丘尼もいたことも記されている。ただし、尼衆の知識水準はおそらく限度があり、六十卷『華嚴經』の諷誦に限られるように思われる。『法藏和尚傳』の最後は、「大都稟敎僧尼、僉以護律棲禪爲恆務」とあり、法藏の弟子はみな習禪・持律を根本とし、華嚴宗の教學と特別な關係が必ずしもあったわけではない。

實際、法藏の時代には嚴格な付法關係はいまだ形成されてはおらず、いわゆる華嚴教團も存在しない。法藏と時代的に隔たりがある澄觀・宗密に、いったいどこに［法藏との］付法關係があるのか。澄觀の學問の經歷の一部は確認可能であり、裴休『淸涼國師妙覺塔記』『宋高僧傳』などに詳しい。澄觀は多くの師の下で學んだが、華嚴に心をひかれたのは完全に個人的判斷にもとづく。『塔記』の記述によれば、專門的に『華嚴經』を研究したのは、要請に應じたもので、偶然の産物である。いずれにせよ、少なくとも當時の人々にとって、澄觀は華嚴宗派に所屬しているわけではなかったのだ。また、澄觀と宗密は相互に尊敬しあっていたが、付法關係はまったくなく、宗密本人は荷澤宗を自任していたほどである[24]。ここから、唐代において付法關係がすでに存在していたとみるのは杜撰な考えである。

次に、唐代に華嚴宗の專屬寺院は存在していたのか。方立天は存在したとみるが[25]、私は否定的である。この問題について、これまでは主に使用されてきた資料は崔致遠『法藏和尚傳』所載の「(法)藏顧新經化大行焉、知眞丹根遍熟矣。因奏于兩都・及呉越・清涼山・五處起寺、均牓華嚴之號、仍寫摩訶衍三藏幷諸家章疏貯之」という箇所である。すなわち、法藏はかつて長安・洛陽・呉(地點不明)・越(杭州)・五臺山の五箇所に華嚴宗專屬寺院を建立することを奏請したという。これは華嚴宗立宗の重要な指標である[26]。しかし、該當箇所を細讀し、その他の資料を參照すると、五箇所の「華嚴寺」と命名された寺院は華嚴宗の專屬寺院ではないことが判明した。その理由は二つある。第一に、前と後の引用文からも知られるように、寺を建立して「華嚴寺」と命名した理由は、八十卷『華嚴經』の譯業を記念し、天下に廣まることを願ったためである。このような考え方は當時では希ではなく、『大雲經』『寶雨經』などの例がある。第二に、關連資料は、これらの寺院が華嚴宗をふくむ特定の宗派によって世襲されたものでは決してないことを證明する。西京すなわち長安の華嚴寺などでは、法藏の後ほどなくして、密教僧の一行・善無畏らがそこで活躍した。『宋高僧傳』には、「昔有沙門無行西遊天竺、學畢言歸、方及北印不幸而卒。其所獲夾葉悉在京都華嚴寺中。畏與一行禪師、于彼選得數本、竝總持妙門、先所未譯」(『宋高僧傳・善無畏傳』)。一行が「開元十五年九月於華嚴寺疾篤」(『宋高僧傳・一行傳』)ともある。なお、『宋高僧傳』所載の洛陽・杭州などの地の華嚴寺に駐錫した名僧は華嚴宗とは關係がないため、ここでは言及しない。これらの華嚴寺は、唐代にあっては、政府に所屬した公共寺院であった。

また、もし前述の條件が法藏の時代においてすべて備わっていないならば、いったい華嚴宗はいつの時代に形成されたのか。確定しうる最も早い時期として、私は北宋の淨源の時代を考えている。［このことは拙著『宋代華嚴思想研究』において考察しているため、］論據を以下に簡潔に指摘するにとどめておきたい。

・淨源とその繼承者は、慧因寺を中心に華嚴教團を創建した。
・華嚴宗の專屬寺院は、蘇州や杭州に分布しており[27]、寺院の繼承は、寺主の人選のように、近隣の華嚴寺院住職たちの選擧によって決定される[28]。
・淨源たちは華嚴宗の傳法系譜を構築し、唐代の杜順から宗密にいたる付法の關係を虛構して神聖化した[29]。
・法藏の教判思想はドグマ化し、教判をめぐって展開した論爭により、宗派の排他性は突出することになる[30]。
・法藏ら華嚴宗の祖師が著した典籍の入藏事業が完成し、華嚴宗は政府の認可を獲得する[31]。
・祭祀・供奉・祖師の禮贊などの制度がさだめられ、制度の面における祖師崇拜が成立する[32]。
・本宗の觀法が制定される[33]。
・本宗の懺儀などの儀軌が整えられる[34]。

これまで述べてきたことを綜合すると、宋代の江南地區において慧因寺などを中心とした實體を有する華嚴宗の教團が確實に形成されており、華嚴宗という宗派は、この時期にはじめて正式に成立する。しかし、華嚴宗という宗派が全國的に名のある宗派であったか、江南の教團が地域をこえた普遍性を有していたかについては、結論づけることは難しく、さらなる研究が必要であろう。實際、その可能性を否定するかもしれない資料がいくつか確認される。たとえば、義天が中國へ來た際、朝廷はまずは汴京で東京覺嚴寺の有誠法師から學ぶように手配した。有誠は『華嚴經』に長け、かつては朝廷の要請に應じて『華嚴經』を專門的に講じた人物である[35]。これにたいし、義天は二重の對應をする。一方では有誠に「請教」しつつ、もう一方では朝廷に上書して、「兩浙淨源講主開賢首祖教文字、披而有感、悶以忘疲。洒堅慕義之心、遙敍爲資之禮」（『大覺國師外集』）と自らの希望を表明し、杭州に趣いて淨源から法を授かることを強く求めたのだ。義天は朝廷の手配には決して滿足していない。

この點について、まず、義天は入宋以前から淨源との書簡の往來があり、淨源を心から慕っていたようである。もう一つ、有誠は『華嚴』を常に講說していたが(36)、華嚴宗の教義に依據して講說したものではなかった。換言すれば、有誠は華嚴宗の人では決してなく、義天が求めていたのはむしろ「賢首祖教」であった。このことの證左となる一つの細かい事柄を最後に補記しておきたい。義天は汴京を離れる前、『賢首碑文』（唐閻朝隱『大唐大薦福寺故大德康藏法師之碑』）・『妙理圓成觀』（『法界圓融觀』）・『康藏傳』・『華嚴旨歸』・『華嚴傳』（『華嚴經傳記』）などの典籍を有誠に貸し出したが、これらの華嚴宗の基本文獻にたいする有誠の反應は意外なことに「得所未聞」だったのだ。

『華嚴經』信仰は、宋・遼・金において普遍的に流行していたが、賢首一系とは必ずしも關係しない。北宋の汴京には仁宗皇帝の發願によって建立された華嚴宗の寺院があったが、住職は道隆禪師である。『禪林僧寶傳』の記述によると、道隆は仁宗皇帝の崇拜をうけ、紫衣および「圓照大師」の號を賜った。華嚴院は道隆によってしばしば增築されている。道隆の後は、「明悟禪師」の號を賜った懷璉という人物が、嘉祐二年（一〇五七）に華嚴院で講說を行っており、彼には多くの者が從っていた。この禪院を華嚴と稱した道隆・懷璉と淨源とは同時期であるが、華嚴宗とは明らかに何の關係もない。

上記の事例から、次のことを指摘できるだろう。『華嚴經』の講說は、變わることのない宗教的な現象であり、途絶えてはいない。法藏・澄觀などの著作を傳習することもまた、華嚴宗の人に限ったことではなく、諸宗兼學という現象もまた同樣であって、禪宗における華嚴教學の吸收も夙に知られている。それゆえ、『華嚴經』ひいては華嚴宗の教學を信奉しているかどうかによって宗派を定めるということは、愼重を期すべきであろう。たとえ、江南の華嚴教團がすでに形成されている狀況であっても、各地では依然として賢首一系から獨立した他の華嚴講主(37)や學人が存在していたのである。

おわりに

本論文では、宗派という複雑な問題について、「宗派の要素とは何か」「宗派の形成はいつか」という二つの點に分けて考察をすすめてきた。第一の問題については、宗派の十大要素を提示した。第二の問題については、いくつかの類型に分類し、複雑性や多様性を示した。さらに華嚴宗の實例を取りあげ、十大要素の實效性を檢證するとともに、その成立時期について私の結論を明示した。上記の方法にもとづき、蓄積された資料を基礎とした上で、東アジア佛教の各宗派別に宗派性の考察をすすめることができれば、それぞれの「宗」について、嚴格な意義の下での宗派であるのか、その「宗」が宗派であるなら成立時期はいつなのか、ということを判定することができると考える。

「中國佛教十三宗・十宗」という視點を批判した湯用彤によって、私は研究の指針を得た。湯用彤が晩年にこの問題を提起したのは決して偶然ではない。宗派問題は中國佛教の全體的な認識と關係するからである。ただし、宗派の境界、中國佛教の宗派形成の時期、これらにかんする湯用彤の見解についてはいまだ議論の餘地がある。湯用彤をはじめとした先學の考えに沿って、この問題についてさらなる研究をすすめること、これは可能であるというだけでなく、本當に必要なことである。

なお、本論文では、中國佛教の宗派問題を考察するに際し、日本佛教の事例を多く引用している。ただし、私自身の能力の限界から韓國佛教の實例については參照することができなかった。この點についてはおわびをしておかなければならない。それはさておき、特に強調しておきたいのは、これは單純な比較では決してなく、宗派問題を把握するために私が主張している方法論の一つであるということだ。漢語佛教の世界の宗派とインド佛教・南傳佛教とを比較すれば、それぞれが獨特な内容と形式を有すると知れよう。それと同時に、漢語佛教史上では、宗派が中・日・韓の三國にまたがって變遷・發展してきた經緯があり、このことは、漢語佛教史上においてきわめて重要である。それゆえ、中・日・韓の三國の佛教宗派それぞれの特徴と相互の關連性を把握しないことには、全面的にかつありのままに、宗派を理解することは難しいであろう。日・韓の佛教宗派は中國佛教のロジックにむかうだけでなく――つまり［日・韓の佛教宗派と中國の佛教宗派の］兩者は理論上の關連性があるだけでなく、［日・韓の佛教宗派の］宗派意識・宗派活動・宗派構造が、すべて歴史的事實とは逆に、中國佛教に影響を與えているのだ。中國佛教の宗派にかんする多くの認識と理解は、往々にして、日本佛教からみたイメージの投影であって、この點は近代以降かなり突出している。

先人は中國と日本の佛教の宗派性の相違にすでに注意していた。入唐求法僧の圓珍は、漢土の佛教の狀況について實地考察を行った際、このように述べる。「問、『常途所云我大日本國總有八宗、其八宗者何？』答、『南京有六宗、上都有二宗、是爲八宗也。南京六宗者、一華嚴宗、二律宗、三法相宗、四三論宗、五成實宗、六俱舍衆、上都二宗者、一天台宗、二眞言宗』」（『諸家教相同異集』）、そして、「唐無諸宗、絕惡執論」（『佛說觀音普賢菩薩行法經文句合記』）と。本論文の考察をあわせれば、嚴格な意味での宗派が中國佛教史において出現したのは比較的遲く、隋唐時代が宗派佛教の時代であったとする考え方は正確ではない(38)。また、反對に、日本の佛教宗派の出現は比較的早く、その宗派の成熟度も中國と比べると深い。この原因については、本論文のテーマと紙幅の都合上、問題を指摘するにとどめておきたい。

補記

二〇〇二年、私は日本國際佛教學大學院大學に博士論文を提出した（二〇〇八年に『宋代華嚴思想研究』として中國語で出版）。ここでは、第一段階として宋代江南地區の華嚴教團の形成過程を考察した。研究をとおして、私は華嚴宗が唐代に生まれたという「通說」を批判し、中國佛教の各宗派が隋唐時代に相次いで形成されたという一般的な見解に對しても疑義を呈した。そして、湯用彤の二本の論文の啓發により、私は先學の考えに沿って、この問題についてさらに整理して研究したいと考えた。しかし、怠惰な性格と學力の限界により、目の前に資料が山積みされてはいるものの、全體としては、マクロ的考察の局面で停滞しており、細かな考察や考證はまだ行ってはいない。今回の大會では、現時點での私の管見を提示することしかできていない。

本論文は初稿が完成してから長い時間が經過している。二〇一三年五月一六日、聖凱が北京大學において開催した地論學派に關するシンポジウムにおいて、私は中國人民大學の張雪松から臺灣の藍日昌がこの問題をテーマとして發表した博士論文『隋唐至兩宋佛教宗派觀念發展之研究』について教えていただいた。その後、蒙張から電子版をおくっていただいた。この場を借りて、張雪松と聖凱の兩氏にお禮を申し上げたい。藍日昌の博士論文を概觀し、彼が「近代以來、佛教學の研究者はみな隋唐佛教を宗派の發展が盛り上がった時期であると見なしている」と述べて通說を批判し、「宗派意識は唐代中後期にその萌芽がみられるが、さだめるならば宋代である」(39)との視點を提示し、また多くの實證的な論據を添えているのを見て大いに感激した。藍日昌の博士論文については、「宗派意識」という一つの角度から宗派という重要な問題に對する新しい考えを學會に提出し、一つの側面においてきわめて重要な業績をあげるもので、十分に肯定しうるものである。ただし、藍日昌の上述の觀點については贊同するが、宗派の確立と宗派意識の確立とを同一視することは不可能であるように思う。この二つは相互に關連するが、混同してはいけない。この點において、私は藍日昌に同意しない。さらに、宗派意識の確立を考察することは、宗派確立の問題を解決する上で重要な意義をそなえるが、後者はあきらかに前者に比べてより廣汎であり、問題はさらに複雜で、時間的な面からも一概に論じることは難しい（本論文における區分は、自發的かつ自覺的なものであるが、宗派意識の無い三階教は、すでに實質的な宗派を形成している）。この他、具體的な問題の分析と結論および方法と思考の面で――私が強調したいのは、この問題は漢語佛教の全體において考察すべきであるということである――藍日昌と相違する多くの點がある。同時に、この問題が廣汎に渡っていること、難度も非常に高いこと、學術史上における多くの重要な問題の研究であって、研究は進展してすでに注目されるトピックとなりつつあること、これらを考慮し、私は藍日昌に意見を傳え、自らの見解も簡略的に述べたのである。學會の注意を喚起し、各領域の專門家の力をお借りして、この問題にさらに深く切り込んでゆきたい。

参考文献

1　中國語

・湯用彤「論中國佛敎無「十宗」」『湯用彤選集』所收（北京、吉林人民出版社、二〇〇五年）、原載『哲學研究』一九六二年第三期。

・湯用彤『中國佛教宗派問題補論』『湯用彤選集』所收（北京、吉林人民出版社、二〇〇五年）、原著一九六三年。

・方立天『法藏』『方立天文集』第三卷『法藏與金獅子章』（北京、中國人民大學出版社、二〇一二年）、原著一九九一年。

・謝和耐（Jacques Gernet）／耿昇譯『中國五―十世紀的寺院經濟』蘭州、甘肅人民出版社、二〇〇三年。

・蔡方鹿『中國道教思想發展史』成都、四川人民出版社、二〇〇三年。

・藍日昌『隋唐至兩宋佛教宗派觀念發展之研究』臺灣、年代不詳。

・ハイデッガー・陳嘉應等譯『存在與時間』北京、三聯書店、二〇〇六年。

・王頌『宋代華嚴思想研究』北京、宗教文化出版社、二〇〇八年。

2　日本語

・眞野正順『佛敎における宗觀念の成立』東京、理想社、一九六四年。

・吉田剛「中國華嚴の祖統說について」（『華嚴學論集』所收、東京、大藏出版社、一九九七年）。

・平井俊榮『中國般若思想史研究』東京、春秋社、一九七六年。

・小野勝年『中國隋唐長安寺院史料集成　史料編』京都、法藏館、一九八九年。

3　英文

・Chen Jinhua: *Philosopher, Practitioner, Politician: The Many Lives of Fazang* (Series Sinica Leidensia 75, Lerden: Brill Academic Publisher, 2007)

・Eliade, Mircea: [Buddhism, School of: An Overview / Chinese Buddhism / Japanese Buddhism]; [Sect]; [Specific Religious Communities], *The Encyclopedia of Religion.*

註

（1）ハイデッガー『存在と時間』二〇〇六年、三—四頁。

（2）王頌『宋代華嚴思想研究』二〇〇八年。

（3）湯用彤はすでにこの點を指摘しているが、詳細には考證していない。湯用彤『中國佛教宗派問題補論』二〇〇五年、五三四—五三五頁。

（4）Zong(Tsung): Tsung as Doctrine 宗義 ; Exegetical Traditions 學派 ; Tsung as the Underlying Theme of a Text 宗旨 ; Tsung as a Full-fledged School 宗派 . Eliade, Mircea: [Buddhism, School of: An Overview / Chinese Buddhism / Japanese Buddhism]; [Sect]; [Specific Religious Communities], *The Encyclopedia of Religion.*

（5）【譯者注記】原文二頁には、「智儼『華嚴經文義綱目』」とあるが、誤りであり、法藏にあらためた。

（6）湯用彤「論中國佛教無「十宗」」二〇〇五年、五〇二頁。

（7）湯用彤は、日本の安澄『中論疏記』の「後人銘（名）毘曇宗」「後人銘（名）成實宗」などの記述から、「師」と「宗」とは用語の置き換えにすぎず、性質に變化が生じたわけではないと述べる（湯用彤『中國佛教宗派問題補論』二〇〇五年、五二四頁）。

（8）湯用彤「論中國佛教無「十宗」」二〇〇五年、五〇四頁。

（9）「講論衆」の衆主は智隱である。智隱は『阿毘曇心論』に精通しており、ここから、彼の衆は毘曇を専門にしていると推測される（眞野正順『佛教宗觀念の成立』一九六四年、二五八—二五九頁）。

（10）湯用彤『中國佛教宗派問題補論』二〇〇五年、五三九頁。

（11）湯用彤『中國佛教宗派問題補論』二〇〇五年、五三三—五四〇頁。

(12) ただし、湯用彤の指摘する早期天台における事例については、さらなる考證が必要であると思われる。

(13) 鳩摩羅什と佛駄跋陀羅を比較すると、禪においては［鳩摩羅什が］下に位置づけられているようである。後者の禪には相承關係があり、漢土において正統とされた。

(14) 道元らの入宋僧はこの點について詳細に記述している。

(15) 李遵勗編訂『天聖廣燈錄』の入藏許可については以下の記述がある。『續資治通鑑長編』（卷百十九）「上所纂『天聖廣燈錄』三卷、請下傳法院、編入經藏。從之」。契嵩編「『定祖圖』『傳法正宗記』『補教編』上進、宋仁宗覽之嘉嘆、行傳法院編次入藏」（『武林梵志』卷九）。慈雲遵式著『金光明經懺儀』、「因奏請天台教文入藏」（『武林梵志』卷十）。

(16) 天長七年（八三〇）、朝廷は各宗派にそれぞれの教義を表明するように命じた。いわゆる『天長六本宗書』である。列擧すれば、三論宗玄叡『三論大義鈔』四卷、法相宗護命『大乘法相研神章』五卷、華嚴宗普機『華嚴一乘開心論』六卷、律宗豐安『戒律傳來記』三卷、天台宗義眞『天台宗義集』一卷、眞言宗空海『祕密曼荼羅十住心論』一〇卷・『祕藏寶鑰』三卷である。

(17) 湯用彤『中國佛教宗派問題補論』二〇〇五年、五三九頁。

(18) 最澄『天台法華宗年分學生式』「凡大乘類者、卽得度年、授佛子戒、爲菩薩僧。……令住叡山、一十二年、不出山門、修學兩業。凡止觀業、年年每日、長轉長講『法華』『金光』『仁王』『守護』諸大乘等護國衆經。凡遮那業者、歲歲每日、長念『遮那』『孔雀』『不空』『佛頂』諸眞言等護國眞言」。

(19) 湯用彤は知禮『延慶寺二師立十方住持傳天台教觀戒誓辭』（『四明尊者教行錄』卷六）の例を取りあげ、天台教院の建立された状況を説明する（湯用彤『中國佛教宗派問題補論』二〇〇五年、五三二―五三三頁）。

(20) 延曆二十五年（八〇六）正月三日、最澄は南都六宗の他に天台法華宗を加えること、ならびに年分度者を上奏した。「誠願准十二律呂、定年分度者之數。宗別度二人。華嚴宗二人、天台法華宗二人、律宗二人、三論宗三人加小乘成實宗、法相宗三人加小乘倶舍宗」。

(21) 延曆『太政官符』「宣准十二律定度者之數、分業勸催共令竟學。仍須各依本業疏、讀『法華』『金光明』二部經漢音及訓、經論之中問大義十條、通五以上者、乃听得度」。

(22) 『興福寺奏狀』「第一立新宗失。夫佛法東漸後、我朝有八宗。或異域神人來而傳授、或本朝高僧往而請益。于是上代明王敕而施行、靈地名所隨緣流布。其興新宗開一途之者、中古以降絕而不聞。……縱雖有功有德、須奏公家、以待敕許、私號一宗、甚以不當」。
(23) 近代の佛教學の泰斗である湯用彤・呂澂・宇井伯壽・常盤大定をはじめ、現代の華嚴學の學者である鎌田茂雄・木村清孝・方立天らもこの見方である。
(24)『禪源諸詮集都序』による。
(25) 方立天『法藏與金獅子章』二〇一二年。Chen Jinhua: "Philosopher, Practitioner, Politician: The Many Lives of Fazang", 2007.
(26) 方立天『法藏與金獅子章』二〇一二年、一九―二〇頁。
(27) 蘇州・杭州はもともと禪宗や天台宗の寺院が多かった。『敕賜杭州慧因教院記』には、「杭之爲州、領屬縣十、寺院五百三十有二。凡講院所傳、多爲天台智者之敎、惟賢首(華嚴)一宗、歷年沈隱」とある。淨源らの努力によって、はじめて[華嚴の寺院が]出現した。拙著『宋代華嚴思想研究』では、蘇州・杭州地區の華嚴教院を統計し、次のように概括した。蘇州地區の平江府報恩寺法華院(江蘇省蘇州市)・雍熙寺(江蘇省蘇州市)・平江府承天能仁寺寶幢敎院(江蘇省蘇州市)・平江府昆山能仁院(江蘇省昆山市)・平江府呉江縣華嚴講寺寶塔敎院(江蘇省呉江市)。嘉興・上海地區の密印寺寶閣院(浙江省嘉興市烏鎭)・眞如院(浙江省嘉興市)・東塔廣福敎院(浙江省嘉興市)・松江府華亭普照寺善住敎院(上海市松江區)。杭州地區の玉岑山慧因寺(浙江省杭州市)・大中祥符寺(浙江省杭州市)。
(28) 拙著『宋代華嚴思想研究』二〇〇八年、五四―五五頁。
(29)『杭州慧因教院華嚴閣記』「賢首敎者、世傳『華嚴經』之學。始于帝心杜順、次尊者智儼、次賢首國師法藏、次清涼國師澄觀、次圭峰禪師宗密、……源師因以五師爲華嚴五祖、以其判敎自賢首始故、謂之賢首敎」。
　これとは別に淨源は七祖說も定めており、漢土における五祖にインドの馬鳴と龍樹を加えている。同時期には、觀復・高麗義天らの傳法系譜もあったが、漢土では流行していない(拙著『宋代華嚴思想研究』二〇〇八年、三六―三九頁)。
(30) 拙著『宋代華嚴思想研究』二〇〇八年、六七―八九頁。
(31) 拙著『宋代華嚴思想研究』二〇〇八年、二一―二六頁。
(32)『杭州慧因教院華嚴閣記』「七祖堂、晉水法師建。以奉馬鳴大士及龍樹・帝心・傳華・賢首・清涼・圭峰七祖相傳」。または、智肱『華嚴清涼國師禮讚文』(拙著『宋代華嚴思想研究』を參照)。
(33) 拙著『宋代華嚴思想研究』二〇〇八年、九八―一〇〇頁。
(34) 拙著『宋代華嚴思想研究』二〇〇八年、二七九―二八二頁。

（35）張方平『樂全集』「誠上人聞修有本、行入勝流。善才遍參、漸進虛明之地。普賢大願、會歸悲志之門」。
（36）『慧因寺志』「東京覺嚴寺有誠法師、講『華嚴經』歷席最久、……近世講人莫有居其右者」。
（37）華嚴講主は「華嚴宗主」とも稱し、法藏は當時このように稱されていた。「宗主」と本論で取りあげた「衆主」の意味は近い。かつては「宗主」と教主とを混同していたようだが、これは誤りである。
（38）紙幅の都合上ここでは詳しく述べないが、これと關連することとして、隋唐時代を中國佛教の最盛期とする見方も偏っている。
（39）以上は、藍日昌博士論文『隋唐至兩宋佛教宗派觀念發展之研究・全文提要』から引用。

二　僧賢と地論學派

――「大齊故沙門大統僧賢墓銘」等の考古資料を中心として[1]

聖　凱

鄴城は曹魏・後趙・冉魏・前燕・東魏・北齊の首都であり、かつては中原北方の政治・經濟・文化の中心であった。とりわけ東魏・北齊時期の鄴城佛教は、遡っては北魏洛陽佛教の繁榮を承け、降っては隋唐宗派佛教へとつながり、中國佛教史上において重要な地位を占めている。鄴城の考古學的調査が進むにしたがい、造像・墓誌・寺院遺址および鄴城遺址が發見され、鄴城佛教とりわけ地論學派の研究が大いに進んだ。例えば、慧光墓誌の發見によって慧光（四六九―五三八）の生卒年が確定されたこともその一つである[2]。鄴城遺址の調査と發掘によって、地論學派南北二道の形成の原因が南城・北城寺院群の不同にあることも明らかとなっている[3]。近年、河南安陽にて出土した「大齊故沙門大統僧賢墓銘」（以下「僧賢墓誌」と略）は、鄴城佛教をよりよく理解するための格好の資料である。本稿は「僧賢墓誌」を中心に、その他考古資料と文獻を結びつけ、詳細に僧賢の經歷と關連する史實を檢討し、鄴城佛教と地論學派の研究をさらに進めるものである。なお本稿の考察はその多くを田熊信之氏の先行研究[4]に負っている。ここに記して、學恩に深く感謝する次第である。

一 「僧賢墓誌」と僧賢の生涯

「僧賢墓誌」は河南省臨漳縣鄴城遺址の西南「野馬崗の東北二里」にて出土した。縱四五、橫四五センチメートル、志文正書、全一九行、一行最多一九字である(5)。田熊信之氏の論考を初めとする先行研究(6)を參照して釋文を提示すると次の通りである。

［志蓋］缺

［銘文］大齊故沙門大統僧賢墓銘昭玄大統

法師諱僧賢、俗姓張氏、桑乾桑乾人。家有舊風、名德相踵。法師風尚英遠、體調閑秀。早著出群之望、夙立絕倫之表。懷抱高風、獨拔風塵、貞心峻節、眇遺俗累。於是矯跡緇門、遊心眞寂、長驚玄境、深入祕藏。微言妙旨、獨得如神、馳譽飛聲、遍於遐邇。年廿九、敕修『内起居法集』。既而實相虛宗、靜業圓教。異軫同歸、殊途總入。懸河注水、破石摧金。一音所說、四部俱仰。龍象之望。朝野推焉。詔爲沙門都、俄轉沙門大統。總持、興聖、國之福田、又詔爲二大寺主。如師子吼、常轉法輪、甘露津流、被於一切。方欲橋樑苦海、拯拔危城、生滅非常、遽從化往。以武平元年、歲在庚寅、二月乙卯朔、五日己未、遷神於興聖寺、時年六十六。上下蹉殤、緇素酸感。以其月八日窆於野馬崗東北二里、敬勒玄石、垂景行於不朽。其銘曰、

峨峨上人、窮理入神、慈悲獎俗、淸靜居身。
天口非類、河瀉誰倫、超茲欲海、邁彼玄津。
時求懿德、弘風有因、法輪恆運、覺寶惟新。
此生非我、慈燈遽淪、勒斯泉石、用紀芳塵。

「僧賢墓誌」によれば、僧賢の主要な經歷は以下の通りである。

僧賢は武平元年（五七〇）遷化、享年六六歲、よって生年は北魏宣武帝時代の正始二年（五〇五）となる。僧賢（五〇五―五七〇）の俗姓は張氏、桑乾（郡）桑乾（縣）の人である。桑乾郡は北魏時代に設置され、その治所は桑乾縣にある。北齊はここに廣寧郡を置き、北周時代に郡が廢された。今の山西省山陰縣東北約三十里の地點である。(7)『北齊書』巻二十五・張纂傳に「(纂)父烈、桑乾太守」とあり、(8)桑乾郡に張氏がいたことがわかる。

僧賢の出身家族は佛教を信仰していた。そのため僧賢は年少にして出家し、深く經藏に沈潛し、佛法の微言大義を自らのものとし、高い名聲を得た。「僧賢墓誌」は言う、「長えに玄境に驚(鶩)せ、深く祕藏に入る。微言妙旨、獨り得ること神の如く、譽を馳せ聲を飛ばし、遐邇に遍し」と。孝武帝永熙二年（五三三）、僧賢二十九歲の時、皇帝の敕によって『內起居法集』を編纂した。『魏書』釋老志の記載によると、宣武帝時代、彼は佛教を非常に愛好し、每年常に宮中において、自ら佛典を講論し、廣く僧衆を召し、教理を明らかにした。僧人はこれらの活動を册に記錄し、『內起居』を撰述した。(9)『內起居』は『起居注』を模倣して作られたが、いわゆる『起居注』は史官が皇帝のそばに侍し、皇帝の言行や起居を記錄したもので、國家の機密に屬する。よって、『內起居法集』は宮廷內における佛教教理の講會を記錄したもので、講論された佛教教理を總集したものである。(10)このことから、僧賢は二十九歲の時、すでに佛教教學研究とその宣揚において非常に大きな業績を擧げ、朝廷と佛教界に認められていたことがわかる。

僧賢は二十九歲以降、一連の僧官に就くことになる。「僧賢墓誌」には「朝野焉を推す。詔もて沙門都と爲り、俄かに沙門大統に轉ず」とある。これは僧賢の一生において最も重要な史實である。先に詔によって昭玄寺沙門都となり、まもなく沙門大統に昇進した。北魏の僧官制度では、昭玄寺は中央の一級僧務機構であり、昭玄寺中に主官一名を設け、その名を沙門統、あるいは沙門都統、昭玄沙門都統、都統等という。副官は一名から數名で、都維那、または昭玄沙門都維那、沙門都等という。沙門統は昭玄寺の總責任者であり、敎團の立法および宗務處理を主に擔う。一方、都維那は沙門統の僧務處理を輔佐し、僧尼名籍の管理、罪を犯した僧尼に對する懲罰の執行、および具體的な寺院經濟の管理等を主に擔う。[11] 永熙二年（五三三）、曇寧が撰した菩提流支譯『深密解脱經』序の記載によれば、僧令（四五四―五三四）が沙門都統であり、慧光・曇寧・僧澤の三人は沙門都維那であった。「深密解脱經序」にいう。

時有北天竺三藏法師菩提留支、魏音道晞、曾爲此地之沙門都統也。……以永熙二年、龍次星紀、月呂蕤賓、詔命三藏、於顯陽殿、高陞法座、披匣揮麈、口自翻譯。……捨筆之後、轉授沙門都法師慧光・曇寧在永寧上寺、共律師僧辯・居士李廓等、遵承上軌、歳常翻演新經諸論、津悟恆沙。帝亦時紆尊儀、飾茲玄席。同事名儒招玄・大統法師僧令・沙門都法師僧澤・律師慧顒等十有餘僧、緇俗詵詵、法事隆盛、一言三覆、慕盡窮微。[12]

時に北天竺三藏法師菩提留支、魏音道晞有り、曾て此の地の沙門都統爲り。……永熙二年、龍は星紀に次り、月呂蕤賓を以て、詔もて三藏に命ぜられ、顯陽殿にて、高く法座に陞り、匣を披き麈を揮い、口ずから自ら翻譯す。……捨筆の後、轉じて沙門都を授かりし法師慧光・曇寧、永寧上寺に在りて、律師僧辯・居士李廓等と共に、上軌を遵承し、歳常に新經諸論を翻演し、津悟恆沙たり。帝も亦た時に尊儀を紆げ、茲の玄席を飾る。同事名儒招玄・大統法師僧令・沙門都法師僧澤・律師慧顒等十有餘僧、緇俗詵詵たり、法事隆盛にして、一言三たび覆し、盡を慕い微を窮む。

菩提流支はかつて沙門統となったが、後に僧令が沙門大統となり、永熙二年には、慧光が沙門都であった。永熙三年（五三四）二月三日、沙門統僧令が卒した。[13] 十月、高歡が年わずか十一歳の元善見を皇帝に擁立し（東魏孝靜帝）、鄴城に遷都した。同時に、洛陽佛教を鄴城へと移植した。ここに鄴城佛教は全盛期を迎えた。慧光はそれにしたがって鄴城に遷り大覺寺に住し、沙門統に昇進し、俗に「光統」と稱された[14]。慧光は當時の名賢であった司徒高傲曹・僕射高隆之・司馬令狐子儒に大いに尊崇され、東魏佛教界の領袖となった。これによって、僧賢は慧光が沙門統の期間に沙門都となったと確定できる。

西曆五三八年、慧光は世を去り、法上が慧光を繼いで沙門統に就いた[15]。あるいは、僧賢もまたこの時に「沙門大統」に昇任したのかもしれない。すなわち「僧賢墓誌」には「俄かに沙門大統に轉ず」と言うのがこれにあたる。なぜなら、東魏時代の昭玄寺は少なくとも三名以上の沙門統を立てていた。『金石萃編』卷三十「中嶽嵩陽寺碑」には、北魏時代、沙門生禪師が造塔を發願し、生禪師の歿後、その大弟子沙門倫法師・沙門統豔法師がその事業を引き繼いで完成させ、さらに東魏天平二年（五三五）に石碑を建て、同時にまた生禪師の高足、大沙門統遵法師が邑義を率い天宮を繕立したと記される[16]。『隋書』百官志中には、北齊の僧官制度を「昭玄寺、諸の佛教を掌る。大統一人、統一人、都維那三人を置く。亦た功德・主簿員を置き、以って諸州郡沙門曹を管す」と記錄する[17]。しかし、天保年間、昭玄寺は十人の沙門統を置いた。たとえば『續高僧傳』法上傳には「初め、天保年間、國は十統を設置せり。有司聞奏すらく、事須く甄異すべしと。文宣乃ち手ずから狀に注して云う、上法師大統爲る可し、餘は通統爲り」とある[18]。よって、北魏昭玄寺は一統一都あるいは一統若干都であり、東魏に至って昭玄寺には三名あるいはそれ以上の沙門統が竝立し、さらに北齊時代には、昭玄十統が立てられ、僧官の定員が擴大する趨勢にあったことを明らかに示している。僧傳と『北齊書』等の記載によれば、北齊時代の昭玄沙門統には曇遵・曇獻・那連提黎耶舍・曇延・法上等が就任した[19]。これ以外に、南響堂山（滏山）石窟第二洞中心柱の北壁上部に「昭玄沙門統定禪師敬造六十佛」という題記が刻まれている[20]。武平五年（五七四）には、定禪師は沙門統であった。よって、僧賢・定禪師を加え、合計七名が昭玄沙門統であった。「昭玄十統」という語に疑いは無い。

僧賢は沙門統となった後、詔によって大總持寺・大興聖寺の住持となり、鄴城佛教界の領袖となった。武平元年（五七〇）二月五日、僧賢は興聖寺にて遷化し、八日に野馬崗東北二里の地に葬られた。明嘉靖『彰德府志』巻一・地理志「安陽縣」には、

野馬崗、在縣北三十三里、故老云勢如馳馬、或曰古嘗牧馬。馬崗下、塚累累、皆葬王侯也。崗東南有黃衣水、入於鸕鷀坡。淸流澗、經崗北、又過爛石下（在故鄴縣西南五十里）、折而東入于漳。齊淸河（應爲河淸）二年于崗南項城北、虎澗東、堰漳水爲淸河渠、東流過西門豹祠、入于鄴、今廢。(21)

野馬崗、縣北三十三里に在り、故老云わく、勢は馬を馳せるが如しと、或いは曰く、古くは嘗て馬を牧すと。馬崗下、塚累累たり、皆な王侯を葬るなり。崗の東南に黃衣水有り、鸕鷀坡に入る。淸流澗、崗北を經て、又た爛石下を過ぎ（故鄴縣の西南五十里に在り）、折れて東して鄴に入る。齊淸河（應に河淸爲るべし）二年（五六三）崗南項城北、虎澗東、漳水を堰して淸河渠を爲り、東流して西門豹祠を過ぎ、鄴に入る、今廢さる。

田熊信之氏の考證によれば、野馬崗は鄴城の西南およそ二十里、漳河南岸の西から東にのびる丘陵に隣接した地である。出土した多くの墓誌から見ると、「薛懷儁墓誌」は「鄴城西南廿里に厝く」と述べ、「薛懷儁妻皇甫豔墓誌」はその妻皇甫豔を「野馬崗の東に合葬す」と述べており、(22)野馬崗は東魏・北齊の墓葬地であったことがわかる。(23)

「僧賢墓誌」の記載によると、僧賢は若くして出家し、二十九歳で敕命により『內起居法集』を修し、前後して沙門都・沙門統に就任し、大總持寺・大興聖寺の住持となった。彼は鄴城佛敎の領袖の一人であり、後に大興聖寺にて遷化した。

二　僧賢と鄴城の佛教寺院

僧賢の一生は、大總持寺・大興聖寺・雲門寺と密接に關係している。

東魏武定七年（五四九）八月、膳奴蘭京らは高澄を北城東柏堂にて殺害した。高洋は城東の雙堂にあって、士卒を指揮し、蘭京らを斬殺した。河清二年（五六三）五月、北齊第四代の武成帝が即位した。田熊信之氏がすでに指摘するとおり、[24]『北齊書』巻七・武成紀・河清二年の條に「五月壬午、詔して城南雙堂閏位の苑を以て、廻りて大總持寺を造らしむ」[25]とある。「閏」は閏餘（あまり）の意味で、閏位とは非正規の位のことであり、閏位の苑は南城の南部にあったようである。二〇〇二年、考古學者が鄴南城中軸線（朱明門大道の南方向への延長線）の東側で、東魏・北齊佛寺の方形木塔基壇遺址を發掘した。[26]ある學者はこの塔基の場所がおそらく大總持寺であるとする。また、塔基の西南・東南に二箇所の庭院遺址が見つかったが、この兩院は「雙堂」かもしれないとする。[27]しかし、この種の推測にはいかなる證據もなく、確かめようがない。

次に大興聖寺は元來、鄴城の非常に著名な建築である三臺（今の鄴鎭の三臺村）であった。[28]そこでは數多くの板瓦・筒瓦・瓦當および建築裝飾材、石刻文字等が發見されている。[29]北齊天保七年（五五六）六月、高洋は丁匠三十餘萬を動員し、三臺宮殿の擴張工事を行った。三臺の構木は高さ二十七丈、臺上に大々的に宮室および游豫園を造營した。兩者は二百餘尺を距てており、工程が大がかりかつ繁雜であること、前代を越えていた。二年餘りをかけて、天保九年（五五八）九月、三臺は竣工し、銅爵を金鳳、金獸を聖應、冰井を崇光と改名した。[30]三臺は東魏・北齊の君臣が宴會し、賓客を接待した場所であり、賓客と主人が相對し、甚だ風雅であった。例えば、天保九年「十一月甲午、帝晉陽自り至り、三臺に登り、乾象殿に御し、群臣に朝讌し、竝びに詩を賦するを命ず」[31]とあり、魏收は「皇居新殿臺賦」を獻上し、「其の文甚だ壯麗」[32]であった。鄴城佛教の盛行にともない、三臺は高氏帝室の奉佛の場となった。河清二年秋八月、詔して三臺宮を大興聖寺とした[33]。魏收撰「北齊武成帝三臺宮を以て大興聖寺と爲す詔」には以下のように曰う。

朕嗣應寶祚、永惟家祉、仰祇先志、尚竦玄門。思展聿修之重、念歸喜捨之大、肌膚匪悋、國城何寶。期濟率土至於圓極、可以三臺宮爲大興聖寺。此處極土木之壯、窮丹素之妍、奇怪備於刻削、光華畢於圖彩。顧使靈心肹饗、神物奔會、眞覺惟寂、有感必通。化爲淨土、廣延德衆、心若琉璃、法輪常轉、灑甘露於大千、照慈燈於曠劫[34]。

朕寶祚を嗣ぎ應（膺）け、永く家祉を惟い、仰ぎて先志を祇み、尚びて玄門を竦む。思いは聿修の重を展べ、念は喜捨の大に歸し、肌膚すら悋まず、國城何ぞ寶とせん。率土を濟いて圓極に至らんことを期し、三臺宮を以て大興聖寺と爲すべし。此の處は土木の壯を極め、丹素の妍を窮め、奇怪刻削に備わり、光華圖彩に畢く。顧うに靈心肹饗し、神物をして奔會せしめ、眞覺惟れ寂、感有れば必ず通ず。化して淨土と爲し、廣く德衆を延き、心琉璃の若く、法輪常に轉じ、甘露を大千に灑ぎ、慈燈を曠劫に照らさんことを。

後主天統二年（五六六）、太上皇高湛は詔して三臺上にある興聖寺の擴張工事を行った。さらに、天統五年（五六九）正月、金鳳などの三臺でまだ寺に屬していないものを、大興聖寺に布施した[35]。後主高緯は高綽を殺害し、「興聖佛寺に瘞」めた[36]。

僧賢が大總持寺と大興聖寺の住持となったのは、ともに晩年である。河清二年、大總持寺が完成し、大興聖寺を建てた時、僧賢は五九歳であった。大總持寺と大興聖寺はともに皇寺であり、僧賢が宮廷と密接な關係にあり、北齊政權の尊崇を受けたことがうかがわれる。僧賢圓寂の後、なお金石文獻中に大興聖寺のかすかな手がかりを見出すことができる。武成帝が天統四年（五六八）十二月逝去したが、胡皇后はしばしば佛寺に參詣し、沙門統曇獻と姦通し、後主の誅罰を受けた。武平二年（五七一）十月二日、後主は胡太后を北宮に幽閉した。[37]幽閉中の日々、皇太后胡氏はなお大興聖寺において觀世音石像を造っている。『潛研堂金石文跋尾』卷三に收録された武平二年十一月「皇太后造觀世音石像記」にいう、

皇太后以武平二年十一月十三日、敬造觀世音石像一區。以茲勝善、仰資武成皇帝昇七寶之宮殿、皇帝處萬國之威雄、傍兼有心之類一時俱登聖道。

皇太后武平二年十一月十三日を以て、敬みて觀世音石像一區を造る。茲の勝善を以て、仰ぎては武成皇帝は七寶の宮殿に昇り、皇帝は萬國の威雄に處るに資せん、傍兼ねて有心の類、一時に俱に聖道に登らんことを。

錢大昕が案ずるには、「潛云う、右皇太后造觀世音石像記、黃小松郡丞の寄する所に云わく、臨漳縣三臺佛寺にて得、其の文に云う有り」[38]。北周が北齊を滅ぼした時、大興聖寺は戰火にまきこまれ破壞された。[39]大總持寺・大興聖寺以外に、僧賢は小南海石窟の刻經事業に參與し、かつ僧稠（四八〇―五六〇）と師弟關係にあった。これは田熊信之氏によって初めて明らかにされた事實である。『續高僧傳』卷十六・僧稠傳の記載によれば、[40]僧稠は出家後、經論の讀解に勵み、「跋陀」の弟子道房禪師から止觀を學んだ。よって、僧稠の禪法は跋陀―道房―僧稠という系譜上にある。跋陀禪師とは『續高僧傳』卷十六の「佛陀禪師」であり、道宣は佛陀禪師が「又た弟子道房をして、沙門僧稠を度し、其の定業を教えしむ」と記錄する。[41]これはまさしく「僧稠傳」の敍述を裏づけるものであり、僧稠と慧光が同門であったことがわかる。北齊文宣帝高洋は、天保二年（五五一）、僧稠に對して鄴城に來て衆生を敎化するよう請い求めた。僧稠は高洋のために、三界は本來空であり榮華は永久に

は保てないことをはっきりと述べて、廣く四念處の法を説いた。文宣帝はこれを聞いて、全身の毛が逆立ち、流れ出した汗が止まらず、僧稠から禪法を學んだ。高洋は僧稠から菩薩戒を受け、酒肉を禁斷し、放生して殺さず、さらに全國に屠殺を禁じた。天保三年（五五二）、文宣帝は勅を下し國内諸州に禪寺を別置し、念慧に勝れた者にそこで教授させた。なおかつ、僧稠のために、鄴城西南八十里龍山の南に雲門寺を建て「請いて以て之に居らしめ、兼ねて石窟大寺主と爲し」た。僧稠は二つの綱位に就き、徒衆を教化すること千人近くであった。文宣帝の供養は手厚く、各種の供物が山谷に滿ちた。當時文宣帝は勅を下し、雲門寺の方十里を下施しようとしたが、僧稠は民居を損なうとして方五里に改めるよう願い出た。寺院は大匠紀伯邕が設計・建築し、廣大な規模を誇り、龍山の南に位置した。山林は幽閑靜寂で、禪窟の前には深淵があった。北齊乾明元年（五六〇）山寺にて圓寂、年は八十一歲であった。

河南省安陽小南海石窟は、三窟現存し、みな方形窟であり、北齊文宣帝天保元年から六年（五五〇―五五五）の閒に開鑿された。中窟の窟門上方に「方法師鏤石班經記」が刊刻されている。その文には、以下のようにある。

大齊天保元年、靈山寺僧方法師、故雲陽公子林等、率諸邑人、刊此巖窟、髣像眞容。至六年中、國師大德稠禪師重瑩脩成、相好斯備。方欲刊記金言、光流末季、但運感將移、暨乾明元年歲次庚辰於雲門帝寺奄從遷化。衆等仰惟先師、依准觀法、遂鏤石班經、傳之不朽。(42)

大齊天保元年、靈山寺僧方法師、故雲陽公子林等、諸の邑人を率い、此の巖窟を刊し、眞容を髣像す。六年中に至り、國師大德稠禪師重瑩脩成す、相好斯に備われり。方に金言を刊記し、末季に光流せしめんと欲するに、但だ運感將に移らんとし、乾明元年（五六〇）歲は庚辰に次るに暨びて、雲門帝寺にて奄ち遷化に從う。衆等仰ぎて先師を惟い、觀法に依准し、遂くて石を鏤み經を班ち、之を傳うること不朽たらしむ。

刻經は二部あり、一は『大般涅槃經』聖行品、一は『華嚴經』偈讃である。乾明元年に刻まれ、ともに中窟にある。中窟の各壁の像の尊格は、北壁が盧舍那佛であり、(43)東壁は「彌勒天衆の爲に說法す」という題記から、彌勒佛とわかる。西壁は「九品往生」から、阿彌陀佛と判明する。北壁の下部に線刻「比丘僧稠供養」像があり、これは中國唯一の僧稠供養像である。(44)

小南海石窟は北齊天保元年に靈山寺僧方法師、故雲陽公子林等により開鑿された。その後、天保六年には僧稠によって重修された。その地理環境は「僧稠傳」記載の禪窟と似ており、洹水に面し、近くに小南海泉がある。また、『嘉慶・安陽縣志』付錄の地圖によれば、小南海は雲門寺の南にあり、距離は十里足らずである。よって、小南海石窟は本傳中の禪窟にあたる。(45)僧稠の死後、弟子達はその記念に、窟門四周に、その傳授された禪修觀法の要點を、『華嚴經』と『涅槃經』から經文を選んで抄出して刻み、後世に永久に傳わることを願った。

同時に、田熊信之氏が指摘するとおり、小南海中窟門口兩側の金剛力士の脚下には近年發見された七行の題字がある。

石窟都維那寶囗（所？）供養、／比丘僧賢供養、／雲門寺僧纖書、伏波將軍彭惠通刊。如來證涅槃、永斷于生死。／若能至心聽、當得無量樂。／一切畏刀杖、無不愛壽命。／恕己（可）爲喩、勿煞（殺）怒（勿）行杖。(46)

石窟都維那寶囗（所？）供養、／比丘僧賢供養、／雲門寺僧纖書、伏波將軍彭惠通刊。如來涅槃を證し、永えに生死を斷ず。／若し能く至心に聽かば、當に無量の樂を得べし。／一切刀杖を畏れ、壽命を愛せざる無し。／己を恕すを喩と爲す（可し）、煞す勿れ、行杖する怒（勿）れ。

この題記により、僧賢と僧稠は師弟關係にあり、僧賢および諸弟子は先師を記念するため、小南海中窟外壁に

經を追刻し、五品官伏波將軍彭惠通が出資したことがわかる。(47)

僧稠の禪の系統は北朝禪法の主流の一つであり、雲門寺は一貫して官寺であった。その輝かしい地位は隋朝まで保たれた。『八瓊室金石補正』卷二十一には「雲門寺法勤禪師塔銘」が收錄されているが、それによると、法勤（四九四—五六二）は、僧稠が出家した鉅鹿景明寺にて出家し、大寧二年（五六二）正月五日、雲門寺で卒したと記される。(48)僧稠の北齊佛教に對する影響は非常に大きく、それは「高齊河北、獨り僧稠のみ盛んなり」という言葉からもわかる。その禪の系譜は以下の圖の通りである。

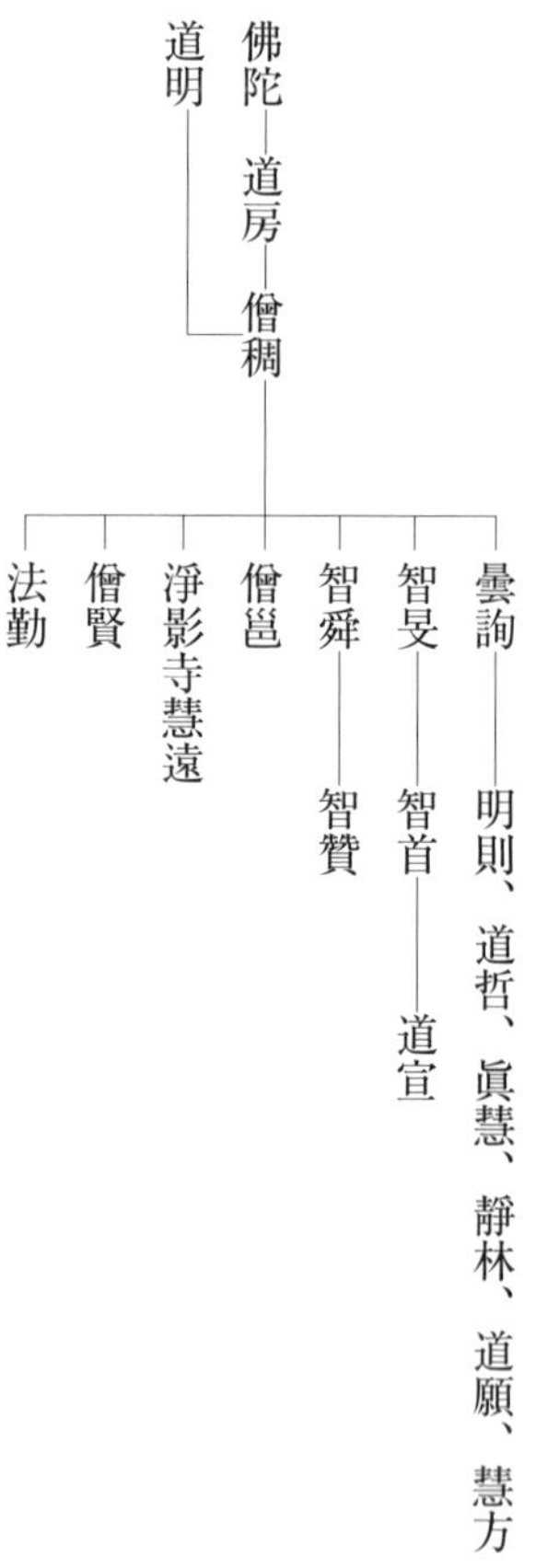

僧賢は晩年に再び雲門寺に住した。『續高僧傳』僧倫傳の記載によれば、僧倫（五六五—六四九）は雲門寺に至り、僧賢統師・瑎禪師のもとで出家した。(49)僧倫傳には以下のように述べられている。

釋僧倫……齊武平九年、與父至雲門寺僧賢統師・瑎禪師所受法出家、時年九歲……周武平齊、時年十六、與賢統等流離西東、學四念處、誦『法華經』。至開皇初方興佛法、雲門受具、時年二十三……以貞觀二十三年五月十三日四更……時年八十五矣。[50]

釋僧倫……齊武平九年、父と雲門寺僧賢統師・瑨禪師の所に至り、法を受け出家す、時に年九歳なり……周武齊を平らぐるに、時に年十六、賢統等と西東に流離し、四念處を學び、『法華經』を誦す。開皇初に至り方に佛法興り、雲門にて受具す、時に年二十三……貞觀二十三年五月十三日四更を以て……時に年八十五たり。

僧倫傳の記載には、多くの矛盾が存在する。僧倫は貞觀二十三年（六四九）に卒し、享年八十五歳である。彼は北齊武成帝河清四年（五六五）生まれと推定できる。一、武平七年は隆化元年と改元された。傳世の文獻および碑誌中に武平九年は見えない。二、僧倫は九歳で僧賢より受法し出家した。これは武平四年（五七三）であるべきで、武平九年ではない。三、周武帝が北齊を平定したのは五七七年であり、僧倫は十三歳である、十六歳ではない。四、僧賢は北周時代まで生き、周武帝が北齊を滅ぼした時、僧倫と僧賢らは逃亡流離し、僧倫は僧賢から四念處を學び、『法華經』を誦した。これは「僧賢墓誌」記載の僧賢が武平元年に卒したことと齟齬する。このように、僧倫傳の記載には多くの疑うべき點がある。[51] 同時に、『續高僧傳』は僧賢の傳記を收錄していない。道宣は僧賢の生涯に對して知識を缺いており、このため僧倫傳と「僧賢墓誌」には矛盾する箇所がある。

『續高僧傳』法楷傳の記載によれば、僧賢の弟子には僧倫以外に法楷がいた。法楷十五歳の時、「相京の賢統に依りて弟子と爲り、『涅槃』を師習し、文義に通解」した。[52] よって、小南海石窟と僧倫傳・法楷傳を總合すると、僧賢は『涅槃經』の四念處を重視し、『華嚴經』と『法華經』を宣揚した。これは僧稠禪法の一脈を相承したものである。

三　僧賢と地論學派

僧賢は僧稠の弟子であり、前後して沙門都・沙門統を歴任し、慧光・法上とともに東魏・北齊の鄴城佛教界において活躍した。僧稠と慧光はみな勒那摩提の教えを繼承し、僧稠はその定學を繼承し、慧光は彼の『十地經論』『華嚴經』等の學問を宣揚した。鄴城においてはその弟子達が活躍し、「地論學派」という一大學派を形成した。[53]「僧賢墓誌」と響堂山石窟題記から見ると、「昭玄沙門統定禪師」はあるいは僧稠の弟子「定」であるかもしれない。僧稠の門下からは僧賢・定禪師が沙門統となった。慧光の門下からは、法上が沙門統となり、僧達・曇遵・慧順・曇衍・道愼の五名が沙門都となった。このことから、地論學派が東魏・北齊佛教において中心的な地位を占めたことがわかる。その優秀な人材、完備された思想體系、優れた政治社會環境が、地論學派の創立と繼承に最良の機會を提供した。

慧光が沙門統に就いていた當時、僧賢は沙門都であった。慧光の沒後、ついで法上が沙門統となり、僧賢もまた「昭玄十統」の一人となった。一方、慧順は沙門都となり、僧賢とともに大總持寺に住した。『續高僧傳』慧順傳には、慧順は侍中崔光の弟であり、幼い時から儒教を習い、二十五歳で慧光の下で出家し、經教と戒律を學んだ。『十地經論』『地持論』『華嚴經』『維摩經』を講じ、かつ「竝びに疏記を立」てた。慧順は主に鄴都を活動の中心地とし、講會にはいつも千餘人の聽衆が集まった。左僕射祖珽は慧順を「國都」、すなわち沙門都に推薦した。七十二歳の時、慧順は總持寺にて逝去した。[54]慧順は慧光門下において高い地位にあり、淨影寺慧遠が二十歳（五四二年）で具足戒を受けた時、受戒十師はすべて慧光の門下であり、法上を戒和尚とし、國都慧順を教授師とした。よって、人間關係、弘法の寺院から言えば、僧賢は「地論師」であり、鄴城佛教界の領袖の一人であり、地論學派の重要な一員である。

同時に、「僧賢墓誌」の重要語句から、僧賢の地論思想を整理したい。

(一)「一音所説」、これは地論學派の教判の重要な思想である。その來源は菩提流支である。智顗『法華玄義』中の「南三北七」の教判では、「十者北地禪師、四宗・五宗・六宗・二相・半滿等の教に非ず、但だ一佛乘のみ、二無く亦た三無し。一音說法、類に隨い解を異にす、諸佛常に一乘を行ずるに、衆生は三を見る、但だ是れ一音教のみなり」(55)とある。智顗はこれが誰の觀點か明確には指摘していないが、唐代にはしだいにこれが鳩摩羅什と菩提流支の教判であると傳えられるようになった。六朝以降吉藏までの著作において、誰も鳩摩羅什の教判に言及していない。しかし淨影寺慧遠『大乘義章』は最も早く「一音教」說に論及している。

菩提流支宣說、如來一音以報萬機、大小竝陳、不可以彼頓漸而別。(56)

菩提流支宣說すらく、如來一音以て萬機に報ず、大小竝びに陳べ、彼の頓漸を以て別つ可からず。

如來は根器の異なる衆生に對して、ただ一音によって說法した。一音ではあるが、同時に大乘法輪と小乘法輪を轉ずる。このように淨影寺慧遠が理解する菩提流支の「一音教」には「一時異說」「大小竝陳」という特徴があった。

しかし、唐代佛教の諸論著中では、「一音教」に對して異なる解釋がなされている。例えば澄觀『大方廣佛華嚴經疏』は以下のように述べる。

一、立一音教、謂如來一代之敎、不離一音。然有二師。一、後魏菩提流支云、如來一音同時報萬、大小竝陳。二、姚秦羅什法師云、佛一圓音平等無二、無思普應、機聞自殊。非謂言音本陳大小。

故維摩經云、「佛以一音演說法、衆生各各隨所解」。上之二師、初則佛音具異、後則異自在機、各得圓音一義。然竝爲教本不分之意耳。[57]

一、一音教を立つ、謂わく如來一代の敎、一音を離れず。然るに二師有り。一に、後魏菩提流支云わく、如來一音同時に萬に報じ、大小竝びに陳ぶ。二に、姚秦羅什法師云わく、佛一圓音平等無二、無思にして普く應ずるも、機聞くこと自ら殊なる。音本と大小を陳ぶるを言うの謂に非ず。

故に『維摩經』に云わく、「佛一音を以て法を演說す、衆生各各解する所に隨う」と。上の二師、初めは則ち佛音異を具え、後は則ち異自ら機に在り、各おの圓音一義を得。然るに竝びに教本不分の意を爲すのみ。

澄觀は淨影寺慧遠の觀點を總括して「佛音異を具う」、卽ち「一時異說」とし、大・小乘の差異は、佛陀の音聲功德に自然に備わっているとする。別の一種は、佛陀の一圓音は平等無二であるが、衆生の根器は異なり、そのため衆生が聞く內容は各自異なるとする。すなわち「異は自ら機に在り」あるいは「一音解を異にす」ということであり、大・小乘の差異は、衆生の機根の差異に屬するとする。これは鳩摩羅什の教判である。

淨影寺慧遠・澄觀によると、ともに、菩提流支の「一音教」は「一時異說」「大小竝陳」である「一時教」とする。[58]地論學派の「一音教」の教判思想は、北響堂山刻經にも影響した。田熊信之氏がすでに指摘したように、[59]「鼓山唐邕寫經銘」中には「一音所說、盡勒名山」[60]とあり、「僧賢墓誌」と同じである。

北響堂石窟は東魏年間に開創され、鼓山西坡の山の中腹に位置し、主要窟は北洞、中洞と南洞の三大窟である。僧稠傳によると、北齊文宣帝は自ら僧稠「石窟大寺」（すなわち北響堂石窟寺）主を兼任させた。[61]石窟から道を降った中腹の草むらには天統四年（五六八）摩崖刻經『涅槃經』がある。「鼓山唐邕寫經銘」によれば、南洞の刻經事業は北齊後主天統四年に始まり、武平三年（五七二）に完成した。よって北響堂石窟の刻經思想は確實に地論學派の影響を受けている。

㈡「實相虛宗」はすなわち「實相宗」であり、「圓教」は慧光の教判である。同時に、武平三年「興聖寺造像碑」の最後には、『華嚴經』に基づく「七處八會」と「法界衆生、高く十地に棲み、一時に佛と作らんことを」等の字句がある[62]。いわゆる「一時作佛」は頓教の思想である。よって、「僧賢墓誌」と「興聖寺造像碑」からはともに慧光の圓教・頓教等の教判思想を看取することができる。

漸・頓・圓の三教は慧光の教判の一つであり、これは『華嚴經』に基づいて提出された。法藏『五教章』にいう。

依光統律師、立三種教、謂漸頓圓。光師釋意、以根未熟先說無常、後說常、先說空、後說不空深妙之義。如是漸次而說故名漸教。爲根熟者、於一法門具足演說一切佛法。常與無常、空與不空、同時俱說、更無漸次、故名頓教。爲於上達分階佛境者、說於如來無礙解脫・究竟果海・圓極祕密自在法門、卽此經是也[63]。

光統律師に依らば、三種の教を立つ、謂わく漸・頓・圓なり。光師の釋の意は根の未熟なるを以て先に無常を說き、後に常を說く、先に空を說き、後に不空深妙の義を說く。是くの如く漸次にして說くが故に漸教と名づく。根熟者の爲に、一法門に於いて一切佛法を具足演說す。常と無常、空と不空、同時に俱に說き、更に漸次無し、故に頓教と名づく。上達と分に佛境に階れる者の爲に、如來無礙解脫・究竟果海・圓極祕密自在法門を說く、卽ち此の經是れなり。

『探玄記』卷一もまた慧光の漸・頓・圓の教判をとりあげているが、『五教章』と大部分類似している。異なるところは、慧光は「佛陀三藏」から習い承けて三種教を立て、最後に「卽ち此の經を以て是れ圓頓の所攝」と說いたとするところである。[64]しかし、『探玄記』巻三もまた「光統釋して云わく、此の經は佛初めて成道して説くに、但だ一乘圓教法輪の體を顯わし諸教の本と爲すのみ。諸經の益相もて此の益と爲す、故に辨ぜざるなり」と言う。[65]『華嚴經傳記』は、慧光の四巻『華嚴經疏』が『華嚴經』を圓教と判じたことを強調する。[66]圓測『解深密經疏』巻一には「或いは三教を説く、所謂る通教・別教・圓教なり、光統法師等も是くの如き説を作す。慧光法師は是れ國統、故に光統と名づくるなり」という。[67]以上より、慧光の漸・頓・圓という三教判に對する法藏の解釋は比較的一致しており、ただ『華嚴經』の判別についてのみ圓教あるいは圓頓教の分岐が生じているが、一方、圓測は通・別・圓の三教を提示していることがわかる。

法藏の解釋によると、「漸教」は根器未成熟者のために設けられ、淺いところから深いところへと漸次に説法するものである。「頓教」は根器成熟者を對象とし、深淺を分けず、同時に一切の佛法を演説するものである。「圓教」は佛の境界に向けて邁進する衆生のために設けられ、彼らに對して、佛陀が證悟した障礙の無い解脱、海の如く深く廣い功徳という究極の果報、圓滿・深妙・自由自在な境地を明示するものである。慧光所説の「漸教」「頓教」については、その内容において區別はなく、すべて無常と常、空と不空等を述べているとする。しかし、説法の方式においては異なり、「漸教」は先に無常・空を説き、その後に常・不空を説くとし、「頓教」は同時に竝説するとする。よって、慧光の漸頓二教は菩提流支の言う漸頓二教に近い。[68]しかし、慧光と菩提流支が異なるところは、慧光は漸頓二教に一切の佛法を包括させず、漸頓二教の上に、さらに別に「圓教」を立てたことである。なおかつ、慧光は『華嚴經』を最も圓滿・圓融である教法とした。

同時に、慧光の教判には「四宗判」もあり、智顗『法華玄義』中に引用されている。

佛駄三藏・學士光統所辨四宗判教。一、因縁宗、指『毘曇』六因・四緣。二、假名宗、指『成論』三假。三、誑相宗、指『大品』三論。四、常宗、指『涅槃』『華嚴』等、常住佛性、本有湛然也。[69]

佛駄三藏・學士光統の辨ずる所の四宗判教。一、因縁宗、『毘曇』の六因・四縁を指す。二、假名宗、『成論』の三假を指す。三、誑相宗、『大品』三論を指す。四、常宗、『涅槃』『華嚴』等、常住佛性、本有湛然なるを指すなり。

「佛陀三藏」とは勒那摩提で、慧光の師である。慧光は勒那摩提の教判を繼承し、「四宗判」を提示した。南朝の「五時教判」は『涅槃經』の五味の譬喩によって立てられたもので、慧光は五時によらず經典の宗旨により歸納分類して「四宗」とした。「因縁宗」は『毘曇』を中心として、小乘説一切有部の「六因四緣」學説を闡述するものである。(70)「假名宗」は『成實論』を中心とし、「因成假」「相續假」「相待假」という三假の學說を解明するものである。(71)「誑相宗」の「誑」は不眞實の意味であり、智顗・淨影寺慧遠はみな「不眞宗」とした。これは『大品般若經』および中觀學派の三論を中心とし、一切存在が不眞實であることを解明するものである。「常宗」は『涅槃經』と『華嚴經』を中心とし、佛性常住・本具の思想を解明するものである。

慧光の「四宗判」はその門下の弟子たちが繼承し宣揚した。例えば法藏『五教章』は、慧光が佛說を漸・頓・圓の三教に判別した後、「後に光統門下遵統師等の諸德、竝びに亦た宗承し、此の說に大同たり」と述べる。(72)この「遵統」とは曇遵のことである。(73)これ以外に、法藏『五教章』は大衍法師が「四宗」の教判體系を構築したことを記している。

依大衍法師等一時諸德、立四宗教、以通收一代聖教。一、因緣宗、謂小乘薩婆多等部。二、假名宗、謂『成實』經部等。三、不眞宗、謂諸部『般若』說卽空理、明一切法不眞實等。四、眞實宗、『涅槃』『華嚴』等、明佛性・法界・眞理等。(74)

大衍法師等の一時の諸德に依るに、四宗教を立て、以て一代の聖教を通收す。一、因緣宗、謂わく小乗薩婆多等の部なり。二、假名宗、謂わく『成實』經部等なり。三、不眞宗、謂わく諸部の『般若』、卽空の理を說き、一切法は不眞實と明かす等なり。四、眞實宗、『涅槃』『華嚴』等、佛性・法界・眞理を明かす等なり。

「大衍法師」とは慧光の弟子曇隱であり、北齊鄴城の大衍寺に住した。曇隱の「四宗」は慧光の「四宗判」と基本的に同じであり、彼がその師の說を繼承したことがわかる。よって、「僧賢墓誌」にいう「實相宗」とは、すなわち第四宗「常宗」「眞實宗」である。「實相宗」の名稱は法藏『入楞伽心玄義』に見え、「有相宗・無相宗・法相宗・實相宗」という「四宗判」である。(75) ただし、その思想は明らかに地論學派の教判思想の傳統とは異なる。

四　結語、「地論師」としての僧賢

道宣『續高僧傳』は僧賢の傳記を收錄しなかったが、その名には言及した。「大齊故沙門大統僧賢墓銘」は僧賢の研究にとって最も重要な資料であり、その他石刻文獻と正史、佛教史書等をあわせると、僧賢の經歷とその思想背景をかなり明確に整理できる。

「僧賢墓誌」の記載によれば、僧賢は年少にて出家し、二十九歲で敕命により『内起居法集』を修した。僧賢は僧稠の弟子であり、小南海石窟の刻經活動に參與した。彼は前後して沙門都、沙門統を歷任し、慧光・法上とともに東魏・北齊の鄴都佛教界において活躍した。河淸二年（五六三）、僧賢は大總持寺・大興聖寺の住持となった。同時に、慧光の弟子慧順もまた大總持寺に住した。僧賢の弟子には僧倫・法楷等がいた。よって、人間關係や弘法の寺院から見ると、僧賢は「地論師」であると言え、鄴城佛教界の領袖の一人であり、地論學派の重要な一員であった。

その思想に關しては、僧賢は僧稠の禪學思想を繼承し、『涅槃經』に説かれる四念處を重視し、『華嚴經』と『法華經』を宣揚した。同時に、「僧賢墓誌」のいう「一音所説」は、菩提流支の「一音教」の教判思想を明示するものであり、かつ「一音教」は北響堂山南洞の刻經思想に影響している。「僧賢墓誌」所説の「圓教」「實相宗」および「興聖寺造像碑」中の「高棲十地、一時作佛」は慧光の「漸・頓・圓」と「四宗判」等の教判思想を解釋し表現したものである。

註

（1）本稿は二〇一四年國家社科基金一般專案「地論學派研究」（14BZJ014）の中間報告としての成果である。
（2）趙立春「鄴城地區新發現的慧光法師資料」『中原文物』二〇〇六年第一期。賴永海主編『中國佛教通史』（第三卷）、聖凱著、南京、江蘇人民出版社、二〇一〇年、二九四―二九六頁。
（3）聖凱「地論學派における南北道分裂の「眞相」と「虚像」」『佛教學セミナー』第九九號、二〇一四年、一―二二頁。
（4）田熊信之「大齊故昭玄沙門大統僧賢墓銘疏考」『學苑』第八三三號、二〇一〇年。
（5）王連龍『新見北朝墓誌集釋』北京、中國書籍出版社、二〇一三年、一五九―一六二頁。
（6）關連する釋文は王萬錄・賈海仲『佛都鄴城』鄭州、中州古籍出版社、二〇一二年、二九四頁。田熊信之「大齊故昭玄沙門大統僧賢墓銘疏考」『學苑』第八三三號、二〇一〇年、五七―五八頁參照。
（7）『隋書』卷三十・地理志中「馬邑郡、善陽縣」條「又後魏桑乾郡、後齊以置廣寧郡。後周郡廢、大業初州廢」（北京、中華書局、八五三頁）。施和金『北齊地理志』（上）、北京、中華書局、二〇〇八年、一八八頁。
（8）『北齊書』卷二十五・張纂傳、北京、中華書局、三五九頁。
（9）『魏書』卷一百一十四・釋老志、北京、中華書局、三〇四二頁。
（10）田熊信之氏は「内起居」と「法集」を別の書と考え、『出三藏記集』卷十二「釋僧祇法集」を例として引用する。「大齊

故昭玄沙門大統僧賢墓銘疏考」『學苑』第八三三號、六〇頁參照。
(11) 謝重光『中古佛教僧官制度和社會(1)生活』北京、商務印書館、二〇〇九年、六六―六七頁。
(12) 「深密解脫經序」『大正藏』第一六卷、六六五頁上―中。
(13) 「大魏故昭玄沙門大統令法師墓誌銘」『洛陽出土北魏墓誌選編』北京、科學出版社、二〇〇一年、一七八―一七九頁。
(14) 諏訪義純『中國中世佛教史研究』東京、大東出版社、一九八八年、二〇八頁。
(15) 『續高僧傳』卷二十一・慧光傳「初在京洛、任國僧都。後召入鄴、綏緝有功、轉爲國統」『大正藏』第五〇卷、第六〇八頁上。
(16) 『金石萃編』卷三十、『先秦秦漢魏晉南北朝石刻文獻全編』(二)、北京、北京圖書館出版社、二〇〇三年、一三五―一三七頁。
(17) 『隋書』卷二十七・百官中、七五八頁。
(18) 『續高僧傳』卷八・法上傳、『大正藏』第五〇卷、四八五頁下。
(19) 謝重光『中古佛教僧官制度和社會生活』七五―七六頁。
(20) 田熊信之「山東西部における刻經事業について」『學苑』第八四五號、二〇一一年、一二三―一二五頁。
(21) 『彰德府志』卷一・地理志『天一閣藏明代方志選刊』上海古籍書店、一九六四年、一三頁。
(22) 羅新・葉煒『新出魏晉南北朝墓誌疏證』北京、中華書局、二〇〇五年、一八九、一九二頁。
(23) 以上、田熊信之「大齊故昭玄沙門大統僧賢墓銘疏考」『學苑』第八三三號、六一―六二頁。
(24) 田熊信之「大齊故昭玄沙門大統僧賢墓銘疏考」『學苑』第八三三號、六一頁。
(25) 『北齊書』卷七・武成紀、九一頁。
(26) 中國社會科學院考古研究所・河北省文物研究所鄴城考古隊「河北臨漳縣鄴城遺址東魏北齊佛寺塔基的發現與發掘」『考古』二〇〇三年第一〇期。
(27) 朱潤珍『古都鄴城研究――中世紀東亞都城制度探源』北京、中華書局、二〇一五年、一二四頁。
(28) 田熊信之「大齊故昭玄沙門大統僧賢墓銘疏考」『學苑』第八三三號、六一頁。
(29) 中國社會科學院考古研究所・河北省文物研究所鄴城考古隊「河北臨漳鄴北城遺址勘探發掘簡報」『考古』一九九〇年第七期。後に中國社會科學院考古研究所・河北省文物研究所・河北省臨漳縣文物旅遊局『鄴城考古發現與研究』北京、文物出版社、二〇一四年、三〇—三六頁に收錄。
(30)『北齊書』卷四・文宣紀、六五頁。
(31)『北齊書』卷四・文宣紀、六五頁。
(32)『北齊書』卷三十七・魏收傳、四九〇頁。
(33)『北齊書』卷七・武成紀、九二頁。
(34)『廣弘明集』卷二十八、『大正藏』第五二卷、三二七頁下。
(35)『北齊書』卷八・後主紀、一〇二頁。
(36)『北齊書』卷十二・南陽王綽傳、一六〇頁。
(37)『北齊書』卷九・武成胡后傳、一二六—一二七頁。
(38)『潛研堂金石文跋尾』卷三、『嘉定錢大昕文集』第六册、南京、江蘇古籍出版社、一九九七年、七八頁。
(39)大興聖寺に關するその他の事蹟は、諏訪義純「中國中世佛敎史研究」三一〇—三一五頁を參照。
(40)『續高僧傳』卷十六、『大正藏』第五〇卷、五五三頁中—五五五頁中。僧稠の生涯、弟子および思想に關しては、賴永海主編『中國佛敎通史』(第四卷)、聖凱著、南京、江蘇人民出版社、二〇一〇年、二八—四九頁參照。
(41)『續高僧傳』卷十六、『大正藏』第五〇卷、五五一頁中。
(42)河南省古代建築保持研究所「河南安陽靈泉寺石窟及小南海石窟」『文物』一九八八年第四期、一二頁參照。
(43)丁明夷「北朝佛敎史的重要補正——析安陽三處石窟的造像題材」では、北壁の主尊を『華嚴經』偈讃によって盧舍那佛と判斷する。『文物』一九八八年第四期、一七頁。李裕群は壁面の題材が釋迦の菩薩行と釋迦の本生譚であること、そして窟外に刻まれたのがまさしく『大般涅槃經』聖行品であることから、主尊を釋迦佛とする。『北朝晚期石窟寺研究』北京、文物出版社、二〇〇三年、二二六頁參照。
(44)丁明夷「北朝佛敎史的重要補正——析安陽三處石窟的造像題材」『文物』一九八八年第四期、一七頁。
(45)李裕群『北朝晚期石窟寺研究』第五五頁。
(46)顏娟英「北齊禪觀窟的圖像考——從小南海石窟到響堂山石窟」、顏娟英主編『臺灣學者中國史研究論叢・學術與考古』下册、北京、中國大百科全書出版社、二〇〇五年、五一三頁。
(47)『魏書』卷一百一十八、北京、中華書局、一九九五年、二九九八頁。

(48)『八瓊室金石補正』卷二十一、『先秦秦漢魏晉南北朝石刻文獻全編』(一)、二一一頁。
(49)田熊信之「大齊故昭玄沙門大統僧賢墓銘疏考」『學苑』第八三三號、六二―六三頁。
(50)『續高僧傳』卷二十・僧倫傳、『大正藏』第五〇卷、六〇一頁下。
(51)王連龍『新見北朝墓誌集釋』第一六一―一六二頁。諏訪義純は僧倫が武平元年(五七〇)に出家したとする。『中國中世佛教史研究』三〇八頁注一〇參照。
(52)『續高僧傳』卷二十六・法楷傳、『大正藏』第五〇卷、六七五頁中。
(53)僧稠傳は僧稠が道房から教えを受けたが、道房は跋陀の弟子であり、後にまた跋陀の印可を得たことを記す。慧光傳は慧光が跋陀のもとで得度したことを記す。筆者の考證によれば、跋陀・勒那摩提・佛陀禪師・佛陀三藏・跋陀三藏・跋陀禪師等は實のところ同一の人物である。賴永海主編『中國佛教通史』(第三卷)、聖凱著、二六七―二七二頁參照。
(54)『續高僧傳』卷八・慧順傳、『大正藏』第五〇卷、四八四頁中。
(55)『妙法蓮華經玄義』卷十上、『大正藏』第三三卷、八〇一頁中。
(56)『大乘義章』卷一、『大正藏』第四四卷、四六五頁上―中。
(57)『大方廣佛華嚴經疏』卷一、『大正藏』第三五卷、五〇八頁上―中。
(58)菩提流支の教判思想は「半滿二教」を核心とし、大乘と小乘の區別を確立した。最後に「一時異說」「大小竝陳」である「一音教」(すなわち「一時教」)に歸着し、「一時教」を佛陀說法の方式、すなわち「頓教」とした。また、教法を修道者の修行過程、すなわち「漸教」とした。同時に菩提流支の教判思想は、地論學派全體の教判思想の發展に深く影響した。關連する記述は賴永海主編『中國佛教通史』(第三卷)、聖凱著、三五六―三六六頁參照。
(59)田熊信之「大齊故昭玄沙門大統僧賢墓銘疏考」『學苑』第八三三號、六五頁。
(60)『八瓊室金石補正』卷二十二、『先秦秦漢魏晉南北朝石刻文獻全編』(一)、二二四頁。
(61)賴永海主編『中國佛教通史』(第四卷)、聖凱著、三〇頁。
(62)『八瓊室金石補正』卷二十二「興聖寺造像碑」『先秦秦漢魏晉南北朝石刻文獻全編』(一)、二二三頁。
(63)『華嚴一乘教義分齊章』卷一、『大正藏』第四五卷、四八〇頁中。
(64)『華嚴經探玄記』卷一、『大正藏』第三五卷、一一〇頁下―一一一頁上。
(65)『華嚴經探玄記』卷三、『大正藏』第三五卷、一六六頁中。

(66)『華嚴經傳記』卷二には、慧光に「『疏』四卷有り、頓・漸・圓三教を立て、以て群典を判じ、『華嚴』を以て圓教と爲す」とある。『大正藏』第五一卷、一五九頁中。
(67)『解深密經疏』卷一、『卍續藏』第三四册、五九六頁上。
(68)廖明活「地論師、攝論師的判教學說」『中華佛學學報』第七期、一九九四年、一三二頁。
(69)『妙法蓮華經玄義』卷十上、『大正藏』第三三卷、八〇一頁中。
(70)「六因」とは能作因・倶有因・同類因・相應因・遍行因・異熟因である。「四緣」とは因緣・等無閒緣・所緣緣・增上緣である。「六因」と「四緣」は一切有部の因果關係に對する二種の異なる分析である。
(71)『成實論』の「三假」は以下の通りである。(1)因成假。一切有爲法は因緣の所成である。(2)相續假。衆生の心識は念念相續し、前念滅すれば、後念が生じる。この相續を終わらせれば、本來實體は無い、故に假と稱する。(3)相待假。一切諸法は各おの對待があり、この一切對待の法を終わらせれば、本來實體は無い、故に假と稱する。
(72)『華嚴一乘教義分齊章』卷一、『大正藏』第四五卷、四八〇頁中。『探玄記』にもまた類似の文章がある。『華嚴經探玄記』卷一、『大正藏』第三五卷、一一一頁上參照。
(73)賴永海主編『中國佛教通史』(第三卷)、聖凱著、三七二—三七三頁。
(74)『華嚴一乘教義分齊章』卷一、『大正藏』第四五卷、四八〇頁下。
(75)『入楞伽心玄義』、『大正藏』第三九卷、四二六頁下。

三 〝地論師〟考辨

昌如

『大正新脩大藏經』および『卍新纂續藏經』中に收められる南北朝期の慧達・智者・吉藏らの著作中には、〝地論師〟・〝北地師〟・〝北地論師〟・〝十地師〟・〝十地論師〟・〝地人〟・〝地師〟・〝北人〟等の思想が頻繁に記載され、あるいは批判されている。慧達・智者・吉藏より以後は、多くの學者が智者・吉藏らの著作中に頻出する〝地論師〟等の思想、および僧傳中に見える關係する記載に依據し、歴史上〝地論學派〟あるいは〝地論宗〟なるものが存在したと見なしている。しかし、慧達・智者・吉藏らの著作中に記載されている〝地論師〟については、それ以外の文獻による裏付けがあるであろうか、あるいはまた、それが〝地論學派〟を指すものであると證明することができるであろうか。現在、學界ではこのことについて詳細に考察したものはまだない。本論文は近年新たに發見された敦煌文獻を用い、智者・吉藏らが記載する〝地論師〟の内容について詳細な考察を行い、それと相應ずる文獻が有るか否か、特に敦煌文獻による裏付けを得ることができるか否かを調査し、これによって〝地論學派〟なるものが存在した可能性を考證しようとする試みである。

一　南朝陳の慧達のいわゆる〝地論師〟

晉の惠達[1]の『肇論疏』巻一にいう。

如來大覺、法身の初めて建つるは、義斷惑を開くに、三家同じからず。一に云う、金剛時、斷惑盡き、種智斷ぜず、但だ無常報身未だ謝せず、故に學佛と云う。大亮師・愛師・旻師與文等、同に此の說を用いるなり。二に云う、唯佛時惑盡く、故に佛智の所斷と云う。卽ち儒師・宗師・藏師等の用いる所なり。三に云う、金剛終時惑盡き、佛智解脫を爲し、證常住を得。瑤師・誕師・雲師等皆此の說を用いるなり。地論師に兩說有り。一に云う、金剛心煩惱・涅槃鄣を斷じて都な盡き、佛智智障を斷じて盡く。一に云う、金剛心時、智障・涅槃障都な盡くるなり。

如來大覺、法身初建者、義開斷惑、三家不同。一云、金剛時、斷惑盡、種智不斷、但無常報身未謝、故云學佛。大亮師・愛師・旻師與文等同用此說也。二云、唯佛時惑盡、故云佛智所斷。卽儒師・宗師・藏師等所用也。三云、金剛終時惑盡、佛智爲解脫、證得常住。瑤師・誕師・雲師等皆用此說也。地論師有兩說、一云、金剛心斷煩惱涅槃鄣都盡、佛智斷智障盡。一云、金剛心時、智障涅槃障都盡也[2]。

慧達の記載によって知りうるのは、金剛心位と佛位の斷惑の問題に關して、〝地論師〟には二種の觀點があったということである。一つめは金剛心位で煩惱障・涅槃障が斷じ盡くされ、佛位時に智障が斷じ盡くされるということである。二つめは金剛心時で煩惱障と智障とがいずれも斷じ盡くされるということである。筆者は、この部分の〝地論師〟とは〝地論學派〟を指すと考える。その文獻的な根據は以下の通りである。

第一に、慧達の『肇論序』中では〝地論學派〟の大乘通宗の宗判、すなわち「世諺に咸な云う、『肇の作る所、故より是れ誠實眞諦、地論の通宗なり』。と」が言及されていることが擧げられる。(3)

第二に、〝地論學派〟の敦煌文獻である『法界圖』に、「十一等覺地、冥を體し大寂にして、心を安んじて平等、種智を照齊し、一相無二、故に等覺地と名づけ、亦た金剛心と名づく。無明住地を斷ず。十二妙覺地、圓照內融し、法性を窮監し、體に始終無く、微を窮め極を盡くす、故に妙覺地と名づけ、亦た佛地と名づく。種智現前するは、無上の菩提、金剛以後は、至極の常果。（十一等覺地、體冥大寂、安心平等、照齊種智、一相無二、故名等覺地、亦名金剛心。斷無明住地。十二妙覺地、圓照內融、窮監法性、體無始終、窮微盡極、故名妙覺地、亦名佛地。種智現前、無上菩提、金剛以後、至極常果）(4)」という。引用文中の等覺地とはすなわち金剛心のことであり、無明（煩惱）を斷ずるものである。妙覺地とはすなわち佛地であり、種智（佛智）が現前し、佛道を成就するのである。これと慧達『肇論疏』中に記載される〝地論師〟の二種の觀點のうち、第一種の觀點とは同樣である。

二　智顗のいわゆる〝地論師〟

隋の智顗の『妙法蓮華經玄義』巻三にいう。

故に地論師云う、緣修は眞修を顯するも、眞修發するの時、緣修を須たず。……眞修は一切の法を具え餘を須たざるなり、卽ち是れ此の義なり。

故地論師云、緣修顯眞修、眞修發時、不須緣修。……眞修具一切法不須餘也。卽是此義。(5)

緣修と眞修は〝地論學派〟の最も特徴的な思想の一つであると見なされているが、しかし〝地論學派〟の敦煌文獻について調査してみると、眞修と緣修の概念が對になって現れる例はなく、眞修・緣修と近似する意味の語彙があるだけである。例えば『涅槃經疏』（BD〇二二二四・BD〇二三一六・BD〇二二七六）にいう。

「刀を持ちて他國に逃ぐ」とは、眞修未だ顯れざるなり、學者の見ざる、之を謂いて逃と爲す、勝基を轉化するを、名づけて他國と爲す。

「持刀逃他國」者、眞修未顯、學者不見、謂之爲逃、轉化勝基、名爲他國。(6)

この他、『十地經論疏』（BD〇六三七八／S三九二四）にいう。

「眞實智」とは、眞如證智なり。

「眞實智」者、眞如證智。(7)

また他に、『十地經論疏』（BD〇六三七八／S三九二四）にいう。

猶お初地以上の如きは、緣心漸く盡き、眞解漸く顯われ、金剛頓息し、圓明の果、萬德斯ち之を備え、方便淨涅槃と爲す。

猶如初地以上、緣心漸盡、眞解漸顯、金剛頓息、圓明之果、萬德斯備之、爲方便淨涅槃。(8)

引用文中の「緣心漸盡」とはすなわち緣心が次第に消盡することであり、「眞解漸顯」とはすなわち眞修が次第に顯現することである。金剛心時に到ると、緣修は盡き、眞修が顯れる、これが「方便淨涅槃」である。同様に考えれば、性淨涅槃は緣修をまってそれから眞修が顯れるのではなく、眞心はただちに顯れるのである。『十地經論疏』（ＢＤ〇六三七八／Ｓ三九二四）にいう。

「性淨涅槃」とは、體眞一味なり。「定者成同相涅槃」とは、一相無相、之を以て同と爲す。體寂にして緣離にあらず、故に「自性寂滅」と言う。「滅者成不同相涅槃」とは、方便外用し、妄想を除くに由りて得、故に障滅して名成る。性の滅するにはあらず、智の對治するに由りて除く、故に「智緣滅」と名づく。

「性淨涅槃」者、體眞一味耶。「定者成同相涅槃」者、一相無相、以之爲同。體寂非緣離、故言「自性寂滅」。「滅者成不同相涅槃」者、方便外用、由除妄想而得、故障滅名成。非性滅、由智對治而除、故名「智緣滅」(9)。

性淨涅槃とは、すなわちただちに眞體を顯し、自性が寂滅となるということで、妄想を取り除いて得たものが眞修であるということではない。

以上のことから、〝地論學派〟の緣修・眞修と方便淨涅槃・性淨涅槃とは相對應するものであり、その對應は以下のようであることが分かる。一に、緣修を先とし、緣修が盡きたときに眞修が顯れるというのは、方便淨涅槃に對應し、これは智が滅することにより顯れるものである。二に、眞修がただちに顯れるというのは性淨涅槃に對應しており、これは性が寂滅することにより顯れるものである。このことによって、筆者は智者の著作中における、〝地論學派〟の眞修と緣修に關係する問題は、〝地論學派〟に關係する問題についての高度な概括であったと考える。そしてこのことは敦煌文獻による裏付けを得たといえよう。

ほかに、隋の智顗の『妙法蓮華經玄義』卷五にいう。

故に知る、成論・地論師は只だ共般若意を見て、不共意を見ず、中論師は不共意を得て共意を失す。

故知、成論地論師只見共般若意、不見不共意、中論師得不共意失共意。(10)

共般若と不共般若とは『大智度論』に基づく。「復た次いで、先に説くが如く、般若に二種有り。一は、聲聞を共にするの説。二は、但だ十方住十地大菩薩と爲すの説、九住の聞く所にあらず、何をか況や新たに意を發する者をや！(復次、如先說、般若有二種。一者、共聲聞說。二者、但爲十方住十地大菩薩說、非九住所聞、何況新發意者！)(11)」。智者は共般若を通教に歸せんとし、不共般若を別に圓教に歸せんとする。

敦煌文獻の『教理集成文獻』(S六一三)中には〝地論學派〟の地〝空〟の義に對する理解が記載されている。『教理集成文獻』(S六一三)にいう。

十一空義、「內」「外」二法空、第三「相」空に相應ず。此の三事は法相なり。「有爲」は、此れ諸相、云何にして集まるか、有爲は起作するの故に集む、故に次いで宜しく辨ずべきなり。有爲旣に空なれば、「無爲」も亦た空なり。「無始」は、向の有爲無爲は、何に由りて起こるか、必ず妄想に本づく。妄想は諸法の原爲り、之を名づけて始と爲す。妄想は有にあらず、何ぞ相の存すべき有るか？「性空」は、妄想無きと雖も、妄想の眞相と、相應じて微にして改むべからず、之を以て「性」と爲す。此の性寂滅なれば、故に「性空」と言う。此の性空なるの故に、「無所有」と名づく。所無は旣に空、「無所有」も亦た空なり。「第一義空」は、向に情を窮盡するを以ての故に、眞相の義顯わる。僞を勝出す、名づけて「第一」と爲す。理相は絕對にして、寂滅を勝出す、故に「第一義空」と曰う。「空空」は、涅槃の體義、性相寂滅す、故に「空空」と曰う。此れ大と名づけざるは、染に通ぜざるを以てなり。後の「大空」は、眞性般若、體染淨に通じ、更に能く過ぐる莫し、故に「大」と曰うなり。

十一空義、「内」「外」二法空、第三相應「相」空。此三事法相也。「有爲」者、此諸相、云何而集、有爲起作故集、故次宜辨也。有爲旣空、「無爲」亦空。「無始」者、向有爲無爲、何由而起、必也本於妄想。妄想爲諸法之原、名之爲始。妄想非有、何有相可存。「性空」者、雖無妄想、妄想之與眞相、相應微不可改、以之爲「性」。此性寂滅、故言「性空」。此性空故、名「無所有」。所無旣空、「無所有」亦空也。「第一義空」者、以向窮盡情故、眞相義顯。勝出於僞、名爲「第一」。理相絕對、勝出寂滅、故曰「第一義空」。「空空」者、涅槃體義、性相寂滅、故曰「空空」。此不名大者、以不通染。後「大空」者、眞性般若、體通染淨、更莫能過、故曰「大」也[12]。

引用文中の内空から、外空・相空・有爲空・無意空・性空・第一義空に到るまで、そのまま空空に到るまでは、基本的に眞空の一面を強調しており、これはすなわち智者が言うところの共般若であるが、しかし引用文中には眞空と妙有の不二、すなわち不共般若については強調しておらず、そうだとすれば智者は〝地論師〟は不共般若に通じていないと考えていたことになろう。以上のことから、ここの智者の記載も、また敦煌文獻による裏付けを得たことになろう。

また、隋の智顗『妙法蓮華經文句』巻四「釋方便品」にいう。

次いで地論師云う、第五恆沙八分解を得、卽ち三十心位を開と爲す、初地從り六地に至るまで、見思盡き、解轉分明示すが如し。七地より八地に至るまで、空有竝びに觀じ、無礙にして悟るが如し。十地を入と爲す。經の十地を引き、名づけて眼見と爲す。

地論師云、第五恆沙得八分解、卽三十心位爲開、從初地至六地、見思盡、解轉分明如示。七地至八地、空有竝觀、無礙如悟。十地爲入。引經十地、名爲眼見[13]。

〝地論學派〟の階位斷惑の問題に關しては敦煌文獻『法界圖』(P二八三二bis)(14)中に詳細な記載があり、『法界圖』を參照することにより、智顗が引用文中で記載していたのが〝地論學派〟の通教大乘の階位論であったろうことが知られる。すなわち、「三十心位爲開」とは十住・十行・十迴向を指している。また「從初地至六地、見思盡、解轉分明如示」とは通教大乘中の初地から五地までの斷欲愛習、伏恆常沙上品を指している。「十地爲入。引經十地、名爲眼見」とは通教大乘の十地中に引用された『十地經論』の原文を指している。智顗の『四教義』中の記述は、この『法界圖』の階位と基本的に符合する。『四教義』卷一十にいう。

問いて曰く、此れ對四果は何れの經論より出ずるか? 答えて曰く、別教に斷伏もて對四果を明かすも、經論同じからざるもの多きなり。諸大乘法師の用いる所も亦た異なれり、地論師の通教判位に云う、初地は見を斷じ、二地は欲愛を斷じ、三地は色愛を斷じ、四地は無色愛を斷ず。地論師の通宗判位、有るいは三地見を斷ずるを用て須陀洹と名づく。四地從り六地に至るまでを斯陀含と名づく、第二依法師。七地を阿那含と名づく、第三依法師。十地等覺を阿羅漢と名づく、是れ第四依法師。有るいは三地に見を斷じ、四地を斯陀含と名づけ、五地を阿那含と名づけ、六地を阿羅漢と名づく……八不動地は卽ち是れ別教の辟支佛地なり、地論師云う、此從り無學道を明らかにするも、未だ的らかに經論に出ずるを知らず、但だ八地無生忍を得、寂にして常に用い、用いて相無きのみならず、無功用心もて、自然にして法界の無明惑色の習を斷じ盡くすなり。九善慧地は、無明にして稍薄、心習を斷じ盡くし、慧轉た分明、善く實相に入るなり。十法雲地は、慈悲智慧猶お大雲の若く、慈悲一切を普洽し、皆慧雲より雨す、能く十方諸佛の說く所の法雨を持し、無明を斷ずるなり。六等覺地は、卽ち是れ邊際智滿ち、重玄の門に入れば、若し法雲を望めば、之を名づけて佛と爲し、妙覺を望めば、金剛心菩薩と名づけ、亦た無垢地菩薩と名づく、三魔已に盡くるも、餘に一品の死魔有るは、無明の習を斷ずるに在るなり。

問曰、此對四果出何經論？ 答曰、別敎明斷伏對四果、經論多不同也。諸大乘法師所用亦異、地論師通敎判位云、初地斷見、二地斷欲愛、三地斷色愛、四地斷無色愛。地論師通宗判位、有用三地斷見名須陀洹。從四地至六地名斯陀含、第二依法師。七地名阿那含、第三依法師。十地等覺名阿羅漢、是第四依法師。有三地斷見、四地名斯陀含、五地名阿那含、六地名阿羅漢。……八不動地卽是別敎辟支佛地、地論師云、從此明無學道、未知的出經論、不但八地得無生忍、寂而常用、用而無相、無功用心、自然斷法界無明惑色習盡也。九善慧地、無明稍薄、斷心習盡、慧轉分明、善入實相也。十法雲地、慈悲智慧猶若大雲、慈悲普洽一切、皆雨慧雲、能持十方諸佛所說法雨、斷無明也。六等覺地者、卽是邊際智滿、入重玄門、若望法雲、名之爲佛。望妙覺、名金剛心菩薩、亦名無垢地菩薩、三魔已盡、餘有一品死魔、在斷無明習也(15)。

『法界圖』（P二八三二bis）を參照すると、智顗のこの部分の記載は『法界圖』の階位と非常に接近している。このことから、この部分の〝地論師〟については文獻的な根據を得ることができたといえよう。

また、隋の智顗の『維摩經文疏』卷二五にいう。

地論師の解の若きは、七識を用て六識を斷じ、智障滅して、八識眞修方めて顯る。

若地論師解、用七識斷六識、智障滅、八識眞修方顯(16)。

ここの引用文は二つの問題に涉っている。第一の問題は、七識と八識の問題であり、第二の問題は眞修と緣修の問題である。眞修と緣修の問題については上文ですでに考察した。七識八識と眞修緣修の問題は、〝地論學派〟第四期（智顗と同時期）の文獻『法鏡論』に次のようにいう。

問う、七識緣智能く入り、八識眞智能く入るか？　答う、緣智起こるも入る能わず、眞智は乃ち能く入る。

問、七識緣智能入、八識眞智能入？　答、緣智起不能入、眞智乃能入。(17)

引用文中にいう入とはすなわち入法界であり、〝地論學派〟は八識の眞智によってようやく法界に入ることができるのであり、七識の緣智によっては法界に入ることが出來ないと考えていたのである。『法鏡論』では緣智が七識を用いて六識を斷ずることであると明確に述べることはないが、しかしその意圖する所のおおよそは智顗の記載と似通っている。これによって、ここでの〝地論師〟は文獻的な根據を得たと言えよう。

また、隋の智顗の『維摩經文疏』卷二十七にいう。

地論師の十喩を以て詮相と爲すが若きは、此れ乃ち小乘の空を得て、永く大乘の有を失うなり。

若地論師以十喩爲詮相者、此乃得小乘之空、永失大乘之有。(18)

現存する藏内文獻および敦煌文獻を調査してみても、〝地論學派〟の文獻が「以十喩爲詮相」について論述する直接的な資料はない。筆者が推測するに、ここの部分は、智顗が自身の宗派的立場に立って二次的處理を施したものではないだろうか、換言すれば、智者は自身の觀點からみれば〝地論學派〟は小乘の空を得、大乘の有を失ったにすぎないと見なしていたのではないだろうか。この部分の記載は、智顗が宗派的立場に立ち〝地論學派〟のなにがしかの思想的觀點に對して行った〝總結〟である可能性は高いものの、しかし智者の意圖としては、やはり〝地論學派〟を指すものであったのではないだろうか。しかしながら、これについては直接的な文獻上の根據を示すことができない。

他に、隋智顗の『四教義』巻三にいう。

地論師明らかにす、阿梨耶識は是れ如來藏なり。

地論師明、阿梨耶識是如來藏。(19)

〝地論學派〟は阿梨耶識を如來藏であるとし、眞如法の觀點であるとする、これは敦煌文獻の中にも記載がある。敦煌文獻『大乘五門十地實相論』(BD〇三四四三)にいう。

『論』に曰く、「是の中、心の差別」とは、此の句は總なり。大乘中多く第八眞識を以て心と爲す、此れは是れ本心なり。隨縁相は染業にして、波浪を鼓すの故に、六識・七識の殊を爲す。故に『經』に言う、「心は採集の主爲り、意は廣く採集す、現識は五を分別す」。

『論』曰、「是中心差別」者、此句總。大乘中多以第八眞識爲心、此是本心。隨縁相染業、鼓波浪故、爲六識・七識之殊。故『經』言、「心爲採集主、意爲廣採集、現識分別五」。(20)

引用文中では第八識が眞識であり、本心であることが示されている。そしてそれは一切の法を生じるものである。また、『教理集成文獻』(S六一三)にいう。

第八識は隨縁にして名を説くに四有り。地前に名づけて「藏識」と爲す、煩惱陷隱するを以ての故なり。亦た「家識」と名づく、一切諸佛其の中より起こればなり。亦た「本識」と名づく、此れ生死の本なればなり。亦た「阿黎耶識」と名づく、是に就くるの故に名づくなり。

第八識隨緣而說名有四。地前名爲「藏識」、以煩惱陷隱故。亦名「家識」、一切諸佛起自其中也。亦名「本識」、此生死之本也。亦名「阿黎耶識」、就是故名也。(21)

引用文中には、阿黎耶識がまた「藏識」・「本識」とも名づけられることが示されている。しかし〝地論學派〟の中にも阿黎耶識を第七識であると考える說がある。法上の『十地論義疏卷第一・第三』卷一にいう。

三種同相智とは、一は緣起、二は妄相、三は眞如なり。緣起とは、第七阿梨耶識、是れ生死の本なり。妄想とは、六識心、妄りに分別を生じ、邪まに六塵に著す。眞如とは、佛性眞諦、第一義空なり。此の三解に別異無し、名づけて同相と爲す。

三種同相智者、一緣起、二妄相、三眞如。緣起者、第七阿梨耶識、是生死本也。妄想者、六識心、妄生分別、邪著六塵。眞如者、佛性眞諦、第一義空也。此三解無別異、名爲同相。(22)

引用文によれば、彼の排列は、六識心・第七阿梨耶識・眞如の順である。引用文中では、第七阿梨耶識が生死の本であることが示されているが、このことからすればこの第七阿梨耶識は實際上は第七阿陀那識を指すことになり、だとすれば名稱の交錯が起きているのであろう。

隋の智者の『三觀義』卷一にいう。

爾くの若ければ、豈に全く地論師に同じくして、本有佛性を用いんや。

若爾、豈全同地論師、用本有佛性。(23)

〝地論學派〟の〝佛性〟の問題に關して、敦煌文獻『教理集成文獻』（P二九〇八）には以下のようにいう。

経に佛性の義を解す……一人の解有り、性空を以て佛性と爲す……又た復た一人の解に、衆生を以て佛性と爲す……又た一人の解に、神慮を佛性と爲す……又た復た一人の解に、當常を以て佛性と爲す。正に以て凡そ心有る者、始終不斷、無漏道を修し、彼の常佛と作し、當常の佛は無明衆生に屬し、差わしむるべからず、故に當常を以て佛性と爲すなり。

經解佛性義……有一人解、以性空爲佛性……又復一人解、以衆生爲佛性……又一人解、神慮爲佛性……又復一人解、以當常爲佛性。正以凡有心者、始終不斷、修無漏道、作彼常佛、當常佛屬無明衆生、不可令差、故以當常爲佛性也(24)。

引用文中の當常とは、すなわち本有佛性を指している。

三 吉藏のいわゆる〝地論師〟

(1) 早期著作中に記載された〝地論師〟

吉藏の『大品經義疏』巻一にいう。

次いで靈觀法師有り、是れ地論師中の好手なり、經つて東陽に至り、後都豐樂寺に還り、興皇法師に歸し假停すること三日。講看の人、其の是れ靈觀にあらざるを疑い、觀其の倫して靈觀の名を得るを恐る……

『華嚴』『大集』『涅槃』『大品』を釋するを主とす。

次有靈觀法師、是地論師中好手、經至東陽、後還都豐樂寺、歸興皇法師假停三日。講看之人、疑其非是靈觀、觀恐其偸得靈觀之名……主釋『華嚴』『大集』『涅槃』『大品』(25)。

僧傳を調査してみると、靈觀の傳記はあるが、しかし時間的な面から判斷すれば、いずれも吉藏が記載するこの靈觀ではないと思われる。敦煌文獻の中にも、吉藏が記載しているこの靈觀に關する記載はなく、よってここについては十分な文獻的證明ができない。

また、吉藏の『大品經義疏』卷八にいう。

地論師云う、眞如佛性は、法界眞諦の故、是くの如き智慧は、但だ修習して有するにはあらず、古今當に定むべきなり。

地論師云、眞如佛性、法界眞諦故、如是智慧、但非修習而有、古今當定(26)。

ここで吉藏が述べているのは〝地論學派〟の眞修であり、上文の考察の通り、文獻的な根據を得たといえよう。

また、隋の吉藏の『金剛般若疏』卷一にいう。

第五釋經、經に三種有り、或いは文を經と爲し、或いは理を經と爲し、或いは文理合するを經と爲す。地論師云う、三十心の前人、文を經と爲す。三十心、文理合するを經と爲す。初地已去、理を用て經と爲す。

第五釋經、經有三種、或文爲經、或理爲經、或文理合爲經。地論師云、三十心前人、文爲經。三十心、文理合爲經。初地已去、用理爲經(27)。

上文の〝地論學派〟の階位論を參照すると、「三十心」なるものが見えているが、しかし引用文の内容は、吉藏が宗派的立場に立ち、〝地論學派〟の階位論に對しなにがしかの總結を行おうとしたものであろう。

また、吉藏の『金剛般若疏』巻三にいう。

問う、三佛は乃ち是れ地論師の說、汝今何の故に乃ち斯の義を用うるか？

問、三佛乃是地論師說、汝今何故乃用斯義(28)？

「三佛」とはすなわち法身佛・報身佛・應身佛のことである。〝地論學派〟の文獻においては確かにしばしば言及されている。例えば、敦煌文獻『法界圖』（P二八三二bis）にいう。

亦た佛地と名づくるは、人に從りて稱を爲す。佛に三種の身有り。一は法身佛、法性を以て體と爲し、自體緣集を身と爲す。二は報身佛、一切種妙智を以て體と爲し、無爲緣集を身を爲す。三者は應身佛、大悲を以て體と爲し、三十二相八十種好、有爲緣集を身と爲す。

亦名佛地、從人爲稱。佛有三種身。一者法身佛、以法性爲體、自體緣集爲身。二者報身佛、以一切種妙智爲體、無爲緣集爲身。三者應身佛、以大悲爲體、三十二相八十種好、有爲緣集爲身(29)。

また、敦煌文獻『教理集成文獻』（S六一三）にいう。

佛の三種の身は、廣くは章中に辨ずる所の如くなれば、是の處に略するのみ。三身に各おの三業有り。法身の三者は、至寂の體、以て身と爲す。妙相顯彰、以て口と爲す。澄明内朗、以て意と爲す。報身の三者は、至德の體、以て身と爲す。義に不彰無し、以て口と爲す。明照の慧、以て意と爲す。應身の三者は、形在らざる無し、以て身と爲す。在るに彰ならざる無し、以て口と爲す。彰にして實ならざる無し、以て意と爲すなり。

佛三種身、廣如章中所辨、是處略耳。三身各有三業。法身三者、至寂之體、以爲身。妙相顯彰、以爲口。澄明内朗、以爲意。報身三者、至德之體、以爲身。義無不彰、以爲口。明照之慧、以爲意。應身三者、形無不在、以爲身。在無不彰、以爲口。彰無不實、以爲意也。(30)

『法界圖』では、三佛と三種緣集とを對應させており、だとすれば〝三佛説〟は〝地論學派〟特有の學説であると言える。しかし、もし三佛説が三種緣集説と對應していないのだとすれば、それを吉藏が考えていたような〝地論學派〟特有の學説と見なしうるであろうか。この點については檢討してみる價値がある。吉藏が述べる〝地論師〟の三佛説は、ある重要な情況を指していたのではないかと考えられる。

（２） 長安早期の著作

隋の吉藏の『中觀論疏』卷一「因緣品第一」にいう。

舊地論師等四宗義を辨ずるが如きは、毘曇は是れ因緣宗、成實を假名宗と爲し、波若教等を不眞宗と爲し、涅槃教等を名づけて眞宗と爲すと謂う。

如舊地論師等辨四宗義、謂毘曇是因緣宗、成實爲假名宗、波若教等爲不眞宗、涅槃教等名爲眞宗。(31)

〝地論學派〟の教判の問題に關しては、敦煌文獻『教理集成文獻』（S六一三）に以下のようにいう。

夫れ如來大聖、世に興る所以の者は、將に己の得る所を以て、衆生に傳示せんと欲さんとするの故なり。然るに其の得る所を究めれば、教塵沙に別ち、豈に眼目を容れんや。如し約して以て辨ずれば、一大始終、要は三を出でず。其の三とは何ぞや？　一は是れ三乘別教、二は是れ通教、三は是れ通宗教なり。別教と言うは、『毘曇』『誠實』の辨ずる所の疎論者を謂う者は是れなり。通教と言うは、『法華』三を會して一に歸すが如き者は是れなり。通宗教と言うは、『涅槃』『華嚴』『大集』の辨する所の體狀を謂う者は是れなり。

夫如來大聖、所以興於世者、將欲以己所得、傳示衆生故也。然究其所得、教別塵沙、豈容眼目。如約以辨、一大始終、要不出三。其三者何？　一是三乘別教、二是通教、三是通宗教。言別教者、謂『毘曇』『誠實』所辨疎論者是。言通教者、如『法華』會三歸一者是。言通宗教者、謂『涅槃』『華嚴』『大集』所辨體狀者是。(32)

引用文に従って表として示すと表1のようになる。

この他、〝地論學派〟の敦煌文獻『教理集成文獻』（F一八〇）に記載されている三種教判についても、次頁に表2・3・4として示しておく。

この說と智顗の『妙法蓮華經玄義』巻十の「三には、定林の柔・次二師及び道場の觀法師、頓と不定の同前を明らかにし、更に漸は五時教爲るを判ず、卽ち開善・光宅の用うる所なり。四時は前を導かず、更に無相の後を

表1

三教	
三乘別教	『毘曇』『誠實』
通教	『法華』
通宗教	『涅槃』『華嚴』『大集』

表2　達法師三時經教(33)

三時經教		
開源法輪	即是始『華嚴』、明大乘之理、開悟菩薩、引文言「如日初出、先照高山」	『十地經』云、「攝法爲首、三時轉故」、此意明三相。生分說法即是開源、住分說法即是權源、滅分說法即是還源
權源法輪	從鹿野苑、至『法華』教、明理未極、方便權化	
還源法輪	即『涅槃』教、明源返本	

表3　五時經教(34)

五時經教		
三乘別教	爲聲聞說四諦、爲緣覺說十二因緣、爲菩薩說六度、三乘各有所稟、稱爲別教	『法華經』云、「爲求聲聞者、說應四諦法」乃至「菩薩說六度」
三乘通教	爲說『波若』	『波若經』言「欲學聲聞、當學波若、菩薩亦然」
抑揚教	即『淨名』等經、即貶挫聲聞、贊揚菩薩	
一乘教	即是『法華經』、說一乘	『法華經』云、「十方佛土中、唯有一乘法、無二亦無三、除佛方便說」
常住教	即『涅槃經』開宗所明常住	『涅槃經・梵行品』云、「從牛出乳、從乳出酪、從酪出生蘇、從生蘇出熟蘇、從熟蘇出醍醐」

表4　莊嚴寺僧旻四時經教(35)

四時經教	
有相教	即是十二年中說法
無相教	即十二年後、說五時『波若』・『淨名』・『思益』之流
一乘教	即『法華』教
常住教	即『涅槃經』

し、同に之の前に歸す、『淨名』『思益』諸方等の經を指し、褒貶抑揚教と爲す（三者、定林柔次二師及道場觀法師、明頓與不定同前、更判漸爲五時教、卽開善光宅所用也。四時不導前、更約無相之後、同歸之前、指『淨名』『思益』諸方等經、爲褒貶抑揚教）(36)」、および吉藏の『三論玄義』卷一中に記載されている、「五時と言う者は、昔『涅槃』初めて江左を度り、宋道場寺の沙門慧觀仍お『經序』を制し、略ぼ佛教に凡そ二科有るを判ず。一者は頓教、卽ち華嚴の流、但だ菩薩の爲にのみ具足して理を顯す。二者は鹿苑從り始めて鵠林に終竟す、淺より深に至る、之を漸教と謂う。漸教内に於いて、開きて五時と爲す。一は三乘別教、聲聞人の爲めに四諦を說き、辟支佛の爲めに十二因緣を演說し、大乘人の爲めに六度を明らかにす。因を行ずること各おの別あり、果を得ること同じからざれば、三乘別教と謂う。二は般若三機を通化するを、三乘通教と謂う。三は『淨名』『思益』菩薩を讚揚し、聲聞を抑挫するを、抑揚教と謂う。四は法華彼の三乘を會し、同に一極に歸せしむるを、同歸教と謂う。五は涅槃を常住教と名づく（言五時者、昔『涅槃』初度江左、宋道場寺沙門慧觀仍制『經序』、略判佛教凡有二科。一者頓教、卽華嚴之流、但爲菩薩具足顯理。二者始從鹿苑終竟鵠林、自淺至深、謂之漸教。於漸教內、開爲五時。一者三乘別教、爲聲聞人說於四諦、爲辟支佛演說十二因緣、爲大乘人明於六度。行因各別、得果不同、謂三乘別教。二者般若通化三機、謂三乘通教。三者『淨名』『思益』贊揚菩薩、抑挫聲聞、謂抑揚教。四者法華會彼三乘、同歸一極、謂同歸教。五者涅槃名常住教）(37)」とは同樣である。

ここの記載と智者の『妙法蓮華經玄義』卷十の「二は宗愛法師、頓と不定は同前、漸に就いては更に四時教を判ず、卽ち莊嚴旻の用うる所なり。三時は前と異ならず、更に無相の後・常住の前に於いて、『法華』の三を會し一に歸す・萬善悉く菩提に向かうを指し、同歸教と名づくなり（二者宗愛法師、頓與不定同前、就漸更判四時教、卽莊嚴旻所用。三時不異前、更於無相後・常住之前、指『法華』會三歸一・萬善悉向菩提、名同歸敎也）(38)」とは同樣である。僧旻(39)（四六七―五二七）は、呉郡富春（浙江富陽）の人、梁の三大法師の一人であり、『成實』に長じていた。

上に述べた事柄についてまとめると、敦煌文獻中には吉藏が記載する四宗判については見出せない。もし竝べられた經論の分布という點からのみ論ずれば、吉藏が記載する四宗の經論と『教理集成文獻』（S六一三）中の教判の分布とは非常に近似している。このことから、筆者は吉藏が『教理集成文獻』（S六一三）中に竝べたものと類似するこの種の教判を根據として〝轉述〟を行ったのではないかと推測する。

また、吉藏の『中觀論疏』巻三「因縁品第一」にいう。

地論師に乖眞起妄の來、息妄歸眞の去有り。
地論師有乖眞起妄之來、息妄歸眞之去[40]。

〝地論學派〟の敦煌文獻を調査してみても、吉藏の記載に對應するような直接的文獻は見あたらない。別の角度から考えれば、ここでいう「乖眞起妄之來」とは煩惱の生起を指し、「息妄歸眞之去」とは煩惱の消滅を指しており、ここには煩惱と清淨の相對關係がある。これは吉藏が自身の宗派的立場から〝地論學派〟の煩惱（煩惱障・智障）および滅煩惱（眞修・縁修）に關係する思想に對する轉述ではないだろうか。

また、吉藏の『中觀論疏』巻三「因縁品第一」にいう。

亦た地論師の義に同じ。猶お一舍の如し、若し有相心もて取れば、則ち妄想の舍を成す。若し無相心もて取れば、則ち畢竟空舍なり……地論 一物兩觀 眞妄を成す有り。
亦同地論師義。猶如一舍、若有相心取、則成妄想之舍。若無相心取、則畢竟空舍……地論有一物兩觀成眞妄[41]。

引用文からは、吉藏の意圖が〝地論師〟が有相と無相を相對せしめ、眞と妄とを相對せしめることを批判することにあることが看取されるが、しかし現存する〝地論學派〟の敦煌文獻を調査してみると、吉藏の記載を裏付

 けるような直接的文献資料は見出せない。この部分もまた吉藏の宗派的立場から〝地論學派〟に對してなされた理解なのであろう。

ほかに、『中観論疏』巻七「行品第十三」にいう。

又た舊地論師七識を以て虛妄と爲し、八識を眞實と爲す。

又舊地論師以七識爲虛妄、八識爲眞實。[42]

敦煌文献『法鏡論』に次のようにいう。「問う、七識縁智は能く入り、八識眞智は能く入るか？ 答う、縁智起こるも入るあたわず、眞智は乃ち能く入る[43]」。この敦煌文献にも、やはり七識が虛妄であるとは直接説明されてはいないが、しかし明確に八識は眞智であるとしている。筆者が推測するに、あるいは吉藏は〝地論學派〟が八識を眞智と見なしているという情況を根據として七識を妄智あるいは妄識であると理解しようとしたのではないだろうか。

また、隋の吉藏の『中観論疏』巻一〇「涅槃品第二十五」にいう。

地論師の法界の體は有無に非ず。

地論師法界體非有無。[44]

敦煌文献『法鏡論』は「法界」に對して明確に定義している。

懍云う、自體實の如し、之を名づけて法と爲す。都城を該羅す、之を名づけて界と爲す。

懍云、自體如實、名之爲法。該羅都城、名之爲界。(45)

引用文によれば、「法」の「自體如實」とは體を指しており、「界」の「該羅都城」とは用を指している。體用の合一を「法界」と名づけるのである。

ほかに、『法鏡論』はまた「如如」を法界の體と考える。

第二出體とは、懍云う、如如を以て體と爲す。

第二出體者、懍云、以如如爲體。(46)

續けて、『法鏡論』はこの「法界」の體である「如如」に對して詳細な論述を行う。『藏外地論宗文獻集成續集・法鏡論逸文』にいう。

如如の義、第一釋名は、懍師云う、如如とは、諸法の玄宗、無二の通旨なり。如は不異を以て義と爲す、萬法は萬如、萬如は一如、一如は萬如、故に曰く、如如と。夫れ萬法萬如に異ならず、萬如萬法に異ならざるは、一如なり。萬如一如に異ならず、一如萬如に異ならざるは、二如なり。一は一にあらざるの一、一は二に異ならず、二は二にあらざるの二、二は一に異ならず、故に「如如」と曰うなり。

如如義、第一釋名者、懍師云、如如者、諸法之玄宗、無二之通旨也。如以不異爲義、萬法萬如、萬如一如、一如萬如、故曰、如如。夫萬法不異萬如、萬如不異萬法、一如也。萬如不異一如、一如不異萬如、二如也。一非一一、一不異二、二非二二、二不異一、故曰「如如」也。(47)

『法鏡論』は「法界」の體を定めて「如如」としており、「如如」には三つの義が含まれている。「不二」・「不異」は吉藏が記載する「法界體非有無」の意味するところと近しい。また、吉藏晩期の著作である『維摩經略疏』もまた〝地論師〟の法界の體に關わる問題について記載している。吉藏の『維摩經略疏』卷三にいう。

次いで地論師有りて云う、法界の體に來去無く、法界の用は來去す……問う〔一三〕地解此くの如し、今復た若ぞ爲さんや？ 大師云う今時更に解有るが若し。

次有地論師云、法界體無來去、法界用來去……問〔一三〕地解如此、今復若爲耶？ 大師云今時若更有解。[48]

吉藏は直接〝地論師〟の思想を「地解」に歸結させているが、しかし『卍新纂續藏經』の注十三に次のようにいう。「「地」は恐らくは「他」なり、「地」は惰音「他」と通ずる有り。古本天台別行玄の「地人」を四明記本「他人」に作るが如きは是の例なり。是れ上の諸家を總指するなり。（地恐他、地有惰音與他通。如古本天台別行玄地人四明記本作他人是例也。是總指上諸家也。）」これは「地解」とは上の諸家を指すものと考えており、あわせて四明（宋知禮）記本中の「地人作他人」を用いて例證としている。上文の「法界體」に關する考察によれば、ここで吉藏の記載する「地解」は「地論師」を指しており、諸家を總指してはいない。

また、『中觀論疏』卷四「去來品第二」にいう。

地論師云う、法界の體は無來、用は卽ち有來。

地論師云、法界體無來、用卽有來。[49]

ここでは吉藏は『中觀論・去來品』の去來の問題について述べているが、ここで理解される〝地論師〟は、しかし〝地論學派〟の敦煌文獻を調査してみても、目下この觀點について直接的な文獻上の裏付けは見出せない。ただ、近しい考えを有するものとしては上文で考察した通りである。

ほかに、吉藏の『百論疏』巻三「破常品第九」にいう。

問う、外道 無想非想を計りて涅槃と爲す、是れ五陰中何の陰攝ならんや? 答う、彼の修 無想非想定を得るも、復出入息む無し、卽ち是れ捨受、故に捨受を計りて涅槃と爲す。數人有無を別ちて法と爲す、是れ善是れ常、生死の外に在り、煩惱の覆と爲し、斷惑の起こるを修解して得、無爲に得、彼の行人に屬すは、地論師の本有涅槃の義と大同なり。

問、外道計無想非想爲涅槃、是五陰中何陰攝耶? 答、彼修得無想非想定、無復出入息、卽是捨受、故計捨受爲涅槃。數人別有無爲法、是善是常、在生死外、爲煩惱覆、修解斷惑起得、得於無爲、屬彼行人、與地論師本有涅槃義大同也。(50)

引用文中、吉藏が記載する外道・數人および地論師の三種の涅槃義について表で示せば表5のようになる。

この他に、〝地論學派〟の敦煌文獻『教理集成文獻』(S四三〇三)の「廣涅槃義第七」は涅槃に對して詳細に論述している。ここに、『教理集成文獻』(S四三〇三)によって表に示せば表6のようになる。

ほかにも、『教理集成文獻』(S四三〇三)の「廣涅槃義第七」の「釋有餘無餘」にいう。

通宗中に就きて、方便涅槃は、寄修對治、道の克する所を盡し、未だ泯びざるを得るを除く、稱して有餘と爲す。性淨涅槃は、本實を顯わし、無修無碍、目して無餘と曰う。此の二涅槃、體用兩分し、其相は猶お局あり、亦た是れ有餘なり。圓寂涅槃、二に於いて無二、是れを無餘と作す。

就通宗中、方便涅槃、寄修對治、盡道所克、除得未泯、稱爲有餘。性淨涅槃、顯於本實、無修無碍、目曰無餘。此二涅槃、體用兩分、其相猶局、亦是有餘。圓寂涅槃、於二無二、作是無餘。(51)

引用文によって表に示せば次頁表7の通りである。

表5

吉藏記載諸家涅槃義 ＼ 派別	涅槃義	備注
外道	無想非想定	
數人	善與常、在生死外	與地論師同
地論師	本有涅槃	與數人同

表6

『教理集成文獻』(S四三〇三)涅槃義(52) ＼ 項目一	項目二		
小涅槃	限相證無、目之爲小		
大涅槃	通教大涅槃	名相猶存、形待未亡、緣起法界、無名之旨、獨爲一導之所隱	
	通宗大涅槃	方便涅槃	據修以彰實用
		性淨涅槃	對盡以彰至寂
		圓寂涅槃	據平等以彰極旨
		備此三、則宗無不同、義無不統、妙盡環中、更莫能過、名爲通宗大涅槃	

表7

	項目一	項目二	項目三	項目四	備注
有餘無餘涅槃	有餘	有餘之有餘	方便涅槃	寄修對治、盡道所克、除得未泯	此二涅槃、體用二分、其相猶極、亦是有餘
		有餘之無餘	性淨涅槃	顯於本實、無修無得	
	無餘	無餘	圓寂涅槃	於二無餘、作此無餘	

また、敦煌文獻『十地經論疏』（BD〇六三七八／S三九二四）にいう。

自下の四偈は、正に二種の涅槃を明らかにす、無障無碍解脱、是れ其の智相、以て地行甚微にして説き難きの義を彰かにす。前の二偈中、正に二種の涅槃を明らかにす、後の二偈、地行の説き難きを辨ず。前の二偈中の初兩句、性淨涅槃を明らかにす。後の六句、方便涅槃を明らかにす。「同相」とは、性淨涅槃、一相無相、體均一味、之を以て同と爲す。方便涅槃、萬德殊捜、以て不同と爲す。

自下四偈、正明二種涅槃、無障無碍解脱、是其智相、以彰地行甚微難説義。前二偈中、正明二種涅槃、後二偈、辨地行難説。前二偈中初兩句、明性淨涅槃。後之六句、明方便涅槃。「同相」者、性淨涅槃、一相無相、體均一味、以之爲同。方便涅槃、萬德殊捜、以爲不同。[53]

また、敦煌文獻『十地經論疏』（BD〇六三七八／S三九二四）にいう。

「等同涅槃相」は、此れ方便淨涅槃、萬用殊分すと雖も、而れども寂用平等にして、性淨涅槃相に同じ……「此智無漏」は、方便淨涅槃を明らかにす、斷惑に由りて得るも、體斷ずるにあらず、對治に寄て彰らかにす……猶お初地以上の如きは、縁心漸く盡き、眞解漸く顯われ、金剛頓息し、圓明の果、萬德斯ち之に備わり、方便淨涅槃と爲す。

「等同涅槃相」、此方便淨涅槃、雖萬用殊分、而寂用平等、同性淨涅槃相……「此智無漏」者、明方便淨涅槃、由斷惑而得、而體非斷、寄對治而彰……猶如初地以上、縁心漸盡、眞解漸顯、金剛頓息、圓明之果、萬德斯備之、爲方便淨涅槃[54]。

また、敦煌文獻『十地經論疏』（BD〇六三七八／S三九二四）にいう。

「性淨涅槃」とは、體眞一味なり。……「滅者成不同相涅槃」とは、方便外用し、妄想を除くに由りて得、故に障滅して名成る、性滅するにあらず。……上來の二種の涅槃を明らかにする所以は……果を語りて言えば、性淨・方便淨を出でず。因を論ずれば證・教に過ぎず。證滿を性淨と爲し、教滿を方便淨と爲す。

「性淨涅槃」者、體眞一味也。……「滅者成不同相涅槃」者、方便外用、由除妄想而得、故障滅名成、非性滅。……上來所以明二種涅槃……語果而言、不出性淨・方便淨。論因不過證・教。證滿爲性淨、教滿爲方便淨[55]。

また、敦煌文獻『勝鬘經疏』（S六三八八／BD〇二三四六）にいう。

「於無常壞世間」より「常住涅槃界」に訖るまで、方便淨涅槃、生死に於いて雜亂せざるを明らかにす。「於無覆護世間」より「爲護爲依」に訖るまで、性淨涅槃、涅槃に於いて寂靜にあらざるを明らかにす。

「於無常壞世間」訖「常住涅槃界」、明方便淨涅槃、於生死不雜亂。「於無覆護世間」訖「爲護爲依」、

表8

『十地經論疏』（BD〇六三七八／S三九二四）	性淨涅槃	一相無相、體均一味、以之爲同		
	方便涅槃	萬德殊捜、以爲不同		
『十地經論疏』（BD〇六三七八／S三九二四）	方便淨涅槃	萬用殊分 由斷惑而得、而體非斷、寄對治而彰 猶如初地以上、緣心漸盡、眞解漸顯、金剛頓息、圓明之果、萬德斯備		
	性淨涅槃	寂用平等		
『十地經論疏』（BD〇六三七八／S三九二四）	方便淨涅槃	方便外用、由除妄想而得	障滅	教滿
	性淨涅槃	體眞一味	性滅	證滿
『勝鬘經疏』（S六三八八／BD〇二三四六）	方便淨涅槃	于生死不雜亂		
	性淨涅槃	于涅槃非寂靜		

明性淨涅槃、於涅槃非寂靜[56]。

ここで上の四種の文獻の性淨涅槃と方便淨涅槃についての論述を表にまとめれば表8のようになる。

上に述べた所を總括すれば、現有の敦煌文獻の中には、直接「本有涅槃」という一語を用いている敦煌文獻はない。『教理集成文獻』（S四三〇三）が用いるのは「方便涅槃」・「性淨涅槃」・「圓寂涅槃」という三つの概念であり、『十地經論疏』（BD〇六三七八／S三九二四）・『勝鬘經疏』（S六三八八／BD〇二三四六）が用いるのは「方便淨涅槃」と「性淨涅槃」の二つの概念である。このことにより、吉藏の記載と上述の敦煌文獻中の記載とを對照すると、吉藏が述べる所の「本有涅槃」は〝地論學派〟の「性淨涅槃」を指していたであろうことが看取される。

なぜなら、「性淨涅槃」は「顯于本實、無修無德」・「寂用平等」・「體眞一味」・「性滅」であり、智滅ではないことを強調しているからである。

（3）長安晩期の著作

吉藏の『法華玄論』卷四にいう。

近道・遠道有り、近道は三十七品を謂い、遠道は六波羅蜜を謂う……數論師・地論師・法華等師に此の義有る無し。

有近道・遠道、近道者謂三十七品、遠道者謂六波羅蜜……數論師・地論師・法華等師無有此義。(57)

敦煌文獻を調査してみると、確かに吉藏が述べるように、「近道」・「遠道」といった思想は見えない。この他、敦煌文獻中には「證道」と「敎道」の説が見える。(58)「證道」とは「眞修」・「性淨涅槃」を指しており、「敎道」とは「緣修」・「方便淨涅槃」を指している。從って、近道・遠道とは對應していない。

吉藏の『法華玄論』卷九にいう。

地論師云う、報身は是れ常。然る所以は、法身は卽ち是れ本有佛性なればなり。報佛は修因の得る所爲り、佛性顯われ故に報身と名づく、卽ち是れ始有なり。亦た是れ性淨、方便淨の義なり。

地論師云、報身是常。所以然者、法身卽是本有佛性。報佛爲修因所得、佛性顯故名報身、卽是始有。亦是性淨、方便淨義。(59)

表9

報身（報佛）	始有佛性	修因所得、佛性顯故	現常	方便淨
法身	本有佛性	非修滅、性滅	當常	性淨

「報身是常」とは報身が現常すること、すなわち初めて佛性を得ることを指す。引用文を表に示すと表9のようになろう。

〝地論學派〟の佛性の問題に關しては、敦煌文獻の『教理集成文獻』（P二九〇八）にいう。

又復一人解、以當常爲佛性。正以凡有心者、始終不斷、修無漏道、作彼常佛、當常佛屬無明衆生、不可令差、故以當常爲佛性也[60]。

又た復た一人の解に、當常を以て佛性と爲す。正に以て凡そ心有る者は、始終不斷、無漏道を修し、彼の常佛と作す、當常の佛は無明衆生に屬し、差わしむべからず、故に當常を以て佛性と爲すなり。

敦煌文獻中で用いられているのは當常佛性であり、またこれは吉藏・智者が記載している「本有佛性」である。當常佛性と對應するのは現常佛性であり、またこれは「始有佛性」である。

吉藏の『法華玄論』巻二にいう。

評に曰く、此の師の學を尋ぬるに集此方より出ず、第八識は自性清淨と謂い、亦た性淨涅槃と名づけ、以て妙法と爲す。既に是れ佛の得る所と云う、還た是れ果義、同に前に評せるなり。又た『攝大乘論』に阿僧伽菩薩の造る所、及び『十八空論』に婆藪の造る所、皆八識は是れ妄識と云い、是れ生死の根と謂う。先代地論師用て佛性と爲し、是れ眞極なりと謂う。昔『般若』未だ度せざるとき、遠師已に眞空を悟る。『涅槃』は盡くさず、生公佛性を照知し、諸地論師先見の明を慚する有り。

評曰、尋此師學集出此方、謂第八識自性清淨、亦名性淨涅槃、以爲妙法。既云是佛所得、還是果義、同前評也。又『攝大乘論』阿僧伽菩薩所造、及『十八空論』婆藪所造、皆云八識是妄識、謂是生死之根。先代地論師用爲佛性、謂是眞極。昔『般若』未度、遠師已悟眞空。『涅槃』不盡、生公照知佛性、諸地論師有慚先見之明矣。[61]

吉藏の記載によると〝地論師〟は第八識はすなわち佛性であり眞極であり、また性淨涅槃と名づけるとしている。敦煌文獻『法鏡論』にいう。

問う、七識縁智は能く入り、八識眞智は能く入るか？　答う、縁智起こるも入る能わず、眞智は乃ち能く入る。

問、七識縁智能入、八識眞智能入？　答、縁智起不能入、眞智乃能入。[62]

引用文によれば、『法鏡論』は八識とは眞智であり、これこそが自性清淨・本有佛性・性淨涅槃であると考えていたことが分かる。よって上の『法華玄論』の記載は敦煌文獻による裏付けを得たことになろう。

ほかに、『大乘玄論』[63]巻三にいう。

本有・始有の義も亦た是くの如し……若し本有に執すれば則ち始有にあらず、若し始有に執すれば則ち本有にあらず、各おの一文に執すれば、經意を會通するを得ず、是非諍競し、佛法輪を滅するを作し、具陳すべからず。但だ地論師云う、佛性に二種有り、一は是れ理性、二は是れ行性なり。理は物造にあらず、故に本有と言う。行は修に藉りて成る、故に始有と言う。

本有・始有義亦如是……若執本有則非始有、若執始有則非本有、各執一文、不得會通經意、是非諍競、作滅佛法輪、不可具陳。但地論師云、佛性有二種、一是理性、二是行性。理非物造、故言本有。行藉修成、故言始有。(64)

〝地論學派〞の佛性の問題に關しては、敦煌文獻『教理集成文獻』（P二九〇八）の記載に「以當常爲佛性」とあり、(65)この中の當常こそが本有佛性である。筆者は、〝地論學派〞は「當常」と「現常」とを用いて本有佛性と始有佛性の問題を説明したのではないかと推測するが、目下筆者は〝地論學派〞が「理佛性」と「行佛性」の概念を用いて本有佛性と始有佛性の問題を説明している例を見つけ出せていない。しかし引用文中の「理非物造、故言本有。行籍修成、故言始有」と〝地論學派〞の性淨・方便淨の概念は非常に接近しており、故に筆者はここの〝地論師〞には對應する敦煌文獻による文獻的根據があるのではと考えている。

また、『大乘玄論』巻三にいう。

明見性第八……地論師は行位判に據り、行は通じ位は別つとす、『涅槃』位を辨じ義を別つ、故に菩薩位智猶お未だ極まらず、故に十地菩薩は見性明ならず、九地も猶お未だ見さず。『華嚴』行通の義を明らかにす、故に初めて心を發するの時、便ち正覺を成すと云うなり。

明見性第八……地論師據行位判、行通位別、『涅槃』辨位別義、故菩薩位智猶未極、故十地菩薩見性不明、九地猶未見。『華嚴』明行通義、故云初發心時、便成正覺也。(66)

吉藏の記載によれば、〝地論師〟は「行」と「位」とを分け、行は相い通じ、位次は異なるとしている。〝地論學派〟には大乘通教と大乘通宗の判があり、(67)この「行通」は通教と通宗とがいずれも十信・十住・十行・十迴向・十地・等覺・妙覺等五十二階位を有することを指し、行とはすなわち行走の過程ではないかと思われる。「位別」とは大乘通教と大乘通宗の果位が異なることを指す。引用文によれば、吉藏は『涅槃』を大乘通教の位置におき、『華嚴』を大乘頓教の位置に置いている。しかし、敦煌文獻『教理集成文獻』（S六一三）(68)、『教理集成文獻』（F一八〇）の三つの異なる教判の中では、(69)いずれも『涅槃』を最高の大乘通宗あるいは常住教中に置いている。引用文中の「十地菩薩見性不明、九地猶未見」は、『教理集成文獻』（S六一三）が記載する〝地論學派〟の階位論を參照してみると、その内容のおおよそは大乘通教中において、九地菩薩は恆沙の中品を斷じ、十地にいたってやっと恆沙の下品を完全に斷じ、等覺の金剛心位時に到って見性することができると述べている。上の檢討をまとめると、吉藏の記載は敦煌文獻の中に對應する文獻的根據を見出し得たといえよう。ゆえに筆者は、吉藏のここでの引用文中の〝地論師〟については、文獻的な裏付けを得ることが出來たと考える。

『大乘玄論』巻三にいう。

　地論云う、性淨・方便淨涅槃。性淨涅槃は、是れ本有理顯現し、性淨涅槃と名づく。緣修萬德、方便淨涅槃と名づく。二涅槃の體に別異あり……地論師性淨涅槃に二種の解有り、一は本有萬德と云う。二は本無萬德と云う、但だ是れ萬德の體は故に萬德と言う……問う、地論師の性淨涅槃、成論師の本有涅槃、今日の正法涅槃、何の異なること有らんや？　答えて曰く、地論師の阿梨耶識、攝論師の阿摩羅識、成論師の成佛理顯現、名づけて法身と爲す。是を定めて法有るの故に、常を以て經宗と爲す。今中道は佛性爲るを明らかにす。……唯四師大いに二義を明らかにす、成實の明本有始有、地論師の性淨方便淨なり、攝論師の四種涅槃は、一は本性寂滅涅槃、二は有餘、三は無餘、四は無住處涅槃なり。

地論云、性淨・方便淨涅槃。性淨涅槃、是本有理顯現、名性淨涅槃。緣修萬德、名方便淨涅槃。二涅槃體別異……地論師性淨涅槃有二種解、一云本有萬德。二云本無萬德、但是萬德體故言萬德……問地論師性淨涅槃、成論師本有涅槃、今日正法涅槃、有何異耶？　答曰、地論師阿梨耶識、攝論師阿摩羅識、成論師成佛理顯現、名爲法身。定是有法故、以常爲經宗。今明中道爲佛性。……唯四師大明二義、成實明本有始有、地論師性淨方便淨、攝論師四種涅槃、一本性寂滅涅槃、二有餘、三無餘、四無住處涅槃。(70)

〝地論學派〞の敦煌文獻である『教理集成文獻』（S四三〇三）(71)・『十地經論疏』（BD〇六三七八／S三九二四）(72)・『勝鬘經疏』（S六三八八／BD〇二三四六）(73)のいずれもが性淨・方便淨涅槃の概念について述べていることからすれば、この引用文中で吉藏が記載している〝地論云〞・〝地論師〞は皆〝地論學派〞を指すと考えられよう。このほかに、吉藏は引用文中でまた本有・始有は〝成實師〞の思想であり、また性淨・方便淨が〝地論學派〞の思想であると明確にしている。

また、『大乘玄論』卷五にいう。

地論師云う、三宗・四宗有りと。三宗とは、一立相教・二捨相教・三顯眞實教なり。二乘人の爲めに有相の教を說く。『大品』等經は廣く無相を明らかにす、故に捨相と云う。『華嚴』等經は、顯眞實教門と名づく。四宗とは、毘曇は是れ因緣宗、成實は假名宗と謂い、三論は不眞宗と名づけ、十地論は眞宗と爲す。

地論師云、有三宗・四宗。三宗者、一立相教・二捨相教・三顯眞實教。爲二乘人說有相教。『大品』等經廣明無相、故云捨相。『華嚴』等經、名顯眞實教門。四宗者、毘曇是因緣宗、成實謂假名宗、三論名不眞宗、十地論爲眞宗。(74)

敦煌文獻『教理集成文獻』(S六一三)[75]の中には、「三教」の教判についての記載がある。この他、敦煌文獻『教理集成文獻』(F一八〇)中には三種の教判の記載があり、その內譯は、達法師三時經教[76]・某法師五時經教[77]・莊嚴寺僧旻四時經教[78]である。これらの文獻を對照してみて、筆者は引用文中の吉藏が記載するのと嚴密に對應する三宗判・四宗判を發見することは出來なかった。しかし兩者はこうした方面における考え方が近似しており、このことから筆者はここの吉藏の引用文中の三宗判・四宗判は、吉藏にとって一定程度の〝轉述〟ではなかったかと推測する。

『大乘玄論』卷五にいう。

成論師は眞諦を謂いて不二法門と爲し、智度論師は實相般若と謂い、地論師は阿梨耶識を用い、攝論師の眞諦三藏は卽ち阿摩羅識なり。

成論師眞諦謂爲不二法門、智度論師謂實相般若、地論師用阿梨耶識、攝論師眞諦三藏卽阿摩羅識。[79]

敦煌文獻『法鏡論』[80]の記載によれば、第八識は眞智である。他の敦煌文獻『教理集成文獻』(S六一三)の記載によれば、第八識はまた阿黎耶識と名づけ、生死の本とされている。[81]ここの吉藏の記載が敦煌文獻中においてみな文獻的な裏付けを得たことから、筆者はここの〝地論師〟はすなわち〝地論學派〟を指すものであると判斷する。

結語

上述の內容をまとめると、慧達・智者・吉藏らの記載する〝地論師〟についての考察を通して、筆者は慧達・

智者・吉藏らの記載する〝地論師〟の内容の多くを敦煌文獻中において直接的な文獻的裏付けを得ることが出來ることを發見した。このほか、智者の記載は〝地論學派〟の本來の思想學説により忠實であるが、吉藏の記載は時に宗派的立場に立ち、論述の方便を目的として、一定程度の轉述を加えていた。このことから、筆者は慧達・智者・吉藏らの記載する〝地論學派〟は存在したものであると考える。

註

（1）この『肇論疏』の作者に關しては、『肇論疏』卷一に以下のようにある。「此疏惠達撰無疑者哉」（『卍新纂續藏經』第五四冊、六一頁上）。僧傳について見ると、梁の寶唱『名僧傳抄』卷一には以下のようにある。「名僧傳第二十八、造塔寺苦節七……晉長干寺惠達五」（『卍新纂續藏經』第七七冊、三五〇頁中）。この他に藏内文獻には〝惠達〟の傳記はない。しかし寶唱と同時代の梁の慧皎の『高僧傳』の中に、〝慧達〟の傳記と名づけるものがある。梁の慧皎『高僧傳』卷一三にいう。「釋慧達、姓劉、本名薩阿、并州西河離石人。……改名慧達、精勤福業、唯以禮懺爲先、晉寧康中至京師、先是簡文皇帝於長干寺造三層塔」（『大正藏』第五〇冊、四〇九頁中）。〝長干寺〟という關鍵詞が兩著作中のいずれにも現れていることから、『名僧傳抄』中の〝惠達〟はすなわち『高僧傳』中の〝慧達〟であろうと推測される。ただし、この長干寺の慧達は「精勤福業、唯以禮懺爲先」（『大正藏』第五〇冊、四〇九頁中）という人物であるから、故にこの慧達は必ずしも『肇論疏』の作者ということにはならない。しかし『肇論序』の作者である慧達はこの『肇論疏』の作者である可能性はある。なぜなら、『肇論序』中においても〝地論〟に言及しているのであり、たとえば『肇論序』には以下のように述べている。「世諺咸云、『肇之所作、故是誠實眞諦、地論通宗、莊老所資猛浪之説』。是實巨蠹之言、欺誣亡沒、街巷陋音、未之足拾」（『大正藏』第四五冊、一五〇頁中）。唐の元康（生卒年不明）の『肇論疏』にいう。「慧達法師是陳時人、小招提寺僧也、當陳時名達之者、非止一人、故標其寺、以爲別也。」（『大正藏』第四五冊、一六一頁下）。したがって、『卍新纂續藏經』中に〝晉惠達『肇論疏』〟と題するのは、〝南朝陳慧達『肇論疏』〟に作るべきであろう。石峻氏にこの點について論じた專論がある。參照されたい。石峻「讀慧達『肇論疏』述所見」（『石峻文存』北京、華夏出版社、二〇〇六年一〇月第一版所收）。

（2）『肇論疏』卷一、『卍新纂續藏經』第五四冊、四七頁下—四八頁上。

(3) 『肇論』巻一、『大正藏』第四五册、一五〇頁中。
(4) 青木隆等編著『藏外地論宗文獻集成・法界圖』五七九頁、韓國、圖書出版CIR、二〇一二年六月。
(5) 『妙法蓮華經玄義』巻三、『大正藏』第三三册、七一四頁上。
(6) 青木隆等編著『藏外地論宗文獻集成續集・涅槃經疏』(BD〇二二二四、BD〇二三一六、BD〇二二七六) 五〇四頁、圖書出版CIR、二〇一三年一一月。
(7) 青木隆等編著『藏外地論宗文獻集成續集・十地經論疏』(BD〇六三七八/S三九二四) 一九一頁、圖書出版CIR。
(8) 青木隆等編著『藏外地論宗文獻集成續集・十地經論疏』(BD〇六三七八/S三九二四) 二〇〇頁、圖書出版CIR。
(9) 青木隆等編著『藏外地論宗文獻集成續集・十地經論疏』(BD〇六三七八/S三九二四) 二〇二頁、圖書出版CIR。
(10) 『妙法蓮華經玄義』巻五、『大正藏』第三三册、七三八頁上。
(11) 『大智度論』巻一百「囑累品」、『大正藏』第二五册、七五四頁中。
(12) 青木隆等編著『藏外地論宗文獻集成續集・教理集成文獻』(S六一三) 八八頁、圖書出版CIR。
(13) 『妙法蓮華經文句』巻四「釋方便品」、『大正藏』第三四册、五〇頁上。
(14) 青木隆等編著『藏外地論宗文獻集成・法界圖』(P二八三二bis) 五五三―五九一頁、圖書出版CIR。
(15) 『四教義』巻一〇、『大正藏』第四六册、七五九頁中―下。
(16) 『維摩經文疏』巻二五、『卍新纂續藏經』第一八册、六六六頁下。
(17) 青木隆等編著『藏外地論宗文獻集成續集・法鏡論』五八〇―五八一頁、圖書出版CIR。
(18) 『維摩經文疏』巻二七、『卍新纂續藏經』第一八册、六八八頁上。
(19) 『四教義』巻三、『大正藏』第四六册、七三〇頁下。
(20) 青木隆等編著『藏外地論宗文獻集成・大乘五門十地實相論』(BD〇三四四三) 四六〇頁、圖書出版CIR。
(21) 青木隆等編著『藏外地論宗文獻集成續集・教理集成文獻』(S六一三) 八四頁、圖書出版CIR。
(22) 『十地論義疏巻第一・第三』巻一、『大正藏』第八五册、七六四頁中。
(23) 『三觀義』巻一、『卍新纂續藏經』第五五册、六七三頁上。
(24) 青木隆等編著『藏外地論宗文獻集成續集・教理集成文獻』(P二九〇八) 一三七―一三八頁、圖書出版CIR。
(25) 『大品經義疏』巻一、『大正藏』第二四册、一九六頁下。

(26)『大品經義疏』卷八、『大正藏』第二四冊、三〇三頁上。
(27)『金剛般若疏』卷一、『大正藏』第三三冊、九〇頁中。
(28)『金剛般若疏』卷三、『大正藏』第三三冊、一〇七頁下。
(29)青木隆等編著『藏外地論宗文獻集成・法界圖』（Ｐ二八三二bis）五九〇—五九一頁、圖書出版ＣＩＲ。
(30)青木隆等編著『藏外地論宗文獻集成續集・教理集成文獻』（Ｓ六一三）五八頁、圖書出版ＣＩＲ。
(31)『中觀論疏』卷一「因緣品第一」、『大正藏』第四二冊、七頁中。
(32)青木隆等編著『藏外地論宗文獻集成續集・教理集成文獻』（Ｓ六一三）七〇頁、圖書出版ＣＩＲ。
(33)青木隆等編著『藏外地論宗文獻集成・教理集成文獻』（Ｆ一八〇）二六九—二七〇頁、圖書出版ＣＩＲ。
(34)青木隆等編著『藏外地論宗文獻集成・教理集成文獻』（Ｆ一八〇）二六九—二七〇頁、圖書出版ＣＩＲ。
(35)青木隆等編著『藏外地論宗文獻集成・教理集成文獻』（Ｆ一八〇）二七一—二七三頁、圖書出版ＣＩＲ。
(36)『妙法蓮華經玄義』卷十、『大正藏』第三三冊、八〇一頁上。
(37)『三論玄義』卷一、『大正藏』第四五冊、五頁中。
(38)『妙法蓮華經玄義』卷一〇、『大正藏』第三三冊、八〇一頁中。
(39)『續高僧傳』卷五、『大正藏』第五〇冊、四六一頁下—四六二頁參照。
(40)『中觀論疏』卷三「因緣品第一」、『大正藏』第四二冊、三八頁中。
(41)『中觀論疏』卷三「因緣品第一」、『大正藏』第四二冊、三九頁上。
(42)『中觀論疏』卷七「行品第十三」、『大正藏』第四二冊、一〇四頁下。
(43)青木隆等編著『藏外地論宗文獻集成續集・法鏡論』五八〇—五八一頁、圖書出版ＣＩＲ。
(44)『中觀論疏』卷十「涅槃品第二十五」、『大正藏』第四二冊、一五八頁上。
(45)青木隆等編著『藏外地論宗文獻集成續集・法鏡論』五七二頁、圖書出版ＣＩＲ。
(46)青木隆等編著『藏外地論宗文獻集成續集・法鏡論』五七二頁、圖書出版ＣＩＲ。
(47)青木隆等編著『藏外地論宗文獻集成續集・法鏡論』五七二頁、圖書出版ＣＩＲ。
(48)『維摩經略疏』卷三、『卍新纂續藏經』第一九冊、一九四頁下—一九五頁上。
(49)『中觀論疏』卷四「去來品第二」、『大正藏』第四二冊、五四頁上。

(50)『百論疏』巻三「破常品第九」、『大正藏』第四二冊、三〇〇頁上。
(51) 青木隆等編著『藏外地論宗文獻集成・教理集成文獻』（S四三〇三）二二五頁、圖書出版CIR。
(52) 青木隆等編著『藏外地論宗文獻集成・教理集成文獻』（S四三〇三）二二二―二二三頁、圖書出版CIR。
(53) 青木隆等編著『藏外地論宗文獻集成續集・十地經論疏』（BD〇六三七八／S三九二四）一九八頁、圖書出版CIR。
(54) 青木隆等編著『藏外地論宗文獻集成續集・十地經論疏』（BD〇六三七八／S三九二四）一九九―二〇〇頁、圖書出版CIR。
(55) 青木隆等編著『藏外地論宗文獻集成續集・十地經論疏』（BD〇六三七八／S三九二四）二〇一頁、圖書出版CIR。
(56) 青木隆等編著『藏外地論宗文獻集成續集・勝鬘經疏』（S六三八八／BD〇二三四六）三九七頁、圖書出版CIR。
(57)『法華玄論』巻四、『大正藏』第三四冊、三九〇頁上。
(58) 青木隆等編著『藏外地論宗文獻集成續集・十地經論疏』（BD〇六三七八／S三九二四）一九一頁、圖書出版CIR。
(59)『法華玄論』巻九、『大正藏』第三四冊、四三八頁下。
(60) 青木隆等編著『藏外地論宗文獻集成續集・教理集成文獻』（P二九〇八）一三八頁、圖書出版CIR。
(61)『法華玄論』巻二、『大正藏』第三四冊、三八〇頁中。
(62) 青木隆等編著『藏外地論宗文獻集成續集・法鏡論』五八〇―五八一頁、圖書出版CIR。
(63) 日本の學界の研究では『大乘玄論』は吉藏の著作ではないと見なされているが、本論文は行論の便宜上、吉藏の著作の一部として列擧する。
(64)『大乘玄論』巻三、『大正藏』第四五冊、三九頁中。
(65) 青木隆等編著『藏外地論宗文獻集成續集・教理集成文獻』（P二九〇八）一三七―一三八頁、圖書出版CIR。
(66)『大乘玄論』巻三、『大正藏』第四五冊、四一頁中。
(67) 青木隆等編著『藏外地論宗文獻集成續集・法界圖』（S六一三）五五三―五九一頁、圖書出版CIR。
(68) 青木隆等編著『藏外地論宗文獻集成續集・教理集成文獻』（S六一三）七〇頁、圖書出版CIR。
(69) 青木隆等編著『藏外地論宗文獻集成續集・教理集成文獻』（F一八〇）二六九―二七一頁、圖書出版CIR。
(70)『大乘玄論』巻三、『大正藏』第四五冊、四六頁下―四七頁上。
(71) 青木隆等編著『藏外地論宗文獻集成・教理集成文獻』（S四三〇三）二二五頁、圖書出版CIR。

(72) 青木隆等編著『藏外地論宗文獻集成續集・十地經論疏』(BD〇六三七八/S三九二四)一九八頁、圖書出版CIR。
(73) 青木隆等編著『藏外地論宗文獻集成續集・勝鬘經疏』(S六三八八/BD〇二三四六)三九七頁、圖書出版CIR。
(74)『大乘玄論』卷五、『大正藏』第四五册、六三頁下。
(75) 青木隆等編著『藏外地論宗文獻集成續集・教理集成文獻』(S六一三)七〇頁、圖書出版CIR。
(76) 青木隆等編著『藏外地論宗文獻集成・教理集成文獻』(F一八〇)二六九―二七〇頁、圖書出版CIR。
(77) 青木隆等編著『藏外地論宗文獻集成・教理集成文獻』(F一八〇)二七〇―二七一頁、圖書出版CIR。
(78) 青木隆等編著『藏外地論宗文獻集成・教理集成文獻』(F一八〇)二七一―二七三頁、圖書出版CIR。
(79)『大乘玄論』卷五、『大正藏』第四五册、六六頁下。
(80) 青木隆等編著『藏外地論宗文獻集成續集・法鏡論』五八〇―五八一頁、圖書出版CIR。
(81) 青木隆等編著『藏外地論宗文獻集成續集・教理集成文獻』(S六一三)八四頁、圖書出版CIR。

四　地論宗の佛身說

大竹　晉

一　はじめに

マイトレーヤ（彌勒。四世紀頃）を始祖とするインド大乘瑜伽師の佛身說――三身說――が中國に傳えられたのは南北朝時代の北地においてであった。傳えた人物は北インド出身の僧侶、菩提流支（?―五〇八―五三五―?）である。周知のとおり、地論宗はこの菩提流支が漢譯した瑜伽師文獻のひとつ『十地經論』に基づいて成立した。地論宗は菩提流支を經由してインドの三身說を吸收した。ただし、後述するとおり、菩提流支による三身說の傳えかたは斷片的であり體系的ではなかったため、地論宗は如來藏思想文獻によって多くを類推せざるを得ず、結果として、地論宗の三身說はインドの三身說に較べいささか奇形的なものとなった。

それゆえに、隋による南北朝の統一ののち、隋を承けた唐において、インドから歸國した玄奘（六〇二―六六四）が體系的に傳えたインドの三身說に基づいて法相宗の三身說が形成されると、地論宗の三身說は法相宗の三身說によって壓倒され、急速に消滅していった。

小稿は、そのような、南北朝時代の北地においてごく短期間に學ばれていた古典的な地論宗の三身說の展開を簡潔に纏めようという試みである。

ある。インドの三身説と、地論宗の三身説との違いは、三身の常なることと、無常なることとについての考えかたの違いとして現れる。ここでは、まず、瑜伽師の考えかたを確認しておく。『大乘莊嚴經論』第九章に次のようにある。

①所依によって、②意樂によって、また③業によって、彼ら〔諸佛〕は平等であると認められる。①本性として、②弛まぬことによって、また③連續によって、彼ら〔諸佛〕には常なることがある。

〔第九章第六十六偈〕

āśrayeṇāśayenāpi karmaṇā te samā matāḥ |
prakṛtyāsraṃsanenāpi prabandhenaiṣu nityatā || IX 66 ||

さらに、あらゆる諸佛の、これら三身は、順序どおり、三つのことによって無區別である。
①「所依によって」とは、法界〔である自性身という所依〕に區分がないからである。
②「意樂によって」とは、佛〔であるあらゆる受用身〕の意樂が別々なものではないからである。
③「業によって」とは、〔あらゆる變化身は〕共通の業を有するからである。
さらに、これら三身においては、順序どおり、三とおりの常なることがあると知られるべきである。それによって、〔『經』において〕「諸如來は常なる身を有している」と言われているのである。
①「本性として常なること」とは、自性身が自性として常だからである。
②「弛まぬことによって〔常なること〕」とは、受用身が法を受用することが途絶えないからである。
③「連續によって〔常なること〕」とは、變化身が、沒した場合に、繰り返し變化を示現するからである。

te (corr. : ta) ca trayaḥ kāyāḥ sarvabuddhānāṃ yathākramaṃ tribhir nirviśeṣāḥ. āśrayeṇa dharmadhātor abhinnatvāt.

āśayena pṛthak buddhāśayasyābhāvāt. karmaṇā ca sādhāraṇakarmakatvāt. teṣu ca triṣu kāyeṣu yathākramaṃ trividhā nityatā veditavyā yena nityakāyās tathāgatā ucyante. prakṛtyā nityatā svābhāvikasya svabhāvena nityatvāt. asraṃsanena sāṃbhogikasya dharmasaṃbhogāvicchedāt. prabandhena nairmāṇikasyāntarvyaye punaḥ punar nirmāṇadarśanāt.（MSABh 46, 10-15）

ここでは、三身について、それぞれ別々の次元において、常なること（nityatā）が認められている。自性身は自性として常であり、受用身は絶えず法を受用しているから常であり、變化身はある世界において沒しても他の世界において再度生まれるから常である。

さらに、『攝大乘論』第十章第三十七節に次のようにある。

受用身と變化身との二つは無常であるのに、どうして〔『經』において〕「諸如來の身は常である」と言われているのか。というならば――

α　等流身（受用身）と變化身との二つは常なる法身（自性身）に依據しているから常である。

β　受用が途絶えないし、かつ、變化を繰り返し示現するので、〔受用身と變化身とは〕常であると知られるべきである。〔日常會話において〕〝常に樂に暮らす〟〝常に食事を施す〟と言うようなものである。

longs spyod rdzogs pa dang | sprul pa'i sku gnyis mi rtag pa'i phyir | de bzhin gshegs pa rnams kyi sku rtag pa'o zhes ji skad du bya zhe na | rgyu mthun pa dang sprul pa'i sku gnyis chos kyi sku rtag pa la brten pa'i phyir ro || longs spyod rdzogs pa rgyun ma chad pa dang | sprul pa yang dang yang ston pas rtag pa nyid du rig par bya ste | rtag tu bde ba spyod do zhes bya ba bzhin no || rtag tu zas sbyin pa zhes bya ba bzhin no |（MSg X.37）

ここでは、受用身と變化身とについて、αとβとの二説によって、常なることが認められている。αの説においては、受用身と變化身とは、（たとえ無常であるにせよ、）常なる自性身に依據しているから、常である。βの説は先の『大乘莊嚴經論』の説である。

したがって、インドの三身説は次のようにまとめられる。

【A説】①自性身は自性として常であり、②受用身は絶えず法を受用しているから常であり、③變化身はある世界において沒しても他の世界において再度生まれるから常である。

【B説】①自性身は（無爲法であるから）常であり、②受用身と③變化身とは（有爲法であるから）無常である。

【C説】①自性身は（無爲法であるから）常であり、②受用身と③變化身とは（有爲法であるから無常であるにせよ）①自性身に依據しているから常である。

これら三説はそれぞれ別々の次元における説であり、矛盾する説ではない。

二　『金剛仙論』の佛身説

菩提流支譯『金剛般若波羅蜜經論』に對する複註である『金剛仙論』は、『金剛般若波羅蜜經論』に對する菩提流支, 門の講義の集成であると考えられる。『金剛仙論』においては、三身の常なることと、無常なることとについて、インドの三身説と異なる考えかたが示されている。同論に次のようにある。

あらゆる功德と智慧とが圓滿している者が報佛と呼ばれる。聖者たちの王であるから、大身と呼ばれる。

體（〝ありかた〟）として無爲かつ常であり、有爲身と同じではない。

萬德智惠圓滿名報佛。於衆聖中王、名爲大身。體是無爲常住、而不同有爲身。（卷五。大正二五・八二八上）

もし法報二佛が行ったり來たりしないならば、〔法報二佛は〕常である。應佛が行ったり來たりするならば、〔應佛は〕無常である。

若法報二佛無有去來、則是常住。應佛有去來、便是無常。（卷九。大正二五・八六七中）

ここでは、法身（自性身）と報身（受用身）との二身は常であり、應身（變化身）は無常であると說かれている。この説は上述のインドの三身説【A說】【B說】【C說】のいずれとも異なっている。なぜ法身と報身との二身は常なのであろうか。法身と報身との關係について、同論に次のようにある。

第一は法身佛であって、昔も今も沈靜したまま體性（〝ありかた〟）が圓滿しており、修行によって得られる法ではない。これは性淨涅槃（〝本性として淸淨な涅槃〟）である。

第二は報身佛であって、十地の方便修行（〝取り組みである修行〟）というきっかけを借りて本性が用（〝はたらき〟）を顯わにした時に報身佛と呼ばれる。〔これは〕方便涅槃（〝取り組みの結果としての涅槃〟）である。

一法身佛。古今湛然、體性圓滿、非修得法。此卽性淨涅槃。

二者報佛。藉十地方便修行因緣、本有之性顯用之時、名爲報佛。卽方便涅槃。（卷八。大正二五・八五八下）

ここでは、用〈〝はたらき〟〉を顯わにした本性〈佛性、法身〉が報身であると説かれている。したがって、本性〈佛性、法身〉が常である以上、報身も常であると規定されるのである。

ところで、もし用を顯した本性〈佛性、法身〉が報身であるならば、報身が色〈〝物質〟〉である以上、本性〈佛性、法身〉ももともと色を含有していなければならない。そのことについて、同論に次のようにある。

色を特徴とする身は用を報〔身〕と應〔身〕とにおいて顯わにする。眞如である法身は、あらゆる功徳が圓滿しているにせよ、ただ體に關してのみ論ぜられ、ゆえに色を特徴とする用がない。あたかも冬の樹木に果實がないのと同じである。〔法身に色がないのは〕いまだ〔法身が色を顯にする〕その時になっていないからであり、ひたすら〔色が〕ないのではない。もしひたすら〔色が〕ないのならば、〔法身が色を顯わにする〕その時になってもやはり〔色が〕ないはずである。この喩えによってこの問題を検討するに、法身には色の特徴がないわけではない。いまだ〔法身が色を顯わにする〕その時になっていないから、〔法身の色は〕見えないのである。

色相之身顯用於報應。眞如法身雖萬德圓滿、但據體而論、故無色相之用也。如冬樹無果。以時未至故、非一向無也。若一向無者、應時至亦無。以此喩驗之、法身非不有色相。以時未至故、不可見也。

（巻八。大正二五・八五六上中）

ここでは、法身がもともと色を含有していることが明らかに説かれている。

したがって、『金剛仙論』においては、報身常住説と法身有色説とが表裏一體として説かれていることがわかる。これら報身常住説と法身有色説とは、その後の地論宗において、特徴的な説として繼承されていくのである。

三　吉藏が傳える地論宗の佛身説

三論宗の吉藏（五四九―六二三）が開皇九年（五八九）以降十七年（五九七）以前に著した『法華玄論』[1]においては、彼がその當時に知っていた地論宗の佛身説が傳えられている。同書に次のようにある。

地論師は〝報身は常なるものである〟と言っていた。そうである理由とは、法身は本有（〝もとからあるもの〟）である佛性なのである。報佛は修習という原因によって得られるもので、佛性が顕れたものであるから報身と呼ばれるのであり、始有（〝始まりがあってあるもの〟）である。〔本有と始有とは、順に、〕性淨（〝自性として清淨〔である涅槃〕〟）と方便淨（〝取り組みの結果として清淨〔である涅槃〕〟）とでもある。

もし〔本有である佛性が顕れたのが報身であるという〕このことによって報身は常なるものであるというならば、それは『妙法蓮華經憂波提舍』『十地經論』『金剛般若波羅蜜經論』などと異ならない。それを用いるほうがよい。

地論師云〝報身是常〟。所以然者、法身卽是本有佛性。報佛爲修因所得、佛性顯、故名報身、卽是始有。亦是性淨方便淨義。

若據此明報身報身（－報身？）是常者、此不違『法華論』『地論』『金剛波若論』等。宜用之。

（卷九。大正三四・四三八下）

ここでは、『金剛仙論』において説かれていた、報身常住説が地論宗の佛身説として傳えられている。

四　慧遠の佛身説

三身の常なることと、無常なることとについて、地論宗南道派の領袖、慧遠（五二三―五九二）は『大乘義章』において次のような四説を提示している。

第一説：　三身無常
第二説：　法身常、報應二身無常
第三説：　法報二身常、應身無常
第四説：　三身常

『大乘義章』三佛義に次のようにある。

次に、第五門として、その三佛の常なることと、無常なることとを明らかにする。ここでは、〔常と無常との境界線の〕進退に基づいて、四つの見地から分類する。

第一に、理法と相對して〔三佛を〕論ずるならば、三佛は、果になったものとして、いずれも無常である。〔三佛は〕理法が因にもならず果にもならずひたすら常であるのと同様ではない。〔質問。〕どうして三佛はいずれも無常であるのか。〔回答。〕三佛はいずれも道諦のうちに含まれるからである。『勝鬘經』において「苦と集と道との三諦は無常である」[2]と説かれている。ゆえに三佛はいずれも無常と呼ばれるとわかる。〔質問。〕そのことはいかなることか。〔回答。〕無常〔の意味〕は二つある。第一は始まりがあるもの、第二は終わりがあるものである。もし應佛を論ずるならば、〔應佛は〕始まりがあるものであるし、終わりがあるものであるから、無常と呼ばれる。法報二佛は、終わりがあるものではないにせよ、始まりがあるものであるから、無常と呼ばれる。〔法佛を始まりがあるものと說くのは、〕果になったものとして說くからである。

第二に、根本〔である法佛〕を選別して末端〔である報應二佛〕と區別するならば、法佛は常であり、應佛と報佛とは無常である。〔質問。〕どうしてそうであるのか。〔回答。〕法佛は緣によって初めて顯れるにせよ、その本性上、古くからあるし、その體（″ありかた″）として、緣起したものでないから、常と呼ばれる。報應二佛は、もとはなかったが今はあり、方便（″取り組み″）の結果として生じたものであるから、無常と呼ばれる。

第三に、眞佛〔である法報二佛〕を選別して應佛と區別するならば、法佛と報佛とは常である。變遷しないからである。應佛は無常である。世間に出現して〔世間に〕類同し、出生と死滅とがあるからである。

第四に、輪廻という妄法に對して辨ずるならば、三佛はすべて常である。輪廻という妄法は、悟ったのちは必ず捨てられるので、ひたすら無常である。三佛という眞法は、眞實を證得してから成立するので、ひたすら常である。質問。法佛と報佛とが常であるのは、それでよい。應佛は誕生したり死滅したりするのに、どうして常と呼ばれるのか。回答。凡夫の側から應佛を把握するならば、〔應佛には〕始まりがあって應佛を誕生させ、〔應佛には〕終わりがあって應佛を死滅させるから、〔應佛は〕無常と呼ばれ得る。佛の側から應佛を辨ずるならば、〔應佛の〕敎化の德は常にありつづけ、〔敎化を〕爲さないような時がないから、〔應佛は〕常と呼ばれ得る。誕生を示現する用（″はたらき″）は、誕生しないような時がなく、老衰を現ずる用（″はたらき″）は、老衰しないような時がない。すべてはこのようである。それゆえに三佛はいずれも常と呼ばれ得る。

常なることと無常なることとについては、〔常と無常との境界線の〕進退は以上のとおりであり、偏って定めることは不可能である。

次第五門、明其三佛常無常義。於中進退、四門分別。

一對理以論、三佛在果、悉是無常。不如理法非因非果一向是常。云何三佛悉是無常。三佛悉是道諦所收。『勝鬘經』說「苦集及道三諦無常」。故知三佛悉名無常。其義云何。無常有二。一者有始、二者有終。若論應佛、有始有終、故曰無常。法報兩佛、雖非有終、而是有始、故名無常。果時說故。

二簡本異末、法佛是常、應報無常。何故如是。法佛雖復從緣始顯、性出自古、體非緣生、故名爲常。報應兩佛、本無今有、方便修生、故名無常。

三簡眞異應、法報是常。以不遷故。應佛無常。現同世間、有起滅故。

四對生死妄法而辨、三以（佛？）俱是常。生死妄法、悟要則捨、一向無常。三佛眞法、證實以成、一向是常。問曰。法報是常可爾。應佛生滅云何名常。釋言。據凡以取其應、有始生應、有終滅應、得言無常。就佛辨應、化德常然、無時不爲、故得名常。現生之用、無時不生。現老之用、無時不老。如是一切。是故三佛悉得名常。

常無常義、進退如是、不得偏定。（卷十九。大正四四・八四四上中）

これら四說を整理すれば、次のとおりである。

第一說：　インドの三身說にない。
第二說：　インドの三身說の【B說】。
第三說：　『金剛仙論』の說（吉藏が傳える地論宗の佛身說）。
第四說：　インドの三身說の【A說】。

これら四説はそれぞれ別々の次元における説であり、矛盾する説ではない。したがって、慧遠もこれら四説を取捨していない。ただし、すでに先學によって指摘されているとおり、慧遠は隨所において法身有色説を強力に主張している。[3]『金剛仙論』において、報身常住説と法身有色説とが表裏一體として説かれていたことを考慮するかぎり、少なくとも、法身有色説を強力に主張する場合、第三説を強力に主張せざるを得ない。吉藏が第三説を地論宗の佛身説として傳えたのは、そのあたりの事情のせいかとも考えられる。

五　教理集成文獻（Stein 4303）の佛身説

敦煌出土、教理集成文獻（Stein 4303）においては、①別教（小乘）、②通教（一般的大乘）、③通宗（究極的大乘）という三教判が用いられ、それぞれの教において、三身と呼べるものがあることが認められている。ただし、現實においては、別教は法應二身を説かず、通教は（智としての）法身を説かず、通宗のみが三身を説くと規定されている。

三身の常なることと、無常なることとについて、同書は次のような説を提示している。

別教：　三身無常
通教：　法報二身常、應身無常
通宗：　三身常

同書に次のようにある。[4]

次に、教にははっきりしないもの（別教、通教）とはっきりしたもの（通宗）とがあることを明らかにしたい。

①三乗教（別教）においては、〔戒、定、慧、解脱、解脱知見という〕五分法身を法佛と規定し、一丈六尺の姿形を報佛と規定し、老比丘などへの變化を應佛と規定する。

②通教においては、まことに中道に契合し凝然としたまま一つの思いしかない者を法佛と規定し、あらゆる功徳の相を報佛と規定し、垂迹しないような場所がない者を應佛と規定する。

①別教における三身は〔いずれも〕通教における應〔佛〕である。三乗教（別教）においては、三佛はいずれも無常である。

②通教においては、應身は無常であり、法〔身〕と報〔身〕とは常である。

③通宗においては、三佛はいずれも常である。

以上はそれぞれの分際における内容に據っている。そういうわけで、〔別教、通教、通宗という〕三乗においては、それぞれ三身を明らかにしているのである。

もし〔三身すべてを〕與える場合と、〔三身から若干の身を〕奪う場合とに據って〔教を〕語るならば、①三乗教（別教）においては、ただ實の報〔佛〕が成道することを明らかにするにすぎず、法應二佛を明らかにしない。そこでは、五分法身を明らかにするにせよ、行徳（〝生成的な諸功德〟）を法身と說いており、理實（〝眞理〟）としての法身〔を法身と說いているの〕ではない。老比丘などへの變化を明らかにするにせよ、その變化は佛ではなく、佛と呼ばれない。

②通教においては、ただ報應二佛があるにすぎず、法佛を明らかにしない。〔そこでは、眞理が〕凝然としたまま中道に契合していることを明らかにするにせよ、眞理は緣起するものではないし、〔智の〕境〔である眞理〕と智とは恆に異なっているし、法〔である眞理〕が「不覺」と呼ばれている以上(5)、どうして〔法である眞理は〕佛と呼ばれ得ようか。

③ただ通宗大乘があって、ようやく完全に三佛を明らかにすることができるのみである。〔三佛の〕常なることと、無常なることとについても、そうなの〔であって、通宗が完全にそれを明らかにすることができるの〕である。

佛身は極めて玄妙であり、ことばによって究められるものではない。大まかに綱要を擧げ、粗く述べれば、以上に他ならない。


次明教有隱顯。

三乘教中、以五分法身爲法佛。丈六之形、以爲報佛。變爲老比丘等、以爲應佛。

通教之中、實契中道、凝然一慮、以爲法佛。萬德之相、以爲報佛。垂跡無方、以爲應佛。

別教三身、卽通教之應。三乘教中、三佛皆無常。

通教之中、應身無常、法報是常。

通宗之中、三佛皆常。

此據隨分義目、是以三乘之中、各明三種身。

若據與奪爲名、
三乘教中、但明實報成道、不明法應二佛。其中雖明五分法身、說行德爲法身、非理實法身。雖明化爲老比丘等、此變作非佛、不名爲佛。

通教之中、但有報應二佛、不明法佛。雖明凝契中道、理非緣起、境智恆異、法名不覺、何得稱佛。

唯有通宗大乘、乃得具足明於三佛。常無常義亦復如是。

佛身至妙、非言能究。略擧綱要、粗述云爾。（『第一集』二三六頁）

質問。〔貴君は〕先に「〔三佛の〕常であることと、無常であることとについても、そうなの〔であって、通宗が完全にそれを明らかにすることができるの〕である」とおっしゃったが、〔わたしの〕頭ではまだわからない。回答。相（〝外相〟）について言えば、通教においては、〔『涅槃經』において〕「〔佛身の〕原因は無常であるが、〔佛身という〕結果は常である[6]」と説かれている。實（〝内實〟）について言えば、〔通教においては、〕原因と結果とはどちらも無常である。

質問。佛に了義語（〝完全な語〟）がないはずはない。もし實のところ無常ならば、どうして〔佛は通教において〕「〔佛身が〕常にある」とおっしゃったのか。さらに、漸教（『涅槃經』）においては、「常」が究竟と規定されているのに、どうして〔貴君は〕「〔通教においては、〕常であることはまだ完全でない」と言うのか。回答。佛について言えば、實のところ不了義語（〝不完全な語〟）はない。ただ、如來には廣説と略説とがあり、衆生は略説を聞いて、不了義語と規定するにすぎない。

質問。何がそれ（略説）なのか。回答。『法華經』において「あらゆる衆生はみな佛となり得る」「得られた佛という結果は數量を超えている[7]」と略説されている。これは報佛が修習によって成立することを略説しているが、いまだ法佛における原因と結果とが〔順に〕修習のないものと成立のないものとであることを廣説していない。

質問。いまだ法佛が説かれていないのに、どうして〔それが〕了義語であるのか。回答。〔『法華經』における〕「わたし（釋迦牟尼佛）は『報佛は數量を超えているので常である』と言う」と〔いう語〕は、理實を明らかにしている。諸大菩薩は〔その語を聞いて〕ただちにみな〔理實を〕理解する。どうしてただここ〔『法華經』〕において理解するだけであろうか。初めに〔『阿含經』において〕四諦を聞いても、やはりただちに〔理實を〕理解するのである。

問曰。向言「常無常義亦復如是」、情所未解。答曰。約相而言、通教之中、説「因無常、而果是常」。實而言之、因果皆無常。

問曰。佛不無了義語。若實無常、何故説「常有」。復漸敎之中、「常」爲究竟、何故説「常義猶未盡」。

答曰。據佛而言、實無不了義語。但如來有廣略之説、衆生聞略、卽爲不了。

問曰。何者是也。答曰。『法華』中、略説「一切衆生皆得成佛」「所得佛果出過數量」。此乃略説報佛修成、而未廣説法佛因果無修無成。

問曰。未説法佛、云何了義。答曰。「我言『報佛出數是常』」、以彰卽於理實。諸大菩薩卽皆解了。何但此中解了。初聞四諦、卽亦解了。（『第一集』二四一―二四二頁）

ここでは、究極的立場として、三身の常なることを主張する、通宗が提示されている。法報二身の常なることと、應身の無常なることとを主張する、『金剛仙論』の説は通敎に追いやられている。通敎の法身を批判する語として「凝然」という語が用いられているが、この語はもともと『金剛仙論』において「佛性法身凝然常住」（巻二。大正二五・八〇五下）と出る語である。しかも、相（〝外相〟）について言えば、通敎の法報二身は常であるが、實（〝内實〟）について言えば、通敎の法報二身は無常であるとすら言われている。

以上のように、敎理集成文獻（Stein 4303）は、『金剛仙論』や慧遠に較べ、やや特殊である。少なくとも、『金剛仙論』から慧遠に至る系統とは異なる學系に屬していることは疑いない。

六　當常・現常

地論宗においては、佛身について、當常（〝當來において常となるべきもの〟）と現常（〝現今において常であるもの〟）との二説がしばしば用いられる（當來とは未來を意味する。以下同様）。これら二説に言及する現存最古の文獻は、西魏の大統五年（五三九）六月十三日に筆寫されたという奧書を有する、敦煌出土、著者不明『大涅槃經義記』卷四である。同書に次のようにある。

〔『大般涅槃經』〕一切大衆所問品（第五）は現常を明らかにし、師子吼菩薩品（第十一）と迦葉菩薩品（第十二）とは當常を明らかにしている。

大衆問品明斯現常、師子迦葉此之二品明斯常當（常當→當常？）。（大正八五・三〇一上）

この文獻は『十地經論』などを用いておらず、あるいは菩提流支より前の傳統に屬するとも考えられるが、確實にそう判斷されるわけではない。現存する、確實に菩提流支より前の傳統に屬する諸文獻においては、當常說のみが現れる。たとえば、北魏の延昌四年（五一五）五月二十三日に筆寫されたという奧書を有する、敦煌出土、昭法師『勝鬘經疏』に次のようにある。

「無量煩惱藏」とは、この煩惱によって覆い隱されているせいで、當常如來（〝當來において常となるべき如來〟）は用（〝はたらき〟）を現すことを得ない。ゆえに煩惱を藏と呼ぶのである。佛性はあらゆる功德を蓄積しており、「如來藏」と呼ばれもするのである。

「無量煩惱藏」者、由此煩惱覆彰（影？）、故當常如來不得現用、故名煩惱爲藏。佛性溫積萬德亦名爲如來藏也。（大正八五・二七四上）

さらに、昭法師の說に言及する箇所を持つ、敦煌出土、教理集成文獻（Pelliot chinois 2908）に次のようにある。

また次に、ある人が理解するには、當常を佛性と規定する。まさしく、およそ心を有する者は始終中斷することがなく、無漏道を修習してのち、かの、常なる佛となる。當常佛（〝當來において常となるべき佛〟）は無明を有する衆生のうちに屬しており、〔衆生と〕別にできないものである。ゆえに當常を佛性と規定するのである。

又復一人解、以當常爲佛性。正以凡有心者、始終不斷、修無漏道、作彼常佛。當常佛屬無明衆生、不可令差。故以當常爲佛性也。（『第一集』一三八頁）

これら二つにおいては、衆生に内在する佛身は當常であると規定されている。

そして、成立年代が明らかな文獻のかぎりでは、現存する、確實に菩提流支より後の傳統に屬する諸文獻において、當常と現常との二説が初めて揃って現れる。ただし、そこでも、衆生に内在する佛身は當常であると規定されており、それに對し、衆生が成佛後に外在化させた佛身が現常であると言及されている。たとえば、『十地經論』に言及する箇所を持つ、敦煌出土、教理集成文獻（Pelliot chinois 3291）に次のようにある。(8)

現代の人が理解するには、當常を正しい因である佛性と規定する。この當常という眞理は衆生のうちに屬している。そういうわけで『經』において「あらゆる衆生は中斷しないし、滅しない。あたかも燈炎〔が連續するの〕に似ている」と言われている。(9)それゆえにわたしは誰のうちにも佛性があると言うのである。不善なる五蘊を善なる五蘊に變化させ、善なる五蘊を無漏なる五蘊に變化させ、無漏なる五蘊を常なる五蘊に變化させる、というふうに、だんだん連續することによって、常なる佛となり得る。たとえば、少年があれば必ず老年があり、少年は前の時にあり、老年は後の時にあり、少年を老年に變化させるのに似ている。衆生がある場合、〔衆生のうちには〕必ずこの〔當常という〕眞理があり、衆生を佛に變化させる。佛は衆生に引き續くものであり、〔衆生は〕連續することによって佛となり得る。連續のうちに、この、當常である佛性があり、衆生に對しては果、現常（衆生が成佛後に外在化させた佛身）に對しては因である。

今時人解。用當常爲正因佛性。此當常之理屬□在衆生。是以經言「一切衆生不斷不滅。猶如燈炎」。是故我言皆有佛性。變不善五陰作善五陰、變善五陰爲無漏五陰、變無漏五陰爲常住五陰、次第相續、得作常佛。如有少必有老、少在前時、老在後時、變少以爲老。有衆生必有此理、變衆生作佛。佛續衆生、相續得佛。相續中有此當常佛性。望衆生爲果、望現常爲因。（史經鵬〔二〇一四〕《涅槃經疏竝論義》（擬））

以上によって確實なのは、當常と現常との二説のうち、少なくとも當常説は菩提流支より前の傳統において形成されたということである。菩提流支より前の傳統においては、衆生に内在する佛身は當常であり、現常ではないと考えられていたのである。

さて、吉藏晩年の作である『法華統略』は北朝の地論宗に二系統があったことを傳えている。同書に次のようにある。

北朝に二派がある。

①第一師は〔次のように〕言っている。眞如という體（〝ありかた〟）はもともとあるが、まだそれの用（〝はたらき〟）はない[10]。眞如の内側からあらゆる功德と智慧とである用（すなわち報身佛）を生ずる。あたかも金鑛石がもともとあるが、人の努力である鍛冶によって金における柔らかさや輝きという用を生ずるのに似ている。ゆえに〔眞如という體の〕内側から〔用を〕出すという主張である。

②第二師は〔次のように〕言っている。眞如の内側から諸功德を生ずるというわけではない。ただ無始の時からのあらゆる功德が轉換されて報身佛となるのであって、〔報身佛は〕眞如である法身を依りどころと

するにすぎない。

北土二家。

一云。本有眞如體、未有其用。從眞如內、生一切功德智慧之用。如本有金朴、從人功鑪治、生金上調柔明淨之用、故是內出義。

次師云。非從眞內生諸功德。但轉無始來一切功德、作於報佛、依眞如法身爾。

（卷二。續藏一・四二・一・三二裏上）

ここでは、第一師の說は菩提流支より後の法身有色說とほぼ同じであり、第二師の說は菩提流支より前の當常說とほぼ同じである。

新羅の遁倫（道倫。七―八世紀）『瑜伽論記』においては、『法華統略』における第一師と第二師が、順に、南道派と北道派として述べられている。同書に次のようにある。

①南道の諸師の場合、『楞伽經』などを引用して〝如來藏は、本性上、ガンジス河の砂の數ほどのあらゆる功德を具足している。本來おのずからそれを有しているのであり、今になってあるのではない。さらに、かの『經』は「三十二相八十種好を有するものが結跏趺坐しているが、無量のもののせいで、覆い隱され顯現しないようなものはない」[11]と言っている。さらに、『涅槃經』は「大般涅槃、〔衆生は〕本來おのずからそれを有しているのだ」[12]と言っている。さらに、『華嚴經』は「佛子よ、あらゆる衆生はみな佛の如來藏を有し、本性として諸功德を具足している」[13]と言っている。さらに、『地持論』は「性種姓とは、六入殊勝が、展轉して相續し、無始であり、法爾であるものである」[14]と言っている。このような經論はみな〔衆生が〕本來、諸功德を具足しているということを證明し

ている。もし北道のように、本來のあらゆる功德はないと說くならば、ただちに外道の斷見に同ずる過失となる〟と言っていた。

②北道の諸師は〝〔南道の諸師が〕本有（〝もとからあるもの〟）であるあらゆる功德は因から生ぜず本來おのずからあると主張することは、サーンキヤ（sāṃkhya）におけるプラクリティ（prakṛti）にまったく同ずる過失となる。どうして本有の功德がないとわかるかといえば、『楞伽經』において大慧が佛に「もし如來藏が本性として諸功德を具足しているならば、どうして世尊はさらに『あらゆる法はすべて空であって生ぜず滅しない』とも說きたまうたのですか」と申し上げ、佛が大慧に「わたしは斷見を有する衆生のために『本來、諸功德を具足している』と說いたのである」とおっしゃったとおりである。この文を用いてあらゆる經の意圖を同じように解釋するのである〟と言っていた。[15]

若南道諸師、引『楞伽』等、云〝如來藏性具足一切恆沙功德。本自有之、非適今也。又卽彼『經』云「三十二相八十種好結伽趺坐、而爲無量、無覆隱而不顯現」。又『涅槃經』云「大般涅槃、本自有之、具足一切恆沙功德」。又『華嚴經』云「佛子、一切衆生皆有佛如來藏、性具諸功德」。又『地持論』云「性種姓者、六入殊勝、展轉相續、無始法爾」。如是經論皆證本來具諸功德。若如北道、說無有本來一切功德者、便同外道斷見過失〟。

北道諸師云〝立本有一切功德、不從因生、先來自有者、全同僧伽自體之過。何以得知無本有功德者、如『楞伽經』、大慧白佛言「若如來藏性具諸功德者、何故世尊復說一切諸法皆悉空無生無滅。佛告。大慧、我爲斷見衆生故、說本來具諸功德」。卽將此文、通釋一切經意〟。（卷二十上。大正四二・七六四上中）

ここでは、菩提流支譯『入楞伽經』をともに用いつつも、南道派の說は菩提流支より後の法身有色說とほぼ同じであり、北道派の說は菩提流支より前の當常說とほぼ同じである。

傳統的に、勒那摩提は南道派の祖、菩提流支は北道派の祖と言われ、かつての筆者も無批判にそれに従ってきたが(16)、現在の筆者はそれを疑わしいと思っている。むしろ、ともに菩提流支譯を用いつつも、北道派は菩提流支より前の傳統を重視する人々、南道派は菩提流支より後の傳統を重視する人々だったのではあるまいか。

しかるに、後代の文獻においては、菩提流支より後の傳統に基づく南道派の法身有色説と、菩提流支より前の傳統に基づく北道派の當常説との對立が、なぜか南道派の勒那摩提の現常説と、北道派の菩提流支の當常説との對立として述べられるようになった。ここからは、そのことについて考察したい。

新羅の神昉『成唯識論要集』（別名：『成唯識論文義記』。全十三卷。『成唯識論本抄』所引）に次のようにある（文中の〇は原漢文における省略記號である）。

　常騰『〔成唯識論〕記』は〔次のように〕言っている。〔神昉〕『成唯識論要集』は〔次のように〕言っている。二説が相傳されている。第一説は〝報身と化身との二身も凝然として常である〟と言っている。『大般涅槃經』において「佛、法、僧を修習して、〝常である〟との想いをなせ。〔佛、法、僧という〕これら三法は〝〔三法が〕別々である〟との想いがないもの、〝〔三法が〕無常である〟との想いがないもの、〝〔三法が〕變異していく〟との想いがないものである。もし三法について〝別々である〟との想いを修習するならば、彼らの清淨な三歸依は歸依處がないものとなるであろう(17)」と言われている。〈乃至〉〝あらゆる諸佛の三身は凝然として常である〟と言うにせよ、昔から二説がある。第一に、南道の勒那摩提は現常と言っていた。第二に、北道の菩提留支は當常と言っていた。いつも〔當常と現常とを〕區別しているとおりである。……〈乃至〉上來の二説はいずれも道理に適っている。〔二説はいずれも〕信を生じさせるものだから、かつ、教理に順ずるものだからである〈云云〉。

　騰『記』云。『要集』云。相傳二説。一云。應化二身亦凝然常住。『涅槃經』云「應常（當？）修習佛法及僧、而作常想。是三法者、無有異想、無（＋無？）常想、無變異想。若於三法、修異相者、應知是輩清淨三漏（歸？）卽（則？）無依處」。〈乃至〉雖言一切諸佛三身凝然常、舊成（來？）二說。一者、南道勒那云現常。二者、北道菩提留支名當常。如常分別。……〈乃至〉上來二釋皆爲應理。令長（生？）信故、非（順？）教理故〈云云〉。（卷四十四。大正六五・七七八上）

〔神昉〕『成唯識論文義記』卷十三は〔次のように〕言っている。……二説が相傳されている。第一説は〝報身と化身との二身も凝然として常である〟と言っている。『大般涅槃經』において◯と言われている。……〝あらゆる諸佛の三身は凝然として常である〟と言うにせよ、昔から二説がある。第一に、南道の勒那摩提は現常と言った。第二に、北道の菩提留支は當常と呼んだ。いつも〔當常と現常とを〕區別しているとおりである。……◯上來の二説はいずれも道理に適っている。〔二説はいずれも〕信を生じさせるものだから、かつ、教理に順ずるものだからである〈云云〉。

『文義記』第十三云。……相傳兩說。一云。應化二身亦凝然常。『涅槃經』言◯……雖言一切諸佛三身是凝然常、舊來二說。一者、南道勒那云現常。二者、北道菩提留支名當常。如常分段（別？）。……◯上來二釋皆爲應理。令生信故、順教理故〈云云〉。（卷四十四。大正六五・七七八上中下）

ここでは、報身と化身との二身を常と主張する説について、南道派の勒那摩提は現常説を説き、北道派の菩提流支は當常説を説いたと言われている。先には、南道派は法身有色説を説き、北道派は當常説を説いたのであるが、ここでは、法身有色説が現常説と言い換えられている。

すなわち、三身説の文脈においては、現常説は報身と化身との二身が現今においてすでに（法身が含有する色として）衆生に常にあるという説を意味し、當常説は報身と化身との二身が當來においてようやく衆生に常にあるようになるという説を意味する。もともと常である法身については、現常か當常かは問題とならない。

さらに、基『成唯識論別抄』(18)に次のようにある。

質問。當常と現常とは何か。回答。北魏の時代に二人の三藏がおり、同じく内裏において、それぞれ別の場所に滞在して翻譯した。南院には勒那摩提三藏を安置し、〔勒那摩提は〕〝衆生身のうちにすでに三十二相を具えている。あらゆる功德はすべて常である。ただ障によるゆえに、顯現することを得ないだけである。のちに障を斷ちきったならば、それが佛身である。〔常である以上、佛身は〕あらためて別個に清淨な種子から生じるのではない〟と言った。ゆえに現常と呼ばれるのである。南院に滞在していたゆえに、〔勒那摩提は〕南道法師と呼ばれる。〔南朝の〕呉や蜀であるゆえに南道と言われるのではない。菩提留支は北院に滞在して翻譯し、〝あらゆる衆生は、のちに佛となって、常なる身を有することを得る。〔佛身は〕かならず清淨な種子から生じ、生じおわってのち常となる。衆生がすでに常なる身を得おわっているというわけではない〟と主張した。ゆえに當常と言うのである。北院に滞在していたゆえに、〔菩提留支は〕北道法師と呼ばれる。

問。何者當常現常。解云。魏時有二三藏、同於内、各在別處翻譯。南院安置勒那三藏、云〝衆生身中、已具三十二相。一切功德、皆悉是常。但由障故、不得顯現。後時斷障部（ー部？）、此則佛身。更不別從淨種而生〟、故名現常。由在南院、故曰有（南？）道法師。非是呉蜀故云南道。菩提留支在北院翻譯、立云〝一切衆生、後時成佛、得有常之身。必從淨種而生、生已常住。非謂衆生已得常身〟、故曰當常。以在北院、名曰北道法師也。（巻十。續藏一・七七・五・四六四裏下）

ここでも、南道派の勒那摩提が現常説を說き、北道派の菩提流支が當常説を說いたと言われている。

菩提流支より後の傳統に基づく南道派の法身有色說と、菩提流支より前の傳統に基づく北道派の當常說との對立が、後代においては、なぜか南道派の勒那摩提の現常說と、北道派の菩提流支の當常說との對立として述べられるようになったのである。しかるに、そこには明らかに無理がある。勒那摩提の現常說と言われるもののうち、〝衆生身のうちにすでに三十二相を具えている〟という主張は菩提流支譯『入楞伽經』に據っている（上揭の『瑜伽論記』における引用を見よ）。『入楞伽經』と無關係である勒那摩提が『入楞伽經』に據っていることには無理がある。

從來、學界においては、道宣『續高僧傳』道寵傳の「一說」にもとづいて、勒那摩提は南道派の祖、菩提流支は北道派の祖と考えられてきた。同傳に次のようにある。

一說に言う。初めに勒那摩提三藏は三人に教えた。房（道房か）[19]と定（不明）との二士には心法（＝禪法）を授け、慧光一人にはひとえに法（＝經）と律とを教えた。菩提流支三藏はただ道寵に教えるのみであった。道寵は道北において牢（不明）や宜（不明）など四人に教えた。慧光は道南において道憑や僧範など十人に教えた。ゆえに洛陽の都下に南道と北道との二道をあらしめることとなった。當常と現常との二說はここから始まったのである。四宗と五宗ともここから起こったのである。

一說云。初勒那三藏教示三人。房定二士授其心法、慧光一人偏教法律。菩提三藏惟教於寵。寵在道北教牢宜四人。光在道南教憑範十人。故使洛下有南北二途。當現兩說自斯始也。四宗五宗亦仍此起。

（卷七。大正五〇・四八二下）

ここでは、勒那摩提が現常說を說く南道派の祖と言われ、菩提流支が當常說を說く北道派の祖と言われており、先の『成唯識論別抄』『成唯識論要集』と同じである。唐においては、このような一説が流布していたらしい。しかしこれはやはり「一説」に過ぎないのではあるまいか。現存の地論宗文獻から知られるかぎり、南道派は菩提流支より後の傳統に基づく法身有色説（すなわち現常説）を説き、北道派は菩提流支より前の傳統に基づく當常説を説いたのであり、決して、勒那摩提が南道派の祖であったり、菩提流支が北道派の祖であったりするわけではない。勒那摩提が南道派の祖、菩提流支が北道派の祖と言われることは、事實と異なるのではないかと思われる。

七　おわりに

小稿において明らかにされたことがらは次のとおりである。

1　菩提流支一門の講義録『金剛仙論』の佛身説は法身と報身とを常、化身を無常と規定する。そこにおいては、法身有色説と報身常住説とが表裏一體である。

2　吉藏が傳える地論宗の佛身説は報身常住説である。

3　慧遠の佛身説は三身をさまざまな次元において常あるいは無常に配當する。ただし、慧遠は法身有色説を強力に主張しており、その場合、必然的に、報身常住説を強力に主張することになる。

4　教理集成文獻（Stein 4303）の佛身説は（自説である）通宗において三身を常と規定する。

5　南道派は菩提流支より後の傳統に基づく法身有色説（すなわち現常説）を説き、北道派は菩提流支より前の傳統に基づく當常説を説いた。

6　後代においては、勒那摩提は南道派の祖であって現常説を説き、菩提流支は北道派の祖であって當常説を説いたと言われることがあるが、それは事實と異なるのではないかと思われる。

〔※　小稿は先年發表した拙稿「地論宗の唯識説」（大竹晉〔二〇一〇〕）の姉妹編である。今後、機會あるごとに「地論宗の〇〇説」と題する一連の拙論を發表し、筆者自身の地論宗の研究をまとめたいと考えている。〕

略號

BoBh: *Bodhisattvabhūmi*, ed. by Nalinaksha Dutt, Patna 1966.
LAS: *Laṅkāvatārasūtra*, ed. by Bunyiu Nanjio, Kyoto 1923.
MSg: *Mahāyānasaṃgraha*, in: 長尾雅人〔一九八二〕。
MSABh: *Mahāyānasūtrālaṃkārabhāṣya*, ed. Sylvain Lévi, Paris 1911.
RGV: *Ratnagotravibhāga*, ed. by Edward H. Johnston, Patna 1950.
SPS: *Saddharmapuṇḍarīkasūtra*, ed. by Hendrik Kern and Bunyiu Nanjio, St. Petersburg 1897-1937.
ŚSS: *Śrīmālādevīsiṃhanādasūtra*, in: 寶幢會編『藏・漢・和三譯合璧勝鬘經・寶月童子所問經』京都、興教書院、一九四〇。
續藏：　大日本續藏經。
大正：　大正新脩大藏經。
『第一集』：　青木隆、方廣錩、池田將則、石井公成、山口弘江『藏外地論宗文獻集成』ソウル、圖書出版ＣＩＲ、二〇一二。

參考文獻

（和文）

大竹晉〔二〇一〇〕「地論宗の唯識説」、金剛大學校佛教文化研究所編『地論思想の形成と變容』東京、國書刊行會。

長尾雅人〔一九八二〕『攝大乘論　和譯と注解　上』東京、講談社。

林香奈〔二〇一五〕「基撰とされる『成唯識論別抄』について」『印度學佛教學研究』六三・二。

平井俊榮〔一九七六〕『中國般若思想史研究　吉藏と三論學派』東京、春秋社。

水野弘元〔一九五七〕「禪宗成立以前のシナの禪定思想史序說」『駒澤大學研究紀要』一五。

吉津宜英〔一九七七〕「法身有色説について」『佛教學』三。
（中文）
史經鵬〔二〇一四〕『中國南北朝涅槃學基礎研究——研究史與資料』上海師範大學博士後研究工作報告。

註

（1）平井俊榮〔一九七六〕第二篇第一章「吉藏の著作」における考證による。

（2）求那跋陀羅譯『勝鬘師子吼一乘大方便方廣經』（和譯は藏譯から）。

世尊よ、これら四聖諦のうち、三諦は無常です。一諦は常です。それはなぜかというならば、世尊よ、三諦は有爲を特徴とするものに屬するからであり、世尊よ、有爲を特徴とするものに屬するもの、それは無常なのです。無常なるもの、それは虛妄であり、欺きという屬性を有するものです。世尊よ、虛妄であり、欺きという屬性を有するもの、それは諦ならざるものであり、無常であって、歸依處ではありません。世尊よ、そういうわけで、苦聖諦と、苦の集諦と、苦の滅に趣く道聖諦とすらも正しくは諦ならざるものであり、無常であって、歸依處ではありません。

世尊、此四聖諦、三是無常、一是常。何以故。三諦入有爲相。入有爲相者是無常。無常者是虛妄法。虛妄法者非諦非常非依。是故苦諦集諦道諦非第一義諦、非常非依。（大正一二・二二一下）

bcom ldan 'das phags pa'i bden pa bzhi po 'di dag la bden pa gsum ni mi rtag pa lags so ‖ bden pa gcig ni rtag pa lags so ‖ de ci'i slad du zhe na | bcom ldan 'das bden pa gsum ni 'dus byas kyi mtshan nyid du gtogs pa'i slad du ste bcom ldan 'das gang 'dus byas kyi mtshan nyid du gtogs pa de ni mi rtag pa lags so ‖ gang mi rtag pa de ni brdzun bslu ba'i chos can lags so ‖ bcom ldan 'das gang brdzun bslu ba'i chos can de ni mi bden pa dang mi rtag pa lags te skyabs ma lags so ‖ bcom ldan 'das de lta lags pas 'phags pa'i sdug bsngal bden pa dang | sdug bsngal kun 'byung ba bden pa dang | sdug bsngal 'gog par 'gro ba'i lam 'phags pa'i bden pa yang yang dag par ni mi bden pa dang mi rtag pa lags te | skyabs ma lags so ‖ (ŚSS 132, 15-134, 10)

（3）吉津宜英〔一九七七〕。

（4）以下、教理集成文獻（Stein 4303）の解讀については、李相旻氏のご教示によって啓發された箇所がある。謹んで感謝申し上げる。

（5）曇無讖譯『大般涅槃經』。以下の文を含む、迦葉と佛との問答は法顯譯（大正一二・八七五中）と藏譯（P no. 788, Tu

79a7）との該當箇所に缺けている。

良家の息子よ、同音異義の諸法があるし、異音異義の諸法がある。同音異義とは、佛の〝常〟と、法の〝常〟と、比丘僧の〝常〟とである。涅槃と虚空とも〝常〟である。これが同音異義と呼ばれる。異音異義とは、佛は覺と呼ばれ、法は不覺と呼ばれ、僧は和合と呼ばれ、涅槃は解脱と呼ばれ、虚空は非善と呼ばれ、無礙とも呼ばれる。これが異音異義である。

善男子、有法名一義異、有法名義俱異。名一義異者、佛常、法常、比丘僧常。涅槃、虚空皆亦是常。是名名一義異。名義俱異者、佛名爲覺、法名不覺、僧名和合、涅槃名解脱、虚空名非善、亦名無礙。是爲名義俱異。

（卷五。大正一二・三九五下）

（6）曇無讖譯『大般涅槃經』（藏譯にない部分）。

婆羅門よ、あなたの主張においては因が常で果は無常であるが、わたし（釋迦牟尼）の主張においては因が無常であるにせよ果は常であることに、どんな過失があろうか。

婆羅門、如汝法中因常果無常、然我法中因雖無常果是常者、有何等過。（卷三十九。大正一二・五九三上）

（7）鳩摩羅什譯『妙法蓮華經』（和譯は梵文から）。

壽命の長さもまた全うされていないのだ。むしろ、さて、次に、良家の息子たちよ、こんにちなお、壽命の長さが全うされるまで、わたしには、それ（＝これまでかかった百千コーティ・ナユタ劫）の二倍になるまでに、〔あと〕百千コーティ・ナユタ劫かかることだろう。

諸善男子、我本行菩薩道所成壽命、今猶未盡、復倍上數。（卷五。大正九・四二下）

āyuṣpramāṇam apy aparipūrṇam. api tu khalu punaḥ kulaputrā adyāpi taddviguṇena me kalpakoṭīnayutaśatasahasrāṇi bhaviṣyanty āyuṣpramāṇasyā paripūrṇatvāt.（SPS 319, 2-4）

（8）教理集成文獻（Pelliot chinois 3291）については、史經鵬氏のご教示によってその存在を知った。謹んで感謝申し上げる。

（9）曇無讖譯『大般涅槃經』（藏譯にない部分）。

あらゆる有とは諸衆生であり、中斷しないし、滅しない。あたかも燈焰に似ている。

一切悉有是諸衆生不斷不滅。猶如燈焰。（卷三十五。大正一二・五七二中）

（10）「まだそれの用はない」というのは、まだ用が體の内側にあって、外側に顯われていないという意味である。體の内側に用がないという意味ではない。灌頂『大般涅槃經疏』に次のようにある。

地人は〝常なる法〔である眞理〕は初めて得られるものでなく、もともと〔衆生のうちに〕體（〝ありかた〟）と用（〝はたらき〟）とが完全なかたちで具わっており、ただ煩惱に覆われているため、後になってようやく顯れるのである〟と言っていた。

地人云。常法非是始得、本來體用具足、但爲妄惑所覆、後時方顯。（卷十二。大正三八・一一六下）

（11）菩提流支譯『入楞伽經』（和譯は梵文から）。

次に、世尊によって、經典を誦出する際に、如來藏が述べられています。傳説によれば、さらに、それ（如來藏）は、あなた（世尊）によって、「自性清淨であるし、清淨であるし、本來清淨であるに他ならない。三十二相を持っているし、あらゆる衆生の身の内部にある」と述べられています。世尊によって、「大きな價値と高價とを有する寶石が垢じみた衣服のうちに包まれているように、〔如來藏は〕蘊と界と處とである衣服のうちに包まれており、貪と瞋と癡と虚妄分別とである垢によって垢じみており、常・恆・清涼・不變である」と述べられています。

世尊、世尊如修多羅説「如來藏、自性清淨、具三十二相、在於一切衆生身中、爲貪瞋癡不實垢染陰界入衣之所纏裹、如無價寶垢衣所纏」、如來世尊復説「常恆清涼不變」。（卷三。大正一六・五二九中）

tathāgatagarbhaḥ punar bhagavatā sūtrāntapāṭhe 'nuvarṇitaḥ. sa ca kila tvayā prakṛtiprabhāsvaraviśuddhādiviśuddha eva varṇyate dvātriṃśallakṣaṇadharaḥ sarvasattvadehāntargato mahārghamūlyaratnaṃ malinavastupariveṣṭitam iva skandhadhātvāyatanavastuveṣṭito rāgadveṣamohābhūtaparikalpamalamalino nityo dhruvaḥ śivaḥ śāśvataś ca bhagavatā varṇitaḥ.（LAS 77, 14-78, 1）

（12）未詳。

（13）佛馱跋陀羅譯『大方廣佛華嚴經』（和譯は梵文から）。

如來の智が完全に入りきっていないような、かの、いかなる衆生も衆生のたぐいのうちに存在しない。

復次佛子、如來智慧無處不至。何以故。無有衆生無衆生身如來智慧不具足者。（卷三一五。大正九・六二三下）

na sa kaścit sattvaḥ sattvanikāye saṃvidyate yatra tathāgatajñānaṃ na sakalam anupraviṣṭam.（F.GV 22, 10-11）

（14）曇無讖譯『菩薩地持經』（和譯は梵文から）。

このうち、本性住種姓とは、諸菩薩の六處殊勝なるものである。それは、展轉しつつ傳來しており、無始なる時からのものであり、法爾（自然法則）として得られているという、そのようなものである。

性種性者、是菩薩六入殊勝、展轉相續、無始法爾。（巻一。大正三〇・八八八中）

tatra prakṛtisthaṃ gotraṃ yad bodhisattvānāṃ ṣaḍāyatanaviśeṣaḥ. sa tādṛśaḥ paraṃparāgato 'nādikāliko dharmatāpratilabdhaḥ.
(BoBh 2, 5-6)

（15）菩提流支譯『入楞伽經』（和譯は梵文から）。

しかるに、大慧よ、諸如來は、空性と實際と涅槃と不生と無相と無願とを始めとする諸範疇について、〃如來藏である〃との説明をしてのち、諸如來・阿羅漢・正等覺者は、愚者たちの、無我に對する恐怖の基盤を取り除いてやるために、無分別かつ無顯現なる對象を、如來藏という面からの説示によって、説示するのである。

大慧、我説如來藏、空實際涅槃不生不滅無相無願等文辭章句、説名如來藏。大慧、如來應正遍知、爲諸一切愚癡凡夫聞説無我生於驚怖、是故我説有如來藏。（巻三。大正一六・五二九下）

kiṃ tu mahāmate tathāgatāḥ śūnyatābhūtakoṭinirvāṇānutpādānimittāpraṇihitādyānāṃ mahāmate padārthānāṃ tathāgatagarbhopadeśaṃ kṛtvā tathāgatā arhantaḥ samyaksaṃbuddhā bālānāṃ nairātmyasaṃtrāsapadavivarjanārthaṃ nirvikalpanirābhāsagocaraṃ tathāgatagarbhamukhopadeśena deśayanti. (LAS 78, 6-11)

（16）たとえば、大竹晉〔二〇一〇：六九〕。

（17）曇無讖譯『大般涅槃經』。藏譯は漢譯といささか異なる（和譯は藏譯から）。

良家の息子よ、法と比丘僧とについても、〃常である〃との想いを、繰り返し修習せよ。〔佛、法、僧という〕三所依を別々のものとするな。無常（*anitya）か、不堅（*asāra）か、不恆（*adhruva）か、不清涼（*aśiva）か、非解脱かの行相によっては修習するな。〃三所依の大我について、このように〔行相によって〕は修習しない良家の息子たちあるいは良家の娘たち、彼らの歸依は清淨である〃とわたしは説く。

復次、善男子、應當修習佛法及僧、而作常想。是三法者、無有異想、無無常想、無變異想。若於三法、修異想者、當知是輩清淨三歸則無依處。（巻三。大正一二・三八三下）

rigs kyi bu chos dang dge slong gi dge 'dun la yang rtag pa'i 'du shes yang dang yang du bsgom par gyis shig | gzhi gsum la tha dad par mi byed cig | mi rtag pa'am | mi brtan pa'am | ther zug pa ma yin pa'am | zhi ba ma yin pa'am | thar pa ma yin pa'i rnam par yang ma sgom zhig | rigs kyi bu'am rigs kyi bu mo gang dag gzhi gsum gyi bdag nyid chen po la de ltar mi sgom pa de dag gyi skyabs su 'gro ba ni dag pa yin no zhes nga zer ro ‖（P no. 788, Tu 45a3-5）

（18）基の著作であるかどうか、しばしば疑われている。研究史については、林香奈〔二〇一五〕を見よ。

（19）水野弘元〔一九五七〕の指摘による。『續高僧傳』佛陀傳、僧稠傳。

〔佛陀禪師は〕弟子道房に沙門僧稠を得度させ、禪定を教えさせた。

又令弟子道房度沙門僧稠、教其定業。（卷十六。大正五〇・五五一中）

〔僧稠は〕初めに道房禪師に從って止觀を受學し修行した。道房は佛陀跋陀（佛陀禪師）の高弟である。

初從道房禪師受行止觀。房卽跋陀之神足也。（卷十六。大正五〇・五五三下）

五　地論宗の煩惱說

大竹　晉

一　はじめに

マイトレーヤ（彌勒。四世紀頃）を始祖とするインド大乘瑜伽師の煩惱說――二障說――が本格的に中國に傳えられたのは南北朝時代の北地においてであった。傳えた人物は北インド出身の僧侶、菩提流支（?―五〇八―五三五―?）である。周知のとおり、地論宗はこの菩提流支が漢譯した瑜伽師文獻のひとつ『十地經論』に基づいて成立した。

地論宗は菩提流支を經由してインドの煩惱說を吸收した。ただし、後述するとおり、菩提流支による煩惱說の傳えかたは斷片的であり體系的ではなかったため、地論宗は如來藏思想文獻によって多くを類推せざるを得ず、結果として、地論宗の煩惱說はインドの煩惱說に較べいささか奇形的なものとなった。

それゆえに、隋による南北朝の統一ののち、隋を承けた唐において、インドから歸國した玄奘（六〇二―六六四）が體系的に傳えたインドの煩惱說に基づいて法相宗の煩惱說が形成されると、地論宗の煩惱說は法相宗の煩惱說によって壓倒され、急速に消滅していった。

小稿は、そのような、南北朝時代の北地においてごく短期間に學ばれていた古典的な地論宗の煩惱說の展開を簡潔に纏めようという試みである。

インドの煩惱説と、地論宗の煩惱説との違いは、『勝鬘師子吼一乘大方便方廣經』の五住地説についての考えかたの違いとして現れる。ここでは、まず、『勝鬘師子吼一乘大方便方廣經』の五住地説と、それに對する瑜伽師の考えかたとを確認しておく。

『勝鬘師子吼一乘大方便方廣經』においては、諸煩惱は二種類に分けられている。住地（*vāsabhūmi. 〝潛在的狀態〟）である諸煩惱と、起（*samutthāna. 〝顯在的狀態〟）である諸煩惱とである（和譯は藏譯から。以下同様）。

世尊よ、諸煩惱は二種類であって、住地である諸煩惱と、起である諸煩惱とです。

煩惱有二種。何等爲二。謂住地煩惱、及起煩惱。

（求那跋陀羅譯『勝鬘師子吼一乘大方便方廣經』。大正一二・二二〇上）

bcom ldan 'das nyon mongs pa dag ni rnam pa gnyis te | gnas kyi sa'i nyon mongs pa rnams dang | kun nas ldang ba'i nyon mongs pa rnams so || (ŚSS 84, 2-4)

住地である諸煩惱は四種類に分けられている。見一處住地（*dṛṣṭyekasthavāsabhūmi. 〝見〔〝邪見〟〕のみに屬するものの潛在的狀態〟）と、欲愛住地（*kāmarāgasthavāsabhūmi. 〝欲愛〔〝欲界への愛〟〕に屬するものの潛在的狀態〟）と、色愛住地（*rūparāgasthavāsabhūmi. 〝色愛〔〝色界への愛〟〕に屬するものの潛在的狀態〟）と、有愛住地（*bhavarāgasthavāsabhūmi. 〝有愛〔〝存在への愛〟〕に屬するものの潛在的狀態〟）とである。それらが起である諸煩惱のすべてを起こしている。

世尊よ、住地も四種類であって、〝四とは何か〟と言いますならば、具體的には、見一處住地、欲愛住地、色愛住地、有愛住地です。世尊よ、これら四住地が起である諸煩惱のすべてを起こしています。

住地有四種。何等爲四。謂見一處住地、欲愛住地、色愛住地、有愛住地。此四種住地生一切起煩惱。（求那跋陀羅譯『勝鬘師子吼一乘大方便方廣經』。大正一二・二二〇上）

bcom ldan 'das gnas kyi sa yang rnam pa bzhi ste | bzhi gang zhe na | 'di ltar lta ba gcig la gnas pa'i gnas kyi sa dang | 'dod pa'i 'dod chags la gnas pa'i gnas kyi sa dang | gzugs kyi 'dod chags la gnas pa'i gnas kyi sa dang | srid pa'i 'dod chags la gnas pa'i gnas kyi sa ste | bcom ldan 'das gnas kyi sa bzhi po de dag gis nyon mongs pa kun nas ldang ba thams cad skyed lags so ‖（ŚSS 84, 4-9）

すなわち、住地と起とは、順に、唯識說における、種子（bīja.“潛在的狀態”）と現行（samudācāra.“顯在的狀態”）とに該當する。住地という語の一部である住（vāsa）は、種子の別名である習氣（vāsanā）と同じ語根に由來する。さて、住地である諸煩惱は心の上に（心とは別に）蓄積されているにすぎず、起である諸煩惱が（心所有法として）ようやく心と結合する。

世尊よ、起であるもの、それは瞬間的なものであって、心の瞬間（すなわち、瞬間的な心）と結合しているのです。

世尊、於此起煩惱刹那、心刹那相應。（求那跋陀羅譯『勝鬘師子吼一乘大方便方廣經』。大正一二・二二〇中）

bcom ldan 'das kun nas ldang ba gang lags pa de dag ni skad cig pa ste | sems kyi skad cig pa dang mtshungs par ldan pa lags so ‖（ŚSS 100, 3-4）

唯識說においても、諸煩惱の種子は心の上に（心とは別に）蓄積されているにすぎず、諸煩惱の現行が（心所有法として）ようやく心と結合する。

なお、同經においては、以上とは別に、あらゆる諸煩惱の基底として、無明住地（*avidyāvāsabhūmi.〝無明の潛在的狀態〟）も説かれている。この無明住地も心の上に（心とは別に）蓄積されているにすぎず、心と結合していない。

世尊よ、始まりのない時からの、無明住地は心と結合していないものです。

世尊、心不相應無始無明住地。（求那跋陀羅譯『勝鬘師子吼一乘大方便方廣經』。大正一二・二二〇中）

bcom ldan 'das ma rig pa'i gnas kyi sa thog ma ma mchis pa'i dus nas mchis pa ni sems dang mi ldan pa lags so ||

（ŚSS 100, 6-7）

まとめれば、住地である諸煩惱は心の上に（心とは別に）蓄積されており、起である諸煩惱は（心所有法として）心と結合している。住地と起とは、順に、唯識説における、種子と現行とに該當する。

さて、『勝鬘師子吼一乘大方便方廣經』の五住地説に對する瑜伽師の考えかたは、やや後代の文獻ではあるが、『成唯識論』において現れる。同論に次のようにある。

〔質問。〕もし所知障のうちには見や疑などがあるというならば、どうしてそれ（所知障）の種子は『〔勝鬘師子吼一乘大方便方廣〕經』において「無明住地」と説かれているのか。〔回答。〕無明が增大しているから、〔所知障は〕一括して無明と呼ばれているのだが、〔所知障のうちには〕見などがないのではない。たとえば、煩惱〔障〕の種子には見一處、欲愛、色愛、有愛という四住地の名が與えられているが、どうしてそれ（煩惱障）のうちに慢や無明などがないはずがあろうか。

若所知障有見疑等、如何此種『契經』說爲「無明住地」。無明增故、總名無明、非無見等。如煩惱種立見一處欲色有愛四住地名、豈彼更無慢無明等。（卷九。新導、三九七頁）

ここでは、四住地が煩惱障の種子であり、無明住地が所知障の種子であることが明確に説かれている。

二　北魏洛陽期の煩惱說

さて、『勝鬘師子吼一乘大方便方廣經』の五住地說は、菩提流支の來中（五〇八）に先行する北魏洛陽期において、大きく誤解された。地論宗の煩惱說は、五住地說に對する北魏洛陽期の誤解と、菩提流支が傳えた瑜伽師の二障說との結合體であるから、ここでは、まず、北魏洛陽期の煩惱說を確認しておきたい。

前節において確認したとおり、同經においては、住地である諸煩惱は心の上に（心とは別に）蓄積されており、起である諸煩惱は（心所有法として）心と結合している。しかし、北魏洛陽期においては、住地である諸煩惱のうち、四住地である諸煩惱は心と結合している見や愛などであり、無明住地である煩惱は心であると誤解された。北魏洛陽期においては、無明住地である煩惱は「卽心の惑」（〝ただちに心である煩惱〟）と呼ばれ、四住地である諸煩惱と、起である諸煩惱とは「異心の惑」（〝心と異なっている煩惱〟）と呼ばれている。敦煌出土、教理集成文獻（Pelliot chinois 2908）に次のようにある。

惑（〝煩惱〟）について言えば、〔惑の〕名稱は砂の數ほどあるが、まとめれば、ただ卽心（〝ただちに心である〟）か異心（〝心と異なっている〟）かの區別があるだけである。〔質問。〕惑の起こりを論ずるに、心によらざる〔惑〕はない。卽心でないならば、どうなるのか。卽心ということはそのままでよいが、異心はいったいどうなるのか。回答。惑が心を離れないということは、まことに道理がある。初めに、卽心と言うのは、ただ無知なる心に他ならず、〔心のうちに〕知解と惑とが同居しており、體（〝ありかた〟）として〔五蘊のうちの〕想と識とを兼ねており、さらに貪と瞋と〔である異心の惑〕の下部に遍在しているから、卽心と呼ばれる。異心を言えば、ただ無知〔なる心〕のみでなく、そこからさらに〔心と〕異なる知解を生ずる。作意によって所縁を愛すること、それが貪と呼ばれる。念を起こしてものに怒ること、それが瞋と呼ばれる。貪と瞋とはそれぞれ心と別であるし、見と慢とはそれぞれ心と別であるから、異心と呼ばれる。

　即心の惑は、〔生ずる時に〕あらためて作意を要せず、〔無知なる心という〕もとの名稱にとどまっているから、無明住地と規定される。

　異心の煩惱は、〔生ずる時に〕作意を要するので、堅固と柔軟との區別があるし、凡夫と聖人との區別がある。堅固な惑は、〔凡夫の〕妄情から出てくるものであり、見が主體であり、ほかの諸煩惱を生ずるが、ひとたび空という道理を體驗したならば、〔ほかの諸煩惱と〕いっしょに、すぐさま除去される。そういうわけで、見一處住地と規定される。柔軟な惑は、聖人の心によって起こるものであり、生ずることが〔回數的に〕增えたり減ったりすることがあり、斷ちきられることが〔時間的に〕前になったり後になったりすることがある。思惟道（bhāvanāmārga.〝修道〟）の四使（貪、瞋、癡、慢）が生ずることと斷ちきられることとは〔聖人の〕種類に呼應する。愛は受生を潤すことができるので、功能が長じており、作用が顯わであり、〔三界という〕上下の階降によって、〔欲愛、色愛、有愛という〕三住地となる。ゆえに三界における凡夫と聖人とは、合わせて四住地となる。前の〔煩惱〕が後の〔煩惱〕を生ずることができることが地と規定されるし、〔煩惱が〕同類であって變わらないことが住と呼ばれる。

　惑而言之、名有塵沙、擧綱收要、唯有卽異之別。論惑之起、莫不由心。非卽如何。卽義可爾、異復云何。解言。惑不離心、實有此理。始言卽者、直守不知之心、解惑俱有、體通想識、復遍貪瞋、故言卽也。語異之◇（談？）、不但不知、乃更生異解。作意愛緣、名之爲貪。起念怒物、目之曰瞋。染恚各別心、見慢各別意、故言異也。

　卽心之惑、更無作意、仍守本名、故爲無明住地。

異心煩惱、由開作意、有堅柔之殊、凡聖之別。堅執之惑、出自妄情、以見爲干、生餘煩惱、一會空理、相與頓遣、是以爲見一處住地。輕柔之患、起由聖心、生有增微、斷有前後。思惟四使、生斷應類。以愛能潤生、功長用顯、上下階降、爲三住地。故三界凡聖、合爲四住。前能生後爲地、同類不移曰住。（『第一集』一七八頁）

ここでは、無明住地である煩惱が「卽心の惑」と規定され、四住地である諸煩惱と、起である諸煩惱とが「異心の惑」と規定されている。五蘊のうち想と識とが一括して「心」と規定されていることもわかる。うちわけは次のとおりである。

見一處住地：　見道所斷惑（貪、瞋、癡、慢、疑、見）
欲愛住地、色愛住地、有愛住地：　愛
無明住地：　心
起：　修道所斷惑（貪、瞋、癡、慢）

起である諸煩惱が、說一切有部において說かれる、修道所斷の四使と規定されていることが注意を惹くが、このことは、のちの慧遠『大乘義章』五住地義においても、「修道の惑は起である諸煩惱である」と繼承されている（後掲）。

孝文帝（在位四七一―四九九）から宣武帝（在位四九九―五一五）に至る時期に北魏の都維那を務めた惠猛は、「異心の惑」は第六地までに斷ちきられ、「卽心の惑」は第七地から斷ちきられると考えていた。敎理集成文獻（Pelliot chinois 2908）に次のようにある。

もし故人である惠猛都維那の理解によるならば、凡夫の識と想と受とのうちの無明は、わけがあって、断ちきられない。どういうわけでそうなのかというならば、〔以下に〕明らかにしたい。凡夫の〔受、想、識という〕三心のうちの無明は、微細であるから、三界を超えた第七地以上の勝解をさまたげる。そういうわけで、第七地以上にようやくこの三心のうちの卽心の無明を断ちきるのである。第六地以下においては、卽心の無明があるにせよ、〔それを〕一向に斷ちきらず、ただ行蘊のうちの異心の惑を斷ちきるにすぎない。

若依故猛都解時、凡夫識想受中無明、由故不斷。何以故然。欲明凡夫三心中無明細、故障三界外七地以上勝解。是以七住以上、方斷此三心中卽心無明。在六住以下、雖有卽心無明、一向不斷、但斷行陰中異心惑。（『第一集』一八〇頁）

ここでは、五蘊のうち受、想、識が一括して心と規定されていることがわかる。
まとめれば、五住地説に対する北魏洛陽期の誤解は二つある。

【誤解1】　住地を現行と判定する誤解。
【誤解2】　住地に五種類あるうち、無明住地を心と同一視する誤解。

以下、これら二つの誤解の繼承に主眼を置いて、地論宗文獻の煩惱説を確認することにしたい。

三　『金剛仙論』の煩惱説

菩提流支譯『金剛般若波羅蜜經論』に對する複註である『金剛仙論』は、『金剛般若波羅蜜經論』に對する菩提流支一門の講義の集成であると考えられる。『金剛仙論』も五住地説に對する北魏洛陽期の誤解を踏襲している。

【誤解1】　住地を現行と判定する誤解については、同論に次のようにある。

〔『金剛般若波羅蜜經論』に〕「現行である粗大な煩惱がない」とあるのは、三界に屬する、四住地である、我見などという粗大な惑（煩惱）がないから、「現行である粗大な煩惱がない」と言われているのである。

「無現行麤煩惱」者、無三界四住我見等麤惑、故言「無現行麤煩惱」。（巻三。大正二五・八一八上）

このことは初地の菩薩が永遠に四住地とその習氣（種子）とを斷ちきり、すべて盡くすことを明らかにしているのである。

此明初地菩薩永斷四住及習氣皆盡也。（巻六。大正二五・八三八上）

ここでは、住地が現行であることが明確に說かれている。

【誤解2】　無明住地を心と同一視する誤解については、必ずしも明確でないにせよ、同論に次のようにある。

無始なるアーラヤ識根本種子無明住地があって、熏によって、いまだ現行していない法を現行させ、現行させてはただちに滅させることができる。

由有無始阿梨耶識根本種子無明住地、動（熏？）故能令未現法現、現已卽謝。（巻十。大正二五・八七三中）

ここでは、無明住地が「無始なるアーラヤ識根本種子無明住地」と表現されている。インドの唯識説においては、アーラヤ識はあくまで無覆無記であり、無明住地など（不善）という種子はアーラヤ識の上に蓄積されているだけであって、アーラヤ識と無明住地とは同一でない。菩提流支自身もそう考えていたはずである。この「無始なるアーラヤ識根本種子無明住地」という表現も「無始なるアーラヤ識（の上に蓄積された）根本種子無明住地」と理解され得るのかもしれない。かつての筆者はそういう方向で理解した。(1)

しかし、この「無始なるアーラヤ識根本種子無明住地」という表現を素直に讀むならば、この表現は無始なる無明住地をアーラヤ識と同一視しているようにも感じられる。もしそうならば、この文は、『金剛仙論』を編纂した菩提流支門下の漢人が、無明住地を心と同一視する北魏洛陽期の誤解を踏襲しつつ、書いたものと理解され得るのかもしれない。現在の筆者はそういう方向で理解している。

さて、『金剛仙論』においては、『勝鬘師子吼一乗大方便方廣經』の五住地説と、唯識派の二障説とが併用されている。二障説は北涼の曇無讖譯『菩薩地持經』によって中國に知られていたにせよ、北魏洛陽期においてはほとんど利用されず、『金剛仙論』において積極的に利用され始めたようである。したがって、二障説は菩提流支が本格的に中國に傳えたと推測される。

『金剛仙論』においては、五住地説と二障説との對應關係は必ずしも明確でない。ただし、次のようにある。

〔舍利弗などのような、〕その他の阿羅漢が〝自分は思いを起こさない〟と言っているのは、四住地という粗大な惑（現行）がないのであるが、なおも〔四住地の〕習氣である我執が斷ちきられていない。今、須菩提が〝思いを起こさない〟と言っているのは、〔四住地の〕習氣である我執すらないのであるが、〔それは四住地の習氣を〕うまく制御しているからであって、〔四住地の習氣を〕永遠に斷ちきったわけではない。

明其餘羅漢言〝我不作念〟者、無四住麤或（惑?）、猶未斷習我。今須菩提言不作念者、習我亦無、以善伏故非爲永斷。（巻四。大正二五・八二三下）

須菩提は四威儀において常に自ら〔煩惱障の〕習氣をうまく制御し、使（煩惱の現行）を起こさせないし、この〔無諍〕三昧を得たおかげで、人と競わない。これは、煩惱障が部分的に盡きているから、〝無諍三昧を得た〟と呼ばれるのである。舍利弗などのような、その他の阿羅漢は〔煩惱障の〕習氣をうまく制御できないから、人と競うし、人と競うから、無諍三昧がないのである。

明須菩提於四威儀中常自善防護習氣令使不起、以得此三昧、不與人競。此煩惱障分盡、故名得無諍三昧也。如舍利弗等其餘羅漢不能善防習氣、故與物競、與物競故、無有無諍三昧。（卷四。大正二五・八二四上）

ここでは、須菩提が四住地を斷ちきり、それの習氣をうまく制御していることと、須菩提が煩惱障を斷ちきり、それの習氣をうまく制御していることとが說かれている。したがって、『金剛仙論』においては、四住地は煩惱障の現行であり、無明住地は智障（所知障の古譯）の現行であると考えられていることがわかる。

先の『成唯識論』においては、四住地は煩惱障の種子であり、無明住地は所知障の種子であると規定されていた。今の『金剛仙論』においては、四住地は煩惱障の現行であり、無明住地は智障（所知障）の現行であると規定されている。これは『金剛仙論』が北魏洛陽期の誤解を踏襲していることによる。五住地を二障の現行と規定する說は、その後の地論宗において、特徵的な說として繼承されていくのである。

最後に、諸煩惱が斷ちきられる時期について確認しておきたい。同論に次のようにある。

菩薩はすでに道についていては初地に登り、眞如である、法無我という道理を現に見、四住地と、それの習氣と、無明住地の粗大なもの（現行）とを永遠に斷ちきり……。

菩薩旣道登初地、現見眞如法無我理、永斷四住習氣及無明麤品……。（卷二。大正二五・八〇四中）

なおも第二地以上の修道における、善法煩悩（〝善法に對する煩惱〟）と、無明の微細な闇（習氣）という根本的な惑とがある。

猶有二地以上修道中善法煩惱無明細闇根本之惑。（巻三。大正二五・八一四中）

ここでは、菩薩が初地の見道において四住地の現行と、四住地の習氣と、無明住地の現行とを斷ちきり、第二地からの修道において無明住地の習氣を斷ちきることが説かれている。

四　『大乘五門十地實相論』の煩惱説

敦煌出土、著者不明『大乘五門十地實相論』は『十地經論』に對する複註である。現存するのはその巻六（ただし首缺）にすぎないが、六巻で完結していることは、内容上、疑いない。同文獻も五住地説に對する北魏洛陽期の誤解を踏襲している。

【誤解1】　住地を現行と判定する誤解については、『大乘五門十地實相論』に次のようにある。

「使の活動〔という密林の區別〕とは何か」[2]とは、この「使」は、第七識のうちの根本無明（無明住地）である。上の「心〔の活動〕という密林」[3]はただ心が過失であることを明らかにしているにすぎない。〔今の〕煩惱（「使」）は、汚れている、活動（＝現行）している心について言われている。「使」は驅（〝驅りたてること〟）を意味する。この無明は衆生を驅使して六道に隨順させるので、「使」と呼ばれる。

「云何使行」者、此「使」是第七識中根本無明。上「心稠林」但明心過。煩惱就染行心爲語。「使」以驅爲義。由此無明驅使衆生隨順六道、名爲「使」。（『第一集』四六四頁）

ここでは、無明住地が現行であることが明確に説かれている。
なお、ここで、使（anuśaya. 隨眠）が煩惱の現行と規定されているのは、インドの唯識説と異なる。インドの唯識説においては、使は煩惱の種子と規定されている。『大乘五門十地實相論』の説は説一切有部の説を踏襲するものである。
【誤解2】　無明住地を心と同一視する誤解については、すでに上の例においても明らかにそれが確認されるが、さらに、『大乘五門十地實相論』に次のようにある。

「アーラヤの熏習[4]」とは、對象という風がアーラヤ識という海に叩きつけるので[5]、そのせいで第七識（アーラヤ識）のうちの無始の妄想が流れ續け、心（アーラヤ識）と一緒にあるのが、「隨逐」と呼ばれる。これは無始の無明（無明住地）である。

「阿梨耶熏」者、以境界風鼓藏識海、是以第七識無始妄想流注、與心俱有、名「隨逐」。此是無始無明也。（『第一集』四六五頁）

ここでは、無明住地が心であることが明確に説かれている。
最後に、諸煩惱が斷ちきられる時期について確認しておきたい。『大乘五門十地實相論』に次のようにある。

「微細[6]」とは、質問。無明は不實であるので、理屈上、斷ちきりやすいものであり、初地の眞観（〝眞如の觀察〟）を得る時にただちに斷ちきられるのに、どうして〔今の『十地經論』の文においては〕第九地まで至るのか。回答。初地において第七識という根本（無明住地）を斷ちきり盡くす。あたかも屋内で火を消し炭が盡き、ただ暖熱があるだけであるのに似て、〔無明住地の習氣は根本が斷ちきられたのちも〕しまいには第十地の終わりまで至る。ただし、今は第九地に據る内容說明なので、ただ第九地と言われているにすぎない。

「微細」者、問曰。無明既是不實、理是易斷、得初地眞觀時卽斷、何故乃至九地者。答曰。初地斷七識根本盡。如屋中除火炭盡、唯有暖熱、乃至十地終心。但今據九地明義、唯言九地。（『第一集』四六六頁）

ここでは、残念ながら、四住地への言及はないが、菩薩が初地の見道において無明住地の現行を斷ちきり、第二地からの修道において無明住地の習氣を斷ちきることが說かれている。これは『金剛仙論』の說と同じである。

五　法上の煩惱說

地論宗南道派の領袖、法上（梵名：達摩鬱多羅〔Dharmottara〕。四九五―五八〇）の著作はおおかたが散逸したが、敦煌出土、『十地論義疏』（巻一、三）が残存するほか、若干の佚文が回収される。それらも五住地說に對する北魏洛陽期の誤解を踏襲している。

【誤解1】　住地を現行と判定する誤解については、智顗・灌頂『摩訶止觀』において「達摩鬱多羅」の解釋として引用される長い佚文のうちに次のようにある。

もし智によって知られるべきものについての妨げを智障と呼ぶならば、無明のせいで智に妨げがある以上、まさしく無明を智障の體（〝ありかた〟）と規定する。『入大乘論』においては「出世間的な無明は智障である。世間的な無明は、賢聖にとって、すでに遠離されている[7]」と說かれている。すなわち、先に煩惱障を斷ちきるのである。二障はいずれも煩惱である。〝どうして無明を智障と規定するのか〟というならば、無明は卽智の惑（〝ただちに智である煩惱〟）であって、智を體としているので、智を障と説くのである。たとえば、〔『勝鬘師子吼一乘大方便方廣經』において説かれている〕無爲生死が、ただちに無爲が生死と説かれ、無爲を名としているのに似ている。

愛は四住地である。〔愛も〕やはり智を障することができるが、しかるに、〔愛は〕異心の惑（〝心〔＝智〕と異なっている煩惱〟）であり、知解（＝智）と惑（煩惱）とが同一でなく、體（〝ありかた〟）として煩惱であるから、體そのものを名として、煩惱障と呼ばれる。さらにまた、愛は諸有を繼續させることができ、心を煩わせることができ、心にとって惱ませるものである。無明が妨げるにせよ、生（〝受生〟）は愛という水による。生を招く〔愛の〕はたらきが強いゆえに、愛を煩惱障と呼ぶ。

無明は了知しないことであって、まさしく解脱に反する。愛は本性として〔無明と〕違っているにせよ、無明を根本としている。無明は本性として迷いであって、智を障することがはっきりしているから、障されるべきもの〔である智〕にちなんで、智障と呼ばれる。無明は二つある。第一は理に迷うもの、第二は事に迷うものである。

若以智所知礙名智障者、以無明故、於智有礙、正以無明爲智障體也。『入大乘論』云、「出世間無明是智障。世間無明賢聖已遠離」。卽是先斷煩惱障也。二障倶是煩惱。云何以無明爲智障。無明是卽智之惑、以智爲體、卽智説障。例如無爲生死卽無爲而説生死、以無爲爲名也。

愛卽四住地也。亦能障智、然是異心之惑、解惑不倶、體是煩惱、故當體爲名、名煩惱障。復次愛能令諸有相續、能令心煩、與心作惱。雖無明覆蔽、然生由愛水。招生功強、故名愛爲煩惱障。

無明不了、正與解脱反。愛性雖違、然以無明爲本。無明性迷、障智義顯、故從所障、名爲智障。無明有二。一迷理、二迷事。（卷六下。大正四六・八五中下）

ここでは、住地が現行であることが明確に説かれている。四住地は煩惱障の現行であって愛を代表とし、無明住地は智障の現行であって無明である。無明住地はさらに迷理と迷事とに分類されている。

【誤解2】　無明住地を心と同一視する誤解については、『十地論義疏』に次のようにある。

四住地である諸煩惱は異心の惑（〝心と異なっている煩惱〟）であるので「外側の貪」(8)と呼ばれる。第二地において除去されるものは即心の闇（〝ただちに心である無明住地〟）であり同體の惑（〝心と同體である煩惱〟）であるから「自體の側の明瞭な垢」と呼ばれる。

四住煩惱是異心之惑名「外貪」。二地所除是卽心之闇同體之□（惑？）故名「自體明垢」也。

（巻三。大正八五・七八二中）

ここでは、無明住地が心であることが明確に説かれている。

最後に、諸煩惱が斷ちきられる時期について確認しておきたい。『十地論義疏』に次のようにある。

「微細な智障がある」(9)とは、とりあえず、二障に據って論ずるならば、煩惱障と智障とは、除去が前後せず、盡きるのが同時である。

相（〝外相〟）に就いて言うならば、煩惱は相が粗大であるので、先に除去され、智障は〔相が〕微細であるので、後に除去される。ゆえに初地において煩惱障を斷ちきり、盡きることは第十地においてある。第四地は智障を斷ちきることの始まりであり、盡きることは佛地においてある。ゆえに「微細な智障があるせいで、自在ではない」と言われているのである。

「有微智障」、且據二障而論、煩惱與智、遣無先後、盡則俱時。

就相而言、煩惱相麤、在先而除、智障是細、在後而遣。故初地斷煩惱障、盡在於十地。四地斷智之初、盡在於佛地。故言「有微智障、不自在」也。（卷一。大正八五・七六七中）

ここでは、二つの說が述べられている。第一說は二障が盡きるのは同時であるという說、第二說は二障が盡きるのは前後するという說である。第一說のほうが眞實であり、第二說のほうは見せかけにすぎない。第二說においては、菩薩が初地の見道において煩惱障の現行を斷ちきり、第十地において煩惱障の習氣を斷ちきり、第四地以上において智障の現行を斷ちきり、佛地において智障の習氣を斷ちきることが說かれている。なお、前揭の佚文においては、菩薩が第四地以上においてではなく、第二地以上において智障の現行を斷ちきることが說かれていた。同一の『十地論義疏』のうちにも、多少の不統一があるようである。

いずれにせよ、第二說は『金剛仙論』や『大乘五門十地實相論』の說と異なる。『金剛仙論』や『大乘五門十地實相論』においては、菩薩が初地の見道において智障の現行を斷ちきることが說かれていた。

六　吉藏が傳える地論宗の煩惱說

三論宗の吉藏（五四九―六二三）が開皇九年（五八九）以降十七年（五九七）以前に著した『大般涅槃經疏』（佚文）[10]においては、彼がその當時に知っていた地論宗の煩惱說が傳えられている。そこにおいては、五住地說に對する北魏洛陽期の誤解に二つあるうち、住地を現行と判定する誤解が述べられ、さらに、諸煩惱が斷ちきられる時期について、簡潔に述べられている。同書に次のようにある。

北人の閒においても解釋がばらばらである。ある者は〝〔十住、十行、十迴向という〕三十心において四住地の煩惱（現行）を斷ちきるが、四住地の習氣と、無明住地の現行と習氣とを餘すゆえに、初地を薄地と呼ぶのである〟と言っている。第二の者は〝三十心において五住地の現行と四住地の習氣とを餘りなく斷ちきるが、無明住地の習氣があるゆえに、初地を薄地と呼ぶのである〟と言っている。

北人亦釋不同。一云〝三十心斷四住或（惑？）、餘四住習及無明住地正體及習故初地名薄地〟。二云〝三十心斷五住正體及四住習無餘、無明住地習在故初地名薄地〟也。〈文〉

（珍海『三論名教抄』巻六所引。大正七〇・七四八下）

このうち、第一説は法上の第二説と同じであり、第二説は『金剛仙論』の説と同じである。

さらに、吉藏が開皇十五年（五九五）に著した『大品經義疏』に次のようにある。

地論人は〝〔十住、十行、十迴向という〕三十心において四住地を斷ちきり、地に登ってから佛に至るまで無明住地を斷ちきる。十地を三道と規定する。初地は見道であり、第二地から第七地までは修道であり、第八地以上は無學道である。煩惱も三つある。初地において不善煩惱を斷ちきり、第二地からの修道において善煩惱を斷ちきり、第八地からの無學道において無明煩惱を斷ちきる〟と言っていた。

地論人云〝三十心斷四住、登地至佛斷無明。於十地爲三道。初地是見道、二地七地修、八地上無學道。煩惱亦三。初地斷不善煩惱、二地修道斷善煩惱、八地無學道斷無明煩惱〟也。

（巻五。續藏一・三八・一・六一裏上―六二表上）

ここで、斷ちきると説かれているのは、現行を斷ちきるという意味であるらしい（習氣については、何も言われていない）。もしそうならば、この説は法上の第二説と同じである。

この説においては、初地は見道であり、第二地から第七地までは修道であり、第八地以上は無學道であると説かれているが、『金剛仙論』や法上『十地論義疏』においては、初地は見道であり、第二地から第七地までは修道であり、第八地以上は無功用道であると説かれている。[11]「無功用道」を「無學道」に置き換えることは、たとえば、敦煌出土、著者不明『法界圖』のうちに確認される。[12]吉藏はそのような著作をも參照したらしい。

さらに、この説においては、初地において不善煩惱を斷ちきり、第二地からの修道において善煩惱を斷ちきり、第八地からの無學道において無明煩惱を斷ちきると説かれているが、この三煩惱の分類は、現存の地論宗文獻のうちにほとんど確認されない。[13]ただし、先に確認したとおり、『金剛仙論』においては、第二地からの修道に「善法煩惱」があることが言われていた。おそらく、地論宗においては、『金剛仙論』に基づいて、この三煩惱の分類が始められたのであろうが、詳細は不明である。

七　慧遠の煩惱説

地論宗南道派の領袖、慧遠（五二三―五九二）の著作は比較的多く殘されているが、それらのうち、纏まった煩惱説を展開しているのは『大乘義章』である。慧遠は法上の弟子であるので、法上を繼承する面も多い。たとえば、法上は無明住地を迷理と迷事とに分類していたが、慧遠も無明住地を迷理無明（染汚無知）と事中無知（不染汚無知）とに分類している。『大乘義章』二障義に次のようにある。

無明のうちに、内容上、二つある。第一は染汚であり、第二は不染汚である。迷理無明が染汚と呼ばれ、事中無知が不染汚と呼ばれる。これら二つを合わせて無明住地と規定する。

無明之中、義復有二。一者染汚、二不染汚。迷理無明名爲染汚。事中無知名不染汚。此二合爲無明住

地。（巻五。大正四四・五六一下）

ただし、法上は、五住地を二障に配する際に、四住地を煩惱障、無明住地を智障に配當していたが、慧遠は、五住地を二障に配當する際に、三說を提示している。『大乘義章』二障義に次のようにある。

障の區別とは、障の區別は三つある。

第一は四住地である煩惱を煩惱障と規定し、無明住地を智障と規定する。

第二は五住地である性結（〝本性としての煩惱〟。四住地＋迷理無明）を煩惱障と規定し、事中無知を智障と規定する。

第三は五住地である性結と、事中無知とを同じく煩惱と規定し、分別緣智（〝分別である、所緣を有する智〟）を智障と規定する。

言別障者、障別有三。
一四住煩惱爲煩惱障、無明住地以爲智障。
二五住性結爲煩惱障、事中無知以爲智障。
三五住性結及事無知同爲煩惱、分別緣智以爲智障。（巻五。大正四四・五六一下）

法上の說は、慧遠の三說のうち、第一說に該當する。

慧遠も五住地說に對する北魏洛陽期の誤解を踏襲している。

【誤解1】住地を現行と判定する誤解については、『大乘義章』二種生死義に次のようにある。

本當は、無明住地も〔緣として〕分段生死を助けるし、四住地の習氣（種子）も〔緣として〕變易生死を助ける。

理實無明亦扶分段、四住之習亦佐變易。（卷八。大正四四・六一八上）

ここでは、住地が現行であることが明確に說かれている。

【誤解2】無明住地を心と同一視する誤解については、『大乘義章』五住地義、二種生死義、涅槃義に順に次のようにある。

無明は第七識という心にとって體（〃本性〃）である。

無明卽是七識心體。（卷五。大正四四・五六九中）

無明住地は第七識にとって體（〃本性〃）である。

無明住地是七識體。（卷八。大正四四・六一七中）

虛妄なる第七識という心は無明住地である。

妄七識心是無明地。（卷十八。大正四四・八二六上）

ここでは、無明住地が心（第七識）であることが明確に說かれている。

先に確認したとおり、このことは無明住地が「卽心の惑」と規定されていることに基づく。ただし、『大乘義章』五住地義においては、もし相（〃外相〃）に隨うならば、四住地は「異心の惑」、無明住地は「卽心の惑」であるが、もし義（〝内實〟）に隨うならば、四住地と無明住地とはともに「異心の惑」と「卽心の惑」とを兼ねていると規定されている。五住地義に次のようにある。

第五門においては、〔煩惱が〕卽心（〝ただちに心である〟）か異心（〝心と異なっている〟）かということを辨じたい。これは、知解である心を念頭に置いて、〔煩惱が〕卽心か異心かを明らかにするのである。

① 相（〝外相〟）に隨って分類するならば、四住地である惑（〝煩惱〟）はひたすら異心である。〔四住地は〕いかなる知解である心のうちにも同居していないからである。無明住地は卽心である。微細な闇（無明）は粗大な知解のうちに同居しているからである。

質問。もし〝四住地である惑は、知解のうちに同居していないから、異心と呼ばれる〟と言うならば、見道の知解が起こる時、修道の惑はいまだ斷ちきられていない。その時の修道の惑は、どうして見道の知解のうちに同居していないはずがあろうか。回答。同居していない。〔見道の〕知解と、〔修道の〕惑とである、二つの心は同時には起こらないからである。

〔質問。〕もし〔見道の知解と、修道の惑とが〕同時には起こらないならば、かの見道の知解は修道の惑を對治するものになってしまう。回答。對治しない。〔見道の知解と、修道の惑とである、二つの〕心は、同時には〔所緣緣を〕緣じないゆえに、同時には起こらない。〔見道の知解と、修道の惑とが〕同時には起こらないにせよ、修道の惑は見道の知解のうちに同居し得ない。ゆえに對治と呼ばれない。

質問。もし〝〔修道の惑と、見道の知解とである、二つの〕心は同時には〔對象（所緣緣）を〕緣じない。修道の惑と、見道の知解とは同居しては起こらない〟と言うならば、無明住地と、〔見道の〕知解ともそうであるはずである。いかなる緣によって〔無明住地は見道の知解のうちに〕同時にあり得るのか。回答。〔修道の惑と、無明住地とは〕同類でない。修道の惑は起である諸煩惱である。ゆえに、起である諸煩惱と、

〔見道の〕知解とは同居しては起こらない。無明住地は本性にもとづく無知であり、作意によって起こるのではない。ゆえに、〔無明住地は〕それ（見道の知解）と〔同居して〕起こり得、〔見道の〕知解と同體である。相（〝外相〟）を分類することは以上である。

② 義（〝內實〟）に隨って通論するならば、四住地と無明住地とはいずれも卽心であることと異心であることとを有している。かの四住地においては、粗大なものと、微細なものとがある。粗大なものは、所緣に對し、作意によって生ずるが、決して、知解である心と同體ではない（すなわち、異心の惑である）。微細なものは、かの無明住地と同體であり、本性にもとづいて成立しており、粗大な知解と同體であり得る（すなわち、卽心の惑である）。無明住地においても、粗大なものと、微細なものとがある。異相の無明を、粗大なものと說く。自性の無明を、微細なものと說く。諸法を迷いのまま了知しないことが、相（〝ありさま〟）として、明である知解に反しているのを、異相の無明と呼ぶ。妄識である心の體（〝ありかた〟）が、本性として無知であり、たとえ諸法を所緣として觀照することについて明であるにせよ、なおも闇の惑であるのを、自性の無明と呼ぶ。あたかも人が夢においては、たとえ了知の對象があるにせよ、本性として昏睡している闇の心であるように、もしくは、あたかも樂受が本性として行苦（〝生成の苦しさ〟）であるように、そのように、このことはあるのである。これら二無明はいずれも卽心であることと異心であることとを有している。異相の無明は、もし前の段階における對治（四住地への對治）〔である心〕との關係をいうならば、ひたすら卽心である。前の段階における對治（四住地への對治）〔である心〕が起こる時、後の段階における無明はなおも心のうちにあるからである。〔異相の無明は、〕自らの段階における對治〔である心〕や、後の段階における對治〔である心〕との關係をいうならば、ひたすら異心である。かの對治が起こる時、前の段階における無明はすでに斷ちきられているからである。自性の無明は、もし前の段階における對治〔である心〕や、自らの段階における對治〔である心〕との關係をいうならば、ひたすら卽心である。この對治が起こる時、自性の無明はい

まだ斷ちきられていないからである。〔自性の無明は、〕もし後の段階における對治〔である心〕との關係をいうならば、ひたすら異心である。後の對治が起こる時、前の瞬間における無明はすでに斷ちきられているからである。

質問。もし〝自性の無明は自らの段階における對治〔である心〕と同體（卽心）であり得る〟と言うならば、〔對治は〕どうやって〔自性の無明を〕斷ちきることができるのか。回答。この斷ちきることは、知解が生じ惑が滅することを、斷ちきることと呼ぶのではない。同體智の、眞如に隨順する力によって、かの、卽體（卽心）である、自性の無明に、もはや後の〔自性の無明〕を牽引させなくするから、〝〔自性の無明を〕斷ちきる〟と說かれるのである。このことについては、後の〔『大乘義章』〕斷結義において詳しく解說することにしたい。

第五門中、辨其卽心異心之義。此約解心、明其卽異。

隨相別分、四住之惑、一向異心。不與一切解心俱故。無明卽心。細闇得與麤解俱故。

問曰。若言〝四住之惑、不與解俱、名異心〟者、見解起時、修惑未斷。是時修惑、豈可不與見解俱乎。

釋言。不俱。解惑兩心不竝起故。

若不竝起、彼見諦解、應治修惑。釋言。非治。心不竝緣、故不竝起。雖不竝起、修道惑得（不？）與見解俱、故不名治。

問曰。若言〝心不竝緣。修惑見解不起（起、甲本無）俱起〟者、無明與解亦應如是。何緣得竝。釋言。不類。修道之惑是起煩惱。故與起解不得俱生。無明是其任性無知、非作意起。故得與彼起解同體。分相如是。

隨義通論、四住無明皆有卽心異心之義。彼四住中、有麤有細。麤者對緣、作意現生、一向不與解心同體。細者與彼無明同體、任性成就、得與麤解同體之義。無明之中、亦有麤細。異相無明、說之爲麤。自性無明、說以爲細。於諸法中、迷而不了、相返明解、名爲異相。妄識心體、性是無知、設於諸法緣照分明、猶是闇惑、名性無明。如人夢中、雖有所了、性是昏睡闇昧之心。亦如樂受、性是行苦、此亦如是。此二無明皆有卽心異心之義。異相無明、望前品治、一向卽心。前治起時、後無明猶在心故。望自品治及上品治、一向異心。彼治起時、前品無明已斷滅故。自性無明、望前品治及自品治、一向卽心。此治起時、自性無明未斷滅故。望上品治、一向異心。後治起時、前念無明已斷滅故。

問曰。若言〝自性無明與自品治得同體〟者、云何能斷。釋言。此斷非是解生惑滅名斷。由同體智順眞力故、令其卽體自性無明更不牽後、故說爲斷。此義如後斷結章中具廣分別。

（卷五。大正四四・五六八下―五六九上）

最後に、諸煩惱が斷ちきられる時期について確認しておきたい。先に確認したとおり、慧遠は、五住地を二障に配當する際に、三說を提示している。諸煩惱が斷ちきられる時期についても三說があり、三說それぞれの内部においても複數の分類がある。『大乘義章』二障義によって表示するならば、次のとおりである。

【第一說】煩惱障は四住地、智障は無明住地

【第一說・第一相對】大乘と小乘との相對

大乘と小乘との相對において、内容上、分かれて、三つの見地がある。

第一は隱顯によって互いを論ずるという見地。二乘の人はただ煩惱障を除去するのみであり、菩薩の人はただ智障を滅するのみである。二乘は部分的に智障を除去しないわけではないが、斷ちきられるものが微小であるので、微細なもの〔である智障〕を隱して粗大なもの〔である煩惱障〕に從え、それゆえに、〔智障を斷ちきることは〕說かれない。菩薩は部分的に煩惱障を斷ちきらないわけではないが、斷ちきられる相が

微細であるので、粗大なもの〔である煩惱障〕を隱して微細なもの〔である智障〕に從え、それゆえに、〔煩惱障を斷ちきることは〕說かれない。

第二は優劣によって互いを現すという見地。二乘は知解が劣っているので、ただ煩惱を斷ちきるのみである。菩薩は對治が廣いので、二障とも除去する。ゆえに『菩薩地持經』において「聲聞と緣覺とは煩惱障について清淨であるが、智障について清淨ではない。菩薩種性は二つの清淨を具足している[14]」と言われている。

第三は事實によって共通的に論ずるという見地。二乘の人は二障をふたつとも除去し、菩薩もそうである。

大小對中、義別三門。

一隱顯互論。二乘之人但除煩惱、菩薩之人唯滅智障。二乘非不分除智障、所斷微小、隱細從麤、是故不說。菩薩非不除斷煩惱、所斷相微、隱麤從細、是故不說。

二優劣相形。二乘解劣、但斷煩惱。菩薩治廣、二障雙除。故『地持』云「聲聞緣覺煩惱障淨、非智障淨。菩薩種性具足二淨」。三據實通論。二乘之人二障雙除、菩薩亦爾。（卷五。大正四四・五六二上）

【第一說・第二相對】大乘について、世間と出世間との相對

大乘について、世間と出世間との相對によって辨ずると言うのは、解行地以前が世間と呼ばれ、初地以上が出世間と呼ばれる。そこにおいて、分かれて、四つの見地がある。

第一は粗大なものを廢して微細なものを論ずるという見地。地前の菩薩はかの二障を一向に斷ちきらず、初地以上に二障をいずれも除去する。ゆえに『涅槃經』において「地前〔の菩薩〕は煩惱という本性を具える[15]」と說かれている。まことに、これにあてはまる。

第二は隱顯によって互いを論ずるという見地。地前である世間〔の菩薩〕は、ただ煩惱障を斷ちきるのみであり、初地以上〔の菩薩〕は、ただ智障を除去するのみである。地前〔の菩薩〕は部分的に智障を斷ちき

らないわけではないが、斷ちきられるものが微小であるので、微細なもの〔である智障〕を隱して粗大なもの〔である煩惱障〕に從え、それゆえに、〔智障を斷ちきることは〕說かれない。初地以上〔の菩薩〕も煩惱障を斷ちきるにせよ、粗大なもの〔である煩惱障〕を隱して、微細なもの〔である智障〕に從え、それゆえに、〔煩惱障を斷ちきることは〕說かれない。

第三は優劣によって互いを現すという見地。地前〔の菩薩〕は知解が劣っているので、ただ煩惱障を除去するのみである。地上〔の菩薩〕は知解が勝っているので、二障をふたつとも斷ちきる。

第四は事實によって共通的に論ずるという見地。世間〔の菩薩〕も出世〔の菩薩〕も、一障をふたつとも除去する。そのありさまはどのようかというならば、煩惱障に二種類ある。第一は子結（〝原因としての煩惱〟）、第二は果縛（〝結果としての束縛〟）である。子結である煩惱は地前〔の菩薩〕によって除去され、果縛である煩惱は地上〔の菩薩〕によって斷ちきられる。子結にも二種類ある。第一は正使（〝隨眠そのもの〟。煩惱の現行）であり、作意によって生ずる。第二は習氣であり、自然に起こる。正使である煩惱については、聲聞、緣覺から習種性（十住）〔の菩薩〕までがそれを完全に斷ちきる。習氣である煩惱については、種性地から初地まで〔の菩薩〕がそれを完全に斷ちきる。ゆえに『菩薩地持經』において「第一阿僧祇劫を經て、解行住を過ぎ、歡喜地に入り、上級と中級と惡趣との煩惱を斷ちきる」[16]と言われている。不善なる正使が「上級」と呼ばれ、習氣が「中級」と呼ばれる。歡喜地に入った時、習氣はことごとく斷ちきられる。果縛にも二種類ある。第一は正使であり、作意によって起こる。第二は習氣であり、自然に起こる。正使である煩惱は、いわゆる、佛への愛や、菩提への愛などであり、始めは初地から、だんだん斷ちきり除去していき、不動地（第八地）に至って、これを完全に斷ちきる。ゆえに『菩薩地持經』において「第二阿僧祇劫を經て、第七住を過ぎ、第八地に入り、微細な煩惱がことごとく斷ちきられる」[17]と言われている。第八地以上〔の菩薩〕はそれの習氣を除去する。ゆえに『菩薩地持經』において「第三阿僧祇を經て、習氣を斷ちきり除去し、最上住に入る」[18]と言われている。智障にも二種類ある。第一は相（〝外相〟）に迷うこと、第二は實（〝內實〟）に迷うことである。凡人の感情によって起こされた法、それが相と呼ばれる。それ（相）をもともと無であると理解できないことが迷うことと呼ばれる。如來藏という本性が實と呼ばれる。それ（實）に通達できないことが迷うことと呼ばれる。相に迷うことである無明は地前〔の菩薩〕によって除去され、實に迷うことである無明は地上〔の菩薩〕によって斷ちきられる。相に迷うことである無明にも二種類ある。第一は相に迷うことによって性（〝本性〟）を立てること、第二は性に迷うことによって相を立てることである。相に迷うことと言われるのは、虛妄な法が虛妄に集まること、それが相と呼ばれる。〔凡人は虛妄な法が〕虛妄に集まることを知らないせいで、〔虛妄な法について〕定まった相を立ててしまう。性に迷うことと言われるのは、凡人の感情によって起こされた法は、無性を性としている。〔凡人は〕この性に迷うせいで、因や縁という相を立ててしまう。相に迷うことである無明については、聲聞、緣覺から習種〔の菩薩〕までがそれを完全に斷ちきる。性に迷うことである無明については、種性以上から初地まで〔の菩薩〕が斷ちきり除去する。實に迷うことである無明にも二種類ある。第一は實相に迷うこと、第二は實性に迷うことである。實性として空寂なる無爲法が實相である。この空寂なる無爲法を知ることができないことが、實相に迷うことと呼ばれる。如來藏のうちの、ガンジス河の砂の數ほどの佛法（〝佛の諸屬性〟）が、眞、實、善、有であるのが實性である。それを完全には證得できないことが、實性に迷うことと呼ばれる。これら二つの無明については、斷ちきることを說くことは定まっていない。もし『十地經』によるならば、初地以上、第六地まで〔の菩薩〕は實相に迷うことを除去する。それゆえに證得が柔順忍と規定されている。第七地以上〔の菩薩〕は實性に迷うことを斷ちきる。それゆえに證得は無生忍という本體を有している。もし『涅槃經』によるならば、第九地まで〔の菩薩〕は實相に迷うことを斷ちきる。それゆえに「傳聞によって佛性を見る」[19]と說かれている。十地以上〔の菩薩〕は實性に迷うことを斷ちきる。それゆえに「眼によって佛性を見る」[20]と說かれている。これらの例によって推求するに、煩惱障は〔地前と十地とである〕始終にわたって共通的に斷ちきられ、智障もそれと同じである。

言就大乘世間出世間相對辨者、解行已前名爲世間、初地已上名爲出世。於中分別、乃有四門。

一廢麤論細。地前菩薩、於彼二障、一向未斷、初地已上、二障竝除。故『涅槃』中宣說「地前具煩惱性」、良在於此。

二隱顯互論。地前世間、但斷煩惱。初地已上、唯除智障。地前非不分斷智障、所斷微小、隱細從麤、是故不說。初地已上、亦斷煩惱、隱麤從細、是以不論。

三優劣相形。地前解劣、唯除煩惱。地上解勝、二障雙斷。

四據實通論。世及出世、二障雙除。相狀如何。煩惱障中、有其二種。一是子結、二是果縛。子結煩惱、地前所除、果縛煩惱、地上所斷。子結之中、復有二種。一者正使、作意而生。二者餘習、任性而起。正使煩惱、聲聞緣覺乃至習種、斷之周盡。習起之結、種性已上乃至初地、斷之畢竟。故『地持』云「初阿僧祇、過解行住、入歡喜地、斷增上中惡趣煩惱」。不善正使名爲「增上」、習名爲「中」。入歡喜時、習悉皆斷。果縛之中、亦有二種。一者正使、作意現起。二是習氣、任運而生。正使煩惱、所謂愛佛愛菩提等、始從初地、次第斷除、至不動地、斷之周盡。故『地持』云「第二僧祇、過第七住、入第八地、微細煩惱皆悉斷滅」。八地以上、除彼餘習。故『地持』云「第三僧祇、斷除習氣、入最上住」。智障之中、亦有二種。一者迷相、二者迷實。情所起法、名之爲相。不能悟解知其本無、說以爲迷。如來藏性、說以爲實。不能窮達、說以爲迷。迷相無明、地前所除、迷實無明、地上所斷。迷相無明、復有二種。一迷相立性、二迷性立相。言迷相者、妄法虛集、以之爲相。不知虛集、建立定相。言迷性者、情所起法、無性爲性。迷此性故、立因緣相。迷相無明、聲聞緣覺、乃至習種、斷之窮盡。迷性無明、種性已上、乃至初地、皆悉斷除。迷實無明、亦有二種。一迷實相、二迷實性。實性空寂無爲之法是其實相。不能知是寂泊無爲、故名迷相。如來藏中恆沙佛法、眞實善有、是其實性。不能窮證、說爲迷性。此二無明、說斷不定。若依『地經』、初地以上、乃至六地、除其迷相。是故證得爲柔順忍。七地已上、斷迷實性。是故證得無生忍體。若依『涅槃』、九地已還、斷其迷相。是故說爲「聞見佛性」。十地以上、斷迷實性。是故說爲「眼見佛性」。以此驗求、煩惱障者、始終通斷、智障亦然。（巻五。大正四四・五六二上中）

【第二説】煩惱障は四住地＋迷理無明、智障は事中無知

【第二説・第一相對】世間と出世間との相對

第一相對において、内容上、分かれて、三つがある。

第一は隱顯によって互いを論ずるという見地。地前〔の菩薩〕は五住地である性結を斷ちきり除去する。彼は相を捨て、眞如に順じてゆくからである。初地以上〔の菩薩〕は智障を斷ちきり除去する。かの地上〔の菩薩〕は法界に契合し、さまたげなしに諸法に通達するからである。ゆえに『十地經』において「初地においては、あらゆる世間的な、呪文を暗誦する呪術は盡きない」[21]と言われている。

第二は優劣によって互いを現すという見地。地前の菩薩はただ煩惱障を除去するのみである。初地以上〔の菩薩〕は智にもとづく修行が廣いので、二障をふたつとも除去する。

第三は事實によって共通的に論ずるという見地。地前〔の菩薩〕と地上〔の菩薩〕とはいずれも二障を除去する。

就初對中、義別有三。

一隱顯互論。地前斷除五住性結。以彼捨相趣順如故。初地以上、斷除智障。以彼地上契合法界了達諸法無障礙故。故『地經』云「於初地中、一切世間文誦呪術不可窮盡」。

二優劣相形。地前菩薩唯除煩惱。初地以上、智行寬廣、二障雙除。

三就實通論。地前地上、皆除二障。（卷五。大正四四・五六三上）

【第二說・第二相對】功用と無功用との相對

第二相對において、內容上、やはり三つがある。

第一は隱顯によって互いを論ずるという見地。第七地以前〔の菩薩〕はただ煩惱障を除去するのみであり、第八地以上〔の菩薩〕は智障を除去する。たとえば、第八地において佛國土を淨化し、あらゆる色（〝物質〟）についての無知を斷ちきり除去し、第九地において心行（〝心の活動〟）を了知し、あらゆる心行についての無知を滅して除去し、第十地において諸法に對し殊勝な自在性を獲得し、あらゆる法についての無知を斷ちきり除去するというような、これらのことはいずれも事中無知を除去するのである。

第二は優劣によって互いを現すという見地。第七地以前〔の菩薩〕はただ煩惱障を斷ちきるのみであり、第八地以上〔の菩薩〕は二障をふたつとも除去する。

第三は事實によって共通的に論ずるという見地。第七地以前〔の菩薩〕は二障をふたつとも除去し、第八地以上〔の菩薩〕も種類としてやはり同じである。


第二對中、義亦有三。

一隱顯互論。七地已前、唯除煩惱。八地已上、滅除智障。如八地中淨佛國土、斷除一切色中無知、九地之中、了物（於?）心行、滅除一切心行無知、第十地中、於諸法中、得勝自在、斷除一切法中無知、此等皆是除事無知。

二優劣相形。七地已還、唯斷煩惱、八地已上、二障雙除。

三就實通論。七地已還、雙除二障、八地已上、類亦同然。（卷五。大正四四・五六二上）

【第二説・第三相對】因と果との相對

第三相對において、内容上、分かれて、やはり三つがある。

第一は隱顯によって互いを論ずるという見地。金剛喩定までは煩惱障を斷ちきる。如來地において一切種智が起こり、あらゆる別々の諸法を了知し、智障を斷ちきり除去する。事中無知は斷ちきったり除去したりしがたいものであるから、佛に至ってようやく盡きる。

第二は優劣によって互いを現すという見地。金剛喩定までは煩惱障を斷ちきり除去するのみである。如來という果位において、二障がふたつとも斷ちきられる。

第三は事實によって共通的に論ずるという見地。種性以上、如來に至るまで、二障がふたつとも除去される。

第三對中、義別亦三。

一隱顯互論。金剛已還、斷煩惱障。如來地中、種智現起、了達一切差別諸法、斷除智障。以事無知難斷除故、至佛乃盡。

二優劣相形。金剛已還、但斷除煩惱。如來果位、二障雙斷。

三據實通論。種性已上、乃至如來、二障雙遣。（卷五。大正四四・五六三上）

【第三説】煩惱障は五住地、智障は分別緣智

【第三説・第一相對】地前と地上との相對

第一相對について、内容上、やはり三つがある。

第一は隱顯によって互いを論ずるという見地。解行地以前〔の菩薩〕は、相（＝所緣）を增すことという修習によって、煩惱障を斷ちきる。初地以上〔の菩薩〕は、相（＝所緣）を捨てることという修習によって、

智障を斷ちきり除去する。どのように相を增すことによって煩惱障を斷ちきることができるのかというならば、煩惱障はまさしく闇（無明住地）である惑（〝煩惱〟）が過患と規定されている。初めから、明である知解を修習し、緣智（〝所緣を有する智〟）がだんだん增していき、闇である惑をだんだん捨てていく。解行地に至った時、明である知解が增大して、煩惱障が盡くされること、それが斷ちきることと呼ばれるのである。どのように相を捨てることによって智障を斷ちきることができるのかというならば、智障については、まさしく分別が過患と規定されている。初地以上〔の菩薩〕が自己の眞實を證得し、緣修（〝所緣にもとづく修習〟）がだんだん捨てられ、分別という過患が滅することが、智障を斷ちきることと呼ばれるのである。

第二は優劣によって互いを現すという見地。地前の菩薩はただ煩惱障を斷ちきるのみである。初地以上〔の菩薩〕は、對治が深く廣いので、二障をふたつとも除去する。

第三は事實によって共通的に論ずるという見地。地前〔の菩薩〕と地上〔の菩薩〕とはいずれも二障を斷ちきる。〔地前の菩薩と地上の菩薩とが〕共通的に煩惱障を除去することについては、意味はわかりやすい。どのように地前〔の菩薩〕が智障を滅することができるのかというならば、事識（前六識）のうちの知解がだんだん滅していき、妄識（第七識）のうちの智がだんだん現れてくるからである。『菩薩地持經』において「種性とは、菩薩の六入殊勝が、展轉して相續し、無始であり、法爾であるものである[22]」と言われているとおりである。〔種性は〕眞實なる行德（〝生成的な功德〟）であると知るべきである。すでに眞實を證得している以上、どうして虛妄を捨てないはずがあろうか。ゆえに地前〔の菩薩〕も智障を斷ちきるとわかる。

就初對中、義復有三。

一隱顯互論。解行已前、增相修故、斷煩惱障。初地已上、捨相修故、斷除智障。云何增相能斷煩惱。煩惱正以闇惑爲患。從初以來、修習明解、緣智轉增、闇惑漸捨、至解行時、明解增上、惑障窮盡、說之爲斷。云何捨相能斷智障。智障正以分別爲過。初地已上、窮證自實、緣修漸捨、分別過滅、名斷智障。

二優劣相形。地前菩薩唯斷煩惱。初地已上、對治深廣、二障雙除。三就實通論。地前地上、竝斷二障。煩惱通除、義在可知。云何地前能滅智障。事識中解、以漸息滅、妄識中智、漸現前故。如『地持』云「種性菩薩、六入殊勝、展轉相續、無始法爾」。當知卽是眞實行德。既得證實、寧不捨妄。故知地前亦斷智障。（巻五。大正四四・五六三下）

【第三説・第二相對】地上について、世間と出世間との相對

次に、地上について、世間と出世間との相對によって分類する。初地、第二地、第三地は世間と呼ばれ、第四地以上は出世間と呼ばれる。そこにおいて、やはり三つの見地にもとづく分類がある。

第一は隱顯によって互いを論ずるという見地。第三地までにおいては、世間の修行によって、煩惱障を斷ちきる。第四地以上においては、出世間の眞慧によって、智障を斷ちきり除去する。どのように世間〔の修行〕によって煩惱障を斷ちきるのかというならば、『十地經論』において「初地においては、凡夫我相障を斷ちきり除去する」(23) と說かれているとおりである。「凡夫我相障」とは、見一處住地である。第二地においては、破戒を起こすことができる煩惱を斷ちきり除去する。破戒を起こすことができる煩惱とは、欲愛住地と色愛住地と有愛住地との三つである。第三の明地においては、闇相である、聞・思・修などの諸法についての虛妄な障を斷ちきり除去する。闇相とは、無明住地である。どのように出世間〔の修行〕によって智障を斷ちきることができるのかというならば、智障は三つある。第一は智障である。具體的に言えば、空と有とを分別する心である。第二は體障である。具體的に言えば、神智（〃自我としての智〃）を確立している體（〃本性〃）である。そのありさまはどのようであるかというならば、具體的に言えば、かの緣智（〃所緣を有する智〃）は諸法が有でもなく無でもないことを正しく觀察し、以前の、有と無とを分別する〔心〕という障を捨てる。有と無とを分別する〔心〕という障を捨てたにせよ、まだ自己を觀察主體と見ている。眞如を觀察

對象と規定し、自己を觀察主體と見ているのであり、心（縁智）と眞如とが異なっている。眞如を觀察對象と規定し、眞如と心とが別になっている。自己の心と眞如とを別であると見るゆえに、いまだ神智を捨てることができない〔體〕という障が、體障と說かれる。第三は治想（〝對治である想〟）である。共通的にこれ（治想）を論ずるならば、先の二種類（智障、體障）はふたつとも治想である。ただし、この見地ひとつに限っては、治想のうち究極のものに、治想という名をもっぱら與えている。しかるに、この治想もやはり縁智である。對治によって、以前の、神智という障を打破して、實なる心が眞如と合致した。眞如と合致したにせよ、それ（實なる心）の體性（〝本性〟）を論ずるならば、まだ第七識という生滅している法であり、眞證（〝眞如である證得〟）という生滅しない慧を障しているから、障と呼ばれる。障の區別は以上のとおりである。對治によって〔障を〕斷ちきることはどのようであるかというならば、第四地から始まって第七地に至るまでは①智障を斷ちきり除去し、第八地に入ってからは②體障を斷ちきり除去し、第八地以上、如來地に至るまでは③治想を斷ちきり除去するのである。どのように①智障を斷ちきるのかというならば、第四地と第五地と第六地とにおいては、空を觀察することによって有を打破し、有を分別したり執着したりする智を捨てる。ゆえに『十地經論』においては、第四地において、諸法の不生不滅なることを觀察することによって、〝自身が法を理解している〟と分別する慢心を捨離し、第五地において、三世の諸佛の諸法（〝諸屬性〟）の平等なることを觀察することによって、〝自身〔だけ〕が清淨である〟と分別する慢心を捨離し、第六地において、諸法の平等なることを觀察することによって、雜染と清淨とを分別する慢心を捨離すると、廣く說明されている。これらはいずれも、空を觀察することによって、有に執着する心を打破するのである。第七地においては、諸法の眞如を觀察することによって、以前の、空を分別したり執着したりする心を捨てる。これら（心）を捨離することが智障を斷ちきることと呼ばれる。どのように第八地において②體障を斷ちきり除去するのかというならば、前七地においては、諸法の眞如を觀察したにせよ、まだ自己の心を觀察主體と見、眞如を觀察對象と規定している。この見かたのせいで、心は眞如と異なっており、廣大・無功用・不動であることができない。第八地に入って、この智障を打破し、眞如の外に心がなく、心の外に眞如がないことを觀察する。眞如の外に心はなく、眞如と異なる心はない。心の外に眞如はなく、心と異なる眞如はない。眞如と異なる心はないので、知識主體を見ないし、心と異なる眞如はないので、知識對象を見ない。主體と對象とが亡び、滅びたまま一相に同ずる以上、ただちに、分別である、有功用なる意を捨てる。功用を捨てるゆえに、修行が眞如と等しく廣大かつ不動になる。〔そのことが、〕第八地に入ったと呼ばれる。この功德が成立した時、體障を斷ちきったと呼ばれる。どのように第八地から如來地までに③治想を斷ちきり除去するのかというならば、前八地においては、體障を斷ちきり除去したにせよ、治想がまだ存在している。ゆえに第八地において「この第八地においては、障想がないにせよ、治想がないわけではない[24]」と言われている。されども、この治想は第八地以上においてだんだん斷ちきられ除去され、佛に至ってようやく盡きる。それはどのように斷ちきられるのかというならば、分別が止むゆえに、眞如の相が現前し、諸法がただ眞如のみであって本來虛妄がないことを覺る。この、眞如に虛妄がないことを見た力によって、虛妄を完治させることができる。前のものは後のものを生じず、後のものは前のものに報いない。ここで〔虛妄は〕滅盡するのであり、きわめて微細である。觀察である知解によって〔虛妄を〕打破することができるのでもなく、ただ熏修の力によって無功用にそれを捨てることができるのみである。第八地以上において、熏修の力によって、かの治想をだんだん自ら滅させていき、眞證という行德（〝生成的な功德〟）をだんだん自ら顯わにさせていく。如來地に至って、虛妄が盡きることが完了し、眞德が極まることが圓滿することが、治想を除去することと呼ばれる。以上は第一であって隱顯によって互いを論ずる見地である。

第二は優劣によって互いを現すという見地。初地、第二地、第三地〔の菩薩〕は、對治が微劣であるので、ただ煩惱障を斷ちきるのみである。第四地以上〔の菩薩〕は、對治が深く廣いので、二障をふたつとも除去する。

第三は事實によって共通的に論ずるという見地。初地から始まって、佛地に至るまで、刹那ごとに二障をいずれも斷ちきると知るべきである。緣智がだんだん明らかになるので、煩惱障を斷ちきる。眞德がだんだん顯らかになるので、智障を滅除する。

次就地上世出世閒相對分別。初二三地名爲世閒、四地以上名爲出世。於中亦有三門分別。

一隱顯互論。三地以還、世閒之行、斷煩惱障。四地已上、出世眞慧、斷除智障。云何世閒斷煩惱障。如『地論』說「初地斷除凡夫我障」。凡夫我是見一處住地。第二地中、斷除能起犯戒煩惱。犯戒煩惱卽是欲愛色愛有愛三種住地。第三明地斷除闇相聞思修等諸法妄障。闇相卽是無明住地。云何出世閒能斷智障。智障有三。一是智障。所謂分別空有之心。二是體障。所謂建立神智之體。相狀如何。謂彼緣智正觀諸法非有非無、捨前分別有無之礙。雖捨分別有無之礙、而猶見已（己？）以爲能觀。如爲所觀、見已（己？）能觀。心與如異。如爲所觀、如與心別。由見已（己？）心與如別故、未能泯捨神智之礙、說爲體障。三是治想。通而論之、向前二種、倶是治想。但此一門、治中究竟、偏與治名。然此治想亦是緣智。對治破前神智之礙、實心合如。雖復合如、論其體性、猶是七識生滅之法、障於眞證無生滅慧、故名爲障。障別如此。治斷云何。始從四地、乃至七地、斷除智障、入第八地、斷除體障、八地已上、至如來地、斷除治想。云何斷智。四五六地、觀空破有、捨離分別取有之智。故『地論』中廣明四地觀察諸法不生不滅、捨離分別解法慢心、第五地中、觀察三世佛法平等、捨離分別身淨慢心、第六地中、觀法平等、捨離分別染淨慢心。此皆觀空、破取有心。第七地中、觀諸法如、捨前分別取空之心。離如是等名斷智障。云何八地斷除體障。前七地中、雖觀法如、猶見已（己？）心、以爲能觀、如爲所觀。以是見故、心與如異、不能廣大任運不動。入第八地、破此智礙、觀察如外由來無心、心外無如。如外無心、無心異如。心外無如、無如異心。無心異如、不見能知、無如異心、不見所知。能所旣亡、泯同一相。便捨分別功用之意。捨功用故、行與如等、廣大不動、名入八地。此德成時、名斷體障。云何八地至如來地斷除治想。向前八地、斷除體障、治想猶存。故八地云「此第八地、雖無障想、非無治想」。然此治想、八地已上、漸次斷除、至佛乃盡。彼云何斷。分別息故、眞相現前、覺法唯眞、本來無妄。以此見眞無妄力故、能令妄治。前不生後、後不報前。於是滅盡、至極微細。不復可以觀解破遣、唯可修力任運捨之。八地已上、熏修力故、令彼治想運運自謝、眞證行德運運自顯。至如來地、妄盡究竟、眞德窮滿、名除治想。此是第一隱顯互論。

二優劣相形。初二三地、對治微劣、唯斷煩惱。四地已上、對治深廣、二障雙除。

三就實通論。始從初地、乃至佛地、當知念念二障竝斷。緣智漸明、斷煩惱障。眞德漸顯、滅除智障。

（卷五。大正四四・五六三下―五六四中）

以上、かなり複雑な分類である。ただし、いずれの説においても、慧遠は、事實としては、二障はふたつとも地前と地上とにわたって斷ちきられ、二障が盡きるのは同時であると說いている。先に確認したとおり、法上は、眞實としては、二障が盡きるのは同時であると說いていた。慧遠は法上の說を繼承しているのである。

八　惠達が傳える地論宗の煩惱說

南朝の惠達（六世紀頃）が著した『肇論疏』においては、彼がその當時に知っていた地論宗の煩惱說が傳えられている。そこにおいては、五住地說に對する北魏洛陽期の誤解について、何も述べられていないが、諸煩惱が斷ちきられる時期について、簡潔に述べられている。

地論師に二說がある。一つは〝金剛喩定において煩惱障である涅槃障を斷ちきりすべて盡くし、佛智によって智障を斷ちきり盡くす〃と言うものである。もう一つは〝金剛喩定の時において智障と涅槃障（煩惱障）とがすべて盡きる〃と言うものである。

地論師有兩說。一云〝金剛心斷煩惱涅槃鄣都盡、佛智斷智障盡〃。一云〝金剛心時智障涅槃障都盡〃也。（卷一。續藏一・二・二三・四・四一八表下）

第一說は慧遠の【第二說・第三相對】のうち第一見地に該當する。第二說は未詳である。少なくとも、慧遠は『大乘義章』金剛三昧義（卷九。大正四四・六四〇中）においてこの第二說のような考えかたに反對している。

九　『法界圖』の煩惱說

敦煌出土、著者不明『法界圖』においては、五住地說に對する北魏洛陽期の誤解に二つあるうち、住地を現行と判定する誤解が述べられ、さらに、諸煩惱が斷ちきられる時期について、詳細に述べられている。同文獻においては、①別教（小乘）、②通教（一般的大乘）、③通宗（究極的大乘）という三教判が用いられている。文中の「恆沙」とは、煩惱に住地と起とがあるうち、無明住地にとっての起である。「無色愛住地」とは、有愛住地と同じであろう。

【通教】

〔十住〕不繫業（〝〔菩薩を受生に〕繫がない業〃）のうち上の段階のものを斷ちきり、見一處住地のうち上の段階のものを抑える。

〔十行〕不繫業のうち中の段階のものを斷ちきり、見一處住地のうち中の段階のものを抑える。

〔十迴向〕不繫業のうち下の段階のものを斷ちきり、見一處住地のうち下の段階のものを抑える。

〔初地〕見一處住地を永久に斷ちきり、〔見一處住地のうち〕粗大なものと微細なものとがすべて盡きる。

〔第二地〕欲愛住地を斷ちきる。

〔第三地〕色愛住地を斷ちきる。

〔第四地〕無色愛住地と見一處住地の習氣とを斷ちきる。

〔第五地〕欲愛住地の習氣を斷ちきり、恆沙のうち上の段階のものを抑える。

〔第六地〕色愛住地の習氣を斷ちきり、恆沙のうち中の段階のものを抑える。

〔第七地〕無色愛住地の習氣を斷ちきり、恆沙のうち下の段階のものを抑える。

〔第八地〕恆沙のうち上の段階のものを斷ちきる。

〔第九地〕恆沙のうち中の段階のものを斷ちきる。

〔第十地〕恆沙のうち下の段階のものを斷ちきる。

〔等覺（金剛喩定）〕無明住地を斷ちきる。


【通宗】

〔十住〕恆沙のうち上の段階のものを斷ちきる。

〔十行〕恆沙のうち中の段階のものを斷ちきる。

〔十迴向〕恆沙のうち下の段階のものを斷ちきる。

〔十地〕始めは初地から、終わりは佛果まで、いずれも無明を斷ちきる。

【通教】
〔十住〕斷不繫業上品、伏見地上品。（『第一集』五七一頁）
〔十行〕斷不繫業中品、伏見地中品。（『第一集』五七二―五七三頁）

〔十迴向〕　斷不繫業下品、伏見地下品。（『第一集』五七四頁）
〔初地〕　永斷見地、麤細都盡。（『第一集』五七六―五七七頁）
〔第二地〕　斷欲愛煩惱住地。（『第一集』五七七頁）
〔第三地〕　斷色愛住地。（『第一集』五七七頁）
〔第四地〕　斷無色愛住地及見諦習。（『第一集』五七七頁）
〔第五地〕　斷欲愛習、伏恆沙上品。（『第一集』五七七頁）
〔第六地〕　斷色愛習、伏恆沙中品。（『第一集』五七八頁）
〔第七地〕　斷無色愛習、伏恆沙下品。（『第一集』五七八頁）
〔第八地〕　斷恆沙上品。（『第一集』五七八頁）
〔第九地〕　斷恆沙中品。（『第一集』五七九頁）
〔第十地〕　斷恆沙下品。（『第一集』五七九頁）
〔等覺（金剛喩定）〕　斷無明住地。（『第一集』五七九頁）

【通宗】
〔十住〕　斷恆沙上品。（『第一集』五八二頁）
〔十行〕　斷恆沙中品。（『第一集』五八四頁）
〔十迴向〕　斷恆沙下品。（『第一集』五八六頁）
〔十地〕　始從初地、終至佛果、皆斷無明。（『第一集』五八八頁）

ここでは、通教の第八地以上と、通宗の十住以上とが等價であることが確認される。すなわち、通教と通宗との間には優劣の區別がある。大乘の教えに優劣の區別を付けることはこの三教判の特徴であるが、この三教判は、たとえ地論宗の一部において用いられたにせよ、法上や慧遠のように、大乗の教えに優劣の區別を付けない立場の人々によっては用いられなかった。

以上のように、『法界圖』は、法上や慧遠に較べ、やや特殊である。少なくとも、『金剛仙論』から慧遠に至る系統とは異なる學系に屬していることは疑いない。

十　おわりに

小稿において明らかにされたことがらは次のとおりである。
1　『勝鬘師子吼一乘大方便方廣經』においては、諸煩惱は二種類に分けられている。住地（*vāsabhūmi. 〝潛在的狀態〟）と起（*samutthāna. 〝顯在的狀態〟）とである。住地と起とは、順に、唯識説における、種子（bīja. 〝潛在的狀態〟）と現行（samudācāra. 〝顯在的狀態〟）とに該當する。
2　菩提流支の來中（五〇八）に先行する北魏洛陽期においては、同經の煩惱説が大きく誤解された。誤解は二つある。
【誤解1】　住地を現行と判定する誤解。
【誤解2】　住地に五種類あるうち、無明住地を心と同一視する誤解。
3　菩提流支一門の講義錄『金剛仙論』、著者不明『大乘五門十地實相論』、法上、慧遠はいずれもこれらの誤解を踏襲している。
とりわけ、無明住地を心と同一視した結果、地論宗は最終的に心（第七識）を斷ちきることを目的とするようになった。このことはインドの唯識派にはない地論宗獨自の特徴である。

なお、無明住地を心と同一視した結果、無明住地を斷ちきる智は心と關係しない眞如智（第八識）と規定されるようになった。このこともインドの唯識派にはない地論宗独自の特徴であって、前稿において詳しく扱われたとおりである[25]。

4　諸煩悩が斷ちきられる時期については、同じ地論宗においても、意見がまちまちである。纏めて表示するならば、次のとおりである。

菩提流支門下『金剛仙論』

	現行	習氣
煩悩障（四住地）	見道所斷（初地）	見道所斷（初地）
智障（無明住地）	見道所斷（初地）	修道所斷（第二地以上）

著者不明『大乗五門十地實相論』

	現行	習氣
四住地	不明	不明
無明住地	見道所斷（初地）	修道所斷（第二地以上）

法上『十地論義疏』

	現行	習氣
煩悩障（四住地）	見道所斷（初地）	修道所斷
智障（無明住地）	修道所斷（第四地以上）〔※　第二地以上という記述もある〕	佛地所斷

慧遠『大乘義章』
【第一説・第一相對】

	見地1	見地2	見地3（事實）
煩惱障（四住地）	二乘所斷	二乘菩薩所斷	二乘菩薩所斷
智障（無明住地）	菩薩所斷	菩薩所斷	二乘菩薩所斷

【第一説・第二相對】

	見地1	見地2	見地3	見地4（事實）
煩惱障（四住地）	地上所斷	地前所斷	地前地上所斷	【子結】 現行：聲聞緣覺乃至十住所斷 習氣：種性地乃至初地所斷 【果縛】 現行：初地乃至第七地所斷 習氣：第八地以上所斷
智障（無明住地）	地上所斷	地上所斷	地上所斷	地前地上所斷

【第二説・第一相對】

	見地1	見地2	見地3（事實）
煩惱障（四住地＋迷理無明）	地前所斷	地前地上所斷	地前地上所斷
智障（事中無知）	地上所斷	地上所斷	地前地上所斷

【第二說・第二相對】

	見地1	見地2	見地3（事實）
煩惱障（四住地＋迷理無明）	第七地以前所斷	地前地上所斷	地前地上所斷
智障（事中無知）	第八地以上所斷	第八地以上所斷	地前地上所斷

【第二說・第三相對】

	見地1	見地2	見地3（事實）
煩惱障（四住地＋迷理無明）	金剛喩定以前所斷	地前乃至如來地所斷	地前乃至如來地所斷
智障（事中無知）	如來地所斷	如來地所斷	地前乃至如來地所斷

【第三說・第一相對】

	見地1	見地2	見地3（事實）
煩惱障（五住地）	地前所斷	地前地上所斷	地前地上所斷
智障（分別緣智）	地上所斷	地上所斷	地前地上所斷

【第三説・第二相對】

	見地1	見地2	見地3（事實）
煩惱障（五住地）	【見一處住地】 初地所斷 【欲愛住地、色愛住地、有愛住地】 第二地所斷 【無明住地】 第三地所斷	初地以上所斷	初地乃至佛地所斷
智障（分別緣智）	【智障】 第四地乃至第七地所斷 【體障】 第八地所斷 【治想】 第八地乃至如來地所斷	第四地以上所斷	初地乃至佛地所斷

著者不明『法界圖』

	現行	習氣
見一處住地	【通教】初地所斷	【通教】第四地所斷
欲愛住地	【通教】第二地所斷	【通教】第五地所斷
色愛住地	【通教】第三地所斷	【通教】第六地所斷
無色愛住地	【通教】第四地所斷	【通教】第七地所斷
恆沙	【通教】第八地乃至第十地所斷 【通宗】十住乃至十迴向所斷	
無明住地	【通教】等覺（金剛喩定）所斷 【通宗】初地乃至佛果所斷	

〔※　小稿は先年發表した拙稿「地論宗の唯識說」（大竹晉〔二〇一〇〕）の姉妹編である。今後、機會あるごとに「地論宗の〇〇說」と題する一連の拙論を發表し、筆者自身の地論宗の研究をまとめたいと考えている。〕

略號

BoBh: *Bodhisattvabhūmi*, ed. by Nalinaksha Dutt, Patna 1966.

DBhS: *Daśabhūmīśvaro nāma mahāyānasūtram*, ed. by Ryūkō Kondō, Tokyo 1936.

LAS: *Laṅkāvatārasūtra*, ed. by Bunyiu Nanjio, Kyoto 1923.

ŚSS: *Śrīmālādevīsiṃhanādasūtra*, in: 寶幢會編『藏・漢・和三譯合璧勝鬘經・寶月童子所問經』京都、興教書院、一九四〇。

新導：『新導　成唯識論』奈良、法隆寺、一九四〇。

續藏： 大日本續藏經。
大正： 大正新脩大藏經。
『第一集』： 青木隆、方廣錩、池田將則、石井公成、山口弘江『藏外地論宗文獻集成』ソウル、圖書出版ＣＩＲ、二〇一二。

参考文献

（和文）

大竹晉〔二〇一〇〕「地論宗の唯識說」、金剛大學校佛教文化研究所編『地論思想の形成と變容』東京、國書刊行會。

平井俊榮〔一九七一〕「吉藏著『大般涅槃經疏』逸文の研究（上）」『南都佛教』二七。

平井俊榮〔一九七二〕「吉藏著『大般涅槃經疏』逸文の研究（下）」『南都佛教』二九。

平井俊榮〔一九七六〕『中國般若思想史研究　吉藏と三論學派』東京、春秋社。

註

（1）大竹晉〔二〇一〇：八六〕。
（2）菩提流支譯『十地經論』（藏譯にない文）。
　隨眠の活動という密林の區別とは何か。

　云何使行稠林差別。（卷十一。大正二六・一八八上）
（3）菩提流支譯『十地經論』（和譯は梵文から）。
　衆生の心の活動という密林。
　衆生心行稠林。（卷十一。大正二六・一八六下）
　sattvacittagahanopacārāḥ. (DBhS 156, 11)
（4）菩提流支譯『十地經論』（和譯は藏譯から）。
〔隨眠が〕あらゆる〔三〕界と心と〔六〕境とに赴いて隨順することを、三つの文章によって說くのである。
　三一身生隨逐故、眼等諸入門六種生集識同生隨逐故、及阿黎耶熏故隨逐。（卷十一。大正二六・一八八中）
khams dang sems dang yul thams cad du song bas rjes su 'brang ba ni tshig gsum gyis ston te | (P no. 5404, Ngi 218b1-2)

（5）求那跋陀羅譯『楞伽阿跋多羅寶經』に基づく表現（和譯は梵文から）。

あたかも大海の波が風という縁によって動かされ、躍り上がりつつ起こり、斷絶がないように、そのように、アーラヤという奔流は常に境という縁によって動かされ、さまざまな、波である識によって、躍り上がりつつ起こる。

譬如巨海浪　斯由猛風起　洪波鼓冥壑　無有斷絶時
藏識海常住　境界風所動　種種諸識浪　騰躍而轉生（巻一。大正一六・四八四中）

taraṅgā hy udadher yadvat pavanapratyayeritāḥ |
nṛtyamānāḥ pravartante vyucchedaś ca na vidyate ||
ālayaughas tathā nityaṃ viṣayapavaneritaḥ |
citrais taraṅgavijñānair nṛtyamānaḥ pravartate || (LAS 46, 3-6)

（6）菩提流支譯『十地經論』（和譯は藏譯から）。

〔隨眠が〕煩惱という自體や、纏という特徴に一致したり一致しなかったりするせいで、〔隨眠が〕九地と六處とにおいて微細さに隨順していることとは、〔……〕。

五微細隨逐。於九地中、六入處煩惱身隨逐故。（巻十一。大正二六・一八八中）

nyon mongs pa'i bdag nyid dang kun nas dkris pa'i mtshan nyid du phrad pa dang ma phrad pas da dg■ po rnams dang skye mched drug la phra ba rjes su 'brang ba ni | [...]（P no. 5404, Ngi 298b4）

〔※　藏譯によれば、菩提流支譯の「九地」は九つの諸地を意味するが、『大乘五門十地實相論』は第九地と理解している。〕

（7）道泰等譯『入大乘論』。

出世間的な無明が智障と呼ばれる。娑羅留枝の『本行』において偈が説かれているとおりである。「無明は二種類ある。世間的なものと出世間的なものとである。世間的な無明の活動は、聖者にとって、すでに遠離されている」。

出世間無明名爲智障。猶如娑羅留枝『本行』中說偈。「無明有二種　世間出世間　世間無明行　賢聖已遠離」。（巻下。大正三二・四五下）

（8）菩提流支譯『十地經論』（和譯は藏譯から）。

初地においては、砂金は、火によって精錬することによって外側の鐵などの僅かな錆びがなくなるという喩えによって、説かれた。ここ（第二地）においては、〔金は、〕明礬のうちに入れられ、不明瞭な、自性における垢を除去してのち、自性として優れているので、〝自性として戒が清淨である〟と說かれたのである。

初地中金但以火鍊除外貪等麤垢故說鍊金清淨。今於此地復置礬石中煮除自體明垢故、自性眞淨故、說性戒清淨義。（卷四。大正二六・一五三上）

sa dang po la ni gser gyi sa le sbram mer bsreg pas phyi rol gyi lcags la sogs pa'i g-ya' nyi tshe med pa'i dpes bstan gyi | 'dir ni nag tshur du bcug na rang bzhin gyi dri ma 'od gsal ba ma yin pa bsal nas | rang bzhin gyis bzang bas rang bzhin gyis tshul khrims yongs su dag par bstan to ∥ (P no. 5404, Ngi 214b7-8)

（9） 菩提流支譯『十地經論』（和譯は藏譯から）。

さらに、そこ（法雲地）に住することにおいては、所知障の微小なものがあるせいで自在性がないことが所對治となるのであって、それの對治として如來地が安立されるのである。

是處有微智障故不自在。對治此障故說佛地。（卷一。大正二六・一二七中）

de la gnas pa la yang shes bya'i sgrib pa'i bag yod pas rang dbang med pa ni mi mthun pa'i phyogs te | ge'i gnyen por de bzhin gshegs pa'i sa rnam par bzhag go ∥ (P no. 5404, Ngi 142a6-7)

（10） 平井俊榮〔一九七六〕第二篇第一章「吉藏の著作」における考證による。なお、『大般涅槃經疏』佚文は平井俊榮〔一九七二〕〔一九七二〕によって纏められている。

（11） 『金剛仙論』。

もし地前を因と規定するならば、初地の無生法忍である見道を果と規定する。もし第七地までの修道という勝れた修行を因と規定するならば、第八地における偉大な無生忍である無功用道を果と規定する。もし金剛喩定までの無功用道という修行を因と規定するならば、佛地の功德を果と規定する。

若以地前爲因、初地無生法忍見道爲果。若七地已還修道勝行爲因、八地中大無生忍無功用道爲果。若金（甲本加剛）以還無功用行爲因、佛地功德爲果。（卷九。大正二五・八六五中）

『十地論義疏』。

第二地から第七地までを修道と規定する。

二地至七地爲修道也。（卷一。大正八五・七六二中）

今、第八地の無功用道は體そのものが無貪を本性としており、〔過去の〕善根によって清淨である。

今八地無功用道、當體無貪性、善根淨也。（卷一。大正八五・七六二中）

（12）『法界圖』。

初地は見道と呼ばれ、第二地から第七地までは修道と呼ばれ、第八地以上は無學道と呼ばれる。

初地名見道、二地至七地名修道、八地以後名無學道。（『第一集』五八八頁）

（13）參考までに、慧遠『大乘義章』十障義に次のようにある。

〔地前は〕かの四住地の微細な習氣と、善煩惱と、微細な無明とを、いまだ斷ちきったり伏したりすることができない。

於彼四住微細習氣及善煩惱幷細無明、未能斷伏。（卷六。大正四四・五九三中）

（14）曇無讖譯『菩薩地持經』（和譯は梵文から）。

ここで、あらゆる聲聞と獨覺との、この種姓は、煩惱障清淨によって清淨となるが、所知障清淨によってではない。さらに、菩薩の種姓は、煩惱障清淨によっても、所知障清淨によっても、清淨となる。

二乘種性煩惱障淨、非智障淨。菩薩種性具足二淨。（卷一、種性品。大正三〇・八八八中）

tatra sarvaśrāvakapratyekabuddhānāṃ tad gotraṃ kleśāvaraṇaviśuddhyā viśudhyati na tu jñeyāvaraṇaviśuddhyā. bodhisattvagotraṃ punar api kleśāvaraṇaviśuddhyā api jñeyāvaraṇaviśuddhyā viśudhyati.（BoBh 2, 12-15）

（15）曇無讖譯『大般涅槃經』（和譯は藏譯から）。

雜染という本性を有する人である、このような補特伽羅が、多くの生類を安樂にし多くの生類を饒益するために、世間に出現するのであって、それが第一の補特伽羅である。

有人出世、具煩惱性、是名第一。（卷六。大正一二・三九六下）

kun nas nyon mongs pa'i rang bzhin can gyi mi gang zag de lta bu skye bo mang po la bde ba dang | skye bo mang po la phan pa'i phyir 'jig rten du byung ste | 'di ni gang zag dang po'o ||（P no. 788, Tu 81a7-8）

（16）曇無讖譯『菩薩地持經』（和譯は梵文から）。

極歡喜住においては、惡趣に繫がる煩惱分〔である麤重〕をすべて〔除去すること〕や、上級と中級とのあらゆる煩惱分の現行を〔除去することが知られるべきである〕。

歡喜住惡趣煩惱分斷、增上中煩惱分一切不行。（卷九、住品。大正三〇・九四五中）

pramudite [vihāre] āpāyikakleśapakṣyasya sarveṇa sarvaṃ samudācāratas tv adhimātramadhyasya (corr. : adhimātramamyasya) sarvakleśapakṣyasya. (BoBh 243, 9-10)

(17) 曇無識譯『菩薩地持經』（和譯は梵文から）。

無功用無相住においては、無生法忍の清淨なることを妨げる煩惱分である麤重をすべて〔除去すること〕や、あらゆる煩惱の現行を除去することが知られるべきである。

無開發無相住、無生法忍清淨相續煩惱染汚分一切不行。（巻九、住品。大正三〇・九四五中）

anābhoge nirnimitte vihāre 'nutpattikadharmakṣāntiviśuddhivibandhakleśapakṣyasya sarveṇa sarvaṃ dauṣṭhulyasya prahāṇaṃ veditavyam, samudācāratas tu sarvakleśānām. (BoBh 243, 11-13)

(18) 曇無識譯『菩薩地持經』（和譯は梵文から）。

さらに、最上成滿住においては、あらゆる煩惱の習氣隨眠という障を除去することが知られるべきである。

最上菩薩住一切煩惱習使障斷。（巻九、住品。大正三〇・九四五中）

parame punar vihāre sarvakleśavāsanānuśayāvaraṇaprahāṇaṃ veditavyam. (BoBh 243, 13-14)

(19) 曇無識譯『大般涅槃經』（藏譯にない部分）。

あらゆる衆生は、第九地まで、傳聞によって佛性を見る。

一切衆生乃至九地聞見佛性。（巻二十七。大正一二・五二八上）

(20) 曇無識譯『大般涅槃經』（藏譯にない部分）。

諸佛如來と第十地の菩薩とは眼で佛性を見る。

諸佛如來十住菩薩眼見佛性。（巻二十七。大正一二・五二八上）

(21) 菩提流支譯『十地經論』（和譯は梵文から）。

ここでは、おお、勝者の子よ、あたかも山王である雪山はあらゆる藥のたぐいにとって源であり、あらゆる藥のたぐいを採取することによっては盡きることがないように、まさにそのように、おお、勝者の子よ、歡喜という菩薩地のうちに立っている菩薩はあらゆる世間的な詩と論と呪術とにとって源なのであり、あらゆる世間的な詩と論と呪術との方便によっては盡きることがないのである。

佛子、譬如雪山王、一切藥草集在其中、是諸藥草取不可盡、如是佛子、菩薩住在菩薩歡喜地中、一切世間書論

技藝文誦咒術集在其中、一切世間書論技藝文誦咒術不可窮盡。（巻十二。大正二六・二〇一上）

tatra bho jinaputra tad yathāpi nāma himavān parvatarāja ākaraḥ sarvabhaiṣajyajātīnām aparyantaḥ sarvabhaiṣajyajātigrahaṇatayā, evam eva bho jinaputra pramuditāyāṃ bodhisattvabhūmau sthito bodhisattva ākaro bhavati sarvalaukikakāvyaśāstramantravidyānām aparyantaḥ sarvalaukikakāvyaśāstramantravidyopāyena. (DBhS 201, 9-12)

(22) 曇無讖譯『菩薩地持經』（和譯は梵文から）。

このうち、本性住種姓とは、諸菩薩の六處殊勝なるものである。それは、展轉しつつ傳來しており、無始なる時からのものであり、法爾（自然法則）として得られているという、そのようなものである。

性種性者、是菩薩六入殊勝、展轉相續、無始法爾。（巻一。大正三〇・八八八中）

tatra prakṛtisthaṃ gotraṃ yad bodhisattvānāṃ ṣaḍāyatanaviśeṣaḥ. sa tādṛśaḥ paraṃparāgato 'nādikāliko dharmatāpratilabdhaḥ. (BoBh 2, 5-6)

(23) 菩提流支譯『十地經論』（和譯は藏譯から）。

なにゆえに諸菩薩の十地を安立するのかというならば、それ（十地）の十個の所對治の對治として十なのである。それの所對治とは何かというならば、異生性と……。

何故定説菩薩十地。對治十種障故。何者一障。一者凡夫我相障……。（巻一。大正二六・一二七上）

ci'i phyir byang chub sems dpa' rnams kyi sa bcu po dag rnam par bzhag ce na | de mi mthun pa'i phyogs bcu po dag gi gnyen por bcu ste | de mi mthun pa'i phyogs rnams gang zhe na | so so'i skye bo nyid dang | [...] (P no. 5404, Ngi 141b3-4)

(24) 菩提流支譯『十地經論』（和譯は藏譯から）。

「想」と言うのは、所對治である想を排斥するからであるが、對治である想はそこにあるのである。

「想」者、遠離障法想、非無治法想。（巻十。大正二六・一七九下）

'du shes smos pa ni mi mthun pa'i phyogs kyi 'du shes dgag pa'i phyir te | gnyen po'i 'du shes de la yod pa'o || (P no. 5404, Ngi 277a8)

(25) 大竹晉〔二〇一〇〕。

なお、小稿において、筆者は敢えて『大乘起信論』の煩惱説に言及しなかった。『大乘起信論』の煩惱説の核心をなす、「相應染」（〃〔念と〕結合している汚染〔心〕〃＝心所有法による汚染〔心〕）と「不相應染」（〃〔念と〕結合していない汚染

〔心〕〟＝心所有法によらない汚染〔心〕〉との概念は、明らかに、『勝鬘師子吼一乘大方便方廣經』に對する北魏洛陽期の誤解である、「異心の惑」「卽心の惑」の概念と關係している。ただし、小稿において明らかにされた地論宗の煩惱說は、『大乘起信論』の煩惱說にほとんど似ていない。筆者は、「異心の惑」「卽心の惑」の概念は北魏洛陽期に始まり、一方では『大乘起信論』に繼承され、他方では地論宗へと繼承されたのであって、『大乘起信論』の煩惱說は地論宗の煩惱說から生まれたのではないと考える。『大乘起信論』の煩惱說の檢討については別の機會を用意したい。

六　六相說の變遷過程の考察
――『十地經』から淨影寺慧遠までを對象として

朴　ボラム

一　六相說は單一の教說なのか

六相說の起源は『十地經』初地の十大誓願のうちの第四誓願に現れるいわゆる「六相」の語句にある。この六相の語句を「六種相」と名づけて初めて重視したのは世親『十地經論』であり、その後、東アジア佛教、特に華嚴宗は「六種相」をさらに法界緣起の樣相を明らかにするいわゆる「六相圓融說」へと變容させ、自らの教義體系を構築するために積極的に活用した。(1)『十地經』から華嚴宗に至るこの過程において、六相說は幾度もの變化を蒙ってきた。

六相說が蒙ったこのような變化を見落としたまま六相說を理解しようとすると、單一化の誤謬に陷る危險性がある。すなわち、六相說は單一の教說であり、『十地經』の原始的な六相說が『十地經論』や地論宗などを經ながら進化し、最終的に華嚴宗の「六相圓融說」として總合・完成された、という發展論的な幻想を見ようとするのである。しかし『十地經』以後、さまざまな時期にさまざまな宗派によって考案された多樣な六相說は、その一つ一つが獨自の意味を持つ個別體であり、完成體であった。

本稿はこのような點に注意しながら、『十地經』から地論宗に至るまで、六相說がどのような變遷過程をたどったのか、その意味を探る試論である。六相説についてはさまざまな視點からアプローチすることができるが、大きくいえば、六相説の内的領域、すなわち六相それぞれの關係性と意味とを考察する視點と、外的領域、すなわち六相説がどのようなアイデンティティーを持ち、どの範圍にまで適用されるのかという問題を考察する視點とに分けることができるであろう。前者はいまだ本格的に研究されたことはなく、後者は個別的に研究が進められたことはあったにしても、六相説の變遷過程を考慮しながら總合的な觀點で考察されたことはなかったと思われる。(2) 言うまでもなく、六相説をこのように内的領域と外的領域に分けるのは便宜上の區分にすぎない。兩者は互いに密接に關係しており、内的領域が變わることで外的領域が變化することもありえるし、その逆もまた成り立つであろう。

六相説を考察する二つの視點のうち、本稿では内的領域について考察してみたい。六相説の内的領域とは、くわしく言えば、六相すなわち總相・別相・同相・異相・成相・壞相が互いにどのような關係性を持ち、各相がそれぞれいかなる意味を有しているかを考察する視點である。さまざまな六相説の中で最も廣く知られる華嚴宗の六相圓融説を例に擧げると、六相説の内的領域とは、總・別・同・異・成・壞の各相がそれぞれ獨立の位相を持ちながら互いに圓滿に融攝し、そのことによって對象となる何らかの現象(事法)を説明するものである、と概括して言うことができる。しかしこのような定義が『十地經』以後のすべての六相説に無條件に當てはまるわけではない。にもかかわらず、これまでは六相説全體を華嚴宗の六相圓融説の立場から還元的に把握しようとする傾向が強かった。そのため、華嚴宗以外の六相説が持つ固有の特性を解明するのには限界があった。

以下、各時期ごとに、六相相互の關係がどのようになっているのか、その關係性の變化にともなって各相の意味がどのように變わっていったのかをくわしく檢討し、六相説の變遷の一端を示してみたい。ただし紙幅の關係上、扱う範圍は『十地經』から地論教學の大成者である慧遠までに限定する。後代の華嚴教學にみられる六相説の内的領域については別稿を期す。

二　「總別―同異成壞」から「總別↑同異成壞」へ

（1）『十地經』

上述のように、現存する資料の中で後代に「六相」[3]と呼ばれる語句が初めて登場するのは『十地經』である。『十地經』は梵本とともに漢譯・チベット語譯などさまざまな種類の異譯本が傳存している。六相の名目が登場する初地の十大願中の第四誓願の一節についても梵本と多様な異譯本とを參照することができるが、テクストによってわずかにその内容が異なる。諸テクストに現れる六相の全體的な意味もしくはアイデンティティーについては、すでに先行研究[4]において論じられている。先行研究と多少重複するが、六相相互の關係についての議論を進めるために、ここで當該の文を整理しておきたい。

ただ先行研究が指摘するとおり、六相を説く文は非常に長い複合語で構成されており、經文そのものから理解することは容易ではない。『十地經論』などの註釋書を利用するとしても、それが『十地經』の本來の意味に合致するのかという問題と、註釋書を參照しても依然として意味が不明瞭であるという問題が殘る。ここでは『十地經』以後の六相の關係を考察するのに必要な内容だけを紹介することとし、より詳しい内容については先行研究を參照していただきたい。

①　梵本『十地經』

すなわち、すべての菩薩行が廣く、大きく、限りがなく、區劃されておらず、すべての波羅蜜が屬し、すべての菩薩地を清淨ならしめ、**部分（aṅga）と細分（upāṅga）をそなえて成就し、共通の特徵（alakṣaṇa）と〔互**

いに〕異なる特徴（vilakṣaṇa）と成り立つこと（saṃvarta）と崩れること（vivarta）を〔有する〕一切の菩薩行の存在するそのままの地道を説示（upadeśa）し、波羅蜜の莊嚴を教授（avavāda）・教誡（anuśāsanī）することで支持される發心を成就するために[5]

この經文の意味はさまざまに解釋される餘地がある。ただ一つ確かなことは、後代に「總相」「別相」と呼ばれる「部分」と「細分」[6]とが一つのブロックとして動詞相當語句（nirhāra）の目的語となり、殘りの項目も一つのブロックとして繋がっているという事實である（太字傍線部）。この事實は漢譯では明らかではないが、チベット語譯では明瞭に現れる。該當箇所だけを紹介すると次のとおりである。

② チベット語譯『華嚴經』

部分（yan lag）と細分（nye ba'i yan lag）をそなえて成り立ち、共通の特徴（mtshan nyid）[7]と〔互いに〕異なる特徴（bye brag gi mtshan nyid）と成り立つこと（'grub pa）と崩れること（'jig pa）を有する[8]

梵文とチベット語譯により、六相の各項目のうち部分と細分が一つのグループを形成し、殘りの四つの項目がまた一つのグループを形成することがわかる。この構造は次のように表すことができる。

「部分―細分」――「共通の特徴―異なる特徴―成り立つこと―崩れること」

『十地經』の六相は、後代の名稱を借りていえば「總別―同異成壞」という構造を持つが、これは「總別―同異―成壞」という三層の構造を持つ後代の六相圓融説の六相理解とは明らかに異なるものである。ただ六相の各項目の意味や相互の關係性に對する具體的な說明は『十地經』のうちには見出されない[9]。それらに關するくわしい議論は、『十地經』に對する註釋である『十地經論』のうちに見出すことができる。

（2）『十地經論』

前項で確認した『十地經』の一節は、『十地經』の文脈においては特別の意味を有するものではなかった。その一節を「六種相」という名で呼び、忘れられない意味を初めて付與したのは『十地經論』の功績であったと言ってよい。では『十地經論』はどのような意圖から『十地經』の文を「六種相」と名づけ、特別な意味を付與したのだろうか。六相の名目は『十地經論』に頻出するが、その中でも特に前項で確認した『十地經』の一文を註釋する箇所と、いわゆる十入を六相によって說明する箇所とが代表的である。

ただし前者は六相を菩薩行の方便として說明しつつ、さきに確認した『十地經』の文を再び引用するだけで、それ以外の說明は見られない[10]。六相に關するくわしい議論が見られるのは後者、すなわち因緣分において十入を六相で說明する箇所のほうである。おそらく、十入が第四誓願より前に位置するため、十入を註釋する際に六相に關する議論をあわせて行ったのであろう。漢譯とチベット語譯とを確認すると、次のとおりである。

③　漢譯『十地經論』

一切の說かれた十句のうち、すべてに六種類の差別の部門があり、これが言說解釋であると知らなければならない。事は除外するが、事とは陰・界・入などを言う。六種類の相とは總相・別相・同相・異相・成相・壞相を言う。總相は根本の入である。別相は殘りの九つの入である。別相が根本を依りどころとし、かの根本を滿足させるからである。同相は入であるからである。異相は增える相だからである。成相は簡略に說くからである。壞相は詳細に說くからである。世界の生成と破壞のようなものである。その他の一切の十句においても、意味に隨って比較して知れ[11]。

④　チベット語譯『十地經論』

十〔句〕などのすべての教えもまた部分（總相）と細分（別相）の部門から六種類があり、六つ〔の種類〕によって説明されると知るべきである。事（dngos po, *vastu）を説明することは含まれない。それは蘊と界と入の事を説明することを含まないという意味である。六種類とは何か。部分と細分と、共通の特徴（同相）と異なる特徴（異相）と、簡略さ（'du ba, 成相）と詳細さ（rgyas pa, 壞相）である。そのうち、部分とは入である。細分は殘りの諸〔入〕である。かの〔部分〕を依りどころとするからであり、かの〔部分〕を完成させるからである。〔部分と細分という〕その二つが入であるから、共通の特徴である。〔その二つが〕異なる種類だから、異なる特徴である。簡略さとは、簡單に要約することで部分を説明するからである。詳細さとは、かの〔部分〕を詳細に分別することで細分を説明するからである。世界の破壞と生成のようなものである。他の十〔句〕についてもまた適切に適用されなければならない[12]。

『十地經』の文に對する『十地經論』の註釋についてまず注目すべきことは、『十地經論』がこの六項目を「六種相（mam pa drug）」と呼んでグループ化し、概念化したという點である。ここにおいて初めて眞の意味での「六相説」の議論が始まると言える。『十地經』の文は「六相説」の起源ないし經證として位置づけることはできても、「六相説」と表現することができるほどには概念化が進められていなかったからである。

次にこの『十地經論』の解釋にみられる六相の關係について檢討してみたい。漢譯には明確に表れていないが、チベット語譯を見ると、『十地經論』が説く六相の構造は『十地經』の「總別—同異成壞」という構造と基本的に類似している。ただ、その構造を「六相」という名でセット化し、「總別」と「同異成壞」の關係に意味（↑）

を付與したという點に違いがある。したがって『十地經論』の六相說は、「總別↑同異成壞」という圖式で表すことができると考えられる。その根據は次のとおりである。

第一に、「部分（總相）と細分（別相）の部門から六種類があり」というチベット語譯の文によれば、『十地經論』の六相とは總相（部分）と別相（細分）を中心に殘りの四相を合わせる構造となっている。ここで總相は經典の十句の核心の内容を指し、別相とは經典の十句をくわしく分別したものである。

第二に、六相の各項目の說明もこのような構造の中で成り立っている。「部分（aṅga, yan lag, 總相）」とは十入のうちの根本入であり、「細分（upāṅga, nye ba'i yan lag, 別相）」とは殘りの九入である。十入に對する說明はこれでひとまず完結している。

殘りの四相のうち、まず「共通の特徵（salakṣaṇa, mtshan nyid 'dra ba, 同相）」とは十入を說明する概念ではなく、部分と細分、すなわち總相と別相との關係性を說明するものである。チベット語譯では、同相の主語が「その二つ」、すなわちさきに言及した總相と別相であると明言されている。總相と別相はそれぞれ根本入と九入に該當するが、いずれも「入」であるから同相である、という論理である。「異なる特徵（vilakṣaṇa, mtshan nyid mi 'dra ba, 異相）」の場合も同樣であり、異相とは十入の各項目、たとえば第二入と第三入とが異なるということではなく、根本入と殘りの九入、すなわち總相と別相とが異なるから異相である、というのである。したがって異相の說明についても、「その二つが」という主語を補って讀まなければならない。漢譯では同相・異相の主語がすべて省略されているので、同相・異相が何の同異を指すのか不明である。

「簡略さ（saṃvarta, 'du ba, 成相）」と「詳細さ（vivarta, rgyas pa, 壞相）」の場合も、同相・異相と同樣、說明對象は十入ではなく總相・別相である。すなわち、成相は總相を說明するから簡略であり、壞相は別相を說明するから詳細である。漢譯は成相・壞相の目的語が省略されているので、成相・壞相が何を說明對象とするのかが曖昧である。

以上の議論を総合すると、『十地經論』の六相說の構造が「總別←同異成壞」であることは明らかである。『十地經論』の六相說は經典の解釋方式という觀點から論じられており、一次元の構造ではなく二次元の構造を持つ。たとえば「十入」を六相によって解釋する場合に、「十入」を直接、總別同異成壞によって分析するのではなく、「十入」をまず總別によって分類した後、その總別を同異と成壞によって分析し說明するのである。この違いを圖示すると次のようになる。

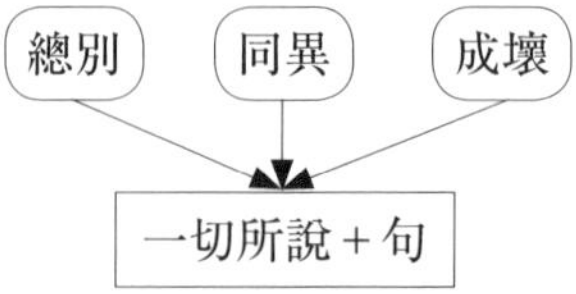

(1) 一次元の構造

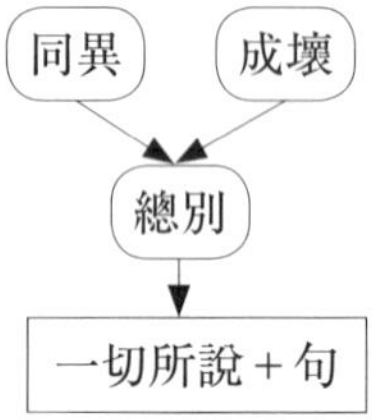

(2) 二次元の構造

この『十地經論』の解釋によって、『十地經』では說明がなく不明瞭だった「總別—同異成壞」の構造が明確となり、さらに六相の各項目が「六相說」として概念化され、「總別←同異成壞」の構造が確立された。

『十地經論』における六相のこのような構造と意味は漢譯には明確に表れておらず、チベット語譯を參照することによって初めて理解することができる。ではチベット語譯を參照することができなかった東アジアの佛教家たちは、『十地經論』の六相說をどのような構造と意味を說くものとして受け入れたのだろうか。

三　總・別・同・異・成・壞の關係の多變化

（1）法上[13]『十地論義疏』

『十地論義疏』についてはいくつかの先行研究がある。[14]本項ではそれらの先行研究をもとに、小論の主題である六相各項目の關係と意味とを検討してみたい。

『十地論義疏』にみられる六相説と關連する記述のうち、重要なのは二箇所である。紙幅の關係上、本論の主題と關わる部分のみを紹介すると次のとおりである。[15]

⑤―⑴　六種正見とは〔次のようである〕。一つの行が總であり、さまざまな行が別である。總と別がともに融攝することが同であり、總と別に違いがあって異なることが異である。互いに證し互いに隨順することが成であり、互いに食い違い互いに背くのが壞である。

⑵「總は〔根〕本の入である」というのは、智慧地の體である。別とは九入である。「根本を依りどころとする」とは、本でなければ末が成り立たず、末でなければ本が滿足されないということであり、したがって「滿足」と言ったのである。九〔入〕がすべて入であることを同と言い、九入に段階があることを增と名づける。一つを擧げて、多數が統攝されないことがない、というのが略であり、分別を經て明らかにするのが廣である。「世界の生成と破壞のようなものである」とは、比喩を示してたとえたのである。成の時には微細な塵が增加せず、壞の時には微細な塵が減少しない。圓極であることは常にそのようであり、意味に妨げがないから、比喩としたのである。[16]

⑥ 六種正見とは〔次のようである〕。法螺（喇叭）の圓音は體が圓融していて、一つの教えが一切の教えであり、一つの體が一切の體である。教えと體が圓融しているので、一つの教えを示すだけで、備わっていない教えはなく、統攝されていない理はない。體が包含し、備わり、行き渡っているから、拔け落ちているものがない、ということが本である。本を分かち廣げるのでさまざまな教えの差別がある、ということが末である。さまざまな教えの差別があったとしても、教えの相は一つに處する、というのが同であり、同に對して多數が異なるのが異である。理は自ら現れず、教えによって現れるので、教えが詮の用を成す、というのが成であり、〔さまざまな教えが〕區分され、各自で成立し、互いに皆が興ったり互いに助け合って成り立ったりすることがない、というのが壞である。(17)

⑤は『十地經論』が十入を通じて六相を說明する部分、すなわち前揭の③に對する註釋であり、⑥は『十地經論』に出る「六種正見」に對する註釋である。漢譯『十地經論』にはチベット語譯の「部分（總相）と細分（別相）の部門から六種類があり」に相當する文がないので、註釋書である『十地論義疏』にも關連の說明はない。したがって『十地論義疏』において六相がどのような構造となっているのかを知るためには、『十地經論義疏』が說く六相各項目の意味を檢討していくよりほかない。

まず同異の意味を見ると、⑤⑴では「總と別がともに融攝することが同であり、總と別に違いがあって異なることが異である」と言っており、明らかに總別の關係を想定する概念として同異が說明されている。しかし續く⑵は「九〔入〕がすべて入であることを同と言い、九入に段階があることを增と名づける」と述べ、總別ではなく說明對象の個別項目（衆緣）に對するものとして同異（同增）を說明している。また⑥は「さまざまな教えの差別があったとしても、教えの相は一つに處する、というのが同であり、同に對して多數が異なるのが異である」と述べ、⑤―⑵と同じく同異を衆緣に對するものとして說明される。

成壊については、正確な意味が明らかではない。しかし文脈上、⑤―⑴、⑤―⑵、⑥の成壊の説明は同じことを述べているのではないと考えられる。⑤―⑴の成壊の説明を理解するためには次項で取り上げるS四三〇三を参照する必要があるので、次項で改めて論じることとする。ただ結論を先に述べると、⑤―⑴における成壊は經典の十句や總別の關係を規定する概念ではなく、「總別同異」の關係を規定する概念であると考えられる。⑤―⑵と⑥の成壊の説明は意味が明らかではないが、總別の關係に對する敍述であると考えられる。そうであれば『十地經論』の立場に等しい。

まとめると、『十地經論』における「總別↑同異成壊」の構造が『十地論義疏』に至って多様に變化してきているのである。そのため、『十地論義疏』では同異も成壊も互いに相反する記述が見られる。つまり、『十地經論』とは異なり、同異が總別ではなく説明對象である衆縁に對するものへと變化した部分があると同時に、『十地經論』と同樣、總別に對する同異として維持されている部分が存在する。成壊の場合は、『十地經論』と同樣、總別に對する敍述として機能する部分があると同時に、總別同異に對するものとして獨創的に説明されることもある。要するに、『十地經論』の「六相説」が東アジアに傳えられ、既存の説に從う部分を殘しつつも新たな理解方式を生み出していった、という多元的な受容・變容の過程を『十地論義疏』において見てとることができるのである。[18]

最後に、『十地論義疏』は總別に關しては基本的に『十地經論』と同樣の立場を取っている。すなわち、「「總は〔根〕本の入である」というのは、智慧地の體である。別とは九入である」とあるように、總は説明對象の最も核心的な内容、つまり正義であり、別は詳細な分別である。しかし『十地論義疏』の段階に至ると、「一つの教えが一切の教えであり、一つの體が一切の體である」というように、總と別の融攝を重視する傾向がみられるようになる。總は別を包含した總であり、すでに別と融攝されている、というのである。しかし、このような傾向はまた一方向的である。なぜなら、總が別を融攝するという方向だけが示され、總と別の互換性に關する言及がないからである。たとえば一つの行が總であり一切の行が別である場合は一つの行が一切の行であるということになるが、これを入れ替えて、一切の行が總であり一つの行が別である場合は一切の行が一つの行であるということになる、という逆の關係については『十地論義疏』は明言していないのである。

なお『十地論義疏』では『大乘起信論』のいわゆる體・相・用の概念が全く用いられていない、ということが先行研究によって指摘されている。[19] しかし前揭の⑥に「體が包含し、備わり、行き渡っているから、拔け落ちているものがない、ということが本である。……さまざまな教えの差別があったとしても、教えの相は一つに處する、というのが同であり、……教えが詮の用を成す、というのが成であり」とあるのを參照する限り、もちろんはっきりと言明されているわけではないが、『十地論義疏』が總別〔本末〕―體、同異―相、成壞―用という對應關係をある程度念頭においていることをうかがい知ることができる。

（2）スタイン四三〇三

スタイン四三〇三は、先行研究によれば「東魏・北齊」ないし「西魏・北周」期に地論宗の系統で作成された「章」形式の佛教教理集成文獻である。[20]「章」形式の文獻であるからさまざまな主題に關する議論が收錄されているが、そのうちの第十章「廣六種正見　第十」において六相説が論じられている。S四三〇三が六相説を論ずる基本的な枠組みはS四三〇三において一切の緣起法をすべて包含する概念とされる「理・教・行」というカテゴリーに基づいている。以下、直接關連する部分のみを紹介しながら、その特徴について論じてみたい。[21]

⑦―(1)　理について六〔相〕を論ずる。圓寂であり無二であるのが本相〔總相〕である。萬法が差別されるのが末相〔別相〕である。緣〔萬法〕と〔圓〕寂がともに融攝することが同相であり、本と末が常に分けられていることが異である。この〔總別同異という〕四つが集まり起きて、互いに隨順して用となることが成で

あり、それぞれが互いに違背することを壞と呼ぶ。

⑵　これは、すべての法が緣起し、互いに捨ても離れもしないので、その本と末を渾融して、同異を明らかにしたのである。しかるに『大章』においてもっぱら末を取り上げて同異を明らかにしたのは、本末が體であり、同異が相であり、成壞が用であることを明らかにしようとしたのであり、宗本は相から斷絕しているから、末について〔同異を〕辨別するためだったのである。……理が幽玄で微妙な〔體?〕を出し、〔體が〕相と用に變わるので、集まり起きることの……の然である。

⑶　しかし、實相の同は、つまり〔本末の〕體が寂靜な〔同?〕である。〔『大章』は〕ただ末によって〔同異の〕相に從ったのであり、〔ここ（＝本章）では〕本末をすべて包攝したのである。〔本末を〕すべて攝受したのは（つまり本末すべてにおいて同異を論ずる本章の說は）緣起に依據したのであり、末によったのは（つまり末においてのみ同異を論ずる『大章』の說は）緣集に依據したのである。したがって、前述の〔本章の〕解釋は『大章』に違背しない。[23]

まず同異について檢討すると、S四三〇三が說く同異は『十地經論』と同じく總別に對する同異である。興味深いのは、S四三〇三より早い時期に著された『大章』においては、總別ではなく、末すなわち別に對する同異となっていた、ということをS四三〇三が明らかにしている點である。つまりS四三〇三以前にすでに同異について『十地經論』と異なる理解方式が現れていたのである。S四三〇三は『大章』の別相すなわち衆緣に對する同異という見解には從わず、『十地經論』にみられる總別の同異を支持する。そして『大章』が說く別相の同異とは、總別同異成壞を體・相・用で說明しようとする意圖によるものであり、總相である本は同異を論ずる根據となる相というものからそもそも斷絕しているので、末においてのみ同異を論ずるのだと言う。その上でさらに、總別の同異と別相の同異という二つの理解方式を緣起と緣集によって結びつける。S四三〇三は、この二つの理解方式は相反するものではないと言いながらも、自らは本末において同異を明らかにする立場に立つ。

前項において論じた『十地論義疏』の場合は、同異について二つの説明方式が混在していた。『十地論義疏』がその二つの違いを明確に認識していたのかは明らかでないが、ある場合には二つを混用し、ある場合には總別の同異を用いているとみられるので、それらを意識的に明確に區分して使用していたとは思われない。

次に成壞の場合を見てみると、⑦は總別同異を説明した後、「この〔總別同異という〕四つが集まり起きて、互いに隨順して用となることが成であり、それぞれが互いに違背することを壞と呼ぶ」と述べている。S四三〇三が説く成壞は、『十地經論』が説くような、總・別と對應する「簡略さ」「詳細さ」なのではない。S四三〇三においては總別同異が互いに隨順すれば成であり、互いに違背すれば壞なのであって、これはまさに「成壞」理解の革新であると言ってよい。なおこの文は前項で説明を保留した『十地論義疏』⑤—⑴の成壞の説明、「互いに證し互いに隨順することが成であり、互いに食い違い互いに背くのが壞である」と非常に類似しており[24]、S四三〇三と比較することによって、『十地論義疏』の成壞も總別同異に對するものであるということが分かる。

ところで總別同異が互いに隨順し互いに食い違うとはどのような意味なのであろうか。次の文を見てみたい。

⑧—⑴　行について六相を論ずる。一つの行が本〔總〕であり、さまざまな行が末〔別〕である。本と末がともに融攝することが同であり、〔本末の〕德相が異なることが異である。互いに助け合うこと〔相資〕を成とし、作用の相が食い違い反對であることが壞である。

⑵　「互いに助け合うこと」と言ったのは〔次のようなことである〕。すなわち本でなければ末は眞ではなく、末でなければ本は實ではない。同でなければ異は區分することがなく、異でなければ同は融攝することがないからである。必ずこの四つを備えてこそ、大いなる作用を助けて、成し遂げるので、それ故に成相と言う。「食い違う」と言ったのは〔次のようなことである〕。本について言えば、寂靜であってさまざまな相

から斷絶しているが、末は相でない相がない（つまり末は相を有している）。同について言えば、相（末）と相を持たないもの（本）とが同相であるが、異はいまだかつて同じ相であったことがない。だから〔本末同異の〕體と相が區別され、〔さまざまな〕異なる作用が競うように起きるので、これを壞と名づける。[25]

⑧―⑴は⑦―⑴と同じように、總別同異が互いに助け合い（隨順して）互いに食い違うこととして成壞を説明している。⑧―⑵はさらに「互いに助け合うこと」と「食い違う」に對して解釋を加えるが、この解釋によって、互いに助け合い互いに食い違うことの主體が總別同異であることが一層明らかとなる。互いに隨順して助け合うとは、文字どおり本と末、同と異が互いに相手を手傳い從ってくれるのであり、相手があればこそ自らも成り立ち、そこで初めて大いなる作用が起こるようになる（成）ということである。一方、互いに食い違うとは、本は相がないが末は相をそなえ、相がない本と相がある末が同じなので同であるが、その二つはいまだかつて同じであったことがない異であるため、それぞれ異なる作用が活發に起きる（壞）ということである。

まとめると、S四三〇三における六相の關係と意味は、前項で確認した『十地論義疏』がさまざまな理解方式を區別なしに用いていたのとは異なり、はるかによく整理されている。これはS四三〇三の解釋が前代の解釋よりも細分化されているということを示すのではなく、總別同異成壞に對するさまざまな理解方式があることを知ったうえで、それらを取捨選擇して自らの立場を明らかにし、同時に他の理解方式についてはその意義を評價し區分した、ということを示している。そしてS四三〇三における六相の構造は、同異は總別、成壞は總別同異を對象にしているので、「〔總別↑同異〕↑成壞」という三重構造となっている。

⑶　スタイン六一三

スタイン六一三は、五五三年頃以降に筆寫された、西魏または北周の佛教教理集成文獻である。[26] 先行研究はこの文獻がS四三〇三と非常に密接な關係にあるとみなしているが、具體的にそれを論證するためにはさらなる研究が必要であると考えられる。

この文獻では六相は二箇所で論じられている。まずS六一三の第二章「六種正見」における議論を確認すると、この章が六相を論ずる基本的な枠組みはS四三〇三と同じく「理・教・行」というカテゴリーに基づいている。ただし理を基準とした六相の議論については他の文獻を參照するよう指示されているので、實際には教と行を基準とした議論だけが行われている。教を基準とした議論は前項で確認したS四三〇三の議論と非常に類似し、「〔總別↑同異〕↑成壞」という構造を持つ。つまり同異は總別を對象とし、成壞は前の四つ、すなわち總別同異が互いに隨順することと互いに食い違うことによって說明される。續いて行を基準とした議論を紹介すると次のとおりである。(27)

⑨　行を論じて言う。一つの行が一切の行である場合、一つの行が本（總）であり一切の行が末（別）である。一切の行が一つの行である場合、一切の行が本であり一つの行が末である。本と末が互いに融攝することが同であり、〔本と末が〕それぞれ該當する部分が異なることが異である。互いに助け合い互いに隨順することが成であり、互いに食い違い互いに背反することが壞である。(28)

六相の基本的な構造と意味はS四三〇三とほぼ同じである。ただ一つ注目すべきことは、本と末、すなわち總と別の關係である。『十地經論』以來、おおまかに言えば總は根本の正義、別は具體的な分別を意味した。『十地論義疏』やS四三〇三において、このような枠組みを維持しつつも總別のあいだの融攝を強調する傾向が現れるが、それでも總はほとんどの場合、一・無二・寂として理解され、別は衆・多・分などとして說明されながら、總から別への一方向的な融攝が論じられていた。

しかしS六一三の⑨においては、このような總別の固定的な意味と一方向的な融攝關係とは異なる理解がみられる。前述のように既存の文獻は「一つの行が一切の行である場合、一つの行が本であり一切の行が末である」と說いていたが、S六一三はこれに加えて、逆に「一切の行が一つの行である場合、一切の行が本であり一つの行が末である」とも說くのである。このような可塑性は、六相說とは菩薩行や經典の十句だけでなく、事法である諸法の緣起をも說明することのできる概念なのである、とみなす立場に立てば、當然の理解であると言うことができる。すべての法が固定された自性を持たず、緣によって起こるという緣起法の觀點から見た時、「本は不變的に根本であり一つ（The One）であり寂靜無二であって、末は常に多樣に分化した樣相である」とみなす固定的な理解は、緣起法の本來の意味に違背しているからである。もちろんS六一三がこのような理由から本末の雙方向的な融攝關係を主張したのだと確定することはできないが、いずれにしてもこの⑨は本末の可塑性ないし相互互換性を明言し、強調するという點で他の文獻とは異なっている。

このような本末の相互互換性は、S六一三が六相を論ずる二つめの箇所である第三十一章の議論においてより一層明らかとなる。次のとおりである。

⑩　自體因果に基づいて六種正見を辨別する。

初發心の時にただちに正覺を成ずる。發心が本（總）であり正覺が末（別）である。因によって果を攝受するので、果は因の果である。したがって自體の因と名づける。大乘の自體の果は大涅槃にとどまりながらも初心を捨てることがない。果（大涅槃）が本であり因（初心）が末である。果によって因を攝受するので、因は果の因である。したがって自體の果と名づける。因と果が契合し融攝することが同であり、因と果が異なるのが異である。互いに隨順し互いに助け合うことが成であり、互いに食い違い互いに背くことが壞である(29)。

この文が述べる六相の構造と意味は⑨と同じであり、同異成壞の關係と意味は前述のS四三〇三ともほとんど同一である。しかし⑩は⑨と同じく、あるいはより強力に本末の相互互換性を主張する。特にここでは行位を通じて本末の相互互換性を説明する點が際立っており、後代の華嚴教學で重視される「初發心時便成正覺」に基づいて、初發心が本ならば正覺が末であり、正覺（大涅槃）が本ならば初發心が末であるとされる。これは地論宗の融卽論とも深い關連があると思われる。[30] このような相互互換性によって、自然に因果の融卽と相互互換性へと議論が擴張されるからである。

まとめると、S六一三における六相の構造は「〔總別↑同異〕↑成壞」という圖式で表すことができ、S四三〇三とほぼ同じである。しかし總別相互の融卽を明言し強調しながら、それをさらに行位の次元で議論し、その結果、因果の融卽にまでつながっていく、という點がS四三〇三とは異なる。したがって、S六一三の六相の構造をS四三〇三と區別して表すとすれば、「〔（總⇕別）↑同異〕↑成壞」と示すことができるであろう。

（4）淨影寺慧遠

地論教學の大成者と言われる淨影寺慧遠（五二三～五九二）については、すでに多くの先行研究がある。特に六相説との關連でいえば、『十地經論』が六相の範圍を「事」に限定したのに對して、「體義」を基準にすれば六相をあらゆる法に適用できるとしたこと、つまり本稿の用語でいえば六相説の外的領域に關する教説が主に研究されてきた。[31] ここでは本稿の主題である六相説の内的領域、すなわち各相の關係だけに焦點を合わせて論じてみたい。

慧遠の現存する著作の中で六相説に關する議論は、『十地經論』に對する註釋である『十地經論義記』や、彼の教學の集大成である「章」形式の論書、『大乘義章』などにみられる。このうち『大乘義章』は「六種相門義」において六相説を獨立の主題として扱っている。關連する部分を確認すると次のとおりである。[32]

⑪　今まず一つの色陰について六相を辨別すれば、殘りの種類も知ることができるであろう。かの一つの色陰は、同じ體としてガンジス河の砂の數ほどの佛法をそなえている。いわば苦・無常・不淨・虛假・空・無我などの一切の佛法である。このようなあらゆる法は、義は異なっても體は同じであるから、互いに因縁によって集まり〔緣集〕、かの同じ體の一切の佛法を包攝することによって一つの色を成じ、〔その〕色を「總」と名付ける。

この總について、限りない、ガンジス河の砂の數ほどの佛法を開き出すので、色はかの法によって限りなく存在するようになる。いわゆる苦の色、無常の色、不淨の色、名前と作用〔名用〕の色、空・無我の色、乃至眞實の緣起の色である。このような限りない種類の色を「別」と名付ける。

かの別について、苦・無常などのあらゆる法はいずれも色の意味を有しているので、これを「同」と名付ける。

色の意味は同じであっても〔同〕、かの色は苦であり他の色は無常であるというように異なっているので、このように一切がそれぞれ同じではないことを「異」と名付ける。

かの異について、義の門が異なるとしてもその體は異ならない。體が異ならないので、すべての義は多數であったとしても互いに離れることがない。互いに離れることがないので、これによって色を辨別すれば、包攝して一つになるから、それゆえに「成」と名付ける。成は簡略さ〔略〕と同じである。

體は異ならないとしても、義の門は常に異なる。義の門が異なるので、一つの色がこれによって多くの色となるから、これを「壞」と名付ける。壞は詳細さ〔廣〕と同じである。

眞實の立場からこれを論ずれば、〔總別同異という〕前の四門を說くことによって、義を辨別することが充足される。〔成壞が〕同異を基準とし、前の〔總別〕という二門を成ずるから、六がある。色の意味はこれと同じである。[33]

まず同異の項目を見ると、慧遠の同異は總相と別相に對するものではなく、別相の各項目間の同異を對象としている。これは『十地經論』の解釋が中國に傳わった後、『十地論義疏』やS四三〇三所傳の『大章』などにおいて衆緣に對する同異として變容されたものが、慧遠においても維持されているのである。

成壞については、慧遠の解釋は『十地論義疏』・S四三〇三・S六一三と内容が異なる。『十地論義疏』などは、總と別、同と異が互いに助け合うことを成相とし、互いに食い違うことを壞相と規定する。つまり成壞が總別と同異すべての關係を表すものとして説明される。しかし慧遠は成壞について、「同異を基準とし、前の〔總別〕という二門を成ずる」ものだと説く。つまり慧遠にとって成壞とは同相と異相によって成り立つものであり、總相と別相は直接的には成壞と關係がないのである。そのためなのかは分からないが、慧遠は『十地論義疏』などとは異なり、あらゆる法の意味を辨別しようとする時に六相中の成壞は必要ないという、いわゆる「成壞不要論」さえ主張する。このような慧遠の六相説の構造は、「〔總別↑同異〕↓成壞」というように、同異を中心とした回轉軸（pivotal）構造で表すことができよう。

最後に總別については、S六一三と同様に總別の相互互換性が明確に表現されている。すなわち慧遠はまず色を總相とし、色に備わる多くの法を別相として六相を説明した後、今度は、さきには別相中の一つであった無常を總とし、無常がそなえる多くの法を別相として六相を解釋する[34]。そこにおいて、さきには總相であった色が別相の一つとして説明されるのである。このことから、慧遠も、總別は互換可能な緣起法である、とみなしていたものと考えられる。

まとめると、慧遠の六相説の構造は慧遠以前の地論宗の説をそのまま踏襲したものではなく、前代の地論宗の六相説を總合しながら、同時に自らの獨自の説を加味しているのだと考えられる。總別の相互互換性についてはS四三〇三やS六一三と同じような傾向がみられるが、同異が總別ではなく衆緣を對象とするという點では、S四三〇三やS六一三よりも『十地論義疏』の一部とS四三〇三所傳の『大章』のほうに類似する。成壞については慧遠固有の主張が目立ち、成壞とは同異によって成立するものであるから、あらゆる法の意味を辨別する際に成壞は必要ない、という成壞不要論を主張するまでに至った。

四　結語

以上、限定した範圍で檢討した結果によっても、六相說が決して單一な固定された概念體ではないことが分かる。六相說はさまざまな時代と地域、さまざまな人物と文獻のなかで絶えずうつり變わりながら生き呼吸してきた、それ自身が一つの緣起法なのである。

『十地經』においてはまだ一つの胎動に過ぎなかった六相の語句は、『十地經論』が「六種相」と名付けたことによって初めて忘れられない意味を付與された。それが東アジアに傳えられ、地論宗に至ると、まるでビッグバンのような爆發力を得て多樣に變化しながら膨脹し、やがて華嚴教學において大方廣佛の法界を莊嚴する六種の雜華となったのである。

本稿は六相說のこのような複雜な變遷過程の一部を、六相說の內的領域、すなわち六相各項目の關係と意味に焦點を絞って、ごく簡單に考察したものである。したがって六相說の外的領域、すなわち六相說のアイデンティティーと對象には言及することができなかった。初めに述べたように內的領域と外的領域は互いに不可分の關係にあり、兩者をあわせて考察してこそ六相說の眞面目を明らかにすることができる。この課題については他日を期す。

略號および參考文獻

DBh（梵文『十地經』校訂本）

R: *DAŚABHŪMIKASŪTRA ET BODHISATTVABHŪMI*, J. Rahder ed. (Louvain: J. B. ISTAS, Imprimeur, 1926)

Ko: *Daśabhūmīśvaro nāma Mahāyānasūtram*, Ryūkō Kondō ed., 3rd (Kyoto: Rinsen Book Co., 1983)

TDBh（チベット語譯『十地經』）*'Phags pa sa bcu pa zhes bya ba theg pa chen po'i mdo*

S: Stog Kanjur, mdo sde, ga 31b2-151b2 (vol. 54)

Z: Shey Kanjur, mdo, ga 32a4-156b7 (vol. 50)

TBĀ（チベット語譯『華嚴經』）*Sangs rgyas phal po che zhes bya ba shin tu rgyas pa chen po'i mdo*

S: Stog Kanjur, phal chen, ka-cha (vol. 29-34)

D: Derge Kanjur, phal chen, ka-a (vol. 35-38)

TDBhVy（チベット語譯『十地經論』）*'Phags pa sa bcu'i rnam par bshad pa*

D: Derge Tanjur, mdo 'grel, ngi (vol.113) 103b-266a

P: Peking Tanjur, mdo tshogs 'grel pa, ngi (vol. 104, pp.54-136) 130b3-335a4

K: Kinsha(gSer bris ma) Tanjur, mdo 'grel, ngi (vol. 122) 153a-399a

青木隆ほか『藏外地論宗文獻集成』（ソウル、圖書出版ＣＩＲ、二〇一二年）

青木隆ほか『藏外地論宗文獻集成　續集』（ソウル、圖書出版ＣＩＲ、二〇一三年）

大竹晉『十地經論Ｉ』（大藏出版、二〇〇五年）

金天鶴ほか『譯註 十地論義疏（역주 십지론의소）』（ソウル、圖書出版ＣＩＲ、二〇一〇年）

池田將則、金剛大學校佛教文化研究所主催敦煌寫本專門講座、地論宗文獻集中講讀會（二〇一五年一二月一一日）三日目檢討資料（２）

金京南「『十地經論』における六相について」『佛教文化研究論集』一〇、財團法人東京大學佛教青年會、二〇〇六年

金天鶴「法上撰『十地論義疏』についての一考察」『印度學佛教學研究』一二九（六一—二）日本印度學佛教學會、二〇一三年

海住「華嚴六相說研究（화엄 육상설 연구）Ｉ」『佛教學報（불교학보）』第三一集、東國大學校佛教文化研究院、一九九四年

海住「華嚴六相說研究（화엄 육상설 연구）Ⅱ」『佛教學報（불교학보）』第三三集、東國大學校佛教文化研究院、一九九六年
青木隆「敦煌寫本から見た地論教學の形成」、金剛大學校佛教文化研究所編『地論思想の形成と變容』（國書刊行會、二〇一〇年）
伊藤瑞叡『華嚴菩薩道の基礎的研究』（平樂寺書店、一九八八年）
成川文雅「地論師の六相說」『印度學佛教學研究』一六（八—二）、日本印度學佛教學會、一九六〇年
日野泰道「華嚴に於ける六相說の思想史的考察」『大谷學報』三三—二、大谷學會、一九五三年
湯次了榮『華嚴大系』（國書刊行會、一九七五年）

註

（1）華嚴宗の六相圓融說に關する先行研究は、海住「華嚴六相說研究Ⅰ」（『佛教學報』第三一集、東國大學校佛教文化研究院、一九九四年）、海住「華嚴六相說研究Ⅱ」（『佛教學報』第三三集、東國大學校佛教文化研究院、一九九六年）參照。

（2）地論宗の六相說に關する先行研究は本文中の關連箇所において別途紹介する。

（3）『十地經』の該當文には「六相」という語は見えず、また後に檢討するように『十地經論』のようにそれらの項目を「六種相」としてグループ化してはいない。このことについては『十地經論』を論ずる際に詳述する。ただ行論の都合上、『十地經』の對應する項目を「六相」という名で表現するものである。

（4）梵本および異譯本『十地經』における六相關連の文に關する先行研究として、次を參照。日野泰道「華嚴に於ける六相說の思想史的考察」（『大谷學報』三三—二、一九五三年）。伊藤瑞叡『華嚴菩薩道の基礎的研究』（平樂寺書店、一九八八年）六三七—六四八頁。金京南「『十地經論』における六相について」（『佛教文化研究論集』一〇、二〇〇六年）。

（5）R p.15; Ko pp.19-20, "yad uta sarva[buddha]bodhisattvacaryāvipulamadgatāpramāṇāsaṃbhinnasarvapāramitāsaṃgṛhīta-sarvabodhisattvabhūmipariśodhana[m]**sāṃgopāṃganirhārasalakṣaṇavilakṣaṇa[savitarka]saṃvartavivarta-**sarvabodhisattvacaryābhūtayathāvadbhūmipathopadeśapāramitāparikarmāvavādānuśāsanyanupradānopastabdhacittotpādābhinirhārāya"

＊譯文は、Ko の校勘と R などの他のエディションを參照し、内容を把握したうえで翻譯した。エディションによる差異と Ko が參照した校勘の情報については、各エディションを參照。

（6）六相の名稱のうち「總別」については、「部分と細分」という譯語とともに「本末」という呼稱もあわせて用いる。この

用語ないし譯語はそれぞれ異なる意味を内包しているので、互いに區別して使わなければならない場合もある。ただ以下では特別な場合を除いて、便宜上、同義語として使用することとする。

（7）「共通の特徴」が TBĀ では「特徴（mtshan nyid）」となっているが、「〔互いに〕異なる特徴」の後に、その他のチベット語譯本にない“du bcas pa”が追加されていることから、これは梵語“salakṣaṇa”の“sa-”を後の語にまでつなげて翻譯したものと考えられる。つまり“'dra ba'i mtshan nyid dang bye drag gi mtshan nyid dang”と翻譯されなければならないであろう。

（8） TBĀ (D36.177b2-4), “'di lta ste/ byang chub sems dpa'i spyod pa rgya chen po shin tu yangs pa tshad med pa/ mi 'phrogs pa tha mi dad pa pha rol tu phyin pa thams cad kyis yang dag par bsdus pa/ sa yongs su sbyang ba'i **yan lag dang nye ba'i yan lag du bcas pa mngon par bsgrub pa dang/ mtshan nyid dang bye brag gi mtshan nyid du bcas pa dang/ 'grub pa dang/ 'jig pa dang/** byang chub sems dpa'i spyod par gtogs pa thams cad dang/ sa ji lta ba bzhin dang/ ji lta bur bstan pa dang/ pha rol tu phyin pa yongs su sbyang ba la gdams ngag dang/ man ngag gi sbyin pa nye bar bstan pa'i sems bskyed pa mngon par rab sgrub pa'i phyir” ＊チベット語譯『十地經』（TDBh）と『十地經論』（TDBhVy）所收の『十地經』の文は上記と似ているが、六相各項目の譯語に違いがある。六相の名目と出典のみを紹介すると、表のとおりである。

TBĀ	TDBh (S45b3)	TDBhVy (D139b2)
yan lag	yan lag	yan lag
nye ba'i yan lag	nye ba'i yan lag	nye ba'i yan lag
mtshan nyid*	mtshan nyid 'dra ba	mtshan nyid 'dra ba
bye brag gi mtshan nyid	mtshan nyid mi 'dra ba	mtshan nyid mi 'dra ba
'grub pa（成）	bsdu ba（略）	'du ba（略）
'jig pa（壞）	rgyas pa（廣）	rgyas pa（廣）
＊上記の註（6）を參照。		

（9）これに關して伊藤瑞叡前掲書、六四五頁は「aṅga と upāṅga、salakṣaṇa と vilakṣaṇa、saṃvarta と vivarta は、それぞれ矛盾概念の關係にあり、又この三對相互の關係は異類概念と見るべきものであるように思われる」と述べるが、『十地經』のどの文を根據としたのかは明らかにされていない。ただこれに續く説明を見る限り、各項目の意味をもとにさまざまな推測をしていることがうかがえる。しかし本文でも言及したように、『十地經』の文による限り伊藤氏が述べるような關係を導き出すことは難しく、單に〔aṅga と upāṅga〕―〔salakṣaṇa と vilakṣaṇa、saṃvarta と vivarta〕という關係を把握することができるのみである。註釋書である『十地經論』も伊藤氏が述べるような關係を支持しない。これについては次の『十地經論』の項を參照。

（10）『十地經論』「方便者、如經總相別相同相異相成相壞相故」（大正二六・一三九中一―二）。TDBhVy (D139b7-140a1), "thabs gang zhe na/ yan lag dang nye ba'i yan lag tu bcas pa sgrub pa dang/ mtshan nyid 'dra ba dang/ mtshan nyid mi 'dra ba dang/ 'du ba dang/ rgyas pa dang / bcas pa/"

（11）『十地經論』「一切所説十句中、皆有六種差別相門、此言説解釋、應知。除事、事者、謂陰界入等。六種相者、謂總相別相同相異相成相壞相。總〔相〕者是根本入。別相者餘九入。別依止本、滿彼本故。同相者入故。異相者增相故。成相者略説故。壞相者廣説故。如世界成壞。餘一切十句中隨義類知」（大正二六・一二四下二九―一二五上六）。

（12）TDBhVy (P134a4-134b1, D106a4-106a7, K157b2-6), "bcu pa la sogs pa bstan pa thams cad la yan lag dang nye ba'i yan lag gi sgo nas rnam pa drug drug gis bshad par rig par bya ste/ dngos po nye bar dgod pa ni ma gtogs te/ der phung po dang khams dang skye mched kyi dngos po nye bar dgod pa ma gtogs so zhes bya ba'i tha tshig go// rnam pa drug po dag gang zhe na/ yan lag dang/ nye ba'i yan lag dang/ mtshan nyid 'dra ba dang/ mtshan nyid mi 'dra ba dang/ 'du ba dang/ rgyas pa'o// de la yan lag ni 'jug pa'o// nye ba'i yan lag ni gzhan rnams te/ de la brten pa'i phyir dang/ de yongs su rdzogs par byed pa'i phyir ro// de gnyis kyi 'jug pa nyid kyi phyir mtshan nyid dang 'dra ba nyid do// rnam pa gzhan nyid kyi phyir mtshan nyid mi 'dra ba nyid do// 'du ba ni mdor bsdus pa ste/ yan lag bstan pa'i phyir ro// rgyas pa ni de[de: PD, omit.: K] rab tu dbye ba[dbye ba: PD, bya: K] ste/ nye ba'i yan lag bstan pa'i phyir te/ 'jig rten gyi khams 'jig pa dang chags pa bzhin no// bcu pa gzhan la yang de bzhin nyid du ci rigs par sbyar bar bya'o//"

（13）『十地論義疏』の著者が法上か否かはまだ確定されていない。本稿では便宜上、法上を著者と想定しておく。

（14）成川文雅「地論師の六相説」（『印度學佛教學研究』一六、一九六〇年）、伊藤瑞叡前掲書、六五一―六五三頁、金天鶴「法上撰『十地論義疏』についての一考察」（『印度學佛教學研究』一二九、二〇一三年）など。

（15）『十地論義疏』の本文は大正藏を利用するが、敦煌寫本の校勘情報については金天鶴ほか『譯註 十地論義疏』（ソウル、圖書出版ＣＩＲ、二〇一〇年）を參照した。

（16）『十地論義疏』「六種正見者。一行爲總、衆行爲別。總別俱融爲同、總別差殊爲異。相證相順爲成、相違相背爲壞。是總*本入者、智慧地體也。別者九入也。依止本者、非本末則不立、非末本則不滿、故云滿也。九皆是入曰同、九入階降名增。擧一衆無不統爲略、歴別而彰爲廣。如世界成壞者、借喩以況成時微塵不增、壞時微塵不減。圓極常爾、義無障礙、故爲況也」（大正八五・七六二中二五―下四）。＊是總＝總是。

（17）『十地論義疏』「六種正見者。法蠡圓音、體是其融。一教一切教、一體一切體。教體既融、但擧一教、無教不備、而無理不統、體含備周、無可缺然、以之爲本。說*本分疏、有衆教之別、以之爲末。雖復衆教差別、教相處一、以之爲同。對†同衆別、以之爲異。理不自彰、爲教所顯、教成詮用、以爲成。對†分自立、互絶興擧、迭無姿‡成、以之爲壞」（大正八五・七六四中一七―二五）。＊說＝就、†對＝就、‡姿＝資。

（18）伊藤瑞叡前掲書、六五二頁は、『十地論義疏』は六相各項目の内容を『十地經論』と同様に理解している、と述べている。しかし先に檢討したように、少なくとも同異成壞の理解については、『十地論義疏』が『十地經論』と完全に一致すると言うことはできない。

（19）金天鶴前掲論文、七二三頁。

（20）この文獻に關する基本的な情報については『藏外地論宗文獻集成』の解題を參照されたい。青木隆ほか『藏外地論宗文獻集成』（ソウル、圖書出版ＣＩＲ、二〇一二年）二〇一―二〇三頁。

（21）Ｓ四三〇三の原文は、金剛大學校佛教文化研究所主催の敦煌寫本專門講座、地論宗文獻集中講讀會（二〇一五年一二月一一日）三日目の檢討資料（２）に收錄された原文を利用し、『藏外地論宗文獻集成』收錄の原文もあわせて參照した。なおＳ四三〇三だけでなく、この後紹介するＳ六一三の原文と、この後で利用する多樣な資料とについても、池田將則氏が作成した上記檢討資料（２）から多くの助けを受けた。ここに感謝の意を表する。

（22）寫本は殘劃のみ殘っており、先行研究は皆これを「體」と推定する。筆者はまだ寫本そのものを確認できていないが、文脈上「末」が自然だと思われる。

（23）前掲の發表資料、三一―三二頁。『藏外地論宗文獻集成』二四九―二五〇頁「⑴就理論六者、圓寂無二、以爲本相、萬法差別、以爲末相。緣寂俱融、以爲同相、本末常分、以之爲異。此四集起、相順爲用、以之爲成、各相違返、目之爲壞。⑵

此明諸法緣起、不相捨離、故渾其本末、以明同異。而大章之中、偏據於末、明同異者、欲明本末爲體、同異爲相、成壞是用、爲彰宗本絕相、故就末而辨。□□理出幽微、轉爲相用、集起□□□之然也。⑶而實相之同、卽是體寂之□。但以體（末？）從於相、本末俱攝。俱攝據其緣起、就末據於集起。是以向之所釋、不違大章也」。

(24) 二つの文獻の全體的な類似性は、すでに金天鶴前揭論文、七二三頁で指摘されている。

(25) 前揭の發表資料、三二頁。『藏外地論宗文獻集成』二五〇頁「⑴就行辯六者。一行爲本、衆行爲末。本末俱融爲同、德相殊分爲異。相資以立爲成、用相違返、以之爲壞。⑵言相資者。非本、則末非眞、非末、則本不實。非同、則異無所分、非異、則同無所融故。要具此四、資成大用、故曰成相。言違者。語本、則寂絕於衆相、而末無相不相。語同、則相無相同相、而異未曾共相。是以體相殊分、異用競起、稱之號壞」。

(26) この文獻に關する基本的な情報については『藏外地論宗文獻集成　續集』の解題を參照されたい。靑木隆ほか『藏外地論宗文獻集成　續集』（ソウル、圖書出版ＣＩＲ、二〇一三年）四一―四四頁。

(27) Ｓ六一三の原文は金剛大學校佛敎文化硏究所主催の敦煌寫本專門講座、地論宗文獻集中講讀會（二〇一五年一二月一一日）三日目の檢討資料（２）に收錄された原文を利用し、『藏外地論宗文獻集成　續集』の收錄原文もあわせて參照した。

(28) 前揭の發表資料、一一頁。『藏外地論宗文獻集成　續集』五七頁「論行而言。一行一切行、一行爲本、一切行爲末。一切行一行、一切行爲本、一行爲末。本末相融、以之爲同、各當差殊、以之爲異。相資相順、以之爲成、相違相乖、以之爲壞也」。

(29) 前揭の發表資料、二八頁。『藏外地論宗文獻集成　續集』九〇頁「據自體因果、辨六種正見。初發心時、便成正覺。發心爲本、正覺爲末。以因攝果、果是因果。故名自體因。大乘自體果、住大涅槃、不捨初心。以果爲本、以因爲末。以果攝因、因是果因。故曰自體果也。因果契融、以之爲同、因果差殊、以之爲異。相順相資、以之爲成、相違相背、以之爲壞」。

(30) 地論宗の融卽論については靑木隆「敦煌寫本から見た地論敎學の形成」、金剛大學校佛敎文化硏究所編『地論思想の形成と變容』（國書刊行會、二〇一〇年）四八―五〇頁參照。

(31) 湯次了榮『華嚴大系』（國書刊行會、一九七五年）五二〇―五二三頁、伊藤瑞叡前揭書、六五三―六五七頁、海住前揭論文「華嚴六相說硏究Ｉ」九―一一頁など多數。

(32) 以下の引用文とほぼ同じ內容が『十地經論義記』（『新纂續藏』四五・四〇中二一―下一七）にみえる。

(33) 『大乘義章』「今且就一色陰之中、辨其六相、餘類可知。如一色陰同體、具有恆沙佛法。謂苦無常不淨虛假空無我等一切佛法。是等諸法、義別體同、互相緣集、攝彼同體一切佛法、以成一色、色名爲總。就此總中、開出無量恆沙佛法、色隨彼法、則有無量。所謂苦色無常色不淨色名用色空無我色乃至眞實緣起之色。如是無量差別之色、是名爲別。就彼別中、苦無常等諸法之上、皆有色義、名之爲同。色義雖同、然彼色苦、異色無常異、如是一切各各不同、是名爲異。就彼異中、義門雖殊、其體不別。體不別故。諸義雖衆、不得相離。不相離故、隨之辨色、得攝爲一、是故名成。成猶略也。體雖不別、義門恆異。義門異故、一色隨之、得爲多色、目之爲壞。壞猶廣也。據實論之、說前四門、辨義應足。爲約同異成前二門、故有六也。色義如是」(大正四四・五二四上一一—二八)。

(34) 『大乘義章』(大正四四・五二四上二八—中一一)。

七　地論學派の四量説について
——教理集成文獻S四三〇三「廣四量義」とS六一三「四量義」「又解四量」とを中心に

李　相旻

一　はじめに

一般に「量」と翻譯される「プラマーナ（pramāṇa）」は、インド哲學において認識論および論理學と關連した膨大な議論を引き起こした主要概念の一つである。この術語は「知識を獲得する妥當な手段」という意味を持ち、特に正しい知識を獲得する際の認識の「範疇」を區分するために使用されてきた。一般的には、世親（Vasubandhu, 四～五世紀?）の時期のインド佛教においては直接知覺（pratyakṣa, 現量）・推論（anumāṇa, 比量）・經典的傳承（śabda/āgama, 聖言量／教量）から成る「三量説」が受け入れられていたが、その後、陳那（Dignāga, 四八〇?～五四〇?）に至って、聖言量／教量を比量に含める「二量説」へと整備されていったと言われている。もちろん、このような大枠の理解は、玄奘（六〇二?～六六四）がもたらした膨大なインド佛教の典籍とそれに對する教學的な傳統とを通して東アジアに知られるようになったものである(1)。

ところが、玄奘以前、六世紀の東アジアに興起した地論學派においては、三量説から二量説への移行とは逆に、むしろ上述の三量に量を一つ追加したいわゆる「四量説」が主張されるケースがあった。このことを傳える文獻として、まず隋慧遠（五二三～五九二）『大乘義章』を擧げることができる。『大乘義章』巻十「三量智義」章は、現量・比量・教量を説明しつつ、[2]教量を信言量と教量との二つに區分することもできると論じ、さらに實際にそう解釋した事例があったことを次のように記述している。

ある人はこれ（＝教量を信言量と教量とに分ける見解）によって量を四種に分ける。現量が第一、比量が第二、教量が第三、信言が第四である。これも問題はないが、經論〔に明白な典據がある說〕ではない。

有人就此分量爲四。現量爲一。比量爲二。教量爲三。信言爲四。此亦無傷。但非經論。
（大正四四・六七一中）

ここで、四量說に對する慧遠の立場はやや微妙である。ひとまずは、四量を主張することは經典に根據がない（「非經論」）と述べ、ある程度距離をおいているようであるが、このような說そのものが完全に誤りだと批判しているわけでもないからである（「無傷」）。

四量說に關する記錄はここだけに現れるのではない。法藏（六四三～七一二）が著述した『華嚴經探玄記』巻十八にもこれと關連する內容が傳えられているが、彼は善財童子が善知識に會う過程を四量によって分析したうえで、このような觀點が「衍法師」という人物の思想に基づくものであることを明らかにしている。

第四に衍法師らによれば、四種の量に分ける。第一に初めて〔善知識の〕名前を聞くことなどが教量であり、第二に教〔量〕によって〔善知識を〕探すことが信量であり、第三に彼の依報と正報とを見ることが比量であり、第四に彼の說法を〔直接〕聞くことが現量である。この四種はつまり聞・思・修・證である。

四依衍法師等、分爲四量。一初聞名等是教量、二依教尋求是信量、三見彼依正是比量、四聞彼所說爲

現量。此四卽是聞思修證也。（大正三五・四五六上）

法藏の文章において、「衍法師」とは曇衍（五〇三～五八一）を指す。[3]『續高僧傳』によれば曇衍は慧光に師事した人物であり、後に北齊において僧統の職務を歴任した著名な僧侶であった。[4]記錄によれば彼の思想は典據や師匠にとらわれない比較的自由なものであったようだが、[5]いずれにしても彼が地論學派の一人であったことは確かである。

以上によって分かることは次の三つである。第一に、先行研究が指摘するとおり、四量說は地論學派の思想のうちの一つである。[6]第二に、『大乘義章』において言及されたように、慧遠は四量について一定の距離をおいて評價している。このような點から見ると、四量說は法上―慧遠と續く思想系統とは區別される――おそらく曇衍からつながる――教理的展開を持つものとみなすことができる。第三に、「量」はpramāṇaの譯語としてよく知られているが、特に上揭の二つめの引用文においては、四量が認識論や論理學的な用語としてではなく、聞・思・修・證という一般的な修行論の內容を反映するものとして用いられている。ただ、これらの短い記錄だけでは、四量說の全體的な輪郭を確認することは難しい。

しかるに、既存の研究においてもすでに指摘されているように、四量說の內容をより具體的に展望することのできる資料として、敦煌寫本S四三〇三とS六一三とが注目を浴びている。兩文獻はいずれも佛教の教理を項目別に敍述した教理集成文獻であり、どちらも地論學派の教學的實錄であるという點で、地論教學を再構成するための非常に有益な資料となっている。[7]四量說と關連して本稿で論じようとする內容は次のとおりである。

1　四量はいかにして導入されたのか
2　四量の意味は何か

3　四量はどのように展開したのか

第二節では、現量・比量・信言量・教量という四つ一組の概念が、その特徴的な名称のとおり、本來インドの論理學的傳統である三量説に根據を持つことを考察し、特にそれが『相續解脫經』にみられる教理とそれに對する理解とに基づいて導入された可能性を論ずる。第三節では、上述の教理集成文獻、特にS四三〇三「廣四量義」を中心に當時の地論學派が四量説を理解した枠組みについて考察し、四量が多分に修行論的な觀點から使用されていたことを論ずる。第四節では、S四三〇三の「廣四量義」とS六一三の「四量義」「又解四量」とにみられる相互對應關係について論ずる。そしてそれに基づいて文獻の前後關係を明らかにし、思想の發展過程について考察する。以上を通して、インド佛教の教説が東アジアに受容されて發展した、一つの興味深い事例を再構成することができると期待するものである。

二　四量の導入

四量説は、その特徴的な名稱から見る時、インド佛教において展開していたプラマーナ理論の東アジアへの傳來と關連したものであると推測することができる(8)。だとすれば、その導入の端緒とは何だったのか。以下においては、四量説がどのような方式で導入され展開したのかを、地論學派の文獻を通して再構成してみたい。結論から言うと、地論學派における四量説は、もともと三量説から發展したものであると考えられる。このことを證明するために、まず『相續解脫經』に出る五種淨相と三量との論議を檢討し、この論議が地論學派に受容されたことを法上の『十地論義疏』を通して論證する。さらにこれがほぼ同時期に地論學派のなかで四量説に變化した可能性を論ずる。

（1）五種淨相と三量とに對する法上の理解

まず確認しなければならないのは、『大乘義章』三量智義が三量の典據として擧げる『相續解脱經』である。[9]この經典は求那跋陀羅（三九四～四六八）が翻譯した *Saṃdhinirmocana-sūtra* の部分譯であり、次の文において三量一つ一つの名稱に言及する。

何が五種類の清淨な相なのか。①第一は、それ（對象）が直接認識（現前、mngon sum du dmigs pa）によって得られるという特徵（彼現前得相）、②第二は、それ（對象）を現前によって得るという特徵（彼依現前得相）、③第三は、自種（＝同類）によって推理するという特徵（自種比相）、④第四は、完全であるという特徵（成相）、⑤第五は、きわめて清淨な言葉という特徵（快淨語說相）である。……このような妥當な獲得の道理（助成＝證成道理、’thad pas sgrub pa’i rigs pa）は、このような現前量・比量・信言量に依據して、五種類の特徵によって清淨となる。

何等爲五淨相。①一者彼現前得相、②二者彼依現前得相、③三者自種比相、④四者成相、⑤五者快淨語說相。……若此助成如是現前量、比量、信言量、是名五種快淨相。

（『相續解脱如來所作隨順處了義經』卷一、大正一六・七一九上中）[10]

この箇所は、瑜伽行派が說く四種の道理のうち證成道理（upapatti-sādhana-yukti）に對する說明であり、以下においては、主張が成り立つ五種類の清淨な特徵（五種淨相）と主張が成り立たない七種類の清淨ではない特徵（七種不淨相）とが說明されている。これらについては、瑜伽行派における初期の論證理論という觀點からその內容の全貌がすでに考察されているので、ここであらためてくわしく論じることはしない。[11]ただこのうち五種淨相については再論する必要がある。それはここに出る現前量・比量・信言量とその一つ一つの内容とが地論學派の量説の成立と緊密な關係を持つと考えられるからである。經典に出る五種淨相の説明は次のとおりである。(12)

①〔「彼現前得相」について、〕あらゆる行が無常であるということ、あらゆる行が苦であるということ、あらゆる法が無我であるということ〔のように〕、世間の直接認識によって知るのであれば、「現前得相」という。

②〔「彼依現前得相」について、〕あらゆる行が刹那〔滅〕であるということ、そのため他世（前生と來生と）が存在するということと、清らかであったり清らかでなかったりする業が消えることがないということ〔を知る時、それを〕粗い（＝感官によって認識可能な）無常を直接認識することに依據して知るのであれば、もろもろの衆生と〔その原因となる〕もろもろの業とを直接認識することに依據して知るのであれば、苦痛であったり幸福であったりする衆生と〔その原因となる〕清らかであったり清らかでなかったりする業とを直接認識することに依據して知るのであれば、このような類いの推理によって、直接認識されないことを知るのなら、このようなものを「彼依現前得相」という。

③〔「自種比相」について、〕さらに内・外のすべての行において、あらゆる世間が〔知っているように〕縁起して去り生ずるということ〔を通じて、すべての行は無常だということを〕知るのなら、このように〔世間によく知られている生を通じて〕苦など〔の特徴〕を推理して知るのなら、このように〔内的に〕自由ではないことを推理して知るのなら、このように外的に世間の移ろいゆく成功と失敗とを推理して知るのなら、このようなものを「自種比相」という。

④〔「成相」について、〕「彼現前得相」「彼依現前得相」「自種比相」が、〔證明されなければならないことに共に確定されるので（grub pa bya ba la gcig tu nges pa'i phiyr）、〕完全な成相を立てる。

⑤〔「快淨語說相」について、〕このような相が、一切智者が說いた涅槃寂靜〔のように〕〔經典において、lung〕ひろく說かれたことであれば、このようなものを「快淨語說相」というのだと知らなければならない。

①一切行無常、一切行苦、一切法無我、若世間現前得如是等、名現前得相。
②一切行刹那、故有他世及淨不淨業不壞、若依現見麤無常故得、若依現見種種衆生及種種業故得、若依現見苦樂衆生淨不淨業故得、以此比類得不現前、如是等名彼依現前得相。
③若復内外諸行、一切世間緣起沒生得、如是比苦等得、如是比不自在得、如是比外世間緣起成敗得、如是比、如是等名自種比相。
④彼現前得相、彼依現前得相、自種比相、作一向成相已、
⑤當知是相若廣演說、一切智所說、謂涅槃寂靜、如是等名快淨語說相。（大正一六・七一九上）(13)

五種淨相と現前量・比量・信言量との對應關係について、後代のインドやチベットの注釋書、さらにそれらに基づく現代の研究は、大部分、現前量・比量・信言量を五種淨相の第一・第二・第五である「彼現前得相」「彼依現前得相」「快淨語說相」に對應させている。(14) 以下の議論と關連して特に重要なのは、「信言量」と⑤「快淨語說相」との對應關係である。チベット譯では「信言量」と「快淨語說相」とがそれぞれ「信ずべき傳承という妥當な認識（yid ches pa'i lung gi tshad ma）」「きわめて清淨な傳承が說かれたという特徴（lung shin tu rnam par dag pa gtan la phab par bstan pa）」と說明され、「傳承（lung, *āgama）」という語句上の呼應關係が成立しているので、このような理解はある意味當然なものと言うことができる。

しかるに、地論學派は五種淨相の第三「自種比相」を信言量とみなしていたらしい。地論學派の主要人物の一人である法上（四九五〜五八〇）の『十地論義疏』においてこのような理解を確認することができる。この文獻は本稿において扱う地論文獻のなかで最も早い時期に成立したものであると同時に、東アジアにおいて撰述された

論著のなかで三量に言及した最初のテクストでもある。該當する文は次のとおりである。

問う。何が「成」であり何が「不成」であるのか。

答える。①第一は「彼現前得相」であり、證得に相應する。〔これはつまり〕現量智である。②第二は「彼依現前得相」であり、ただ得たものは推理（比度）して知るのである。〔これはつまり〕比量智である[15]。③第三は「自種比相」であり、直接認識するわけではないとはいえ、必ず得ることができる部類である。これは信言量智である。④第四は成相であり、前の三つの說をあわせて、そのような言語的表現を成すことである。⑤第五は「快淨語說相」であり、このように知覺されたことについて言語表現を探求して理解し、玄妙な理解を生ずることができる。これを「成」の五種淨相という。

問曰。何者是成。何者不成。

答曰。①一、彼現前得相。得證相應。現量智也。②二、彼依現前得相。唯已所得比度而知。比量智也。③三、自種比相。雖非現得、要是可得之類。是信言量智。④四、成相。稱向三說、成其詮相。⑤五、快淨語說相。尋此證詮相、能生妙解。是爲成五種淨相。（『十地論義疏』巻一、大正八五・七六四上）

この箇所は『十地經論』が說く辨才無畏身の屬性のうち「勘（堪）辨才」を說明する部分であり、そのなかでも特に「成」に關する議論を注釋している。ここで「勘」とは四種道理を指し[16]、「成」とはまさに證成道理を意味する[17]。つまり法上は、『十地經論』が說く勘辨才の內容である緣・法・作・成と『相續解脫經』が說く四種成（以有成・所作事成・助成・法成。證成道理は助成と翻譯されている）とが同じ內容であるということを理解していたことが明らかである。これは單純な用語の同一性からは把握することが困難な部分であるので、少なくとも法上とその周邊においてこれらの經論に對する深い研究、あるいはそれを可能にする教學的傳承が存在していたことを傍證するものと考えてよい。

この一節において注目されるのは、まず法上が①「彼現前得相」を證得と相應する「現量智（現量によって得られる智慧）」と解釋した點である。この文脈では、現量が、一般的な意味としての直接知覺というよりも修行の結果として得られる證智（yogi-pratyakṣa）として理解されていることが分かる。後にあらためて考察するが、後代の教理集成文獻においては、現量は初地以上の菩薩だけが得ることが可能な境地として提示される。地論學派は菩提流支等が傳えたインド瑜伽行派の修行階位說において「初地で見道が達成される」と說かれることを知っていたので、現量をまさしく證智として理解したのではないだろうか[18]。

次に注目されるのは、③「自種比相」を「信言量智（信言量によって得られる智慧）」と理解した點である。實際に「自種比相」の內容を調べてみると、これは譬喩量（upamāna）に近い概念であるが、ひとまず後代に發展したインドのプラマーナ理論を考慮しなければ、また原語的な側面も考慮しなければ、「自種比相」を信言量とみなすことは可能であると思われる。法上の說明によれば、五種淨相のうち①「彼現前得相」と②「彼依現前得相」、そして③「自種比相」という「三つが合わさって」言語表現が成立するのが第四の「成相」であり、このように成立した確定的な言語表現を探求し、玄妙な理解を生ずることができるという觀點から第五の『快淨語說相』を說明している[19]。このように見た時、五種淨相のうち第四と第五とは單に言語表現を指し示すものに過ぎず、「彼現前得相」「彼依現前得相」「自種比相」の三者だけが個別的な意味を有していると言うことができる。『相續解脫經』において示された例を考察しても、この三つが有機的に構成されていることが簡單に見てとれる。①「彼現前得相」の例である「あらゆる行が無常である」、②「彼依現前得相」の例である「あらゆる行が刹那〔滅〕である」、③「自種比相」の例である「あらゆる世間が緣起して去り生ずる」ということは、結局のところ「あらゆる行が無常である」というブッダが說いた眞理を知ることに歸結するからである。したがって法上が『相續解脫經』を引用して證成道理を解釋しながら、「彼現前得相」「彼依現前得相」「自種比相」をそれぞれ現前量・

比量・信言量として理解したことも、やや獨特ではあるものの完全に不可能な解釋であるとみなすことはできない。そしてこの場合、信言量とは「直接的な眞理を認識するのではないが、それと似た事例を通して眞理を知ることができる方法」という意味になるであろう。このような解釋は、後に確認するS四三〇三やS六一三が信言量を理解する仕方と呼應するものである。

以上のように理解することができるとすれば、法上の説明において「快淨語説相」とは、三つの量によって施設された言語表現そのものを指し示すものである、と言うことができる。したがって、これが後代に教量を主張する根據となったのではないか、と愼重に推測してみたい。つまり、言語的表現としての教え（詮相）が成立するので、經典の言葉もやはり「妙解」を生ずる範疇と理解することが可能であったということである。なお『相續解脱經』の内容は言うまでもなく主張と論證とに關する理論が反映された一文となっているが、それを受容する六世紀の東アジア佛教者の觀點はやや異なっていたかもしれない、という點も考慮しなければならない。上述の引用文において、『十地經論』の議論は「辨才無畏身」、すなわちブッダの威神力によって經典を説くことができる能力を備えるようになった菩薩の體について説く部分であり、『相續解脱經』の議論もやはり摩德勒伽（mātṛkā）、すなわち教説がいかにして成立するのかを説明している。したがって、この部分がインドの論證理論を反映しているとはいっても、それはあくまでも佛菩薩がいかにして言語に基づく教説を廣めることができ、またそれをいかにして理解することができるか、という問題に關する議論として解釋された可能性が高いのではないかと思われる。

〈五種淨相に對する法上の理解〉

五種淨相（例）　法上の三量理解

①彼現前得相（一切行無常）：現量智：直接的な認識によって得た智慧
②彼依現前得相（一切行刹那）：比量智：推理によって得た智慧
③自種比相（一切世間縁起沒生）：信言量智：間接的に〔智慧の内容を〕得る智慧
④成相：言語表現が以上三つの特徴をすべて備えていること
↓
⑤快淨語説相：深遠な理解を生ずる〔經典の〕言語表現そのもの（教量？）

（2）教量の導入と四量説の形成

もし上述の『十地論義疏』の引用文にみられる三量の理解が、四量説が成立する端緒となったのであれば、これを裏づけるためには當該の議論に教量をつけ加えた構造があることを證明しなければならない。おそらく『大乘五門十地實相論』（BD〇三四四三）の次の一文が適切な事例となるであろう[20]。

『十地經論』において説かれた「現見智」とは現智であり、現法を知るのは法無礙智によって知るのである。現智が法を知る方法であるからである。

「比智」とは現智に依據するものであり、智慧によって現〔法〕の部類を知るのは、義無礙智によって知るのである。比智が法を知る方法であるからである。

「欲得方便」とは、この智慧は信言量智である。直接認識が可能な對象ではないとはいえ、必ず知ることができる部類であり、智慧において知るのが辭中無礙であるからである。

「得智」とは、第一義を得ることにより、名前について清淨であるので、樂説無礙である。これがすなわち教量智である。


『論』曰「現見智」者、現智。知現法、以法無礙智知。現智所以知法也。

「比智」者、依現智。以智知現之類、以義無礙智知。比智所以知法也。

「欲得方便」者、是智、信言量智。雖非現境、要是可智之流、於智所知、辭中無礙也。

「得智」者、得第一義故、於名清淨、樂說無礙。卽是教量智也。（三二七～三三一行）[21]

青木隆氏の分類によれば、この文獻は地論宗文獻のうち第二期（五三五～五六〇）に屬するものであり、本稿の主要な素材となるS四三〇三やS六一三よりもやや早い時期に形成された文獻であると推定される。[22]この文獻は『十地經論』の「論」部分において論じられた四種の智相を現智・比智・信言量智・教量智として説明しているが、現見智と比智に對する説明（「現智」「依現智」）は『相續解脱經』および『十地論義疏』の文句（「彼現前得相」「彼依現前得相」）をつづめた形となっており、信言量智に對する説明（「雖非現境、要是可智之流」）は『十地論義疏』の文句（「雖非現得、要是可得之類」）とほぼ同じである。そこに教量を追加しているという點において、『大乘五門十地實相論』は『十地論義疏』からの思想的發達を示していると考えられる。[23]だとすれば、兩文獻の關係からみる限り、地論學派の四量説とは三量の構造にさらに教量を追加したものである、とみなすことができる。なお兩文獻がいずれも地論學派の第二期に屬することから考えると、四量説は地論學派の思想的展開の過程においてもかなり早く登場したものと言うことができる。この四量説が第三期（五六〇～五八五）に分類されるS四三〇三やS六一三等に受容され、地論學派の量説として展開していったと推測することが、現存資料から再構成した場合の最も妥當な解釋であろう。以上の考察内容を、各文獻にみられる量説を中心に整理すると次のようになる。

〈各文獻にみられる量說とその名稱〉

地論學派成立以前　『相續解脫經』
三量：現前量・比量・信言量

第二期の地論文獻　法上『十地論義疏』――『大乘五門十地實相論』
三量：現量智・比量智・信言量智――四量：現智・比智・信言量智・教量智

第三期の地論文獻　慧遠『大乘義章』……教理集成文獻S四三〇三＝S六一三
三量：現量・比量・教量……四量：現量・比量・信言量・教量

ただ、ここまでに扱った『相續解脫經』や『十地論義疏』『大乘五門實相論』の量說はすべて菩薩やブッダの立場から論じた量であった。では、S四三〇三やS六一三にみられる修行論的觀點に基づく四量の理解はどのようにして成立したのであろうか。一つ考えられるのは、上述のように三量に教量を導入したことによって地論學派の四量說全體が新たな仕方で解釋されるようになったのではないか、ということである。さきに見たように、教量に該當する「快淨語說相」とはブッダや菩薩が體得した内容が言語として表現されたものであったから、修行者がそれを通じて眞理を知ったとしても、その知はまだ確定的ではなく、佛菩薩の言說を信じて從う類のものである、と理解しなければならないからである。後代の地論文獻において信言量と教量とをどのような仕方で區分するかを調べると、このことがより明確となる。たとえばS四三〇三の場合は、信言量と教量とをそれぞれ「教法に對する理解可能な信心」と「深遠なため意味を知ることができない信心」として說明している。

質問。教えを信ずることと言葉を信ずることとに、どのような違いがあって、二種の量というのか。

回答。玄談のような説は教量といい、法に即して説くことは信言量という。

問曰、信教信言、有何差別、說爲二量。

答曰、玄談之說、以之爲教、即法而說、以爲信言量。(S四三〇三・三四四〜三四五行)

これは『大乘義章』三量智義が信言量と教量とを區別して說く部分と呼應する。

この教量は〔認識對象となる〕法の觀點から、また信言量ともいう。まとめて解釋すれば同じだが、それを分別すれば、法が自身の分齊に近く、言語を通して〔法に〕入ることを信言量といい、法が非常に遠く離れていて、教えに依據して知ることを教量という。

此之教量、法中亦名信言量也。通釋是一。於中分別、法隣自分、藉言入者、名信言量。法大玄絕、依教知者、名爲教量。(大正四四・六七一中)

兩文獻いずれにおいても、教量は一般的な認識としては知ることができない言葉(玄談)であり、ひたすら信じて從わなければならないものである。反對に信言量は受容者の立場において理解可能な言語的教えであり、ここに至ってはじめて言語に基づいて法を思惟することができる。ひとまず、理解することができずとも信じて從わなければならない「教量」というものが設定されたことによって、『相續解脫經』の議論は覆される。さきに檢討したとおり、證成道理は菩薩や如來の立場から說かれた教說と關連したものであった。したがって三量の議論もやはり菩薩やブッダ自身が證得した現量が出發點であった。その現量から比量と信言量とに展開し、ふたたび三量が完成される地點において教說が成立するのである。しかし、まだ眞理を悟ることができない立場から見れば、始まりは現量ではなく教量である。信言量に進んで初めて、量が理解しなければならない對象に對する直接的な通路としての役割を果たすようになる。そして比量は信言量に基づいて眞理を推理するもの、現量は眞理を證得するものと定義されるので、結局、現量とは最初の教量の段階においてひたすら信じるだけであった内容を完全に理解することである、ということになる。

いずれにしても地論學派の第三期のテクストに至ると、四量に關する法上の理解は痕跡だけが殘るようになり、四量の順序も教量から始まり現量へと進む一般的な修行論の形態をとるようになる。このような構造をよく示しているのがS四三〇三「廣四量義」の次の一節である。

〔因の側面から四量を説いた中で、縁照について〕言えば、最初に佛性を聞いた時には、教えを信じるから知るのである。これを教量という。次にまた生死が虚妄であることを思惟し、明らかに知って眞實に依止するので、これを信言量という。虚妄であることを知ってから、解行が次第に成し遂げられるので、應佛を感應し、見る。應〔佛〕によって眞〔佛〕を推理するので、これを比量という。(24)無明が次第に盡き、縁照が現前して、鏡のなかの姿〔のように〕はっきりと知るようになることを現量という。

謂初聞佛性、信教故知、是爲教量。次復思惟生死虚妄、明知依眞、是爲信言量。知虚妄已、解行分成、感見應佛、以應比眞、是爲比量。無明分盡、縁照現前、鏡像現知、名爲現量。(25)

（S四三〇三・二一九～二二二行）

この段階まで來て初めて、法藏が説明したように四量を聞・思・修・證の修行論と關連づけて理解することができる。四量説はインドの翻譯經論にその源があるが、展開する方向はまったく異なっていたのである。(26)

三 四量の意味

上述のとおり、四量を主題とする論議はS四三〇三「廣四量義」とS六一三「四量義」「又解四量」という三つのチャプターに見出すことができる。「廣四量義」はS四三〇三のうち二九八〜三五五行（池田將則編集。『藏外地論宗文獻集成』二四四〜二四九頁に収録）に該當し、原題は「廣四量義第九」である。[27] S六一三「四量義」「又解四量」はそれぞれS六一三の一五〇〜一六七行と二三二〜二四二行とに該當する。[28] この三つのチャプターは互いに明らかな相關關係を示していながら、細部の議論においては一致しない記述がみられるが、このうち、論議主題（「章」）に對する詳細な説明とそれを議論する問答部分、という完全な形式で敍述されたのはS四三〇三「廣四量義」のみである。したがって本稿においてはS四三〇三を中心に据え、S六一三の對應箇所と比較しながら議論を展開することとする。[29]

初めに確認しておかなければならないのは、地論學派の「量」に對する理解である。そのために四量を定義する各チャプターの冒頭部分を檢討する必要がある。まずS四三〇三「廣四量義」は次のように始まる。

四量は心のはたらきの區分である。心が增加したり〔まだ〕かすかであったりするのは、法の深さ淺さによるものであり、法の淺さ深さは、心が限定されていたり〔完全に〕成し遂げられていたりすることによるのである。

① 〔「法之淺深、由心局成」を論ずれば、〕たとえば一つの法があるが、ただ信じて知ることができるだけで、まだ理解することはできない。ある〔場合に〕法は理解することができるが、行うことはできない。ある〔場合に〕法は行うことができるが、〔完全に〕成し遂げることはできない。ある〔場合に〕法は行うこ

とができ、また〔完全に〕成し遂げることもできる。これが四量の心行である。これが、心の強さや弱さによって法に差別があることである。

②〔「心之增微、由法深淺」を論ずれば、〕法の深さ淺さとは、法相には四種があり、（1）名、（2）相、（3）用、（4）體である。初めに名教を探求するが、ただ仰ぎ敬う心があるだけで、まだ法に卽する理解はないので、教量という。相に依據して理解を生ずるので、信量という。理の用が心を鼓舞し、行を成し遂げると、用によって體を推理することができるので、比量という。修行が成熟し、體證[30]が現前するので、現量という。

四量者、蓋是心行之分齊也。心之增微、由法深淺、法之淺深、由心局成。如有一法、但可信知、而未可解。又法可解、而不可行。又法可行、而不可成。有法可行、卽亦可成。此卽四量心行也。此是由心強弱、法有差別。由法深淺者、法相有四。一名、二相、三用、四體。始尋名教、但有仰推之信、未有卽法之解、故名教量。依相生解、故曰信量。理用資心、以成其行、可以用比體、故曰比量。修行成熟、體證現前、故曰現量。（S四三〇三・二九八～三〇四行）

S四三〇三「廣四量義」は、明らかに四量を「心のはたらきの區分（心行之分齊）」と定義している。これは『大乘義章』三量智義「慧心取法各有分限。故名爲量」（大正四四・六七〇下）と内容上、同一であろう。またS六一三「又解四量」の場合、量を無量と對比させることによって、より一層「分量」という意味に近づけて解釋している。

もし情と理とによって分けるなら、情は分限を有しているので、これを量といい、理は分限がないので、無量と名づける。

①理は無量ではあるが、情によって限界づけられ、また〔理に〕その量を有するので、このような場合であれば、情が先で法が後である。

②もし行法によって論ずるなら、行心には違いがないが、法に従うが故に異なってくる。このような行法は憶念教化である。

若據情・理以分、則情有分限、以之爲量、理無分限、名爲無量。

理雖無量、爲情所封、亦有其量、此則情先法後。

若據行法以論、則行心無二、隨法故差。此是行法、憶念教化也。（S六一三・一二三一〜一二三五行）

このように見ると、船山徹氏の評價のとおり、「量」はpramāṇaよりもparimāṇaにより近いということができるかもしれない。(31) しかし量の意味は單純に「分量」にのみ限定されはしない。地論學派は「量」を「理解」の範疇という觀點から解釋しているからである。上掲の二つの引用文はそれぞれ心—法、情—法の觀點から量を區分しているが、これは明らかに理解の主體とその對象という觀點から論じられたものである。また理解の主體（心／情）と理解の對象（法）とは、お互いのあいだの分別に影響を及ぼす。上記引用文において、S四三〇三とS六一三とはいずれも量に對する説明として、「心（ここでは、兩文獻いずれにおいても「理解の水準」という意味）にしたがう法（ここでは、兩文獻いずれの文脈においても「教法」という意味）の違い」と「法にしたがう心の違い」という二つの觀點を提示している。前者の場合、法には違いがないが、それを理解する主體の等級にしたがって法に深淺が生じる。逆に後者の文脈においては、教法の違いによって、それを理解する心のはたらきに差異が生じる。たとえばS六一三において「憶念教化」とはブッダが個別的な事件に對して教示した内容を指す。(32) このような説法は單に個別的な事件に對應することができるよう、その内容を常に念頭に置いて（憶念）いなければならない性質のものであり、それを通じて證得の境地に到達することができるようなものではない、という論理であろう。したがって、「量」は認識、さらには理解に對する區分・範疇という意味を持つということができる。

量の理解に關する最後の特徴を確認することができるのは、S六一三「四量義」の次の一節である。この章はほかの二つの章とは異なり、ただ「量」の意味についてのみ論じている。内容がやや難解であるが、おおよその翻譯を示すと次の通りである。

およそ量というのは、よく分位に從って如來の眞實の言葉の旨趣をしっかりと知ることである。教門の順序、文字と文節とは、名稱と意味とが隱れていたり明らかであったり〔という違いがあり、〕〔經典の〕部は星のように多いが、通じたり塞がったりするものを取ったり捨てたりすることにそれぞれ宗趣の根據があり、道理に對する眼目が開かれ、入り亂れていないので、量という。これがすなわち「聖なる教えは完全に通じるので、旨趣が存在しない場所がなく、言い表され提示されたものが互いを明らかにするが、文章が廣く傳わるにつれ異なりを生じた」ということができるものなのである。それはあたかも涇水と渭水とが、〔本來は〕同じであるが、淸と濁とが流れを分けることと同樣である。そういうわけで、顚倒と眞實とはこれに託して明瞭になり、邪と正と理解と迷いとはこれによって明るくなる。

凡言量者、剋隨分善知如來誠(33)言旨趣。教門次第、文字章句、名義隱顯、部別星羅、取捨通塞、各有宗據、理目開明、而不雜亂、故曰爲量。斯乃可謂聖教圓通、旨無不在、詮提互彰、文斑成異故也。其(34)猶涇渭(35)同、淸濁殊流。是以顚倒眞實、託斯以明、邪正解惑、因茲而曉。（S六一三・一五〇～一五四行）

S六一三「四量義」の文脈において「量」が重要である理由は、量が數多くの佛教經論に對する理解、すなわち「經論の多様な教えをいかに整合的に解釋するか」という問題を解決するための方法として理解されているからである。S四三〇三もこのような脈絡から四量の利益を説明している。

質問。このような四量に、どのような利益があるのか。

回答。佛法のなかで〔それぞれの〕區分をしっかりと知り、誹謗することがない。ほかの人々の行爲について、その高さ低さを知り、誤って分別することがない。自身の行爲について增上慢を離れ、樂しんで佛法を求めるが飽きることがなく、徐々に上昇して休むことがなく、功德が無量無邊であることを知る。このような無量の利益がある。

問曰、如此四量、有何利益。

答曰、於佛法中、善知分齊、不誹謗。[36]於他所行、識其高下、不妄分別。於自所行、離增上慢、樂求佛法、無有厭足、展轉勝進、無有休息、知功德無量無邊。有如是等無量利益。

（S四三〇三・三四五〜三四八行）

このように見ると、四量說とはブッダの教說（法）に對する修行者の理解の階層である、と規定することができる。ひとまず理解することができない教說を聞いたとしても信じて從い、それについて次第に理解が深まって、後には完全に體得するようになる、という知識の段階として解釋されているのである。

〔四量について〕法を聞く時〔の場合を例にとると〕、師匠の言葉を聞く時、〔そのようなことが〕あることを知るだけで、まったく理解することができないことを敎量という。あるいは、少しの理解があるとしても說くことができなければ、これを信言量という。あるいは、說くことができるとしても、說くことが完全でないことを比量という。說法を聞けば、初めを聞いて終わりを知り、說けば完全であることを現量という。

〔法を〕説くのを聞くことがこのようであるので、ほかの一切についても、意味にしたがって類推して知ることができるのであり、すべて四量がある。

如聽法時、聞法師語、知有而已、都不能解、是爲敎量。或雖少解、如不能說、是爲信言量。或雖能說、而說不具足、是爲比量。若聞說法、擧始知終、說則具足、是名現量。聽說旣爾、諸餘一切、可隨義類知、皆有四量。（S四三〇三・三四一〜三四四行）

こういうわけで、量はpramāṇaと意味上の連續性を持ちつつも、インド佛敎において展開していた内容とはまったく異なる方向に發展していったことが分かる。ただここで注意しなければならないのは、本文獻が書かれたと推定される六世紀の中〜後半はインド佛敎において本格的にプラマーナ理論が展開し始めた時期であり、言い換えると世親・陳那と受け繼がれ華麗に發展したインド佛敎の因明學が東アジアに紹介される以前であった、という點である。インドの因明學は諸學派のあいだの論爭と證明という背景のもとに發達したものである。一方、當時の東アジア佛敎を貫通していた問題意識の一つが、「經論の多樣な敎えをいかに整合的に理解するか」という問題であったとみなすことができるなら、四量説もやはりこのような問題意識のもとに解釋されたのだ、と言うことができるであろう。本稿において素材とした諸文獻が大部分、修行論的枠組みと四量とを結びつけて論じているのは、見方によっては當然のことであるのかもしれない(37)。

四　四量説の展開——文獻の前後關係と關連して

上述のとおり、四量説を論ずる三つの章は互いに相關關係があるが、このことを通して、四量説がどのような方式で展開したのかという問題を考察することが可能であると考える。ひとまず各章の呼應關係を整理した對照表を提示する（二四二～二四三頁表1。上の議論で活用した部分は除外。S四三〇三「廣四量義」の順序を基準に整理）。

(1) S四三〇三「廣四量義」とS六一三「又解四量」との關係

對照表を見るとまず目につくのは、S六一三「又解四量」の内容がS四三〇三「廣四量義」の内容とほぼ全體にわたって對應するという點である。二つの章のあいだの呼應關係は二種類に區分することができる。第一は同一の内容から成り立っている部分であり、第二は相互に若干の差異がみられる内容である。このことを通して、S四三〇三「廣四量義」が少なくともS六一三「又解四量」に先行することを證明することができると考えられる。

②・④・⑥・⑦においては、S四三〇三「廣四量義」の内容がS六一三「又解四量」に縮約されたかたちで出ているが、そのなかでも⑥は注目に價する。S四三〇三は四量の一つ一つにさらに四量があると説くが、このような論法はS四三〇三の各章にわたって一貫して現れる形式である。S四三〇三は「廣明三道義第六」「廣涅槃義第七」「廣佛三種身第八」、そして本稿の素材である「廣四量義第九」まで四つの章にわたって、すべての教理を項目別に分析し、一つ一つの項目にほかのすべての項目を重ねるという形式で敍述を進め、このような論理の構築の仕方こそがS四三〇三の眞理、すなわち「通宗」の立場からみた「緣起」的核心であることを明らかにしている。[38] 一方、S四三〇三と同じ主題を扱っているS六一三の「同相三道」や「佛三種身」にはこのような論法は見出されない。

二つの章のあいだに若干の差異がみられる部分としては、①と⑤とがある。まず①においては、名が教量に、體が現量にかかることは兩章とも同じであるが、S四三〇三が相を信言量に、用を比量に配當するのとは異なり、S六一三は用を信言量に、相を比量に配當している。さきに引用した文章と内容が重複するが、對照のためにあらためて翻譯を提示すると次のとおりである。これは兩章の前後關係を確定するための重要な手がかりの一つであると考えられる。

S四三〇三「廣四量義」①

法相には四種があり、（1）名、（2）相、（3）用、（4）體である。

（1）初めに名敎を探求するが、ただ仰ぎ敬う心があるだけで、まだ法に即する理解はないので、敎量という。〔名〕

（2）相に依據して理解を生ずるので、信量という。〔相〕

（3）理の用が心を鼓舞し、行を成し遂げると、用によって體を推理することができるので、比量という。〔用〕

（4）修行が成熟し、體證が現前するので、現量という。〔體〕

……このような、等々は、すべて修相を擧げたものであるから、區分がある。

S六一三「又解四量」①

正しく體として四種があるので、四量という。その四種とは何か。（1）體、（2）相、（3）用、（4）名である。

「修行して〔佛道に〕入ること」について言うなら、

（4）名稱に依據して入るので、これを「敎量」という。〔名〕

（3）契分の用〔がある〕方便を得ることを「信言〔量〕」という。この方便が現前する時は、指摘して論じ、それによって心に示すことができるので、名づけて言語〔「言」〕という。これは玄談ではないので、敎〔量〕とは異なる。〔用〕

表1〈S四三〇三「廣四量義」とS六一三「四量義」「又解四量」との對應關係〉

	S四三〇三「廣四量義」	S六一三「四量義」	S六一三「又解四量」
①	法相有四。一名、二相、三用、四體。始尋名教、但有仰推之信、未有卽法之解、故名教量。依相生解、故曰信量。理用資心、以成其行、可以用比體、故曰比量。修行成熟、體證現前、故曰現量。……此等皆據修相、故有分齊。（三〇一～三〇五行）		正以體有四、故名爲四量。其四者何。一者體、二者相、三者用、四者名。若就修入爲言者、依名而入、以爲教量。得方便契分之用、名爲信言。此方便現前時、可以指斥而論、以示於心、名之爲言。非是玄談故、異於教也。前用得相比體、名爲比量。正得體時、以爲現量。（一三五～一三九行）
②	若直談德位成熟之處、則心法皆融、無有分齊。（三〇五～三〇六行）		若據成就處言、四量無先後矣。（一三九行）
③	若指[39]法位而言、或據始顯於先際、以明四量、初地已上爲現量、道種爲比量、性種爲信言量、習種爲教量。據終顯於後際、佛地以爲現量、初地已上爲比量、道種爲信言量、習種性種爲教量。（三〇七～三〇九行）	今之所辨者、謂止在出世之法通宗爲言耳。而其中階降淺深、量非一揆、略標宗要、位判二、[40]一謂始顯於先際、二終顯於後際。若從始顯先際而言、據之熙連創集、善根成就者爲教量、習種性爲信言量、性種道種爲比量、初地已上通佛地爲現量。如就終顯後際而言、習種爲教量、性種道種爲信言量、初地已上盡金剛爲比量、佛地爲現量。（一六〇～一六四行）	

④	言縁起者、據教論四、四皆是教。乃至就現辯四、四皆是現。一卽是四、四卽是一、一四無自、故名縁起。（三一〇～三一一行）		自體縁起、一時備四。四相既融、隨一皆[41]四。（二四〇行）
⑤	何者、夫萬法差別、像立彰玄、有詮傳之義、名之爲教。諸法寂滅、可依之以入實。此則是方便之相、故曰信[42]量。諸法縁起、無障礙用、可以此比體、故曰比量。平等[43]無戲論、體[44]無所隱、故曰現量。（三一一～三一四行）		語其相也、法界實相、以之爲教。實相寂滅、以爲信言。無障無礙、以之爲比。窮圓實旨、以爲現量也。（二四一～二四二行）
⑥	言「一中皆四」者、據教論四、四皆差別。就信言論四、四皆寂滅。就比論四、四皆無礙。就現辯四、四皆平等。其相云何。差別差別是教中之教、乃至平等差別是現教也。此一既爾、餘三亦然、更不勞煩釋。（三一四～三一七行）		四四十六、體正四耳。（二四〇～二四一行）
⑦	問曰、信教信言、有何差別、說爲二量。答曰、玄談之說、以之爲教、卽法而說、以爲信言量。（三四四～三四五行）		名之爲言。非是玄談故、異於教也。（二三七～二三八行）

（2）さきの用が相を得て體を推理することを「比量」と名づける。〔相〕

（1）完全に體を得た時を「現量」という。〔體〕

兩文獻とも四つの項目それぞれに對應する説明を加えているので、兩文獻のあいだの差異を單純な錯簡の結果とみなすことは困難である。ただS四三〇三「廣四量義」の名→相→用→體と進行する流れが自然に受け取られるのに對し、S六一三「又解四量」の流れはどことなく不自然である。たとえばS六一三「又解四量」は「得方便契分之用」と述べ、信言量を一旦、用として解釋した後、あらためて「此方便現前時、可以指斥而論、以示於心、名之爲言。非是玄談故、異於教也」という説明を附加する。この説明は本稿第二節の（2）において言及した、S四三〇三「廣四量義」の「玄談之説、以之爲敎、即法而説、以爲信言量」と同じものである。上述のようにS四三〇三「廣四量義」は信言量を相として解釋しており、「以示於心」という語句も用よりは相に對應する内容とみることができる。とすると、S六一三「又解四量」は最初に信言量を用と定義しておきながら、信言量と教量との違いを説明する時には相の觀點を持ち込んで解釋しているということになる。比量に對する説明も同様である。S六一三「又解四量」において比量は相に對應するが、「前用得相比體」という文の主語は相ではなく「前用」であると讀みとることができる。したがって、比量に對する説明においても用の觀點と相の觀點とが混在していると言うことができる。これは明らかにS六一三「又解四量」がS四三〇三「廣四量義」（正確にはS四三〇三寫本の底本となったテクスト）の内容を修正したものであり、S六一三がS四三〇三よりも後代に成立したことを示す確實な證據の一つであると考えられる。

またS四三〇三「廣四量義」は初めに列擧した名・相・用・體の順序どおりに内容を解釋しているが、S六一三「又解四量」は體・相・用・名の順にまず名稱を列擧した後、今度は逆に名から説明を始めているという點も不自然である。このような相違が生じた正確な理由は不明だが、あるいは兩文獻の成立順序と關係があるのかもしれない。つまり、S四三〇三「廣佛三種身」は三身を體・相・用に區分しているが、いま「廣四量義」においては名―相―用―體の順序で四量が解釋されている。もしS六一三がS四三〇三よりも後代のものであることが間違いなければ、S六一三はS四三〇三「廣佛三種身」において確立された體―相―用という構造を念頭において、四量の順序をそれに合わせるために體―相―用―名と改めたのではないか、と推測することができるかもしれない[45]。

⑤の場合も同様である。兩文獻とも緣起的立場から四量を論じているが、まずこの部分の翻譯を示すと次のとおりである。

S四三〇三「廣四量義」⑤

およそさまざまな法の差別は、現象〔像〕を立てて深遠な〔教え〕を明らかにするので、言語的表現を有する。これを名づけて教〔量〕という。諸法の寂滅は、これに依據して實に入ることができる。これは方便の相であるので、信〔言〕量という。諸法が緣起し、無障礙である用で體を推理することができるので、比量という。平等で戯論がなく、體に隱されたものがないので、現量という。

S六一三「又解四量」⑤

その姿を述べれば、法界の實相を「教」といい、實相の寂滅を「信言」といい、無障礙を「比」といい、窮圓實旨を「現量」という。

S四三〇三「廣四量義」の場合、教量―信言量―比量―現量に對する解釋がそれぞれ差別―寂滅―無礙―平等として提示され、内容的にも文章的にもそれぞれ名―相―用―體と呼應し、上に述べた①の内容と自然につながる。一方、S六一三「又解四量」は教量—信言量—比量—現量を法界實相—實相寂滅—無障無礙—窮圓實旨と解釋している。これらのうち、教量はS六一三のほかの箇所においては基本的に名教という立場から說かれているにも拘わらず、ここでは法界實相と說明されていて、全體的な構造が統一されていない。しかも「實相」という用語は、S六一三のほかの部分においては「平等」、すなわちS四三〇三が現量に對してする解釋と同じ意味で理解されているのである。(46) またさらに、S六一三の信言量＝用＝實相寂滅、比量＝相＝無障無礙という構圖も不自然である。語彙の面からいっても、實相寂滅が相に、無障無礙が用に對應するのが自然であるからである。(47)

以上の考察による限り、少なくともS六一三「又解四量」については、S四三〇三、もしくはS四三〇三を書寫する際に底本となった綱要書が先行していたと考えられる。そして文章の呼應關係にみられるように、「又解四量」はS四三〇三（もしくはその底本）を參照して撰述されたと考えられる。さらにS六一三がS四三〇三の內容を修正している點から見て、S六一三はS四三〇三の立場とは異なる、別の理論的な整合性を追求したのだと考えることもできるであろう。

（2）S四三〇三「廣四量義」とS六一三「四量義」との關係

表1を見ると、S四三〇三「廣四量義」とS六一三「四量義」とのあいだに關連性がみられる部分は③である。このことはすでに船山徹氏によって指摘されており、四量を修行の階位と關連づけて議論しているという點が注目されてきた。(48) ところが、ここでも二つの文獻のあいだに微妙な不一致がみられる。まず該當部分の翻譯を示すと次のとおりである。

S四三〇三「廣四量義」③

もしすべての法位を論ずれば、ある場合は最初に先際を明らかにすることを示して、四量を明らかにする。

〔すなわち〕初地以上を現量といい、道種を比量、性種を信言量、習種を教量という。〔あるいは〕最後に後際を明らかにすることを示して、佛地を現量といい、初地以上を比量、道種を信言量、習種と性種とを教量という。

S六一三「四量義」③

……簡略に宗の要諦を示すと、階位は二種類に辨別されるのであり、言うなれば〔第一は〕最初に先際を明らかにしたのであり、第二は最後に後際を明らかにしたのである。

前の時にまず明らかにしたことによって述べれば、尼連禪河〔の砂の數のように多いブッダのもとで〕初めて〔佛道を〕修習し、[49]善根を成就した者を取り上げて教量といい、習種性が信言量であり、性種と道種とが比量、初地から佛地までのすべてが現量である。

後の時に最後に明らかにするという觀點から述べれば、習種が教量であり、性種と道種とが信言量、初地以上から盡金剛までが比量、佛地が現量である。

「最初に先際（果からみた因＝前世）を明らかにする（始顯於先際）」と「最後に後際（因からみた果＝後世）を明らかにする（終顯於後際）」とは、各量の始まりと終わりとを論じているものと解釋できる。兩文獻の對應關係を圖式化すると次頁表2のとおりである。

この部分において特記すべきことは、兩文獻とも習種性・性種性・道種性・十地・佛地という階位によって四量を論じているが、その分位が同じでないという點である。特にS六一三「四量義」は、習種性の下に「尼連禪河〔の砂の數のように多いブッダのもとで〕初めて〔佛道を〕修習し、善根を成就した者（熈連創集、善根成就者）」を擧げている。『涅槃經』の教説に基づくと考えられる「尼連禪河の衆生」は、S六一三の文脈においては

表2〈S四三〇三「廣四量義」とS六一三「四量義」とにみられる修行階位と四量との對應關係〉

	始顯於先際		終顯於後際	
	S四三〇三[50]	S六一三	S四三〇三	S六一三
現量	初地已上	初地已上	佛地	佛地
比量	道種	性種・道種	初地已上	初地已上（盡金剛）
信言量	性種	習種	道種	性種・道種
教量	習種	善根成就（凡夫位？）	性種・習種	習種

表3〈『大乘義章』三量智義にみられる修行階位と三量との對應關係〉

	開始合終	開中間以合初後（地持）	合始開終
現量	解行（道種）已上	初地已上	佛地
比量	性種	解行（道種）	初地已上
教（信言）量	習種	性種・習種	習種・性種・解行（道種）

習種性よりも低い段階、すなわち外凡夫の意味で用いられているようである。「尼連禪河の衆生」と外凡夫という二つの概念がどのような經緯で統合されたのかについては別途考察する必要があるが、いずれにしても四量を論じるに當たってS六一三が階位を追加で設定したことは明らかである。もしそうだとすれば、階位の理解に關しても、S四三〇三「廣四量義」からS六一三「四量義」への思想的發達の過程が反映されていると言うことができるであろう。このことと關連して、『大乘義章』の「三量智義」にも三量を修行階位と結びつけた部分があるが、比較のために圖表のかたちで整理すると表3のとおりである。[51]

このうち、「開中間以合初後」において提示される說は『菩薩地持經』の立場であると說かれているが、これはS四三〇三「廣四量義」の「始顯於先際」の內容と符合する。また、修行階位に基づいて教理理解の始まりと終わりとを論ずるのであれば、S六一三「四量義」のように中間で性種と道種とをまとめるよりも、四量それぞれに一つの修行階位を配當するS四三〇三「廣四量義」のほうがより整合的であると考えられる。このような點も、やはりS四三〇三「廣四量義」がS六一三「四量義」に先行するとみる考えを支持するであろう。ただ「三量智義」の「開始合終」の部分は本稿で論ずる章のどの部分とも對應せず、一方、「合始開終」の部分は教量と信言量とを區別しないが故にS四三〇三「廣四量義」とS六一三「四量義」とのどちらにも通ずるので、この部分についてはテクスト間の相關關係を論じることが困難である。

思想の展開と關連して、最後に檢討しなければならないのは、S六一三「四量義」にのみ登場する議論の內容である。S六一三「四量義」は四量に二つの觀點があることを指摘し、次のように述べる。

ただ、智はひとりでに起こりはせず、法はみずから知られはしないので、智を論じようとするなら、必ず境に從わなければならない。境は煩雜で數えることが難しいが、どうして細かな數えかたを認定することができようか。もし大綱を示してまとめれば、ただ二種類があるだけである。その二種類とは何か。第一は世法であり、第二は出世法である。

世法とは、世間が知り、學習して知る法をいう。出世法とは、二乘と菩薩とが知る法をいう。また世法の知見は、五識と五意識との知見をいうのであり、言うなれば見聞覺知〔が四量である〕。そのなかで、あるいは見ることは淺く知ることは深かったり、見ることは深く知ることは淺かったり、見ることと知ることとがいずれも淺かったり、見ることと知ることとがいずれも深い〔場合がある〕。（以下、出世法に關しては上述の修行階位と四量との配當について論じている。）

但智非孤興、法〔不〕自了、故辨智能尅宜從境。境繁難量、寧容碎擬。如擧綱以統、要唯有二。其二者何。一是世法、二出世法。言世法者、謂世間所知、學所知法。言出世法者、謂二乘菩薩所知法。又世法所知見者、五識五意識所知見者、謂見聞覺知。其中或見淺而知深。見深而知淺、見知倶淺、見知倶深。[52]（S六一三・一五四～一五八行）

S四三〇三「廣四量義」においてはすべての議論が教量に始まり現量に終わる修行論的枠組みによって組織されているが、これは、この論書に一貫する「教理に對する分析と理解」という大枠に基づくものと考えられる。しかるにS六一三「四量義」は世法、つまり佛教の教理理解と修行論とに關する内容だけではなく、日常生活のなかで起こる認識作用の範疇においても四量を論じているのである。これは『大乘義章』三量智義が一つ一つの量について理と事との側面を區分することとも一脈通ずる。[53]これはつまり、四量説に對する議論が進展するにつれ、「量」が持つ「正しい知識を獲得する際の認識の範疇」という側面が、單純に教理を解釋する道具としてではなく、さまざまな事例に代入させることのできる「概念」として理解されていったということである。要するに「哲學的發展」を遂げたのだ、と言うこともできるかもしれない。[54]

五　結論

以上の議論をまとめると、次のとおりである。四量説は『相續解脱經』に出る證成道理と三量説、そしてそれを解釋する地論學派の觀點とに源を發していた。興味深いことに、インドでは譬喩量として理解されるであろう内容を地論學派は信言量と解釋したため、證成道理の五種淨相のうち、ブッダの教説である最後の快淨語説相は説明ができないまま殘されていた。あるいは、そこに教量を導入したことが四量説の始まりであったかのもしれない。さらに、「理解することはできないが信じて從わなければならない教說」という概念は、現量から始まる三量理論の順序を逆轉してしまった。つまり、理解することができない教說に對する信心から、次第に眞理について完全に知るようになる、という修行論的構圖が四量說を通じて形成されたのである。四量を知識の問題として理解したという點ではインドの論證理論と共通するが、結局、議論された地平が異なっていたために、インドで發展した理論とは別の方向に展開していったのである。

S四三〇三「廣四量義」はこのような修行論的構圖に忠實な文獻であり、全體の議論が教量に始まり現量に終わるという順序で組織され、そのなかで名―相―用―體の構圖を示して意味を明瞭にしている。S六一三「四量義」は「量」の語義について詳細に論じているが、四量を修行階位に代入して論じるという點においてS四三〇三「廣四量義」との關連性を示している。ただその修行階位はS四三〇三「廣四量義」と一致していなかった。S六一三「又解四量」はほとんどすべての部分にわたってS四三〇三「廣四量義」との關連性を示すが、そのうちのいくつかの部分の考察を通して、S四三〇三「廣四量義」よりも後に成立した文獻であることを内容的に證明した。

四量說はさまざまな面において興味深い理論であるにもかかわらず、これまで大きく注目されることはなかった。その理由としては、資料の不足と、それを引き起こした地論學派の短い存續期間とを擧げることができるであろう。歷史的に見た時、地論學派が存續していた期間は百年にも滿たない。もう一つの理由としては、四量說は非常に一般的な求道行に過ぎないのである。そのため、慧遠がアビダルマの教學を利用して三量をあらためて整理し、玄奘の譯經を通して因明論が本格的に流布されるにしたがい、四量說はもはや注目を浴びることがなかったのかもしれない。しかし何よりも、後代に慧遠の思想が地論學派の正統として認定されるにつれ、S四三〇三やS六一三といった諸文獻が傳える地論學派の異說が暗默のうちに無視されていったのではないだろうか。

略號

BD：中國國家圖書館所藏敦煌漢文文獻

S：大英圖書館所藏スタイン（Sir Aurel Stein, 1862-1943）將來敦煌漢文文獻

大正：『大正新脩大藏經』（大正新脩大藏經刊行會、一九二四―三四年）

参考文獻

『藏外地論宗文獻集成』圖書出版ＣＩＲ、二〇一二年

『藏外地論宗文獻集成 續集』圖書出版ＣＩＲ、二〇一三年

大竹晉校註『十地經論Ｉ』大藏出版、二〇〇五年

青木隆「中國地論宗における緣集說の展開」『フィロソフィア』七五號、早稻田大學哲學會、一九八八年

――「地論宗の融卽論と緣起說」『北朝隋唐 中國佛教思想史』法藏館、二〇〇〇年

荒牧典俊「北朝後半期佛教思想史序說」『北朝隋唐 中國佛教思想史』法藏館、二〇〇〇年

宇井伯壽『佛教論理學』大同出版社、一九六六年

梶山雄一「佛教知識論の形成」『講座・大乘佛教9――認識論と論理學』春秋社、一九八四年

船山徹「地論宗と南朝教學」『北朝隋唐 中國佛教思想史』法藏館、二〇〇〇年

―― "Chinese Translations of Pratyakṣa", *A Distant Mirror-Articulating Indic Ideas in Sixth and Seventh Century Chinese Buddhism*, Hamburg University Press (2014)

山口弘江「『十地論義疏』と『大乘五門十地實相論』――周叔迦說の檢討を中心として」『東洋學研究』四八號、東洋大學東洋學研究所、二〇一一年

吉水千鶴子「Saṃdhinirmocanasūtra X における四種の yukti について」『成田山佛教研究所紀要』一九集、成田山佛教研究所、一九九六年

林鎮國 "Epistemology and Cultivation in Jingying Huiyuan's Essay on the Three Means of Valid Cognition", *A Distant Mirror-Articulating Indic Ideas in Sixth and Seventh Century Chinese Buddhism*, Hamburg University Press (2014)

Frédéric Girard, "The trinomial substance (*ti* 體), signs (*xiang* 相) and activity (*yong* 用) in some Dunhuang manuscrip's related to the Dilun school and the *Treatise on the act of faith in the Great Vehicle* (大乘起信論)",『地論思想の形成と變容』國書刊行會、二〇一〇年

註

（1）たとえば基（六三二～六八二）『唯識二十論述記』巻下（大正四三・九八八下～九九九中）、智周（六六八～七二三）『因明疏抄』巻一（大正五四・八九五下～八九六上）、慧琳（七三七～八二〇）『一切經音義』巻十八（大正五四・四一六下）等にこのような内容が傳えられている。

（2）『大乘義章』三量智義を翻譯するとともに、三量に對する慧遠の理解を全面的に考察した研究として、林鎮國 "Epistemology and Cultivation in Jingying Huiyuan's *Essay on the Three Means of Valid Cognition*", *A Distant Mirror-Articulating Indic Ideas in Sixth and Seventh Century Chinese Buddhism*, Hamburg University Press (2014), pp.63-99 を參照。

（3）『探玄記』には「衍法師」と「大衍法師」という二つの名稱がみえるが、一般的に前者は曇衍を、後者は曇隱を指すものと考えられている。「衍法師」という名稱の解釋については大竹晉氏から助言を受けた。この場を借りて感謝申し上げる。なお當該の文はすでに本書所收の大竹晉「地論宗斷片集成」（初出二〇一四年）第五章において簡單に論じられている。

（4）『續高僧傳』巻八（大正五〇・四八七中下）。

（5）『續高僧傳』巻八「然於藏旨有疑。通諮碩學竝辭罔逮。遂開拓寰宇置立規猷。顧諸徒曰。『吾從師積年心悟未決。賴因遊意累日豁然有據。其猶低目面牆則冥無所解。延頸出戶則遠近斯見』」（大正五〇・四八七中）。

（6）本稿以前に四量說に言及した學者として船山徹氏がいる。同氏はS六一三にみられる四量說に簡單に言及し、四量の一つ一つがすべて修行階位に對應していることを指摘した。さらに地論學派の四量は同じようにプラマーナを四つに區分するインドのニヤーヤ（Nyāya）學派の理論によるものではなく、當時のインド佛教の三量說をもとに教量を二つに分けたものであり、まさにそのことが慧遠によって批判されたのだと論じている。船山徹「地論宗と南朝教學」（『北朝隋唐 中國佛教思想史』法藏館、二〇〇〇年、一四五～一四六頁）、同 "Chinese Translations of Pratyakṣa", *A Distant Mirror-Articulating Indic*

Ideas in Sixth and Seventh Century Chinese Buddhism, Hamburg University Press (2014), pp.36-37 を參照。

（7）兩文獻に關する議論は上揭の船山徹（二〇〇〇）以外にも、『北朝隋唐 中國佛教思想史』（法藏館、二〇〇〇年）に收錄された荒牧典俊「北朝後半期佛教思想史序說」（五八～六二頁）、青木隆「地論宗の融即論と緣起說」（一九八～二〇一頁）や、『地論思想の形成と變容』（國書刊行會、二〇一〇年）に收錄された Frédéric Girard, "The trinomial substance (*ti* 體), signs (*xiang* 相) and activity (*yong* 用) in some Dunhuang manuscripts related to the Dilun school and the *Treatise on the act of faith in the Great Vehicle* (大乘起信論)", pp.18(423)-39(402) 等を參照。Frédéric 氏はS四三〇三とS六一三との關係について、S四三〇三がS六一三に先行すると主張している。

（8）既存の研究において、譯經の問題と關連してプラマーナ理論の傳來過程が推論されているが、それによれば、玄奘以前にすでに數度にわたって、プラマーナの諸理論が經典と論書とを通して東アジアに紹介されている。その場合の譯經用語は統一されておらず、「～知」「～信」等の形態でも翻譯されたが、ただ玄奘の譯經用語として頻繁に見出される「～量」、すなわち -pramāṇa という形態が採擇されたのは地論學派においてであった。特に pratyakṣa の多樣な翻譯用例と典據とについては、船山徹（二〇一四）第一章、*Xianliang* as translation, pp.34-46を參照。

（9）『大乘義章』三量智義「三量之義出於『相續解脫經』中」（大正四四・六七〇下）。

（10）Tib. mtsan nyid lnga po dag gang zhe na / de mngon sum du dmigs pa'i mtsan nyid dang / de la gnas pa mngon sum du dmigs pa'i mtsan nyid dang / rang gi rigs kyi dpe nye bar sbyar ba'i mtsan nyid dang / yongs su grub pa'i mtsan nyid dang / lung shin tu rnam par dag pa gtan la phab par bstan pa'i mtsan nyid do // …… de ltar 'thad pas sgrub pa'i rigs pa de ni mngon sum gyi tshad ma dang / rjes su dpag pa'i tshad ma dang / yid ches pa'i lung gi tshad mas mtshan nyid lnga po dag gis yongs su dag pa yin no // (P56a3ff-57a1f). 以下、チベット譯は吉水千鶴子「Saṃdhinirmocanasūtra X における四種の yukti について」（『成田山佛教研究所紀要』一九集、成田山佛教研究所、一九九六年、一二三～一六八頁）の校訂に從う。上揭のチベット語テクストは吉水千鶴子（一九九六、一四四頁、脚注五二番）からの再引用である。

（11）この論議については、宇井伯壽『佛教論理學』（大同出版社、一九九六年、一一七～一一八頁）、梶山雄一「佛教知識論の形成」（『講座・大乘佛教9――認識論と論理學』春秋社、一九八四年、五四～六四頁）、吉水千鶴子（一九九六、一四三～一五七頁）等を參照。

（12）漢譯本とチベット本とに內容上多少の違いがみられる。ここでは漢譯を基準に翻譯したが、必要な場合はチベット本に基づいて内容を補足した。

（13）Tib. de la 'du byed thams cad mi rtag pa nyid dang / 'du byed thams cad sdug bsngal ba nyid dang / chos thams cad bdag med pa nyid 'jig rten na mngon sum du dmigs pa dang / de lta bu dang mthun pa gang yin pa de ni de mngon sum du dmigs pa'i mtshan nyid yin no //

'du byed thams cad skad cig pa nyid dang / 'jig rten pha rol yod pa nyid dang / las dge ba dang / mi dge ba chud mi za ba de la gnas pa'i mi rtag pa rags pa nyid mngon sum du migs pa gang yin pa dang / sems can sna tshogs las sna tshogs la gnas pa mngon sum du migs pa gang yin pa dang / sems can bde ba dang sdug bsngal ba las dge ba dang mi dge ba la gnas pa mngon sum du dmigs pa gang yin pa dang / gang gis mngon sum du ma gyur pa la rjes su dpag par bya ba dang / de lta bu dang mthun pa gang yin pa de ni de la gnas pa mngon sum du dmigs pa'i mtshan nyid yin no //

nang dang phyi rol gyi 'du byed rnams la 'jig rten thams cad la grags pa'i 'chi 'pho dang skye ba dmigs pa nye bar sbyar ba dang / skye ba la sogs pa'i sdug bsngal dmigs pa nye bar sbyar ba dang / rang dbang med pa'i dmigs pa nye bar sbyar ba dang / phyi rol dag na'ang 'jig rten thams cad la grags pa'i 'byor ba dang / rgud pa migs pa nye bar sbyar ba dang / de lta bu dang mthun pa gang yin pa de ni rang gi rigs kyi dpe nye bar sbyar ba'i mtshan nyid yin pa rig par bya'o //

de ltar de mngon sum du dmigs pa'i mtshan nyid dang / de la gnas pa mngon sum du dmigs pa'i mtshan nyid dang / rang gi rig kyi dpe nye bar sbyar ba'i mtshan nyid gang yin pa de ni grub par bya ba la gcig tu nges pa'i phyir yongs su grub pa'i mtshan nyid yin par rig pa rbya'o //

'jam dpal gtan la dbab par bstan pa thams cad mkhyen pas gsungs pa 'di lta ste / mya ngan las 'das pa ni zhi ba'o zhes bya ba dang de lta bu dang mthun pa gang yin pa de ni lung shin tu rnam par dag pa gtan la phab par bstan pa'i mtshan nyid yin par rig par bya'o // (P56a5-56b6). 吉水千鶴子（一九九六、一四八頁、脚注六三番）からの再引用。

（14）上注（11）を參照。

（15）船山氏は現前量と現量とでは形態が異なるとみなしているが、法上の文章から考えると、やはり現量という用語は『相續解脱經』の語句に基づくのではないかと考えられる。船山徹（二〇一四、三六～三七頁）を參照。このような理解は、青木隆氏が、地論宗の用語である「縁集」は『十地經論』にみられる「因縁集」を縮約したものであろうと推定したことと一脈通ずる。青木隆「中國地論宗における縁集説の展開」（『フィロソフィア』七五號、早稲田大學哲學會、一九八八年、一四八～一四九頁）。

(16) 大竹晉校註『十地經論Ⅰ』(大藏出版、二〇〇五、六八頁)を參照。

(17) 大竹晉(二〇〇五、三六〇頁)。

(18) 初地の菩薩が見道の始まりであるという議論は、地論學派において受け入れられていたようである。S四三〇三「十地論師皆言『初地菩薩現見眞如』」(六一行)を參照。この句は『金剛仙論』巻二の「欲明菩薩既道登初地。現見眞如法無我理」(大正二五・八〇四中)や巻三「初地以上聖人皆現見眞如」(大正二五・八二〇上)を援用したもののようである。なお菩提流支が翻譯した『文殊師利菩薩問菩提經論』の「『有礙道者、五波羅蜜』者、以行三界故。此初地已前。『無礙道者、般若波羅蜜』者、以過三界、入初地證智故」(大正二六・三三三下)という一節にも、初地と證智との關係が簡單に言及されている。

(19) 上掲の『相續解脱經』の翻譯文において補足したとおり、法上が「前の三つの説を合わせる(稱向三説)」と解釋したことと非常に類似して、當該經典のチベット譯も成相を説明する時、この三つが「證明されなければならないことに共に確定される(grub pa bya ba la gcig tu nges pa'i phiyr)」と述べる。吉水千鶴子氏もやはり直接知覺の對象と推理の對象とのあいだの關係が内容的には同一であったり、あるいは連續的である可能性を提示している。上述の『相續解脱經』の一文において説明された例は、みな連續的な因果關係のうちにあるからである。吉水千鶴子(一九九六、一四三～一五七頁)を參照。

(20) 當該文獻の翻刻本は山口弘江氏が編集し、『藏外地論宗文獻集成』(以下『集成』と略稱。圖書出版CIR、四四三～四九八頁)に掲載されている。山口氏は解題においてこの文獻と法上『十地論義疏』との密接な關係性について言及している。『集成』(四四六～四四七頁)を參照。

(21) 『集成』(四七五頁)に收錄。

(22) 青木隆(二〇〇〇、一九四～一九五頁)。

(23) 『十地論義疏』と『大乘五門十地實相論』との間には明らかな思想的連關性がみられる。もちろん、だからといって『大乘五門十地實相論』をすぐに法上の著述に歸屬させることはできない。この點に關する先行研究として、山口弘江「『十地論義疏』と『大乘五門十地實相論』——周叔迦説の檢討を中心として」(『東洋學研究』四八號、東洋大學東洋學研究所、二〇一一年、一一七～一三三頁)を參照。

(24) 「應佛を感應し、見る」であるとか、「應佛によって眞佛(報佛・法佛)を推理する」という文句は、地論學派の三身説と關連して、別途、議論しなければならない文句である。これについてのくわしい考察は他日を期す。

(25)「爲」は底本にない字を插入。『集成』の翻刻に從う。

(26) これと關連して是非とも言及しておかなければならないのは、四量説と形式上の關係性を持つインドの諸論書が、地論學派が活動していた時期・地域において翻譯されたという事實である。たとえば次のようなものである。

・吉迦夜譯『方便心論』「知因有四。一現見。二比知。三喩知。四隨經書」(大正三二・二五上)。

・瞿曇流支譯(菩提流支譯との説あり)『唯識論』「依信説有。信者有四種。一者現見。二者比知。三者譬喩。四者阿含。此諸信中現信最勝」(大正三一・六八中)。

・毘目智仙・瞿曇流支共譯『迴諍論』「説現比阿含　譬喩等四量　現比阿含成　譬喩亦能成」(大正三二・一六上)。

吉迦夜(?～四七二～?)は『十地經論』が漢譯された五〇八～五一一年よりも前に北魏において譯經活動をしていた人物である。また『唯識論』の譯者である瞿曇流支(?～五一六～五四三～?)や『迴諍論』の共譯者である毘目智仙(六世紀)は、中後期地論學派の根據地であった鄴城において譯經活動をした人物である。こうした點を考慮すると、上記引用文にみられる四つの量が地論學派の四量説に何らかの影響を與えた可能性を想像することができる。ただこれについては筆者の力量不足により詳論することができなかったので、別の機會にあらためて論ずることとしたい。なおこの時期に四つの量を説く文獻が漢譯されたということについては聖凱氏の助言を受けた。この場を借りて感謝申し上げる。

(27) このチャプターに併記されている數字は、おそらくS四三〇三の書寫の底本となった「長大な綱要書」(青木隆、二〇〇〇、一九八頁)からそのまま移されたものである可能性が高い。寫本の順序が、「廣六種正見第十」の次が「廣一乘義第十五」、「廣大乘敎門入道四□第三十」と飛び飛びになっているからである。

(28) 荒牧俊典編集『藏外地論宗文獻集成 續集』(以下『續集』と略稱。圖書出版CIR、六九～七〇頁、七五～七六頁)。

(29) このことと關連して、兩文獻のあいだの思想的關係と先後の順序について簡單に論ずると、青木隆氏はS六一三がS四三〇三に先行するとみなしたが(青木隆、二〇〇〇、二〇一～二〇二頁)、文獻の全體の内容からそれを確定する根據を見つけ出すことは困難であった。同氏は三種縁集に法界縁起が追加されたことをS四三〇三の思想的特徴として論じているが、S四三〇三のなかで「縁集」という用語が使用された箇所は「廣佛三種身」のみである(S四三〇三・二〇三～二〇五行)。むしろ「法界縁起」(あるいは縁起法界)という用語が文獻全體を貫通する主題として用いられており、どの場合においても法界縁起は通宗の内容として記述されているので、三種縁集と法界縁起とは互いに異なる角度から導入されたものと解釋しなければならないのではないか。なお通宗だけが唯一、法身(自體縁集)を完全に明らかにすると論じている箇所があり（S四三〇三・二三〇～二三四行）、この場合、法身の内容である自體縁集・通宗・法界縁起を對應關係に置いて論じているとと考えられるが、これはほかの章にはみられないこの章だけの特徴であって、やはり法界縁起の觀點から三身のなかの法身を解釋したものではないかと考えられる。さらにS六一三の場合、「三教行相」部分において通宗のなかの頓・漸・圓を分けて、それぞれ『涅槃經』『華嚴經』『大集經』を配當しているが（S六一三・一七一～一七四行）、S四三〇三は頓・漸の二種類のみに言及するだけで圓教に對する記述はなく、また圓教に該當する『大集經』に關する言及もまったくないという點、そしてS六一三は「八識」について論じているが（S六一三・五一～五七行、三二七～三三二行）、S四三〇三は六識と七識との迷いのみに言及するだけで八識に關する言及がないという點など、殘存部分を根據として考えた時、思想の發展としてとらえられる内容が多い。とすれば、むしろS四三〇三がS六一三よりもやや先行すると推定することができるのではないか。特に、本稿の第四節でもう一度論じるが、少なくとも四量を說いた部分は、S四三〇三の「廣四量義」とS六一三の「又解四量」とのあいだに明白な前後關係が見出されると考えられる。

もちろん、兩文獻はいずれも首尾が缺落した斷片であり、S四三〇三の場合は特に筆寫の順序が飛び飛びになっているので、上述のS六一三の論議がS四三〇三の書寫對象となったある種の底本では論じられていた可能性もある。さらにS六一三は形式上・內容上の一貫性がみられず、青木氏もS六一三が複數の文獻を引用したものである可能性を示唆しているほどであるので、兩文獻の先後を確定することは事實上不可能である。なお兩文獻に對する概說的な說明は青木隆（二〇〇〇、一九八～一九九頁）を參照。

(30)「體證」は、S四三〇三「廣明三道義」「證道二者、一是縁證、二是體證。……言體證□、一切衆生、皆以如來藏法界爲體。但以六識七識煩惱覆、故自體□顯。了因除障、自體顯用、妙絶虚通、故曰證道」（三八～四二行）を參照。

(31) 船山徹（二〇一四、三〇頁）。

(32)『涅槃經疏』（擬題、BD〇二二二四、BD〇二三一六、BD〇二二七六）「『如來亦爾』已下、合喩。何故不一時制者、若說法教化、玄談理旨、因果違順、生其信解、可得總制也。若論憶念化者、談其行法要須事別而明。隨縁則異、不得（一）時義顯於此」（三五五～三五六行）を參照。この文は「なぜ如來はすでに犯した罪だけを制裁し（隨犯隨制）、正しくないすべての行爲をいっぺんに制裁されなかったのか」という質問に對して、「說法教化」と「憶念教化」との二つを擧げて答えている。ここに出る說法教化と憶念教化とについては、『四分律』「以三事教化。一者神足教化。二者憶念教化。三者說法教化。彼神足教化者。或化一作無數。或無數還爲一内外通達。石壁皆過如遊虚空無所妨礙。於虚空中結跏趺坐。亦如飛

鳥周旋往來。入地如水出沒自在。履水如地而不沒溺。身放烟火如大火聚。日月有大神德。靡所不照。能以手捫摸。身至梵天往來無礙是謂世尊神足敎化千比丘憶念敎化者。敎言汝當思惟是。莫思惟是。當念是。莫念是。當滅是。當成就是。是謂世尊憶念敎授千比丘。說法敎化者。一切熾然。何等一切熾然。眼熾然。色熾然。眼識熾然。眼觸熾然。若復眼觸因緣生受。若苦若樂。若不苦不樂。亦名爲熾然。何等爲熾然。熾然者。欲火恚火癡火也」（大正二一・七九二上中）を參照。

(33)　「誠言」は底本では「言誠」となっているが、文意により順序を入れ替える。『涅槃經』（北本、巻三十三「迦葉菩薩品」「汝常不聞諸佛如來誠言無二」（大正一二・五六一上中）、『金剛仙論』巻四「尋如來誠言。此淨土似有形狀。既有形相。則三界所攝」（大正二五・八二七上）を參照。

(34)　「猶」は『續集』では翻刻されていないが、底本により挿入。

(35)　『續集』は「入」の字を追加しているが、底本により削除。

(36)　「誹」は字形が明確ではない。『集成』の翻刻に依據する。

(37)　「量說」に關連した修行論的な含意は、三量を論じる文獻においても同様である。林鎭國氏は、慧遠が論じた三量を「認識論と瞑想とに關する主題（Topics on epistemology and meditation）」と定義している。林鎭國（二〇一四、六七～六九頁）。

(38)　S四三〇三「廣明三道義」「言緣起者、若非無礙方便、則寂非圓寂。若離方便、則無礙非實。若非圓寂無礙、則方便不巧。是以三道一而是三、三而是一」（一二三～一二五行）、「廣涅槃義」「言緣起者、向三種涅槃、一而是三、三而是一、一非一、三非三三」（一一一〇～一一一一行）、「廣佛三種身」「明此三身、緣起平等、爲一法身。此一法身、無身不身。若語報身、亦緣起平等、爲一報身。報身備德、無身不身。應身亦爾、緣起平等、爲一應身。應用圓極、無身不身。爾爲三身一一各三。據法論三、三皆是法。就報辯三、三皆是報。據應論三、三皆是應」（一二〇五～一二〇九行）を參照。「廣涅槃義」においては涅槃を方便涅槃・性淨涅槃・圓寂涅槃に分けて論じている。

(39)　「指」は底本の字形が明確ではないが、文意により修正。

(40)　「二、一」は『續集』では「三」と翻刻されているが、底本により修正。

(41)　「皆」は底本では「比」となっているが、通ずる。

(42)　「量」は底本にないが、文意により挿入。『集成』の脚注に従う。

(43)　「無」は字形が明確ではないが、殘劃と文意とによる。『集成』の脚注に従う。

(44)　「無」は字形が明確ではないが、殘劃と文意とによる。『集成』の脚注に従う。

(45) S六一三も體相用の構造に言及している。たとえばS六一三「三種同相觀」「三空者、明諸法體。但空性狀彰、施設功俱。體、相與用、義在歷然。然性本自寂、寧有相用而可存。故此三俱寂、名爲三空」(一〇九〜一一〇行)等である。

(46) S六一三「四憂檀那」「但平等是實相、空寂是理相」(四二行)を參照。

(47) 以上、名・相・用・體に關するS四三〇三「廣四量義」とS六一三「又解四量」との前後關係については池田將則氏の助言を受けた。この場をかりて感謝申し上げる。

(48) 船山徹(二〇〇〇、一四五〜一四六頁)。

(49) 「熙連創集」については『涅槃經(南本)』四依品「善男子、若有衆生於熙連河沙諸如來所發菩提心、乃能於是惡世受持如是經典、不生誹謗。善男子、若有衆生於一恆河沙諸如來所發菩提心、然後乃能於惡世中不謗是法、愛樂是典、不能爲分別廣說。……」(大正一二・六三九上中)を參照。この箇所は『涅槃經(北本)』如來性品(大正一二・三九八下〜三九九上)に對應する。

(50) S四三〇三「廣四量義」にはそれぞれを十住・十行・十迴向に配當する部分もある。「言うなれば十住中に法界差別相を得ることを教量といい、十行中に寂滅相を得ることを信言量といい、十迴向中に緣起無障礙相を得ることを比量といい、初地以上に自體平等眞實相を得ることを現量という(謂十住中、得法界差別之相、以爲教量。十行中、得寂滅相、爲信言量。十迴向中、得緣起無障礙相、是爲比量。初地已上、得自體平等眞實之相、以爲現量)」(S四三〇三・三二一〜三二四行)。この對應關係から、習種—十住、性種—十行、道種—十迴向という構造と理解することができるが、これは『菩薩瓔珞本業經』が說く習種性位十住心・性種性位十行心・道種性位十迴向心・聖種性位初地已上と正確に對應する。船山徹(二〇〇〇、一四五〜一四六頁)を參照。ただ船山氏はS六一三を取り上げつつこのことを論じているが、該當する內容を直接說くのはS四三〇三「廣四量義」のほうであると考えられる。

(51) 『大乘義章』卷十「次就位別位。謂習種性種解行十地佛地。於此位中辨義有三。一開始合終。習種爲一。性種爲二。解行已上合爲第三。同觀如故。於此門中或以三位共望一法以辨三量。所謂望於解行已上所觀之法。習種望彼是其教量。在彼玄絕。藉教知故。性種望彼是其比量。位分相隣可比知故。解行已上望自所得是其現量。現證知故。或以一位別望三法以辨三量。習種還望自所證法是其現量。現證知故。望性種地所證之法是其比量。位分相隣可比知故。望解行上所證之法是其教量。法玄絕故。向前門中教淺現深。於此門中現淺教深。或以三位別望三法。向前三位自望所得皆是現量。是則現量是通深淺。二開中開以合初後。如地持說。習種性種合之爲一。種子同故。解行爲二。初地已上合爲第三。同證如故。於此門中亦得三位共望一法。望初地上所證之法。種性位中是其教量。解行比量地上現量。亦得一位別望三法。亦得三位別望三法。類上可知。三合始開終。種性解行合之爲一。信地同故。十地爲二。佛地爲三」（大正四四・六七一下）。

(52)「五識五意識」については『攝大乘論章』巻一「言就別者。彼論有四心。一識。二想。三受。四行。識心知實。謂青黃等色。想心知假。謂長短等色。受納違順。謂好惡等境。行起善惡。謂造身口等思。有三重四心。五識四心。從緣現在五塵而起。二五意識四心。從緣過去五塵而起。三第六意識四心。從緣虛空假名等法而起」（大正八五・一〇一五下）、『大乘義章』十二入義「若有意入、藉前五識開導生者、名五意識。不藉五識開導生者、名爲獨頭」（大正四四・六三〇下）等を參照。

(53) 林鎭國（二〇一四、六九頁）。

(54) もちろん、インド的文脈からいえば、プラマーナ理論の起源は一般的な意味における直接知覺・推論・信頼できる者の言葉であり、いわば世法の次元のものであろう。ただ當時の地論學派が四量說を主張したのが『相續解脫經』という經典に端を發したものであったとすれば、東アジアの諸論師が初めて受容したのは佛菩薩の言說が有する論證的完全性に關する內容、つまり出世法に關する量の理論であり、その後、世法の側面が再照明されるようになったという順序であったのではないだろうか。なお世法と出世法との前後關係については岡本一平氏の助言を受けた。この場を借りて感謝申し上げる。

八　大正八五、二七九九番『十地論義疏』のテキスト問題に對する考察

金　天鶴

一　問題の所在

大正新脩大藏經第八五卷（以下、大正八五）に収録される二七九九番は、法上撰述の『十地論義疏』（以下、『義疏』）である。『義疏』は中國や韓國、また日本において引用された痕迹を探すことができない。[1] さらには、法上の傳記、中國の目錄類、義天の『新編諸宗教藏總錄』、奈良時代の古文書目錄やその他の目錄にも記錄されていない。大正新脩大藏經第八五卷に収錄されて以降、唯識學派と華嚴學派の初期資料として、心識說、緣起說、六相說が活用されたことが全てである。しかし『義疏』は、年代的に見て『十地經論』の最初の注釋書であり、以後、地論思想の展開の基礎となったという點において、學術的價値がある。本稿は『義疏』の思想と價値を解明するために、大正八五に収錄される二七九九番『義疏』のテキストの檢討が必要であるという問題意識から出發している。

『義疏』に關する書誌事項は、坂本幸男の研究[2]と周叔迦の論文[3]において簡單に言及されており、また最近の山口弘江の研究においても詳細に言及されている。[4] 以上の三つの研究を參考にしながら、重要な書誌事項を紹介する。『義疏』の卷數は未詳である。卷一（S二七四一）および卷三（P二一〇四）の一部が現存しており、その他に

もS二七四一と一部重複するS二七一七（大正八五、七六二中二五—七六六中五に該當）が現存している。この中、巻一は首尾が缺落しており、初歡喜地の八分の中、第一序文の最後の部分から、第六請分の中間部分に對する解釋で終わる。第三巻も最初の部分が殘っておらず、第八校量勝分の途中から始まり、第二の離垢地全體を解釋している。『十地經論』の第四巻までの解釋である。

『義疏』の著者は、法上（四九五—五八〇）とされている。これは現存する『義疏』巻三の末尾に、「法上述」[5]と筆寫された記録に基づいたものである。『續高僧傳』巻八の「釋法上傳」によると、法上は『增一數法』四十巻、『佛性論』二巻、『大乘義章』六巻などを著したと傳えられているが、著述目錄にはない『義疏』の一部だけが現存している。[6]巻三の尾題識語に北周（五五六—五八一）の年號である保定五年（五六五）に筆寫したという記録があるため、『義疏』は少なくとも、五六五年以前には成立していたはずである。

この『義疏』については、大きく二つの疑問を提示することができる。一つ目は、巻一と巻三は同一の人物のものであるのかという問題である。これは山口弘江が紹介しているように、大正新脩大藏經を編集した當時、兩寫本を結合させるための明確な基準がなかったためである。[7]二つ目は、本當に法上の著述であるのかという問題である。周叔迦は僧範（四六七—五五五）が『義疏』の著者であると主張した。[8]敦煌寫本では「法上述」の中で、「法」の字以外に文字を確認することが困難である。そのため、どのような理由で著者を法上として確定したのか、疑問が殘る。

この二つの問題に對して、結論を導き出すことは容易ではない。しかし二つの問題から如何なる結論が出たとしても、『義疏』が初期地論宗の著述であるということに違いはない。本稿では學界での一般的な認識通り、著者を法上として、今後『義疏』を活用するために必ず調査しなければならないテキストの正確性を最初の問題とした。その理由は大正八五本と敦煌寫本を比較した結果、約二百カ所に相違が確認できたためである。二つ目は巻一と巻三が同一人物によって著述されたのかという、今後『義疏』を活用する上で必要不可缺な問題である。

本稿では兩本の比較を通して、校勘・訂正を行う。さらには、巻一と巻三に見られる特殊な概念語や語法の確認を通して、兩巻を同一人物の文獻として見なければならないという結論に達した。

二　大正八五、二七九九番と敦煌寫本の相違について

（1）比較結果

まず兩本を比較した結果を以下に提示し、訂正を行う。敦煌寫本には文字を補入した際に、文字を變えた表示（〜）、文字の訂正や削除した表示（〃）などが多く見られるが、比較の結果では必要な時のみ指摘する。

兩本を比較するに先立ち、まずテキスト全體に缺落していると豫想される部分があることを指摘しておく。『義疏』に「答曰」とあるが、これに對する「問曰」がない場所が一カ所存在する。「答曰。今言有者[9]」と始められるが、これに對應する質問が見當たらない。缺落しているのである。以下、兩本のテキストの相違を検討する。

〈凡例〉

1　慧＝惠、則＝卽、已上＝以上、熏＝薫のように、對應する通用字はそのままにした。

2　校訂において（　）の中の字は、差し障りがない文字、あるいは通用字を表示した場合である。

3　修正の記號は文字の横に寄せて書くのが本寫本の通例であるが、便宜上「／」で表示した。例を擧げれば、「義／理」は「理」である。

4　削除記號は「丶」と「〃」で表示した。例を擧げると、「故後〃」は「故」となる。

表1　大正八五本『義疏』巻一と敦煌寫本の比較および校訂

	大正八五			S二七四一	S二七一七	校訂	備考
1	761a	10	不	不		入	意味上校訂
2		27	貞	眞		眞	誤讀
3	761b	18	此正	正／此		此	訂正記號
4		21	蒲	滿		滿	讀み間違い。「滿淨如來」。
5		29	踊	勇		勇（踊）	『經論』「踊」
6	761c	2	踊	勇		踊（勇）	
7		5	自	曰		自	『經論』に從った。
8		9	先	先〻		先	
9		19	爲爲	爲爲		爲	衍字
10	762a	11	意	德		德	
11		12	階	皆		階	
12		13	雖	離		離	
13		19	但	俱		俱	
14		24	諦	帝		諦	
15	762b	1	彰	障		障	
16		22	眞	旨		眞	
17		27-28	是總本入	是總本入	總是本入	總是本入	『經論』「總者是根本入」

18	762c	4	滅	咸	咸	滅	
19		11	敎以說	敎~以證	以敎證	以敎證	「~」は、順序變更の記號。
20		15	縱雖	從離	從離	從離	
21		16	味	義味	義味	義味	誤讀
22		18	心	心	止	止	
23		19	正	正	止	止	
24		21	地	地	地也	地（也）	
25	763a	3	以	以	爲	以	
26		8	擧五障	擧五障	鬲五種障	擧五（種）障	
27		11	邪	耶	耶	邪	多用されている。
28	763b	4	卽	卽	卽十	卽十	
29		8	若	若	若無	若	
30		13	行	行	行今權	行今權	
31		14	說	說	說也	說（也）	
32		14	妄	妄	妄	忘	『經論』「忘」
33		18	別	別	別別	別	
34		21	可	可	可者	可	
35		22	德	德	得	德	
36		28	則已	則已	則增已	則增已	

37		28	力	力	力也	力（也）	
38	763c	4			也	（也）	
39		8	已	已	以	已（以）	
40		9	障	障	彰	障	
41		17	稠	論／調	調	調	
42		21	智見	智見	見智	智見	
43		24	識識	識識	識	識	
44	764a	2	上	上	上類	上	『經論』「上」
45		6	辨	辨		辨	
46		11	障	障	彰	彰	
47		24-25	得相＊	得	得	得相	＊大正藏編者補入。
48		27	旣	旣	旣非	旣非	
49	764b	3	妄	妄	妄	忘	『經論』「忘」
50		4	之	之		之	
51		17	蠡	蠡	蠡	螺	蠡：むしばむ／螺：サザエ
52		19	敎	敎	敎而	敎（而）	
53		19	理	理	理而	理（而）	
54		20	說	就	就	就	
55		23	姿	資	資	資	

56		24	壞壞	壞壞	壞	壞	
57	764c	4	得	得	得也	得（也）	
58		5	剛藏	剛藏	剛	剛藏	
59		6	德	德	德也	德（也）	
60		8	則	則		則	
61		12	他	他	他利	他利	
62		14	深	深	深心	深心	
63		18	者	者	者釋	者釋	
64		21	也	也		也	
65	765a	5	言	言	言不*	言不	*補入
66		5	無	無	無障*	無（障）	*補入
67		16	尊	尊	尊重	尊	
68		25	解	解	解	佛	五門中の佛性門。
69	765b	9	便	便	便而	便（而）	
70		18	云	云	云決定	云決定	
71		20	攝	攝	信*攝	信攝	*補入
72		22	信	信	信也	信（也）	
73		25	論	論	論地	論地	
74		26	地	地	住	住	

75	765c	1	見	見	見也	見（也）	
76		6	觀	觀	觀爲	觀	
77		9	得	得	㝵	得	
78		10	下	下明	下明	下明	
79		13	所	所	以	所	
80		16	超	超	挻	超	
81		17	因	因	目	因	
82		23-24	爾［脱落］聖	爾［脱落］聖	［脱落］	爾［脱落］聖	爾から聖まで、三九字脱落。
83	766a	8	累	累	住	累	
84		18	滅	滅		滅	
85		19	住	住涅槃	住涅槃	住	
86		26	決定	決／定	定	定	『經論』「定」
87	766b	3	彰	彰	鄣	彰	
88		4	或	或	或但	或	
89		7	彰	彰	鄣	彰	
90		17	擧	擧	據		
91		19	鄣	鄣	鄣也	彰（也）	
92		25	爲明	爲明	明爲		
93		28	鄣	鄣	鄣也	彰（也）	

94	766c	4	無	無	無無	無	
95		4	以爲	以爲	爲以	以爲	
96		6	鄗	鄗	鄗也	彰（也）	
97		7	鄗	鄗	鄗也	彰（也）	
98		8	後	後	前後	前後	
99		21	妄	妄		忘	『經論』「忘」
100	767a	16	忘	妄		忘	『經論』「忘」
101		19	首	自		自	
102	767b	6	然者	然者′		然	
103	767c	2	也	之		之	
104		5	日	七日		七日	すぐ後の句も同一。
105			番	憣		番	以下、同一の場合多數。
106	768a	2	是	是		示	『經論』「示」
107		21	偈	渇		渇	
108	768b	12	側	則		則	寫本（二〇、二一）に各一回。
109	768c	13	永	求		求	
110		20	二			二	文脈に従えば、「二」が必要。
111	769a	3		俗		俗	寫本では⿰亻欲。
112		3-4	嘆者說者	嘆者說者		嘆說者者	『經論』に從った。

113		5	咀	唯		唯	
114		8	說	說行爲說		說	衍字
115		20	上說地名	說上地名		上說地名	『經論』に從った。
116		21	過者	過過者		過者	衍字
117	769b	14	雖	二雖		雖	
118		25	圓	旨		旨	寫本に從った。
119	769c	19	難勝	勝／難		難	
120	770a	5	上	上		是	『經論』「是」
121		5	彰	障		彰	
122		6	不	下		下	

表2　大正八五本『義疏』巻三と敦煌寫本の比較および校訂

	大正八五			P二一〇四	校訂	備考
1	770a	20	槃	勝	勝	
2		22	緣	像	像	
3		23	也者	也者	也	意味上、不必要。
4	770c	3	化	化而	化	
5		9	壞	懷	壞	
6		27	以不立行	無以立行	無以立行	

7	771a	2	軟	濡	軟	「軟」の本字は「輭」。同様の例か多數。
8		4	歡喜	世歡喜	生歡喜	『經論』に従った。
9		13	壞	懷	壞	
10		21	說加	加	加	意味の違いはない。
11		27	苑	菀	菀（苑）	意味の違いはない。
12	771b	11	體	軀	軀（體）	意味の違いはない。
13		15	止	亡	亡	
14		16	正	亡	亡	
15		20	儀	像	像	
16		22	緣	往	緣	意味上、「緣」。
17	772a	9	欲吹	吹	吹	
18		22	未	末	未	意味上、「未」。
19	772b	2	依	假	依	意味上、「依」。
20		2	依所	依	依	
21	773a	1	隨彼	隨衆生隨彼	隨衆生隨彼	
22		5	念	念念	念念	
23		8	等	等者	等者	
24		9	等	等者	等者	
25	773c	5	降	劫	降	意味上、「降」。

26	774a	1	亡	也	也	
27		9	停	亭	停	意味上、「停」。
28		10	行	地地	地地	
29		15	迷	遠	迷	『經論』に従った。
30		23	也	地	地	
31	774c	14	報	報結	報結	
32	775a	13	往	住	往	『經論』に従った。
33		20	作	非	作	意味上、「作」。
34		20	力	乃	乃	
35	775b	2	特	持	特	意味上、「特」。
36		20	三	二	二	
37		23	内	同	同	
38	775c	2	準	准	準	意味上、「準」。
39		18	勤	勘	堪	『十住毘婆沙論』に従った。
40		23	與	爲	爲	
41		26	已	亡	亡	
42	776a	10	綱	剛	綱	意味上、「綱」。
43		18	論	注論	注論	
44	776b	22	之	三	三	

45	776c	5	相	想	相	意味上、「相」。
46		20	諱	諱	違	意味上、「違」。
47		23	其	具	具	
48	777a	5	衆生死	生衆	生衆	
49		15	生	生生	生	「生」は衍字。
50		25	止	正	止	
51	777b	3	前	前明	前明	
52		10	不	不必	不必	
53		26	壞	壞＋一七字	壞＋一七字	壞＋心因亡於前卽果絕於後名果行。離不破壞
54	778a	4	語	語語	語語	
55	778b	10	得見	見／得	得	
56		11	卽	卽若	卽若	
57		19	耳	取	取	
58		28	潤	閏	潤	意味上、「潤」。
59	778c	20	靈	虚	虚	
60	779a	9	到	對	對	
61		14	到	倒	到	意味上、「到」。
62		23	苦	苦者	苦者	
63		23	離者	離	離	

64	779b	20	增長	增長	增	寫本は「長」に削除記號がある。
65	779c	2	是	是稱	是稱	
66		11	集	果	集	『經論』に從った。
67	780a	4	不利自他	不自他利	不利自他	意味上、「不利自他」。
68		17	職	識	識	
69		27-28	義理	義／理	義理	意味上、「義理」。
70	780b	4	德	惡	惡	
71		4	已	亡	亡	
72		6	凡	風	風	
73		9	智章	障淨	障淨	
74		9	障	障淨	障淨	
75		10	通	道	道	
76		12	故後	故後	故	
77		26	導	導	導	
78	780	2	時	時＋八字	時	時＋中及至二者可解是中時
79		7	令	合	合	
80		8	今令	令合	令合	
81		19	初	利初	初	意味上、「初」。
82		21	以	凡以	凡以	

83		22	前番	前惓	前	
84	781a	8	離	已離	已離	
85		11	翻	番	翻	意味上、「翻」。
86	781b	12	云	方	方	
87		19	道	道過	道過	
88		20	無	天	天	
89	781c	2	□	井	井	
90		4-5	幸□	辛獮	辛獮	
91		15	者	有	有	
92		20	煩	順	順	
93	782a	13	已	亡	亡	
94		16	云	方	方	
95		17	行	得	得	
96	782b	1	障	彰	彰	

〈表1〉と〈表2〉を通して、『義疏』の巻一と巻三をそれぞれ敦煌寫本と校勘した。〈表1〉と〈表2〉の結果は、次の五つの項目に分けられる。

①大正八五本『義疏』と敦煌寫本が同一であるが、意味上確實に間違って筆寫（a）されていたり、衍字（b）、脱落（c）があると判斷し、今回訂正した部分である。

a 〈表1〉の1の原文は、「問曰。大士靜亂平等。何當不定而始云者」であるが、意味を通じさせるためには、「不」を「入」に訂正して、「大士（金剛藏菩薩）は靜かさと亂れについて平等であるが、何故三昧に入ってから始めて言うのか」としなければならない。

次に、〈表1〉の68も同様である。原文は「解性門中縁起分」である。これは地論文獻の五門中、第一門に該當する。[10]『義疏』には順番に、佛性門中入寂分、[11]佛性門中果嚴因分、[12]解性門中縁起分、[13]佛性體、[14]佛性門中方便姿體分という名稱が見られる。[15]これに關して、すでに周叔迦が解性門中縁起分の「解」が「佛」の誤傳であることを指摘しているように、[16]第一門が佛性門であるため、「解」は「佛」とならなければならない。

〈表1〉106の「是」は、大正八五本や敦煌寫本においてすべて「是」となっているが、『十地經論』の原文では「顯示」となっているため、訂正を入れた。

b 〈表1〉9の「爲」は、大正八五本や敦煌寫本においてすべて「故指道品爲爲佛法」となっているが、「爲」の一字を削除しなければ意味が通じない。

c 〈表2〉53の「壞」より下の十七字を確認した結果、大正八五本では缺落しているが、確實に必要なものである。その一方、〈表二〉の「時」より下の八字は、大正八五本で缺落しているが、特に必要のない構文である。

②似た文字を、間違えて讀んだ場合である。〈表1〉2の「貞」は大正八五本で「故經云。無説是名貞説也」となっているが、「貞」は敦煌寫本で「眞」となっている。これに該當する經典の文句は見當たらず、『金剛經』の註釋書にしばしば見られる。〈表1〉4の場合も、大正八五本では「蒲淨如來」とあるが、これは敦煌寫本の「滿淨如來」の誤りである。これは「滿」の草書體を讀み間違った例である。

③敦煌寫本の補入（a）、削除（b）、文字の變更（c）の記號を讀み間違ったり、見落とした場合である。

a 補入を誤った場合である。寫本には特に補入や訂正の記號がない。訂正部分は原文の文字の横に筆寫し、補入部分は閒に入ることを最小限に意識した程度であるため、誤った讀みが發生する場合がある。

〈表1〉3の「此正」は、敦煌寫本を確認した結果、「正」の字を「此」に變更しているが、大正八五本の編者が補入で見閒違ったものである。關連する文は、「金剛是眞理行之名。本在因時同行金剛理行。今成正覺。還以此正法同號其人」である。金剛藏菩薩に加被する多佛の名稱がすべて金剛藏である理由を說明する構文において、強引に「正法」を使う理由がなく、「法」の字が入った方が自然である。すなわち、「「金剛」ということは、眞實の道理の行爲（理行）の名である。本來、原因の階位（因）にある時に、金剛道理の行爲を全く同じように實踐して、今正覺を成就した。よって、このような法を通して、彼らを同じように名づけた。」と解釋すれば良いはずである。

b　〈表2〉83の「前番」は、大正八五本に「通前番爲十也」とある。敦煌寫本には「番」の字が「惓」となっているが、大正八五本では文字を誤って讀んでいる。そして敦煌寫本には「惓」の字の横に「〻」という削除記號がある。したがってこの部分は「通前爲十也」としなければならず、意味は「前のものと合わせて十となる」である。そうすることにより、意味が通じる。大正八五本では、その次の行の寫本の「貪著己身名爲有貪求」に對しては、「貪」の字を削除して、「貪著己身名爲有求」としている。すなわち、正確に削除記號を讀み取り、文脈を考慮しながら「番」を活かしているのである。しかし、『義疏』の文脈として見れば、「惓」に從う理由がない。以下④、⑤でも言及するように大正八五本には、任意で訂正を入れた部分が多く見られる。一般讀者が大正八五本のみを見れば、敦煌寫本がそのようになっていると誤解するしかない。

c　〈表1〉19の部分は、大正八五本では「敎以說」とあり、S二七一七では「以敎證」とある。そしてS二七四一には「敎以證」とある内の「敎」と「以」の閒に、文字を變更した記號である「〜」が入っている。そして敦煌寫本の「證」の字を「說」の字と讀み閒違っている。これに關連する大正八五本の文章は「如是次第者。論位及敎以說此次第[17]」であるが、これをこのまま讀むと、「「この順序と同じである」ということは、階位と敎理を論じるにあたり、この順序で説くのである。」となりそうであるが、敦煌寫本には「如是次第者。論位及以教證此次第」とあり、「及」の字の解釋が問題に成り得るが、「「この順序と同じである」ということは、階位を論じるにあたりこの順序を敎說して、證明するものである」と解釋して良いはずである。「敎」と「證」を同字で解釋する理由は、前の文章において「「または阿含と證があり」ということは、阿含は敎道として始めと終わりを論じるものであり、證は證道として始めと終わりを明かすものである。[18]」となるためである。すなわち、敎道と中道に基づいた解釋をしているためである。そのため、敦煌寫本通りに見なければならないはずである。

④『十地經論』に基づいて、訂正した部分である。〈表1〉5の「踊」は、敦煌寫本では「勇悅」とあるが、『經論』に基づいて、「踊悅」と訂正したものである。しかし、二つの文字は通用するため無理に訂正する必要まではなかった。〈表1〉7の「自」は敦煌寫本の「今曰加者」を、『十地經論』の「今復自加[19]」に從って「自」と訂正したものである。この場合文字を訂正することによって意味が通じる。しかし、このような部分は他にもかなり多いが、大正八五本では一つ一つ訂正を入れた理由を明かさずに、まるで敦煌寫本にそのようになっているかのような誤解を與える。

⑤意味が通じるように文字を變えたり、添加したり、削除した場合である。

a〈表1〉11の「階」は敦煌寫本の「皆降」を「階降」に訂正した例である。「階降」は、「昇降」と同様の意味である。發音上は通用する意味であるが、訂正した方が良い。〈表1〉118の「圓」は、敦煌寫本に「十地之旨、旨融一味」とあるものを大正新脩大藏經の編集者が「十地之旨、圓融一味[20]」と訂正した例である。假に「圓融一味」という構文が一般的なものだとしても、敦煌寫本の「旨融一味」を「圓融一味」に變える根據にはならない。このように大正新脩大藏經の編集者が任意で訂正を入れたことにより、先に言及した通り法上に圓融思想が見えるという誤解が生じるしかなかったのである。

b〈表1〉8の「先」は、敦煌寫本では「先」に對して削除記號（〻）があるが、大正八五本では反映されていない。これは意味を通じさせるためである。敦煌寫本の原文に従えば、「後諸佛加、令其起先々説々之來元」とあり、「後ろに續き、諸佛が加被することは、彼に教説を起こさせることであり、先に説く根源は」と解釋されるため、「先」の字が入る方が良い。また〈表1〉47の「得相」の場合、敦煌寫本には「四一切不相似得」とあり、「相」の字が入っていないが、大藏經編集者が「相」の字を補入して、「四一切不相似得相」に變更している[21]。この部分は、『相續解脱如來所作隨順處了義經』の「不淨有七種相[22]」を引用した構文であるが、『經』には「相」の字が入っている。

c　〈表1〉85の「住」は、「不住世間」、「不住涅槃」が對句を成し、説明をする部分であるが、敦煌寫本では「相寂故不住涅槃世間」となっている。大正八五本では衍字と判斷し、「涅槃」を削除している。これは直前の「德無不備故不住涅槃」と對應する文章であるため、これに基づくならば訂正するのが正當である。〈表1〉114の「説」は敦煌寫本では「説」の次に「行爲説」の三字があるが、大正新脩大藏經の編集者は衍字と判斷し、削除している。

（2）校訂による内容變化の例

前項では大きく五種類に分類して、校訂を試みた。さらに今後、『十地論義疏』を明確に讀むためには一字一字を正確に訂正する作業が重要である。その中でも特に誤讀した文字を訂正することによって、内容が變わる部分が非常に多く存在する。以下は、これらの例である。

まず〈表1〉22と〈表1〉23の「心」と「正」は、大正八五とS二七四一共に同じであるが、S二七一七に從い、兩方「止」に變更した。大正八五本とS二七四一では「前二心觀別修行、未善成故不取。但取正觀合修二句[23]」となっている。「前の二つの心觀は別の修行として、善を成就することができないため、取らない。しかし、正觀で合わせて修行する二句を取る」と翻譯することができるはずである。この場合、「心觀」と「正觀」

が相對的概念であるかのように見えるが、意味や内容に對する理解が明確でない。しかし、S二七一七に基づいて「心」と「正」を兩方「止」に變えて讀めば、意味が通じる。すなわち、文章の意味は、「前の二句は止と觀は別々に修行することにより、善を成就することができないため、取らない。しかし止觀を併せて修行する二句を取る」と言い、下の第三句と第四句を修行の要點として提示する構文であることが分かる。この部分は、『地持論』巻三の「「法次法向修」ということは、簡略に說けば四種がある。一つ目は止、二つ目は觀、三つ目は止と觀を修習したもの、四つ目は止と觀に樂しんで住する」[24]を解釋する部分である。「法次法向修」は、如說修行を意味する。[25]したがって、『義疏』の解釋は『地持論』に基づき如說修行をする方法として、止と觀を別々に修行するのではなく、止と觀を合わせて修習して、止と觀に共に樂しんで住しなければならないことを主張した文句である。

〈表1〉65の「言」の關連文章は「善知敎旨、明閑取捨、故言相違也[26]」であり、大正八五本とS二七四一は同じであるが、S二七一七では「言」の字の次に「不」の字を補入している。これは三昧身が持つ八つの功德の中、七番目である「辯才淨」に對する註釋であるが、『經論』では、「陀羅尼門が相違しないことをよく知るためだ[27]」と辯才の清淨さについて說明している。これに對し「不」の字を補入して、「說敎の趣旨をよく知り、明快さと詰まりを取捨するため、相違しないと言ったのだ」とすれば、『經論』の趣旨に符合する。

〈表1〉73「論」の關連文章は、「若論前雖有眞行。無相發起義。據十地修[28]」である。これをそのまま解釋したならば、「もし前に眞の實踐があると論じたとしても、無相發起義は十地によって修行するものである」となる。しかし、この文章では「前」が指すものが何であるか明確でない。S二七一七では「論地前」となっており、意味が明確に通じる。すなわち、「十地以前の階位において眞實の實踐があると言っても、相が無い發心を起こす位階は、十地の階位に基づき修行する境界である」と解釋しなければならないはずだ。

〈表1〉104「日」は妊娠してから出產するまでの日數を計算する方法に關する部分である。大正八五本の關連する原文は「藏有十時。餘經中有三十八日。日爲一時、則三十八時[29]」という文章で、これにしたがって解釋すると、「子供をもつことに十時がある。他の經の中に三十八日がある。日は一時であるため、三十八時である」と解釋できるが、一體何の意味なのか理解できない。敦煌寫本は一見すると「餘經中有三十八七日爲一時。則三十八時」とも見える。しかしこの部分を細かく見ると、「七」の字と「日」の字の下に反復表示があることが分かる。大正八五本ではそれを削除記號と判斷し、「七」の字を削除し、「日」の字は反復表示で讀んでいるのである。この部分は共に反復表示で讀まなければならない。すなわち、正確な原文は「藏有十時。餘經中有三十八七日。七日爲一時、則三十八時」である。そうしたならば、「子供をもつことに十時がある。他の經の中で三十八回七日があると言う。七日は一時と言い、三十八時となる」と解釋することができる。子供が生まれる日は七×三八＝二六六日になる。多くの經典では、妊娠の日數を「三十八七日」と明記しており、法上はこれに從ったのである。「子供をもつことに十時がある」と言うのは『十地經論』の言葉であり、十時は新生兒が感覺器官を持って男女が區別されるまでの時間を言い[30]、他の經の中で言う時とは關係がないため、解釋上問題はない。

〈表2〉の70と71の「德」と「已」の關連文章は「如來萬德斯盡塵習永已名清淨[31]」であり、「如來の萬德はこれが盡きて、煩惱と習氣が永遠につきるものであり清淨と言う」と翻譯することができるが、敦煌寫本には「如來萬惡斯盡、塵習永亡名清淨」とあり、意味は「如來は萬種の惡がすなわち全て盡き、煩惱と習氣が永遠になくなるため清淨と言う」となる。したがって、敦煌寫本の「惡」と「亡」が正確であり、大正新脩大藏經の編集者が意圖的に訂正を加えたり、誤って讀んだものと考えられる。

〈表2〉92「煩」の關連文章は、「二者流、驅役衆生隨煩六道、無時暫停、名常流[32]」であり、「二つ目の流れと言うものは、煩惱にまみれた衆生が煩惱の六道に從い、少しも止まることがないため、常に流れると名づける」と翻譯することができる。これは一見意味が通じるように見えるが、「煩」の字に對して寫本では、「煩」の字とは異なる筆勢で「順」と讀むことができる。また、『經論』では「二者。流。隨順世間、常流不斷（二つ目、「流れ」ということは世間に隨順し、常に流れ、斷ぜられることがないことだ(33)」となっているため、「隨順六道」と見なければならないだろう。すなわち、六道の煩惱障を強調する構文ではなく、煩惱にまみれた衆生が六道に從い輪廻することを表している文章である。

この他にも〈表1〉と〈表2〉の一字一字が『義疏』を正確に理解する上で重要な要素となるため、まず校勘した結果を通して『義疏』に接近しなければならないはずである。

三 『義疏』の卷一と卷三の關連

本節は卷一と卷三が、本當に法上の著述なのかという點について考察する。まず兩卷の語句を通して、思想的關連を考察し、續いて兩卷の引用文獻を檢討し、傍證としては法上の弟子慧遠の『十地義記』との語句の關連を檢討する。

(1) 卷一と卷三の語句を通して

①四住煩惱（七六三下一四／七八二中二）。初地以上で「四住煩惱」を斷つことは、『金剛仙論(34)』に初めて現れたものである。卷一と卷三もまた同一の發想上にある。しかし、これだけでは卷一と卷三が同じ人物による著述であることを證明できず、逆についても同樣である。また『金剛仙論』との關連を想定することも容易ではない。例を擧げれば、「三種同相智」については、多くの解釋があることが『十地論義記』等に紹介されているが、『義疏』の說はそれらと一致しない。

②自體眞照（七六四下二四／七七〇中一二）。この特殊な造語は卷一と卷三のみに、一度ずつ使用される。その他にも行實而言（七六三上／七七六上）と寂用兩行（七六六上／七七六上）、分處經文（七六九上四／七七六中一七、一九、二

二）も『義疏』の巻一と巻三のみに見られる表現である。これは兩巻が同一人物によって著されたことを證明できる例である。

③三空智（七六四中）は先の②の例とは異なるが、經典では『菩薩瓔珞本業經』のみに、一度だけ使用される用語である。すでに指摘されているように、[35]『義疏』下巻の内、大正八五の敦煌寫本『本業瓔珞經疏』と約二十行が一致する。これと關連付けてみれば、巻一と巻三の作者が二人とも『菩薩瓔珞本業經』を讀んでいたことが分かる。上の三つの例の中、②のように、『義疏』のみに使用されている例を通して、二つの文獻が同一人物によって著述された可能性は高くなり、①と③は傍證の例として認められる。

（2）巻一と巻三の關連文獻を通して

今回の調査では、確認できる典據のみを次頁〈表3〉に擧げた。引用であることを明かしていない部分も引用文獻として處理し、「＊」を追加して引用を明かしていないことを表した。（ ）の中は引用回數であり、『十地經論』を引用した場合は除外した。

兩巻の引用文獻を見れば、どちらの巻においても『楞伽經』、『地持論』、『十住毘婆沙論』を引用していること以外は、特別な共通性を見出すことができない。しかし坂本幸男が指摘しているように、[36]『楞伽經』を引用する際に、菩提流支譯ではない求那跋陀羅譯を引用していることは注意を要する。さらに付け加えると、巻一では『解深密經』の異譯本でも、菩提流支ではない求那跋陀羅譯『相續解脫經』の二本を引用している。巻三でも求那跋陀羅譯の『勝鬘經』を引用している。これらの點により、兩巻に菩提流支譯が引用されていない共通點を見出すことができる。すなわち、巻一と巻三が菩提流支譯があるにも拘わらず、一貫して求那跋陀羅譯を使用していることは、兩巻に同一の引用意圖があったことを傍證する。またこれは法上が北都地論宗の系統であったことと密接な關係がある。しかし、次に識說を考察する際に菩提流支譯が使用される。これは法上が菩提流支を排斥

表3　巻一と巻三の引用文獻

巻一の引用文獻	巻三の引用文獻
鳩摩羅什譯 法華經	佛駄跋陀羅譯 華嚴經
曇無讖譯 菩薩地持經（二回）	求那跋陀羅譯 勝鬘經（二回）
求那跋陀羅譯 楞伽經	鳩摩羅什譯 大智度論（二回）
求那跋陀羅譯 相續解脱如來所作隨順處了義經（二回＊）	鳩摩羅什譯 發菩提心論
鳩摩羅什譯 十住毘婆沙論	曇無讖譯 地持論
鳩摩羅什譯 仁王經	鳩摩羅什譯 十住毘婆沙論（七回）
鳩摩羅什譯 摩訶般若波羅蜜經	曇無讖譯 涅槃經（二回）
求那跋陀羅譯 相續解脱地波羅蜜了義經	鳩摩羅什譯 成實論（二回）
	曇無讖譯 優婆塞戒經
	求那跋陀羅譯 楞伽經
	佛陀跋陀羅 觀佛三昧海經
	支謙譯 太子瑞應本起經

する立場ではないことを意味しているはずである。『十地經論』が菩提流支譯本であることも、これを證明する。

（3）識説を通して

『義疏』の識説については、高峰了州[37]、坂本幸男[38]、勝又俊敎[39]、伊藤瑞叡[40]らによって詳細に分析されている。ただ、これらは兩巻が法上の著述であることを前提として分析している。本節では先の四つの研究を參照しながら、兩巻の識説の同異を問題とする。まず、兩巻における識説に關する情報を提示すると、識説について巻一では三つ、巻三では八つの情報を得ることができる。詳しい情報は註（41）と（42）に讓り、ここでは識に對する説明のみを抽出し、整理したものが〈表4〉である。

表4　巻一(41)と巻三(42)の識説の整理

識	巻一の識説	巻三の識説
五識	五識は現行の識である、五種を分別する。心意識と言う時は、五識とする。	
第六識	六識は分別する性質があり、分別の結果私的に對象に執着する。心意識と言う時は第六識は「意」であり、廣く集める機能がある。	第六識は愚かな因縁に屬する。六識のうちの妄は、見聞、觸、知を言う。
第七識	第七識は心意識の心を言い、拾い集める主體である。阿頼耶識として縁起する、生死の根本である。七つの識を離れ、轉換しながら智となるが、ただ智だけが依止處になるためである。	第七識は因縁の體性の種子であり、本識である。第六識心と合わせて根本を成し、生死の根本となる。
第八識		八識の中、第七識は作用になる。第八識は體になる。しかし、作用がそのまま體であるため、第八識にも個別に體はなく、體用同時である。これは眞に依據して、作用が別にあることと同じである。
阿頼耶識	阿頼耶識は第七識であり、縁起する。	阿頼耶識が妄と共に起こり、萬の惑いの根源となる。すなわち、原因の意味を備える。阿頼耶識は藏識とも呼ばれる。妄は眞に依って、存在する。
如來藏		如來藏は一切法の根本である。
六、七、八識の關係	心意識と言う時、意が第六識であり、心が第七識である。心が集める主體であり、「意」は廣く集める作用である。	六識、七識、八識の立場でそれぞれ十二縁起を解釋する中、第六識と第七識の關係は第七識が本識であり、第六識がこれと共にする。その一方、第七識は第八識の立場から見れば、體がなく作用になるが、第八識もまた作用に即して體になるため、別の體ではない。

〈表4〉の通り、まず五識に關する説明は巻三には見えず、第八識と如來藏に對する説明は巻一にない。第六識は分別するという點において妄に通ずる。その他に共通して見られる識説は、第七識と阿賴耶識である。そのため、この二つの識と關連して、巻一と巻三の識説について考察する必要がある。

巻一では③（番號は註（41）參照、以下同樣）で第七識が阿賴耶識と定義されながら、生死の根本とされている。しかし、巻三では、第七識を阿賴耶識として言及していない。第七識を阿賴耶識と言及しているのは菩提流支の主張であると坂本幸男はすでに指摘している[43]。菩提流支は第七識を阿賴耶識の異名として阿陀那識と規定したが、第八識を眞如としての阿賴耶識としても規定している[44]。すなわち、菩提流支の阿賴耶識は兩面性を有するということである。このようなことは法上にも見られる。法上は巻三で、⑤（番號は註（42）參照、以下同樣）のように、第七識は種子であり、生死の根本としての本識であると表現している。ここでの本識はすでに指摘されているように、菩提流支が使用する阿賴耶識を指している可能性が高い[45]。また第七阿賴耶識が生死の根本という巻一③の説と一致する。したがってここに、兩巻に思惟の相違がないことを推論することができる。巻三⑥によれば、阿賴耶識は藏識として名色と同一であるが、「同一である」ということは、眞によって染淨が緣起し、衆生が成立することを意味する。阿賴耶識を眞として理解する可能性を殘したのである[46]。これは阿賴耶識に兩面があることを意味するだけで、巻一と矛盾していない。第八識については、巻三のみに言及されているが、巻三②によれば、第八識の中、作用の側面が第七識であるが、作用に卽して體が存在するので體用同時とも言う。ここでの第八識は眞の一面として理解され、巻三の⑦のように結果を作り出す原因である。巻一③では、眞如が佛性かつ眞諦として第一義空に該當し、第七識と區別されるが、巻三⑥では眞となる阿賴耶識または藏識が第一義空に該當する。巻三で眞は、知または智ということが立證される。巻一②では七種識を離れれば、轉變して智になると言う。このように少なくとも巻一と巻三では、はっきりと矛盾している識説は主張されていない。

緣智に對する理解からも、上記と同樣の結論を得られる。すなわち、巻三③によれば、有爲はかならず緣智であるため識と言う。縁智の意味については、例えば識そのものの說ではないが『經論』「眞實智攝」に對する『義疏』の解釋を見れば、ある程度は理解が可能である。『義疏』では、「「眞實智を攝する」と言うことは、眞如の眞實の智と眞理に相應する慧を含みながら、縁智に含まれない[47]」と言う。したがって、眞如と縁智は、含む範圍が異なることが分かる。『經論』では、「「よく決定する」と言うことは、眞實智を含むためである。「よく決定する」ということは、即時によく決定するということだ。これはすでに初地に入ったことであり、信地（初地以前）に含まれない[48]」と言う。ここで眞實の智と慧はよく決定する能力と關わりながら、すでに初地に入った境地を意味する。『經論』の「眞實智」を『義疏』では眞如實智と解釋しているが、恐らく後ろに續く眞智が同樣の意味になるであろう[49]。すなわち、「眞實智」や「眞如實智」は出世間の境界である。有爲の境界に屬する縁智とは區分されることになる。

縁智に對する說明のように「識」と名付けられたものは、根本的に有爲に屬す。阿賴耶識も例外ではない。しかし他の識とは異なり、阿賴耶識は眞妄が和合された狀態として認識される。これが本識として生死の根本となるが[50]、これよりさらに根源的な第八識は第七識を轉換させて受けた智であり、眞如としての眞諦で理解することができる。これまでの檢討を通して見れば、阿賴耶識の內容に關する要語の使用法が一致しない問題は依然存在するため、兩卷が同一人物の文獻であることを確證する根據としては不足している。しかし兩卷が同一の思想形態を有していることは證明されたはずである。

（4）淨影寺慧遠との關連

慧遠（五二三―五九二）は法上から具足戒を受け、北周武帝の廢佛時には激しく抗議し、法上と曇衍らが護法菩薩と賞讃しつつ、感謝の心を表したと言う。法上の『十地經論』の講義を聞いたという記錄はないが、文句や思想の關連性を通して十分に推定することができる。

本項では『義疏』と慧遠著述の用語との關連性を通して、巻一と巻三の關連性を具體的に検討する。思想を繼承した反面、法上と慧遠の思想が必ずしも一致するとは言えないが、用語はどのような思想が展開しようが、關連性を示す可能性を充分に祕めている。したがって慧遠と巻一および巻三には、共通したものがある可能性がある。

〈巻一〉と慧遠との關連

①「不住世間」（七六六上）に關する說明用語は、先に言及したように慧遠に繼承される。

②「如如平等」（七六二中）は、地論宗文獻としては慧遠の『維摩義記』で一回、『大乘義章』で二回（一回は『維摩義記』と同じ文章）使用される。隋以前に翻譯された經典で使用された例はない。

③「地持中有四句」（七六二下）については慧遠の『大乘義章』においても活用されており、『地持論義記』でも同様に扱われている。しかし、他の著述で『地持論』の四句を問題として扱っている例はない。

④「順釋、返釋、顯發釋」（七六三上）という解釋上の三つの方法は、『義疏』と『十地義記』（新纂續藏四五・四二〇中）のみに使用される。

〈巻三〉と慧遠との關連

⑤「妄不孤立」（七七二中）。妄は獨立して發生することはできず、眞によって生ずるという趣旨の文句は、『義疏』と慧遠の『大乘起信論疏』『勝鬘義記』のみに使用される。『十地義記』では「妄不孤」まで使用されている。その他、吉藏の『勝鬘寶窟』にも使用されるが、これは慧遠の『勝鬘義記』を引用したものである。[51]

⑥「聖教隱顯」（七七七中）は、『義疏』と慧遠の『大乘義章』、圓測の『解深密經疏』のみに見られる。

以上の六つの用例を通して、慧遠が巻一と巻三の表現および思惟をそのまま繼承していることが分かった。この結果から、巻一と巻三の兩巻が同一人物の著述であり、慧遠の師匠である法上のものであると見てもよいと言える。

四　結論

以上、大正八五の二七九九番と敦煌寫本を比較・檢討し、巻一と巻三の用例を通して兩巻の關係について考察した。

現在、兩本の間には約二百カ所の相違が見られ、それらは次の五つの項目に分類することができる。

① 大正八五本と敦煌寫本の『義疏』において、同一の字もしくは字句ではあるが、確實に間違いであると判斷し、校勘作業を通して、今回訂正を入れた部分である。

② 字形が似ているため、間違って讀んだ部分がある。

③ 敦煌寫本の補入、削除、文字の變更記號を讀み間違ったり、見逃している部分がある。

④『十地經論』に基づき、訂正した部分である。このような部分は非常に多いが、大正八五本では一つ一つ訂正した理由を明かしていない。

⑤ 意味を通じさせるために、文字を變えたり、添加したり、削除した場合である。この場合も一つ一つ訂正の理由を明かしていないため、寫本がそのようになっているかのような誤解を生む。

資料を讀む際に、原資料の確認が重要であることを充分に説明できたように思われる。またそれだけでなく、誤讀した文字を訂正することにより、内容まで變わってしまうことが多くあることにも言及した。その中、「心觀」と「正觀」は對立する概念のように見えるが、兩者「止觀」であることを指摘した。さらに、妊娠後の出産の日數を計算する部分は、全く意味が通じなかったものを二六六日として算出した。その他に、〈表1〉〈表2〉の一字一字の校訂が『義疏』を理解するにあたって重要な意味をもつため、今後も校訂本を使用しながら『義疏』に接する必要性がある。

兩卷の關連性については、いくつかに分けて考察を行った。語句を通して見た際に、卷一と卷三のみに使用される「自體眞照」「分處經文」などは、思想的内容と表現法においてまでも兩卷が一致することを示す實例であり、兩卷が同一人物の著述であることを證明する例である。

一方、最も研究されている『義疏』の識說については、卷一と卷三を分けた觀點から考察した。先行研究によれば、法上は第七識を阿頼耶識として理解し、獨特な思惟を有するものとして理解されてきたが、このような點は卷一と卷三からも、ある程度は同一であることが確認された。

『義疏』と最も關連性がある人物は地論宗の慧遠である。慧遠を法上の弟子として、『義疏』と慧遠の關連性を檢討した結果、『義疏』と慧遠のみが使用する概念語、解釋法、文章表現が發見された。このため慧遠が卷一と卷三の表現および思惟をそのまま繼承していることを確認できた。

以上の結果から、卷一と卷三の兩卷が同一人物の著述であり、さらに慧遠の師匠法上の著述であると見て無理がないように思われる。今後、校勘から著者問題まで、さらに研究していく餘地が殘っている。

参考文献

青木隆「地論宗の融卽論と緣起說」（荒牧典俊編『北朝隋唐 中國佛教思想史』法藏館、二〇〇〇）。
伊藤瑞叡『華嚴菩薩道の基礎的研究』平樂寺書店、一九八九。
大竹晉譯註『十地經論』Ⅰ（新國譯大藏經一七）大藏出版、二〇〇五。
大竹晉「地論宗斷片集成」（本書所收。初出二〇一四）。

大竹晉「地論宗の唯識說」『地論思想の形成と變容』國書刊行會、二〇一〇。

勝又俊教『佛教における心識說の研究』山喜房佛書林、一九五六。

坂本幸男『華嚴教學の研究』平樂寺書店、一九五六。

坂本幸男譯註『探玄記』（『國譯一切經』經疏部八）。

高峰了州『華嚴思想史』百華苑、一九四二。

藤谷昌紀「敦煌本『本業瓔珞經疏』の引用經典について」『大谷大學大學院紀要』一九、二〇〇二。

山口弘江「『十地論義疏』と『大乘五門十地實相論』——周叔迦說の檢討を中心として」『東洋學研究』四八號（東洋大學東洋學研究所、二〇一一）。

周叔迦「敦煌寫本『大乘五門十地實相論』跋」『現代佛教』一九五九年四月號。

註

（1）坂本幸男譯註『探玄記』（『國譯一切經』經疏部八）一三七頁、脚註一六九では、法藏が引用した「古德」について、法上とは斷定せずに、法上に近い人物であるとしている。

（2）坂本幸男『華嚴教學の研究』平樂寺書店、一九五六、三六二頁。

（3）周叔迦「敦煌寫本『大乘五門十地實相論』跋」『現代佛教』一九五九年四月號。

（4）山口弘江「『十地論義疏』と『大乘五門十地實相論』——周叔迦說の檢討を中心として」『東洋學研究』四八號（東洋大學東洋學研究所）、一一七—一三三頁。

（5）現存している寫本には「法」の字の下が缺けており、確認することができない。本稿では大正藏で活字化されたものに從い、ひとまず「法上述」を採用する。

（6）本書所收の大竹晉「地論宗斷片集成」に法上の『增一數法』『諸經雜集』『大乘義章』等の逸文が掲載されている。

（7）山口弘江、前掲論文、一一九頁では編集に携わった矢吹慶輝が「恐らく『十地論義疏』第三卷の前篇が第一卷になるであろう」と明言することを避けている部分を紹介している。

（8）山口弘江、前掲論文、一二〇頁に指摘されているように、周叔迦の主張に從えば『義疏』は僧範の著作となる。さらに周叔迦は『十地論義疏』と『大乘五門十地實相論』が同一作者であると主張するが、本稿ではこれを保留し、今後の課題とする。

(9)『義疏』(大正八五・七六三上)

(10)地論宗の五門については青木隆「地論宗の融即論と縁起説」を參照。

(11)『義疏』「三昧分者。佛性門中入寂分、凡有二義、一表十地理深非證不說、二欲受加、是故入三昧也」(大正八五・七六一上)。

(12)『義疏』「加分以下佛性門中果嚴因分」(大正八五・七六一上)。

(13)『義疏』「云何起分者。自下解性門中緣起分」(大正八五・七六五上)。

(14)『義疏』「云何本分者。自下正明佛性體」(大正八五・七六五中)。

(15)『義疏』「請分者。自下佛性門中明方便姿體分」(大正八五・七六八上)。

(16)山口弘江、前揭論文、一二四頁。

(17)『義疏』(大正八五・七六二下)。

(18)『義疏』「復有阿含及證者。阿含者、就教道以論始終。證者、就證道以明始終」(大正八五・七六二下)。

(19)『十地經論』(大正二六・一二四中)。

(20)『義疏』(大正八五・七六九中)。

(21)『義疏』(大正八五・七六四上)。

(22)『相續解脫如來所作隨順處了義經』(大正一六・七一九上)。

(23)『義疏』(大正八五・七六二下)。

(24)『地持論』「法次法向修者略說四種。一者止。二者觀。三者修習止觀。四者樂住止觀」(大正三十・九〇五上)。＊「法次法向」は、慧遠『地持論義記』(新纂續藏三九・二〇七上)によれば「自依法行」を意味する。

(25)慧琳『一切經音義』「向法次法(或言法次法向。謂無爲滅諦爲所向有爲道諦爲能向。道諦次滅故名次法。依道諦而行。亦言如說修行)」(大正五四・七八七下)。

(26)『義疏』(大正八五・七六五上)。

(27)『十地經論』「善知陀羅尼門不相違故」(大正二六・一二六中)。

(28)『義疏』(大正八五・七六五中)。

(29)『義疏』（大正八五・七六七下）。
(30)『十地經論』（大正二六・一二七中）、大竹晉譯註『十地經論』Ⅰ、大藏出版、二〇〇五、八〇―八一頁。
(31)『義疏』（大正八五・七八〇中）。
(32)『義疏』（大正八五・七八一下）。
(33)『十地經論』（大正二六・一五一中）。
(34)『金剛仙論』（大正二五・八六四下二三）。
(35) 藤谷昌紀「敦煌本『本業瓔珞經疏』の引用經典について」『大谷大學大學院紀要』一九、一〇九―一一〇頁。
(36) 坂本幸男、前掲書、三六二頁。
(37) 高峰了州『華嚴思想史』百華苑、一九四二、九八―一〇〇頁。
(38) 坂本幸男、前掲書、三六四―三九二頁。
(39) 勝又俊教『佛教における心識説の研究』山喜房佛書林、一九五六、六五七―六六四頁。
(40) 伊藤瑞叡『華嚴菩薩道の基礎的研究』平樂寺書店、一九八九、八〇四―八〇八頁。
(41) 巻一の識説は以下の文章を通して整理した。①「答曰。云無言説者。乃可無六識分別言説」（大正八五・七六一上）。②「法身者。法性身。心者第七心。意者第六意。識者五識。故楞伽經云。心爲採集主。意爲廣採集。現識分別五。離此七種識轉爲智。故云唯智依止」（大正八五・七六三下）。③「三種同相智者。一緣起。二妄相。三眞如。緣起者、第七阿梨耶識是生死本也。妄想者六識心。妄生分別邪著六塵。眞如者佛性眞諦。第一義空也」（大正八五・七六四中）。
(42) 巻三の識説は以下の文章を通して整理した。①「妄依眞有。是故辯阿梨耶識共生、以爲萬惑之本。故經云以如來藏故説生死、是故如來藏是一切法本」（大正八五・七七一中）。②「若就宗別六識位中、始從無明終訖老死、前後不同時、容有十二種義。七識位中、有相未窮、一體以辯十二。八識位中、七識無體。依眞而用別、即用爲體、更無別體。正以用爲體、即體用同時以辯十二」（大正八五・七七一下）。③「但是有爲莫非緣智名之爲識」（大正八五・七七一下）。④「唯是六識愚癡因緣」（大正八五・七七一下）。⑤「意識者、餘處説業爲種子、以善惡苦樂正相故。爾此中就因緣體性、故識爲種子。此是第七識、名爲本識、與六識心爲本、是生死根原也」（大正八五・七七二上）。⑥「報相者、色從識因復有六入果名爲「報」。名色共阿梨耶識以業動故成種子、生名色報也。言「共」者、妄不孤立不能獨受苦樂。今明要依於眞、染淨緣起、得名衆生。此是依義、共彼生者、上明共生似若名色與藏識二倶相依。今明但名色依阿梨耶識、應言名色依彼生故也」（大正八五・七七七七中）。

二上中）。⑦「答曰。阿梨耶識爲因、故餘悉名果也」（大正八五・七七二中）。⑧「六識中妄語謂見聞觸知」（大正八五・七

(43) 坂本幸男、前揭書、三八三頁。

(44) 大竹晉「地論宗の唯識說」『地論思想の形成と變容』國書刊行會、二〇一〇、六八―六九頁。

(45) 坂本幸男、前揭書、三八八頁。

(46) 坂本幸男、前揭書、三九一頁。

(47) 『義疏』「眞實攝者眞如實智與理相應慧攝、非緣智所攝」（大正八五・七六五中）。

(48) 『十地經論』「善決定者。眞實智攝故。善決定者。卽是善決定。此已入初地。非信地所攝」（大正二六・一二六下）。

(49) 『義疏』「「善決定」者。旣證初地出世眞智明白之解。凡地妄想疑倒一切永亡故。云「卽決定」者。卽十地體旣是出世眞證。若以世法來釋者、則失正義。故直言卽是也。「此以入初地非信攝」者。分其位相。今據初地已上辨其眞道」（大正八五・七六五中）。

(50) 坂本幸男、前揭書、三九〇―三九一頁では、地論宗の阿賴耶識の眞妄和合識の性格について、眞の面と妄の面で理解している。この問題について、本稿では課題としなかったため、言及を避けた。

(51) 『勝鬘寶窟』卷下「此第一破其不立如來藏爲依持義。破意云。若不依眞。妄不孤立。故無厭苦樂求涅槃。如人睡時。若無報心。則無夢中向河求水。此亦如是」（大正三七・八三b）。『勝鬘義記』卷下「若不依眞。不孤立。故无厭苦求涅槃義。如人睡時。若无報心。則无夢中背河求出。此亦如是」（新纂續藏一九・八九三中一一）。

九　法上『十地論義疏』「加分釋」の展開

金　天鶴

一　問題の所在

『十地經論』において加分は、佛の加被を論ずる部分であり、後に十地法を説く重要な根據となるという點で重要である[1]。また加分では『十地經論』翻譯以後、地論宗のいくつかの重要な教理的問題が説かれる。本稿では、初期地論師の『十地經論』解釋に屬する法上の『十地論義疏』（以下『義疏』と略稱）の加分釋について、科文を通して紹介し、その弟子である慧遠との思想的な關係を中心として検討することにより、地論思想の繼承および展開の一つの流れを把握しようと思う。

周知のように法上の『十地論義疏』は、現在、初めの部分が缺落した卷一と卷三が殘っているだけで全貌はわからない。しかし幸いなことに、加分の註釋は全て殘っている。法上が『十地經論』加分の解釋で重視した中で教理的に重要な問題としては、「三昧と言説」、「六相」、「三種の窮極（盡）」などを擧げることができる。

以下、『十地經論』の加分の構造と『義疏』の加分の解釋に對して慧遠との關連を通して解明し、法上が加分釋の最初に注目した三昧と言説の問題に集中して議論を進める。この問題は、中國佛教において三昧と言説との閒の關係を問う始發點となるという點で意義がある。ところで法上は三昧の中では言説がないという『十地經論』の主張と相反する見解を提示している。慧遠は『十地經論』に復歸するが、華嚴宗に至ると再び法上と似た立場を取るという點で、中國佛教思想史において注目すべき關心事でもあるのである。

二　『十地經論』加分の構造

『十地經論』初歡喜地は、序分、三昧分、加分、起分、本分、請分、説分、校量勝分の八分から構成される。加分までの流れを見ると、最初に歸敬偈があり、次に序分では釋迦牟尼が成道した後、第二の七日に他化自在天宮の摩尼寶藏殿で多くの菩薩衆とともにいて集會が始まることを述べる。上首菩薩は金剛藏菩薩である。三昧分では、上首菩薩である金剛藏菩薩が佛の威神力を得て菩薩大乘光明三昧に入る。(2)この時、すなわち金剛藏菩薩が三昧に入った時、佛たちの加被が具體的に擧げられる。ここからが加分である。

加分の内容を、論を中心として主題別に整理すると、①多佛の加被、②加被する理由、③加被の方法である。①において注意されるのは金剛藏菩薩が三昧に入っている狀態で多佛が加被するということである。ここに三昧と言説の問題が介入する。②加被する理由では、十入と十始終という二十句の理由が説かれる。この中、十入では、以後、華嚴宗で重要視される六相が説かれ、十始終では菩薩の五種の障礙と、その對治の方法について説かれる。③加被の方法に對しては、身・口・意の三業で加被することが説かれる。

このような『十地經論』の加分の構造を科文形式で示すと〈表1〉のようになる。

〈表1〉の中、「1.1 多佛加」は「加分」の前の「三昧分」で金剛藏菩薩が佛の威神力を受けて三昧に入った後、「何のために多くの佛が加被をするのか」を問う場面であり、これに對して法と法師に對する恭敬心を增長させるためであり、金剛藏菩薩だけを加被する理由は佛の本願力のためであるなどと説く。この部分に「善いかな、善いかな、金剛藏よ」などの經文がある。このような口語的な表現を通して佛の直説であることが理解できるが、

表1　『十地經論』加分の論文の科文

1. 加分
1.1 多佛加
1.2 何故加：二十句
1.2.1 初十句依自利行（2）
1.2.1.1 根本入
1.2.1.2 餘九入
1.2.2 後十句依利他行（2）
1.2.2.1 根本始終
1.2.2.2 餘十始終（3）
1.2.2.2.1 五始終
1.2.2.2.2 五障礙
1.2.2.2.3 五對治：五始終
1.3 云何加
1.3.1 口加（2）
1.3.1.1 根本辯才
1.3.1.2 二種辯才（2）
1.3.1.2.1 他力辯才
1.3.1.2.2 自力辯才（4）
1.3.1.2.2.1 有作善法淨辯才
1.3.1.2.2.2 無作法淨辯才
1.3.1.2.2.3 化衆生淨辯才
1.3.1.2.2.4 身淨辯才（3）
1.3.1.2.2.4.1 菩薩盡
1.3.1.2.2.4.2 二乘不同盡
1.3.1.2.2.4.3 佛盡
1.3.2 意加（2）
1.3.2.1 十種無畏身
1.3.2.1.1 色身勝（一句）
1.3.2.1.2 名身勝（九句）
1.3.2.2 何故唯加金剛藏（2）
1.3.2.2.1 得三昧法（2）
1.3.2.2.1.1 本願成就現前
1.3.2.2.1.2 三昧身攝功德（2）
1.3.2.2.1.2.1 八淨：依自利利他
1.3.2.2.1.2.2 八因（2）
1.3.2.2.1.2.2.1 依自利（4）
1.3.2.2.1.2.2.2 依利他（4）
1.3.2.2.2 不得三昧法
1.3.3 身加

＊本科文は大竹晉校註、新國譯大藏經『十地經論』Ⅰ（大藏出版、二〇〇五年）の目次を参照して構成した。

三昧と言説との問題と關連して注目する價値がある。「1.2 何故加」からが加被を行なう理由を二十句で明かしたものであり、金剛藏佛の説明である。ここから「六相」説が展開される。上で簡單に説明した三業の加被は、「1.3 云何加」から長い科目が設定されている。「1.3.1 口加」は、辯才の能力を加被することである。「1.3.1.2.2.4 身淨辯才」、すなわち口加の依據となる體が清淨であることによる辯才には、三種の窮極（盡）があることがわかる。(4)「1.3.2 意加」は、色身（色蘊）と名身（受想行識蘊）(5)が勝れていることにより辯才に恐れがないように加被することを說く。そして「1.3.2.2 何故唯加金剛藏」は金剛藏だけが加被を受ける理由を説明した科目であり、「1.3.2.2.1 得三昧法」、すなわち金剛藏だけが三昧法を得るためにということであるが、三昧法は自利と利他に基づいて説明されていることがわかる。「1.3.3 身加」は神通力をいう。

以上、『十地經論』加分の構造を、科文を通して大略説明した。法上の『義疏』の加分解釋は、このような『十地經論』の構造を通して考察する時、十分に理解が可能である。以下、『義疏』の加分の解釋に對して考察し、あわせて慧遠との思想的な關係にも言及する。

三　『義疏』の加分の解釋と慧遠

（1）加分の解釋の構造

『義疏』では、加分を佛性門の中の果嚴因分と定義する。佛の果の原因となる部分を飾るという意味であろう。すなわち佛が菩薩に加被を與えることをいう。(6)地論師が經論を解釋する時、五門に分類することについては、青木隆の指摘により判明している。(7)その中の最初の門が佛性門である。『義疏』は五門で經論を註釋する初期文獻に屬する。(8)『義疏』では、加分に對しては論文と經文とに分けて分科を行なう。

〈表2〉の中、論文の科文は加分全體に對するものであり、經文の科文は〈表1〉の「1.1多佛加」に該當する經文を分科したものである。『義疏』の論文の分科では〈表2〉「1.1直明本願力」に該當する。一方、慧遠は『十地經論義記』（以下『義記』と略稱）で經文を分科して解釋した後に、これに該當する論文を隨文解釋する方式をとる。したがって正確には經文の科文だけが存在し、それは次のようなものである。

1. 加分

表2　『義疏』加分解釋の科文

經文	論文
1 加分 1.1 明出經者意 1.2 明諸佛讚勸（是諸佛） 1.3 明諸佛助加之義（此是）	1. 加分 1.1 直明本願力 1.2 爲說十地（何故加）（2） 1.2.1 初十句 1.2.1.1 根本入 1.2.1.2 九入（3） 1.2.1.2.1 明地前行相（四句） 1.2.1.2.2 明地上行（四句） 1.2.1.2.3 明佛果行 1.2.2 後十句 1.3 諸佛與力之相 13.1 口加 13.2 意加 13.3 身加

1.1 許爲作加（兩時）
1.2 明加所爲（又一切）
1.3 示現加相（復次）

したがって、慧遠が法上の經文解釋を參照した痕迹は見つけることは難しい。

『義疏』の中、論文の科文を敷衍して説明すると、「1.1 直明本願力」は〈表1〉の「1.1 多佛加」に對する説明であり、多佛の加被が盧舍那佛の本願力に依ることを明かす内容である。「1.2 爲説十地」は〈表1〉の「1.2 何故加：二十句」に對する科文である。『義疏』の科文でこの部分を重視したことは、細分された科目から分かる。「1.3 諸佛與力之相」は、〈表1〉の「1.3 云何加」に該當する内容である。加被する方法を説くところで、『義疏』で具體的に科目を作ってはいないが、〈表1〉「1.3.2.2.1 八淨：依自利利他」に對しては『義疏』では「三昧具八種淨功德」とし、「1.3.2.2.1.2 三昧身攝功德故」の「1.3.2.2.1.2.2 八因（2）」は『義疏』では「三昧體能作八種因」、「1.3.2.2.1.2.2.1 依自利（4）」は「次第出四種因」、「1.3.2.2.1.2.2.2 依利他（4）」は「經論一一相對明因」として説明し、一部に對しては科文を設定する。

『義疏』の議論の中、〈表2〉の「1.1 直明本願力」で、①三昧と言説の問題を扱い、〈表2〉の「1.2.1.2.3 明佛果行」の議論の延長線上で②六相の問題を扱う。六相の問題で注目されるのは、六相が六種正見と同一視されるという點と、『義疏』の六相解釋が、敦煌本で發見される地論宗文獻に影響を與えているという點である[9]。ただ、慧遠に繼承された痕迹は見つけることはできない。〈表2〉の「1.3 諸佛與力之相」では③「加」の種類を自分加と他分加とに分ける。自分加では佛の加被を待たねばならず、他分加こそ完全なものと見ている[10]。加被を明確に他分加と自分加とに分ける例は確認されないが、これは經文註釋で自分と他分（勝進分）を分ける地論宗の初期文獻の流れと一致する[11]。〈表2〉の「1.3.1 口加」では④三種の窮極（盡）に對して具體的に論ずる。これは〈表

2〉の「1.2.12九入」と密接に關連する。[12] 一方、〈表2〉の「1.3.2意加」の下位科目である「1.3.2.12名身勝（九句）」の中、第二が堪辯才[13]であるが、『義疏』では緣集說と認識（量）の問題を導入して仔細に說明している。緣集說は地論宗で展開され、認識の問題は敦煌地論宗文獻で見ることができるように、初期地論宗において重要な概念[14]であるため、教理的に重要である。第六の不離辯才における三種の同相智に對する說明も教理的に重要であるが、慧遠の說は法上と全く一致していない[15]。

以上、『義疏』の加分解釋に對して科文を中心として重要な教理を簡略に紹介し、科目を通しては法上と慧遠との關連が稀薄であることにも言及した。しかし、次項で述べるように、法上の註釋に對して、淨影寺慧遠は思想的に受容しながら批判することが確認できた。以下、第一に『義記』で受容した例と、第二に『大乘義章』で積極的に受容した例、そして第三に法上を批判する例に對して項を改めて扱う。

（2）淨影寺慧遠との思想的關聯

『義記』に見える影響

まず法上を繼承する側面に言及する。加分の解釋ではないが、三昧分の解釋の中、加分の解釋と關聯がある文句がある。『義疏』では、三昧に入る理由に對して次のように述べる。

「三昧分」は佛性門の中、入寂分である。ほぼ二つの意味がある。第一は十地の道理が深いことを表す。證得できなければ說くことができない。第二は加被を受けようとすることである。それゆえ三昧に入る[16]。

一方、慧遠の『義記』では、三昧分と加分に關する說明の中で次のように述べる。

……衆生のために說こうと、この時、金剛藏が默々と三昧に入り證得してこそ、よく說くことができることを顯す。また加被を受けようと、この三昧を明かすので三昧分という。……加分というのは、前で三昧に入り加被を受けようとしたため、三昧に入った後、すべての佛が同じく加被を行ない、この加被のことを明かしたために加分という[17]。

慧遠は、法上が『義疏』で明かした三昧に入る二つの理由の中、後者は加被を受けた理由に含める。その中、「加被を受けようとすること」の意味である「欲受加」という表現は、『義疏』と『義記』にだけ見えるということに注目すると、慧遠が『義疏』を見て、これを受容しながら、解釋の上では異なって應用したことが證明される。

『大乘義章』に見える影響

次は、『義記』にも見えるが、『大乘義章』でより明確に法上の影響を見ることのできる部分である。『義疏』では次のようにいう。

「信・行の地に住する」というのは、通常の解釋によれば、信はまさに習種にあり、性種は行を彰し、道種は發趣していくことを彰す。今は信行を明かすことであるが、最初の習種から最後の解行に至るまで、みな信地である。初地以上を證地という[18]。

ここから見ると『義疏』では信行地を初地以前と見たことがわかる[19]。慧遠の『義記』でも、この部分の解釋で初地以上を證地と見るのは同じであるが、信地が初地にも通じることを許容するという點で若干の變化が生じている。すなわち次のような説明である。

信地というのは、その位階の分を指す。地には二種類があり、第一は信、第二は證である。證へと進む方便が決定したことを信という。正しく得たことを證という。位階を大きく分けると、地前は信で地上が證である。故に下の『論』で「すでに初地に入り、信地に屬するのではない」と述べた。〔しかし、〕會通するならば、地前と地上がいまだ得られないことを信といい、得る處を證という。今、この菩薩は信であり證ではない。(20)

『義記』によれば、「信」は明らかに初地以前であるが、初地以後とも決して分離されていない。そうでありながらも慧遠は、信地人といわゆる一生補處の菩薩とを明確に區分する。それは次のような文章である。

問う。前で列擧した一生菩薩はみな十地を極めて證得した人々である。今、この菩薩たちを、なぜ信地と言うのか。

解釋すると、彼らは佛の教化の對象となる影響衆の人びとである。今言う信というのは、佛の教化を受けられることに該當する根機となる人々である。それゆえ一生菩薩と信地とは同じではない。(21)

この質問は、『十地經論』の經文に登場する菩薩たちの位階をどのように見るのかという問題とも關連している。經文の文脈に従おうとすると、これらの菩薩はみな一生に阿耨多羅三藐三菩提を得る、いわば一生補處の菩薩たちである。それにもかかわらず、『義記』では影響衆と當機衆とに分けているが、前者が一生補處菩薩に該當し、信行地菩薩が當機衆に該當するであろう。(22)慧遠は一生菩薩の證處に信地菩薩が存在する狀況を認め、彼らは佛と一生菩薩とにより教化されうる初地以前の菩薩たちであるが、證處としての同じ場所に存在するのが許されたと見るのである。このような慧遠の解釋は、智儼の『捜玄記』に長文にわたりそのまま受容される(23)。

信行地が初地と共通した場所にあることが許されるというこのような解釋は、華嚴宗に影響を及ぼしながら、より積極的に解釋される。例えば、『探玄記』では初地以上の加行位を信行地といい、各地のすぐ前の加行位を信行といい、信行地が初地以上である可能性も認め、以後、澄觀にも受容された痕跡が見られる(24)。これは法上を繼承した慧遠により地論宗の解釋が華嚴宗へと展開した例である。

上の法上の解釋は、信地と證地とを對比させて解釋しているが、『義記』もやはり信地と證地との對比を通して說明する。このような信地と證地との對比は、慧遠の『大乘義章』で積極的に展開される。『大乘義章』巻十二「五忍義」では次のように說かれる。

今、信忍について說く時、何のために初地、二地、三地にあるというのか?

解釋して述べる。信はその最初の姿であり世間の中での說である。すなわち世間と出世間との相を相對させると二つがある。第一に、地前と地上とを相對させて分別すると、地前は世間說であるから信地となり、地上は出世間說であるから證地と判定する。第二に、地上について相にしたがって分けると、初地、二地、三地はかの世間說であるから信忍であり、四地以上は出世間であるためにそれぞれ異なる名前を付與する。すなわち順忍・無生忍などである(25)。

このように慧遠は『大乘義章』では、十地の姿を世間と出世間とに分ける方式を通して、信行地が地上の相でもありえることを明確に認めており、『義記』よりも進んだ解釋を示している。『大乘義章』巻十二「七地義」では、法上が信地と證地とを種姓の觀點から解釋することを受容したような表現が見える。

地の位階の開と合、具體的なことと縮約的なこととは定まっていないが、要約すればただ二種類だけである。第一は信地であり、第二は證地である。地前菩薩が出世道へ向かうことを信地といい、初地以上の實際を證得することに相應して證地という。あるいは三つに分ける。『地持論』で説くものと同じであるが、第一の種性持は種性地にあり、第二の發心持は解行地にあり、第三の行方便持は初地以上にある。(26)

このように信と證とを種性と關聯させる解釋は『義記』には見られず、『大乘義章』にだけ見られる解釋方式である。慧遠は『地持論』を典據としているものの、ここでの種性地と解行地は法上『義疏』の習種から道種に該當するために、信行地を種性と解行とに分けて解釋する法上の方式に影響を受けたのであろう。

法上に對する批判

ところで、「加分」の解釋の中には慧遠が法上を批判するような文句も見出される。法上は二十句に對する解釋を行なう時、次のように述べる。

二十句は細かくは『十地經論』の分類と同じである。初めの十句は「入ること」を明かす。「入ること」は彼の**理解**に依據する。(27)後の十個の「始めと終わり」は、**實踐**を明かしたものである。自ら實踐する意味が劣るので、ただ名稱だけを明かして「入ること」と名づけた。利他行は勝れているために「始めと終わり」という名稱で分別した。(28)

ところで同じ部分を註釋する慧遠の『義記』では、

どうして自利を入と名づけ、利他の實踐を始終と說くのであるか。ある人が言うには、「自利は理解に基づいて入」と名づけ、「利他は實踐に基づいて始終」であるという。〔しかし〕この意味はそうではない。同じ地の實踐である。どうして、ただ前は理解、後は實踐であると判斷できようか。それゆえ「入ること」と「始終」とは、意味が一つであり區別がない。「入ること」は必ず始めから終わりに至る。その始めと終わりを論ずれば、必ず入るところがあるので二つの實踐に分け、各々一つの意味にしたがうのである。(29)

慧遠は「入ること」と「始終」は同じく實踐に基づいた表現であるとし、この二つを理解と實踐とに分けて解釋する「ある人」の言葉を批判している。ところで慧遠が批判した「ある人の言葉」(人言)は彼の師である法上の解釋と一致する。おそらく慧遠が法上の說を批判的に見たことに由來して「人」と表現したものと見られる。以上、法上の『義疏』「加分」解釋を、慧遠が『義記』において受容したり、『大乘義章』で積極的に展開することがわかり、一方、師の說に批判的な解釋も加えていることもわかった。以下、節を改め、隨文釋で提示されていた主要な議題の中の第一である三昧と言說の問題に集中して、法上を中心とする思惟の展開を論じようと思う。

四　三昧と言說の問題

(1)『十地論義疏』以前の解釋

說一切有部と『大智度論』

佛教全體として見た時、三昧と言說との關係は重要である。佛が言說を行なう時、三昧に入っているのか、三味から出た後なのか、という問題に關連するからである。一般的には三昧から出て説法をすると考えられるが、必ずしもそれに限るわけではない。華嚴教學では普通、三昧における言説が認められる。ただ、いわゆる「三昧の中での教説」を『十地經論』が認めるか否かは微妙な問題である。『十地經論』と『義疏』など、地論宗文獻における三昧と言説との問題を論ずる前に、それ以前の議論である説一切有部の立場を見ると、『婆沙論』では尋伺がある初禪定では語ることができ、尋伺が存在しない第二禪定以上では言語すら存在しないという。また『法蘊足論』では初禪定に尋伺は存在するが、話をするのではないと説明するという。[30] このように有部では、初禪定の境地において言語が存在するという意見と存在しないという意見が竝立すると報告されている。

一方、『大智度論』巻十七では禪定中の説法を認める。以下にその要旨を擧げる。經典で、菩薩は常に禪定に入り、心を攝めて動かず、覺觀（尋伺）が生じなくとも、一切衆生のために無量の音聲で説法をすると説いている。これに對して他の經典では、心の作用と思惟があった後に説法するとなっているために、禪定の中にはこのようなことがなく、説法することができないと反論すると、これに對して、凡夫はまず言語があり、心の作用があった後に説法をするが、法身菩薩は常に禪定に入っており、無量の變化により衆生のために説法すると答える。[31] 『大智度論』のこの文句は、圓測の『解深密經疏』巻二と巻五で、それぞれ一回ずつ引用されるが、二つとも心の作用と關聯して論じられる。その具體的な問答は次の如くである。

問う。一切の言説はみな心の作用に依據するのか？

答える。諸説は不同である。親光論師は、八地以上は心の作用に依據せず言説を起こすが、すべての心の作用は有漏のみであるからと説いた。護法論師は、十地菩薩は必ず心の作用を借りて言説を起こす。また、心の作用もまた無漏の後得智にも通じると説いた。

問う。無分別智が現在、現れている時にも説法することができるのか？

解説する。説法するとしても妨げがない。一刹那に二つの智（正體智・後得智）が平行するが、その中、無分別智は心の作用を備えていないが、後得智は心の作用に加えて言説を起こすためである。『智度論』第一七巻では、菩薩が常に禪定に入っている時、心を攝めて不動であり、心の作用を起こさず、また法を説くことができるという。詳細は『智度論』で説かれたのと同じである[32]。

ここから見て、圓測は禪定中の言説を『智度論』の影響で肯定していることがわかり、中觀學派でも同様であったと圓測が認識していたことがわかる。このように三昧と言説との問題は、説一切有部の文獻から唯識文獻に至るまで、心の作用（覺觀、尋伺）と關連することも十分に理解できる。

靈辯の『華嚴經論』

『十地經論』が『華嚴經』「十地品」に該當するのは周知の事實であるが、『華嚴經』の中で菩薩が加被を受けたり、三昧から出て説法するのは「十地品」だけの專有物ではない。また法上以前の『華嚴經』の註釋書の中でも、このような問題が言及されていた可能性は十分にあるであろう。

『華嚴經』の初期の註釋書として靈辯の『華嚴經論』が一部分殘っている。靈辯（四七七—五二二）は地論學派が隆盛する前に入寂し、その系統も知ることができない。弟子として『華嚴經傳記』巻一に靈源、道昶、曇現などの名が見えるが、彼らの活動狀況も不明である。靈辯の著作として一部が殘っている『華嚴經論』は、第二地から殘っているため、初歡喜地に對する詳細な註釋狀況はわからない。ところで十地品「明地」を註釋する中で、靈辯の初禪と第二禪に關する議論がある。そこでは菩薩が禪定に入った狀態では教説がないと認識していたようである。すなわち『華嚴經論』巻五十四では、菩薩の「滅」に對して問い、「初禪では言語が滅し、第二禪に入って覺觀が滅する[33]」と答える。これと似た發想は、すでに『成實論』に見える[34]。したがって靈辯が『成實論』を通してこのような敍述を行なったものという推定が可能である。しかしこれは、これより少し前で「聖人は諸の禪定に入り、能く說き能く捨てる」[35]と述べ、三昧の中での言說を認めた後に、滅の側面を説明したに過ぎない。したがって菩薩の定中說を認めていることがわかる。

一方、「十住品」では正說を定義して、

正說とは、上で三昧身に依って一切智力を受け、加被が具足したために佛法の明を受け、〔三昧から出て〕かの信地に依り菩薩十住の清淨法門を說き、一切大衆が如實に修證して無餘涅槃に入るようにするためである[36]。

と述べる。ここでは菩薩が三昧から出た後に正說するということから見て、定中說を否定したものと見られる。しかし、これは三昧分から起分に行く過程を說明しているだけであり、前の三昧の中での言說が可能であるということを覆すものではない。また「十住品」に對する說明であるために、「十地品」に對する說明と一致させることができるか疑問である。しかし、三昧から出て正說することも認定した『華嚴經論』では、三昧の中で菩薩が說くことも說かないことも十分に可能であると解釋していると見られる。

(2)『十地論義疏』の解釋

まず『十地經論』の三昧と言說との關係に注目すると、次のようになる。

經曰。諸佛が金剛藏菩薩の頂をなでると、この時、金剛藏菩薩が三昧から出た。

論曰。「すぐに三昧から出た」というのは、三昧を終えたためである。また、〔出たというのは〕勝力を得

たのであり、教説の時期に至ったのであり、定では言説がないためである。(37)

このように『十地經論』では明白に三昧では言説がないという。三昧では言説がないという文句は、大竹晉によるとチベット譯は「解説の作用も安立されたために、精神集中の状態では解説ができない(38)」となっている。上で検討したように、尋伺を述べてはいないが、三昧の中では教説ができないものと理解される。したがって『經』では金剛藏菩薩が三昧から出たというのである。『十地經論』には、三昧の状態での教説を肯定する説明はない。

ところで『義疏』では加分を註釋する時、次のように『十地經論』と相反する主張を行なう。

問う。上の〔金剛藏菩薩が〕三昧に入り定の中にいる。今この加分の中、諸佛の根本を開き、願を清淨にし、九の入と十の始終により地の本體が極めて圓滿であり萬行をすべて備えていることを廣く明かす。〔これは〕誰のために説いたものであるか?

答える。まさに金剛藏のために説いたのである。金剛藏が法性三昧に入ることにより諸佛と本體が同じくなったためである。諸佛が三昧にいながら〔金剛藏の〕ために十地法の作用を説き、十地自體が無障無礙であることを辯説し、三業により加被して三昧の中で法の作用を具えることをすでに覔えた。金剛藏がそうした後に三昧から出てまさに前の諸佛の教えにより大衆のために十地の實踐の様相の區別を備え辯説した。そのため三昧の中に説法があるのである。

問う。もしそうであれば、どのような理由で下の『論』の中で「三昧の中では言説がない」と言ったのか?

答える。「言説がない」というのは、六識で分別する言説がないことを言うのであり、證説がないことを意味するのではない。それゆえ『經』で「教説がないのが眞實の教説だ」と述べたのである[39]。

『義疏』の解釋にしたがえば、加分の諸佛説を定中説という。一方、『十地經論』では金剛藏菩薩が佛に代わり教説することを念頭に置きながら、三昧から出てこそ、はじめて教説が可能であると述べた。したがって『義疏』と『十地經論』で「三昧の中では言説がない（定中無言）」が主張されるのは、金剛藏菩薩に限定される可能性もある。すなわち『義疏』で、金剛藏菩薩が三昧の中で説くとまで主張するのではない。どこまでも定中説を佛の能力と見、それを「證得した教説（證説）」であるというものと理解できる。ところで『義疏』が經證とした文句は「教説がないのが眞實の教説（眞説）」である。すなわち佛が金剛藏菩薩に音なき音で教説を行なったと理解したものと考えられる。

『義疏』では「口加」を論ずる中で「定に在っては言説がない（在定無言）」ともいう。しかし、この文句を詳細に讀んでみると、やはり金剛藏菩薩に該當する言葉である。

> 問う。加被には方法がなければならないはずである。どのような方法で加被するのか。答える。すべての佛の力を付與する方法は無量であるが、三業を出るものではない。口と意と身を言う。口加は言辯を良くし、意加は智慧を增長させ、身加は姿を安定させる。口加は教説を勸めるものである。たとえ辯才が增えても、もし智慧が〔衆生たちの〕機根に通達できなければ、言辯を驅使するのは難しい。それゆえ次に意加を明かし、金剛藏菩薩に智力を與えるのである。すでに辯才と智慧とを備えたならば、衆生たちに處してよく教化を施すことができるが、三昧に入っていると言葉がない。それゆえ續いて身加により頭をなでて〔三昧から〕出るようにすることを表す[40]。

このように『義疏』では、金剛藏菩薩が三昧を出た後にだけ教説が可能であると見ているのである。このような『義疏』の意圖は、次のような言葉からも十分に理解できる。

問う。「教説の時期がすでに至った」と言いながら、〔金剛藏菩薩は〕何のために三昧の中で教説を行なわないのか。

答える。三昧の中では言説がないために出たのである。(41)

すなわち『義疏』では加被を與える諸佛の三昧の中での教説を證説であると認め、無説の説であると言いながら、金剛藏菩薩が三昧の中で教説することは認めないことがわかる。『義疏』で意味する證説について、より具體的にわかる情報はない。

(3)『十地論義記』の解釋

慧遠の『義記』「加分」では次のように註釋する。

定の中で言語がないというのは第四句である。前では、定に入り證は言語を離れたことを明かし、今は、定から出て說き、反對に入っていくところは寂滅であり言語を離れたことを顯した。「定中無言」の意味はこのようである。下ではその文を解釋した。前で時が至ったと言ったのに、どうして定の中で說かなかったのか? 定の中では言說がないために、すぐに說くことができないのである。(42)

この解釋の中、「どうして定の中で說かなかったのか」という部分は、すぐ上で引用した『義疏』の問題意識を繼承したものであることがわかる。『義記』でもやはり定の中では言說がないために金剛藏菩薩が定の中で說かなかったと明かしており、さらに寂滅の狀態は言語を離れている境界であることを明かしている。また『義疏』で三昧中に言說があることを明かす加分の註釋に對しても、定には言說がないために定から出て衆生たちのために說法するのであると說いている(43)。ただ『義記』では前の引用文に次いで「これは敎化の樣相に從ったものだ。行爲の行實に依れば寂靜さがそのまま常に作用するので、どうして三昧から出ることを待つのか。〔しかし「加分」の中での〕四つの意味を備えているために、三昧から出るのである(44)」と述べ、三昧の中での作用を說く。この四つの意味とは、「能く證得する」、「佛の加被」、「說く時」、「證得は言語を離れる」を意味する。よって常に作用するということが言說を意味するのではないということであろう。このように『義記』では金剛藏菩薩を說法の主體と見て、三昧から出なければならないと見ている。そうであれば、『義記』において佛と菩薩に對する區分があるのだろうか?

『義記』でも『義疏』で言及した「證說」に對する說明がある。例えば、三昧に入った理由の中、敎法が思量の境界ではないためであるという部分に對する註釋で、

「思量の境界ではない（非思境）」には二つの意味がある。第一は、自分について、みずから證說に對して聞いたり思量する境界ではないことを表すことである。第二には、勝進について、この十地法を明かすことである。必ず三昧により佛の威神力を仰ぎ受けて、はじめて敢えてよく說くことができるためである。自力で思量し能說するのではないのである(45)。

上の引用文で、「證說」は佛が說法する行爲と見るよりは、思考によって理解する「十地法門」を指すものと見なければならないであろう。すなわち『義記』で言う「證說」は菩薩が主體となり說くことのできる法門の内

容を指したものであるために、法上が佛の「定中說」を積極的に表していたのとは文脈が異なる。このように解釋する時、『義記』では『義疏』を引用しながらも、「定中說」を受容しなかったことがわかる。ただ、定中說を認める『義疏』に對する批判は見出すことができない。

五　結論

以上、法上の『義疏』の加分の解釋の中、慧遠の『義記』との關聯とともに法上の「加分」釋において最初に取り上げられる三昧と言說の問題を具體的に扱った。

法上の「加分」解釋が弟子の慧遠の著作に受容され展開するさまを考察した結果、菩薩が三昧に入る理由に對して、法上『義疏』の文章をそのまま受容する姿を見た。そして信行地の解釋を通して、階位の側面では『義疏』に從いながらも、地前についての解釋を廣げ、それが『搜玄記』に繼承され、『探玄記』へと展開されるさまも證明された。一方、慧遠が『大乘義章』で信地と證地との對比を通して說明するのは、『義疏』の影響を受けているということもわかった。しかし、慧遠は十入と十始終の解釋では、『義疏』を直接的に引用はしないが、「人言」の形式で批判する例があった。三昧と言說の問題では、『義疏』の說を積極的に批判することはしないが、『義疏』の定中說とは異なり、定中無言を固守していたことがわかった。本稿では具體的に扱わなかったが、以後、華嚴宗では、法上の解釋を繼承して定中說が認定される。今後、これがどのような方式で繼承され展開されるのかについての具體的な檢討が必要であるが、これについては次の課題とする。

参考文献

一　一次文献

敦煌寫本『十地論義疏』S二七四一、S二七一七

『華嚴經論』（普照思想研究院編『華嚴經論』佛日出版社、二〇〇三年）

二　二次文献

二―一　著作

青木隆、石井公成、池田將則ほか『藏外地論宗文獻集成』（圖書出版CIR、二〇一二年）

青木隆、荒牧典俊、池田將則ほか『藏外地論宗文獻集成 續集』（圖書出版CIR、二〇一三年）

大竹晋校註『新國譯大藏經 十地經論Ⅰ』（大藏出版、二〇〇五年）

白眞順譯『『解深密經疏』第二勝義諦相品』（東國大出版部、二〇一三年）

平井俊榮、荒井裕明、池田道浩『新國譯大藏經 成實論Ⅰ』（大藏出版、一九九九年）

二―二　論文

青木隆「地論宗の融卽論と緣起說」（荒牧典俊編『北朝隋唐中國佛教思想史』法藏館、二〇〇〇年）一七九―二〇一頁

青木隆「敦煌出土地論宗文獻『融卽相無相論』について――資料の紹介と翻刻」（『東洋の思想と宗教』二〇、二〇〇三年）

龜尾泰弘「『十地經論』にみられる加持の解釋」（『龍谷大學大學院文學研究科紀要』三〇、二〇〇八年）

金治勇「敦煌發見の勝鬘經疏（奈93）と勝鬘經義疏との比較研究（二）――主としてその學系について」（『印度學佛教學研究』一八―二、一九七〇）三九四―四〇〇頁

金天鶴「法上撰『十地論義疏』についての一考察」（『印度學佛教學研究』六一―二、二〇一三年）七一九―七二六頁

金天鶴「法上『十地論義疏』「加分」釋の三種盡について」（『東アジア佛教學論集』二號、東洋大學東洋學研究所、二〇一四年）一五―二九頁

古泉圓順「「自分行」「他分行」」(『日本佛教學會年報』第五一號、一九八六)三三七―三五一頁
新藤晉海「靈辯述華嚴經論新發見分の紹介(一)」(『南都佛教』一〇號、一九六一年)
新藤晉海「靈辯述華嚴經論新發見分の紹介(二)」(『南都佛教』一〇號、一九六一年)
新藤晉海「靈辯述華嚴經論新發見分の紹介(三)」(『南都佛教』一一號、一九六二年)
前田英一「說一切有部における定中の言語に關する思考の變遷について」(『印度學佛教學研究』五五―一、二〇〇六年)一二三―一二七頁

註

(1) 龜尾泰弘「『十地經論』にみられる加持の解釋」(『龍谷大學大學院文學研究科紀要』三〇、二〇〇八年)五〇―六九頁。
(2) 六十卷と八十卷『華嚴經』(大正一〇・一七九上)には「菩薩大智慧光明三昧」となっている。
(3) 身はチベット譯によれば「依據すること」である。大竹晉校註『新國譯大藏經 十地經論Ⅰ』(大藏出版、二〇〇五年)六六頁參照。
(4) 「身淨辯才」とは、『十地經論』によれば他力辯才の四種の中の一つで、佛の加被の力により三種の究極を得て衆生を利益するようになる力を内容とする。三種の究極をめぐる初期地論宗の解釋史については、金天鶴「法上『十地論義疏』「加分」釋の三種盡について」(『東アジア佛教學論集』二號、東洋大學東洋學研究所、二〇一四年)一五―二九頁。
(5) 大竹晉校註、前掲書、六八頁參照。
(6) 加分について同『疏』で「以果嚴因、得力義顯、所以云加也」(大正八五・七六四下)と述べているように加被を意味する。
(7) 青木隆「地論宗の融卽論と緣起說」(荒牧典俊編『北朝隋唐中國佛教思想史』法藏館、二〇〇〇年)一七九―二〇一頁。青木隆「敦煌出土地論宗文獻『融卽相無相論』について――資料の紹介と翻刻」(『東洋の思想と宗教』二〇、二〇〇三年)。これによれば五門は第一佛性門、第二衆生門、第三修道門、第四諦門、第五融門である。
(8) 青木隆、二〇〇〇、前掲論文の「地論宗思想史年表」參照。
(9) 金天鶴「法上撰『十地論義疏』についての一考察」(『印度學佛教學研究』六一―二、二〇一三年)七一九―七二六頁。
(10) 『義疏』卷一(大正八五・七六三中)。

(11) 自分と他分に關する議論は『藏外地論宗文獻集成』（圖書出版CIR、二〇一二年）の「『勝鬘經疏』（S六三八八／BD〇二三四六）解題」および金治勇「敦煌發見の勝鬘經疏（奈93）と勝鬘經義疏との比較研究（2）——主としてその學系について」『印度學佛教學研究』一八—二、一九七〇）三九四—四〇〇頁、古泉圓順「「自分行」「他分行」」（『日本佛教學會年報』第五一號、一九八六）三三四—三三五頁を參照。

(12) 本稿注（4）參照。

(13) 慧遠は『十地論義記』巻二で「堪辯、列名。堪知諸法。故名爲堪。亦可知法。堪起言説。故名爲堪辯才。門中明此堪故。名爲辯才。次釋其相」（新纂續藏四五・四六上）と述べ、「法を知っていること」と解釋していることがわかる。それゆえ辯才が可能なのである。

(14) 『藏外地論宗文獻集成』（圖書出版CIR、二〇一二年）と『藏外地論宗文獻集成 續集』（圖書出版CIR、二〇一三年）に收錄されたS四三〇三には廣四量義が、S六一三には四量義、又解四量がある。

(15) 大竹晉校註、前掲書、補註を參照。

(16) 『義疏』「三昧分者。佛性門中入寂分。凡有二義。一表十地理深、非證不説。二欲受加。是故入三昧也」（大正八五・七六一上）。

(17) 慧遠『十地義記』「言三昧者　由序已興　欲爲衆説。時金剛藏、嘿入三昧。顯證能説。又欲受加明此三昧。名三昧分。……言加分者。前入三昧爲欲受加故入定已。諸佛同加。明此加事故。名加分」（新纂續藏四五・二七中）。

(18) 『義疏』「住信行地者。常徒解信正在習種。性種彰行。道種彰發趣。今明信行。始從習種終訖解行皆爲信地。初地已上名證地也」（大正八五・七六一下）。

(19) 大竹晉校註、前掲書、五八頁、註五では、チベット譯にしたがって勝解行などの智であり信解などにより行動する段階として初地以前と説明する。

(20) 『義記』「謂信地者。斥其位分。地有二種。一信、二證。趣證方便、決定名信。正得云證。大位以分。地前名信。地上名證。故下文言。「已入初地。非信地攝」。通則地前、及與地上。未得名信。得處名證。今此菩薩。是信非證」（新纂續藏四五・三八下）。

(21) 『義記』「問曰。前列一生菩薩並是窮證十地之人。今＊云何、言信地乎。釋言彼是聖化所對影響之人。今言信者。聖化所被當機之衆。不同於彼」（新纂續藏四五・三九上）。＊云上疑脱此字。

(22) 「影響衆」と「當機衆」については『望月佛教大辭典』「四衆」の項目に詳しい。慧遠は『涅槃經義記』で「人有二種、一聖化所對、影響之流、二聖化所爲、當機之衆、純陀文殊是其影響、諸比丘等無常學人是其所爲」（大正三七・六五一下）と説明し、次いで當機衆については影響衆に比べて智慧が劣るという。ただ『涅槃經』の分類は妥當性があるが、『十地經論』の聽衆の中、菩薩を二つの部類に分類することが經典の趣旨に符合するかについては疑問が殘る。

(23) 『捜玄記』巻三（大正三五・四九中）。

(24) 『探玄記』巻九「二如初地加行位既名信行地。卽諸地之前倶加行位皆名信行」（大正三五・二八一上）。このような法藏の説は澄觀にもそのまま受容される。澄觀『華嚴經疏』巻三十一、大正三五、七三八下。參考として、『法界圖記叢髓錄』の「法記」では「法記云。論曰一切菩薩者謂住信行地者。信者十信。行者三賢。地者十地也。若約大分門。則信行地者三賢。得證者十地也」（大正四五・七三八上）と述べ、「地」を境地ではなく、位階と理解している。ただ、このような解釋は誤謬であろう。

(25) 『大乘義章』「今説信忍。何故在於初二三地。釋言。信者是其始相世間中説。世與出世相對有二。一地前地上相對分別。地前世間説爲信地。地上出世判爲證地。二就地上隨相以分。初二三地是其世間説爲信忍。四地已上是出世故更與異名。名爲順忍無生忍等」（大正四四・七〇二上）。

(26) 『大乘義章』「地位開合廣略不定。要攝唯二。一是信地、二是證地。地前菩薩。於出世道。信順趣向。名爲信地。初地已上。證實相應。名爲證地。或分爲三。如地持説。一種性持。在種性地。二發心持。在解行地。三行方便持。在初地上」（大正四四・七一六中）。

(27) 「彼の理解に依據する」というのは、菩薩の自利行の程度によって「九入」が分かれるからである。

(28) 『義疏』「二十句備如論分。初十句明入。入據其解。後十始終明行。自行義劣但彰名入。利他行勝故辯始終之稱」（大正八五・七六一下）。

(29) 『義記』「何故自利名之爲入。利他之行説爲始終。人言自利就解名入。利他據行説爲始終。此義不然。同是地行。何義獨判前解後行。然入始終。義一無別。語入其必。從始至終。論其始終。必有所入。爲分兩行。各隨一義」（新纂續藏四五・三八中一〇）。

(30) 前田英一「説一切有部における定中の言語に關する思考の變遷について」（『印度學佛教學研究』五五―一、二〇〇六年）一二三―一二七頁。

(31)『大智度論』巻十七「初品中禪波羅蜜」「復次、爾時菩薩常入禪定、攝心不動、不生覺觀、亦能爲十方一切衆生、以無量音聲説法而度脱之、是名禪波羅蜜。問曰。如經中説先有覺觀思惟、然後能説法。入禪定中、無語、覺觀、不應得説法。汝今云何言常在禪定中、不生覺觀而爲衆生説法。答曰。生死人法入禪定。先以語、覺觀、然後説法。法身菩薩離生死身、知一切諸法常住、如禪定相、不見有亂。法身菩薩變化無量身爲衆生説法、而菩薩心無所分別」（大正二五・一八八下）。

(32)『解深密經疏』巻二「勝義諦相品」「問。一切言説皆依尋伺不。答。諸説不同。親光師説。八地已上不依尋伺而起言説。以諸尋伺唯有漏故。護法説云。十地菩薩、必假尋伺而起言説。復説尋伺亦通無漏後得智。問。無分別智現在前時、能説法不。解云。説亦無妨。於一刹那、二智竝行、於中無分別智非尋伺俱。後所得智與尋伺俱、起言説故。依智度論第十七云。菩薩常入禪定、攝心不動。不生覺觀。亦能説法。廣説如彼」（新纂續藏二一・二一七中）。翻譯は白眞順譯『『解深密經疏』第二「勝義諦相品」』（東國大出版部、二〇一三年）二二五—二二六頁を參照。

(33)普照思想研究院編『華嚴經論』「入初禪語言滅、入二禪覺觀滅」（佛日出版社、二〇〇二年）一三九頁。

(34)『成實論』「如經中説、諸行次第滅。謂入初禪語言滅、入二禪覺觀滅」（大正三二・三三九下）。

(35)普照思想研究院編『華嚴經論』「聖人示入諸禪能説能捨」一三八頁。

(36)「正説者、上依三昧身、受一切智力、加具足故、承佛法明、依彼信地、説菩薩十住清淨法門、令一切大衆、如實修證、攝無餘涅槃故」。新藤晉海「靈辯述華嚴經論新發見分の紹介（三）」（『南都佛教』一一號、一九六二年）一一三頁。

(37)『十地經論』「經曰。諸佛摩金剛藏菩薩頂已。爾時金剛藏菩薩卽從三昧起。論曰。卽從三昧起者、以三昧事訖故。又得勝力。説時復至、定無言説故」（大正二六・一二六中）。

(38)大竹晉校註、前掲書、七四頁參照。

(39)「問曰。上入三昧、在於定中。今此加分中、諸佛開基淨願、九入十始終、廣明地體圓極備統萬行。敬爲誰説也。答曰。正爲金剛藏説。以金剛藏入法性三昧、與諸佛體同故。諸佛在定中爲説十地法用、辯十地自體無障無礙、加以三業、定中具作法用既竟。金剛藏然後、出定依向諸佛所敎、爲大衆具辯十地行相差別。故有定中説。問曰。若爾、何故下論云定無言説。答曰。云。無言説者。乃可無六識分別言説。非無證説。故經云。無説是名眞*説也」（大正八五・七六一上）。＊大正藏本の「貞」を敦煌本にしたがい「眞」と訂正した。

(40)『義疏』「問曰。加須有法。復云何加。答曰。諸佛與力乃有無量不出三業。謂口意身。口加益辯。意加增智。身加形安。口加勸説。雖益辯才。若無*智慧不達根性則辯無所寄。故次明意加與其智力。既具辯才智慧勘處衆施化。在定無言。故次明

身加摩頂令超＊＊」（大正八五・七六三中）。＊「若」はS二七一七の「若無」に従う。＊＊「超」は敦煌本には「起」となっている。

(41)『義疏』「問曰。說時既至、何不在定而說。答曰。定無言說故起也」（大正八五・七六五上）。

(42)『義記』「定無言者。是第四句。前入三昧。顯證離言。今說起定。返顯所入。寂滅離言。言意如是。下釋其文。前云時至。何不卽於定中說乎。定無言故。不得卽說」（新纂續藏四五・四八下）。

(43)『義記』「次第三明其加分。旣得聖力。欲爲衆說。但定無言。宜從定起故」（新纂續藏四五・二七上）。

(44)『義記』「故不得卽說此隨化相若據行實卽寂常用豈待出定具此四義故從起」（新纂續藏四五・四八下）。

(45)『義記』「非思境者。義有兩兼。一就自分。顯己證說。非聞思量。二就勝進。明此地法。要依三昧。仰受佛力。方堪宣說。非是自力。思量能說」（新纂續藏四五・三六上）。

一〇　敦煌出土 地論宗教理集成文獻スタイン六一三V第二一章「經辨五住地煩惱義」にみられるアビダルマ教理について[1]

池田　將則

一　はじめに

本稿は、敦煌寫本として傳存するいわゆる地論宗教理集成文獻のうち最も代表的なものの一つであるスタイン（Sir Aurel Stein, 1862-1943）將來敦煌漢文文獻六一三番紙背（以下「スタイン六一三V」）の第二一章「經辨五住地煩惱義（經典が說く五種の住地煩惱という教義）」にみられるアビダルマ（abhidharma）教理を分析し、その內容を南北朝佛教思想史上に位置づけることを目的とする試論である。

周知のように敦煌寫本中に現存する地論宗關連の諸文獻は地論宗研究のための一次資料の一つであり、青木隆氏を中心とする諸研究者によって各文獻の思想的特徵や大まかな前後關係等が明らかにされてきたが[2]、個々の文獻の正確な成立地や成立年代・成立順序、諸文獻の間にみられる影響關係の詳細等については未だ十分な考察がなされていない。次節において解說するように、本稿の考察對象であるスタイン六一三Vは敦煌寫本中の地論宗教理集成文獻のなかでも特にテクストの全體像を摑み難い文獻であり、この文獻がいつどこで、いかなる學系においてどのような經緯を經て編纂されたのかを明らかにするためには、この文獻に含まれる各章（chapter）の思想内容を一つ一つ確認しながら、それらの成立背景を多角的に検討していく必要がある。本稿においては、このような檢證作業の一環としてまずスタイン六一三Vの第二一章「經辨五住地煩惱義」を取り上げ、中國佛教史におけるアビダルマ教理の變遷過程という觀點に基づいて、この章にみられるアビダルマ的教理の内容を思想史上に位置づけることを試みる。

初めに筆者の現段階における想定に基づいて中國佛教におけるアビダルマ思想の流れを大まかに分類すると、次のような四期に分けることができると考えられる。(3)

第一期（三八〇年頃～四二〇年頃）――說一切有部アビダルマ論書（「毘曇」）の受容期
第二期（四二〇年頃～五二〇年頃）――『成實論』研究の最盛期
第三期（五二〇年頃～六〇〇年頃）――『成實論』研究から「毘曇」研究への移行期
第四期（六〇〇年頃～七〇〇年代）――說一切有部アビダルマ（倶舍學）の最盛期

第一期は、釋道安（三一二？―三八五）・廬山慧遠（三三四―四一六）師弟の主導の下、迦旃延子造『阿毘曇八犍度論』（三八三年譯）・法勝造『阿毘曇心論』（三九一年譯）等の說一切有部アビダルマ論書が漢譯され、アビダルマ教理の本格的な受容が開始された時期であり、時代的には東晉・五胡十六國時代の末期に相當する。この時期の文獻資料としては廬山慧遠と鳩摩羅什（Kumārajīva. 三四四？―四一三？）との往復書簡を編集した『鳩摩羅什法師大義』（『大乘大義章』）等が現存する。

第二期は、鳩摩羅什によって漢譯された訶梨跋摩（Harivarman）造『成實論』（四一二年譯了）の研究が中國におけるアビダルマ學の主流を占めていた時期であり、ほぼ南北朝時代の前半期に相當する。『成實論』研究は羅什門下の學僧とその後繼者たちによってまず南朝の劉宋・南齊・梁において盛んになり、次いで北魏孝文帝（在位四七一—四九九）の治世に北朝にも傳えられ、[4]南北兩朝において盛行した。この時期の文獻資料としては、劉宋から梁代に至るまでの南朝諸師の『涅槃經』解釋を集成した『大般涅槃經集解』や、梁代の三大法師の一人である開善寺智藏（四五八—五二二）『成實論大義記』の佚文を初めとする成實論師の佚文、[5]敦煌寫本中に傳存する『成實論』注釋書などが現存する。[6]

第三期は、前代の『成實論』研究の流れを引き繼ぎつつも、むしろ法救（Dharmatrāta）造『雜阿毘曇心論』（四三五年譯了）と五百羅漢釋『阿毘曇毘婆沙論』（四三九年譯了）とを主資料とする說一切有部アビダルマ（「毘曇」）の研究が盛んになる時期であり、ほぼ南北朝時代の後半期に相當する。この時期の文獻資料としては、「毘曇」「成實」を兩輪として當時のアビダルマ學を集大成した淨影寺慧遠（五二三—五九二）『大乘義章』を筆頭に、敦煌寫本として傳存する地論宗文獻や諸經典の注釋書類、天台・三論の諸著述などが現存する。

第四期は、眞諦（Paramārtha. 四九九—五六九）が翻譯した世親（Vasubandhu）『阿毘達磨俱舍釋論』（五六七年譯了）の受容によって前代の「毘曇」研究がさらに深化し、最終的に初唐の玄奘（六〇二？—六六四）があらためて翻譯した世親『阿毘達磨俱舍論』（六五四年譯了）と同じく玄奘が翻譯した說一切有部の諸論書（六足論のうち『施設論』を除く五論と『發智論』『大毘婆沙論』）とを體系的に理解するいわゆる俱舍學の完成に至る時期であり、ほぼ隋から盛唐までに相當する。[7]この時期の文獻資料としては、眞諦撰『俱舍論疏』の佚文や、[8]玄奘の青年時代の師である道基（五七七以前—六三七）『雜阿毘曇心章』の殘卷（S二七七＋P二七九六）、[9]玄奘門下の神泰・普光・法寶・圓暉による『俱舍論』注釋書などが現存する。

今、中國佛教におけるアビダルマ學の流れを以上のように要約することができるとすれば、それは一言で言って經量部系統とされる『成實論』の研究から說一切有部アビダルマの綱要書である『俱舍論』の研究へ至る變遷の過程であると言うことができるであろう。

第二期において、インド佛教におけるアビダルマ思想の主潮とは異なり『成實論』が主流となったのは、譯者である鳩摩羅什自身が說一切有部のアビダルマを批判した書として『成實論』を紹介し[10]、また著者である訶梨跋摩の傳記に、訶梨跋摩は說一切有部を初めとする小乘の諸部派のアビダルマを批判するために『成實論』を撰述したのだと傳えられ[11]、さらに『成實論』自身に說一切有部の學說を批判する記述が複數認められることから[12]、『成實論』が說一切有部の諸論書よりも一層進んだ教理を說くアビダルマ論書であると考えられ、受容されたためであると考えられる。

一方、第三期および第四期において說一切有部アビダルマの研究（「毘曇」研究）が徐々に盛んとなり、最終的に倶舍學の完成へと至るのは、おそらく菩提流支（Bodhiruci ?—五〇八—五三五—?）・眞諦・玄奘等によって無著（Asaṅga）・世親の系統を主とする瑜伽行唯識派の諸文獻が相次いで傳譯されたことによって、唯識派の教義を理解するための基礎學ともいうべき有部アビダルマの重要性が廣く認識されるようになったからであると考えられるが、しかし特に第三期における『成實論』研究から「毘曇」研究への移行の實態は未だ不明な部分が多い。本稿の考察内容は北朝後半期におけるアビダルマ教理の變遷過程の一端を明らかにする一助ともなるであろう。

以下、まずスタイン六一三V寫本の基本情報と全體構成とを概觀した上で、（1）五住地煩惱の異稱としての五住地無明、（2）見一處住地・三愛住地・無明住地の定義、の二點に焦點を絞って、「經辨五住地煩惱義」の教理内容に考察を加える。

二　スタイン六一三V寫本について

スタイン六一三V寫本は首部が缺落した殘簡であり、尾部は殘存しているが、最後は文の途中で書寫が中斷されている。三九四行が現存。書寫者や書寫年代等を記した識語等は存在しないが、本文獻は西魏大統十三年（五四七）における敦煌地方（瓜州效穀郡?）の戸口・公課等を集計記錄した「計帳樣文書」（S六一三R）[13]の紙背に書寫されているので、「計帳様文書」が反故にされた五五〇年代以後に西魏・北周領域において書写されたものであることが分かる。(14)

スタイン六一三Vの原題・撰述者・成立地・成立年代等はすべて不明だが、先行研究によって、この文獻が地論宗に特徴的な三乘別教・通教・通宗教と漸教（『涅槃經』）・頓教（『華嚴經』）・圓教（『大集經』）という二種の三教判（スタイン六一三Vの教判論においては通宗教のなかに漸・頓・圓の三教が含まれる）や自類因果・自種因果・自體因果という三種因果説を説いていること、また地論宗の祖とされる慧光（四六九―五三八）(15)の弟子で靈裕（五一八―六〇五）の師である道憑（四八八―五五九）(16)の説が引用されていること、またさらに別の敦煌出土地論宗教理集成文獻スタイン四三〇三と思想的にきわめて近い關係にあることなどが指摘されている。(17)ごく最近、荒牧典俊氏により全文が翻刻されたが、(18)本文獻全體を扱った詳細な研究は未だなされていない。

この文獻は主として様々な經論に基づく様々な主題を論じた短い章（chapter）を集めた教理集成文獻であり、ひとまず荒牧典俊氏の翻刻に従えば第一章「六種正見」から第三三章「華嚴經之品次第」までの三十三章が現存する。現存諸章を所依の經論、もしくは主題によって分類すると表1・2（三二八―三二九頁）のようになる（章題の前のアラビア數字は章の通し番號を表す。以下同様）。

この表から分かるように、スタイン六一三Vにおいては同じ經論に基づく章や互いに關連する主題を論ずる章がきわめて不規則に飛び飛びに配列されており、一貫した構成原理を見出すことができない。しかし本文獻の現存部分に少なくとも一箇所、前の章において述べた内容に關する言及があり、(19)またたとえば「1六種正見」と「31據自體因果、辨六種正見」とに説かれるいわゆる六相に關する説明内容が「14三教行相」の通宗教の説明に應用されていたり、「14三教行相」に説かれる別教・通教・通宗教の三教判が「20道宗備有三種三寶」の論理構成の前提とされ、同じく「14三教行相」と「27辨三教相」とに説かれる漸教・頓教・圓教の三教判が「22經辨十世界海義」の説明に應用されているなど、本文獻の現存諸章の論述内容には相互のつながりが認められるので、

表1　特定の經論に基づく章

『十地經論』	「1 六種正見」「31 據自體因果、辨六種正見」
	「2 佛三種身」「23 三佛益物」
	「6 同相三道義」
	「10 十種無生」
	「12 十二因緣義」
『楞伽阿跋多羅寶經』	「4 八識義」「25 第八識」
	「5 五法三自性」
『勝鬘獅子吼一乘大方便方廣經』	「21 經辨五住地煩惱義」
	「28 不繫業義」
	「32 三種無常法義」
『大方廣佛華嚴經』	「22 經辨十世界海義」
	「24 十妙法」
	「33 華嚴經之品次第」
『菩薩地持經』	「3 四憂檀那」
	「16 菩薩戒義」
『成實論』（?）	「8 同時四相義」
	「9 二諦義」
『大般涅槃經』	「20 道宗備有三種三寶」
	「29 十一空義」
『相續解脱如來所作隨順處了義經』	「13 四量義」「17 又解四量」
『相續解脱地波羅蜜了義經』	「11 三種同相觀」

表2　一般的な主題を論ずる章

煩惱論	「7 三障義」「19 勝善決定中有三道」「30 二障」
教判説	「14 三教行相」「26 一乘之相」「27 辨三教相」
修行道論	「15 入道麤相」「18 又解菩薩入道」

本文獻が何らか一つのまとまりを持ったテクストであることは間違いない。ただ本文獻自身が「1 六種正見」と「2 佛三種身」とはもともと「章」なる文獻において詳細に説かれていた内容を簡略に記錄したものであり、「10 十種無生」と「12 十二因緣義」とはもともと『(十)地抄』なる文獻において詳細に説かれていた内容を簡略に記錄したものであると明言しており[20]、また次節の(1)において指摘するように「4 八識義」と「21 經辨五住地煩惱義」との間で『勝鬘獅子吼一乘大方便方廣經』(以下『勝鬘經』)が説く煩惱論の解釋に一部相違がみられる例などもあるので、各章の成立背景については個別に檢證していく必要がある。

三　第二一章「經辨五住地煩惱義」にみられるアビダルマ教理

スタイン六一三V第二一章の章題「經辨五住地煩惱義(經典が説く五種の住地煩惱という教義)」において、「經」とは『勝鬘經』であり、「五住地煩惱」とは『勝鬘經』(一乘章)において説かれる①見一處住地(*ekadṛṣṭisthavāsabhūmi)・②欲愛住地(*kāmarāgasthavāsabhūmi)・③色愛住地(*rūparāgasthavāsabhūmi)・④有愛住地(*bhavarāgasthavāsabhūmi)という四種の住地(vāsabhūmi)煩惱と、⑤(無始)無明住地(avidyāvāsabhūmi)とを指す[21]。四住地と無明住地とを合わせて「五住地」と總稱する表現は『勝鬘經』自體には見出されないが、北魏延昌四年(五一五)に洛陽永明寺において書寫された敦煌寫本、照法師『勝鬘經疏』(擬題、S五二四。大正二七六二番)[22]に「五住地煩惱」(S五二四、四六一行。大正八五・二七〇中）という表現があり、照法師『勝鬘經疏』とほぼ同時期の成立と考えられる敦煌寫本、ペリオ將來敦煌漢文文獻二九〇八番（以下「ペリオ二九〇八」）[23]にも第一六章として「五住地惑義」という章（chapter）があるので、洛陽遷都（四九四年）後の北魏においてすでに一般的な表現となっていたと考えてよい。

スタイン六一三Ｖ「經辨五住地煩惱義」は「章」（主張命題）と二つの問答とから成り、「章」の内容は大きく三つの項目に分けることができる。まとめて示すと次の通りである。

一　「章」
一・一　五住地煩惱の異稱としての五住地無明
一・二　見一處住地・三愛住地・無明住地の定義
一・三　心倒・想倒・見倒の三倒と見一處住地・三愛住地・無明住地との對應關係
二　問答
二・一　第一問答
二・二　第二問答

本稿においては、このうち特に「章」の第一項（一・一）と第二項（一・二）とにみられる特徴的なアビダルマ教義について考察を加える。

（１）五住地煩惱の異稱としての五住地無明

スタイン六一三Ｖは「章」の冒頭（一・一）においてまず次のように五住地煩惱の異稱を紹介する。

〔五種の住地煩惱は〕五種の住地無明とも呼ばれる。無明に四つがある。
①第一に所縁（認識對象）について無知であるから、無明と呼ばれる。これは五種の住地の總稱である。
②第二に〔對象を〕ありのままに知ることができないから、無明と呼ばれる。これは無明住地である。
③第三に〔對象に對する〕誤った認識であるから、無明と呼ばれる。ガンジス河の砂の數に等しい〔現行の煩惱〕(24)がこれである。
④第四に假名に隨逐するから、無明と呼ばれる。四種の住地である。

亦名五住地無明。無明有四。一闇於所縁、名爲無明。此是五住通名也。二不如實知、名爲無明。此是無(25)住地也。三邪分別性、名爲無明。恆沙是也。四隨逐假名、名爲無明。四住地也。
（S六一三Ⅴ、二六九―二七二）

本文獻はここで五住地煩惱はまた五住地無明とも呼ばれ、無明に①「闇於所縁」・②「不如實知」・③「邪分別性」・④「隨逐假名」という四つの意味内容があるとした上で、①「闇於所縁」は五住地の總稱であり、②「不如實知」は無明住地に相當し、③「邪分別性」は種子（習氣、隨眠）である住地の煩惱から生ずる起煩惱（現行、纏煩惱）に相當し、④「隨逐假名」は四住地に相當すると解釋している。

この定義に關してまず注目されるのは、スタイン六一三Ⅴが述べる無明の四義のうち、總稱である①「闇於所縁」以外の三義がいずれも『成實論』「無明品 第一百二十七」において説かれる無明の定義に基づくことである。(26)

（④）假名に隨逐するから、無明と呼ばれる。……（②）眞實を明らかにすることがないから、無明と呼ばれる。……（③）〔對象に對する〕誤った認識が、無明と呼ばれる。

隨逐假名、名爲無明。……不明如實、故名無明。……邪分別性、名無明。（大正三二・三二一下）

ただし『成實論』の文脈においてはこれらの定義がはっきりと無明の三義として提示されているわけではなく、四住地や無明住地の概念が說かれているわけでもない。『勝鬘經』の煩惱論と『成實論』の無明の定義とを結びつけるスタイン六一三Vの解釋は、『勝鬘經』および『成實論』に對する講究の傳統のなかから形成された中國的な「解釋」の一つなのだと思われる。

ここで注目されるのは、このスタイン六一三Vの解釋とまったく同じ解釋が、同時代の地論宗文獻である敦煌寫本、『勝鬘經疏』（擬題、S六三八八）に見出されることである。『勝鬘經疏』（S六三八八）は『勝鬘經』の經文「世尊、心不相應無始無明住地（世尊よ、心〔の刹那〕と結び付かないものは無始である無明住地です）」（大正一二・二二〇上）[27]に出る「無明住地」の語を次のように注釋する。

「無明」とは、①ありのままに知ることができないということである。②〔對象を〕誤って認識する心も、やはり無明の意味内容である。③假名に隨逐することも、やはり無明である。④所緣（認識對象）について無知であるから、無明と呼ばれるのである。

「〔無明〕住地」においては、ただ①ありのままに知ることができない〔という意味内容〕を取るのである。②〔對象を〕誤って認識することとは、ガンジス河の砂の數に等しい〔現行の〕煩惱である。③假名に隨逐するとは、四種の住地煩惱である。

「無明」者、不如實知。邪分別心、亦是無明義。隨逐假名、亦是無明也。闇於所緣、名無明也。「住地」中、[28]俱取不如實知也。邪分別性者、[29]沙惑。隨逐假名、四住惑也。（S六三八八・五七〇—五七三行）

『勝鬘經疏』（S六三八八）はここでまず經文「無明住地」の「無明」とは①「不如實知」の意味であると解釋した上で、無明にはまた②「邪分別心」・③「隨逐假名」という意味内容もあり、結局のところ④「闇於所緣」を無明というのであると總括している。またさらに「住地」の語を注釋して、無明住地は①「不如實知」、「〔恆〕沙惑」は②「邪分別性〔心〕」、四住地は③「隨逐假名」に相當すると解釋している。この『勝鬘經疏』（S六三八八）の解釋は、④「闇於所緣」と五住地との對應關係が明確でないことを除けば、上述のスタイン六一三Vの解釋とまったく同じである（表3）。

スタイン六一三Vと『勝鬘經疏』（S六三八八）とが特徴的な教判說や因果說を共有していることがすでに指摘されているが(30)、この無明の解釋の一致も兩文獻のあいだに密接な關係があることの例證であり、またスタイン六一三Vの五住地無明の解釋が『勝鬘經』に對する注釋の傳統に由來することを示唆するであろう。

またさらにスタイン六一三V全體の成立背景を考える上で注目されるのは、上述の第二一章「經辨五住地煩惱義」の解釋とは異なる解釋がスタイン六一三Vの第四章「八識義」に見出されることである。スタイン六一三Vは「八識義」の第一問答においてまず第七識と前六識とがそれぞれいかなる對象に對して迷いを生ずるのかを論じた後、さらに次のような問答を設定する。

質問。もし〔第七識と前六識とがいずれも〕對象に對して迷いを生ずるのであれば、〔對象を認識する

表3　一般的な主題を論ずる章

スタイン六一三V	『勝鬘經疏』（S六三八八）
①闇於所緣——五住通名	④闇於所緣
②不如實知——無〔明〕住地	①不如實知——無明住地
③邪分別性——恆沙	②邪分別性〔心〕——〔恆〕沙惑
④隨逐假名——四住地	③隨逐假名——四住惑

心の刹那と〕結び付くはずである。どうして經典（『勝鬘經』）に「〔無明住地は〕心〔の刹那〕と結び付かない」[31]とあるのか。

回答。無明に二種がある。①第一に第一義諦をありのままに知ることができないから、無明と呼ばれる。[32]②第二に所縁（認識對象）について無知であるから、無明と呼ばれる。②「所縁について無知であるから、無明と呼ばれる」[32]とは、ガンジス河の砂の數に等しい〔現行の〕煩惱である。①前者は無始である無明住地である。ここで「緣ずる」というのは、〔無明は〕その本質として〔對象を〕緣ずるのであり、眞理を正しく認識しないことから起こるが、作意によって〔對象を〕緣ずるのではない。[33]だから「〔心の刹那と〕結び付かない」と言うことができるのである。

問曰、若是迷境、便是相應。何故經言「心不相應」。答曰、無明有二種。一者不實知第一義諦、名爲無明。二者闇於所緣、名爲無明。「闇於所緣、名爲無明」者、恆沙惑也。前者無始無明住地也。此言「緣」者、體性是攀、緣迷理而起、非作意緣也。是故得名不相應也。（S六一三V、五四―五七行）

スタイン六一三Vはここで無明に二義があるうち①「不實知第一義諦」は無明住地に對應し、②「闇於所緣」は恆沙惑に對應すると解釋している。①「不實知第一義諦」は「經辨五住地煩惱義」の②「不如實知」に相當すると考えてよく、これはさきに確認した「經辨五住地煩惱義」の解釋と一致するが、②「闇於所緣」のほうは「經辨五住地煩惱義」の解釋と一致しない。おそらくこれは「八識義」と「經辨五住地煩惱義」とのあいだに成立背景の違いがあることを示唆するであろう。

（2）見一處住地・三愛住地・無明住地の定義

スタイン六一三Vは續いて「章」の第二項（一・二）において次のように五住地煩惱を定義する。

〔住地の煩惱の〕名稱と數とは五つであるが、要點を擧げれば三つのみであり、具體的にいえば①見一處と②〔三種の〕愛と③無明とである。

①〔有身見・邊執見・邪見・見取見・戒禁取見という〕五見および派生的な十使（＝根本の十使〔＝貪・恚・慢・無明・疑・五見〕から派生する見諦所斷の八十八使？）は、種々様々であるとはいえ、我見（身見）を根本として、〔我見のうちに〕包攝されないことがないから、「一處」と言う。示相〔の煩惱〕（明白に現れる煩惱＝見諦所斷の煩惱）は粗大であり顯著であるから、「見（見える）」と稱する。これは〔見諦所斷の煩惱の〕ありかたそのものを名前とするのである。

もし〔煩惱の〕對治という觀點から〔見一處という〕名稱を解釋すれば、四諦が平等であることが「一處」である。法眼（法を照見する眼）によって〔その「一處」を〕明らかに觀照すること、それを「見（見る）」という。示相の煩惱はこの〔對治〕道（＝見道）を障礙するから、見一處住地と呼ばれるのである。

②愛（貪）は業を潤すことができ、〔衆生はそれによって欲界・色界・無色界という〕三界に生を受けるから、〔愛を〕區分して三種〔の住地〕とするのである。

③無明を一種とするのは、〔無明住地は〕微細であり様々な煩惱にあまねく通ずるから、そのまま一種とするのである。

名數雖五、據要唯三、謂見愛無明[34]。見及隨生十使、雖復衆多、莫不以我爲本而攝、故言一處。示相麤著、故稱爲見。此當體爲名也[35]。若就對治[36]釋名、則四諦平等爲見[37]一處。法眼朗照、謂之爲見。示相之惑障於此道、故名見一處也。愛能潤業、受生三界、故橫剋爲三。無明爲一者、微細遍通障別、故仍爲一。

（S六一三V、二七二―二七六行）

本文獻はここでまず五住地を①見一處・②愛・③無明の三種に分類したうえで、それぞれの意味内容を定義し

ている。五住地を三種に分類するのは、前出の『勝鬘經疏』（S六三八八）や慧遠『大乘義章』にもみられる解釋である。(38)

この五住地煩惱の定義に關してまず注目されるのは、前項において指摘した無明の三義と同様、スタイン六一三Vが述べる五住地の定義のほとんどが『成實論』の所説に基づくという事實である。

まずスタイン六一三Vは①見一處住地を「當體爲名（見諦所斷の煩惱の）ありかたそのものを名前とする）」と「就對治釋名（煩惱の）對治という觀點からその名稱を解釋する）」という二つの觀點から定義し、前者の説明の冒頭において「種々様々な煩惱はみな我見（身見）を根本とする」と規定する。この定義は『成實論』が「身見があらゆる煩惱の根本である」と説くことに基づくと考えられる。「雜問品 第一百三十八」に次のようにある。(39)

回答。身見はあらゆる煩惱の根本であるのに、どうして無記であると言えようか（身見は不善である）。

答曰、身見是一切煩惱根本、云何名無記耶。（大正三二・三三三中）

次にスタイン六一三Vは①見一處住地について、「當體爲名」の定義においても「就對治釋名」の定義においても「示相の煩惱（明白に現れる煩惱）が『見』と呼ばれる」と規定するが、これは『成實論』が見道において斷ぜられる見諦所斷の煩惱を示相の煩惱、修道において斷ぜられる修所斷の煩惱を不示相の煩惱と説くことに基づくものである。(40)『成實論』「法聚品 第十八」に次のようにある。

見諦道において斷ぜられる法とは、具體的にいえば須陀洹が斷ずる示相の我慢とそれから生ずる諸法とである。

思惟道（＝修道）において斷ぜられる法とは、具體的にいえば須陀洹・斯陀含・阿那含が斷ずる不示相の我慢とそれから生ずる諸法とである。

見諦斷法者、謂須陀洹所斷示相我慢及從此生法也。思惟法斷者、謂須陀洹斯陀含阿那含所斷不示相我慢及從此生法也。（大正三二・二五二下）

さらにスタイン六一三Vは②〔三〕愛住地の定義において「愛は業を潤すことができる」と規定するが、これは『成實論』の特徴的な教理の一つである「愛（貪）だけが潤生する」という所説に基づくものである。『成實論』雜問品に次のようにある。[41]

愛だけが諸有（二十五有）〔における生存〕を繼續させることができる。……邪見等にはこのような意味内容は存在しない。

唯愛能令諸有相續。……邪見等中無如是義。（大正三二・三三三中）

またさらにスタイン六一三Vは③無明住地の定義において「〔無明住地は〕樣々な煩惱にあまねく通ずる」と規定するが、これは『成實論』無明品の次の所説に基づくと考えられる。

また貪欲の心のなかに瞋恚は存在せず、瞋恚の心のなかに貪欲は存在しないが、無明はあらゆる心のなかに存在する。

又貪心中無恚、恚心中無貪、無明在一切心中。（大正三二・三一三下）

以上、まずスタイン六一三Vが説く五住地の定義の大部分が『成實論』に基づくことを確認した。

以上をふまえた上で、本項においては特にスタイン六一三Ｖが①見一處住地に對する「就對治釋名」の定義のなかで「四諦が平等であるから『一處』であり、その四諦平等を明らかに觀照するから『見』である」と述べることに注目したい。結論から言うと、これもやはり『成實論』の特徴的な教理の一つである「見道において滅諦のみを縁じて見諦所斷の煩惱を斷ずる」という斷惑説に基づくのではないかと考えられる。

周知のように説一切有部のアビダルマ教理においては、根本の十使を欲界・色界・無色界の三界と見苦所斷・見集所斷・見滅所斷・見道所斷という四種の所斷によって開いて見惑八十八使とし（修道十惑を合わせると九十八使となる）、見道の十五刹那においてそれらを順次斷ずるが、『成實論』は十使にそのような區別を設けず、ただ滅諦を見ることによって見道所斷の煩惱がすべて斷ぜられると主張する。[42] まず『成實論』雜問品に次のようにある。

諸煩惱實見滅諦時斷。（大正三二・三三三下）

諸々の煩惱は實際には滅諦を見る時に斷ぜられる。

また「斷過品 第一百三十九」に次のようにある。

所謂見諦所斷身見等煩惱、皆見滅諦斷。（大正三二・三三四下）

いわゆる見諦所斷の身見等の煩惱は、すべて滅諦を見ることによって斷ぜられる。

言うまでもなく、『成實論』のこれらの記述のなかにスタイン六一三Ｖが説く「四諦平等」という概念は見出されない。しかし興味深いことに中國南北朝時代に撰述された『涅槃經』注釋書のなかに、『成實論』の滅諦斷惑説に基づきつつ、「四諦平等」という表現を用いて見道における斷惑を解釋する例が散見されるのである。初めに諸注釋書の注釋對象である『涅槃經』迦葉菩薩品の經文を確認すると次の通りである。

……この人は次に世第一法を獲得する。この法は五陰を自性とするが、やはり四諦を縁ずる。この人は順を追って苦法忍を獲得する。苦法忍の自性は智慧であり、一諦〔のみ〕を縁ずる。このような苦法忍の法において、一諦を縁じおわると、乃至見道において〔見諦所斷の〕煩惱を〔すべて〕斷じて、須陀洹果を獲得する。

……是人次得世第一法。是法雖復性是五陰、亦縁四諦。是人次第得苦法忍。忍性是慧、縁於一諦。如是忍法、縁一諦已、乃至見斷煩惱、得須陀洹果。（大正一二・五七七中。南本、大正一二・八二四下）

ここで注目すべきことは、『涅槃經』が四善根の位においては四諦を縁じ、見道十六心（有部の定義では見道十五心）の第一心である苦法忍（苦法智忍）においては一諦を縁ずると説くことである。『涅槃經』はこの「一諦」が具體的に何を指すのかを明らかにしていないが、『涅槃經』諸注釋書においてこの「一諦」は大きく二通りの仕方で解釋される。

第一の解釋は『成實論』に基づくものである。まず『大般涅槃經集解』卷六十七に收められた僧亮（四〇〇―四六八）の注釋を確認すると次の通りである。

僧亮は次のように言う。……「苦法忍の自性は智慧である」とは、空を縁ずるのは智慧であり、有を縁ずるのは想なのである。

「一諦を縁ずる」から「見道において〔見諦所斷の〕煩惱を〔すべて〕斷じて」までは、「一諦」とは具體的にいえば滅諦である。「見道において斷じて」とは、四諦所斷〔の煩惱をすべて斷ずるということ〕である。一つの智慧によって四諦所斷〔の煩惱をすべて〕斷ずるから、「乃至」と言うのである。

僧亮曰、……「忍性是慧」者、緣空是慧、緣有是想也。「緣於一諦」訖「見斷煩惱」者、「一諦」謂滅也。「見斷」者、四諦所斷也。一智斷四、故言「乃至」也。（大正三七・五九三中）

僧亮はここで經文の「一諦」とは滅諦であり、滅諦を觀ずることによって見諦所斷の煩惱をすべて斷ずるのだと解釋している。これは明らかに『成實論』に基づく解釋である。

次に同じく『大般涅槃經集解』に收められた寶亮（四四四―五〇九）の注釋は次の通りである。

寶亮は次のように言う。……見諦道に入り、示相の煩惱を斷じ盡くして、須陀洹人を成就するのである。「一諦を緣ずる」とは、四諦平等を獲得し、正しい觀が現前して、もう二度と四諦の區別が存在することはなく、ただ空慧のみがつき從うのである。五方便（＝四念處・煖法・頂法・忍法・世第一法）〔の位〕にいた時には、まだ想・受等の區別が存在していたから、四諦を區別して緣じた。いま苦法忍という〔見道十六心の〕初心〔に至って〕、無相（隨無相行）と一致したから、「滅諦〔という一諦のみ〕を緣ずる」という名稱を獲得したのである。

寶亮曰、……入見諦道、斷示相惑盡、成須陀洹人也。「緣一諦」者、得四諦平等、正觀現前、無復四異、唯空慧相隨。若在五方便時、猶有想受等異、緣四諦之別。今者苦忍初心、會無相故、得緣滅諦名也。

（大正三七・五九三下）

僧亮と同樣、寶亮もやはり『成實論』の滅諦斷惑說に基づいて『涅槃經』の「一諦」を滅諦と解釋していることが明らかである。注目すべきことは、寶亮がここで「『一諦（＝滅諦）を緣ずる』とは、四諦平等を獲得し、正しい観が現前することである」と理解していることであり、これはスタイン六一三Vが四諦平等を観ずることによって見諦所斷の煩惱（＝見一處住地）を斷ずると説くことと一致する。寶亮の解釋によれば、四諦平等とは「四諦の區別が存在しないこと」であるが、『成實論』の滅諦斷惑説を「四諦平等」と表現するのは、おそらく四諦は順次に觀察されるのではなく一時に觀察されなければならないといういわゆる四諦一時現觀説[43]に基づくものであろう。

またさらに撰者不明ではあるが西魏大統五年（五三九）に書寫された敦煌寫本、『大涅槃經義記』巻第四（山本悌二郎氏舊藏本、大正二七六四番B）[44]は『涅槃經』の同じ經文を次のように注釋する。

この〔見道の初心である〕苦法忍は隨無相行の中にあり、四諦平等を見るから、「苦法忍の自性は智慧であり、一諦を縁ずる」と言うのである。

此苦法忍在無相行中、見四諦平等、故言「忍性是慧、縁於一諦」。（大正八五・二九六中）

ここで隨無相行とは『成實論』が須陀洹の位を隨信行（＝三賢位）・隨法行（＝四善根）・隨無相行（＝見道十五心）の三段階に分けるうちの一つであり、滅諦を觀ずる見道に相當する。『成實論』「分別賢聖品 第十」に次のようにある。

この二種の行（＝隨信行・隨法行）の實踐者は、見諦道に入る時、滅諦〔のみ〕を見るので、隨無相行と呼ばれる。

是二行人、入見諦道、見滅諦故、名無相行。（大正三二・二四五下―二四六上）

したがって、『大涅槃經義記』巻第四もやはり『成實論』に基づいて『涅槃經』の「一諦」を滅諦と解釈し、見道において滅諦を觀ずることを「四諦平等を見る」と表現していることが分かる。以上の例から、スタイン六一三Vの見一處住地の定義は、滅諦という一諦のみを觀察することによって見諦所斷の煩惱を斷ずるという『成實論』の教義に基づくと考えてよい。

ところで、ここでさらに注目すべきことは、『涅槃經』の「一諦」に對する第二の解釋として、『成實論』ではなく說一切有部の教義に基づく注釋の例も見出されるということである。まず史經鵬氏が初めて翻刻した撰者不詳の敦煌寫本、『涅槃經疏』（擬題、BD〇〇二六〇）の注釋は次の通りである。

……煖心が次第に向上すると、頂心と呼ばれる。このように順序次第し、世間第一法に至るが、みな別々に四諦を觀じ、まだ假相を除去することができないので、すべて世間心と呼ばれる。……この〔見道の初心である〕苦法忍は隨無相行の中にあり、四諦平等を見るから、「苦法忍の自性は智慧である」と言うのである。

「一諦を緣ずる」とは、〔四善根以下の〕世間心と區別しようとして、「一」という名稱を立てた〔に過ぎない〕のであって、實際には別々に四諦を緣ずるのである。

……暖心轉勝、名頂心。如是次第、乃至世間第一法、皆別觀四諦、未能亡相、都名世間。……此苦法忍(45)無相行中、見四諦平等、故言「忍性是慧」。「緣於一諦」者、欲異世間心、作一之名、其實別緣四諦。

（史經鵬［二〇一四］一二三五頁）

この『涅槃經疏』（BD〇〇二六〇）の注釋のうち、經文の「忍性是慧」を解釋する部分は上揭の『大涅槃經義記』巻第四の解釋とまったく同じであり、明らかに『成實論』に基づいている。ところが『涅槃經疏』（BD〇〇二六〇）は續く「緣於一諦」の注釋においては、「一諦」の語は四善根位と見道とを區別するために假に設けられたものに過ぎず、實際には見道においても四善根位と同樣に四諦を別々に觀察するのであると解釋している。この解釋は上述の有部の見道斷惑説を連想させるものであり、『涅槃經疏』（ＢＤ〇〇二六〇）自身が直前の「忍性是慧」の注釋のなかで「四諦平等を見る」と述べたことと明らかに矛盾している。

また次に慧遠『大般涅槃經義記』卷十は『涅槃經』の同じ經文を次のように注釋する。

「一諦を緣ずる」とは、「四方」（＝四諦）[46]を觀ずるという教義を明らかにするのである。苦諦〔を見る〕段階においては、〔苦諦の四行相から〕選んで一つの行相を緣ずる。もし愛行の人であれば、〔苦諦の四行相のうち〕あるいは苦の行相を觀じ、あるいは無常の行相を〔觀ずる〕。見行の人であれば、〔苦諦の四行相のうち〕あるいは空の行相を觀じ、あるいは無我の行相を〔觀ずる〕[47]。……

「緣一諦」者、明觀方義。於苦諦下、趣[48]緣一行。若愛行人、或觀苦行、或無常行。見行之人、或觀空行、或無我行。……（大正三七・八七七下）

慧遠は經文の「一諦を緣ずる」とは苦諦の四行相を一つずつ觀ずることであると解釋するが、これは完全に見道における四諦十六行相の觀察を說く說一切有部の教理に基づくものである。

以上、『涅槃經』迦葉菩薩品の經文の特に「一諦」の語に對する諸注釋書の注釋內容を檢討し、『成實論』に基づく解釋と說一切有部のアビダルマ教理に基づく解釋との二通りの解釋方法があることを確認した。ここで上に取り上げた四點の『涅槃經』注釋書を年代順に整理すると、まず本稿の初めにも言及したように劉宋から梁代までの南朝諸師の『涅槃經』注釋を集成した『大般涅槃經集解』が最も古いことは確實である。また正確な成立年代は不明だが、慧遠『大般涅槃經義記』がこの四點のなかでは最も遲く成立したこともほぼ間違いないと思われる[49]。残りの二點、大統五年（五三九）寫『大涅槃經義記』巻第四と『涅槃經疏』（BD〇〇二六〇）とについては、少なくとも上に考察した注釋内容を見る限り、純粋に『成實論』に基づく『大涅槃經義記』巻第四が早く成立し、『成實論』の要素と有部の要素とが混在し矛盾を來している『涅槃經疏』（BD〇〇二六〇）が後の成立ではないかと考えられる。

以上の考察に誤りがなければ、『涅槃經』の同じ經文を注釋しながら、『大般涅槃經集解』→大統五年寫『大涅槃經義記』巻第四→『涅槃經疏』（BD〇〇二六〇）→慧遠『大般涅槃經義記』の順に、『成實論』に基づく解釋から説一切有部のアビダルマ教理（「毘曇」）に基づく解釋へと徐々に注釋内容が移り變わっていく様子を看取することができることになる。これは北朝後半期における『成實論』研究から「毘曇」研究への移行過程を示す具體例の一つと言うことができよう。そして上述のように大部分のアビダルマ教理が『成實論』に基づくスタイン六一三V「經辨五住地煩惱義」は、これらの『涅槃經』注釋書との比較でいえば『涅槃經疏』（BD〇〇二六〇）より前、『大涅槃經義記』巻第四に近い段階の文獻として位置づけることができると考えられる。

なお最後に指摘しておきたいのは、本項の初めに確認した①見一處住地に對するスタイン六一三Vの解釋と同じ解釋が、前項において取り上げた『勝鬘經疏』（S六三八八）のなかに見出されることである。『勝鬘經疏』（S六三八八）は『勝鬘經』の經文「見一處住地」を次のように注釋する。

「見一處」とは、四諦が平等であり、決して異なる様相はないから、「一」と呼ばれる。悟りの心の依りどころ、それが「處」と呼ばれる。〔「一處」を〕觀照して通達することが極めて明らかであること、それを「見」と言う。この煩惱は對治道に基づいて名前を定めるから、「見一處住地」と言う。

また次のように解釋してもよい。示相の煩惱は粗大であり、我見を根本とする。「我」とは「身」の異稱であり、ただ〔自己の〕身體において誤った見解を起こすのみであるから、「見一處」と言うのである。

「見一處」者、四諦平等、更無異相、名爲「一」。爲解心棲託、名之爲「處」。照達分明、謂之「見」。此惑從治道作名、故云「見一處住地」。亦可示相惑麤、我見爲本。我者[50]見之異稱、但於身上起見、故云「見一處」也。（S六三八八・五六一—五六四行）

上述のようにスタイン六一三Vは見一處住地を「當體爲名」（〔見諦所斷の煩惱の〕ありかたそのものを名前とする）と「就對治釋名」（〔煩惱の〕對治という觀點から〔見一處という〕名稱を解釋する）という二つの觀點から解釋する。『勝鬘經疏』（S六三八八）の注釋のうち初めの解釋、すなわち「從治道作名」（對治道に基づいて名前を定める）はスタイン六一三Vの「就對治釋名」に相當し、「亦可」以下の解釋はスタイン六一三Vの「當體爲名」に相當する。兩文獻の解釋を比較すると、スタイン六一三Vが「當體爲名」の解釋において「見」の意味を「見える」と解釋していたのに對し、『勝鬘經疏』（S六三八八）は「起見」すなわち「誤った『見解』を起こす」と解釋しており、またスタイン六一三Vが「就對治釋名」において「一處」の二文字をまとめて「四諦平等」と解釋していたのに對し、『勝鬘經疏』（S六三八八）は「一」と「處」とを區別して「一」の一字を「四諦平等」と解釋しているという違いがあるが、しかし全體として兩文獻の解釋はほぼ同一である。これもやはり兩文獻のあいだに密接な關係があることの例證の一つである。

四　おわりに

以上、スタイン六一三V第二一章「經辨五住地煩惱義」にみられる特徴的なアビダルマ教理について關連文獻と比較しながら検討を加えた。本稿の考察結果は次の通りである。

1　スタイン六一三V「經辨五住地煩惱義」の「章」部分における無明の定義と見一處住地・三愛住地・無明住地の定義とにみられるアビダルマ教理は、ほとんどすべて『成實論』に基づく。

2　そのなかでも特に注目されるのは見一處住地の定義のなかにみえる「四諦平等」という概念である。これは『成實論』の滅諦斷惑説に基づくものであり、『大般涅槃經集解』の寶亮釋や西魏大統五年（五三九）寫『大涅槃經義記』巻第四にも同じ用例を見出すことができる。

3　「四諦平等」の概念をめぐって南北朝期『涅槃經』注釋書の注釋内容を比較すると、『大般涅槃經集解』→大統五年寫『大涅槃經義記』巻第四→敦煌寫本『涅槃經疏』（BD〇〇二六〇）→慧遠『大般涅槃經義記』の順に『成實論』から「毘曇」へと解釋が移行するありさまを確認することができる。

4　スタイン六一三V「經辨五住地煩惱義」が説く五住地無明の定義および見一處住地の定義とほぼ同じ内容が敦煌寫本『勝鬘經疏』（S六三八八）に見出される。

5　スタイン六一三V第四章「八識義」と第二一章「經辨五住地煩惱義」とのあいだに相互に一致しない解釋がみられる。これは二つの章（chapter）のあいだに成立背景の違いがあることを示唆する。

言うまでもなく、本稿の考察結果はスタイン六一三V「經辨五住地煩惱義」の「章」部分に限定されたものである。本稿では取り上げることができなかったが、「經辨五住地煩惱義」の問答部分の内容からも、北朝後半期における『成實論』研究から「毘曇」研究への移行の流れを裏付ける興味深い實例を抽出することができるので、續稿において論ずることとしたい。

略號

BD：中國國家圖書館所藏敦煌漢文文獻
P：パリ國立圖書館所藏ペリオ（Paul Pelliot, 1878-1945）將來敦煌漢文文獻
R：recto（表）
S：大英圖書館所藏スタイン（Sir Aurel Stein, 1862-1943）將來敦煌漢文文獻
V：verso（裏）
續藏：『大日本續藏經』（藏經書院、一九〇五―一二年）
大正：『大正新脩大藏經』（大正新脩大藏經刊行會、一九二四―三四年）

參考文獻

青木隆［一九九七］「敦煌出土地論宗文獻『涅槃經疏』に説かれる教判と因果説」（『印度學佛教學研究』第四六卷第一號）
青木隆［二〇〇〇］「地論宗の融卽論と緣起説」（荒牧典俊 編著『北朝隋唐 中國佛教思想史』法藏館）
青木隆［二〇一〇］「敦煌寫本にみる地論教學の形成」（金剛大學校佛教文化研究所 編『地論思想の形成と變容』國書刊行會）
青木隆・方廣錩・池田將則・石井公成・山口弘江 共著［二〇一二］『藏外地論宗文獻集成』（ソウル、圖書出版CIR）
青木隆・荒牧典俊・池田將則・金天鶴・李相旻・山口弘江 共著［二〇一三］『藏外地論宗文獻集成　續集』（ソウル、圖書出版CIR）
荒牧典俊［二〇〇〇］「北朝後半期佛教思想史序説」（同 編著『北朝隋唐 中國佛教思想史』法藏館）
荒牧典俊［二〇一三］「教理集成文獻（S.613）解題・錄文」（青木隆・荒牧典俊・池田將則・金天鶴・李相旻・山口弘江 共著『藏外地論宗文獻集成　續集』ソウル、圖書出版CIR）
池田溫［一九七九］『中國古代籍帳研究――概觀・錄文』（東京大學出版會）
池田將則［二〇一〇］「道基『雜阿毘曇心章』卷第三（Stein 277 + Pelliot 2796）――［一］「四善根義」校訂テクスト」（龍谷佛教學會『佛教學研究』第六六號）
池田將則［二〇一二a］「道基の生涯と思想――敦煌出土『雜阿毘曇心章』卷第三（S二七七＋P二七九六）『四善根義』を中心として」（船山徹 編『眞諦三藏研究論集』京都大學人文科學研究所）

池田將則［二〇一二b］「教理集成文獻（Pelliot chinois 2908）解題・錄文」（青木隆・方廣錩・池田將則・石井公成・山口弘江共著『藏外地論宗文獻集成』ソウル、圖書出版ＣＩＲ）

池田將則［二〇一二c］「教理集成文獻（S.4303）解題・錄文」（青木隆・方廣錩・池田將則・石井公成・山口弘江 共著『藏外地論宗文獻集成』ソウル、圖書出版ＣＩＲ）

池田將則［二〇一三］「『勝鬘經疏』（擬題）（S.6388/BD02346）解題・錄文」（青木隆・荒牧典俊・池田將則・金天鶴・李相旻・山口弘江 共著『藏外地論宗文獻集成 續集』ソウル、圖書出版ＣＩＲ）

池田將則［二〇一四a］「天津市藝術博物館舊藏敦煌文獻『成實論疏』（擬題、津藝〇二四）と杏雨書屋所藏敦煌文獻『誠實論義記』卷第四（羽一八二）」（公益財團法人 武田科學振興財團 杏雨書屋『杏雨』第一七號）

池田將則［二〇一四b］「國立臺灣圖書館所藏敦煌文獻『成實論義記』卷中（臺北一三一）について（一）」（韓國淨土學會『淨土學研究（정토학연구）』第二一集）

池田將則［二〇一四c］「國立臺灣圖書館所藏敦煌文獻『成實論義記』卷中（臺北一三一）翻刻」（韓國・金剛大學校佛教文化研究所『佛教學レビュー（불교학리뷰）』第一五號）

池田將則［二〇一五］「國立臺灣圖書館所藏敦煌文獻『成實論義記』卷中（臺北一三一）について（二）」（韓國・東アジア佛教文化學會『東アジア佛教文化（동아시아불교문화）』第二二輯）

石井公成［一九九六］『華嚴思想の研究』（春秋社）

宇井伯壽［一九五九］『寶性論研究』（岩波書店）

香川孝雄［一九七二］「『勝鬘經』における煩惱說の成立」（惠谷隆戒先生古稀記念會編『惠谷先生古稀記念 淨土教の思想と文化』佛教大學）

桂紹隆［一九七八］"Harivarman on Sarvāstivāda"（『印度學佛教學研究』第二六卷第二號）

加藤純章［一九八九］『經量部の研究』（春秋社）

加藤純章［一九九七］「東アジアの受容したアビダルマ系論書――『成實論』と『俱舍論』の場合」（『シリーズ・東アジア佛教第二卷 佛教の東漸――東アジアの佛教思想Ⅰ』春秋社）

金治勇［一九八五（一九七五）］「『勝鬘經義疏』と照法師撰『勝鬘經疏』との關連について」（同『上宮王撰三經義疏の諸問題』法藏館。初出一九七五年）

橘堂晃一［二〇〇六］「旅順博物館藏麴氏高昌國時代の佛教注釋書概觀」（旅順博物館・龍谷大學 共編『旅順博物館藏トルファン出土漢文佛典研究論文集』龍谷大學佛教文化研究所・西域研究會）
氣賀澤保規［一九九九］『府兵制の研究――府兵兵士とその社會』（同朋社）
古泉圓順［一九六九］「敦煌本『勝鬘經義疏本義』」（國民文化研究會 聖德太子研究會『聖德太子研究』第五號）
古泉圓順［一九七六］「Ｓ二四三〇敦煌本『勝鬘經注釋書』斷簡」（『奥田慈應先生喜壽記念　佛教思想論集』平樂寺書店）
古泉圓順［一九八二］「敦煌出土佛典注釋書の「圓宗」」（『ＩＢＵ四天王寺國際佛教大學文學部紀要』第一五號）
高崎直道［二〇一〇（一九七五）］「客塵煩惱――如來藏思想の煩惱論」（『高崎直道著作集 第六巻　如來藏思想・佛性論Ⅰ』春秋社。初出一九七五年）
竺沙雅章［二〇〇〇］『宋元佛教文化史研究』（汲古書院）
塚本善隆［一九七五（一九三六）］「佛教史料としての金刻大藏經」（『塚本善隆著作集 第五巻　中國近世佛教史の諸問題』大東出版社。初出一九三六年）
西脇常記［二〇〇九］『中國古典社會における佛教の諸相』（知泉書店）
花山信勝［一九四四］『勝鬘經義疏の上宮王撰に關する研究』（岩波書店）
早島鏡正・築島裕 校注［一九七五］「勝鬘經義疏」（家永三郎・藤枝晃・早島鏡正・築島裕 校注『日本思想大系二　聖德太子集』岩波書店）
平井俊榮・荒井裕明・池田道浩 譯［一九九九・二〇〇〇］『新國譯大藏經一五　毘曇部六・七　成實論Ⅰ・Ⅱ』（大藏出版）
深浦正文［一九五四］『唯識學研究 上巻　教史論』（永田文昌堂）
福田琢［二〇〇〇］「『成實論』の學派系統」（荒牧典俊 編著『北朝隋唐 中國佛教思想史』法藏館）
福原亮嚴［一九六九］『佛教諸派の學說批判　成實論の研究』（永田文昌堂）
藤枝晃［一九六九］「北朝における『勝鬘經』の傳承」（『東方學報 京都』第四〇冊）
藤枝晃［一九七五］「勝鬘經義疏　解說」（家永三郎・藤枝晃・早島鏡正・築島裕 校注『日本思想大系二　聖德太子集』岩波書店）
藤枝晃・古泉圓順 校錄［一九七五］「Ｅ本（「勝鬘義疏本義」敦煌本）」（家永三郎・藤枝晃・早島鏡工・築島裕 校注『日本思想大系二　聖德太子集』岩波書店）

船山徹［二〇〇七］「梁の開善寺智藏『成實論大義記』と南朝教理學」（研究代表者 麥谷邦夫『江南道教の研究』科學研究費補助金研究成果報告書）
船山徹［二〇一二］「眞諦の活動と著作の基本的特徴」（同編『眞諦三藏研究論集』京都大學人文科學研究所）
寶幢會編［一九四〇］『藏・漢・和三譯合璧　勝鬘經・寶月童子所問經』（興教書院）
水野弘元［一九九七（一九三一）］「譬喩師と成實論」（『水野弘元著作選集 第二巻　佛教教理研究』春秋社。初出一九三一年）
宮下晴輝［二〇〇〇］「『成實論』と說一切有部の教義學」（荒牧典俊編著『北朝隋唐中國佛教思想史』法藏館）
山本達郎［一九五四ａｂ］「敦煌發見計帳様文書殘簡——大英博物館所藏スタイン將來漢文文書六一三號（上・下）」（『東洋學報』第三七巻第二號・第三號）
吉川忠夫［二〇一〇］「隋唐佛教とは何か」（『新アジア佛教史七　中國Ⅱ 隋唐　興隆・發展する佛教』佼成出版社）
權五民（권오민）［二〇一二］『上座シュリーラータ『經部毘婆沙』の研究①　上座シュリーラータと經量部（上座 슈리라타의『經部毘婆沙』연구①　上座 슈리라타와 經量部）』（ソウル、圖書出版ＣＩＲ）
陳寅恪［二〇〇一（一九八〇）］「馮友蘭中國哲學史下册審查報告」（『陳寅恪集　金明館叢稿二編』北京、生活・讀書・新知三聯書店。原刊一九八〇年）
史經鵬［二〇一四］『中國南北朝時期涅槃學基礎研究——研究史與資料』（上海師範大學博士後研究工作報告）
史經鵬［二〇一六］「南北朝時代の佛性說に関する一考察——P. 3291を中心に」（『東アジア佛教研究』第一四號）
趙立春［二〇〇六］「鄴城地區新發現的慧光法師資料」（河南博物院『中原文物』二〇〇六年第一期）

註

（1）本稿は、二〇一六年三月二六・二七日に韓國・ソウルで開催された「地論宗文獻と淨影寺慧遠」國際學術大會で發表した後、韓國佛教學會『韓國佛教學（한국불교학）』第七八輯（二〇一六年六月）に一部省略したかたちで韓國語で發表した同名の拙論を補完・修正したものである。

（2）青木隆［二〇〇〇］［二〇一〇］、青木隆・方廣錩・池田將則・石井公成・山口弘江 共著［二〇一二］、青木隆・荒牧典俊・池田將則・金天鶴・李相旻・山口弘江 共著［二〇一三］等を參照。

（3）以下の論述は拙稿［二〇一四ａ］（九―一二頁）において論じた内容をふまえている。

（4）『高僧傳』卷八、釋僧淵傳「曇度慧記道登竝從淵受業。慧記兼通數論、道登善『涅槃』『法華』、竝爲魏主元宏所重、馳名魏國」（大正五〇・三七五中）、釋曇度傳「魏主元宏聞風餐挹、遣使徵請。既達平城、大開講席、宏致敬下筵、親管理味」（大正五〇・三七五中）。『魏書』釋老志、太和十九（四九五）年條「此寺近有名僧嵩法師、受『成實論』於羅什、在此流通。後授淵法師、淵法師授登紀二法師。朕每翫『成實論』、可以釋人深（→染）情」。

（5）船山徹［二〇〇七］を參照。

（6）拙稿［二〇一四ａ］［二〇一四ｂ］［二〇一四ｃ］［二〇一五］を參照。

（7）塚本善隆［一九七五（一九三六）］後編「唐宋時代の未傳稀覯の唯識宗關係章疏」、竺沙雅章［二〇〇〇］第一部第一章「宋元時代の慈恩宗」・同第二章「宋元時代の杭州寺院と慈恩宗」、西脇常記［二〇〇九］第Ⅲ部の四「出口コレクションの一斷片によせて」・同八「唯識關係新資料」が指摘するように、玄奘の弟子、慈恩大師基（六三二―六八二）を開祖とする法相宗（慈恩宗）は唐以後も主として華北においてその命脈を保っていたが、ここでは深浦正文［一九五四］（二六九―二七二頁）の見解に從い、玄奘歸朝以後、いわゆる法相宗の三祖である基・慧沼・智周の活動年代までを中國における法相宗（倶舍學を含む）の事實上の最盛期とみなしておく。なお吉川忠夫［二〇一〇］（四八頁）が引用する陳寅恪（一八九〇―一九六九）［二〇〇一（一九八〇）］（二八三頁）の次の一節は、玄奘が齎したアビダルマ學にも當てはまるであろう。「其忠實輸入不改本來面目者、若玄奘唯識之學、雖震動一時之人心、而卒歸於消沈歇絶（吉川忠夫譯：忠實に輸入されたままで本來の面目を改めていないもの、たとえば玄奘の唯識學のごときは、たとえ一時の人の心を激しくゆさぶることがあったとしても、結局のところ消沈し、跡形を絶ってしまったのであった）」。

（8）船山徹［二〇一二］（二二頁）を參照。

（9）拙稿［二〇一〇］［二〇一二ａ］を參照。

（10）『高僧傳』卷六、釋僧叡傳「後出『成實論』、令叡講之。什謂叡曰、此諍論中、有七變（三本・宮本は「變」の一字なし）處文破毘曇、而在言小隱。若能不問而解、可謂英才」（大正五〇・三六四中）。

（11）玄暢（四一六―四八四）「訶梨跋摩傳」（『出三藏記集』卷十一）「於是博引百家衆流之談、以檢經奧通塞之辯、澄汰五部、商略異端、考覈迦旃延、斥其偏謬。除繁棄末、慕存歸本、造述明論、厥號『成實』」（大正五五・七九上）。

(12) 水野弘元［一九九七（一九三一）］、桂紹隆［一九七八］、加藤純章［一九八九］・［一九九七］（四二―四九頁）、宮下晴輝［二〇〇〇］、福田琢［二〇〇〇］、權五民［二〇一二］第一編第二章の二「成實論主ハリバルマ（成實論主 하리발마）」、拙稿［二〇一五］を參照。

(13) 山本達郎［一九五四ａｂ］、池田溫［一九七九］（三八―五一頁）、氣賀澤保規［一九九九］第二章「丁兵制の性格とその展開――西魏大統十三年文書の負擔體系の再檢討」等を參照。

(14) 古泉圓順［一九八二］「戸籍・計帳が作成された後、役所での保管年數を過ぎて、拂い下げられるまでの猶豫期間を勘定に入れて、これを五年程度と見積ると、五五二年以後のこれに近い頃に、その紙背に『華嚴大義章略述』（荒牧典俊氏が當時スタイン六一三寫本に附していた擬題：池田）が書寫されたことになる」（三九頁）。荒牧典俊［二〇〇〇］「故藤枝晃先生の御示教によれば、當時は六年一回の造籍であったとのことであるから、この「計帳樣文書」が廢棄された大統十九年（五五三）以後に、その故紙を切り繼いで、紙背に佛教教理集成文獻が書寫されたこととなる」（四二―四三頁）。

(15) 慧光の生卒年は近年出土した「慧光墓誌」による。趙立春［二〇〇六］を參照。

(16) 本文獻「26 一乘之相」「此是道憑法師說也」（S六一三V、三三二行）。なお「25 第八識」に「此是大三藏出也」（S六一三V、三三〇―三三一行）とあるが、この「大三藏」が誰を指すのかは明らかでない。

(17) 古泉圓順［一九八二］、石井公成［一九九六］、青木隆［一九九七］・［二〇〇〇］（一九七―一九八頁）・［二〇一〇］、荒牧典俊［二〇〇〇］［二〇一二c］（二〇八頁）を參照。

(18) 荒牧典俊［二〇一三］。

(19) 「19 勝善決定中有三道」「以（＝已）明『一息相智雙治三障』」（S六一三V、二五一行）。これは「7 三障義」の次の記述に基づく。「論其地上息相之智、非謂緣無分別理。語實而言、三障具遣」（S六一三V、七六―七七行）。

(20) 「1 六種正見」「章云『言綩義深、微密難解』、今略記問答耳」（S六一三V、五―六行）。「2 佛三種身」「廣如章中所辨。此處略耳」（S六一三V、二三行）。「10 十種無生」「此無生義、如『地抄』中具釋。此中略耳」（S六一三V、九一―九二行）。「12 十二因緣義」「此因緣義、如『十地抄』中所記。此中略擧其相耳」（S六一三V、一三〇―一三一行）。

(21) 『勝鬘經』（一乘章）「煩惱有二種。何等爲二、謂住地煩惱及起煩惱。住地有四種。何等爲四、謂①見一處住地②欲愛住地③色愛住地④有愛住地。此四種住地生一切起煩惱。起者刹那心刹那相應。世尊、⑤心不相應無始無明住地（bcom ldan 'das nyon mongs pa dag ni rnam pa gnyis te | gnas kyi sa'i nyon mongs pa rnams dang | kun nas ldan ba'i nyon mongs pa rnams so || bcom

ldan 'das gnas kyi sa yang rnam pa bzhi ste | bzhi gang zhe na | 'di ltar [1] lta ba gcig la gnas pa'i gnas kyi sa dang | [2] 'dod pa'i 'dod chags la gnas pa'i gnas kyi sa dang [3] gzugs kyi 'dod chags la gnas pa'i gnas kyi sa dang| [4] srid pa'i 'dod chags la gnas pa'i gnas kyi sa ste | bcom ldan 'das gnas kyi sa bzhi po de dag gis nyon mongs pa kun nas ldan ba thams cad skyed lags so || bcom ldan 'das de dag kyang skad cig pa ste | sems kyi skad cig pa dang mtshungs par ldan pa lags so || bcom ldan 'das [5] ma rig pa'i gnas kyi sa thog ma ma mchis pa'i dus nas mchis pa ni sems dang mi ldan pa lags so ||)」（大正一二・二二〇上。寶幢會編［一九四〇］八四頁・一一—一三行）。『勝鬘經』の煩惱論について、宇井伯壽［一九五九］（四五四—四五九頁）、香川孝雄［一九七二］、高崎直道［二〇一〇（一九七五）］（三二四—三二七頁）を參照。

（22）識語「照法師疏。延昌四年五月二十三日、於京永明寺寫『勝鬘疏』一部。高昌客道人得受所供養。許」（大正八五・二七八中。S五二四・八四九—八五一行）。「延昌四年」が麴氏高昌國の延昌四年（五六四）ではなく、北魏の延昌四年（五一五）であることについて、古泉圓順［一九七六］（七〇六頁、注一三）を參照。永明寺は北魏宣武帝が外國沙門を逗留させるために洛陽に創建した寺である。楊衒之『洛陽伽藍記』卷四「水（↓永）明寺、宣武皇帝所立也。在大覺寺東。時佛法經像盛於洛陽、異國沙門咸來輻輳、負錫持經、適茲藥（↓樂）土。世宗故立此寺、以憩之」（大正五一・一〇一七中下）。照法師『勝鬘經疏』に關する先行研究として、古泉圓順［一九七六］のほか、花山信勝［一九四四］第三章第一節の（二）「敦煌發見の照法師撰勝鬘經疏との類同說」、古泉圓順［一九六九］、藤枝晃［一九六九］［一九七五］、金治勇［一九八五（一九七五）］、橘堂晃一［二〇〇六］（八六頁）等を參照。

（23）ペリオ二九〇八寫本の概要について、拙稿［二〇一二b］（一一四—一一五頁）を參照。なお金剛大學佛教文化研究所では現在ペリオ二九〇八寫本の講讀を進めており、二〇一七年四月に冒頭部分の譯注を韓國語で出版する豫定である。またペリオ二九〇八寫本に論及した最新の研究として、史經鵬［二〇一六］を參照。

（24）『勝鬘經』（一乘章）「世尊、此四住地力、一切上煩惱依種。……如是無明住地力、於有愛數、四住地、其力最勝、恆沙等數上煩惱依」（大正一二・二二〇上。寶幢會編［一九四〇］八四頁・一四行—八五頁・一一行）。照法師『勝鬘經疏』「……與住爲地、故曰『無明住地』。後煩惱從此上生、名爲『起煩惱』。如此起者、障恆沙功德、故名『恆沙煩惱』。如是萬行之上、卽名『上煩惱』」（S五二四・四五五—四五六行。大正八五・二七〇中）。『勝鬘經疏』「『恆沙等數上煩惱依』者、此是無明起也」（S六三八八・五七八—五七九）。

（25）無　この下に「明」の一字を脱するか。

(26) なお①「闇於所縁」については、慧光の弟子で慧遠の師である法上（四九五—五八〇）『十地義疏』巻第三（P二一〇四、大正二七九九番）に「闇於所縁以爲無明」（大正八五・七七一下）とあることが注目される。

(27) 上注（21）を參照。

(28)「倶」は「但」の誤寫か。

(29)「沙」の上に「恆」の一字を脫するか。

(30) 拙稿［二〇一三］（三〇六—三〇七頁）を參照。

(31) 上注（21）を參照。

(32)『華嚴經』十地品「不如實知第一義、故有無明」（大正九・五五八中）。この典據は大竹晉氏の御教示による。

(33)「ここで「縁ずる」というのは」以下の譯文は大竹晉氏の御教示による。

(34) 荒牧典俊［二〇一三］は「愛無明」の三字を脫す。

(35) 體爲名也　荒牧典俊［二〇一三］はこの四字を脫す。

(36)「釋」、原文は「譯」に作るが、假借とみなして改める。荒牧典俊［二〇一三］は注記せずに「釋」に起こす。

(37)「見」は衍字か。

(38)『勝鬘經疏』「名雖有五、不出無明愛見。分三爲五耳」（S六三八八・五七四行）。慧遠『大乘義章』五住地義「體性唯三。一見二愛、三是無明」（大正四四・五六七中）。

(39)『成實論』はここで「身見は無記である」という質問者の主張に答えるかたちで「身見はあらゆる煩惱の根本であるから無記ではなく〔不善である〕」と定義している。水野弘元［一九九七（一九三一）］（G—三）、福原亮嚴［一九六九］（二四〇—二四三頁）、平井俊榮・荒井裕明・池田道浩（譯）［一九九九・二〇〇〇］（四七二頁、注六）が指摘するように、質問者の主張は說一切有部の所說と一致し、「身見は不善である」という『成實論』の定義は舊譯『阿毘曇毘婆沙論』に引かれる佛陀提婆（Buddhadeva. 覺天）の說（新譯『大毘婆沙論』では「大德」）と一致する。また「不善である身見があらゆる煩惱の根本である」という『成實論』の定義は、當然「あらゆる煩惱は不善である」という定義に發展すると考えられるが（『成實論』五受根品「又論師說、一切煩惱皆是不善」大正三二・二八五上）、これは舊譯『阿毘曇毘婆沙論』と新譯『大毘婆沙論』とが引く「譬喩者」（Dārṣṭāntika）の說と一致する。『阿毘曇毘婆沙論』卷二十八「或有說『一切煩惱盡是不善。如譬喩者作如是說。……答曰、一是無記。謂身見。……復次此見不能令人墮惡道。……尊者佛陀提婆說以無巧便所持故』。

曰、此見所取是顛倒、亦生顛倒、應是不善」（大正二八・二〇二上―下）。舊譯『阿毘曇毘婆沙論』の「佛陀提婆」と新譯『阿毘達磨大毘婆沙論』の「大德」との關係について、加藤純章［一九八九］（二三三頁、注一一）を參照。

(40) 示相・不示相に對する詳しい說明は『成實論』「憍慢品 第一百二十八」にある。「於五陰中取我相、名爲我慢。我慢二種、①示相②不示相。①示相是凡夫我慢、謂見色是我、見有色是我、見我中色、見色中我、乃至識亦如是。示是二十分、故名示相。②不示相是學人我慢。如長老差摩伽說、『不說色是我、不說受想行識是我、但五陰中有我慢我欲我使、未斷未盡、是名我慢』」（大正三二・三一四中）。慧遠『大乘義章』涅槃義の次の記述も參考になる。「如『成實』說、覺斷煩惱、名示相慢。示猶見也。執見我人衆生定相、名爲示相。……修斷煩惱、名不示相慢。修道所斷是鈍煩惱、不執我人衆生定相、名不示相」（大正四四・八一七下）。

(41) 慧遠『大乘義章』に次のようにあるのも參照。五住地義「依如毘曇、一切煩惱同皆能潤。若依『成實』、愛結能潤、餘惑佐助。『地經』亦爾」（大正四四・五六九中）、十使義「若依毘曇、於三界中、一切十使皆能潤生。若依『成實』、唯愛能潤。故『成實論』雜問品云、『唯愛能令諸有相續。邪見等中、無如是事』。『地經論』中、亦同此說」（大正四四・五八八下―五八九上）。なおスタイン六一三Vと同じ解釋が上出のペリオ二九〇八「五住地惑義」にみられる。「以愛能潤生、功長用顯、上下階降、爲三住地」（P二九〇八・五四四行）。

(42) 慧遠『大乘義章』十使義「若依『成實』、十使煩惱通迷四諦。故彼『成實』雜問品云、『一切諸結見滅諦時斷』。『滅』者、是其四諦之理。故通迷諦」（大正四四・五八六上）。拙稿［二〇一四a］（四〇―四四頁）を參照。

(43) 福田琢［二〇〇〇］（五四六―五四七頁）、權五民［二〇一二］（八二―八四頁）を參照。

(44) 識語「『大涅槃經義記』卷第四。大統五年（五三九）六月十三日寫訖。流通末代也」（大正八五・三〇四上）。

(45) 「暖」は「煖」に同じ。

(46) 『涅槃經』迦葉菩薩品「是名第四遍觀四方。四方者、卽是四諦」（大正一二・五七七中。南本、大正一二・八二四下）。

(47) 慧遠『大乘義章』賢聖義の次の記述も參照。「如毘曇說、於彼見道十五心中、現觀一諦、未來還於一諦增明。現觀一行、未來傍於一諦之下、四行增明。隨所觀察、皆明了故。……」（大正四四・七九七下―七九八上）。

(48) 「趣」は「取」の假借か。

(49) なお慧遠『大般涅槃經義記』の現行テクストの成立過程について、本書所收の拙論「慧遠『大般涅槃經義記』の成立過程について」を參照。

(50)「見」は「身」の誤寫か。

一一　敦煌遺書 地論宗『涅槃經疏』（擬）の佛性思想
――BD〇二二二四、BD〇二三一六、BD〇二二七六を中心に

史　經鵬

大乘經典『涅槃經』が中國に傳來して以降、佛性思想は中國佛教界の注目を集め、議論の焦點となった。吉藏『大乘玄論』や慧均『大乘四論玄義』の記錄から見ると、南北朝時代には十餘家の佛性に關する學說が廣く行われていた。[1] これほど多くの佛性論が南北朝の百餘年間に時流に乘じて起こり、優劣を競いあい、中國佛性論の内容を極めて豊かにした。しかしながら、以上のような入藏された資料に記載される多くの佛性論は、一方では極めて簡略で各種の佛性論の全貌を把握し難く、他方ではこれらの資料には多く記錄者や批評者の主觀的意識が混ざり、多くの佛性論の思想史的意義が充分には明らかにされていない。しかし幸運なことに、敦煌文獻中に南北朝時代の經典の注疏が保存されている。本稿で考察しようとする地論宗『涅槃經疏』（擬）もその一つである。これらのテキストの整理と研究によって、南北朝佛性思想史の全體的理解を大きく進展させることができるであろう。

一　『涅槃經疏』（擬）の紹介

本稿が考察しようとする『涅槃經疏』（擬）は、中國南北朝時代の佛典注疏であり、原著の卷數は不詳、作者も不詳で、歷代大藏經に收錄されず、また歷代經錄にも見えない。

本文獻は南本『大般涅槃經』の注疏であり、現在、敦煌遺書中に三件發見されている。BD〇二二二四、BD〇二三一六とBD〇二二七六である。BD〇二二二四は全八〇四行、首殘尾脫である。BD〇二三一六は全二六〇行、首尾ともに脫である。BD〇二二七六は全二八〇行、首脫尾殘である。書體および注疏內容から見て、三者は元來一つであり、後に分散して保存されたと考えられる。

書體を見ると、BD〇二二二四とBD〇二二七六の後ろ二一二行は字體が同じであり、BD〇二三一六とBD〇二二七六の冒頭六八行は字體が同じである。このことから、本文獻は異なる寫經生の書寫を經て作成されていることが分かる。

注疏內容を見ると、BD〇二二二四は『大般涅槃經』「金剛身品第五」「名字功德品第六」「四相品第七」「四依品第八」「邪正品第九」の注疏であり、注釋の範圍は『大正藏』第一二冊六二二頁下から六四七頁上までである。BD〇二三一六は「邪正品第九」「四諦品第十」「四倒品第十一」「如來性品第十二」の注疏であり、注釋の範圍は『大正藏』第一二冊六四七頁上から六五一頁下までである。BD〇二二七六は「如來性品第十二」「文字品第十三」「鳥喩品第十四」「月喩品第十五」「菩薩品第十六」の注疏であり、その注釋の範圍は『大正藏』第一二冊六五一頁下から六六三頁中までである。BD〇二二二四の末尾とBD〇二三一六冒頭の間には內容の佚失があり、直接接合はできない。BD〇二三一六の末尾とBD〇二二七六の冒頭とは、「不成也。〝若自生〟者、結第二句自種因義」一五字が重複し、直接接合可能である。

この文獻には青木隆による整理本がある。[2] しかし青木の整理本は釋文・斷句などに再檢討が必要な箇所が多い。本稿が引用する『涅槃經疏』(擬)の語句は、すべて筆者が改めて作成した整理本[3]に基づいている。

疏の思想に關しては、青木隆がそのなかの教判と因果思想について考察し、この疏は法上・慧遠時代の地論宗文獻とする。[4]

その根據は二つ擧げられている。第一は、疏中の教判に通教・通宗および圓教・頓教・漸教等の概念が見えることである。その中の圓教は『大集經』、頓教は『華嚴經』、漸教は『涅槃經』を指している。早期地論宗にはかつて『大集經』を重視した耆闍寺安凜などの地論師たちの一派が存在した。[5]

第二は、疏中に有爲緣集・無爲緣集および眞實緣集の概念が現れることであり、これも地論宗が共通して用いる概念である。

しかし注目すべきことに、『涅槃經疏』(擬)はその思想に關して地論學派と密接な關係にあるが、現存する疏文中の引用文獻には『十地經論』の名が見えず、『法華經』『法鼓經』の內容を『涅槃經』中の比喩と比べたり、あるいは『仁王般若經』、『楞伽經』(四卷)、『文殊師利菩薩問菩提經論』などの思想によって解釋體系を構築したりしている。『涅槃經疏』(擬)の獨特な佛性思想はこのような解釋體系の中に明確に表れている。

二　眞性依持

青木隆が述べるように、本疏は地論宗文獻である。疏中の心識論および眞性依持思想から見てもこれを補強することができる。

まず、『大般涅槃經』「如來性品」には、佛は譬喩によって說法し、金剛は堅固でするどい鍬によっても貫けない。佛性はまさに金剛のごとくであり、一切の天・魔・人天の戲論は五陰を破壞できるが、金剛のような佛性は破壊できないと述べる。(6) これに對して『涅槃經疏』(擬)の注釋は「〃磐石沙礫直過無難〃とは、七識縁智無くんば堅しと雖も壞す可きなり。〃金剛叵徹〃とは、第八眞識損なう可からざるなり」である。つまり八識の心識説——七識縁智と第八眞識によって『涅槃經』の「磐石沙礫」と「金剛」を解釋する。すなわち、第八眞識は佛性であり破壊できないとした。この心識説について、中華電子佛典協會(CBETA)電子佛典集成を檢索すると、唐代以前の經論では、ただ淨影寺慧遠の『大乘起信論義疏』と『大乘義章』中にのみ用いられている。淨影寺慧遠は地論學派南道派の代表的人物である。よって、この『涅槃經疏』(擬)は確かに地論學派と密接な關係にあることがわかる。

次に、『般若經』と『涅槃經』が相繼いで中國に傳來して以降、般若性空と涅槃佛性の間の扞格、ついで融通、般若學から涅槃學への轉向の問題は、一時期、當時の佛教界における思想的主流であった。この點は『涅槃經疏』(擬)にも表れている。『涅槃經』如來性品の雪山妙藥の譬喩の解釋において、疏文には、「直に衆生の五陰に此の眞性有るを明かす。……眞常佛性、體は衆相を離るれば」「一味の藥なり」と述べられている。その後、疏文は、『般若經』の「一法として法性より出ずる有る無し」(7)という語句を引用し、「眞性理融にして、在不在無き」ことを説明し、佛性が眞性・法性であり、一切事物の中を融通貫徹するという觀點を確立する。以上によれば、『般若經』の空の法性思想と『涅槃經』の佛性觀念が融合して同等になったのである。

さらに、佛性が法性に等しく、一切法を貫徹しているとすると、佛性と一切法とはいかなる關係にあるのだろうか。これに對して『涅槃經疏』(擬)は以下のように言う。

前の「文字品」は宗の語詮を擧ぐれば、則ち理・教の別有り。旨の半滿を尋ぬれば、則ち常・無常の異なり有り。若し事剋ち條別るれば、則ち生死は依持の本を絕し、菩提涅槃、事は圓通の益を缺く。若し爾らば、彼我由る無く、生死・涅槃、安ぞ資成の用有らんや。今妄想は孤ならず、義は隱覆に存し、至寂殊能、量は法界に同じたるを明かす。是を以て無常と苦とは、眞性を介さず、常と樂とは、垂跡を捨つる無し。故に眞僞殊なると雖も渾波容を同じくし、澄原湛一にして義は殊能を顯わす。良とに眞旨理融、法性より外なる無きを以ての故に相い離れず、以て至性沖玄にして、理に津益の美有るを彰す。

前「文字品」擧宗語詮、則有理敎之別。尋旨半滿、則有常無常異。若事剋條別、則生死絕依持之本、菩提涅槃、事缺圓通之益。若爾、彼我無由、生死涅槃、安有資成之用。今明妄想不孤、義存隱覆、至寂殊能、量同法界。是以無常與苦、不介於眞性。常之與樂、無捨垂跡。故致眞僞雖殊而渾波同容、澄原湛一而義顯殊能。良以眞旨理融、無外於法性、故不相離、以彰至性沖玄、理有津益之美。

すなわち生死等の有爲法と菩提涅槃等の無爲法を分離して解釋するならば、二者は互いに隔絕し、卽體卽用・圓融無二であることはできない。しかし事實においては、無常・苦と眞性の間には隔たりがなく、常樂法身にも垂迹の妙用があり、眞僞が融通して一となり、佛性の理は沖遠玄漠であるが、衆生の修行の利益となることができる。よって、疏文には「有爲無爲は皆如來藏を以て本と爲す」といい、この眞常不變で不生不滅、在不在無く、本體があらゆる相を離れている佛性が有爲法と無爲法の依持の根本なのである。

以上より、第八眞識は佛性、すなわち如來藏であり、一切有爲法と無爲法の依持の根本であり、眞實の如來藏が虛妄の法を依持するのではないことがわかる。この一つの常住絕相の眞性に基づき、有爲緣集と無爲緣集ははじめて成立するのである。すなわち、疏文に以下のようにいう。「眞性は是れ衆善の原・萬德の本なるを明かす。善を忻び德を崇ぶ、此れに非ざれば發せず、故に衆生と眞歸依の義を作すを得。……性は眞實と雖も、因緣に對治するを以て、因果の義興り、無爲緣集成就の義を彰らかにす」。

佛性と一切法の間に本末・體用の關係が存在するならば、因果の角度から見ると、有爲緣集と無爲緣集とを問わず、もし因緣生起に論及すれば、すでに三世因果の中に落ちてしまっている。衆生が佛法を修行し、精進して懈怠しないことは、當然、三世因果の中のことである。

よって、修行中の衆生における佛性問題に論及する場合においては、「當」あるいは「現」の種種の議論が可能である。しかし佛性自體について論ずれば、常住不變であって、三世因果におさめとられる存在ではない。この一點については經疏中に明確に以下のように述べられている。「然るに此の性法、當に非ず現に非ず、衆生に就きて論ずれば、三世と言うを得るも、體は三世に非ざるなり」。

最後に「眞性依持」の概念から見ると、「若し爾らば、有爲智起こるも、亦た眞に假りて立つ、彼此何ぞ異ならん。釋して云わく。眞性依持、異なること本と古自りし、是れ方便に非ず、眞顯れ彼れ謝す、何の資か之れ有らん」。つまり、眞性は有爲智の所依であり、方便の法ではなく、それ自身依據するところはなく、本當に顯現するのはそれ自身である。

これを資料にあらわれた地論南道派の「眞如依持」思想、すなわち「陳梁以前、『地論』を弘むる師は二處同じからず。相州北道は阿梨耶を計して以て依持と爲し、相州南道は眞如を計して以て依持と爲す。此の二論師は倶に天親を稟くるも、計する所各おの異なり、水火に同し[8]」、「地人云わく、一切の解惑眞妄は法性に依持す、法性は眞妄を持し、眞妄は法性に依るなり[9]」という説と對比すると、『涅槃經疏』(擬)の「眞性依持」と藏内文獻の記載とは形式上においてわずかに一字の差があるだけである。前文の分析結果もまた、兩者の思想が一致するという確證となる。

總じて言えば、『涅槃經疏』(擬)と淨影寺慧遠の著作との間には八識の構造において同義性があり、「眞如依持」と「眞性依持」との間にも一致點が認められ、これらは『涅槃經疏』(擬)と地論南道派の間に密接な關係が存在したことを補強する證據ということができよう。

三　八恆・四依、および種性

『涅槃經疏』（擬）中には『仁王般若波羅蜜經』『文殊師利菩薩問菩提經論』等が引用され、自らの修行段階論を闡述している。その中、とりわけこの『仁王般若波羅蜜經』中の「習種性」「性種性」「道種性」等の概念は、『大般涅槃經』中の四依人および相應する佛性論を解釋する時、極めて重要な役割を果たす。

例えば、『涅槃經』四相品中の斷肉食文の疏釋中において、『涅槃經疏』（擬）は、「〝意を異にするが故に三種を食らうを聽す〟とは、習種の始め、意淺く未だ深からざるを以て、三種の無常觀を作すを聽すなり。……道種終わりて心始めて成り、無漏初地の果興こる。……種性從り以上は、相違緣も亦た著するを聽さざるなり」という。同品において長者が子に半滿字を教える譬喩に對して、疏文は「〝唯だ一子有り〟とは、習種中に一分の解を得るなり。……〝愛念を以ての故に半字を教う〟とは、方便道もて半字と爲すなり。下は聲聞弟子習種敎量に合するなり」という。

以上によれば、「習種」「種性」（すなわち性種性）「道種」の概念がすべて現れており、なおかつこれらの概念は、疏文中における無常觀を修習する地前から初地に至る修行段階を支えていることがわかる。よってこの『涅槃經疏』（擬）中の佛性思想を考察する前に、最初に疏文中の四依と各類の種性との關係を明らかにする必要がある。『大般涅槃經』四依品において、佛は四依の人および煕連より八恆に至る九種の人の『大般涅槃經』に對する態度を說明している。四依の人とは以下の通りである。

人有りて世に出でて煩惱性を具う、是れを第一と名づく。須陀洹人・斯陀含人、是れを第二と名づく。阿那含人、是れを第三と名づく。阿羅漢人、是れを第四と名づく。是の四種人、世に出現し、能く多く世間を利益・憐滑し、世間の依と爲り、人天を安樂にす。

有人出世具煩惱性、是名第一。須陀洹人、斯陀含人、是名第二。阿那含人、是名第三。阿羅漢人、是名第四。是四種人出現於世、能多利益、憐滑世間、爲世間依、安樂人天。(10)

一方、熙連河沙から八恆河沙（一恆から八恆）に至る諸如來のもとにいる衆生とは、『大般涅槃經』に對する態度と修行法によって順次のぼっていく九の修行段階を指す。この過程において、衆生は『大般涅槃經』に對してそれぞれ、發菩提心、受持、不誹謗、廣説、正解、信樂、讀誦、書寫、一分義から十六分義までを解し、他人にこの經を受持供養させるという異なる態度と實踐修行を有する。(11)

以上より、いわゆる四依および熙連・八恆等の概念は、『大般涅槃經』が提示した異なる修行段階の理論であることがわかる。『大般涅槃經』においては、これらの概念體系相互の間にははっきりとした會通と解釋がなく、後來の注疏に一定の解釋の餘地を残したのである。

『涅槃經疏』（擬）が用いる「習種」「性種」「道種」等の概念は、『仁王般若波羅蜜經』の菩薩敎化品に由來する。最初に、經において般若波羅蜜を修する菩薩を伏忍、信忍、順忍、無生忍、寂滅忍の五段階に分け、各階位をさらに上中下に細分する。次に、伏忍中において順次に習種性十心、性種性十心、および道種性十心を生起し、順次向上し、信忍から寂滅忍に至り、最後に佛と菩薩は寂滅忍において金剛三昧に入るのである。(12)

『涅槃經』の四依人、熙連および八恆等の修行次第に對し、『仁王般若波羅蜜經』の「習種性」「性種性」「道種性」等もまた別の修行階梯である。この三者の間には、いったい如何なる關係が存在するのか。『涅槃經疏』（擬）は、如來性品の王子好刀譬喩の疏釋に以下のように述べる。

「王子」とは、初依なり。「貧賤」とは、熙連の人なり。……「互相いに往返」とは、機教相い攝するなり。「貧人後に於いて王子の刀を好むを見る」とは、敎に依りて、眞性有るを信ずるなり。……一恆人は王敎を秉る、故に之を名づけて王と爲す。上の王子の父に非ざるなり。……曾て眼見すると雖も」とは、信心もて見るなり。……「況んや故さらに取らんや」とは、況んや體證有らんや、なり。……「我が（筆者注：王）庫藏中に無し、況んや王子の邊に見たるや」とは、我が敎量中に常に邪我無し、況んや四依の邊に有るを得んや、なり。……「言いて崩ず」とは、一恆の敎息むなり。「餘子を立てて紹繼するを得」とは、二恆人もて師と爲すなり。次第に借問し、機敎相對すること、前と異ならず。「次第して四・三」とは、三恆・四恆の人、檢校前に同じなり。……「是くの如く見る」とは、信・解分別し、正見に非ざるなり。故に下に「我が刀の眞實の相を見ず」と言うなり。

「王子」者、初依也。「貧賤」者、熙連人也。……「互相往返」者、機敎相攝也。「貧人於後見王子好刀」者、依敎、信有眞性也。……一恆人秉王敎、故名之爲王。非上王子父也。……「雖曾眼見」者、信心見也。……「況故取」者、況有體證也。……「我（筆者注：王）庫藏中無、況王子邊見」者、我敎量中常無邪我、況四依邊而得有也。……「言崩」者、一恆敎息也。「得立餘子紹繼」者、一恆人爲師也。次第借問、機敎相對、與前不異。「次第四三」者、三恆四恆人、檢校同前。……「如是見」者、信解分別、非正見也。故下言「不見我刀眞實之相」也。

この文中では、刀は佛性の喩えであり、王子などは佛性に對して異なる信仰および認知を有する修行者の喩えである。以上より、最初に王子と貧人の關係から見ると、それぞれ初依と熙連に對應し、なおかつ熙連はいまだ初依の範圍に入っていないことがわかる。次に、好刀を執り持っている王子は初依の人であり、他國に逃亡した後、他の諸子が王子を繼承したが、好刀を見ず、彼らはただ一恆から四恆の人にすぎない。このため、熙連から四恆にいたるまで、皆いまだ初依の範圍に入っていないことがわかる。

その他、上述の疏文中には、熙連等の人と佛性との關係について論及している。これに對し、『涅槃經疏』（擬）の別の疏釋には以下のように述べている。

> 「善男子よ、若し凡夫の能善く說く者有らば」以下は、習種の人の、自分の解の中、法師爲るに堪うるを嘆ず。「當に是れ菩薩の相貌なりと知るべし」とは、未だ四依を階らずと雖も、教量の化は同じなり、故に相貌と云うなり。
>
> 「善男子、若有凡夫能善說者」以下、嘆習種人自分解中堪爲法師。「當知是菩薩相貌」者、雖未階四依、教量之化同也、故云相貌也。
>
> 「譬えば人の勇健なる有るが如し」とは、初依已上なり。「怯弱」とは、習種の流なり。
>
> 「譬如有人勇健」者、初依已上也。「怯弱」者、習種之流也。
>
> 「我が正法の餘八十年」とは、八修の行なり。前の四十年は、無常の四修なり。後の四十と云わざる所以は、熙連・習種未だ眞常四修に入らざるを明かさんと欲すればなり。
>
> 「我正法餘八十年」者、八修行也。前四十年者、無常四修也。所以不云後四十者、欲明熙連習種未入眞常四修也。

上文を總合すると、注意すべきことが三點ある。最初に、熙連から四恆までの五種の人は佛性の修行方式に對してはすべて教量によって信じている。次に、習種性と四依が對比されて出現し、習種性は四依より下に位置する。しかし、習種の人は自身の理解に基づいて法師となり人に教えることができる。これは前文中の一恆から四恆までの人が師となることができることと對應し、よって習種性は前四恆の人に對應する。第二に、熙連の人は法師の教導によって眞性の説を信ずるが、いまだ自ら法師となって他人を教導することはできない。よって熙連の人は習種性より前の位階に屬する。

『涅槃經疏』（擬）はまた次のように言う。

初依後に四分の義あり、何をか是れ四とせん。魔の所説の經律を二と爲し、佛所説の經律を二と爲す。經は是れ解を生ずるの軌、律は是れ行を起こすの法なり。二闇二明、之を以て四と爲すが如し。亦た二は是れ違中の解行、二は是れ順中の解行、卽ち是れ四分義とするも可なり。

初依後四分義、何者是四。如魔所説經律爲二、佛所説經律爲二。經是生解之軌、律是起行之法。二闇二明、以之爲四。亦可二是違中解行、二是順中解行、卽是四分義也。

ここにいう解行とは、疏文中に「解行發者、道中發也」と説くように、道種性の修行法を指す。このため、初依は道種性を含む。疏文はまた「初依八分」と言うので、初依はまさしく五恆人を指す。習種は一、二、三、四恆の人、初依の後四分義とは道種性を指す。そうすると、初依の前四分義は性種性を含むはずである。疏文にはまた、「習種性中に一分の解を得」という。これを『涅槃經』の四恆人は十六分の一義を得、五恆人は八分義を得るという記述[13]と結びつけると、習種性の第四恆人は一分の解を得、五恆は八分の義のうち後の七分を得、性種性は、三分の義を得、道種性は後の四分義を得ることがわかる。

このほか、『涅槃經疏』（擬）は、四依品・四諦品・四倒品の疏釋において、四依と五忍の關係について詳細に述べている。

初め四依の體德差別義を辨ずる中に就きて、初め名數を略擧し、次に廣く其の相を辨じ、下に宣通の德にて結ぶ。文の約する所なるが故なり。凡そ依とは、法師爲るに堪うる者なり。經の法師を辨じて定まらざるは、良とに義を以て別つが故なり。習種の法師を辨ずるは、化敎に就いて明かすなり。性種の法師を辨ずるは、其の相行・敎行に就くなり。四地中に法師を辨ずるは、但だ三地以還のみ、直に練金と云う。四地以上は莊嚴具を辨じ、智障を斷じ、以て法師を明かす。五地は陀羅尼を得、以て法師を明かす。六地は義陀羅尼、以て法師を明かす者なり。七地の法師を明かすに、雙道無閒を得るが故なり。八地は方に法師を明かすに、師の念念入寂し、功用無きなり。自後知るべし。

就初辨四依體德差別義中、初略擧名數、次廣辨其相、下結宣通之德。文約所故。凡依者、堪爲法師者。經辨法師不定、良以義別故也。習種辨法師、就化敎明也。性種辨法師、就其相行敎行也。四地中辨法師者、但三地以還、直云練金。四地以上辨莊嚴具、斷於智障、以明法師。五地得陀羅尼、以明法師。六地義陀羅尼、以明法師者。七地明法師得雙道無閒故也。八地方明法師者、師念念入寂、無功用也。自後可知。（四依品）

今第二依を辨ずるに、六地以還に就くは、何ぞや。且く『仁王經』に准ずるに、初二果を辨ずるに始め信順二忍と相應し、未だ無生に會せず、是を以て束ねて一依と爲す。

今辨第二依、就六地以還者、何也。且准『仁王經』、辨初二果始與信順二忍相應、未會無生、是以束爲一依。（四依品）

又た一解に、『文殊問菩提心經』、初地從り六地に至るまで未だ諸の車具を集めず、七地より九地に至りて車成り、十地は駕用を辨ず。若し此の義に就かば、亦た是れ一相なり。……「是の人未だ第二・第三住處を得ず」とは、七地は無相修、八地以上は無相果、六地以還は功用相修にして未だ後の二を得ず、故に未だ第二・第三を得ずと云うなり。法先に一解有り、第二依の人偏えに料簡を須つ、何故なるや。第二依は二果二忍を束ねて合して一依と爲すが故なり。今未だ得ずと云うは、初果未だ第二果人の住處を得ざるなり、第二果人未だ第三果人の住處を得ざるなり。

又一解『文殊問菩提心經』、從初地至六地未集諸車具、七地至九地車成、十地辨駕用。若就此義、亦是一相。……「是人未得第二第三住處」者、七地無相修、八地以上無相果、六地以還功用相修未得後二、故云未得第二第三也。法先有一解、第二依人偏須料簡、何故也。第二依束二果二忍合爲一依故也。今云未得者、初果未得第二果人住處也、第二果人未得第三果人住處也。（四依品）

第二依の人は四分解なり。一は善く自心現を分別す。二は善く外性を知る。三は生住滅の見を離る。四は自覺聖智を得るを善く樂う。此の四者は卽ち理の眞修なり、故に諦に寄せて明かすなり。

第二依人四分解也。一者善分別自心現。二者善知外性。三者離生住滅見。四者得自覺聖智善樂。此四者卽理眞修、故寄諦明也。（四諦品）

然るに第三依は十四分の義を具う。謂わく那含なり。菩薩の位階は無相修、雙道具足、顯方便、果行成就なり。第四依は十六分の義を具う、謂わく羅漢なり。菩薩の位階は無學無相修、果報行淳熟、大寂滅遠離、彰性淨果修なり。

然第三依具十四分義、謂那含。菩薩位階無相修、雙道具足、顯方便果行成就。第四依者具十六分義、謂羅漢。菩薩位階無學無相修、果報行淳熟、大寂滅遠離、彰性淨果修。（四倒品）

表1

熙連—八恆	四依	十六分義	種性—五忍	
熙連				
一—四恆		一分義（四恆）	習種	伏忍
五恆	初依	八分義	性種性—道種性	伏忍
六恆	二依	十二分義	信忍—順忍（無生記）	
七恆	三依	十四分義	無生忍（寂滅忍記）	
八恆	四依	十六分義	寂滅忍	

上記引用文からは、三點の注意すべきことを指摘できる。第一に、本疏中には『十地經論』の名は見えないが、確實にその影響を受けている。[14]例えば初地から三地までは「練金」、四地は「辨莊嚴具」であり、それぞれ、『十地經論』の明地第三と焰地第四[15]の譬喩に關係している。

第二に、文中のいわゆる辨法師義とは、四依がいかなる意義において世人の所依たる法師となり、衆生を教化することができるかを指している。これは彼らの佛性に對する認知の程度と密接に關連している。例えば、習種性はわずかに他の法師の教量に依據して佛性說を信奉する、これは「信心見佛性」である。よって、習種性を法師と稱することができるゆえんは、ただ自己の理解（あるいは四恆所得一分義）に基づいて、かつて受けた教量を宣揚するということにすぎない。この點は、後に佛性の節において詳述する。

第三に、『涅槃經疏』（擬）は『仁王般若波羅蜜經』と『文殊問菩提心經』に依據し、第二依は初地から六地の菩薩を指し、五忍中の信忍と順忍に相應し、六恆であると考えていた。そして第三依は七恆、第四依は八恆であると考えていたことがわかる。

第二依が信忍と順忍に對應することから、これによって推測すると、第三依と第四依は順にそれぞれ無生忍と寂滅忍に對應する。ただし、疏文では「記別」の方式によって説明している。

「眞實の舍利を藏せず」とは、七地以上の無功用を修する人、無學位にて法身の義を顯すなり。……初依は記を得ると云わざるは、煩惱に在ればなり。第二人は無生の記を得。第三人の記は、寂滅忍の記を得。

「不藏眞實舍利」者、七地以上修無功用人、無學位顯法身義也。……初依不云得記者、在煩惱也。第二人得無生記。第三人記者、得寂滅忍記。

つまり第二依の人は信・順二忍を得た後、無生忍の記別を獲得する。第三依は無生忍を得た後、寂滅忍の記別を獲得するということである。

以上をまとめ、熙連・八恆と四依および各種種性の對應關係を圖示すると表1の如くである。

四　佛性

佛性の眞體が獨り存する時、常住不變で緣を離れ相を絕している。しかしこの時、佛性の體と用はいまだ融和せず、衆生の修行に微塵の益もなく、一種の理論上の存在である。衆生が佛法を修行する時、必然的に因果の枠の中に入り、修行過程における佛性は一種の現實的・動態的存在となる。

『涅槃經疏』（擬）は菩薩品の疏釋において、佛教の修行において最終的に得られる妙果と修行の因の關係について明らかにしている。

上は共聖行を辨じ、眞旨は理融にして、物として在らざる無きを明かす、故に資成の美有り、以て大順の益を彰わす。然るに猶お未だ資益の狀の如何なるかを曉らかにせざるがごとし、宜しく須く辨ずべし。今因に在りては因の善を成し、妙用天眞、累の染まらざる所なり。果に在りては果德を顯わし、寂にして圓通自在無礙なり。備益の道、其の義茲に在り。然るに言は必ず次を以てす。故に先に因行を明かし、此の因を彰わすを擧げて、名づけて「菩薩行品」と曰う。因の始まりを論ずるや、發心に創まる、故に「云何が未だ發心せざるに、名づけて菩薩と爲さん」と問う。然るに未だ發さざる者に寄せて、以て行の初相を彰すなり。但だ發す者は是れ起こす所の方便、能發は是れ種性自實、實に卽して行を興こす、何ぞ發の相有らん、故に未だ發さずと云うなり。

上辨共聖行、明眞旨理融、物無不在、故有資成之美、以彰大順之益。然猶未曉資益之狀如何、宜須辨。今明在因成因善、妙用天眞、累所不染。在果顯果德、寂圓通自在無礙。備益之道、其義在茲。然言必以次。故先明因行、擧此彰因、名曰「菩薩行品」。論因始也、創於發心、故問「云何未發心、而名爲菩薩」。然寄未發者、以彰行之初相也。但發者是所起方便、能發是種性自實、卽實興行、何有發相、故云未發也。

すなわち佛性が衆生の修行の道をたすけ完成させるには、必ず因果法の中に存在して、衆生が修行する善因とならなくてはいけない。そして善因は衆生の發心に始まる。もし衆生が發心し實踐修行を開始するなら、清淨な修行によって、必然的に常住の果に導かれ向かうことができる。そしてまた、この修行過程における清淨性は、佛性の自體本性の清淨性によって保證される。これがつまり性淨にして行淨、體用相融無礙ということである。

理である佛性自體は常住不變で、衆生の實際の修行中に佛性がいかに顯現するかは、必ず衆生の發心による。しかし一切衆生がみな發心できるのではなく、そのため佛性は衆生の修行中において最初から最後まで存在するわけではない。

初め従り「猶お金剛の外物を容れざるが如し」に至るは、性淨の眞旨を明かす。淨妙の極、澄明にして内は朗らか、外は法界に周し。是を以て能く凡そ心有る者をして、茲の靈淵に沫し、菩提心を發さざる莫からしむ。一闡提の發さしむ能わざるを除くなり。二の「迦葉佛に白して」從り「是くの如き人、一闡と謂う」に至るは、不信不受の義を明かす。三の「是の故に當に大乘を知るべし」從り此段に下るは、性淨淨用の義を結するなり。

從初至「猶如金剛不容外物」、明性淨眞旨。淨妙之極、澄明内朗、外周法界。是以能令凡有心者、莫不沫茲靈淵、發菩提心、除一闡提不能令發也。二從「迦葉白佛」至「如是人者謂一闡」、明不信不受義。三從「是故當知大乘」下此段、結性淨淨用之義也。

文中に示されるように、眞淨の佛性には無限の妙用があり、有心の者に修行の資助を獲得させることができる。しかしその中の一闡提は、芽を焦がし種をくさらせ、發心できない。なぜなら、その「身心器に非ず」、『大般涅槃經』の道理を信受できないからである。これによれば、一闡提はいまだ熙連人の階位に到達していないのである。

『涅槃經疏』（擬）にはまた以下のように述べている。

向きに迦葉問うらく、「五逆・四重の習種・闡提は是れ熙連前の人なるも、若し涅槃光能く此の人に合して發心せしむれば、淨く戒を持す。何の差別か有らん」とは、性種と異なる無きなり。若し爾らば、何故に五恆行道方便もて初依人と成ると云うや。故に四恆以還は發心する能わずと知るなり。

向迦葉問、「五逆四重習種闡提是熙連前人、若涅槃光能合此人發心、與淨持戒。有何差別」者、與性種無異。若爾、何故云五恆行道方便成初依人也。故知四恆以還不能發心也。

第二に問う。「如來上に云わく、大涅槃を聞きて、一たび耳を經れば、五逆煩惱を斷ずと。何故に復た四恆以還、其の義を解せずと說く」。二言相食み、疑を決せんことを願うなり。

第二問。「如來上云聞大涅槃、一經於耳、斷五逆煩惱。何故復說四恆以還、不解其義」。二言相食、願決疑也。

下答う。一闡提を除き、熙連以上皆な發の義有り。但だ發に多種有り。熙連の發は、信中に發すなり。習種の發は、解中に發すなり。性種の發は、行中に發すなり。解行の發は、道中に發すなり。初地の發は、證中に發すなり。四恆解せずと言うは、未だ行中に發すに達せざるなり。下に羅刹緣を爲して方めて發すと云うは、但だ習種現前を對治し、勝道をして進まざらしむるは、卽ち是れ羅刹なり。之に因りて厭を生じ、後に發心するを得、之を說きて緣と爲す。

下答。除一闡提、熙連以上皆有發義。但發有多種。熙連發者、信中發也。習種發者、解中發也。性種發者、行中發也。解行發者、道中發也。初地發者、證中發也。言四恆不解者、未達行中發也。下云羅刹爲緣方發者、但習種對治現前、令勝道不進、卽是羅刹。因之生厭、後得發心、說之爲緣。

これらの文には二點注意すべきことがある。第一は、一闡提人が發心できないとするだけでなく、五逆罪と四重罪を犯した習種性も發心できないとすることである。第二は、熙連より以上はみな發心の義が有るが、發す方式が異なり、熙連は信中に發し、習種性は解中に發し、性種性は行中に發し、道種性は解行中に發し、初地菩薩は證中に發するとすることである。

それぞれ異なる修行段階にある衆生の發心の方式と、佛性を見る方式の間には密接な關係が存在する。『涅槃經疏』（擬）は以下のように述べる。

中に就きて三段有り。初め從り「眞佛弟子」に至るは、種性人の聞見の義を明かす。二「迦葉菩薩佛に白して言さく」從り「諸の聲聞・縁覺の及ぶ所に非ず」に訖るは、十住菩薩・諸佛の修見の義を明かす。三「聖に非ざる凡夫」從り品を訖るは、習種人の修順明白の義を明かす。……習種教量信順中に就きて二有り。初め從り「我が庫藏中に是くの如き刀無し」に至るは、教量人は慧解無く、見る能わざるの義を明かす。二「善男子よ、今日如來」從り下訖るまで、慧見無しと雖も、信順して違わざるの義を明かす。

就中有三段。從初至「眞佛弟子」、明種性人聞見義。二從「迦葉菩薩白佛言」、訖「非諸聲聞縁覺所及」、明十住菩薩諸佛修見義。三從「非聖凡夫」訖品、明習種人修順明白義。……就習種教量信順中有二。從初至「我庫藏中無如是刀」、明教量人無慧解、不能見義。二從「善男子、今日如来」訖下、明雖無慧見、信順不違義。

以上より、各種の性が佛性を見る方式は異なることがわかる。習種性は佛性を見ることができず、ただ佛性を信順することができるだけである。種性は性種性と道種性の兩者を含み、佛性を聞見できる。初地以上から諸佛にいたるまでは佛性を修見する。上文を合わせれば、各種性の修行と發心の方式を知ることができる。圖示すると次頁表2の如くである。

以上より、佛性はもはや獨立した理體とはされておらず、衆生の實踐修行と關連づけられており、佛性をいかに顯現させ作用をおこさせるかについては、とりもなおさず修行主體の實際の態度と行爲によることがわかる。上に示したように、異なる修行段階にある衆生がそれぞれ異なる方式によって佛性と相互に作用しあうことが、『大般涅槃經』が漸教と判定される原因であることをまさしく具體的に示現したのである。この事實もいくらか『涅槃經疏』（擬）中に表されている。

表2

修行階梯	辨法師義	見佛性方式	發心方式
五逆四重習種性―一闡提		不見	不發
熙連		信心見	信中發
習種性	化教／教量[16]	不見―信順	解中發
性種性―道種性	相行教行―解行	聞見	行中發―解行中發
初地―三地	練金	修見	證中發
四地	辨莊嚴具、斷於智障		
五地	得陀羅尼		
六地	義陀羅尼		
七地	得雙道無間		
八地	無功用		
九地			
十地			

今略ぼ經教の不同を明らかにするに、『大集』等の經は是れ圓教、『華嚴』等は是れ頓教、『涅槃』は是れ漸教なるに似たるが如し。大乘に等しと雖も、義を顯すこと同じからず。『大集』は自體因果に就きて以て眞實を論ず。若し此の宗に就かば、衆生即ち是れ佛、萬義皆な具足すと言うを得、故に圓教と名づく。若し『華嚴』『涅槃』等を擧ぐれば、此の言は即ち外道なり。『華嚴』は相違□因に就きて以て眞實を顯し、別に二乘無きなり。習種は發心すれば即ち後際を徹す、其れ猶お象兒のごとし、故に頓と名づく。若し此の宗

に就かば、昏識凡夫卽ち性用有るなり。『涅槃』は薫修の因以て妄想を説き、眞實に資して緣集の義を成す。要ず是れ種性以上にして方めて佛性有り。教量從り修入す、故に名づけて漸と爲す。是を以て二乘は菩薩と作るなり。若し此の宗に就かば、先際に性無く、中際に有りと言うを得るなり。若し此に準ぜざれば、發言亂を成す。

今略明經教不同、如似『大集』等經是圓教、『華嚴』等是頓教、『涅槃』是漸教。雖等人乘、顯義不同。『大集』就自體因果以論眞實。若就此宗、得言衆生卽是佛、萬義皆具足、故名圓教。若擧『華嚴』『涅槃』等、此言卽外道也。『華嚴』就相違□因以顯眞實、無別二乘也。習種發心卽徹後際、其猶象兒、故名頓。若就此宗、昏識凡夫卽有性用也。『涅槃』薫修因、以說妄想、資眞實成緣集之義。要是種性以上方有佛性。從教量修入、故名爲漸。是以二乘作菩薩也。若就此宗、得言先際無性、中際有也。若不準此、發言成亂。

以上より、『涅槃經疏』（擬）の撰者は『大集經』『華嚴經』『涅槃經』という大乘の教義の性格に對して、全面的かつ深い知識を有していたことがわかる。もし『大集經』によるならば、衆生はそのまま佛であり、『涅槃經』所說の「一切衆生悉有佛性」にとどまらない。もし『華嚴經』によるならば、習種性より發心し、その佛性は常住の佛と同じである。たとえ無明昏識の凡夫の身であっても、佛性は常に働くのであり、ただ觀照の對象として客體の理となるだけではない。

もし『涅槃經』によるならば、二方向から說明できる。第一に、一切衆生悉有佛性というのは、理體の佛性であり、すなわち法性であると理解できる。この時「一法として法性より出ずる有る無し」である。第二に、衆生の實際の修行においては、人と佛性の相互作用、主體と客體との相互保證と進步が、ただ特定の時期にのみ出現する。すなわち種性の「行中發」の段階においてである。

中國佛教史の角度から見れば、南北朝時代に行われた佛性の本有—始有の論争において、『涅槃經疏』(擬)は「先際無性、中際有也」としており、つまり佛性は本有でもなく、また始有でもなく、衆生が實際に修行する中際(現在)において有であるとしている。

佛性の本有・始有に關する論爭において、當時の南朝『大般涅槃經集解』に見える諸師の觀點は多くが佛性は本有であるとし、これは理の角度からなされた說明である。[17] これに對し、『涅槃經疏』(擬)は二種の存在方式を區別する。——すなわち眞常の自體(理)と發心修行である。これは疑いなく佛性思想史における一種の發展である。疏中に理佛性と行佛性の對比はいまだ出現していないが、實際はすでにその先がけとなるものがあり、このために具體的で精緻な理論構想と基礎を構築したのである。

さらに一歩進んで見ると、『涅槃經疏』(擬)の佛性思想は、衆生がただ『涅槃經』の眞常佛性の理を信順するだけでは不十分であり、衆生は必ず身をもって修行し、『涅槃經』の思想を實踐してはじめて佛性を見ることができ、また佛性の清淨性によって衆生の修行活動の清淨性が保證され、これによって良性の循環が始まり、これを長く續ければ解脱へと至ると考えていたことを示している。この種の佛性論は極めて強い實踐的性格を帶びており、これは當時の佛教の生存環境と關係していたのかもしれない。

北朝當時の社會背景から見ると、佛教は異民族の王による統治下を生き、北魏太武帝の廢佛事件を經驗し、佛教教團の危機意識は非常に強かった。『大般涅槃經』中にしばしば出現する大乘正法護持の思想は、まさしく當時の中國佛教徒の危機意識と符合するものであった。[18] 本疏中に主張される「行中發」の觀點は、衆生が身をもって佛法を實踐することを奬勵しており、このことはまた、この時代の精神を具現しているのかもしれない。

五　小結

本論は南北朝時代の敦煌遺書である地論宗の『涅槃經疏』(擬)を検討し、佛性と關連する思想を分析した。結論は以下の三點にまとめられる。

1　『涅槃經疏』(擬)の八識の構造は淨影寺慧遠と同じであり、疏中の眞性依持の思想も地論南道派の眞如依持と近く、本疏と地論學派が密接に關係することをさらに傍證するものといえる。

2　本疏は『仁王般若波羅蜜經』『文殊師利菩薩問菩提經論』等の經論の思想概念を十分に吸收している。例えば習種性・性種性・道種性および五忍などである。これによって『大般涅槃經』中の八恆・四依等の概念を解釋し、比較的完成された修行段階論となっている。

3　上述の修行段階論を基礎にして、本疏はさらに一歩進んで衆生の實際の修行における佛性の存在方式について明確に論じている。衆生の修行中における佛性は、もはや純粹に獨立した存在の理體ではなく、佛性の顯現は衆生の發心と直接相關する——すなわち行中發である。具體的な修行における發心と佛性の作用を重視していることは、廢佛を經驗した北朝社會における『涅槃經』の傳播狀況を映し出しているのかもしれない。理と修行の二方面から佛性を理解していることは、この『涅槃經疏』が前を承けて後へとつなぐ位置にあることを具現している。

註

(1)　吉藏『大乘玄論』『大正藏』第四五冊、三五頁中下、慧均『大乘四論玄義』『卍續藏經』第四六冊、六〇一頁上～六〇二頁上を參照。また湯用彤『漢魏兩晉南北朝佛教史』北京大學出版社、二〇一一、三七五～三九六頁、廖明活「南北朝時代的佛性學說——中國佛性思想的濫觴」『中華佛學學報』二〇〇七年第二〇期を參照。

（2）青木隆整理「涅槃經疏」（青木隆・荒牧典俊・池田將則・金天鶴・李相旻・山口弘江編『藏外地論宗文獻集成續集』ソウル、圖書出版CIR、二〇一三、四四五～五一四頁所收）參照。

（3）史經鵬『中國南北朝涅槃學基礎研究』上海師範大學博士後報告、二〇一四、一一一～一五四頁參照。

（4）青木隆「敦煌出土地論宗文獻「涅槃經疏」に說かれる教判と因果說」『印度學佛教學研究』通號九一、一九九七年、二五八～二六二頁參照。

（5）石井公成「『大集經』尊重派の地論師」『駒澤短期大學研究紀要』二三、一九九五、一〇三～一一〇頁。智顗撰『妙法蓮華經玄義』『大正藏』第三三冊、八〇一頁中。

（6）『大般涅槃經』『大正藏』第一二冊、六四九頁下。

（7）原文は「菩薩摩訶薩行般若波羅蜜時、不見有法出法性者」である。鳩摩羅什譯『摩訶般若波羅蜜經』『大正藏』第八冊、二二四頁中下。

（8）湛然『法華玄義釋籤』『大正藏』第三三冊、九四二頁下。

（9）智顗『摩訶止觀』『大正藏』第四六冊、五四頁上。

（10）『大般涅槃經』『大正藏』第一二冊、六三七頁上。

（11）『大般涅槃經』『大正藏』第一二冊、六三九頁上中。

（12）『仁王般若波羅蜜經』『大正藏』第八冊、八二六頁中下。

（13）『大般涅槃經』『大正藏』第一二冊、六三九頁上中。

（14）『十地經論』「譬如本眞金、巧師鍊治、秤兩等住、轉更精好、光明倍勝」。『大正藏』第二六冊、一五八頁下。

（15）『十地經論』「諸佛子。譬如本眞金、巧師鍊治、作莊嚴具。成就不失。餘非莊嚴具眞金所不能及」。『大正藏』第二六冊、一六二頁中。

（16）教量という語は『涅槃經疏』（擬）中に頻出するが、その意味はおしなべて習種性を指している。韓國・高麗大學の李相旻博士の研究によれば、教量は元來三量說（教量、比量、現量）の一であり、後に三量說が地論學派において發展し四量說（教量、信言量、比量、現量）となった。教量は理解困難だが信從せざるを得ない教說の意味である。よって、四量說は地論學派において次第に知識論の意味から乖離し、修行階梯論の性質を有するようになった。すなわち、理解困難な教說に對する信心（教量）から、次第にこの教義の眞理を理解するようになり、最終的には現量の段階に到達するということである。『涅槃經疏』（擬）には信言量・比量・現量の語は見えないが、その習種の教量概念も地論學派の四量說に基づいて理解すべきである。本書所收の李相旻「地論學派の四量說について」を參照。

（17）『大般涅槃經集解』『大正藏』第三七册、三八一頁上。

（18）安藤俊雄「北魏涅槃學の傳統と初期の四論師」横超慧日編『北魏佛教の研究』平樂寺書店、一九七〇、一七九～二〇一頁。

第二部　浄影寺慧遠の傳記と著述

一二　『續高僧傳』のテキストとその特色
――卷八所收の淨影慧遠傳を例として

池　麗梅

『續高僧傳』の現存テキストは、數十種の多きに達しており、それらの形態や書寫内容、流傳地域によって、おおよそ中國・朝鮮刊本大藏經系と日本古寫經系の二系統に大別することができる。このように多様な種類のテキストは、佛教漢文大藏經の唐代以來の千年にわたる不斷の進化の歴史的產物であり、同時に『續高僧傳』の原初形態からの發展、ないしは現行本が成立するまでの增補・改纂の結果でもある。中國・朝鮮の刊本大藏經『續高僧傳』のテキストの變遷に關して、筆者はすでに別稿において論じたが[1]、本稿ではそれら古來より日本で書寫された寫本の一切經（以下、「日本古寫經」と稱す）の中の『續高僧傳』の現存テキストとその特色を特に紹介したい。

『續高僧傳』が日本に傳わった具體的な年代は明らかではないが、『開元釋教錄』の入藏錄に收められた典籍が奈良時代にはすべて日本にまで傳わっていたことが、天平年間以來の正倉院の寫經記錄にも明らかであることを考慮すると、本書の日本における流傳は、天平年間以前にまで遡ることができる[2]。現存する最古の『續高僧傳』のテキストは、天平十二年（七四〇）五月一日の光明皇后御願文が附された「五月一日經」本であり、京都國立博物館藏の卷二十八、東大寺藏の卷二十九、正倉院聖語藏の卷三十の三卷が傳わっている[3]。天平寫經本は貴重であるが、結局のところ傳わる巻數が少なく、研究への影響は比較的限られている。佛教文獻學の研究分野において、より重視されるべきものは、ほぼ全巻が傳わる平安・鎌倉時代の古寫一切經中の『續高僧傳』である。

日本では、佛教の一切經を書寫する傳統は奈良時代にまで遡ることができ、その後、平安時代を經て、鎌倉・室町・江戸時代にまで連綿と繼承されている。完備された大藏經として傳わる日本の古寫一切經は、その大部分が平安中期から江戸時代までの間に書寫されている。この時期は、中國・朝鮮の兩國ではすでに多様な刊本大藏經が公刊されており、これらは先後して、公的あるいは私的に、さまざまな經路を通じて日本に傳わった。かなり以前から佛教學者の間に形成されたある種の先入觀によって、平安後期ないしは鎌倉時代以後の日本の古寫一切經は特定の中國の刊本大藏經を傳寫したものであり、このために、獨特な資料的價値は何も備わっていないと考えられてきた。二十數年前になって、その中の古逸佛典のテキストが學者の注目を集め、近年ではさらに大規模な調査・研究が行われて、日本の古寫一切經が全般的に繼承したものは奈良・平安時代の寫經傳承であり、もしその淵源を探れば隋・唐時代の寫經にまで遡ることさえできる、ということが一應確認された。

平安・鎌倉時代の古寫經の種類は大變多い。現物を實見することができるものもあれば、畫像を閲覽することができるものもあり、また既存の調査報告書や關連する研究によって當該の傳本の現存狀況とその概要を知ることができるものもある。筆者の統計に依れば、平安・鎌倉時代の古寫經中の『續高僧傳』の寫本は全部で以下の十數種類であり、合計して百九十一巻の所在が確認できる。詳細は次の通りである。聖語藏本乙種寫經十二巻（巻一、巻九～巻十二、巻十四～巻二十）。金剛寺本二十八巻（巻十、巻二十一缺本）。七寺本三十巻。興聖寺本三十巻。石山寺本四巻（巻八、巻十四、巻十六、巻二十二）。西方寺本十巻（巻一、巻九、巻十一、巻十二、巻十四、巻十五、巻十七～巻二十）。新宮寺本十七巻（巻三～巻五、巻八、巻九、巻十一、巻十三、巻十五、巻二十、巻二十一、巻二十三、巻二十四、巻二十六～巻三十）。松尾社本二十四巻（巻一～巻三、巻五～巻十五、巻二十～巻二十八）。中尊寺本二十一巻（巻二～巻二十、巻二十八、巻三十）。法隆寺本十五巻（巻二～巻七、巻九、巻十一、巻二十一、巻二十二、巻二十六～巻三十）。

本稿は巻八所收の慧遠傳を例にしようとするものである。このため、本稿では筆者がかつて實地調査した金剛寺本・七寺本・興聖寺本・石山寺本という四種の、近年の『續高僧傳』の文獻研究において、かなり廣く知られる代表的な古寫本を特に取り上げて紹介したい。

以上のように、平安時代以降の日本古寫經の書寫年代はいずれも特に古いとはいえないが、寫經の傳承は非常に古い淵源を持っており、多くは部分的にではあるが奈良時代の寫經の書寫本である。『續高僧傳』の平安・鎌倉時代の古寫經本についていえば、その淵源は原則的には奈良時代に唐からもたらされた長安での寫經にまで遡ることができる。しかし、また一部のテキストは十世紀以後に大陸から傳わった刊本大藏經本の影響を受けたため、文獻の内容には明らかに新・舊の階層が交錯するという現象が存在している。つまり、日本古寫經本を元に、刊本大藏經本を補足的に用いる「混合新種テキスト」であるということができる。『續高僧傳』のテキストの流傳の狀況によって、いわゆる「日本古寫經本」と統一的に呼稱される包括的な各種の寫經を見いだすことは難しい。そのテキストの傳承の複雜さは、實は我々の當初の想定を遙かに越えているのである。

ここでは、まず金剛寺本・七寺本・興聖寺本・石山寺本の『續高僧傳』の概況について見通しを示し、その後、それらのテキストの特徴を摑むことによって、日本古寫經本『續高僧傳』の佛教漢文大藏經史における位置づけを確認しつつ、日本古寫經本の特殊性と複雜性とを理解することを目指したい。

一　代表的な日本古寫經本の『續高僧傳』——金剛寺本・七寺本・興聖寺本・石山寺本

日本古寫經本の『續高僧傳』は、平安・鎌倉時代の寫本だけに限っても十種類あり、百九十　卷が傳わっている。その中で最も廣く知られているのは、金剛寺本（卷十、卷二十一缺本）・七寺本・興聖寺本の二種、計八十八卷である。その内容・分科・調卷方法は刊本大藏經本の開寶藏系統本・北方系統本と同一であるが、收錄される高僧の正傳の數は合計で三百八十五人（興聖寺本は三百八十八人）である。この正傳が收錄する總數は、『續高僧傳』の序文の中に記される「三百四十人」に比べ四十五人多いが、現存するいずれの刊本大藏經本よりも數十人以上も少ない。さまざまな形跡から、あらゆる『續高僧傳』の現存テキストの中で、日本古寫經本の內容がよりこの文獻の原初の形態に近く[4]、その起源はいずれの中國・朝鮮の刊本大藏經でもなく、奈良時代以降に日本に流傳した古寫經であることがわかる。

（1） 金剛寺一切經本『續高僧傳』

大阪府河內長野市に位置する天野山金剛寺は日本眞言宗御室派の總本山であり、そこは數萬點の聖教と約四千五百卷の寫本一切經を祕藏している[5]。江戶時代以前の寫本一切經はおおよそ十六種が傳えられており、そのうちの一つである金剛寺一切經は、その主要な部分は平安時代末期から鎌倉時代後期にかけて書寫された。金剛寺一切經の現存する寫本の中には、平安時代後期から鎌倉時代中期までの多くの書寫奧書がある。分析した結果、これらの寫本はそれぞれ快尋發願一切經・八田寺一切經・筞印發願天野宮一切經などの既存の一切經から來ていることが明らかになった。つまり、いわゆる金剛寺一切經とは、主に既存の一切經のテキストを集め、缺本や缺卷を增補して成立した一切經なのである[6]。上杉智英（二〇一〇）によれば、この一切經は黑漆塗裝の唐櫃三十一盒（その中の一盒は後世の增補）を收藏しており、「金剛寺での寫經事業は、奧書より承元二年（一二〇八）から文永五年（一二六八）頃にかけてのものであり、嘉禎三年（一二三七）頃が最も活況であったようである[7]」とされる。金剛寺一切經の全貌と特色に關しては、三好鹿雄（一九三六）・梶浦晉（二〇〇一）・落合俊典（二〇〇四、二〇〇七）[8]などの論文が參考になる。

金剛寺一切經本『續高僧傳』（以下、「金剛寺本」と稱す）についての詳しい情報は、二〇〇四年に出版された『金剛寺一切經の基礎的研究と新出佛典の研究』に收錄された「金剛寺一切經目錄（暫定版）」が最も早くに公開している。その中には、二十七件の金剛寺本（巻九、巻十、巻十五、巻二十一を除き、巻二十二は二件ある）の寫本のデータの概要が詳細に記されている（二四四―二四五頁）。數年後には、『金剛寺一切經の總合的研究と金剛寺聖教の基礎的研究』（第二分册、二〇〇七年）に「金剛寺一切經紙幅一覧」と「金剛寺一切經目錄」が公開された。その中には、巻十と巻二十一以外の二十八巻（殘巻を含む）の『續高僧傳』の關連するデータ（四三七―四三九頁）と、その寫本の概要（四一〇―四一三頁）が掲載されている。「金剛寺一切經目錄」の記載によれば、金剛寺本巻二十六には「一交□／嘉禎三年五月十九□」との校合奥書が附されている（四一二頁）。

二〇〇七年一二月一日、國際佛教學大學院大學學術フロンティア實行委員會が主催した公開シンポジウム「佛典のテキスト學――データベースと日本古寫經」において、落合俊典教授は金剛寺本巻六所收の「曇鸞傳」を例として、日本古寫經本を關連する研究に應用する意義の重要性を指摘した（講演資料集、八一―八三頁）。二〇一四年、同大學日本古寫經研究所文科省戰略プロジェクト實行委員會は、『日本古寫經善本叢刊 第八輯 續高僧傳巻四、巻六』を刊行して、初めて金剛寺本『續高僧傳』巻四・巻六の全巻の影印と全文の翻刻を公開した。また、これには簡單な解題（「金剛寺本『續高僧傳』解題――巻四玄奘傳を中心に」）が附されている。金剛寺本『續高僧傳』の性質と位置づけに關しては、該書に收錄された齊藤達也氏の「金剛寺本『續高僧傳』の考察――巻四玄奘傳を中心に」を參照されたい(9)。

（2）七寺一切經本『續高僧傳』

現在、愛知縣名古屋市中區大須に位置する稻園山七寺は、もともとは中島郡七寺村（現在の稻澤市）にあった。この寺院に供養された五千餘巻にも達する一切經は、大中臣安長が娘の冥福と國土の平安のために發願し、當時、住持であった榮藝とその弟子の大法師榮俊が勸進僧を務め、承安五年（一一七五）から治承四年（一一八〇）までの閒に書寫が完成した寫本一切經である。七寺一切經の全體的な狀況に關しては、七寺一切經保存會（編）（一一九六八）『尾張史料七寺一切經目錄』、落合俊典（一九九四）「七寺一切經と古逸經典[10]」、赤尾榮慶（二〇〇〇）「古寫經史から見た七寺一切經――書誌學的アプローチを中心に[11]」などの一連の論著が參考になる。上杉智英（二〇一〇）「七寺藏一切經本『集諸經禮懺儀』卷下解題[12]」によれば、七寺一切經は三十一盒（後に一盒を補う）の黑漆塗裝の唐櫃當の中に收められ、「四九五四卷が現存しており（卷子本三三九八卷、折裝本一五五六帖、補寫本一九卷を含む）、散逸は比較的少ない」（七〇頁）とされる。

七寺一切經本『續高僧傳』（以下、「七寺本」と稱する）の卷四・卷六の寫眞版は、すでに『日本古寫經善本叢刊第八輯　續高僧傳卷四、卷六[13]』の中に全卷が公開されている。齊藤達也氏の「七寺本『續高僧傳』解題――卷四玄奘傳を中心に」によれば、七寺本は「全三〇卷で、また卷一の別本も含まれる。この內、卷九・卷十一は東京國立博物館、卷十四・卷十八は京都國立博物館に出陳されている。卷四・六・十三・二十三は折本、その他は卷子、紙本墨書。藏經唐櫃（番外一―假一八）の內蓋の經目錄から、七寺一切經が當初より『續高僧傳』全三十卷を含んでいたことがわかる。このうち、卷十三（の奧書）には『治承三（一一七九）年大歲己亥八月二日書寫畢……』、卷二十一には『安元二（一一七六）年八月十一日一交了』、卷二十三には『安元二（一一七六）年八月十日一交了』と書寫年代が明記されている。また、卷六～卷十の奧書は本一切經の多くの寫本の校合者として知られる道胤の筆であり、榮（永）俊の名が卷十一・卷十四～二十・卷二十六～三十の奧書に現れる」とされる[14]。

（3）興聖寺一切經本『續高僧傳』

臨濟宗興聖寺派本山興聖寺は、京都市上京區堀川通寺之內に位置する。『山城名跡巡行志』に依れば、この寺院の前身は文祿年間（一五九二～一五九六年）に虛應圓耳によって開創された大昭庵であり、慶長八年（一六〇三）頃になって、古田織部の發願により「興聖寺」に改額された。現在、興聖寺に祕藏される一切經は、その大部分が平安時代に寫されたものであり（一部は鎌倉時代の補寫である）、もともと海住山寺に所屬していたが、慶長三年

（一五九八）十月七日に虛應禪師に讓渡された。[15] この一切經は興聖寺に移納された後、大規模な補修を經て、かつての卷子本から折裝本に改裝され、卷頭部分は裁斷され、いずれも新裝の表紙が附された。[16] この大藏經は、江戶時代に皇室・公家・寺院僧侶・一般信徒が供養する經箱（全四九二箱）の中に收納され、入念に保管され今に至っている。[17]

興聖寺一切經の來歷と現況を掌握するために、京都府教育委員會は一九九四年度から一九九七年度まで全面的な調査を行っている。その結果、この一切經の總件數は五二六一帖であり、主な部分は中原眞弘が發願し、長寛元年（一一六三）四月から嘉應元年（一一六九）八月まで、丹波國桑田郡小川鄕西樂寺において抄寫された一切經であることがわかった。[18] 西樂寺一切經は、後に解脫上人貞慶（一一五五～一二一三年）の手に渡った。承元二年（一二〇八）に、さらに貞慶とともに笠置山から海住山寺に移った。[19] 元仁二年（一二二五）に海住山寺が貞慶のために舉行した十三周年紀念法會の祈願文の記載に依れば、貞慶の弟子たちが海住山寺一切經に缺卷があることを發見し、いずれも補寫を施した。これによって、一二二五年以後の海住山寺一切經は、平安時代末期書寫の一切經と、十三世紀中期、つまり鎌倉時代の補寫という二つの重要な構成要素を含んでおり、慶長三年（一五九八）に大昭庵（興聖寺）の手に渡り、共に今日の「興聖寺一切經」の主要な部分を構成している。[20]

興聖寺一切經は、多くの日本古寫一切經の中で、最も早くに佛教文獻學者の注目を集めた寫經集成の一つである。一九七九年、印度學佛教學會の學術大會において、緒方香州氏は初めて興聖寺一切經本『續高僧傳』（以下、「興聖寺本」と稱す）の存在を公開し、同時にこの寫本の內容は刊本系統のテキストと大きな差があることを指摘した。およそ二十年後、京都府教育委員會刊行の『興聖寺一切經調査報告書』（一九九八年）は、初めてこの寫本の卷首の寫眞・データ・寫本の概要を公開した。赤尾榮慶氏は「圖版解說」において、「この一具三十卷には、いずれも書寫奧書がなく、わずかに卷第十九に『校了』という校合奧書があるのみであるが、本文の筆致や料紙などから見て、當初より西樂寺一切經として勸進書寫されたものと見られる。一紙の長さは約五〇・〇センチメートルから五四・五センチメートルで、そこに二十七から三十行の間で本文が書寫されているが、いずれも西樂寺一切經としては標準な規格である」（上記報告書、四五五頁）と指摘している。興聖寺本各巻の關連データは、詳しくは前述の報告書中の「一切經目錄」（二八一―二八二頁）を參照されたい。二〇一四年、『日本古寫經善本叢刊第八輯　續高僧傳巻四、巻六』は興聖寺本の巻四と巻六の全巻の寫眞を公開し、同時に齊藤達也氏による「興聖寺本『續高僧傳』解題――巻四玄奘傳を中心に」を附している。

（4）石山寺一切經本『續高僧傳』

現在、日本古義眞言宗に屬する石山寺は、奈良時代の良辨（六八九～七七四年）が天平十九年（七四七）に草創した古刹であると傳えられる。その悠久の歴史と眞言教學の傳統は、多くの文化遺產を作り今日まで傳えている。その中にはすでに國寶に指定された淳祐内供親筆「薫聖教」（六十巻）、その他の貴重な漢籍や古文書などの文獻（一部は國寶級の文化財產）、昭和二十八年十一月に重要文化財に指定された石山寺一切經（八十函）とその附屬部分（七函）の寫經・聖教、さらにまだ指定を受けていないが非常に重要な三十函の聖教が含まれている。[21]その中の石山寺一切經は、奈良から室町時代までに書寫された寫經を主體として、その總數は四四八五帖にも達しており、[22]おおよそ三分の二は平安時代の院政期の寫經である。それらは、さらに久安四年（一一四八）から保元年間（一一五六～一一五九年）までの間に念西が發願勸進した寫經を主としている。これまでのところ、石山寺藏本以外には天理圖書館・京都國立博物館・唐招提寺が所藏しており、個人の收集家らにまで一部の藏本が流れている。

石山寺一切經本『續高僧傳』については、石山寺文化財綜合調查團編『石山寺一切經目錄・補遺』によれば、石山寺はこの文獻の巻十四の一巻を收藏しているだけのようである。さらに、鶴見大學收藏の巻八、國文學研究資料館の巻十六、國際佛教學大學院大學の巻二十二の三巻を除くと、その他の各巻はいずれも所在が明らかでない。[23]筆者が直接見た鶴見大學藏の石山寺一切經本『續高僧傳』巻八は折裝本であり、木版朱刷の雲龍文の表紙が附されており、上には「續高僧傳卷第八」と書かれた題簽が一紙、貼られていた。石山寺一切經の裝丁はもともとは卷子本であり、天明七年（一七八七）になってはじめて改裝され、現在よく見られる折裝本の形態となった(24)。表紙を開くと、本來の褐色の表紙から改裝されてできた内頁と、上面の附題に「續高僧傳卷第八」と書かれたもう一つの題簽を目にすることができる。この内頁と本文の料紙の交わる箇所には、文龜二年（一五〇二）から天正七年（一五七九）までの閒に押されたと考えられる、「石山寺／一切經」と書かれた圍いのない黑色の收藏印がある。この印の左隣には、もう一つ「岡田眞／之藏書」という長方形の二重に圍まれた陽刻の朱印がある。これは著名な藏書家である岡田正之の藏書印であり、見たところこの卷は少なくともある一定の時期、彼に收藏されていたのだろう。この寫本は、末尾に「一交了」とある校記の他には跋文は存在しない。寫本の規格は、各紙は約五十一・五センチメートルほどの長さで、各紙に二十七行、行ごとに約十七字前後が書寫されている。この書寫の規格と本文の筆致・料紙は、いずれも石山寺一切經の主要部分である院政期後半の勸進寫經の樣式と合致する。傳わるテキスト數が多くなく、かつ比較的分散しているので、石山寺一切經『續高僧傳』（以下、「石山寺本」と稱す）は最近になってやっと學界の注目を集め出したところである。

二　『續高僧傳』のテキスト研究と問題の所在

前節では、金剛寺本・七寺本・興聖寺本・石山寺本という四種の日本古寫經本『續高僧傳』の概要を確認した。本節では主に金剛寺本・七寺本・興聖寺本という三つのテキストの研究への應用と、それらが提示する新しい課題を紹介したい。長い閒、『續高僧傳』のテキスト研究が直面している困難は、テキストの最終的な成立年代が明らかでないことと、數度の改寫と增廣を經た複雜な背景から來る多くの疑問點である。作者道宣の序文によれば、本書は南朝梁の慧皎の『高僧傳』を受け繼ぎ、梁天監元年（五〇二）から唐貞觀十九年（六四五）までの百四十四年間の高僧の傳記を收錄しており、正傳の收錄人數は三百四十人である。[25] しかしながら、日本古寫經本を含む現存するあらゆるテキストの實際の收錄人數と傳記の內容を見ると、正傳が「三百四十人」に止まらないばかりでなく、多くの傳記は貞觀十九年以後の記事を含んでいる。このことからわかるように、『續高僧傳』の現存するテキストは、いずれも貞觀年間に成立した初稿本であるはずはなく、さまざまなレベルの改編を經た增補本なのである。特に成立年代が比較的遲い刊本大藏經本は、巻四に收められた「玄奘傳」に、なんと作者の道宣が示寂した後の史實の記載が存在している。こうした矛盾した現象に對し、早くから學者によって、『續高僧傳』は貞觀年間に初稿本が成立して以後、おそらく數度の增補と改編を經たであろうとの分析がなされてきた。[26] この推測は、數十年後、日本古寫經本の出現によって證明された。

一九七〇年代、日本の學者が、京都興聖寺の寫本一切經中の『續高僧傳』の三十巻から成る古寫本は、その內容が明らかに現存するいかなる刊本大藏經版本よりも古いことを發見し、この重大な發見は『續高僧傳』の文獻學的研究を新たな階段に進展させた。まず、最も早くに興聖寺本の存在とその概要を公開した緒方香州氏は、繼續的な研究はしていないが、彼が全面的かつ緻密な比較と調査の後に製作した「『續高僧傳』興聖寺本について——基礎資料對照表」（一『續高僧傳』資料對照表、二『法苑珠林』『續高僧傳』對照表、三 興聖寺本收錄人名一覽）は、關連する研究の基礎的資料である。[27] その後、藤善眞澄氏は一九七九年に、興聖寺本巻四所收「玄奘傳」の研究を發表している。[28] それからしばらく經って、伊吹敦氏は先學の成果を批判的に繼承し、『續高僧傳』に關連する寫本・刊本・音義書・綱目書の記載に基づき、初めて『續高僧傳』のテキストの增補過程を全體的に描き出した。[29] この後、興聖寺本の部分的な公開に伴い、伊吹敦氏はさらに本書の習禪篇を中心にその具體的な內容を研究した。[30] 藤善眞澄氏もまた道宣傳研究の專著においてさらに全面的な考察を行い、「玄奘傳」の變遷を通じて『續高僧傳』の成立の經緯を遡ろうとしている。[31] 近年、日本に現存する奈良・平安・鎌倉時代の寫本一切經の調査研究の全面的な展開によって、興聖寺本以外のその他數種の古寫本『續高僧傳』もまた學者の注目を集めてきている。たとえば齊藤達也氏は興聖寺本・金剛寺本・七寺本を充分に利用し、「玄奘傳」と「慧遠傳」を中心に全面的で緻密な研究を進めている。

その中で、藤善眞澄（二〇〇二）は興聖寺本と刊本大藏經本の「玄奘傳」を對比した後、興聖寺本「玄奘傳」の祖本は貞觀二十二年（六四八）十月頃に成文化したと判斷した[32]。藤善氏は、『續高僧傳』は貞觀十九年に完成し、增補を經て、補訂本が貞觀二十三年（六四九）に完成しており、興聖寺本の祖本はまさにその補訂本に基づいて成立したものであると指摘している。また、興聖寺本には永徽年間末から顯慶年間初め（六五五〜六五六年頃）にかけての記載があり、もう一箇所「大唐西明寺沙門釋道宣撰」という作者の撰號が見られることに基づいて、藤善氏は、興聖寺本の祖本は、顯慶三年（六五八）に道宣が西明寺に移り住んで以降に成立したはずである、と推測している。一方、伊吹敦（二〇〇五）は、「達摩＝慧可傳」の增補の過程に著目し、興聖寺本の祖本の成立年代をさらに遲く麟德元年（六六四）と見なしている。また、齊藤達也氏は、興聖寺本「玄奘傳」の成立は貞觀二十二年（六四八）以降であるはずである、と推測している[33]。

藤善氏と伊吹氏の關連論文が發表された時には、學界に知られる古寫經本はまだ興聖寺本に限られていた。現在、國際佛教學大學院大學附屬圖書館に設置された日本古寫經データベースは、金剛寺本・七寺本などの寫眞データを收藏している。この圖書館に勤める齊藤達也氏は、これらの古寫經本と高麗再雕藏本などの刊本大藏經本を全體的に比較して、次のように指摘している。すなわち、金剛寺本の傳記收錄者數は最も少なく、興聖寺本はやや多くて、最も多いものは再雕本である、と。さらに、上述の諸本に收錄される「法泰傳」（卷一）・「慧遠傳」（卷八）・「道仙傳」（卷二十五）・「道英傳」（卷二十五）・「僧崖傳」（卷二十七）は、內容に明らかな違いが存在している、と指摘している。彼は、金剛寺本は『續高僧傳』の最も古い形態を殘し、やや增補された後に形成されたのが興聖寺本であり、興聖寺本に基づいて增補され形成されたのが高麗再雕藏本などの刊本である、と推測している。

筆者が實施した、現存する刊本大藏經本と日本古寫經本『續高僧傳』の調査の結果も、齊藤氏の說と同じく、

【附表】各本の收錄人數

諸系統	分科 / 分帙 / 本	卷一	卷二	卷三	卷四	卷五	卷六	卷七	卷八	卷九	卷十	卷十一	卷十二	卷十三	卷十四
日本古寫經系統本（三十卷本）	分科	譯經				義解									
	七寺本	6	4	3	1	12	20	10	14	東博	17	東博	東博	10	14
	金剛寺本	6	4	3	1	12	20	10	14	10	缺	12	15	10	14
	興聖寺本	6	4	3	1	12	21	10	14	10	17	12	15	10（12）	14
刊本大藏經系統本 第一類A 初期開寶藏系統本（三十卷）	分帙	左								達					
	正傳數	6	4	3	2	12	21	10	14	14	17	12	15	12	14
刊本大藏經系統本 第二類 北方系統本（三十卷）	正傳數	6	4	3	2	12	21	10	14	14	17	12	15	17	14
刊本大藏經系統本 第一類B 後期開寶藏系統本（三十卷）	正傳數	6	4	3	2	12	21	10	14	14	17	12	15	17	14
刊本大藏經系統本 第三類 江南系統本（三十一卷）	分帙	内							左						
	正傳數	6	4	3	2	12	21	10	14	14	17	12	15	17	14

全十科	雜科聲德	興福	讀誦	遺身	感通			護法		明律		習禪						
全三十卷	卷三十	卷二十九	卷二十八	卷二十七	卷二十六		卷二十五	卷二十四	卷二十三	卷二十二	卷二十一		卷二十	卷十九	卷十八	卷十七	卷十六	卷十五
385?	12	12	11	10	45		33	5	6	9	13		14	14	11	10	18	14
385?	12	12	11	10	45		33	5	6	9	缺		14	14	11	10	18	14
388	12	12	11	10	45		33	5	6	9	13		14	14	13（11）	10	18	14
四帙	明								承									
全三十卷	卷三十	卷二十九	卷二十八	卷二十七	卷二十六		卷二十五	卷二十四	卷二十三	卷二十二	卷二十一		卷二十	卷十九	卷十八	卷十七	卷十六	卷十五
395?	12	12	11	10	45		33	5	6	9	13		14	14	13	10	18	14
405	12	12	11	10	45		33	5	6	9	13		14	14	13	10	23	15
414	12	12	14	12	45		33	5	6	9	15		14	14	13	11	23	15
四帙	承									達								
全三十一卷	卷三十一	卷三十	卷二十九		卷二十八	卷二十七	卷二十六	卷二十五	卷二十四	卷二十三	卷二十二	卷二十一	卷二十	卷十九	卷十八	卷十七	卷十六	卷十五
486	12	12	14	12	45	39	34	10	8	14	15	20	14	14	13	11	23	15

日本古寫經本は全體的には確かにすべての刊本大藏經本より本書の原初形態に近く（各本の收錄人數については三九六〜三九七頁の附表を參照）、同じく日本古寫經本に屬しているものの、興聖寺本には金剛寺本や七寺本との明らかな違いが存在することを證明している。しかし筆者は、齊藤氏の主張する、金剛寺本が最も古く、その次が興聖寺本であり、高麗再雕藏本などの刊本は興聖寺本に基づいて增補され成立した、という觀點に完全には贊同していない。なぜならば、筆者は、興聖寺本の中に存在している他の古寫經本との間の重大な相違は、特に開寶藏系統本（高麗初雕藏本・高麗再雕藏本・金藏本を含む）とだけ一致するそれらの增補と改變は、決して作者である道宣が行ったものではなく、日本での傳寫の過程で、開寶藏本の介入によって現れた變異現象である、と考えているからである。

三　石山寺本のテキストの特色——卷八所收「慧遠傳」を例に

前節において、金剛寺本・七寺本・興聖寺本の研究への應用を通じて、日本古寫經本『續高僧傳』の全體的な概要と問題點を基本的に理解してもらうことができたと思う。本節では、本文獻の卷八所收の慧遠傳に焦點をあわせ、さまざまなテキストの比較を通じて、本文獻の各種テキストの內容上の相違とその相互の影響とを具體的に理解してみたい。

『續高僧傳』は南北朝の梁代から唐初七世紀中期までの數百名の高僧の傳記を、「譯經篇」・「義解篇」・「習禪篇」などという十科の枠組みの中に分類配列している。そのうち、「義解篇」第四所收の卷八は、北齊の靈詢・法上や、隋代の曇延・慧遠など十四名の義解の高僧の傳記を收錄しており、佛教研究ならびに佛教史研究にとって缺くことのできない重要な基礎的資料である。本卷の現存する諸テキストの間には、多くの字句の違いが存在しており、その違いはまた本卷の最後に收められた「慧遠傳」の中にかなりまとまって見いだされる。『續高僧傳』巻八のテキストの變遷過程において、「慧遠傳」を中心とした一部が數度の修訂を經ているであろうことは想像に難くない。もし「慧遠傳」に焦點をあわせることによって、諸テキストの巻八の中に現れる差異の傾向を體系的に理解し、それらの差異が形成された經緯を明らかにすることができるのであれば、『續高僧傳』そのものの變遷過程の眞相にさらに近づくことができるであろう。この意味において、金剛寺本・七寺本・興聖寺本所收の巻八以外のもう一つのテキスト、つまり近年になってはじめて我々の視野に入るようになった石山寺一切經本『續高僧傳』巻八は、極めて重要な働きをするといえるであろう。

これまで、筆者は『續高僧傳』のテキスト研究を通じて、中國・朝鮮の刊本大藏經系統本の『續高僧傳』の閒にある相違と、それら相互の關連性を全體的に理解しようとするのであれば、まずこれらのテキストを收錄している大藏經の成立史を理解しなければならない、ということを實感した。それらが成立した歴史的な時期とマクロな背景を全體的に把握してこそ、その後に注意深く細かく入念に比較を進めることが、はじめて意味を持つようになるのである。筆者は二〇一三年の論文においてすでに、刊本大藏經の成立史というマクロな觀點からどのように『續高僧傳』の增補の過程を理解するのか、また、『續高僧傳』の增補の過程というミクロな現象によってどのように刊本大藏經の成立史を深く理解するのか、という問題について檢討したことがある。その結果、各種刊本大藏經本の閒の大同小異な樣だけではなく、さまざまな變化の細かな手がかりと變遷の動向とを把握することができ、また、各種刊本大藏經に收錄された『續高僧傳』の淵源の在りかに目を向けさせ、各種大藏經に收められた『續高僧傳』のテキスト閒の內在的な關連性を描き出すことができた。また目下、直面している課題は、日本古寫經と刊本大藏經の閒の關連を確立し理解することを通じて、どのように日本古寫經本を東アジア大藏經史に位置づけるのかということにある。この課題を解決するためには、まず一つの根本的な問題のために一つのより具體的な回答を用意しなければならない。つまり、日本古寫經本『續高僧傳』とは結局のところ何なのか、という問題についての回答である。

日本古寫經本『續高僧傳』の出現は、七四〇年の光明皇后御願文を帶びた五月一日經にまで遡ることができるが、しかし現存する傳本の主なものは、まさに平安・鎌倉時代に書寫された傳世寫經である。平安後期から鎌倉時代までに成立した寫本一切經について、以前は先入觀に基づく誤解が存在していたが、現在、これらのテキストはすでに肯定され、關連する研究領域の資料的基盤を支えている。文獻學的研究において、書寫年代だけに基づいてテキストの淵源を判斷することは誤りを招きやすく、ただ現存する諸傳本を比較檢討することによって、はじめて正確にその本來の姿にまで溯り、それが依據する母本とその屬性とを確定することができる。

二〇一四年の論文において、筆者は興聖寺本『續高僧傳』（一一六九年八月以前の書寫）について論じ、それを七寺本（一一七六〜一一七九年頃の書寫）・金剛寺本（十三世紀中期）などの各種寫本、ならびに開寶藏・江南藏系統本などの各種刊本と比較することによって、このテキストの中に初期の開寶藏系統本に連なる特徴を持つ多くの箇所が確かに存在していることを確認し、また次のような假説を提示した。すなわち、興聖寺本『續高僧傳』は基本的には日本古寫經に屬すものであるが、その中には開寶藏系統の刊本に依據して改訂された内容が存在していると考えられるのである。また興聖寺本の獨自性は、ちょうど平安時代以後に成立した日本古寫經本の複雜な側面を體現しており、それは我々がテキストの起源とその屬性を確定する際に十分に愼重にならなければならないことを示している。このような視點に立って、筆者は興聖寺本・七寺本・金剛寺本よりもさらに古い各種の日本古寫經本を繼續的に收集・研究し、テキストの特性が強く表れている章節に重點を置き、より多くの種類のテキストを最大限に利用して、日本古寫經本『續高僧傳』の全體的な特徵と分類とを明らかにした。

現在までの數年間で、筆者は現存最古の五月一日經本『續高僧傳』、中尊寺一切經本巻四（一一二六年三月以前の書寫）、法隆寺一切經本巻六（一一二七年六月二日の書寫題記）、石山寺一切經本巻八（十二世紀中頃の書寫）など、八世紀から十二世紀中期までの各種日本古寫一切經本『續高僧傳』を研究してきた。一方で、これらのテキストの淵源を確かめるために、これらのテキストの收錄人數と傳記の内容の廣略に注目し、これらのテキストと現存するさまざまな刊本大藏經本やその他の日本古寫經本とを徹底的に比較した。こうした方法によって、各種日本古寫經本に全體的に存在している共通點が、それらと刊本との間を明確に分けていることを確認することができた。また一方で、興聖寺本と七寺本・金剛寺本との間に生じる相違を、五月一日經本・中尊寺本・法隆寺本と石山寺本との間でも確認することができた。

具體的にいえば、本稿で「慧遠傳」の内容の變遷を考察する場合に、後期の開寶藏系統本の高麗再雕本・金藏本、および江南大藏經系統の開元寺本・思溪本と比較してみると、石山寺本・興聖寺本・金剛寺本・七寺本の四種の日本古寫經本は全體的に共通の特徴を呈しており、刊本との間に明確な一線が存在していることに氣づく。また一方で、ただ日本古寫經諸本についてだけいえば、石山寺本と興聖寺本、金剛寺本と七寺本は、それぞれ密接な關連性を示しており、四つのテキストを二組に分けることができる。この二組の間の顯著な相違は、特に「慧遠傳」の慧遠と北周武帝の對論部分に集中しており、この箇所の石山寺本・興聖寺本には、十箇所にも及ぶ、初期開寶藏系統本・『廣弘明集』・『集古今佛道論衡』とほぼ完全に一致する語句と表現方法とが存在している。この事實によって、筆者は次のように確信した。すなわち、石山寺本と興聖寺は本來、源を同じくする母本から來ており、その母本は、もともと初期開寶藏系統本に依據して校訂され改められたものである。

齊藤達也氏は『續高僧傳』巻八所收「慧遠傳」のテキストの變遷の問題に氣づいた最初の學者であるといえるだろう。齊藤氏は、慧遠と武帝の對論部分の記述に關して、道宣の晩年の著作である『廣弘明集』・『集古今佛道論衡』の記述に似れば似るほど、道宣の生前の定稿に近づくと考えている。この點について、興聖寺本はより高麗再雕本の内容に近く、より『廣弘明集』・『集古今佛道論衡』の内容に近いものの、金剛寺本の内容とは相違している。このことに注目して、齊藤氏は、「古い版のうち金剛寺本より興聖寺本の對論部分の方が、より新しく定稿に近い對論部分と共通點が多いのであるから、興聖寺本の方が金剛寺本より新しい版を反映していると推定される。對論部分の違いは金剛寺本の字句を興聖寺本にあるように道宣自身が改變した結果であると解釋するのが穩當である」と指摘している。

『續高僧傳』「慧遠傳」の對論部分の改訂について、それが道宣本人の手によるものであったかどうかはまた別の問題として、しかしこの部分をめぐっては、開寶藏系統本と江南系統本との間に確かに顯著な相違が存在している。開寶藏系統本、あるいはより正確にいえば初期開寶藏系統本の『續高僧傳』「慧遠傳」に收錄された對論部分の內容は、『廣弘明集』・『集古今佛道論衡』の中の「廢立抗拒事」という關連する記述とほぼ完全に一致する。しかしながら、『廣弘明集』などの二つの著作は道宣の晩年の著作であるというが、その中に見られる內容、あるいはその內容と似た他の著作に見られる類似した記述は道宣生前の最終稿により近いもので、したがって成立年代はより遲れる、というような論理關係が成立するとは思えない。結局のところ、たとえ同一人物によって同一の歷史的事件が講述されたとしても、もし撰述された時期が異なれば、彼が採用した個別の表現や語句も必然的に異なるだろう。同一の歷史的事件を描くに當たって、もし前後の撰述年代の差がほぼ二十年近くあるとしたら、完全に同じ方式と語句を用いて述べるというのはまったく不自然である。『續高僧傳』「慧遠傳」に收錄される對論部分の問題についていえば、開寶藏系統本と江南系統本との間の違いは、實は史實についての記載や描寫にあるのではなく、その違いはわずかに字句と文字とによる表現の違いに限られており、どれがより眞實を傳えているか、あるいは詳細であるかと論じることは難しい。言い換えれば、道宣があえて往年の著作に對してこのような細かい修正を行うということは、まったく必要がなかったのである。

次に日本古寫經本『續高僧傳』卷八に關して、「『慧遠傳』諸本の校異」によって端的に見いだすことができるように、後期開寶藏系統本の高麗再雕藏本・金藏本、あるいは江南大藏經系統の宋開元寺本・宋思溪本といった刊本より、石山寺本・興聖寺本・金剛寺本・七寺本という四つの寫本文獻の內容の方が全體的に多くの共通點があり、それらは刊本との間に明らかな距離を示している。さらに、これらの日本古寫經本の卷八には、初期江南大藏經系統の開元寺本との間に類似する箇所が廣く存在している。しかし、もう一方で、石山寺本と興聖寺本、金剛寺本と七寺本にはそれぞれ非常に密接な關連があって、二組の文獻はそれぞれ同じ種類の母本を繼承しているということができるが、これらを二組に分ける主な違いと特徴は、特に「慧遠傳」の對論部分に集中して見られる。言い換えれば、金剛寺本と七寺本はこの部分ではより開元寺本に近く、石山寺本と興聖寺本は初期開寶藏系統本・『廣弘明集』・『集古今佛道論衡』に類似している。二組の文獻の間に違いが生じる理由について、齊藤達也氏は「對論部分の違いは金剛寺本の字句を興聖寺本にあるように道宣自身が改變した結果である」としているが、果たしてその通りであるのか。

『續高僧傳』巻二十八の天平寫經について、その內容を分析すると、日本古寫經本の源流に置かれる初期の傳本には、初期江南系統本との共通點が多く存在することが明らかとなった。もしこの見解と巻八の狀況とを合わせて考えるならば、金剛寺本と七寺本の「慧遠傳」がより忠實に日本古寫經本の原初の古い形態を保っていること、また初期開寶藏系統本により近い石山寺本と興聖寺本の形成がある種の突發的な變異に由來していることを信じることは難しい。この點は、興聖寺本に多くの細かな手がかりを探し求めることができる。その中には、寫本大藏經の中では極めて珍しい作者の撰號や千字文の帙號が非合理的に存在していたり、他にも明らかに初期開寶藏系統本に依據して施された校訂の痕跡が存在しており、それらは我々にいずれも興聖寺本と初期開寶藏系統本との間に否定し難い深い關係があることを確信させる。また、少なくとも興聖寺本と同じ系統の石山寺本「慧遠傳」に見られる內容的特徴は、同様の理由から生じている可能性が高い。もし開寶藏系統本から興聖寺本などの日本古寫經本へと向かう反對方向の影響が確かに存在していたのであれば、「對論部分の違いは金剛寺本の字句を興聖寺本にあるように道宣自身が改變した結果である」という說は足場を失ってしまう。

現在、『續高僧傳』などの個別の文獻に限った話だけではなく、日本古寫經は膨大で貴重な寫本資源の總體として、極めて深い潛在力を擁している。どのようにその潛在力を最大限に發揮し、それによって佛教文獻學の未知の領域に挑戰するのか。これは關連する研究領域の最前線でまさに開拓されている分野であって、それぞれの日本古寫經本の古い淵源を實證することは、もはや主要な目的や檢證の方法ではなくなった。目下、直面している重要な課題は、中國・朝鮮の漢文大藏經の成立史を背景・枠組みとして、寫本・刊本の内部に含まれる現存する傳本間の内外の關連性を柔軟に理解し解釋することを通じて、中國寫本大藏經の時代的特徴を傳承している日本古寫經の漢文大藏經史における正確な位置を確定することにある。こうしたマクロ的な位置づけは、方法としては、依然として堅實ではあるが面白味のないテキスト校訂において、個々の寫本の特性と淵源を繰り返し確實に證明するという作業を實行していかなければならない。『續高僧傳』を扱った筆者の經驗についていえば、このように確實に證明していくという正統で堅實な作業は、日本古寫經本テキストの淵源の共通性と複雜性についての理解を深めさせてくれた。

では、このように確實に證明するという作業によって、さらにまた、我々の『續高僧傳』成立の眞相に對する認識はどのような影響を受けるのであろうか。筆者は、愼重を期すためには、石山寺本と興聖寺本が現す形態が道宣本人の手によるものと輕率に信じるべきではなく、それらを『續高僧傳』が唐代に展開した一つの段階と見なせば、『續高僧傳』の變遷について全面的に理解するのを妨げてしまうだろう、と考える。筆者は近著においてもう一つ別の道筋を設定した。道宣の生涯や事跡と彼をめぐる歷史的環境の變遷を遡るという作業を應用して、『續高僧傳』の初稿の成立と增補本の成立の眞相に近づくための基礎を打ち立てようと試みたのである。この論證の過程において、筆者は、石山寺本と興聖寺本を單獨で用いたり、一方的に信じたりすることを極力避け、また唐代寫經・奈良寫經の系統を忠實に繼承している中尊寺本・金剛寺本・七寺本などを根本資料とし、まず、これらのテキストが『續高僧傳』の唐代の變遷において一體どの段階の形態を代表するのかを檢討し、さらに、それらが成立した背景が道宣自身の生涯の境遇とどのように關係しているのかを論じ、最後に、これらの寫本の文獻の内容と後世に形成される各種の刊本とがどのような關係にあるのかという問題を考察した。これらの個別の課題の一つ一つに答えていけば、最終的には『續高僧傳』の成立の眞相を提示することができるだろう。

参考文獻

赤尾榮慶「西樂寺一切經の特色について」京都府教育委員會編『興聖寺一切經調査報告書』一九九八年、四二六頁。

池麗梅「興聖寺本『續高僧傳』――刊本大藏經本と日本古寫經本との交差」『日本古寫經善本叢刊 第八輯　續高僧傳卷四・卷六』國際佛教學大學院大學日本古寫經研究所文科省戰略プロジェクト實行委員會、二〇一四年、二六八―二九九頁。

池麗梅「『續高僧傳』的文本演變――七至十三世紀」『漢語佛學評論』第四輯、上海古籍出版社、二〇一四年、二二四―二六八頁。

池麗梅「五月一日經『續高僧傳』卷二八京都國立博物館藏本・卷二九東大寺藏本・卷三〇正倉院藏本解題」『日本古寫經善本叢刊第九輯　高僧傳卷五・續高僧傳卷二八、二九、三〇』國際佛教學大學院大學日本古寫經研究所文科省戰略プロジェクト實行委員會、二〇一五年、一六二―一七八頁。

『大日本古文書』編年之七「自和銅二年至天平十三年」東京大學史料編纂所、一九八二年覆刻。

藤善眞澄「『續高僧傳』玄奘傳の成立――新發見の興聖寺本をめぐって」『鷹陵史學』第五號、一九七九年、六五―九〇頁。

藤善眞澄『道宣傳の研究』京都大學學術出版會、二〇〇二年。

伊吹敦「『續高僧傳』の增廣に關する研究」『東洋の思想と宗教』第七號、一九九〇年、五八―七四頁。

伊吹敦「『續高僧傳』に見る達摩系習禪者の諸相――道宣の認識の變化が意味するもの」『東洋學論叢』第五八集、一九九六年、一〇六―一三六頁。

石川登志雄「興聖寺と一切經」京都府教育委員會（一九九八）、四四四―四四五頁。

梶浦晉「金剛寺一切經と新出安世高譯佛典」『佛教學セミナー』七三、二〇〇一年。

梶浦晉「金剛寺一切經調査の經緯」落合俊典（研究代表者）『金剛寺一切經の基礎的研究と新出佛典の研究』（二〇〇〇―二〇〇三年度科學研究費補助金基盤研究（A）（1）研究成果報告書）二〇〇四年、九―一六頁。

川端新「山城海住山寺一切經の時代――海住山寺の歷史」京都府教育委員會（一九九八）、四三九―四四〇頁。

國際佛教學大學院大學學術フロンティア實行委員會（編）『日本古寫經善本叢刊 第四輯　集諸經禮懺儀卷下』國際佛教學大學院大學學術フロンティア實行委員會、二〇一〇年。

國際佛教學大學院大學日本古寫經研究所文科省戰略プロジェクト實行委員會（編）『日本古寫經善本叢刊 第八輯　續高僧傳卷四、卷六』國際佛教學大學院大學日本古寫經研究所文科省戰略プロジェクト實行委員會、二〇一四年。

黑川孝宏「經箱の墨書について」京都府教育委員會（一九九八）、四四六―四四七頁。

前川隆司「道宣の後集續高僧傳に就いて」『龍谷史壇』第四六號、一九六〇年、二〇―三七頁。

牧田諦亮（監修）、落合俊典（編）『中國日本撰述經典（其之一）』「七寺古逸經典研究叢書一」大東出版社、一九九四年。

牧田諦亮（監修）、落合俊典（編）『中國日本撰述經典（其之五）、撰述書』「七寺古逸經典研究叢書五」大東出版社、二〇〇〇年。

三好鹿雄「金剛寺一切經の全貌」『宗教研究』一三―六、一九三六年。

西山厚「貞慶の十三回忌と一切經」京都府教育委員會（一九九八）、四四一―四四三頁。

落合俊典「玄應撰『一切經音義』の敦煌寫本と日本寫本」二〇〇六年九月七日―一〇日、於南京師範大學主辦國際學術シンポジウム「轉換期の敦煌學――繼承と發展」の發表原稿。

落合俊典（研究代表者）『金剛寺一切經の總合的研究と金剛寺聖教の基礎的研究』二〇〇三―二〇〇六年度科學研究費補助金基盤研究（A）研究成果報告書、二〇〇七年。

緒方香州「『續高僧傳』興聖寺本について――基礎資料對照表」http://iriz.hanazono.ac.jp/frame/k_room_f2b.html。

大塚紀弘「金剛寺一切經の來歷について」國際佛教學大學院大學學術フロンティア第三回公開研究會發表資料、二〇〇八年一月。

大山喬平「西樂寺一切經書寫の在地環境について」京都府教育委員會（一九九八）、四二〇頁。

SAITO Tatsuya 齊藤達也, 二〇一二: "Features of the Kongo ― ji version of the Further Biographies of Eminent Monks 續高僧傳: With a focus on the biography of Xuanzang 玄奘 in the fourth fascicle".『國際佛教學大學院大學紀要』第一六號、六九―一〇四頁。

齊藤達也「金剛寺本「續高僧傳」の特徵（二）――卷八淨影寺慧遠傳を中心に」二〇一三年一月一六日、國際佛教學大學院大學佛教學特殊研究口頭發表資料。

齊藤達也「金剛寺本『續高僧傳』解題――卷四玄奘傳を中心に」『日本古寫經善本叢刊 第八輯　續高僧傳卷四、卷六』二〇一四年、四―九頁。

齊藤達也「金剛寺一切經本『續高僧傳』卷四影印・翻刻」『日本古寫經善本叢刊 第八輯　續高僧傳卷四、卷六』二〇一四年、一〇―七一頁。

齊藤達也「七寺本『續高僧傳』解題――卷四玄奘傳を中心に」『日本古寫經善本叢刊 第八輯　續高僧傳卷四、卷六』二〇一四年、七四―七六頁。

齊藤達也「興聖寺本『續高僧傳』解題――巻四玄奘傳を中心に」『日本古寫經善本叢刊 第八輯　續高僧傳卷四、卷六』二〇一四年、一〇二―一〇四頁。

齊藤達也「金剛寺本『續高僧傳』の考察――巻四玄奘傳を中心に」『日本古寫經善本叢刊 第八輯　續高僧傳卷四、卷六』二〇一四年、二四六―二六六頁。

齊藤達也「大正藏、古寫經系『續高僧傳』各傳記對照表」『日本古寫經善本叢刊 第八輯　續高僧傳卷四、卷六』二〇一四年、三〇一―三一一頁。

上杉智英「金剛寺藏一切經本『集諸經禮懺儀』卷下解題」『日本古寫經善本叢刊 第四輯　集諸經禮懺儀卷下』國際佛教學大學院大學學術フロンティア實行委員會、二〇一〇年、五二頁。

註

（1）池麗梅「『續高僧傳』的文本演變――七至十三世紀（『續高僧傳』のテキストの變遷――七世紀から一三世紀まで）」『漢語佛學評論』第四輯、上海古籍出版社、二〇一四年、二二四―二六八頁。
（2）『續高僧傳』の寫經の記録は非常に多く、最も早いものでは「天平十一年七月十七日」の條がある（『大日本古文書』編年之七「和銅二年から天平十三年まで」東京大學史料編纂所、一九八二年覆刻、八七頁）。
（3）五月一日經本『續高僧傳』については、池麗梅「五月一日經『續高僧傳』卷二八京都國立博物館藏本・卷二九東大寺藏本・卷三〇正倉院藏本解題」『日本古寫經善本叢刊 第九輯　高僧傳卷五・續高僧傳卷二八、二九、三〇』國際佛教學大學院大學日本古寫經研究所文科省戰略プロジェクト實行委員會、二〇一五年、一六二―一七八頁を參照。
（4）池麗梅「興聖寺本『續高僧傳』――刊本大藏經本と日本古寫經本との交差」『日本古寫經善本叢刊 第八輯　續高僧傳卷四・卷六』國際佛教學大學院大學日本古寫經研究所文科省戰略プロジェクト實行委員會、二〇一四年、二六八―二九九頁。
（5）落合俊典「玄應撰『一切經音義』の敦煌寫本と日本寫本」二〇〇六年九月七日―一〇日、南京師範大學主催國際學術シンポジウム「轉換期の敦煌學――繼承と發展」における發表原稿、竝に梶浦晋「金剛寺一切經調査の經緯」、落合俊典（研究代表者）『金剛寺一切經の基礎的研究と新出佛典の研究』（二〇〇〇―二〇〇三年度科學研究費補助金基盤研究（A）（1）研究成果報告書、二〇〇四年、九―一六頁）を參照。
（6）大塚紀弘「金剛寺一切經の來歷について」國際佛教學大學院大學學術フロンティア第三回公開研究會發表資料、二〇〇八年一一月。

（7）上杉智英「金剛寺藏一切經本『集諸經禮懺儀』卷下解題」『日本古寫經善本叢刊 第四輯 集諸經禮懺儀卷下』國際佛教學大學院大學學術フロンティア實行委員會、二〇一〇年、五二頁。

（8）三好鹿雄「金剛寺一切經の全貌」『宗教研究』一三―六、一九三六年、梶浦晉「金剛寺一切經と新出安世高譯佛典」『佛教學セミナー』七三、二〇〇一年、落合俊典（二〇〇四）：落合俊典（研究代表者）『金剛寺一切經の總合的研究と金剛寺聖教の基礎的研究』二〇〇三―二〇〇六年度科學研究費補助金基盤研究（A）研究成果報告書、二〇〇七年。

（9）SAITO Tatsuya 齊藤達也，二〇一二：“Features of the Kongo-ji version of the Further Biographies of Eminent Monks 續高僧傳：With a focus on the biography of Xuanzang 玄奘 in the fourth fascicle”．『國際佛教學大學院大學紀要』第一六號、六九―一〇四頁。齊藤達也「金剛寺本『續高僧傳』の特徵（二）――卷八淨影寺慧遠傳を中心に」二〇一三年一月一六日、國際佛教學大學院大學佛教學特殊研究口頭發表資料。二〇一四年に、齊藤達也氏は長年の古寫經本『續高僧傳』に關する研究成果を集め、『日本古寫經善本叢刊 第八輯 續高僧傳卷四、卷六』（國際佛教學大學院大學日本古寫經研究所文科省戰略項目實行委員會、二〇一四年）を刊行し、金剛寺本の解題（四―九頁）と卷四の全文翻刻（一〇―七一頁）・七寺本の解題（七四―七六頁）・興聖寺本の解題（一〇二―一〇四頁）・「大正藏、古寫經系『續高僧傳』各傳記對照表」（三〇一―三一一頁）と、論文「金剛寺本『續高僧傳』の考察――卷四玄奘傳を中心に」（二四六―二六六頁）を發表した。

（10）牧田諦亮（監修）、落合俊典（編）『中國日本撰述經典（其之一）』〈七寺古逸經典研究叢書一〉大東出版社、一九九四年。

（11）牧田諦亮（監修）、落合俊典（編）『中國日本撰述經典（其之五）、撰述書』〈七寺古逸經典研究叢書五〉大東出版社、二〇〇〇年。

（12）國際佛教學大學院大學學術フロンティア實行委員會（編）『日本古寫經善本叢刊 第四輯 集諸經禮懺儀卷下』國際佛教學大學院大學學術フロンティア實行委員會、二〇一〇年。

（13）國際佛教學大學院大學日本古寫經研究所文科省戰略プロジェクト實行委員會（編）『日本古寫經善本叢刊 第八輯 續高僧傳卷四、卷六』國際佛教學大學院大學日本古寫經研究所文科省戰略プロジェクト實行委員會、二〇一四年。

（14）齊藤達也「七寺本『續高僧傳』解題――卷四玄奘傳を中心に」『日本古寫經善本叢刊 第八輯 續高僧傳卷四、卷六』二〇一四年、七四―七六頁。

（15）石川登志雄「興聖寺と一切經」、京都府教育委員會（一九九八）、四四四―四四五頁。

(16) 大山喬平「西樂寺一切經書寫の在地環境について」、京都府教育委員會（一九九八）、四二〇頁。
(17) 黑川孝宏「經箱の墨書について」、京都府教育委員會（一九九八）、四四六―四四七頁。
(18) 大山喬平「西樂寺一切經書寫の在地環境について」、京都府教育委員會（一九九八）、四二〇頁、赤尾榮慶「西樂寺一切經の特色について」、京都府教育委員會（一九九八）、四二六頁。
(19) 川端新「山城海住山寺一切經の時代――海住山寺の歴史」、京都府教育委員會（一九九八）、四三九―四四〇頁。
(20) 西山厚「貞慶の十三回忌と一切經」、京都府教育委員會（一九九八）、四四一―四四三頁。
(21) 石山寺文化財綜合調査團編（一九七八）、『石山寺の研究――一切經篇』（京都、法藏館、一九七八年）を參照。
(22) 石山寺所藏、同一切經の現存狀況に關しては、石山寺文化財綜合調査團編『石山寺の研究――一切經篇』（法藏館、一九七八年）所收の「石山寺一切經第一函～第八〇函」・「石山寺一切經（附屬分）第一函～第七函」、『石山寺の研究――校倉聖教・古文書篇』（法藏館、一九八一年）、および『石山寺の研究――深密藏聖教篇下』（法藏館、一九九二年）所收の「一切經補遺函」を參照。
(23) 同寫本の影印・翻刻・解題と論考などの詳細な情報は、拙稿『石山寺一切經本『續高僧傳』卷八』（鶴見大學佛教文化研究所、二〇一四年）を參照。
(24) 田中稔（一九七八）「石山寺一切經について」『石山寺の研究――一切經篇』八八四頁。
(25) 『續高僧傳』卷一、「始岠梁之初運、終唐貞觀十有九年、一百四十四載。包括嶽瀆、歷訪華夷、正傳二百四十八人、附見一百六十人」（『大正藏』第五〇冊、四二五頁下段、第二一―二四行）。ここにある「正傳三百四十人」は高麗再雕藏本の中の數字であり、宋福州版以後では等しく「正傳三百三十一人」とする。
(26) 前川隆司「道宣の後集續高僧傳に就いて」『龍谷史壇』第四六號、一九六〇年、二〇―三七頁。
(27) 「『續高僧傳』興聖寺本について――基礎資料對照表」http://iriz.hanazono.ac.jp/frame/k_room_f11b.htm。
(28) 藤善眞澄「『續高僧傳』玄奘傳の成立――新發見の興聖寺本をめぐって」『鷹陵史學』第五號、一九七九年、六五―九〇頁。
(29) 伊吹敦「『續高僧傳』の增廣に關する研究」『東洋の思想と宗教』第七號、一九九〇年、五八―七四頁。
(30) 伊吹敦「『續高僧傳』に見る達摩系習禪者の諸相――道宣の認識の變化が意味するもの」『東洋學論叢』第五八集、一九九六年、一〇六―一三六頁。
(31) 藤善眞澄『道宣傳の研究』京都大學學術出版會、二〇〇二年。

（32）藤善眞澄（二〇〇二）二〇〇頁。
（33）齊藤達也「金剛寺本『續高僧傳』の考察——巻四玄奘傳を中心に」二五六頁。

一三　慧遠『大般涅槃經義記』の成立過程について

――現行本『大般涅槃經義記』卷七と敦煌寫本『涅槃義疏』第七卷（Pelliot chinois 2164）との比較を中心に[1]

池田　將則

一　はじめに

本稿はいわゆる地論宗を代表する學僧の一人、淨影寺慧遠（五二三―五九二）の主著の一つである『大般涅槃經義記』の現行テクストがどのような過程を經て成立したかを探る試論である。慧遠の著述に關する文獻學的研究は、近年になって、大竹晉氏が慧遠『華嚴經疏』の佚文を集成・翻譯し[2]、また馮煥珍氏が敦煌寫本『地持義記』卷第四（P二二四一V、大正二八〇三番）が慧遠『地持論義記』の殘卷であることを論證し[3]、また岡本一平氏が慧遠撰と傳えられる『大乘起信論義疏』の成立問題を考證し[4]、またさらに同氏が日本に傳存する慧遠『大乘義章』の諸寫本のテクスト系統を調査・分析する[5]など、注目すべき研究成果が發表されているが、慧遠『大般涅槃經義記』のテクスト問題については未だ論じられたことがない。本稿においては現存する慧遠『大般涅槃經義記』の諸テクストを現時點で可能な限り網羅的に概觀するとともに、特に敦煌寫本として傳存する『大般涅槃經義記』の異本、『涅槃義疏』第七卷（Pelliot chinois 2164）に着目し、この寫本にみられる修訂の跡が慧遠のテクスト撰述過程を反映したものであること、そしてこの寫本の修訂後のテクストがさらに修正・補完されて現行本のテクストが成立したことを論證してみたい。

以下、まず「二　慧遠『大般涅槃經義記』の撰述時期と原テクストの成立過程および流布狀況」において『大般涅槃經義記』の撰述時期等に關する諸資料を概觀し、續いて「三　日本において傳えられた慧遠『大般涅槃經義記』のテクスト」「四　朝鮮半島において傳えられた慧遠『大般涅槃經義記』のテクスト」「五　中國およびトルファンにおいて傳えられた慧遠『大般涅槃經義記』のテクスト」の三節において現行本『大般涅槃經義記』と日本古寫本・敦煌寫本等の異本資料との傳存狀況を整理した上で、「六　現行本の慧遠『大般涅槃經義記』卷七と敦煌寫本『涅槃義疏』第七卷（P二一六四）」においてP二一六四寫本にみられる修訂の痕跡と現行本のテクストとを比較し、『大般涅槃經義記』の成立過程を檢證する。なお本稿の考察結果は「七　おわりに」の最後に圖表のかたちでまとめてあるので、適宜參照しながら本文を讀み進めていただければ幸いである。

二　慧遠『大般涅槃經義記』の撰述時期と原テクストの成立過程および流布狀況

（1）撰述時期

慧遠『大般涅槃經義記』十卷[6]は北本『大般涅槃經』（大正三七四番）に對する注釋である。[7]

慧遠の著作の成立順序については鶴見良道・岡本一平兩氏および筆者の先行研究があり、そのいずれにおいても『大般涅槃經義記』は慧遠の初期の著作に位置づけられている。[8]岡本一平氏の假說をもとに、慧遠の眞撰と認められる現存著述のうち『地持論義記』と『大乘義章』とを除く七書の成立順序をまとめると次のようになる。『大般涅槃經義記』は第二期に該當する。

第一期　『勝鬘經義記』『十地經論義記』
第二期　『大般涅槃經義記』
第三期　『維摩經義記』『無量壽經義疏』
第四期　『観無量壽經義疏』
第五期　『溫室經義記』

またごく最近、岡本一平氏はさらに『大般涅槃經義記』に眞諦（四九九―五六九）譯『金光明經』（五五二年あるいは五五三年譯了）への言及があることや慧遠の弟子達の傳記を根據に、慧遠が七年間に渡る鄴での修學・講說を終えて鄕里の澤州高都（山西省澤州縣高都鎭）に戻った後、北周の廢佛（五七八年から舊北齊領域においても實施）を逃れて汲郡西山に隱れる前、具體的には五五三年以後、五七八年以前に『大般涅槃經義記』が執筆されたと推定した(9)。本稿において考察するように、『大般涅槃經義記』のテクストは數度に渡る修訂を經て完成されたと考えられるので、『大般涅槃經義記』の執筆時期を一つの年代に特定することは難しい。ただその場合でも、『大般涅槃經義記』の注釋內容が全體として慧遠の現存著述のなかでも初期に屬するものであることはほぼ間違いないものと思われる。

（2）原テクストの成立過程と流布狀況

一方、先行研究も指摘するように、『大般涅槃經義記』の原テクストの成立過程とその流布狀況とについては道宣（五九六―六六七）『續高僧傳』に幾つかの興味深い記述がある。

まず『續高僧傳』釋慧遠傳によれば、慧遠は「涅槃疏」を撰述し終わると、それに基づく講義をすぐに始めようとはせず、發願し、夢に瑞相が現れるのを待って、初めて講義を開始したという(10)。ここで注目すべきことは、慧遠が講義を始める前に一人で完成させた、いわば初稿というべき「涅槃疏」のテクストが存在していたという[11]事實である。當時の經論注釋書は講義の場における議論の内容をもとに作成されるのが一般的であったから、慧遠の場合もやはりあらかじめ作成しておいた初稿に基づいて講義をしながら、その講義の結果をふまえて初稿本に改訂を加えていったと推測することは十分に可能であると考えられる。

次に『續高僧傳』釋曇延（五一六—五八八）傳によれば、曇延もやはり「涅槃大疏」を撰述し終わると、それに基づく講義をすぐに始めようとはせず、發願し、瑞相が現れるのを待ってから「帝」（北周武帝、在位五六〇—五七八）にそのことを上表し、敕命を受けた上で初めて講義を開始した。そして曇延の「涅槃大疏」が世に廣まると、當時のエリート達はみな曇延が撰述した『涅槃經』注釋と慧遠が撰述した『涅槃經』注釋とを比較したという。[12]ここで注目すべきことは、北周武帝の在位中、武帝が廢佛を斷行する五七四年以前に、北周領域において廣く知られる慧遠『大般涅槃經義記』のテクストが存在していたという事實である。

またさらに『續高僧傳』釋善冑（五五〇—六二〇）傳によれば、師である慧遠が淨影寺において「涅槃文疏」を撰述すると、善冑はそれが意に滿たず、慧遠の『涅槃經』注釋を改作して、さらに深い隱された意味を解明したという。[13]ここで注目すべきことは、慧遠が淨影寺において『涅槃經』注釋書を撰述したという記述（「遠制涅槃文疏」）と、弟子の善冑が慧遠の『涅槃經』注釋を改作したテクストが存在していたという事實とである。

まず前者の記述については、上述のように慧遠の『涅槃經』注釋が講義の内容をふまえて改訂されていったと考えることができるとすれば、淨影寺において撰述された「涅槃文疏」もそのような改訂稿の一つであったのではないかと考えられる。ただ慧遠が隋文帝（在位五八一—六〇四）の招きを受けて長安に赴いたのは開皇七年（五八七）のことであり、すでに慧遠の最晩年に差し掛かっている頃であるから、淨影寺において撰述した注釋が最終稿となった可能性が高いのではないかと思われる。

次に善冑の改作本の存在については、『續高僧傳』は續けて、もともと慧遠の注釋は『涅槃經』全體を五つに區分し、最後を「闍維分」と呼んでいたが、善冑はそれを改めて新たに『涅槃經』全體を七つに區分し、最後を「結化歸宗分」と呼んだと記している。[14] 坂本廣博氏がすでに指摘したように、現行の慧遠『大般涅槃經義記』巻一上・下は『涅槃經』全體を五つに區分し、最後を「如來滅度闍維供養分」と呼んでいるので、[15] 現行本『大般涅槃經義記』は善冑の改作本ではなく、慧遠が撰述した本來のテクストを保持していることが分かる。本稿第五節の（1）で紹介するように、隋大業十一年（六一五）に書寫され、「大德沙門慧遠法師撰之」との撰號を有する敦煌寫本、『涅槃義記』巻第一（BD〇三三九〇）も基本的に現行本と同一のテクストであり、『涅槃經』全體を五つに分けるので、善冑の改作本の存在が慧遠『大般涅槃經義記』の流通に與えた影響は決して大きなものではなかったと考えてよい。

三　日本において傳えられた慧遠『大般涅槃經義記』のテクスト

慧遠『大般涅槃經義記』の現存テクストは、殘巻もしくは斷片のみが殘る中國所傳のテクストと、後代の文獻に引用される引用文としてのみ知られる朝鮮半島所傳のテクストと、完本が殘る日本所傳のテクストとに大別することができる。論述の都合上、本稿においては日本所傳のテクスト・朝鮮半島所傳のテクスト・中國所傳のテクストの順に考察する。

（1）　正倉院文書の寫經記錄

日本に傳えられた慧遠『大般涅槃經義記』のテクストに關する最も早い記錄は、正倉院文書として殘る寫經記錄である。『奈良朝典籍所載佛書解說索引』を參考に、現存する十四件の寫經記錄を年代順に列擧すると次のようになる〈〈　〉内は原文の小字もしくは割注。【　】内は別筆によって書寫されていることを表す。〔　〕内は筆者による補い。〉

「……」は筆者による省略[16]。

①天平十二年（七四〇）七月八日「寫經所啓」

……

涅槃經疏十巻〈遠法師〉

以上大官寺本

（『大日本古文書（編年）』巻七、四八八頁。石田茂作［一九八二（一九三〇）］所收「奈良朝現在一切經疏目錄」二一五八番）

②天平十五年（七四三）「寫了律論疏章集傳等帳」

涅槃經義疏一部〈十卷。遠法師。【七百七十七張。】〉（『大日本古文書（編年）』巻二十四、二五三頁）

③天平十六年（七四四）十二月二十四日 斷簡

涅槃經疏十卷〈遠法師撰〉 七百七十七紙（『大日本古文書（編年）』巻八、五三四頁）

④天平十八年（七四六）「寫未寫大乘經論疏目錄」

涅槃經疏一帙十卷〈遠法師撰〉（『大日本古文書（編年）』巻二十四、三九八頁）

⑤天平十九年（七四七）六月四日「經疏檢定帳」

涅槃經疏十卷〈遠法師〉（『大日本古文書（編年）』巻九、三八四頁）

⑥天平十九年六月七日「寫經所解」

涅槃經疏十卷〈遠法師撰〉

……

右件六百七十卷、見所寫畢。（『大日本古文書（編年）』巻九、三八九―三九〇頁）

⑦天平二十年（七四八）五月二日 經疏出納帳

涅槃經疏十卷〈遠法師撰〉

……

右、依天平二十年五月二日長官宮宣、奉請平攝師所。（『大日本古文書（編年）』巻十、二八五―二八六頁）

⑧天平勝寶三年（七五一）七月十日　經疏出納帳（「經疏出納帳」の一部）

洹《ママ》槃經疏十五卷〈……遠法師五卷。……〉

右、依小僧頭天平勝寶三年七月十日牒、付僧德懿、令奉請已訖。……

【以天平勝寶四年閏三月十六日返來了。三嶋宗麿。】（『大日本古文書（編年）』巻三、五五二頁）

⑨天平勝寶四年（七五二）四月十七日　經疏出納帳（「經疏出納帳」の一部）

又〔涅槃經疏〕一部十卷〈遠法師〉

……

右、依次官佐伯宿禰天平勝寶四年四月十七日宣、奉請智憬師所。

【以五年六月五日奉返了。】（『大日本古文書（編年）』巻四、八八頁）

⑩天平勝寶五年（七五三）五月七日類收「奉寫章疏集傳目錄」

涅槃經疏十卷〈遠法師撰〉〈七百七十七張〉（『大日本古文書（編年）』巻十二、五三〇頁）[17]

⑪天平勝寶五年十二月十二日大納言藤原家牒

涅槃經疏十卷〈三櫃。遠法師。〉

……

【以六年七月二十七日返納已訖。】（『大日本古文書（編年）』巻三、六四四―六四五頁）

⑫天平勝寶六年（七五四）八月二十一日經疏出納帳（「經疏出納帳」の一部）

〔涅槃經疏〕一部十卷〈遠法師撰。以二十二日返了。〉

……

右、依石川判官天平勝寶六年八月二十一日宣、奉請平榮師。（『大日本古文書（編年）』巻三、六五二頁）

⑬天平寶字八年（七六四）正月十七日「奉寫經所請疏文案」

惠遠師〔涅槃經〕疏七巻〈自第四巻、迄第十巻。【以八月九日返了。】〉

（『大日本古文書（編年）』巻十六、四一八頁）

⑭神護景雲二年（七六八）三月三十日　造東大寺司移奉寫一切經司（「一切經奉請文書繼文」の一部）

涅盤《ママ》經疏十巻〈惠遠師。帙二枚。無籤。【以閏三月十三日返上了。】〉

（『大日本古文書（編年）』巻十七、九四頁）

以上の十四件の寫經記錄のうち、①⑪⑬の三件については榮原永遠男氏の先行研究がある。

まずこれらの記錄のなかで最も年代が早い①「寫經所啓」は、榮原氏の考證によれば、藤原北家（北大臣家）の寫經機關である北大家寫經所が天平十一年（七三九）頃から開始した一切經の寫經事業（藤原北夫人發願一切經）において書寫した典籍の一部分のリストであり、「涅槃經疏十巻〈遠法師〉」の次に「以上大官寺本」と記されているのは、北大家寫經所が慧遠『大般涅槃經義記』を含む幾つかのテクストを大官寺（大官大寺）[18]から借り受けて複寫したことを表している[19]。

次に⑪大納言藤原家牒は、同じく榮原氏の考證によれば、藤原仲麻呂（七〇六—七六四）が自家に設けた寫經所が造東大寺司に對して典籍の貸し出しを求めた借用リストの一つであり、文書の末尾に別筆で「以六年七月二十七日返納已訖」と記されているのは、「涅槃經疏十巻」を含む諸テクストが實際に仲麻呂家に貸與され、仲麻呂家において複寫された後、七月二十七日に東大寺に返却されたことを表している[20]。

また⑬「奉寫經所請疏文案」も、同じく榮原氏の考證によれば、仲麻呂家が造東大寺司に對して典籍の貸し出しを求めた借用リストの一つであり、「以八月九日返了」という別筆の書き込みは「惠遠師疏七巻」が實際に貸與され、八月九日に東大寺に返却されたことを表している。[21]

殘りの十一件のうち、まず⑧⑩の二件は先行研究によれば光明皇后（七〇一―七六〇）發願のいわゆる「五月一日經」の經疏出納ないし寫經記錄である。[22]次に⑦⑨⑫の三件はいずれも造東大寺司が經疏を貸し出した貸出記錄であり、[23]⑦は平攝（?―七四三―七六九―?）[24]、⑨は智憬（?―七四一―七五三―?）[25]、⑫は平榮（?―七四三―七七〇―?）[26]に慧遠『大般涅槃經義記』を貸し出している。なお殘りの②③④⑤⑥⑭の六件については未詳である。

以上の記錄により、慧遠『大般涅槃經義記』が天平十二年（七四〇）にはすでに日本に傳えられ、八世紀中葉の南都において頻繁に書寫されていたことが分かる。

（2）古目錄の記載

次に慧遠『大般涅槃經義記』に關する日本の古目錄の記錄を確認すると次の通りである（〈　〉内は原文の小字もしくは割注。〔　〕内は筆者による補い）。

・『智證大師請來目錄（入唐求法總目錄）』（唐大中十二年〔八五八〕撰）
　大般涅槃經義記十巻〈澤州〉[27][28]
　涅槃疏科文一巻〈澤州〉[29]
　涅槃疏圓指鈔十巻
　涅槃經集解抄十巻（大正五五・一一〇五下）
・元興寺安遠律師奉『三論宗章疏』（延喜十四年〔九一四〕撰）[30]
　涅槃義記十巻〈分本末爲二十卷。惠遠述。〉（大正五五・一一三七中）

・永超集『東域傳燈目錄』（寛治八年〔一〇九四〕撰）
同經（＝『大般涅槃經』）義記十卷〈惠遠。分本末、成二十卷。四百紙。……〉（大正五五・一一五四上）
・七寺藏『古聖教目錄』（擬題、一一世紀初頭～一二世紀末）
涅槃疏十四卷〈七百八十枚　惠遠〉（落合俊典編〔一九九八〕二九七番）

この中で注目すべきは智證大師圓珍（八一四―八九一）の請來目錄の記載である。(31) 前項において確認したように慧遠『大般涅槃經義記』はすでに八世紀には日本に傳えられ流通していたが、圓珍はあらためて唐から慧遠『大般涅槃經義記』のテクストを請來し、さらに「涅槃疏科文一卷」「涅槃疏圓指鈔十卷」「涅槃經集解抄十卷」等のテクストをも新たに請來した。新たに請來されたテクストのうち「涅槃疏科文一卷」は、岡本一平氏が指摘するようにおそらく慧遠とは別人の手になる慧遠『大般涅槃經義記』の科文であろう。(32)「涅槃疏圓指鈔十卷」はごく最近、村上明也氏が明らかにされた通り、唐の辯空（?―七八八―?）が撰述した慧遠『大般涅槃經義記』の複注、『大般涅槃經義記圓旨抄』であり、圓珍は『辟支佛義集』卷下において慧遠『大般涅槃經義記』および辯空『大般涅槃經義記圓旨抄』を二回引用し、『授決集』卷上においても慧遠『大般涅槃經義記』および辯空『大般涅槃經義記圓旨抄』に一度言及している。(33)「涅槃經集解抄十卷」は撰者不明であるが、おそらく慧遠を含む諸師の『大般涅槃經』解釋を集成し、それらに對し論評を加えた注釋書であり、やはり圓珍『辟支佛義集』卷下において慧遠『大般涅槃經義記』・辯空『大般涅槃經義記圓旨抄』と竝べて二度引用される。(34) 圓珍は慧遠『大般涅槃經義記』のみならずその複注等をも請來して自著に活用しているのであり、これは慧遠『大般涅槃經義記』の日本における受容という面で注目すべき事例である。なお辯空『大般涅槃經義記圓旨抄』および撰者不明『涅槃經集解抄』についてはは本稿第四節および第五節の（2）においてあらためて解說する。

(3)　近代以降の大藏經に收錄されたテクスト

慧遠『大般涅槃經義記』の完本のテクストは、日本に傳存する古寫本と近代以降に日本で刊行された金屬活字による大藏經に收錄された刊本としてのみ現存する。近代以前の大藏經には收錄されておらず、また木版本も存在しない[35]。行論の都合上、古寫本は後に回し、まず刊本を確認すると次の二本である[36]。

・『大日本續藏經』所收本（第一編第五五套第四冊～第五六套第二冊、以下「續藏本」）
・『大正新脩大藏經』所收本（一七六四番、以下「大正藏本」）

この二本は基本的には同系統のテクストであると考えられるが、分卷・題號・奥書が一部異なるほか、本文の文字の異同が隨處に見出され、また校注における異本への言及についても顯著な相違が認められる。以下、項目を分けて兩本を比較してみたい。

【1　分卷】

續藏本は『大般涅槃經義記』十卷をすべて上下に開くので、實質、全二十卷となっている。大正藏本は卷一と卷十との二卷のみを上下に開くので、實質、全十二卷である。後述するように續藏本の卷二上・三上・四上・五上・六上・七上・八上・九上には奥書が存在しないので、卷二から卷九までを上下に開かない大正藏本の分卷が現行テクストの本來のかたちであったと考えられる。

【2　題號・撰號】

續藏本の題號は全卷すべて「涅槃義記」である。大正藏本は卷一上・一下の首題・尾題と卷十下の尾題とを「大般涅槃經義記」に作るが、それ以外はすべて「涅槃義記」である。撰號は兩本ともに全卷すべて「隋淨影寺沙門釋慧遠述」である（嚴密には續藏本の卷三下の撰號は「隋」の一字を缺き、大正藏本の卷十上の撰號は「隋」を「隨」に作るが、おそらく單なる誤植であろう）。

【3　奥書】

續藏本・大正藏本ともに卷一上・一下・二（續藏本は二下）・四〜八（續藏本は四下・五下・六下・七下・八下）・十上・十下の卷末に奥書を有する（卷三・九〔續藏本は三下・九下〕の奥書は佚）。兩本の奥書は基本的に同文であるが、卷十下の奥書に注目すべき相違がみられる。大正藏本の卷十下の奥書を確認すると次の通りである（「／」は原文の改行。〈　〉内は原文の割注）。

應永三年（一三九六）十月某日、勸修寺の大經藏のテクストを良秀阿闍梨に託して、書寫し終わった。〔この『大般涅槃經義記』は〕全部で十帖（＝十卷）であるが、この卷は失われていたので、新たに書寫したテクストによって補ったのである。〔東寺觀智院〕法印房の權大僧都、賢寶〈六十四歲〉。

寬政五年（一七九三）冬十一月十三日、この書物（＝『大般涅槃經義記』）の全ての卷帙を校正し終わった。／願わくばこの功德によって、諸々の衆生とともに、すみやかに〔常樂我淨の〕四德を備えた涅槃を證得せんことを。／菩薩戒を受けた沙彌、典壽〈三十六歲〉。

應永三年十月日、以勸修寺大經藏本誂[37]良秀阿闍梨、書寫了。全部十帖、當卷損失之故、新所書補之也。　法印權大僧都賢寶〈六十四〉

寛政五年冬十一月十三日、挍正此書全帙了。／願以此功徳、共諸衆生、速證四徳涅槃。／菩薩沙彌典壽〈生年三十六〉（大正三七・九〇三中下）

この奥書は「應永三年」以下の「法印權大僧都賢寶」の奥書と「寛政五年」以下の「菩薩沙彌典壽」の奥書との二つの部分から成り立っている。

前者は東寺觀智院の賢寶（一三三三―九八）[38]が應永三年（一三九六）に山科の勸修寺[39]が所藏する卷十下のテクストを閲覧し、良秀阿闍梨に命じて書寫させたことを記している。この奥書は續藏本と大正藏本とに共通して存在する。また下に確認するように、卷十下以外の他の卷についても、續藏本・大正藏本ともに觀智院賢寶が應永三年に記した奥書を有している。したがって、ひとまず續藏本と大正藏本とはいずれも觀智院賢寶が應永三年に整理したテクストを祖本とする同系統のテクストであるとみなしてよい。

一方、後者の奥書は寛政五年（一七九三）に典壽が『大般涅槃經義記』全卷のテクストを校正したことを記すが、この奥書は大正藏本にのみあり、續藏本にはない。したがって、大正藏本は賢寶整理本に典壽が校正を加えたテクストを底本とし、續藏本は典壽の校正が加えられていない賢寶整理本の別のテクストを底本とすると考えられる。なお典壽については未詳である。

なお、ここで續藏本・大正藏本に共通する賢寶の奥書に記される内容を時系列によってまとめると次頁表1のようになる（便宜上、ここでは大正藏本を底本とする。續藏本と大正藏本との間に細かいテクストの異同がある場合があるが、特に注記しない）。

この表1から分かるように、賢寶はまず應永三年（一三九六）五月から八月にかけて『大般涅槃經義記』卷四・六・二・五・八・七のテクストに自ら補修を加え、缺字を補った。底本に關する記述がないので、おそらくは東寺觀智院にもとから所藏されていたテクストを修復したということなのであろう[40]。また缺字を補う際に何を參照

表1

巻	年月日	擔當者	底本	作業内容
巻四	應永三年五月二日	法師權大僧都賢寶	——	加修復、書補闕字
巻六	應永三歳五月二十日	法印權大僧都賢寶	——	加修、補書入闕（↓闕?）字
巻二	應永三年五月二十四日	法印權大僧正賢寶	——	加修、補書失字
巻五	應永三年六月二日	法印權大僧都賢寶	——	補闕字
巻八	應永三年六月十三日	法印權大僧都	——	補朽闕之處
巻七	應永三年八月十日	法印權大僧都賢寶	——	加修復、補闕字
	翌年十二月中	隆禪僧都	御室御經藏本	補闕字
巻一上	應永三年十月日	頼壽闍梨	勸修寺大經藏	書寫
巻一下	應永三年十月日	弘清阿闍梨	勸修寺大經藏本	書寫
巻十上	應永三年十月日	老比丘賢寶	——	加修復、補朽失處
巻十下	應永三年十月日	良秀阿闍梨	勸修寺大經藏本	書寫

したのかも明らかではない。

續いて賢寶は同年十月に、巻十上のテクストに自ら補修を加えるとともに、山科の勸修寺の經藏に收藏される巻一上・一下・十下のテクストを閲覽し、頼壽闍梨・弘清阿闍梨・良秀阿闍梨に書寫させた。さきに確認した巻十下の奥書に記されていた通り、觀智院所藏テクストの缺巻を補ったのであろう。

またさらに賢寶は翌年（一三九七）十二月に御室仁和寺[41]の經藏に收藏されている巻七のテクストを閲覽し、隆禪僧都に命じて、賢寶が前年に修復したテクストの缺字を補った。應永三年から翌年にかけて賢寶が行った慧遠

『大般涅槃經義記』のテクスト整理作業はこれで終わる。なお東寺・勸修寺・仁和寺はいずれも眞言宗の寺院であり、賢寶は眞言宗寺院のネットワークを通じて慧遠『大般涅槃經義記』のテクスト整理を行ったのだと考えてよい(42)。

【4　本文の文字の異同】

上述のように續藏本と大正藏本とは、基本的には觀智院賢寶が應永三年（一三九六）に補修・整理したテクストを祖本とする同系統のテクストであると考えられる。兩本が同系統のテクストであることは、たとえば卷七において明らかな誤字や明らかな脱文が兩本に共通してみられることからも明らかである(43)。

しかし一方で兩本のあいだには細かな文字の異同も頻繁に見出される。これも卷七を例に採ると、本文の文字の異同が少なくとも約二〇〇箇所に認められる（校注における文字の異同は含まない。また「或」と「惑」、「默」と「嘿」、「辯」と「辨」等の繼續して現れるごく單純な文字の異同は初回のみ數えたので、實際の數は二〇〇よりも多い）。また續藏本においては缺字（「□」）とされている文字が大正藏本では問題なく翻刻されている例も卷七に七例ある。これらはすべて兩本の直接の底本が異なることを示している。

【5　校注における異本への言及】

本文の文字の異同だけでなく、校注における異本テクストへの言及に關しても續藏本と大正藏本とのあいだに顯著な相違が認められる。まず兩本の校注のなかで異本テクストへの言及（續藏本の「〇一作〇」等と大正藏本の「イ」）が現れる回數をまとめると次頁表2のようになる。

この表2から分かるように、卷四の校注に現れる異本テクストへの言及が兩本同じ回數であり（ただし回數が同じであるだけで校注が附された箇所はまったく異なる）、卷十下がどちらも〇回、卷十上の校注に現れる異本テクストへ

表2

大正藏本		續藏本			
巻一上	0	巻一上	2	—	
巻一下	0	巻一下	4	—	
巻二	1	巻二上	24	巻二下	24
巻三	0	巻三上	16	巻三下	7
巻四	3	巻四上	3	巻四下	0
巻五	2	巻五上	2	巻五下	2
巻六	0	巻六上	2	巻六下	3
巻七	53	巻七上	106	巻七下	74
巻八	2	巻八上	7	巻八下	11
巻九	2	巻九上	5	巻九下	5
巻十上	5	巻十上	3	—	
巻十下	0	巻十下	0	—	

の言及が大正藏本よりも續藏本のほうが少ない以外は、すべての巻において續藏本の校注のほうが異本テクストに言及する回數が多い。また續藏本・大正藏本いずれも巻七の校注における異本への言及が他の巻と比べて突出して多いことが注目されるが、これはあるいは上述のように巻七のテクストのみ御室仁和寺の經藏所收のテクストによって缺字が補われていることと關係があるのかもしれない。ただそのように考えるとしても、續藏本の巻七の注記における異本への言及が大正藏本より三倍以上も多いのは何故であるのかはよく分からない。巻七にお

ける續藏本の異本注記と大正藏本の異本注記とは一致する場合もあるし一致しない場合もあってまちまちなので、兩本の異本注記が共通の出典に基づくというわけでもないようである。

ここで兩本の異本注記の出典を確認すると、まず大正藏本の校注における異本への言及はすべて大正藏本の底本（「原本」）の注記を移録したものであり、大正藏本の編者は續藏本を含む他のテクストとの對校を獨自に行ってはいない。ただしその「原本」の注記も、應永三年（一三九六）およびその翌年（一三九七）に賢寶が全巻のテクストを整理した際に加えた注記であるのか、あるいは寛政五年（一七九三）に典壽が全巻を校正した際に加えた注記であるのかは判斷する術がない（兩者が入り混じっている可能性もある）。

一方、續藏本のほうは校注の出典が明記されていないので、校注における異本への言及が續藏本の底本にもとからあったものなのか、あるいは續藏本の編者が新たに他の（諸）テクストとの對校を行った結果として加えたものであるのか不明である（兩者が入り混じっている可能性もある）[44]。ただいずれにしても續藏本のほうが大正藏本と比較してより多くの異本テクストとの校合を經ていることは確かであるが、續藏本は大正藏本の底本は見ておらず、前述の巻七の例のように大正藏本では問題なく翻刻されている文字が續藏本においては缺字（「□」）とされている例が全巻を通して非常に多い。テクスト全體として見た場合、善本は大正藏本である。

（4）　現存の日本古寫本

慧遠『大般涅槃經義記』の寫本は、現在判明している限り、東寺觀智院金剛藏聖教[45]に一點、龍谷大學圖書館に三點、京都大學附屬圖書館藏教書院文庫に二點の計六點が傳存する。『東寺觀智院金剛藏聖教目錄』の記載[46]、および龍谷大學藏書檢索システム（R-WAVE）・京都大學藏書檢索システム（KULINE）において公開されている情報をもとに各寫本の書誌事項を摘記すると表3～5（四二八—四二九頁）の通りである。

前項において考證した通り、現行の續藏本・大正藏本はともに應永三年（一三九六）およびその翌年（一三九七）

表3　東寺観智院金剛藏聖教（慧遠『大般涅槃經義記』十卷）

1	巻第一〈本〉	室町時代應永三年寫、朱點（區切點）、粘葉裝、斐紙（楮交り）、縦二七・三、横一七・四、六六紙
2	巻第一〈末〉	書寫年代等は1に同じ、但し訓點なし、紙數六四紙
3	巻第二	（院政期寫）[47]、朱點（假名・ヲコト點・東大寺三論宗點）、粘葉裝、斐紙（楮交り）、縦二七・三、横一七・四、一二九紙
4	巻第三	書寫年代等は3に同じ、但し朱點（區切點）・墨點（假名）あり、紙數一三二紙
5	巻第四	書寫年代等は3に同じ、但し朱點（區切點）あり、紙數一三六紙
6	巻第五	書寫年代等は5に同じ、但し紙數一三五紙
7	巻第六	書寫年代等は5に同じ、但し紙數一二二紙
8	巻第七	書寫年代等は5に同じ、但し紙數一二四紙
9	巻第八	書寫年代等は5に同じ、但し紙數一三四紙
10	巻第九	書寫年代等は5に同じ、但し紙數一二四紙
11	巻第十〈本〉	書寫年代等は3に同じ、但し訓點なし、紙數六六紙
12	巻第十〈末〉	書寫年代等は2に同じ、但し紙數六〇紙

表4　龍谷大學圖書館

①涅槃經義記　十卷／（隋）慧遠述
請求記號：241.6/6-W/1~17
册數：一七册
分卷：卷二~卷十をすべて上下に開く（卷一上下・卷六下を缺く）

②大般涅槃經義記　十卷／（隋）慧遠述
請求記號：241.6/40-W/1~18
册數：一八册
分卷：卷二・卷三を除く八卷を上下に開く
注記：卷第一之上に「應永三年（一三九六）十月日、以勸修寺大經藏本書寫了。／法印權大僧都賢寶、生年六十四。／至天明六年（一七八六）、凡四百年、／請東寺勸智院藏本模寫。／釋海音、字慶山」、卷第一之下に「應永三年十月、以勸修寺大經藏本、請弘清阿闍梨、書寫了。／法印權大僧都賢寶／天明六丙午秋、請東寺勸智院藏本、書寫了。／南□海音」と朱書きで奥書あり。卷第十之下の卷末に「寛政第九（一七九七）巳春二月、／□州役中入藏」とあり

③涅槃義記　十卷／（隋）慧遠述
請求記號：241.6/46-W/1~13
册數：一三册
分卷：卷一と卷十とを上下に開く（卷二が重複）
注記：一三册目卷末に寛政五年（一七九三）校正の記述あり

表5　京都大學附屬圖書館藏敎書院文庫

涅槃經義記　二卷（卷第三本、第四之上）／（隋僧）慧遠撰
請求記號：藏／一四／ネ／一

涅槃經義記　十卷附七十二卷零本五卷／（隋僧）慧遠撰
請求記號：[48]藏／一四／ネ／二
册數：一七册
注記：附 涅槃經遊意等

に東寺観智院の賢寶が整理したテクストを共通の祖本とし、大正藏本は寛政五年（一七九三）、賢寶整理本に典壽が校正を加えたテクストを、續藏本は賢寶整理本に典壽の校正が加えられていない別系統のテクストを底本とする。上掲の諸寫本のうち東寺観智院金剛藏聖教寫本は續藏本・大正藏本の祖本となった賢寶整理本に相當すると考えてよいであろう。また大正藏本の底本（「原本」）に關しては大正藏本の巻一上の首題に附された校注に「龍谷大學藏本」（大正三七・六一三、校注一）と明記されているので、龍谷大學所藏の三點の寫本のうちのいずれかが大正藏本の直接の底本となったと考えられる（③「涅槃義記　十巻」が最も可能性が高い）。一方、續藏本は底本を明記しないが、ひとまずは京都大學圖書館所藏の二點の寫本が續藏本の底本であると考えられる。[49]

筆者はまだこれらの寫本を實見できていないが、現存の諸寫本のテクストと續藏本・大正藏本のテクストとを詳細に比較對照して、續藏本・大正藏本の直接の底本と兩者の系統の違いを明らかにすることは今後の重要な課題である。

四　朝鮮半島において傳えられた慧遠『大般涅槃經義記』のテクスト

朝鮮半島における慧遠『大般涅槃經義記』の流通に關する資料は管見の限り次の二例である。

まず新羅僧と推定される圓弘（七世紀後半—八世紀前半）の著述、『妙法蓮華經論子注』（正倉院聖語藏本・金澤文庫本）に慧遠『大般涅槃經義記』の影響がみられることを金天鶴氏が指摘している。[50]

次に慧遠『大般涅槃經義記』は高麗の大覺國師義天（一〇五五—一一〇一）が編纂した『新編諸宗教藏總錄』巻一（高麗宣宗八年〔一〇九一〕撰、以下「義天錄」）に次のように記録されている。

義記二十卷　慧遠述
科四卷　亡名
圓旨鈔十四卷科五卷　詧空述（大正五五・一一六八上）

周知のように義天錄は義天が續藏經（高麗續藏）刊行のために收集した章疏の目錄であるが、[51]慧遠『大般涅槃經義記』が實際に刊行されたのかどうかは不明である。ただ興味深いことに、義天錄に慧遠『大般涅槃經義記』と竝べて記載されている「詧空述」の「圓旨鈔十四卷」、すなわち前節の（2）で言及した慧遠『大般涅槃經義記』の複注である辯空『大般涅槃經義記圓旨抄』は實際に刊行されたらしく、天順五年（明の年號。朝鮮世宗七年、一四六一）に朝鮮の刊經都監によって重修刊行された版の殘卷二卷が少なくとも戰前までは韓國松廣寺に傳えられていた。[52]これは慧遠『大般涅槃經義記』の朝鮮半島における受容という面で注目すべき事例である。

五　中國およびトルファンにおいて傳えられた慧遠『大般涅槃經義記』のテクスト[53]

（1）　敦煌寫本

中國において傳承された慧遠『大般涅槃經義記』のテクストとしては、まず敦煌寫本中に傳存する『大般涅槃經義記』の殘卷・斷片の類いが擧げられる。初めに『大藏經對照目錄Ⅱ　大正藏・敦煌出土佛典對照目錄　暫定第三版』に採錄された十一點の寫本を、同目錄の情報をもとに筆者の調査結果も加味して表のかたちでまとめると次頁表6のようになる（該當卷については大正藏本を基準とし、〔　〕内に續藏本の分卷を表示する）。

これら十一點の寫本のうち、まず慧遠『大般涅槃經義記』の殘簡に比定することに問題があるのは②BD〇六

表6

	該當卷	大正藏本の該當頁（大正三七）	續藏本の該當頁（續藏一）	寫本番號	存缺
①	卷一上下	六一三下一八―六四二下二〇	五五・四、三〇一左下九―三三一左下一八	BD〇三三九〇[54]	首缺尾存
②	（卷一上）	（六一七上二一―一〇）	（五五・四、三〇五右上八―一五）	BD〇六三七八V一[55]	首缺尾缺
③	（卷一下）	（六二九上一七―二〇）	（五五・四、三一八右上一〇―一三）	Дx〇二三九二[56]	首缺尾缺
④	卷二（上）	六四五上一三―一八	五五・四、三三四右下五―九	BD〇〇九八三V[57]	首缺尾缺
⑤	卷二（上下）	六四五下一〇―六六九上一五	五五・四、三三四左下一七―三五九下二	S六六一六[58]	首缺尾缺
⑥	卷三（上）	六七二上一八―中六	五五・四、三六二左上一二―左下九	石谷風二六[59]	（首缺尾缺）
⑦	卷三（下）	六八七下二八―六八八上五	五五・四、三七九右上一六―下四	Дx〇一五五三[60]	首缺尾缺
⑧	卷七（上下）	七八六上二一―七九七中四 七九八中一一―八一五下二	五六・一、一五右下―二六左下一五 五六・一、二八右上六―四六右上一七	P二一六四[61]	首缺尾存（中間に缺落あり）
⑨	卷八（上）	八一五下二二―八一六上一六	五六・一、四六右下一七―左上一八	S七五八七[62]	首缺尾缺
⑩	卷八（上下）	八一六上一七―八四五下四	五六・一、四六右下一八―七七左上一四	S六八〇九[63]	首缺尾存
⑪	卷九（上下）	八五二上一四―八六三上一六	五六・一、八四右下―九六左下一五	S二七三一[64]	首缺尾缺

三七八V一と③Дx〇二三九二との二點である。まず②BD〇六三七八V一寫本が慧遠『大般涅槃經義記』の殘簡ではないことは、筆者が以前指摘したとおりである。(65) 次に③Дx〇二三九二寫本はわずか二行の斷片であるが、現行の慧遠『大般涅槃經義記』のテクストと比較すると傍線で示した部分が異なるので、慧遠の影響を受けた別人の著述である可能性も否定できない。

・Дx〇二三九二寫本（行頭のアラビア數字は寫本の行數。「……」は寫本の料紙の缺落を表す）

1……□利。「三十二相」(66)、合「忉利天」。「八十種好」、合「爲梵王」。「十八……(67)

2……□惡趣」。「不久得成」、合「常受安樂」。上來四段、□……

・慧遠『大般涅槃經義記』卷二下

「必定當得三十二相」、合「生忉利」。「八十種好」、合「爲梵王」。「十八不共、無量壽命」、合「爲輪王」。「不在生死」、合「不生惡」。「常受安樂」、合「常受樂」。上來四段、合爲第一顯佛無爲。

（大正三七・六三九上。續藏一・五五・四、三三八右上）

次に⑥石谷風二六は一三行の斷簡であるが、現行本のテクストとほぼ一致する。

⑧P二一六四寫本は慧遠『大般涅槃經義記』の殘卷であることは間違いないが、現行本のテクストとの間に興味深い相違がみられる。次節でくわしく檢討する。

殘りの①BD〇三三九〇・④BD〇〇九八三V・⑤S六六一六・⑦Дx〇一五五三・⑨S七五八七・⑩S六八〇九・⑪S二七三一の七點は現行本の慧遠『大般涅槃經義記』とほぼ一致する同系統のテクストである。これらのなかで特に注目すべきことは、まず⑨S七五八七寫本と⑩S六八〇九寫本の書體が同一であり、もとは一續きの寫本であったと考えられることである（ただし料紙が直接に接合するわけではない）。次に本稿第一節の（2）においても言及したように、①ＢＤ〇三三九〇寫本が「涅槃義記卷第一」との尾題と「大德沙門慧遠法師撰之」との撰號を有し、さらに識語に「大隋大業十一年（六一五）敦煌郡沙門曇枚敬寫」と記されていることである。これにより現行の『大般涅槃經義記』のテクストが慧遠の沒後二十年頃に書寫されたテクストのすがたを基本的に忠實に繼承していることが分かる。ただ前節の（3）において確認したように日本所傳の現行本は卷一と卷十とを上下に開くが、この①ＢＤ〇三三九〇寫本は卷一を上下に開かないので、もともとは卷一・十を上下に開かない十卷構成が慧遠『大般涅槃經義記』の本來のかたちであったと考えられる（坂本廣博氏が指摘するとおり、卷一・十もその他の卷と分量的には變わりがない）[68]。この點については、前掲の表6に示したように、⑤Ｓ六六一六・⑧Ｐ二一六四・⑩Ｓ六八〇九・⑪Ｓ二七三一寫本もそれぞれ卷二・七・八・九を上下に開かない點が注意されるべきである。なお敦煌寫本のうち題號を有するのは①ＢＤ〇三三九〇「涅槃義記卷第一」、⑧Ｐ二一六四「涅槃義疏第七卷」、⑩Ｓ六八〇九「〔涅〕槃義記卷第八」の三點である。いずれも尾題であり、略稱であろう。撰號を有するのは①ＢＤ〇三三九〇寫本のみ、書寫年代を明記する識語を有するのも①ＢＤ〇三三九〇寫本のみである。

（2）後代の文獻に引用されたテクスト

中國において傳承された慧遠『大般涅槃經義記』のテクストとして、敦煌寫本のほかに後代の文獻に引用されるテクストが存在する。慧遠『大般涅槃經義記』をまとまったかたちで引用する代表的な文獻は次の二點である。

・法寶『涅槃經疏』卷九・十（池内宏解說［一九二四］）
・道暹『涅槃經疏私記』九卷（『大日本續藏經』第一編第五八套第一冊～第二冊）

法寶・道暹ともに正確な傳記や生卒年は不明であるが、法寶は玄奘（六〇二？―六六四）の高弟の一人であり、七世紀後半から八世紀初頭にかけて活動していたことが確認できる。[69] また道暹はおそらく荊溪湛然（七一一―七八二）の弟子であり、おおよそ八世紀後半から九世紀初頭にかけて活動していたことが確認できる。[70] そして先行研究が指摘するように、この兩者が引用する慧遠『大般涅槃經義記』のテクストは現行本のテクストとほぼ一致する。[71] したがって、この例によってもやはり現行の『大般涅槃經義記』のテクストが中國において傳承されたテクストのすがたを基本的に忠實に繼承していることが分かる。

なお中國における慧遠『大般涅槃經義記』の受容という面で注目すべき文獻として、本稿第三節の（２）でも言及した辯空『大般涅槃經義記圓旨抄』と撰者不明『涅槃經集解抄』とがある。慧遠『大般涅槃經義記』の複注である辯空『大般涅槃經義記圓旨抄』については村上明也氏が詳細に論じているので、[72] ここでは『涅槃經集解抄』についてごく簡單に考察してみたい。まず圓珍『辟支佛義集』巻下に「集解抄一云」「集解抄四云」として引用される『涅槃經集解抄』の注釋對象とその出典とを對照すると次頁表7のようになる。

この對照から分かるように、少なくとも圓珍『辟支佛義集』巻下に引用される範圍において、『涅槃經集解抄』が「疏云」として擧げる注釋對象はすべて慧遠『大般涅槃經義記』であり、その意味において『涅槃經集解抄』は慧遠『大般涅槃經義記』の複注とも言うべき性格を有している。しかし一方で、『涅槃經集解抄』は「集解抄四云」の冒頭においてまず『大般涅槃經』の經文に對する「寶云」（おそらく法寶『涅槃經疏』）の解釋を提示し、それに基づいて「詳曰」として自己の解釋を述べているので、『涅槃經集解抄』のすべての部分が慧遠『大般涅槃經義記』を注釋對象としているわけではない。したがって、『涅槃經集解抄』はおそらく慧遠『大般涅槃經義記』を主な注釋對象としつつ、慧遠以外の諸師の『大般涅槃經』解釋をも適宜取り上げながら論評を加えた著述であったのであろう。なお前述のように『涅槃經集解抄』の撰者は不明だが、法寶以後、圓珍以前、すなわちおよそ八世紀から九世紀前半の閒に中國で撰述された文獻であることは確かであると考えられる。

表7

『涅槃經集解抄』	出典
「集解抄一云」 疏云「一聲聞聲聞、二緣覺聲聞」者、詳曰、聲聞緣覺有同有異。……（日佛全二六・六四〇下）	慧遠『大般涅槃經義記』卷一上 聲聞藏中所敎有二。一聲聞聲聞、二緣覺聲聞。 （大正三七・六一三上）
疏云「本聲聞性」者、詳曰、謂過去世因四諦敎動習成性、名聲聞性。……（日佛全二六・六四一下）	慧遠『大般涅槃經義記』卷一上 本聲聞性、今復聞聲而得悟道、是故名曰聲聞聲聞。 （大正三七・六一三上）
「集解抄四云」 『經』「得辟支佛道」者、寶云「辟支有二。一者部行、二者麟角。部行之人如聲聞說。麟角之人最利根、故十千劫也」。詳曰、此之五人名定性二乘。……（日佛全二六・六四二上）	北本『大般涅槃經』現病品 第五人者、永斷貪欲瞋恚愚癡、得辟支佛道。 （大正一二・四三二上。南本、大正一二・六七三中）
疏云「緣覺之人以利根故一入聖道、至果方出」者、詳曰、此緣覺之人性昔曾經百劫修行緣覺資糧、…… （日佛全二六・六四二上）	慧遠『大般涅槃經義記』卷四 又此利根一入聖道、至果方出。（大正三七・七二八下）

表8

該當卷	大正藏本の該當頁（大正三七）	寫本番號
卷一上	六二五上二一—一六	LM20_1460_15_07
卷二	六四五上二四—中二	LM20_1467_21_06
卷三	六七四下二六—六七五上九	LM20_1462_15_09
卷五	七三〇中二一—二七	LM20_1456_30_08
卷五	七四〇上一一—一七	LM20_1500_07_02

（3）トルファン寫本

大谷探検隊が收集した、麴氏高昌國時代のものと考えられる寫本斷片のなかにも、慧遠『大般涅槃經義記』のテクストが存在することが報告されている。[73] 一覽にすると表8の通りである（便宜上、ここでは大正藏本の該當卷・該當頁のみを擧げる）。

これらはいずれもきわめて短い斷片であり、慧遠『大般涅槃經義記』の殘簡であると確實に同定することは困難であるが、ひとまず先行研究に從い、紹介しておく。

六　現行本の慧遠『大般涅槃經義記』卷七と敦煌寫本『涅槃義疏』第七卷（P二一六四）

（1）『涅槃義疏』第七卷（P二一六四）の書誌

敦煌寫本『涅槃義疏』第七卷（P二一六四）は慧遠『大般涅槃經義記』卷七の異本であり、首缺尾存で四六紙、一一五〇行が現存する。[74] 卷七の冒頭、大正藏本の段數でいうと約一段分（大正三七・七八五下一四―七八六上一二）が缺落しており、また前節の（1）の表6（⑧）に示したように中間にも大正藏本の頁數で約一頁分（大正三七・七九七中五―七九八中一二）の料紙の缺落がある（第一八紙の後半と第一九紙の前半とが缺落し、その間に存在していたはずの數紙が失われている）。卷末に「涅槃義疏第七卷」との尾題があるが、撰號や書寫年代を示す識語等はない。北本『大般涅槃經』光明遍照高貴德王菩薩品が說く十種功德のうち、初功德の說明の初めのあたりから第八功德の說明の前半まで（大正一二・四八八下一二―五一六中二六。南本、大正一二・七三一下二〇―七六〇下六）に對する注釋が現存する。[75]

この寫本の最も大きな特徵は寫本全體に渡って非常に多くの修訂の跡がみられることであり、さらにその修訂が本文とは別の筆跡で書き込まれていることである。言い換えると、この寫本は二人の人物によって書寫されており、書寫者Aが書寫したもとのテクストに對し、書寫者Bが後から文字を書き加えてテクストの改變を行っている。書寫者Bによる修訂は、書寫者Aが書寫したもとのテクストにみられる誤字・脱字・衍字等を修正したごく單純な文字の校正の類いも含まれるが、そのほとんどがテクストの内容そのものに關わる改訂であり、さらに興味深いことに、その改訂後のテクストが現行本『大般涅槃經義記』巻七のテクストと基本的に一致するのである。したがって、書寫者Aが書寫したもとのテクストと書寫者Bがそれを改變した修訂後のテクストとの間にみられるテクストの相違は、現行本の完成に至るまでの『大般涅槃經義記』テクストの變遷過程を反映していると考えられる。

具體的な實例は次項以下でくわしく檢討するが、ここではまず寫本の書誌的事項と關連して、書寫者Bが料紙を切り貼りして行った修訂の跡を二例、確認しておきたい。

まず本寫本の第六紙（P二一六四・一三〇―一五五行）から第八紙（P二一六四・一八四―一九一行）までの三紙は、書寫者Aが書寫したもとの寫本の料紙を切り取り、書寫者Bが書寫した別紙を貼り繼いだものである（第五紙は完存、第九紙は前半が切り取られている）。次に確認する例とは異なり、第五紙の末尾（P二一六四・一二九行）と第六紙の冒頭、第八紙の末尾と第九紙の冒頭（P二一六四・一九二行）のいずれにも文字の重複がみられないので、おそらく書寫者Aが書寫したもとの寫本の料紙が傷んでいたなどの事情があって、別紙を貼り繼いで補修したのものと思われる。なお第六紙から第八紙までに書寫されたテクストには修訂の跡がみられず、細かい文字の異同を除いて現行本（大正三七・七八九中七―七九〇下一一。續藏一・五六・一、一八左上八―二〇右上三）のテクストと一致する。

次に本寫本の第二九紙（P二一六四・六九八―七〇七行）も書寫者Bが書寫した別紙を貼り繼いだものであるが、この場合は第二九紙と第三〇紙とに文字の重複がみられることが注目される。第二八紙の末尾から第三〇紙の冒頭までを釋文風に示すと次のようになる（行頭のアラビア數字は寫本の行數。「……」は筆者による省略。「＊」は料紙の缺落部分の字數の推定。〈　〉内は書寫者Bが墨で塗り潰したり削除記號を附したりして削除した文字。削除された文字の解讀は基本的にすべて殘劃からの推定であるが、特に疑問の殘る文字以外は一々注記しない。以下同樣）。

・第二八紙（全五行）

（前略）

697……下約聖心、初學次辯。菩薩一念知須陀洹十

・第二九紙（全一〇行）

698六心別、二乘不能。依『誠實論』、亦約須陀十六聖心、明知差別、與此少異。……

（中略）

707……至第十六道比智心、方始得知。有此不同。是爲第二、是總＊＊。

・第三〇紙（全二四行）

708〈六心別、二乘不能。是爲第二、是總結也。〉第三德中、初問次辯、後總結之。……

（後略）

この箇所は北本『大般涅槃經』光明遍照高貴德王菩薩品が説く十種功德のうち第二功德の末尾の經文「菩薩摩訶薩於一心中知須陀洹初心、次第至十六心（菩薩摩訶薩は〔二乘とは異なり〕一瞬のうちに須陀洹の〔見道十六刹那の〕初心を知ることができ〕、同樣に第十六心まで〔の一つ一つの心も一瞬のうちに知ることができる〕）」（大正一二・五〇六上。南本、大正一二・七四九下）を注釋した部分であり、傍線を引いて示したように、第二九紙冒頭の「六心別、二乘不能」の七字と末尾の「是爲第二、是總＊＊」の八字とが第三〇紙冒頭の墨で塗り潰された「六心別、二乘不能。是爲第二、是總結也」十五字と重複している。

第二八紙と第三〇紙とは書寫者Aの筆跡で書寫されており、第二八紙末尾の「菩薩一念知須陀洹十」と第三〇紙冒頭の〔墨で塗り潰された〕「六心別、二乘不能」とは一つの文章として自然につながる。また第二八紙は全五行、第三〇紙は全二四行が書寫されているが、この寫本において書寫者Aが使用した料紙は一紙二八〜二九行の長さが標準であるので、第二八紙と第三〇紙とは、もとは一枚の紙であったと考えてよい。

つまり書寫者Aが書寫したもとのテクストは單に「菩薩一念知須陀洹十六心別、二乘不能〔菩薩は一瞬のうちに須陀洹の十六心の一つ一つを知る〔ことができる〕が、二乘は〔知ることが〕できない〕」と注釋し、すぐに續けて「『是爲第二』、是總結也〔「以上を、〔菩薩が大涅槃を修習し、〕第二〔功德を具足し成就することである〕と規定する」とは、總結である〕」と第二功德を總括する經文を注釋していたが、後から書寫者Bが「依『誠實論』、亦約須陀十六聖心、明知差別、與此少異〔『成實論』によれば、やはり須陀洹の十六の聖なる心という觀點から、〔菩薩と二乘との間に見道十六刹那を〕知る〔能力〕に差異があることを明らかにしているが、〔『成實論』の所說は〕この〔『涅槃經』の所說〕とはやや異なる〕」[76] 以下の『成實論』に基づく說明を追加するために第二八紙を五行目で切り離し、別紙〔第二九紙〕を插入して、第三〇紙冒頭の「六心別、二乘不能。是爲第二、是總結也」の十五字を墨で塗り潰して削除したのである。本節の（3）・（4）で確認するように、本寫本に多數みられる書寫者Bによる說明の附加は、この箇所以外はすべて行間に書き加えるかたちで處理されているが、この箇所は追加すべき內容があまりに長文であるので、新たに紙を貼り足したのであろう。[77]

なお書寫者Bによって後から付け加えられた『成實論』に基づく說明が現行本〔大正三七・八〇四中一四―下三。續藏一・五六・一、三四右下―左上一五〕にも存在することが注意されなければならない。

以下、本寫本にみられる修訂の痕跡を幾つかの類型に分けて現行本『大般涅槃經義記』卷第七のテクストと比較し、本寫本の位置づけと『大般涅槃經義記』テクストの變遷過程とを檢證する。

（２）四字句に整えるための文章表現の改訂

書寫者Aが書寫したもとのテクストに書寫者Bが加えた修訂の跡は、單純な誤字脫字等の校正の類いを除くと、現存の『涅槃義疏』第七卷（P二一六四）寫本のなかに計約八三七例が見出される。そのうち最も多いのは、もとのテクストにおいて四字句となっていなかった部分に文字を附加して四字句に整える事例であり、約六二六例がこの類型に屬する。ここでは代表的な實例を二例のみ示すと次のとおりである（「修訂前」と表示したテクストが書寫者Aによって書寫されたもとのテクスト、「修訂後」と表示したテクストが書寫者Bによって改訂されたテクストであり、〈 〉内は書寫者Bが行間に書き加えた文字を表す。以下同樣）。

【例１】

・『涅槃義疏』（P二一六四）修訂前

前六就實顯實、明無因緣。後一約相顯實、明有因緣。（P二一六四・二二一―二二三行）

・『涅槃義疏』（P二一六四）修訂後

前〈之〉六〈句〉就實顯實、明無因緣。後〈之〉一〈句〉約相顯實、明有因緣。（P二一六四・二二一―二二三行）

・現行本『大般涅槃經義記』

前之六句就實顯實、明無因緣。後之一句約相顯實、明有因緣。

（大正三七・七八六下。續藏一・五六・一、一五左下）

【例２】

・『涅槃義疏』（P二一六四）修訂前

前明以終攝始、此明以上攝下。（P二一六四・七九九行）

・『涅槃義疏』（P二一六四）修訂後

前〈者〉明〈其〉以終攝始、此〈句〉明〈其〉以上攝下。（P二一六四・七九九行）

・現行本『大般涅槃經義記』

前者明其以終攝始、此句明其以上攝下。（大正三七・八〇七上。續藏一・五六・一、三七右上）

【例1】においては、書寫者Aが書寫したもとのテクストに「前六（初めの六つは）」「後一（最後の一つは）」とあったものがそれぞれ「前之六句（初めの六句は）」「後之一句（最後の一句は）」と改められている。【例2】においては、もとのテクストに「前明～、此明～（さきには～を明らかにしたが、ここでは～を明らかにする）」とあったものが「前者明其～、此句明其～（さきにはその～を明らかにしたが、この句はその～を明らかにする）」と改められている。改訂しなくとも意味は通ずるが、四字句に整えるために文字が附加されているのである。そしていずれの場合も改訂後のテクストが現行本『大般涅槃經義記』のテクストと一致する。

ほかにも、たとえば上の例と同様、もとのテクストに「爲」「曰」「於」「其」「及」「故」「者」「就」「是」「則」「之」「中」「也」「與」「是其」「復次」等の助字を書き加えて四字句を形作ったり、あるいは「故」を「所以」、「此」を「此之」、「初」を「初先」、「問」を「問曰」、「初」「二」等を「初門」「二門」「初番」「二番」等に改めるなど、一字を二字に引き伸ばして四字句を構成しやすくしたり、あるいはまたもとのテクストに「二乘」とあったものを「聲聞緣覺」に、「名○」とあったものを「故名爲○」に改めて四字句を形作ったりする例は枚擧に暇がない。

周知のとおり、慧遠の著述はほぼ全編、四字句で構成されている。これは『續高僧傳』慧遠傳にも記される[78]ほど非常に特徴的な傾向であるが、本寫本にみられる修訂の跡を見る限り、慧遠も決して最初からすべての部分を四字句で記述していたわけではなく、テクストの推敲を重ねる過程で徐々に四字句に統一していったのだと考えてよい。

（3）説明の追加

次にもとのテクストの解釈を敷衍して補足的に説明を追加する例が約一四四例ある。本節の（1）で指摘した、第二功徳の最後の部分にみられる『成實論』に基づく説明の附加がその一例であり、ほかにもたとえば次のような例がある。注釋對象の『大般涅槃經』の經文とあわせて掲げる（丸數字は筆者の插入。「□」は未詳の文字を表す。以下同樣）。

・北本『大般涅槃經』

①爾時文殊師利菩薩摩訶薩白佛言、「世尊、今此光明誰之所放」。爾時如來默然不說。②迦葉菩薩復問文殊師利、「何因緣故、有此光明、照於大衆」。文殊師利默然不答。③爾時無邊身菩薩復問迦葉菩薩、「今此光明誰之所有」。迦葉菩薩默然不說。④淨住王子菩薩復問無邊身菩薩、「何因緣故、是大衆中有此光明」。無邊身菩薩默然不說。

如是五百菩薩皆亦如是。雖相諮問、然無答者。（大正一二・四八八下。南本、大正一二・七三一下―七三二上）

・『涅槃義疏』（P二一六四）修訂前

前寄默中、①初文殊問、佛默不答。光來之處、寂滅離言、故默顯之。佛證□深、故先默顯。②文殊從佛悟解寂義、故次第二迦葉轉問、文殊不答。

衆聖同證、乃至五百相問、皆默不答。文且擧四。（P二一六四・二〇―二二行）

・『涅槃義疏』（P二一六四）修訂後

前寄默中、①初文殊問、佛默不答。光來之處、寂滅離言、故默顯之。佛證□深、故先默顯。②文殊從佛悟解寂義、故次第二迦葉轉問、文殊不答。〔衆聖同證、〕〈③迦葉復從文＊＊＊、□次第三無邊轉問、迦葉不答。④無邊復從迦葉悟解、故次第四淨住王問、無邊不答。〉〈衆聖同證。是故〉乃至五百相問、皆默不答。〔文且擧四。〕（P二一六四・二〇―二二行）

・現行本『大般涅槃經義記』

前寄默中、①初文殊問、佛默不答。光來[79]之處、寂滅離言、故默顯之。佛證窮深、故先默顯。②文殊從佛[80]悟解[81]寂義、故次第二迦葉轉問、文殊不答。③迦葉復從文殊悟解、故次第三無邊轉問、迦葉不答。④無邊復從迦葉悟解、故次第四淨住王問、無邊不答。衆聖同證。是故乃至五百相問、皆默不答。（大正三七・七八六中下。續藏一・五六・一、一五左上下）

この箇所は、「光明遍照高貴德王菩薩品」が説く十種功德のうち初功德の説明の冒頭において、瑠璃光菩薩が『涅槃經』の會座に姿を現すのに先立ってまず光明を示現したのに對し、その光の由來を文殊菩薩が世尊に訊ねたところ、世尊は默ったまま何も答えず、諸菩薩達もそれに倣い、誰も質問に答えなかった、という一段を注釋した部分である。

丸數字によって示したように、『涅槃經』の經文は、①文殊菩薩が世尊に質問するが、世尊は默って答えない、②迦葉菩薩が文殊菩薩に質問するが、文殊菩薩は默って答えない、③無邊身菩薩が迦葉菩薩に質問するが、迦葉菩薩は默って答えない、④淨住王子菩薩が無邊身菩薩に質問するが、無邊身菩薩は默って答えない、という四つの實例を述べた後、「如是五百菩薩皆亦如是（このように五百菩薩が〔お互いに對して次々に質問を發したが、〕みな同樣に〔默ったまま答えなかった〕）」と結んでいる。

これに對し、書寫者Ａが書寫したもとのテクストは①②の二つの實例のみを解説し、すぐに「衆聖同證、乃至五百相問、皆默不答。文且擧四〔〔このように、會座にいた〕諸々の聖人達がみな〔寂滅の境地は言語を超越しているという眞理を〕悟り、五百菩薩が次々に互いに質問を發したが、みな默ったまま答えなかった。經文はひとまずそのうちの四つ〔の實例〕のみを擧げたのである〕〕」と結論している。

一方、書寫者Bが書寫した修訂後のテクストは①から④の四つの實例をすべて解說した上で、「衆聖同證。是故乃至五百相問、皆默不答〔諸々の聖人達がみな悟った。それ故に、五百菩薩が次々に互いに質問を發したが、みな默ったまま答えなかったのである〕」と結論し、もとのテクストにあった「文且擧四〔經文はひとまずそのうちの四つ〔の實例〕のみを擧げたのである〕」の一句を削除している。修訂前のテクストは①②の二つにしか言及していなかったため「文且擧四」の一句が必要であったが、修訂後のテクストは③④に對する解說を追加したので「文且擧四」の一句が不要になったのである。なお、この例においてもやはり修訂後のテクストが現行本のテクストと一致することが注意されるべきである。

なお、ここに擧げた例のほかにも、たとえばもとのテクストに「故非長短等」とあったものを「故非長短、非方圓尖」〔P二一六四・二一六九行〕と改めたり、同じく「作牆等」とあったものを「可作牆壁、彩作畫像、縷作依等」〔P二一六四・二一二〇行〕と改めるなど、もとのテクストにおいては「等」で省略されていた箇所にごく短い說明を補足する例なども、この「說明の追加」という類型に含めることができる。[82]

（4）「別章」の指示

前項と同じ類型に屬するものであるが、特に注目すべき修訂の事例として「別章」への指示の追加がある。次の六例である。

【例1】

・『涅槃義疏』（P二一六四）修訂前

辨中、宣説五通爲體。義如別乘。（P二一六四・六〇二行）

・『涅槃義疏』（P二一六四）修訂後

辨中、宣説五通爲體。義如別〔乘〕〈章〉、〈此應具論〉。（P二一六四・六〇二行）

・現行本『大般涅槃經義記』

辯中、宣説五通爲體。義如別章、此應具論。（大正三七・八〇二上。續藏一・五六・一、三一左下）

【例2】

・『涅槃義疏』（P二一六四）修訂前

辨中、金剛三昧爲體。（P二一六四・七八八行）

・『涅槃義疏』（P二一六四）修訂後

辨中、金剛三昧爲體。〈義如別章、此應具論〉。（P二一六四・七八八行）

・現行本『大般涅槃經義記』

辯中、金剛三昧爲體。義如別章、此應具論。（大正三七・八〇六下。續藏一・五六・一、三六左下）

【例3】

・『涅槃義疏』（P二一六四）修訂前

「佛及菩薩雖有五眼、所不見」[83]者、對問辯釋。（P二一六四・九〇四行）

・『涅槃義疏』（P二一六四）修訂後

「佛及菩薩雖有五眼、所不見」者、對問辯釋。〈五眼名義、備如章辨〉。（P二一六四・九〇四行）

・現行本『大般涅槃經義記』

「佛及菩薩雖有五眼、所不見」者、對問辯釋。五眼名義、備如上辯。

（大正三七・八〇九下。續藏一・五六・一、三九左下）

【例4】

・『涅槃義疏』（P二一六四）修訂前・修訂後

二列五名。（P二一六四・一〇三三行）

・現行本『大般涅槃經義記』

二列五名。此義如彼「十使章」辯。……（大正三七・八一二下。續藏一・五六・一、四三右上下）

【例5】

・『涅槃義疏』（P二一六四）修訂前

「因是能生六十二見[84]」、出『梵動經』、生煩惱過。（P二一六四・一〇三三―三四行）

・『涅槃義疏』（P二一六四）修訂後

「因是能生六十二見」、〔出『梵動經』、〕生煩惱過。〈六十二見、出『梵動經』〉。

（P二一六四・一〇三三―三四行）

・現行本『大般涅槃經義記』

「因是能生六十二見」、增煩惱過。六十二見、出『梵動經』。如別章說。

（大正三七・八一二下。續藏一・五六・一、四三左下）

【例6】

・『涅槃義疏』（P二一六四）修訂前

辨中、初言「謂菩提心」[85]、出「一事」體。（P二一六四・一〇三八―三九行）

・『涅槃義疏』（P二一六四）修訂後

辨中、初言「謂菩提心」、出「一事」體。〈菩提心義、如別意辨〉。（P二一六四・一〇三八―三九行）

・現行本『大般涅槃經義記』

辯中、初言「謂菩提心」、出「一事」體。菩提心義、如別章辯。（大正三七・八一三上。續藏一・五六・一、四三左下）

周知のように慧遠の著述における「別章」とは、最終的に『大乘義章』としてまとめられた、特定の主題（「章」）を論ずる諸章を指す。教理的に特に重要な意味を持つ概念が經論中に現れた場合に、それに關する詳細な説明を「別章」に譲るのは、慧遠の諸經論疏に一貫してみられる注釋方式の一つである[86]。

上に擧げた六例のうち、【例1】は「光明遍照高貴徳王菩薩品」が説く十種功徳のうちの第二功徳に對する注釋の冒頭部分であり、第二功徳は五通（天眼・天耳・身・他心・宿命知通）を本質とすると定義した後、その五通という概念の意味について、まず書寫者Aが書寫したもとのテクストが「別乘」を參照するよう指示している。「乘」はおそらく「章」の誤寫であり[87]、書寫者Bは「乘」を「章」に訂正した上でさらに「此應具論（ここでくわしく論じなければならない）」の四字を付け加えている。そしてこの修訂後のテクストが現行本のテクストと一致する。「此應具論」という斷り書きが具體的に何を意味するのかについてはあらためて考察する必要があるが[88]、いずれにしてもこの例において確認できるのは、書寫者Aが書寫したもとのテクストの段階ですでに五通を詳論する「別章」が存在していたという事實である。なおこの「別章」は『大乘義章』六通義（大正四四・八五五上―八六三上）に該當するであろう。[89]

一方、【例2】【例6】においては、書寫者Bによって改訂されたテクストと現行本とがいずれも「金剛三昧」および「菩提心」の詳細な意味について「別章」を參照するよう指示するが（【例6】の修訂後のテクストの附加部分に「別意」とあるのは「別章」の誤寫であろう）、書寫者Aによって書寫された修訂前のテクストには「別章」に關する指示がない。また【例3】においては、經文に現れる「五眼」という概念について、書寫者Bによる修訂後のテクストにのみ「五眼名義、備如章辨（五眼の名稱と意味とについて、くわしくは「章」において説明したとおりである）」との「別章」への指示が付け加えられている。ただ現行本のテクストにおいては寫本の修訂後のテクストの「備如章辨」が「備如上辨（くわしくは上で説明したとおりである）」と改められているが、『大般涅槃經義記』巻七のこの箇所より前の部分に五眼の名稱と意味とに關する詳細な論述は存在しないので、[90]現行本の改變が何を意圖するものであるのか定かではない（單なる誤寫の可能性もある）。しかしいずれにしてもこれらの三例から考える限り、「金剛三昧」「菩提心」「五眼」を詳論する「別章」は書寫者Aがもとのテクストを書寫する段階ではまだ存在しておらず、書寫者Aがテクストを書寫し終えた後、書寫者Bがそのテクストに改訂を加えるまでの間に撰述されたと推定することができる。なお以上の三つの「別章」はそれぞれ『大乘義章』發菩提心義（大正四四・六三六上―下）[91]・金剛三昧義（大正四四・六三七下―六四一上）[92]・五眼義（大正四四・八五一下―八五五上）[93]に該當すると考えて間違いない。

またさらに注目すべきことに、【例4】【例5】の二例においては、十使を詳論する「十使章」と六十二見を詳論する「別章」とに關する參照の指示が現行本『大般涅槃經義記』のテクストのみに存在し、書寫者Aが書寫した修訂前のテクストにも書寫者Bが書寫した修訂後のテクストにもこれら二つの「章」に關する言及がみられない。これはこの二つの「章」が、書寫者Bが改訂稿を書寫した後、現行本が完成するまでの間に撰述されたことを意味すると考えてよい。なお「十使章」は『大乘義章』十使義（大正四四・五八二上―五八九上）、六十二見を詳論する「別章」は『大乘義章』六十二見義（大正四四・五九五下―五九七下）[94]にそれぞれ該當する。

以上、「別章」に關する六例により、慧遠『大乘義章』の諸章に成立時期の違いがあること、[95]また『涅槃義疏』第七卷（P二二六四）の修訂後のテクストが現行本『大般涅槃經義記』のテクストよりも一段階前に位置するものであることが分かる。[96]

（5）解釋の變更

前項までにおいて確認した、四字句に整えるために文章表現を修正したり説明・情報を追加する事例とは異なり、書寫者Aが書寫したもとのテクストに修訂を加えることによって『大般涅槃經』の經文に對する解釋そのものが變更された事例が現存寫本のなかに一例だけ見出される。まず該當部分の寫本テクストを釋文風に示すと次のようである（行頭のアラビア數字は寫本の行數。「……」は筆者による省略。〈 〉内は書寫者Bが追加した文字、〔 〕内は書寫者Bが削除した文字）。

712……後三何別。初捨凡〈夫善法之慈、得菩薩慈。第二捨彼凡夫[97]〉不善〈之〉慈、得如來慈。

（中略）

715……〔第二捨彼凡夫取相之慈。〕第三

716捨〈彼凡夫〉二乘取相之慈、得無緣慈。……

この釋文に基づいて書寫者Aが書寫した修訂前のテクストを復元し、注釋對象である『大般涅槃經』の經文とあわせて掲げると次のようになる。

・北本『大般涅槃經』

復次云何捨慈得慈。慈若可捨、名凡夫慈、慈若可得、卽名菩薩無緣之慈。①捨一闡提慈・犯四重禁慈・謗方等慈・作五逆慈、得憐愍慈、得如來慈。世尊之慈無因緣慈、云何復名捨慈得慈。②捨黃門慈・無根二根女人之慈・屠膾獵師畜養雞猪如是等慈。③亦捨聲聞緣覺之慈、得諸菩薩無緣之慈。（大正一二・五〇六上。南本、大正一二・七五〇上）

・『涅槃義疏』（P二一六四）修訂前

後三何別。①初捨凡不善慈、得如來慈。……②第二捨彼凡夫取相之慈。③第三捨二乘取相之慈、得無緣慈。（P二一六四・七一二―七一六行）

この箇所は、『大般涅槃經』光明遍照高貴德王菩薩品の主題である十種功德のうちの第三功德において、菩薩が捨離すべき低次の慈と菩薩が修習し獲得すべき高次の慈との區別が說かれる一段の後半部分を注釋している。丸數字によって示したように、修正前のテクストにおいては經文の各句が表9のような對應關係によって解釋さ

表9

	『大般涅槃經』	『涅槃義疏』（P二一六四）修訂前
①	捨一闡提慈・犯四重禁慈・謗方等慈・作五逆慈	捨凡不善慈
	得憐愍慈、得如來慈	得如來慈
②	捨黃門慈・無根二根女人之慈・屠膾獵師畜養雞猪如是等慈	捨彼凡夫取相之慈
③	亦捨聲聞緣覺之慈	捨二乘取相之慈
	得諸菩薩無緣之慈	得無緣慈

れている。

この表9から明らかなように、修正前のテクストは前掲の『大般涅槃經』の經文のうち最初の「慈若可捨、名凡夫慈、慈若可得、卽名菩薩無緣之慈（捨離すべき慈は凡夫の慈と呼ばれ、獲得すべき慈は菩薩の無緣の慈と呼ばれる）」という一文は解釋に含めず、以下の經文を三段に分けた上で、①第一段において凡夫の不善の慈を捨離して如來の慈を獲得し、②第二段において凡夫の取相の慈を捨離し、③第三段において二乘（聲聞・緣覺）の取相の慈を捨離して無緣の慈を獲得する、と解釋している。問題は、この解釋では②第二段において低次の慈を捨離するのみで、獲得すべき高次の慈が存在しないことである。

一方、書寫者Bが書き改めた修訂後のテクストは同じ經文を次のように注釋し直しており、現行本の注釋も修訂後のテクストと一致する。『大般涅槃經』の經文とあわせて掲げると次の通りである。

・北本『大般涅槃經』

復次云何捨慈得慈。①慈若可捨、名凡夫慈、慈若可得、卽名菩薩無緣之慈。②捨一闡提慈・犯四重禁慈・謗方等慈・作五逆慈、得憐愍慈、得如來慈。世尊之慈無因緣慈、云何復名捨慈得慈。③捨黃門慈・無根二根女人之慈・屠膾獵師畜養雞猪如是等慈。亦捨聲聞緣覺之慈、得諸菩薩無緣之慈。（大正一二・五〇六上。南本、大正一二・七五〇上）

・『涅槃義疏』（P二一六四）修訂後

後三何別。①初捨凡夫善法之慈、得菩薩慈。②第二捨彼凡夫不善之慈、得如來慈。……③第三捨彼凡夫二乘取相之慈、得無緣慈。（P二一六四・七一二―七一六行）

・現行本『大般涅槃經義記』

後三何別。①初捨凡夫善法之慈、得菩薩慈。②第二捨彼凡夫之人不善之慈、得如來慈。……③第三捨彼

凡夫二乘取相之慈、得無緣慈。（大正三七・八〇四下。續藏一・五六・一、三四左下）

丸數字によって示したように、修訂後のテクストにおいては經文の各句が表10のような對應關係によって解釋されている。

この表10から明らかなように、修正後のテクストは、修正前のテクストにおいては解釋されていなかった「慈若可捨、名凡夫慈、慈若可得、即名菩薩無緣之慈」という一文をも含めた上で全體を三段に分け、①第一段において凡夫の善法の慈を捨離して菩薩の慈を獲得し、②第二段において凡夫の不善の慈を捨離して如來の慈を獲得し、③第三段において凡夫と二乘との取相の慈を捨離して無緣の慈を獲得する、と解釋を改めている。この解釋によれば、第一段から第三段までのすべての段階において捨離すべき低次の慈と獲得すべき高次の慈とが存在することになり、きれいな對になる。①第一段の經文の「凡夫慈」を「凡夫の善法の慈」と解釋するのは、經文か

表10

	『大般涅槃經』	『涅槃義疏』（P二一六四）修訂後・現行本『大般涅槃經義記』
①	慈若可捨、名凡夫慈	捨凡夫善法之慈
	慈若可得、即名菩薩無緣之慈	得菩薩慈
②	捨一闡提慈・犯四重禁慈・謗方等慈・作五逆慈	捨彼凡夫不善之慈
	得憐愍慈、得如來慈	得如來慈
③	捨黃門慈・無根二根女人之慈・屠膾獵師畜養雞猪如是等慈。亦捨聲聞緣覺之慈	捨彼凡夫二乘取相之慈
	得諸菩薩無緣之慈	得無緣慈

ら直接には導き出されない恣意的なものであるが、全三段をきれいな對に整えるためにあえて解釋の變更を行ったのであろう。

以上、四項に渡って『涅槃義疏』第七卷（P二一六四）にみられる修訂の跡を類型別に檢證し、いずれの場合においても『涅槃義疏』第七卷（P二一六四）の修訂後のテクストが現行本『大般涅槃經義記』のテクストと一致することを明らかにした。ただし本節第四項において考證した通り、現行本にみられる「別章」の指示が『涅槃義疏』第七卷（P二一六四）の修訂後のテクストには存在しない場合があるので、『涅槃義疏』第七卷（P二一六四）は現行本『大般涅槃經義記』よりも一段階前に位置するテクストであると考えられる。

なお、ここで問題となるのは『涅槃義疏』第七卷（P二一六四）にみられるような文章表現・注釋内容の修正が一體誰の手によって行われたかということであるが、本節第三項において檢證した説明の追加や第五項において檢證した解釋の變更などの事例を見る限り、『大般涅槃經義記』の著者である慧遠自身がこれらの修正を行ったと考えるのが最も自然であろう。ただ、だからといって『涅槃義疏』第七卷（P二一六四）を書寫した書寫者Aないし書寫者Bが慧遠本人であるとまで言うことはできない。書寫者Aは慧遠が著した初期段階の原稿を見てそれを書き寫し、書寫者Bは慧遠が後に改訂を加えた改訂稿を見て、書寫者Aが作成した複寫本を書き改めた、というのがおそらく最も實狀に近いのではないかと思われる。

七　おわりに

以上、本稿においてはまず『續高僧傳』を主な素材として慧遠『大般涅槃經義記』の撰述過程を推論し、續いて現存する慧遠『大般涅槃經義記』の諸テクストを可能な限り分析した上で、敦煌寫本『涅槃義疏』第七卷（P

二一六四）のテクストと現存『大般涅槃經義記』のテクストとを比較検討した。本稿の考察結果をまとめると次のようになる。

1　慧遠『大般涅槃經義記』には、慧遠が講義前に作成した初稿本と講義中あるいは講義後に作成した（複數の）改訂稿とが存在していた。

2　完本として現存する『大般涅槃經義記』のテクスト（現行本）は『大日本續藏經』所收本と『大正新脩大藏經』所收本との二本であり、兩者はいずれも觀智院賢寶が應永三年（一三九六）に整理したテクストを祖本とするが、直接の底本は異なる。

3　敦煌寫本・大業十一年（六一五）寫『涅槃義記』卷第一（BD〇三三九〇）のテクストが現行本のテクストと基本的に一致するので、現行本は慧遠の沒後まもなく書寫されたテクストのすがたを基本的に忠實に繼承していると考えられる。

4　敦煌寫本『涅槃義疏』第七卷（P二一六四）は、書寫者Aが書寫したテクストと書寫者Bがそれに改訂を加えた修訂後のテクストという二つのテクストから成り立っている。現行本のテクストと基本的に一致するのは修訂後のテクストのほうであるが、文中に言及される「別章」への指示の狀況からみて、『涅槃義疏』第七卷（P二一六四）の修訂後のテクストも現行本よりやや前の段階に位置するものと考えられる。

以上の考察に大過がなければ、慧遠が（澤州において？）『大般涅槃經義記』の初稿本をひとまず脫稿した後、最晩年、淨影寺において最終稿を完成させるに至るまでの改訂作業の過程が、『涅槃義疏』第七卷（P二一六四）にみられる夥しい數の修訂の跡に反映されていると考えることは十分に可能ではないかと思われる。最後に、本稿において言及したすべての資料を年代順にまとめ、各資料閒の影響關係を圖示すると次のとおりである。

慧遠『大般涅槃經義記』の成立・傳承過程

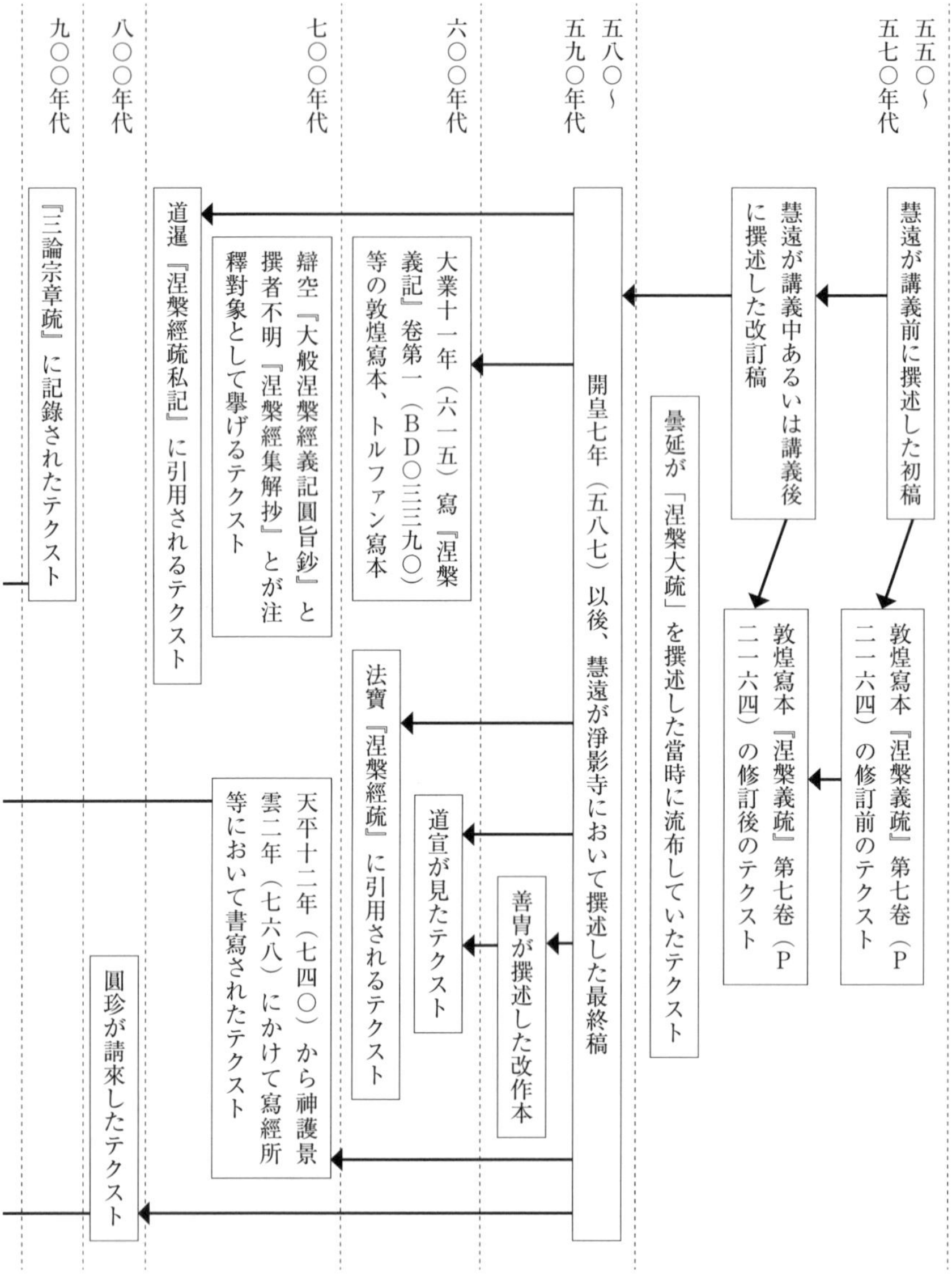

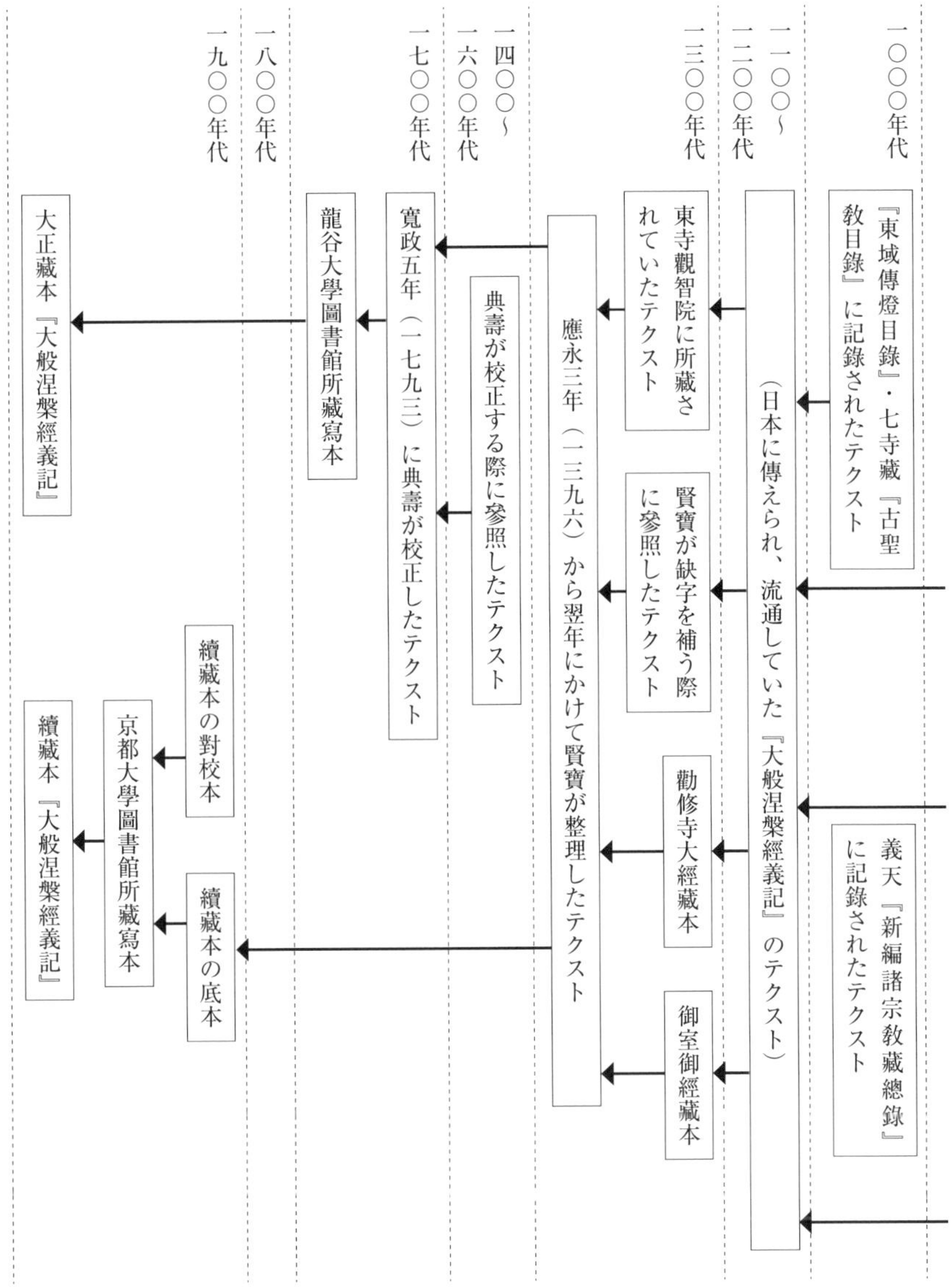
一〇〇〇年代
一一〇〇～一二〇〇年代
一三〇〇年代
一四〇〇～一六〇〇年代
一七〇〇年代
一八〇〇年代
一九〇〇年代
『東域傳燈目錄』・七寺藏『古聖教目錄』に記錄されたテクスト
義天『新編諸宗教藏總錄』に記錄されたテクスト
（日本に傳えられ、流通していた『大般涅槃經義記』のテクスト）
東寺觀智院に所藏されていたテクスト
賢寶が缺字を補う際に參照したテクスト
勸修寺大經藏本
御室御經藏本
應永三年（一三九六）から翌年にかけて賢寶が整理したテクスト
典壽が校正する際に參照したテクスト
寛政五年（一七九三）に典壽が校正したテクスト
龍谷大學圖書館所藏寫本
續藏本の對校本
續藏本の底本
京都大學圖書館所藏寫本
大正藏本『大般涅槃經義記』
續藏本『大般涅槃經義記』

略號

BD：中國國家圖書館所藏敦煌漢文文獻

Дx：ロシア科學アカデミー東洋寫本研究所所藏敦煌漢文文獻 メンシコフ（Л. Н. Меньшиков）氏等整理分

P：パリ國立圖書館所藏ペリオ（Paul Pelliot, 1878-1945）將來敦煌漢文文獻

S：大英圖書館所藏スタイン（Sir Aurel Stein, 1862-1943）將來敦煌漢文文獻

V：verso（裏）

續藏：『大日本續藏經』（藏經書院、一九〇五—一二年）

大正：『大正新脩大藏經』（大正新脩大藏經刊行會、一九二四—三四年）

日佛全：『大日本佛教全書』（名著普及會、一九七八—八三年。原刊一九一二—二二年）

圖錄・辭典等

『俄藏敦煌文獻』（上海古籍出版社・俄羅斯科學出版社東方文學部 編、上海古籍出版社、一九九二—二〇〇一年）

『國家圖書館藏敦煌遺書』（任繼愈 主編・中國國家圖書館 編、北京圖書館出版社、二〇〇五年—）

『ジャイルズ目錄』（Lionel Giles, *Descriptive Catalogue of the Chinese Manuscripts from Tunhuang in the British Museum*, London: The Trustees of the British Museum, 1957）

『大藏經對照目錄Ⅱ　大正藏・敦煌出土佛典對照目錄　暫定第三版』（國際佛教學大學院大學附屬圖書館、二〇一五年）

『大日本古文書（編年）』（東京大學史料編纂所、一九〇一—四〇年）

『敦煌寶藏』（黃永武 主編、臺灣、新文豐出版公司、一九八一—八六年）

『奈良朝典籍所載佛書解說索引』（木本好信 編、東京、國書刊行會、一九八九年）

『日本古代人名辭典』（竹内理三・山田英雄・平野邦雄 編、吉川弘文館、一九五八—七七年）

『フランス國立圖書館所藏ペリオ將來敦煌漢文文獻目錄』第一卷（*Catalogue des manuscrits chinois de Touen-houang* I, Paris: Bibliothèque Nationale, 1970）

『法藏敦煌西域文獻』（上海古籍出版社・法國國家圖書館 編、上海古籍出版社、一九九四—二〇〇五年）

『望月 佛教大辭典』（塚本善隆 編纂代表、世界聖典刊行協會、一九七四年。初版一九三三年）

参考文獻

愛宕邦康［二〇〇六］『『遊心安樂道』と日本佛教」（法藏館）

荒牧典俊［一九八二］「南朝前半期における教相判釋の成立について」（福永光司編『中國中世の宗教と文化』京都大學人文科學研究所）

荒牧典俊［二〇〇〇］「北朝後半期佛教思想史序說」（同編著『北朝隋唐中國佛教思想史』法藏館）

有富純也［二〇〇一］「正倉院文書寫經機關關係文書編年目錄――天平十二年・天平十三年」（『東京大學日本史學研究室紀要』第五號）

有富純也［二〇〇七］「正倉院文書寫經機關關係文書編年目錄――天平勝寶五年」（『東京大學日本史學研究室紀要』第一一號）

池内宏［一九二三］「新たに發見せられた涅槃經の疏」（『東洋學報』第一二卷第四號、東洋協會學術調査部）

池内宏［一九二四］「再び朝鮮松廣寺本大般涅槃經疏について」（『東洋學報』第一四卷第二號、東洋協會學術調査部）

池内宏解說［一九二四］『大般涅槃經疏　唐大薦福寺沙門法寶述』（京城、朝鮮總督府）

池田將則［二〇一〇］「敦煌出土北朝後半期『教理集成文獻』（俄Φ一八〇）について――撰述者は曇延か」（金剛大學校佛教文化研究所編『地論思想の形成と變容』國書刊行會）

池田將則［二〇一三］「北朝「地論宗」における佛典注釋の一類型――敦煌寫本『十地經論疏』（BD〇六二七八）の紙背に書寫された三つの斷片、某經疏・『仁王疏』・『維摩疏』と淨影寺慧遠撰述の諸經論疏との比較を通して」（『佛教學研究（불교학연구）』第三六號、ソウル、佛教學研究會）

石田尚豊［一九八九］「圓珍請來目錄と錄外について」（『智證大師研究』同朋舍）

石田茂作［一九八二（一九三〇）］『寫經より見たる奈良朝佛教の研究』（東洋文庫。原刊一九三〇年）

横超慧日［一九七九（一九六四）］「慧遠と吉藏」（同『中國佛教の研究　第三』法藏館。初出一九六四年）

江田俊雄［一九七七（一九三六）］「李朝刊經都監と其の刊行佛典」（同『朝鮮佛教史の研究』國書刊行會。初出一九三六年）

大竹晉校註［二〇一一］『新國譯大藏經　釋經論部一八　法華經論・無量壽經論他』（大藏出版）

大竹晉［二〇一二］「『大乘起信論』成立問題に關する近年の動向をめぐって」（『佛教學レビュー（불교학 리뷰）』第一二號、論山、金剛大學佛教文化研究所）

大平聰［一九九〇］「正倉院文書に見える「奉請」」（『ヒストリア』第一二六號、大阪歷史學會）

大屋德城［一九八七（一九二四）］「『涅槃經疏』（法寶撰）の日本傳來に就て」（『大屋德城著作選集第二卷　日本佛教史の研究一』國書刊行會。原刊一九二八年、初出一九二四年）

大屋德城［一九八八（一九二六）］「朝鮮海印寺經板攷　特に大藏經補板竝に藏外雜板の佛教文獻學的研究」（『大屋德城著作選集第九卷　佛教古板經の研究』國書刊行會。初出一九二六年）

大屋德城［一九八八（一九二九）］『大屋德城著作選集第三卷　日本佛教史の研究二』（國書刊行會。原刊一九二九年）

大屋德城［一九八八（一九三七）］『高麗續藏雕造攷　竝に義天の思想及び編纂事業に關する研究』（『大屋德城著作選集第七卷　高麗續藏雕造攷』國書刊行會。原刊一九三七年）

大屋德城［一九八八（一九三八）］『高麗續藏雕造攷　補遺』（『大屋德城著作選集第九卷　佛教古板經の研究』國書刊行會。原刊一九三八年）

岡本一平［二〇一〇］「淨影寺慧遠の著作の前後關係に關する試論」（金剛大學校佛教文化研究所編『地論思想の形成と變容』國書刊行會）

岡本一平［二〇一四］「淨影寺慧遠『大乘起信論義疏』の成立問題」（游斌 主編『比較經學與『大乘起信論』』（『比較經學』二〇一四年第三輯）北京、宗教文化出版社）

岡本一平［二〇一五］「『大乘義章』のテクストの諸系統について」（『國際シンポジウム報告書二〇一四　東アジア佛教寫本研究』國際佛教學大學院大學 日本古寫本研究所 文科省戰略プロジェクト實行委員會）

落合俊典編［一九九八］『七寺古逸經典研究叢書 第六卷　中國・日本經典章疏目錄』（大東出版社）

小野勝年［一九八二・八三］『入唐求法行歷の研究　智證大師圓珍篇　上・下』（法藏館）

小野嶋祥雄［二〇一一］「法寶撰『一乘佛性究竟論』の基底——特に淨影寺慧遠の思想と對比して」（『印度學佛教學研究』第六〇卷第一號、日本印度學佛教學會）

橘堂晃一［二〇〇六］「旅順博物館藏麴氏高昌國時代の佛教注釋書概觀」（旅順博物館・龍谷大學 共編『旅順博物館藏トルファン出土漢文佛典研究論文集』龍谷大學佛教文化研究所・西域研究會）

木村宣彰［二〇〇九（一九七八）］「法寶における涅槃經解釋の特質」（同『中國佛教思想研究』法藏館。初出一九七八年）

京都府立總合資料館編［一九七五—八六］『京都府古文書等緊急調査報告　東寺觀智院金剛藏聖教目錄　一—二二』（京都府教育委員會）

京都府立總合資料館編［一九八六］『京都府古文書等緊急調査報告　東寺観智院金剛藏聖教の概要』（京都府教育委員會）
古泉圓順［一九八六］「慧遠『法花經義疏』寫本」（『ＩＢＵ四天王寺國際佛教大學紀要』文學部第一九號・短期大學部第二七號、四天王寺國際佛教大學）
古勝隆一［二〇〇六］『中國中古の學術』（研文出版）
榮原永遠男［二〇〇〇（一九九五）］「北大家寫經所と藤原北夫人發願一切經」（同『奈良時代の寫經と内裏』塙書房。初出一九九五年）
榮原永遠男［二〇〇〇（一九九九）］「藤原仲麻呂家における寫經事業」（同『奈良時代の寫經と内裏』塙書房。初出一九九九年）
榮原永遠男［二〇一一］『正倉院文書入門』（角川學藝出版）
坂本廣博［一九七二］「道暹の『涅槃經疏私記』について」（『印度學佛教學研究』第二〇卷第二號、日本印度學佛教學會）
坂本廣博［一九七三］「涅槃經玄義文句について──道暹作を疑う」（『天台學報』第一六號、天台學會）
坂本廣博［一九七八］「『涅槃經義記』について」（『印度學佛教學研究』第二六卷第二號、日本印度學佛教學會）
佐久間龍［一九八三］『日本古代僧傳の研究』（吉川弘文館）
佐藤哲英［一九七七］「淨影寺慧遠とその無我義」（『佛教學研究』第三二・三三號、龍谷大學佛教學會）
鹿田昌司［二〇一五］「「勸修寺文庫」のふるさとを訪ねて」（『香散見草』第四七號、近畿大學中央圖書館）
鶴見良道［一九七九］「慧遠の著作における『勝鬘義記』撰述の前後關係」（『印度學佛教學研究』第二八卷第一號、日本印度學佛教學會）
中林隆之［二〇〇七］『日本古代國家の佛教編成』（塙書房）
中林隆之［二〇一五］「日本古代の「知」の編成と佛典・漢籍　更可請章疏等目錄の檢討より」（『國立歷史民俗博物館研究報告』第一九四集）
平岡定海［一九八一］『日本寺院史の研究』（吉川弘文館）
藤卷和宏［二〇一四］「近畿大學中央圖書館「勸修寺文庫」瞥見」（『香散見草』第四六號、近畿大學中央圖書館）
布施浩岳［一九七三（一九四二）］『涅槃宗之研究　前・後篇』（國書刊行會。原刊一九四二年）
牧伸行［二〇一一］『日本古代の僧侶と寺院』（法藏館）
村上明也［二〇一五］「圓珍『辟支佛義集』における「圓惜」の引用について──法寶以後に活躍した辯空法師とその學系」

（『佛教學研究』第七一號、龍谷大學佛教學會）
村上明也［二〇一六］「韓國・松廣寺所藏の辯空撰『大般涅槃經義記圓旨抄』について」（『東アジア佛教研究』第一四號、東アジア佛教研究會）
矢吹慶輝［一九八〇（一九三〇）］『鳴沙餘韻　敦煌出土未傳古逸佛典開寶　圖錄篇』（臨川書店。原刊一九三〇年）
矢吹慶輝［一九八〇（一九三三）］『鳴沙餘韻　敦煌出土未傳古逸佛典開寶　解說篇』（臨川書店。原刊一九三三年）
吉永匡史［二〇〇九］「正倉院文書寫經機關關係文書編年目錄——天平勝寶三年」（『東京大學日本史學研究室紀要』第一三號）
旅順博物館・龍谷大學 共編［二〇〇六］『旅順博物館藏トルファン出土漢文佛典斷片選影』（法藏館）
金天鶴［二〇一二］「金澤文庫所藏、圓弘の『妙法蓮華經論子注』について」（『印度學佛教學研究』第六〇卷第二號、日本印度學佛教學會）
金天鶴（김천학）［二〇一四a］「圓弘は新羅僧か——『法華經論子注』の引用文獻を中心に（원홍은 신라승려인가——『법화경론자주』의 인용문헌을 중심으로）」（『東アジア佛教文化（동아시아불교문화）』第一七集、釜山、東アジア佛教文化學會）
金天鶴［二〇一四b］「日本古代華嚴宗における『起信論』及びその註釋書の受容」（游斌 主編『比較經學與『大乘起信論』』（『比較經學』二〇一四年第三輯）北京、宗教文化出版社）
金天鶴［二〇一五a］『平安期華嚴思想の研究——東アジア華嚴思想の視座より』（山喜房佛書林）
金天鶴（김천학）［二〇一五b］「『法華經論子注』寫本の流通と思想（『법화경론자주』사본의 유통과 사상）」（『東アジア佛教文化（동아시아불교문화）』第二四集、釜山、東アジア佛教文化學會）
朴奉石［一九三四］「義天續藏の現存本に就て」（『朝鮮之圖書館』第三卷第六號、京城、朝鮮圖書館研究會）
朴鎔辰（박용진）［二〇一一］『義天　その生涯と思想（義天 그의 생애와 사상）』（ソウル、圖書出版 혜안）
林錫珍 編［一九六五］『大乘禪宗 曹溪山　松廣寺誌』（順天、松廣寺）
崔鈆植［二〇〇一］「『大乘起信論同異略集』の著者について」（『駒澤短期大學佛教論集』第七號、駒澤短期大學佛教學部）
崔鈆植［二〇〇二］「『新羅見登』の活動について」（『印度學佛教學研究』第五〇卷第二號、日本印度學佛教學會）
馮煥珍［二〇〇六］『回歸本覺　淨影寺慧遠的眞識心緣起思想研究』（北京、中國社會科學出版社）

郭紹林 點校［二〇一四］『中國佛教典籍選刊　續高僧傳』（北京、中華書局）
石谷風［一九九二］『晉魏隋唐墨迹』（安徽美術出版社）

註

（1）本稿は『東アジア佛教文化（동아시아불교문화）』第二六集（釜山、東アジア佛教文化學會、二〇一六年六月）に韓國語で發表した同名の拙論を改訂増補したものである。
（2）本書所收の大竹晉「地論宗斷片集成」第三章「慧遠『華嚴經疏』」を參照。
（3）本書所收の馮煥珍「敦煌遺書にみられる淨影寺慧遠『地持義記』の研究」を參照。
（4）岡本一平［二〇一四］を參照。
（5）岡本一平［二〇一五］を參照。
（6）『續高僧傳』巻八、義解篇四、釋慧遠傳「『地持疏』五卷、『十地疏』七（金藏・高麗藏以外の諸本は「十」に作る）卷、『華嚴疏』七卷、『涅槃疏』十卷、『維摩』『勝鬘』『壽』『觀』『溫室』等、竝勒爲卷部」（大正五〇・四九一下）。なお、以下、『續高僧傳』のテクストの校異については郭紹林 點校［二〇一四］を參照した。
（7）直接の注釋對象は北本であるが、南本『大般涅槃經』（大正三七五番）も參照している。坂本廣博［一九七八］（二九七頁）を參照。
（8）鶴見良道［一九七九］、岡本一平［二〇一〇］、拙稿［二〇一〇］［二〇一三］を參照。
（9）本書所收の岡本一平「淨影寺慧遠における初期の識論」第二節第四項「『涅槃義記』の執筆時期」を參照。『續高僧傳』本傳の次の記述も、慧遠が澤州清化寺において『涅槃經』の講説に力を注いだことを裏付ける。「四十年間、曾無痾疹、傳持教導、所在弘宣、竝皆成誦在心、于今未絕。本住清化、祖習『涅槃』、寺衆百餘、領徒者三十、竝大唐之稱首也」（大正五〇・四九一下―四九二上）。なお岡本一平氏は慧遠の生涯を次の七期に大別する。「淨影寺慧遠における初期の識論」第二節第一項「はじめに」を參照。
1　第一期澤州時代（五三二―五三七頃）
2　懷州北山丹谷時代（五三八）
3　鄴時代（五三八―）

4 第二期澤州時代（—五七八）
5 汲郡西山時代（五七八—五八一）
6 洛陽時代（五八一—五八七）
7 長安時代（五八七—五九二）

(10)『續高僧傳』卷八、釋慧遠傳「又自說云、初作『涅槃疏』訖、未敢依講、發願乞相、夢見自手造素七佛八菩薩像。形竝端峙、還自繢飾、所畫既竟、像皆次第起行。末後一像、彩畫將了、旁有一人、來從索筆、代遠成之。覺後思曰、『此相有流末世之境也』。乃廣開敷之、信如夢矣」（大正五〇・四九二上）。橫超慧日［一九七九（一九六四）］（一五六頁）、馮煥珍［二〇〇六］（九〇頁）を參照。

(11) 荒牧典俊［一九八二］（三九八—四一三頁）・［二〇〇〇］（二六—三〇頁）、古勝隆一［二〇〇六］上篇第二章「釋奠禮と義疏學」を參照。

(12)『續高僧傳』卷八、釋曇延傳「延幽居靜志、欲著『涅槃』大疏。……纘撰既訖、猶恐不合正理、遂持經及疏、陳於州治仁壽寺舍利塔前、燒香誓曰、『延以凡度仰測聖心、銓釋已了、具如別卷。若幽微深達、願示明靈。如無所感、誓不傳授』。言訖、『涅槃』卷軸竝放光明、通夜呈祥、道俗稱慶。……乃表以聞、帝大悅、敕延就講。既感徵瑞、便長弘演、所著文疏、詳之于世。時諸英達僉議、用比遠公所製、遠乃文句愜當、世實罕加。而標擧宏綱、通鏡長騖、則延過之久矣」（大正五〇・四八八上中）。神清『北山錄』卷七（大正五二・六一六中下）、布施浩岳［一九七三（一九四二）］（後篇、四三五頁）、橫超慧日［一九七九（一九六四）］（一五七頁）、坂本廣博［一九七八］（二九六頁）、荒牧典俊［二〇〇〇］（七〇頁、七九—八〇頁）、大竹晉［二〇一二］（三〇頁）を參照。

(13)『續高僧傳』卷十二、釋善胄傳「隋初度北、依遠法師、止于京邑、住淨影寺。……遠制『涅槃』文疏、而胄意所未弘、乃命筆改張、剖成卷軸、鑿深義窟、利寶罔遺。遠聞告曰、『知子思力無前、如何對吾改作。想更別圖可耶』。胄曰、『若待法師即世、方有修定、則胄之虛名、終無實錄』。遠乃從之。疏既究成、分宗匠世、亟有陳異。……因感風疾、脣口喎偏、時人謂改張遠疏之所及也」（大正五〇・五一九中下）。橫超慧日［一九七九（一九六四）］（一五六—一五七頁）、坂本廣博［一九七八］（二九六頁）、馮煥珍［二〇〇六］（九〇頁）を參照。

(14)『續高僧傳』卷十二、釋善胄傳「初遠以『涅槃』爲五分、末爲闍維分、胄尋之揣義、改爲七分。無有闍維、第七云結化歸宗分」（大正五〇・五一九下）。

(15) 慧遠『大般涅槃經義記』卷一上「此經始終、文別有五。一者序分。二『純陀』下、開宗顯德分。三『三告』下、辯修成德分。四『若人能知是名沙門婆羅門』下、破邪通正分。五如來滅度闍維供養分。此後一分、外國不來」（大正三七・六一四下）、卷一下「此經始終、文別五分。備如前判。上來序分。此極哀歎、第二開宗顯德分也。『三告』已下、是其第三辨修成德。『若能知此是名沙門婆羅門』下、是其第四破邪通正。第五一分、如來滅度、人天大衆闍維供養、外國不來」（大正三七・六二九下）。坂本廣博［一九七八］（二九六―二九七頁）を參照。

(16) ほかに神護景雲二年（七六八）九月十八日の奉寫一切經司移造東大寺司（「一切經奉請文書繼文」の部）に「涅槃經述贊一部十四卷〈惠遠師撰。二帙。〉」（『大日本古文書（編年）』卷十七、八三頁）とある文獻も慧遠『大般涅槃經義記』であるかもしれない。なお、以下、正倉院文書の取り扱いについては榮原永遠男［二〇一一］を參照した。

(17) 天平勝寶五年五月七日類收「奉寫章疏集傳目錄」にも同じ記述がある（『大日本古文書（編年）』卷十二、五二一頁）。有富純也［二〇〇七］（六九番）を參照。

(18) 大官大寺は本邦初の敕願寺であり、現在の大安寺の前身。『望月佛教大辭典』百濟大寺條・大安寺條、平岡定海［一九八一］第一章第三節「百濟大寺の成立と國大寺」・第二章第一節「官大寺の成立と南都六宗」等を參照。

(19) 榮原永遠男［二〇〇〇（一九九五）］（史料⑧）、有富純也［二〇〇一］（天平十二年の目錄の八番）を參照。

(20) 榮原永遠男［二〇〇〇（一九九九）］（史料⑯）を參照。

(21) 榮原永遠男［二〇〇〇（一九九九）］（史料㉛）を參照。

(22) ⑧については吉永匡史［二〇〇九］（〇四番）、⑩については榮原永遠男［二〇〇〇］（三六七頁）、有富純也［二〇〇七］（七四番）を參照。

(23) 正倉院文書にみえる「奉請」の語義について、大平聰［一九九〇］を参照。なお⑨の「次官佐伯宿禰」については『日本古代人名辭典』佐伯宿禰今毛人條、榮原永遠男［二〇〇〇］（二三六頁）等を參照。⑫の「石川判官」については『日本古代人名辭典』石川朝臣豐麻呂條等を參照。⑫については有富純也［二〇〇七］（五九―二―一一番）も參照。

(24) 『日本古代人名辭典』平攝條、佐久間龍［一九八三］（一一〇―一一二頁、一八三頁）、中林隆之［二〇一五］等を參照。

(25) 『日本古代人名辭典』智憬條、佐久間龍［一九八三］（一一〇―一一二頁、一八三頁）、崔鈆植［二〇〇一］［二〇〇二］、愛宕邦康［二〇〇六］第二章「『遊心安樂道』の實質的撰述者・東大寺智憬」、金天鶴［二〇一四b］・［二〇一五a］第二章第三節「智憬の華嚴思想」等を參照。

(26)『日本古代人名辭典』平榮條、佐久間龍［一九八三］（一二五―一二六頁、一四八―一五一頁、一八六―一八七頁、二九一頁）、中林隆之［二〇〇七］（二六九頁、二七八―二七九頁）、牧伸行［二〇一二］第一章の二「寺務組織の變遷」・第二章「東大寺僧安寛と平榮」等を參照。
(27)「澤州」が慧遠を指すことについて、坂本廣博［一九七二］［一九七三］、本書所收の岡本一平「淨影寺慧遠における初期の識論」第二節第四項「『涅槃義記』の執筆時期」・第五項「「澤州云」について」を參照。
(28)圓珍が唐大中十一年（八五七）に撰述した『日本比丘圓珍入唐求法目錄（國淸寺求法目錄）』には「大般涅槃經義記十卷」（大正五五・一一〇〇上）と記錄されている。石田尚豊［一九八九］（第一表、二八六番）を參照。
(29)大正藏の校注によれば、乙本は「澤州」の二字なし。
(30)『三論宗章疏』の撰述年等については『佛書解說大辭典』三論宗章疏條・諸宗章疏錄條（いずれも林屋友次郎氏執筆）を參照。
(31)圓珍は唐大中七年（八五三）に入唐し、同十二年（八五八）に歸國した。圓珍の入唐後の行跡や入唐中に作成した五種の請來目錄の詳細については、大屋德城［一九八八（一九二九）］所收「圓珍の入唐求法」、小野勝年［一九八二・八三］、石田尚豊［一九八九］を參照。
(32)本書所收の岡本一平「淨影寺慧遠における初期の識論」第二節第五項「「澤州云」について」を參照。なお義天『新編諸宗教藏總錄』卷一には「大涅槃經／義記二十卷　慧遠述／科四卷　亡名」（大正五五・一一六八上）とある。
(33)圓珍『辟支佛義集』卷下（日佛全二六・六三七下―六四〇下）。圓珍『授決集』卷上「澤疏圓指亦同我疏」（日佛全二六・三五八上）。村上明也［二〇一五］［二〇一六］を參照。
(34)圓珍『辟支佛義集』卷下（日佛全二六・六四〇下―六四三上）。
(35)上海師範大學の定源氏によれば、應縣木塔から發見された遼代の木版木のなかに慧遠『大般涅槃經義記』卷八のテクストが存在するとのことであるが（史經鵬氏の御教示による）、今回は調査することができなかった。今後の課題としたい。
(36)ほかに『新纂大日本續藏經』所收本（六五四番）も存在するが、これは續藏本の判型と校注の書式とを改めただけの重印本であり、文獻學的には獨立の價値を持たない。
(37)「誂」、續藏本（續藏一・五六・二、一三九右下）は「託」に作る。
(38)賢寶は觀智院一世の杲寶（一三〇六―六二）の弟子。觀智院は眞言宗東寺派の大本山である教王護國寺（東寺）の子院の一つで、延文五年（一三六〇）の創建。杲寶は『釋摩訶衍論勘注』二十四巻（大正二二九〇番）等を著した賴寶（一二七九―一三三〇?）の弟子。賴寶・杲寶・賢寶の師弟三代を「東寺の三寶」という。『望月佛教大辭典』教王護國寺條・賢寶條・杲寶條・觀智院條・賴寶條、師蠻『本朝高僧傳』巻十七「東寺觀智院沙門杲寶傳」（日佛全一〇二・二五七下）、謙順『諸宗章疏錄』巻三「東寺觀智院賢寶」條（日佛全一・一八六下）等を參照。

(39) 勸修寺は昌泰三年（九〇〇）の創建で、現在、眞言宗山階派の大本山。『望月佛教大辭典』勸修寺條等を參照。なお勸修寺の經藏は近年調査が進められており、『勸修寺論輯』（勸修寺聖教文書調査團、二〇〇四―二〇〇八年）が刊行されている。

(40) 次項において確認するように、觀智院金剛藏に現存する慧遠『大般涅槃經義記』寫本のうち、巻二・三・四・五・六・七・八・九・十本の九點は院政期（一〇八六―一一八五頃）の寫本と推定されている。觀智院一世である杲寶の收集にかかる古典籍のうちの一部であったのかもしれない。京都府立總合資料館編［一九七五―八六］所收「觀智院金剛藏聖教調査の概要」（一、三頁）に次のようにあるのを參照。「觀智院金剛藏聖教は、……大きくつぎの二つに分けることができる。そのひとつは平安・鎌倉時代に叡山あるいは南都において書寫された典籍であり、他のひとつは南北朝・室町時代に東寺において筆寫された聖教である。前者は東寺教學の確立にともなって、南北朝初期、主として杲寶によって南都北嶺から收集されたものである。また後者は、杲寶・賢寶を中心とした學僧集團が書寫したものであり、……」。

(41) 仁和寺は仁和四年（八八八）の創建で、現在、眞言宗御室派の大本山。『望月佛教大辭典』仁和寺條等を參照。

(42) たとえば勸修寺の藏書のうち、近世の版本を中心とする一部の典籍が現在、近畿大學中央圖書館に「勸修寺文庫」として收藏されているが、そのなかに東寺觀智院舊藏の典籍や仁和寺舊藏の典籍が含まれていることが報告されており、眞言宗寺院の間で書物の貸し借りが日常的に行われていたことがうかがえる。藤巻和宏［二〇一四］（三―四頁）、鹿田昌司［二〇一五］（六頁）を參照。

(43) たとえば敦煌寫本『涅槃義疏』第七巻（P二一六四）が「約時」（P二一六四・一一五行）に作るところを續藏本・大正藏本ともに「幼時」（續藏一・五六・一、一八右上。大正三七・七八九上）に作る。またP二一六四寫本の「于時」（P二一六四・八七〇行）を兩本ともに「子時」（續藏一・五六・一、三九右上。大正三七・八〇八下）に作る。またP二一六四寫本「次答第三」以下の一節（P二一六四・二七一―二七二行）が兩本ともに脱落している（續藏一・五六・一、二二右上。大正三七・七九二下）。

(44) 續藏本の巻二下の頭注に一箇所、「原本」の朱書きの校記への言及がある。「原本『多』傍朱書『分』」（續藏一・五五・四、三五八左上）。

(45) 観智院金剛藏聖教の概要について、京都府立總合資料館編［一九七五―八六］所收「観智院金剛藏聖教調査の概要」（一、一―一六頁）、同［一九八六］を參照。

(46) 京都府立總合資料館編［一九七五―八六］（一、一四一―一四八頁。第十六箱）を參照。なお原文の片假名を平假名に變える等、適宜表記の變更を行った。〈 〉内は原文の小字。

(47) この（ ）内は目錄作者の推定。

(48) 京都大學附屬圖書館に問い合わせたところでは、一七册の内譯は『大般涅槃經集解』が一二册、『涅槃經義記』および『涅槃經遊意』が五册であり、後者は次のように構成されている。

一册目　『涅槃經遊意』、『大般涅槃經義記』卷第一之上・卷第一之下
二册目　『涅拌義記』卷第二之上～卷第三之下
三册目　『涅槃義記』卷第四之上～卷第六之上
四册目　『涅拌義記』卷第六之下～卷第八之下
五册目　『涅拌義記』卷第九之上～卷第十之下

(49) ただし藏教書院文庫に所藏される寫本は一般に『大日本續藏經』を刊行する際に古寫本を模寫して新たに作成した入稿原稿である場合が多いので、嚴密な意味での續藏本の底本が何であるかは今後の調査に俟たなければならない。

(50) 金天鶴［二〇一五b］（一七三頁）を參照。金天鶴氏が指摘するのは次の二例である。『妙法蓮華經論子注』卷上「三漏非一名諸」（聖語藏本、二〇四行）、『大般涅槃經義記』卷一「三漏非一、是故言諸」（大正三七・六二一中）。『妙法蓮華經論子注』卷上「具言略伽羅、此云記論。以記音聲名字章句事故」（聖語藏本、一四行）、『大般涅槃經義記』卷六「造毘伽羅論、此名記論。辨明一切音聲名字章句等法」（大正三七・七八四上）。なお圓弘および『妙法蓮華經論子注』については大竹晉校註［二〇一一］所收「『妙法蓮華經憂波提舍』解題」（一一九頁）、金天鶴［二〇一二］［二〇一四a］を參照。

(51) 義天の章疏收集と義天錄の編纂、續藏經の開版等の詳細について、大屋德城［一九八八（一九二六）］第五章第十三節「續藏開雕の成否に就て」、同［一九八八（一九三七）］第四章「義天の教藏蒐集」・第五章「新編諸宗教藏總錄の編成」・第六章「續藏の雕造」・第七章「續藏の傳播」を參照。また義天の生涯と思想との全體像について、朴鎔辰［二〇一一］を參照。

(52) 朴奉石［一九三四］（三六―三七頁）、江田俊雄［一九七七（一九三六）］（三一一―三一二頁）、大屋德城［一九八八（一九三七）］（五六頁、七七―七八頁）・［一九八八（一九三八）］「小引」（二［四］頁）、林錫珍編［一九六五］（一九三頁）、村上明也［二〇一六］を參照。なお筆者が東國大學教授の崔鈆植氏を通じて松廣寺に照會したところ、現在、辯空『大般涅槃經義記圓旨抄』の殘卷は所在不明であるとのことであった。
(53) 上注（35）を參照。
(54)『國家圖書館藏敦煌遺書』所收。國際敦煌プロジェクト（International Dunhuang Project, http://idp.bl.uk/）のｗｅｂサイトにおいて畫像が公開されている。
(55)『國家圖書館藏敦煌遺書』所收。
(56)『俄藏敦煌文獻』所收。
(57)『國家圖書館藏敦煌遺書』所收。
(58)『敦煌寶藏』所收
(59) 石谷風［一九九二］（二九頁）所收。なお「二六」という番號は『大藏經對照目錄Ⅱ　大正藏・敦煌出土佛典對照目錄暫定第三版』による。
(60)『俄藏敦煌文獻』所收。
(61)『法藏敦煌西域文獻』所收。國際敦煌プロジェクトのｗｅｂサイトにおいて畫像が公開されている。
(62)『敦煌寶藏』所收。
(63)『敦煌寶藏』所收。
(64)『敦煌寶藏』所收。矢吹慶輝［一九八〇（一九三〇）］（影印三四）・［一九八〇（一九三三）］（一〇七―一〇八頁）を參照。
(65) 拙稿［二〇一三］（一七五―一七九頁）を參照。
(66) 注釋對象の經文は北本『大般涅槃經』壽命品「如被彼火人、爲慚愧故、以衣覆身。以是善心、生忉利天。復爲梵王、轉輪聖王。不至惡趣、常受安樂。汝亦如是。善覆如來有爲相故、於未來世必定當得三十二相八十種好、十八不共法、無量壽命。不在生死、常受安樂。不久得成應正遍知」（大正一二・三七四中。南本純陀品、大正一二・六一四上）。
(67)「十」は殘劃から推定。
(68) 坂本廣博［一九七八］（二九六頁）を參照。

(69) 布施浩岳［一九七三（一九四二）］（後篇、六三〇—六三一頁）を參照。なお法寶『涅槃經疏』に關する書誌學的考察として、池内宏［一九二二］［一九二四］、大屋德城［一九八七（一九二四）］を參照。また法寶『一乘佛性究竟論』にも慧遠『大般涅槃經義記』の影響がみられることについて、小野嶋祥雄［二〇一一］（七一頁）を參照。

(70) 布施浩岳［一九七三（一九四二）］（後篇、五〇六頁）、坂本廣博［一九七二］（二〇九頁）を參照。

(71) 坂本廣博［一九七二］（二一〇—二一一頁）・［一九七三］（一一六—一一七頁）・［一九七八］（二九八頁）、木村宣彰［二〇〇九（一九七八）］（四四八—四四九頁）を參照。なお坂本廣博氏は道暹『涅槃經疏私記』が慧遠『大般涅槃經義記』を「澤州」として引用する全五〇例のうち四五箇所について道暹『涅槃經疏私記』と慧遠『大般涅槃經義記』との對應箇所を提示した上で、殘りの五箇所については慧遠『大般涅槃經義記』に相當する内容が見當たらないことを指摘している。坂本廣博［一九七三］（注一〇）を參照。

(72) 村上明也［二〇一五］［二〇一六］を參照。

(73) 旅順博物館・龍谷大學 共編［二〇〇六］（一四八頁）、橘堂晃一［二〇〇六］（九六頁）を參照。

(74) 以下に記述する内容以外の書誌的事項については『フランス國立圖書館所藏ペリオ將來敦煌漢文文獻目錄』第一卷の當該項を參照。

(75) 慧遠『大乘義章』十功德義「十功德義、出『涅槃經』」（大正四四・七五一中）。

(76) 北本『大般涅槃經』光明遍照高貴德王菩薩品「是爲菩薩修大涅槃、具足成就第二功德」（大正一二・五〇六上。南本、大正一二・七四九下）。

(77) 『成實論』六通智品「有說、辟支佛欲知見諦道中第三心、即見第七心。聲聞欲知第三心、即見第十六心。此不名知見諦道耶」（大正三二・三六九下）に基づく。慧遠『大乘義章』賢聖義（大正四四・八〇八中）も參照。

(78) 『續高僧傳』釋慧遠傳「四字成句、綱目備擧、文旨允當、罕用擬倫」（大正五〇・四九一下）。古泉圓順［一九八六］（三〇頁）を參照。

(79) 「光來」、續藏本は「□□」とする。

(80) 「從」、續藏本は「仗」に作る。

(81) 「寂」、續藏本は「窮」に作る。

(82) なお續藏本・大正藏本は「故非長短方圓尖斜」（大正三七・七九二下。續藏一・五六・一、二二右上）に作る。

(83) 北本『大般涅槃經』光明遍照高貴德王菩薩品「佛及菩薩雖有五眼、所不見故」(大正一二・五一三上)。南本、大正一二・七五七上)。

(84) 北本『大般涅槃經』光明遍照高貴德王菩薩品「因是五見、生六十二見」(大正一二・五一五上)。南本、大正一二・七五九上)。

(85) 北本『大般涅槃經』光明遍照高貴德王菩薩品「云何菩薩守護一事、謂菩提心」(大正一二・五一五上)。南本、大正一二・七五九中)。

(86) 佐藤哲英［一九七七］(一〇〇―一〇一頁)、本書所收の岡本一平「淨影寺慧遠の『別章』について」を參照。

(87) 大正藏本の慧遠『觀無量壽經義疏』末にも同じ例がある。「迴向之義廣如別乘」(大正三七・一八四下)。

(88)『大般涅槃經義記』卷七の次の用例は示唆的である。「涅槃大小、此應具辯、經文言廣、故留在後、此略不論」(大正三七・七九三中。續藏一・五六・一、二二左下)。なおP二一六四寫本は「經文言廣」を「辯言廣」(P二一六四・三〇一行)に作り、續藏本の頭注によれば異本は「俱辯言廣」に作る。

(89) なお「六通義」に對する參照指示は慧遠のほかの著作にも次のように出る。

・『十地義記』卷四末「六通之義、廣如別章」(續藏一・七一・三、二五八左上)。

・『涅槃經義記』卷五「辯中、宣說五通爲體。義如別章」(大正三七・八〇二上)。

・『維摩義記』卷一末「言六通者、身通天眼天耳他心宿命漏盡、是其六也。言三明者、宿命天眼及以漏盡。亦如別章」(大正三八・四四四中下)。

・『維摩義記』卷二末「六通之義、如廣(→廣如)別章」(大正三八・四六四下)。

・『無量壽經義疏』卷上「通別有六。所謂身通天眼天耳他心宿命及與漏盡。廣如別章」(大正三七・九四上)。

・『觀無量壽經義疏』末「言六通者、所謂身通天眼天耳他心宿命及與漏盡。成(→廣)如別章」(大正三七・一八五中)。

(90) 現行本『大般涅槃經義記』卷一下に五眼の名稱が出るが、そこでも詳細は「別章」を參照するよう指示されている。「五眼之義、亦如別章」(大正三七・六二二下)。

(91) なお「發菩提心義」に對する參照指示は慧遠のほかの著作にも次のように出る。

・『十地義記』卷二末「發心之義、廣如別章」(續藏一・七一・二、一九四左上)。

・『維摩義記』卷二末「菩提心義、廣如別章」(大正三八・四五八下)。

・『無量壽經義疏』巻上「菩提心義、廣如別章」（大正三七・一〇一中）。
・『觀無量壽經義疏』本「菩提心義、廣如別章」（大正三七・一七八中）。
(92)『大乘義章』金剛三昧義「金剛三昧、出『涅槃經』」（大正四四・六三七下）。
(93)『大乘義章』五眼義「五眼之義、諸經多說」（大正四四・八五一下）。なお「五眼義」に對する參照指示は慧遠のほかの著作にも次のように出る。
・『十地義記』巻三末「五眼之義、廣如別章」（續藏一・七一・三、二二七中）。
・『涅槃經義記』巻一下「五眼之義、亦如別章」（大正三七・六三二下）。
・『維摩義記』巻二末「五眼是解、義如別章」（大正三八・四五八中）。
(94)『大乘義章』六十二見義「六十二見、出『長阿含』梵動經中」（大正四四・五九五下）。なお「六十二見義」に對する參照指示は慧遠『維摩義記』巻三末にも出る。「其第十一、六十二見以爲佛種。廣如別章」（大正三八・四八八上）。
(95)本書所收の岡本一平「淨影寺慧遠の『別章』について」を參照。
(96)ほかにも、たとえば北本『大般涅槃經』の「云何生生不可說。生生故生、生生故不生、亦不可說」（大正一二・四九〇中。南本、大正一二・七三三下）という經文に對し、大正藏本はまず「以前生相破後法生、成不可說。……『不可說』者、以不生故不可說生」（大正三七・七九〇上二―八）と最初の解釋を述べた後、さらに「亦可前後二生倶破。……『不可說』者、前後二生皆不可說」（大正三七・七九〇上八―一二）と第二の解釋をも示しているが、この第二の解釋はP二一六四寫本には存在しない。したがって、やはりP二一六四寫本は現行本『大般涅槃經義記』よりも一段階前に位置するテクストであると考えられる。なお續藏本は「亦可前後二生倶破」以下の一節を『大般涅槃經』の經文「云何生不生不可說。生卽名爲生、生不自生、故不可說」（大正一二・四九〇中。南本、大正一二・七三三下）に對する注釋のなかに置くが（續藏一・五六・一、一九右下九―一二）、錯簡である。
(97)「夫」は殘劃から推定。

【附記】
脱稿後、龍谷大學大宮圖書館および京都大學附屬圖書館において寫本調査を行い、本稿第三節（4）の表4に擧げた③「涅槃義記　十巻」が大正藏本『大涅槃經義記』の底本であり、表5に擧げた「涅槃經義記　十巻」（藏／一四／ネ／二）が續藏本

『大般涅槃經義記』の底本であることを確認した。調査の詳細については別稿で報告することとしたい。

一四　敦煌遺書にみられる淨影寺慧遠『地持義記』の研究[1]

――【附錄】敦煌本『地持論義記』標校

馮　煥珍

はじめに

二〇一五年秋、韓國金剛大學佛敎文化研究所・池田將則氏からの書簡により、筆者は、今回の「地論宗文獻と淨影寺慧遠」という國際學術檢討會へ招聘していただいた。池田氏は地論敎學研究の專門家であり、筆者が十年前に慧遠の思想の研究書として出版した拙著『回歸本覺――淨影寺慧遠的眞識心緣起思想研究』をご存知であった。同時に、その書において筆者が敦煌遺書中の慧遠『地持義記』殘卷について簡單な考察を述べていたことから、池田氏は筆者が當該文獻の研究を繼續することを希望された。しかし、筆者は「天台と華嚴における敎觀思想の比較研究」という國家社科基金課題をすすめていたため、兩者の結合も視野にいれていることを池田氏に傳えた上で、「今回のシンポジウムでは」「地論學と華嚴宗の敎判思想の異同」という論文を書くことにした。ただし、同時に、シンポジウム開催の時期では、研究テーマの變更がある可能性も知らせていた。

筆者はすぐさま材料をあつめて論文作成の準備に取りかかった。しかし、テキストを讀み込むにしたがって、とりわけ池田氏がその整理に參加し、私に寄贈していただいた地論學派文獻集成を閲讀した後は、地論學派文獻の來源の多樣さや關係の複雜さに壓倒され、思想とその傳承關係について明解かつ信賴しうる仕事をすることは困難に思えた。そこで、池田氏が筆者に希望されたテーマに變更して研究をすすめた。本論文は、拙著において考察したことがらを基盤に、敦煌遺書の『地持義記』殘卷の作者およびその意義について、全體的に考察したものである。同時に、『法藏敦煌西域文獻』第六册所收のマイクロフィルムにもとづき、對象となる殘卷を新たに對校するとともに、『大正藏』第八五卷所收のテキストも校訂した。

一　淨影寺慧遠の著述とその殘存狀況

地論教學が興起、隆盛したおよそ百年のあいだ、南北道の多くの地論師たちは多くの佛教文獻を著述したが、現在まで經藏に傳えられているものは多くない。もとより、地論教學の多くの文獻は華嚴宗が興る頃にはすでに散佚していたが、その一方で、少なくはない地論教學文獻が大藏經外に散在しており、我々はそれらを發見し、解讀し、校訂する必要がある。そのため、地論教學研究においては、文獻の蒐集・考證・整理が、困難ではあるが緊急な任務であり、さもなければ、地論教學の歴史・思想や隋唐期の中國佛教に及ぼした影響についてより明確にすることはできない。ありがたいことに、國際的なレベルでは、學者たちが繼續してこれらの仕事に注意してきた。早くは、日本の荒牧典俊・石井公成・青木隆氏らがこの分野を切りひらき、近年では、韓國金剛大學校佛教文化研究所の研究者たちがその後に續き、「中國南北朝から隋唐にかけて隆盛した地論思想に注目」し、「地論思想研究のより一層の發展のためには地論宗文獻の佚文のさらなる蒐集が必要であると認識」し、『藏外地論宗文獻集成』『藏外地論宗文獻集成 續集』の二書を出版した(2)。これまで集められた最も豊富な地論教學文獻の集成であり、われわれが地論教學にたいする理解を深め、全體的な認識を得るためには必携のものである。

淨影寺慧遠（以下、慧遠）は、地論學派における最重要人物である。『大般涅槃經義記』『華嚴經疏』『法華經疏』『金剛般若經疏』『維摩經義記』『勝鬘經義記』『無量壽經義疏』『觀無量壽經義疏』『溫室經義記』『金光明經義疏』『十地經論義記』『大乘起信論義疏』『地持論義記』『金剛般若論疏』『大乘義章』といった多くの著作をあらわし、隋唐佛教の展開に多大な影響をあたえた。

慧遠の著作については、「表1　完存」「表2　一部散佚」「表3　散佚」の三種類に區分できる。［※以下の三つの表は原文では文章形式で記されているが、閲讀の便のため譯者が表の形式に改めた。］

表1　完存

	名稱	巻數にかんする經錄等の記載
一	『大般涅槃經義記』	道宣『續高僧傳』請巻八の「慧遠傳」は十巻と記す。[3] 圓珍『智證大師請來目錄』（八五八）は『義記』十巻・『科文』一巻と記す。[4] 安遠『三論宗章疏』（九一四）は十巻を本末に分けて二十巻と記す。 永超『東域傳燈目錄』（一〇九四）は「本末成二十巻、四百紙」と記す。[5] 十巻をあわせて二十巻に分けたものが傳本。 高麗義天『新編諸宗教藏總錄』（一〇九〇）の記載巻數は道宣と同じ。[6]
二	『維摩經義記』	道宣は巻數を明らかにしていない。 永超・義天は四巻と記す。 四巻をあわせて八巻に分けたものが傳本。
三	『無量壽經義疏』	道宣は巻數を明らかにしていない。 永超・義天は一巻と記す。 一巻を二巻に分けたものが傳本。
四	『觀無量壽經義疏』	道宣は巻數を明らかにしていない。 安遠・義天は一巻と、永超は『玄義』と『疏』それぞれ一巻と記す。 傳本は二巻。

上記の記載から知られるように、慧遠の著作のうちわずか六部のみが現在は完存のかたちで残っている。［散

五	『溫室經義記』	道宣は卷數を明らかにしていない。 永超・義天は一卷と記す。 傳本は一卷。
六	『大乘起信論義疏』	道宣はこの典籍に言及しない。 圓超『華嚴宗章疏幷因明錄』（九一四）および義天は、ともに二卷と記す。 安遠は二卷六十九紙と記す。 永超は二卷九十紙と記す。 二卷をあわせて四卷に分けたものが傳本。

表2　一部散佚

	名稱	卷數にかんする經錄等の記載
一	『十地經論義記』	道宣・圓超は七卷と記す。 義天は十四卷と記す。 傳本は本末十四卷である。[7] 卷九以降の六卷分が散佚。
二	『地持論義記』	道宣は五卷と記す。 義天は十卷と記す。 傳本は本末十卷である。卷一上下・卷二上下・卷三上・卷四下・卷五上の七卷分が散佚。
三	『勝鬘經義記』	永超は二卷七十紙と記す。 義天は三卷と記す。 傳本は上卷のみ。
四	『大乘義章』	道宣は十四卷と記す。 圓超・安遠・永超は二十卷と記す。[8] 義天は十四卷もしくは二十八卷と記す。[9] 現存二十六卷、散佚は二卷もしくはそれ以上。

表3　散佚

	名稱	巻數にかんする經錄等の記載
一	『法華經疏』	永超は七巻と記す。
二	『金剛般若經疏』	永超は一巻と記す。
三	『金光明經義疏』	永超は一巻と記す。
四	『華嚴經疏』	道宣は七巻と記す。 圓超・永超の記載する巻數は同じであるが、ともに「未成未講」とある。[10] 義天は八巻もしくは四巻と記し、「慧遠述、辯相續修」とも述べる。[11]
五	『金剛般若論疏』	永超は三巻と記す。

佚した巻數としては、」「表2　一部散佚」では少なくとも十六巻、「表3　散佚」では少なくとも二十巻が散佚しており、合計では少なくとも三十六巻が散佚している。慧遠の著作は散佚がはげしく、輯佚の仕事をすすめてゆく必要がある。

二　慧遠の著作における輯佚の狀況と敦煌本『地持義記』校訂

日本の佛教學界では、慧遠の散佚文獻について、蒐集と考證の仕事がすすめられており、一定の成果をあげている。たとえば、藤井敎公氏は、法藏敦煌西域文獻中のP三三〇八とP二〇九一という『勝鬘經義記』の殘巻について、慧遠『勝鬘經義記』下巻の佚文であると考證した。[12]それらは校訂を經て公開され、大藏經に收載されている。[13]また、辻森要修・佐藤哲英・岡本一平・菅野博史氏は、英藏敦煌西域文獻S二五〇二『仁王經疏』が、慧遠の『仁王般若經疏』であると推定している。筆者もかつて『回歸本覺』において彼らの結論を依用し、「慧遠が『仁王般若經疏』一卷を著した」と述べたことがある。[14] しかし、この研究成果にたいして、最近では池田氏の批判があり、池田氏は中國國家圖書館藏敦煌遺書BD〇六三七八V二『仁王疏』殘巻について、以下の見解を提示している。

・『仁王疏』と慧遠『觀無量壽經義疏』の間の密接な關係性を肯定したとしても、兩書を同一の文獻とみなすことは妥當ではない。[15]
・隋文帝開皇一九年（五九九）に書寫されたS二五〇二『仁王經疏』は『仁王疏』と同一の文獻ではない。『仁王經疏』と慧遠『維摩經義記』が内容的にきわめて近いことにもとづき、『仁王經疏』を慧遠の著作とみなすことはできない。

上記にもとづき、池田氏は「『仁王疏』と開皇一九年書寫『仁王經疏』とのいずれについても、撰者は未詳としておきたい」[16] と述べる。それゆえ、これらの文獻が慧遠の散佚文獻なのか、さらに研究をすすめる必要がある。本論文で考證するのは、敦煌遺書に殘され、長い間知られていなかった慧遠『地持義記』の殘巻である。慧遠の『地持義記』は、『地持論義記』とも稱され、『菩薩地持論』を注釋したものである。長らく、巻三下・巻四上・巻五下の三巻が傳本とされてきたが、十年前、筆者が慧遠の思想を研究對象とした博士論文を執筆していた際、臺灣新文豐出版公司影印本『敦煌寶藏』の中から、『地持義記』という題名を冠し、P二一四一V〇と號された殘巻（以下、「敦煌本『義記』」）[17] を發見した。すぐさま綿密な調査をおこない、正しくは慧遠の『地持義記』の一部であると考えるにいたった。當該文獻は高楠順次郎・渡邊海旭氏らが編輯した『大正新脩大藏經』第八五巻[18] にすでに收載されているが、慧遠の佚文とはまだ判定されておらず[19]、文體や思想、敦煌本『義記』における表現、傳本『地持義記』の内容との關連性といった面から考證をおこない、學界にむけてその成果を積極的に公表し、専門的に取りあげた論文を提示する必要があると判斷した。そして、金剛大學佛教文化研究所が中心となった「地論宗文獻と淨影寺慧遠」國際學術研討會の開催、これこそ敦煌本『義記』について専門的な論文を提示する最も良い機會だと考え、僭越ながら、『法藏敦煌西域文獻』中のＰ二一四一Ｖ〇のマイクロフィルムにもとづき、これまで拙著の中で展開した考證[20]もあわせてまとめたのが本論文である。専門家の方々にご批正いただければ幸甚である。

敦煌本『義記』は三五枚のフィルムがあり、Ｐ二一四一と號された『大乘起信論略述』殘卷の紙背に書寫されている。［敦煌本『義記』の］殘卷の卷首は缺けているが、卷尾は現存している。本文一頁は、一行三一字×三一行、合計八一三行であり、約二五二〇〇字から成る。文尾には「『地持義記』卷第四」の七文字があり、當該寫本の題名と卷帙をはっきりと示している。「沙門善意抄寫受持、流通末代」という卷尾の記載からは、書寫した人物についての簡單な情報を讀み取ることができる。

敦煌本『義記』の書寫年代について、書寫した人物である善意は歴史資料で言及されておらず、この觀點から判定はできない。ただし、［紙正である］『大乘起信論略述』の抄錄年代から敦煌本『義記』の上限については確定が可能である。『大乘起信論略述』は曇曠法師が自らの『大乘起信論廣釋』を節略してできたもので、前者には「建康沙門曇曠」、後者には「京西明道場沙門曇曠」という署名があり、ここから兩書ともに曇曠のものであると知られる。曇曠法師の著述は多く、前掲二書のほか、『金剛般若經旨贊』『大乘百法明門論開宗義記』『大乘入道次第開決』などがある。これらの著作はみな日本の佛教學者が敦煌遺書中から發見したものであり、翻刻や校訂を經て『大正藏』第八五卷に收載されている。この曇曠が、貞觀十六年（六四二）に洛州で慧滿禪師が會った曇曠[21]と同一人物かは分からないものの、『大乘起信論略述』卷上末の「寶應貳載玖月初於沙州龍興寺寫訖」という卷尾の記載[22]からは、沙州（現在の甘肅省敦煌）において、唐・代宗の寶應二年（七六三）に、この文獻が書寫されたということがはっきりと分かる。それゆえ、敦煌本『義記』の書寫年代は七六三年より早くはなく、中唐時代の寫本に屬するものである。(23)

敦煌本『義記』の書寫形式について、「善意抄寫受持、流通末代」という記載からは、善意は自らが受持するために書寫したのではなく、「流通末代」のために書寫したのであり、彼の書寫形式は要抄（受持者が重要だと判斷した文字のみの書寫）ではなく、節抄や略抄（受持者にとって必要な文字のみの節略）でもなく、對抄（原文を對照させての書寫）であると考えられる。敦煌本『義記』の書寫形式という點においては、次の特徴を指摘することができる。

一、敦煌本『義記』は楷書體で書寫しており、書寫速度の向上ということを除いて考えれば、文字を正確に保存するためと考えられる。

二、改行がある場合はすべて上詰めで書寫されている。また、同段落内で、法義が新たに立てられる場合は、一定の空白がきちんと設けられている。これらは原本を遵守しようとする志のあらわれであると考えられる。

三、誤寫した箇所については、おしなべて、書寫した善意が一つ一つ訂正をほどこしており、このこともまた寫本と原本との一致を保證するためと考えられる。

以上のことから、敦煌本の『義記』は原本にきわめて近いかたちの寫本であると推定しうる。

さて、敦煌本『義記』の作者について、筆者が慧遠であると考える理由は以下のとおりである。

第一に、敦煌本『義記』は、慧遠のその他著作の文體との一致度がきわめて高い。慧遠が文章を作成する際に「四字成句」の文體を好むことについては、道宣が特に指摘しており、(24)現存する慧遠の著作にも明確にこれらの特徴は確認される。そして、敦煌本『義記』においてもこの特徴は突出している。たとえば以下のとおりである。

自下第三、就性無常、觀察同時、同體四相、以同體相、顯性無常。還初明法、後辨觀行。法中初略、後廣顯之。就前略中、「此四有爲、略說有二」、牒以擧數、牒上前後、異時四相、就之以辨、同體四相。同體相中、要攝爲二、前三爲一、滅相爲一、故有二也。此二遍通。前四相中、「有性無性」、列其名字。［本書五一〇頁］

ここでは、［特徴を際立たせるため、］文體におうじて標點している（後の錄文は必ずしもこの標點法を採らない）。實際、敦煌本『義記』では全體をとおして「四字成句」の文體によって標點をほどこすことが可能である。

第二に、慧遠の著作において多く使用される、『大乘義章』にかんする教義を參照するよう讀者に注意を喚起する表現が敦煌本『義記』には頻繁に出現する。慧遠の『大乘義章』は佛敎百科全書とでもいうべき著作であり、道宣はこの書について「佛法綱要盡於此焉」[25]と評價する。慧遠はこの書を誇っており、經論の注釋の中で、『大乘義章』で立項する法義とかかわる場合は、關連する條目を讀者に參照するようにつねに指示している。たとえば、『大般涅槃經義記』（四二回）、『維摩經義記』（三五回）、『無量壽經義疏』（八回）、『觀無量壽經義疏』（八回）の例がある。『大乘起信論義疏』のみ『大乘義章』に觸れない[26]。敦煌本『義記』も同樣であり、殘卷全體およそ二五二〇〇字の中ですら、少なくはない用例が確認される。たとえば、「道品」「八戒齋」「陀羅尼」「三三昧」「優檀那」「無常」「二無我」「涅槃」などの法義について言及する際、「義如別章」「廣如別章」「廣如別章、此應具論」「義如別章、此應具論」といった、『大乘義章』を讀者に參照させる表現が八箇所あり、［殘卷の分量からすれば］多いといえるであろう。

なお、當時、『大乘義章』と似た類の著作をあらわした人物をかんがえれば、慧遠以外にも、道辨[27]・曇無最[28]・法上[29]・寶瓊[30]・慧覺[31]・靈裕[32]などの人物がいる。道辨・曇無最・寶瓊の三名は『地持論義記』を撰述していないため、敦煌本『義記』の作者と考えることはできない。慧光撰述の『大乘義律義章』も戒律の名相を專門に注釋した著作であり[33]、彼もまた敦煌本『義記』の作者ではない。『大乘義章』［に類した著作］を撰述し、さらに『地持論』

の注釋も著した人物としては、法上と靈裕の二人である。しかし、法上と靈裕の著作は今まで發見されていない。『地持論』についての彼らの注釋書に、〔慧遠の『大乘義章』を參照させるような、〕『大乘義章』との協調一致關係があるとは想定しがたい。〔協調關係というよりは、〕せいぜい、慧遠の著作に彼の業師である法上の影響が少なからず存在するという程度であろう。

さらに重要なのは、〔敦煌本『義記』と『大乘義章』の〕兩書には、たがいに呼應し、補充しあう關係があるということである。敦煌本『義記』は、「陀羅尼」を解釋する際、「陀羅尼者、是外國語、比翻名持、持法不妄、故名爲持」と述べ、「有四數也、細分無量、一門說四。名中應先廣釋其義、義如別章」とする。『大乘義章』の「陀羅尼」條の說明は、以下のとおりである。

四陀羅尼、出『地持論』。陀羅尼者、是中國語、此翻名持、念法不失、故名爲持。持別不同、一門說四。四名是何？ 一、法陀羅尼。二、義陀羅尼。三、呪術陀羅尼。四、忍陀羅尼。(34)

上記につづいて、敦煌本『義記』は陀羅尼の教理的說明として次のようにいう。

此四猶是聞・思・修・證。法謂聞慧、能持敎法。義謂思慧、能持諸義。言「呪術」者、修慧用也、以得禪定、修慧自在、能用呪術、呪術不妄、故名呪術陀羅尼也。忍謂證智、證心安法、故名爲忍。〔本書五〇六頁〕

『大乘義章』の記述も對應している。

次約聞・思・修・證分別。四中初一是其聞慧、持敎法故。第二義持是其思慧。第三呪術依禪而起、攝末從本、是其修慧、一切禪定修慧攝故。第四忍持是其證行、證心住理、說爲忍故。[35]

このように、同一の用語を説明する際に兩書が思想的にも接近していること、これはゆるがせにできない一つの實例であろう。

第三に、敦煌本『義記』と慧遠のその他の著作の文體は、同一人物の手によるかの如くである。このことは、「三句」の文字についての兩書の對應を確認すれば一目瞭然である。『大乘義章』の「優檀那義」條では次のようにある。

苦義有三、所謂苦苦・壞苦・行苦。辨此三苦、略有四門。一、對緣分別。第二、約緣就體分別。三、約三種無常分別。四、諸過相顯。言對緣者、緣別内外、内謂自心。外者、所謂刀杖等緣。外中復二、一違二順。違者、所謂刀・杖等事、一切苦具。順者、所謂己身・命・財・親戚之類。苦緣別如是。從彼違緣而生苦者、名爲苦苦。刀杖等緣、能生内惱、從其所生、說名爲苦、從苦生苦、故云苦苦。從彼順緣離壞生惱、名爲壞苦。内心涉境、說名爲行、緣行生厭、厭行生苦、故云行苦。第二約就體別者、心性是苦、依彼苦上加以事惱、苦上加苦、故云苦苦。就斯以論、向前三苦、至此門中、通名苦苦、謂性苦上加前苦苦・壞苦・行苦、通名事惱。有爲之法念念生滅・無常敗壞、故名壞苦。卽此有爲、遷流名行、行性不安、故云行苦。言約三種無常別者、就彼三世分段無常宣說苦苦。心性是苦、於此苦上加彼三世分段麤惱、名爲苦苦。又以三世分段麤苦顯法性苦、亦名苦苦。就念無常宣說壞苦、卽是向前第二門中行壞兩苦、至此門中同爲壞苦。就彼自性不成無常宣說行苦、同體四相共相集起、目之爲行。慮集之行、體無自性、行性無安、故名行苦。所言諸過互相顯者、過有三種、謂苦・無常及與無我、以苦顯苦、名爲苦苦、此以事苦顯有爲法性是苦也。無常故苦、名爲壞苦。無我故苦、名爲行苦、以法無我、因緣虛集、故云行也。[36]

敦煌本『義記』も同一の教義に言及し、以下のように述べる。

三苦之義、解有四種。一、約縁分別。縁別内外、内心涉求、名之爲内。刀杖等縁、説以爲外。外有違順、刀杖等違、己身・命・財・親戚等順。外中違縁能生内惱、名之爲苦。從斯苦縁、生於心苦、從苦生苦、故名苦苦。從彼順縁離壞生苦、名爲壞苦。内心涉求、名之爲行、厭行生苦、故名行苦。第二、就體約縁分別。心性是苦、於此苦上加以事惱、苦上加苦、故名苦苦。加何等苦？ 如前門中、對縁三苦、通名苦苦。有爲之法念念遷流、無常滅壞、遷流不安、名爲行苦。無常滅壞、名爲壞苦。三、約三種無常分別。以彼三世分段麤苦顯法細苦、名爲苦苦。彼念無常遷流滅壞、名爲壞苦。彼性無常同體四相因縁虚集、名之爲行。虚集之行、體無常性、行性無安、故名行苦。四、諸過相顯、彼苦、無常及與無我互相顯示。於此三中、以苦顯苦、名爲苦苦、謂以麤苦顯於細苦。無常顯苦、名爲壞苦。無我顯苦、名爲行苦、虚集之行性無安故。

〔本書五一二～五一三頁〕

兩書とも「三句」についての解説において、思想的に完全に一致しているのみならず、用語もほぼ同様である。なお、各門の配列順序における兩書の差異については、『大乘義章』と『義記』に一貫した様式の相違であると筆者は考えている。先に名相を概略的に説明し、その後で各門の解釋を個別に一つ一つすすめてゆく、これは『大乘義章』に一貫した様式である。一方、［注釋書という性格上、］『義記』は［經論の］文句にしたがって解釋をおこない、このことが直接的に配列を決定づける。それゆえ、兩書が同一人物の手によるものであるということにたいして、この［配列順序の］相違は影響をあたえはしない。

もちろん、「［『維摩疏』が慧遠『維摩義記』とほぼ一致する内容を持ちながらも明らかに別人の著述であることなどを考えあわせると、］注釋内容が共通するからといって、ただちにそれを慧遠の撰述とみなすことはできない」[37]という池田氏の指摘にも注意すべきであり、地論學派に屬する他の人物が慧遠と同様の思想を有しており、さらには慧遠と同じような文體や用語によってその思想を表現したということも可能かもしれない。しかし、筆者にはもう一つの論據がある。敦煌本『義記』と傳本の慧遠『地持論義記』における、テキスト構成上の密接な關連性である。敦煌本『義記』には文尾に「『地持義記』卷第四」とあり、このテキストが『地持義記』の第四卷に屬することを示している。傳本の慧遠『地持論義記』の卷帙には本末の區分があり、現存しているのは第四卷の上卷である。注釋は『菩薩地持經』卷六「方便處慧品」からはじまり、卷七「方便菩提分品」の「菩薩菩提具」を注釋する冒頭の箇所、すなわち「自下第三明菩提具、先問後釋。釋中初擧、次列兩名、後指前說、下辨優劣」で終わっている。

傳本の慧遠『地持論義記』卷四上の内容からは、『菩薩地持經』卷七「方便菩提分品」のテーマを、教えのとおりに菩薩が修行する一一の法門にまとめていることが分かる。つまり、「一、明四依。二、四無礙。三、菩提具。四、明道品。五、明諦觀。六、明止觀。七、明巧便。八、陀羅尼。九、明諸願。十、三三昧。第十一門、明優檀那[38]」である。敦煌本『義記』は「發……。下對釋之。應先解釋『道品』之義、然後釋文」とはじまり、これは第四門「道品」の文字の注釋に屬すと考えられ、「敦煌本『義記』の」卷首相當箇所で缺けているのは、「菩薩菩提具」の經文部分を注釋する箇所であろう。ちなみに、『菩薩地持經』本文における「菩提具」の全文は次のとおりである。

云何菩薩菩提具？　當知二種。一功德具、二智慧具。此二種具、廣說如「自他品」。又功德智慧具、菩薩初阿僧祇劫名爲下、第二爲中、第三爲上[39]。

上記の『菩薩地持經』本文から知られるように、敦煌本『義記』卷四下が缺く「菩提具」にかんする注釋箇所の分量は多くはない。［敦煌本『義記』と慧遠『地持論義記』の］兩書の關連性は確定的なものであろう。

これまで述べてきたいくつかの例をあわせれば、敦煌本『義記』が傳本の慧遠『地持論義記』巻四下のほぼすべてに相當することを、十分に證明できたと思われる。慧遠が『菩薩地持經』の「初方便處菩提分品」から「次法方便處菩薩相品」の三品をすべて注釋し、それが意外にも敦煌遺書中に整ったかたちでほとんど保存されていたことを確信し、この上ない幸運だと喜んでいる。

三　敦煌本『義記』の價値

敦煌本『義記』は、少なくとも以下に述べるいくつかの面においては價値を有している。

まず、敦煌本『義記』は、慧遠『地持論義記』のさらなる佚文の發見や校訂において參照すべきテキストである。傳本の慧遠『地持論義記』巻四上と巻五下の閒には、［散佚した］巻四下と巻五上の兩巻があるが、兩巻の始めと終わりについては確定しがたい。しかし現存する敦煌本『義記』によってこの問題はたやすく解決しうる。上記のみならず、敦煌本『義記』は、慧遠『地持論義記』の校訂やその他の散佚した巻についても重要な文獻學的價値を有している。

次に、敦煌本『義記』は、慧遠『大乘義章』をよりよく校勘する一助となる。慧遠の『大乘義章』は教法・義法・染法・淨法・雜法の五聚によって構成され、佛教百科全書ともいうべき著作であり、この重要な典籍によって、我々は慧遠の思想や南北朝隋唐佛教を研究し、さらには佛教知識を學習することができる。「竝陳綜義差、始近終遠、則佛法綱要盡於此焉、學者定宗不可不知也(40)」とは、この書を讚歎する道宣律師のことばである。陳寅恪氏も、「六朝の時代、數百年閒にわたる南北兩朝の諸家宗派の學説の異同を網羅した人物は、ほかでもない慧遠その人である……彼の著書『大乘義章』こそ六朝佛教の總集、道宣のいう「佛法綱要盡於此焉」である(41)」と大いに讃歎している。しかし、同書の傳本は草書によって書寫されているため、解讀がむずかしく、「草書惑人、傷失之甚、傳者必眞、愼勿草書」と校勘にあたった人たちを嘆かせている。『大乘義章』の精巧な校勘本が出來上がれば、學界の發展に資すること大であろう。『大乘義章』の校勘に際しては、寫本や抄本、和刻本などを主とすべきであることはいうまでもないが、『大乘義章』と慧遠のその他の注釋書は、たがいに呼應し、補い合う關係であり、敦煌本『義記』［と『大乘義章』］との關係も同樣である。したがって、敦煌本『義記』を慧遠の著作にふくめて『大乘義章』の校讎をすすめれば、『大乘義章』のよい校勘本を手にすることができる。[42]

最後に、敦煌本『義記』は、慧遠の思想と南北朝隋唐佛教の展開を考える上で貴重な新文獻である。慧遠の『地持論義記』は『菩薩地持經』の注釋書である。『菩薩地持經』はまたの名を『菩薩地持論』ともいい、四一四～四二六年の間に北涼の曇無讖が譯出した。同本異譯として、劉宋の求那跋陀羅が元嘉年間（四二四—四五三）に譯出した『菩薩善戒經』が存在する他、玄奘譯『瑜伽師地論』巻三十五「種姓品」から巻五十「建立品」すなわち本地分と菩薩地持分も同本異譯である。ただし、後者は、佛教徒が菩薩道を修學する上での核心的内容である菩薩地持分の第四持「發正等菩提心」の一品を缺く。『菩薩地持經』が譯出されて以降、その中に含まれる戒律にかんする箇所は長期にわたって重要視されていたものの、經典全體としては六世紀のはじめに地論學派が興ってようやく注目を集めるにいたった。[43]

慧遠の時代の前後、『十地經論』が地論學派所傳の根本論書となるにしたがい、佛教界とりわけ地論學派内において、『菩薩地持經』を研究・高揚する一つの風潮が次第に形成されてゆく。慧遠の「隨講出疏［講義にもとづいて著された注疏］」をのぞけば、慧遠以前の慧光（四六八—五三七）・僧達（四七五—五五六）・僧範（四七六—五五五）・法上（四九五—五八〇）、同時代の靈裕（五一七—六〇五）・曇遷（五四一—六〇七）、慧遠以降の彭淵（五四三—六一一）・慧遷（五三六—六二六）・曇藏（五六六—六三四）・道傑（五七二—六二七）・道積（五六八—六三六）・智徽（五五九—六三八）、さらには慧遠と同時代と推測されるものの生沒年未詳である慧順・明誕・益州の慧遠といった人々が生涯にわたって『菩薩地持經』の高揚に力を注ぎ、慧光・僧範・法上・慧順・靈裕らが同書に注釋を著していることから、同書の研究が盛んであったことがうかがえる。しかし、これらの注釋書はみな散佚してほとんど残っておらず、慧遠『地持論義記』の一部のみが保存されてきたのであり、この書のみ肉眼で目にすることができる。慧遠は自らの著作は凡夫の著した義章にすぎないと語るが(44)、これは彼が一人の菩薩道の修行者であることから生まれた謙遜のことばであろう。實際、慧遠は自らの『地持論義記』についてはむしろ誇らしげであり、道宣は以下のように記載している。

嘗製『地持疏』訖、夢登須彌山頂、四顧周望、但唯海水。又見一佛像、身色紫金、在寶樹下北首而臥、體有塵埃。遠初則禮敬、後以衣拂、周遍光淨。覺罷、謂所撰文疏頗有順化之益、故爲此徵耳(45)。

もちろん、これは慧遠自らが吹聽したものではないが、道宣は『地持論義記』をふくんだ慧遠の著作全體についても賞讚をくわえ、「自於齊朝、至于關輔、及畿外要荒、所流章疏五十餘卷、二千三百餘紙、紙別九百四十五言。四十年間、曾無痾疹、傳持敎道、所在弘宣、竝皆成誦在心、于今未絕(46)」と記している。慧遠と南北朝隋唐佛教の展開についての理解を深めるという敦煌本『義記』の意義は、ここからも見て取ることができよう。

註

(1) 【譯者注記】原文にはないことばを補った箇所については〔〕によって示した。

(2) 青木隆・方廣錩・池田將則・石井公成・山口弘江『藏外地論宗文獻集成』ソウル、圖書出版CIR、二〇一二年。青木隆・荒牧典俊・池田將則・金天鶴・李相旻・山口弘江『藏外地論宗文獻集成 續集』ソウル、圖書出版CIR、二〇一三年。

(3) 唐・釋道宣『續高僧傳』卷八「慧遠傳」、『大正藏』第五〇卷、四九一頁下。

(4) 日本・圓珍集『智證大師請來目錄』、『大正藏』第五五卷、一一〇五頁下。なお、『目錄』の條目における「澤州」は慧遠の本住である淸化寺の所在地であって、[『義記』と『科文』の]兩書が慧遠の著作であることを示している。
(5) 日本・永超集『東域傳燈目錄』、『大正藏』第五五卷、一一五四頁上。
(6) 高麗・義天錄『新編諸宗教藏總錄』卷一、『大正藏』第五五卷、一一六八頁上。
(7) 日本・永超『東域傳燈目錄』割注「分本末爲十四卷」(『大正藏』第五五卷、一一五四頁上)。
(8) 日本・圓超『華嚴宗章疏幷因明錄』割注「『高僧傳』云、「廬山慧遠法師、『三論』『華嚴』十地品爲五聚法、謂敎・義・染・淨・雜、因今載此錄矣」」(『大正藏』第五五卷、一一三四頁中)。ただし、『大乘義章』を廬山慧遠の作と誤認している。
(9) 『義天錄』の書名は『大乘義記』である(高麗・義天錄『新編諸宗教藏總錄』卷三、『大正藏』第五五卷、一一七七頁下)。
(10) 日本・圓超『華嚴宗章疏幷因明錄』、『大正藏』第五五卷、一一三三頁中。永超集『東域傳燈目錄』、『大正藏』第五五卷、一一四六頁。
(11) 高麗・義天錄『新編諸宗教藏總錄』卷一、『大正藏』第五五卷、一一六六頁上。
(12) 藤井孝雄「慧遠と吉藏の『勝鬘義記』如來藏說の解釋をめぐって」『印度學佛教學研究』第二七卷第一號、一九七八年。
(13) 『大藏新纂卍續藏經』第一九册、石家莊、河北省佛教協會虛雲印經功德藏、二〇〇六年影印。
(14) 馮煥珍『回歸本覺――淨影寺慧遠的眞識心緣起思想研究』八四頁、北京、中國社會科學出版社、二〇〇六年。
(15) 【譯者注記】上記の批判は、中國國家圖書館(編)『國家圖書館藏敦煌遺書』第八五册(北京圖書館出版社、二〇〇八年)所載の條記目錄にたいする批判である。同目錄は、『仁王疏』(擬題、BD〇六三七八V二)を暫定的に慧遠『觀無量壽經義疏』(大正三七・一七五上一〇~中一二)に比定するが、池田氏は、『仁王般若波羅蜜經』の注釋書であることから、同目錄の考證を批判しているのである。
(16) 靑木隆・荒牧典俊・池田將則・金天鶴・李相旻・山口弘江『藏外地論宗文獻集成 續集』一三八頁、ソウル、圖書出版CIR、二〇一三年。
(17) 黃永武主編『敦煌寶藏』第一一五册、臺北、新文豐出版公司、一九八六年初版。
(18) 高楠順次郎・渡邊海旭主編『大正新脩大藏經』第八五册、九四七頁下―九六二頁上。
(19) 二〇一六年三月二六日と二七日に開催された「地論宗文獻と淨影寺慧遠」の席上で、岡本一平氏から、吉津宜英氏が敦煌本『義記』を慧遠の著作として言及されていることを教えていただいた。先行硏究の成果として尊重すべきであり、筆者は岡本氏に資料の提供をお願いした次第である。ここで注記して紹介しておきたい。四月一一日に、岡本氏から返信があり、吉津氏が「大乘義章八識義研究」という論文の注一二で指摘されていた内容を知ることができた。その全文は以下のとおりである。

「續藏經（影印版六一）には巻三下、四上、五下の三巻のみ収められる。大正藏古逸部に収録される『地持義記第四』は慧遠のもので巻四下に相當する。（大正八五・九四七下）」（『駒澤大學佛教學部研究紀要』第三〇號、一九七二年三月、一五七頁）

この場をお借りし、岡本一平氏が資料提供をしてくださったことに、あらためて感謝の意を述べておきたい。

(20) 馮煥珍『回歸本覺——淨影寺慧遠的眞識心緣起思想研究』九七—一〇二頁、北京、中國社會科學出版社、二〇〇六年。

(21) 道宣は、「貞觀十六年、（慧滿禪師）於洛州南會善寺側宿栢墓中、遇雪深三尺、其旦入寺、見曇曠法師」と記している。（唐・釋道宣『續高僧傳』巻十六「慧可傳」、『大正藏』第五〇巻、五五二頁下）。

(22) 『大正藏』第八五巻、一一〇五頁上。

(23) 「地論宗文獻と淨影寺慧遠」シンポジウムにおいて、池田將則氏の見解として、『地持論義記』第一〇張のフィルムの天の部分にある「廿」の字は書寫に使用する紙の張數であること、この點から『義記』が先の書寫であること、『義記』の書寫年代は七六三年より前とすべきであること、そしてその時の『義記』巻四は上下未分巻だったことを教えていただいた。筆者はこの指摘について蓋然性が高いと考えているので、ひとまずここに記しておきたい。

(24) 道宣說、慧遠「隨講出疏、『地持疏』五巻『十地疏』七巻『華嚴疏』七巻『涅槃疏』十巻『維摩』『勝鬘』『壽』『觀』『溫室』等、竝勒爲巻部、四字成句、綱目備擧、文旨允當、罕用擬倫」（唐・釋道宣『續高僧傳』巻八「慧遠傳」『大正藏』第五〇巻、四九一頁下）。

(25) 唐・釋道宣『續高僧傳』巻八「慧遠傳」、『大正藏』第五〇冊、四九一頁下。

(26) 『大乘起信論義疏』が『大乘義章』にふれない原因について、筆者はかつて考察したことがある（馮煥珍『回歸本覺——淨影寺慧遠的眞識心緣起思想研究』九三—九七頁、北京、中國社會科學出版社、二〇〇六年）。

(27) 唐・釋道宣『續高僧傳』巻六「道辨傳」、『大正藏』第五〇巻、四七一頁下。

(28) 唐・釋道宣『續高僧傳』巻二十三「曇無最傳」、『大正藏』第五〇巻、六二四頁下。

(29) 唐・釋道宣『續高僧傳』巻八「法上傳」、『大正藏』第五〇巻、四八五頁下。

(30) 唐・釋道宣『續高僧傳』卷七「寶瓊傳」、『大正藏』第五〇卷、四七九頁下。
(31) 唐・釋道宣『續高僧傳』卷十二「慧覺傳」、『大正藏』第五〇卷、五二一頁上。
(32) 唐・釋道宣『續高僧傳』卷九、「靈裕傳」、『大正藏』第五〇卷、四九七頁下。
(33) 唐・釋道宣『續高僧傳』卷二十一「慧光傳」、『大正藏』第五〇卷、六〇八頁上。
(34) 隋・釋慧遠『大乘義章』卷十一、『大正藏』第四四卷、六八五頁上。
(35) 隋・釋慧遠『大乘義章』卷十一、『大正藏』第四四卷、六八五頁下。
(36) 『大正藏』第四四卷、五〇九頁中。
(37) 青木隆・荒牧典俊・池田將則・金天鶴・李相旻・山口弘江『藏外地論宗文獻集成 續集』二三九頁、ソウル、圖書出版CIR、二〇一三年。
(38) 隋・釋慧遠『地持論義記』卷四上、『大藏新纂卍續藏經』第三九册、二二五頁中。
(39) 彌勒菩薩造、北涼・曇無讖譯『菩薩地持經』卷七「持方便處菩提品」、『大正藏』第三〇卷、九二九頁下。
(40) 唐・釋道宣『續高僧傳』卷八「慧遠傳」、『大正藏』第五〇卷、四九一頁下。
(41) 陳寅恪「大乘義章書後」、『金明館叢稿二編』一八一頁、北京、三聯書店、二〇〇九年第二版。
(42) 隋・釋慧遠『大乘義章』卷首夾注、『大正藏』第四四卷、四六五頁上。
(43) 僧祐の記には、「『菩薩地持經』八卷、有二十七品、亦分三段、第一段十八品、第二段四品、第三段五品、是晉安帝世曇摩讖於西涼州譯出。經首禮敬三寶、無如是我聞、似撰集佛語、文中不出有異名。而今此本或題云『菩薩戒經』、或題云『菩薩地經』、與三藏所出『菩薩善戒經』二文雖異、五名相涉、故同一記。又此二經明義相類、根本似是一經、異國人出、故成別部也」とある（梁・釋僧祐『菩薩善戒菩薩地持二經記』、『出三藏記集』卷九、『大正藏』第五五卷、六三頁上）。

なお、智昇は僧祐と同じ考えではなく、おおまかな文字の考證も附記している。

「右二經（『菩薩善戒經』と思われる）、群錄皆云與『地持經』同本異譯、今詳文理非不差殊。其『善戒經』前有序品、後有奉行、『地持經』竝無。其『地持』「戒品」中有受菩薩戒文及菩薩戒本、『善戒經』卽無。自餘之外、文意大同。『地持』復出『瑜伽』諸錄成編入論。既有差殊、未敢爲定。又按梁沙門僧祐『菩薩善戒經』記云「此名「善戒」、名「菩薩地」、名「菩薩毘尼摩夷」、名「如來藏」、名「一切善法根本」、名「安樂國」、名「諸波羅蜜聚」、凡有七名。第一卷先出優波離問受戒法、第二卷始方有如是我聞、次第列品乃有三十。而復有別本題爲『菩薩地經』。今按尋經本、與祐記不同、經初卽有如是我聞、而無優波離問受戒法、但有九卷。其優波離問受戒法、卽後單卷『菩薩善戒經』。是若將此爲初卷、卽與祐記符同。然此『地經』本離之已久、乍合成十、或恐生疑。此『善戒經』亦同『地持』作其三段。第一段名菩薩地、有三十品。第二段名如法住、有四品。第三段名畢竟地、有六品。祐云次第列品者、或恐尋之未審也」（唐・釋智昇『開元釋教錄』卷十二、『大正藏』第五五卷、六〇六頁上）。

智昇は、合わせて十巻本となった『菩薩善戒經』（戒律にかんする一巻本〔優波離問受戒法〕が第一卷）から、それと『菩薩地持經』との關係を考證し、以下のような見方を提示することは元より大きな問題ではないとしながらも、もしも九卷本からみるならば、『菩薩善戒經』と『菩薩地持經』とが同本異譯であることは確かであるとする。

(44) 慧遠はいう、「佛所說者、名之爲經。若餘人說、佛所印可、亦名爲經、如『維摩』『勝鬘』等是也。若佛滅度後、聖人自造、解釋佛經、名之爲論。凡夫所造、名爲『義章』」と（隋・釋慧遠『大乘起信論義疏』卷上之上、『大正藏』第四四卷、一七五頁下）。

(45) 唐・釋道宣『續高僧傳』卷八「慧遠傳」、『大正藏』第五〇卷、四九二頁上。

(46) 唐・釋道宣『續高僧傳』卷八「慧遠傳」、『大正藏』第五〇卷、四九一頁下—四九二頁上。

【附録】敦煌本『地持論義記』標校

校訂テキスト収録にあたっての覚え書き

一、底本には『法藏西域敦煌文獻』第六册所收の Pel. chin. 2141V^{0}のマイクロフィルムを使用した。
二、『大正藏』第八五册收録［の二八〇三番『地持義記』卷第四］のテキストも使用して校訂作業をすすめた。
三、『大乘義章』との關連箇所も對照して校訂作業をすすめた。
四、『菩薩地持論』の本文と注釋の文との違いをはっきりさせるため、慧遠が引用した『菩薩地持論』の文字は、引用符號を用いて示している。ただし、慧遠が『菩薩地持論』の内容を解釋する際に出現する本文の文字については、この限りではない。
五、異體字・古今字・正俗字はあらためた。
六、閲讀の便を考慮し、法義が異なる段落の間には〝◇◇◇◇〟を用いている。

發……[1]。下對釋之。應先解釋道品之義、然後釋文、義如別章。

文中有二。一別明大。二「種種」下、明於諸乘皆悉具知。初言「依四所攝道分」、約前明後、前四無礙是大乘慧、依彼所[2]攝三十七品卽是大乘三十七品。「如實了知而不證」者、正顯其相。於彼身等窮照其實、不取有相名如實知、不著無相名不取證。以知不證、不同小乘、故得爲大。

下明菩薩諸乘悉知。「種種亦知」、總以標擧。三乘不同、名種種乘。三乘巧行、名爲方便。「菩薩於此亦如實知」下、別釋之。「聲聞方便、大乘方便」、釋種種乘。聲聞・緣覺同名聲聞、「聲聞方便如實知」者、別明知小。「如『聲聞地』」、指同小說。

「云何大乘如實知」下、別明知大。先問後釋、釋中先明身念處觀、後類餘念及餘道品。「菩薩住身」、是其止也。言「身觀」者、是其觀也。「不於身而起妄想、亦非非性」、廣前止也。身相非一、故云「身身」。於彼身中不取有故、名「不起妄」。不取無故、「亦非非性」。「於彼身」下、廣前觀也。於中有二。一觀眞諦。二觀世諦。言「於彼身離言自性如實知」者、眞諦觀也。是名下結、是名「第一義身身觀」者、窮身實性、名第一義身身觀也。若「觀世」下、是世諦觀。「觀世」總擧、「隨無量知(3)」、釋顯其相。世相衆多、名無量處。隨之巧觀、名方便知。觀身非一、名身身觀。「如身念」下、以前身念類餘念處及餘道品、行門雖異、觀義同也。

◇◇◇◇

「非身等」下、第五諦觀。於中有二、初止後觀。於四諦中止離妄想、名之爲止。觀察眞俗、說以爲觀。所辨四諦、還就向前身・受・心・法四念處中辨其四諦、故今約之以明觀諦。「非身等法、妄觀苦」者、擧身等取受・心・法等。前道品中已離身相、知復就何而觀身苦？　是故菩薩不於身等妄想觀苦。苦既不有、對何觀集？　故離集妄。苦集既無、知何所滅？　故離滅妄。以滅無故、亦無道因、故離道妄。此是止也。下明其觀、先觀眞諦、後觀世諦。「離言自性苦、集等法如實知」者、是眞諦觀。離言自性是苦等實、是故名爲苦・集等法、菩薩於此皆如實知。

下牒結之。「依此第一修道分」者、是牒前也。「名爲修諦」、是其結也。諦是眞諦、修心觀諦、名爲修諦。「若隨世」下、是世諦觀。世相差殊、名無量處、菩薩隨世觀此無量、觀心善巧、說爲方便。「名緣諦修」、結別其相。世諦縁集、故曰縁諦。觀此起修、名縁諦修。

◇◇◇◇

自下第六、次明止觀、初略次廣、後總結之。就初略中、先明其止。「於此法」者、於前道品四諦法也。「如是不起」、牒前道品諦觀之中離妄想也。「名止」、結也。下次明觀。「及彼如實知第一義」、牒上道品諦觀之中眞諦觀也。「及無量處方便知法」、牒前道品諦觀之中世諦觀也。「是名」下結。

次廣分別、先廣明止。文別有四。初止有四、總以標擧、二別顯之。初一是解、後三行修。「第一義」者、擧理以明能觀解也。後三修中、初一事定、後二理靜。「俗數智」者、所謂世俗八禪等智。言「前行」者、先修事定、後得理靜、故曰前行。就後二中、「一切虛僞妄想不行」、破相趣寂、離外相故、虛僞不行、離内取故、妄想不行。「於無言法不起妄」下、契實離相。「於無言法不起妄想」、明離妄想。「其心寂靜、一切諸法悉同一味」、明離妄相。三、「如是」下、牒以總結。「如是」牒前、「止起」結之、具上四行、定成現前、故曰止起。四、「乃至」下、辨其分齊、謂前四行、菩薩始起、窮滿至佛、故云乃至如來知見。次廣明觀、句別有五。初有四行、總以標擧。二謂「此四」下、約止明觀、謂前四止所起智慧即是四觀。三「離一切」下、對縁辨觀。「離有無慧」、眞諦觀也。「隨無量處」、世諦觀也。四、「於此四」下牒總結。「於此四行」、是牒前也。「觀起」結也、具前四行、觀成現前、故曰觀起。五、「乃至」下、辨其分齊、始起菩薩、究竟至佛。前略次廣、是名止觀。第三總結。

◇◇◇◇

自下第七、次明巧便。初問起發、次釋後結。「云何」問也。釋中十二、總以擧數。内六外六、別開二門。内六自利、外六利他。下廣釋之。

釋内六中、「云何起内」、牒問起發。次辨其相。六中前三是其根本、後三對之以顯方便。就前三中、「悲心顧念」、念衆生心、此是利他。云何自成？　菩薩化生[4]即是自熟、是故利他亦名自利。「一切諸行如實知」者、厭有爲心。「求菩提」者、求佛智心。就後三中、「依顧[5]念衆生捨生死」者、對上初句明方便也。依念衆生、應在生死教化衆生、何故捨之？　方便故爾。自我不出生死大苦、化攝莫由、是故菩薩依念衆生速捨生死。「依如實知、以無染心輪生死」者、對上第二明方便也。旣知生死、應當捨之、何故輪轉在生死中？　方便故爾。二乘之人、雖知生死・苦・無常等、不知生死虚僞無法、速求捨離。菩薩知之、虚妄無實、故是不染、常能處之。「依求佛智熾然精進」、對上第三明方便也。爲求菩提、菩提由因、故修彼因、熾然不息。「是名起内」、總以結之。

釋外六中、「云何外成」、牒問起發。次列其名。六中前二、隨化衆生、起行善巧。後之四門、攝人善巧。「以少善根起無量果」、攝果善巧。「以少方便起無量善」、修因善巧。就後四中、壞法除害、化命生信。中住令入、化令生解。已入令熟、化之起行。已熟令脱、化令得果。下廣釋之。就初門中、先問後釋。釋中初先明其少善、「教下衆生」、施心下也、下品衆生無勝上心、故曰心下。「以少財物」、施物下也。「施下福田」、施田下也。具此三下、故曰少善。「乃至揣麨」、顯前財下。「施於畜生」、顯前田下。「迴向」已下、解釋能起無量果也。用斯少善回求菩提、一切果德一一德中皆有生義、名得大果。

第二門中、初問起發、次釋後結。「云何」問也。釋中有二。一、轉邪入正、令生多善。二、「又說」下、轉小入大、令生多善。前中有三。一、化住正戒。二、「有衆生求生天」下、化修正定。三、「有衆生誦外道典」下、化生正慧。

前起戒中、初教八戒、在家所學。後授中道、出家所習。前八戒中、「見有衆生」、標其所化。「修邪法齋而求解脱」、須化所由、外道自餓、名邪法齋。「爲說八齋、斷苦方便不究竟法」、正明攝化。「爲說八齋」、教令住正。此八在家行出家法、能與賢聖解脱作因、名賢聖齋。八戒齋義、廣如別章、此應具論。「斷苦方便不究竟法」、化令捨邪、外道自餓、邪心所起、能與未來苦報[6]爲因、名苦[7]方便。非出離道、名不究竟。教令捨離、故名爲斷。「授少」已下、結明化益。所授八齋、日夜持之、名少方便。能到涅槃、名得大果。次教出家、令修正道。「邪見衆生」、標其所化。「苦身求度」、須化所由。「爲說中道、令離二邊」、正明攝化。爲說中道、令其住正、出家所修、不同俗樂、外道苦行、故名中道、非[8]理中道。「令離二邊」、化使捨邪、謂離欲樂、苦行二邊。「究竟解脫」、結明化益、所授能得究竟果也。前明授戒、次教正定。「或有衆生求生天」者、標其所化。「邪見方便、投岩等苦」、須化所由。「爲說正[9]禪」、正明攝化。「現法樂」下、明其化益。次教正慧。「或有衆生」、標其所化。「誦外求淨」、須化所由。「以佛法」下、正明攝化。略無化益。

　自下第二、化小入大、句別有十、初八世間、後二出世。世中初六是攝善行、次有一句是拔苦行、後一是其悔過之行。攝善行中、初三一分、後三一分。就前三中、初攝法行。「又說深經」、顯示空法、辨其化相。「彼聞」已下、明其化益。「彼聞厭離」、離惡法也。「專信」已下、生善法也。次供養行、心想供養、亦教他修。後隨喜行、於他供養、心生隨喜。就後三中、初攝法行、常修六念。次供養行。後隨喜行、與前相似。前六攝善、次一拔苦、相顯可知。悔過行中、「過現前犯」、所懺罪也。「眞實隨順求淨戒」者、懺悔心也。懺心多種、或畏苦果、或怖惡名、或求樂報、或求淨戒、今明菩薩眞心順法求淨戒意而爲懺也。「向十方佛」、懺悔所對。「至誠懺」下、正明懺悔。「亦教他」者、明悔所兼。「如是悔」下、明懺之益。下明出世。先起神通、攝勝功德。後起無量、攝取衆生。前神通中、「作多變化」、攝德所依。「一切十方佛・法・僧處及衆生處」、攝德處所。「無量神通、他心自在」、正明攝德。「無量神通」、供三寶也。「他心自在」、化衆生也。「攝取功德」、總以結之。餘句皆明自作教他、今此何故不明教他？　若有通者、自能如是、不待我教。若無通者、設教不堪、故不教他。下無量中、自作教他。「是名」下結。

　釋後四中、初問後釋。釋中有三。一、略開六門。二、廣辨釋。三、總結之。前中初擧、次列六名。言「隨順」者、巧隨物心、授[10]以善法。言「立要」者、他有所求、要令修善。言「異相」者、他無[11]求欲、菩薩爲化、先與同意、勸令修善。彼若不從、現乖異相、令修善法、故云異相。言「逼迫」者、菩薩爲王、或爲尊主、於己所攝、逼令修善、故云逼迫。言「報恩」者、菩薩先曾施恩於他、彼來求報、菩薩不受、勸令修善、故曰報恩。言「清淨」者、八相成道、道法化物、故曰清淨。

下廣釋之。解隨順中、初牒前門、次釋後結。釋中有三。一、就化法、隨使令信。二、「以義益」下、就其行法、隨令起行。三、「攝衆生令行義」下、就其理法、隨令入證。

前中有三。一、明菩薩爲說法故、方便將順、先軟身口、次以財施、後捨恚恨。二、「除恚恨」下、明由將順、物皆愛樂。三、「然後」下、正爲說法。「如應」是總、下別顯之。言「易入」者、易可信入。言「易解」者、易可解知、此應物根。言「時說」者、應物心欲。此前應人、下明應法。言「次第」者、如教不亂。「諦不倒」者、如義不乖。

下就行法明隨順中、初略後廣。從初乃至「第一利益」、是其略也。「以義饒益而爲說法」、略中之始。義謂義利、行能利人、故名爲義。爲以行義饒益衆生、故爲說法。「忍諸問答」、略中之次。依前爲說、衆生不解、能忍問答。「調伏衆生、第一利益」、略中之終。調令離過、益令成善。「哀滑成」下、是其廣也。廣中有四。一、滑物心成。二、「若以神力」下、神通現化、令物生信、初現自力、後請他作。三、「若有略」下、說法將順、令其生解。於中略論、爲之開廣、廣論爲略。有不解者、恣聽問難。四、「彼受誦」下、正說行法、令其起行。「彼受誦已、廣爲說義」、是其總也。下別顯之。初以五度起行之緣隨順教授、後明教誡[12]。自下第三、理法隨順、令其入證。於中有三。一、略明隨順。二、「彼經中」下、廣明隨順。三、「不取捨」下、總以結之。略中初攝、令生行義、正明隨順。眞諦是義、化生證入、故名爲行。「彼諸生」下、明其化益。如來所說、教出情外、名爲深妙。言與理合、名空相應。化令悟入、名知旨趣。

第二廣中、文復有三。一、明經旨趣。二、衆生不解、[13]聞生誹謗。三、菩薩隨順、令得正知。前中六句、初三法說、後三喩況。法中「彼說離自性」者、遠離妄情所取性也。「及離事」者、遠離法相因緣事也。「不起滅」者、性事俱離、故無起滅。下以喩顯。言「如空」者、喩前離事、明理淸淨。言「如幻」者、喩前離性、明法無定。言「如夢」者、喩不起滅、如夢所見、生卽無生、滅卽無滅、諸法如是、故曰如夢。上來第一、明經旨趣。「不知義」下、是第二段、明上深經、衆生不解而生誹謗、故須隨順。「菩薩爲」下、是第三段、正明隨順、令得正知。先略後廣、略中初總、次別、後結。「爲彼衆生方便隨順」、略中總擧。「於彼深」下、略中辨相。「如是隨順」、略中總結。「彼爲說」下、是其廣也。依上六句、次第廣釋。就解第一離自性中、先彰緣有、次辨性無、後總結之。「彼經不說都無所有」、明其法相因緣有也。此門之中、不空法相、故說不無。「但言自性空無有」者、明離妄情所取性也。是名下結。解離事中、先牒前有、次就說無、後總結之。「離言有事、依言事轉、故說有性」、牒前法相因緣有也。爲破辨無、故今牒之。言雖[14]彰有、意爲辨無、言意兩兼、是故言離。於言分齊、法相不無、故曰有事。幻化分齊、隨言所說、有事應言、是故名爲依言事轉、故說有性。就法相中、結明有事、事法之體名爲自性、不同妄情所立性也。「非第一義有彼性」者、就有說無。世諦事體、眞中本無、是故亦非第一義中有彼自性。「是故」下結。下解第三不起滅中、「言說自性本來無」者、牒前離性及離事也。性事皆空、故曰都無。下言「云何有生滅」者、責情顯理、性事既無、知復就何說生說滅？「是故」下結。

下解喩文。解空喩中、文別有三。一、辨喩相。二、牒喩以合。三、總結之。辨喩相中、文復有二。一、依眞起妄喩[15]。二、「又如除色及色業」下、除妄顯眞喩。前中兩句、初言「如空有種種色及色業」者、是第一句、明色依空、喩妄依眞。「有種種色」、是色體也、喩妄想心。「及色業」者、是色用也、喩虛僞事、色之動作、名爲色業。「悉容受」下、是第二句、明空持色、喩眞持妄。「悉容受」者、容彼色體及色業也。「爲作依」者、爲色體、業作依處也。謂「虛空」下、顯前容受作依處相、略對色業以辨容受作依處也。自下除妄顯眞喩中、「又如除色及色業已」、喩方便淨無色性分。「名淨空」者、喩彼性淨。論空自體、體性非色、是故名爲無色性分、名淨虛空。

上來解喩、次牒以合。先合依眞起妄之喩。「如虛空處色業轉」者、牒上「如空有種種色及色業」也。色業隨空、故名爲轉。「離言說」下、擧法以合。「離言說事」、合上如空。「種種施設言說妄想」、合種種色、妄想之心依於種種因緣施設言語而生、是故名爲「種種施設言說妄想」。亦可妄想起種種言、是故名爲「種種施設言說妄想」。言「虛僞」者、合前色業、妄想不眞、故曰虛僞。言「隨轉」者、妄依眞起、故曰隨轉。法同前喩、稱曰如是。「又如虛空容受色業」、牒上喩中「悉容受彼」。「離言說」下、擧法以合。「離言說法容受妄想亦如是」者、合上虛空容色體也。容受色業、略而不合、若具應言「離言說法容受虛僞亦復如是」。「若菩薩」下、合上除妄顯眞之喩、喩有兩句、今別合之。「菩薩以慧除言所起邪惑妄想諸虛僞」者、合上除色及色業已、此明菩薩觀解方便、破相趣寂、智慧如風。「除言所起邪惑妄想」、合前除色。「諸虛僞」合除色業。然此文中言少不足、若准前文、應先牒喩、後以法合。若准下文、應先擧法、後將喩帖。但今此中望直擧法、合前便罷、更無餘文。「以第一」下、合前喩中無色性分名淨虛空、此明菩薩體證清淨、自性無染。於中有三。一、合前喩。二、以喩帖。三、釋法同喩。「以第一智離言說事一切言說自性非性」是第一句、正合前喩。證眞之慧、是「第一智」。證實捨相、名離言事。悟法本如、非先有性、後時方離、名一切言自性非性。「如空淨」下是第二句、擧喩以帖。「亦非輾轉有餘性」者是第三句、釋法同喩。若據對治、除染得淨、名爲輾轉有餘自性。據證返望、本來常淨、非除前染、後以爲淨、如彼虛空、體性清淨、故非輾轉有餘性也。上來合竟。「是故諸法譬如虛空」、第三總結。

次解幻喩、於中有三、一辨喩相、二合、三結。前喩相中、「譬如幻」者、總牒前喩。「不如事有、亦非一切都無幻事」、釋顯喩相。幻化之有、有非定有。非定有故、說無爲有。無爲有故、不同其餘事實之有。幻化之無、無非定無。非定無故、說有爲無、有爲無故、不同兔角一向無法。下次合之。「如是一切」、總合前幻。「不如言說愚癡計有」、合前喩中不如事有。「亦非一切都無所有」、合前亦非都無幻事。自下結之。先結所入、後結所說。言「第一義離言自性、如是方便入非有無」、結所入也。名前非有非無之理爲第一義離言自性、此第一義是所入法、藉彼幻喩方便入中、故曰方便入非有無。「是故」已下、結所說也。以是菩薩知法似幻、故說如幻。

第三夢喩何故不釋? 釋前兩喩、明離性事、性事既無、生滅安在? 是故不須釋夢顯之。

前略次廣、自下第三、總以結之。於中先明菩薩自知、後結隨順爲他顯示。前自知中、「如是菩薩於法不取」、不取有也。言「不捨」者、不捨於有、取定無也。「不增不減」、顯前不取、不取有故。「無淨可增、無染可減、亦無壞」者、顯前不捨。於此正解、名如實知、此明自知。「爲人顯」者、正結隨順爲他顯也。上來第二、廣明菩薩三種隨順。「是名」已下、第三總結。

解立要中、文別有四。一、問。二、釋。三、總結之。四、衆生不從、一切不與。初問可知、釋中初隨衆生所求、爲其立要。後明衆生隨要修善、一切皆與。前中有五。一、明衆生來求衆具、要令修善。二、明衆生犯罪求救、要令修善。三、明衆生横遭急難、來求免脱、要令修善。四、明衆生求欲親合、怨憎別離、要令修善。五、明衆生有病求治、要令修善。就初段中、先略後廣、略中初言「求十資生」、擧其所求。下明立要。「汝能供父、廣如上說、乃至受戒」、是所要事。如上善知世間之中、明衆生濁、不識父母、乃至不能修治齋戒、今此立要、悉令作之、故言「如上乃至受戒」。「若能施汝、不能不與」、正是要辭。「所謂」下廣。先廣十種資生衆具。田宅一、市肆二、官爵三、國土四、錢財六畜五、工巧六、醫方七、結婚八、若食不食九、好食求食、惡食求捨、名食不食、所同事十。下明立要、「汝能供養、乃至受戒」、是所要事。「施食同事」、要之所許。前十種中、略擧後二、初八不論。「復次、有生犯罪」已下、第二立要。「復次、有生王賊」已下、第三立要。「若有衆生欲恩愛」下、第四立要。「復有衆生疾病」已下、第五立要。上來五門、隨求立要。「菩薩如是立要」已下、明物隨要、修善離惡、得隨所欲。「是名」下結。下明衆生不隨所要。如上五事、一切不與、與生要已、彼不隨要。「如上所許亦不施」者、就上初門明其不與、謂上所許十種資生皆不與也。「爲度彼故、非不欲與」、明不與意。「諸難」已下、就餘四門明其不與。言「諸難」者、是前第二、「恐怖」第三、「病苦」第五、「愛念和合、不愛別離」、是前第四。此後兩門、前後不次。下明不與。次解異相、先釋後結。釋中有三。一、明衆生無前五求、菩薩爲化、先與親厚、勸令修善。二、「若彼生」下、明物不從、示其異相。異相有三。一、現瞋責[16]、「爲度彼」下明其化意。二、所作乖異、「爲度彼」下還明化意。三、加不益事、「欲度彼」下還明化意。此之三句合爲第二、正現異相。三、「菩薩方便現此異」下、總明化意。次解逼迫。先問次釋、後總結之。釋中初明逼迫之相。「彼諸生」下、彰其化益。「是名」下結。次解報恩。先彰其恩、次明求報、後明方便勸修善法、相顯可知。解淸淨中、初問起發、次釋後結。釋中可現有其五種。一、生兜率、令物求見。二、生上族、捨離出家、息物高慢。三、苦行六年、斷物邪信。四、示成佛道、生物正求。五、轉法輪、爲益有三。一、待請而說、生物敬重。二、佛眼觀察、顯已悲深、息物邪謗。三、轉正法輪、斷物邪受。「是名」

已下、總以結歎。從上隨順訖來至此、廣釋六門。

自下結歎、先結後歎。結有總別、「是名六種」、是總結也。下別結之。言「略說」者、前就壞法、除暴害等略開六門、名「略說」也。言「廣說」者、上來廣解名「廣說」也。「無餘無上」、歎以顯勝。「是名巧便」、總結十二巧方便也。

◇◇◇

自下第八、明陀羅尼。陀羅尼者、是外國語[17]、比翻[18]名持、持法不妄、故名爲持。先問後釋。「云何」問也。釋中有五、一數、二名、三廣辨釋、四就位分別、五明得因。有四數也、細分無量、一門說四。名中應先廣釋其義、義如別章。然後釋文。此四猶是聞・思・修・證。法謂聞慧、能持教法。義謂思慧、能持諸義。言「呪術」者、修慧用也、以得禪定、修慧自在、能用呪術、呪術不妄、故名呪術陀羅尼也。忍謂證智、證心安法、故名爲忍。

下廣釋之。「云何法」者、牒問初門。下釋其相。「菩薩得是無量慧力」、辨出持體。「於未曾」下、對法辨持、於中有二。一、明其法。二、明能持。法中三句。一、明所持、昔所未聞、未曾修習、從師聽受、謂之爲聞。讀誦受持、名爲修習。曾聞曾習、持之則易。初聞始受、持之則難。今言「未聞、未曾修習」、以顯菩薩持之勝也。二、「次第」下、明所持法次第不亂。次第莊嚴、言辭次也、言辭巧勝、故曰莊嚴。次第所應、顯理次也、亂持則易、次第難記、今言「次第」、亦顯菩薩持之勝也。三、「無量」下、明所持廣。少法易憶、多法難持、今言無量、亦顯菩薩持之勝也。「經無量」下、明其能持。「經無量劫憶不忘」者、時近易記、長久善忘、今此說言「經無量劫」、顯持勝也。「云何義」者、問第二門。釋中類前、應先明體、然後對義以辯能持、今此望直對義辯持。於中有二。一、明其義。二、辯能持。義中兩句、初「於此法無量義趣」、所持義廣。二、「未曾」下、明所持義。未讀未修、尋文取義、名爲讀誦。思量分別、稱曰修習。擧此亦爲彰能持勝。「經無量」下、辯明能持。「云何呪術」、問第三門。「菩薩得是無量三昧」、明其所依。「以呪術」下、正明呪術。忍中初問、次釋、後結。「云何得忍」、是初問也。

釋中有四。一、修忍方便。二、「於如來」下、正明修忍。三、「又知」下、明修所成。四、「是菩薩」下、據修以結。前方便中、差別有四。一、精勤不墮。二、獨靜不亂。三、少食不雜。四、思禪不睡。精勤修習、因起[19]智慧、是初門也。[20]若懶墮者、尚不能成世間之事、何況出道？　故須精勤。勤學忍行、稱曰修習。此之勤修、與忍作因、故名爲因。因生忍行、名起智慧。慧是忍體、是慧住法、便名爲忍。「獨一」已下、是第二門。獨一靜處、離外紛動。「燕默」已下、身口寂靜、「燕默」口寂、「不行」身靜。「知量」[21]已下、是第三門。言「知量」者、食不過限。言「不雜」者、食無非法。「常一坐」者、食不頻數。「思惟禪」下、是第四門。言「思禪」者、息除亂想、少睡多覺、離於昏沉。

上來第一修忍方便、自下第二正明修忍。於中初先觀察呪術、後類諸法。觀呪術中、「於如來說得忍呪術」、略明修忍。如來所說呪術章句皆是理詮、菩薩尋之、窮悟實性、故得忍也。「所謂」下廣。謂「伊致」等、廣明呪術。此外國語、今此不翻、不知何言？[22]當應是其顯實之語、故今觀之、能成忍行。「於此」已下、廣明忍行。於中有三。一、觀方便。第二、正知。三、總結之。[23]「於此呪術思量觀察」、是觀方便。「如是呪」下、是其正知。「如是呪術、如是正思」、牒前起後。下顯正知、句別有四。一、觀呪術能詮教空。二、觀呪術所詮義空。三、牒結第一。四、釋結第二。言「如此義尚不自聞」、是第一句、能詮空也。謂前所說呪術之義、體性空故、無自可聞。「何有所得」、是第二句、所詮義空。既無呪術自相可聞、何有所詮法義可得？「如呪術」下、是第三句、牒結初門。「如呪章句不可得」者、牒前此義不自聞也。「是則無義」、結以顯之。蓋乃是其空無之義、故曰無義。亦可無彼呪術之義、故曰無義。「如是諸義、所謂無」下、是第四句、釋結第二。「如是諸義、所謂無義」、重釋向前何有所得。謂「彼呪術所說諸義不可得」者、是空[24]無義、故云諸義所謂無義。「是故亦無餘義可求」、結以顯無。是向諸義謂無義故、亦無所詮餘義可求、對彼能詮、故名所詮以爲餘矣。上來辯竟。「如是善解呪術」句者、第三結也。上來正觀。「呪術章句」下、以呪術類知諸法。「善呪義」者、牒前所觀。「以如是」下、類知諸法。然此乃是解行地忍、於一切法未得現見、故曰「比知」。解發自中、故「不從他」。從「於如來所說」至此、大段第二、正明修忍。

「又知」已下、是第三段、明修所成。於中有三。一、明所成。二、結歎顯勝。三、辯位分。前所成中、先知呪術、後知餘法。知呪術中、言「又知」者、前明解行方便觀知、今此更明出世證知、故曰又知。「知一切言自性叵得」、知能詮空。「知一切法自性叵得」、知所詮空。下知餘法、以此無言自性義者、牒前所知呪術空也。「則知一切諸法義」者、因解呪術、通知一切諸法空也。「是名」已下、結歎顯勝。得上歡喜、辯其位分。歡喜地忍過前解行、故曰最上。「是菩薩」下、是第四段、結上所修解行地忍、良以解行正修忍處、故偏結之。於中有三。一、牒宜結。二、辯行能。三、就位指斥。「菩薩得此名得忍」者、是牒結也。「得此不久當得淨心」、辯行能也。「增上解行」、就位指斥。從上「精勤」訖來至此、第二廣釋。「是名得忍」、第三總結。

上來廣釋四陀羅尼、自下第四、明其成處。言「彼法義度初僧祇、淨心所得定不動」者、明前二種成就處也。「如法義」下、擧彼法義、類顯呪術。「忍陀羅尼如前說」者、如上所明、修在解行、成在歡喜。

自下第五、明其得因。「如是一切具四功德」、總以標擧。下別顯之。「不習愛」者、陀羅尼德、禪定出生、愛欲障定、故須離之。「不嫉勝」者、修陀羅尼、持法授他、若嫉彼勝、不肯修習、持法授與、故須除嫉。「一切所求等無悔」者、陀羅尼門持法施他、若不等施、已施有悔、不能修習、故說等施不悔爲因。言「樂法」者、修陀羅尼、爲持佛法、令住不滅、若不樂法、不肯修習、住持佛法、故說樂法以之爲因。此四種中、前二所離、後二所攝、初攝功德、後攝智慧。

◇◇◇◇

自下第九、次明其願、先問後釋。釋中初五是世間願、後十出世、通則義齊。就前五中、先擧次列。「發心願」者、是自行願。後四利他。言「生願」者、求利他身。「境界願」者、求利他智、五無量智知五境界、名境界願。「平等願」者、求利他行、謂四攝行等願成就、故云平等。言「大願」者、求利他心、心廣無邊、故名爲大。

下釋其相。初願可知、第二願中、「願未來世善趣生」者、善趣衆生堪能受化、故願生中。第三願中、「觀諸法」

者、願觀五種無量法也。言「無量等善根境」者、釋顯其相。五種無量、差別非一、名無量等。此無量等是其利他善根境界、故云善境。第四願中、「於未來世一切攝事名平等」者、四攝齊求、故云平等。「所言人願卽平等」者、興意曠周、用前四攝廣利無邊、卽名大也。就後十中、「又十」總擧、下別顯之。此與『地經』十六願同、於中開合少有差異。就彼第二護法願中開分爲二、始以爲一、終以爲二、知世淨土合以爲一、餘皆相似。

◇◇◇◇

自下第十明三三昧義、廣如別章、此應具論(25)。文別有三。一、辯其相。二、制立三數。三、明此三攝行周盡。就初段中、先彰空門、次辯無願、後顯無相。蓋乃依於本末次第、觀空離妄、成德之本、故先明之。由證空故、見生死寂、無可貪取、故起無願。依空離相、便與涅槃無相相應、故起無相。就空門中、先問次釋。「離言自性」、正解空義。「觀無言說、自性心住」、解空三昧。「是名」下結。就無願中、先問次釋。「於無言說自性事」者、牒上空門、以爲所依。「邪見妄想所起惱苦常見過」者、正明無願。「於未來世不願心住」、解釋三昧、過現已竟、來報畏受、故偏對之明不願住。「是名」下結。就無相中、先問次釋。「於無言說自性事」者、牒上空門、以爲所依。「離一切妄、虚僞相滅」、正解無相。「觀寂心住」、解釋三昧。「是名」下結。「以何等」下、制立三數、先問次釋、後總結之。「以何立三」、是初問也。下釋其相、先分其法、然後約法以定三昧。就前法中、有二擧數。「有及無有」、列其名字。世諦名有、眞諦名無。下辯其相、有爲無爲名爲有、生死有爲涅槃無爲、此二法相同名爲有。「無我我所名無有」者、無我之理說爲無也。下約此法以定三別。「於有爲有不願不隨立無願」者、於彼生死有爲法中不願隨故立無願也。始心不求、名爲不願。不隨受生、故曰不隨。言「於涅槃願樂攝受立無相」者、謂於涅槃無爲有中願樂心住、故立無相。「於此非願非不願」者、明空三昧不同前二、不同向前無相三昧願樂涅槃、名爲非願。不同向前無願三昧不願生死、名非不願。下言「於有不有見」者、正明建立空三昧也。於彼有爲無爲有中知其無我、不起有見。「以是見」下、牒以結之。「菩薩修此、如是建立如實知」者、總以結之。上來第二、制立三數。「若有餘」下、明此三昧攝行周盡。

◇◇◇◇

下第十一、明優陀那。是外國語、此翻[26]名印。法相楷定、故名爲印、義如別章、此應具論。文別有二。一、明其法。二、「云何觀」下、明其觀解此二相成。[27]爲明前法、擧觀顯之。爲起後觀、故先擧法。

法中有四。一、總標擧。二、明說所爲。爲令衆生淸淨故說、說前三種令離生死、說後一門令入涅槃、故曰淸淨。三、列其名。四中前三是生死法、後一涅槃。有爲遷流、目之爲行。行性非恆、故曰無常。行體遷逼、故名爲苦。法無自實、稱曰無我。無常與苦、居在有爲、是故言行。無我該通有爲無爲、故不言行、稱云法耳。涅槃恬泊、說爲寂滅。四、釋名義。釋有三種、「諸佛菩薩具足此法、傳授生」者、就敎釋印、傳說不改、故名印也。「諸牟尼尊輾轉傳」者、就證解印、傳證不易、故名印矣。此二就人。「增上勇出、乃至出有」、當法解印。非想是其三有中極、名第一有。三有之法、隨情流變、不得名印。論法實相、楷定不易、不同情變、故得稱印。以是印故、出第一有、擧出諸有、顯異情變、成其印義。問曰、「涅槃可言出有、前三既是三界之法、云何言出？」蓋乃是其生死之實、雖復住在陰入界中、而實不同、故名出耳。

上來明法、下明觀義。依上四門、次第觀察。觀無常中、先問後釋。無常之義、汎釋有三。一、分段無常。二、念無常。三、自性不成。廣如別章、此應具論。今此但明自性無常。於中初總。「觀過去」下、別以顯之。總中初言「觀一切行言說自性常不可得」、正明觀察自性無常、有爲諸行、因緣虛集。言說所論、皆無自性、既無自性、知復說何以之爲常？ 故觀一切有爲行時、言說自性常不可得。以此觀察無常性故、名觀無常。「若復」已下、擧非顯是。「若復不知眞無言事、有生有滅」、反擧非也。良以不知眞實無常無彼言說自性常事、故有生滅。有生有滅、卽是有常。問曰、「生滅云何是常？」釋言、據相生滅無常、就實以論、有生有滅猶名爲常。以有生故、生性是常。以有滅故、滅性是常。「若彼觀」下、順顯是也。以無言性爲無常故、觀無言性名行無常、此無常者猶是無生無滅義也。

上來總觀、下別顯之。別中有三。一、就性無常觀察分段、以彼分段顯性無常。二、「從諸行相續轉」下、就性無常觀察前後四相生滅、以前後相顯性無常。三、「此四相略說二」下、就性無常觀察同時同體四相、以同體相顯性無常。

前中初別、後總結之。就三世中、皆初觀其無常自性、次就彼義觀無常相、後總結之。「觀過去行無生無滅」、是觀過去無常性也。「彼亦無因亦無性」者、是觀過去無常相也、擧無常相顯無常性。良以過去(28)無常性故、因可從緣謝滅過去、故今現在無彼過因。果可隨緣謝滅過去、故今現在無彼過去果之自性。「是故」下結。是過去法無生滅故、現無彼因、亦復無彼果之自性。「觀現在行無生無滅」、是觀現在無常之性。「彼因不得而與果」者、是觀現在無常之相、擧無常相顯無常性。良以現法無常性故、因可從緣謝滅過去、是以現在求因不得。果可隨緣起在於今、名爲與果、果從因得、名之爲與。「是故」下結。是現在法無生滅故、現有果性而無其因。「觀未來行無生無滅」、是觀未來無常之性。「彼因可得不與果」者、是觀未來無常之相、擧無常相顯無常性。良以當法無常性故、因可從緣起在於今、名因可得。果報從緣、現今未起、名不與果。未與果故、今無果性。不與果義、翻上可知。「是故」下結。是未來法無生滅故、現在時中有因可觀、而無果性。上來別觀、「如是見」下、總以結之。

自下第二、就性無常觀察前後四相生滅、以前後相顯性無常。於中初明四相之法、後辯觀行。前明法中、先略後廣。從初乃至於刹那後、有四相來、是其略也。餘是廣也。略中初言「諸行轉時、一一刹那有三有爲」、有爲相者、明前三相。色心等法、是其諸行。後起接前、名爲相續。從前向後、稱曰轉時。無常之理、法別有之、名一一行。言刹那者、明法時分。刹那胡語、此名心念、心道駿速、借此念頃(29)、顯法時分。有爲諸行、一刹那頃具有四相、初生・次住・終異・後滅。然此四種有通有別、通則皆是有爲之相。若論小乘、法外四相生能生法、乃至第四滅能滅法、此等四種能有所爲、名曰有爲。若論法體、生・住・滅等當相集起、是故名爲。色等法中同有此爲、故名有爲。有爲體狀、謂之爲相。若別論之、前之三相未壞法體、彰有相顯、偏名有爲。第四滅相、壞滅法體、彰有不顯、不名有爲。良以四相有此通別兩種義故、前三相中、將別有爲、名通有爲、故曰有爲有爲相也。前一有爲是別有爲、後一有爲是通有爲。「於刹那後有四有爲」、是其滅相。汎釋後義、有其二種。一者過後、如物滅竟、名之爲後。二者末後、今此所論、一念之末、故名爲後、非是過後。「四有爲」者、所謂有於第四滅相。良以滅相彰有不顯、單存通稱、是故直名有爲相矣。

上來略竟、下廣顯之。解生相中、「彼前諸行自性壞」者、擧前顯後、謂前念中行性壞也。今爲辨生、何故乃說前念壞乎? 夫言生者、先無始起、謂之爲生、若不彰彼前念性壞、何緣得顯此生始起? 故明前壞。「次未行相自性起」者、正顯生相、現在生相隣於前滅、故名爲次。然此生相由來未起、稱曰未曾。卽此有行體起名生、不同毘曇法外之生。「起已未壞名爲住」者、卽此行體未壞名住、亦非法外別更有住。「顧念前滅彼起異」者、顧謂顧戀、念謂追念、顧念是心、寄之顯法。現起之法、將同過無、追隨住滅、義言顧念。顧前滅故、漸同前滅故、令現法改(30)變成異、異名爲老。「是故生刹那後、彼行性壞名爲滅」者、是前三相卽行自性、非法外故。今刹那後、還卽彼行自性盡壞名之爲滅、非是法外別有滅體。何故偏言生刹那後? 就始爲論、若具應言生・住・異等刹那後也。

上來明法、下次辨觀、先別後結。「若觀起行卽彼生」者、觀生卽法、非法外也。言「住老相無餘性」者、觀住老相亦卽法體、法外無別住老自體、名無餘性。「是故刹那後如是行相自性滅」者、觀滅卽法、是前三相卽法體故。今刹那後、還卽此行自性盡壞說爲滅也。菩薩以觀四相卽法、顯法無常、故觀四相皆卽法體。上來別觀。「如是生等如實觀」者、是總結也。

自下第三、就性無常觀察同時同體四相、以同體相顯性無常。還初明法、後辨觀行。法中初略、後廣顯之。就前略中、「此四有爲略說有二」、牒以擧數、牒上前後異時四相、就之以辨同體四相。同體相中、要攝爲二、前三爲一、滅相爲一、故有二也。此二遍通。前四相中、「有性無性」、列其名字。有爲諸法、猶如幻化、幻法相有、名爲有性。幻體虛無、名爲無性、無猶滅也、非是別體異相有無。下廣顯之。但前有中備含三相、相別未分、故須廣論。滅無單一、不須重廣。「如來以起立一相」者、如來就前有性之中義分三相、故今擧之。虛法相現、義說爲起、非是住前初生之起、如來就此立一生相。「以自性故、立第二」者、幻化之法各守自性名之爲住、非是生後經停之住、如來就此建立第二住有爲相。「諸行住、老立第三」者、卽前住法性是不堅衰老之法故名爲老、非是住後遷變之老。又此老法異於世人所立性實故亦名異、非是住後衰變之異、如來就此建立第三異有爲相。通前滅無、卽是同時同體四相。『起信論』中亦同此說。又『維摩』中說言、「汝今卽時亦生亦老亦滅」、當知亦是同體四相。

上來辯法、下次明觀。觀中有三。一、正觀四相同時同體、不異諸法。二、「若可得」下、破邪顯正。三、「彼善男子」下、結得失。

前中初舉、次釋、後結。「菩薩觀有非生、住等一切時別」、略以標舉。「非生住等一切時別」、明非異時非生、住等別有事起、明非異體。「何以故」下、問答辨釋。「何故」問也。餘經論中皆言是別、何故今言無別事起？　下廣釋之。「諸行起時、更無別生・住・老・壞」者、就法生時明四同時、不異法體。念無常中、最初生相名行起時、卽此起行體具四相、故無別生・別住・老・壞。良以起時無別四故、四相同時、不異法體。「諸行分齊住・異・壞時、亦無別生・老・壞」者、就餘三相明四同時、不異法體。念無常中、後之三相名爲諸行住・老・壞時、卽此三中一一皆具同體四相、故無別生・別住・老・壞。以無別故、四相同時、不異法體。「如實知」者、不別可得、總以結之。

上來正觀、下次破邪以顯正義、破毘曇中法外四相。就四相中、生・住及異未壞法體、一處破之。滅相壞法、有異餘義、後別破之。就前三中、先破生相、後類餘二。就破生中、句別有四。初「若可得」者、牒其所見。二「離色等」下、縱其所立。縱立有三。一者、外人立色等外別有生相、故今縱之、離色等外、應別有生。二者、外人立色等外別有生故、色等行起、生相亦起、故今縱之、色等行起、彼亦應起。三者、外人說行生起時相生亦起、便有二生、所謂行生及與生生、故今縱立應有二生、行及生生。色等法生、名爲行生。生相始生、名爲生生。上來三句、縱其所立。三、「若有行生及生生」者、或一或異、徵定所計。若有二生、不過體一、不過體異、見出彼情未可專定、是故言或。四、「若一」已下、破其所執。若一謂別、彼空無義、就一以破。若言相生與行體一、行外更無相生之體、何勞立之？「若別」已下、就別以破。「若別有生、是義不然」、總擧直非。「若異行生、非相所爲」、釋以顯非。如牛二角、兩體別故、不相因起。二生如是、兩體各別、云何行生相生所生？ 行生相爲、此事不然、牒以結非。上來破生、「如生」已下、類破住、老、准上可知。下破壞相亦有四句。初言「若壞有自性」者、牒其所見。外人建立、色等法外別有非色非心壞相能壞諸法、故今牒之。二、「壞有性者、彼應生滅」、縱其所立。外人說彼法外壞相體有生滅、故今縱之、應有生滅。三、「若壞生」下、徵以破之。「若壞生時、一切行應卽滅」者、就生徵破、明有壞時無諸法也。以無法故、壞不卽法。不卽法故、不應說言與法同時、能壞諸法。「如入滅定」、借喩類徵。「若壞滅時、彼一切行應卽生」者、就滅徵破、明有法時無壞相也。以有法時無壞相故、亦不應言與法同時、能壞諸法。「以壞無故」、釋以顯徵、以彼違法壞相無故、諸行應生。四、「壞有生滅、此義不然」、牒以結非。

上來第二破邪顯正、自下第三雙[31]結得失。先結其失。「彼男子等常有自性、不應厭離、離欲解脫」、牒以辨過。以有性故、貪有貪性、不應可離。解脫有性、不應可得。「異者應爾」、結過屬人、若說異法別有生・住・老・壞性者、有過應爾。「以此事」下、結明得也。以立自性無有離欲解脫事故、菩薩於彼一切諸行自性無常如實知也。亦可以此法外無別生等事故、菩薩於彼自性無常如實知也。

次明觀苦。「復次、菩薩於一切無常轉時觀三苦」者、總以標擧。無常故苦、故今說言無常轉時觀三苦也。次別三名。言「變易」者、猶是壞苦。三苦之義、解有四種。一、約緣分別。緣別内外、内心涉求、名之爲内。刀杖等緣、說以爲外。外有違順、刀杖等違、己身・命・財・親戚等順。外中違緣能生内惱[32]、名之爲苦。從斯苦緣、生於心苦、從苦生苦、故名苦苦。從彼順緣離壞生苦、名爲壞苦。内心涉求、名之爲行、厭行生苦、故名行苦。第二、就體約緣分別。心性是苦、於此苦上加以事惱[33]、苦上加苦、故名苦苦。加何等苦？ 如前門中、對緣三苦、通名苦苦。有爲之法念念遷流、無常滅壞、遷流不安、名爲行苦。無常滅壞、名爲壞苦。三、約三種無常分別。以彼三世分段麤苦顯法細苦、名爲苦苦。彼念無常遷流滅壞、名爲壞苦。彼性無常同體四相因緣虛集、名之爲行。虛集之行、體無常性、行性無安、故名行苦。四、諸過相顯、彼苦、無常及與無我互相顯示。於此三中、以苦顯苦、名爲苦苦、謂以麤苦顯於細苦。無常顯苦、名爲壞苦。無我顯苦、名爲行苦、虛集之行性無安故。「如是」下結。

次觀無我。「菩薩於法有爲無爲無我我所如實知」者、總以標擧。無常及苦、唯在有爲、無我則通、故今說言「有爲無爲」。色法・心法・非色心法是其有爲、虛空・數滅及非數滅是其無爲。言「無我」者、人無我也。「無我所」者、法無我也。若通論之、二無我中、皆悉無我、及無我所。人無我中、無我人體、名爲無我。以無我故、色・受・想等非我所有、名無我所。法無我中、當法體空、名爲無我。亦無餘法爲我所對、名無我所。「生法無我」、列其兩名、義如別章、此應具論。下辨其相。「彼生無我」、牒擧初門。「有法非生」、卽陰無我。「離有非生」、異陰無我。分別有二。其一義者、色等非我、名卽陰無。如先[34]尼說、常身之我遍一切處、與陰別體、此亦無名之異陰無。二、就陰中迭互相望、亦有卽離。如說色陰以之爲我[35]、名爲卽陰。餘爲我所、名爲離陰。諸陰相望、卽離齊然。此之卽離、皆無我也。「法無我」者、牒第二門。「一切言說亦無性」者、所言說法皆無性也。「如是」下結。

次觀涅槃。涅槃之義、廣如別章、此應具論。文中有二。一、當相分別。二、「未入」下、隨人辨異。初言「一切起因斷」者、生死因盡、有餘涅槃。「諸餘滅」者、生死果喪、無餘涅槃。對因名果、以爲諸餘。以斷因故、果永不起、名畢竟滅、名般涅槃、總以結之。下復重顯[36]。「煩惱寂滅」、顯前因斷。「苦息」、顯前諸餘滅也。隨人別中、就位分三。一、約世間、菩薩、聲聞以明涅槃。二、「如國王」下、約見道中菩薩、聲聞以明涅槃。三、「如病人」下、約修道去菩薩、聲聞以明涅槃。就初段中、「未入淨心」、地前菩薩。「未見諦」者、世間聲聞。言「於涅槃意解想」者、未得眞知、憶想分別、名爲意解。「當知」已下、明得非眞。

第二段中、先喩後合。喩別有三。一、喩佛菩薩爲見道前菩薩、聲聞宣說世間隨相涅槃、彼聞愛樂。二、「其父知子漸長大」下、喩佛菩薩爲見道前菩薩、聲聞宣說出世眞實涅槃、彼聞不解。三、「父於後時知子大」下、喩佛菩薩爲見道前菩薩、聲聞宣說出世眞實涅槃、彼聞悟解。就初段中、「如王、長者、臣富無量、爲諸子故、造作戲具、牛鹿車」等、喩佛菩薩爲見道前菩薩、聲聞說世涅槃。今此爲明見道之中所得涅槃、何故乃喩見道已前所說涅槃？　出世涅槃從世間來、是以明之。王喩如來。長者・大臣喩大菩薩、心具法財、名富無量、其所攝化、名爲諸子。說世涅槃、稱物情欲、名造戲具。牛鹿車等、所說非眞、故云戲具。「彼諸子」下、喩彼世間菩薩、聲聞聞說愛樂。第二段中、言「父知子漸已長大、爲說眞實鹿・馬車」等、喩佛菩薩知所攝化根性漸增、爲說出世眞實涅槃。「諸子謂父歎已象・馬」、喩彼世間菩薩・聲聞始聞不解。第三段中、「父於後時知子轉大、將出宅外、示眞象・馬」、喩佛菩薩知所攝化根性轉熟、化入出世、示眞涅槃。「彼見實」下、喩彼所化聞說悟解。於中有三。一、聞說悟解。二、知昔所歎是眞非妄。三、知昔所取是妄非眞。下合有二。一、隨事別合、見道已前有相諸行以爲富宅、地前菩薩、世間聲聞如彼童子。二、「諸佛」下、隨文正合。喩中三分、合初合後、中間不合。合初段中、「諸佛菩薩」、合王、長者。「明見涅槃」、合前臣富。「爲彼菩薩及諸聲聞歎說涅槃」、合爲諸子造作戲具、牛・鹿車等。「彼既聞已、隨說解」者、合前諸子歡喜愛樂、作眞鹿・馬・象等想也。自下超合第三喩文。「若彼漸學、道品具」者、合父後時知子轉大。「入淨心地、見諦聲聞」、合將宅外示眞象馬。「彼於涅槃生現知見」、合前彼見乃知其眞如是。「所歎非如我等愚癡意解」、合前文中定知其父常所歎說。「非是我等先所玩好、我等所想相似非眞」、合先所好非眞象馬。「生慙愧」下、合中義安、喩中無文。「生慙愧心、愧昔不解、依後知」者、依後眞也。此是第二、明見道中所得涅槃。

自下第三、明修道去所得涅槃。先喩後合。喩中有五。一、喩衆生起見諦病、佛大菩薩爲說對治。二、喩衆生聞說悟解。三、喩衆生起修道病、佛(37)大菩薩爲說對治。四、喩衆生始聞不受。五、喩佛菩薩方便教化、令起修治。就初段中、「譬如病人」、喩見道前菩薩、聲聞有見諦病。「良醫爲治、說隨病藥」、喩佛菩薩爲說見治。今此爲明修道所得、何故乃喩說見道乎？　修因見起、是故乘明。第二段中、「病者常習、緣是病差」、喩見道前菩薩、聲聞信樂前治、除見諦病。第三段中、「更起餘病、應服餘藥」、喩見道中菩薩、聲聞起修道病。「醫教捨前、更服餘藥」、喩佛菩薩教捨見法、起修對治。第四段中、「病者信前、不肯棄捨」、喩見道中菩薩、聲聞(38)愛守前治、不學後法。第五段中、「良醫方便令服後藥」、喩佛菩薩巧方便化、令起修治。自下合中、但合第三、第五段文。從初乃至上上勝法、合前第三。「如是菩薩住淨心地、見諦聲聞諸煩惱病」、合前喩中更起餘病。「佛大菩薩爲說」已下、合前良醫教捨前藥、更服餘藥。於中九句、初三聞法、次三思法、後三修法、各有三品、故有九句。教是聞法、理是思法、行儀修法。「佛大菩薩爲說法」者、聞中下品・上法中品・上上上品。「爲說深法」、思中下品、思能入理、故名爲深。中上可知。「爲說勝法」、修中下品、行修增上、故名勝法。中上可知。亦可初三是教化法、次三教授、後三教誡。「教授」已下、合上第五良醫方便令服後藥。於中初言「教授教誡」、正合方便令服後藥。「入淨心」下、明其所化信受奉行、信受不疑、始生信解。「乘如來」下、明起行修、如來所說法能運載、名爲法乘。乘法圓備、故云具足。依法巧修、名善調禦。起行順理、名遊等道。「疾疾」已下、依行趣果、言「無餘」者、對彼因中所得之滅、果中所得通名無餘、望後更無餘涅槃故。

◇◇◇◇

「『功德品』」者、從上『施品』訖來至此、大段第二、造緣進修。自下第三、因修成德、廣辨此德、名『功德品』。就此品中、得失通論、二十六門。隱失彰得、有二十四。二十四中、初有八門、自分功德。後十六門、勝進功德。前八門中、初一總明自利利他。次有六門、偏明利他。後之一門、唯明自利。就初門中、「有五奇特未曾有」者、總以標擧、所起異於凡夫・二乘、名未曾有。次別顯之。初三利他、後二自利。初言「於牛無有因緣而愛念」者、始心愛念、先非親眷、名無因緣。愛之過子、是以奇特。「爲受苦」者、依前愛念代受苦也。「惱盛難化、方便調」者、依前受苦、他離煩惱。下自利中、初一入證、後一起用、如是下結。

次下六門明利他中、初一明其化行善巧、第二明其化心平等、第三明其化益具足、第四明其化德圓備、第五明其化願不斷、第六明其化攝方便。就初門中、「有五非奇能成奇」者、總以標擧。所作似凡、故曰非奇。能成菩薩巧方便行、名成奇特。下別顯之。五中前四、化行方便、後一正化。就前四中、初句「爲生受苦因」者、爲生捨善、示爲諸惡受苦因故。「得受樂」者、爲物造惡、自無罪心、故雖爲之、而當受彼涅槃之樂。次下三句、「爲物捨樂、知生死過、涅槃功德、爲淨生故、受生死」者、明爲化生捨涅槃樂、受生死苦。「修靜默樂、有淨生念、不自受樂、爲生說」者、明捨禪樂、處亂說法。「修六善根、有淨生念、不自受樂、不捨一切、亦不捨報」、明捨自己殊勝報樂、隨物劣受。此前方便。第五門中、「他事己事、如是一切利益生」者、正明化益。四攝他事、六度己事、悉以攝取、名爲一切利益生也。

就第二門化心等中、「有五心等」、總以標擧、下別顯之。於中初一、化願平等。次有兩句、化心平等。先悲後慈、悲中初言「修習悲心」、拔苦心也。「與哀潛俱」、哀傷心也。後慈心中、「作一子想」、親厚心也。「與愛念俱」、愛憐心也。次一明其化智平等、「觀一衆生諸行起」者、皆是五陰諸行集起。「一衆生法卽是一切衆生法」者、觀一類餘、彼此無別、故言卽是。後一明其化行平等、以一切行化一衆生、餘亦如是、故言卽是。

就第三門化益具中、「有五益生」、總以標擧。下別顯之。初三化人、令有所離。後二化人、令有所住。就前三中、「說正命」者、化離邪命。「不隨順」者、說隨順法、化離邪謗。此二口業、化令離惡。「孤獨貧乞、爲作依怙」、明其身業、救令離苦。就後二中、「向善趣」者、說道饒益、化之令住人天善道。「爲三乘人說三乘」者、化之令住三乘出道。

就第四門化德備中、言「有五事報生恩」者、總以標擧。菩薩成德本由衆生、故名衆生爲菩薩恩。菩薩今成一切功德、彼則有分、是故名爲報衆生恩。下別顯之。五中前三是自分德、後二勝進。就自分中、初成自德、後二利他。「勸他成」者、令彼住善。「爲作依怙」、令其得樂。後勝進中、初「供如來」、明攝功德。後「於佛說誦書持供」、明攝智慧。

就第五門化他願中、常求五事、總以標擧。下別顯之。前四求因、後一求果。就前因中、願佛出興、求近善人、爲欲依佛成利他德、是故求之。「於佛聽」者、求聞正法、六波羅蜜是其行法、及菩薩藏是其敎法。次有兩句、求如說行、「堪一切種成熟衆生」者、凡夫・二乘善法化也。「堪能無上成熟」者、大乘化也。後一果中、「得菩提」者、菩提自體。「阿惟」已下、菩提作業。作業有三。初言「阿惟三菩提」者、示現攝取大菩提道化衆生也、是外國語、此名無比正覺道也。「聲聞菩提」、示成小果化衆生也。「和合聲聞」、示成緣覺化衆生也。緣覺所得、道同聲聞、故言和合。

就第六門化方便中、有五方便、總以標擧。斯乃攝生前方便故、名曰方便。益心不虚、名爲眞實。下別顯之。但列前二、餘三指上、上習近中明善知識有五種事開道無礙。一者、先欲安樂衆生。二、於安樂不顚倒覺。三、若方便隨順說法、有堪能力。四、不疲厭。五、悲心平等。今慳煩重、指彼說也。

上來六門唯明利他、自下一門單明自利。於中先擧、次列、後釋、下總結之。「有五方便攝一切」者、總以標擧。次列其名。於中初二種性行德、次一解行、次一初地乃至七地、後一在於八、九、十地。言「隨護」者、種性位中集善行也。善有二種。一者智解、隨法防護。二者行修、隨人防護。故云隨護。言「無罪」者、種性位中離過行也、行修離過、故云無罪。言「思惟」者、解行地中思惟出世無漏道品、故曰思惟。言「淨心」者、初地已上乃至七地、證離垢染、故名淨心。言「決定」者、八地已上、法流水中決定趣果、故云決定。次廣釋之。釋初門中、隨護有五、牒以擧數。下別顯之。前三就智、隨法說護。後二就行、隨人說護。就前三中、初「黠護」者、俱生智也。久習今成、根性聰利、故名爲黠。黠能護法、名爲黠護。下釋其相。「得俱生智」、顯前黠也。「能速受法」、顯前護也。念智兩門、現起方便、念護據始、念心護法、故云念護。「念持於法」、釋顯其相。智護終成、於法決斷、名之爲智。以智護法、故云智護。下釋其相。「得堅固智、觀法義」者、自分善成。「以黠念」下、能入勝進。就後二中、「自心護」者、護己善心、守根釋也。「他心護」者、善護物心。「隨順他心」、釋顯其相。上來五句、合爲初門。無罪方便、牒第二門。下釋有五。一、「於善不倒」、離於邪過。二者「熾燃」、離懈怠過。三者「無量」、離狹少過。四者「常修」、離斷絕過。五、「迴向菩提」、離求有過。後三可知。「是名」下結。

上來八門是其自分、下十六門是其勝進。於中隨義相從爲五、初有三門、自利利他離過對治。次有四門、自利利他所修善行。次有兩門、自利利他所依之法。次有三門、自利利他所生智解。末後四門、自利利他所成行益。

前中初二自行對治、後一是其利他對治。就自行中、初門遠離修心之過、後門遠離行業中過。離修過中、先過後治。就明過中、「過分有五」、總以標擧。今爲明進、返明退矣。下別顯之。五中初一、修方便過、「不能敬法、及說法人」。次有兩句、正修時過、「放逸懈怠」、不能修善。「習惱惡行」、不能離惡。下有兩門、修成時過、「稱量同己及餘菩薩」、對人起慢。「於法顛倒」、對法起慢。於增上法未得謂得、名增上慢。下次明治、「勝分有五」、總以標擧。與上違下、番過顯治。離行過中、初過後治。過中有五、「似功德過」、總以標擧。相似功德、理實是過、是故名爲似功德過。下別顯之。五中初一、不善利他。後之四門、不善自利。「兇惡犯戒、非慈益」者、見生造罪、以慈滑心、惶彼憂惱、不加治罰、令捨不善、名非法慈。以此非慈饒潤於彼、是故名爲非慈饒益。就後四中、「現諂威儀、無正功德、說外經論、得生智」者、無正智慧、此二一對。「行於有罪施等善根」、無正功德。「演說建立似功德法」、明無正智、此二一對。下次明治。「有五實德」、總以標擧。下別顯之、番上可知。上來兩門自行對治。自下利他對治之中、調生有十。「名正調伏」、總以標擧。下別顯之。「云何」問也。「離諸纏」者、調離八纏、卽以爲八、八纏如上『四攝品』說。「離煩惱」者、謂離十使重煩惱也、通前爲九。「離惡戒」者、謂離外道邪心分別烏雞戒等、通前爲十。

　自下第二、次明自利利他善行。於中四門。初一明其行修利益、能攝佛記。次一明其行修堅固、成就決定。次一明其行修具足。後一明其行修不斷。就初門中、「菩薩有六爲如來記」、總以標擧。下別顯之。六中初二就位分別、初言「種性未發心」者、未能發彼解行心也。言「已發」者、已能發於解行心也。次二約就時處分別、「如來當時對面與記」、名爲現前。「餘時異處玄與記」者、名不現前。如『法華』云、「其不在此、汝爲宣說」、此之謂也。後之二種、對果分別、記彼當來經若干劫而得爲佛、名爲時量。記彼成時劫國名字、稱曰時定。無量不定、番前可知。第二門中、「有三決定」、總以標擧。位分不退、稱曰決定。下別顯之。「種性名定」、列其名字。「何以故」下、徵問辨釋。「何故」問也、良以種性隣於退分、故須徵問。「堪能」下釋、堪能爲緣、正解決定、決定堪能與佛爲緣、故曰決定。「有障」已下、簡定其相、云言「有障」、簡別於後、未出障故。「決定菩提」、簡別於前、前未定故。「決定發心」、解行地也、以能定發菩提之心、故名決定。「不能」已下、對後辨異、不能得彼初地已上不退行德、故言不能乃至不退。不能得彼大菩提果、故曰不能乃至菩提。第三門中、初先正辨、後明此位得佛授記。初地已上、自行成就、名爲得力。外化行成、名利衆生。此二自分。「如所欲」者、所欲自利。「如所作」者、所作利他。隨意能成、故曰不虛。此是勝進。「彼決定如來記」者、明此位中爲佛記也。向前六中未明此記、故今明之。以此通前、得記有七。第三門中、「不作五事、不得菩提」、總以標擧。下別顯之、初一起願、後四起行。哀湣利他、餘三自利。言「熾燃」者、諸行頓起。言「精進」者、諸行常起。此二攝福。「明處不厭」、攝智慧也。第四門中、「五事常修」、總以標擧。下別顯之、前四修因、後一求果。就前四中、不逸自利、作依利他、此之兩門自他相對。後二攝善、離惡相對。下一求果、相顯可知。

自下第三、辨明自他行所依法。於中兩門、初門勝法、後門正法。前言「有十菩薩等法第一勝」者、總以標擧。此十同是菩薩所學、是故說爲菩薩十法。就所學中、有是佛法、有菩薩法、是故說爲菩薩等法。簡精去劣、稱曰最勝。下別可知。第二門中、文別有五。一、總標擧。二、就人辨定。三、別其名。四、廣分別。五、總結歎。「有四施設」、是總擧也。言說建立、故曰施設。聖說不邪、故曰爲正。「如是施設是如來說」、就人定也。「非餘聞」者、擧彼餘人不堪聽聞、以顯唯是如來能說、彼人天等尚不能聞、焉能宣說？　下次列名。初一是其自利之法、次一利他、後一總明自他利法。下廣釋之。「法」牒初門、「十二部經」、正擧法體。下解施設、「修多羅等次第演說」、說時次也。「次第建立」、釋時次也。「諦」牒第二、釋中增數、從一至十、通有五十五種諦也。初一次二、相顯可知。就明三中、言「相諦」者、法相實也。言「說諦」者、敎之實也。言「作諦」者、行之實也。第四可知。第五門中、「因」是集諦、「果」是苦諦、「智及境界」是其[40]道諦、「無上」滅諦。第六門中、「實」是眞諦、「虛妄」俗諦、「知」者知苦、「斷」者斷集、「證」者證滅、「修」者修道。第七門中、「味」是集諦、「患」是苦諦、「離」是滅諦、餘四道諦。「法」是道境、「解」是道體。解有二種。一者出世、名爲聖諦。二者世間、名非聖諦。第八門中、前五苦諦、「行」、「壞」、「苦苦」、苦事分別。「生」之與「滅」、苦理分別。「穢垢」是集、「清淨」是滅、「方便」是道。第九門中、初四苦諦、「有愛」集諦、「無愛」及與「斷方便諦」是其道諦、後二滅諦。第十種中、初五苦諦、「愛戀」壞苦、「汚辱」苦苦、「業惱」集諦、「思惟」、「正見」是其道諦、「果」是滅諦。「四種方便名方便」者、釋第三門。

「如前說」者、『力性品』中宣說四攝以爲方便、今指彼也。乘牒第四、聲聞・緣覺及與大乘、據要分三。下廣分七、一一七種、通以辨數。下別顯之。就小乘中、初四諦慧、是其乘體。第二依者、慧依敎生、亦依禪起。第三緣者、慧緣理也。第四伴者、知識爲伴、亦可戒等諸行爲伴。第五業者、起在意業。六衆具者、十一定具爲衆具也。十一定具、廣如『成實』、彼能生定、名爲定具。亦能生慧、說爲慧具。第七果者、所謂涅槃。此七下結。「緣覺乘」者、相同聲聞、指同彼說。就大乘中、「離言境界一切法如、離諸妄想平等慧」者、是其乘體。慧能離言、證諸法如、名離言說法如慧也。慧能離妄、證法平等、名離妄想平等慧也。餘義同前。「過去」已下、第五結歎。

自下第四、辨明自利利他之智。於中三門、初門利他、後二自利。就初門中、文別有五。一、總擧。二、列名。三、解釋。四、辨次第。第五、總結。「有[41]五」總擧、利他之智無量境、故曰無量。言「生一切巧方便行」者、謂起利他巧便行也。次列其名。初衆生界、知其所化。第二世界、知生住處。第三法界、知化生法。「調伏界」者、知生根性、亦知不調、以調爲主、但言調伏。「調伏方便」、知度生法。次廣釋之。「六十一種名生界」者、下調伏中有五十五、加以六道、爲六十一。「如意地身有無量」者、意謂心行、心行無邊。地謂九地、始從欲界、乃至非想。身謂形類、形類無邊。如地獄中凡有一百三十六所形類各異、畜生之中形類無量、餓鬼亦爾、人中具有四天下別、胡漢等類亦有無量、天有二十八天之異、是故說言意地身別則有無量。解世界中、「無量界」者、正辨其相。「無量名」者、以名無量顯界無量。「如娑婆界」、卽事指斥。「名娑婆主」、顯此娑婆立名所以。娑婆名忍、如『悲華』釋、此土衆生堪能忍受貪欲・瞋・癡諸煩惱過、故名爲忍。土從人目、稱曰忍界。人是土主、從主立稱、名娑婆主。釋法界中、據要唯有善・惡・無記、隨義分別、則有無量。解調伏中、文別有三。一、釋。二、結。三、對生界料簡同異。釋中增數、從一至十、有五十五。初一可知。第二門中、外凡具縛、内凡已上名爲不具。三・四・五門、相顯可知。第六門中、「在家出家」、隨形分別。「熟未熟等」、隨行分別。第七門中、三性分別、惡人不善、中人無記、餘五是善。「小智大智」、就解分別。「現・未、隨緣」、就行分別。根熟現調。未熟當調。不定根者、隨緣而轉、現・未不定、故曰隨緣。「得緣如是如是迴向」、顯前隨緣。若得現緣、向現調伏。若得後緣、向未調伏、故曰如是如是迴向。第八門中、「八衆」總擧。「刹利乃至婆羅門」者、列其八名。「婆羅門」者、是外國語、此翻名梵。初禪已上、乃至非想、同名爲梵、今名彼梵爲婆羅門、不名人中婆羅門種爲婆羅門。云何爲八？如『長阿含』說。一、刹利衆。二、婆羅門衆。三、居士衆。四、沙門衆。五、四天王衆。[42]六、忉利天衆。七者、魔衆。八者、梵衆。故言刹利至婆羅門。第九門中、「如來・聲聞・菩薩調伏」、藉緣不同。「難調易調」、根性不同。「軟語呵責」、受化不同。「遠調近調」、熟時不同。第十門中、前五欲界、初四生陰、後一中陰、後五在於色無色界。「色與無色」、形相分別、四禪有色、四空無色。「想無想」等、就心分別、四禪地中除無想天、四空地中下三空處、名爲有想。第四禪中、無想天處名爲無想、第四空處名爲非想非非想也。「是五十」下、釋已總結。下對生界以辨不同。「生界調伏有何差」者、問以起發。上辨調伏、就生以說、相濫前生、故爲斯問。下釋顯異。「生界不分種性處」者、辨生異調。「調伏性處」、辨調異生。下言「如是彼彼處轉」、辨明菩薩隨性異知、根性不同、名彼彼處。菩薩隨知、故名爲轉。「調伏方便如前說」者、『成熟品』中具明二十七種方便、今指彼也。又彼文中九品分別二十七種、故今說言彼亦無量種分別也。上來第三隨名廣釋、自下第四明其次第。「如是次第說五無量、何以故」者、徵問起發。蓋乃依於外國人語、若順此方、應言「何故如是次第說五無量」。下釋可知。「是故說五生一切」者、第五總結。次下兩門、自利之智、列名指前、相顯可知。

　自下第五、自利利他所成行益。於中四門、初一是其利他所成、後三是其自利所成。就利他中、言「有五事爲生說法得大果」者、總以標擧。此乃令生得五大果、非是自得。次別顯之。五中前四出世福利、後世間。就出世中、初二小乘。言「法眼」者、斷除見惑、得見解也、見四諦法、故云法眼。「得漏盡」者、斷除修惑、得無學果。後二大乘、言「發心」者、[43]發解行心。言「得第一菩薩忍」者、謂得出世眞實忍也、忍中最勝、故云第一。「是名」下結。就自利中、初門明其所成高大、第二明其所成寬廣、第三明其所成具足。就初門中、「云何大乘」、問以起發。下釋有三。一、擧七數。二、列名辨相。前六是因、第七是果。就因六中、初一是法、後五是行。行中「心大」及與「解大」、此二地前。「淨心大」者、在於初地。「衆具大」者、二地已上。言「時大」者、八地已去。三、分

因異果。(44)

第二門中、初「有八法攝摩訶衍」、總以標擧。「菩薩藏說」、就敎已定。下別顯之。八中前三在於世間、後五出世。信以爲一、在於種性、解行位中、「信菩薩藏顯示實義、諸佛菩薩不思力」者、具信(45)八事、今略擧二以明信也。聞慧爲二、思慧思惟、以爲第三、此聞與思、偏在解行。「依聞思慧得淨心」者、始入初地見諦心也。通前爲四。「得淨方便入修慧行」者、初地窮滿修道心也。通前爲五。依下『住品』、二地已上乃至七地名修慧廣、今此略無。以此通前、合以爲六。「修慧果成」、在八地上。以此通前、合以爲七。「畢竟出離」、在如來地。通前爲八。「如是學無上菩提」、總以結之。前七所學、後一所得。

第三門中、文別有三。一、明所成位分具足。二、「此十」下、明此十種備攝周盡。三、「當知」下、擧失顯得、令人修學。就初段中、「學得菩提略說十種」、總以標擧。次列十名。下廣辨釋。初言「種性未得淨心」、對後以別。得淨有二。一者觀得、在於解行。二者證得、初地已上。種性位中未同彼得、故云未得。「發心學修名爲入」者、解行位中名爲發心、初地已上名爲修學、此等同能趣入法性、故通名入、解行觀入、地上證入。下就入中分淨未淨、「未入淨心名未淨」者、謂解行也。「入淨心地名爲淨」者、初地已上乃至十地同名淨心、證入彼地、斯名爲淨。下就淨中分熟未熟、初至九地未入第十畢竟地故、名爲未熟。十地名熟。下就熟中、分定未定、初入十地、未善安住、名爲未定。安住已後、說名爲定。下就定中、分出一生後身之別、彌勒之流、名爲一生成佛之身。未得道前、名爲後身。「如是」下結。上來第一廣辨所成、下明此十備攝周盡。初言「此十所學而學」、總明此十備攝周盡。下別顯之。「更無所學」、所學法盡。「如學」已下、而學行盡。「如學而學、更無菩薩」、學人盡也。「如學而學、得一切名」、學行盡也。學行盡故、德名無邊、擧名以顯行德盡也。「得一切名」、總以標擧。下別顯之。謂「菩薩」等、實德之名。「如是十方無量因緣自想施設」、化德名也。學行備故、能於十方隨物現化、自想施設種種異名。「當知」已下、擧失顯得、相顯可知。

◇◇◇◇

「『次法方便處相品』第一」者、上來第一依法起學、判爲初持。自下明其修義差別、判爲次持、故云次法。法爲行本、名方便處。亦可此是因分行修、簡異果分、名方便處。十法之中、前十八品廣釋持義、今此解相、故云『相品』。此次持中、品別有四、此品建首、故云第一。

文中「五相入菩薩數」、總擧以歎。次列五名、初一是起化心、第二愛語正授以法、第三勇猛是常化心、後二能以財法饒益。下廣辨釋。釋中一一五門分別、「此五各五」、牒以擧數。「性」等列名。言「自性」者、明前五種行體性也。言「境界」者、明前五行所依之法。「果」者、明前五行所成之德。言「次第」者、明前五行因起次第。言「攝受」者、以前五行對上六度共相收攝。

下廣釋之。先明自性。「哀性有二」、牒以擧數。「至心」、「具足」、列其二名。下釋可知。「愛語自性」、牒第二門。「先語安慰、如前說」者、前『四攝品』中、一切愛語有其二種。一、隨世間語、所謂慰問・呪願・讚歎。二、正說法語、謂說一切德相應法、今指彼也。『四攝品』中、明此造緣修起之相、故名一切。今此取爲愛語行體、故云自性。勇性可知。惠施性中、「勝妙施」者、財物勝也。「無煩惱」者、離諂慢等煩惱心也。說義白性、相顯可知。

次明境界。「哀境有五」、牒以擧數。次列五名。下廣辨釋。釋初門中、「乃至一切苦受續」者、謂人天中苦受相續、擧初地獄、越於鬼畜、故言乃至。「是名」下結。第二門中、「雖不受苦」、簡別初門。「而多作惡、所謂十二惡律儀」者、正辨其相。十二律儀、如『雜心』說、所謂屠羊・養豬・養雞・捕魚・捕鳥・獵師・作賊・魁會・守獄・呪龍・屠犬及與伺獵、是爲十二。『涅槃經』中宣說十六、牛・羊・豬・雞、爲利故養、肥已轉賣、即以爲四。於此四種、買已屠殺、復以爲四、通前爲八。捕魚・捕鳥・獵師・劫賊、通前十二。魁會・兩舌・獄卒・呪龍、通前十六。此等皆是無作之惡、相續常生、故曰律儀。「是名」下結。第三門中、「雖不受苦、造諸惡行」、簡別前二。「而著五欲、歌・舞・戲」等、正辨其相。第四門中、「雖不受苦、造諸惡行、樂著五欲」、簡異前三。「邪見求脫」、正辨其相。「是名」下結。第五門中、「依法出家」、辨定其人。「不受諸苦乃至邪趣」、簡異前四。「而具」已下、正辨其相。「而具煩惱」、是外凡夫。「或不具」者、内凡已上。謂「正方便眞實凡夫」者、是内凡夫、能與出世爲方便故、名正方便。以對外凡虛妄凡故、名内凡夫以爲眞實。「及諸學人」、謂須陀等。「是名」下結。「於此境」下、總以結之。愛語境中、「有五」擧數、次列其名。言「正語」者、不妄語也。「正喜語」者、不惡口也。「正饒益」者、不兩舌也。「正如法」者、不綺語也。「方便說」者、以前四種與生說法。「如前說」者、前『四攝品』自性語中、「以其可喜眞實如法饒益語與衆生語」、今指彼也。然上直明語之自體、故說此等以爲自性。今此爲起愛語行心、故說此等以爲境界。於此下結。「勇境有五」、牒以擧數。「如前『菩提分品』說」有五。一、種種苦能速除滅。二、惡行衆生爲之受苦。三、伏異論。四、隨順說法。五、演說妙法、能令衆生受菩薩戒。故今指彼以顯此也。「於此」下結。「施境有五」、牒以擧數。下別顯之。「不分別」者、於田平等。言「歡喜」者、施心無悔。所言「頓」者、於財無悋[46]。下有兩句、施行清淨。「不染汙」者、離諂、慢等。言「無依」者、不求名利、果報等也。「如『施品說』」、指前顯此。「於此」下結。「說境有五」、牒以擧數。下別顯之。五中前三、是法無礙。第一善知修多羅藏。「如來所說修多羅」者、正擧教體。「深空相應」、明合眞諦。「緣起隨順」、明扶[47]世諦。二知毘尼、三知毘曇。第四門中、「於深法義想分別」者、是義無礙。第五是辭、樂說無礙、「於一切法種種言辭」、是辭無礙。「種種分別」、樂說無礙。「於此」下結。

次明果報。哀湣果中、文別有三。初至「不厭」、明習哀湣、菩薩哀湣、於生習慈、始心憐湣。言「利益」者、依前慈心、欲與利樂。言「親厚」者、與樂心深、方便不厭、常益不息。二、「多住」下、明行成就、能益自他。「多住無罪現樂法」者、是其自益。「攝取衆生」、是其益他。三、「如世尊」下、明由行成、能攝報果。「身常不被刀杖害」者、以慈他故、物不害己。「此應廣」者、如經中說、修慈福利有十一種、臥安覺安、天護人愛、不毒不兵、水火不衰、眠無惡夢、死生梵天、在所得利、廣說如是。「是名」下結。

愛語果中、文亦有三。一、修愛語。二、「以此」下、修已行成、能益自他。三、「未來」下、行成得果。「是名」下結。勇猛果中、文亦有三。一、修勇猛、離怠心喜、修善勇猛。受戒不犯、離過勇猛。二、「以堪忍」下、修已行成、能益自他。三、「於未來」下、行成得果。「是名」下結。惠施、説法、此之二果、指前『力品』。次第可知。

下次明攝。菩薩「五相」、「六波羅蜜」、竝擧兩門。「此六波羅蜜何相攝」者、牒前六度、問五攝也。「哀攝禪」者、哀滑卽是慈悲無量、慈悲是禪、故禪攝也。言「愛語相攝屍羅」者、離口四過戒分攝故。「攝般若」者、愛語・説法依慧起故。言「勇猛相攝羼提」者、由勇猛心能安忍也。「攝精進」者、由勇猛心能修善也。「攝般若」者、由勇猛心入深義也。惠施攝檀、義在可知。「説攝禪」者、依禪説故。「攝般若」者、依慧説故。「是名五相五種分別」、總以結之。

地持義記卷第四

沙門善意抄寫受持流通末代

註

(1) これ以前は缺落している。
(2) 「所」、『大正藏』は誤って「前」に作る。
(3) 「知」、「『菩薩地持經』は」「處」に作る。
(4) 「生」、『大正藏』では脱落している。
(5) 「顧」、「寫本の」原文は脱文を表す符號「。」となっている。『大正藏』はこれを移録しないが、「今は」『菩薩地持經』によって「「顧」の字を」補った。
(6) 「苦」、『大正藏』は誤って「若」に作る。
(7) 「苦」、『大正藏』は誤って「其」に作る。

(8)「非理」、『大正藏』は誤って「爲說」に作る。
(9)「禪」、『大正藏』は誤って「釋」に作る。
(10)「以」、『大正藏』は誤って「心」に作る。
(11)「求」、『大正藏』では脫落している。
(12)「誡」、『大正藏』は誤って「滅」に作る。
(13)「聞」、『大正藏』は誤って「而」に作る。
(14)「雖」、『大正藏』は誤って「離」に作る。
(15)「妄喩」、原文は誤倒で「喩妄」に作るが、文意によって改めた。
(16)「責」、『大正藏』は誤って「恚」に作る。
(17)「外國」、『大乘義章』は「中國」に作る。
(18)「比翻」、『大乘義章』によれば「此翻」に作るべきである。
(19)「智」、『大正藏』は誤って「知」に作る。
(20)「若」、『大正藏』は誤って「苦」に作る。
(21)「量」、『大正藏』は誤って「是」に作る。
(22)「當」、『大正藏』は誤って「尚」に作る。
(23)「別」、『大正藏』は誤って「第」に作る。
(24)「無」、『大正藏』では脫落している。
(25)「具」、『大正藏』は誤って「異」に作る。
(26)「翻」、原文が「番」に作るのは誤寫。
(27)「成」、『大正藏』では脫落している。
(28)「去」、『大正藏』は誤って「云」に作る。
(29)「頃」、『大正藏』は誤って「頓」に作る。
(30)「改」、『大正藏』は誤って「故」に作る。
(31)「雙」、『大正藏』では脫落している。

(32)「惱」、『大正藏』は誤って「緫」に作る。
(33)「惱」、『大正藏』は誤って「緫」に作る。
(34)「尼」、『大正藏』は誤って「旣」に作る。
(35)「我」、『大正藏』は「義我」に作るが、「義」は衍字。
(36)「顯」、『大正藏』では脱落している。
(37)「大」、『大正藏』では脱落している。
(38)「愛」、『大正藏』は誤って「受」に作る。
(39)「報」、『大正藏』は誤って「敎」に作る。
(40)「其」、『大正藏』は誤って「共」に作る。
(41)「有」、『大正藏』では脱落している。
(42)「六」、『大正藏』は誤って「方」に作る。
(43)「其」、『大正藏』は誤って「甚」に作る。
(44)「異」、『大正藏』では脱落している。
(45)「信」、『大正藏』は誤って「作」に作る。
(46)「愘」、『大正藏』は誤って「陰」に作る。
(47)「扶」、『大正藏』は誤って「快」に作る。

一五　浄影寺慧遠における初期の識論

岡本　一平

一　問題の所在

本論文の目的は、浄影寺慧遠（五二三～五九二）の初期の識論を解明することにある。

私の問題意識は、慧遠の思想の形成と展開にあり、識論はその重要な問題の一つである。「初期の識論」と限定する理由は、『大乘義章』巻第三末「八識義」を研究するための準備作業として考えているからである。詳しく説明したい。

「八識義」は、慧遠の著作としては珍しく眞諦譯の『攝大乘論』『攝大乘論釋』等を引用・言及する文獻である。[1]慧遠の著作の成立順序に關する私の假説によれば、[2]第一期と想定される『勝鬘義記』と『十地義記』には、「八識義」に對する參照指示があるので、この二種の著作以前に、「八識義」が撰述されたとも言える。しかし、慧遠の現存注釋書と『大乘義章』の他の部分には、[3]眞諦譯『攝大乘論』『攝大乘論釋』への言及は一箇所しか確認されていないので、現行「八識義」が『勝鬘義記』と『十地義記』以前に完成していたとは決定できない。また、「八識義」に對する參照指示を後代の插入と見做すこともできる。しかし、他の『別章』に對する指示も含めて、後代の插入を論證した人はいない。[4]そこで、慧遠の識論研究の最初の段階として、初期の注釋書と想定される文獻に限定して考察したい。初期の識論を解明することによって、「八識義」だけでなく、『大乘義章』全篇の識論を讀解するための視點を獲得できると考えるからである。

このような文獻の扱い方は、坂本幸男氏とは異なったものである。坂本氏は、慧遠の著作の扱い方について、次のように述べている。(5)

抑も十地論の阿陀那識に關する記述は第八巻の「云何餘處求解脱。是凡夫如是愚癡顚倒常應於阿梨耶識及阿陀那識中求解脱。乃於餘處我我所中求解脱。」のみであるが、不幸にして此の部分の注釋が義疏にも義記にも缺けているので、阿陀那識に關する法上及び慧遠の意見を明確に知ることが出來ないが、慧遠は十地義記に「八識之義廣如別章」（一末一八）とて八識の説明を大乘義章に讓っているから、慧遠の阿陀那識は之れを大乘義章（大正四四巻五二四頁下）中の阿陀那識の説明に據ってもたいして不都合はないだろう。

すなわち、坂本氏は『十地經論』の注釋書を對象として、法上と慧遠の解釋（阿陀那識と阿梨耶識）の特徴を解明しようとした。しかし、兩者の『十地經論』巻八の注釋部分が散逸していることから、慧遠については「八識義」を援用したのである。私見では、この坂本氏の慧遠の著作の扱い方には問題がある。というのも、坂本氏が援用する「八識義」の「阿陀那識」は、それこそ眞諦譯『攝大乘論』と『攝大乘論釋』を利用しているからである。しかし、この二種の眞諦譯書は、果たして『十地義記』の執筆段階で利用できたのだろうか。

眞諦譯『攝大乘論』の譯出年次は天嘉四年（五六三）とされる。この年、慧遠は四一歳。同論典が譯出直後に北齊に傳播したと假定すれば、坂本氏による文獻の處理では、「八識義」と『十地義記』は四一歳以後の著作となる。現行本「八識義」については、晩年の著作と見做せば問題はない。しかし、私の假説が妥當であれば、第一期の『十地義記』が、四一歳以後の成立であるのは遲すぎるだろう。しかも、五六三年は眞諦譯『攝大乘論』の北齊傳播(6)の上限であり、坂本説に從うならば、『十地義記』は四一歳を下る。坂本説を直ちに間違いとは言えないが、現行本「八識義」→『十地義記』という成立順序を想定することは避けた方が無難であろう。

次に、慧遠の著作の成立順序に關する假説を再提示し、[7]「初期」について説明したい。

Ⅰ『勝鬘義記』『十地義記』
Ⅱ『涅槃義記』
Ⅲ『維摩義記』『無量壽經義疏』『仁王經疏』[8]
Ⅳ『觀無量壽經義疏』
Ⅴ『溫室義記』

※『地持論義記』『大乘起信論義疏』『大乘義章』は保留。
※※同一グループの前後は問わない。

この假説は文獻の記述、特に「六要」と「五要」という注釋對象の内容を整理するための範疇の形成を中心に推定したものであり、傳記資料等は一切使用していない。私の假説は、幸いにして池田將則氏による別途の考察によってもおおむね支持されており、[9]いまだに有效と考えている。この推論の利點は、寫本の傳播の問題を除けば、[10]第三者による傳承を使用せずに、慧遠の著作の順序を推論できることにある。ただし、缺點もある。それは、慧遠の著作には奥書等の著者自身の記錄を缺くので、順序を推論できても、年代を推論できないことである。そこで本論文の第二節において、この假説と傳記資料を比較し、兩者の矛盾を檢證したい。[11]あらかじめ注意しておきたいことは、私は傳記資料に、必ずしも〝史實〟が記述されていると考えていない。傳記資料は、あくまでも慧遠の生涯に關する傳承に過ぎず、それ自體が檢證される必要がある。したがって、私の著作の順序に關する假説と、傳記資料とが矛盾する場合も、それを根據にして假説の有效性は失われたとは考えない。傳記資料は、假説を檢證するための素材の一つではあるものの、基準ではないからである。兩者に矛盾がない場合のみ、傳記資料から推定される撰述年代を、便宜的に目安として採用したいと考える。[12]

さて、慧遠の著作の内、本論文で扱うのは、第一期『勝鬘義記』『十地義記』である。これに第二期『涅槃義記』を加え、三種の注釋を「初期」の著作と見做す。これはあくまでも相對的な呼稱である。したがって、「初期」と言っても、成立の絶對年代からの規定ではない(13)。第二期と第三期を區別する理由は幾つかあるが、ここでは『大乘起信論』の呼稱の變化を擧げたい(14)。成立順序を推論した八種の著作の内、『無量壽經義疏』『仁王經疏』『觀無量壽經義疏』『溫室義記』には、『大乘起信論』の引用や言及はない。同論に言及する殘る四種の著作の内、『勝鬘義記』『十地義記』『涅槃義記』は、「論」と略稱する場合を除くと、必ず『大乘起信論』を「馬鳴」と呼ぶ。これに對して『維摩義記』では「論」を除けば、必ず「起信論」(一例)と呼ぶ(15)。これは偶然なのか、著作の成立順序の假説に一致する。

敦煌出土地論宗文獻の研究が進展している現在の狀況においても、慧遠の著作は『大乘起信論』を利用する最初期の文獻に屬す。近年、池田將則氏が「現存最古」と想定される『大乘起信論』の注釋書の寫本の存在を報告したが、それでも『大乘起信論』の流布狀況には未解明な部分も多い(16)。慧遠の識論の展開と、『大乘起信論』の流布の重要性を考慮して、第二期と第三期を區別しておきたい。

北朝後期、識論は中國の佛教思想家たちが關心を寄せたテーマであった。その端緒となったのは、おそらく、菩提流支(〜五〇八〜五三五〜)の漢譯事業と指導であったと推定される。ただし、この點のみに目を奪われると、菩提流支以前、説一切有部の論典や『成實論』に依據した中國の識論の傳統の繼續性を見失うことになるだろう(17)。

近年、大竹晉氏は、菩提流支の識論の傳承を蒐集した上で、「地論宗」の「唯識説」の展開を基礎づけた(18)。大竹氏以前に、すでに坂本幸男氏(19)、勝又俊教氏(20)が「地論宗」の識論の展開を考察している。その中で大竹氏は坂本説を踏まえながら、菩提流支の二種の識論を明確化し(すでに坂本氏も簡單に指摘する)、さらに彼が染汚意を認めないことを指摘する(21)。

以上、菩提流支の唯識説は二種類あって、ひとつは前六識にアーダーナ識を加える七識説、もうひとつは前六識とアーダーナ識とに眞如(空理)を加える八識説であり、アーダーナ識は第七アーラヤ識、眞如(空理）は第八アーラヤ識と呼ばれるのであった。注目すべきことは、菩提流支が染汚意を認めなかったことである。

慧遠は、菩提流支の直弟子の世代から數えて三世代目であり、慧光（四六八～五三八）、法上（四九五～五八〇）、慧遠と次第する系統に位置づけられる。したがって、菩提流支から慧遠に至るまで、北朝後期の識論は大きく變遷したことが豫想される。この點について大竹氏は次のように指摘している。[22]

慧遠は『大乘起信論』の唯識説に多くを負い、さらに晩年に至って攝論宗の唯識説の影響を受けており、それゆえ慧遠の唯識説によって古典的な地論宗の唯識説を窺うことにはかなり愼重でなければならない……

大竹氏の見解は現存文獻の狀況から考える限り、大枠においては適切である。しかし、細部を考えれば、なお、多くの殘された課題がある。その主要なものは、慧遠の著作ごとの識論の解明と、『大乘起信論』の利用方法であろう。

二　初期の著作と慧遠傳

(1) はじめに

最初に、南山道宣の『續高僧傳』卷第八「隋京師淨影寺釋慧遠傳十四」（「慧遠傳」と略稱[23]）に依據して、慧遠の生涯を七期に大別しておく。その基準は活動據點である。

(1)第一期澤州時代（五三二～五三七頃）、(2)懷州北山丹谷時代（五三八）、(3)鄴時代（五三八～）、(4)第二期澤州時代（～五七八）、(5)汲郡西山時代（五七八～五八二）、(6)洛陽時代（五八二～五八七）、(7)長安時代（五八七～五九二）。

この内、執筆活動の可能性があるのは、具足戒を受け、比丘として正式に認められた(3)鄴時代以降であろう。

「慧遠傳」によれば、この時代は、湛律師に伴われ東魏の首都の鄴に赴いた元象元年（五三八）、慧遠一六歳の時に始まる。鄴到着後、慧遠は大乘と小乘の經論を研鑽した。そして、東魏の興和四年（五四二）、二〇歳の慧遠は、昭玄大統の上（法上）を和上、國都の順（慧順）を阿闍梨、慧光の十大弟子を證戒として具足戒を受ける。その後、五年間、大隱律師（曇隱）から『四分律』の講義を受ける。したがって曇隱の講義終了は、東魏の武定五年（五四七）である。この時、慧遠は二五歳。さて、鄴時代において年代を特定できるのは以上である。この他に、その起點が確定できないものの、慧遠の活動として傳承されているのは、法上に七年間修學したこと、そして、七年間鄴に居住して初めて『十地經論』（「十地」）を講義して人氣を博したことである。後者は、『十地義記』の成立と關連する傳承である。

（2）『十地義記』の成立時期

「慧遠傳」の次の部分が、慧遠の『十地經論』の講義に關する内容である。

［1］七夏在鄴、創講十地。一擧榮門、衆傾餘席。（大正五〇、四九一下一五—一六）

七夏鄴に居住し、創めて『十地經論』を講義した。すぐに一門のなかで名聲があがり、人々は他の講義から移動してきた。

この内「七夏在鄴」については諸說あり、すでに馮煥珍氏が整理している。馮氏の成果に依據して整理すれば次の通り[24]。

慧遠の『十地經論』講義年代

五四五年……ケネス田中說＝慧遠が鄴に到着後（五三八年）から數える。慧遠二三歳。
五五二年……佐藤哲英說＝慧遠が法上に修學した後（五四五年）から數える。慧遠三〇歳。
五四九年……馮煥珍說＝慧遠が具足戒を受けた後（五四二年）から數える。慧遠二七歳。

最も合理的な推論はどれだろうか。三説の内、「慧遠傳」から確定可能な年から數えるのは田中氏と馮氏である。法上の下における修學時期は、「慧遠傳」に單に「七年」とあるだけで、その起點が確定できない。つまり、佐藤説は、不確實な年代を基準に推定していることになる。間違いとは言えないが、確定に推論年代を二回使うことに抵抗がある。この三説の内、相對的に評價できるのは、馮氏の五四九年説である。その理由は馮氏の「七夏」の解釋にある。馮氏は「七夏」を單に〝七年〟と見做すのではなく、「夏」を「夏安居」と解釋した上で、具足戒を受けた五四二年を起點に數える。この解釋の難點は、沙彌は「夏安居」に參加できない、という前提が崩れれば成立しないことである。その場合は、田中氏の解釋も有力になる。現時點では、私は馮氏の解釋を支持する。これにより、目安として『十地義記』の撰述開始は、東魏武定七年（五四九）であり、撰述地域は鄴、慧遠二七歳である。[25]これは、『十地義記』を慧遠の第一期の著作と見做す假説と、特に矛盾はしない。

また『續高僧傳』巻第十「隋西京淨影道場釋寶儒傳」によれば、寶儒（生沒年不詳）は、鄴時代の慧遠に師事し、『十地經論』の奥深い言葉により、[26]その綱領を知ったと言う。

［2］後至鄴下、依止遠公、十地微言、頗知綱領。（大正五〇、五〇七上二〇―二一）

後に鄴に至り、〔慧〕遠公に師事し、『十地〔經論〕』の奥深い言葉により、その綱領を知る。

この傳承も、鄴時代の慧遠が『十地經論』を講義したことに矛盾しない。

（3）『勝鬘義記』の執筆時期

次に『勝鬘義記』の執筆時期について考えたい。『勝鬘義記』の成立を示唆する記述は、「慧遠傳」を含む傳記資料には皆無である。したがって、この著作の執筆時期は傳記資料を用いても推論はできない。そこで、『十地義記』との關連で推定してみたい。

私の假説によれば、『勝鬘義記』は『十地義記』と同様に第一期の著作である。問題は兩著作の順序である。

著作の順序を考え始めたころ、私は『十地義記』→『勝鬘義記』の順序という印象を受けていた。[27] 兩著作の前後を決定するのは難しいが、現在では、『勝鬘義記』→『十地義記』の順序を想定している。詳細な論證は別稿に讓るが、その根據は『勝鬘義記』の〝二種聲聞說〟である。[28]「種性聲聞」と「退菩提心聲聞」の二種の聲聞は、慧遠の注釋文獻では『勝鬘義記』だけに見られ、他の注釋文獻では確認できない場合と、「愚法」と「不愚法」に置換されている場合がある。この點から見れば、『勝鬘義記』は他の著作とは異質である。そして、この〝二種聲聞說〟は、達摩鬱多羅（法上）の「釋敎迹義」の逸文にも確認できる。[29] おそらく、『勝鬘義記』の〝二種聲聞〟は、法上の學說の強い影響を受けた最初期の特徵と考えている。『勝鬘義記』以後は自分で工夫を凝らしたのだろう。この點からみて、『勝鬘義記』は、『十地義記』の撰述開始（五四九年）に先行すると考える。その撰述地域は鄴であり、慧遠二七歲以前に、『勝鬘義記』は一應完成したことになる。

（4）『涅槃義記』の執筆時期

『涅槃義記』の執筆時期は、諸資料を勘案すれば、第二期澤州時代と假定できる。その根據について順を追って說明しよう。

第一に、『涅槃義記』成立の上限は、本文獻に眞諦譯『金光明經』が言及されるので、その譯出年代、梁の承聖元年（五五二）、あるいは承聖二年（五五三）である。[30] 五五三年、慧遠は三一歲。しかし、五五三年はあくまでも『涅槃義記』成立の上限にすぎない。[31]

第二に、慧遠の弟子たちの傳記である。この點については、「澤州云」との關連で吉津宜英氏が指摘しているので參照したい。[32]

多分三十三、四歲ごろと考えるが、自分の故鄉である澤州の淸化寺に住持し、そこを自分の硏究講說の場所とした。そして北齊承光二年（五七八年）慧遠が五十六歲の時、北周武帝の破佛に際會するまで二十年以上ものこの清化寺に住するのであり、多くの著作（大乘義章も含めて）がこの時期に著されたものと考えられる。後の人が慧遠の教說を「澤州云」として引くのはそのためであろう。續高僧傳によると、先の鄴都時代および清化時代に慧遠に就學した人として、靈璨・寶儒・慧遷・靜藏・智徽・玄鑒などがいる。……この清化寺時代から慧遠は涅槃經研究に力を入れるようになったと思われる。なぜならば、彼に就いた人達が、十地經論以上に慧遠の涅槃經の講說を聽いているからである。

ここで吉津氏の見解の内、注目したいのは、慧遠に修學した人々が「十地經論以上に慧遠の涅槃經の講說を聽いている」ことを根據にして、「清化寺時代から慧遠は涅槃經研究に力を入れるようになったと思われる」という推定である。吉津氏が人名を例示している中で、(33) 清化寺において慧遠に修學した者は、智徽（五六〇～六三八）と玄鑒（生沒年不詳）であり、兩名共に「大涅槃」を極めたとある。(34) 智徽と玄鑒が清化寺に至った時期は確定できないものの、清化寺は澤州の寺院である。これからみても、第二期澤州時代に、慧遠が『涅槃義記』を撰述した可能性は高いと思われる。また、慧遠の著作の成立順序の仮說とも矛盾しない。

第三に、『涅槃義記』成立の下限は、北周武帝の廢佛、すなわち、北齊の承光二年（五七八）春である（大正五〇、四九〇上一三。第二期澤州時代の終焉。實際には北齊は五七七年に滅亡）。この時、慧遠は五六歲。上限（五五三年）と下限（五七八年）の期間は二五年と長い。(35) しかし、『涅槃義記』の成立年代の範圍を特定する資料は他にない。そこでこの年代を目安とする。

(5)「澤州云」について

次に吉津氏の指摘した「澤州云」について考察したい。慧遠の著作を「澤州」として引用する文獻は、主に中國の文獻である。韓國の文獻にはなく、日本の文獻には少しある。そして、私の調査では、所引の「澤州」は『涅槃義記』と『維摩義記』である。先に『涅槃義記』の用例から確認しておきたい。初期の用例としては、澄引用する。

観（七三八～八三九）の『大方廣佛華嚴經隨疏演義鈔』［3］（『演義鈔』と略稱）が、『涅槃義記』［4］を「澤州」と

［3］且澤州釋云。十地菩薩、各修十度名爲百人。（『演義鈔』、大正三六、一六四上一八―一九）

［4］十地菩薩、各修十度名爲百人。（『涅槃義記』、大正三七、七〇五中一七―一八）

兩文獻を比較して判るように、『演義鈔』［3］は、現行本『涅槃義記』［4］を忠實に引用している。この他に、圓珍（八一四～八九一）の『智證大師請來目錄』には、次のように『涅槃義記』と『涅槃經疏科文』を「澤州」と記錄している（〈　〉は割注）。

［5］大般涅槃經義記十卷〈澤州〉

涅槃經疏科文一卷〈澤州〉（大正五五、一一〇五下一三―一四）

［5］の二例は割注であり、圓珍以後の插入の可能性もある。[36] そうだとしても、圓珍以降も日本の天台宗では、「澤州」という通稱が傳承されていることになる。この［3］［5］から推定される可能性は二つ。第一、慧遠は九世紀ごろまで「澤州」として認識されていた（慧遠は澤州時代に有名になった）。第二、『涅槃義記』の撰號には「澤州」の二文字があった（撰述地は澤州）。特に［5］の用例は撰號の問題を示唆する。[37]

次に『維摩義記』の用例を確認したい。私の調査によれば、「澤州」として『維摩義記』を引用するのは、道氤（六六八～七四〇）集『御注金剛般若波羅蜜經宣演』（敦煌出土、P.2173、『宣演』と略稱）、および『金剛般若經疏』（同、P.2330）である。平井有慶氏によれば、兩文獻はともに『宣演』の寫本であり、平井氏は合計一一種確認している。[38] したがって、『維摩義記』については一文獻だけの引用である。[39] ここでは、『宣演』（P.2173）を［6］として引用する。[40]

［6］六、澤州法師云。所說之法如於前事。故云如。說事如事說理如理。因果亦爾。此所說言、皆當道理故稱如是。乖法爲非、如法爲是。此約法解。又約人解。阿難道佛所說之法。如過去佛所說不異故名爲如。

正而非邪故稱爲是。（『宣演』、大正八五、二〇中一九―二四）

［7］言如是者、阿難導佛。所說之法如於前事。故名爲如。說理如理說事如事。說因如因說果如果。如是一切如法之言、是常道理故名爲是。乖此之言名爲非故。如法之言得稱爲是。此約法解。若約人論。阿難導佛所說之法。如過去佛所說不變故名爲如。如諸佛說、是正非邪、故復言是。

（『維摩義記』、大正三八、四二四上一二―一九）

兩文獻を對照すれば判るように、［6］と［7］の傍線部は完全に一致している。したがって、［6］の「澤州法師云」は、慧遠の『維摩義記』［7］を意味する。このことから、『涅槃義記』と同樣に、『維摩義記』の撰號に本來「澤州」の二字があり、『維摩義記』も澤州時代の著作の可能性がある。(41) ただし、「慧遠傳」によれば、破佛によって潛伏したとされる(5)汲郡西山時代（五七八～五八一）に、慧遠は『法華經』と『維摩經』をそれぞれ「三年間」に「一千遍」讀誦したとされるので、(42) 決定的な根據にはならない。

三　『勝鬘義記』の識論

（1）はじめに

從來、『勝鬘義記』は上卷だけ知られていたが、藤井教公氏が下卷（P.3308, P.2091）を翻刻し、その利便性は遙かに向上した。(43) 下卷の寫本自體に殘念ながら一部缺落があるものの、『勝鬘義記』の識論の重要な用例は下卷に存在する。ただし、『勝鬘義記』の現存部分には、『十地經論』における識論に關する重要な語、「一心」「阿梨耶識」「阿陀那識」の用例はない。また、『十地經論』に對する言及も餘りない。(44) したがって、『勝鬘義記』は、『十地經論』譯出以降の識論の展開史の中には位置づけ難い文獻と言える。

そして、師の法上に『勝鬘經』の注釋書があったことも知られていない[45]。勝又氏の研究を參照すれば、慧光の直弟子の九名の内、『勝鬘經』の講義や注釋書が知られるのは、僧範（四七六〜五五五）、曇衍（五〇三〜五八一）の二名である[46]。すなわち、『勝鬘義記』の識論は、法上の『勝鬘經』解釋を繼承・改變したものなのか、確定できない。

そこで『勝鬘義記』は、慧遠の現存最初期の注釋文獻の可能性があることを鑑みて、法上の『十地論義疏』と對比しておく。周知のように、『勝鬘經』において、如來藏の語は重要である。これに比例して『勝鬘義記』にも、如來藏（or 如來之藏）の語は五〇例存在する。しかし、佛性の語はわずか二例しかない。同じ第一期の著作、『十地義記』（現存、四卷）には如來藏（or 如來之藏）は一七例であり、佛性は一例である。ちなみに、『十地經論』にはどちらの語も使用されない。これは慧遠の第一期の著作までの修學傾向が反映されていると推定される。すなわち、第一期の著作の撰述段階で、おそらく慧遠は佛性の語を重視していないのである[47]。これに對して、法上の『十地論義疏』卷第一・卷第三（現存部分）では、如來藏は二例、佛性は九例である。これが顯著な傾向と言えるのか判らない。しかし、「法上傳」には、『勝鬘經』の注釋書がなく、『涅槃經』の注釋書があることと矛盾しない[48]。また、彼が〝五門〟の範疇を採用していることとも關係するかもしれない[49]。そして、慧遠の第一期の著作と、法上の『十地論義疏』とは、この用例から見て、異なった傾向を示しているのである。おそらく、慧遠の鄴における修學には、法上とは異なる人物たちの影響も相當あり、その人物たちは『涅槃經』、あるいは佛性の語を重視しないことが豫想される[50]。

（2）識の名稱

通例として、慧遠は前六識を事識、第七識を妄識、第八識を眞識と呼び、「八識義」では、この三語による識論を「三重識」と總稱している[51]。この三語の創始者を確定することは難しいものの、私の調査によれば、妄識の語は、慧遠以前に確認できない。現在では、この内、妄識と眞識とは、この語を使用しない人物に對する研究にも使用され、識の性格を分類する便利な用語としても機能している。例えば、法上の『十地論義疏』には、この三語はまったく確認できない。しかし、彼の識について論じる際に、研究者は妄識や眞識という用語を使用している。このような現状を鑑みる時、この三語の形成過程を考察しておく必要があるだろう。なぜならば、この三語が明確な概念規定を伴って使用されているならば、法上らに適用することは不適切なこともあり得るからである。

最初に注意を惹くのは、『勝鬘義記』には、眞識と事識は確認できるが、妄識の用例はないことである。『勝鬘義記』下巻は一部散逸しているので、これを根據にして、慧遠は『勝鬘義記』の執筆段階において妄識を使用しなかったとは斷定できない。しかし、妄識という名稱は事識や眞識よりも遲れて確定した可能性もある。ここで、三種の識の名稱の有無と異名の一覧表を提示しておく（「事」「六」等の一字の略稱は除外。（　）内のアラビア数字は回數）。

『勝鬘義記』の識の名稱の一覧表

	有無	異名
事識	○（4）	六識（1）
妄識	×（0）	第七識（2）、七識（2）、妄想心、妄心（4） 〔參考：無明地、業識、轉〔識〕、現識、智識、不斷識（各1）〕
眞識	○（4）	藏識（1）、眞心（4）

この用例からわかることは、第七識の異名が多く、安定していないことである。また「八識義」における阿陀那識（第七識）と阿梨耶識（第八識）の「正翻」と「傍翻」の内、使用される語は限られている。「眞識」の系列では、「眞識」と「藏識」だけである。[52] また、第七識の參考として掲げた「業識」から「不斷識」は、『大乘起信論』の〝五意〟である。多くの場合、慧遠は、この五種に「無明地」を加えて、第七識の内部構造の規定として

使用する。この規定が、すでに『勝鬘義記』に存在することは重要であるものの、これらが第七識の異名とは必ずしも言えない。というのも、慧遠の著作では、「業識」から「不斷識」の語は一組として使用され、單獨の用例はほとんどないからである。『大乘起信論』は、この〝五意〟の起動原因を「無明」と見做すが、ここで慧遠は「無明」ではなく、『勝鬘經』の「無明住地」に由來する「無明地」を使う。その意味では、慧遠は『大乘起信論』を利用するものの、本論典を『勝鬘經』と結びつけて理解していると言える。

次に、用語の面から重要なのは、慧遠が一般的に使用する「相續識」ではなく、「不斷識」を使用することである。「不斷」の語は、『大乘起信論』の「相續識」の規定に見られる（[16]）。したがって、用語としては不適切ではないが、わざわざ「相續識」を「不斷識」と換言する理由は不明である。おそらく、「不斷識」は慧遠において初期の用例であろう(53)。また後述するように、「妄心」は第七識を指す用法と、前七識を指す用法があるものの、右の一覽では區別しなかった。

（3）八識論の基本構造

最初に『勝鬘義記』の八識論を一瞥できる部分から檢討したい(54)。

［8］「何以故」下。雙釋前二。何故問也。妄心自能興染造淨。「何須依藏」。下對釋之。於中初先明妄不起。「如來藏者無前際」下。明眞能起。(a)妄謂七識、眞謂藏識。此猶經中所說八識。(b)八識之義。廣如別章。此應具論。(c)前明妄中、「於此六識及心法智」。擧其妄心。六是事識。及心法智是第七識。迷時名心。解名法智。(d)「此七不住」。明其離眞妄體不立。事六妄一、合爲七法。無眞此七、一念不立。名刹那不住。(e)「不種已」下、明其離眞妄則無用。後明眞中、如來藏者、擧其眞識。無前際等、彰其體常。無前不起、明眞不生。言不滅者。顯眞不盡。種諸苦等、明眞有用。種苦起染、厭苦興淨(55)。

（新纂一九、八九三中一—下二）

「なぜでしょうか」以下は竝べて前の二を解釋する。「なぜでしょうか」とは自問である。妄心（前七識）は自ら有漏（染）と無漏（淨）とを作り出す。「どうして〔如來〕藏に依存するのか」。以下はこれに對する解釋である。ここでは最初に妄は生起できないことを明らかにする。「如來藏とは始まりがない」以下は、眞は生起できることを明らかにする。

(a)妄とは七識であり、眞とは藏識である。これは『經』中に説かれる八識である。(b)八識の廣義の意味は『別章』を參照してほしい。ここでは狹義の意味を論述する。(c)先に妄を明らかにするが、「この六識と心法智において」とは、その妄心を例示する。六識は事識であり、「心法智」は第七識である。迷う時は「心」と呼び、解する時は「法智」と呼ぶ。(d)「この七〔法〕は安住しない」とは、眞を離れて妄の體は存立できない。事は六種であり、妄は一種であり、合計すれば七法である。眞がなければ、この七〔法〕は一刹那も存立できない。〔これを〕「瞬間的なものであり、安住しない」と言う。

(e)「植えつけない」以下は、その眞を離れれば、妄には働きがないことを明示する。後に眞を明かす中に、如來藏とはその眞識であることを例示する。「前際なし」などは、その〔眞識なる〕體として常住なことを明示する。「無前と不起」とは眞は不生であることを明示する。「不滅」とは、眞は不盡であることを顯示する。「さまざまな苦を植えつける」などとは、眞には働きがあることを明示する。苦を植えつけ、汚れた法を生起し、苦を厭離し、清淨な法を興す。

まず『勝鬘義記』[8]の趣旨を概觀する。[8]によれば、慧遠は『勝鬘義記』において次のような八識説により『勝鬘經』の經文を解釋している（〔經〕は『勝鬘經』の用語）。

『勝鬘義記』における八識論の構造

〈妄（心）＝前七識〉　〈眞〉

六識〔經〕＝事識　心法智〔經〕＝第七識　如來藏〔經〕＝藏識＝眞識（第八識？）

所釋の『勝鬘經』［9］には、「七法（六識と心法智）」と「如來藏」の合計八種の法（dharma）が說示され、慧遠はその八種の法を「妄」と「眞」に二分する。「妄」と「眞」の意味をしばらく措けば、八種の法を二分することと自體は經文の趣旨に矛盾しない。というのも、所釋の『勝鬘經』「自性淸淨章第十三」には、次のように、「刹那不住」の「七法」と、「不起不滅法」の「如來藏」を對比しているからである(56)。

［9］世尊。若無如來藏者、不得厭苦樂求涅槃。何以故。於此六識及心法智、此七法刹那不住、不種衆苦、不得厭苦、樂求涅槃。世尊。如來藏者、無前際、不起不滅法、種諸苦、得厭苦、樂求涅槃。

（大正一二、二二二中一四―一九）

世尊よ。もし如來藏がなければ、苦を厭離し涅槃を願求することはできません。なぜでしょうか。この六識と心法智、つまりこの七法は瞬間的なものであり、安住することはできず、諸苦を植えることもできず、諸苦を厭離することもできず、涅槃を願求することもできません。〔これに對して、〕世尊よ。如來藏は始まりがなく、不生不滅の法であり、諸苦を植えることも、諸苦を厭離することも、涅槃を願求することもできます。

七法と如來藏の相違

『勝鬘經』［9］における「七法」と「如來藏」の相違は、次の三點である。

如來藏
①始まりがなく、不生不滅の法である（「無前際、不起不滅法」）
②さまざまな苦を植え保存する場所である（「種諸苦」）
③苦を厭離し、涅槃を願求する（「得厭苦、樂求涅槃」）

七法（六識と心法智）
①瞬間的なものであり、安住できない（「刹那不住」）

②さまざまな苦を植え保存する場所ではない（「不種衆苦」）

③苦を厭離し、涅槃を願求することはできない（「不得厭苦、樂求涅槃」）

この内、規定①が最も重要なものと考えられる。というのも、大竹譯が規定①の部分を②③の根據と譯しているように、規定①が「如來藏」と「七法」を區別する根本的な原因と考えられるからである。(57) 私は根據として譯す自信がなかったので、竝列的に譯した。ただし、經文の趣旨から考えれば、大竹譯は適切と考える。また『勝鬘義記』［8］も、規定①の部分を中心に解釋している。すなわち、『勝鬘經』［9］は、〝常住な法〟（「如來藏」）と、〝無常な法〟（「七法」）を對比していることになる。

次に問題になるのは、『勝鬘義記』［8］における「妄」と「眞」の意味である。［8］冒頭部に「妄心自能興染造淨」と言われているので、「妄心」は、單に有漏法を作り出すだけではなく、無漏法も作り出す法でもある。したがって、「妄心」を單に〝煩惱に關連する心〟と解釋することは難しい。では何であろうか。慧遠が「七法」を「妄」、「如來藏」を「眞」と辯別する理由は、おそらく『勝鬘經』［9］の規定①②③にあり、特に規定①の「刹那不住」と「不起不滅」にあると考えられる。したがって、「妄（心）」は〝有爲（の心）〟であり、「眞（心）」は〝無爲（の心）〟を意味する。すなわち、慧遠は〝無常な法〟（有爲法）と、〝常住な法〟（無爲法）を對比して「妄」と「眞」と呼稱したと考えられる。この場合の「妄」とは〝虛妄〟の意味であろう。

次に［8］(c)「心法智」の解釋について考察したい。慧遠は〝「第七識」の「迷」の側面を「心」と呼び、「解」の側面を「法智」と呼ぶ〟と解釋している。この部分は、吉藏の『勝鬘寶窟』に引用・批判される有名な一節である。ただしこの解釋は、慧遠獨自の學說ではなく、すでに『勝鬘經疏』（擬題、S.6388／BD.02346）の次の部分に「心法智」を二分する解釋はある。(58)

［10］「於此六識」者、眼等及意也。「及心法智」者、第七心中有明有闇。明法智。是故有二名也。（『續集』、四二九頁）

「この六識において」とは、眼〔識〕から意〔識〕である。「および心法智」とは、第七心の中に明と闇とがある。明は「法智」である。このような譯で、二種の名稱がある。

S.6388〔10〕によれば、「第七心」中には「明」と「闇」があり、「明」を「法智」と解釋する。明記されないが、その歸結として「闇」は「心」であろう。したがって、S.6388の識論は、次のように七心と如來藏という形式の八識論と推定される（ただし、如來藏を識として數えないのであれば七識論。〔經〕は『勝鬘經』の用語）。

S.6388の識論

六識〔經〕＝眼等及意　心法智〔經〕＝第七心　如來藏〔經〕

『勝鬘義記』とS.6388[59]には用語の違いはあるものの、共に「心法智」を「心」と「法智」に二分し、「第七識」あるいは「第七心」における〝迷い〟と〝悟り〟の働きと見做す。

大竹氏は、「地論宗」が第七識に智的な性格を與える理由を、『勝鬘經』の「心法智」に起源がある、という推論を提示している。[60]『勝鬘義記』〔8〕とS.6388〔10〕からみて、その推論は妥當である。[61]

『勝鬘義記』〔8〕(e)以下は、「如來藏」＝「藏識」＝「眞識」に關する解説である。周知のように『勝鬘經』には、「藏識」と「眞識」の語はない。したがって、慧遠は別の文獻から、この二語を導入したことになる。この二語の典據はすでに先行研究が指摘している。[62]

諸説一致するのは、求那跋陀羅譯『楞伽經』（『四卷楞伽』と略稱）である。すなわち、慧遠は『勝鬘經』の如來藏を、『四卷楞伽』の「藏識」「眞識」の語によって解釋したことになる。ここで注意しておきたいのは、「八識義」における阿梨耶識の異名の中でも、「藏識」と「眞識」は、『勝鬘義記』の段階で使用されていることである。[63]「藏識」＝「眞識」の特徴は、「妄心」（六識と心法智）とは異なり、「體」「用」の觀點から解釋されている。すなわち、「藏識」＝「眞識」は、本性（體）としては常住であり、不生不滅。機能（用）として、「苦を植え汚れた法を生起し、苦を厭離し、清淨な法を興す[64]」。

この「眞」と「妄」の關係性について、『勝鬘義記』［8］の少し前で次のように、〝眞に依存しなければ、妄は成立しない〟と纏められている。

［11］「無如來藏、不得厭苦求涅槃」者、返明淨依。若不依眞、妄不孤立、故無厭苦求涅槃義。（新纂一九、八九三中一〇―一一）

「如來藏がなければ、苦を厭離し涅槃を願求することはできない」とは、今度は淨依を明示する。もし眞に依存しなければ、妄は成立しないので、苦を厭離し涅槃を願求することはできない。

この「淨依」は「染依」の組概念であり、「淨依」は涅槃を志向する依り所、「染依」は生死に流轉する依り所である[65]。兩者共に「如來藏」＝「藏識」＝「眞識」を意味する。したがって、「藏識」は所依であるので、前七識は能依である。

（4）『大乘起信論』の利用

『勝鬘義記』には、『大乘起信論』が「馬鳴言」「馬鳴説」「馬鳴論」として、合計八回引用・言及されている（名稱を擧げるものだけ）。ここでは、『大乘起信論』に關係する識論を考察したい。『勝鬘義記』において『大乘起信論』の言及が集中するのは〝五住地〟に關する注釋部分である。

まず該當部分の『勝鬘經』を引用する（①②③は『勝鬘義記』の科文）。

［12］①煩惱有二種。何等爲二。謂、住地煩惱、及起煩惱。住地有四種。何等爲四。謂、見一處住地、欲愛住地、色愛住地、有愛住地。此四種住地、生一切起煩惱。起者刹那心刹那相應。世尊。②心不相應無始無明住地。世尊。③此四住地力、一切上煩惱依種。比無明住地、算數譬喩所不能及。（大正一二、二二〇上二―八）

①煩惱には二種類あります。二種類と何でしょうか。住地の煩惱と、起煩惱です。住地〔の煩惱〕に

は四種類あります。四種類とは何でしょうか。見一處住地と、欲愛住地と、色愛住地と、有愛住地とです。この四種類の住地（の煩惱）は、一切の起煩惱を生起します。起とは、刹那心であり、刹那に相應します。世尊よ。②心不相應とは無始なる無明住地です。……

ここで『勝鬘經』［12］は、煩惱を「住地煩惱」（根源的な煩惱）と「起煩惱」（顯在化した煩惱）の二種に大別する。さらに、「住地煩惱」として、「四種住地」と「無明住地」を説示する。『勝鬘義記』では、『勝鬘經』［12］を次のように、①②③に三分する（ただし、［12］③以下の注釋は缺落）。

［13］文中有三。①一、別明四住。②二、「心不相應無始」已下。別彰無明。③三、「此四力」下。四住無明相對弁異。（新纂一九、八八二下三―五）

この内、最初に［13］②「別彰無明」の考察から始めたい。

［14］(1)自下第二「別彰無明」。初言「心不相應無始」、蕳別其相。心不相應、蕳異向前刹那相應。餘起煩惚與心別體、共心相應。此無明地、(66)卽指七識妄想心體、以爲無明。不別心外有數法、共心相應。是故說爲心不相應。故『馬鳴』言。「卽心不覺、常無別異。名不相應」。

(2)問曰。前說四住所起是心相應。今言無明心不相應。四住恆沙、意(67)復如何。

釋言。恆沙有二分別。(2)(a)一蕳末異本。對無明地、恆沙之惑、唯心相應。故下文言。「於此起煩惱刹那相應」。(2)(b)二隨義細分。有是相應。有非相應。是義云何。如『馬鳴』說。第七識中。義別六重。一、無明地。二、是業識不相應染。三、是轉不相應染。四、是現識不相應染(68)。五、是智識心相應染。六、不斷識心相應染。六中初一是無明地。後五恆沙。五中前三、是不相應。後二相應。故恆沙惑義有兩兼。

(3)四住地中、亦有兩義。(3)(a)一蕳末異本。唯心相應。此云何知。四住在於事識之中。如『馬鳴』說。事識中惑、一向名爲心相應染。明是相應。又恆沙惑、尚心相應。四住何疑。(3)(b)二隨義細分。有是相應、有非相應。現行之者與心相應。性成之者心不相應。故『雜心』中。一論師說使是相應。一論師說是不相應。有四住中別體。起者是心相應。與無明地同體義分、是不相應、無始蕳刹那心也。此無明地久來性成。不同起惑作念現生。故曰無始。

(4)無明住地列其名字、愚闇之心、體無慧明。故曰無明。爲彼恆沙起惑所依、名之爲住。能生恆沙、目之爲地。上來第二別彰無明。（新纂一九、八八三上一六—中二〇）

(1)第二に「個別に無明を明らかにする」以下。始めに「心不相應は無始〔の無明住地〕」である」とは、その特徴を選別する。「心不相應」とは、前の「刹那相應」と區別する。その他の起煩惱は心とは別の自性であり、心と共に相應する。[69] この無明地は、すなわち〔第〕七識の妄想心の本體であり、無明である。心と別に外に心所法があって、心と共に相應するわけではない。[70] このような譯で、「心不相應」と説示する。それ故、『馬鳴〔論〕』には、「心、すなわち不覺は、必ず別異なく、不相應と名づける」と言う。

(2)質問。前に説示された四住の所起は心相應である。今、無明は心不相應と言う。四住と恆沙とは、どのようであるのか。解釋すれば、恆沙は二種に區別できる。(2)(a)第一に、末を選んで本と區別する。無明地に對すれば、恆沙の煩惱はただ心相應である。このような譯で、以下の經文に『起煩惱において刹那相應」と言う。(2)(b)第二に、内容にそって細分する。相應することもあれば、相應しないこともある。その意味は何か。『馬鳴〔論〕』の學説の如きである。第七識の中に内容を六重に區別する。一は無明地。二は業識であり、不相應染である。三は轉〔識〕であり、不相應染である。四は現識であり、不相應染である。五は智識であり、相應染である。六は不斷識であり、相應染である。六種の中、前の一は無明地であり、後の五は恆沙である。五の中、前の三は不相應であり、後の二は相應である。このような譯で、恆沙の煩惱の内容は兩方を兼ね備える。

(3)四住地もまた二種の内容がある。(3)(a)第一に、末を選んで本と區別する。心はただ相應する。これはどのように知るのか。四住は事識の中にある。『馬鳴〔論〕』の學說の如きである。事識の中の煩惱は、一向に心相應染である。これは明白に相應である。また、恆沙の煩惱も心相應である。四住に何の疑問があろうか。(3)(b)第二に、内容にそって細分する。相應することもあれば、相應しないこともある。現行〔の煩惱〕は心と相應し、性成〔の煩惱〕は心と相應しない。このような譯で、『雜心〔論〕』には、「一論師〔の應理論者〕は、煩惱は相應すると主張し、一論師〔の分別論者〕は、煩惱は相應しないと主張する」とある。四住の中には個別の自性があり、起煩惱は相應である。無明地と同體の内容のものは不相應であり、無始とは刹那心と區別する。この無明地は過去世から成立するものであり、起煩惱が刹那に現生することとは異なる。このような譯で「無始」と言う。

(4)無明住地の名を說明すれば、暗愚の心であり、本性として智慧を缺く。このような譯で「無明」と言う。恆沙の起煩惱の所依となるので、「住」と言う。恆沙の煩惱を生起するので、「地」と言う。以上は、第二の「個別に無明を明らかにする」である。

『勝鬘義記』[14]の主題は、「無明住地」と心所法の相應と不相應であり、[14](1)で慧遠は「無明住地」を「七識妄想心體」と解釋する。[71] したがって、第七識の心所法が主題とも言える。慧遠の基本的な解釋は、〝心と別に外に心所法(＝心數)があって、心と共に相應するわけではない〟という主張である。要約すれば、〝第七識は心所法と相應しない〟という學說と言える。その根據となるのが、『馬鳴論』の「心卽不覺、常無別異。名不相應」[72]である。慧遠の解釋は、この『大乘起信論』の「不覺」を、『勝鬘經』の「無明住地」と同一視したものである。

次に『大乘起信論』が利用されるのは、第七識を六種に區別し、[73]その六種について心相應と不相應を分類する部分である([14](2)(b))。この六種は、『大乘起信論』の「無明」を『勝鬘經』の「無明(住)地」と同一視した上で、〝五意〟を加えたものを内容とする。慧遠は、「無明地」と「恆沙」＝〝五意〟を區別した上で、「業識」「轉

〔識〕」「現識」の三種は「不相應染」であり、「智識」「不斷識」は「相應染」と解釋している。

さて、慧遠が「無明地」を第七識と規定する理由は何であろうか。『大乘五門十地實相論』卷第六（BD.03443、北8389／露043）は、次のように、「第七識」中に「根本無明」を認めている。

［15］「云何使行」者、此使是第七識中根本無明。（『正集』、四六四頁）

『大乘五門十地實相論』は、慧遠以前の「地論宗」文獻と假定されているものである。(74) その成立時期は確定していないが、八識論として「第八眞識」を主張する。(75) これは、慧遠と共通する。ただし、現存部分には『大乘起信論』の引用はない。しかし［15］は「第七識」に「無明」を認める點で、慧遠が參照した可能性がある。

次に『勝鬘義記』に依據すれば、慧遠が「無明」を「第七識」と規定する理由は次のようなものと推定される。出發點は『勝鬘經』［9］「心法智」と、S.6388［10］の注釋部分であろう。［9］によれば、『勝鬘經』は「六識及心法智」＝「七法」と「如來藏」の合計八種の法を説示する。この内、慧遠は「心法智」を「第七識」の「迷」と「解」の二側面と解釋している。その根據となったのは、S.6388［10］である（本文獻と類似説でも可）。S.6388は「心法智」を「第七心」の「闇」と「明」の二側面と解釋しているからである。この『第七心』を「第七識」に讀み替えた上で、「迷」の側面の根源を、同じ『勝鬘經』の「無明住地」と見做したのであろう。『勝鬘義記』［14］(2)(b)でも「馬鳴説」と言いながらも、第七識の第一を「無明地」と呼ぶように、『勝鬘經』の影響が濃厚である。そして、この「無明住地」を解釋するために、『大乘起信論』を利用したと推定される。

さて、この第七識の六種は、慧遠が第七識の心心所法を規定する場合、基本となる學説である。ただし、『大乘起信論』の〝五意〟解釋として適切とは限らない。(76) というのも、『大乘起信論』では、「無明」は〝五意〟を生起させる原因ではあっても、〝五意〟とは異なる存在と思われる。

［16］復次、生滅因緣者、所謂衆生依心、意、意識轉故。此義云何。以依阿梨耶識説有(a)無明、不覺而起、能見、能現、能取境界、起念相續、故說爲意。

(b)此意復有五種名。云何爲五。一者、名爲業識。謂無明力不覺心動故。二者、名爲轉識。依於動心能見相故。三者、名爲現識。所謂能現一切境界。猶如明鏡現於色像。現識亦爾。隨其五塵對至、卽現無有前後。以一切時任運而起、常在前故。四者、名爲智識。謂分別染淨法故。五者、名爲相續識。以念相應不斷故。住持過去無量世等善惡之業令不失故。復能成熟現在未來苦樂等報無差違故。能令現在已經之事忽然而念、未來之事不覺妄慮。(大正三二、五七七中三―一六)

『大乘起信論』〔16〕中の「業識」の規定、「無明力不覺心動故」を例に考えたい。解釋のポイントは「無明力」と「不覺心」の同異である。私は〝無明の力が〔意を〕不覺心として起動するので〟と讀みたい。その上で、「無明」は「意」=「不覺心」=「業識」ではないと考える。「業識」が「不覺心」でなければ、〔16〕(a)中に「業識」だけ對應語がなくなるからである。

しかし、慧遠の解釋は異なるだろう。〔14〕(2)(b)の「六中初一是無明地。後五恆沙」によれば、〝五意〟を「無明地」に依據して生起する〝恆沙の煩惱〟(「恆沙惑」「起煩惱」)と理解しているようである。確かに慧遠は『大乘起信論』を利用しているが、あくまでも『勝鬘經』の制約の中で理解している。ただし、慧遠の著作の中で〝五意〟を「恆沙」の觀點から規定するのは、珍しいという印象を受ける。[77]

さて、第七識の六重の内、「無明地」は心所法とは相應しない。業識と轉識と現識も心所法とは相應しない。智識と不斷識だけが心所法と相應する。この學說も慧遠の著作では一貫した主張である。その理由は、『涅槃義記』等に言及されている。[78]

もう一箇所、『大乘起信論』は利用されている。それは事識(前六識)における煩惱の相應・不相應に關する部分である(〔14〕(3)(a))。〔14〕(3)(a)では、「馬鳴說」によって、〝事識の煩惱は一向に心と相應する〟と規定されている。[79] これは有部の心心所相應說に一致するものであるが、丁寧にも『大乘起信論』を根據として提示している。ただし〔14〕(3)(b)では、例外的な問題として、『雜心論』によって二說を紹介している。[80] 第一說は、煩惱と心とは相應する説。これは育多婆提（應理論者）の學説であり、『雜心論』では正統説と見做される。これに對して第二説は、煩惱と心は相應しないという説。これは毘婆闍婆提（分別論者）の學説であり、『雜心論』では異端説として批判される。慧遠がこの二説を紹介する理由は、四住地を「現行」（現在働いているもの）と「性成」（過去から蓄積されたもの）に二分し、前者は心相應、後者は心不相應であることを根據づけるためである。このような點から見れば、慧遠は『大乘起信論』を利用しながらも、その限界も知悉していたと思われる。大乘の特有の識論として、染汚意やアーラヤ識は目を惹くが、前六識に關する諸學説もまた重要なのである。しかし、この點について『大乘起信論』が、『雜心論』や『成實論』に對應する内容を持つとは考え難い。

以上、『勝鬘義記』における『大乘起信論』の三種の用例を檢討した。殘る五例は簡單に考察したい。

[17] 一、性事分別。彼事識中、取性煩惱名爲性惑。説之爲地。餘見愛等、緣境別生、説爲事惑。通名爲起。彼取性者、『馬鳴論』中、名「執取相」。亦名「執相應染」。餘見愛等、『馬鳴論』中名「計名字相」。尋名計我、及生諸結、名計名字。（新纂一九、八八二下八―一二）

第一に性事分別である。彼の事識において、取性の煩惱を性惑と名づける。これを地と呼ぶ。その他の見愛等（の煩惱）は、認識の對象（緣境）とは別に生起するので、事惑と呼ぶ。共通の名稱として起と言う。彼の取性（の煩惱）は、『馬鳴論』では、「執取相」と呼ぶ、また「執相應染」とも呼ぶ。その他の見愛等（の煩惱）は、『馬鳴論』では「計名字相」と呼ぶ。名稱を求めて我を想像し、諸々の煩惱を生起する。（そのためにこれを）「計名字」と呼ぶ。

『勝鬘義記』[17]は、[13]の科文①の一部である。ここでは事識（前六識）の煩惱を、「取性煩惱」=「性惑」=「地」と「見愛等」=「事惑」=「起」に二分する。前者について、『大乘起信論』における「執取相」「執相應染」、後者について「計名字相」と解釋する。(81) これは〝六粗〟中の第三と第四に相當するが、この二種の相だけ利用される理由はわからない。

［18］是心法中煩惱數、與心別體、共心相應。故曰相應。如想受等、共心相應。故『馬鳴』言。「心異念異、同知同緣、名相應染」。（新纂一九、八八三上一三―一五）

この心法中の煩惱の心所は心と別體であり、心と共に相應する。このような譯で、相應と言う。想・受等〔の心所〕が、心と相應するのと同樣である。その故に、『馬鳴〔論〕』では、「心は念と異なるものの、認識と對象を同じくするので、相應染と言う」と言う。

『勝鬘義記』［18］も、［13］の科文①の一部である（最後の部分）。この主題は、事識（「心」）と煩惱の心所法（「煩惱數」）が相應する、という見解である。『大乘起信論』は、〝心は念と異なるものの、認識と對象を同じくするので、相應染と言う〟という部分である。(82)慧遠は、この部分を事識の心心所相應說の論據として、他の著作でも頻繁に言及する。ここでも同じ論據として利用されている。

［19］眞識體中、具一切法。所謂、法界、三昧、智慧、神通、解脫、陀羅尼等一切佛法。如妄心中、具過恆沙一切煩惱。彼妄想心、雖未對緣、現起貪瞋、已是一切貪瞋之性。雖未對緣現起癡慢、已是一切癡慢之性。如是一切。眞心如是、雖未對緣現起諸德、體是一切恆沙法性。息除妄想、眞心卽是一切德故。故『馬鳴』言。從本已來。具足一切性功德法。（八八八上一二―一四）

眞識の本體の中には、すべての法を具足する。それは、法界、三昧、智慧、神通、解脫、陀羅尼等のブッダのすべての法である。妄心の中に無量のすべての煩惱を具足する如きである。かの妄想心は、いまだ對象に對して貪と瞋を顯在化してなくとも、すでにすべての貪や瞋の本性である。いまだ對象に癡と慢を顯在化してなくとも、すでにすべての癡と慢の本性である。このようなすべてである。眞心はこのように、いまだ對象にさまざまな德を顯現していなくとも、その體はすべての無量の法性である。妄想を除滅すれば、眞心はすべての德である。その故に、『馬鳴』は「本來、すべての功德の法を具足する」と言う。

この『勝鬘義記』[19]は、「妄想心」=「妄心」と「眞識」=「眞心」には、それぞれ潜在的な法（*dharma）を具足することを述べたものである（前者は「一切煩惱」、後者は「一切佛法」）。「妄想心」はおそらく第七識（or 前七識）、「眞心」は第八識に相當する。『大乘起信論』は「眞心」中に潜在する「一切性功德」の論據である。[83]もっとも、この[19]の直後に『如來藏經』の「模中像」の比喩、『華嚴經』「性起品」に言及するので、必ずしも『大乘起信論』である必要はないかもしれない。

次の[20]は、吉津宜英氏が、慧遠が『大乘起信論』原文[21]を改變している例として紹介する文章に相當する。[84]ただし、吉津氏の考察對象は、『大乘義章』「八識義」（大正四四、五二五下）と『涅槃義記』巻第一（大正三七、六一四中）の引文であり、『勝鬘義記』については考察していない。そこで、『勝鬘義記』と『大乘起信論』を對比する。

[20] 眞實之法。云何名藏。以所藏故。云何名空。以其無相及無性故。云何無相。如『馬鳴』說。是眞如法、從本已來、離一切相。謂非有相、非無相、非非有相、非非無相、非有無俱相。非一相、非異相、非非一相、非非異相、非一異俱相。如是一切妄心分別、皆不相應。（『勝鬘義記』、新纂一九、八八八下七—一一）

[21] 所言空者、……非有相、非無相、非非有相、非非無相、非有無俱相。非一相、非異相、非非一相、非非異相、非一異俱相。乃至總說、依一切衆生以有妄心、念念分別、皆不相應、故說爲空。若離妄心實無可空故。（大正三二、五七六上二七—中五）

[20]と[21]の傍線部は完全に一致するので、少なくとも『勝鬘義記』[20]に關しては、『大乘起信論』[21]の傍線部を改變しているとは言えない。これに對して、吉津氏の指摘のとおり、「八識義」の引用例は「有無」と「一異」に「自他」を加える。また『涅槃義記』巻第一の引用例は一異を自他に變更する。これを吉津氏は原文の改變と呼ぶ。私の調査によれば、その他にも『涅槃義記』に二回、『維摩義記』に一回、「四諦義」に一回、「涅槃義」に一回引用例がある。[85]そのすべてに自他がある。その意味では、『勝鬘義記』[20]だけが、『大乘

起信論』〔21〕の傍線部を原文通り引用する。

吉津氏は『勝鬘義記』〔20〕を扱わなかったので、原文を改變する例としない例との存在に氣づかなかったのかもしれない。しかし、この問題は、慧遠の『大乘起信論義疏』の成立に關係していると思われる。まず、吉津氏が指摘した『大乘起信論義疏』の記述を確認したい。

〔22〕自下第二明其空相。此中尋經本中、有其六種。一者、有無相對以辨空相。二者、一異相對以辨。三者、自他相對以辨。四者、大小相對以辨。五者、彼此相對以辨。六者、就衆生心念以辨空相。而此論文、但有前二後一句耳。略無中三。何故爾者。義例以故、論主不備。經中具有。此六句中、前五之中具有五句。後一句者、結排淺相。（大正四四、一八一下一―八）

以下より第二の「その空相を解明する」である。ここでは「經本」を調べると、〔空相には〕六種類ある。第一は、有無の相對によって空相を主張する。第二は、一異の相對によって空相を主張する。第三は自他の相對によって空相を主張する。第四は大小の相對によって空相を主張する。第五は、彼此の相對によって空相を主張する。第六は、衆生の心念について空相を主張する。この『〔大乘起信〕論』の文章は、ただ前の二〔句〕と後の一句だけあり、中間の三〔句〕はなく省略している。なぜなのか。事例を擧げただけなので、馬鳴は完備しなかったのである。『經』にはすべて説示されている。この六句の内、前の五句はすべて説示されている。最後の一句は結論部分であり、淺薄な相を排除したものである。

この〔22〕の趣旨は、〝「經本」では六種の相對によって空が説示されていたが、『大乘起信論』は前の二句と最後の一句だけを使用し、中間の三句は省略した〟というものである。六種の相對とは、①有無、②一異、③自他、④大小、⑤彼此、⑥衆生心念である。吉津氏は、この③自他の部分を、慧遠が原文を改變した根據と見做す。これは吉津氏の卓見である。そして、その原文改變の理由はわからないが、慧遠が『楞伽經』を『大乘起信論』

の「經本」として重視する證據と指摘する。私にも原文改變の理由はわからない。しかし、原文どおり引用する『勝鬘義記』は、『大乘起信論義疏』に先行すると推定される。[86]というのも、原文の改變は、［22］のような解釋が形成されたことによって、可能になるからである。『勝鬘義記』は、『大乘起信論』を原文どおり引用するので、そのような解釋はまだ形成されていないと考える。さらに『勝鬘義記』は、『大乘起信論』の原文を改變する『涅槃義記』『維摩義記』、および、同じ條件の現行本「四諦義」「八識義」「涅槃義」にも先行すると推定する。[87]

この點からみて、『勝鬘義記』と『涅槃義記』の間の時期に、慧遠の『大乘起信論』研究は、『楞伽經』との關係を強めたと言えるだろう（あるいは『楞伽經』單獨の研究かもしれない）。殘念なことに、その『楞伽經』が求那跋陀羅譯なのか、菩提流支譯なのか、未確認である。[88]

以上、『勝鬘義記』の「馬鳴」＝『大乘起信論』の言及に對して考察してきた。その結果を纏めると次のようである。事識＝前六識の心心所法の用例（［14］(3)(a)、［18］）、事識の煩惱に關する用例（［17］）、第七識の心心所法の用例（［14］(1)、［14］(2)(b)）、眞識＝第八識に潛在する功德法の用例（［19］）、如來藏の如實空に關する用例（［20］）である。

この用例から考えれば、慧遠が『大乘起信論』の導入によって目指したのは、主に大乘における前七識の心心所法論の確立であろう。

四　『十地義記』の識論

(1) はじめに

従來慧遠の『十地義記』の識論は、法上の『十地論義疏』（S.2741, P.2104）と對比され、先行研究も多い。ただし、兩文獻の比較研究には限界も存在する。第一の理由は、法上の『十地論義疏』は卷第一・第三の二卷分しか現存しない（總數不明）。慧遠の『十地義記』も全七卷中、最初の四卷しか現存しない（實際には、各卷を本末に二分するので、全一四卷、現存八卷）。このような文獻の現存狀況では、研究は難しい(89)。

第二の理由は、法上の『十地論義疏』の撰述時期が確定できないことにある(90)。先行研究では、慧遠が法上の識論を改變した理由の一つとして、法上の識論の問題點の克服を想定する(91)。また、その根據の一つに『大乘起信論』の利用を擧げる。しかしこの想定は、あくまでも『十地論義疏』の識論が、法上にとって完成された識論であることを前提とした暫定的な想定である。私は、法上と慧遠の識論が相違することも認めるが、比較對象となる資料が缺如している點から、その理由を法上の學說の克服とまで言えないと考える。

（2）識の名稱

『十地義記』の識の名稱についての特徵は、通例の事識、妄識、眞識の三種が完備することが確認される。『勝鬘義記』と比較すれば、『十地義記』の執筆段階では、確實に妄識の語が使用されることになる。以下、目安としてその用例を列擧する。

『十地義記』の識の名稱

事識　○（1）　六識（3）

妄識　○（3）　七識（3）　妄心（7）

眞識　○（13）　八識（2）　眞心（20）　藏識（1）　阿梨耶（2）　無沒識（1）　第八如來藏心（1）　本識（1）

『十地義記』において、事識、妄識、眞識の名稱が揃ったことは、この時期までに、慧遠の識論の基本的な骨格が確立したことを意味するだろう。

「眞識」の系列の用語では、「阿梨耶」「無沒識」「如來藏心」「本識」の用例が確認されることも特徵である。

この内、「阿梨耶」の語義解釈で用いられる「無沒識」は、先行研究において、その典據が問題にされていたが、(92)池田氏が紹介した『杏雨疏』中に、『九識章』の學說として「無沒識」の語が確認された。(93)

〔23〕若依三藏法師『九識章』内、名無沒識。以能攝持無始善惡三性種子、爲因不亡、得果必然、無有失沒、名無沒也。（『杏雨疏』池田校訂本、一二二頁）

この『九識章』は「無沒識」を、〝善惡〔無記〕の三性の種子を攝持することを因として、必ず果を獲得し、失沒しない點から無沒と呼ぶ〟、と規定する。この規定は、おそらく「因」＝「種子」が「失沒」しないことにポイントがあると思われる。これに對して、『十地義記』の「無沒識」は、〝第八如來藏心が隨緣し流轉しても、この識の「體」が「失滅」しないことを「無沒」と呼ぶ〟、と規定する。

〔24〕阿梨耶者、此翻名爲無沒識也。此是第八如來藏心、隨緣流轉、體不失滅。故曰無沒。斯乃生死之本性也。（『十地義記』新纂四五、一〇七下一四—一六）

すなわち、『十地義記』の力點は「體」の「不失滅」にある。兩者の規定は異なるものの、慧遠が翻譯語（「此翻」）と見做すことから、「三藏法師」＝眞諦三藏の『九識章』は無視できない。(94)「本識」(95)については、すでに坂本氏が、法上の『十地論義疏』に卽して、その典據を菩提流支譯『十卷楞伽』と指摘している。(96)この他の用例としては、『大乘五門十地實相論』巻第六に「根本識」の例があり、(97)法上の解釈に類似する。また、『敎理集成文獻』（擬題、S.613）にも「本識」の用例がある。(98)おそらく、これらの文獻は慧遠の『十地義記』に先行すると想定されるので、(99)慧遠以前、『十卷楞伽』の影響は「地論宗」に廣範圍に波及していたようである。「如來藏心」は、『四卷楞伽』と『十卷楞伽』に典據がある。(100)このような用例から、『十地義記』の「眞識」の同義語は、ほとんど『楞伽經』を使用していることになる。これに對して、「妄識」は慧遠以前と想定される文獻の中には、いまだに確認できない。用例の蒐集はまだ不十分な段階であるが、「眞識」と「妄識」とでは、その成立時期が異なる可能性がある。

（3）眞識について

ここでは『十地義記』の眞識について考察したい。次の『十地義記』［25］は、先行研究ではほとんど取り上げられないが、眞識を體・相・用（順に(a)(b)(c)）の三點から規定した部分である[101]。

［25］體相云何。此二皆用眞識爲體。眞識之中、義別三門。謂、體相用。(a)體謂眞如妙寂平等如如一味。隱顯弗殊、染淨莫易、古今常湛、非因非果。(b)論其相也。如來藏中、恆沙佛法緣起集成覺知之心。如世法中苦無常等、集成名用覺知之心。然彼眞心、在妄相隱、說之爲染。出纏離垢、說以爲淨。淨相未圓、說之爲因。淨相圓極、說之爲果。斯乃在因、說之爲因、在果名果、而非修作。(c)語其用也、卽彼眞心、在染則與妄想和合、造作生死、在淨隨治集成行德。行德未圓說爲方便有作之因。究竟窮滿說爲方便有作之果。今論有作無作之因、故有二種。體相麤爾。（新纂四五、四三中二一―下八）

體相とは何か。この〔有作と無作の〕二法はすべて働きであり、眞識を本體とする。眞識の意味は三點から區別できる。それは本質（體）と特徵（相）と機能（用）である。

(a)本質（體）とは、眞如であり、妙寂であり、平等であり、如如であり、一味である。〔眞如は〕隱れている場合も顯れている場合も變わりなく、染汚されている場合も淨化されていた場合も變わりない。過去も現在も常住であり、因でもなく果でもない[102]。

(b)その特徵（相）を論述すれば、如來藏の中、無量の佛法は覺知の心を緣起し集成する。世俗の法の中の苦・無常等が名用の覺知の心を集成する如きである。しかるに、その眞心が妄相に隱れていることを染と言い、煩惱から出離することを淨と言う。淨という特徵が不完全なものを因と言い、淨という特徵が完全なものを果と言う。これは因にあることを因と言い、果にあるものを果と言うのであり、修作ではない。

(c)その機能（用）を語れば、眞心は、染に在れば妄想と和合し、生死を造り出す。淨にあれば（煩惱を對）治することに隨って行德を集成する。行德が不完全であれば、方便有作の因である。究竟して完全であれば方便有作の果である。

ここでは、有作と無作の因を論述しているので、二種類ある。體相のあらましはこのようである。

『十地義記』[25]は、『十地經論』の「有作善法」と「無作法」[103]を四種の觀點（一解名義、二辨體相、第三料簡眞妄二心有作不作有滅不滅、四約時辨異）から辨別する部分の第二番目（體相）の全文である。慧遠は、「有作」と「無作」の「體相」を「眞識」と規定した上で、その「眞識」を「體」「相」「用」の三點から辨別している。

[25](a)の「體」では、「眞識」は「眞如」=「如如」であることが明示されている。「眞識」は單一（一味）で、常住（古今常湛）な存在である。次の(b)「相」との對比で言えば、「眞識」は「體」としては、「隱顯」「染淨」「因果」等の對立する狀態においても變化しない。

[25](b)の「相」では、「如來藏」中の無量の佛法が「覺知の心」を形成する。この作り出された「心」が「眞識」である。おそらくこの解說は、「如來藏」という「心」とは考え難いものが、「心」でもあり得る原理を說明したものと思われる。そして、この「眞識」=「眞心」が、煩惱=「妄相」=「纏」=「垢」に隱れていることを「染」と言い、そこから「出離」することを「淨」と呼ぶ。(a)「體」で強調されていたように、「眞識」自體は、このような二元的な性格はない。しかし、煩惱との關係性（隱か出離か）から見ると、「染」や「淨」という特徵を持つことになる。そして、前者は「因」、後者は「果」とも呼ばれる。

[25](c)「用」では、「眞識（心）」が「染」の時は、「妄想」と「和合」して輪廻を造り出す。この「妄想」は、(b)の「妄相」と同一であり、煩惱でもある。より具體的に言えば、おそらく前七識、あるいは第七識である。というのも、『十地義記』[25]に續く第三番目の觀點では、「妄」は「妄想」と言い換えられた上で、その「妄

想」は「眞」なくして存在しえないことが、『勝鬘經』［9］の取意の文[104]を根據にして主張されているからである。

［26］若唯妄想而無眞者、妄想之法、化化自滅、終無作理。故『經』說言。若無藏識、七法不住、不得種苦、樂求涅槃。（新纂四五、四三下一一―一二）

もしただ妄想だけで眞〔識〕がなければ、妄想の法は、段々と自然に消滅してしまい、ついに作という道理もない。その故に、『〔勝鬘〕經』には、「もし藏識がなければ七法は安住できず、苦を植えることもできず、涅槃を願求することもできない」と說示する。

この「七法」は「六識」と「心法智」であり、慧遠が『勝鬘義記』［8］で「妄心」（前七識）と總稱したものである。したがって、『十地義記』［25］(c)中の「與妄想和合」の「妄想」は、前七識（or 第七識）を意味することになる。この點からみて、慧遠の「眞識」自體を〝眞妄和合〟と見做すことは適切ではない。「眞識」は「妄想」（前七識 or 第七識）と和合するので、兩者の和合している樣態を〝眞妄和合〟と呼ぶことも可能である[105]。しかし、「眞識」が單獨で「妄想」を有することはあり得ない。なぜならば、兩者は異なる法だからである。

次に、すでに指摘したように、『勝鬘義記』の現存部分には阿梨耶識の語はない。『十地義記』の現存部分には一箇所だけ「阿梨耶」の語がある。先行研究でも繰り返し檢討された部分であるが[106]、問題を抱える一節なので考察しておく。『十地義記』の唯一の「阿梨耶」の用例は次の部分である。

［27］報相列名。名色依彼眞識因生。復能生後、故名爲報。「名色共」下釋其相也。阿梨耶者、此翻名爲無沒識也。此是第八如來藏心、隨緣流轉、體不失滅。故曰無沒。斯乃生死之本性也。妄不孤集、起必由眞。故說「名色共梨耶生」。……所言「名色共彼生」者、名色共彼眞識生也。懼人謬取名色兩共、故復顯之。（新纂四五、一〇七下一三―一七）

「異熟[107]という特徵」は名稱を列擧する。名色はかの眞識という因に依存して生起する。また、後〔文〕を生起するので、異熟と言う。「名色は共に」以下はその特徵を解釋する。「阿梨耶」とは、こちらの譯語では無沒識と言う。これは第八如來藏心であり、隨緣し流轉するものの、その本體は失滅しない。その故に無沒と言う。これは生死の本性である。妄は單獨で集成することはできず、生起する時は必ず眞に依る。このような譯で「名色と共に〔阿〕梨耶〔識〕が生じる」と說示する。……〔『論』の〕「名色は彼と共に生じる」とは、名色は彼の眞識と共に生じる〔という意味である〕。讀者が、名と色の二つが共に〔生じる〕と誤解することを恐れたので、再びこのことを明らかにしたのである。

『十地義記』［27］は、『十地經論』所引の經文、『十地經』「於三界地復有芽生。所謂名色共生」を解釋する部[108]分の複注である。『十地經論』には「名色共阿黎耶識生」とあるので、慧遠は「阿黎耶識」を「眞識」と解釋していることになる。[109]また、「妄不孤集、起必由眞」の部分は、「妄」が「眞識」に依存して生起することが主張されている（眞妄依持[110]）。この「妄」は、文脈からみて「名色」である。さらに、『勝鬘義記』［8］と『十地義記』［25］(c)からみて、「名色」の「名」は「妄心」＝「妄想」（前七識 or 第七識）を含意するだろう。[111]先行研究の中で、吉村誠氏は、［27］に〝眞妄依持〟を積極的に認めず、「阿梨耶識」における「眞妄二つの性格」を強調する。吉村氏は、この［27］を次のように解釋する。[112]

(1)ここで慧遠は「阿梨耶識」を「眞識」や「第八如來藏心」といい、名色が阿梨耶識を因として生じることを「妄」は「眞」によって起こると說明している。

吉村(1)の「よって起こる」の部分は、〝眞妄依持〟の表現とも思われる。しかし、［27］を法上の『十地論義疏』と比較した後に、再び慧遠について論じる部分を讀むと、吉村(1)とは、一見異なる解釋が提示されている。

(2)一方、慧遠の解釋における阿梨耶識は、「生死の本」であることから眞妄二つの性格をもつといえるが、如來藏と同體とされたため、眞の性格がより重視されていると言えるだろう。

吉村氏の解釋(1)(2)は、［27］に對する解釋として、異なることを述べているように思われる。しかし、他の部分でも解釋(2)と同じ理解を繰り返している[113]ので、吉村氏の［27］に對する理解は、解釋(2)を基本としているようである。この吉村⑵の特徴は、〝慧遠は、「阿梨耶識」に「眞妄二つの性格[114]」を認めた〟というものである。私は、この解釋に贊成できない。その理由は、［27］において、「眞識」＝「阿梨耶〔識〕」と、「妄」＝「名色」とを異なる二つの法（dharma）と理解するからである。したがって、［27］「阿梨耶識」に「眞妄二つの性格」はない。このことは、『勝鬘義記』［19］によっても支持されるだろう。［19］によれば、「妄心」は「一切煩惱」を、「眞識」は「一切佛法」を、それぞれ潛在的に保持し、兩者は區別されているからである。吉村氏は解釋⑵において、［27］「生死之本性」を根據に、「阿梨耶識」に「眞妄二つの性格」を認めている。しかし、この部分は「名色依彼眞識因生」の言い換えであり、「名色」＝「生死」は、「眞識」＝「本性」に依存していることを示している。また、［27］では、『十地經論』の「共」を「依」に言い換えていることに注目したい。この「依」は、單なる〝理由〟や〝原因〟を示す言葉ではなく、何かが存在するための〝場所〟〝基盤〟を示す語である[115]。このような「依」の用法は、『勝鬘義記』［8］「離眞妄體不立」や「無眞此七、一念不立」の「立」の語と同じである。すなわち、「眞」は「妄」を〝存立する場所〟である。このような「眞」と「妄」の區別がなければ、「妄」が「眞」に依存するという能依所依の關係は成立しない。吉村氏の解釋⑵は、兩者に能依所依の關係を讀み取っていない。その結果、吉村氏は、［27］における「阿梨耶識」に「妄」という性格も認めたと推定される[116]。

　このような〝眞妄依持〟說について、『十地義記』卷第一末には次のような興味深い部分がある。

［28］外國相傳。言更有六、出六正論。一者妄想。所謂虛妄。二妄想依。謂依眞識。三非妄想。所謂淨慧。四非妄想依。謂依眞如。五妄想非妄想依。謂聞思修、體是妄識。故云妄想相用順眞名非妄想。六妄想非妄想依。謂依淨教。義有多含皆得無傷。（新纂四五、四六下一四―一八）

　外國の傳承では、「さらに六種の正論を提示する。第一には妄想である。これは虛妄のことである。第二に、妄想依である。これは眞識に依存することである。第三は非妄想である。これは淨慧である。第四は非妄想依である。これは眞如である。第五は妄想非妄想依である。これは聞・思・修〔の三慧〕

である。その本質は妄識である。その故に、「妄想の特徴と機能は眞に準じて非妄想と名づける。」と言う(117)。第六は妄想非妄想依である。これは淨教に依存することである。」と。その意味は多様のものが含まれるも、すべて矛盾はない。

『十地義記』[28]の直前に、「何者六正。『金剛仙論』具廣分別」(新纂四五、四六下)とある。この[28]との關連を考えれば、この「外國相傳」は、『金剛仙論』、あるいは菩提流支による傳承と推定される(118)。そして[28]には、「眞識」と「妄識」の用例が含まれている。「眞識」の用例は、第二の「妄想依」。これは慧遠の〝眞妄依持〟説に一致する。したがって、〝眞妄依持〟説の直接的な背景は、インドに由來する可能性もある。「妄識」の用例は、第五の「妄想非妄想依」である。これは「聞思修」の三慧である。すなわち、「妄識」は〝妄想でもあり、妄想でもない據り所〟として、三慧の本體と規定されている。これは、慧遠が第七識＝妄識に、無漏の智を認めることに共通する(119)。しかし、「外國相傳」における「妄識」が、前六識や阿梨耶識とは異なる第七識を意味すると確定できない。また、私の知る限り、「妄識」が譯語である可能性はこの[28]の部分だけに見出せる。

(4)『大乘起信論』の利用

『十地義記』では、次の巻第四本の部分に一箇所だけ、「馬鳴言」として名稱を擧げて『大乘起信論』に言及する。これにより、『勝鬘義記』→『十地義記』と第一期の著作の撰述段階で、慧遠は確實に『大乘起信論』を知っていたことになる(「馬鳴」として言及するのも共通)。

[29] 乃有九重。一眞心爲本、無明爲末。故馬鳴言。依眞如故、有其無明、染因熏習。二無明爲本心、想見等三倒爲末。三心想見等三倒之中、心倒爲本、想見爲末。四三倒爲本、四倒爲末。以依三倒起四倒故。五就四倒中我淨爲本、常樂爲末。常依我生、樂依淨起。六四倒爲本、所生悪道稠林爲末。七就悪道稠林之中悪道爲本、稠林爲末。亦得稠林性使爲本、現起爲末。第八一切煩惱爲本、諸業爲末。九煩惱及業通

以爲本、苦果爲末。今此且據第五門中、分本末耳。

すなわち、九種の解釋がある。第一は、眞心を本として、無明を末とする。その故に、馬鳴は、「眞如に依存して無明があり、〔無明の〕染因は〔眞如に〕熏習する」と言う。（第二以後は『大乘起信論』に關係ないので、日本語譯は省略）

この典據は、『大乘起信論』の次の部分である。

［30］所謂以依眞如法、故有於無明。以有無明染法因、故卽熏習眞如。（大正三二、五七八上二二―二三）

眞如の法に依存して、無明は存在する。無明は染法の因なので、眞如に熏習する。

これにより、慧遠は『十地義記』の撰述段階で、『大乘起信論』を介して、無明が眞如に熏習することに着目していたことは確實である。ただし、［29］は『十地經論』の本末を、九種に解釋する部分に付隨して言及されているので（『十地經論』は第五說）、この段階で、體系的な熏習論が敍述されていたか否か、わからない。この部分は、『大乘義章』「八識義」に共通する言及がある。(120) したがって、『十地義記』の段階に遡及される初期の學說であろう。ただし、「八識義」では、「眞心」と「無明」を本末では解釋しない。

五　結論

以上の考察結果についてまとめておきたい。

本論文では、慧遠の初期の識論を考察する上で、「慧遠傳」の記事によって、慧遠の著作時期の目安を設定することから始めた。これは主として、『大乘起信論』の流布を、慧遠の言及から解明するためである。その結果として、第一期の『勝鬘義記』は五四九年以前、慧遠二七歲以前を目安とする。同じく第一期の『十地義記』は五四九年を撰述開始の目安とした。兩著作の撰述地は鄴である。第二期の『涅槃義記』は、澤州に歸鄕した以後の撰述であり、その上限は五五三年、下限は五七八年である。これは慧遠の三一歳から五六歳に相當する。

　この著作の撰述年代を目安とすれば、『大乘起信論』は五四九年には鄴に流布していたことになる。これは『歴代三寶紀』の太清四年（五五〇）、眞諦譯出より一年早い[121]。柏木弘雄氏は、『大乘起信論』の流布の解明において、慧遠の著作も利用しているが、その著作の成立順序と撰述年代を想定していない。したがって、慧遠の著作を積極的に活用できていない。また、吉津宜英氏も慧遠の著作を利用して、『大乘起信論』の流布を解明しようとした[122]。そして、吉津氏は慧遠の著作の成立に關する明確な見解を提示していないものの、慧遠は、法上に就學する以前、五五〇年以前に『大乘起信論』を知っていたという推定を提示している。私の考察は、吉津氏の推定を裏づけるものである。そして、大竹晉氏は『大乘起信論』を、菩提流支ら來中の三藏からの聞書を、直弟子たち（「無名氏たち」）が、自分の關心事を交えて補足した「唯識佛教綱要書」と見做す[123]。この大竹氏の見解は、私の考察結果と特に矛盾する點はない。『勝鬘義記』において、難解な『大乘起信論』を利用し、その學說（例、第七識を無明地と〝五意〟によって解釋すること）が以後の著作にも繼承される安定したものであることを考えるならば、すでに慧遠以前に『大乘起信論』は鄴で研究されていたことも豫想される。そして、『勝鬘義記』と『十地義記』における『大乘起信論』の利用からみて、法上の『十地論義疏』に『大乘起信論』の言及がないことは、法上が本論典を知らなかったことの論據にならないことを指摘した。『十地論義疏』が『大乘起信論』を知らない時期の著作であれば、法上の初期の著作と推定する。法上の三〇歳を目安にすれば、五二五年ごろの成立の可能性もある[124]。

　慧遠の初期の識論は、『大乘起信論』の影響が強いことは繰り返すまでもないことである。しかし、それだけではない。『勝鬘經』の「心法智」の解釋は重要な論點である。『勝鬘義記』の解釋は、S.6388（or その系統）の解釋を繼承しながらも、一部變更を加えたものである。法上には『勝鬘義記』の注釋書が確認できないので、慧遠は法上とは異なる人物からも多くを學習したと推定される。『勝鬘義記』の「事識」について、『大乘起信論』を利用する。そして、それと竝んで『雜心論』も併用する。中國における說一切有部や『成實論』を硏究する傳統にも、慧遠は初期から親しんでいることは確實である。また、『勝鬘義記』現存部分には「妄識」の語が確認されないので、「眞識」と「妄識」は一組の用語として成立していない可能性もある。これを一緒に用いる先行例は、『十地義記』に言及される「外國相傳」である。慧遠の著作において、識を示す語は多様である。しかし、初期に使用する語の内、「妄識」だけは、「外國相傳」以外の先例が確認できない（敦煌出土諸寫本を含む）。

『十地義記』では、阿梨耶識の解釋が見られる。この内、「無沒識」という語義解釋には、池田氏の硏究成果を勘案すれば、眞諦『九識章』を典據とする可能性が生まれた。この問題は單純には決定できないものの、『十地義記』の撰述段階で『九識章』が北朝に存在した可能性を示唆する。また慧遠『十地義記』は、「阿梨耶識」を「眞識」と換言している。しかし、吉村氏は、慧遠が「阿梨耶識」に「眞妄二つの性格」を認めたことを繰り返す。『勝鬘義記』から『十地義記』の展開を考えれば、確かに慧遠は「眞妄和合」を主張する。しかし、それは「眞識」と第七識（or 前七識）の「和合」であり、「眞識」自體に「妄」の側面があるわけではない。

以上の成果によって、一部ではあるが、段階的に編纂されたと想定される『大乘義章』の識論の形成過程を考えることができるだろう。今後の課題として、第二期の『涅槃義記』における識論を考察したい。

〈略號〉

大正＝大正大藏經

新纂＝新纂續藏經

正集＝青木隆・方廣錩・池田將則・石井公成・山口弘江『藏外地論宗文獻集成』（金剛大學校佛敎文化硏究所）

續集＝青木隆・荒牧典俊・池田將則・金天鶴・李相旻・山口弘江『藏外地論宗文獻集成　續集』（金剛大學校佛敎文化硏究所）

註

（1）慧遠の眞諦譯書の受容は段階的なものである。眞諦譯『金光明經』七卷については、すでに『涅槃義記』に確認できる。岡本一平「『大乘義章』と眞諦譯書」（『印度學佛教學研究』第六三卷第二號）二三〇—二三三頁參照。

（2）その初出は、岡本一平「淨影寺慧遠の著作の前後關係に關する試論」（『地論思想の形成と變容』所收、金剛大學校佛教文化研究所、二〇一〇年六月）一六二—一八三頁參照。

（3）『大乘義章』「六波羅蜜義」には、一箇所『攝大乘論』の引用（取意）がある。前注（1）文參照。

（4）「別章」に對する參照指示が後代の插入であれば、『勝鬘義記』と『十地義記』以前に「八識義」が成立した根據は乏しくなる。本論集所收拙稿「淨影寺慧遠の『別章』について——『大乘義章』の成立試論」參照。

（5）坂本幸男『華嚴教學の研究』（平樂寺書店、一九五六年三月）三八〇頁。

（6）一般に、眞諦譯『攝大乘論』の最初の〝北地傳播〟は、曇遷の長安における『攝大乘論』講義とされる（五八七年）。ただし、これは嚴密に言えば〝隋初傳播〟であり、北齊ではない。管見の限り、眞諦譯『攝大乘論』の〝北齊傳播〟はいまだに指摘されていない。したがって、坂本説が妥當であれば、眞諦譯『攝大乘論』は北齊に傳播したことになる。

（7）前揭岡本論文（前注（2））參照。

（8）『仁王經疏』については、池田將則氏が慧遠の眞撰を疑問視している。その可能性は極めて高いものの、自分なりの確認をしたいので、最初の假説を踏襲している。池田將則「北朝「地論宗」における佛典解釋の一類型——敦煌寫本『十地論疏』（BD06378）の紙背に書寫された三つの斷片、某經疏・『仁王疏』・『維摩疏』と淨影寺慧遠の諸經論疏との比較を通して」（『佛教學研究』第三六號、韓國、二〇一三年九月）一六五—二一九頁、特に一九九頁參照。

（9）前揭池田論文（前注（8））參照。

（10）當然、慧遠の著作の寫本や版本の蒐集と校訂によって、より良い校訂本を作成する必要はある。そしてその成果により、假説に使用した部分の記述を訂正する必要が生じた場合、假説自體を再考したい。

（11）鶴見良道氏は、すでに「慧遠傳」の記述を著作の成立順序の推定に使用している。鶴見氏は、慧遠の澤州歸鄉を五五五年、三三歲ごろと見做す。そして、「慧遠傳」の「本住清化、祖習涅槃」の記事により、『涅槃經』研究に打ち込んだとする。ただし、「善冑傳」により、『涅槃義記』の完成を長安の淨影寺とする（善冑の校訂版）。そして、慧遠自身は『涅槃義記』を五五五—五五八年ごろに完成したとする。また『勝鬘經』の科文の問題から、『勝鬘義記』→『涅槃義記』→『維摩義記』の順序を想定する。結論として、これらの三部は三〇歳前後から五八歳ごろと想定する。同「慧遠の著作における『勝鬘義記』撰述の前後關係考」（『印度學佛教學研究』第二八巻第一號、一九八一年一二月）三四七—三四九頁參照。鶴見氏の見解は、後述する私見と矛盾しない。私の「慧遠傳」を利用した考察は、鶴見氏の成果をおおむね踏まえたものである。

(12) 傳記資料からわかる推定年代は「目安」であり、「假説」とまでは言えない。

(13) 便宜的に『維摩義記』の識論は「中期」、「八識義」を「後期」と想定している。『大乘起信論義疏』（『慧遠疏』と略稱）は、慧遠の眞撰が確定していないので、參照に留める。

(14) この點は、前掲岡本論文（前注（2））一七七頁で指摘した。

(15) 慧遠『維摩義記』巻第二末「三、是同時同體四相。如起信論及此經説」（大正三八、四六一下八—九）。

(16) 池田將則氏は、曇延（五一六~五八八）の『大乘起信論疏』（『曇延疏』と略稱）と密接な關係にある杏雨書屋所藏敦煌文獻『大乘起信論疏』（擬題、羽333V、『杏雨疏』と略稱）の翻刻と研究を提示された。同「杏雨書屋所藏敦煌文獻『大乘起信論疏』（擬題、羽333V）について」（『佛教學レヴュー』第一二號、二〇一二年一二月、韓國）四七—一六六頁參照。これは近年の『大乘起信論』の注釋書研究において、最も重要な成果である。ただし、私見によれば、『杏雨疏』を「現存最古の注釋書」と見做す池田氏の論證は殘念ながら成功していない。池田氏の論證は、從來、「現存最古の注釋書」と見做されていた『曇延疏』に、『杏雨疏』が先行することを根據にしている。しかし、これが正しい場合でも池田説は成立しない。なぜならば、池田氏は、『慧遠疏』が『曇延疏』に言及することを疑問視するからである（九七—九八頁、注76）。曇延は慧遠よりも七歳上の同時代人である。兩者の活動時期は近接するので、その著作の前後の決定は困難である。それでも、從來『曇延疏』が『慧遠疏』に先行すると見做されていた積極的な理由は、『慧遠疏』における『曇延疏』の言及にある。しかし、池田氏はこれを疑問視するので、『杏雨疏』が『曇延疏』に先行した場合でも、前者が「現存最古の注釋書」と言うことはできない。

『杏雨疏』の「現存最古」を確定するには三種の方法ある。

第一、『慧遠疏』における『曇延疏』の言及を認めること（先行研究の是認）。

第二、『杏雨疏』が『慧遠疏』に先行する論證を提示すること。

第三、『慧遠疏』は、慧遠あるいは曇延沒後の僞撰であることを論證すること。

『慧遠疏』に『曇延疏』への言及を認める研究。吉津宜英「淨影寺慧遠の『起信論疏』について——曇延疏との比較の視點から」(『印度學佛教學研究』第二一巻一號、一九七二年一二月)三三五—三三七頁、同「慧遠の『起信論疏』をめぐる諸問題(上)」(『駒澤大學佛教學部紀要』第三號、一九七二年三月)八四—八九頁、同「慧遠『大乘起信論義疏』の研究」(『駒澤大學佛教學部紀要』第三四號、一九七六年三月)一五三頁、同『華嚴一乘思想の研究』(大東出版社、一九九一年七月)五〇〇頁、柏木弘雄「曇延の『大乘起信論義疏』について」(中村元博士還暦記念論集『インド思想と佛教』所收、一九七三年一一月)、同『大乘起信論の研究』(春秋社、一九八一年二月)三四頁參照。ただし、吉津氏も第一論文を除くと、積極的に『慧遠疏』の「一師」を曇延とは見做さない。

兩文獻の關係を疑問視する研究。伊吹敦「地論宗北道派の心識説について」(『佛教學』第四〇號、一九九九年三月)五七—五八頁、注62參照。

『大乘起信論』に對する初期の注釋書の成立順序の問題とは別に、引用等の問題からも『大乘起信論』の受容について考えるべきである。『慧遠疏』の成立問題については、岡本一平「淨影寺慧遠の『大乘起信論義疏』の成立問題」(『比較經學與《大乘起信論》』所收、二〇一四年一月)二五—六五頁參照。

(17) 岡本一平「三聚法の形成と變容」(『東洋學研究』第五二號、二〇一五年三月)參照。

(18) 大竹晉「地論宗の唯識説」(前掲注(2)書所收)六五—九三頁參照。

(19) 前掲坂本書(前注(5))三八五—三八七頁參照。

(20) 勝又俊教『佛教における心識説の研究』(山喜房佛書林、一九六一年)六四二—六五七頁參照。

(21) 前掲大竹論文(前注(18))六九頁。坂本氏は、珍海(一〇九一～一一五二)の『八識義研習抄』と凝然(一二四〇～一三二一)の『孔目章發悟記』(『發悟記』と略稱)の記述を利用する。これに對して、大竹氏は、『發悟記』と眞興の『唯識義私記』所引の道基(五七〇頃～六三七)の『攝論章』の逸文の記事も利用する。道基の證言の利用により、研究の精度は高まったと思う。

(22) 前掲大竹晉論文(前注(18))七二頁。

(23) 「慧遠傳」の最新の校訂本と書誌研究は、池麗梅『石山寺一切經『續高僧傳』卷八——翻刻と書誌學的研究』(鶴見大學佛教文化研究所モノグラフシリーズ、二〇一四年一二月)參照。池麗梅氏より本書を頂戴した。その學恩に感謝したい。

(24) 馮煥珍「淨影寺慧遠的行事・著述及其顯實宗」(『中華佛學學報』第一五期、二〇〇一年、臺灣)二〇一—二〇二頁參照。

(25) ちなみに、智儼の『大方廣佛華嚴經搜玄分齊通智方軌』(通稱『搜玄記』)は二七歳の著述である。

（26）發表時、私は「微言」を「微かな言葉」と解釋したが、大竹晉氏の御教授により「奥深い言葉」と改める。大竹氏の學恩に感謝したい。
（27）前揭岡本論文（前注（2））一七五頁參照。
（28）慧遠『勝鬘義記』（新纂一九、八六二中二一―下一一）。簡單な指摘は、岡本一平「慧光の頓漸圓三種教について」（『東洋學研究』第五三號、二〇一六年三月）でおこなった。
（29）智顗說・灌頂記『法華玄義』（大正三三、八一三下六―一九）。この部分について、坂本廣博「化法の四教と二藏教判」（『印度學佛教學研究』第三六卷第一號、一九八七年一二月）九八頁參照。坂本氏は、達摩鬱多羅（法上）說と『大乘義章』「衆經教迹義」を比較し、『勝鬘義記』とは比較していない。
（30）宇井伯壽『印度哲學研究』第六卷（岩波書店、一九二九年）一七頁、吉津宜英「眞諦三藏譯出經律論研究誌」（『駒澤大學佛教學部研究紀要』第六一號、二〇〇三年）二二二頁參照。『大唐内典錄』（大正五五、二六六上二二）。
（31）發表時、私は鎌田茂雄氏が日本に初めて紹介したと考えられる「大隋硤石寺遠法師遺跡碑」を根據にして、『涅槃義記』の擱筆地を硤石寺（現・青蓮寺、所在は澤州＝現・晉城市）と想定した。しかし、倉本尚德氏より、この「遺跡碑」は信憑性が乏しいことを教えられた。歸國後も、倉本氏より數點の資料をご教示いただいた。ここに倉本氏の學恩に感謝したい。今は、碑文の専門家である倉本氏の判斷に從う。鎌田茂雄「中國における佛教の傳播經路に關する實態調查――平成三年度調查報告書」（『禪研究所紀要』第二二號、一九九四年三月）一二八―一二九頁參照。
（32）吉津宜英「大乘義章の成立と淨影寺慧遠の思想（一）」（『三藏』第一六六、『國譯一切經』和漢撰述部、諸宗部、第一一卷月報、一九七八年一一月、大東出版）二頁。
（33）本論文は、順次刊行される書籍の月報で發表されたために、注記がほとんどなく、吉津氏の論據となった資料を再檢證する必要がある。
（34）『續高僧傳』卷一五「智徽傳」「住本州淸化寺。依隨遠法師聽涉經論。於大涅槃偏洞幽極」（大正五〇、五四一中）、卷一五「玄鑒傳」「後住淸化寺。依止遠公聽採經論。於大涅槃深得其趣」（同、五四二上）。
（35）ただし餘り遲すぎると、『續高僧傳』卷第八「曇延傳」（大正五〇、四八八中）における曇延の『涅槃經疏』と、慧遠の『涅槃義記』の關連記事に整合性を缺くだろう。大竹氏はこの記事により、慧遠『涅槃義記』が、曇延『涅槃經疏』に先行すると判斷する。この判斷は支持できる。大竹晉「『大乘起信論』の成立問題に關する近年の動向をめぐって」（『佛教學レヴュー」第一二號、二〇一二年）三〇頁參照。

(36)『涅槃經疏科文』の「澤州」は甲本（鎌倉時代寫高山寺藏本）のみ。おそらく、この『科文』の作者は慧遠ではないが、その對象が慧遠の『涅槃義記』なので補足したのであろう。

(37) 現行本『涅槃義記』（大正三七所收、應永三年（一三九六）賢寶寫本、寛政五年（一七九三）典壽校正、龍谷大學藏本）は、「隋淨影寺沙門釋慧遠述」という撰號である。池田將則氏の指摘によれば、慧遠自身の『涅槃義記』の最終稿は、淨影寺で撰述された。同「慧遠『大般涅槃經義記』の成立過程について――現行本『大般涅槃經義記』巻七と敦煌寫本『涅槃義疏』第七巻（Pelliot chinois 2164）との比較を中心に」（本論文集所收）參照。

(38) 平井有慶「敦煌本・道氤集『御注金剛經宣演』考」（『印度學佛教學研究』第二二巻第一號、一九七三年一二月）三一六頁參照。

(39) 鶴見氏は、『涅槃義記』を指摘し、『維摩義記』を指摘しない。前掲鶴見論文（前注（11））參照。

(40) 道氤『金剛般若經疏』（P.2330）に、「六□州法師云。所說之法如於前事。故名爲如。說事如事說理如是。理因亦爾。此說言皆當道理故稱爲是。乖法爲非、如法爲是。此約法解。又約人解。阿難道佛所非說之法、如過去佛所說不異故名如。正而非邪故稱爲是。」（大正八五、一四七下―一四八上）とある。本文獻と『宣演』（P.2173）の該當部分に文字の異同あり。

(41) 現行本『維摩義記』（大正三八所收、正德三年（一七一三）版本）は、四巻を本末に二分し、合計八巻本である。この内、本巻の内題の直後に「沙門慧遠撰」という撰號がある。この撰號が慧遠自身の記録ならば「澤州」の二字はなかったことになる。

(42)『續高僧傳』巻第八「慧遠傳」（大正五〇、四九〇下―四九一上）。

(43) 藤井教公氏は、新纂一九に『勝鬘義記』巻下（P.2091, P.3308）を翻刻し入藏した。また同氏は、『勝鬘寶窟』所引の『勝鬘義記』と、巻下の對照テキストを提示し、研究者の利便性を向上された。藤井教公「淨影寺慧遠撰『勝鬘義記』巻下と吉藏『勝鬘寶窟』との比較對象」（『常葉學園濱松大學研究論集』第二號、一九九〇年三月）一―五三頁參照。この藤井論文は、奥野光賢氏よりコピーを頂戴した。奥野氏の學恩に深く感謝する。

(44) 論文發表後に、池田將則氏から、『勝鬘義記』巻上は「摩訶薩」の解釋に『十地經論』の「三大」を利用していることを御教示いただいた。池田氏の學恩に感謝したい。池田氏の指摘は、『勝鬘經疏』（擬題、S.2430）の解題と校注（『續集』所收、二八一頁、二九〇頁、注26）を參照すべきというものである。その成果によれば次のとおり。『勝鬘經疏』（S.2430）は、

「摩訶薩」を解釋する上で、『十地經論』の「摩訶薩者有三種大。一願大。二行大。三利益衆生大。」（大正二六、一二七中一五―一六）を利用している。『勝鬘經疏』（S.2430）の該當部分は次のとおり。「摩訶胡語。此翻名大。大有三種。一者願大、願大菩提。二者行大、廣修諸度故。三利衆生大、四攝等益故」（『續集』所收、二九〇頁）。さらに、この解釋は、慧遠の『勝鬘義記』巻上に「摩訶胡音。此云名大。大有三種。一者願大、願大菩提。二者行大、廣修諸度。三利衆生大。四攝等益無量福利。是其所益。」（新纂一九、八七二下一一―一三）として繼承された（『續集』二八一頁）。また、池田氏は、古泉圓順氏の研究を支持した上で、照法師『勝鬘經疏』（擬題、S.524、大正八五所收）→『勝鬘經疏』（S.2430）→『勝鬘義記』の順序を前提にして、S.524の當該部分に『十地經論』は利用されていないことを指摘する（同頁）。以上が池田氏の直接の御教示である。

この池田氏の指摘は極めて重要な問題を孕んでいる。それは、慧遠の『勝鬘義記』の「摩訶薩」の解釋部分は、『十地經論』よりも『勝鬘經疏』（S.2430）の文章と一致度が高いということである。ここからみて、慧遠は「摩訶薩」の解釋において、S.2430を利用している可能性が高い。次に、同じ部分を法上の學説と比較したい。法上の『十地論義疏』巻第一では、「摩訶薩有三種大。願大者、發心徹於後際。行大者、廣周法界也。利益大者、無衆生而不度也。」（大正八五、七六七下二九―七六八上二）である。一見して判るように、法上の「三大」の解釋は、『勝鬘經疏』（S.2430）→『勝鬘義記』の系統とは一致しない。慧遠は『勝鬘義記』の「摩訶薩」の解釋において、法上の『十地論義疏』を利用していない。さらに、慧遠の『十地義記』巻第一末には、「摩訶胡語。此翻名大。大別衆多、據要說三。願大列名、發意遐廓、求大菩提、名爲願大。曠集諸度、稱曰行大。四攝等益名利生大」（新纂四五、五四下五―七）とある。文章に增廣があるものの、『十地義記』の「大菩提」「諸度」「四攝」等の語は、S.2430と『勝鬘義記』を繼承し、やはり『十地論義疏』巻第一の記述とは異なる。この點では、『勝鬘義記』に對する法上の『十地論義疏』の影響は乏しい。また、慧遠の著作の順序として、『勝鬘義記』→『十地義記』の成立順序を想定できる。敦煌出土の『勝鬘經』の注釋書の研究は、池田將則「敦煌出土北朝後半期『教理集成文獻』（俄Φ一八〇）について――撰述者は曇延か」（『地論思想の形成と變容』二〇一〇年六月）一九七頁、二二〇頁、注21。この論文において、池田氏は「菩薩」の解釋を根據にして、『勝鬘義記』→『十地義記』の順序を想定しているが、「摩訶薩」の解釋によっても支持できる。この「菩薩」と「摩訶薩」の解釋を勘案しても、慧遠の第一期の著作は、『勝鬘義記』→『十地義記』の順序に確定すべきであろう。

（45）前掲勝又書（前注（20））六五五頁參照。本書よれば、『續高僧傳』「法上傳」には、講義に因んだ著作として、「乃講十

地地持楞伽涅槃等部。輪次相續竝著文疏」。著作として「撰增一數法四十卷。竝略諸經論所有名教。始從一法十百千萬有若數林。寔傳持之要術也。又著佛性論二卷、大乘義章六卷。文理沖洽詳略有聞。又撰衆經錄一卷。包擧品類耳。竝行於世。」（大正五〇、四八五上二一―二三、四八五下二五―二九）とある。

（46）前掲勝又書（前注（20））六五四―六五七頁參照。

（47）ただし後述するように、『十地義記』は四卷（本末八卷）分しか現存しない。第二期の著作、『涅槃義記』では佛性は八〇〇例以上に增加するが、如來藏は約六〇例。所釋の『涅槃經』が佛性を說示することを勘案しても、第一期の著作と比較すれば、その變化は顯著である。第三期の著作、『維摩義記』では佛性は三六例、如來藏は一六例。『涅槃義記』以後、慧遠は如來藏の語と竝べて、佛性の語を重視するようである。

（48）前注（45）の「法上傳」參照。

（49）「五門」とは經典注釋の範疇であり、具體的には「佛性門」「衆生門」「修道門」「諸諦門」「融門」の順序である。法上の『十地論義疏』現存部分は、「佛性門」と「第三修道門」（第二地から第五地）の記述あり。詳しくは、荒牧典俊「北朝後半期佛教思想史序說」（同編著『北朝隋唐中國佛教思想史』所收、二〇〇〇年二月）五一―五七頁參照。

（50）この問題との關連は不詳であるが、大竹氏は『大乘起信論』が佛性の語を使用しないことを指摘している。前掲大竹論文（前注（35））三二頁參照。

（51）「八識義」（大正四四、五二五中）。

（52）後注（62）、（75）を參照。

（53）『維摩義記』卷第三末に「六、相續識。論中亦名不斷識矣」（大正三八、四九四上二―三）とある。『維摩義記』の段階では、基本語は「相續識」、異名は「不斷識」である。

（54）周知のように、吉藏は『勝鬘寶窟』において『勝鬘義記』［8］の「心法智」＝「第七識」說を批判している。この問題については、すでに鶴見良道が指摘している（後注（65）、第一論文、一三六頁、第二論文、三一一頁）。吉藏の慧遠說批判については、鶴見氏が適切に分析している。ここでは一點だけ補足。鶴見氏は、吉藏が［8］だけでなく、「八識義」の「阿陀那」＝「無解」（大正四四、五二四下七）という解釋も知悉しているように理解している。吉藏は現行本「八識義」を知っていたのだろうか。知っていたとすれば、現行本「八識義」の編纂の下限を設定できる。吉藏の批判の根據は『攝大乘論』の「阿陀那識」＝「無解識」である。「無解識」は眞諦の譯語と想定されるものの、確認されたことがない。「八識義」

の他には、『攝大乘論章』（大正八五、一〇一三中二八）にある。前掲勝又書（前注（20））、六七〇頁參照。

（55）原文「厭樂」を誤寫と見做し「厭苦」と訂正する。根據は『攝大乘論章』（S.2435、假題）卷第一「故勝鬘云。〈如來藏、無前際不起不滅法。能種苦厭苦樂求涅槃〉。種苦起染。厭苦興淨。」（大正八五、一〇二一下四—六）。『攝大乘論章』の引用部分は、「種苦起染」以下が文章も一致するので、『勝鬘義記』［8］の當該部分を參照している可能性あり。

（56）日本語譯については、大竹晉譯を參照した。

（57）前掲大竹論文（前注（18））七六頁參照。

（58）古泉圓順氏によって、S.6388は慧遠の『勝鬘義記』に先行することは論證されている。同「〈自分行〉〈他分行〉」（『日本佛教學會年報』第五一號、一九八六年）參照。また、S.6388の概要については、池田將則「解題」（『續集』）三〇五—三〇八頁參照。

（59）このS.6388を法上と見做したいが、「法上傳」に『勝鬘經』の注釋書はない。したがって、現時點では法上の著作とは見做さない。

（60）前掲大竹論文（前注（18））七五—七六頁、八五—八六頁參照。大竹氏は、「八識義」の「勝鬘亦云。〈七法不住〉。若無妄識、說何爲八、說何爲七。」（大正四四、五三八下二三—二五）を根據とする（七五頁）。この部分は、すでに吉津宜英氏も注目していて、慧遠の「第七妄識の存在論證」の三種の經典と指摘する。他は『楞伽經』と『維摩經』。同「大乘義章八識義研究」（『駒澤大學佛教學部研究紀要』第三〇號、一九七二年三月）一四八—一四九頁參照。

（61）ただし法上については確定できない。というのも大竹氏は、法上『十地論義疏』の「緣心」と「緣照理心」に關して考察しているが、『十地論義疏』は「心法智」への言及がないからである。大竹氏は、法上がこの二種の心を何識と規定したのか確定できないものの、慧遠においては第七識（「七識緣照」）と指摘する。すなわち、大竹氏は、「緣心」「緣照理心」と「七識緣照」を同義（類義）と見做したことになる。

（62）「藏識」は、前掲坂本書（前注（5））三九五頁（『四卷楞伽』卷第四と『勝鬘經』）。前掲勝又書（前注（20））六七二頁（『楞伽經』）。前掲吉津論文（前注（60））一四四頁（『四卷楞伽』）。ただしすべて「八識義」中の「一、名藏識。如來之藏爲此識故。是以經言。如來之藏名爲藏識。以此識中、涵含法界恆沙佛法、故名爲藏。又爲空義所覆藏故、亦名爲藏。」（大正四四、五二四下）に對する典據研究である。「眞識」は、同坂本書、三九五頁（『四卷楞伽』卷第一）。同勝又書、六七二頁（『楞伽經』）。同吉津論文、一四四頁（『四卷楞伽』）一五八頁、注17。これも「八識義」に對する典據研究である。『四巻楞伽』の「眞識」については、吉津論文を參照。その他、この部分については、大竹晉「『大乘起信論』の唯識説と『入楞伽經』」（『哲學・思想論叢』第二一號、二〇〇三年）六八―六九頁、木村誠司「『入楞伽經』のチベット注釋書の意義」（『駒澤大學佛教學部論集』第三八號、二〇〇七年一〇月）一―八頁參照。

(63) ちなみに現行本『勝鬘義記』を調査した限り、阿梨耶識の語は確認できない。

(64) これは「如來藏」に智的な性格を與えることになる。しかし、〝常住な法〟に智的な性格を導入することは論理矛盾と思われる。

(65) いわゆる「染淨依持説」である。鶴見良道「勝鬘寶窟の染淨依持説」（『駒澤大學佛教學部論集』第六五號、一九七五年一〇月）、同「勝鬘經の「六識及心法智」の解釋」（『印度學佛教學研究』第二四卷第一號、一九七五年一二月）參照。ただし「淨依」と「染依」については言及がない。

(66) 新纂の脚注の校訂により「無」を「不」に訂正する。

(67) 新纂の脚注の校訂により「竟」を「意」に訂正する。

(68) 新纂の脚注の校訂により「染應」を「應染」に訂正する。

(69) 大竹晉氏の指摘により、この譯文を修整した。

(70) 大竹晉氏の指摘により、この譯文を修整した。

(71) ここで「七識」を「第七識」と解釋したが、間違いであれば前七識である。また大竹氏は、「地論宗南道派」において、第七識が智障と同一視される理由を、アーラヤ識が『勝鬘經』の無明住地と同一視されたことから始まる、と推定している。前掲大竹論文（前注（18））八六頁。慧遠の『勝鬘義記』に限定すれば、その推定は支持できない。というのも、無明住地は第七識であっても、アーラヤ識ではないからである。

(72) 『大乘起信論』「不相應義者、謂卽心不覺、常無別異。不同知相緣相故。」（大正四四、五七七下一八―二〇）。

(73) 嚴密に言えば、『大乘起信論』の「無明」を、『勝鬘經』の「無明住地」と同一視したもの。

(74) 前掲荒牧論文（前注（49））五六頁、青木隆「地論宗の融卽論と緣起説」（前注（49）、同書所收）五五―五六頁、一八四―一八五頁、山口弘江「解題」（『正集』所收、二〇一二年六月）四五一―四五四頁、同「『十地論義疏』と『大乘五門十地實相論』――周叔迦說の檢討を中心として」（『東洋學研究』第四八號、二〇一一年）、同「地論師の『十地經論』注釋について」（『印度學佛教學研究』六二卷二號、二〇一四年三月）三三―三八頁參照。先行研究は山口論文に詳しい。荒牧氏は、法上の著作の可能性を示唆する。その場合、次の部分の「阿梨耶」と「第七識」との關係が問題になる。「〈阿梨耶熏〉者、以境界風、鼓藏識海。是以第七識無始妄想流注。」（『正集』四六五頁）。というのも、法上は「第七阿梨耶識」と規定するからである（大正八五、七六四中七）。

(75) 『大乘五門十地實相論』巻第六「大乘中多以第八眞識爲心、此是本心。隨緣相染業、鼓波浪故、爲六識七識之殊。故『經』言。〈心爲採集主、意爲廣採集、現識分別五。〉」（『正集』四六〇頁）。第八識を「眞識」と呼ぶのは、慧遠に共通する。この他に「眞識」の用例は、同書「自性清淨心、體性無染、善是眞識也」（『正集』四六一頁）。「眞識」は、法上『十地論義疏』巻第一・巻第三には確認できない。

(76) 大竹氏は、「『大乘起信論』における意は阿梨耶識の生滅面を意味し、染汚意ではない」と述べる。前掲大竹論文（前注(62)）六九頁。私は、『大乘起信論』の構造を體系的に理解できていないので、現時點では大竹氏の判斷を尊重したい。

(77) ちなみに『慧遠疏』上之下に「何故不說無明識者。是根本體故。就恒沙中說五種也。」（大正四四、一八七上三—四）とある。これは〝五意〟（「五種」）を「恒沙」と理解する點において、『勝鬘義記』［14］(2)(b)と一致する。また、『大乘義章』巻第五「五住地義」に「六中初一、是無明地。後五妄知、是恒沙惑。」（大正四四、五六八上一〇—一一）とある。これも［14］(2)(b)と内容上一致する。この他の用例は確認できていない。

(78) 『涅槃義記』巻第九に「六中前四、心想微細。不說心外別有諸數、共心相應。故論說爲不相應染。後二浮麤、心與數別、共心相應。故論說爲心相應染。」（大正三七、八六四下五—八）とある。前の四種は心想（相？）が微細なので、心と心所は區別できず、兩者は相應しない。これに對して、後の二種の心は粗く、心と心所は別であり、兩者は相應する。

(79) 『大乘起信論』に「一者、執相應染。依二乘解脫、及信相應地遠離故。」（大正三二、五七七下七—八）とある部分か。「事識」（前六識）の煩惱は、二乘も斷じるので、この部分と想定した。

(80) 僧伽跋摩等譯・法救造『雜心論』巻第四「使品」に「問。彼使爲心相應、爲不相應。此何所疑。二師異說。毘婆闍婆提、欲令不相應。育多婆提、欲令相應。於此有疑。答。相應何者。……是使非不相應。」（大正二八、九〇七中二〇—九〇七下一六）とある。引用末尾にあるように、法救が支持する見解は、〝この使は不相應ではない〟であり、育多婆提である。

(81) 『大乘起信論』に「三者、執取相。依於相續緣念境界、住持苦樂、心起著故。四者、計名字相。依於妄執、分別假名言相故。」（大正三二、五七七上一六—一八）とある。いわゆる〝六粗〟の第三と第四である。『大乘義章』巻第五「五住地義」に對應部分がある（大正四四、五六七下一二—一七）。參考として『慧遠疏』の解釋は「此之六中、前二七識、後四六識也。」である（大正四四、一八六上二七—二八）。すなわち、①智相、②相續相は第七識に屬し、③執取相、④計名字相、⑤起業相、⑥業繫苦相は第六識に屬す。「八識義」では、③④⑤⑥を事識に屬させ、①②は確認できない（大正四四、五三一中一〇—一五）。

(82)『大乘起信論』に「言相應義者、謂心念法異、依染淨差別、而知相緣相同故。」（大正三二、五七七下一七—二〇）とある。慧遠は「心」を心王、「念」を心所法と解釋している。

(83)『大乘起信論』「眞如自體相者、……本已來、性自滿足一切功德。……名爲如來藏。亦名如來法身。」（大正三二、五七九上一二—二〇）とある。この他にも類似部分はある。

(84)吉津宜英「淨影寺慧遠の起信論引用について」（『印度學佛教學研究』第四九卷一號、二〇〇〇年一二月）八八—八九頁。『涅槃義記』卷第一「言離相者、如馬鳴說。謂非有相、非無相、非非有相、非非無相、非有無俱相。非自相、非他相、非非自相、非非他相、非自他俱相。如是一切妄心分別。悉不相應。」とある（大正三七、六一四中六—九）。二重傍線部が原文改變部分。

(85)『涅槃義記』卷第六・卷第八（大正三七、七五九中、八二三下）。前者は一異を自他に、後者は自他の加上。『維摩義記』卷四末（大正三八、五〇九上）。これは自他を加上するも、一部に誤寫あり。「四諦義」（大正四四、五一一中）。これは自他を加上する。「八識義」（同、五一一中）。これは自他の加上。「涅槃義」（同、八一五上）。これは自他を加上するも、一部に誤寫あり。以上によって、一異を自他に變更するのは『涅槃義記』卷第一・卷第六だけ。

(86)ただし、私は『大乘起信論義疏』の慧遠眞撰は確定していないと考えている。したがって、『勝鬘義記』が『大乘起信論義疏』に先行すると言っても、それは慧遠の執筆順序とは言えない。

(87)この内「八識義」は、『勝鬘義記』［8］(b)に參照指示がある。これは二つの解釋が可能。第一、後代の插入。第二、現行「八識義」は加筆・修正されている。私は第二の可能性を想定している。「四諦義」も『勝鬘義記』に「於中應先解四諦義、然後釋文。義如別章。」（新纂一九、八八四下一—二）とある。「四諦義」も加筆されたのか。

(88)竹村牧男氏は、『楞伽經』にも關連する說の存在を認めるが、殘念ながら具體的な典據の提示がない。竹村牧男『大乘起信論讀釋』（山喜房佛書林、改訂第二刷、一九九三年一月）一六〇頁。

(89)敦煌出土の『十地經論』の注釋書の全體像は、前揭山口第三論文（前注（74））參照。

(90)『十地論義疏』卷第三の識語（大正八五、七八二中）には、北周「保定五年」（五六五）の書寫記錄がある。これは本疏の成立下限である。この時、法上は七一歳、慧遠は四三歳。また、現存『十地論義疏』に『大乘起信論』の引用がないことは事實である。しかし、これを根據にして、法上が本論典を知らないとは結論できない。四一歳以前の著作と想定される第一期の著作において、慧遠は『大乘起信論』に言及するからである。法上の存命中に、『大乘起信論』が北朝になかったと想定すれば、慧遠が『大乘起信論』に言及するすべての著作は、法上の沒年の五八〇年まで成立時期を遲らせる必要が生じる。すなわち、慧遠五八歳以後まで、第一期の著作の成立を下げることになる。これは不可能だろう。

(91) この點を最も強調するのは、吉村誠『中國唯識思想史研究――玄奘と唯識學派』(大藏出版、二〇一三年一〇月)九七頁參照。この可能性は否定できない。伊吹敦氏は、慧遠における「北道派への對抗意識」に比重をおく。同「地論宗南道派の心識說」(『印度學佛教學研究』第四七卷一號、一九九八年一〇月)九一頁參照。私は「北道派」に對して十分な理解がないので、この點は留保する。

(92) 從來「無沒識」の典據は、法藏の『大乘起信論義記』の「梁朝眞諦三藏訓名翻爲無沒識」(大正四四、二五五下五)により、眞諦の譯語と想定されていた。

(93) 前掲池田論文(前注(16))八一頁參照。池田氏は、この『九識章』の說を、眞諦三藏の引用(取意)と判斷する。妥當な解釋である。『九識章』については、大竹晉「眞諦『九識章』をめぐって」(船山徹編『眞諦三藏研究論集』所收、二〇一二年三月)參照。

(94) ただし規定の相違もあり、『十地義記』の「無沒識」の直接の典據としては確定できない。參考として、『九識章』と『十地義記』の成立年代について補足しておく。池田氏は、『慧遠疏』が『杏雨疏』の現存部分を參照した形跡はない、と指摘する(前注(16)論文、九八頁)。そして、『慧遠疏』の「無沒識」(大正四四、一八二下)の部分も、『杏雨疏』の影響か否か確定できないと言う(八二頁)。私は『十地義記』も『杏雨疏』を參照していないと考える。したがって、可能性として殘るのは、『十地義記』が『九識章』を直接參照した可能性である。大竹氏は、『九識章』の眞諦眞撰を論證する中で、『歷代三寶紀』卷第一一により、『九識義記』(『九識章』と推定)と『仁王般若經疏』の撰述時期を太淸三年(五四九)と指摘する(前注(93)、一三一頁)。私は『十地義記』の執筆開始を、五四九年を目安としたので、『九識章』が極めて早く東魏に傳播したのであれば、參照の可能性はある。ただし、『十地義記』の完成がこれより早ければ、『九識章』の參照可能性はなく、慧遠の「無沒識」の典據が眞諦說であることも否定される。

(95) 『十地義記』卷第三末「〈起心種〉者、由業隨漏、熏彼本識。成就種也」(新纂四五、一〇六下三)。ここでは熏習の基盤を「本識」と言う。『十地論義疏』の殘存部分に、熏習に關する記述は餘りない。

(96) 前掲坂本書（前注（5））三八七―三八八頁。『十卷楞伽』卷九「總品」（大正一六、五六六下、五六七中―下、五七四下）、卷第十「總品」（同、五八六上）。補足すればすべて偈文中の用例である。『十地論義疏』卷第三「第七識名爲本識。與六識心爲本。是生死根原也」（大正八五、七七二上）。

(97) 『大乘五門十地實相論』卷第六「此句明七種識中隨逐。一、六識中、二、根本識中」（『正集』）四六五頁。これは「七識」を「六識」と「根本識」に區別する點は法上と類似する。

(98) 『教理集成文獻』（S.613）「第八識」に「亦名本識。是生死之本也」（『續集』八四頁）。『續集』八四頁、注43は『大乘義章』「八識義」（大正四四、五二四下）を指示する。しかし、法上の用例にも近い（前注（96））。ちなみに、S.613「第八識」には、「藏識」「家識」「阿梨耶識」「轉識」「報識」「現識」の用例あり。これらを修行段階に對應した別稱とする。このうち、前三者も「八識義」に見られるので、その先例の可能性がある。しかし、後の三者の中「報識」以外は、慧遠は第八識の別稱としては使用しない（「報識」は未定）。

(99) 前掲青木隆論文（前注（74））參照。

(100) 『四卷楞伽』卷第一（大正一六、四八七下一五）、『十卷楞伽』卷第三「集一切佛品」（同、五二七下一五）。

(101) この「體相用」は、柏木氏が指摘している（前注（16）、柏木書）八六頁參照。

(102) 大竹晉氏の指摘により、この部分の譯文を訂正する。

(103) 菩提流支譯『十地經論』卷第一、「一者、有作善法淨辯才。如經自善根淸淨故。二者、無作法淨辯才。如經法界淨故」（大正二六、一二五中二三―一二五）。

(104) 『勝鬘義記』[8]と同樣に、經文の「如來藏」は「藏識」と換言されている。この取意からみても、『十地義記』以前に『勝鬘經』に對する讀解は『勝鬘義記』として一應完成していると推定される。ちなみに、この『勝鬘經』の取意の經文は、「八識義」において「眞妄依持」に二箇所（大正四四、五三〇上二四―二六、五三二下二〇―二六）、「熏習義」に一箇所（同、五三四中二八―下五）、「妄識」の「對治邪執」に二箇所（同、五三八下二三―二四、五三九上六―八）、合計五箇所引用される。この内、「依持」の第二番目には「眞妄相對依持如何。前七妄識、情有體無。起必託眞。名之爲依。故勝鬘云。〈生死二法、依如來藏〉。十地（原本：「地持」）經亦云。〈十二因緣、皆依一心〉。第八眞心、相隱性實、能爲妄本。住持於妄、故說爲持。故勝鬘云。〈若無藏識、七法不住。不得種苦樂求涅槃。〉此是眞妄依持義也。」（同、五三二下二〇―二六）とある。この部分は「眞妄依持」説であり、「妄」は「前七妄識」＝前七識と明記する。

(105) 先行研究では、慧遠の「眞妄和合」を定義していない。例えば、『大乘義章』「滅盡定義」には、次のように「滅盡定」における有心無心の規定がある。「言無心者、聲聞滅定無六識心。菩薩滅定全無六識。分有妄識。諸佛滅定六七全無。言有心者、聲聞菩薩滅定之中猶有本識。眞妄和合爲本識故。佛滅定中猶有眞心。若有心識、云何滅盡。滅麤心故」（大正四四、六四五中二七—下二）。この内傍線部には、〝聲聞と菩薩は滅盡定においても「本識」は存在する。眞識と妄識とが和合したものを本識と規定するので〟と主張されている。この「眞妄和合」とは、眞識（第八）と妄識（第七）のことである。なぜならば、無心の部分で〝聲聞と菩薩は滅盡定において六識がない〟と主張されているからである。この點からみても、「眞識」自體は「眞妄和合」ではない。また、ここでは「眞妄和合」を「本識」と規定するので、初期の識論とは異なる。最後に、〝眞妄和合識〟の語の用例について。慧遠はこの語をまったく使用しない。私の知る限り、この語を中國で用いるのは、南宋代の元照らまで下る。元照『四分律删補隨機羯磨疏濟緣記』三之一「此有二宗。唯識師謂、眞如隨緣、不生滅與生滅和合、非一非異。名阿賴耶。即眞妄和合識」（新纂四一、二五七上九—一一）。

(106) 引用［26］は、法上の同じ部分の注釋箇所と比較されている。前掲坂本書（前注（5））三八九—三九〇頁、勝又前掲書（前注（20））六七六—六七七頁、前掲吉村書（前注（91））九二—九三頁參照。この部分については、坂本氏は、「慧遠の解釋は大體に於いて法上を繼承」と、勝又氏は「法上においてはやや不明瞭であった阿梨耶識の概念が、慧遠においては第八識、眞識と明確に規定」と指摘する。吉村氏の見解は本文參照。この部分の坂本氏と勝又氏の解釋には、同意できるものとできないものに分かれる。その理由は複雜で詳論する餘裕がない。そこで最大の理由だけを指摘すれば、この部分には、慧遠にも法上にも、〝眞妄和合〟の語がないにもかかわらず、この用語によってテキストの解釋を纏める部分があり、理解に苦しむからである。

(107) 「報」に對する「異熟」の譯は、竹村牧男・大竹晉譯注『十地經論』（大藏出版、二〇〇五年）一五一頁、注1を參照した。

(108) 『十地經論』卷第二「一者報相。名色共阿黎耶識生。」（大正二六、一四二中一二—一四）。この部分は、十二因緣を「自相」「同相」「顚倒相」の三點に區別し、さらに「自相」を「報相」「因相」「果次第相」に區別する部分。また、『十地經論』を冒頭から讀み進め、「阿黎耶識」の語が最初に出てくる部分でもある。

(109) これは、すでに坂本氏が指摘し、勝又氏、吉村氏も繼承する。前注（106）參照。

(110) この部分（特に〝眞妄依持〟の關係）も、すでに坂本氏は、法上からの繼承として認めていると思われる。勝又氏も同様である。これに對して吉村氏は、〝眞妄依持〟について積極的に認めないで、法上と慧遠における「阿梨耶識」は「眞妄二つの性格がある（もつ）」ことを強調する。前注（106）參照。

（111）しかし、先行研究では、この「妄」は、具體的に「名色」や前七識（or 第七識）を含意すると解釋されてはいない。前注（106）參照。

（112）前揭吉村書（前注（91））九二頁、九三頁參照。

（113）前揭吉村書（前注（91））九四頁、九六頁參照。

（114）正確に言えば、私は「眞妄二つの性格」という語の意味を理解できない。解釋(1)によれば、吉村氏は「妄」が「名色」を指すことを讀み取っている。これを根據にすれば、吉村氏の解釋では、慧遠は「阿梨耶識」に「名色」という性格も認めていることになる。この解釋は所釋の『十地經論』からみて、餘りにも不合理であろう。したがって、吉村氏は「名色」＝「妄」が「阿梨耶識」に内在すると解釋したと推定する。本文で述べるように、この解釋は「名色」が「眞識」に依存するという部分を考慮しない解釋である。

（115）袴谷憲昭「フラウワルナー教授の識論再考」（『唯識文獻研究』所收、大藏出版、二〇〇八年九月）七二—七四頁、九七頁、注119、120の袴谷論文參照。

（116）吉村氏の法上と慧遠の識論に關する論述は、先行研究についてほとんど言及することがない。具體的に指摘すれば、法上『十地論義疏』の識論については一〇四頁、注14に、慧遠『十地義記』の識論については一〇六頁、注35に、先行研究の當該頁を列擧するだけで、先行研究に對する贊否を述べない。それにもかかわらず、吉村氏は、先行研究の解釋を轉用したり、變更したりしている。一例が［26］に對する〝眞妄依持〟の觀點を採用しないことを說明しないことにある（これは轉用か變更かもわからない）。この他にも先行研究を輕視する部分が多い。もう一例を指摘すると、法上の「第七阿梨耶識」（大正八五、七六四中七—八）に關する問題である。坂本氏は、望月信亨氏の指摘を契機に、その根據を探求し始める。そして、珍海の『八識義研習抄』（大正七〇、六五〇下）を介して、菩提流支譯『十卷楞伽』卷七「如來藏不在阿梨耶識。是故、七種識有其生滅、如來藏識不生不滅」（大正一六、五五六下、經文ⓐと略）と、菩提流支の識論に依據したものと論證する（前注（5）書、三八五—三八七頁參照）。ポイントは、『十卷楞伽』だけが「如來藏」と「阿梨耶識」を區別し、さらに「如來藏」は「不生不滅」と規定されるので、「阿梨耶識」は「生滅」と規定される「七識」に含まれることにある。この指摘は、勝又氏が支持している（前注（20）書、六六二—六六三參照）。また大竹氏は、坂本氏の指摘を支持した上で、菩提流支の識論自體を、眞興らの文獻から、より精度の高い内容として再構成した（前注（18）參照）。私は、この部分について、大竹氏の段階まで支持したい。これに對して、吉村氏は、上記の研究史に言及することなく、『十巻楞伽』が如來藏と阿梨耶識を同一視していること（大正一六、五五六中―五五七上）、阿梨耶識の他に七識を認めること（同、五五九中）を根據にして、『十巻楞伽』は「法上の心識説とは相容れない」と主張する（前注（91）書、八六頁參照）。そして、求那跋陀羅譯『四巻楞伽』巻第四（大正一六、五一〇中―下）と、法上の心識説の結びつきを強調する（同、八五頁參照）。その結果なのか、「第七阿梨耶識」の典據には言及しない（同、八七―八九頁參照）。吉村氏の見解には贊成できない。しかし、問題なのは、吉村氏の見解ではなく、先行研究を無視して論述していることである。私は、研究論文として不誠實と考える。具體的に言えば、先行研究は、『十巻楞伽』に「阿梨耶識」を「如來藏」と同一視する記述があることも認める（これは『楞伽經』諸本に共通する）。しかし、これについても吉村氏は觸れない。次に、吉村氏が引用する『十巻楞伽』に經文ⓐは含まれるものの、「是故」以下を「中略」として引用しない（同、八六頁參照）。私には、その理由はわからない。しかし、研究史を回顧すれば、「中略」とした經文ⓐ全文こそ、吉村氏は論じる必要がある。このような敍述の仕方は、吉村書全般に見受けられる傾向である。私は、吉村氏の研究を信頼したいし、吉村氏は佛教研究者として責任のある立場に就かれていると考えるので、ご自身による全面的な是正や修整を期待したい。

（117）發表時點で「體」「相」「用」が説かれていることを見落としていた。ここに譯文と解釋を修整する。

（118）この『金剛仙論』については、坂本氏は現行本にないことを指摘した上で、眞諦譯を主張する。これに對して、大竹氏は坂本説を吟味した上で、この『金剛仙論』と藏譯の日成の『十地經論釋』を比較し、兩解釋が同一であることを指摘した。そして大竹氏は、慧遠所引『金剛仙論』が、金剛仙（or 金剛軍）造の『十地經論』の複注であることを示唆した。さらに、譯語の共通性から、眞諦譯ではなく、菩提流支の傳承の可能性も指摘した。大竹晉「『金剛仙論』の成立問題」（『佛教史學』第四四巻第一號、二〇〇一年）五四―五七頁參照。竹村・大竹譯注書（前注（107））六九頁、注3、34、三六一―三六四頁參照。慧遠研究の立場から言えば、『十地義記』の撰述時期から、菩提流支の傳承と想定する方が都合良い。ただし、法上に言及が確認できないので、その點を考えると決定的な見解は提示できない。大竹氏は、この［29］「外國相傳」の部分については、見解を提示していないので、いずれ期待したい。

（119）前注（60）と、その本文參照。

（120）「八識義」（大正四四、五三三下九―一一）。言及の仕方は「如論中説」。『慧遠疏』巻下之上（大正四四、一九二中八―一

二）にも對應箇所あり。「八識義」と『慧遠疏』を比較すれば、この部分は『慧遠疏』の方が整備されている。というのも、『慧遠疏』は、「眞如法」「無明染因」「妄心」「妄境界」を、順に第一から第四と明記する。これに對して「八識義」は「第一」と「第二」のみ明記する。誤寫なのか、あるいは成立に關する問題なのか。現在は判らない。

(121) 『大乘起信論』の記錄・傳承については、柏木弘雄『大乘起信論の研究』（春秋社、一九八一年二月）「第一章」六二―一八二頁參照。『歷代三寶紀』については六八頁參照。

(122) 吉津宜英「起信論と起信論思想――淨影寺慧遠の事例を中心にして」（『駒澤大學佛教學部研究紀要』第六三號、二〇〇五年三月）一二頁參照。

(123) 前揭大竹論文（前注（35））三五―三六頁參照。大竹氏は、『大乘起信論』と共通するS.4303の「種性菩薩亦能八相成道」（『正集』二三七頁）が、三藏の自說として語られることに注目する。大竹晉「『大乘起信論』の引用文獻」（『哲學・思想論叢』第二二號、二〇〇四年一月）五一―五二頁參照。青木氏はS.4303を、慧遠の『十地義記』と同じ第三期に分類している。前揭青木論文（前注（74））六一〇頁參照。私は、S.4303「廣一乘義」に使用される「二種聲聞」中「種性聲聞」の語（『正集』二五三頁）が、慧遠の『勝鬘義記』の「種性聲聞」（新纂一九、八六二中）と共通することに注意が向いた。『法華經論』（大正二六、九上、一八中）は、この「種性聲聞」を「決定聲聞」とする。達摩鬱多羅（法上）の逸文（大正三三、八一三下）は、「決定聲聞」の語を使うので、別稿にて三者の關係を考察したい。

(124) この推定については印象にすぎない。しかし、『十地論義疏』から『十地義記』の間を短かく見積もると、慧遠『十地義記』は、法上『十地論義疏』の注釋書にある問題點を克服するために執筆されたことにばかりに、關心が集中するだろう。

一六　淨影寺慧遠の『別章』について
――『大乘義章』の成立試論

岡本　一平

一　問題の所在

本論文の目的は、淨影寺慧遠（五二三～五九二）の注釋書に頻出する『別章』に對する指示について考察することにある。『別章』の指示は、教理上の重要な概念について、詳細な解說を他の文獻に讓るための指示であり、一般に、『別章』は『大乘義章』の異稱と見做されている。

これまで私は、慧遠の注釋書の成立順序を研究し、その成果を假說として提示した[1]。この作業は、『大乘義章』の成立を解明するための準備作業でもある。ここに最新の研究を踏まえて、淨影寺慧遠の注釋書の成立順序に關する假說を提示しておく。

淨影寺慧遠の注釋書の成立順序の假說〈修整版〉[2]

第一期……a『勝鬘義記』（鄴・五四九年以前）、b『十地義記』（鄴・五四九年頃）

第二期……『涅槃義記』（澤州・五五三年以後、五七八年以前）

第三期……『維摩義記』『無量壽經義疏』『仁王經疏』

第四期……『観無量壽經義疏』

第五期……『溫室義記』
※『地持論義記』『大乘起信論義疏』『法華經義疏』は除外。
※※第三期の成立順序は未確定。
※※※『仁王經疏』は眞僞未定。
※※※※著作の成立時期は目安。

大正藏本を前提にしても、『大乘義章』は二〇巻（分巻二六巻）・總義科數二二二科（金剛寺本・二二三科）[3]からなる著作である。このような大部の著作の成立は、容易には解明できない。そこで、私は『大乘義章』を除外し、慧遠の注釋書の成立順序の考察を優先してきた。それは完全な論證とは言えないが、池田將則氏の研究によっても大筋として承認されている。[4]慧遠の注釋書の成立順序が、おおよそ妥當であるならば、そこに見出せる『別章』の指示を考察することによって、『大乘義章』の成立に關する何らかの知識を獲得できるだろう。また、『別章』の指示が弟子による插入等の理由により、慧遠自身の記述としてはまったく信賴できない場合、逆に注釋書の成立に關する知識を入手できるだろう。

『別章』に關するまとまった先行研究はないものの、[5]慧遠の著作を廣範圍に研究された吉津宜英氏は、『別章』について散在的に言及している。そこで、吉津氏の『別章』に關する見解を確認しておきたい。

吉津氏は、『別章』の指示がある著作として、『勝鬘義記』（八回）、『涅槃義記』（三四回）、『維摩義記』（三五回）、『無量壽經義疏』（七回）、『觀無量壽經義疏』（九回）、『十地義記』（三七回）、『地持論義記』（一七回）の七部（一四七回）を擧げている。[6]裏を返せば、慧遠の現存著作の内、『別章』の指示のない文獻は、『溫室義記』と『仁王經疏』と『大乘起信論義疏』の三部である。[7]この内、吉津氏は『溫室義記』と『仁王經疏』について言及しないので、簡單に補足しておく。まず『溫室義記』に『別章』の指示がないことは、この注釋書の研究がないので、良くわからない。『仁王經疏』（擬題、S.2502、大正八五巻所收、二七四五番）については、序論相當部分と、經の冒頭部の注釋しか殘こっていないので、『別章』の有無を確認することもできない[8]。さらに、慧遠眞撰なのか確定してない。

そして『大乘起信論義疏』は、近代では望月信亨氏が慧遠僞撰説を提起した文獻である[9]。これに對して吉津氏は、『大乘起信論義疏』の慧遠眞撰説を主張する過程で、次のように『別章』について述べている[10]。

　また本書（『大乘起信論義疏』＝岡本補）では解釋中に二障義や五住地義に關する長い説明を含んでいるが、慧遠の他の著作においては「別章」として『大乘義章』に詳しい説明をゆずっているのが通例であるから、この點も形式的立場からの疑點の一つである。……四字成句になっていないのは本書が草稿本であって、まだ推敲を經てない段階のものだとも言えるし、「別章」として『大乘義章』に説明をゆずっていないのは本書が『大乘義章』以前の成立と推定すれば一應矛盾なく解消されるのである。

すなわち、吉津氏は『別章』を『大乘義章』と解釋している。その上で、その指示のない『大乘起信論義疏』（「本書」）を、「通例」とは異なる形式と判斷し、その矛盾を解決するために、『大乘起信論義疏』を『別章』＝『大乘義章』に先行する著作と推定している。さらに次の文章は、吉津氏の初期慧遠研究（一九七〇年代）の最後の時期に執筆された[11]。

　ただ多くの著作が別章として大乘義章に教理の説明を譲っているので、大乘義章は最も早い時期の著作ということになる。

この文章によれば、吉津宜英氏は、『別章』を『大乘義章』と解釋し、本書を慧遠の最初期の著作と見做している。以上、吉津氏の『別章』に關する見解は、次の五點にまとめられる。

1　慧遠の注釋書に頻出する『別章』は『大乘義章』である。

2　『別章』の指示は、慧遠の著作の内、七部（合計一四七回）に確認できる。

3　『別章』＝『大乘義章』は、七部の注釋書に先行する最初期の著作である。

4 『大乘起信論義疏』に『別章』の指示がない理由は、本注釋書が『大乘義章』に先行するからと推定される。

5 慧遠の著作の成立順序は、『大乘起信論義疏』→『別章』=『大乘義章』→『別章』の指示のある著作七部である。

吉津氏の見解は、『別章』に關して一應一貫した姿勢を取り、その意味では合理的な解釋を提示していると言える。また、吉津氏が論じるように、『別章』の問題は慧遠の著作の成立順序、特に『大乘義章』の成立に關する重要な情報である。ただし、吉津氏の見解に疑問も殘る。

第一の疑問は、『大乘義章』の段階的な成立を考慮しなくて良いのか、と言うものである。右の引用部分からみて、吉津氏は『別章』を『大乘義章』と解釋していることは明白である。そして、吉津氏が、『大乘義章』は段階的に成立した文獻なのか、ある一時期に集中的に執筆した著作なのか、考慮している形跡はない。しかし、『大乘義章』は膨大な著作であり、一時期に集中して執筆されたと想定することは困難である。したがって、『別章』は『大乘義章』自體を指示する語ではなく、『大乘義章』編纂以前、各章が獨立している段階の著作を意味する語と考えることも可能である。また、現行本『大乘義章』の目次部分には、「衆經教迹義」等と、各章を「～義」と表記する。しかし、『大乘義章』本文における他章に對する指示は「～章」と表記する。この點からみれば、各章は『大乘義章』として編纂される以前の段階では、『～章』という名稱の單獨の著作であった可能性もある。この場合、『大乘義章』の編纂以前であることから、『別章』は『大乘義章』の各章（chapter）ではない。

第二の疑問は、『別章』の指示を後代の插入と見做せるか否か。これまで私は、『別章』の記述を、後代の插入とは見做すことはなかった。しかし、池田將則氏は、『維摩義記』中のある「別章」を、『大乘義章』巻三末「八識義」に對する指示と解釋した上で、「後から附加されたもの」と理解している[12]。これは「八識義」の最晩年成立を前提にすれば、一應、根據のある見解である[13]。吉津氏は、『別章』の記述を、後代の插入と見做すことはほとんどなかったと思われるが、池田氏の問題提起を改めて吟味する必要があるだろう。ただし、『別章』を後代の插入と見做す場合でも、慧遠自身による插入なのか、それとも弟子などの別人による插入なのかを考慮する必要がある。

以上、主に二點の疑問を解決し、『大乘義章』の成立の一端を解明するために、慧遠の『別章』について考察してみたい。

二　『別章』に對する指示表現

ここでは『別章』に對する指示表現について考察したい。『別章』の指示は、「廣如別章」の四字を基本型形とする。四字の基本型は、中國撰述の佛教文獻に廣範圍に認められるものの、四字の前後にある表現も加えれば、幾つかの類型に分類可能であり、その範圍も限定できる。まず、『別章』に對する指示表現の主要なヴァリエーションを列擧しておく。

指示表現①……「廣如別章。此應具論」（八五例）
指示表現②……「應先廣解～義。然後釋文。義如別章」（五例）
指示表現③……「應先廣解釋～義。然後釋文。義如別章」（五例）
指示表現④……「先應解釋～義。然後釋文。義如別章」（二例）
指示表現⑤……「應先廣釋～義。義如別章。然後釋文」（三例、『地持義記』巻四之上のみ「然後釋文」なし）
指示表現⑥……「亦如別章」（五例）
指示表現⑦……「如別章釋」（八例）
指示表現⑧……「如別章說」（二例）

表現①「廣如別章。此應具論」は、慧遠の著作では、『勝鬘義記』（六回）、『十地義記』（二四回）、『涅槃義記』（一三回）、『維摩義記』（二三回）、『無量壽經義疏』（五回）、『觀無量壽經義疏』（四回）、『地持論義記』（一〇回）に使用される。合計七部八五回である。成立順序の假説と對應させれば、表現①は、『別章』の指示のない『溫室義記』（第五期）を除けば、全注釋書に確認できる。また、『別章』の指示の内、最も多い用例である。

慧遠以外の著作では、敦煌出土文獻『維摩經疏』（大正八五卷、擬題、S.2688）と、同『藥師經疏』（大正八五卷、擬題、S.2512）だけである。ただし後述するように、この二例も實際には慧遠の用例に含まれる。したがって、この表現①の八五例は、慧遠特有の文體と言える。ここで、『維摩經疏』（S.2688）と『藥師經疏』（S.2512）を、慧遠の著作と比較對照してみたい。

まず『維摩經疏』（S.2688）は、矢吹慶輝氏によって慧遠の『維摩義記』卷第一の異本と同定されている。(14) 私は、矢吹氏のこの見解を妥當なものとして承認したい。そして、矢吹氏の指摘どおり、表現①の當該部分も、『維摩經疏』と『維摩義記』卷第一とは完全に一致する。

［1］言智慧者六地功德。六度之義廣如『別章』。此應具論。（『維摩義記』、大正三五、四二八中一六―一七）

［2］言智慧者六地功德。六度之義廣如『別章』。此應具論。（『維摩義疏』、大正八五、三五五中二八―下一）

現行本『維摩義記』は、四卷本の各卷を本末に二分した八卷本である。これに對して『維摩義疏』（S.2688）は、『維摩義記』卷第一本「故若在果中」（大正三八、四二七下二七）から、卷第一末「故名說除修」（同、四三七上一九）に至る部分に相當し、途中に分卷はない。おそらく、分卷のない『維摩義疏』（S.2688）の方が、本來の形態に近いものと推定される。(15) この兩文獻の問題は、『維摩義記』を校訂する上で重要であるものの、表現①の問題から言えば、『維摩經疏』［2］は慧遠の用例に屬する。

次に『藥師經疏』（S.2512）の該當部分は、やはり『維摩義記』卷第一に一致する。(16)

［3］功德已下、明其自利。功德智慧以修心者妙德嚴心。功者是其功德莊嚴。智慧是智慧莊嚴。此二莊嚴廣

如『別章』。此應具論。然今且可釋其名字。其功德者亦名福德。福謂福利。善能資潤。福利行人故名爲福。是其善行家德故名福德。如淸冷等是水家德。……（『維摩義記』大正三八、四二九上一一—七）

［4］第三願者。此一雙明福德莊嚴。智慧是其智慧莊嚴。此二莊嚴廣如『別章』。此應具論。然今且可釋其名字。其功德者亦名福德。福謂福利。善能資閏。福利行人故名爲福。此福是其善行處德故名福德。如淸冷等是水家德。……（『藥師經疏』大正八五、三〇九上一四—一九）

兩文獻の二重傍線部は指示表現①であり、完全に一致する。また、一重傍線部も文字の異同を除けば文章がほとんど一致するので、兩文獻は參照關係にあると考えられる。問題は兩文獻の成立順序である。『維摩義記』［3］の『別章』は、慧遠の『大乘義章』卷第九「二種莊嚴義」に求めることができる[17]。同「二種莊嚴義」が慧遠の著作である限り、指示①を含む『維摩義記』が先行し、『藥師經疏』が『維摩義記』を引用したと考えるべきであろう[18]。

したがって、現存文獻に限定すれば、表現①は、例外なく慧遠特有の文體である。すなわち、①「廣如別章。此應具論」の八字を後代の插入と見做すならば、慧遠自身による加筆を想定すべきである。また、この『維摩義記』［3］の『別章』の指示を加筆と見做す場合、『藥師經疏』（S.2512）の成立段階がその最下限である。ただし、『藥師經疏』の成立時期は殘念ながら未詳である。

次に、②「應先廣解～義。然後釋文。義如別章」という指示表現について考察したい。表現②の内譯は、『勝鬘義記』（一例）、『十地義記』（二例）、『涅槃義記』（二例）の三部五例である。ここにすべての用例を引用する。

［5］是中應先廣解六度體。然後釋文。六度之義。廣如『別章』。（『勝鬘義記』卷上、新纂一九、八七六下一二—一三）

［6］下離過中、應先廣解業道之義。然後釋文。（『十地義記』卷第三、新纂四五、一一八上六）

［7］下釋之中、應先廣解無常之義。然後釋文。義中有三。一分段無常。二念無常。三自性不成實無常。是

三如彼『四優檀那章』具廣分別。此應具論。（『十地義記』巻第四、新纂一九、一三八上一一―一三）

［8］是中應先廣解其義。義如『別章』。（『涅槃義記』巻第五、大正三七、七四七中一五―一六）

［9］是中應先廣解三義然後釋文。義如『別章』。（『涅槃義記』巻第九、大正三七、八四八中六―七）

この表現②は若干異なった形式であるものの、「應先廣解」の四字句が共通するので、表現②として纏めた。すなわち、「應先廣解」の用例は、すべて表現②の形式に含まれる。また、「應先廣解」の四字句、および表現②は、慧遠以外の著作には確認できない。したがって、表現②は慧遠特有の文體である。すなわち、この表現②を後代の插入と見做すならば、慧遠自身による插入の可能性が高い。

表現②の各『別章』について確認してきたい。『勝鬘義記』［5］は「六波羅蜜義」、『十地義記』［7］は『四優檀那章』（この問題は第三節と第四節で扱う）、『涅槃義記』［8］は「十二部經義」、『涅槃義記』［9］は「止觀捨義」に對する指示である。『十地義記』［6］のみ、『別章』の指示はない（この問題は第四節で扱う）[19]。

まず『十地義記』［7］について簡單に指摘しておきたい。［7］は『別章』ではなく、「彼『四優檀那章』」を指示している。この章名から判斷する限り、『十地義記』の執筆段階では、『四優檀那章』という獨立した著作が存在し、その著作は『大乘義章』に「四優檀那義」として組み込まれる前の段階であることを豫想させる。このような「～章」という著作については、第三節と第四節にて考察する。

次に表現②の「然後釋文」の四字句について考察したい。この四字句は表現③④⑤にも共通し、慧遠の著作では『勝鬘義記』（五例）、『十地義記』（九例）、『涅槃義記』（一二例）、『維摩義記』（四例）、『無量壽經義疏』（二例）、『觀無量壽經義疏』（三例）、『地持論義記』（四例）の七部三九例確認できる。これは、『溫室義記』『仁王經疏』を除く慧遠の全注釋文獻に見出せる。慧遠以外の著作では、元照『四分律行事鈔資持記』（一例）[20]、了然『十不二門樞要』（一例）[21]、守一『律宗會元』（一例）[22]の三部三例確認できる。即ち、「然後釋文」は慧遠に限定される文體ではないものの、慧遠以外の用例は極めて稀である。したがって、「然後釋文」を含む『別章』の指示表現②③④⑤

は、後代の插入だとしても、慧遠自身の插入を想定すべきであろう。

次に表現③「應先解釋～義。然後釋文。義如別章」について考察する。この表現③は、慧遠の著作では『涅槃義記』（二例）、『無量壽經義疏』（一例）、『觀無量壽經義疏』（一例）、『地持論義記』（一例）の四部五例確認できる。ここでは『涅槃義記』と『觀無量壽經義疏』の二例を引用する。

〔10〕前四諦中、應先解釋四諦之義。然後釋文。義如『別章』。（『涅槃義記』巻第五、大正三七、七三二上七―八）

〔11〕應先解釋三佛之義。然後釋文。義如『別章』。（『觀無量壽經義疏』大正三七、一八〇上一〇―一一）

この内「應先解釋」の四字句の用例は、すべて表現③に含まれる。また、表現③、および「應先解釋」は、慧遠以外の著作には確認できない。したがって、表現③は慧遠特有の文體であり、後代の插入と見做す場合、慧遠以外の人物を想定することは難しい。また、第一期の著作には確認できない表現である。

次に表現④「先應解釋～義。然後釋文。義如別章」について考察する。この表現④は、表現③とほとんど同文であるが、「應先」（表現③）と「先應」（表現④）の相違がある。表現④の内、「先應解釋」の四字句は、慧遠の著作では『涅槃義記』（一例）と『維摩義記』（一例）の二部二例確認できる。

〔12〕先應解釋三歸之義。義如『別章』。然後釋文。（『涅槃義記』巻第三、大正三七、六九六下二四―二五）

〔13〕就初段中、先應解釋四無量義。然後釋文。義如『別章』。（『維摩義記』巻第二、大正三八、四六七中六―七）

この二例は、「然後釋文」と「義如別章」の順序に相違はあるものの、「先應解釋」はこの二例だけなので、表現④として纏めた。また「先應解釋」の四字句、および表現④全體は、慧遠以外の著作には確認できない。したがって、表現④は慧遠特有の文體であり、後代の插入と見做す場合、慧遠自身の插入の可能性が高い。また、第一期の著作には確認できない表現である。

次に表現⑤「應先廣釋～義。義如『別章』。然後釋文」について考察する。表現⑤は『勝鬘義記』（一例）と『地持論義記』（二例）の二部三例確認できる。ここでは全三例を引用する。

[14] 前法身中、應先廣釋三佛之義。廣如『別章』。然後釋文。（『勝鬘義記』巻上、新纂一九、八六八下一五―一六）

[15] 就初段中、應先廣釋四無礙義。義如『別章』。（『地持論義記』巻第四、新纂三九、二二六中一二―一三）

[16] 一門說四。名中應先廣釋其義。義如『別章』。然後釋文。（『地持論義記』巻第四、大正八五、九五一下）

「應先廣釋」の單獨用例も、表現⑤全體も慧遠の著作にしか確認できない。したがって、「應先廣釋」自體も、表現⑤全體も慧遠特有の文體であり、後代の插入と見做す場合、慧遠自身の加筆を想定すべきであろう。また、表現⑤は、第二期以後の著作に確認できないので、『地持論義記』は、第一期に接近する時期の著作かもしれない。ただし、『地持論義記』は一部のみしか現存しないので、充分な根據ではない。また［16］は「其義」とあり、具體的なテーマは省略されているものの、文脈からみて『大乘義章』巻第一一「四陀羅尼義」である。

次に表現⑥「亦如別章」について考察する。この表現⑥の内譯は、『十地義記』（一例）、『涅槃義記』（二例）、『維摩義記』（二例）の三部五例である。

[17] 無畏之義、亦如『別章』。此應廣說。（『十地義記』巻第一、新纂四五、四六下四―五）

[18] 五眼之義、亦如『別章』。（『涅槃義記』巻第一、大正三七、六三二下一〇―一一）

[19] 下辯三苦、亦如『別章』。（『涅槃義記』巻第五、大正三七、七三六中六）

[20] 纏謂十纏。無慚無愧睡眠悔慳嫉掉眠忿及覆是其十也。亦如『別章』。（『維摩義記』巻第一、大正三八、四二八上一四―一五）

[21] 言三明者、宿命天眼及以漏盡。亦如『別章』。（『維摩義記』巻第一、大正八五、四四四中二九―下一）

「亦如別章」は單純な表現であるが、慧遠以外の用例としては、基『瑜伽師地論略纂』（一例）[23]と、智儼『華嚴經内章門等雜孔目』（一例）[24]にしかない。ただし、「～義亦如別章」という表現は、慧遠に限定される。したがって、慧遠特有の文體とは言えないものの、基や智儼が、慧遠の文體を模倣していると考えられる。

指示表現⑦「如別章釋」は、『十地義記』（一例）、『涅槃義記』（七例）に確認できる。これは、『涅槃義記』に集中する用例である。慧遠以外の用例では、法寶『倶舍論疏』（大正四一、四五三中一八）と基『成唯識論述記』（大正四三、三八八下七―八）に各一例見られる。これも慧遠に限定される表現ではないものの、他の用例は少なく、法寶(25)と基が慧遠の著作、特に『涅槃義記』を讀んでいた證據であろう。

指示表現⑧「如別章說」は、『涅槃義記』（二例）に確認できる。この用例は、他の著作に頻出するので、慧遠特有の文體とは言えない。したがって、この部分は慧遠以外の插入も想定できる。(26)

以上で、『別章』に關する主な表現①―⑧を検討した。その結果、私の集計では、注釋書の『別章』の用例中、一一五例は慧遠特有の文體、あるいはそれに準じる用例である（他の用例は、主に「廣如別章」の四字句のみ）。したがって、この部分について後代の插入を疑うならば、慧遠自身の插入を想定すべきであろう。

三　章名の明記について

本節では、『別章』の指示とは若干異なったヴァリエーションとして、「四優檀那章」などと具體的な章名を明記する用例について考察したい。まず、章名の一覧表を掲げておく（章名は注釋書の表記どおり）。

慧遠の注釋書に見られる章名一覧表

『勝鬘義記』……『涅槃章』
『十地義記』……『四諦章』、『四優檀那章』
『涅槃義記』……『二種生死章』、『十使章』、『五度章』、『道品章』
『維摩義記』……『優檀那章』、『四諦章』（二例）、『八識章』、『三脫章』
『地持論義記』……『十智章』

この《章名一覽表》によれば、『涅槃章』『四諦章』『四優檀那章』『二種生死章』『十使章』『五度章』『道品章』『八識章』『三脱章』『十智章』の合計一〇種の文獻は、慧遠の諸注釋書に具體的な章名を確認できる。この一〇種の文獻について、その指示表現の觀點から考察したい。まず指示表現の類型を提示しておく。

指示表現ⓐ……「〜章（中）具廣分別」（五例）

指示表現ⓑ……「〜章中具辨」（一例）

指示表現ⓒ……「此義廣釋如〜章」（二例）

指示表現ⓓ……「此〔數字〕廣釋如〜章」（四例）

指示表現ⓔ……「此義如彼〜章」（一例）

表現ⓐ「〜章（中）具廣分別」は『勝鬘義記』（一例）、『十地義記』（二例）、『涅槃義記』（一例）、『維摩義記』（一例）の四部五例確認できる。

［22］三事之義、如『涅槃章』[27]具廣分別。（『勝鬘義記』卷上、新纂一九、八六八下一二―一三）

［23］三苦之義、『四諦章』中具廣分別。（『十地義記』卷第二、新纂四五、八四下五―六）

［24］是三如彼『四優檀那章』具廣分別。此應具論。（『十地義記』卷第八、新纂四五、一三八上一二―一三）

［25］如彼『二種生死章』中具廣分別。（『涅槃義記』卷第五、大正三七、七四五中三―四）

［26］此三如彼『八識章』中具廣分別。（『維摩義記』卷第三、大正三八、四九三下二三―二四）

この表現ⓐの第一の特徴は、「〜章」の部分を「別章」とする用例は、『涅槃義記』に一例だけである。[28]その他の用例は右の五例であり、すべて章名を明記する。また慧遠以外の著作の用例としては、基の『唯識二十論述記』の一例しか存在しない。[29]この點からみて、表現ⓐは慧遠特有の表現とは言えないが、例外は一例なので、慧遠特有の表現に準じるものと言える。ちなみに、［26］は、池田氏が後代の插入と見做した用例である。

表現ⓐの第二の特徴は、第一の特徴よりも重要かもしれない。というのも、慧遠の諸注釋書における表現ⓐは、右の五例であるものの、『大乘義章』には約六二例存在するからである。これは何を意味するのだろうか。まず、

『大乘義章』が表現ⓐを使用する理由は、教義的解説について、『大乘義章』の「他の章」の參照を促すためである。そして多くの場合、その「他の章」に對する指示は、表現ⓐからみて、前後の指示を伴っている。「佛性義」の用例を提示しておく。

［27］此三如後『八識章』中具廣分別。（「佛性義」大正四四、四七三中三―四）

指示表現ⓐのある「佛性義」（巻第一）からみて、『八識義』（巻第三末）は「後」に相當するので、この指示は適切である。問題はここからである。辻森要修氏は『大乘義章』の全譯注を提示した上で、このような前後の章に對する指示は、そのすべてが適切であることから、『大乘義章』は嚴密な編纂作業を經た文獻と指摘する。(30) その結果、辻森氏は『大乘義章』を弟子の編纂、具體的には慧休の『大乘義章』編纂を推定した。

私見では、この辻森氏の見解には支持できない部分と、支持できる部分に分かれる。支持できない見解は、『大乘義章』の慧休編纂説である。辻森氏は、慧休の碑文を根據にしているが、私は誤讀と考える。(31) 支持できる見解は、前後の指示に誤りがないことを根據にして、『大乘義章』が嚴密な編纂作業を經た文獻という考えである。この問題について、表現ⓐは解決の絲口を與えてくれる。問題を整理したい。

表現ⓐは慧遠特有の文體に準じる。それだけでなく、『勝鬘義記』『十地義記』『涅槃義記』『維摩義記』の四種の注釋書と、『大乘義章』に共通の文體である。この二つの問題が示しているのは次のことである。すなわち、この四種の注釋書は、『大乘義章』の編纂者と同一人物が關與したテキストである。あるいは、『大乘義章』は、この四種の注釋書の作者によって編纂されたテキストである。その可能性が最も高いのは、言うまでもなく、慧遠その人である。もし表現ⓐが慧遠の弟子の文體であるならば、上記の四種の注釋書と『大乘義章』は、一人の弟子が關與・編纂したテキストが、今日傳存していることになる。

次に表現ⓑ「〜章中具辨」について考察したい。表現ⓑは『維摩義記』に一例あるだけである。

［28］言眞諦者、窮苦體性、畢竟寂滅無相爲無。於中淺深、更有多義。如彼『四諦章』中具辨。

（『維摩義記』巻第二、大正三八、四五五上四―六）

それにもかかわらず、表現ⓑを獨立した表現として見做したのは次のような理由である。まず表現ⓑ「～章」の部分を『別章』とする用例は、CBETAを検索しても存在しない。『別章』以外の用例は、慧遠の他は一例である。そして最も興味深いのは、やはり表現ⓑは『大乗義章』に四例確認できることである。すなわち、表現ⓑはⓐと同様に、『大乗義章』の編纂者と同一の可能性がある。

次に表現ⓒ「此義廣釋如～章」について考察したい。この表現ⓒは『涅槃義記』に二例確認できる。

[29] 此義廣釋如『五度章』。（『涅槃義記』巻第一〇、大正三七、八七六上六）

[30] 此義廣釋如『道品章』。（『涅槃義記』巻第一〇、大正三七、八七六上一一―一二）

この表現ⓒも際立った特徴がある。それは表現ⓒはⓐⓑと同様に、『大乗義章』（一一例）だけに一致する表現である。慧遠以外の著作に同一の表現は確認できていない。また、「此義廣釋」の四字句を調査しても結果は同様である。したがって、表現ⓒは表現ⓐⓑと同様に、『大乗義章』の編纂者と同一人の文體の可能性がある。

次に表現ⓓ「此〔數字〕廣釋如～章」について考察したい。表現ⓓは表現ⓒに類似するが、「此義」ではなく、「此」の語の直後に數字が入ることが特徴である。この數字は、教理の法數を示す語である。

[31] 此三廣釋如『優檀那章』。此應具論。（『維摩義記』巻第二、大正三八、四五四中二七）

[32] 所謂苦苦壞苦行苦。此三廣釋如『四諦章』。今略辨之、有三種門。

（『維摩義記』巻第二、大正三八、四五四下一三―一四）

[33] 此三廣釋如『三脫章』。（『維摩義記』巻第二、大正三八、四五四下一三―一四）

[34] 此三廣釋如『十智章』。（『地持論義記』巻第四、新纂三九、二一二上二一）

この表現ⓓの内、「廣釋如～章」の部分は、慧遠以外の文獻では、基『妙法蓮華經玄贊』（一例）、慧苑『續華嚴經略疏刊定記』（二例）、『四分律疏飾宗義記』（一例）、慧影『大智度論疏』（二例）に類似する用例がある。しかし、表現ⓓと完全に一致する用例ではない。また慧遠の注釋文獻では、［31］―［34］の四例だけで、「～章」の部分を『別章』とする表現はない。ただし、この表現ⓓも、表現ⓐⓑⓒと同様に、『大乘義章』（二例）にだけ一致する用例がある。

［35］此三廣釋如『八識章』。（「斷結義」大正四四、四六五上七）

［36］此之一義。廣釋如前『六垢章』中。（「十纏義」大正四四、五八九中一六）

『大乘義章』には二例しかなく、その内「十纏義」［36］は、表現ⓓとは完全に一致しない。しかし、表現ⓓと完全に一致する用例は、慧遠の『維摩義記』と『地持論義記』、そして『大乘義章』「斷結義」［35］しか確認できないことを考えれば、この表現ⓓも『大乘義章』の編纂者と同一人物の可能性がある。

最後に表現ⓔ「此義如彼～章」について考察したい。この表現ⓔは『涅槃義記』に一例だけである。

［37］此義如彼『十使章』辯。（『涅槃義記』巻第七、八一二下一〇）

この表現ⓔは極めて單純でありながらも、「～章」の部分を『別章』とする用例は、慧遠の注釋文獻にはない。慧遠以外に表現ⓔを用いるのは、智儼『華嚴經内章門等雜孔目』（三例）、『攝大乘論疏』（一例）、『攝大乘論章』（二例）である。[32] したがって、表現ⓔは慧遠特有の文體とは言えない。ただし、慧遠の注釋文獻では、『涅槃義記』に一例あるだけである。

［38］此義如前『四相章』說。（『涅槃義記』巻第四、大正三七、七〇六下二九）

この『涅槃義記』［38］の「四相章」は、『大乘義章』の義科ではなく、『涅槃經』「四相品」に對する指示である。この他の表現ⓔは、『大乘義章』に頻出する用例であり、表現ⓔの下に「具廣分別」を加える形式が多い。したがって、これも表現ⓔと、『大乘義章』の編纂者が同一人物の可能性を示唆する。

以上で、章名を明記する指示表現、全一三例をⓐⓑⓒⓓⓔに區別して檢證した。ここで事實を整理しておきたい。章名の明記の範圍は、第一期『勝鬘義記』（ⓐ）、『十地義記』（ⓐ）、第二期『涅槃義記』（ⓐⓒⓔ）、第三期『維摩義記』（ⓐⓑⓓ）、撰述の順序未詳の『地持論義記』ⓓである。そして、章名を明記する表現は、すべて『大乘義章』の指示表現と一致し、注釋文獻に見られる『別章』の指示表現とは一致しない。唯一の例外の可能性があるのは、表現ⓐ［24］「四優檀那章」であり、これは『別章』の指示表現②［7］の一部とも考えられる。しかし、［24］の部分に限定すれば、表現ⓐと同じである。

次に、判明した事實に依據して、表現ⓐ—ⓔの執筆者、および『大乘義章』の編纂者に關する推論を提示しておきたい。表現ⓐ—ⓔの部分は、『大乘義章』の編纂者の文體と一致することから、兩者は同一人物の可能性が高い。『大乘義章』の編纂者が慧遠である場合、文體の一致は當然である。現在、『大乘義章』の編纂者として、慧遠以外の人物を想定する決定的な根據はない。また、眞諦譯『攝大乘論』を引用する「八識義」に對する指示は、『維摩義記』［26］に表現ⓐとして、「斷結義」［35］に表現ⓓとして確認できる。したがって、慧遠が「八識義」を執筆した可能性は高い（ただし現行本か否かは吟味する必要がある）。

しかし、逆に慧遠以外の人物が、諸注釋書の表現ⓐ—ⓔを加筆したことが確定すれば、『大乘義章』の編纂者は慧遠以外の人物である可能性は高まる。そして、現在流布している慧遠の著作の内、『大乘義章』と、表現ⓐ—ⓔを含む五種類の注釋文獻は、慧遠とは異なる一人の人物の修正を經たヴァージョンが流布していることになる。この可能性は必ずしも否定はできない。しかし、表現ⓐ—ⓔは、『別章』の指示表現に一致しないものの、他者の著作に確認することもできない。したがって、現時點では、表現ⓐ—ⓔの執筆者、および、『大乘義章』の編纂者は、慧遠と見做すことが自然であろう。

四　『大乘義章』「三藏義」の加筆について

『十地義記』巻第一本には、次のように、二藏（聲聞藏・菩薩藏）の中に各々「修多羅」「毘尼」「毘曇」があることを述べた後に、その廣義の意味については、「此之三藏、廣如別章」として、『大乘義章』卷第一「三藏義」を指示している。

［39］二藏之中、各復有三。謂修多羅・毘尼・毘曇。修多羅者、所謂諸經。言毘尼者、謂諸戒律。阿毘曇者、所謂諸論。此之三藏、廣如別章。（『十地義記』卷第一、新纂四五、二三下二一―四）

ここで考えたいのは、『十地義記』と現行本「三藏義」の成立順序である。一見すれば、［39］に『別章』の指示があることから、「三藏義」→『十地義記』の順序に見える。しかし、現行本「三藏義」には、『十地義記』に近接する時期とは考え難い記述が存在する。

［40］三有三門。一三藏分別。謂修多羅・毘尼・毘曇。二三乘分別。所謂一切三乘法也。三隨大小漸頓分別。所謂局敎漸敎頓敎。一切小法。名爲局敎。大從小入名爲漸敎。大不從小名爲頓敎。

（「三藏義」大正四四、四六八下一一―一五）

「三藏義」［40］は、「三藏」を「廣略」に分別する内、三門に分別する部分の全文である。注目したいのは、第三門の「隨大小漸頓分別」である。項目名に「漸頓分別」と表記しながらも、實際には「局敎」「漸敎」「頓敎」の〝局漸頓三敎〟に區別されている。この三敎は、慧遠の注釋書では、第四期『觀無量壽經義疏』と、第五期『溫室義記』の二作品だけに説示されている。(33)そして『十地義記』は第一期の二番目の著作と想定される。しかも、『十地義記』の漸頓二敎は、第三期『涅槃義記』、第四期『維摩義記』『無量壽經義疏』のモデルと想定される。(34)したがって、『十地義記』の成立時點において、現行本「三藏義」が完成していたとは考え難い。すなわち、『十地義記』［39］の『別章』から想定されることは、『十地義記』の成立に近接する時期に、草稿本「三藏義」があったことである。しかし現行本「三藏義」［40］の部分は、『觀無量壽經義疏』に近接する時期に加筆されたと考える。

このような『大乘義章』の加筆の問題は、その他にも多く存在するだろう。

五　結論

以上の考察を簡單に纏めておく。

慧遠の諸注釋書に頻出する『別章』の指示を検討した。私の集計では、その總數は約一五八例である。その内譯は次のとおり。

『勝鬘義記』一〇例
『十地義記』三七例
『涅槃義記』四一例
『維摩義記』三五例
『無量壽經義疏』八例
『觀無量壽經義疏』八例
『地持論義記』一九例

第一に『別章』の指示表現①―⑧を検討した結果、『別章』全一五八例中、一一三例は慧遠特有の文體、あるいはそれに準じる用例である（他は主に「廣如別章」の四字句）。したがって、この部分に加筆があるならば、慧遠自身を想定する必要がある。

第二に、章名を有する章への指示ⓐ―ⓔを検討した結果、そのすべては『大乘義章』の前後の指示に一致し、他者の著作にはほとんど一致しないことが判明した。ⓐ―ⓔの表現は、『勝鬘義記』『十地義記』『涅槃義記』『維摩義記』『地持論義記』の五種の注釋書に存在する。したがって、上記五種の注釋書に關與した人物は、『大乘義章』の編纂者と同一人物を想定する必要がある。その人物の第一の候補は、慧遠その人であろう。

註

（1）初出は、拙稿「淨影寺慧遠の著作の前後關係に關する試論」（『地論思想の形成と變容』所收、金剛大學校佛教文化研究所）一六二―一八三頁參照。

（2）本論文集收錄、拙稿「淨影寺慧遠における初期の識論」の結果、ここに「淨影寺慧遠の注釋書の成立順序の假説〈修整版〉」と題して、從來の假説に一部に變更を加えた。修整點は次のとおり。①假説は注釋書に限定されているので、その意味を明示するために、假説にタイトルを加えた。②從來、著作を分類する上で、「Ⅰ」などのローマ數字を利用し、「第Ⅰ群」などと呼んできた。これを「第一期」などと時期を明示する言葉に變更する。③第一期の著作中、『勝鬘義記』→『十地義記』の順序と想定し、その順序を示すためにａｂの記號を付加した。兩文獻の前後は決定し難い面も殘しているので、現段階では第一期の中の前後と想定しておく。詳細な論證は別稿にて豫定。④『仁王經疏』（擬題、S2502、大正八五卷所收、二七四五番）は、辻森要修氏が慧遠の著作と想定した。私は『仁王經疏』を眞撰と假定し、一應リストに加えた（拙稿前注（1）論文、一六四頁）。その後、池田將則氏は『仁王經疏』の僞撰を主張した。しかし、この〈修整版〉でも、私は『仁王經疏』を眞撰と假定する。その理由は後述したい。辻森要修「大乘義章解題」（『國譯一切經』五六、諸宗部一三、一九四四年一二月）三六二頁參照。池田將則「北朝「地論宗」における佛典注釋書の一類型」（『佛教學研究』第三六號、韓國、二〇一三年九月）一九九頁參照。⑤前掲拙稿により、著作の成立時期の目安を加えた。この部分は假説ではなく、あくまでも目安である。

　最後に、池田氏の見解が提示された後でも、私が『仁王經疏』を眞撰と假定する理由を述べておきたい。管見の限り、『仁王經疏』を慧遠の著作と想定したのは辻森氏である。その論據は、辻森要修「淨影寺慧遠の仁王般若經疏に就いて」（『ピタカ』第五年第四号、一九三七年）にある。私が『仁王經疏』を檢討した範圍では、『仁王經疏』は斷簡ながら、その特徴は『維摩義記』と『無量壽經義疏』に一致していた（拙稿前注（1）論文、一七〇―一七一頁）。これは論證ではないものの、慧遠の著作リストから除外する理由も見當らなかったのである。その後池田氏は、主に『仁王經疏』を『維摩義記』と比較して、兩文獻の特徴が良く似ていることを論證した（池田前掲論文、一八六―一九三頁）。しかし、その結論は次のとおり。

> 　次に『仁王疏』（BD06378背2）あるいは開皇十九年寫『仁王經疏』の撰者を慧遠に比定できるのかどうかという問題についても、殘念ながらそのように主張するだけの根據はないと言わざるを得ない。上述のように兩文獻の特徴は

明らかに異なる特徴を有しているので別文獻と言わざるを得ないが、その場合に、ではどちらが慧遠が撰述したもので、どちらが慧遠以外の人物が撰述したものであるかを判斷できないからである。（池田前掲論文、一九九頁）

私はこの池田氏の論文を讀み評價しながらも、一度も『仁王經疏』を慧遠の著作リストから除外したことはなかった。その理由は、自分自身で『仁王經疏』を再讀した上で、池田氏の主張を追認したかったからである。しかし、今回改めて池田論文を再讀し、少し考えを變えた。池田氏は傍線部分で、『仁王經疏』の慧遠僞撰を主張しているものの、その論證は成功していない。その理由は論據にある。池田氏の論據はBD06378背2と『仁王經疏』（開皇十九年寫）を比較して、どちらも慧遠の撰述であることを確定できていないことにある。しかし、BD06378背2と『仁王經疏』の特徴が異なることは、『仁王經疏』の慧遠僞撰の論據にはならない。というのも、僞撰の論據となるのは、慧遠の眞撰文獻と異なる特徴を持つ場合だからである。BD06378背2は、池田氏によって慧遠の著作とは認定されていない。先述したように、池田氏は『仁王經疏』と『維摩義記』の類似性を、私よりも詳細に論じている。むしろこの比較によって、池田氏が次のことを主張するのであれば、私は同意する。「『仁王經疏』は、『維摩義記』と良く似た特徴を有するものの、眞撰を確定する十分な材料はない」と。私が『仁王經疏』を慧遠の著作リストから除外しない理由は、一旦除外してしまえば、慧遠の思想を考察する際に、二度と利用されなくなる可能性が高いからである。最初から著作範圍を限定するよりも、最後に除外する方が研究としては有效ではないだろうか。

（3）　金剛寺本『大乘義章』については、拙稿「『大乘義章』のテキストの諸系統」（『東アジア佛教寫本研究』所收、國際佛教學大學院大學 日本古寫經研究所 文科省戰略プロジェクト實行委員會、二〇一五年三月）一七―三七頁參照。

（4）　池田前掲論文（前注（2））一七四―一七五頁參照。

（5）　未發表資料として、池田將則「附　慧遠『大乘義章』各章の所依經論と慧遠撰述諸注釋書における『別章』の指示との對應關係」（二〇一五年一二月一五日、略號「池田資料」）がある。池田資料は、金剛大學校佛教文化研究所主催の「地論宗文獻集中講讀」の補足資料である。私は大竹晉氏と共に、この講讀會に講師として招聘されたので、資料の恩惠に與かった。池田資料の特徴は、『大乘義章』の各章を基本項目として、所依の經論と、諸注釋書の『別章』を蒐集・整理したものである。本論文でも利用させていただいた。池田氏の學恩に感謝したい。なお、私が作成した資料は、注釋書ごとに『別章』の記述を拔粹したものである。本論文で一覽表として提示する豫定であったが時間の都合上、公開する段階まで整理できなかった。

（6）吉津宜英「大乘義章八識義研究」（『駒澤大學佛教學部研究紀要』第三〇號、一九七二年三月）一五七頁、注13參照。すでにこの注記において、吉津氏は、『大乘起信論義疏』に『別章』の指示の缺如を指摘している。

（7）このうち、『仁王經疏』は池田將則氏が、慧遠の著作でないことを指摘している。池田前掲論文（前注（2））參照。

（8）池田前掲論文（前注（2））參照。

（9）望月信亨『大乘起信論之研究』（金尾文淵堂、一九二二年四月）二一三―二二三頁參照。

（10）吉津宜英「慧遠『大乘起信論義疏』の研究」（『駒澤大學佛教學部研究紀要』第三四號、一九七六年三月）一五一―一五二頁。この論文以前、すでに吉津氏『大乘起信論義疏』に『別章』の指示がないことを指摘している。同「淨影寺慧遠の『起信論疏』について――曇延疏との比較の視點から」（『印度學佛教學研究』第二一卷一號、一九七二年一二月）三三五頁、吉津前掲論文（前注（6））參照。引用は、『別章』を缺く理由について推定している論文に依據した。

（11）吉津宜英「『大乘義章』の成立と淨影寺慧遠の思想（二）」（『三藏』第一六六號、一九七八年一月）參照。

（12）池田將則「敦煌出土北朝後半期『教理集成文獻』（俄Φ一八〇）について――撰述者は曇延か」（前注（1）書）二二一頁、注二三參照。

（13）これは「八識義」における眞諦譯『攝大乘論』の引用を根據にして、「八識義」は曇遷による『攝大乘論』の北地傳播、五八七年以降に成立したと考える。拙稿「『大乘義章』と眞諦譯書」（『印度學佛教學研究』第六三卷第二號、二〇一五年）二三三頁、注3參照。ちなみに本論文は、「『大乘義章』と眞諦譯書」で豫告した論文の一部である。

（14）以下、『維摩經疏』（S.2688）に關する研究史は、池田將則氏のご教示による。矢吹慶輝『鳴沙餘韻』（岩波書店、一九三三年）三七―三九頁參照。

（15）『維摩義記』に關する目錄の記載は次のとおり。『續高僧傳』卷第八「釋慧遠傳」には『維摩義記』の卷數を記載していない（大正五〇、四九一下一八）。『新編諸宗教藏總錄』卷第一「〈維摩經〉義記四卷　慧遠述」（大正五五、一一七〇上一八）、『東域傳燈目錄』「同義疏四卷　惠遠師述」（同、一一五一中二六）。題號については、「義記」と「義疏」の二形態ある。現時點では確定困難。卷數は四卷で一致するので、S.2688の四卷本の形態が支持される。ちなみに『東域傳燈目錄』では、『涅槃義記』十卷を本末に二分し二十卷本とすることも記載する（同、一一五四上八）。したがって、四卷本の『維摩義記』は高麗と日本にも傳來している。

（16）『維摩經疏』（S.2688）（大正八五、三五六上一七―一八）にも一致する。これは先述のとおり『維摩義記』卷第一の異本なので、當然である。

(17)『大乘義章』「二種莊嚴義」(大正四四、六四九下)參照。

(18)『藥師經疏』(S.2512)は、帛尸梨蜜多羅譯『灌頂經』卷第一二の『佛說灌頂拔除過罪生死得度經』の注釋書である。滋賀高義氏によれば、敦煌寫本中の本經の傳存狀況には、『灌頂經』の一部に相當する寫本(三點)と、尾題から獨立本『藥師經』と推定される寫本(一九點)に區別される。滋賀高義「敦煌本藥師經について」(『印度學佛教學研究』第一一卷第二號、一九六三年三月)一七六―一七七頁參照。本疏の注釋對象は、どちらの系統なのかわからないが、『藥師經』の流布狀況からみて、本疏の擬題を『藥師經疏』と名づけるのは不適切ではない。また、池田將則氏は、『教理集成文獻』(擬題、F180)中の「教迹義」(擬題)に、『藥師經疏』(S.2512)の「薩婆多部四論」と記述が共通することを指摘している。池田前揭論文(前注(12))二一八頁、注5參照。

(19)『十地義記』[6]は、「自性成〔就〕」に對する二種の解釋を提示する部分の用例である。現行本『大乘義章』には「自性成〔就〕」の語はないので、[6]は『別章』の指示とは異なる用例と言える。ただし、指示の部分を除けば文體は一致するので參考として揭げた。

(20)元照『四分律行事鈔資持記』(大正四〇、一七三下二七)。

(21)了然『十不二門樞要』(新纂五六、三八三中一二)。

(22)守一『律宗會元』(新纂六〇、五七上二一)。

(23)基『瑜伽師地論略纂』(大正四三、五二上二一)。

(24)智儼『華嚴經内章門等雜孔目』(大正四四、五七二中一二)。

(25)特に法寶の『涅槃經疏』は、慧遠の『涅槃義記』を引用することで有名である。

(26)「四依義」と「六十二見義」である。

(27)新纂本の「其」を「具」の誤寫と見做し改める。新纂本の脚注は「後」の可能性を指摘するが、「具廣分別」の用例と判斷し採用しない。

(28)慧遠『涅槃義記』卷第八「此之十二、如『別章』中具廣分別」(大正三七、八三一下二二)。これは「十二頭陀義」に對する指示。

(29)基『唯識二十論述記』「答。如『成唯識』及『別章』中具廣分別。不能廣引」(大正四三、九八二上二七―二八)。

（30）辻森前掲解題（前注（2））四頁參照。

（31）辻森前掲解題（前注（2））三頁參照。辻森氏の根據は、「慈潤寺故大論師慧休法師刻石」（略號「慧休刻石」、常盤大定『支那佛教史蹟評解』三、佛教史蹟研究會、一九二六年一二月二九日）一七二―一七四頁。辻森氏は「慧休刻石」を引用しないが、おそらく次の部分を論據にしている。

又續遠法師『華嚴疏』。又著『大乘義章』凡四十八卷竝……（「慧休刻石」一七三頁）

また、〔慧休は〕〔慧〕遠法師の『華嚴疏』を續けた。また〔慧休は〕『大乘義章』おおよそ四十八卷、ならびに……を著述した。

まず、「慧休刻石」には、慧休が慧遠に師事した記事はない。おそらく、慧休が慧遠の未完の『華嚴疏』を續けて書いたことを根據に、弟子と解釋したのであろう。他の資料にも、慧休を慧遠の弟子とする記事はない。そして、「又著『大乘義章』」の主語は慧休であるが、この「又」と「著」がある限り、この『大乘義章』を前の句、遠法師の著したいわゆる『大乘義章』と解釋することは不可能である。

（32）『攝大乘論疏』（大正八五、九九六中二五）、『攝大乘論章』（擬題、S.2435、大正八五、一〇一三下）、智儼『孔目章』（大正四五、五五四上一〇、五六一下、五八三中）。

（33）『觀無量壽經義疏』「第二須知教局漸及頓。小教名局。大從小入、目之爲漸。大不由小、謂之爲頓。此經是其頓教法輪」（大正三七、一七三上九―一二）。『溫室經義記』「二須知教局漸及頓。小教名局。大乘法中、從小入者名之爲漸。不藉小入名之爲頓。此經是漸」（大正三九、五一二下一一―一三）。この部分の解釋については、拙稿（前注（1））、一六六―一六九頁、「附記」一八三頁參照。この前拙稿には、研究史上の誤りがある。それは、私が局漸頓の三教の先行研究を知らなかったことである。まず、この問題を私に質問した石井公成氏の『華嚴思想の研究』（春秋社、一九九六年）四八頁、七六頁、注（75）、さらに木村清孝氏の『初期華嚴教學の研究』（春秋社、一九七七年）七七頁、そして大野法道氏の解題『佛書解說大辭典』第二卷、一八五頁である。これらの三氏にはお詫び申し上げる。特に石井公成氏は、私が注記を附せば質問の勞を取ることはなかったと思う。ちなみに、大野氏の解題については、袴谷憲昭氏から、前拙稿の刊行直後に教えて頂き、私の無知が確認された。袴谷氏の學恩に感謝したい。

（34）この問題は別稿を準備している。

一七　日本における『大乘義章』の受容と展開
――附　身延文庫藏「大乘義章第八抄」所收「二種生死義」翻刻

田戸　大智

一　はじめに

淨影寺慧遠（五二三～五九二）の著作とされる『大乘義章』の日本への傳來は不明な點も多いが、善珠（七二三～七九七）の『法苑義鏡』への引用が初例であると推認されることから、八世紀後半頃に流布していたことは間違いないと思われる(1)。

日本において同書の受容に最も積極的であったのが三論宗であり、その嚆矢として特に注目すべき存在なのが願曉（?～八七四）である。願曉をめぐっては三論教學だけでなく密教や因明等も兼學した學僧であったという點が重要であり、そのような學問的姿勢は弟子である聖寶（八三二～九〇九）にも繼承され、聖寶が東大寺東南院を三論宗の據點と定置したことを契機として、本書は東大寺は勿論のこと、醍醐寺や勸修寺、仁和寺等の密教寺院において修學されるようになっていったのである。こうした實情については、僅かに傳存する『大乘義章』の論義古寫本、すなわち、勸修寺法務寛信（一〇八四～一一五三）が抄筆した身延文庫藏「大乘義章抄」一三帖や賴超（～一一七四～）が記した東大寺圖書館藏および正倉院聖語藏『義章問答』四卷（卷一・三・四・五が殘存、卷二のみ東大寺圖書館藏）、そしてこの『義章問答』と關係が深い增玄（～一一九五～）記・眞福寺大須文庫藏『義章要』二帖

（第五・第六合冊のみ殘存）等の資料を分析することにより次第に明らかになってきた。[2]

そこで、本稿では、その成果や先行研究を踏まえながら、改めて三論宗において『大乘義章』が受容された經緯を概説したうえで、院政期頃から本書が諸寺院の法會で盛んに研學されるようになる中で、その主な擔い手であった東南院覺樹（一〇八一～一一三九）やその門下である寬信、禪那院珍海（一〇九二、一説一〇九一～一一五二）等の學僧が、本書をどのような教學的背景のもとで學習しようとしていたのか檢證することにしたい。更に、本書に基づく議論が諸法會でいかに受容され展開したのかについても考察を加えてみたい。

なお、本稿の最後に參考資料として、身延文庫藏「大乘義章第八抄」に收錄される「二種生死義」の翻刻を掲載する。

二　願曉と聖寶

まず『大乘義章』の受容とその後の展開に決定的な役割を擔ったと考えられる願曉と聖寶に焦點を當てて考究してみたい。日本三論宗の系譜を傳える諸資料によれば、願曉は元興寺系三論の藥寶（生沒年未詳）と大安寺系三論の勤操（七五四～八二七）の弟子とされ、その願曉と元興寺系三論の圓宗（?～八八三）に師事したとされるのが聖寶である。[3]

この當時、既に諸宗の兼學化が一般的であったようであり、[4]願曉や圓宗に因明關連の著作もあったことが知られるが、[5]特に注視したいのは三論と密教との關係性である。例えば、勤操については弘仁七年（八一六）に高雄山寺にて空海（七七四～八三五）から三昧耶戒と兩部の灌頂を受法したという記錄（『故贈僧正勤操大德影讚幷序』[6]）が現存し、天長元年（八二四）からの四年もの間、空海とともに僧綱へ補任されている。[7]また、圓宗が撰述した最古の三論宗系譜である『大乘三論師資傳』にも、諸宗の祖師が龍樹であることを主張する中で、先の『影讚』にある「況復祖宗是一、法流昆季」という文が援用され、三論と密教は法流が同一であると説かれている。(8) そして、何よりも重要なのが、この圓宗と同時期に活躍した願曉自身も、『金光明最勝王經玄樞』十巻で三論教學を規矩としながらも密教義について明確に論述していることであり、(9) 當時の三論宗で密教を兼學する素地が既に整いつつあったことには配意しなければならない。

さて、その願曉には、『大乘義章』の義科を參照し、各項目を問答形式にまとめた『大乘法門章』という先驅的著作が存在する。本書は本來四巻であったが、殘念ながら現存しているのは巻二・巻三のみである。この兩巻の目次は、次のようになっている。

巻二―賢聖義・三十七品義・涅槃義・法身般若義・常樂我淨義・十地義

巻三―二障義〔三使義・三障義・四障義・四因義・四種義・五下分結義・五上分結義〕・二聚義・四生義・四有義・四識住義・七識住義・八難義・四食義・五陰義・十二入義・十八界義・四諦義・十二因緣義・六因義・十因義・五果義・二種生死義・三苦義・八苦義・不生不滅一切法門義・八識義(10)

この中、傍線を付した項目は現行の『大乘義章』義科には見出せないが、基本的にその教説に基づいて議論を展開している。例えば、巻三「八苦義」には次のような問答が記されている。

問。爾云意何。

答。「報分始起、謂レ之爲レ生。生時有レ苦故名二生苦一。衰變名レ老。老時有レ苦故名二老苦一。四大增損、謂レ之爲レ病。病時有レ苦名二病苦一。陰壞名レ死。死時有レ苦故名二死苦一。又卽指二生老病死一爲レ苦故云二生老病死苦一也。故言下初四就二時・體一名上。所念分張名二愛別離一。愛別生レ惱故名二愛別離苦一。所レ惡強集名二怨憎會苦一。怨會生レ惱故名二怨憎會苦一。所悕不レ秤名二求不得一。因レ彼生レ惱故名二求不得苦一。故言二次三就レ緣立レ秤。五陰熾盛名二五盛陰一。陰盛是苦故名二五盛陰苦一。亦言レ盛者、盛受之義。五陰之中盛二前七苦一。是故名爲二五盛陰苦一。故言二後一就レ體立レ秤。

問。若言二五陰熾盛是卽苦一者、應レ言二五陰盛苦一。云何說二五盛陰苦一。

答。五盛陰者、總相之說。若正應レ言二五陰盛苦一。[11]」

ここでは、『大乘義章』卷三「四諦義」で說かれる分類（初四―時體・次三―緣・後一―體[12]「」部分）をほぼそのまま踏襲して八苦を說明している。當然ながら、本書には吉藏（五四九～六二三）の『勝鬘寶窟』や安澄（七六三～八一四）の『中論疏』等の三論書からの引用も確認されるが[13]、その構成が全面的に『大乘義章』に依據していることとは右の記述からも傍證されよう。

それでは何故、願曉はこうした論書をまとめる必要があったのであろうか。その理由として主に二點考えられる。その第一點はこの當時盛んであった三論と法相間の佛性・比量をめぐる論爭が背景にあるのではないかということである。もう一點は興福寺維摩會竪義が僧侶養成の一環に据えられ、教學研鑽が醸成された時期であったことが擧げられる。

第一點目については、インドにおける空有論爭を基盤としつつ、淸辯撰『大乘掌珍論』の主題である「眞性有爲空」比量等をめぐって三論と法相間で對立が起こっていたとされる[14]。實は本書にも法相を意識した記載が見られるのであり、卷三「二種生死義」で「法相家云、不レ捨二分段身一練二分段身一成二變易身一。……無相宗云、永捨二分段身一更受二變易身一。……問。二皆聖說。云何和會。答。初約二三乘敎分齊一。後得二一乘敎實義一。如レ常可レ論。[15]」とあるように、分段身から變易身への轉換をめぐる解釋について無相宗（三論宗）の說こそ眞實であることを主張している點はそうした事例の一つである[16]。また、『大乘掌珍論』を論據として活用する場面もあり[17]、願曉が法相とのさまざまな諍論で惹起された問題點の解決を『大乘義章』に求めたことが本書成立の背景に介在していると推知されよう。

そして、こうした法相との諍論と連動して把捉すべきなのが、興福寺維摩會竪義を代表とする諸法會における教學振興という側面である。そもそも、この維摩會は藤原鎌足（六一四～六六九）により始行されたものであり、當初は藤原氏の私的法要という要素が強かったが、次第に公的な法會に發展し、八世紀末頃に竪義が付加されて僧侶育成の階業に組み込まれたことで、宮中御齋會・藥師寺最勝會とともに南京三會の一つとして重視された[18]。すなわち、維摩會竪義で學識を披瀝し及第することこそが講師や僧綱へ昇進する第一段階であり、その研鑽のためには各寺院の法會において卓越した成果を殘すことが必須であった。加えて、維摩會竪者として出仕が招請されれば、竪義論義の出題に合わせて自宗の教義（内明）と因明を實習しなければならなかったのである。事實、願曉に因明關連の著作があったことは上記のとおりであり、承和十三年（八四六）に維摩會講師へ補任されていることも勘考すれば[19]、本書が法相との論爭を念頭に置きながら、興福寺維摩會を基幹とする教學研鑽が隆興する中で、三論宗の充足を目的として撰述された蓋然性が高いと思われる。

さて、こうした學問的姿勢は聖寶にも繼承されたと推測されるが、聖寶が元々空海の弟子である眞雅（八〇一～八七九）に入室し、その資である源仁（八一七～八八七）等から傳法灌頂を受法した密敎僧という一面があることを看過してはならない[20]。そこで、上來檢討してきた事項を踏まえて、聖寶の事跡を概觀すれば、貞觀十八年（八七六）に醍醐寺を創建したことと延喜六年（九〇六）に東大寺内の佐伯院を付屬されて東南院と改稱し三論宗の本所としたことが最も重要であろう。

東大寺では、弘仁十三年（八二二）に灌頂道場として眞言院が設置されていたが[21]、新たに東大寺東南院が密敎と三論を研學する一大據點となることで、元興寺系の三論も次第にここに集約されて「三論宗」と「東南院」の一體化が進み、東大寺内でも一定の影響力を保持することになった[22]。また、醍醐寺についても、承平元年（九三一）に眞言宗と三論宗の年分度者が一口配置され、東南院との緊密な思想的連携が構築されていくことになり[23]、それは後に勸修寺や仁和寺等の密敎寺院に傳流していくことになる。旣に上述の如く、これ以前に三論と密敎の兼學の萌芽が窺知されていたが、そうした傾向は聖寶を起點として恆常化したと言ってもよい。

實は願曉を先蹤とした『大乘義章』の修學も、この東大寺東南院を中軸として密敎寺院に浸透していったようであり、そのことを如實に示す資料こそが現存する論義古寫本なのである。そこから浮かび上がるのは、院政期頃の諸法會における『大乗義章』に基づく精緻な學解の實態であり、そうした教學振興に深く關與した學僧として注目されるのが東南院覺樹に他ならない。その活動の概要については、節を改めて檢討していくことにする。

三 覺樹と門下

中世の東大寺東南院でどのように『大乗義章』が學究されていたか考證するうえで、眞福寺第二世信瑜（一三三三～一三八二）が編者とされる「東南院經藏聖教目錄」（貞治三年～六年（一三六四～六七）記[24]）は、有益な情報を提供してくれる。ここで『大乗義章』との連係が明白な書目に限局すれば、「宗」（三論宗）の書目が明記される全一九函（全三〇三部）中、「第十三」「第十七」「第十八」に私記や抄記、短尺、聽聞集等が約八〇部が記録され、この他、別函にも『大乗義章』十四巻（あるいは廿八巻）や關係があると思しき資料も散見される。つまり、この目錄に準據すれば、東南院聖教・三論宗部の約三分の一程度が『大乗義章』に關する書物で占められていたことになり、それは當時の學問狀況を反映していると解釋することも可能であろう。

そこで次に、上記の樣相を具體的に記した資料として、明惠（一一七三～一二三二）の孫弟子である順高（一二一八～一二七二～?）が編纂した『起信論本疏聽集記』巻三末の文を引據することにしたい。その當該箇所には、次のように記されている。

近代三論宗ニ大乗義章ヲ申シ具シテ用タリ。般若映徹シテ物ヲイヰスカス故、法相ノ論義ナキカ故、セメテ末代ハ論義根姓ニテ此レヲ具シタル歟。本論ヲハサシヲキテ大乗義章ノ義ヲサカリニ談スルニヤ。[25]

ここでは、近代の三論宗が論義根性によって本論、つまり三論教學の基本書である『中論』『百論』等を差し置いて『大乘義章』ばかり談じていると痛烈な皮肉を投げかけている。この文が明惠の講說を記録した部分に含まれることを考慮すれば、明惠が活動していた時期における三論宗の思想的動向を傳えるものとして極めて貴重であると言える。

そもそも、興福寺や東大寺、延暦寺、園城寺などの諸寺院では、一〇世紀後半頃より、竪義の設置が促進されて獨自に僧侶を育成することが顯現化し、更に院政期になると、「公請」の對象となる法會が增加の一途をたどり、宮中最勝講を頂點とする格式高い三講（最勝講・法勝寺御八講・仙洞最勝講）や南京三會を基軸として、そこに天台僧の僧綱への昇道である北京三會（圓宗寺法華會・法勝寺大乘會・圓宗寺最勝講）が新たに創設され、僧綱位にいたるまでの僧侶の昇進體系、すなわち、寺内法會—三講聽衆—南北兩京三會講師—僧綱—三講講師という道筋が組織化されるとともに、必然的に教學の振興が圖られたとされる[26]。

實は『大乘義章』も、前節で觸れた願曉の修學を脈々と繼承しながら、院政期頃に東大寺で倶舍學研究の隆盛（「倶舍三十講」）と併せて三論宗徒が精勵すべき重要書として寺内法會の主題に改めて取り上げられることになった。その法會こそが保延二年（一一三六）に始行したとされる「大乘義章三十講」であり、現存する論義古寫本もこの法會の學習成果を中心に編纂されたものであることは容易に推考されよう[27]。

この當時、東大寺東南院主・三論宗長者として辣腕を振るったのが、右大臣源顯房（一〇三七～一〇九四）の息であり、堀河天皇（一〇七九～一一〇七）や仁和寺第四世覺法法親王（一〇九二～一一五三）とも縁戚にあった覺樹である[28]。覺樹は、その世俗的出自を背景に別當職ではないながらも興福寺維摩會の人事をめぐる諸案件等にも深く關わり、その影響力により覺樹以降の東南院主は血族が襲っている。一方、教學面においては、北宋僧侶との接觸や高麗國からの最新聖教の輸入に携わり、大陸の教學を積極的に受容したことで知られ、そうした活動が南都教學復興の氣運に大きく反映しているとされる。既に先學の指摘があるように[29]、覺樹による倶舍學研究はまさにそうした實情を示す好例であるが、ここで留意したいのはその研究の先導を擔ったのが覺樹であったとはいえ、むしろそれを牽引したのは覺樹門下の寛信や珍海であったという事實である。加えて、彼等はすべて密教僧という一面を持っていたことも付言しておきたい(30)。

そして、大變興味深いことに『大乘義章』の修學も、覺樹―寛信―珍海という法脈が主導的役割を擔っていたようであり、畢竟するに倶舍論研究と全く同一の方向性が見て取れるのである。そのことは、寛信が筆錄した身延文庫藏「大乘義章抄」等を通覽すれば、諸學僧の中でも珍海の活動が最も顯著であり(31)、更に聖語藏『義章問答』卷五・劈頭に「十智義六箇不審　問是勸修寺　答珍海　卅講談義餘興未レ盡。就レ中、於二十智義章一有二六箇不審一。爲レ散二愚蒙一以呈二明德一耳。」とあるように、實際に寛信（勸修寺）と珍海が『大乘義章』の十智義について討論を行っていることからも明證されるであろう。

さて、それでは覺樹については具體的にどのような活動が見られるのであろうか。一例を示せば、聖語藏『義章問答』卷五の第三番問答には以下の如く記されている。

問。外無記、自種因於二生因・方便因二因中一唯屬二生因一耶。答。通二二因一也。

問。種子望二芽莖等一名二自種因一也。偏可レ親二生之因一。何通二疎助之方便因一乎。依レ之、六因中唯自分因、四緣之中一向因緣所レ攝也。況復染法之自種因唯是生因也。例可二齊等一如何。〔答〕

外無記自種因通二增上緣一事

南都一兩小學生等言レ無二其文證一云云。今勘文示レ義、請レ散二曚昧一。

十因章云、自種因中種子於レ芽以說二自種一、判レ屬二生因一。種子望二彼莖葉等一事、以爲二自種一判レ屬二方便一。非二親生一故云云。

地持義記云、所謂生因是其因緣。以二親生一故。方便因者是增上緣。以二疎助一故云云。

「已上種子望二後芽莖等一時依二疎助義一名二方便因一。十因章文分明也。以二方便因一名二增上緣一、地持義記亦以顯然。不レ可レ及二尋求一。夫三光之廻レ天盲人無レ見、四辨之湧レ泉聾者豈聞乎。嘗二糟粕一而盍レ知二少味一。懷二執見二而勿レ失二大旨一。古賢之文隨二執見一而隱、義依二器根一而顯云云。末代愚昧誠可レ哀哉。

天承二年（一一三二）四月　日　「權律師覺樹」

章云、……

東南勘文出二地持記一。方便因者是增上緣文也。今又案、章文同レ之。(32)

ここで問題となっているのは、『大乗義章』巻四「十因義」(33)で言及する『菩薩地持經』巻三にある十因（隨說因・以有因・種殖因・攝因・生因・長因・自種因・共事因・相違因・不相違因）(34)をどのように咀嚼するかということである。この「十因義」は既に願曉の『大乘法門章』巻三にも着録されているが、内容的に『大乘義章』を略說するのみで刮目に値する記載は見られない。一方で、この問答では、まず①自種因が二因（生因・方便因）の一である方便因にも通ずるのか、次いで②自種因が四緣（因緣・次第緣・緣緣・增上緣）の一である增上緣に通ずるのかという議論が連續的に展開されている。そして、全ての發端である『大乘義章』とともに慧遠撰『地持義記』の逸文が引據されるが(35)、やはり何よりも重要なのは天承二年（一一三二）四月の東南勘文、すなわち覺樹記名の勘文が掲示されている點である。

ここでの覺樹の主張とは、①と②の兩說とも各々『大乘義章』と『地持義記』を根據としているから是認すべきであると明言し、執見によって大旨を見失なわないよう訓戒を垂れることが目的であったようである。いずれにせよ、この勘文から、覺樹の見解が『大乘義章』の評定に對して影響力を發揮していたことが垣間見られよう。

ところで、上來檢討した「十因義」をめぐる問答については、身延文庫藏「大乘義章第四抄上」にも關連箇所が見出されるので、引き續き參照することにしたい。そこには、次のように記されている。

天承二年（一一三二）　長實卿十講　覺晴已講　山科　「講師覺樹律師」

問。約三外法種子生二芽莖等一立二自種因・長因等一。爾者、彼二因者通二增上緣一乎。

兩方

若通二增上縁一者、自種因・長因者同類因也。唯可レ云二因縁一、何通二增上縁一乎。

若不レ通者、淨影大師尺云三自種因通二方便因一。長因者唯方便因。方便因者增上縁也。如何。

講師云、種子望レ芽生因也。望二莖葉等一方便也。故云レ通二增上縁一也。

私云、此論義兩様。疑レ之經非レ無二其謂一。唯因縁者章尺也。進二此文一可レ爲二論義一。方便因增上縁者、是地持論文也。以レ之可レ疑二唯因縁尺一歟。如二下攝レ之

まず冒頭で、この論題が覺樹の勘文と同じ天承元年に白河上皇（一〇五三～一一二九）の近臣であった藤原長實（一〇七五～一一三三）主催の十講にて、問者―覺晴（一〇九〇～一一四八）[36]、講師―覺樹の間で實施されたものであることが明記され、その論題の大要も自種因と長因を竝列する相違點があるものの、基本的に上記②の趣旨とほぼ同工であることが理解される。但し、覺樹は先の勘文と同様に「講師云」として②自種因が增上縁に通ずることを強調するのに對し、本書を抄筆した寬信が「私云」以下に「兩様」、つまり『菩薩地持經』ではなく『大乘義章』に依據すれば增上縁に通じない義も成立すると指摘している點には留意したい。また、答にばかり意識が向きがちであるが、法相宗の學僧であった覺晴が教學的立場を異にするにもかかわらず、本法會に問者として出仕するために『大乘義章』を精讀しているという事實は、當時の學僧間で兼學的意識が廣く共有されていたことを如實に物語っていると言えよう。

以上の如く、論義古寫本は相互に連携した内容を有しているのであり、そこから覺樹と高弟であった寬信や珍海が中心となって『大乘義章』の研鑽に勵んでいたことが明瞭に認められる。そうした活動は、密教との兼學を素地として三論宗の據點であった東南院だけでなく、醍醐寺は勿論のこと、勸修寺や仁和寺にまで擴散し、貴族主催の法會や「法勝寺御八講」をはじめとする公的な法會でも議題に選定されるようになるのである。

四　法會における『大乘義章』

身延文庫藏「大乘義章抄」は、一部ではあるが論題の傍らに「東大寺三十講」あるいは「當年三十講」「三十講」という註記が散見されることから、主に東大寺で執行された「大乘義章三十講」を含む寺内法會の議論を寛信が集成したものと推測される。これに對して、他の二書には僅かながらも諸法會での實習を傳える註記が存する。中でも、壓倒的多數なのが寛信が別當を務めた勸修寺での學究を示す「勸修寺三十講」の旁註であり、他にも次のような法會名が檢出できる。

・『義章問答』巻二（東大寺圖書館藏）
　久安二年（一一四六）最勝講　天台辯源問二珍海已講一

・『義章問答』巻三（聖語藏）
　久安二年（一一四六）法金剛院御八講　覺珍已講問二於明海已講一(37)
　久安二年（一一四六）皇后宮御八講　忠春問二於珍海一(38)
　久安三年（一一四七）法勝寺御八講問答　天台章實問二珍海講師一

いずれも「公請」による招集を受けて勤仕できる格式高い法會であり、問講を勤めたのも當然ながら南都北嶺の碩學であった。この中、白河上皇を追善するために天承元年（一一三一）より恆例行事となったのが三講の一である「法勝寺御八講」であり、尊勝院宗性がこの法會の一四四年間（天承元年～文永一一年）にもわたる論義を類聚・書寫したものが『法勝寺御八講問答記』として傳存していることで知られている(39)。そこで以下、『義章問答』巻三の第一四番問答に當該する章實（一〇九七～一一七九(40)）と珍海との間で行われた對論を提示することにしたい。

問。大乘實義、欲界有二無量定一事、約□大□引二何文一證レ之耶。
答。引下智論説三欲界有二定佛常住一之文上也。
問。智論説二如電三昧一。何以可レ證レ有二無量定一耶。
答。佛常住二欲界一云云。佛光有二無量功德一故、知レ有二無量定一也。然電光定者、聲聞人得二佛所レ得定少分一之名也。以二佛所レ入定一、非レ名二電光一也。

久安三年（一一四七）法勝寺御八講問答　天台章實問二珍海講師一

禪定義云、若依二成實一、攝レ末從レ本、禪地有レ九。所謂八禪及欲界中如電三昧。故成實云、如二須尸摩經説一。欲界更有二如電三昧一。○大乘法中、攝レ末從レ本、禪地有レ九。與二成實一同。所レ言異者、成實唯説下欲界地中有二電光定一無中餘三昧上。大乘宣三説欲界地中有二無量定一。故龍樹云、佛常住二於欲界定中一名二無不定一。此與二電光一有二何差別一。釋言、聲聞暫得二彼相一説爲二電光一。更無二別法一云云。

十八不共法義云、龍樹釋云、欲界有レ定。佛出二諸禪一入二欲界定一。故能起レ説現二四威儀一云云。可レ見□文　智論第廿六(41)

ここでの要諦は、欲界の禪定について『成實論』と『大智度論』の各解釋に若干の齟齬があることをいかに考究すべきかというところにあり、その論據とされるのが『大乘義章』卷一三「八禪定義(42)」と卷二〇末「十八不共法義(43)」の諸文である。中でも、「八禪定義」では、欲界に如電三昧があると説く『成實論』卷一二の文(44)を略抄し、欲界に無不定があると説く『大智度論』卷二六の取意文(45)との會通を圖っている。要を言えば、聲聞が欲界にて大乘が説く無量定の相を得れば、それが電光三昧（如電三昧）に他ならず、何か別法がある譯ではないと定義するのである。

それを踏まえたうえで問答を瞥見すれば、章實が『大智度論』にも『成實論』と同じく如電三昧を説いているが(46)、無量定との相關性をどのように把捉すべきかと疑義を呈するのに對し、珍海は電光三昧が無量定の少分を得た聲聞の禪定であると主唱するのである。この回答は、「八禪定義」をほぼそのまま敷衍したものではあるが、本法會が教學の優劣を決することよりもむしろ經論間の矛盾や教理上の對立點をいかに整理統合するかということに力點を置いていたことと軌を一にしていると捉えることもできる。[47]

なお、鎌倉期の三論宗における『大乘義章』の修學實態を檢證するために、聖守（一二一五～一二九一）の指導下で門弟の聖然（?～一三一二）が敕會やそれに準ずる法會で交わされた三論宗に關する論題を類聚し吉藏の論疏ごとに配列した東大寺圖書館藏『惠日古光鈔』十帖、あるいは同じ聖然が智舜（～一二三六～）の聖教を書寫し加筆した、やはり敕會等の問答をまとめた同藏『春花略抄』一帖等を參酌したが、[48]『大乘義章』は證憑として援用される場合が多く、それ自體を對象とした問答は見出せないようである。

とはいえ、鎌倉期以降も、例えば定範（一一六五～一二二五）が東南院主の時、「大乘義章三十講」に「三論疏」研究を副え、「云二義章之精談一、云二論疏之問答一、共鬪二智辨一、互決二雌雄一者也」[49]とあるように『大乘義章』を精讀していたのであり、東大寺内外で三論宗徒により論義や談義は陸續と執行され、『大乘義章』も重視されていた。[50]また醍醐寺においては、無量光院で執行された「大乘義章三十講」を筆錄した、永仁四年（一二九六）の奧書がある眞福寺大須文庫藏『大乘義章卷五雜々抄』一帖が現存し、後に上醍醐御影堂竪義で『大乘義章』から題材（「賢聖義」）を取り上げることが常態化した事例もあることから、[51]三論宗徒にとって『大乘義章』が自宗の理解を深化させる基本文獻であるという認識にそれ程大きな變化はなかったように思われるのである。

上記のように、『大乘義章』は諸寺院の寺内法會で勉勵され、そうした場で學殖を培った寺僧によって、「公請」が伴う敕會を頂點とする諸法會でも議題に取り上げられ論義されていたのである。こうした寺外での晴れがましい活動が自身の昇進や榮達と直結していたことは確かであるが、他宗との精緻な學解の交渉から勘案すれば、やはり學問への飽くなき情熱こそが彼等の意識の根幹を支えていたと考えられるのである。

五　おわりに

本稿では、三本の論義古寫本を基礎資料として、院政期頃を中心に『大乘義章』が實習されるようになった教學的背景を讀解するように努めた。

まずその前提として、日本における『大乘義章』の受容について言及し、本書が三論と密教の兼學化を基底としつつ本格的に學究されるようになるうえで、三論宗の願曉が先蹤的役割を果たしていたことを指摘した。その學問的思考は、興福寺維摩會を中核とする教學振興が進む中で、當時盛んであった法相との論爭も射程に入れながら、自宗教學の顯揚のために系統的に項目が分類されている本書の汎用性に着目したことが推量される。そして、その方向性は高弟である聖寶を媒介として、關連が深い東大寺や醍醐寺等の中核寺院は勿論のこと、勸修寺や仁和寺をはじめとする密敎寺院にも流傳することになるのである。

院政期までの『大乘義章』の修學實態については、資料的な制約もあり不明瞭であるが、俎上に載せた論義古寫本、特に身延文庫藏「大乘義章抄」を披覽すれば、願曉にまで遡る論題も存在し、脈々と學習が勵行されていたことは確實であり、そうした蓄積があったからこそ覺樹によって改めて法會の題材として採擇されたと言える。覺樹は三講を頂點とする僧侶の昇進體系が整備された時代の潮流に配意し、東大寺東南院を據點に倶舍學とともに『大乘義章』研究を推進、すなわち「大乘義章三十講」を開莚して寺僧の育成や教學の充足に盡力したが、その牽引役を擔ったのは高弟であった寬信や珍海であった。そのことは、寬信による身延文庫藏「大乘義章抄」の筆錄や珍海の積極的な諸法會への出仕狀況からも首肯されよう。

また、『大乘義章』は寺內法會での研鑽という範圍を越境し、勤仕できることが榮譽である格式が高い法會でも主題に据えられるようになり、用例は少ないながらもその議論の內實を聖語藏『義章問答』に依據して探尋してみた。こうした法會では學派を異にする寺僧間で論義するのが通例であったので、當然ながら對論側の文獻にも精通していることが要求され、學僧は自宗のみならず他宗教學にも目配りする廣汎な學識を保持していたことには注意したい。なお、鎌倉期以降については、やや憶測の域を出ないものの、『大乘義章』が三論宗の基本書として繼續的に認知されていたことが傳存資料から確認できる。

要するに、佛教の伸張を左右する教學振興を背景に、三論宗では他宗との諍論を通して自宗教學の充實化を圖るために『大乘義章』を積極的に活用したのであり、それが最も高揚したのが院政期、すなわち覺樹―寬信―珍海が活躍した時期であったと結論づけることができよう。

※資料の閲覽や利用にあたっては、日蓮宗總本山身延山久遠寺身延文庫、身延文庫主事の渡邊永祥先生、東大寺圖書館、東大寺史研究所研究員の坂東俊彦先生、眞福寺大須文庫、名古屋大學大學院文學研究科教授の阿部泰郎先生および三好俊德先生の各位に格別なるご配慮を賜りました。ここに衷心より感謝申し上げます。

註

（1）岡本一平「『大乘義章』のテキストの諸系統について」（國際シンポジウム報告書『東アジア佛教寫本研究』所收。國際佛教學大學院大學 日本古寫經研究所 文科省戰略プロジェクト實行委員會、二〇一五）參照。岡本氏は、『大乘義章』の古寫本を精査され、本書が慧遠の編纂ではない可能性を示唆されている。

（2）拙稿「『大乘義章』の修學について――論義關連資料を中心に」（國際シンポジウム報告書『東アジア佛教寫本研究』所收）參照。この論文では、まず『大乘義章』關連の論義古寫本の現存狀況を示し、三書の書誌情報や內容の比較分析を通して、『大乘義章』が密教と三論の兼學化を背景に實習された樣態を僅かながら解明した。この三書の中、身延文庫藏「大乘義章抄」は缺本があるものの、現行の『大乘義章』に示される義科の順序にほぼ準據して、①論題の本文、②論題の典據、という二要素が一つのまとまりとなって併記され、各義科で何が議論されていたのか直ちに把捉できる構成となっている。一方で、他の二書では各問答とその典據が無作爲に竝列され、部分的に「大乘義章抄」と對應するところがある。三書の構成と對照箇所の詳細については、先の拙稿で圖式化しておいたので、參照されたい。また、參照論文についても、同拙稿・註6に一覧化しておいたので、ここでは再掲しない。なお、聖語藏本は、正倉院事務局編・宮内廳正倉院事務局所藏「聖語藏經卷」五期 乙種寫經一・カラーCD版（丸善株式會社、二〇一三）を使用した。

（3）各三論宗祖師に關する系譜や諸資料については、末木文美士「『三國佛法傳通緣起』日本三論宗章研究」（『東洋文化研究所紀要』九九、一九八六）に詳論されている。

（4）日本佛教における諸宗兼學化の實態についてさまざまな解釋があることについては、註（2）拙稿・註2で觸れた。この他、苫米地誠一氏は、「諸宗の制度的兼學と重層的（包攝的）兼學」（『智山學報』六五、二〇一六）で、太政官符によって規定される諸「宗」兼學（制度的兼學）が特に眞言宗僧の僧綱昇進と密接に連係していたと位置づけ、更にそれよりも廣い意味での「宗」の重層的（包攝的）な兼學について、例えば法然（一一三三～一二一二）が大乘菩薩戒（天台における四宗相承の戒宗）を生涯重視し續けたことから、天台宗を捨てたのではなく、その枠内で新義（淨土宗）を建立したと解釋している。

（5）圓珍（八一四～八九一）が編纂したとされる靑蓮院藏『山王院藏』には、願曉の『因明義骨』二卷、『因明疏問答』一卷、『因明九句幷三支問答』一卷、『因明問答』二卷、のほか、「香山宗都」として圓宗撰『因明九句問答』一卷が着錄されている。山王院藏書目錄については、佐伯有淸「圓珍の山王院藏書目錄」（同『最澄とその門流』第三部、第三章所收。吉川弘文館、一九九三）參照。また、師茂樹氏は「聖語藏所收の沙門宗『因明正理門論註』について」（『東アジア佛教研究』一三、二〇一五）で、當該資料の著者として圓宗を有力な候補者に擧げている。

（6）『續遍照發揮性靈集補闕鈔』卷一〇所收、定弘全八・一九一頁～一九四頁。

（7）興福寺本『僧綱補任』第一、佛全一二三・七九頁下～八〇頁上。武内孝善「空海の誕生年次」（同『弘法大師空海の研究』第一部、第一章所收。吉川弘文館、二〇〇六）參照。

（8）『大乘三論師資傳』については、伊藤隆壽「香山宗撰『大乘三論師資傳』について」（『印佛研』二七―二、一九七九）、同「香山宗撰『大乘三論師資傳』」（『駒澤大學佛教學部論集』一二、一九八一）、平井俊榮「南都三論宗史の研究序說」（速水侑編『論集奈良佛教Ⅰ 奈良佛教の展開』所收。雄山閣出版、一九九四）等、參照。

（9）註（2）拙稿、參照。願曉の事跡については、大隅和雄『聖寶理源大師』（醍醐寺寺務所、一九七九）、佐伯有淸『聖寶』（吉川弘文館、一九九一）等に詳しい。佐伯氏は、本書の成立を天長三年頃（八二六）と推測されている。

(10) 新版日藏、三論宗章二・一九三頁上。原本（東大寺圖書館藏）では元來、各巻首に目次が付されていたが、日藏舊版編集に際して巻二巻頭にまとめられ、その目次にしたがって本文にも項目が補入されている。また、〔 〕の七項目は、「二諦義」の中に見られる原本の註記に基づいて、小項目を新たに補入したものである。このことについては、花山信勝の本書解題（新版日藏、解題二所收）に解説がある。
(11) 新版日藏、三論宗章二・二八〇頁下。
(12) 大正四四・五一二頁下。
(13) 例えば、「二種生死義」（新版日藏、三論宗章二・二七二頁下〜二七九頁上）では『勝鬘寶窟』が多引され、『中論疏』についても「三苦義」（同・二七九頁下）や「八苦義」（同・二八〇頁上）で證憑として活用されている。
(14) 松本信道「三論・法相對立の始原とその背景——清辯の『掌珍論』受容をめぐって」（『三論教學の硏究』所收。春秋社、一九九〇）、平井俊榮「平安初期における三論・法相角逐をめぐる諸問題」（『駒澤大學佛教學部研究紀要』三七、一九七八）等、參照。
(15) 新版日藏、三論宗章二・二七五頁上下。
(16) 願曉とほぼ同時代に活躍した玄叡（?〜八四〇）の『大乘三論大義鈔』巻四（大正七〇・一六三頁下〜一六六頁中）にも「變易生死諍論七」が立項され、同趣旨のことが論じられているが、興味深いことに『大乘義章』が利用された形跡はほとんど見られない。玄叡は大安寺三論系の安澄に師事したとされるが、同じ三論であっても安澄の系統では『大乘義章』を利用しなかった可能性が推量される。
(17) 巻三「一切法不生不滅義」、新版日藏、三論宗章二・二八二頁下／二八四頁下〜二八五頁上。
(18) 興福寺維摩會に關する研究については、髙山有紀『中世興福寺維摩會の研究』（勉誠社、一九九七）が専著として裨益するところが大きい。また、上島享「中世國家と佛教」（同『日本中世社會の形成と王權』第二部、第二章所收。名古屋大學出版會、二〇一〇）では、平安初期から攝關期、院政期にかけて僧侶育成のために法會が整備されていく內實が詳論されている。この他、維摩會と三論宗との關連については、伊藤隆壽「興福寺維摩會と諸宗」（『駒澤大學佛教學部論集』一〇、一九七九）や註（14）平井論文等も參照した。
(19) 『三會定一記』第一、佛全一二三・二九〇頁下。
(20) 聖寶の事跡については、註（9）大隅・佐伯前掲書參照。

(21)『類聚三代格』巻二、承和三年五月九日付太政官符(『增補新訂國史大系』二十五・六七頁〜六八頁)。

(22)横内裕人「平安期東大寺の僧侶と學問—特に宗と院家をめぐって」(ザ・グレイトブッダシンポジウム論集第十一號『平安時代の東大寺——密教興隆と末法到來のなかで』所收。法藏館、二〇一四)、佐藤泰弘「東大寺東南院と三論供家」(『甲南大學紀要・文學編』一四四、二〇〇六)等、參照。

(23)永村眞氏の「中世醍醐寺と三論宗」(大隅和雄編『佛法の文化史』所收。吉川弘文館、二〇〇三)によれば、平安・鎌倉期から近世初頭にかけて、醍醐寺には三論宗徒が止住し顯教法會を傳持していたとされ、東南院を領有するために本寺とされた東大寺と醍醐寺閒では人的交流が相當活發であったようである。

(24)『眞福寺古目録集』二所收、臨川書店、二〇〇七。本書は、信瑜の師であった東南院聖珍(〜一三八二)の御前目録「御前聖教目録」と合册で傳存している。「宗」(三論宗)の函は「第廿」まで記載があるが、「第廿」の書目自體は缺落している。また、『大乘義章』關連の書目は、「御前聖教目録」にも散見される。なお、願曉の『大乘法門章』については、「東南院經藏聖教目録」の「第十二」に「法門章四巻　願曉」とあり、元來四巻であったことが分かる。

(25)佛全九二・一四六頁下。本文の所在については、大竹晉氏にご教示を賜った。本書の成立や構成については、柏木弘雄「明惠上人門流における華嚴教學の一面——『起信論本疏聽集記』をめぐって」(田村芳朗博士還暦記念論集『佛教教理の研究』所收。春秋社、一九八二)參照。

(26)註(18)上島前掲書參照。

(27)『東大寺續要録』佛法篇(筒井寛秀監修、國書刊行會、二〇一三/一四七頁〜一四八頁)では、始行年を保延二年と記している。また、身延文庫藏「大乘義章第八抄」奥書によれば、寛信が同じ保延二年より三十講を勤修していると明言している。但し、「大乘義章第十八抄」奥書には保安五年(一一二四)の年記があり、その開始時期は少しばかり遡ると思われる。その内容を通覽すれば、三十講という形式は別として、願曉以降に相當議論の蓄積があったことが窺知される。なお、鎌倉期に入ると、同様に三論宗徒が出仕して教學研鑽を圖る諸講(世親講・東南院問答講・因明講・三論三十講等)が次々と開催されるようになる。鎌倉期における三論宗の修學實態については、永村眞「論義と聖教——「恵日古光鈔」を素材として」(同『中世寺院史料論』第二部、第三章所收。吉川弘文館、二〇〇〇)參照。

(28)覺樹の事跡や教學的志向については、註(22)横内論文、同「高麗續藏經と中世日本——院政期の東アジア世界觀」「自己認識としての顯密體制と「東アジア」」(同『日本中世の佛教と東アジア』第三部、第十章・第十一章所收。塙書房、二〇〇八）、追塩千尋「東大寺覺樹について」（同『中世南都の僧侶と寺院』第三部、第三章所收。吉川弘文館、二〇〇六）等、參照。

(29) 龜田孜「奈良時代の祖師像と倶舍曼陀羅圖」（『佛敎美術』一、一九四六）、谷口耕生「倶舍曼荼羅と倶舍三十講」（ザ・グレイトブッダシンポジウム論集第十一號『平安時代の東大寺――密敎興隆と末法到來のなかで』所收）等、參照。恐らく覺樹の指示の下、倶舍學硏鑽の場である「倶舍三十講」が創始され、その本尊である倶舍曼荼羅は畫僧としても名高い珍海の手による可能性が高い。加えて、その倶舍曼荼羅の典據とされる法華堂根本曼荼羅（ボストン美術館藏）は寛信の指示により珍海が修復を施している。なお、珍海には『倶舍論明眼鈔』六卷が傳存し、後の尊勝院宗性（一二〇二～一二七八）の『倶舍論明思抄』四八卷にも援用され、宗性自身も卷一一奧書（大正六三・二二二頁下）にて「倶舍三十講」で聽聞した內容を筆錄したと述懷している。こうした事情からも、覺樹と門下周縁にて倶舍學硏究が始行されたことは間違いないと思われる。

(30) 覺樹や寛信、珍海と密敎との交涉については、註（2）拙稿、同「中世における密敎と諸思想の交流」（『日本佛敎學會』七九、二〇一四）等で論及した。

(31) この他、珍海には、『大乘義章』卷三末「八識義」（大正四四・五二四頁中～五四〇頁中）を主題にした『八識義章硏習抄』三卷が現存する。本書は上卷奧書（大正七〇・六六五頁中）によれば元永二年（一一一九）の御堂竪義のために抄筆したものであり、また『三論玄疏文義要』卷五（大正七〇・二七四頁上）にも勸學竪義で慧遠と吉藏の「八識義」をめぐる解釋の違いについて、興福寺の永緣（一〇四八～一一二五）と對論したことが述べられている。以上のことは、『中右記』元永二年十二月一日條（『增補史料大成』一三／一八五頁）の記事からも追認できる。

(32) 眞福寺大須文庫藏『義章要』卷五と對校し、〔〕は補った。返り點や句讀點は私に付した。兩書（卷五）は途中までほぼ同內容であるが、『義章要』には三問答が付加されている。また、『義章要』では內題が冒頭にあるが、『義章問答』では目次科文の後に記され、科文自體の表記にも違いが見られる。現今、卷五のみしか對校できないため確證はないが、兩書は本來六卷構成であり、恐らく何らかの祖本（珍海が編集したものか）が存在し、賴超と增玄がそれぞれ筆錄したことが推測される。參考までに、兩書（卷五）の目次科文の翻刻對照表を次頁に掲げておく。

(33) 大正四四・五四〇頁中～五四五頁中。

(34) 大正三〇・九〇二頁下～九〇四頁上。

◇聖語藏『義章問答』卷五・目次科文

①十智義六箇不審事
②成實意受律儀戒初念可有無作業耶
③外無記自種因者唯屬生因歟
④成實意可許無漏耶
⑤成實意唯無作色假名人爲不相應行事
⑥成實意四法智無斷惑之智歟
⑦大力菩薩證文事
⑧日月壽命事
⑨伽陁經事文
⑩轉女身經事
⑪七識住初禪惣爲第二識住事

義章問答　新舊要　第五

◇眞福寺大須文庫藏『義章要』卷第五・目次科文

義章要卷第五

①十智義六箇不審
②第二念頃名爲無作勘文
③外無記自種因勘文
④成實無漏思有無之文
⑤成實不相應行之文
⑥成實論意四法智倶斷惑不
⑦大力菩薩證文
⑧日月星壽命事
⑨伽陁經修羅有文
⑩【轉女身經事　目次科文は缺落しているが本文あり】
⑪初禪惣爲第二識住事
⑫剎那等起心與所發業同時倶起歟
⑬〔問〕毘曇意具造多逆者於順次生一劫中受果報事
⑭問十二因緣五世分別現四支中有從煩惱生煩惱事

(35)　慧遠撰『地持義記』は本末十卷あったとされるが、續藏本（一—六一）には卷三下・卷四上・卷五下の三卷のみが收載される。この他、大正藏本（八五卷）にも首缺・撰者不明の敦煌文獻（P2141V）『地持義記』卷四が傳存している。この殘卷について、馮煥珍氏は「敦煌遺書にみられる淨影寺慧遠『地持義記』の研究」（本書所收）で、『地持義記』卷四下に比定されているが、實は身延文庫藏「大乘義章第八抄」にも「義記卷四末云」として同殘卷からの引用があることから、馮煥珍氏が指摘するように、本殘卷が慧遠撰であることは確實であると思われる。この「十因義」での引用部分は上記の四卷から檢出できない逸文であるが、この他にも「大乘義章第八抄」に「義記二本云」、「大乘義章第十二抄上」に「義記一本云」という形で逸文が援引されている。更に、慧遠の著作をめぐっては、「大乘義章第四抄上」からは「義記五末云」として『十地經論義記』の逸文、「大乘義章第九抄末」からは「義記下云」として續藏本（一一二〇上卷）や敦煌本（P2091・P3308下卷）にも含まれない『勝鬘義記』「一乘章」の貴重な逸文も見出される。また、敦煌文獻との關連で注目したいのは、「大乘義章第一抄上」に「提謂經上云」として引用される四文の中、三文が『提謂波利經』卷上（P3732・首缺）にほぼ同定されるだけでなく、殘りの一文が首缺の一部を補う逸文である可能性が高いことである。これらの研究については、後日を期したい。

(36) 覺晴は、『中右記』を著した藤原宗忠（一〇六二～一一四一）の息であり、興福寺で法相を學び、後に法勝寺常住僧になっている。『中右記』長承元年十一月十六日條（『增補史料大成』一四／三四七頁）によれば、覺樹とはこの十講から間もない長承元年（一一三二）十一月十四日から五日間にわたって執行された院最勝講の三日目朝座・夕座（朝座講師覺樹―問者覺晴、夕座講師覺晴―問者覺樹）でも交互に講問を勤めている。覺晴の事跡については、中根千繪「往生の證と法勝寺――覺嚴・覺晴を中心に」（『說林』五〇、二〇〇二）參照。

(37) 『臺記』久安二年五月二十九日條（『增補史料大成』二三／一八〇頁）によれば、法金剛院にて五月二十六日より五日間にわたり、前年になくなった待賢門院（一一〇一～一一四五）のために一品經十講が開催され、第四日目の朝座で覺珍が講師、明海が問者を勤めている。

(38) 『臺記』久安二年十月八日條（『增補史料大成』二三／一八八頁）によれば、十月四日より六日間にわたって皇后宮八講が開催され、第五日目の朝座・夕座（朝座講師珍海―問者忠春、夕座講師忠春―問者珍海）で交互に講問を勤めている。

(39) 本書については、國文學研究資料館での共同研究が「『法勝寺御八講問答記』特集號」（『南都佛教』七七、一九九九）に收錄されている。この他、永村眞「修學と論義草――宗性筆「法勝寺御八講疑問論義抄」を通して」（同『中世寺院史料論』第二部、第四章所收）、蓑輪顯量「『法勝寺御八講問答記』にみる論義再考」（『印佛研』六〇―二、二〇一二）等、參照。

(40) 章實は延暦寺の學僧であり、「法勝寺御八講」「最勝講」等の諸法會に出仕している。『山槐記』治承三年二月二十日條（『增補史料大成』二七／二二七頁）によれば、横川にて年八十三で入滅したとされ、「本濫行人也」と記されている。

(41) 判讀不能の文字は□で示し、返り點や句讀點は私に付した。中略は原文と同じく〇で記した。本來であれば、宗性が記錄した『法勝寺御八講問答記』との對比が不可缺であるが、殘念ながら原本は未見である。平岡定海『東大寺宗性上人之研究竝史料』卷上（日本學術振興會、一九五八／一三三頁）によれば、久安三年の第三日夕座で珍海と章實が問答していることが確認できる。
(42) 大正四四・七一八頁下~七一九頁上。
(43) 大正四四・八七〇頁下。
(44) 大正三二・三三九頁下。
(45) 大正二五・二四八頁中。なお、「十八不共法義」で「龍樹釋云」で援引されるのも同じ箇所の取意である。
(46) 例えば、『大智度論』巻八七・巻八八(大正二五・六七三頁上/六七六頁中)には、「如電光三昧」とある。
(47) 山崎誠「「法勝寺御八講問答記」小考」(『南都佛教』七七、一九九九)、蓑輪顯量「「法勝寺御八講問答記」天承元年の條に見る天台論義」(同上)等、參照。
(48) 兩書の構成や内容については、註(27)永村論文、同「鎌倉時代の東大寺三論宗――三論聖教「春花略鈔」を通して」(『史艸』四九、一九九九)に詳論されている。
(49) 『東大寺續要錄』佛法篇、一四八頁。
(50) 例えば、三論の碩學として名高い秀惠(一一四〇~一二二七~)が既存の短尺を收集したと思われる『大乘義章三藏義問答抄』一帖が隨心院に現存し、また南都に遊學し後に眞言宗に竪義を取り入れた賴瑜(一二二六~一三〇四)にも『義章八識義愚草』三巻(所在不明)があったとされる。秀惠の當該書については、柴﨑照和「秀惠集『大乘義章三藏義問答抄』――解題と翻刻」(荒木浩編『小野隨心院所藏の文獻・圖像調査を基盤とする相關的・總合的研究とその展開』三所收、二〇〇七)で翻刻が提示されている。
(51) 註(2)拙稿、註(23)永村論文等、參照。

附　身延文庫藏「大乘義章第八抄」所收「二種生死義」翻刻

◇解題

身延文庫藏「大乘義章抄」は、勸修寺法務寛信が東大寺で執行された「大乘義章三十講」を中心とした諸法會における『大乘義章』に依據した論義を集成したものと推測され、一三帖が現存する。本書は各帖の尾題に「大乘義章第一抄上」「大乘義章第四抄上」等の記載があり、その總稱として假に「大乘義章抄」と名づけた。

その内容は、大正藏本『大乘義章』各巻（底本―延寶二年版本二二二義科）の義科配列に準據して、義科ごとの論義が收載されている。各帖の冒頭には、まず目次形式で義科名が列記され、その總數は確認できる範圍で五三義科となる。但し、「第十五抄末」と「第十九抄本」が錯簡狀態で一帖にまとめられているため目次の所在が不明であり、内容の分析から義科數を抽出したので、總數はあくまでも暫定的なものである。本書の構成の詳細については、後掲の現存一覽表（六二五～六三七頁）を參照されたい。

その殘存狀況から、寛信は當時流布していた『大乘義章』に收錄された義科に基づく論義を全て取りまとめた可能性があり、實質的に現在の倍以上の帖が筆記されていたことも推考される。しかしながら、『大乘義章』のテキストにはさまざまな系統があったようであり、[1]義科數も一定ではなく、寛信が參照した原本にどの程度の義科が存していたのかは判然としない。

本書は、①論題の本文、②論題の典據、という二要素が一つのまとまりとなって幾重にも連記される構成となっている。論題本文の形式については、問者「問」→問者「進云」→問者「付之」という流れで進み、答者の「答」は省略あるいは簡略的に記述されている場合が多い。

本稿では、「大乘義章第八抄」に收錄される九義科の中、冒頭の「二種生死義」を部分翻刻した。問答數は計十九を數える。この義科を翻刻對象に選んだ理由は、主に二點に集約される。まず第一點目は、「第八抄」の本奥書に寬信自身が「大乘義章三十講」の要文を抄集したと明言しているからである。更にもう一つの重要な點は、「二種生死義」が地域や時代を超えて人口に膾炙されてきた經緯があるからである。

「二種生死義」とは、『勝鬘經』に説かれる分段生死と不思議變易生死のことであり、一般的に有漏の善惡業を因とし、煩惱障を助緣として感ずる三界の異熟身が分段生死であるのに對し、阿羅漢・辟支佛・大力の菩薩が無漏の有分別の業を因とし、所知障を緣として感ずる界外の異熟身が不思議變易生死であると位置づけられる。(2) この問題は、『楞伽經』や『成唯識論』でも議論され、中國では『勝鬘經』を含む諸經論の流傳にともなって研究對象となり、『大乘義章』で立項されるのは勿論のこと、『勝鬘經』の諸註釋書でもさまざまな解釋が提示された。また、法相や三論ではこの義科をめぐって論爭となり、そうした動向は日本にも繼承されている。

『大乘義章』卷八の「二種生死義」は、①釋名②辨體相③就位論④就三界論⑤辨因緣⑥辨斷處に分節されている。「第八抄」の十九問答との對應關係を示せば、第一問答・第二問答→①釋名、第三問答→②辨體相、第四問答・第五問答→②辨體相③就位論、第六問答→②辨體相、第七問答→③就位論、第八問答→③就位論⑥辨斷處、第九問答・第十問答・第十一問答・第十二問答→③就位論⑤辨因緣、第十三問答→③就位論⑤辨因緣、第十四問答・第十五問答・第十六問答→③就位論、第十七問答→④就三界論、第十八問答→⑤辨因緣、第十九問答→⑤辨因緣ということになるだろう。その記述から、論義を通して精緻な議論を展開していたことが明瞭に認められる。詳細な檢證については、後日を期したい。

◇身延文庫藏「大乘義章抄」・現存一覧表

帖番號	名稱（尾題）	項目番號	項目名	大正藏該當卷
①	大乘義章第一抄上	一	經教迹義（前缺）	卷一
②	大乘義章第四抄上	二	十因義	卷四
		三	十一空義	卷四
③	大乘義章第十八抄	四	涅槃義	卷一八
		五	無上菩提義	卷一八
※③第十八抄は②第四抄上と合帖されている				
④	大乘義章第四抄中	六	十二因緣義	卷四
⑤	大乘義章第四抄下	七	十八空義	卷四
		八	二十二根義	卷四
⑥	大乘義章抄第八抄	九	二種生死義	卷八
		一〇	四有義	卷八
		一一	四識住義	卷八
		一二	四食義	卷八
		一三	五陰義	卷八
		一四	六道義	卷八
		一五	八難義	卷八
		一六	十二入義	卷八
		一七	十八界義	卷八

⑦	大乘義章第九抄末	一八	滅盡定義	巻九
		一九	一乘義	巻九
		二〇	二種莊嚴義	巻九
		二一	二種種性義	巻九
		二二	證教二行義	巻九
⑧	大乘義章第十抄	二三	三歸義	巻一〇
		二四	三學義	巻一〇
		二五	三聚戒義	巻一〇
		二六	三種律儀義	巻一〇
		二七	止觀捨義	巻一〇
		二八	三惠義	巻一〇
		二九	三種般若義	巻一〇
		三〇	三智義	巻一〇
		三一	別相三道義	巻一〇
		三二	三種住義	巻一〇
⑨	大乘義章第十二抄上	三三	五願義	巻一二
		三四	五戒義	巻一二
		三五	五品十善義	巻一二
		三六	五停心義	巻一二
		三七	五聖支定義	巻一二
		三八	五聖智三昧義	巻一二
		三九	五智義	巻一二
		四〇	五忍義	巻一二

⑩	大乗義章第十三抄末	四一	八解脱義	巻一三
		四二	八勝處義	巻一三
		四三	八行觀義	巻一三
		四四	九想觀義	巻一三
		四五	九斷知義	巻一三
⑪	大乗義章第十五抄末	四六	十三住義（部分）	巻一五
		四七	離隱六方離四悪友 攝四善友義（部分）	巻一五
		四八	十四化心義（部分）	巻一五
⑫	大乗義章第十九抄本	四九	淨土義（部分）	巻一九
※⑪第十五抄末と⑫第十九抄本は合帖されている　錯簡状態で内容分析が不能				
⑬	大乗義章第二十抄末	五〇	十號義	巻二〇
		五一	十力義	巻二〇
		五二	十八不共法義	巻二〇
		五三	百四十不共法義	巻二〇

義科總數　五三

◇凡例

一、本稿は、身延文庫藏「大乘義章抄」全一三帖の一である「大乘義章第八抄」に收錄される九義科（二種生死義・四有義・四識住義・四食義・五陰義・六道義・八難義・十二入義・十八界義）の中、「二種生死義」の箇所を部分翻刻したものである。

二、本文および割註の行どりは、基本的に底本に準據しているが、本書の體裁により前行に送り込まれている。

三、原文では、問答箇所が引用典據箇所より一段下げになっているが、翻刻ではすべて行頭を統一した。

四、校訂者の解釋により、全體を問答ごとに分割し、冒頭に【 】で問答番號を插入した。

五、原文の異體字や略字、俗字等は基本的に現行の正字に改めた。
　㝵↓礙　畧↓略など

六、以下の文字は本來別字であるが、慣用に合わせて置き換えた。
　尺↓釋　弁↓辨　卄↓二十　卅↓三十

七、以下の佛教省文草體は、本來の形に還元した。
　𡗢↓涅槃　𦬇↓菩薩　𦫿↓菩提　𤇆↓煩惱

八、脫字や誤記の註記は、原文どおり行間に記した。

九、中略の箇所は、原文と同じく「○」で示した。

十、蟲食いや判讀不能の箇所は、「□」を用いて示した。

十一、書誌的概要は、次のとおりである。

〔書寫年代〕文和四年（一三五五）

〔書寫者〕寥海

〔外題〕大乘義章八
〔内題〕二種生死義
〔尾題〕大乘義章第八抄
〔奥書〕
本云、天養元年（一一四四）十一月十九日始抄、同二十四日期畢之。始自保延二年（一一三六）、相當先妣四月二十四日遠忌、勤修三十講九箇年。于茲以義章兩卷、爲其宛父、爲小生等、遂歲抄集要文。而今年重病相纏、講莚遲怠、當于年迫愍以行之。非是宿病之愈、不闕當年之勤也。七八兩卷馳筆抄之。老病危兒、心肝如春。生年六十一後見哀憐矣。
天養元年（一一四四）十一月二十四日　權大僧都　寛信記
治承元年（一一七七）九月十日　隆圓書之。二交了。
文和四年（一三五五）乙未十一月二十九日書之了。小比丘寥海三九通七
〔墨印〕身延文庫
粘葉裝、表紙（茶）、楮紙、一帖、全四九丁、縱二七・五糎、橫二〇・〇糎、一頁一一行、一行約二〇字前後

◇目次

【第一問】問。變易有三。且何名第一變易乎。
【第二問】問。何名第三變易乎。
【第三問】問。種性聲聞、無餘涅槃間、分段變易中受何報乎。
【第四問】問。勝鬘經云、大力菩薩受變易報者何位乎。

【第五問】問。説眞往地前菩薩受變易引何文乎。
【第六問】問。付變易生死開合門、且或別爲六者、引何經何文乎。
【第七問】問。眞往善趣位可受變易報乎。
【第八問】問。小乘心三塗非數滅、何時得之乎。
【第九問】問。十信位離悪趣、以何文證之。
【第十問】問。十信心可八相作佛乎。
【第十一問】問。付悪業分段立何階乎。
【第十二問】問。廻小向大菩薩、叶十住以上身可受分段身乎。
【第十三問】問。地上菩薩可受分段身乎。
【第十四問】問。法性身者、五種身種性位可得之乎。
【第十五問】又問。以何文證、種性已上得法性身乎。
【第十六問】問。種性已上有五種身云云。
【第十七問】問。於變易報可立三界乎。
【第十八問】問。就分段因緣受生時起何愛乎。
【第十九問】問。於分段・變易、何分別因緣新舊乎。

※本翻刻および影印の掲載に當たっては、日蓮宗總本山身延山久遠寺身延文庫、身延文庫主事の渡邊永祥先生に格別なるご配慮を賜りました。ここに衷心より感謝申し上げます。

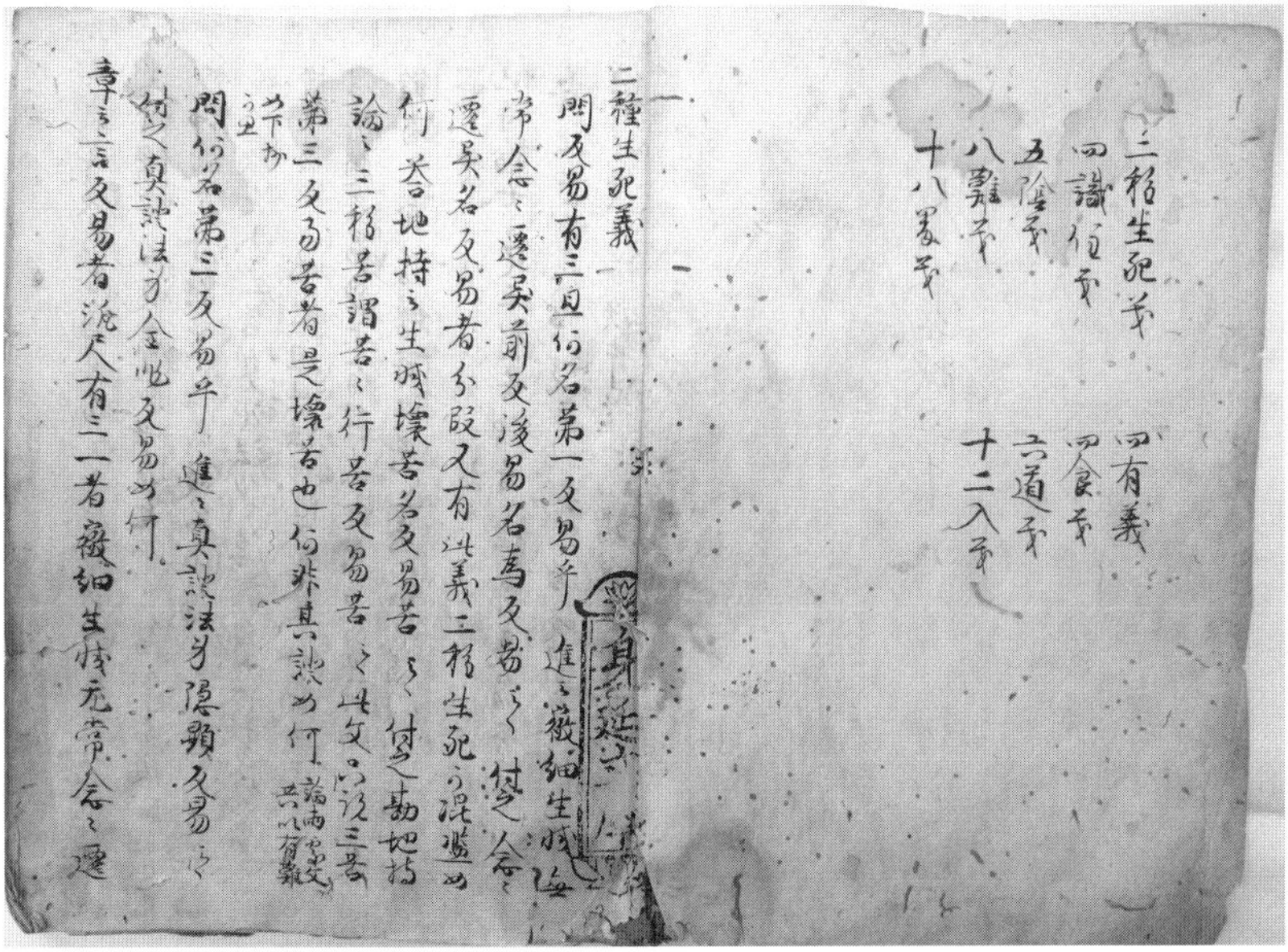

二種生死義・冒頭部分

二種生死義

【第一問】

問。變易有三。且何名第一變易乎。進云、微細生滅無常念念遷異前變後易名爲變易云云。付之、念念遷異名變易者、分段又有此義。二種生死之混濫如何。

答。地持云、生滅壞苦名變易苦云云。付之、勘地持論云、三種苦謂苦苦・行苦・變易苦云云。此文品說三苦。第三變易苦者、是壞苦也。何非其證如何。論兩處文共以有難。如下抄。可思。

【第二問】

問。何名第三變易乎。進云、眞證法身隱顯變易云云。付之、眞證法身全非變易如何。

章云、言變易者汎釋有三。一者微細生滅無常念念遷異前變後易名爲變易。變易是死名變易死。故地持中、生滅壞苦名變易苦。此通凡聖。二者緣照無漏所得法身神化無礙、能變能易故名變易。變易是死名變易死。此該大小。三者眞證法身隱顯自在能變能易故言變易。變易非死、但此法身未出生滅、猶爲無常死法所隨、變易身上有其生死名變易死。此唯在天。雖有三義、勝鬘所說第二爲宗。下諸門中、就此言耳云云。

地持論七云、又三種苦謂苦苦・行苦・變易苦云云。

義記四本云、次增說三。此猶三苦。變易是壞云云。

地持論八云、復次菩薩、於一切諸行無常相續轉時親（觀）三苦相。行苦・變易苦・苦苦云云。

義記四末云、復次菩薩於一切無常轉時觀三苦者、總以標舉。無常故苦。今說言無常轉時觀三苦也。次別三名。言變易者猶是壞苦。三苦之義、解有四種。一約緣分別。緣別内外。○外中違緣能生内惱、名之爲苦。從斯苦緣生於心苦。從苦生苦故名苦苦。從彼順緣離壞生苦名爲壞苦。内心涉求、名之爲行。厭行生苦故名行苦。第二就體約緣分別。心性是苦。於此苦上加以事。惱苦上加苦故名苦苦。加何等苦。如前門中對緣三苦通名苦苦。有爲之法念念遷流、無常滅壞。遷流不安名爲行苦。無常滅壞名爲壞苦。三約三種無常分別。心以彼三世分段麤苦顯法細苦名爲苦苦。彼念無常遷流滅壞名爲壞苦。彼性無常同體四相因緣雲（虚）集、名之爲行。虚集之行體無常性。行性無安故名行苦。四諸過相顯。彼苦無常及與無我互相顯示。於此三中以苦顯苦名爲苦苦。謂以麤苦顯於細苦。無常顯苦名爲壞苦。無我顯苦名爲行苦。虚集之行性無安故云云。

四諦義云、次就變易辨其同異。於中不定。若就凡時隨相麤分、單有集諦。隨義通論、得有苦集同體之理。無明住地、是其集諦。卽此無明生滅之義、卽說爲苦。是故苦集同一體也。若據聖時、三諦同體。一念無漏當分治結。卽是道諦。卽此道者、從前無漏變易業生、卽名爲苦。復能生後、卽名爲集。是故三諦同一體性。對治滅道、望於苦集同異如是云云。

【第三問】

問。種性聲聞、無餘涅槃間、分段變易中受何報乎。答云云。

疑云、盡事識分齊入無餘涅槃已非分段身。又變易報者、心識還生之時、始以受之。若非二死者、與佛相濫如何。

章云、如上

又云、辨相門 變易有二。一事識中變易生死、二妄識中變易生死。事中變易義別三階。一是羅漢・辟支所受、用事識中衆生空觀以爲正因、無明爲緣。二是種性解行所受、用事識中法空之觀以爲正因、無明爲緣。三地上所受、用事識中非有非無息想之解以爲正因、無明爲緣。妄中變易亦有三階。一地前所受、用妄識中一切妄想依心之觀以爲正因、無明爲緣。二地上所受、用妄識中一切妄想依眞之觀以爲正因、無明爲緣。三是八地以上所受、用妄識中唯眞無妄息想之觀以爲正因、無明爲緣云云。

十二因緣義云、二乘之人有無明行、而未受報。彼何時受。不愚法者、此身滅已、淨土中生。卽便受之。愚法之人、未來無餘涅槃之後心想生時、方乃受之云云。

菩薩章云、次對小分別。菩薩有二。一是漸入。二是頓悟。言漸入者先小後大。問曰、此人何時入大。釋言、小中有二種人。一愚法人、二不愚法人。〇略之 未來無餘涅槃之後心想生時、方能向大。〇不愚法者、〇略之 於現在世卽能入之。〇問曰、此等既在善趣。二種死中受何生死。釋曰、須陀至阿那含受分段死、羅漢・辟支受變易死。如勝鬘說云云。

私云、二乘入無餘之間、二種生死沙汰、上古難義也。

兼禪已講云、非二種生死云云。古人多依此義。

兼觀賢聖義短册云、出分段未受變易報墮在變易分齊。東南院云、此義無詮。

問人法花抄云、二乘無餘之間、變易生死也。祖師光明山顯觀擬講之義、面相示之云云。

珍海已講云、三種變易之中、受第一微細生死變易也。以非第二勝鬘所說變易云云。學者爲難義無其謂。謂此義優。

金剛仙論云、然二乘人有二種。一者發菩提心聲聞。如法花中舍利弗等授記作佛者是。二者寂滅聲聞。斷三界惑盡、出分段別生死生究竟想、起憍慢心、入寂滅定。逕千萬億劫、於此定中、而不免變易生死微細行苦。後時定力既盡。從禪定出、更無所依故、還覓善知識、發菩提心求無上道云云。

【第四問】

問。勝鬘經云、大力菩薩受變易報者何位乎。進云、種性云云。付之、於地前淺位不可受變易。依之、涅槃論云、初依菩薩具煩惱性。法花論云、地前凡夫受分段身云云。況勘經文云唯云大力菩薩無種性字。何恣加之乎。故嘉祥大師釋此事云、大力菩薩者初地上云云。此釋叶道理如何。

【第五問】

問。説眞往地前菩薩受變易引何文乎。進云、涅槃中説須陀洹人八萬劫到、乃至辟支十千劫到謂性地。付之、此經説不成證。一乘人、八・六・四・二萬劫到阿耨菩提定必名變易乎。況此文人□所釋非一。此義難一定如何。

章云、（辨相門）或分爲四。如勝鬘説、一阿羅漢、二辟支佛、三大力菩薩。地前菩薩、二輪煩惱全未斷除、而不爲彼煩惱所牽。又於三界受生自在。故名大力。問曰、地前大力菩薩、涅槃經中説爲凡夫具煩惱性。勝鬘何故説爲變易。釋言、涅槃對初地上出世聖人、名爲凡夫、未斷地上二輪之惑、名具煩惱。若對聲聞・辟支佛等、此是大聖二障清淨。何爲不得説爲變易。故涅槃中説、須陀洹八萬劫到、乃至辟支十千劫到。謂、到性地阿耨菩提。此既大聖。變易何疑。四意生身。初地已上受生如意、名意生身云云。

章下文云、（就位門）次辨變易。○大乘人中分齊有四。一起因處、十信已上。二得果處、種性以上。故勝鬘中説、種性已上大力菩薩爲變易死。○三漸捨處、初地已上。四窮盡處、如來地（在）云云。

勝鬘經云、不思議變易死者、謂阿羅漢・辟支佛・大力菩薩・意生身乃至究竟無上菩提。

寶窟中云、言大力者、以不爲業繫。自在受生故言大力。問云、何是大力菩薩位耶。答。有人言、所謂種姓菩薩。所以然者、二障煩惱都未斷除、而不爲煩惱所牽。又於三界受生自在。故名大力。此師雖云種姓受變易、而未判是何種姓。（別多有人。義略之。）今謂、位義難知。憶生罪過、不可定判也。若依法花論數處分別（明）。又明地前是凡夫受分段身。捨分段身方入初地、則知初地已去是變易生死大力菩薩也云云。

【第六問】

問。付變易生死開合門、且或別爲六者、引何經何文乎。

進云、如勝鬘說。謂此三地及彼三種等云云。付之、此文全非。或分爲六之證、本經無及字。經正文云、此三地故彼三種意生身云云。故此三地者、學羅漢・辟支・大力菩薩三人。言彼三種者、有彼三地故、有此三種意生身之略也。依之、嘉祥釋云、此三地者擧三乘地。彼三種者、彼三乘變易三種果云云。尤叶道理故。勘同本異譯寶積經勝鬘夫人會文云、此之三地隨意生身云云。母無說此彼差別。何勝鬘此文或分爲三之證也。如何。

章云、或分爲六。如勝鬘說。謂此三地及彼三種意生身等。此三地者、謂此地前羅漢・辟支・大力菩薩三乘地也。彼三種者、謂初地上三種生也。三種意生、如楞伽說。一三昧意生身。謂從初地乃至五地。○二覺法自性性意生身。六・七・八地。○三種類俱生無作行意生身。謂九地上。○此三彼三合以爲六云云。

勝鬘經云、又如取緣有漏業因而生三有、如是無明住地緣無漏業因、生阿羅漢・辟支佛・大力菩薩三種意生身。此中三地彼三種意生身生、及無漏業生、依無明住地、有緣非無緣。是故三種意生身及無漏業、緣無明住地云云。

寶窟中云、今謂、楞伽三種、約十地分之。乃是明菩薩有此三種生。今文乃明羅漢・辟支・大力菩薩三乘人意生身。不應以楞伽爲釋。後見林公疏同吾此釋。此三地彼三種意生身生者、第二明彼變易因之與果同依無明。就中前辨後結。辨中初言此三地者、此世間中三乘地。謂阿羅漢・辟支佛・大力菩薩、是三乘地。故寶性論云、此三乘地。彼三種者、彼三乘變易三種果。復言生者、總顯上三地及三種身起。故名之爲生。○有多有人。義略之。是故三種意生身者、此第二句結也。是故者、能生所生故依無明。故三種意生身及無漏業、緣無明住地。略不結彼三地也云云。

寶積經第百十九云、勝鬘夫人會如取爲緣有漏業因而生三有。如是無明住地爲緣無漏業因、能牛阿羅漢及辟支佛、大力菩薩隨意生身。此之三地隨意生身及無漏業。皆以無明住地爲所依處云云。

私云、經言彼三地故。以故字能云可難之。可思之。

【第七問】

問。眞往善趣位可受變易報乎。答。不受云云。付之、善趣位者、斷五住證數滅得五分法身現八相作佛。何不受變易報乎。

章云、問曰、小乘須陀已上、大乘人中十信以上、亦有五分法身功德。何故不名爲變易死、乃名分段。釋言、是人於三界中、有漏結業受生未盡故名分段。雖有無漏五分法身、是因法身未得果報。是故不得名變易死云云。

【第八問】

問。小乘心三塗非數滅、何時得之乎。進云、增上忍云云。付之、下位得之性相所定也。增上忍者無文證。毘曇雜心下忍見得非數滅如何。

章云、辨相門 小乘法中、惡道分段、見道時盡。故須陀洹名爲觝債。觝三塗債著。若復通論、增上忍時、三惡道報、皆非數滅云云。

章下文云、次辨斷處○於中別分、三塗分段盡處有三。一不受處。○若依毘曇、忍心以上、方是住人。一向不受三塗之報。涅槃經中亦同此說。據此言之、忍心以上、方得名爲世上正見。○二非數滅處。依如毘曇、增上忍時、三惡道報、皆非數滅。於此一生、定斷其因。不受報故。涅槃經中亦同此說。故涅槃言、增上忍時、三惡道報。當知、不從智緣而滅。三緣盡處。在見道中、潤惑永斷、業種燋故云云。

重疑云、三無爲義三塗報非數滅者下忍得之云云。前後相違、疑難彌深。不受處也。非數滅不可在兩處。不受處卽非得非數滅如何。

雜心論九云、問云、何於惡趣得非數滅。答。○頌也必定與忍俱。問。若諸善根不出必定離惡趣者、何者必定。答。必定與忍俱。頓捨惡道必在於忍。忍與一切惡趣煩惱業相違故。捨忍者、惡趣煩惱業尚不起。況不捨云云。

三無爲義云、次約報論、○忍中於彼上下四諦、各十六行、合有三十二重觀行。初重觀時、三惡道報、頓非數滅。

○最後一重、增上忍時、見斷煩惱、頓非數滅。○問曰、三塗是見惑果。以何義故、果在先滅、惑在後滅。釋言、見惑有其二種。一受生煩惱、潤生三塗。二障道煩惱、染汚心起、妨礙聖道。受生過麤、初入忍時、已能不起。故令惡道悉非數滅。障道惑中、細者難離、未至上忍、容使暫起。是故不名得非數滅。增上忍後、次第無間趣入聖道。無重趣義。爾時方得非數滅矣云云。

私云、實於不受處可得非數滅。別立非數滅之處。於其因盡之時、暫屬決定義也。何非別論義歟。可思之。

【第九問】

問。十信位離惡趣、以何文證之。進云、花嚴中、宣說賢首能現作佛云云。付之、現八相作佛。言離三界之證何只說離惡趣乎。依之、仁王經云、十善菩薩發大心、長別三界苦輪海云云。如何。

【第十問】

問。十信心可八相作佛乎。進云、作佛云云。付之、彼經心最初發心便正覺者、是十住位也。於此前、何現作佛乎。又因初心八相其後遂作佛說也。何云其時卽作佛乎。

【第十一問】

問。付惡業分段立何階乎。答。有三階也。付之、唯云立二階分段所藏者、偏任生死因果可立第　階。四住爲緣。又依菩薩行願可有第三階。悲願爲緣也。第二階四住爲緣、悲願依助者、道理不叶證文。□□□明十住以後起悲願爲緣、分段至十迴向盡分段。何通乎。時時可思之。

【第十二問】

問。廻小向大菩薩、叶十住以上身可受分段身乎。兩方。若云受者、無學位盡三界分段。又不可起。若不受者、未到四住。又諸菩薩齊成如何。爲利生不受之乎。

章云、大乘人中、就住門 惡道分段盡處有三。一惡業爲因、四住爲緣、受惡道報、十信時盡。以修身或心慧等行轉惡業故。故地持中說爲善趣。又花嚴中宣說、賢首能現作佛。明知、亦能離惡趣報。二惡業爲因、四住爲緣、緣力微薄不能牽生。加少悲願、受惡趣身、種性時盡。故勝鬘中說、種性上大力菩薩離分段死。三惡業爲因、悲願爲緣、四住殘氣隨逐佐助、受惡趣生、初地時盡。地前未斷。初地盡故。地經宣說、初地菩薩。離惡道畏。○云云。

章下文云、辨因緣門 惡道分段義別三階。一凡夫所受惡業爲因、四住爲緣。二十信所受惡業爲因、四住正緣、悲願隨助。三種性已上至初地受惡業爲因、悲願正緣、四住隨助云云。

六十花嚴六云 賢首品 菩薩於生死、最初發心時、一向求菩提、堅固不可動云云。

同經七云 賢首品 於彼十方世界中、念念示現成佛道、轉正法輪入涅槃、現分舍利爲衆生云云。賢首品自第六略至于第八初也。

【第十三問】

問。地上菩薩可受分段身乎。進云、善業第三階分段至十地也。付之、初地永過分段報、緣照現解能□。何受之乎。於利生者、只可云初現。依之、法花論云、分段報、初地盡之云云。例如於趣受惡分段如何。

章云、善道分段亦有三階。一善業爲因、四住爲緣、受人天報、種性時盡。二善業爲因、四住爲緣、緣力微薄、不能牽生。加少悲願、受人天身、初地時盡。○楞伽宣說、初地菩薩、得二十五三昧、破二十五有。前未斷故。法花論中宣說地前猶有三界分段生死。故彼論言、所言八生乃至一生得菩提者、謂初地證智。所言八生至一生者、是其三界分段之生。三善業爲因、悲願爲緣、四住殘習隨逐佐助、受人天生、至佛乃盡。○經嘆、唯佛斷有頂種。

○引多文 於中別分、人分段者、八地時盡。○涅槃經中宣說八地爲阿那含不受肉身。○大品經中說前七地猶是肉身。天分段者、至佛乃盡。○唯佛一人斷有頂種。○問曰、地上遍生六道。何故偏說人天中生以爲分段。釋言、地上惡業盡故、雖生惡道、但是應現。人天善業、未窮盡故、生人天中、與彼凡時微業相應名分段矣云云。章下文、辨因緣門善道分段亦有三階。一凡夫・二乘乃至大乘十信所受、善業爲因、四住爲緣。二者種性解行所受、善業爲因、四住正緣、悲願隨助。三地上所受、善業爲因、悲願正緣、四住隨助云云。涅槃經四云、阿那含者非數數來。又不還來二十五有。更不復受於臭身・蟲身・食身・毒身。是則名爲阿那含也云云。大論五十云、是菩薩雖於七地得智慧力、猶有先世因緣、有此肉身。入禪定不著、出禪定時有著氣。隨此肉眼所見、見好人親愛。或愛是七地智慧實法。是故佛說於六塵中行捨心、不取好惡相云云。

【第十四問】

問。法性身等五種身、種性位可得之乎。進云、種性已上有五種身云云。不可得也。付之、一法性身謂性種性云云。五種身中不出種性位、如何。

【第十五問】

又問。以何文證、種性已上得法性身乎。進云、引地持六入殊勝文。付之、如常。

【第十六問】

問。種性已上有五種身云云。爾者可約一人乎。答。可然也。付之、於一人有五種身者、分段變易有雜亂失、如何。章云、問曰、法花優婆提舍說、解行前爲分段死。勝鬘、何故說爲變易。釋言、菩薩種性已上有五種身。一法性身。謂性種性及解行中清淨向等。如地持說、六入殊勝無始法爾。如是等也。二實報身。謂習種性及解行中得前方便。如地持說、若從先來修善所得。如是等也。三者生滅變易法身。所謂緣照無漏業果。四分段身。謂無始來有漏業果。

五應化身。隨物現生云云。
二種種性義云、第一門中、約就行位辨定先後。二種性者、一習種性、二性種性。此二種性、若據位分、習種在前、性種在後。若就行論、性習同時。以同時故、前後不定。依體起用、先明性種、後明習種。尋用取體、先明習種、後明性種。與彼證道・教道相似。就位以論、教道在前、證道在後。世閒之行爲教道故、所以在前。地上之行爲證道故、所以在後。據行論之、證教同時。以同時故、先後不定。依體起用、先證後教。尋用取體、先教後證。先後如是云云。

【第十七問】

問。於變易報可立三界乎。進云、爾也。付之、三界者立分段。何於變易論之。若然者、何云欲界乃至無色乎。
章云、如經中說。世閒有二。一無常壞、二無常病。無常壞者、是分段三界。無常病者、是變易三界。○問曰、分段於三界中分齊可知。變易生死於三界中分齊何處。唯聖所知。亦可變易。依禪地說、依初禪地發無漏業、受變易報、繫屬初禪。如是一切云云。

【第十八問】

問。就分段因緣受生時起何愛乎。進云、或起婬愛或起花池等愛云云。付之、十二因緣義云、妄想起於花池等愛。非起婬愛云云。何相出乎。
章云、於受生時、或起婬愛、或復起於花池等愛云云。
十二因緣義云、二求生心識。在於中陰。三受生心識。名爲識支。謂受生時、最初一念染汚之心、於彼父母精血等事、妄想起於花池等愛。非起婬愛云云。

【第十九問】

問。於分段・變易、何分別因緣新舊乎。進云、分段因故緣新。變易因新緣故。付之、□業感果皆因緣有新故。何如是分別乎。

章云、前分段死、因故緣新。由是因同緣有差異。此變易死、緣故因新。爲是緣同因有差別。隨義細論、分段之因、變易之緣、非無差別。異相難分。是以不說。理實無明亦扶分段。四住之習亦佐變易。相隱微少。故廢不論云云。

章次上文云、次辨因緣。親生名因、疎助目緣。總相麤論、分段生死、有漏業因、四住爲緣。○變易生死、無漏業因、無明爲緣。○隨別細分、分段生死有善有惡。惡道分段義別三階。○善道分段亦有三階。○變易有二。一事識中變易生死。二妄識中變易生死○云云。此亦各有三階。可見□

私云、分段因故緣新者、以生死善惡往因故、因故也。悲願爲緣、緣新也。變易者、無漏爲因、無明爲緣。因新緣故。其義易知云云。

註

(1) 岡本一平「『大乘義章』のテキストの諸系統について」(國際シンポジウム報告書『東アジア佛教寫本研究』所收。國際佛教學大學院大學 日本古寫經研究所 文科省戰略プロジェクト實行委員會、二〇一五)參照。

(2) 「二種生死義」については、深浦正文『唯識學研究』下卷所收「二種生死」(永田文昌堂、一九五四)、平井俊榮「變易生死の觀念の成立と展開——如來藏佛教との關連をめぐって」(『印佛研』一一—二、一九六三)、鶴見良道「勝鬘經における二種生死義」(『駒澤大學大學院佛教學研究會年報』九、一九七五)、舟橋尚哉「唯識思想における生死について——原始佛教より唯識まで」(『日本佛教學會年報』四六、一九八〇)、寺井良宣「一乘・三乘論爭における三論宗の位置——玄叡の『大乘三論大義鈔』と法寶の『一乘佛性究竟論』との關係を中心に」(北畠典生教授還曆記念『日本の佛教と文化』所收。永田文昌堂、一九九〇)、同「法寶の唯識思想批判の考察——變易生死と二乘作佛の問題を中心に」(『佛教學研究』四八、一九九二)、兵藤一夫「二種の生死について」(『佛教學セミナー』五八、一九九三)、久保田力「〝生〟という汚れ——意生身と不可思議變易生死」（『印佛研』四七―一、一九九八）、大竹晉「始教・終教・別教における生死」（同『唯識説を中心とした初期華嚴教學の研究』第一部、第四章所收。大藏出版、二〇〇七）、林香奈「基の著作における菩薩の二種身と佛の三身について」（『印佛研』五七―一、二〇〇八）、池田將則「敦煌出土攝論宗文獻『攝大乘論疏』（北6904V）――解題と翻印」（『龍谷大學大學院文學研究科紀要』三二、二〇一〇）、松本史朗「『勝鬘經』の思想的立場」（同『佛教思想論』下、第六章所收。大藏出版、二〇一三）、蜷川祥美「藏俊著『唯識論菩提院鈔』中の論義「命與身一」について」（『岐阜聖德學園大學佛教文化研究所紀要』一三、二〇一三）、岡本一平「東大寺圖書館所藏 凝然『華嚴二種生死義』について」（『東アジア佛教研究』一二、二〇一四）等の研究がある。

資料篇

一　地論宗斷片集成

大竹　晉

解題

本稿は地論宗の諸師によって著された佛教教理關係の著作の逸文と、非地論宗系の著作において傳えられる地論宗の學說との集成である。

第一部逸書篇は地論宗の諸師によって著された佛教教理關係の著作の逸文を收める。

第一章は慧光（四六九—五三八）の『華嚴經疏』『華嚴經略疏』『華嚴經入法界品鈔』他の逸文を收める。道宣『續高僧傳』卷二十一、慧光傳（T50, 607c; 608a）によれば、慧光は北魏から東魏、北齊にかけての人であり、「『華嚴』『涅槃』『維摩』『十地』『地持』等」に疏し、「『勝鬘』『遺教』『溫室』『仁王般若』等」に註釋を撰し、『四分律疏』を造り、『玄宗論』『大乘義』『律義章』『仁王七誡』『僧制十八條』を著した。『華嚴經疏』『華嚴經入法界品鈔』は法藏『華嚴經傳記』卷二（T51, 159b）に「有『疏』四卷」と出、圓超『華嚴宗章疏幷因明錄』（T55, 1133b）に「『華嚴疏』四卷。齊鄴下大覺寺慧光述」「『華嚴入法界品鈔』一卷。光統律師述」と出、永超『東域傳燈目錄』（T55, 1146c）に「同『入法界品抄』一卷。光統律師撰」と出、義天『新編諸宗教藏總錄』（T55, 1166a）に「『疏』十卷。又『略疏』四卷。已上慧光〈世稱光緣（統?）〉述」と出る。慧光の逸文をこれら『華嚴經疏』『華嚴經略疏』『華嚴經入法界品鈔』のいずれかに正確に分類することは不可能なので、本稿においては三書を區別せずに扱った。なお、慧光の逸文を收集した先驅的試みとして、坂本幸男『華嚴教學の研究』（京都、平樂寺書店、一九五六年、二〇四頁註六）がある。さらに、未知の逸文に關する最新の報告として、岡本・平「慧光の頓漸圓三種教について」（『東洋學研究』五三、東京、東洋大學東洋學研究所、二〇一六年）がある。本稿においても、特に岡本氏のご好意によってその逸文を收錄することができた（冒頭に收錄した逸文がそれである）。逸文においては、證道、助道、不住道という同相三道說や、無爲緣起、有爲緣起、自體緣起という三緣起說など、後代の地論宗に繼承された說が見受けられる。

第二章は法上（四九五―五八〇）の『增一數法』『諸經雜集』『大乘義章』他の逸文を收める。『續高僧傳』卷八、法上傳（T50, 485a）によれば、法上は北魏から東魏、北齊にかけての人であり、慧光の弟子であって、「『十地』『地持』『楞伽』『涅槃』等部」を講じてそれぞれ疏を著した。『歷代三寶紀』卷十二（T49, 104c）においては、『增一數法』四十卷、『佛性論』二卷、『大乘義章』六卷、『衆經錄』一卷を著したことが記される。このほか、引用文によって、『諸經雜集』二十卷があったことも知られる。今回は『衆經錄』の逸文を別稿に讓り、あくまで佛教教理關係の著作の逸文を拾うにとどめた。なお、法上の逸文を收集した先驅的試みとして、吉津宜英「大乘義章の成立と淨影寺慧遠の思想（一）」「同（二）」（『三藏』一六五―一六六、東京、大東出版社〔國譯一切經月報〕、一九七八年）がある。

第三章は慧遠（五二三―五九二）の『華嚴經疏』の逸文を收める。慧遠は法上の弟子であり、地論宗南道派のあまりにも有名な領袖である。法藏『華嚴經傳記』卷一（T51, 156c-157a）によれば、『華嚴經疏』は慧遠の最晚年の著作であり、慧遠は十迴向品に至って自らの死期を悟り、これの撰述を途絶した。その卷數は『華嚴經傳記』卷三（T51, 164b）において「有『疏』七卷、未成未講」と記される。彼が「『華嚴疏』七卷」を造ったことは『續高僧傳』卷八、慧遠傳（T50, 491c）においても記される。ただし、義天『新編諸宗教藏總錄』（T55, 1166a）においては「『疏』八卷〈或四卷〉〈慧遠述、辯相續修〉」と傳えられるから、慧遠の『華嚴經疏』は、慧遠の弟子、辯相によって書き續けられたらしい。慧遠『華嚴經疏』の逸文の大半は法藏『華嚴經探玄記』から回收され、その逸文は『華嚴經』最終品である入法界品までを範圍としているから、法藏が用いた慧遠『華嚴經疏』は辯相によって書き足された疏だったのであろうか。しかし、辯相によって書き足された疏は、入法界品までを範圍とする疏としては、卷數が少なすぎるようである。十迴向品の次の十地品について法藏が引用する慧遠の說は慧遠『十地經論義記』そのままであり、そのことを考慮するかぎり、法藏が用いた慧遠『華嚴經疏』は十地品を範圍としていなかったようにも思われる。辯相は十地品については慧遠『十地經論義記』にすべてを讓り、それ以降の品について疏を書き足したということであろうか。謎は殘るが、これ以上の詮索はしないでおく。なお、慧遠『地持論義記』は、卷三下、卷四上、卷五下が現存するにすぎないが、かつて完本が日本に存在したことは明らかであり、今後、古寫本を含む日本撰述文獻から散逸箇所の逸文が網羅的に回收され編纂されることが期待される。

第四章は僧範（四七六―五五五）の『華嚴經疏』の逸文を收める。『續高僧傳』卷八、僧範傳（T50, 483c）によれば、僧範は北魏から東魏、北齊にかけての人であり、慧光の弟子であって、「『華嚴』『十地』『地持』『維摩』『勝鬘』」を講じてそれぞれ疏を造り、さらに、「『涅槃』『大品』等」については、疏に手を加えて〔別の〕經を引き、論を造った。『華嚴經疏』の卷數は、『華嚴經傳記』卷二、僧範傳（T51, 159c）によれば、「『華嚴疏』五卷」と傳えられる。

第五章は曇衍（五〇三―五八一）の『華嚴經疏』の逸文を收める。『續高僧傳』卷八、曇衍傳（T50, 487bc）によれば、曇衍は北魏から東魏、北齊にかけての人であり、慧光の弟子であった。『華嚴經疏』の卷數は、『華嚴經傳記』卷二、曇衍傳（T51, 159c）によれば、「『華嚴經疏』七卷」と傳えられる。逸文においては、證道、助道、不住道という同相三道說や、教量、信量、比量、現量という四量說など、地論宗特有の說が見受けられる。特に、曇衍が四量說を用いていることによって、四量說が東魏、北齊から始まる說であることが確かめられる。

第六章は靈裕（五一八―六〇五）の『總懺十惡偈文』の全文と『華嚴經疏』の逸文とを收める。『續高僧傳』卷九、靈裕傳（T50, 495b）によれば、靈裕は慧光に弟子入りするつもりで慧光を訪ねたところ、慧光は七日前に死去していたため、慧光の弟子である道憑に弟子入りした。靈裕は多くの著作を殘し、その一端が靈裕傳（T50, 497c）において列擧されるが、それによれば、『華嚴經疏』の卷數は「『華嚴疏』及『旨歸』合九卷」と傳えられ、『華嚴經傳記』卷二、靈裕傳（T51, 161a）もそれに從っている。うちわけについては、圓超『華嚴宗章疏幷因明錄』（T55, 1133b）が「『華嚴疏』八卷」「『華嚴旨歸』一卷」と傳えている。しかるに、『華嚴經疏』の一部として現存する靈裕『華嚴經文義記』卷六は明らかに卷六までで完結している。八卷本と六卷本との二つの『華嚴經疏』があったということであろうか、それとも、圓超は『華嚴經疏』を見ないまま憶測を傳えたのであろうか。未詳である。『總懺十悪偈文』は靈裕傳において列擧される著作のうちに見えないが、道世『法苑珠林』のうちに全文が載せられているので、今回、ここに收めた。『總懺十悪偈文』のうちには眞諦譯『佛性論』にもとづく箇所が確認され、すでに靈裕の頃から地論宗の攝論宗化が始まっていたことが伺われる。なお、靈裕の著作の逸文としては、たとえば『聖迹記』や『寺誥』のような、佛教史關係の著作の逸文を拾うことも可能であるが、今回はあくまで佛教教理關係の著作の逸文を拾うにとどめた。

第七章は北臺意（生沒年不明）の『華嚴經疏』の逸文を收める。北臺は地名であり、意は僧名（某意）の一部である。この人については何もわからないが、地論宗の時代の北朝の僧侶であったことは確かである。したがって、本稿においては、意を廣義の地論宗に含まれるものと見なして、『華嚴經疏』の逸文を收めた。『華嚴經疏』の巻數は、『華嚴經傳記』巻三（T51, 164b）によれば、「魏北臺意法師〈有『疏』。不知幾巻〉」と傳えられる。

第八章は智炬（惠炬。生沒年不明）の『華嚴經疏』の逸文を收める。『華嚴經傳記』巻二、智炬傳（T51, 158c-159a）によれば、智炬は北魏から東魏、北齊にかけての人であり、若いころ北魏の曇無最に仕えていた。『華嚴經』を數十遍讀み、疑問が增したが、夢に普賢菩薩が「汝は我が南方に向かうを逐え。當に汝に藥を與うべし」と語るのを見、目覺めて南方に三日行ったところ、淸らかな池に菖蒲が生えているのを見、その菖蒲を服したところ、疑問は解消した。そののち撰述したのが「『疏』十巻」である。彼は七十歳で北臺に死した。なお、法藏『華嚴經探玄記』巻一（T35, 123a）や惠英『大方廣佛華嚴經感應傳』（T51, 174ab）においては、夢に現れたのは善財童子となっている。

第九章は道英（五五〇―六三九）の『華嚴經疏』の逸文を收める。『續高僧傳』巻二十五、道英傳によれば、道英は北周から隋、唐にかけての人であり、智炬の弟子であって、彼のもとで『華嚴經』などを聽聞した。『續高僧傳』巻十八、曇遷傳（T50, 573a）によれば、隋の開皇十年（五九〇）に曇遷のために長安に勝光寺が置かれ、「遷之徒衆六十餘人」がそこに住んだが、道英傳（T50, 654a）によれば、道英もそこで曇遷から『攝大乘論』を聽聞した。同傳（T50, 654b）においては、道英が『大乘起信論』を講じていたことも傳えられる。彼に『華嚴經疏』があったことは逸文からしか知られない。逸文においては、地論宗特有の、證道、助道、不住道という同相三道說が用いられている。

第十章は智正（五五九―六三九）の『華嚴經疏』の逸文を收める。智正の學系は明白でない。『續高僧傳』卷十八、曇遷傳（T50, 573a）によれば、隋の開皇十年（五九〇）に曇遷のために長安に勝光寺が置かれ、「遷之徒衆六十餘人」がそこに住んだが、同書卷十四、智正傳（T50, 536b）によれば、智正も「英賢」のひとりとして曇遷とともにそこに住まわされた。曇遷は、言うまでもなく、『攝大乘論』を北地に傳えた人物である。さらに、智正は長安郊外の終南山の至相寺に住した靜淵（生沒年不明）に從い、二十八年をともに過ごした。法藏『華嚴經傳記』卷三（T51, 164b）によれば、靜淵はほかの經とともに『華嚴經』を弘めた人物である。智正傳（T50, 536c）によれば、智正は「『華嚴』『攝論』『楞伽』『勝鬘』『唯識』等」を講じたと傳えられるが、『攝大乘論』に關する見識は曇遷から受け、『華嚴經』に關する見識は靜淵から受けたのかもしれない。『華嚴經疏』の卷數は、『續高僧傳』智正傳（T50, 536c）によれば、「『華嚴疏』十卷」と傳えられ、『華嚴經傳記』卷三（T51, 164c）によれば、「唐終南山至相寺智正法師〈有『疏』十一卷〉」と傳えられ、義天『新編諸宗教藏總錄』（T55, 1166a）によれば、「『疏』二十二卷、智正述」と傳えられる。逸文においては、『攝大乘論』に關する記述がしばしば見受けられ、智正の頃には地論宗の攝論宗化が進んでいたことが伺われる。

第十一章は靈辨（五八四―六六三）の『華嚴經疏』の逸文を收める。『華嚴經傳記』卷三、靈辨傳（T51, 163ab）によれば、靈辨は隋から唐にかけての人であり、靈幹（五三五―六一二）の甥であった。靈幹については、『續高僧傳』卷十二、靈幹傳に詳しい。それによれば、靈幹は一生を『華嚴經』の宣揚に費やした人である。靈幹が曇遷と親しかったことから、靈辨は出家した後、曇遷のもとで「異聞」を受け、「『唯識』『起信』等論、『勝鬘』『維摩』等經」を講じ、具足戒を受けた後、「『仁王經』、『十地』『地持』『攝大乘』等論」を講じたが、のちに、「一乘妙旨無越『華嚴』」という理由から、自ら講ずることをやめ、智正の弟子となって『華嚴經』を學んだ。卒業したのちに撰述したものが『華嚴經』に對する「『疏』十二巻、『抄』十巻、『章』三巻」である。なお、『華嚴經傳記』巻三、智儼傳（T51, 163c）によれば、靈辨は具足戒を受ける前の智儼を指導している。逸文においては、『攝大乘論』に關する記述が智正の頃より頻繁に見受けられ、靈辨の頃には地論宗の攝論宗化がほぼ終わっていたことが伺われる。

第十二章は曇延（五一六―五八八）の『涅槃經義疏』の逸文を収める。『續高僧傳』巻八、曇延傳（T50, 488a-489c）によれば、曇延は北魏から西魏、北周、隋にかけての人であり、十六歳の時、僧妙法師の『涅槃經』の講義を聽いて出家し、具足戒を受けた後、「『華嚴』『大論』『十地』『地持』『佛性』『寶性』等諸部」の講義を聽き、やがて北周の武帝の命を受けて國統となり、武帝の廢佛に際して隱遁した後、隋において復歸した。その著作は「所著『涅槃義疏』十五巻。『寶性』『勝鬘』『仁王』等疏各有差」と傳えられるが、これらはすべて散逸し、『涅槃經義疏』の逸文がわずかに知られるにすぎない。曇延傳によれば、『涅槃經義疏』は慧遠『大般涅槃經義記』より後に著され、兩者は同時代の人々によって比較された。『涅槃經義疏』の逸文は法寶『大般涅槃經疏』および辯空『大般涅槃經義記圓旨抄』（逸文を含む）から回収されるが、後者については、池田將則氏から情報を提供していただいた。『大般涅槃經義記圓旨抄』については、村上明也「韓國・松廣寺所藏の辯空撰『大般涅槃經義記圓旨抄』について」（『東アジア佛教研究』一四、東京、東アジア佛教研究會、二〇一六年）および本書所收の池田將則「慧遠『大般涅槃經義記』の成立過程について」をご覧いただきたい。

第十三章は懍（生沒年不明）の『大品般若經疏』の逸文を収める。懍（某懍）については、地論宗南道派の人物であったと考えられる以外、いまだ確定的なことは判っていない。目錄や引用によるかぎり、彼には少なくとも『法鏡論』『大品般若經疏』という二つの著作があった。『法鏡論』の逸文はすでに解題とともに『續集』に収められている。今、本稿においては、殘された『大品般若經疏』の逸文を收める。『大品般若經疏』の卷數は、永超『東域傳燈目錄』（T55, 1147b）によれば、「〔『大品般若經』〕同疏五卷〈懍法師撰〉」と傳えられる。

第十四章は憬（生沒年不明）の『大集經疏』の逸文を收める。憬については、ほとんど何も判らない。彼が地論宗の人であったかどうかすら、じつは確かでない。ただし、「憬」は「懍」の誤字としてしばしば現れるので、この憬が懍と同一人物である可能性も皆無ではない。さらに、『大集經』は地論宗において最も重視された經のひとつである。したがって、本稿においては、憬を地論宗に含まれる可能性があるものと見なして、『大集經疏』の逸文を收めた。『大集經疏』の卷數は、永超『東域傳燈目錄』（T55, 1150b）によれば、「〔『大集經』〕『同經疏』五卷〈或云四卷。憬法師集。傳法院錄云五卷〉」と傳えられる。

第二部學說篇は非地論宗系の著作において傳えられる地論宗の學說を收める。

第一章は惠達（六世紀頃）の著作において傳えられる學說を收める。現存の『肇論』には慧達『肇論序』が附され、さらに、日本には惠達『肇論疏』三卷が傳えられているが、慧達と惠達とが同一人物であることは疑問視されている。これについては、塚本善隆編『肇論研究』（京都、法藏館、一九五五年）に收められた牧田諦亮「肇論の流傳について」を見られたい。同論文は「慧達序に見える宗本義が惠達疏にはないこと」に注意を喚起している。「宗本義」は現存の『肇論』の冒頭に存する宗本義である。ただし、惠達が慧達と同じく南朝の人物であったことは『肇論疏』の內容から確實である。『肇論疏』は「招提」の說をしばしば紹介しているが、「招提」は梁の招提寺慧琰に他ならない。慧琰は梁の簡文帝（在位五四九―五五一）から書簡「與慧琰法師書」（『廣弘明集』卷十六所收）を送られているから、その慧琰の說を紹介する惠達はさらに後の人である。

第二章は吉藏（五四九―六二三）の著作において傳えられる學說を收める。著作の配列は著作の完成の順序による。これについては、平井俊榮『中國般若思想史研究　吉藏と三論學派』（東京、春秋社、一九七六年）第二篇第一章「吉藏の著作」における考證に従った。なお、『勝鬘寶窟』については、李相旻氏から情報を提供していただいた。

第三章は慧均（六—七世紀）の著作において傳えられる學説を收める。

第四章は智顗（五三八—五九七）の著作において傳えられる學説を收める。著作の配列は著作の完成の順序による。これについては、佐藤哲英『天台大師の研究』（京都、百華苑、一九六一年）第四篇第二章「維摩經疏」における考證に従った。なお、智顗の著作において傳えられる學説のいくつかが、敦煌出土、地論宗文獻『法界圖』に依據することは、すでに『法界圖』の校訂者である青木隆の「解題」（『第一集』所收）において指摘されている。本稿も青木の指摘に益せられた。

第五章は智顗（說）・灌頂（記）の著作において傳えられる學説を收める。著作の配列は著作の完成の順序による。これについては、『天台大師の研究』第三篇第二章「法華玄義」、第三章「法華文句」、第四章「摩訶止觀」、第四篇第三章「金光明經疏」、第四章「觀音經疏」における考證に従った。

第六章は灌頂（五六一—六三二）の著作において傳えられる學説を收める。著作の配列は著作の完成の順序による。なお、佐藤哲英『續・天台大師の研究』（京都、百華苑、一九八一年）第八章「『四念處』の作者に關する研究」によって、『四念處』を灌頂の著作のうちに含めた。

注目すべきことに、智顗の親撰の著作はおおむね地論宗を「地論師」と呼んでおり、灌頂の著作や、灌頂によって編纂された智顗の講義録はおおむね地論宗を「地師」「地人」と呼んでいる。したがって、「地師」「地人」という呼びかたは、たとえ智顗の講義録に現れるにせよ、灌頂特有の呼びかたであると考えられる。

第七章は著者不明の敦煌本『維摩經疏』において傳えられる學説を收める。

第八章は遁倫（道倫。七—八世紀）『瑜伽論記』において傳えられる學説を收める。

第九章は法藏（六四三—七一二）の著作において傳えられる學説を收める。

＊＊＊

凡例

一、〃〃は逸文や學說を指す。
一、「」は經論における會話文や經論からの引用文を指す。
一、『』は經論の題名や、「」の内部の更なる會話文や引用文を指す。
一、〈〉は原漢文の雙行註を指す。
一、〔〕は和譯における補足を指す。
一、（）は原漢語に對する訂正案や換言案、還元梵語を指す。
一、引用された學說に對し引用者（他宗）が批判を加えることもあるが、そのような批判については、紙數の關係上、原則としてこれを收錄しない。
一、引用された學說のうちには現存の地論宗文獻のうちに出典が特定できるものもある。そのような學說については、後世の人々の出典檢索の勞を省くために、出典を注記した上でこれを收錄する。
一、引用された學說のうちには他宗の學說と對比されているものもあるが、そのような他宗の學說については、紙數の關係上、原則としてこれを收錄しない。ただし、場合によっては、理解の必要上、最小限にこれを收錄する。
一、吉藏は地論師と大智度論師との二つを「北地（師）」「北土（師）」と呼稱している。大智度論師は廣義においては地論師の一部であるが、吉藏は大智度論師を地論師と異なる特殊な說の持ち主として擧げる傾向にある。したがって、今回は、地論師の場合に限って、「北地（師）」「北土（師）」の說を收錄する。

＊＊＊

第一部　逸書篇

第一章　慧光『華嚴經疏』『華嚴經略疏』『華嚴經入法界品鈔』他

A　『華嚴經疏』『華嚴經略疏』『華嚴經入法界品鈔』

【疏】光『略疏』曰〝如約以辯、一化始終、教門差別、有其三種。三種者何。一曰頓教、二曰漸教、三曰圓教〟。……彼曰〝漸者、爲於始習、施設方便、開發三乘引接之化、初徵（微？）後著、從淺至深、次第相乘、以階彼岸。故稱爲漸〟。……彼曰〝頓者、始於道樹、爲諸大行、一往直陳宗本之致方廣法輪、其趣淵玄、更無由籍。以之爲頓〟。（希迪『華嚴一乘教義分齊章集成記』巻一。Z1.95.5, 510d）

光の『略疏』は〝簡約に辯ずるならば、〔釋迦牟尼〕一代の教化の始終については、教門の區別は三種類ある。三種類とは何かというならば、第一は頓教（〝すぐさまの教え〟）、第二は漸教（〝だんだんの教え〟）、第三は圓教（〝完全な教え〟）である〟と言っている。……彼は〝漸（〝だんだん〟）とは、習い始めた者たちのために方便を設定し、三乘という引き寄せるための教化を開發し、〔彼らは〕初めに微細〔な教〕、後に顯著〔な教〕というふうに、淺薄〔な教〕から深遠〔な教〕に至り、だんだん〔次の教に〕乘り換えて、彼岸に登っていく。ゆえに漸と呼ばれる〟と言っている。……彼は〝頓（〝すぐさま〟）とは、始めは菩提樹下から、大行の者たちに對し、ひたすら直《じか》に宗本（〝宗〟）の極致である方廣（大乘）の法輪を開陳し、彼らが深奥〔なる悟り〕に趣く際に、ことさら〔小乘を〕經由する必要がない。そのことを頓と規定する〟と言っている。

【疏】光師『花嚴疏』第一云〝今此經者、三教之中、蓋是頓教所攝〞〈已上〉。又云〝頓者、始於道樹、爲諸大行、一往直陳宗本之致方廣法輪、其趣淵玄、更無由藉。以之爲頓〞〈已上〉。

（湛叡『演義鈔一下纂釋』第三。T57, 199a）

光師の『花嚴疏』巻一は〝今この經は、三教のうち、まさしく頓教（〝すぐさまの教え〞）のうちに含まれる〞〈已上〉と言っている。さらに、〝頓（〝すぐさま〞）とは、始めは菩提樹下から、大行の者たちに對し、ひたすら直《じか》に宗本（〝宗〞）の極致である方廣（大乘）の法輪を開陳し、彼らが深奥〔なる悟り〕に趣く際に、ことさら〔小乘を〕經由する必要がない。そのことを頓と規定する〞〈已上〉と言っている。

【疏】光統『疏』第一陳漸頓圓三教已云〝今此經者、三教之中、蓋是頓教所攝〞〈已上〉。

（凝然『五教章通路記』巻十一。T72, 366c）

光統の『疏』巻一は漸頓圓の三教を述べてのち、〝今この經は、三教のうち、まさしく頓教（〝すぐさまの教え〞）のうちに含まれる〞〈已上〉と言っている。

【疏】五依光統師、以因果理實爲宗。卽因果是所成行德、理實是所依法界。（法藏『華嚴經探玄記』巻一。T35, 120a）

第五に、光統師によるならば、因果理實を〔『華嚴經』の〕宗と規定する。すなわち、因果とは完成されるべき行德（〝生成的な功德〞）であり、理實とは〔因果の〕所依である法界である。

【疏】今依光統師、以因果緣起理實爲宗趣。因果是位、緣起是義、理實是體。以因果與理實不二故是緣起也。

（法藏『華嚴經文義綱目』。T35, 495a）

今は、光統師によって、因果緣起理實を〔『華嚴經』の〕宗趣と規定する。因果とは位（〝狀態〞）であり、縁起とは義（〝性質〟）であり、理實とは體（〝基體〟）である。因果と理實とが不二であるゆえに、縁起なのである。

【疏】四釋文者、依大光律師云〝前會普賢承力說淨土依果、此下明因行〟。

（智儼『大方廣佛華嚴經搜玄分齊通智方軌』巻一下。T35, 25b）

第四に、經文解釋とは、大光律師によれば、〝前の會（寂滅道場會）においては、普賢が〔佛の〕力を承け、淨土という、〔修行の〕果である所依を說いたが、ここ（普光法堂會）からは、〔淨土の〕因である修行を明らかにするのである〟と言っている。

【經】爾時世尊知諸菩薩心之所念、即於面門及一一齒閒、各放佛世界塵數光明。

（『大方廣佛華嚴經』巻二、盧舍那佛品。T9, 405b）

〔藏文和譯〕そうすると、世尊によって、その時、彼ら諸菩薩の心の慮り（*parikalpa）を悟ってのち、顔の開き口（*mukha-dvāra）である、〔上下の〕齒列の閒から、佛國土にある微塵の數のかぎりの光明が放たれた[1]。

【疏】「面門」者、諸德有三釋。一云〝是口[2]〟。一云〝是面之正容、非別口也[3]〟。光統師云〝鼻下口上中閒是也〟。

（法藏『華嚴經探玄記』巻三。T35, 151b）

「面門」については、諸德に三つの解釋がある。ある人は〝口である〟と言っている。ある人は〝顔面の全體的な容貌であるが、個別的な口ではない〟と言っている。光統師は〝鼻の下から口の上までの中閒がこれである〟と言っている。

【疏】二光統釋云〝此『經』佛初成道說、但顯一乘圓教法輪體爲諸教之本、諸教益相爲此益、故不辨也〞。

（法藏『華嚴經探玄記』巻三。T35, 166b）

第二に光統は解釋して〝この『〔華嚴〕經』は佛が初めて成道の際に說いたものであって、ただ、一乘圓教という、法輪の體（〝ありかた〞）が、諸教にとって根本であることを明らかにするにすぎず、諸教の利益のありさまがそれ（『華嚴經』）の利益であるゆえに、〔『華嚴經』初會においては、聽衆が『華嚴經』の利益を受けることが〕說かれないのである〞と言っている。

【經】時諸菩薩咸作是念。「唯願世尊哀愍我等、隨所志樂、示現佛刹、示佛所住、示佛國莊嚴、示諸佛法、示佛土清淨、示佛所說法、示佛刹體、示佛功德勢力、示隨佛刹起、示成正覺、開示十方一切如來所可分別菩薩十住十行十迴向十藏十地十願十定十自在十頂。菩薩隨喜心、不斷如來性、救衆生、滅煩惱、知衆行、解諸法、離垢穢、拔衆難、決疑網、竭愛欲。佛無上地、佛境界、佛住壽、佛行、佛力、佛無所畏、佛定、佛神足、佛勝法、佛不動轉、佛六情根、佛光、佛智、佛無上功德一切具足、如是等事悉爲我現」。

（『大方廣佛華嚴經』巻四、如來名號品。T9, 418b）

〔藏文和譯〕　そうすると、彼ら諸菩薩は次のように思った。「われわれへの憐れみ（*anukampā）を祕めて、世尊によって、諸菩薩の願いのままに、佛國土が說き示されるとよいが。佛の行（*caryā）が說き示されるとよいが。佛國土の莊嚴が說き示されるとよいが。佛の法性が說き示されるとよいが。佛國土の清淨が說き示されるとよいが。佛の所說の法が說き示されるとよいが。佛國土の自性（*prakṛti）が說き示されるとよいが。佛の力が說き示されるとよいが。佛國土の起こりが說き示されるとよいが。佛の菩提が說き示されるとよいが。十方の世界において諸佛世尊によって菩薩の十住が安立されたとおり、そのとおり說き示されるとよいが。菩薩の十行が說き示されるとよいが。菩薩の十無量が說き示されるとよいが。菩薩の諸藏が說き示されるとよいが。菩薩の諸地が説き示されるとよいが。菩薩の諸願が説き示されるとよいが。菩薩の十定が説き示されるとよいが。菩薩の十神變が説き示されるとよいが。菩薩の十頂が説き示されるとよいが。あらゆる菩薩を出だすために、かつ、如來の種族を絶やさず、あらゆる有情を救い、あらゆる世界を隨煩惱なきものとし、あらゆる諸行（*saṃskāra）を知り、あらゆる法を説き、あらゆる雜染を淨め、あらゆる猶豫（*vicikitsā）を斷ち、あらゆる疑惑（*kāṅkṣā）を捨て、あらゆる所依（*ālaya）を壞すために、さらに、如來の地が説き示されるとよいが。さらに、如來の所行（*gocara）が説き示されるとよいが。さらに、如來の加持が説き示されるとよいが。さらに、如來の行（*caryā）が説き示されるとよいが。さらに、如來の力が説き示されるとよいが。さらに、如來の無畏（*viśārada）が説き示されるとよいが。さらに、如來の定が説き示されるとよいが。さらに、如來の神變が説き示されるとよいが。さらに、如來の大自在性（*mahāvaśitā）が説き示されるとよいが。さらに、如來の不可奪性（*asaṃhāryatā）が説き示されるとよいが。さらに、如來の眼が説き示されるとよいが。さらに、如來の耳が説き示されるとよいが。さらに、如來の鼻が説き示されるとよいが。さらに、如來の舌が説き示されるとよいが。さらに、如來の身が説き示されるとよいが。さらに、如來の意が説き示されるとよいが。さらに、如來の辨才が説き示されるとよいが。さらに、如來の智が説き示されるとよいが。さらに、如來の牛王力が説き示されるとよいが(4)」。

【疏】光統師合「隨喜心」等爲一問、卽爲三十四問。初十問先際佛法、次十問中際佛法、後十四問後際佛法。至下第六會來答之。（法藏『華嚴經探玄記』巻四。T35, 168b）

光統師は「隨喜心」などを合わせて一問と見なし、三十四問と規定する。〔「佛刹」から「成正覺」までの〕初めの十は先際の佛法を問い、〔「十住」から「菩薩隨喜心……竭愛欲」までの〕次の十は中際の佛法を問い、〔「佛無上地」から「佛無上功德一切具足」までの〕後の十四は後際の佛法を問うている。以下の〔『華嚴經』〕第六會まではそれに答えるのである。

【疏】大光師但作三十三問。即合「隨喜」等十句、總爲一問。（智儼『大方廣佛華嚴經搜玄分齊通智方軌』巻一下。T35, 25c）

大光師はただ三十三問と規定するのみである。すなわち、「隨喜」などという十句を合わせて全部で一問と見なす。

【疏】光師云〝有八序〟。（智儼『大方廣佛華嚴經搜玄分齊通智方軌』巻二上。T35, 33c）

〔十住品について、〕光師は〝八つの序がある〟と言っている。

【經】佛子、何等爲菩薩摩訶薩戒藏。此菩薩成就饒益戒、不受戒、無著戒、安住戒、不諍戒、不惱害戒、不雜戒、離邪命戒、離惡戒、清淨戒。（『大方廣佛華嚴經』巻十二、菩薩十無盡藏品。T9, 475ab）

〔藏文和譯〕おお、勝者の子らよ、ここでは、菩薩は、始めに、圓滿戒（*sampannaśīla）によって伴われているのである。非所加持戒（*anadhiṣṭhitaśīla）によって伴われているのである。無住處戒（*apratiṣṭhitaśīla）によって伴われているのである。無增上見戒（*anadhidṛṣṭiśīla）によって伴われているのである。不相違戒（*avirodhaśīla）によって伴われているのである。不害他戒（*parānupaghātaśīla）によって伴われているのである。不雜戒（*asaṃsṛṣṭaśīla）によって伴われているのである。無隨煩惱戒（*anupakleśaśīla）によって伴われているのである。無過失戒（*adoṣaśīla）によって伴われているのである。無罪戒（*anavadyaśīla）によって伴われているのである。(5)

【疏】光統云〝初一攝衆生戒、次八攝善法戒、後一律儀戒〟。（法藏『華嚴經探玄記』巻六。T35, 233b）

光統は〝最初の一つは〔『菩薩地持經』戒品における〕攝衆生戒であり、次の八つは攝善法戒であり、最後の一つは律儀戒である〟と言っている。

【經】 菩薩摩訶薩、所行善根、以諸大願攝取、行等行、積聚等積聚、長養等長養、皆悉廣大、具足充滿。（『大方廣佛華嚴經』巻十五、金剛幢菩薩十迴向品。T9, 493c）

〔藏文和譯〕 菩薩は善根のいずれか……によって精進し、等しく精進し、行じ、等しく行じ、〔善根を芽〕生えさせ、等しく〔芽〕生えさせ、大いなる所縁によって正しく集め、完成させ、廣大にさせ、圓滿させる。(6)

【疏】 光統師云〝此結上三道究竟之義。「行等行」者、結樂與佛成證道行。「積聚等」者、結與菩薩成助道行。「長養等」者、結與衆生成不住道行〟。（法藏『華嚴經探玄記』巻七。T35, 250b）

光統師は〝これは上述の三道が究竟することを締めくくるのである。「行等行」は、佛のために證道の行を完成することを願うことを締めくくるのである。「積聚等」は、菩薩のために助道の行を完成することを締めくくるのである。「長養等」は衆生のために不住道の行を完成することを締めくくるのである〟と言っている。

【經】 若施飮食、……一切悉施、無所慳吝……。（『大方廣佛華嚴經』巻十六、金剛幢菩薩十迴向品。T9, 499c-500a）

〔藏文和譯〕 食べ物を喜捨するのであれ、飲み物であれ、……彼が施を所緣とするあらゆる事物を喜捨する時……。(7)

【疏】 若更細論、所施物中、種類不同。依光統師、有一百二十。次廣有八萬四千。何者、謂百二十事中皆有十善業而行施故成一千二百。以七施法乘之成八千四百。一一行中具十種迴向故成八萬四千施行之門。七施法者、隨相有六、入理復一、即爲七也。隨相六者、心有三種。即三時喜等。事有三種。即施者受者及財物等。入理有二（甲本作一）、謂照三事空一寂之理。（法藏『華嚴經探玄記』巻八。T35, 263b）

もしあらためて細かく論ずれば、施される財物における種類はさまざまである。光統師によれば、百二十ある。さらに、廣くは八萬四千ある。なぜかといえば、具體的に言えば、百二十の財物に對し、いずれも十善業があって、施すゆえに、千二百となる。七施法をそれに掛けるので、八千四百となる。いちいちの行において十種類の迴向を具足するゆえに、八萬四千の施行の門がある。七施法とは、相に隨って六あり、理に入ればさらに一となるので、七なのである。相に隨って六あるとは、心は三種類ある。すなわち、三時の喜〔未詳〕などである。事は三種類ある。すなわち、施者と受者と財物とである。理に入れば一となるとは、具體的に言えば、〔施者と受者と財物という〕三事の空性である、一なる、寂滅の眞理を觀照するのである。

【經】菩薩摩訶薩布施鼻時、清淨如是迴向……令一切衆生得端正面門……。（『大方廣佛華嚴經』卷十七、金剛幢菩薩十迴向品。T9, 508c）

〔藏文和譯〕鼻を清らかに施すのであって、……あらゆる有情が顏（*mukha）に不美のないことを……伴うようになれ、と……(8)。

【疏】「面門」者、有人解〝是口(9)〟。光統云〝鼻下當柱爲「面門」〟。豈以施鼻、得口端正。（法藏『華嚴經探玄記』卷八。T35, 260c）

「面門」とは、ある人は〝口である〟と理解している。光統は〝鼻の下の人中が「面門」である〟と言っている。どうして鼻を布施して、口の端正さを得られようか。

【經】佛子、此菩薩摩訶薩增長①下品善根、②中品善根、③上品善根……。〔以下省略。合計三十善根〕（『大方廣佛華嚴經』卷十九、金剛幢菩薩十迴向品。T9, 520c）

〔藏文和譯〕ここで、かの……菩薩摩訶薩が下等な善根を積んだのであれ、中等な善根を積んだのであれ、上等な善根を積んだのであれ……(10)。

【疏】光統云〝初十行出自中、次十起從緣發、後十功成在已〟。（法藏『華嚴經探玄記』卷八。T35, 265b）

光統は〝最初の十は行によって自らの中から出、次の十は起こる際に所縁によって起き、最後の十は功が成ってあるのである〟と言っている。

【經】隨順音聲忍、順忍、無生法忍、如幻忍、如焰忍、如夢忍、如響忍、如電忍、如化忍、如虛空忍。（『大方廣佛華嚴經』巻二十八、十忍品。T9, 580c）

〔藏文和譯〕〔佛の〕聲を洞察する忍と、順忍（*ānulomikī kṣāntiḥ）と、無生法忍と、如幻忍と、如焰忍と、如夢忍と、如響忍と、如影像忍と、如變化忍と、如虛空忍とである。(11)

【疏】下七喩中、光統云〝前之四喩喩「音聲忍」、「電」「化」二喩喩於「順忍」、「虛空」一喩喩「無生忍」〟。又云〝「幻」者起無起相、「焰」者境無境相、「夢」者知無知相、「響」者聞無聞相、「電」者住無住相、「化」者有無有相、「空」者爲無爲相〟。(12)（法藏『華嚴經探玄記』巻八。T35, 383b）

後ろの七つの喩えについて、光統は〝最初の四つの喩えは「音聲忍」の喩えであり、「電」と「化」との二つの喩えは「順忍」の喩えであり、「虛空」という一つの喩えは「無生忍」の喩えである〟と言っている。さらに、〝「幻」とは起が無起であるありさまであり、「焰」とは境が無境であるありさまであり、「夢」とは知が無知であるありさまであり、「響」とは聞が無聞であるありさまであり、「電」とは住が無住であるありさまであり、「化」とは有が無有であるありさまであり、「虛空」とは有爲が無爲であるありさまである〟とも言っている。

【經】佛子、此『經』名爲『一切諸佛微密法藏』『一切世閒不能思議』『如來所印』『大智光明』『開發示現如來種性』『長養一切菩薩功德』『一切世閒無能破壞』『隨順一切如來境界』『令一切衆生皆悉淸淨』『分別演說佛究竟法』。（『大方廣佛華嚴經』巻三十六、寶王如來性起品。T9, 629c）

〔藏文和譯〕　おお、勝者の子よ、以上のような行相の諸法門は『如來の祕密にとっての依止』（*Tathāgataguhyasthāna）といわれる。『あらゆる世間によって知られ難いもの』（*Sarvalokadurvijñeya）といわれる。『如來の印を伴うもの』といわれる。『智の大威德が圓滿されたもの』といわれる。『如來の種姓についての説示』（*Tathāgatagotranirdeśa）といわれる。『あらゆる菩薩の成就』（*Sarvabodhisattvasamudāgama）といわれる。『あらゆる諸趣によっては奪われないもの』（*Sarvagatyasaṃhārya）といわれる。『如來の境に隨順するもの』（*Tathāgatagocarānugata）といわれる。『殘りなきあらゆる有情界を淨化するもの』といわれる。『あらゆる如來によって説示された善根』（*Sarvatathāgatanirdiṣṭakuśalamūla）といわれる。[13]

【疏】　依光統等、總作十名。一名『諸佛祕密藏經』。以是諸佛内證法故。二名『世間不能思議經』。以凡小莫測故。三名『如來所印經』。以此深廣是如來所印之法故。四名『大智光明經』。佛「智」垂「光」令得「明」故。五明（名？）『開發示現如來種性經』。性起品名從此而立。又釋。令佛「種性」起用現前、名「開示」也。六名『長養菩薩功德經』。前依種性發心起行、今令此行隨修漸長。七名『世間不能破壞經』。明彼行體常在世間、非八法所壞。又釋。非四相所遷故也。八名『隨順如來境界經』。以彼行因能順果故。九名『令衆生皆清淨經』。令於佛果生淨信故。又利他令離雜染障故。十名『分別說佛究竟經』。上約義、此句約教。以所說佛果性起是「究竟」法故。又義。上十名皆以後釋前。可知。（法藏『華嚴經探玄記』巻十五。T35, 416bc）

　光統らによれば、全部で十名と規定される。第一は『諸佛祕密藏經』と呼ばれる。諸佛の自内證の法だからである。第二は『世間不能思議經』と呼ばれる。凡夫は測り知ることができないからである。第三は『如來所印經』と呼ばれる。これは甚深廣大であり如來によって印された法だからである。第四は『大智光明經』と呼ばれる。佛の「智」は「光」を下し、「明」を得させるからである。第五は『開發示現如來種性經』と呼ばれる。性起品という名はこれによって起こったのである。さらに解釋がある。佛の「種性」に用（〝はたらき〟）を起こさせ〔「種性」を〕現前させることが、「開示」と呼ばれるのである。第六は『長養菩薩功德經』と呼ばれる。直前の〔『開發示現如來種性經』〕は種性に依據して〔菩提〕心を發し修行を起こすのであるが、今はこの修行を修習に随って漸次に増長させるのである。第七は『世間不能破壞經』と呼ばれる。かの修行の體（〝ありかた〟）は常に世間に在りつつも〔利、衰、毀、譽、稱、譏、苦、樂という〕世間八法によっては壞されないということを明らかにしている。さらに解釋がある。〔生、住、異、滅という〕四相によっては變遷されないからである。第八は『隨順如來境界經』と呼ばれる。かの修行という因は、佛という果に隨順できるからである。第九は『令衆生皆清淨經』と呼ばれる。佛という果に對し淨信を生じさせるからである。さらに、他者を利益することによって、雜染障を離れさせるからである。第十は『分別說佛究竟經』と呼ばれる。上〔の九句〕は〔說教の〕內容についてであり、この〔第十〕句は說教についてである。說教された、佛という果である性起は「究竟」の法だからである。さらに意味がある。上の十名はいずれも直後のものによって直前のものを解釋しているのである、と知るがよい。

【經】入三昧已、①時大莊嚴重閣講堂忽然廣博無量無邊、不可破壞金剛寶地淸淨莊嚴。……②爾時、佛神力故、令祇洹林忽然廣博、與不可說佛刹微塵數世界等、衆寶莊嚴。……③時祇洹林上虛空中、有不可思議天寶宮殿雲、不可思議衆香樹雲、不可說須彌山雲、莊嚴虛空。……（『大方廣佛華嚴經』卷四十四、入法界品。T9, 677ab）

〔梵文和譯〕そして、世尊が定に入った直後に、大莊嚴という重閣講堂は、果ても眞ん中もない廣いものとなった。他のものに凌駕されない金剛という地表の配置を有するものとなった。……そして、祇園すべてが廣い延びた續くものとなった。さらに、佛の威力によって、これら、言いつくせないほどの佛國土にある微塵の數に等しい、もろもろの佛國土も廣い延びた續くものとなった。あらゆる寶石のさまざまな配置を有するものとなった。……さらに、祇園すべてが、不可思議な天上の宮殿の雲による、穹窿の莊嚴を有するものとなった。數えきれないほどのあらゆる香木の雲によって覆われた莊嚴を有するものとなった。言いつくせ

ないほどのあらゆる配置と須彌山とによって覆われた莊嚴を有するものとなった。……⒁

【疏】　光統云〝嚴空表無爲緣起、嚴園表有爲緣起、嚴閣顯自體緣起故〟也。

（法藏『華嚴經探玄記』卷十八。T35, 444b）

光統は〝虛空を莊嚴することは無爲緣起を表そうとするため、祇園を莊嚴することは有爲緣起を表そうとするため、重閣講堂を莊嚴することは自體緣起を表そうとするためである〟と言っている。

【疏】　一家云〝此中知識有四十五人、後文殊不立、只有四十四人。初一是十信知識、次四十是十住等四十位知識、次二爲等覺位知識、後一是妙覺位知識〟。以舊無補闕文、故但辨四十四五耳。光統等諸德並多同此說。

（法藏『華嚴經探玄記』卷十八。T35, 450b）

〔善財が訪問する善知識について、〕ある學派は〝ここでは、善知識は〔延べで〕四十五人いるが、重複分の文殊を外せば、ただ四十四人いるのみである。最初の一人は十信の善知識、次の四十人は十住など四十位の善知識、次の二人は等覺位の善知識、最後の一人は妙覺位の善知識である〟と言っている。昔はいまだ〔日照三藏による〕補闕文がなかったせいで、ただ四十四あるいは四十五を辨ずるのみである。光統などの諸德はいずれも多くはこの說に同じている。

【經】　①菩提心者、則爲一切諸佛種子。能生一切諸佛法故。②菩提心者、則爲良田。長養衆生白淨法故。……〔以下省略。合計百十五句〕（『大方廣佛華嚴經』卷五十九、入法界品。T9, 775b）

〔梵文和譯〕というのも、良家の息子よ、菩提心は、あらゆる佛法（〝佛の諸屬性〟）にとって、種子となっているものなのである。あらゆる生類の白法を育てることによって、田となっているものなのである。……⒂

【疏】　前中、依光統師、分配十二住、科爲十二段。（法藏『華嚴經探玄記』卷二十。T35, 488a）

前者〔である百十五句〕を、光統師によれば、〔『菩薩地持經』住品における〕十二住に配分して、十二段に分科する。

【經】不明。

【疏】光統『疏』釋修相云〝對治修相現飾自體〟〈已上〉。（均如『釋華嚴敎分記圓通鈔』卷二。『均如大師華嚴學全書』下卷 p. 96 [90]）

光統『疏』は修習という相（〝ありさま〟）を解釋して〝對治である修習という相は現に自らの體（〝ありかた〟）を莊飾している〟と言っている。

B　未詳

次配位者、攝相安（從?）國（實?）、傳有二解。

一光法師云〝見道已前初劫爲第一依。少伏煩惱故。初二三地爲第二依。相同世間故。四五六地爲第三依。相同二乘故。七八九十地爲第四依。純無相脩唯菩薩行故〟。

第二眞諦三藏配〝地前初劫爲初依。初地至七地爲第二依。八九十地爲第三依。相好劫爲第四依〟。

又第三解、依『涅槃經』澤州疏主解[16]、一切地前菩薩爲初依。具煩惱故。同小乘七方便人。二初地至七地爲第二依。同小乘初二果人。初地菩薩斷分別惑、同初果。二地至七地、更經一兩生、得入八地、受變易身、同小乘二果一來天上一往人間故得聖果。八九二地爲第三依。永捨分段身、更不起欲界心、同小乘第三果人更不還來欲界受生。第十地菩薩爲第四依。同小乘阿羅漢果。（栖復『法華經玄贊要集』卷二。Z1.53.3, 206b）

次に、〔『涅槃經』如來性品における四依を〕位に配當することについては、相（〝外相〟）を實（〝內實〟）のうちに回收するならば、傳承上、二つの理解がある。

第一に光法師は〝見道より前の初劫を第一依と規定する。わずかに煩惱を伏するからである。初地と第二地と第三地とを第二依と規定する。〔初地と第二地と第三地とは〕相が世間と同じだからである。第四地と第五地と第六地とを第三依と規定する。〔第四地と第五地と第六地とは〕相が二乘と同じだからである。第七地と第八地と第九地と第十地とを第四依と規定する。〔第七地と第八地と第九地と第十地とは〕ひたすら無相であってただ菩薩のみの行を修習するからである〟と言っていた。

第二に眞諦三藏は〝地前の第一阿僧祇劫を初依と規定する。初地から第七地までを第二依と規定する。第八地、第九地、第十地を第三依と規定する。相好劫を第四依と規定する〟と配當していた。

さらに、第三の理解とは、『涅槃經』の澤州疏主（慧遠）の理解によるならば、あらゆる地前の菩薩を初依と規定する。煩惱を具えているからである。〔地前の菩薩は〕小乘の七方便の人に等しい。第二に、初地から第七地まで〔の菩薩〕を第二依と規定する。〔初地から第七地までの菩薩は〕小乘の初果と第二果との人に等しい。初地の菩薩は分別起の惑を斷ちきり、〔小乘の〕初果〔である預流〕に等しい。第二地から第七地まで〔の菩薩〕があらためて一生か二生を經てのち第八地に入ることを得、變易身を受けるのは、小乘の第二果である一來が天上から一度だけ人界に行ってのち聖果を得るのに等しい。第八地と第九地との二つを第三依と規定する。〔第八地と第九地との菩薩が〕永遠に分段身を捨て、あらためて欲界の心を起こさないのは、小乘の第三果〔である不還〕の人があらためて欲界に還來しては受生しないのに等しい。第十地の菩薩を第四依と規定する。〔第十地の菩薩は〕小乘の阿羅漢果に等しい。

第二章　法上『增一數法』『諸經雜集』『大乘義章』他

A　『增一數法』

「一偈一句」者、『增一集』(17)云〝隨取經中要偈。如四諦之流者是也。『十住毘婆沙』云「惡賤名厭、不求名無欲、心無垢名解脫、捨檐名涅槃」。惡賤於集、不求於苦、無垢是道、捨檐是滅。又云「佛語滿宿『我有四句』。所謂四

諦、四念處等[18]」是也〟。（智顗・灌頂『妙法蓮華經文句』巻八上。T34, 109a）

「一偈一句」とは、『增一集』において〝どれでも經のうちの綱要偈を指すのである。たとえば四諦のたぐいがそれである。『十住毘婆沙論』※において「嫌がることが厭と呼ばれ、求めないことが無欲と呼ばれ、心に垢がないことが解脱と呼ばれ、重荷を捨てることが涅槃と呼ばれる」と言われている。集を嫌がるのであり、苦を求めないのであり、垢がないことは道であり、重荷を捨てることは滅である。さらに、「佛は滿宿に『わたしに四句がある』と語った。具體的に言えば、四諦や四念處などである」と言われているのがそれである〟と言われている。

※法上が『毘婆沙』と書いたのを灌頂が『十住毘婆沙論』と誤解したらしい。

依『增一集』、初二二果爲第二依人、初果未得第二、第二果未得第三。彰此二果竝有未得。同是功用、故爲一依[19]。（灌頂『大般涅槃經疏』巻十。T38, 95a）

『增一集』によれば、初果（須陀洹）と第二果（斯陀含）との二つの果が第二依の人であって、初果はいまだ第二果を得ておらず、第二果はいまだ第三果を得ていない。〔「いまだ第二住處と第三住處とを得ていない[20]」という經文は〕これら二果がいずれも〔それぞれ第二果と第三果とを〕いまだ得ていないことを有していることを明らかにしている。〔初果と第二果とは〕同じく有功用であるから、一つの〔第二〕依となるのである。

B 『諸經雜集』

『釋論』三十一明「一一法各有九種。一各有體。二各有法。如眼耳雖同四大造、而眼有見用、耳無見功。如火以熱爲法、而不能潤也。三各有力。如火以燒爲力、水以潤爲力。四各有因。五各有緣。六各有果。七各有性。八各有限礙。九各有開通方便[21]」。

達磨鬱多將此九種、會『法華』中十如[22]。「各有法」者卽是『法華』中「如是作」。「各有限礙」者卽是『法華』中「如是相」。「各有果」者卽是『法華』中「如是果」「如是報」也。「各有開通方便」者卽是『汯華』中「如是本末究竟」等。餘者名同、可解。（智顗・灌頂『妙法蓮華經文句』巻三下。T34, 42c）

『大智度論』巻三十一は「ひとつひとつの法はそれぞれ九つのものを有している。第一には、それぞれ體を有している。第二には、それぞれ法（〝屬性〟）を有している。たとえば、眼と耳とは同じく〔地、水、火、風という〕四大種から造られているにせよ、眼は見るはたらきを有し、耳は見るはたらきを有しない。たとえば、火は熱を法としており、潤すことはできない。第三には、それぞれ力を有している。たとえば、火は焼くことを力としており、水は潤すことを力としている。第四には、それぞれ因を有している。第五には、それぞれ縁を有している。第六には、それぞれ果を有している。第七には、それぞれ性を有している。第八には、それぞれさまたげを有している。第九には、それぞれ起こるための手段を有している」ということを明らかにしている。

達磨鬱多はこれら九つのものを『法華經』における十如是に合わせた。「それぞれ法を有している」のは『法華經』における「如是作」である。「それぞれさまたげを有している」のは『法華經』における「如是相」である。「それぞれ果を有している」のは『法華經』における「如是果」「如是報」である。「それぞれ起こるための手段を有している」のは『法華經』における「如是本末究竟」などである。残りは名が同じであるので理解しやすい。

C　『大乗義章』

達摩鬱多羅釋敎迹義云。敎者謂佛被下之言。迹謂蹤迹、亦應迹化迹言。聖人布敎各有歸從。然諸家判敎非一。

一云〝釋迦一代不出頓漸。漸有七階五時〟。世共同傳、無不言是。又云〝五時之言那可得定。但雙林已前是有餘不了、涅槃之唱以之爲了〟。又言〝佛一音報萬衆生、大小竝受。何可以頓漸往定判。無頓漸〟。

今驗之經論、皆是穿鑿耳。何者、人云〝佛教不出頓漸〟、而實頓漸攝教不盡。如四阿含經五部戒律、教未窮深、未得名頓、說亘始終、復不與大次第爲漸。是則頓漸不攝。何得云〝佛教不出頓漸〟也。然不無頓、不得全破。何者、凡論頓漸、蓋隨所爲。若就如來、實大小竝陳、時無前後。但所爲之人、悟解不同、自有頓受、或從漸入。隨所聞結集、何得言〝無頓〟也。但不可定其時節、比其淺深耳。

人言〝漸教中、有七階五時〟、言〝佛初成道、爲提謂波利、說五戒十善人天教門〟。然佛隨衆生宜聞便說。何得唯局初時爲二人說五戒也。又『五戒經』中、二長者得不起法忍、三百人得信忍、二百人得須陀洹果[23]。『普曜經』中、佛爲二長者、授記「號密（蜜？）成如來」[24]。若爾、言〝初爲二人說人天教門〟、義何依據。又二長者見佛聞法禮佛而去、竟不向鹿苑。初說五戒時、未化陳如、與誰接次而名爲漸。

人言〝第二時十二年中、說三乘別教〟。若爾、過十二年、有宜聞四諦因緣六度、豈可不說。若說、是則三乘別教不止在十二年中。若不說、是一段在後、宜聞者、佛豈可不化也。定無此理。『經』言「爲聲聞說四諦」乃至「說六度[25]」、不止十二年。蓋一代中、隨宜聞者、卽說耳。如四阿含經五部律是爲聲聞說。乃訖於聖滅、卽是其事。故『增一經』說「釋迦十二年中略說戒、後瑕玼起、乃廣制[26]」。『長阿含遊行經』說乃至涅槃。何得言〝小乘悉十二年中〟也。

人言〝第三時三十年中、說空宗『般若』『維摩』『思益』〟。依何經文、知三十年也。言〝四十年後說『法華』一乘。『法華經』中、彌勒言「佛成道來、始過四十餘年[27]」〟。然不可言〝『法華』定在『大品經』後〟。何故。『大智論』云「須菩提於『法華』中聞說『舉手低頭皆得作佛』、是以今問退義[28]」。若爾、『大品』與『法華』前後何定也。然『大品』『法華』及『涅槃』三教淺深、難可輒言。何者、『涅槃』佛性亦名般若、亦名一乘。一乘是『法華』之宗。般若是『大品』所說、卽是明性、復有何未了乎。『大品』中說「第一義空」、與『涅槃經』明空無異、皆云

「色空」乃至「大涅槃亦空[29]」。又『大品』說「涅槃非化[30]」、『維摩』說「佛身離五非常[31]」、與『涅槃』明常說「涅槃不空[32]」、有何異。而自生分別、言〝『維摩』偏詺明常、『大品』一向說空〟也。

人以阿難等諸聲聞在『大品』會、復經『法華』會、終至『涅槃』會、故知『大品』『法華』『涅槃』應有淺深。義不必爾。何者、如阿難迦葉經『法華』會、若未聞說常、『涅槃』會中、二人不在、何由得有常解、流通『涅槃』。復次舍利弗在佛涅槃前七日滅度、大目連爲執杖外道所打亦在佛前涅槃、皆不在雙林之會。豈可不得常解乎。卽知『法華』中已悟常、竟不假更聞。又舍利弗等諸聲聞皆是如來影響。如『法華經』說「知衆樂小法　而畏於大智　是故諸菩薩　作聲聞緣覺[33]」。『涅槃』亦云「我法最長子　是名大迦葉　阿難多聞士　能斷一切疑　自然能解了　是常與無常[34]」。故知影響之人在大則大、在小則小。何可就其人以定階漸也。又若從『法華』後入『涅槃』者、『法華經』中已明「王宮非始、久來成道[35]」、何由『涅槃』中方引「道樹始成[36]」執實爲疑。故知爲一段（代？）衆生最後聞常者『涅槃經』、聞『法華』者不假聞『涅槃』也。又『涅槃經』有大利益、如『法華』中八千聲聞得受記別成大果實。若以『法華』得記、證『涅槃』之益、卽是理同、敎無深淺、明矣。又『法華優波提舍』中、明『法華經』理圓敎極、無所缺少。龍樹於『大智論』中歎『法華』最爲甚深[37]。何故餘經皆付阿難、唯『法華』但付菩薩。是知『法華』究竟滿足。弗須致疑。復應當知諸大乘經指歸不殊、但隨宜爲異耳。如華嚴無量義法華皆三昧名、般若是大智慧、維摩說不思議解脫是解脫、大涅槃是究竟滅、文殊問菩提是滿足道、悉是佛法、法無優劣。於中明果、皆是佛果。明因、皆是地行。明理、皆是法性。所爲皆是菩薩。指歸不當有異。人何爲強作優劣。若爾、誕公云「雙樹已前、指『法華經』、悉不了」、豈非誣謅也。

人情既爾、經論云何。『摩得勒伽』說「十二部經唯方廣部、是菩薩藏。十一部是聲聞藏[38]」。又佛爲聲聞菩薩說出苦道。諸集經者以爲菩薩所說爲菩薩藏、以爲聲聞所說爲聲聞藏。龍樹於『大智論』中亦云「大迦葉與阿難在香山、撰集三藏、爲聲聞藏。文殊與阿難集摩訶衍經、爲菩薩藏[39]」。『涅槃』亦云「十一部經爲二乘所持、方等部爲菩薩所持[40]」。是以、依按經論、略唯二種。聲聞藏、及菩薩藏也。然敎必對人。人別各二。聲聞藏中、有決定聲聞及退菩提心聲聞。菩薩藏中、有頓悟大士、有漸入菩薩。聲聞藏中、決定聲聞者、久習別異善根、小心狹劣、成就小性、一向樂小、佛爲説小、畢竟作證、不能趣大。言退菩提心聲聞者、是人嘗於先佛及諸菩薩所、發菩提心、但經生歴死、忘失本念、遂生小心、志願於小、佛爲説小、終令趣大。然決定聲聞一向住小、退菩提心聲聞後能趣大。雖有去有住、而受小時一、故對此二人所説爲聲聞藏。菩薩藏中、有能頓悟者、如『華嚴』等經所爲衆生、不由小來、一往入大、故名爲頓。從漸入者、卽向退菩提心聲聞後能入大、大從小來、故稱爲漸。雖有頓漸不同、然受大處一、故對此二人所説爲菩薩藏也。然此二藏隨所爲隨所説。聲聞藏中、有菩薩爲影響、然非所爲、不可從菩薩名作大乘經。菩薩藏中、亦有聲聞人、非正所爲宗、不説聲聞法、故不可名爲小乘法。擬人定法、各（名？）目不同。是以、要而攝之、略唯二也。

問。佛爲三乘人説三種教。何以故判藏唯有其二。答。佛爲求三乘人説三乘法。然聞因縁者、卽是聲聞。辟支佛出無佛世、但現神通、默無所説。故結集經者集爲二藏也。依經判教、厥致云爾。

（智顗・灌頂『妙法蓮華經玄義』巻十下。T33, 812c-814a）

達摩鬱多羅は教迹義を解釋して言っている。教とは、佛が下したまうた言である。迹とは、蹤迹であり、應迹と化迹との言でもある。聖人の布教にはそれぞれ從う者がいる。しかるに、諸家が教を判定することは一つにとどまらない。ある者は〝釋迦牟尼の一代の教は頓（〝すぐさま〔の教え〕〟）と漸（〝だんだん〔の教え〕〟）とを出ない。漸のうちには七階五時がある〟と言っている。世間の者たちはみな同じように〔頓と漸とを〕傳え、それを言わないような者はない。別の者は〝五時という言いかたはどうして確定されようか。ただ、雙林より前は遣り殘しがあって完了しておらず、般涅槃における教、それを完了とするのである〟と言っている。別の者は〝佛は一音によってあらゆる衆生に應對し、大乘と小乘とはいずれも〔一音を〕拜受する。どうして頓と漸とによって判定できようか。頓も漸もない〟と言っている。

今、このことを經論のうちに確かめてみるに、いずれも詮索にすぎない。どうしてかといえば、ある人は〝佛の教は頓と漸とを出ない〟と言っているが、實のところ、頓と漸とは教を收めつくさない。たとえば、四阿含經や五部の戒律は、教としていまだ深いところまでを窮めないので、いまだ頓と呼ばれ得ないし、説として〔小乘の〕始終にわたるので、大乘への順序づけとしても漸とならない。これらは頓と漸とのうちに收められないのである。どうして〝佛の教えは頓と漸とを出ない〟と言い得ようか。しかるに、頓がないわけではなく、〔頓を〕まったくは否定し得ない。なぜかといえば、およそ、頓と漸とを論ずることは、おそらく、對手に左右されるものである。もし如來についていうならば、實のところ、大乘と小乘とを同時に述べておられるのであり、〔大乘と小乘とが〕時間的に前後することはない。ただ、對手となる人々は、理解度がばらばらであり、ある人は〔大乘を〕頓（〝すぐさま〟）に受けいれるし、ある人は〔小乘から大乘へ〕漸（〝だんだん〟）に入る。聞かれたものをそれぞれ結集した以上、どうして頓がないと言い得ようか。ただ、その（＝大乘と小乘との）時間〔的な前後〕を確定することはできず、その淺と深とを較べるのみである。

ある人は〝漸教のうちには七階五時がある〟と言い、〝佛は初めて成道したまうた時、提謂と波利とのために、五戒と十善とである、人天教という法門を説きたまうた〟と言っている。しかるに、佛は聞くべき衆生に隨って説きたまう。どうしてただ初めの時に限ってのみ二人のために五戒を説きたまうたといい得ようか。さらに、『五戒經』（『提謂波利經』）においては、二長者は無生法忍を得、三百人は信忍を得、二百人は須陀洹果を得た。『普曜經』においては、佛は二長者のために「蜜成と號する如來になるであろう」と授記したまうた。もしそうならば、〝初めに二人のために人天教という法門を説きたまうた〟と言うことは、何を根據とし得ようか。さらに、二長者は佛を見、法を聞き、佛に禮して去って、ついに〔憍陳如らに聲聞乘が説かれるはずの〕鹿苑へと向かわなかった。初めに五戒を説いた時においては、いまだ憍陳如を教化していなかった以上、〔人天教は〕誰を〔小乘から大乘へと〕順序づけるので漸と呼ばれるのか。

ある人は〝第二時である十二年のあいだは、三乘別教（〝三乘という別々の教え〟）を説きたまうた〟と言っている。もしそうならば、十二年を過ぎてのち、〔聲聞乘の〕四諦や〔緣覺乘の〕十二緣起や〔菩薩乘の〕六波羅蜜を聞くべき者たちがいた場合、どうして說かなくてよかろうか。もし說きたまうたのならば、その場合、三乘別教は十二年のあいだだけにとどまらなくなる。もし說きたまわなかったのならば、この一段（第二時）の後、〔四諦や十二緣起や六波羅蜜を〕聞くべき者がいた場合、佛はどうして教化しなくてよかろうか。そんなわけは絕對にない。『〔無量義〕經』において「聲聞のために四諦を說き」乃至「六波羅蜜を說いた」と言われているのは、十二年のあいだにとどまらない。おそらく、一代のあいだ、聞くべき者に出くわせば、すぐさま說きたまうたに他なるまい。たとえば、四阿含經や五部の律は聲聞のために說かれ、聖人（釋迦牟尼）の般涅槃に至るまで、そのことばかりであった。ゆえに、『增一阿含經』においては「釋迦牟尼は十二年のあいだ簡略に戒を說きたまうたが、のちに瑕疵が起こったので、ようやく廣く制したまうた」と說かれている。『長阿含經』遊行經においては涅槃に至るまでが說かれている。どうして〝小乘はすべて十二年のあいだである〟と言い得ようか。

ある人は〝第三時である三十年のあいだは、空宗である『般若經』『維摩經』『思益經』を說きたまうた〟と言っている。いかなる經文によって、三十年とわかるのか。その人は〝〔佛は成道から〕四十年後に『法華經』一乘を說きたまうた。『法華經』において彌勒は「佛が成道なさって以來、四十餘年が過ぎています」と言っている〟と言っている。しかるに、〝『法華經』は絕對に『大品經』より後に位置する〟と言うことはできない。なぜかといえば、『大智度論』において「須菩提は『法華經』において『手を擧げたり頭を低くしたりすることによって、すべて佛となることを得る』と聞いていたので、そういうわけで、今、退するということについて質問したのである」と言われている。もしそうならば、『大品經』と『法華經』とが前と後とであることはどうして確定できようか。しかるに、『大品經』と『法華經』と『涅槃經』との三教の淺深は、たやすく言うことが難しい。なぜかといえば、『涅槃經』は佛性を般若と名づけてもいるし、一乘と名づけてもいる。一乘は『法華經』の宗旨である。般若は『大品經』の所説であって、明を性質とする以上、さらに何か了知されないようなものがあろうか。『大品經』において第一義空が説かれていることは、『涅槃經』において空が明らかにされていることと異ならない。どちらにおいても「色は空である」乃至「大涅槃も空である」と言われている。さらに、『大品經』において「涅槃は變化のようではない」と説かれていることと、『維摩經』において「佛身は五とおりの無常なることをかけ離れている」と説かれていることとは、『涅槃經』において常なることが明らかにされた上で「涅槃は空ではない」と説かれていることと、どんな異なりがあろうか。しかるに、自分勝手に分別を生じて〝『維摩經』においてはひとえに常なることが明らかにされ、『大品經』においてはひたすらに空が説かれている〟と言っているのである。

ある人は阿難たち聲聞が『大品』會にいたのち、さらに『法華』會を經て、しまいに『涅槃』會に至るということによって、『大品經』と『法華經』と『涅槃經』とには淺深があるはずだと理解する。そのことは必ずしもそうでない。なぜかといえば、たとえば、阿難と迦葉とが『法華』會を經た際に、もしいまだ常なることを聞いていないならば、『涅槃』會に二人はいない以上、どうして、常なることがあるという理解を得たことによって、〔二人は〕『涅槃經』を流通させられようか。さらにまた、舍利弗は佛の涅槃より七日前に滅度していたし、大目連が執杖外道によって打たれたことも佛の涅槃より前であるので、どちらも雙林における〔『涅槃』〕會にいなかった。どうして〔二人が〕常なるものについての理解を得ないでよかろうか。すなわち、『法華經』においてすでに常なることを悟っていたから、最後まで、〔常なることを〕あらためて聞くことを要しなかったのだ、とわかる。さらに、舍利弗たち聲聞はいずれも如來がお遣わしになった人である。『法華經』において「〝ひとびとは小法を願い、大智を畏れている〟と知って、それゆえに、諸菩薩は聲聞や縁覺に化けた」と説かれているとおりである。『涅槃經』においても「わが法における最長子は大迦葉と呼ばれる。多聞の士である阿難はあらゆる疑惑を斷ちきることができる。〔貴君らはこの二人によって〕この常と無常とを自然に理解することができるはずである」と言われている。ゆえに、お遣わしになった人は大乘にいる際には大乘であるし、小乘にいる際には小乘であるとわかる。どうしてその人を漸と確定することができようか。さらに、もし『法華經』から後に『涅槃經』に入るのならば、『法華經』においてすでに「王宮が始まりだったのではなく、舊來、成道していたのである」と明らかにされている以上、どうして『涅槃經』においてようやく「菩提樹のもとで初めて成道した」ということを引用して眞實らしさを疑うことを要しようか。ゆえに、一代の衆生が最後に常なることを聞いたのが『涅槃經』であり、『法華經』を聞いた者は『涅槃經』を聞くことを要しなかったのである、とわかる。さらに、『涅槃經』が大利益を有しているのは、『法華經』において八千の聲聞が授記を得たことが大果實となるようなものである。もし『法華經』において授記を得たことによって、『涅槃經』の利益を證するならば、〔二經の〕理が同じであることや教に深淺はないことは明らかである。さらに、『法華優波提舍』において、『法華經』は理が圓滿し教が究極であり、缺けるところがないと明らかにされている。龍樹は『大智度論』において『法華經』は最も甚深であると歎じている。どうしてほかの經をすべて阿難に委囑し、ただ『法華經』のみを菩薩に委囑するだけだったのだろうか。そういうわけで、『法華經』は完全に圓滿しているとわかる。疑いを起こすべきでない。さらに、諸大乘經は目指すところが異ならず、ただ便宜的に異なるのみである、と知るべきである。「華嚴」「無量義」「法華」がいずれも三昧の名であり、「般若」が大智慧であり、維摩が不思議解脱を説くのが解脱であり、大涅槃が究竟滅であり、文殊問菩提が滿足道であるようなものは、いずれも佛法であって、法に優劣はない。それらにおいては、果を明らかにする場合には、いずれも佛という果〔を明らかにしているの〕である。因を明らかにする場合には、いずれも十地という修行〔を明らかにしているの〕である。理を明らかにする場合には、いずれも法性〔を明らかにしているの〕である。對手はすべて菩薩である。目指すところに異なりがあるべきではない。ある人はどうして強いて優劣をつけようとするのか。もしそうならば、誕公（慧誕）が「雙林〔における『涅槃』會〕より前は、『法華經』を指すが、すべて不了義である」と言ったことは、どうして誣言でなかろうか。

凡人たちの感情は以上のとおりであるが、經論はどうなっているだろうか。『摩得勒伽』（『菩薩地持經』）においては「十二部經のうち、ただ方廣部のみが菩薩藏であり、十一部は聲聞藏である」と說かれている。さらに、佛は聲聞と菩薩とのために苦を出る道を說きたまうた。經の編纂者たちは菩薩のために說かれたものを菩薩藏にまとめ、聲聞のために說かれたものを聲聞藏にまとめた。龍樹は『大智度論』においてやはり「大迦葉は阿難とともに香山において三藏を結集し、聲聞藏を作った。文殊は阿難とともに摩訶衍經を結集し、菩薩藏を作った」と言っている。『涅槃經』においても「十一部經は二乘によって保持され、方等部は菩薩によって保持される」と言われている。そういうわけで、經論を調べたところによれば、まとめれば、ただ二種類のみである。聲聞藏と菩薩藏とである。しかるに、教は必ず人を對手とする。人は〔聲聞藏と菩薩藏とに〕別々にそれぞれ二とおりいる。聲聞藏のうちには、決定聲聞と退菩提心聲聞とがいる。菩薩藏のうちには、頓悟菩薩と漸入菩薩とがいる。聲聞藏のうち、決定聲聞とは、久しく〔大乘と〕異なる善根を修習し、劣った小乘の心の持ち主で、小乘の種性を成し遂げ、ひたすら小乘を願うので、佛が小乘を說いておやりになると、ついに證得を遂げてしまい、大乘に趣くことができないのである。退菩提心聲聞と言われるのは、この人はかつて先に佛と諸菩薩との所において菩提心を起こしたが、ただ、輪廻を經めぐるうちにもとの心を忘れてしまい、ついに小乘の心を生じて小乘を願うので、佛は小乘を說いておやりになって、しまいには大乘に趣かせたまうのである。そうであるから、決定聲聞はひたすら小乘にとどまるが、退菩提心聲聞はのちに大乘に趣くことができる。〔小乘を〕去ることと〔小乘に〕とどまることとがあるにせよ、小乘を受ける時は一つであるから、これら二人に對して說かれたものを聲聞藏と規定する。菩薩藏のうち、頓に悟ることができる者がいるとは、たとえば、『華嚴經』などという諸經の對手である衆生は、小乘を經由せずに〔大乘に〕來、ひとすじに大乘に入るから、頓と呼ばれる。漸に〔大乘に〕入る者とは、すなわち、先の退菩提心聲聞は後に大乘に入ることができ、大乘に小乘から來るから、漸と呼ばれる。頓と漸との違いがあるにせよ、〔彼らが〕大乘を受けることは一つであるから、これら二人に對して說かれたものを菩薩藏と規定する。しかるに、この二藏は、對手に出くわすたびに、いたるところで說かれている。聲聞藏においては、菩薩が〔聲聞となって〕垂迹することもあるが、しかるに、〔菩薩は聲聞の法の〕對手でない以上、〔聲聞藏を〕菩薩にちなんで大乘經と呼ぶことはできない。菩薩藏においても、やはり聲聞の人がいるが、〔菩薩藏は〕正しくは〔聲聞の法を〕宗としていないので、聲聞の法を說かなかったから、〔菩薩藏を〕小乘の法と呼ぶことはできない。人にもとづいて法を定めても、名目はばらばらである。そういうわけで、要點によってこれをまとめれば、ただ二つのみなのである。

質問。佛は三乘の人のために三種類の教を說きたまうた。どうして藏はただ二つだけあると判定するのか。回答。佛は三乘を求める人のために三乘の法を說きたまうた。しかるに、〔緣覺乘の法である〕十二因緣を〔佛から〕聞いた者は聲聞である。辟支佛は佛がいない世に出現し、ただ神通を示現するのみで、默ったまま、說くことがない。ゆえに經の編纂者は二藏にまとめたのである。經によって教を判定すると、その歸趣は以上に他ならない。

D　未詳

然『勝鬘』說無作四諦中、別取一滅諦是佛所究竟、是常、是諦、是依。三是無常、非諦、非依(41)。何者、三入有爲相中故無常、無常則虛妄故非諦、無常則不安故非依(42)。滅諦離有爲故是常、非虛妄故是諦、第一安隱故是依(43)。故名第一義諦、亦名不思議也(44)。

達摩鬱多羅難此義。〃然『經』說佛菩提道三義故常。一惑盡故常、二不從煩惱生故常、三解滿故常。如衆流歸海。那云道諦無常〃。答。〃『勝鬘』作此說者、前苦滅諦非壞法滅[45]。無始無作等過恆沙佛法成就、說如來法身[46]。不離煩惱藏說苦諦、隱名如來藏、顯名爲法身[47]。二乘空智於四不顛倒境界不見不知[48]。今欲顯說、說一是常是實是依有對治除障身顯。故明三非常非實一是常是實耳〃。（智顗・灌頂『妙法蓮華經玄義』巻二下。T33, 701b)

しかるに『勝鬘經』は、無作の四諦を說く際に、滅諦一つのみを、佛によって究竟されるものであり、常なるものであり、諦であり、依りどころであると特別に取り上げている。〔苦諦と集諦と道諦との〕三つは無常なるものであり、諦ではなく、歸依處ではない。なぜかといえば、三つは有爲を特徴としているもののうちに含まれるゆえに無常なるものであるし、無常なるものは虛妄であるゆえに諦でないし、無常なるものは安隱でないゆえに歸依處ではないのである。滅諦は有爲をかけ離れているゆえに常なるものであるし、虛妄でないゆえに諦であるし、最高に安隱であるゆえに歸依處である。ゆえに第一義諦と呼ばれるし、不思議と呼ばれもする。

達摩鬱多羅はこのことについて質問を設定している。〃しかるに、『經』（未詳）においては、佛の菩提である道は三つのことゆえに常なるものであると說かれている。第一には、煩惱が盡きていることゆえに常なるものである。第二には、煩惱から生じないことゆえに常なるものである。第三には、智が圓滿していることゆえに常なるものであって、多くの流れが海に歸するようなものである。どうして道諦は無常なるものであると言われているのか〃。回答。〃『勝鬘經』においてこの說が主張されているのは、〔道諦の〕前の苦滅諦（〃苦の滅という諦〃）は、法を壞す滅でない。無始、無作などである、ガンジス河の砂の數を超える佛法が具わっている〔苦滅諦〕を如來の法身と說く。煩惱藏を離れないものを苦諦と說き、隱れているものを如來藏と呼び、顯わになったものを法身と呼ぶ。二乘の空智（〃空性についての智〃）は〔常、樂、我、淨という〕無顛倒なる四つの境界を見もせず知りもしない。今ははっきり說いてやることを望んで、一つのみが常なるものであるし、諦であるし、依りどころであるし、對治を有するし、障を除去することによって法身が顯わになると説くのである。ゆえに、三つは常なるものでないし、諦でないが、一つは常なるものであるし、諦であると明らかにするにすぎない〃。

釋法名者、三世佛法雖多無量、十二部經收罄、無不盡。先出達摩鬱多羅有七種分別。體一、相二、制名三、定名四、差別五、相攝六、料簡七。

體一者、經以名味章句爲體。經無不然。故體一也。

相二者、長行直說、有作偈讚頌、兩種相別。何者、以人情喜樂不同、有好質言、有好美語。故相別有二也。

制名三者、脩多羅祇夜伽陀三部就字句爲名、不就所表。授記等八部不就所表、又不就字句、從事立稱。方廣一部名從所表。何者、脩多羅等三部直說法相、可卽名以顯所表。如苦集滅道依名卽顯所表。故就名以爲名也。授記等經所表之法不可但以言說、要寄事、方乃得顯。如授記經從事爲名、止明行因得果道理。理託事彰、事以言辨。如『法華』中與聲聞授記彰一切皆當得成佛。寄授記、以彰所顯、故名授記經。無問自說經者、聖人說法皆待請問、然亦爲衆生作不請之師、故無問自說。又佛法難知、人無能問。若不自說、衆則不知爲說不說、又復不知爲說何法、故無問自說。乃所以彰所說甚深唯證、是以寄無問自說、以彰所顯也。因緣經者、欲明戒法必因犯彰過、過相彰現、方得立制。此亦託因緣、以明所顯也。譬喩經者、法相微隱、要假近、以喩遠。故以言借況、寄況以彰理也。本事本生經者、本事說他事、本生說自生。因現事、以說往事、託本生(事?)、以彰所表、名本事經。託本生、以彰所行、名本生經也。未曾有經者、說希奇事。由來未有者未曾有也。示法有大力有大利益、託未曾有事、以彰所表也。論義經者、諸部中、言義隱覆、往復分別、得明所顯。寄論義、以明理也。故授記等八經從事立稱。方廣一部從所表爲名者、方廣之理雖以名說、而妙出名言。雖寄事以彰、然不可如事而取。故不就名、不就事、就所表、以爲名也。

定名有四。脩多羅名線經。經體是名字、而名從況喩。祇夜偈陀、當體爲名。授記無問自說論義等三經、體事合目。自餘從事也。

差別者、脩多羅有九種。『經』云「從『如是』至『奉行』、一切名脩多羅[49]」。是則脩多羅名通而體總。皆名爲經、故名通。就文字經體、分爲十二部、故體總也。第二就總脩多羅中、隨事分出十一（二？）部。卽對十一部、餘直說法相者、是別相脩多羅。三者論義經解釋十一部經。是則十一部爲經本。當知論所解釋前十一部皆是脩多羅。又『雜心』中脩多羅品亦對論以經爲脩多羅。又如婆脩槃馱解提婆『百論』、論爲經本、亦名論爲脩多羅。又『經』云「除脩多羅、餘四句偈、以爲偈經[50]」。卽對四句偈經、餘長行說者是脩多羅。又云「祇夜名偈、頌脩多羅[51]」。卽對祇夜頌、偈所頌卽是脩多羅也。又如分別三藏、以敎置理敎、爲脩多羅、對別毘尼阿毘曇也。又如『經』說「從佛出十二部經、從十二部經出脩多羅[52]」、對十二別敎、以通敎、爲脩多羅。是九中初。二偈亦是也。偈陀者有四種。如言『法華』有阿閦婆等偈[53]、『涅槃』二萬五千偈[54]、是則偈經、復是通總。若四句爲偈、一字一句得名爲經、非一字一句皆名爲偈。但以聖言巧妙、章句成就、數句爲偈、故通得名偈。二除脩多羅、餘四句爲偈。二偈中重頌者名祇夜。當知不重頌偈名爲偈經。四如脩多羅通總、隨事剋分、別爲異部、以直說、爲脩多羅。當知偈中亦隨事剋分、若授記因緣等、別爲異部、以不隨事直爾偈說、名爲偈經。祇夜者名爲重頌。頌有三種。一頌意、二頌事、三頌言。頌意者、頌聖意所念法相及事。若頌心所念法相、則名偈陀經。若頌心所念授記等事、則隨事別爲異經。頌事謂授記等事。亦隨所頌事、別爲異經。頌言者、若頌隨事之言、隨事別爲異經。若頌直說脩多羅者、名爲重頌祇夜經也。授記者、果爲心期名記、聖言說與名授。授記有二種。若與諸菩薩授佛記別、是大乘中授記。若記近因近果、是小乘中記也。無問自說有二種。一理深意遠、人無能問。二非不可問、但聽者宜聞、佛爲不請之師。不請之師不待問自說也。方廣有二種。一語廣、二理廣。

相攝者、就脩多羅中、出十一部。若偈與直說相對言之、脩多羅中得出九部、但無二偈。偈陀中得出十部、但無直說脩多羅也。祇夜中得出九部、無脩多羅、亦無偈經也。

料簡有無〈云云〉。（智顗・灌頂『妙法蓮華經玄義』卷六上。T33, 752a-752c）

法名の解釈とは、三世の佛法は多くして無量であるにせよ、十二部經のうちに収められるのであり、盡くされないようなものはない。まず、達摩鬱多羅が七種類の分類を有していることを提出しておく。體は一つ、相は二つ、制名は三つ、定名は四つ、差別は五つ、相攝は六つ、料簡は七つである。

體は一つとは、經は名（〝單語〟）と味（〝音素〟）と句（〝文章〟）とを體（〝ありかた〟）としている。そうでないようなものはいまだかつてない。ゆえに體は一つである。

相は二つとは、【一】長行は端的な說であるが、【二】偈を作って頌することもあり、〔長行と偈との〕二つは相（〝ありさま〟）として別々である。なぜかといえば、凡人たちの感情は喜ぶところがまちまちであり、ある人は質實なことばを好み、ある人は華美なことばを好むゆえに、相は別々に二つあるのである。

制名は三つとは、【一】脩多羅や祇夜や伽陀という三部はことばにちなんで名づけられているが、表されるべきもの〔である道理〕にちなんで名づけられているのではない。【二】授記などという八部は表されるべきもの〔である道理〕にちなんでもなく、ことばにちなんでもなく、出來事にちなんで名づけられている。【三】方廣という一部のみは表されるべきもの〔である道理〕にちなんで名づけられている。なぜかといえば、【一】脩多羅などという三部は直接に法相を說くものであって、ことばに卽して、表されるべきもの〔である道理〕を表すことができる。たとえば、苦集滅道は、ことばによって、表されるべきもの〔である道理〕を表している。ゆえに、〔脩多羅などという三部は〕ことばにちなんで名づけられているのである。【二】授記などという〔八〕經によって表される法〔である道理〕は、ことばによってだけでなく、必ず出來事によって、ようやく表され得るものである。たとえば、授記經は出來事にちなんで名づけられているが、因を行じて果を得るという道理を明らかにするにとどまる。道理を出來事に託して表し、出來事をことばによって辨ずる。たとえば『法華經』において、聲聞への授記〔という出來事〕によって、あらゆる者がすべて佛となり得ること〔という道理〕を表すようなものである。授記〔という出來事〕によって、表されるべきもの〔である道理〕を表すゆえに、授記經と呼ばれる。無問自說經とは、聖人が法を說く際にはすべて〔衆生からの〕請問を待つが、衆生のために、請問を待たない師となることもあるから、無問自說である。さらに、佛法は知られがたいものなので、請問できる人がいない。もし〔聖人が〕自分から說かなければ、大衆は〔聖人が〕說くか說かないかを知らないであろうし、さらにまた、いかなる法を說くのかを知らないであろうから、無問自說である。つまり、說かれるものが甚深であってただ證得のみであること〔という道理〕を表そうとするから、そういうわけで、無問自說〔という出來事〕によって、表されるべきもの〔である道理〕を表すのである。因緣經とは、戒法は必ず犯行によって罪過が現れ、罪過のようすが現れてのち、ようやく〔戒法の〕制定を得るということを表そうと望んでいるのである。これも、因緣〔という出來事〕によって、表されるべきもの〔である道理〕を表しているのである。譬喩經とは、法相は深遠なものであるので、かならず卑近なもの〔である出來事〕を借りて、深遠なものについての譬喩とする。ゆえに、ことばによって譬喩を借り、譬喩によって道理を表しているのである。本事本生經とは、本事は他者の出來事を說き、本生は自己の生を說く。現在の出來事によって過去の出來事を說き、本事〔という出來事〕によって表されるべきもの〔である道理〕を表しているので、本事經と呼ばれる。本生〔という出來事〕によって行ない〔という道理〕を表すので、本生經と呼ばれる。未曾有經とは、希有なる出來事を說くものである。これまでいまだなかったものが未曾有である。法が大力を有し大利益を有すること〔という道理〕を示そうとして、未曾有なる出來事によって、表されるべきもの〔である道理〕を表しているのである。論義經とは、諸部のうち、ことばの意味が隱されている箇所を再三にわたって分析することによって、表されるべきもの〔である道理〕を表し得る。論義〔という出來事〕によって、道理を表しているのである。ゆえに、授記などという八經は出來事にちなんで名づけられているのである。【三】方廣という一部のみは表されるべきもの〔である道理〕にちなんで名づけられているとは、方廣である道理はことばによって說かれるにせよ、靈妙なるものであってことばを超えている。〔方廣である道理を〕出來事によって表すにせよ、出來事のとおりに執着すべきでない。ゆえに、ことばにちなんでもなく、出來事にちなんでもなく、表されるべきもの〔である道理〕にちなんで、〔方廣と〕名づけられるのである。

定名は四つある。【一】脩多羅は線經と名づけられている。經の體〔〃ありかた〃〕はことばであるが、〔線という〕譬喩にちなんで〔線經と〕名づけられている。【二】祇夜と偈陀とは體にちなんで〔祇夜や偈陀と〕名づけられている。【三】授記と無問自説と論義との三經は體と出來事とにちなんで名づけられている。【四】そのほかは出來事にちなんで名づけられている。

差別〔は五つ〕とは、【一】脩多羅は九種類ある。『〔涅槃〕經』において「『如是我聞』から『歡喜奉行』までのすべてが脩多羅と名づけられている」と言われている。これは脩多羅が〔十二部經の〕共通的な名なのであり、〔十二部經の〕總合的な體なのである。すべてが經と名づけられているゆえに、〔脩多羅は十二部經の〕共通的な名である。ことばという、經の體にもとづいて十二部を分割するから、〔脩多羅は十二部經の〕總合的な體である。第二には、總合的な脩多羅にもとづいて、出來事に隨って、十二部を出だすのである。すなわち、十一部に對し、殘った、法相をめぐる端的な説が個別的な脩多羅である。第三には、論義である經は十一部である經を解釋しているが、これは十一部が基本的な經なのである。論によって解釋される先の十一部はすべて脩多羅である、と知るべきである。さらに、『雜阿毘曇心論』における脩多羅品も、論に對し、經を脩多羅と規定している。さらに、たとえば、婆脩槃駄は、提婆『百論』を解釋する際に、論〔『百論』〕を經本と規定しているし、論を脩多羅と名づけてもいる。さらに、『經』において「脩多羅を例外として、ほかの、四句からなる偈を、偈である經と規定する」と言われている。すなわち、四句からなる、偈である經に對し、ほかの、長行による說が脩多羅である。さらに、「祇夜は偈と呼ばれ、脩多羅を頌する」と言われている。すなわち、祇夜が頌するものであるのに對し、偈〔祇夜〕によって頌されるものは脩多羅である。さらに、〔總合的な脩多羅を〕三藏に分けるような場合には、道理についての教を敷置するものを〔個別的な〕脩多羅と規定し、個別的な毘尼と阿毘曇とに對するのである。さらに、『〔涅槃〕經』において「佛から十二部經を出だし、十二部經から脩多羅を出だす」と説かれているようなものは、個別的な十二の教に對し、共通的な教を脩多羅と規定しているのである。以上は九のうち第　である。第二には、偈もそのようである。偈は四種類ある。『法華經』が阿閦婆（akṣobhya. 十の十七乘）などの偈を有するとか、『涅槃經』が二萬五千偈であるとか言われるようなものは、偈である經であって、さらに、〔偈は十二部經の〕共通的〔な名〕なのであり、〔十二部經の〕總合的〔な體〕なのである。もし四句からなるものを偈と規定するならば、〔十二部經の〕一字一句を經と名づけ得るにせよ、〔十二部經の〕一字一句をすべて偈と名づけるわけではない。ただ、聖人のことばは巧妙であって、句が完璧なので、複數句からなるものを偈と規定することによって、〔十二部經を〕共通的に偈と名づけ得るのである。第二には、脩多羅を例外として、殘った、四句からなるものを偈と規定する。第三には、偈のうち重頌は祇夜と名づけられる。重頌ではない偈を、偈である經と名づける、と知るべきである。第四には、たとえば、脩多羅は〔十二部經の〕共通的〔な名〕なのであり、〔十二部經の〕總合的〔な體〕なのであるが、出來事に隨って分割し、〔脩多羅と〕異なる諸部を別個に出だし、端的な説だけを脩多羅と名づけるように、〔十二部經の共通的な名であり總合的な體である〕偈においても、出來事に隨って分割し、授記や因緣など、〔偈と〕異なる諸部を別個に出だし、出來事に隨わない、偈による端的な説だけを、偈である經と名づける、と知るべきである。【二】祇夜は重頌と呼ばれる。頌は三種類ある。第一にはこころを頌するもの、第二には出來事を頌するもの、第三にはことばを頌するものである。こころを頌するものは、聖人のこころによって念ぜられる、法相と出來事とを頌する。もし、こころによって念ぜられる法相を頌するならば、偈である經と名づけられる。もし、こころによって念ぜられる授記などという出來事を頌するならば、出來事に隨って、別個に、〔祇夜と〕異なる〔授記などという〕經となる。出來事を頌するものは、授記などという出來事〔を頌するの〕であって、頌される出來事に隨って、別個に、〔祇夜と〕異なる〔授記などという〕經となる。ことばを頌するものは、もし出來事に隨うことばを頌するならば、出來事に隨って、別個に、〔祇夜と〕異なる〔授記などという〕經となるし、もし端的な說である脩多羅を頌するならば、重頌である、祇夜という經と名づけられる。【三】授記とは、果を心のうちに期することが記と名づけられ、聖人のことばを說きあたえることが授と名づけられる。授記は二種類ある。もし諸菩薩に佛となるであろうと授記するならば、大乘における授記である。もし近未來の因や近未來の果を授記するならば、小乘における授記である。【四】無問自說は二種類ある。第一には、道理が深く意味が遠いので、請問できる人がいない。第二には、請問できないわけではなく、ただ聞くべき聽者のために、佛が請問を待たない師となるのである。請問を待たない師が請問を待たずに自分から說くのである。【五】方廣は二種類ある。第一には、ことばが廣いもの、第二には、道理が廣いものである。

相攝〔は六つ〕とは、脩多羅から十一部を出だすことについて、もし、偈と、端的な說とを對立させた上でそのことを言うならば、【一】脩多羅からは九部を出だし得るが、ただし、〔偈と祇夜とである〕二偈はない。【二】偈からは十部を出だし得るが、ただし、端的な說である脩多羅はない。【三】祇夜からは九部を出だし得るが、脩多羅はないし、偈である經もない。

料簡〔は七つ〕とは、有無である〈云云〉。

智障者、異解不同。今出達摩鬱多羅釋。煩惱是惑心、故煩惱是障。智是明解、云何說智爲障。智有二種。證智、識智。識智分別、體違想（相?）順。想（相?）順故說爲智。體違分別與證智爲礙、故說智爲障。

又佛於二障得解脫。『涅槃』云「斷愛故得心解脫。斷無明故得智解脫[55]」。『地持』中說「愛爲煩惱首[56]」。故心解脫對治煩惱障也。遠離一切無明穢汚、於一切所知、知無障礙、名智淨[57]。智淨卽慧解脫。若以智所知礙名智障[58]者、以無明故、於智有礙、正以無明爲智障體也。『入大乘論』云「出世間無明是智障。世間無明賢聖已遠離[59]」。卽是先斷煩惱障也。二障俱是煩惱。云何以無明爲智障。無明是卽智之惑、以智爲體、卽智說障。例如無爲生死卽無爲而說生死、以無爲爲名也。愛卽四住地也。亦能障智、然是異心之惑[60]、解惑不俱、體是煩惱、故當體爲名、名煩惱障。復次愛能令諸有相續、能令心煩、與心作惱。雖無明覆蔽、然生由愛水。招生功強、故名愛爲煩惱障。無明不了、正與解脫反。愛性雖違、然以無明爲本。無明性迷、障智義顯、故從所障、名爲智障。

　無明有二。一迷理、二迷事。何者是智障。『地持』說「二乘無漏人無我智爲煩惱障淨智[61]」「佛菩薩法無我智爲智障淨智[62]」。若爾、二俱是迷理、爲智障。又智所知礙名爲智障者[63]、於一切法、知無障礙、卽於事中、知無障礙、但是迷事爲智障。若爾、何者爲定照事照理之智。智雖有二、二無別體。智障無明亦無二性。雖有二說、而無二也。又心智爲障者、究尋分別智礙於如實、不得證智。此亦卽智是障。以滅想滅心、故有斷智之義。若捨分別、卽向智障清淨。又非是條然、故智亦不斷。是以『經』有不失福之言。『百論』引佛、說「『於福莫畏』者、助道應行[64]」也。人作一向之論、便有斷不斷二途計。無矛盾。勿生偏執競也。（『摩訶止觀』巻六下。T46, 85bc）

　智障（〝智という障〟）については、異なる解釋がさまざまにある。今は達摩鬱多羅の解釋を提出しておく。

〝煩惱は惑心（〝惑である心〟）であるから、煩惱は障である。智は明解（〝明である知解〟）であるのに、どうして智を障と說くのか〟というならば、智は二種類あって、證智と識智とである。識智である分別は、體（〝ありかた〟）として〔智と〕違っているが、相（〝ありさま〟）として〔智に〕順っている。相（〝ありさま〟）として〔智に〕順っているから、〔分別を〕智と說くのである。體として〔智と〕違っている分別（識智）は證智にとって妨げとなるから、智を障と說くのである。

　さらに、佛は二障から解脫し得る。『涅槃經』においては「愛を斷ちきるから心解脫を得る。無明を斷ちきるから智解脫を得る」と說かれている。『地持經』においては「愛は煩惱の首領である」と說かれている。ゆえに心解脫は煩惱障を對治するものである。あらゆる無明の穢汚から離れ、あらゆる知られるべきものについて智に妨げがないことが、智淨と呼ばれる。智淨は慧解脱である。もし智によって知られるべきものについての妨げを智障と呼ぶならば、無明のせいで智に妨げがある以上、まさしく無明を智障の體（〃ありかた〃）と規定する。『入大乘論』においては「出世間的な無明は智障である。世間的な無明は、賢聖にとって、すでに遠離されている」と説かれている。すなわち、先に煩惱障を斷ちきるのである。二障はいずれも煩惱である。〃どうして無明を智障と規定するのか〃というならば、無明は卽智の惑（〃ただちに智である煩惱〃）であって、智を體としているので、智を障と説くのである。たとえば、〔『勝鬘經』において説かれている〕無爲生死が、ただちに無爲が生死と説かれ、無爲を名としているのに似ている。愛は四住地である。〔愛も〕やはり智を障することができるが、しかるに、〔愛は〕異心の惑（〃心〔＝智〕と異なっている煩惱〃）であり、知解（＝智）と惑（煩惱）とが同一でなく、體（〃ありかた〃）として煩惱であるから、體そのものを名として、煩惱障と呼ばれる。さらにまた、愛は諸有を繼續させることができ、心を煩わせることができ、心にとって惱ませるものである。無明が妨げるにせよ、生（〃受生〃）は愛という水による。生を招く〔愛の〕はたらきが強いゆえに、愛を煩惱障と呼ぶ。無明は了知しないことであって、まさしく解脱に反する。愛は本性として〔無明と〕違っているにせよ、無明を根本としている。無明は本性として迷いであって、智を障することがはっきりしているから、障されるべきもの〔である智〕にちなんで、智障と呼ばれる。

無明は二つある。第一は理に迷うもの、第二は事に迷うものである。〃どちらが智障なのか〃というならば、『地持經』においては「二乘の無漏の人無我智が煩惱障淨智である」「佛菩薩の法無我智が智障淨智である」と説かれている。もしそうならば、〔理に迷うものと事に迷うものとの〕二つは、いずれも、理に迷うものであって、智障である。さらに、智によって知られるべきものについての妨げを智障（〃智についての障〃）と呼ぶならば、あらゆる法について知に妨げがないことは、ただちに、事について知に妨げがないことになるので、ただ事に迷うものが智障であるにすぎない。もしそうならば、どうして、事を觀照する智と、理を觀照する智とを〔二つ別々に〕確定することができようか。智は〔證智と識智との〕二つあるにせよ、その二つにおいては別々の體がない。智障と無明とにおいても二つ〔別々〕の本性はない。〔智障や無明という〕二つの說があるにせよ、〔智障や無明という〕二つのものはないのである。さらに、心智が障であるということについていえば、究尋する分別の智〔である識智〕は如實を妨げるので、證智を得ない。これもやはり智そのものが障なのである。想を滅することと、心を滅することとのゆえに。〔識智については〕智を斷ちきることがある。もし分別を捨てたならば、ただちに智障の淨化へと向かうのである。さらに、〔識智は證智と〕別々でないゆえに、〔證智については〕智はやはり斷ちきられない。そういうわけで、『經』においては、福德を失わないという發言がある。『百論』において、佛〔の發言〕を引用して、「『福德を恐れるな』とは、助道が行ぜられるべきなのである」と說かれている。人は一方のみに偏った論をおこなうので、〔智が〕斷ちきられると斷ちきられないとの二つの考えかたがある。矛盾はない。偏った執着を起こして競いあってはならない。

第三章　慧遠『華嚴經疏』

【疏】二大遠法師以華嚴三昧爲宗。謂因行之華能嚴佛果。（法藏『華嚴經探玄記』卷一。T35, 120a）

第二に、大遠法師は華嚴三昧を〔『華嚴經』の〕宗と規定している。具體的に言えば、修行という因である〝華《はな》〟によって、佛という果を〝嚴《かざ》〟ることができるのである。

【疏】如遠法師以花嚴三昧爲宗。（法藏『華嚴經文義綱目』。T35, 495a）

遠法師は華嚴三昧を〔『華嚴經』の〕宗と規定している。

【疏】又大遠法師分此經爲四分。初品名緣起淨機分、二舍那品名標宗策志分、三名號品下至第八會來名顯道策修分、四末後普賢所說偈名屬累流通分。（法藏『華嚴經探玄記』卷二。T35, 125b）

さらに、大遠法師はこの『經』を四分に區分している。最初の〔世間淨眼〕品を緣起淨機分と名づけ、第二に盧舍那品を標宗策志分と名づけ、第三に名號品から第八會までを顯道策修分と名づけ、第四に末尾の普賢所說の偈を屬累流通分と名づける。

【經】譬如河水不至彼岸、不來此岸、不斷中流、能度衆生於彼此岸。以流通故。菩薩摩訶薩亦復如是、不趣生死、不趣涅槃、亦復不住生死中流、而能濟度此岸群生、到於彼岸安隱無畏無憂惱處、於衆生數、心無所著。

（『大方廣佛華嚴經』卷十一、功德華聚菩薩十行品。T9, 470b）

〔藏文和譯〕たとえば船頭は彼岸に屬するのでもない。此岸にでもない。水の流れの眞ん中にとどまるのでもない。行き來が途絕えないゆえに、彼岸におらずに諸有情を渡すのである。そのように、菩薩も輪廻に屬するのでもない。涅槃に屬するのでもない。輪廻の流れにとどまるのでもないのであって、此岸の側から諸有情を救うのであり、樂で無畏で無害で無諍である彼岸の邊に落ちつけてやるにせよ、有情界を數えるようなやりかたでは愛着しないのである。(65)

【疏】問。旣不趣生死、不趣涅槃、應言不住此二中流。云何偏言「不住生死中流」。答。遠法師釋云〝前不趣二處是離有也。「不住中」者、是離無也。謂生死無處、名「斷中流」。不住此無、故云「不住中流」〟。

（法藏『華嚴經探玄記』卷六。T35, 226c）

質問。生死にも趣かないし、涅槃にも趣かない以上、〝〔生死と涅槃との〕この二つの中流に住しない〟と言われるべきである。どうしてただ「生死の中流に住しない」とだけ言うのか。回答。遠法師は解釋して〝前の〔生死と涅槃との〕二箇所に趣かないことは有を離れることである。「〔生死の〕中〔流〕に住しない」ことは無を離れることである。具體的に言えば、生死の無〔を離れるの〕であって、「中流を斷ちきる」と呼ばれる。この無に住しないゆえに、「〔生死の〕中流に住しない」と言うのである〟と言っている。

【經】　何等爲無爲法。所謂、虛空、涅槃、數緣滅、非數緣滅、十二緣起、及法界。

（『大方廣佛華嚴經』卷十二、菩薩十無盡藏品。T9, 476a）

〔藏文和譯〕　無爲法とは何かというならば、虛空と涅槃と擇滅と非擇滅と緣起と法住性（*dharmasthititā）とであって、これらが無爲法である。[66]

【疏】　又遠法師引『涅槃經』釋〝就人論、三世流轉是其有爲。廢人談法、法相常定、故曰無爲。如十二因緣、陰界入等一切皆然[67]。如『涅槃經』說[68]〟。（法藏『華嚴經探玄記』卷六。T35, 234b）

さらに、遠法師は『涅槃經』を引用して〝人を念頭に置いて論ずるならば、三世流轉〔である十二緣起〕は有爲である。人を廢して法を談ずるならば、法性（〝決まりごと〟）〔である十二緣起〕が常に一定であるゆえに、〔十二緣起は〕無爲と呼ばれる。十二緣起と同樣、蘊・界・處などもすべてそうである。『涅槃經』に說かれているとおりである〟と解釋している。

【經】　菩薩摩訶薩所行善根、以諸大願攝取、行等行、積聚等積聚、長養等長養、皆悉廣大具足充滿。

（『大方廣佛華嚴經』卷十五、金剛幢菩薩十迴向品。T9, 493c）

〔藏文和譯〕　菩薩は善根のいずれか……によって精進し、等しく精進し、行じ、等しく行じ、〔善根を芽〕生えさせ、等しく〔芽〕生えさせ、大いなる所緣によって正しく集め、完成させ、廣大にさせ、圓滿させる。[69]

【疏】　遠法師云〝證心遊理名「行」。一備一切名「等行」。助道漸滿名爲「積聚」。一一行中具一切行名「等積聚」。不住漸增名爲「長養」。一一門中備攝一切名「等長養」〟。（法藏『華嚴經探玄記』卷七。T35, 25(b)）

遠法師は〝證得の心が眞理のうちに遊ぶことが「行」と言われる。一つ〔の行〕のうちにすべて〔の行〕を具えることが「等行」と言われる。助道（菩提資糧）が漸次に圓滿することが「積聚」と言われる。一つ一つの行のうちにすべての行を具えることが「等積聚」と言われる。とどまらずして漸次に增加することが「長養」と言われる。一つ一つの門のうちにすべて〔の門〕を具えることが「等長養」と言われる〟と言っている。

【經】 生死非雜亂。涅槃非寂靜。如來境界道非他所作。無法同止。

（『大方廣佛華嚴經』卷十五、金剛幢菩薩十迴向品。T9, 498b）

〔藏文和譯〕 輪廻の別々なる行相を一からげにしてしまわないのである。寂靜という行相として分別されたものがないことによる、高慢を生じないのである。諸如來をだしにして〔他者に〕如來の境（*viṣaya）を自慢しないのである。いかなる法によっても〔他者を〕法に住させないのである。(70)

【疏】 遠法師云〝汎釋有二。一就破相解。解「生死」體空、故「非雜亂」。涅槃亦如、故「非寂靜」。二寂用解。解「生死」體寂、故「非雜亂」。何者、是體近說空是。深說則不空如來藏是。大般涅槃能建大義、妙用繁興、無所不爲、故「非寂靜」。然依後義。此二佛境、佛所行道、名「境界道」。生死涅槃法無定相、故曰「無法」。諸聖同依、故名「同止」〟。（法藏『華嚴經探玄記』卷七。T35, 256a）

遠法師は〝大まかに解釋すれば、二つある。第一は相を打破することを念頭に置く解釋である。「生死」の體（〝ありかた〟）は空であると理解するから、〔「生死」は〕「雜亂でない」のである。「涅槃」〔の體〕も同じ〔ように空〕であるから、〔「涅槃」は〕「寂靜でない」のである。第二は寂滅の用（〝はたらき〟）を念頭に置く解釋である。「生死」の體は寂滅であると解釋するから、〔「生死」は〕「雜亂でない」のである。なぜかといえば、この體とは、もし近く說けば、空がそれである。もし深く說けば、不空如來藏がそれである。大般涅槃は大利益を建てることができ、すばらしい用がしきりに起こって、行なわれないようなことがらはないから、〔「涅槃」は〕「寂靜でない」のである。〔以上、二つの解釋があったが、〕しかし、わたしは第二の解釋に依據したい。〔生死と涅槃という〕これら二つは佛の境界、佛の行ずる道であるので、「境界である道」と言われる。生死と涅槃とは法として定まった相がないから、「法がない」と言われる。諸聖者が同じく依止するから、「同じく止する」と言われる〟と言っている。

【經】菩薩摩訶薩以此善根、念念迴向……。如是菩薩摩訶薩憐愍……。（『大方廣佛華嚴經』卷十九、金剛幢菩薩十迴向品。T9, 521b-522c）

〔藏文和譯〕このように、菩薩摩訶薩は、心の刹那ごとに、これら蓄積された善根を迴向するのであって……。このように、菩薩摩訶薩にして、憐憫を伴い……。[71]

【疏】今且依遠法師、分爲二分。初明慈心迴向、二「如是菩薩憐愍」已下明悲心迴向。（法藏『華嚴經探玄記』卷八。T35, 266b）

今、とりあえず、遠法師によれば、二つの部分に分けている。第一に慈心による迴向を明らかにし、第二に「このように、菩薩は憐愍し」以下は悲心による迴向を明らかにする。

【經】業不違業迹。業迹不違業。（『大方廣佛華嚴經』卷十九、金剛幢菩薩十迴向品。T9, 523b）

〔藏文和譯〕業（*karman）のなすべきこと（*kṛtya）を業と異なるものとしない。業を業のなすべきことと異なるものとしない。[72]

【疏】遠公云〝解或（甲本作〝惑〟）等心、起業所依、名爲「業迹」〟。（法藏『華嚴經探玄記』卷八。T35, 267b）

遠公は〝知解や煩惱などである心は、業を起こすための所依であるので、「業迹」と呼ばれる〟と言っている。

【經】①如如、善根亦爾、迴向衆生、解了諸法。②如性如、善根亦爾、迴向一切法自性無有自性。……〔以下省略。合計九十八句〕(『大方廣佛華嚴經』卷二十、金剛幢菩薩十迴向品。T9, 525c)

〔藏文和譯〕眞如のように、そのように、これら諸善根を、あらゆる諸法の眞實を觀察させるために、迴向するのである。眞如の傾向なるもの、それを〔諸善根の〕傾向とするかたちで、これら諸善根を迴向するのである。……(73)

【疏】遠法師云〝此等何異。異相難識。今且言之、初十句約就地前所行辨如、後八十八就初地上所行辨如〟。(法藏『華嚴經探玄記』卷八。T35, 270c)

遠法師は〝これらはどう異なるのか。異なりは知られがたい。今、とりあえずそれを言えば、最初の十句は地前における所行を念頭に置いて眞如を辨じ、その後の八十八句は初地における所行を念頭に置いて眞如を辨ずるのである〟と言っている。

【經】如過去非同未來非故現在非異如、善根亦爾、迴向發起新新菩提心願、除滅生死、清淨衆生。(『大方廣佛華嚴經』卷二十、金剛幢菩薩十迴向品。T9, 527a)

〔藏文和譯〕あたかも前際によっては盡くされず、後際によっては廣がることがなく、現在によってはばらばらな行相とならない眞如のように、そのように、この善根によって、あらゆる趣は、あらゆる輪廻を超えるために新たな新たな菩提心を誓うことによって、清淨を伴う者となれ。(74)

【疏】遠法師云〝過法無常、同歸盡滅、於現本無、故曰「非同」。未法新生、非本有性、故曰「非故」。現法皆空、故曰「非異」。各(甲本作名)此三「非」、以之爲「如」〟。(法藏『華嚴經探玄記』卷八。T35, 271a)

遠法師は〝過去の法は無常であり、いずれも滅盡に歸し、現在の法に對して無であるから、「同じでないもの」と言われる。未來の法は新たに生じたものであって、もとからあったものでないから、「古いのでないもの」と言われる。現在の法はすべて空であるから、「異なるのでないもの」と言われる。これら三つの「でないもの」、それらを「眞如」と名づける〟と言っている。

【經】　隨順音聲忍、順忍、無生法忍、如幻忍、如焰忍、如夢忍、如響忍、如電忍、如化忍、如虚空忍。

（『大方廣佛華嚴經』巻二十八、十忍品。T9, 580c）

〔藏文和譯〕〔佛の〕聲を洞察する忍と、順忍（*ānulomikī kṣāntiḥ）と、無生法忍と、如幻忍と、如焰忍と、如夢忍と、如響忍と、如影像忍と、如變化忍と、如虚空忍とである。[75]

【疏】　又遠公約知二諦法。謂知俗非實「如幻」、知俗倒有「如炎」、知俗從心起「如夢」。知聲塵不實「如響」、知俗暫有「如電」、知變易無體「如化」、知眞離相「如虚空」。（法藏『華嚴經探玄記』巻十五。T35, 383b）

さらに、遠公は二諦法を知ることに結びつけている。具體的に言えば、俗〔諦〕は實ではなくて「幻のようである」と知り、俗〔諦〕は顚倒の存在であって「焰のようである」と知り、俗〔諦〕は心によって起こっていて「夢のようである」と知り、聲境は不實であって「響のようである」と知り、俗〔諦〕は暫時の存在であって「電光のようである」と知り、不思議變易死は無體であって「變化のようである」と知り、眞〔諦〕は相を離れていて「虚空のようである」と知るのである。

【經】　α　佛子、菩薩摩訶薩有十種行。何等爲十。所謂聞法行。樂聽受法故。說法行。利益衆生故。不隨愛瞋癡怖行。調伏自心故。欲界行。教化成熟欲界衆生故。色無色界三昧行。令速轉故。義法行。速成淨慧故。一切趣行。教化衆生故。一切佛刹行。恭敬禮拜供養一切佛故。涅槃行。斷生死相續故。成滿諸佛行。不斷菩薩行故。佛子、是爲菩薩摩訶薩十種行。若菩薩摩訶薩成就此行、則得一切諸佛行非行如來行。

（『大方廣佛華嚴經』巻四十一、離世間品。T9, 658b）

〔藏文和譯〕おお、勝者の子よ、これら十は諸菩薩の行くこと（*gati）なのであって、十とは何かというならば、具體的には、法を欲することによって法を聞きに行くことと、有情利益のために法を説きに行くことと、自らの心を觀察することによって欲なく貪なく瞋なく癡なく畏なく行くことと、すみやかな慧を得るために意味と法との流れへ行くことと、すみやかに戻るべく色無色定へ行くことと、有情を成熟すべく欲界へ行くことと、教化の增上力によってあらゆる受生に行くことと、如來を拜見したり禮拜したり近侍したりするためにあらゆる佛國土へ神通によって行くことと、輪廻の流れの流れを害しないために涅槃の流れへ行くことと、菩薩の所行を斷ちきらないためにあらゆる佛法（〝佛の屬性〟）を圓滿すべく行くこととである。おお、勝者の子よ、これら十が諸菩薩の行くことなのであって、これらに住して、諸菩薩は如來の、無上の、進むことや行くことや着くことのないことを得るのである(76)。

β　佛子、菩薩摩訶薩有十種行。何等爲十。所謂正念行。滿足四念處故。諸趣行。正覺法趣故。慧行。隨順諸佛故。波羅蜜行。滿足一切智故。四攝行。教化成熟諸衆生故。生死行。長養一切諸善根故。一切衆生言戲行。拔出衆生故。貪熾然行。覺悟一切衆生諸根故。巧方便行。長養般若波羅蜜故。道場行。覺一切智不斷菩薩行故。佛子、是爲菩薩摩訶薩十種行。若菩薩摩訶薩安住此行、則得一切諸佛無上大智慧行。

（『大方廣佛華嚴經』巻四十一、離世間品。T9, 659a）

〔藏文和譯〕おお、勝者の子よ、これら十は諸菩薩の行（*caryā. 行ない）なのであって、十とは何かというならば、具體的には、〔四〕念處を圓滿するためには念による行、法軌を觀察するためには觀察による行、あらゆる佛を喜ぶためには慧による行、一切智者性の智を圓滿するためには波羅蜜多による行、有情を成熟するためには〔四〕攝事による行、あらゆる善根を念ずるためには見による行、混雜を除き去って有情を信解に合わせて教化するためにはあらゆる有情と共存する行、あらゆる有情の根と境とを洞察するためには神通を起こした行、般若波羅蜜多という武器を満たすためには方便善巧による行、一切智者の智を現等覺しつつも菩薩の行を斷ちきらないためには菩提座（*bodhimaṇḍa）による行である。おお、勝者の子よ、これら十が諸菩薩の行なのであって、これらに住して、諸菩薩は如來の、無上の、大智による行を得るのである。[77]

【疏】六「有十種行」者、遠師釋〝前明利他行、此明自利行〟。（法藏『華嚴經探玄記』巻十七。T35, 434c）

第六に「十種類の行がある」とは、遠師は〝先の〔十種類の行〕（α）は利他行を明らかにしていたが、この〔十種類の行〕（β）は自利行を明らかにしている〟と解釋している。

【經】譬如餓鬼、裸形飢渴、擧身焼然、爲諸虎狼毒獸所逼、往詣恆河、欲求水飲、或見枯竭、或見灰炭。所以者何。悉由宿行罪業障故。……〔以下省略。合計十喩〕（『大方廣佛華嚴經』巻四十四、入法界品。T9, 680a）

〔梵文和譯〕たとえば、すなわち、大河ガンジスの岸に兩岸ともに集まっており、飢えと渇きとに苦しめられており、裸でおり、衣服なしにおり、燒かれた體の皮の色をしており、風と熱とで乾ききっており、烏の群れにつつかれており、狼とジャッカルとに慄かされている、多くの幾百千もの餓鬼たちは、この大河ガンジスを見ない。また、いくばくかの者たちは乾ききった、水がない、灰で滿たされたものを見る。〔なぜなら、彼らは〕障に屬する業によって障されているからである。……[78]

【疏】遠法師等諸德皆將十喩配前所迷佛果十句功德。[79]唯第九（八？）二天喩喩上第二如來莊嚴、餘皆次第配釋。可知。（法藏『華嚴經探玄記』巻十八。T35, 447b）

遠法師ら諸德はみな十の喩えを、先の、〔聲聞たちに〕理解されなかった、佛という果をめぐる十句の功德に配當している。ただ第八の二天の喩えのみは、先の、第二の「如來の莊嚴」を喩えているが、他のものはみな順次に配當されて解釋される。知るがよい。

【疏】二依遠法師分二。初親近善友、後「告言」下結聽聞正法。其繫念思及如說行竝攝在聞中。就近友中有四。初聞善友、二求善友、三見善友、四請問法。就初聞善友中亦四。初列國名是通處、二山名是別處、三善友名、四教往詣。二求善友中有三。一初聞心喜、二禮足辭去、三漸行訪友。三見善友中二。初往見、後設禮退住。四請問中三。一向（白?）「已發心」明已有機、二「而未知」等問行法、三「我聞」等歎德。請（親?）近善友竟。

二聞正法中二。初歎其發心、後正爲說法。說法中、初說證量法門、後仰推等說教量法門。

此上科文、諸位多同、少有不同者。（法藏『華嚴經探玄記』巻十八。T35, 455c）

第二に、遠法師によれば、〔善財の善知識訪問に共通する形式を〕二つに分ける。初めは善知識に親近することであり、後の「〔善財に〕告げて言った」から下は〔善知識に親近することを〕終結して正法を聽聞することである。彼（善財）がずっと思いを凝らすことと、說かれたとおりに行ずることとはどちらも聽聞のうちに含まれる。

善知識に親近することのうちに四つある。第一は善知識について聞くこと、第二は善知識を求めること、第三は善知識にまみえること、第四は法を請問することである。第一の、善知識について聞くことのうちにも四つある。第一は國の名を擧げるのであって、普遍的な場所、第二は山の名であって、個別的な場所、第三は善知識の名、第四は〔善知識のもとに〕詣でることを教えることである。第二の、善知識を求めることのうちに三つある。第一は〔善知識について〕聞いて心のうちに喜ぶこと、第二は足に敬禮して辭去すること、第三はだんだん進んで善知識を訪ねることである。第三の、善知識にまみえることのうちに二つある。第一は行ってまみえること、第二は敬禮して退去することである。第四の、〔法を〕請問することのうちに三つある。第一の「すでに發心しましたが」と言うことはすでに機根があることを明らかにし、第二の「しかるに、いまだ○○を知りません」などは行法を質問し、第三の「わたしは○○と伺っております」などは

〔善知識の〕德を讃歎するのである。善知識に親近することは以上である。

第二の、正法を聽聞することのうちに二つある。第一は彼の發心を讃歎すること、第二は正しく彼のために法を說くことである。法を說くことのうち、前半は證量（〝直接知覺〟）の法門を說くこと、後半の〔ほかの善知識を〕推量することなどは敎量（〝傳聞〟）の法門を說くことである。

以上の科文は、諸位〔の善知識〕において多くは同じであるが、少しく同じからざるところがある。

第四章　僧範『華嚴經疏』

【經】菩薩摩訶薩所行善根、以諸大願攝取、行等行、積聚等積聚、長養等長養、皆悉廣大具足充滿。

（『大方廣佛華嚴經』卷十五、金剛幢菩薩十迴向品。T9, 493c）

〔藏文和譯〕菩薩は善根のいずれか……によって精進し、等しく精進し、行じ、等しく行じ、〔善根を芽〕生えさせ、等しく〔芽〕生えさせ、大いなる所緣によって正しく集め、完成させ、廣大にさせ、圓滿させる。(80)

【疏】範法師云〝但起一行、名之爲「行」。總衆多行、名爲「積聚」。增進勝前、名爲「長養」。猶是前「行」異名顯耳。菩薩所行「行」旣無量、不可備擧。但「等」言之。故皆云「等」也〟。

（法藏『華嚴經探玄記』卷七。T35, 250bc）

範法師は〝ただ一行を起こすのみであること、それが「行」と呼ばれる。衆多の行を總合することが「積聚」と呼ばれる。增進して前より勝れることが「長養」と呼ばれる。〔「積聚」と「長養」とは〕前の「行」の異名が現れたにすぎないようである。菩薩が行ずる「行」は無量である以上、完全には列擧することができない。ただ「等」によって、そのことを言うのである。ゆえに、〔「行」と「積聚」と「長養」との〕すべてについて「等」を言うのである〟と言っている。

【經】如過去非同未來非故現在非異如、善根亦爾、迴向發起新新菩提心願、除滅生死、清淨衆生。

（『大方廣佛華嚴經』巻二十、金剛幢菩薩十迴向品。T9, 527a）

〔藏文和譯〕あたかも前際によっては盡くされず、後際によっては廣がることがなく、現在によってはばらばらな行相とならない眞如のように、そのように、この善根によって、あらゆる諸趣は、あらゆる輪廻を超えるために新たな新たな菩提心を誓うことによって、清淨を伴う者となれ(81)。

【疏】「過去非同」等者、相州大範法師云〝此破小乘三世之執。謂彼執過去爲有。若是有者、便同現在。今旣滅無、故云「非同」。言「未來非故」者、小乘亦執未來有法流至現在。若爾、應是故法。今旣未來、緣未至故、畢竟無法、云「非故」。「現在非異」者、彼執現在決定是有。今明待緣假合、推之則無、故不異過未之無。故云「非異」〟。（法藏『華嚴經探玄記』巻八。T35, 270c）

「過去は同じではない」などについては、相州の大範法師は〝これは三世に對する小乘の執着を打破するのである。具體的に言えば、彼（小乘）は過去を有と執着する。もし〔過去が〕有であるならば、ただちに現在と同じになってしまう。今〔大乘において〕は、〔過去は〕滅していて無である以上、〔現在と〕「同じではない」と言うのである。「未來は古いものではない」と言うのは、小乘は未來が有なる法であって現在に來ると執着しもする。もしそうならば、〔未來は〕古い法であることになってしまう。今〔大乘においては〕、未來は緣（〝條件〟）がいまだ至っていないゆえに究極的に無なる法である以上、「古いものではない」と言うのである。「現在は異なるものではない」とは、彼（小乘）は現在が決定的に有であると執着する。今〔大乘において〕は、〝〔現在は〕緣に依存して假に結合したにすぎず、そのことを推量するかぎり無であるゆえに、過去と未來との無と異ならない〟ということを明らかにする。ゆえに「異なるものではない」と言うのである〟と言っている。

第五章　曇衍『華嚴經疏』

【疏】三依衍法師、以無礙法界爲宗。（法藏『華嚴經探玄記』巻一。T35, 120a）

第三に、衍法師によれば、無礙なる法界を〔『華嚴經』の〕宗と規定している。

【疏】又衍師等以法界爲宗等。（法藏『華嚴經文義綱目』。T35, 495a）

さらに、衍師らは法界を〔『華嚴經』の〕宗と規定している。

【疏】又衍法師云〝初一人問多人、明「一中解無量」。二多人問一人、明「無量中解一」〟[82]。

（法藏『華嚴經探玄記』巻四。T35, 176c）

さらに、衍法師は〝〔明難品において、〕初めに〔文殊師利〕一人が多くの人に質問することは、一のうちに無量を理解することを明らかにするのである。次に多くの人が〔文殊師利〕一人に質問することは、無量のうちに一を理解することを明らかにするのである〟と言っている。

【經】生死非雜亂。涅槃非寂靜。如來境界道非他所作。無法同止。

（『大方廣佛華嚴經』巻十五、金剛幢菩薩十迴向品。T9, 498b）

〔藏文和譯〕輪廻の別々なる行相を一からげにしてしまわないのである。寂靜という行相として分別されたものがないことによる、高慢を生じないのである。諸如來をだしにして〔他者に〕如來の境（*viṣaya）を自慢しないのである。いかなる法によっても〔他者を〕法に住させないのである[83]。

【疏】衍法師云〝以縁就實、「生死非雜亂」。以實從縁、「涅槃非寂靜」〟。（法藏『華嚴經探玄記』巻七。T35, 256a）

衍法師は〝縁〔である生死〕を實〔である性浄涅槃〕の次元において理解すれば、「生死は雜亂ではない」。實〔である性浄涅槃〕を縁〔である生死〕の次元において理解すれば、「涅槃は寂靜ではない」〟と言っている。

【經】令一切衆生得殊勝座、三種世閒所不能壞、廣大善根、及善根具皆悉清淨。（『大方廣佛華嚴經』巻十六、金剛幢菩薩十迴向品。T9, 505b）

〔藏文和譯〕あらゆる有情は、善根という、清浄な（*viśuddha）大資糧（*mahāsaṃbhāra）、三界の者（*traidhātuka）によっては凌がれない座を得よ。(84)

【疏】衍師云〝是三災不壞〟。（法藏『華嚴經探玄記』巻八。T35, 259c）

衍師は〝〔火災、水災、風災という〕三災によっては壞されないのである〟と言っている。

【經】知色微細、知身微細……如是等一切微細、於一念中、皆悉了知、隨順普賢菩薩所行、成就普賢眞實智慧。（『大方廣佛華嚴經』巻二十一、金剛幢菩薩十迴向品。T9, 530b）

〔藏文和譯〕微細な色、微細な身……これらあらゆる微細を、心の一刹那において、普賢菩薩に隨順する洗練された智によって、如實に知るようになれ。(85)

【疏】衍法師云〝所知之事幽微、故能知之智「微細」〟也。（法藏『華嚴經探玄記』巻八。T35, 273a）

衍法師は〝所知の事物が幽微であるから、能知の智は「微細」である〟と言っている。

【經】如來應供等正覺海亦有四種大智寶珠、出生一切聲聞緣覺學無學智及諸菩薩智慧大寶。何等爲四。一名無染巧妙方便清淨智寶、二名分別演說有爲無爲清淨智寶、三名分別演說一切諸法而不壞法界清淨智寶、四名應化衆

生未曾失時清淨智寶。是爲如來大海四種清淨智寶。（『大方廣佛華嚴經』巻三十五、寶王如來性起品。T9, 622c）

〔藏文和譯〕　おお、勝者の子よ、そのように、諸如來阿羅漢正等覺者の智という大海の中において、福と智と功德とが圓滿されている、智という大寶石が四つあるのであって、これら、智という大寶石の威光と威德とによって、如來の智という大海の中から、あらゆる有學や無學と、あらゆる獨覺と、あらゆる菩薩との智という寶石が起こるのであり、おお、勝者の子よ、もし如來の智という大海の中にこれら智という大寶石が四つなかったならば、如來の智という大海の中から、わずか一人の菩薩の智という寶石も起こらないであろう。さて、それら四つとは何かというならば、具體的に言えば、方便に善巧であり執着がない智という大寶石と、有爲と無爲とを平等な法として觀察する智という大寶石と、法界はばらばらなものでないにせよばらばらな行相として說示する智という大寶石と、適時と不適時とを看過せず適時において來させる智という大寶石とであって、これら如來の智という大寶石が四つあるのである[86]。

【疏】　衍英等云〝初證道智、斷惑障。二名助道智、斷於智障。三不住道智、捨於報障。上三自利。四利益衆生智、卽利他行〟。（法藏『華嚴經探玄記』巻十六。T35, 411a）

衍や英（道英）らは〝第一は證道の智であって、惑障（〝煩惱障〟）を斷ちきる。第二は助道の智と呼ばれ、智障（〝所知障〟）を斷ちきる。第三は不住道の智であって、報障（〝異熟障〟）を捨てる。以上の三つは自利である。第四は衆生を利益する智であって、利他行である〟と言っている。

【疏】　四依衍法師等、分爲四量。一初聞名等是教量、二依教尋求是信量、三見彼依正是比量、四聞彼所說爲現量。此四卽是聞思修證也。（法藏『華嚴經探玄記』巻十八。T35, 456a）

第四に、衍法師らによれば、〔善財の善知識訪問に共通する形式を〕四量に分ける。第一に初めて〔善知識の〕名を聞くことなどは教量（〝傳聞〟）であり、第二に教えによって〔善知識を〕探し求めることは信量

（〝確信〟）であり、第三に彼（善知識）の依報（〝環境〟）と正報（〝身心〟）とを〔遠くから〕見ることは比量（〝推理〟）であり、第四に彼（善知識）の所説を聞くことは現量（〝直接知覺〟）である。これら四つは〔順に〕聞と思と修と證とである。

【經】爾時善財、一心觀察彼夜天已、得世界微塵等菩薩共法。（『大方廣佛華嚴經』巻五十五、入法界品。T9, 746a）

〔梵文和譯〕サルヴァジャガッドラクシャープラニダーナヴィーリヤプラバー夜天について、佛國土にある微塵の數に等しい、菩薩の衆同分を得たのである。(87)

【疏】衍法師云〝「菩薩共法」、通論有四。一人法無二、與一切法界共。二因果無二、與一切諸佛共。三自他無二、與一切菩薩共。四染淨無二、與一切衆生共〟。（法藏『華嚴經探玄記』巻二十。T35, 480c）

衍法師は〝「菩薩の共法」とは、普遍的に論ずれば四つある。第一は人〔である菩薩〕と法〔である法界〕とが無二であることであって、〔菩薩は〕あらゆる法界と共（〝共通〟）である。第二は因〔である菩薩〕と果〔である佛〕とが無二であることであって、〔菩薩は〕あらゆる諸佛と共である。第三は自分〔である菩薩〕と他者〔である菩薩〕とが無二であることであって、〔菩薩は〕あらゆる菩薩と共である。第四は染なるもの〔である衆生〕と淨なるもの〔である菩薩〕とが無二であることであって、〔菩薩は〕あらゆる衆生と共である〟と言っている。

第六章　靈裕『總懺十惡偈文』『華嚴經疏』

A 『總懺十惡偈文』

『總懺十惡偈文』〈靈裕法師撰文〉

自惟我生死　過去無初際　乃至於今生　相續不斷絕

愚癡暗覆故　三毒火常然　雖有身與心　而不能自寤
徒蒙一切佛　放智慧日光　照我二種身　亦未之知覺[88]
懷惑生諸趣　無類而不更　諦思此因緣　誰非己眷屬
又念諸衆生　元同一心海　因妄想識浪　幻起諸趣身
是身無種種　與我同如性　因於失念故　彼我分別生
由之起愛憎　常共相鬥諍　日夜懷嫌恨　思念相報及
遂於衆生中　無一不傷害　貪奪於資生　非分起染欲
虚誑無實語　惡口不擇言　兩舌相破壞　綺語調弄人
貪海無厭足　瞋火然復然　邪見背正教　諂曲無誠信
違犯諸如來　一切淸淨戒　嫌恨與愛憎　無心而不有
是罪若不懺　長夜熏自心　積熏而不已　變成地獄處
及與諸苦具
諸佛於爾時　皆悉不能救　唯除自發露　所造諸愆咎
應佛菩薩心　隨順本淨性　無始時無明　自此漸微薄
是故懷慚愧　深心悔諸罪
願佛放慈光　照及苦衆生　所有煩惱聚　皆令悉消滅
自性淸淨心　從此至究竟　平等眞法界　於今得圓滿（道世『法苑珠林』巻八十六。T53, 918c-919a）

『十惡をまとめて懺悔する偈文』〈靈裕法師が文を撰した〉

思えばわたしの輪廻とは、かつて始まりありはせず、ついに今世に至るまで、續いて絶えることはなし。

愚癡がくろぐろ覆うため、三毒の火は常に燃え、たとえ身心あるにせよ、とても自分で目覺め得ず。

あらゆる佛が智慧の日の、光放ちてわが二種の、身を照らすのを徒《あだ》に受け、なおかつそれに氣づくなし。
惑いて諸趣に生まれ落ち、幾度も家族とならぬなし。このわけ深く思惟するに、誰が家族でなかろうか。
さらに思うに諸衆生は、もと同一の心海が、妄想識の波により、諸趣の身おぼろにゆらめかす。
その身は種々にありはせず、わたしと同じ眞如性。それを忘れたことにより、彼我を隔てること起こる。
そのため愛憎起こしては、常に互いに諍って、日夜に恨みを懐いては、やり返そうと考えて、
遂に衆生をひとりとて、傷害せざるためしなし。財を貪り奪おうと、資格なきまま欲起こす。〔以上、殺生、偸盗〕
でたらめ述べて實語なく、ことば選ばず悪口し、兩舌しては自他壊し、綺語して人を弄ぶ。〔以上、妄語、悪口、兩舌、綺語〕
貪の海飽くためしなく、瞋の火燃ゆるもまた同じ。邪見で正しき教え避け、媚び諂ってまことなし。〔以上、貪欲、瞋恚、愚癡〕
諸如來により決められた、あらゆる淸き戒犯し、恨みや愛や憎しみを、持たずにすんだ心なし。〔以上、邪淫〕
この罪懺悔せぬならば、長夜に心に熏習し、熏習積もって已まずんば、變じて地獄の場所となり、さらに苦惱のたねとなる。
そうともならば諸佛すら、いっさい助けられはせず。作った罪を自分から、懺悔した者だけは別。
諸佛菩薩の心知り、もとの淸らな本性に、順じたのちは、無始からの、無明は徐々に薄くなる。
それゆえ慚愧懷いては、深き心で罪悔いよ。
乞い願わくばみほとけが、慈光放ちて苦のうちの、衆生照らしてことごとく、あらゆる煩惱消すことを。
そこから自性淸淨心、ついに究竟にたどりつき、そのとき平等眞法界、圓かに滿つるようになる。

B『華嚴經疏』

【疏】四依裕法師、以甚深法界心境爲宗。謂法界門中、義分爲境、諸佛證之、以成淨土。法界卽是一心、諸佛證之、以成法身。是故初品之內、初天王偈讃「無盡平等妙法界、悉皆充滿如來身」[89]、末後復明入法界品。故知唯以法界爲宗。（法藏『華嚴經探玄記』巻一。T35, 120a）

第四に、裕法師によれば、甚深な法界である、心と境とを〔『華嚴經』の〕宗と規定する。具體的に言えば、法界という門において、内容上、〔心とは別に〕境を分かち、諸佛はそれ（境）を證得して淨土を成就する。法界は一心であって、諸佛はそれ（心）を證得して法身を成就する。それゆえに、初めの〔世間淨眼〕品のうち、初めの天王の偈は「無盡なる、平等なる妙法界は、すべて如來身のうちに充滿している」と讃えるし、末尾にはふたたび入法界品を明らかにする。ゆえに、ただ法界を宗と規定するのみだとわかる。

【經】時諸菩薩咸作是念。「唯願世尊哀愍我等、隨所志樂、示現佛刹、示佛所住、示佛國莊嚴、示諸佛法、示佛土清淨、示佛所說法、示佛刹體、示佛功德勢力、示隨佛刹起、示成正覺、開示十方一切如來所可分別菩薩十住十行十迴向十藏十地十願十定十自在十頂。菩薩隨喜心、不斷如來性、救衆生、滅煩惱、知衆行、解諸法、離垢穢、拔衆難、決疑網、竭愛欲。佛無上地、佛境界、佛住壽、佛行、佛力、佛無所畏、佛定、佛神足、佛勝法、佛不動轉、佛六情根、佛光、佛智、佛無上功德一切具足、如是等事悉爲我現」。（『大方廣佛華嚴經』巻四、如來名號品。T9, 418b）

〔藏文和譯〕そうすると、彼ら諸菩薩は次のように思った。「われわれへの憐れみ（*anukampā）を祕めて、世尊によって、諸菩薩の願いのままに、佛國土が說き示されるとよいが。佛の行（*caryā）が說き示されるとよいが。佛國土の莊嚴が說き示されるとよいが。佛の法性が說き示されるとよいが。佛國土の清淨が說き示されるとよいが。佛の所說の法が說き示されるとよいが。佛國土の自性（*prakṛti）が說き示されるとよいが。

佛の力が説き示されるとよいが。佛國土の起こりが説き示されるとよいが。十方の世界において諸佛世尊によって菩薩の十住が安立されたとおり、そのとおり説き示されるとよいが。菩薩の十行が説き示されるとよいが。菩薩の十無量が説き示されるとよいが。菩薩の諸藏が説き示されるとよいが。菩薩の諸地が説き示されるとよいが。菩薩の諸願が説き示されるとよいが。菩薩の十定が説き示されるとよいが。菩薩の十神變が説き示されるとよいが。菩薩の十頂が説き示されるとよいが。あらゆる菩薩を出だすために、かつ、如來の種族を絶やさず、あらゆる有情を救い、あらゆる世界を隨煩惱なきものとし、あらゆる諸行（*saṃskāra）を知り、あらゆる法を説き、あらゆる雜染を淨め、あらゆる猶豫（*vicikitsā）を斷ち、あらゆる疑惑（*kāṅkṣā）を捨て、あらゆる所依（*ālaya）を壞すために、さらに、如來の地が説き示されるとよいが。さらに、如來の所行（*gocara）が説き示されるとよいが。さらに、如來の加持が説き示されるとよいが。さらに、如來の行（*caryā）が説き示されるとよいが。さらに、如來の力が説き示されるとよいが。さらに、如來の無畏（*viśārada）が説き示されるとよいが。さらに、如來の定が説き示されるとよいが。さらに、如來の神變が説き示されるとよいが。さらに、如來の大自在性（*mahāvaśitā）が説き示されるとよいが。さらに、如來の不可奪性（*asaṃhāryatā）が説き示されるとよいが。さらに、如來の眼が説き示されるとよいが。さらに、如來の耳が説き示されるとよいが。さらに、如來の鼻が説き示されるとよいが。さらに、如來の舌が説き示されるとよいが。さらに、如來の身が説き示されるとよいが。さらに、如來の意が説き示されるとよいが。さらに、如來の辨才が説き示されるとよいが。さらに、如來の智が説き示されるとよいが。さらに、如來の牛王力が説き示されるとよいが[90]」。

【疏】問中裕梵等法師離爲一百二十四問。謂初十問法身自體之行。中閒一百問報身起修之行。後十四問方便身平等之行。又若合中閒九十問爲九問。卽總四十三問。（法藏『華嚴經探玄記』卷四。T35, 168b）

諸問について、裕や梵（智梵）らの法師は百二十四問に分けている。具體的に言えば、「「佛剎」から「成正覺」までの〕初めの十は法身自體之行を問い、〔「十住」から「竭愛欲」までの〕中間の百は報身起修之行を問い、〔「佛無上地」から「佛無上功德一切具足」までの〕後の十四は方便身平等之行を問うている。さらに、もし〔「十住」から「十頂」までの〕中間の九十問を九問に合するならば、全部で四十三問となるのである。

【經】①如如、善根亦爾、迴向衆生、解了諸法。②如性如、善根亦爾、迴向一切法自性無有白性。……〔以下省略。合計九十八句〕（『大方廣佛華嚴經』巻二十、金剛幢菩薩十迴向品。T9, 525c）

〔藏文和譯〕眞如のように、そのように、これら諸善根を、あらゆる諸法の眞實を觀察させるために、迴向するのである。眞如の傾向なるもの、それを〔諸善根の〕傾向とするかたちで、これら諸善根を迴向するのである。……(91)

【疏】又靈裕法師、北臺意法師、炬法師等各分作十、各悉不同。（法藏『華嚴經探玄記』巻八。T35, 270c）

さらに、靈裕法師や、北臺意法師や、智炬法師らはそれぞれ〔九十八句を〕十に分けているが、それぞれみな同じでない。

【經】如過去非同未來非故現在非異如、善根亦爾、迴向發起新新菩提心願、除滅生死、清淨衆生。

（『大方廣佛華嚴經』巻二十、金剛幢菩薩十迴向品。T9, 527a）

〔藏文和譯〕あたかも前際によっては盡くされず、後際によっては廣がることがなく、現在によってはばらばらな行相とならない眞如のように、そのように、この善根によって、あらゆる趣は、あらゆる輪廻を超えるために新たな新たな菩提心を誓うことによって、清淨を伴う者となれ。(92)

【疏】裕法師云〝「過去非同」者、集起而無集起。「非故」者、轉變而非轉變。「非異」者、相別而非相別。「發起新新」者、稱過去也。「除滅生死」者、同未來也。「清淨生」者、似「非異」也〟。

（法藏『華嚴經探玄記』卷八。T35, 271a）

裕法師は〝「過去のものに對して同じではない」とは、〔過去のものは〕集起（縁起）したにせよ、〔眞如は〕集起がないのである。「〔未來のものに對して〕古いものではない」とは、〔未來のものは現在のものが〕轉變するにせよ、〔眞如は〕轉變するものでないのである。「〔現在のものに對して〕異なるのではない」とは、〔現在のものは〕諸相が別々であるにせよ、〔眞如は〕諸相が別々でないのである。「新たな新たな〔菩提心〕を發起した」とは、過去にかかわることである。「生死を除滅する」とは、未來にかかわることである。「清淨な衆生」とは、「異なるのではない」のと同じようなことである〟と言っている。

第七章　北臺意『華嚴經疏』

【經】佛子、何等爲菩薩摩訶薩歡喜行。……是名菩薩摩訶薩歡喜行。菩薩修歡喜行時……。

（『大方廣佛華嚴經』卷十一、功德華聚菩薩十行品。T9, 466c）

〔藏文和譯〕おお、勝者の子らよ、ここにおいて、歡喜と呼ばれる、菩薩の第一の行は何かというならば……。おお、勝者の子らよ、以上が菩薩の第一の行である。この行に住する菩薩は……。[93]

【疏】前中北臺意法師云〝先明行體、後從「菩薩修歡喜行時」下淨治此行〟。

（法藏『華嚴經探玄記』卷六。T35, 219a）

〔歡喜行に財施と法施とがあるうち、〕前者について、北臺意法師は〝先に行そのものを明らかにし、後に「菩薩は歡喜行を修習する時」以下はこの行を淨めととのえるのである〟と言っている。

【經】①如如、善根亦爾、迴向衆生、解了諸法。②如性如、善根亦爾、迴向一切法自性無有自性。……〔以下

省略。合計九十八句〕（『大方廣佛華嚴經』卷二十、金剛幢菩薩十迴向品。T9, 525c）

〔藏文和譯〕眞如のように、そのように、これら諸善根を、あらゆる諸法の眞實を觀察させるために、迴向するのである。[94] 眞如の傾向なるもの、それを〔諸善根の〕傾向とするかたちで、これら諸善根を迴向するのである。……

【疏】又靈裕法師、北臺意法師、炬法師等各分作十、各悉不同。（法藏『華嚴經探玄記』卷八。T35, 270c）

さらに、靈裕法師や、北臺意法師や、智炬法師らはそれぞれ〔九十八句を〕十に分けているが、それぞれみな同じでない。

【經】爾時諸菩薩聲聞天人及其眷屬咸作是念。（『大方廣佛華嚴經』卷四十四、入法界品。T9, 676c）

〔梵文和譯〕さて、すると、彼ら、眷屬を伴う諸菩薩と、彼ら、大神通力ある諸聲聞と、彼ら、眷屬を伴う諸世俗君主とに、次のような思いが起こった。[95]

【疏】問。准下、聲聞皆如聾盲。何故此中而同疑念。答。意法師釋曰〝理處不隔、故得同疑。未積大心、故不應其次〞。又釋〝表同在祇洹、故同念請。普眼未開、故如盲等。又釋、〝實是菩薩、是以同念。迹現聲聞、是以如盲〞〈云云〉。（法藏『華嚴經探玄記』卷十八。T35, 442c-443a）

質問。この後の文に準據するに、聲聞はみな聾者や盲者のようであった。どうしてここでは〔菩薩と〕ともに疑念を起こしているのか。回答。意法師は解釋して〝眞理という次元においては〔菩薩と〕隔たっていないから、〔菩薩と〕ともに疑念を起こし得たのである。いまだ大乘の心を積んでいなかったから、この後にはふさわしくなかったのである〞と言っている。さらに、〝〔菩薩と〕ともに祇洹にいたことを表すために、〔菩薩と〕ともに疑念を起こして要請したのである。普眼がいまだ開いていなかったから、盲者などのようだったのである〞と解釋している。さらに、〝〔聲聞は〕實のところ菩薩だったのであり、その點で〔菩薩と〕ともに疑念を起こしたのである。垂迹して聲聞のすがたを化現していたのであり、その點で盲者のようだったのである〞〈云云〉と解釋している。

【疏】更依一家、總不配位、亦不懸科。但隨諸會、依文散釋。卽如五臺『論』及意法師等竝同此釋。（法藏『華嚴經探玄記』卷十八。T35, 450bc）

さらに、ある學派によれば、〔善財が訪問する善知識を〕いずれも位に配當しないし、科文を分けもしない。ただ諸會のままに、文にまかせてばらばらに註釋するのみである。五臺山の〔靈辯〕『〔華嚴經〕論』や意法師らのごときはいずれもこの解釋に同じている。

【疏】六依意法師等、分作六分。一明求詣心行、二明敬諮問、三讚說己知、以授善財、四說己未知、五更示知者、勸令往詣、六辭退造彼。（法藏『華嚴經探玄記』卷十八。T35, 456a）

第六に、意法師らによるならば、〔善財の善知識訪問に共通する形式を〕六部分に分ける。第一には〔善知識を〕訪ねようとする〔善財の〕心の動きを明らかにし、第二には〔善財が〕謹んで〔善知識に〕質問することを明らかにし、第三には〔善知識が〕自分の知ることを讚え說いて善財に授け、第四には〔善知識が〕自分のいまだ知らないことがあることを說き、第五には〔善知識が〕さらに知る者を示して〔善財に〕かしこを訪ねることを勸め、第六には〔善財が善知識のところを〕辭去してかしこに至るのである。

第八章　智炬『華嚴經疏』

【經】①如如、善根亦爾、迴向衆生、解了諸法。②如性如、善根亦爾、迴向一切法自性無有自性。……〔以下省略。合計九十八句〕（『大方廣佛華嚴經』卷二十、金剛幢菩薩十迴向品。T9, 525c）

〔藏文和譯〕眞如のように、そのように、これら諸善根を、あらゆる諸法の眞實を觀察させるために、迴向するのである。眞如の傾向なるもの、それを〔諸善根の〕傾向とするかたちで、これら諸善根を迴向するのである。[96]……

【疏】又靈裕法師、北臺意法師、炬法師等各分作十、各悉不同。（法藏『華嚴經探玄記』卷八。T35, 270c）

さらに、靈裕法師や、北臺意法師や、炬法師らはそれぞれ〔九十八句を〕十に分けているが、それぞれみな同じでない。

【經】如過去非同未來非故現在非異如、善根亦爾、迴向發起新新菩提心願、除滅生死、淸淨衆生。

（『大方廣佛華嚴經』卷二十、金剛幢菩薩十迴向品。T9, 527a）

〔藏文和譯〕あたかも前際によっては盡くされず、後際によっては廣がることがなく、現在によってはばらばらな行相とならない眞如のように、そのように、この善根によって、あらゆる諸趣は、あらゆる輪廻を超えるために新たな新たな菩提心を誓うことによって、淸淨を伴う者となれ。[97]

【疏】炬法師云〝「過去非同」者、明如體雖在過去、而非遷滅、不同於無。「未來非故」者、雖復集起、而無起相。明已起之處非故。「現在非異」者、雖在現在、而無形處、不異過未〟。（法藏『華嚴經探玄記』卷八。T35, 271a）

炬法師は〝「過去にあっては同じでなく」とは、眞如の體（〝ありかた〟）が、たとえ過去にあっても、遷ったり滅したりせず、無と同じではないということを明らかにするのである。「未來にあっては古いものでなく」とは、〔眞如の體は、〕たとえ集起（縁起）しても、集起のありさまがないのである。すでに集起したもの〔である眞如の體〕は古いものではない、ということを明らかにするのである。「現在にあっては異なるものでない」とは、〔眞如の體は、〕たとえ現在にあっても、形や場所がなく、過去と未來と〔にある眞如の體〕に異ならないのである〟と言っている。

第九章　道英『華嚴經疏』

【經】①如如、善根亦爾、迴向衆生、解了諸法。②如性如、善根亦爾、迴向一切法自性無有自性。……〔以下省略。合計九十八句〕（『大方廣佛華嚴經』巻二十、金剛幢菩薩十迴向品。T9, 525c）

〔藏文和譯〕眞如のように、そのように、これら諸善根を、あらゆる諸法の眞實を觀察させるために、迴向するのである。眞如の傾向なるもの、それを〔諸善根の〕傾向とするかたちで、これら諸善根を迴向するのである。……(98)

【疏】於此別中、英法師分爲十分。謂初十明賢首位中如。二十明十住中如。三十明十行位中如。四十明十迴向位中如。五十明淨心地中如。六十明行迹地中如。七十明決定地中如。八十明究竟地中如。九十明等覺位中如。十末後十明佛地中如。（法藏『華嚴經探玄記』巻八。T35, 270c）

これら〔九十八の〕別句を、英法師は十部分に分ける。具體的に言えば、第一の十は賢首位における眞如を明らかにする。第二の十は十住位における眞如を明らかにする。第三の十は十行位における眞如を明らかにする。第四の十は十迴向位における眞如を明らかにする。第五の十は〔『菩薩地持經』地品における七地のうち第三の〕淨心地における眞如を明らかにする。第六の十は〔七地のうち第四の〕行迹地における眞如を明らかにする。第七の十は〔七地のうち第五の〕決定地における眞如を明らかにする。第八の十は〔七地のうち第七の〕畢竟地における眞如を明らかにする。第九の十は等覺位における眞如を明らかにする。第十である最後の十は佛地における眞如を明らかにする。

【經】如過去非同未來非故現在非異如、善根亦爾、迴向發起新新菩提心願、除滅生死、清淨衆生。
（『大方廣佛華嚴經』巻二十、金剛幢菩薩十迴向品。T9, 527a）

〔藏文和譯〕　あたかも前際によっては盡くされず、後際によっては廣がることがなく、現在によってはばらばらな行相とならない眞如のように、そのように、この善根によって、あらゆる趣は、あらゆる輪廻を超えるために新たな新たな菩提心を誓うことによって、清淨を伴う者となれ[99]。

【疏】　英法師云〝過去滅法與無相似。名之爲「同」。今明依如、起新行願、不同彼無、故曰「非同」。謝落故業、當報方受。名之爲「故」。今明證如、捨彼故業、故云「非故」。現造業結不同過未。名之爲「異」。今觀業結本無造起、畢竟清淨、故云「非異」。「發起新新」等釋過去。「除滅」等釋未來也。「清淨」等釋現在也〃。

（法藏『華嚴經探玄記』卷八。T35, 271a）

英法師は〝過去のすでに滅した法は無と相似しているので、それを「同じ」と呼ぶ。今は、〝眞如に依據して新たな行願を起こす以上、〔眞如は〕かの無と同じではない〃ということを明らかにするから、「同じではない」と言うのである。〔過去へと〕落ちた古い業によって、將來の異熟をようやく受ける。それを「古い」と呼ぶ。今は、〝眞如を證得して、かの、古い業を捨てる〃ということを明らかにするから、「古いものではない」と言うのである。現在が業と結（煩惱）とを造ることは過去と未來とに同じではない。それを「異なる」と呼ぶ。今は、〝業と結とは、もともと造られることがなく、究極的に清淨である〃ということを觀察するゆえに、「異なるのではない」と言うのである。「新たな新たな〔菩提心〕を發起する」などは過去を說明するのである。「〔生死を〕除滅する」などは未來を說明するのである。「清淨な〔衆生〕」などは現在を說明するのである〃と言っている。

【經】　如來應供等正覺海亦有四種大智寶珠、出生一切聲聞緣覺學無學智及諸菩薩智慧人寶。何等爲四。一名無染巧妙方便清淨智寶、二名分別演說有爲無爲清淨智寶、三名分別演說一切諸法而不壞法界清淨智寶、四名應化衆生未曾失時清淨智寶。是爲如來大海四種清淨智寶。（『大方廣佛華嚴經』卷三十五、寶王如來性起品。T9, 622c）

〔藏文和譯〕　おお、勝者の子よ、そのように、諸如來阿羅漢正等覺者の智という大海の中において、福と智と功德とが圓滿されている、智という大寶石が四つあるのであって、これら、智という大寶石の威光と威德とによって、如來の智という大海の中から、あらゆる有學や無學と、あらゆる獨覺と、あらゆる菩薩との智という寶石が起こるのであり、おお、勝者の子よ、もし如來の智という大海の中にこれら智という大寶石が四つなかったならば、如來の智という大海の中から、わずか一人の菩薩の智という寶石も起こらないであろう。さて、それら四つとは何かというならば、具體的には、方便に善巧であり執着がない智という大寶石と、有爲と無爲とを平等な法として觀察する智という大寶石と、法界はばらばらなものでないにせよばらばらな行相として說示する智という大寶石と、適時と不適時とを看過せず適時において來させる智という大寶石とであって、これら如來の智という大寶石が四つあるのである。(100)

【疏】　衍英等云〝初證道智、斷惑障。二名助道智、斷於智障。三不住道智、捨於報障。上三自利。四利益衆生智、卽利他行〟。（法藏『華嚴經探玄記』卷十六。T35, 411a）

衍（曇衍）や英らは〝第一は證道の智であって、惑障（〝煩惱障〟）を斷ちきる。第二は助道の智と呼ばれ、智障（〝所知障〟）を斷ちきる。第三は不住道の智であって、報障（〝異熟障〟）を捨てる。以上の三つは自利である。第四は衆生を利益する智であって、利他行である〟と言っている。

【經】　如來應供等正覺海亦有四種智光摩尼大寶、照諸菩薩、具足修習一切衆行、乃至成佛平等智慧。何等爲四。一者永息一切不善波浪智光大寶、二者滅一切法愛智光大寶、三者大慧智光大寶、四者與如來等無量智光大寶。（『大方廣佛華嚴經』卷三十五、寶王如來性起品。T9, 623a）

〔藏文和譯〕　おお、勝者の子よ、そのように、諸如來阿羅漢正等覺者の智という大海において、威德と光明とがきわめて大きい、智という大寶石が四つあるのであって、智という大寶石四つの、威德と光明とによって觸れられたならば、菩薩の誓いの意樂によって起こった福という水蘊は乾いていくのであり、それらがあるので、如來の智という大海は溢れもせず乾ききりもしないのである。さて、それら四つとは何かというならば、具體的には、あらゆる頑固さという波を靜める智という大寶石と、法に隨順し愛を盡くす智という大寶石と、慧の大光明によってきわめて輝く智という大寶石と、黑闇なしに輝かせる如來の平等性智という大寶石とであって、これら、威德と威光がきわめて大きい、如來の智という寶石が四つあるのである。[101]

【疏】又英云〝初是禪定智、除不善障。二是方便智、除著禪障。三如理智、除煩惱障。四如量智、除所知障〟。

（法藏『華嚴經探玄記』卷十六。T35, 411a）

さらに、英は〝第一は禪定智であって、不善障を除去する。第二は方便智であって、著禪障を除去する。第三は如理智であって、煩惱障を除去する。第四は如量智であって、所知障を除去する〟と言っている。

第十章　智正『華嚴經疏』

【疏】『華嚴經疏』第一上〈智正法師述。『圓宗文類』第二引之〉。『大方廣佛華嚴經』世間淨眼品第一。此初先明攝敎分齊、以釋經名。如來大聖體道窮源、曠包無外、化用殊倫、普潤群品。敎雖塵沙、略擧其要、惣有二種。一聲聞藏、二菩薩藏。

云聲聞藏者、如來初成道已、第六（二？）七日後、往波羅奈國鹿菀之所、爲小機人、轉於有作四諦法輪。如此等敎名聲聞藏。就中復二。謂聲聞々々、緣覺聲聞。若從先來、樂觀四諦、成聲聞種性、於最後身、値佛出世、還復爲說四諦等法、稱本器性、故曰聲聞々々。是故下『經』云「若衆生下劣　其心厭沒者　示以聲聞道　令出於衆苦」[102]也。言緣覺聲聞者、是人本來求緣覺道、恆示觀察因緣之法、成緣覺種性、於最後身、値佛出世、還復爲說十二因緣、稱遂本性、以聞聲悟道、是故名爲緣覺聲聞。故下『經』云「若復有衆生　諸根小（少？）明利　樂於因緣法　爲說辟支佛」[103]。二人雖殊、同求小果。以是義故、對斯二人所說者、齊號爲聲聞藏也。

云菩薩藏者、如來創始成道第二七日、爲大根性人、說於大乘究竟法輪等。就中亦有二種之異。一依漸教入菩薩。謂從小入大。或有先曾習於大乘、中間學小、後還向大。此等皆是漸入菩薩。故餘『經』云「除先修習學小乘。今亦令入是法中」[104]。此『經』亦云「若人根明利、有大慈悲者、我心（－我心？）饒益於衆生、爲說菩薩道」[105]。二者依頓教入。有諸衆生、久習大乘、唯心眞觀相應善根、今始見佛、卽能頓入究竟大乘。故餘『經』云「或有衆生、世世已來、常受我化、始見我身、聞我說法、卽皆信受入如來惠」[106]。此則頓悟人也。此『經』亦云「若有無上心、決定樂大事、爲示於佛身、說無盡佛法」[107]。斯等則是頓入菩薩也。前偈漸入大、對小乘人、故云「根明利」。次後一偈、對頓機器決示（定？）大事、頓說無盡佛法深義。又如『大乘寶積論』明菩薩人謗法罪中言「由不誦持頓教修多羅法故謗」[108]也。以是義故、如來說此修多羅。又『攝論』云「令未定根性聲聞直修大乘」[109]。頓直義一也。『智度論』中、名「迂廻」人、及名「直往」人[110]。以斯等驗、故知漸頓二教義顯然矣。對斯二人說、名菩薩藏。聖教雖衆、要不出此。故龍樹菩薩云「佛滅後、迦葉阿難、於王舍城、結集三藏、爲聲聞藏。文殊阿難等、在鐵圍山、集摩訶衍、爲菩薩藏」[111]。『地持』亦云「佛爲聲聞菩薩、行出苦道、說修多羅。結集者爲二藏。以說聲聞所行、爲聲聞藏。說菩薩所行、爲菩薩藏」[112]。『地持』復云「十二部經、唯方廣部是菩薩藏、餘十一部是聲聞（＋藏？）」[113]。『攝大乘論』聖教章初亦云「由上下乘差別、故成二種。謂聲聞藏及菩薩藏」[114]。此二『楞伽經』中名二種通。謂宗通及說通。彼『經』釋言「宗通者、謂如來自覺聖趣。說通者、我爲諸弟子、說九部等教」[115]也。除授記本生方廣三部、餘九部名爲說通。此二亦名大乘小乘。半滿等教。名雖改異、其義無別。故知聖教不出此二。

今此經者、二藏之中、菩薩（＋藏？）攝。漸頓教中、淳（－淳？）爲根熟直入人說故、是頓教法輪故（－故？）。亦名圓教攝。故『經』云「說圓滿修多羅」[116]也。

概（旣？）知教分齊、次釋經名。今言『大方廣佛華嚴經』者、此法喩雙擧。所言「大」者、乘旨包富、該羅無外、二乘漸學、莫能過之、謂之爲「大」也。唯心眞如、理正非邪、稱之爲「方」。法界法門過於數量、故曰爲「廣」。所言「佛」者、此方名覺。明達心源、轉依究竟、隨眠已盡、塵習永亡、暉光大夜、曉示朦徒、開演正趣、

自覺覺他、故名爲「佛」〈云云。文〉。（順高『起信論本疏聽集記』巻三本。DBZ92, 133b-135a）

『華嚴經疏』第一上〈智正法師の述。『圓宗文類』第三がこれを引用している〉。『大方廣佛華嚴經』世間淨眼品第一。この初めにおいては、先に攝教分齊（〝教えを總括するための區分け〟）を明らかにし、そのことによって、經の題名を解釋する。如來大聖は道を體得し源を窮盡し、廣く包んで例外がなく、教化のはたらきは餘輩と異なり、あまねく生類を潤しておられる。教は塵沙ほどあるにせよ、まとめてその要點を擧げれば、全部で二種類ある。第一は聲聞藏、第二は菩薩藏である。

聲聞藏と言われるのは、如來は初めて成道したまうてのち、第二週がすぎた後、波羅奈國の鹿苑において、卑小な資質の人のために、有作の四諦法輪を轉じたまうた。このような教が聲聞藏と呼ばれる。そのうちにもさらに二つある。具體的に言えば、聲聞聲聞と、緣覺聲聞とである。もし、前世からずっと、四諦を觀ずることを樂しんで、聲聞種性を成し遂げ、〔輪廻轉生の〕最後身において、佛のお出ましにめぐりあい、ふたたび四諦などという法を說いていただき、もとの器である〔聲聞〕種性にかなうならば、聲聞聲聞と言われる。それゆえに、この後の『經』において「もし衆生が下劣であって、その心がひるんでいるならば、聲聞道を示してやって、もろもろの苦から脱出させる」と言われているのである。緣覺聲聞と言われるのは、この人はもともと緣覺の道（菩提）を求め、つねに緣起という法を觀察する姿を示し、緣覺種性を成し遂げ、〔輪廻轉生の〕最後身において、佛のお出ましにめぐりあい、ふたたび十二因緣を說いていただき、もとの〔緣覺〕種性にかなって、〔佛の〕聲を聞いて道（菩提）を悟るので、それゆえに、緣覺聲聞と呼ばれる。それゆえに、この後の『經』において「もしさらに衆生がいて、諸根がやや鋭く、因緣という法を望むならば、辟支佛について說いてやる」と言われているのである。二人は異なるにせよ、同じく卑小な果を求めている。そのことゆえに、彼ら二人に對して說かれたものは、ひとしく聲聞藏と呼ばれるのである。

菩薩藏と言われるのは、如來は初めて成道してから第二週に、偉大な資質の人のために、大乘究竟法輪などを説きたまうた。そのうちにもさらに二種類の異なりがある。第一は漸教（〝だんだんの教え〟）によって〔大乘に〕入る菩薩である。具體的に言えば、小乘から大乘に入るのである。あるいは、先に大乘を習い、中ほどに小乘を學び、のちにふたたび大乘に向かうこともある。これらはすべて漸（〝だんだん〟）に〔大乘に〕入る菩薩である。ゆえにほかの『經』において「先に小乘を修學した者を例外とする。今、やはりこの法のうちに入らせる」と言われている。この『經』においても「もし人がいて、諸根が鋭く、大慈悲がある者で、衆生を利益するならば、菩薩道を説いてやる」と言われている。第二は頓教（〝すぐさまの教え〟）によって〔大乘に〕入る〔菩薩である〕。ある諸衆生は長きにわたって大乘の、唯心に對するまことの觀察と關連する、善根を修習しており、今はじめて佛を見、ただちにすぐさま究竟大乘に入ることができる。ゆえにほかの『經』において「あるいは、幾世にわたって、常にわたしの教化を受けていた衆生がいる。わたしの身を見、わたしの説法を聽くやいなや、ただちにみな如來慧を信受し、〔如來慧に〕入る」と言われている。これはすぐさま悟る人である。この『經』においても「もし無上心の者がいて、決まって大事を望むならば、佛身を示してやって、無盡の佛法を説いてやる」と言われている。これらは頓（〝すぐさま〟）に〔大乘に〕入る菩薩である。先の偈は、漸（〝だんだん〟）に大乘に入るにせよ、小乘の人に對比するゆえに、「諸根が鋭く」と言われたのである。この偈は、大事へと決まっている、頓（〝すぐさま〟）の資質の器に對し、頓（〝すぐさま〟）に「無盡の佛法」という深い内容を説くのである。さらに、『大乘寶積論』において菩薩の人の謗法罪が明かされる際に「頓教修多羅法を誦持しないゆえに謗る」と言われているとおりである。そのことゆえに、如來はこの修多羅を説きたまうた。さらに、『攝大乘論』において「不定種性の聲聞に直《じか》に大乘を修習させる」と言われている。頓と直とは意味上同一である。『大智度論』においては、「迂廻」の人と呼ばれ、かつ、「直往」の人と呼ばれている。以上のような證據によって、漸頓二教は意味上明白であるとわかる。彼ら二人に對して説かれたものは、菩薩藏と呼ばれるのである。聖教は多くあるにせよ、かならずこれら〔二藏〕を出ない。ゆえに龍樹菩薩は「佛の般涅槃の後、迦葉と阿難とは王舍城において三藏を結集し、聲聞藏を作った。文殊と阿難らは鐵圍山において摩訶衍を結集し、菩薩藏を作った」と言っている。『地持經』においても「佛は、聲聞と菩薩とが苦を出るための道を行ずるために、修多羅を說きたまうた。結集者は二藏を作った。聲聞の所行を說くものを聲聞藏として作った。菩薩の所行を說くものを菩薩藏として作った」と言われている。『地持經』においてはさらに「十二部經のうち、ただ方廣部のみが菩薩藏であり、殘った十一部は聲聞藏である」と言われている。『攝大乘論』無等聖教章の初めにおいても「上下乘の違いによって、二種類となる。具體的に言えば、聲聞藏と菩薩藏とである」と言われている。これら二〔藏〕は『楞伽經』においては二種類の通と呼ばれている。具體的に言えば、宗通と說通とである。かの『經』においては註釋して「宗通とは、具體的に言えば、如來の自らの覺りである聖趣である。說通とは、わたしは諸弟子のために、九部などの教を說くのである」と言われている。授記と本生と方廣との三部を除いて、殘った九部を說通と呼ぶ。これら二〔藏〕は、大乘と小乘、あるいは、半教と滿教などと呼ばれもする。呼び名は異なるにせよ、その意味に異なりはない。ゆえに聖教はこれら二〔藏〕を出ないとわかる。

今この經は、二藏のうち、菩薩藏に含まれる。漸頓二教のうちでは、成熟した資質の、直《じか》に〔大乘に〕入る人のために說かれるから、頓教の法輪である。圓教に含まれるとも呼ばれる。ゆえに『經』において「圓滿修多羅を說いた」と言われているのである。

すでに攝教分齊（〝教えを總括するための區分け〟）がわかった以上、次に經の題名を解釋する。今、『大方廣佛華嚴經』と言うのは、これは、法と、〔その法についての〕喩えとを二つながら擧げるのである。「大」と言われるのは、乘の趣旨が多くを包み、網羅して例外がなく、二乘という漸（〝だんだん〟）に學ぶものはそれを超えることができない、そのことを「大」と言うのである。唯心の眞如は道理として正であって邪ではない、そのことを「方」と呼ぶのである。法界のうちなる法門は數量を超えているから、「廣」と言われる。

「佛」と言われるのは、當地においては覺と呼ばれる。心の源に明らかに達して轉依が究竟し、隨眠がすでに盡きて煩惱の習氣が永遠になくなり、大夜に光を放って蒙昧な連中にはっきり示し、正しい理趣を開演する、自ら覺ったもの、かつ、他を覺らせるものであるゆえに、「佛」と呼ばれるのである〈云云。文〉。

【疏】二依正法師等作四分。初品是序分。二盧舍那品下至光明覺四品經文名擧果勸樂分。三從明難品下至性起二十七品經文明修因契果分。四七八二會明依人入證分。（法藏『華嚴經文義綱目』。T35, 501a）

第二に、正法師らによれば、〔『華嚴經』を〕四部分に分ける。初めの〔世間淨眼〕品は序分である。第二に盧舍那品から光明覺品までの四品の經文を擧果勸樂分と名づける。第三に明難品から性起品までの二十七品の經文は修因契果分を明らかにする。第四に第七會と第八會との二會は依人入證分を明らかにする。

【經】菩薩摩訶薩所行善根、以諸大願攝取、行等行、積聚等積聚、長養等長養、皆悉廣大具足充滿。（『大方廣佛華嚴經』卷十五、金剛幢菩薩十迴向品。T9, 493c）

〔藏文和譯〕菩薩は善根のいずれか……によって精進し、等しく精進し、行じ、等しく行じ、〔善根を芽〕生えさせ、等しく〔芽〕生えさせ、大いなる所緣によって正しく集め、完成させ、廣大にさせ、圓滿させる。(117)

【疏】正法師云〝「善根」者、施等善也。「以諸大願、攝取」者、願大故行大也。「行」者、二利行也。「等行」者、等行一切行也。「積聚」者、積行、成位德也。「等積聚」者、成一切德也。「長養」者、從行生行。「等長養」者、生一切行也〟。（法藏『華嚴經探玄記』卷七。T35, 250c）

正法師は〝「善根」とは、施などである善である。「諸大願によって攝取する」とは、願が大であるから行が大なのである。「行」とは、〔自利行と利他行との〕二利行である。「等行」とは、あらゆる行を等しく行ずることである。「積聚」とは、行を積んで、位の福德を成ずることである。「等積聚」とは、あらゆる福德を成ずることである。「長養」とは、行から行を生ずることである。「等長養」とは、あらゆる行を生ずることである〃と言っている。

【經】α　佛子、菩薩摩訶薩有十種行。何等爲十。所謂聞法行。樂聽受法故。說法行。利益衆生故。不隨愛瞋癡怖行。調伏自心故。欲界行。教化成熟欲界衆生故。色無色界三昧行。令速轉故。義法行。速成淨慧故。一切趣行。教化衆生故。一切佛刹行。恭敬禮拜供養一切佛故。涅槃行。斷生死相續故。成滿諸佛行。不斷菩薩行故。佛子、是爲菩薩摩訶薩十種行。若菩薩摩訶薩成就此行、則得一切諸佛行非行如來行。

（『大方廣佛華嚴經』巻四十一、離世間品。T9, 658b）

〔藏文和譯〕おお、勝者の子よ、これら十は諸菩薩の行くこと（*gati）なのであって、十とは何かというならば、具體的には、法を欲することによって法を聞きに行くことと、有情利益のために法を說きに行くことと、自らの心を觀察することによって欲なく貪なく瞋なく癡なく畏なく行くことと、有情を成熟すべく欲界へ行くことと、すみやかに戻るべく色無色定へ行くことと、すみやかな慧を得るために意味と法との流れへ行くことと、教化の增上力によってあらゆる受生に行くことと、如來を拜見したり禮拜したり近侍したりするためにあらゆる佛國土へ神通によって行くことと、輪廻の流れを害しないために涅槃の流れへ行くことと、菩薩の所行を斷ちきらないためにあらゆる佛法（〃佛の屬性〃）を圓滿すべく行くこととである。おお、勝者の子よ、これら十が諸菩薩の行くことなのであって、これらに住して、諸菩薩は如來の、無上の、進むことや行くことや着くことのないことを得るのである。(118)

β　佛子、菩薩摩訶薩有十種行。何等爲十。所謂正念行。滿足四念處故。諸趣行。正覺法趣故。慧行。隨順諸佛故。波羅蜜行。滿足一切智故。四攝行。教化成熟諸衆生故。生死行。長養一切諸善根故。一切衆生言戲行。拔出衆生故。貪熾然行。覺悟一切衆生諸根故。巧方便行。長養般若波羅蜜故。道場行。覺一切智不斷菩薩行故。佛子、是爲菩薩摩訶薩十種行。若菩薩摩訶薩安住此行、則得一切諸佛無上大智慧行。

（『大方廣佛華嚴經』巻四十一、離世間品。T9, 659a）

〔藏文和譯〕おお、勝者の子よ、これら十は諸菩薩の行（*caryā 行ない）なのであって、十とは何かというならば、具體的には、〔四〕念處を圓滿するためには念による行、法軌を觀察するためには觀察による行、あらゆる佛を喜ぶためには慧による行、一切智者性の智を圓滿するためには波羅蜜多による行、あらゆるためには〔四〕攝事による行、あらゆる善根を念ずるためには見による行、混雜を除き去って有情を成熟するに合わせて教化するためにはあらゆる有情と共存する行、あらゆる有情の根と境とを洞察するためには神通を起こした行、般若波羅蜜多という武器を滿たすためには方便善巧による行、一切智者の智を現等覺しつつも菩薩の行を斷ちきらないためには菩提座（*bodhimaṇḍa）による行である。おお、勝者の子よ、これら十が諸菩薩の行なのであって、これらに住して、諸菩薩は如來の、無上の、大智による行を得るのである。[119]

【疏】又正云〝前明始終方便、故以樂聞等爲行、今此明淳熟修、故以正念等爲行〟。

（法藏『華嚴經探玄記』巻十七。T35, 434c）

さらに、正は〝先の〔十種行〕は、始めから終わりまでの加行を明らかにするから、聽くことを願うことなどを行と規定していたが、今この〔十種行〕は、成熟した修習を明らかにするから、正念などを行と規定しているのである〟と言っている。

【經】善男子、我於解脫力……。（『大方廣佛華嚴經』巻四十六、入法界品。T9, 690a）

〔梵文和譯〕善男子よ、わたしは、勝解の力が全能性を有していることによって……。[120]

【疏】前中、「解脫力」者、正法師云〝此是發心住體。謂本解性、由大乘聞熏習故、轉凡夫依[121]、令其得脫、故名「解脫」。依此所證、能證智、名之爲「力」〟。（法藏『華嚴經探玄記』巻十八。T35, 456c）

前者のうち、「解脱力」とは、正法師は〝これは〔十住のうち〕發心住の體（〝ありかた〟）である。具體的に言えば、もともとの解性が、大乘の聞熏習によって、凡夫依を〔聖人依に〕轉換し、彼に解脱を得させるので、ゆえに「解脱」と呼ばれるのである。この所證（解脱）に依止する、能證の智、それが「力」と呼ばれるのである〟と言っている。

【經】　時婆羅門修諸苦行、求一切智。四面火聚、猶如大山。中有刀山、高峻無極。從彼山上、自投火聚。

（『大方廣佛華嚴經』卷四七、入法界品。T9, 700c）

〔梵文和譯〕　さて、そのころ、ジャヨーシュマーヤタナ婆羅門は、一切智者性を所緣として、激しい苦行を行なっているところである。彼の四方には、山ほど燃えさかる、大なる火蘊がある。突き出た大山の絶壁を伴う、剃刀の刃のような道が見える。(122)

【疏】　初中「四面火聚」者、正法師云〝四無礙智能燒惑薪〟。「刀山」者、眞無分別出妄解也。「從彼山上、自投火聚」者、加行相應意言分別緣眞望證。眞顯妄滅故也。（法藏『華嚴經探玄記』卷十八。T35, 453a）

初めのうち、「四方の火聚」とは、正法師は〝四無礙智が煩惱という薪を燒くことができるのである〟と言っている。「刀のような山」とは、眞なる無分別は妄なる知解よりも突出しているのである。「その山の上から、自ら火聚に投身した」とは、加行と相應する意言分別が眞なるものを所緣とし、證得を望見するのである。眞なるものが顯れれば、〔意言分別という〕妄なるものは滅するからである。

第十一章　靈辨『華嚴經疏』

【經】　菩薩摩訶薩所行善根、以諸大願攝取、行等行、積聚等積聚、長養等長養、皆悉廣大具足充滿。

（『大方廣佛華嚴經』卷十五、金剛幢菩薩十迴向品。T9, 493c）

〔藏文和譯〕　菩薩は善根のいずれか……によって精進し、等しく精進し、行じ、等しく行じ、〔善根を芽〕生えさせ、等しく〔芽〕生えさせ、大いなる所縁によって正しく集め、完成させ、廣大にさせ、圓滿させる。(123)

【疏】　辯法師云〝「行」者、是佛於願樂位中所行。菩薩以大願攝同彼行、故云「等行」。「積聚」者、是佛功用位修積聚。菩薩同修、名「等積聚」。「長養」者、是佛無功用位修。菩薩同修、名「等長養」。是故上云「如佛迴向開化一切、菩薩迴向亦復如是(124)」。此之謂也〟。（法藏『華嚴經探玄記』卷七。T35, 250c）

　辯法師は〝「行」とは、佛の、願樂位（勝解行地）における所行である。菩薩は大願によってその「行」を攝取し〔その「行」と〕同じようにするから、「等行」と言われる。「積聚」とは、佛の、功用位（初地から第七地まで）における修習の積聚である。菩薩は〔佛と〕同じように修習するので、「等積聚」と言われる。「長養」とは、佛の、無功用位（第八地から等覺まで）における修習である。菩薩は〔佛と〕同じように修習するので、「等長養」と言われる。それゆえに、上に「佛があらゆる者に迴向し開化するように、そのように菩薩は迴向する」と言われている。このことはそのことをいうのである〟と言っている。

【經】　生死非雜亂。涅槃非寂靜。如來境界道非他所作。無法同止。

（『大方廣佛華嚴經』卷十五、金剛幢菩薩十迴向品。T9, 498b）

〔藏文和譯〕　輪廻の別々なる行相を一からげにしてしまわないのである。寂靜という行相として分別されたものがないことによる、高慢を生じないのである。諸如來をだしにして〔他者に〕如來の境（*viṣaya）を自慢しないのである。いかなる法によっても〔他者を〕法に住させないのである。(125)

【疏】　辯法師云〝「如來境界道」者、此非有非無眞如是佛證智行處、故云「境道」也。「非他作。無法同止」者、自心眞如故「非他作」。唯佛智依故「無法同止」〟。（法藏『華嚴經探玄記』卷七。T35, 256a）

　辯法師は〝「如來の境界である道は」とは、この、有でもなく無でもない眞如は佛の證智にとっての行處であるから、「境界である道」と呼ばれるのである。「他者によって作られたものではない。同じく止するような法はない」とは、自らの心の眞如であるから、「他者によって作られたものではない」のである。〔眞如は〕ただ佛智にとってのみ所依であるから、〔眞如に〕「同じく止するような法はない」のである〞と言っている。

【經】令一切衆生得殊勝座、三種世間所不能壞、廣大善根、及善根具皆悉清淨。
（『大方廣佛華嚴經』卷十六、金剛幢菩薩十迴向品。T9, 505b）

〔藏文和譯〕あらゆる有情は、善根という、清淨な（*viśuddha）大資糧（*mahāsaṃbhāra）、三界の者（*traidhātuka）によっては凌がれない座を得よ[126]。

【疏】「三種世間所不能壞」者、辨法師釋、〝地前願樂世間、初地至七名功用世間、八地至等覺無功用世間。令得佛殊勝座、因位三種無常世間所不能壞〞。（法藏『華嚴經探玄記』卷八。T35, 259bc）

「三種類の世間によっては壞されない」とは、辨法師は〝地前は願樂世間であり、初地から第七地までは功用世間と呼ばれ、第八地から等覺までは無功用世間である。因位である〔これら〕三種類の無常世間によっては壞されない、佛の「殊勝な座」を〔あらゆる衆生に〕得させるのである〞と解釋している。

【經】令一切衆生得十六智寶三昧正受究竟增廣智慧之寶。（『大方廣佛華嚴經』卷十七、金剛幢菩薩十迴向品。T9, 506c）

〔藏文和譯〕あらゆる有情は、廣い智寶（*jñānaratna）の究竟（*niṣṭhā）へと至ることによって、十六智寶の三昧（*samādhi）を得よ[127]。

【疏】辨師云〝地前光得等四定、地上大乘光明等四定、各有自分勝進爲十六。依此發智、爲「十六智寶」。以下釋云「三昧正受究竟增廣智慧之寶」〞。（法藏『華嚴經探玄記』卷八。T35, 259c）

辨師は〝地前の光得などの四定（光得三摩提、光増三摩提、通行三摩提、無間三摩提）と、地上の大乘光明などの四定（大乘光三摩提、集福德王三摩提、賢護三摩提、首楞伽摩三摩提）とに、それぞれ自分と勝進分とがあるので、十六となる。それらに依據して智を發するので、「十六智寶」となる。下に「三昧正受は智寶を究竟して增廣する」と説明されているからである〟と言っている。

【經】業不違業迹。業迹不違業。（『大方廣佛華嚴經』卷十九、金剛幢菩薩十迴向品。T9, 523b）

〔藏文和譯〕業（*karman）のなすべきこと（*kṛtya）を業と異なるものとしない。業を業のなすべきことと異なるものとしない。(128)

【疏】辯師云〝方便造作名「業」、根本業道名「迹」〟。（法藏『華嚴經探玄記』卷八。T35, 267b）

辯師は〝加行における造作が「業」と呼ばれ、根本業道が「迹」と呼ばれる〟と言っている。

【經】α菩薩摩訶薩、以無縛無著解脱心、彼善根迴向具足普賢身口意業。……β以此無縛無著解脱心善根、於一一境界中、悉以一切種智、分別了知、一切種智猶無窮盡究竟、普賢莊嚴彼岸、修菩薩行、具足成就方便大王。……（『大方廣佛華嚴經』卷二十、金剛幢菩薩十迴向品。T9, 528b）

〔藏文和譯〕これら諸善根を次のように迴向するのであって、具體的に言えば、執着がない、解脱していて束縛がない心として、普賢の身業を成就せよ。……この善根によって、執着がない、解脱していて束縛がない心として、普賢の莊嚴波羅蜜多を得、ひとつひとつの所縁について、一切智者性を、たとえすべてのうちにすでに踏み入っていつつも、身につけ、後際において、このような、究竟（*niṣṭhā）へと至らないやりかたにとっての王である、一切智者の智を得よ。……(129)

【疏】問。前段明普賢因、何故彼中亦有佛行。此中明果、何故亦有菩薩行耶。答。辨公釋〝前擧果顯因、此擧

因顯果〟。又云〝菩薩修行與佛等名普賢行。佛行大行名爲普賢行〟。（法藏『華嚴經探玄記』卷八。T35, 272c）

質問。前段（α以下）は普賢〔行〕という因を明らかにしていたのに、どうしてそこには佛行もあったのか。ここ（β以下）は〔佛行という〕果を明らかにしているのに、どうして〔ここには〕菩薩行もあるのか。回答。辨公は〝前段は果を擧げて因を明らかにしたのであり、ここは因を擧げて果を明らかにするのである〟と解釋している。さらに、〝菩薩行が佛と等しいことが普賢行と呼ばれる。佛行という大行が普賢行と呼ばれる〟と言っている。

【經】知色微細、知身微細……如是等一切微細、於一念中、皆悉了知、隨順普賢菩薩所行、成就普賢眞實智慧。（『大方廣佛華嚴經』卷二十一、金剛幢菩薩十迴向品。T9, 530b）

〔藏文和譯〕微細な色、微細な身……これらあらゆる微細を、心の一刹那において、普賢菩薩に隨順する洗練された智によって、如實に知るようになれ。[130]

【疏】辨公云〝此等竝難知故名「微細」〟。（法藏『華嚴經探玄記』卷八。T35, 273a）

辨公は〝これらはいずれも知られ難いゆえに「微細」と呼ばれる〟と言っている。

【論】六依自地煩惱不能破壞。如『經』「堅心」故。（『十地經論』卷五。T26, 153b）

〔藏文和譯〕〔三界九地のいずれかである〕自地に屬する煩惱によっては壞されないことを念頭に置いて、第六があるのであって、なぜなら、「堅固な心意樂を作意すること」（dṛḍhacittāśayamanaskāra）と言われているからである。[131]

【疏】辨師釋、〝四禪四空爲「自地」〟。（法藏『華嚴經探玄記』卷十二。T35, 324c）

辨師は〝〔色界を構成している〕四禪と〔無色界を構成している〕四空とが「自地」である〟と解釋して

いる。

【經】　如來應供等正覺海亦有四種大智寶珠、出生一切聲聞緣覺學無學智及諸菩薩智慧大寶。何等爲四。一名無染巧妙方便清淨智寶、二名分別演說有爲無爲清淨智寶、三名分別演說一切諸法而不壞法界清淨智寶、四名應化衆生未曾失時清淨智寶。是爲如來大海四種清淨智寶。（『大方廣佛華嚴經』卷三十五、寶王如來性起品。T9, 622c）

〔藏文和譯〕　おお、勝者の子よ、そのように、諸如來阿羅漢正等覺者の智という大海の中において、福と智と功德とが圓滿されている、智という大寶石が四つあるのであって、これら、智という大寶石の威光と威德とによって、如來の智という大海の中から、あらゆる有學や無學と、あらゆる獨覺と、あらゆる菩薩との智という寶石が起こるのであり、おお、勝者の子よ、もし如來の智という大海の中にこれら智という大寶石が四つなかったならば、如來の智という大海の中から、わずか一人の菩薩の智という寶石も起こらないであろう。さて、それら四つとは何かというならば、具體的に言えば、方便に善巧であり執着がない智という大寶石と、有爲と無爲とを平等な法として觀察する智という大寶石と、法界はばらばらなものでないにせよばらばらな行相として説示する智という大寶石と、適時と不適時とを看過せず適時において來させる智という大寶石とであって、これら如來の智という大寶石が四つあるのである(132)。

【疏】　辯法師云〝此卽能生四乘智慧。一能生聲聞乘、二能生緣覺乘、三能生菩薩乘、四能生人天乘〟。

（法藏『華嚴經探玄記』卷十六。T35, 410c）

辯法師は〝これらは四乘を生ずることができる智である。第一は聲聞乘を生ずることができ、第二は緣覺乘を生ずることができ、第三は菩薩乘を生ずることができ、第四は人天乘を生ずることができる〟と言っている。

【經】譬如餓鬼、裸形飢渴、擧身燒然、爲諸虎狼毒獸所逼、往詣恆河、欲求水飮、或見枯竭、或見灰炭。所以者何。悉由宿行罪業障故。（『大方廣佛華嚴經』卷四十四、入法界品。T9, 680a）

〔梵文和譯〕たとえば、すなわち、大河ガンジスの岸に兩岸ともに集まっており、飢えと渇きとに苦しめられており、裸でおり、衣服なしにおり、燒かれた體の皮の色をしており、風と熱とで乾ききっており、烏の群れにつつかれており、狼とジャッカルとに慄かされている、多くの幾百千もの餓鬼たちは、この大河ガンジスを見ない。また、いくばくかの者たちは乾ききった、水がない、灰で滿たされたものを見る。〔なぜなら、彼らは〕障に屬する業によって障されているからである。[133]

【疏】辨法師云〝「如餓鬼」者、喩二乘人不得菩薩法界行食、故云「餓」也。「鬼」者、似人非人、喩二乘所得涅槃似而非眞也。「裸形」者、以無菩薩慚愧行服。「飢渴」者、以不得無二理觀沾其神故。「擧身燒燃」者、四相所遷不息也。「毒獸所逼」者、不知生死是自心所作、乃怖而捨之也。「往詣恆河、求水飮」者、趣祇洹處、求解脫味水也。「或見枯竭」等者、唯證斷涅槃、不見法身淨土法界之德水也。「由罪業障」者、喩法執無明之所障也〟。

（法藏『華嚴經探玄記』卷十八。T35, 447bc）

辨法師は〝「たとえば餓鬼が」とは、二乘人が菩薩の法界行という食物を得られないことの喩えであるから、「餓」と言われるのである。「鬼」とは、人に似ているが人ではないものであり、二乘によって得られる涅槃が眞に似ているが眞ではないことの喩えである。「裸形であり」とは、菩薩の慚愧行という服がないからである。「飢え渴き」とは、無二なる眞理を觀察することによってその心を潤し得ないからである。「全身が燒け」とは、〔生、住、異、滅という〕四相によって變遷させられることが止まないのである。「惡しき獸によって逼迫され」とは、生死が自らの心によって作られるということを知らず、そのせいで、それ〔生死〕を怖れて捨てるのである。「恆河に行って、水を飮もうと求め」とは、祇洹という場所に趣いて、解脫という味の水を求めるのである。「ある者たちは枯竭しているのを見る」などとは、ただ斷滅である涅槃を證得するにすぎず、法身と淨土とである、法界の功徳という水を見ないのである。「罪業によって障される」とは、法執である無明によって障されることの喩えである〃と言っている。

【經】爾時文殊師利菩薩建立彼諸比丘菩提心已、與其眷屬、漸遊南方、至覺城東、住莊嚴幢娑羅林中大塔廟處……時文殊師利、卽於此處、說『普照一切法界修多羅』、有百萬億修多羅以爲眷屬。

（『大方廣佛華嚴經』巻四十五、入法界品。T9, 687c）

〔梵文和譯〕さてまた、文殊師利童子は彼ら諸比丘を無上正等覺に向けて安住させてのち、順に、地方行脚を行ない、南の地方にあるダニャーカラという大都市なるところ、そこに近づいた。近づいてのち、ダニャーカラという大都市の東、ヴィチトラサーラドゥヴァジャヴューハという大林、……そこにおいて、文殊師利童子は、十の百千倶胝那由他の經典を派生物とする『法界理趣照明』という經典を明らかにした[134]。

【疏】辨法師釋云〃「覺城」者、本覺也。「東」者、始覺也。「大塔廟」者、始覺覺本覺也。則於此處說。「普照法界」者、則於始覺覺本覺處。覺心無初[135]、從本已來、遍照法界故〃。（法藏『華嚴經探玄記』巻十八。T35, 452c）

辨法師は註釋して〃「覺城」とは、本覺である。「東」とは、始覺である。「大塔廟」とは、始覺が本覺を覺ることである。〔そのことが〕この場所で說かれている。「普照法界」とは、始覺が本覺を覺る場所において、心が初まりがないものであり、もとから法界を遍照していたということを覺るからである〃と言っている。

【疏】三依辨法師分三分。初聞名求覓等是加行位、二受其所說是正證法界、三仰推勝進是後得位。

（法藏『華嚴經探玄記』巻十八。T35, 455c-456a）

第三に、辨法師によれば、〔善財の善知識訪問に共通する形式を〕三部分に分ける。第一に、〔善知識の〕

名を聞いたり探し求めたりすることなどは加行位であり、第二に、彼の所説を受けることはまさしく法界を證得することであり、第三に、〔ほかの善知識を〕推量することと、さらに勝れたものへと進むこととは後得位である。

【經】善男子、於此南方、有一國土、名曰可樂。其國有山、名曰和合。於彼山中、有一比丘、名功德雲。

（『大方廣佛華嚴經』巻四十六、入法界品。T9, 689c）

〔梵文和譯〕良家の息子よ、まさにここ、南の地方に、ラーマーヴァラーンタという國がある。そこにスグリーヴァという山がある。そこにメーガシュリーという比丘が住んでいる。[136]

【疏】又辨法師云〝聞熏與解性「和合」、轉成聖人依。[137]故入發心住〟也。（法藏『華嚴經探玄記』巻十八。T35, 456a）

さらに、辨法師は〝聞熏習と解性とが「和合」し、轉じて聖人依となる。ゆえに〔善財は十住のうち〕發心住に入るのである〟と言っている。

第十二章　曇延『涅槃經義疏』

【經】善男子、如人小時、拾取土塊糞穢瓦石枯骨木枝、置於口中、父母見已、恐爲其患、左手捉頭、右手挑出、菩薩摩訶薩住是地中亦復如是、見諸衆生法身未增、或行身口意業不善、菩薩見已、則以智手、拔之令出、不欲令彼流轉生死受諸苦惱。是故此地復名一子。（『大般涅槃經』巻十六、梵行品。T12, 459a）

良家の息子よ、たとえば人が幼い時に、土くれや糞や瓦礫や骨や枝を拾って、口の中に入れ、父母がそれを見て、彼が病氣になるのを恐れて、左手で頭を摑み、右手でそれらを取り出すように、そのように、この地に住している菩薩摩訶薩は諸衆生の法身がいまだ增えておらず、不善なる、身業や口業や意業を行なっているのを見、菩薩はそれを見て、智という手でそれらを取り出し、彼らを生死に流轉したり諸苦惱を受けたりさせまいとする。それゆえに、この地は一子〔地〕と呼ばれもする。

【疏】延云〝「左手」喩實智審機、「右手」喩權智除障〟。（法寶『大般涅槃經疏』巻九、十九裏）

延は〝「左手」は眞實智が機密を審理することを喩えており、「右手」は方便智が障を除去することを喩えている〟と言っている。

【經】善男子、彼諸婆羅門等一切皆是一闡提也。譬如掘地、刈草斫樹、斬截死屍、罵詈鞭撻、無有罪報、殺一闡提亦復如是、無有罪報。何以故。諸婆羅門乃至無有信等五根。是故雖殺、不墮地獄。

（『大般涅槃經』巻十六、梵行品。T12, 460b）

良家の息子よ、かの諸婆羅門などはすべてみな一闡提である。たとえば地を掘ることや、草を刈ること、樹を伐ること、屍を壊し、罵り、鞭打つことは罪の異熟がないものであるように、そのように、一闡提を殺すことは罪の異熟がないものである。それはなぜかというならば、諸婆羅門は結局のところ信などという五根がないものである。それゆえに、たとえ彼らを殺しても、〔殺した者は〕地獄に墮ちない。

【疏】延云〝闡提是人、報勝於畜[138]。施者心重、故得福多。若就境說、施亦無福。故大衆問「除一闡提、餘皆讃歎[139]」。若凡夫、惡心行殺、得罪亦重。是故掘地壞屍等言「無罪」者、以無命故。言〝有罪〟者、以惡心故〟。

（法寶『大般涅槃經疏』巻九、二十二裏）

延は〝一闡提は人であるので、〔一闡提に布施することの〕果報は畜生〔に布施することの果報〕より勝れている。〔一闡提に〕布施する者の心が貴重なので、多くの福德を得るのである。もし〔一闡提に布施する者の心に基づかず、一闡提という〕對象に基づいて說くならば、〔一闡提に〕布施しても福德がない。ゆえに、一切大衆所問品においては「一闡提を例外として、他の者〔への布施〕はみな讃歎される」とある。もし凡夫が悪い心によって〔一闡提を〕殺すことを行なうならば、罪を得ることはやはり重い。それゆえに、地を掘ったり屍を壞したりすることなどが「罪〔の異熟〕がないものである」と言われるのは、〔地や屍に〕命がないからである。〝罪〔の異熟〕があるものである〟と言われるのは、悪い心によっているからである〟と言っている。

【經】辭無礙者、隨字論正音論闡陀論世辯論。（『大般涅槃經』巻十七、梵行品。T12, 462c）

辭無礙は、字論、正音論、闡陀論、世辯論に隨うものである。

【疏】延云〝「隨字論」者、釋字體。「正音論」者、正音韻。「闡陀論」者、是巧妙言辭。「世辯論」者、辯世事。準論是聲論差別也〟。（法寶『大般涅槃經疏』巻九、三十表）

延は〝「字論に隨う」とは、字體を解釋するのである。「正音論」とは、正しい音韻である。「闡陀論」とは、巧妙な言辭である。「世辯論」とは、世事を辯ずることである。〔これらがいずれも〕論に準じているのは、聲論の細分化なのである〟と言っている。

【經】亦於無量阿僧祇劫、習毘伽羅那論、故得辭無礙。亦於無量阿僧祇劫、修習説世諦論、故得樂説無礙。（『大般涅槃經』巻十七、梵行品。T12, 463c）

さらに、無量阿僧祇劫のあいだ、毘伽羅那論を修習したゆえに、辭無礙を得た。さらに、無量阿僧祇劫のあいだ、説世諦論を修習したゆえに、樂説無礙を得た。

【疏】延云〝「毘伽羅論」者、是西方大論。「世論」者、是五明論也〟。（法寶『大般涅槃經疏』巻九、三十一表）

延は〝「毘伽羅論」とは、西方の大論である。「世論」とは、五明論（内明論、因明論、聲明論、工巧明論、醫方明論）である〟と言っている。

【經】大王、譬如有人、身遇重病、是人夜夢、昇一柱殿、服蘇油脂、及以塗身、臥灰食灰、攀上枯樹、或與獼猴、遊行坐臥、沈水沒泥、墮墜樓殿高山樹木、象馬牛羊身、著青黄赤黑色衣、喜笑歌舞、或見烏鷲狐狸之屬、齒髮墮落、裸形枕狗、臥糞穢中、復與亡者、行住坐起(臥?)、携手食噉、毒蛇滿路、而從中過。或復夢與被髮女人共相抱持、多羅樹葉以爲衣服、乘壞驢車、正南而遊。(『大般涅槃經』巻二十、梵行品。T12, 481c)

大王よ、たとえばある人が重病に罹ったとしましょう。この人は夜に夢で、一つの柱しかない宮殿に昇って、バターを服用したり、身に塗ったりし、灰に臥し、灰を食べ、枯れた樹に攀じ登って、猿と遊行したり、坐したり、臥したりし、水に沈み、泥に沒し、高殿や高山や樹木から墮ち、象や馬や牛や羊の身になり、青や黄や赤や黒の衣を着、喜び、笑い、歌い、舞い、あるいは烏や鷲や狐や狸のたぐいを見、歯や髪が落ち、裸で犬を枕にして糞の中に臥し、さらには亡者と一緒に進んだり、とどまったり、坐ったり、臥したり、手を取り合って食べたりし、毒蛇が道を満たす中を通り過ぎます。あるいはまた、夢で、ざんばら髪の女人と抱きあって、ターラ樹の葉を衣服とし、驢馬が引く壊れた車に乗って、眞南に遊びに行きます。

【疏】延云〝「一柱殿」者、必倒不疑、喩九品善唯一品在必成闡提[140]〟。(法寶『大般涅槃經疏』巻十、八表)

延は〝「一つの柱しかない宮殿」は、疑いなく、必ず倒れるのであって、〔欲界の九地の〕九種類の善のうち、ただ一種類しかない者が必ず一闡提となることを喩えている〟と言っている。

【疏】延云〝此喩斷三乘果。「象馬牛羊」等喩斷三乘因。無慚愧法、以自莊身、名「著青黄赤黑色衣」。造惡暢心、名「喜歌舞」。惡覺現心、名爲「烏鷲狐狸之屬」。惡覺害善、如烏鷲等殘殺爲事、故以爲喩。退失信慧、名「齒髮落」。無戒遮身、稱曰「裸形」。心緣惡境、故說「枕狗」。沈沒一切諸煩惱中、名「臥糞穢」。亦可常沒三惡道中無心求出名「臥糞穢」。與斷善人、共相親附、名「與亡者行住坐臥」。心行漸同、故曰「携手」。呑滅善法、名爲「食噉」。惡道因成、名「蛇滿路」。遊之趣向三惡道處、名「從中過」。倒愛纏縛、名「與被髮女人共相抱」。外道邪戒、用自遮防、名「多羅葉、以爲衣服」。依於外道邪法起修、名「乘驢車」。背善向惡、名「正南遊」。南方是火、向之最惡、故取爲喩〟。

延は〝これは〔一闡提が〕三乘の果を斷ちきったことを喩えている。「象や馬や牛や羊」などは〔一闡提が〕三乘の因を斷ちきったことを喩えている。無慚無愧という法によって自ら身を裝うことが、「青や黄や赤や黑の衣を着」と呼ばれる。惡を造って心を伸びやかにすることが、「喜び、歌い、舞い」と呼ばれる。惡しき覺（vitarka）が心に現われることが、「烏や鷲や狐や狸のたぐい」と呼ばれる。惡しき覺が善を害することは、あたかも烏や鷲などが殘虐な殺害に從事していることのようであるから、喩えに用いられるのである。信と慧とを失うことが、「齒や髮が落ち」と呼ばれる。身を制御する戒がないことが、「裸」と呼ばれる。心が惡しき對象を所緣とすることが、「犬を枕にし」と呼ばれる。あらゆる諸煩惱のうちに沈むことが、「糞の中に臥し」と呼ばれる。常に〔地獄、畜生、餓鬼という〕三惡道のうちに沈み、出離の心がないことが「糞の中に臥し」と呼ばれるのでもよい。善根を斷ちきった人と親しくすることが、『亡者と一緒に進んだり、とどまったり、坐ったり、臥したり」と呼ばれる。心の活動が〔亡者と〕だんだん同じになるから、「手を取り合って」と呼ばれる。善法を呑み込み滅ぼすことが、「食べたり」と呼ばれる。〔三〕惡道にとっての因が成立することが、「蛇が道を滿たす」と呼ばれる。そこに遊んで三惡道という場所に趣くことが、「中を通り過ぎ」と呼ばれる。顚倒した愛に纏いつかれ縛られることが、「ざんばら髮の女人と抱きあって」と呼ばれる。外道のよこしまな戒を自らの制御に用いることが、「ターラ樹の葉を衣服とし」と呼ばれる。外道のよこしまな法に依據して修習を起こすことが、「驢馬が引く車に乘って」と呼ばれる。善に背き惡に向かうことが、「眞南に遊びに行きます」と呼ばれる。〔中國の五行說において〕南方は火であり、そこ〔南方〕に向かうことは最惡であるから、喩えに用いられるのである〟と言っている。

【經】　爾時良醫見如是等種種相已、定知病者必死不疑。然不定言「是人當死」、語瞻病者「吾今劇務、明當更來。

隨其所須、恣意勿遮」、卽便還家。明日使到、復語使言「我事未訖、兼未合藥。智者當知如是病者必死不疑」。大王、世尊亦爾、於一闡提輩、善知根性、而爲說法。（『大般涅槃經』卷二十、梵行品。T12, 482ab）

その時、名醫はこのようなさまざまな病狀を見てのち、病人は疑いなく必ず死ぬと知ります。されども、決まって「この人は死ぬはずです」と言うわけではなく、看病人に向かって「わたしは今、劇務ですので、明日、また來ます。この人が欲しがるものがあったら、思いどおりにさせなさい。遮ってはいけません」と語り、ただちに家に歸ります。翌日、使者が到着したならば、さらに使者に「わたしは仕事がまだ終わっていませんし、まだ藥を調合してもいません。智者よ、このような病人は疑いなく必ず死ぬとわかってください」と語ります。大王よ、それと同じように、世尊も、一闡提の連中に對し、〔一闡提の〕本性をよく知った上で、說法してやります。

【疏】延云〝一者現在得益、二者來世得益、三者畢竟無益。前之二種、如來爲說。後之一種、不可爲說。『經』言「未合藥」似是下根、不爲說也〟。（法寶『大般涅槃經疏』卷十、十裏）

延は〝〔一闡提としては、〕第一には現在に利益を得る者、第二には來世に利益を得る者、第三にはまったく利益を得ない者がいる。前二者には、如來は說法してやる。最後の一者には、說法してやれない。『經』において「まだ藥を調合していません」と言われているのは、機根の劣った者（最後の一者）であるように見え、〔如來は彼には〕說法してやれないのである〟と言っている。

【經】世尊、如我解佛所說、聞不聞義、是義不然。（『大般涅槃經』卷二十一、光明遍照高貴德王菩薩品。T12, 488b）

世尊よ、わたしが佛の所說を理解しているかぎりでは、聞けないものを聞くことという、そのことは妥當でありません。

【疏】延云〝若直談法體、則不聞不聞。若直談其敎、則是聞聞。若以理從詮、則不聞聞。若以詮從理、則聞不

聞也〟。（法寶『大般涅槃經疏』卷十、二十九表裏）

延は〝もしただ法體（眞理）について言うならば、聞けないもの〔である眞理〕を聞くことはない。もしただ教（言語）について言うならば、聞けるもの〔である言語〕を聞くことはある。もし眞理を言語に付き添わせるならば、聞けるもの〔である言語〕を聞くことはない。もし言語を眞理に付き添わせるならば、聞けないもの〔である眞理〕を聞くことはある〟と言っている。

【經】　善男子、何因緣故不到到。不到者名大涅槃。何義故到。永斷貪欲瞋恚愚癡身口惡故、不受一切不淨物故、不犯四重故、不謗方等經故、不作一闡提故、不作五逆罪故、以是義故名不到到。須陀洹者八萬劫到、斯陀含者六萬劫到、阿那含者四萬劫到、阿羅漢者二萬劫到、辟支佛者十千劫到。以是義故名不到到。

（『大般涅槃經』卷二十一、光明遍照高貴德王菩薩品。T12, 491c）

良家の息子よ、いかなる理由によって不到に到るのか。不到とは、大涅槃と呼ばれる。いかなるわけで到るのか。貪欲と瞋恚と愚癡と身口の惡とを永斷するから、かつ、あらゆる不淨の物を受けないから、かつ、〔不殺生戒、不偸盜戒、不邪淫戒、不妄語戒という〕四重禁戒を犯さないから、かつ、方等經（*vaipulyasūtra. 大乘經）を謗らないから、かつ、一闡提とならないから、かつ、〔殺父、殺母、殺阿羅漢、出佛身血、破和合僧という〕五逆罪をなさないから、こういうわけで不到に到ると呼ばれる。須陀洹は八萬劫かかって到り、斯陀含は六萬劫かかって到り、阿那含は四萬劫かかって到り、阿羅漢は二萬劫かかって到り、辟支佛は十千劫かかって到る、こういうわけで不到に到ると呼ばれる。

【疏】　蒲云〝八萬極據（遲？）、不滿六（亦？）得。餘四類知〟。

（辯空『大般涅槃經義記圓旨抄』卷四〔圓珍『辟支佛義集』卷下所引〕。DBZ26, 639a）

蒲は〝〔須陀洹が不到に到るのに〕八萬劫かかるというのは極めて遲い者の場合であって、〔八萬劫を〕滿たさない〔で不到に到る〕ことも可能である。〔斯陀含、阿那含、阿羅漢、辟支佛という〕殘餘の四者についても同様に知れ〃と言っている。

【經】善男子、汝言「因緣故、涅槃之法應無常」者、是亦不然。

（『大般涅槃經』巻二十一、光明遍照高貴德王菩薩品。T12, 492b）

良家の息子よ、貴君が「〔涅槃には〕原因があるゆえに、涅槃という法は無常であるはずである」と言っていたこと、それもやはりそうではない。

【疏】若據延師、重答第二難。[141]（法寶『大般涅槃經疏』巻十、三十一裏）

もし延師によるならば、〔この文は〕重ねて第二の論難に答えている。

【經】唯除二端不可得燒。一者儭身、二最在外。（『大般涅槃經』巻二十二、光明遍照高貴德王菩薩品。T12, 494b）

燒くことができなかった二つの端を例外とする。第一は〔佛〕身の近くであり、第二は〔棺の〕最も外側である。

【疏】延云〃「二端」者、表眞應二身。「儭身」者、表法身。「在外」者、表應身也〃。

（法寶『大般涅槃經疏』巻十、三十六表）

延は〃「二つの端」とは、眞應二身（〃法身と應身との二つ〃）を表している。「身の近く」とは、法身を表している。「外側」とは、應身を表している〃と言っている。

【經】三漏者、欲界一切煩惱除無明是名欲漏。色無色界一切煩惱除無明是名有漏。三界無明名無明漏。

（『大般涅槃經』巻二十二、光明遍照高貴德王菩薩品。T12, 495b）

三漏とは、無明を例外とする、欲界のあらゆる煩惱、それが欲漏と呼ばれる。無明を例外とする、色界と無色界とのあらゆる煩惱、それが有漏と呼ばれる。三界の無明が無明漏と呼ばれる。

【疏】　准延遠、皆依『成實』七漏名、釋七漏名數。（法寶『大般涅槃經疏』卷十、三十七表）

延と遠（慧遠）とに准ずれば、いずれも『成實論』所出の七漏の名に基づいて、七漏の名と數とを解釋している。

【經】　善男子、譬如世間有諸大衆滿二十五里……。（『大般涅槃經』卷二十二、光明遍照高貴德王菩薩品。T12, 496b）

善男子よ、たとえば世間に二十五里を滿たす諸大衆がいて……。

【疏】　延云〝「二十里」(142)者、喩人天二道也〟。（法寶『大般涅槃經疏』卷十、四十裏）

延は〝「二十里」とは、〔六道のうち、〕人道と天道との二つを喩えている〟と言っている。

【經】　三覺因緣乃令無量凡夫衆生不見佛性。無量劫中生顚倒心。謂佛世尊無常樂我、唯有一淨。如來畢竟入於涅槃。（『大般涅槃經』卷二十三、光明遍照高貴德王菩薩品。T12, 498b）

〔〝三乘がある〟と考える〕三つの覺（vitarka）というきっかけは、無量の凡夫である衆生に佛性を見させず、無量の劫のあいだ〝佛世尊は無常、無樂、無我であり、ただ淨という一つのことがあるのみである。如來はつまるところ涅槃に入ってしまう〟という顚倒心を生じさせる。

【疏】　延云〝彼謂我樂是有爲故無常、淨是無爲故有也〟。（法寶『大般涅槃經疏』卷十、四十七裏）

延は〝彼（凡夫）は〝我と樂とは有爲であるから〔佛世尊は〕無常であり、淨は無爲であるから〔佛世尊に〕ある〟というのである〟と言っている。

【經】善男子、是人二時還生善根。初入地獄、出地獄時。善男子。善有三種。過去現在未來。若過去者、其性自滅。因雖滅盡、果報未熟。是故不名斷過去果。斷三世因、故名爲斷。

（『大般涅槃經』巻三十五、迦葉菩薩品。T12, 570c）

良家の息子よ、この人（善根を斷ちきった人）は二つの時にふたたび善根を生ずる。初めて地獄に入る時と、地獄から出る時とである。良家の息子よ、善は三種類ある。過去のもの〔である善〕と、現在のもの〔である善〕と、未來のもの〔である善〕とである。もし過去のもの〔である善〕ならば、それは本性として自ら滅してしまっている。〔過去のものである善という〕因は滅してしまっているにせよ、〔過去のものである善の、〕果報はいまだ熟していない。それゆえに、〝過去のもの〔である善〕の、果報を斷ちきった〟とは呼ばれない。〔善根を斷ちきった人は、〕三世における因を斷ちきったことによって、〝〔善根を〕斷ちきった〟と呼ばれる。

【疏】蒲云〝斷三世因、不斷其果、緣因果在。復有佛性、卽是正因。二善具足、何名斷善〟。

（辯空『大般涅槃經義記圓旨抄』巻十三。大屋德城『高麗續藏雕造攷』京都、便利堂、一九三七年（東京、國書刊行會、一九八八年）、圖板37。村上明也「韓國・松廣寺所藏の辯空撰『大般涅槃經義記圓旨抄』について」『東アジア佛教研究』一四、東京、東アジア佛教研究會、二〇一六年）

蒲は〝〔一闡提は〕三世における因を斷ちきったが、それら（因）の果報を斷ちきっていないので、緣因〔佛性〕の果報がある。さらに佛性があり、正因〔佛性〕である。〔緣因佛性、正因佛性という〕二つの善が揃っている以上、〔善根を斷ちきった人は〕どうして〝善根を斷ちきった〟と呼ばれようか〟と言っている。

第十三章　懍『大品般若經疏』

【疏】又標（懍？）師『大品疏』云〝自有五時般若。『文殊問般若』一巻〟云云。

（證眞『止觀私記』巻二本。DBZ22, 286b）

さらに、懍師『大品經疏』は〝そもそも五時般若がある。『文殊問般若』一巻〟云云と言っている。

【疏】嘌（懍?）師『大品疏』同『淨名玄』(143)也。（證眞『法華玄義私記』巻三末。DBZ21, 117a）

懍師『大品經疏』は〔智顗〕『維摩經玄疏』と同じ〔く、法雲地において無明を斷ちきり、等覺地において無明の習氣を斷ちきると説くの〕である。

【經】說是般若波羅蜜品時、三百比丘從座起、以所著衣、上佛、發阿耨多羅三藐三菩提心。

（『摩訶般若波羅蜜經』巻二。T8, 229b）

〔梵文和譯〕この般若波羅蜜が說かれている間、三百の比丘は、まとっていたままの衣によって世尊を覆い、無上正等覺に向かい心を起こした(144)。

【疏】嘌（懍?）師『大品疏』云〝『論』云「十二年未制衣戒(145)」、此泛解耳。餘人云〝十二年已說『大品』〟、不應爾也。序中住處證信、豈處處異時而說耶。若理中、恆對大根性、從初得道衣（夜?）、至泥洹夜、常說諸法實相不生不滅。但今爲敎之法、定在崛山一時說此經也〟〈已上〉。（證眞『法華玄義私記』巻十。DBZ22, 374b）

懍師『大品經疏』は〝『〔大智度〕論』は「〔成道後〕十二年間はいまだ離三衣戒を制定していなかった」と言っているが、それは浮薄な解釋にすぎない。ほかの人は〝〔釋尊は成道後〕十二年間にすでに『大品經』を說いていた〟と言っているが、そうであるはずがない。序における住處と證信とは〔一住處であり一時である以上〕、どうして別々の住處において別々の時に說かれていたりしようか。もし道理という次元においていうならば、〔釋尊は〕常に、偉大な素質の者たちに對し、初めの成道の夜から、涅槃の夜に至るまで、常に、諸法實相不生不滅を說いたのである。ただし、今は敎法という次元を念頭に置くので、〔釋尊は〕耆闍崛山に定在し、一時にこの經を說いたのである〟〈已上〉と言っている。

【疏】又稟（懍?）師『疏』云〝「十二年」者、此泛解耳〟〈已上〉。（證眞『法華玄義私記』巻十。DBZ21, 377b）

さらに、懍師『疏』は〝〔『大智度論』は〕「〔成道後〕十二年間〔はいまだ離三衣戒を制定していなかった〕」と言っているが、それは浮薄な解釋にすぎない〟〈已上〉と言っている。

【經】阿難、是三百比丘、從是已後、六十一劫、當作佛、皆號名大相。是三百比丘捨此身、當生阿閦佛國。（『摩訶般若波羅蜜經』巻二。T8, 229b）

〔梵文和譯〕アーナンダよ、これら三百の比丘は、第六十一劫において、マハーケートゥという名の如來阿羅漢正等覺者として世に出ずるであろう。星宿劫のあいだ、ここ（娑婆世界）から沒して、阿閦如來阿羅漢正等覺者の佛國土に生まれるであろう。(146)

【疏】幖（懍?）師『大品疏』云〝三賢人〟也。(147)（證眞『法華玄義私記』巻十。DBZ21, 377b）

〔三百の比丘を〕懍師『大品經疏』は〝〔彼らは十地において得られる天眼がないのでどこに生まれるのか自分ではわからない以上、十住、十行、十迴向という〕三賢の人である〟と言っている。

第十四章　憬『大集經疏』

【疏】幖（憬?）師『大集經疏』中、引『大論』(148)、亦同今家。(149)（證眞『法華玄義私記』巻四末。DBZ21, 161b）

憬師『大集經疏』において、『大智度論』〔における獨覺と因緣覺との二種類の辟支佛の區別〕を引用しているが、やはりわが學派（天台宗）と同じ〔く、因緣覺を、十二因緣を聞くことによって覺った辟支佛と說くの〕である。

【經】　憍陳如、斷見之人言〝一念斷〟、常見之人言〝八忍斷〟。是二種人倶得。決定後離煩惱、倶亦無妨。（『大方等大集經』巻二十二、虚空目分。T13, 158c）

カウンディニヤよ、斷見を有する人は〝一刹那のうちに〔煩惱を〕斷ちきる〟と言っており、常見を有する人は〝〔苦法忍、集法忍、滅法忍、道法忍、苦類忍、集類忍、滅類忍、道類忍という〕八忍によって〔煩惱を〕斷ちきる〟と言っている。これら二種類の人はどちらとも適切である。かならず後に煩惱を離れる以上、どちらとも問題ない。

【疏】　標（憬?）師『大集經疏』云〝本凡夫時、執我見、今謂具八忍能斷見。以常見對有、難遣故也〟〈已上〉。（證眞『止觀私記』巻五本。DBZ22, 410b）

憬師『大集經疏』は〝もと凡夫であった時、我見に執着していたので、今になっても、〝八忍を具えることによって、見〔所斷煩惱〕を斷ちきることができる〟と考えるのである。常見は有に對するもので、捨てがたいものだからである〟〈已上〉と言っている。

【經】　善男子、閻浮提外、南方海中、有琉璃山、名之爲潮、高二十由旬、具種種寶。其山有窟、名種種色、是昔菩薩所住之處、縱廣一由旬、高六由旬。有一毒蛇、在中而住、修聲聞慈。復有一窟、名曰無死、縱廣高下、亦復如是、亦是菩薩昔所住處。中有一馬、修聲聞慈。復有一窟、名曰善住、縱廣高下、亦復如是、亦是菩薩昔所住處。中有一羊、修聲聞慈。（『大方等大集經』巻二十三、虚空目分。T13, 167bc）

良家の息子よ、閻浮提の外側の、南方の海の中に、琉璃でできた山があって、潮と呼ばれており、高さは二十ヨージャナであって、さまざまな寶石を具えている。その山に洞窟があって、種種色と呼ばれており、昔の菩薩が住んだ所であって、奥行きは一ヨージャナ、高さは六ヨージャナである。一匹の毒蛇がその中に住んでいて、聲聞の慈を修習している。さらに一洞窟があって、無死と呼ばれており、奥行きと高さは先と同様であって、やはり菩薩が昔住んだ所である。一匹の馬がその中に住んでいて、聲聞の慈を修習している。さらに一洞窟があって、善住と呼ばれており、奥行きと高さは先と同様であって、やはり菩薩が昔住んだ所である。一匹の羊がその中に住んでいて、聲聞の慈を修習している。

【疏】　標（憬？）師『疏』云〃若依閻浮提、從地、蛇馬羊應在南。今在東者、佛在寶坊、向西即指南爲東耳。天地運轉、亦復何定。例如東方七宿、今冥時在南〃〈已上〉。（證眞『止觀私記』卷八。DBZ22, 542b）

憬師『〔大集經〕疏』は〃もし閻浮提を中心とするならば、地から見て、蛇と馬と羊とは南にいるはずである。今、東にいる（未詳）というのは、佛は寶坊にいらっしゃって、西に向かって南を指さして東とおっしゃったにすぎない。天地は運轉している以上、いかなる定まりがあろうか。たとえば東方の七宿が、今、冥時において南にあるようなものである〃〈已上〉と言っている。

第二部　學説篇

第一章　惠達所傳

地論師有兩說。一云〃金剛心斷煩惱涅槃鄣都盡、佛智斷智障盡〃。一云〃金剛心時智障涅槃障都盡〃也。

（『肇論疏』卷一。Z1.2.23.4, 418b）

地論師に二說がある。一つは〃金剛喩定において煩惱障である涅槃障を斷ちきりすべて盡くし、佛智によって智障を斷ちきり盡くす〃と言うものである。もう一つは〃金剛喩定の時において智障と涅槃障（煩惱障）とがすべて盡きる〃と言うものである。

第二章　吉藏所傳

A 『法華玄論』（開皇九年〔五八九〕以降十七年〔五九七〕以前）

若言〝天親等不足信〟者、五時是慧觀所製、四宗是光統著述、何由則受。（『法華玄論』卷二。T34, 374c）

もし〝天親らは信ずるに足りない〟と言うならば、五時は慧觀の作ったものであるし、四宗は光統の著述であるのに、どうして〔貴君はそれらを〕受け容れているのか。

第七師云〝旣名「妙法」、卽以「妙法蓮華」爲宗。「妙法」者、卽是佛所得根本眞實法性也。此法性不受惑染、不與惑同。名之爲淨。以是淨故、稱爲「妙」也。故用此爲題、卽以爲宗。「蓮華」者、如前引『大集經』[150]、取衆德爲「華」、不用世間蓮華也〟。評曰。尋此師學、集出此（北？）方、謂第八識自性淸淨亦名性淨涅槃以爲「妙法」。旣云是佛所得、還是果義、同前評也。又『攝大乘論』阿僧伽菩薩所造及『十八空論』婆藪所造皆云八識是妄識、謂是生死之根。先代地論師用爲佛性、謂是眞極。昔『般若』未度、遠師已悟眞空、『涅槃』不盡、生公照知佛性。諸地論師有慚先見之明矣。（『法華玄論』卷二。T34, 380b）

第七師は〝「妙法」と名づけられている以上、「妙法蓮華」を〔『妙法蓮華經』の〕宗と規定するのである。「妙法」とは、佛によって得られた、根本眞實である法性である。この法性は煩惱という雜染を受けつけず、煩惱と同じでない。そのことが淨と呼ばれる。淨であるゆえに、「妙」と呼ばれる。ゆえにそれ（妙法）を題に用い、ただちに宗と規定するのである。「蓮華」とは、先に『大集經』を引用したとおり、諸功德を「蓮華」と見なすのであり、俗世間の蓮華とは見なさないのである〟と言うのである。今、批評する。この師の學問を檢討してみるに、北方から集中的に出ており、〝自性淸淨であり性淨涅槃と呼ばれもする第八識を「妙法」と規定する〟と考えているのである。〝佛によって得られた〟と言われている以上、〔「妙法」は〕むしろ果という意味になるはずであって、前の〔第六師に對する〕批評と同じである。さらに、阿僧伽菩薩によって造られた『攝大乘論』と、婆藪によって造られた『十八空論』とは、いずれも第八識は妄識であると言い、生死の根本であると言っている。昔いた地論師は〔第八識を〕佛性と規定し、眞極であると言っていた。昔、『般若經』がいまだ渡來しないうちから、〔廬山の〕慧遠先生はすでに眞なる空性を判っておられたし、『涅槃經』がいまだ完譯されないうちから、竺道生先生はすでに佛性を判っておられた。地論師たちは、〔慧遠先生や竺道生先生の〕先見の明に對し、おのれを恥じるのである。

爰至北土、還影五教、製於四宗。（『法華玄論』巻三。T34, 382b）

ここで、北土に至っては、また〔江南の〕五時の影響によって、四宗を作った。

問。北地諸地論師明四宗五宗等說。是事云何。答。此皆影四五時敎故、作是說耳[151]。五時既不成、四宗自廢。（『法華玄論』巻三。T34, 384c）

質問。北地の諸地論師は四宗や五宗などという說を明らかにしていた。そのことはどうか。回答。それらはみな四時教や五時教の影響によって、そういう說をなしたにすぎない。五時が成立しない以上、四宗はおのずから廢棄されることになる。

問。『釋論』解無生品中云「有近道遠道。近道者、謂三十七品。遠道者、謂六波羅蜜[152]」。然道品與六度倶皆是乘。何故分近遠耶。答。數論師、地論師、法華等師、無有此義、故不釋也。（『法華玄論』巻四。T34, 390a）

質問。『大智度論』は無生品を解說する際に「近道と遠道とがある。近道とは、具體的に言えば、三十七菩提分法である。遠道とは、具體的に言えば、六波羅蜜である」と言っている。しかるに、菩提分法と六波羅蜜とはともに乘である。なにゆえ近と遠とを分けるのか。回答。數論師（阿毘曇師）や地論師、法華等師は、この主張を有しないゆえに、〔この主張を〕註釋しないのである。

地論師云〝報身是常〟。所以然者、法身卽是本有佛性。報佛爲修因所得、佛性顯、故名報身、卽是始有。亦是性淨方便淨義。若據此明報身報身（—報身？）是常者、此不違『法華論』『地論』『金剛波若論』等。宜用之。

（『法華玄論』巻九。T34, 438c）

地論師は〝報身は常なるものである〟と言っていた。そうである理由とは、法身は本有（〝もとからあるもの〟）である佛性なのである。報佛は修習という原因によって得られるもので、佛性が顯れたものであるから報身と呼ばれるのであり、始有（〝始まりがあってあるもの〟）である。〔本有と始有とは、順に、〕性淨（〝自性として清淨〔である涅槃〕〟）と方便淨（〝取り組みの結果として清淨〔である涅槃〕〟）とでもある。もし〔本有である佛性が顯れたのが報身であるという〕このことによって報身は常なるものであるというならば、それは『妙法蓮華經憂波提舍』『十地經論』『金剛般若波羅蜜經論』などと異ならない。それを用いるほうがよい。

B　『金剛般若疏』（開皇九年〔五八九〕以降十七年〔五九七〕以前）

經有三種。或文爲經、或理爲經、或文理合爲經。地論師云〝三十心前人文爲經。三十心文理合爲經。初地已去用理爲經〟。（『金剛般若疏』巻一。T33, 90b）

經は三種類ある。文を經と規定することもあるし、理を經と規定することもあるし、文と理とを合わせて經と規定することもある。地論師は〝〔十住、十行、十迴向という〕三十心より前の人は文を經と規定する。三十心は文と理とを合わせて經と規定する。初地からは理を經と規定する〟と言っていた。

自北土相承流支三藏具開『經』作十二分釋。一者序分、二者護念付屬分、三者住分、四者修行分、五者法身非有爲分、六者信者分、七者格量分、八者顯性分、九者利益分、十者斷疑分、十一者不住道分、十二者流通分[153]。

夫大聖説法必有由致。故有序分。將説大法、必爲諸菩薩。已悟之徒則須加被、未悟之者付屬已悟。故有第二護念付屬。既護念付屬令其住般若中。故有第三住分。雖得住立、更進修諸行。故次有第四修行分也。以修無得之因、故得無爲之果。故次明法身非有爲分。説此因果、必有信受之人。故次須明信者分。信持則功德無邊。故須明格量分。持説之人所以功德無邊、必由佛性。若不識於佛性、則無此功德。故有顯性分也。以依佛性所修功德利益無窮。故須明利益分也。上來一周説法。利根已悟、中下未了、更復生疑。故有第十斷疑分。疑心既除、則無所依住。故有第十一不住道分。此之大法非止益現在、亦利益未來。故有第十二流通分也。

然分雖十二、不出因果。統其始末、凡有四周。護念付屬至修行分此則明因。法身非有爲分斯則辨果益。是一周明因果也。次從信者分至于格量、此則爲因、感得顯性之果。此則次周明因果也。既明佛性、依性之修行卽因義、有因故得果。卽利益分。謂三周明因果也。斷疑爲因、不住道爲果、則四周明因果也。

然此之解釋盛行北地、世代相承多歷年序、而稟學之徒莫不承信。

(『金剛般若疏』巻一。T33, 90c-91a)

菩提流支三藏が詳しく『〔金剛般若〕經』を開いて十二分の解釋を作ったと北土から相承されている。第一は序分、第二は護念付屬分、第三は住分、第四は修行分、第五は法身非有爲分、第六は信者分、第七は格量分、第八は顯性分、第九は利益分、第十は斷疑分、第十一は不住道分、第十二は流通分である。

そもそも、偉大な聖者(佛)の説法には必ず由縁がある。ゆえに序分がある。偉大な法を説こうとするのは、必ず諸菩薩のためにである。すでに悟っている者たちについては加持してやるし、まだ悟っていない者たちについてはすでに悟った者たちに委囑してやる。ゆえに第二の護念付屬分がある。護念付屬(〝加持と委囑と〟)によって彼(菩薩)を般若波羅蜜のうちに住まわせる。ゆえに第三の住分がある。たとえ住の安立を得るにせよ、さらに進んで諸行を修行する。ゆえに次に第四の修行分がある。無所得という因を修行することによって、無爲という果を得る。ゆえに次に法身非有爲分を明らかにする。この因と果とを説くことには、必ずそれを信じて受ける人がいる。ゆえに次に信者分を明らかにしなければならない。信じて持するならば、功德は無邊である。ゆえに格量分を明らかにしなければならない。持して說く人に功德が無邊であるわけは、必ず佛性による。もし佛性を知らないままならば、この功德はない。ゆえに顯性分がある。佛性に依據して修行された功德の利益は無窮である。ゆえに利益分を明らかにしなければならない。ここまでの一回の說法によって、機根の優れた者はすでに悟っているが、普通の者や、劣った者はまだ了解しておらず、あらためてふたたび疑いを生ずる。ゆえに第十の斷疑分がある。疑いの心が除去された以上、依存して住する所はなくなる。ゆえに第十一の不住道分がある。この偉大な法は現在を利益するにとどまらず、未來を利益しもする。ゆえに第十二の流通分がある。

しかるに、分は十二であるにせよ、因と果との範圍を超えない。それの始終をまとめるならば、〔始終は〕全部で四回ある。護念付屬分から修行分まで、これは因を明らかにしており、法身非有爲分、これは果である利益を辨じている。これは一回目に因と果とを明らかにしているのである。次に、信者分から格量分まで、これは因となって、顯性分という果を感得している。これは二回目に因と果とを明らかにしているのである。佛性を明らかにした以上、佛性に依據する修行は因という內容を有しており、因があることによって果を得ることが利益分である。すなわち、三回目に因と果とを明らかにしているのである。斷疑分を因と規定し、不住道分を果と規定することは、四回目に因と果とを明らかにしているのである。

かくて、この解釋は北地において盛んに行なわれており、世代ごとに相承し、多く年次を歷、受學者たちは信じないためしがない。

有北土論師云〝昔劫初有仙人兄弟二人。弟名舍婆、此云幼小。兄稱阿婆提、此云不可害。二人住此處求道、因以名之。弟略去婆、兄略去阿、二名雙取、故云「舍婆提」〟[154]。（『金剛般若疏』巻一。T33, 93c）

ある北土論師は〝昔、劫の初めに仙人の兄弟二人がいた。弟は舍婆（Śāva）と呼ばれ、この地では幼小と言うのである。兄は阿婆提（Avadhya）と呼ばれ、この地（北地）では不可害と言うのである。二人はここに住んで道を求めたので、それにちなんでここを〔舍婆提（Śrāvastī）と〕名づけた。弟からは婆を省略し、兄からは阿を省略して、二人の名をふたつとも採用したから、「舍婆提」と呼ばれるのである〟と言っている。

北地論師云〝此文屬十二分中護念付屬分〟[155]。（『金剛般若疏』巻二。T33, 99a）

北地論師は〝〔「時に、長老須菩提は大衆の中に在って……」という〕この文は十二分のうち護念付屬分に屬する〟と言っていた。

北地論師云〝根熟菩薩卽是内凡習種性之人。必能趣於初地名爲根熟。若是外凡、未能必入於初地名爲未熟〟[156]。（『金剛般若疏』巻二。T33, 100c）

北地論師は〝根熟菩薩とは内凡夫である習種性の人である。〔彼は〕必ず初地に趣くことができるので根熟と呼ばれる。もし外凡夫であるならば、いまだ必ずしも初地に入ることができないので未熟と呼ばれる〟と言っていた。

北地論師云〝初答其「住」問、不答「菩提心」問〟[157]。（『金剛般若疏』巻二。T33, 101b）

北地論師は〝〔「須菩提よ、諸菩薩は次のような心を生ずる」などという〕最初〔の答え〕は、かの「どのように住するのでしょうか」という問いに答えているが、「どのように菩提心を發するのでしょうか」という問いに答えていない〟と言っていた。

三佛乃是地論師說。（『金剛般若疏』巻三。T33, 107c）

三身佛は地論師の說である。

北人云〝凡有四時受記。一是習種性、不現前受記。二是道種性、亦不現前受記。三是初地、現前受記。四是八地大無生忍、現前受記。此中文明釋迦由是習種性菩薩未得初地已上無生法忍記[158]〟。（『金剛般若疏』巻三。T33, 111b）

北人は〝全部で四時の授記がある。第一は習種性においてであって、不現前授記である。第二は道種性においてであって、やはり不現前授記である。第三は初地であって、現前授記である。第四は第八地の大無生法忍においてであって、現前授記である。ここでの文は釋迦が、なおも習種性の菩薩であって、いまだ初地以上の無生法忍における授記を得ていないということを明らかにしている〟と言っていた。

C 『大般涅槃經疏』（開皇九年〈五八九〉以降十七年〈五九七〉以前）

不證品『疏』云〈第九巻〉。薄地者、『論』云「得阿鞞菩薩[159]」也。非是三乘十地薄地。二乘十地薄地過阿鞞位也。『論』意初地名薄地。古解云〝此是六住名爲薄地〟也。北人亦釋不同。一云〝三十心斷四住或（惑？）、餘四住習及無明住地正體及習故初地名薄地〟。二云〝三十心斷五住正體及四住習無餘、無明住地習在故初地名薄地〟也。

〈文〉（珍海『三論名敎抄』巻六。T70, 748bc）

不證品に對する『疏』において言われている〈第九巻〉。薄地とは、『〔大智度〕論』において「不退を得た菩薩である」と言われている。三乘共の十地における薄地ではない。三乘共の十地における薄地は不退の位を過ぎている。『〔大智度〕論』の意圖としては初地を薄地と呼んでいるのである。古くは理解して〝これは第六地を薄地と呼んでいるのである〃と言っていた。北人の間においても解釋がばらばらである。ある者は〃〔十住、十行、十迴向という〕三十心において四住地の煩惱（現行）を斷ちきるが、四住地の習氣と、無明住地の現行と習氣とを餘すゆえに、初地を薄地と呼ぶのである〃と言っている。第二の者は〃三十心において五住地の現行と四住地の習氣とを餘りなく斷ちきるが、無明住地の習氣があるゆえに、初地を薄地と呼ぶのである〃と言っている。

D　『大品經義疏』（開皇十五年〔五九五〕）

摩訶翻爲大。問。大有幾種。解釋不同。招提師明有十種大。一者境大。卽是眞諦無相境、亦名如法性。法性遍一切處、故『經』云「無有一法出法性者[160]」。所以爲大也。如者一切皆如耳。故開善云〃曠劫學於如、今得如提流天下遍只是瓶處如〃也。二者人大。此法是大人法。行（能?）行此法故。故名爲人大也。三者體大。此是何法。謂忘相知（智?）卽是般若。故爲大。四者用大。五因大。萬行中般若最大、六度中般若最大。故是因大。六果大者、此法能得大果報也。七者導大。能導一切萬行到佛果。八者離過大。謂寂（能?）滅四重五逆。九力用大。謂能出生人天五乘。十者敎大。此『經』通敎三乘也。

次招提後、人嫌十大太多、故作五大。五大者、一境大、二體大、三用大、四因大、五果大。明前十大不出此五大。言五者、人大者、若是因人則屬因攝、果人則屬果攝、何須別立。人大力用等終是因果所攝、不須十也。

次有靈觀法師、是地論師中好、手經至東陽、後還都豐樂寺、歸興皇法師、假停三日講。看之人疑其非是靈觀（一觀?）、恐其偸得靈觀之名。彼師既知、玄（笑?）云〃若言非者、但（是?）雖（誰?）者也〃。主（至?）釋『華嚴』『大集』『涅槃』『大品』四、餘（則?）明四種大。若是『涅槃』、卽是果果大。『華嚴』是果大。『大集』具（是?）果果（+果?）二大。『般若』但是空慧、此是因大。

都有三家解釋。（『大品經義疏』卷一。Z1.38.1, 9d-10b）

〔「摩訶般若」の〕摩訶は大と翻譯される。質問。大は幾種類あるのか。〔回答。〕解釋はばらばらである。招提師（招提寺慧琰）は十種類の大があると明らかにしていた。第一は境大である。眞諦という、無相なる對象であり、眞如や法性と呼ばれもする。法性はあらゆる所に遍滿している。ゆえに『經』において「法性を出るような一法もない」と言われている。ゆえに大と規定されるのである。眞如とは、すべてが眞如であるにすぎない。ゆえに開善（開善寺智藏）は〝永劫にわたって、眞如について學んできたが、今になって、天下に流布して遍滿している眞如はただ瓶の眞如であるにすぎないと會得した〟と言っていた。第二は人大である。この法（般若）は偉大な人の法である。この法を修行することができるから〔偉大な人なの〕である。ゆえに人大と呼ばれる。第三は體大である。これはいかなる法なのかといえば、相を忘れた智を言うのであり、般若である。ゆえに大と規定される。第四は用大である。第五は因大である。あらゆる修行のうちで般若は最大であり、六波羅蜜のうちで般若は最大である。ゆえに因大である。第六の果大とは、この法（般若）は大果報を得ることができるのである。第七は導大である。〔この法（般若）は〕あらゆる修行を導いて佛果に到らせることができるのである。第八は離過大である。〔この法（般若）が〕四重罪や五逆罪を滅することができることを言うのである。第九は力用大である。〔この法（般若）が〕人天五乘を出生することができることを言うのである。第十は教大である。この『經』は三乘を共通的に教えるのである。

次に、招提の後に、ある人は十大が多すぎるのを嫌い、ゆえに五大に改作した。五大とは、第一に境大、第二に體大、第三に用大、第四に因大、第五に果大である。〔その人は〕前の十大がこの五大を出ないということを明らかにした。五と言うのは、人大は、もし因の段階の人ならば因に含まれるし、果の段階の人ならば果に含まれる以上、どうして別個に設立される必要があろうか。人大の力用などは結局のところ因と果とに含まれる以上、十を必要としないのである。

次に靈觀法師がいた。地論師の中の優秀な人であったが、經を手にして東陽（現在の浙江省東陽市）に至り、後に都（建康。現在の江蘇省南京市）の豊樂寺に還って、興皇法師（興皇寺法朗）のもとに歸し、假に三日停って講義した。彼を見た人は〝彼は靈観と違うのでは〟と疑い、〝彼は靈観の名を騙っているのでは〟と恐れた。かの師（靈観）はそれを知って、笑って〝もし〔靈観と〕違うと言うならば、誰なのか〟と言っていた。『華嚴經』『大集經』『涅槃經』『大品經』という四つを解釋するに至って、四種の大を明らかにした。もし『涅槃經』ならば、果果大である。『華嚴經』ならば、果大である。『大集經』ならば、果果果二大（＝果果大＋果大）である。『般若』ならば、ただ空についての智慧であるにすぎない。これは因大である。〔以上、〕全部で三家の解釋がある。

今勿作地論緣修有分別眞修無分別。（『大品經義疏』巻四。Z1.38.1, 43b）

今は、緣修（〝所緣による修習〟）は有分別であり、眞修（〝眞如による修習〟）は無分別であるという、地論〔師〕の說を主張してはならない。

此『經』始未明般若幷無生無所有者、非是就眞諦理明、亦非實相、亦非地論人眞修義。（『大品經義疏』巻四。Z1.38.1, 54a）

この『〔大品〕經』が始めにいまだ般若や無生や無所有を明らかにしていなかったのは、眞諦という道理に基づいては明らかにしていなかったのであり、〔北釋論師の〕實相般若〔に基づいて明らかにしていなかったの〕でもなく、地論人の眞修の說〔に基づいて明らかにしていなかったの〕でもない。

若地論人云〝前段是眞修後段緣修〟。（『大品經義疏』巻四。Z1.38.1, 54c）

もし地論人ならば、〝〔『大品經』句義品の〕前段は眞修であり、後段は緣修である〟と言っていた。

地論人云〝三十心斷四住、登地至佛斷無明。於十地爲三道。初地是見道、二地七地修、八地上無學道[161]。煩惱亦三。初地斷不善煩惱、二地修道斷善煩惱、八地無學道斷無明煩惱〟也。（『大品經義疏』卷五。Z1.38.1, 61c-62a）

地論人は〝〔十住、十行、十迴向という〕三十心において四住地を斷ちきり、地に登ってから佛に至るまで無明住地を斷ちきる。十地を三道と規定する。初地は見道であり、第二地から第七地までは修道であり、第八地以上は無學道である。煩惱も三つある。初地において不善煩惱を斷ちきり、第二地からの修道において善煩惱を斷ちきり、第八地からの無學道において無明煩惱を斷ちきる〟と言っていた。

所以信三寶少者、今數論言〝別體三寶〟豈是信也。常又云〝一圓智上、說法僧、是信三寶〟、此亦不成住。地論人不（云？）〝（＋別？）體三、一體三、住持三[162]、化佛、報佛、法（＋佛？）、是信三寶〟、亦不義（－義？）成住也。

（『大品經義疏』卷六。Z1.38.1, 81a)

〔佛寶、法寶、僧寶という〕三寶を信ずる人が少ないわけは、今、數（阿毘曇）と論（『成實論』）とが〝別體三寶〟と言っているのは、どうして信でありえようか。いつもは、さらに〝一なる完全な智（佛）のうちに法と僧とをも說くこと（一體三寶）が、三寶を信ずることである〟と言っているが、これも〔信の〕安住を成り立たせない。地論人が〝別體三寶、一體三寶、住持三寶、化佛、報佛、法佛が三寶を信ずることである〟と言っているのも、〔信の〕安住を成り立たせない。

今數論及地論人有所得解義有佛可見、有法可聞、此至不見佛不聞法也。（『大品經義疏』卷六。Z1.38.1, 81a)

今、數（阿毘曇）と論（『成實論』）と地論人とは、有所得によって內容を理解し、見える佛があるし、聞ける法があるとするが、これは佛を見ないことや、法を聞かないことになるのである。

成論師明〝如是眞諦理遍卽萬法、故言大如。但如是頑境非是智慧〟。北釋論師亦云〝如是實相般若亦是頑境〟。此二如皆言非是善法。地論師云〝眞如佛性法界眞諦、故如是智慧但非修習而有、古今當定〟。（『大品經義疏』巻八。Z1.38.2, 116d）

成論師は〝このような眞諦という道理はあらゆる法に遍ねく卽している。ゆえに偉大な眞如と言われるのである。ただし、このような動かない對象（眞如）は智慧ではない〟と明らかにしていた。北釋論師も〝このような實相般若はやはり動かない對象である〟と言っていた。これら二師にとっての眞如はいずれも〔智慧という〕善法ではないと言われる。地論師は〝眞如佛性は法界眞諦であるから、このような智慧はただ修習によってあるのではなく、古今に一定でなければならない〟と言っていた。

成論地論等師皆云〝乾慧等三乘共法、歡喜等是獨菩薩法〟。（『大品經義疏』巻九。Z1.38.2, 122d）

成論師や地論師などはみな〝乾慧地など（共の十地）は三乘の共通の法であり、歡喜地など（十地）は菩薩だけの法である〟と言っていた。

E『華嚴遊意』（開皇十七年〔五九七〕以降十九年〔五九九〕以前）

今問。一質、一何物質爲一。穢質爲一、淨質爲一、非淨非穢質爲一。此之三責、便有三家解釋。第一舊成實論師解云〝一淨質一穢質。只一淨質。身子自見木。只一穢質。梵王自見金。祇洹亦爾〟也。次地論解云〝一質是非金非木質。只如林樹、有想（相?）心取、則成有漏樹、無想（相?）心取、則成無漏林樹、樹未曾有漏無漏、隨兩心故、有漏無漏、今亦爾、未曾淨穢、淨緣見淨、穢緣見穢耳〟。復有三論師不精得一家意義者、監於此解。〝一非金非木質緣、見金見木。此質未曾金木、身子自見木、梵王自見金〟。名一質異見。（『華嚴遊意』。T35, 7a）

今、質問する。一なる本質とは、一なるいかなる本質が一であるのか。汚穢なる本質が一であるのか、清淨なる本質が一であるのか、清淨でもなく汚穢でもない本質が一であるのか。これら三つの詰問について、三師の解釋がある。

第一に、昔いた成實論師は解釋して〝一なる清淨な本質もあるし、一なる汚穢なる本質もある。〔『維摩經』において、〕ただ一なる清淨な本質を身子（舍利弗）は自ら木と見、ただ一なる汚穢な本質を梵王は自ら金と見た。祇洹についてもそうである〟と言っていた。

第二に、地論〔師〕は解釋して〝一なる本質とは、金でもなく木でもない本質である。ただ、たとえば樹林は、もし有相心が〔樹林を〕認識すれば有漏の樹林となるし、もし無相心が〔樹林を〕認識すれば無漏の樹林となるのであって、樹林はいまだかつて有漏でも無漏でもないが、二つの心に随って有漏や無漏になるように、そのように、今も、〔この本質は〕いまだかつて清淨でも汚穢でもないが、もし清淨なる縁によれば清淨と見るし、もし汚穢なる縁によれば汚穢と見るにすぎないのである〟と言っていた。

さらに、自學派の主張を詳しく會得していない三論師は、次のような解釋を鑑とする。〝一なる、金でも木でもない本質を所縁として、金と見たり、木と見たりするのである。この本質はいまだかつて金でも木でもないが、身子（舍利弗）は自ら木と見、梵王は自ら金と見た〟。以上が一なる本質を異なって見ることと呼ばれる。

F　『淨名玄論』（開皇十九年〔五九九〕或二十年〔六〇〇〕）

北土以如爲法身佛。凡聖一如、故同一法身。南方云〝如是頑境、佛卽是靈智。以衆德圴等、故云同共一法身〟。

（『淨名玄論』巻一。T38, 860c）

北土は眞如を法身佛と規定していた。凡夫と聖人とは同一の眞如を有するから、同一の法身を有している。

南方は〝眞如は動かない對象であり、佛は靈妙な智である。〔諸佛には〕諸功德が均等にあるから、〔諸佛は〕同一の法身と言われるのである〟と言っていた。

北土地論師云〝大無大相、故大得入少（小？）。少（小？）無少（小？）相、故少（小？）得容大〟。[163]（『淨名玄論』巻三。T38, 870c）

北土の地論師は〝大なるものには大なるものという相（〝固定的なありさま〟）がないから、大なるものは小なるものに入り得る。小なるものには小なるものという相がないから、小なるものは大なるものを入れ得る〟と言っていた。

地論人、眞修般若、則本自有之、緣修波若、則修習始起。性淨涅槃、方便淨涅槃亦爾。此猶是舊本始之義。（『淨名玄論』巻四。T38, 880c）

地論人の場合、眞修般若（〝眞如による修習の慧〟）については、もともとそれを有するが、緣修般若（〝所緣による修習の慧〟）については、修習によって初めて〔それが〕起こるのである。性淨涅槃（〝自性として清淨である涅槃〟）と方便淨涅槃（〝取り組みの結果として清淨である涅槃〟）ともやはりそうである。このことは、昔の〔成論人の〕、本有（〝もとからあるもの〔である涅槃〕〟）と始有（〝始まりがあってあるもの〔である涅槃〕〟）との主張に似ている。〔→『大乘玄論』にほぼ同文〕

有人言〝佛有三種。一法身佛、二者報身佛、三者化身佛。實相卽法身佛。實相可軌、名之爲法。此法有體、故名爲身。而實相非佛、能生佛故、所以名佛。二者報身。卽修行會實相理。實相旣常、報佛亦常。以法常故、諸佛亦常。三化佛。卽應物之用〟。此北土論師釋也。（『淨名玄論』巻四。T38, 881a)

ある人は〝佛は三種類ある。第一は法身佛、第二は報身佛、第三は化身佛である。實相が法身佛である。實相は軌範たりうるものなので、それを法と規定する。この法は體（〝ありかた〟）を有しているから、身と名づけられる。實相は佛ではないが、佛を生ずることができるから、そういうわけで佛と名づけられる。第二は報身である。すなわち、修行し、實相という眞理に契合する者である。實相が常である以上、報佛も常となる。法（實相）が常であるから、諸佛（報身）も常なのである。第三は化佛である。すなわち、物（衆生）に對應する用（〝はたらき〟）である〟と言っている。これは北土論師の解釋である。〔↓『大乘玄論』にほぼ同文〕

有人言〝『維摩』是圓教、非染非淨、染淨雙遊〟。此北土論師釋也。（『淨名玄論』卷五。T38, 886a）

ある人は〝『維摩經』は圓教であり、〔維摩は〕汚染にでもなく、清淨にでもなく、汚染と清淨とにともに遊ぶ〟と言っている。これは北土論師の解釋である。〔↓『大乘玄論』にほぼ同文〕

北地論師云〝初地以上卽有常住法身、亦卽有常智〟。（『淨名玄論』卷六。T38, 891a）

北地論師は〝初地以上にはただちに常住なる法身があるし、ただちに常住なる智がありもする〟と言っていた。〔↓『大乘玄論』にほぼ同文〕

北土相承云〝此『經』凡有三會。始自佛國、終菩薩品、謂菴園會也。問疾以去、至乎香積、方丈會也。菩薩行品、竟乎一經、菴園重會[164]〟。（『淨名玄論』卷七。T38, 897c）

北土においては相承して〝この『〔維摩〕經』には全部で三會ある。佛國品から始まって菩薩品に終わるまでを、菴園會と呼ぶ。問疾品から香積品までを、方丈會と呼ぶ。菩薩行品から一經を終えるまでは、菴園

重會である〃と言っていた。〔↓『維摩經義疏』にほぼ同文〕

G 『維摩經略疏』（仁壽四年〔六〇四〕）

言「欲得淨土、當淨其心」[165]者、成論人云〝心爲善惡解脱之本。除心上之或（惑？）、留此心置。故「心淨」名「土淨」〃。地論云〝除妄心。何者、佛非妄心。豈妄心作佛。故六識悉除、留第八阿梨耶識〃。又有三藏師云〝亦除八識。此識亦不淨、第九阿摩羅識番（翻？）此乃淨〃。（『維摩經略疏』卷一。Z1.29.2, 107d）

「淨土を得たいと望むなら、その心を淨めるべきである」と言われているのについては、成論人は〝心は善惡にとっても解脱にとっても根本である。〔心を淨めるべきであるとは、〕心の上にある煩惱を除去するが、この心をとどめておくのである。ゆえに、「心の淨さ」が「佛國土の淨さ」と呼ばれるのである〃と言っていた。地論は〝〔心を淨めるべきであるとは、〕妄心を除去するのである。なぜかといえば、佛は妄心ではない。どうして妄心が佛となれようか。ゆえに、六識をすべて除去するが、第八阿梨耶識をとどめておくのである〃と言っていた。さらに、三藏師（眞諦）がいて〝第八識を除去しもする。この識もやはり不淨なのであって、第九阿摩羅識が、これ（第八識）を翻すことによって、ようやく淨なのである〃と言っていた。

言「不來相而來」[166]者……然解此不同。有云〝法身不來、應身有來〃。又解云〝眞諦不來、世諦有來〃。又云〝實智不來、權智有來〃。又彭城講此『經』第一。梁初莊嚴講此『經』著名、晩彭城講此『經』亦第一。彼解云〝假名道來、實法不來[167]〃。……次有地論師云〝法界體無來去、法界用來去〃。又有中假師、〝中非去非來、假而去而來。體非去非來、用而去而來〃也。（『維摩經略疏』卷三。Z1.29.2, 134cd）

「來ないというかたちで來たまうた」※と言われることについて、……しかるにそのことに對する解釋はばらばらである。ある者は〝法身は來たりしないが、應身は來ることがある〃と言っている。さらに、解釋して〝眞諦においては來ることはないが、世諦においては來ることがある〞と言っている。さらに、〝眞實の智は來たりしないが、方便の智は來ることがある〞と言っている。さらに、彭城〔現在の江蘇省徐州市〕はこの『經』を講ずることでは一番であった。梁の初めに莊嚴〔寺僧旻〕はこの『經』を講ずることで著名であったが、晩年になって彭城においてこの『經』を講じ、やはり一番であった。彼は解釋して〝〔多刹那にわたる〕假設道〔〝假設という次元〞〕においては來るが、〔刹那滅である〕實法道〔〝實法という次元〞〕においては來たりしない〞と言っていた。……次に地論師がいて〝法界の體〔〝ありかた〞〕においては來ることや去ることはないが、法界の用〔〝はたらき〞〕は來たり去ったりする〞と言っていた。さらに中假師がいて〝中道は去ることでもなく來ることでもないが、假設は去ったり來たりする。體は去ることでも來ることでもないが、用は去ったり來たりする〞と言っていた。〔↓『中觀論疏』に同内容文〕

※梵文においては、「不來相而來、不見相而見」は「來られなかったおかた、かつて拜見しなかったおかたを拜見します」とある。

問。此中何意明凡夫爲種二乘非種耶。若使此中明非種、『法華』不應授記作佛。南北有二解。北云〝有五宗四宗不同、深淺爲異。故此『經』明非種、『法華』授其記作佛〞。南人云〝有四時五時有別、亦深淺不同。以此『經』淺、故挫二乘非種。『法華』深故、明二乘作佛〞。〔『維摩經略疏』卷四。Z1.29.2, 160d-161a〕

質問。ここ〔佛道品〕では、いかなる意圖によって、凡夫は〔如來の〕種であるが二乘は〔如來の〕種ではないと明らかにしているのか。もし、ここで、〔二乘は如來の〕種ではないと明らかにするならば、『法華經』は〔二乘が〕佛になると授記すべきでない。〔回答。〕南と北とに二つの理解がある。北は〝五宗や四宗があってばらばらであり、深さや淺さが違いとなっている。ゆえにこの『經』は〔二乘が如來の〕種ではないと明らかにし、『法華經』は彼らに佛になると授記するのである〞と言っていた。南人は〝四時や五時があって別々であり、深さや淺さがばらばらである。この『經』は淺いゆえに、二乘が〔如來の〕種ではないと挫いている。『法華經』は深いゆえに、二乘が佛になると明らかにしている〟と言っていた。

又成論師有二解。開善應身無常、法身常住。異數人。數人生法皆無常。彼明應身無常法身常住也。莊嚴云〝生身是有、法身非有非無、出二諦外〟。地論法界非有非無。中假師以中道爲佛。（『維摩經略疏』卷五。Z1.29.2, 176b）

さらに、成論師の閒に二つの解釋があった。開善（開善寺智藏）によれば、應身は無常であるが、法身は常住である。〔この理解は〕數人（阿毘曇人）のものと異なる。數人によれば、生身と法身とはいずれも無常である。彼（開善）は、應身は無常であるが、法身は常住であると明らかにしていた。莊嚴（莊嚴寺僧旻）は〝生身は有であるが、法身は有でもなく無でもなく、〔有無という〕二諦の外に出ている〟と言っていた。地論によれば、法界は有でもなく無でもない。中假師は中道を佛と規定していた。

H 『維摩經義疏』（大業年中〔六〇五―六一七〕）

有人言〝不二法門卽眞諦理〟也〈此成實論師所用也〉。有人言〝不二法門謂實相般若〟〈實相是眞諦理、能生般若故名般若。此智度論師之所立也〉。有人言〝不二法門阿梨耶識〟〈此云無沒議（識？）。此舊十地論師之所用也〉。有人言〝不二法門卽阿摩羅識〟〈此云無垢識。攝大乘論師眞諦三藏之所用也[168]〉。（『維摩經義疏』卷一。T38, 912b）

ある人は〝不二法門とは眞諦たる眞理である〟と言っていた〈これは成實論師によって用いられた說である〉。ある人は〝不二法門とは具體的に言えば實相般若である〟と言っていた〈實相は眞諦たる眞理であるが、般若を生ずることができるから、般若と呼ばれる。これは智度論師によって立てられた說である〉。ある人は〝不二法門とは阿梨耶識である〟と言っていた〈この地では無沒識と呼ばれる。これは昔いた十地論師によって用いられた說である〉。ある人は〝不二法門とは阿摩羅識である〟と言っていた〈この地では無垢識と呼ばれる。攝大乘論師や眞諦三藏によって用いられた說である〉。

有人言〝此經凡有三會。始自佛國、竟菩薩品、謂菴園初會。問疾品去、至于香積、謂方丈次會。從菩薩品、竟於一經、謂菴園重集[169]〟。此十地論師之所解也。（『維摩經義疏』卷一。T38, 917b）

ある人は〝この經には全部で三會ある。佛國品から始まって菩薩品に終わるまでを、菴園初會と呼ぶ。問疾品から香積品までを、方丈次會と呼ぶ。菩薩行品から一經を終えるまでを、菴園重集と呼ぶ〟と言っていた。これは十地論師が理解するところである。〔↓『淨名玄論』にほぼ同文〕

十地師云〝眞妄同體。會妄成眞、故云不二[170]〟。（『維摩經義疏』卷五。T38, 976c）

十地師は〝眞なるものと妄なるものとは同體（〝本質的に同じ〟）である。妄なるものを〔眞なるもののうちに〕收斂して眞なるもの〔のみ〕を成立させるから、不二と言うのである〟と言っていた。

Ｉ『中觀論疏』（大業四年〔608〕）

如舊地論師等辨四宗義。謂毘曇云是因緣宗、『成實』爲假名宗、『波若』教等爲不眞宗、『涅槃』教等名爲眞宗[171]。（『中觀論疏』卷一本。T42, 7b）

昔いた地論師らは四宗の主張を開陳した。具體的に言えば、阿毘曇については因緣宗であると言い、『成實論』を假名宗と規定し、『般若經』の教えなどを不眞宗と規定し、『涅槃經』の教えなどを眞宗と呼んだ。

成論師辨無明流來、地論者執乖眞起妄、與此相似。（『中觀論疏』卷一末。T42, 15a）

成論師が〔衆生は〕無明から流れ來たったと辨ずることと、地論者が眞との乖離によって妄が生起したと執することとは、これ（サーンキヤ〔Sāṃkhya〕におけるプラクリティ〔prakṛti〕）と相似する。

地論人計〝本有佛性、從此能生萬物違順等用〟。（『中觀論疏』巻三本。T42, 36b）

地論人は〝もともと佛性があり、そこから、〔佛性に〕違逆したり隨順したりする、萬物の用（〝はたらき〟）を生ずることができる〟と構想していた。

成實師有流來反去之義、地論師有乖眞起妄之來息妄歸眞之去。如此來去悉同外道。（『中觀論疏』巻三本。T42, 38b）

成實師についていえば、〔衆生が〕無明から流れ〝來ること〟と、〔眞理へと〕還り〝去ること〟とがあり、地論師についていえば、眞なるものとの乖離によって妄なるものが生起したという〝來ること〟と、煩惱の終息によって眞如に歸還するという〝去ること〟とがある。このような、〝來ること〟〝去ること〟は、すべて外道に等しい。

第三轉意、稟敎之流聞向所說、便作一解、同於外道。猶如一人亦父亦子。亦同地論師義。猶如一舍若有相心取、則成妄想之舍。若無相心取、則畢竟空舍。（『中觀論疏』巻三本。T42, 39a）

第三の考えかたとは、佛敎徒のうち、ある學派は、〔生と不生とが別でないという〕先の所説を聞いて、ある解釋をおこなって、外道に同ずるのである。たとえば、同一人物が父でもあるし子でもあるというふうに。〔この解釋は〕地論師の主張にも同ずる。たとえば、同一の家が、もし有相心によって認識されれば妄想された家となるし、もし無相心によって認識されればまったく空なる家となるように。

地論有一物兩觀成眞妄。（『中觀論疏』巻三本。T42, 39a）

地論師は一つの物を二とおりに見て眞なるものと妄なるものとを設定する。

大乘中常住佛果及地論人自性清淨心本來有義非從前滅而後生。故是心而非次第。（『中觀論疏』卷三末。T42, 48c）

大乘における、常住なる、佛という果と、地論人における、自性清淨心がもともと有であることとは、前のものが滅することによって後のものが生ずるのではない。ゆえに、それ（自性清淨心）は心であるにせよ、等無間緣でない。

如地論眞識義、則無次第緣也。（『中觀論疏』卷三末。T42, 49c）

地論師の、眞識という主張の場合、〔眞識が〕等無間緣〔となること〕はない。

六者、昔地論師義、乖眞起妄爲來、息妄歸眞故去。（『中觀論疏』卷四本。T42, 54a）

第六に、昔いた地論師の主張についていえば、眞なるものとの乖離によって妄なるものが生起したことは〝來ること〟であり、妄なるものの終息によって眞なるものへと歸還することは〝去ること〟である。

問。且置餘經、『淨名』既云「不來相來」[172]、此就何義釋之。答。成論師云〝實法無來、相續有來〟。故云「不來相來」。又云〝世諦有來、眞諦無來〟。故云「不來相來」。地論師云〝法界體無來、用卽有來〟。中假師云〝中道無去來、假名有去來〟。（『中觀論疏』卷四本。T42, 54bc）

質問。餘經はさておき、『維摩經』は「來ないというかたちで來たまうた※」と言っている以上、そのことについては、いかなる主張に基づいてそのことを解釋するのか。回答。成論師は〝〔刹那滅である〕實法道（〝實法という次元〟）においては來ることがなく、〔多刹那にわたる〕相續道（〝連續體という次元〟）においては來ることがある〃と言っていた。ゆえに「來ないというかたちで來たまうた」と言われるのである。さらに、〃世諦においては來ることがあり、眞諦においては來ることがない〃と言っていた。ゆえに「來ないというかたちで來たまうた」と言われるのである。地論師は〃法界は體（〃ありかた〃）においては來ることがなく、用（〃はたらき〃）においては來ることがある〃と言っていた。中假師は〃中道においては去ることや來ることはなく、假設においては去ることや來ることがある〃と言っていた。〔↓『維摩經略疏』に同内容文〕

※梵文においては、「不來相而來、不見相而見」は「來られなかったおかた、かつて拜見しなかったおかたを拜見します」とある。

僧祇及地論云〃心性本淨、如日在天。本性清淨、客塵煩惱染故不淨〃。（『中觀論疏』卷五本。T42, 74b）

摩訶僧祇部（大衆部）や地論〔師〕は〃心の本性はもともと清淨であって、あたかも太陽が天空にあるようである。本性は清淨であるが、客塵煩惱によって汚されているから不淨である〃と言っていた。

又如地論、體用具足、妄覆故不見、除妄卽見。（『中觀論疏』卷五末。T42, 83c）

さらに、地論〔師〕の場合、體（〃ありかた〃）と用（〃はたらき〃）とは完全な狀態で備わっているにせよ、妄なるものが覆っているゆえに現れず、妄なるものを除去したならば現れる。

舊地論人計〃一切衆生同一梨耶〃。（『中觀論疏』卷六本。T42, 93c）

昔いた地論人は〃あらゆる衆生は同一の阿梨耶識（第八識）を共有している〃と構想していた。

又舊地論師以七識爲虛妄、八識爲眞實。攝大乘師以八識爲妄、九識爲眞實、又云〃八識有二義。一妄、二眞。

有解性義是眞、有果報識是妄用〃。（『中觀論疏』巻七本。T42, 104c）

さらに、昔いた地論師は七識を虚妄と規定し、第八識を眞實と規定していた。攝大乘師は第八識を虚妄と規定し、第九識を眞實と規定し、さらに、〃第八識には二つの内容がある。第一は妄、第二は眞である。解性という内容があることは眞であるが、果報識があることは妄なる用（〃はたらき〃）である〃と言っている。

二者、如十地師等聞妄作妄解、乃無有實人法、而有虚妄人法。（『中觀論疏』巻七本。T42, 104c）

第二に、十地師らのごときは〔人・法を〕虚妄と聞いて、虚妄なる解釋をおこなっていた。すなわち、眞實なる人・法はないが、虚妄なる人・法はあるというのである。

大乘人云〃二種生死名爲果縛、五住煩惱名爲子縛〃。北土諸大乘師亦立斯義[173]。（『中觀論疏』巻七末。T42, 113bc）

大乘の人は〃〔分段生死、不思議變易生死という〕二種生死は果縛（〃結果としての束縛〃）と呼ばれ、〔見一處住地、欲愛住地、色愛住地、有愛住地、無明住地という〕五住地という煩惱は子縛（〃原因としての束縛〃）と呼ばれる〃と言っている。北土諸大乘師もこの主張を提起している。

今明實相不同南方眞諦之理北土實相波若、亦異舊地論梨耶晩攝論大乘阿摩羅識。（『中觀論疏』巻八末。T42, 126c）

今、實相（〃まことのありさま〃）を明らかにすることは南方の眞諦之理とも北土の實相波若とも同じでないし、昔いた地論〔師〕の阿梨耶識とも遅れてきた攝大乘〔師〕の阿摩羅識とも異なっている。

又如地論人用六相義、以釋衆經。謂總相、別相、同相、異相、成相、壞相。（『中觀論疏』巻九本。T42, 136a）

さらに、〔成壞とは、〕地論人が六相という主張を用いて諸經を解釋するようなものである。〔六相とは、〕

具體的に言えば、總相・別相・同相・異相・成相・壞相である。

學大乘者、斷除二死、滅於五住、名爲斷見。有常住果起、名爲常見。乃至地論、斷除妄想、名爲斷見、有眞如法身、則是常見。（『中觀論疏』巻九本。T42, 138b）

大乘を學ぶ者についていえば、〔分段死、不思議變易死という〕二死を斷ちきり除去し、〔見一處住地、欲愛住地、色愛住地、有愛住地、無明住地という〕五住地を滅するということが斷見と呼ばれ、常住なる〔佛〕果が起こることがあるということが常見と呼ばれる。しまいには、地論〔師〕についていえば、妄想を斷ちきり除去するということが斷見と呼ばれ、眞如法身があるということが常見である。

地論不眞宗與數論無異。眞宗明於三佛。以不住道爲因、故有丈六化佛。以助道爲因、十地行滿得於報佛。證道爲因、得於法佛。（『中觀論疏』巻九末。T42, 140b）

〔佛身に關しては、〕地論の不眞宗と、數（阿毘曇）と、論（『成實論』）とは異ならない。〔地論の〕眞宗は三身佛を明らかにする。不住道を因とすることによって、丈六（〃一丈六尺〃）の化身佛がある。助道を因とすることによって、十地の行が圓滿した際に、報身佛を得る。證道を因とすることによって、法身佛を得る。

唯四師不同、大明二種。成實者明本始有二種涅槃。十地師明性淨方便淨。方便淨修因所得、性淨則古今常有。然方便淨猶是始有異名、性淨則本有殊稱。攝大乘論四種涅槃。一本性寂滅、二有餘、三無餘、四無住處。釋無住處二。初依三身品、法身不住生死、應身化身不住涅槃。次用二無我理三無性理無所住處爲無住處。又此四師同釋涅槃備於三德。謂法身般若解脫。[174]（『中觀論疏』巻十本。T42, 155a）

ただ、四師は、ばらばらにではあるが、大いに二種類を明らかにした。成實〔師〕は本有（〃もとからあるもの〔である涅槃〕〟）と始有（〝始まりがあってあるもの〔である涅槃〕〟）との二種類の涅槃を明らかにした。十地師は性淨（〝自性として清淨〔である涅槃〕〟）と方便淨（〝取り組みの結果として清淨〔である涅槃〕〟）とを明らかにした。方便淨は因を修習することによって得られ、性淨は古今にわたって常にある。しかして、方便淨は始有の異名であり、性淨は本有の別稱である。攝大乘論の場合は四種涅槃である。第一には本性寂滅、第二には有餘、第三には無餘、第四には無住處である。無住處の解釋は二つある。第一には、三身の等級に基づくに、法身は輪廻に住せず、應身と化身とは涅槃に住しない。第二には、二無我の理や三無性の理に住處がないことを無住處と規定する。さらに、これら四師は同じく涅槃が三德を備えると解釋する。具體的に言えば、法身と般若と解脱とである。〔↓『大乘玄論』に同内容文〕

若破地論師、亦麤可是有、妙可非有。（『中觀論疏』卷十本。T42, 156b）

地論師を論破する場合にも、麤としては〔涅槃が〕有であることを可とし、妙としては〔涅槃が〕有でないことを可とする。

次地論師云〝我性淨涅槃、古今常定、不起不滅。故無上過〟。（『中觀論疏』卷十本。T42, 153b）

次に地論師は〝わが性淨涅槃は、古今にわたって常に一定であり、起こることなく滅することもない。ゆえに、〔〝もし涅槃が有であるならば、涅槃に生老死があることになってしまう〟という〕上記のような過失はない〟と言うであろう。

又是地論師法界體非有無。又攝論師明無住涅槃有兩解、皆是非有無。（『中觀論疏』卷十本。T42, 158a）

〔涅槃が有でも無でもないという見解は、〕さらに、地論師にとって、法界が體（〝ありかた〟）として有でも無でもないことである。さらに、攝論師が無住涅槃を説明する際に二つの見解があるが、※いずれも〔無住涅槃は〕有でもなく無でもないのである。

※三つ前の逸文。

地論云〝生死無始。違眞起妄、此妄與眞同年。眞既無始、妄亦復然〟。（『中觀論疏』巻十末。T42, 168a）

地論〔師〕は〝輪廻は始まりがないものである。眞なるものとの乖離によって妄なるものが生起したが、この妄なるものは眞なるものと同じ古さのものである。眞なるものが始まりのないものである以上、妄なるものもやはりそうである〟と言っていた。

J 『百論疏』（大業四年〔六〇八〕）

四北土略論當現二常、廣論滅不滅等。略論二常者、一云〝定現常〟、一云〝定當常〟。廣論滅不滅者、一云〝聞薫習滅〟、一云〝定不滅〟等。(175)（『百論序疏』。T42, 235a）

第四は、北土が、略せば當常（〝當來において常住となる〟）と現常（〝現今において常住である〟）との二常を論じ、廣くは滅不滅を論ずることなどである。略せば二常を論ずるとは、ある者は〝決定的に現常である〟と言い、ある者は〝決定的に當常である〟と言うのである。廣くは滅不滅を論ずるとは、ある者が〝聞薫習は滅する〟と言い、ある者が〝決定的に不滅である〟と言うことなどである。

又有所得十地師執六相義。謂同相異相總相別相成相壞相。（『百論疏』巻中之中。T42, 271c）

さらに、有所得の十地師は六相という主張に執着していた。具體的に言えば、同相、異相、總相、別相、成相、壞相である。

舊十地論師謂〝眞常、妄無常〟。（『百論疏』巻中之中。T42, 276b）

昔いた十地論師は〝眞なるものは常であり、妄なるものは無常である〟と考えていた。

舊十地師云〝體非常無常、用具常無常〟。（『百論疏』巻中之中。T42, 294c）

昔いた十地師は〝〔涅槃の〕體（〝ありかた〟）は常でも無常でもなく、用（〝はたらき〟）は常と無常とを具える〟と言っていた。

數人別有無爲法、是善是常、在生死外、爲煩惱覆。修解斷惑、起得、得於無爲、屬彼行人。與地論師本有涅槃、義大同也。（『百論疏』巻下之中。T42, 300a）

數人（阿毘曇人）にとっては、別個に無爲法があって、善であり、常であり、輪廻の外にあり、煩惱によって覆われている。知解を修習し、煩惱を斷ち、得を起こして、無爲法を得ることは、かの修行者に屬する。地論師の本有涅槃（〝もとからあるものである涅槃〟）と内容的に大同である。

地論有四種涅槃。一性淨、二方便淨、三圓淨、四如如淨[176]。（『百論疏』巻下之中。T42, 300a）

地論に四種類の涅槃がある。第一は性淨（〝自性として清淨〔である涅槃〕〟）、第二は方便淨（〝取り組みの結果として清淨〔である涅槃〕〟）、第三は圓淨（〝完全に清淨〔である涅槃〕〟）、第四は如如淨（〝眞如として清淨〔である涅槃〕〟）である。

K 『十二門論疏』（大業四年〔六〇八〕）

地論人、眞中之眞、古今常定、不可爲不眞。豈非性耶。（『十二門論疏』巻下。T42, 205a）

地論人にとっては、〔眞なるものの中に、眞なるものと妄なるものとがあるうち、〕眞なるものの中の眞なるものは昔も今も常に一定であり、眞ならざるものとは規定され得ない。〔それが〕どうして自性でなかろうか。

若作三重二諦明義者、若有若無皆世諦、非空非有方是第一義。汝聞説〝有是世諦、空是第一義〟者、聞我説世諦、謂〝是第一義〟也。次云。空有爲二、非空有不二。二不二皆是世諦、非二不二方是第一義。汝聞世諦、謂〝是第一義〟。南方人聞初重世諦、謂〝是第一義〟、北土人多聞後重世諦、謂〝是第一義〟也。

(『十二門論疏』巻下之本。T42, 206c)

もし三重の二諦による教義説明をおこなう場合ならば、有であろうが無(＝空)であろうがどちらも世諦であり、空でもなく有でもないことこそがようやく第一義諦である。貴君が〝有は世諦であり、空は第一義諦である〟と聞いたというのは、わたしが世諦を説いたのを聞いて、〝第一義諦である〟と思っているのである。續いて説く。空と有とは二であり、空でもなく有でもないことは不二である。二と不二とはどちらも世諦であり、二でもなく不二でもないことこそがようやく第一義諦である。貴君は世諦を聞いて、〝第一義諦である〟と思っている。南方人は初重の世諦(＝有と空と〔のうち、空〕)を聞いて、〝第一義諦である〟と思い、北土人は多くは後重の世諦(＝二と不二と〔のうち、不二〕)を聞いて、〝第一義諦である〟と思っているのである。

L 『涅槃經遊意』(晩年)

北人云〝般涅槃那翻入息。入有三種。一實論謂息妄歸眞、從因趣果故名入。二者眞應相對、息化歸眞名入。三但就應爲言、謂捨有爲入無爲名入也[177]〟。(『涅槃經遊意』。T38, 234a)

北人は〝般涅槃那は入息と譯される。入には三種類ある。第一に、實のところを論ずれば、妄を息めて眞に歸し、因から果へと趣くから、入と呼ばれる。第二に、眞〔身〕と應〔身〕とを相對して言えば、化〔身〕（＝應〔身〕）を息めて眞〔身〕に歸することが入と呼ばれる。第三に、ただ應〔身〕についてのみ言えば、有爲を捨てて無爲に入ることが入と呼ばれる〟と言っていた。

M　**『法華遊意』**（晩年）

南方五時說北土四宗論無文傷義。昔已詳之。今略而不述也。（『法華遊意』。T34, 643c）

南方の五時の說や、北土の四宗の論は、〔諸經のうちに〕證文がないものであり、正義を傷つける。昔、〔『法華玄論』において〕そのことについて詳しく述べた。今は略して述べないでおく。

N　**『法華論疏』**（晩年）

二昔北土江南多以五時四宗以通斯敎、竝與『論』違。（『法華論疏』卷上。T40, 785a）

第二に、昔の北土や江南が多くは五時や四宗によってこの〔『法華經』の〕教えを通釋したのは、いずれも『〔法華〕論』と違っている。

又昔北土江南五宗四時（五宗四時→四宗五時？）正用「復倍上數(178)」之言、證『法華』猶是無常之佛。（『法華論疏』卷下。T40, 822a）

また、昔の北土や江南の四宗や五時はまさしく「〔わたしがもと菩薩道を行ずることによって成し遂げた壽命は、今なお盡きておらず、〕上に擧げた數の二倍である」という〔『法華經』の釋迦牟尼の〕ことばを用いて、『法華經』の〔久遠實成の釋迦牟尼〕がなおも無常の佛であることを證明していた。

O『法華統略』（晩年）

北土二家。一云〝本有眞如體、未有其用。從眞如内、生一切功德智慧之用。如本有金朴、從人功鑪治、生金上調柔明淨之用。故是内出義〟。次師云〝非從眞内生諸功德。但轉無始來一切功德、作於報佛、依眞如法身爾〟。

（『法華統略』巻二。Z.1, 43, 1, 32c）

北土に二學派がある。第一の學派は〝眞如という體（〝ありかた〟）はもともとあるが、まだそれの用（〝はたらき〟）はない。眞如の内側からあらゆる功德と智慧とである用を生ずる。あたかも金鑛石がもともとあるが、人の努力である鍛冶によって金における柔らかさや輝きという用を生ずるのに似ている。ゆえに〔眞如という體の〕内側から〔用を〕出すという主張である〟と言っていた。第二の學派は〝眞如の内側から諸功德を生ずるというわけではない。ただ無始の時からのあらゆる諸功德が轉換されて報身佛となるのであって、〔報身佛は〕眞如である法身を依りどころとするにすぎない〟と言っていた。〔↓『大乘玄論』に同内容文〕

P『仁王般若經疏』（時期不明）

又十地論師、四宗五宗、分佛教。今不復繁文闕説。（『仁王般若經疏』巻上一。T33, 315b）

さらに、十地論師は四宗と五宗とによって佛教を區分した。今はくだくだしくは説かずにおく。

Q『觀無量壽經義疏』（時期不明）

解彌陀佛因不同。一南地師傳云〝法藏菩薩發願在破拆空位[179]。此因爲本所造依正兩報〟。二北地師傳云〝在八地以上無漏業爲本所造依正兩報〟。第三師云〝有本迹二意。就本爲明、二經不同。一經云「三世諸佛久已成佛現迹成佛」、一經云「十地因滿金剛後成佛」。今彌陀佛亦例然、可有二義。辨其成佛、不敢定判。就迹成佛者、法藏菩薩、世自在王佛時、始發願、造依正兩果。故『雙卷』云「成佛以來已逕十劫[180]」也〟。

（『観無量壽經義疏』。T37, 234c-235a）

阿彌陀佛の因についての理解は一様でない。第一に、南地師は相傳して〝法藏菩薩が願を起こしたのは〔地前の〕破拆空位においてである〟と言っていた。第二に、北地師は相傳して〝第八地以上における無漏業にもとづいて造られた、依報（〝環境〟）と正報（〝身心〟）となのである〟と言っていた。第三師は〝本（〝本地〟）と迹（〝垂迹〟）との二つの含意がある。本を念頭に置いて説明するならば、二經は同じでない。ある經においては「三世の諸佛はずいぶん前から佛となっているが、迹を現して佛となってみせた」と言われており、ある經においては「十地という因が圓滿し、金剛喩定の後に、佛となった」と言われている。今、阿彌陀佛もそれと同じであり、二つの含意があるのがよい。彼が佛になったことを辨ずる際には、敢えて判定はしない。迹を念頭に置いて佛となることをいうならば、法藏菩薩は、世自在王佛の時に、初めて願を起こし、依報と正報とを造った。ゆえに『雙卷』においては「佛となってから、すでに十劫を經ている」と言われている〟と言っていた。

問。安養世界爲報土、爲應土耶。答。解不同。一江南師云〝是報土。何者、以破折性（法？）空位中、以四十八願所造故〟也。二北地人云〝八地以上法身位[181]、以願所造、故云報土〟。（『観無量壽經義疏』。T37, 235a）

質問。安養世界は報土なのか、應土なのか。回答。理解は一様でない。第一に、江南師は〝報土である。なぜかといえば、〔地前の〕破折法空位において、四十八願によって造られたものだからである〟と言っていた。第二に、北地人は〝第八地以上である法身〔菩薩〕位において、〔四十八〕願によって造られたものだから、報土と呼ばれる〟と言っていた。

問。二死中攝何生耶。答。解不同。一云〝在凡夫淺位所行因得故、報不得爲勝。故是分段〟。二北地云〝是變

易攝故。何者、此菩薩既在八地上深位之所行所造故、云不思議變易報也〟。(『觀無量壽經義疏』。T37, 235b)

質問。〔安養世界の菩薩は分段死と不思議變易死との〕二死のうちどれに含まれて受生するのか。回答。理解は一様でない。第一には〝凡夫の淺位における所行という因によって得られたものである以上、正報(〝身心〟)は勝れているとは規定され得ない。ゆえに分段死である〟と言っていた。第二に、北地は〝不思議變易死のうちに含まれるのである。なぜかといえば、この菩薩は第八地以上である深位における所行によって造られたものである以上、不思議變易死という正報と言われるのである〟と言っていた。

R 『勝鬘寶窟』(時期不明)

北土彰於五時、立四宗教。謂因緣假名不眞及眞。如是等義、『法華疏』內、具論得失。(182)(『勝鬘寶窟』巻上本。T37, 6a)

北土は五時を明らかにして、四宗教を提示していた。具體的に言えば、因緣宗、假名宗、不眞宗、眞宗である。このような主張については、『法華玄論』において、詳しく得失を論じておいた。

北土諸師云〝夫涅槃以對生死。生死有三。一果報身、二業、三煩惱。對生死報身、故說法身。對生死業、故說解脫。對生死煩惱、故說般若〟。(『勝鬘寶窟』巻上末。T37, 14c)

北土諸師は〝そもそも、涅槃は輪廻に對立するものである。輪廻には三つのものがある。第一は異熟である身、第二は業、第三は煩惱である。輪廻における、異熟である身に對立するものとして、法身が說かれる。輪廻における、業に對立するものとして、解脫が說かれる。輪廻における、煩惱に對立するものとして、般若が說かれる〟と言っていた。

「生死後際等[183]」者、北土人有二釋。

一云〝「生死」是前際、涅槃爲「後際[184]」。而言「等」者、生死涅槃、於事不齊、於理則等。要得此等、方有捨得。等謂空平等觀、上絕涅槃、下亡生死。得此等觀、故能離老病死、得常身命財。此空平等觀爲「捨」得處。此乃證實離相、故名爲「捨」。非以身施人名之爲「捨」〟。

有人言〝「生死後際」者、非生死爲先際涅槃爲後際。唯就生死中、自辨於前後。若具縛凡夫、是生死前際。金剛三昧、一品惑在、是生死後際。故詺金剛三昧、以爲生死後際。言其「等」者、取佛果種智。良以金剛斷、種智證。此據終盡處以說。故擧「後際等」也〟。（『勝鬘寶窟』卷中本。T37, 36c）

「生死後際等」とは、北土人に二つの解釋がある。

一つは〝「生死」は前際であり、涅槃は「後際」である。「等」と言われるのは、生死と涅槃とは、事物の次元においては等しくないが、眞理の次元においては等しいのである。必ずこの等しさを得てのち、ようやく所得を喜捨する。等しさとは、具體的に言えば、〔生死と涅槃とについて〕空の次元における等しさを觀察するのであって、上に向かっては涅槃を絕し、下に向かっては生死を亡ずる。この等しさを觀察することを得るゆえに、老と病と死とを離れたり、常なる、身と命と財とを得たりすることができる。この、空の次元における等しさを觀察することこそが、「〔身を〕喜捨する」ことが起こることである。これは、眞實を證得して〔身の〕相を離れるゆえに、「〔身を〕喜捨する」と呼ばれているのである。身を人に施すことが「〔身を〕喜捨する」と呼ばれているのではない〟と言っている。

ある人は〝「生死後際」とは、生死が前際であったり涅槃が後際であったりするのではない。ただ生死についてのみ、おのずから、前と後とを辨別するのである。もし〔惑（煩惱）によって〕完全に縛られている凡夫の狀態ならば、生死における前際である。金剛喩定において、〔最後の〕一種類の惑がある狀態ならば、生死における後際である。ゆえに、金剛喩定が生死における後際と呼ばれる。〝それ（生死における後際）と等しい〟と言われるのは、佛果の時の一切種智を採り上げて〔〝一切種智は金剛喩定と等しい〟と言って〕いるのである。まことに、金剛喩定によって〔惑を〕斷ちきり、一切種智によって〔佛果を〕證得する。これら〔金剛喩定と一切種智と〕は〔どちらも惑の〕終盡の場に依據して說かれている。ゆえに「後際等」〔〝後際と等しいかたちで〟〕と擧げられているのである〟と言っている。

※藏文においては、「生死後際等」は「輪廻の後際と等しい〔佛身〕」とある。

北土人以空平等爲「捨」。(『勝鬘寶窟』巻中本。T37, 36c)

北土人は空の次元における平等を「〔身を〕喜捨する」ことと規定している。

「如來藏」乃至「墮身見」下[185]、江南諸師及北土有師竝以此章屬前。(『勝鬘寶窟』巻下末。T37, 84b)

「如來藏は」から「身見に墮している〔衆生、顚倒している衆生、空について亂心している衆生にとって對象ではない〕」までについて、江南諸師と北土有師とはいずれもこの〔自性清淨〕章を前〔の顚倒眞實章〕に從屬させている。

S 『**大乘玄論**』(著者問題を有す)

次破地論中道。彼云〝阿梨耶識本來不生不滅、古今常定、非始非終。但違眞故起妄想〟。故彼云〝六識熾(煩?)惱隨覆梨耶名爲如來藏。後修十地之解、分分斷除妄想六識、六識旣盡、妄想之解亦除、顯眞成用、名爲法身。譬如風起、雲除風息、皎日獨朗。法身旣顯、有諸應能。所以不生現生、不滅現滅、不因不果因果等、諸用非一。故經云「佛眞法身　猶如虛空　應物現形　如水中月」[186]也〟。(『大乘玄論』巻二、八不義。T45, 27b)

次に地論〔師〕の中道を論破する。彼は〝阿梨耶識(第八識)は本來不生不滅であり、昔も今も常に一定であり、始まりがあるのでもなく、終わりがあるのでもない。ただ、眞如に違することによって、〔衆生は〕妄想〔である六識〕を起こすのである〟と言っている。ゆえに彼は〝六識である煩惱が阿梨耶識を覆っている狀態が如來藏と呼ばれる。後に十地の知解（第七識）を修習し、徐々に妄想である六識を斷ちきり除去し、六識が盡きたならば、妄想である〔十地の〕知解（第七識）をも斷ちきり除去し、眞如を顯現して用（〝はたらき〟）を成就するのが、法身と呼ばれる。たとえば風が起こって雲が除かれ、風が息んで白日だけが晴朗であるのに似ている。法身が顯現したならば、諸の對應能力がある。ゆえに、〔法身は〕不生であるにせよ生を示現し、不滅であるにせよ滅を示現し、不因不果であるにせよ因果〔を示現する〕など、諸の用は一つにとどまらない。ゆえに『〔金光明〕經』において「佛の眞法身は虛空のようであり、衆生に對應して、水中の月のように、形を示現する」と言われている〟と言っていた。

但地論師云〝佛性有二種。一是理性、二是行性。理非物造、故言本有。行藉修成、故言始有〟。
（『大乘玄論』巻三、佛性義。T45, 39b）

ただし地論師は〝佛性は二種類である。第一は理性であり、第二は行性である。理は造られたものではないから、本有（〝もとからあるもの〟）と呼ばれる。行は修習によって成立するから、始有（〝始まりがあってあるもの〟）と呼ばれる〟と言っていた。

但地論師據行位判。行通位別。『涅槃』辨位別義。故菩薩位、智猶未極、故十地菩薩見性不明、九地猶未見。『華嚴』明行通義。故云「初發心時、便成正覺」(187)也。（『大乘玄論』巻三、佛性義。T45, 41b）

ただし地論師は行と位とに據って判定していた。行は共通であるが、位は別々である。『涅槃經』は位が別々であることを辨ずる。ゆえに、菩薩位は智がまだ究極でないから、第十地の菩薩は、たとえ佛性を見るにせよ、明白にではないし、第九地〔の菩薩〕はまだ〔佛性を〕見るにいたらない。『華嚴經』は行が共通であることを明らかにする。ゆえに「初めて發心した時にただちに正覺を成ずる」と言うのである。

地論云性淨方便淨涅槃。性淨涅槃是本有理顯現名性淨涅槃。緣修萬德名方便淨涅槃。二涅槃體別異。（『大乘玄論』卷三、涅槃義。T45, 46c）

地論は性淨涅槃（〝自性として清淨である涅槃〟）と方便淨涅槃（〝取り組みの結果として清淨である涅槃〟）とを言っていた。性淨涅槃とは、本有（〝もとからあるもの〟）である眞理が顯現したものが性淨涅槃と呼ばれる。緣修（〝所緣による修習〟）にもとづくあらゆる功德が方便淨涅槃と呼ばれる。二涅槃は體（〝ありかた〟）として別異である。

地論師性淨涅槃有二種解。一云〝本有萬德〟。二云〝本無萬德、但是萬德體、故言萬德〟。（『大乘玄論』卷三、涅槃義。T45, 46c）

地論師の性淨涅槃（〝自性として清淨である涅槃〟）に二種類の理解があった。第一は〝〔性淨涅槃は〕もともとあらゆる功德を有する〟と言っていた。第二は〝〔性淨涅槃は〕もともとあらゆる功德を有せず、ただあらゆる功德にとって體（〝基體〟）であるから、あらゆる功德と言われるにすぎない〟と言っていた。〔↓『法華統略』に同内容文〕

地論師阿梨耶識、攝論師阿摩羅識、成論師成佛理顯現、名爲法身。（『大乘玄論』卷三、涅槃義。T45, 46c）

地論師にとっては阿梨耶識が、攝論師にとっては阿摩羅識が、成論師にとっては佛となるための眞理が顯現したものが、法身と呼ばれる。

唯四師大明二義。成實明本有始有。地論師性淨方便淨。攝論師四種涅槃。一本性寂滅涅槃、二有餘、三無餘、四無住處涅槃。法身故不住於生死、應化二身故不住於涅槃。次用無我眞如理、又三無性理名無住處涅槃。諸師同釋涅槃備於三德。謂法身般若解脫。[188]（『大乘玄論』卷三、涅槃義。T45, 47a）

ただ、四師は大いに二つのことを明らかにした。成實〔師〕は本有（〝もとからあるもの〔である涅槃〕〟）と始有（〝始まりがあってあるもの〔である涅槃〕〟）とを明らかにした。地論師は性淨（〝自性として清淨〔である涅槃〕〟）と方便淨（〝取り組みの結果として清淨〔である涅槃〕〟）と〔を明らかにした〕。攝論師は四種涅槃〔を明らかにした〕。第一には本性寂滅涅槃、第二には有餘、第三には無餘、第四には無住處である。〔無住處とは、〕法身ゆえに輪廻に住せず、應身と化身との二身ゆえに涅槃に住しない。さらには、無我なる眞如の理や三無性の理を無住處と呼ぶ。諸師は同じく涅槃が三德を備えると解釋する。具體的に言えば、法身と般若と解脱とである。〔↓『中觀論疏』に同内容文〕

地論人、眞修波若、卽本自有之、緣修波若、卽修習始起。性淨涅槃、方便涅槃亦爾。此猶是舊本始之義。

（『大乘玄論』卷四、二智義。T45, 53a）

地論人の場合、眞修般若（〝眞如による修習の慧〟）については、もともとそれを有するが、緣修般若（〝所緣による修習の慧〟）については、修習によって始めて〔それが〕起こるのである。性淨涅槃（〝自性として清淨である涅槃〟）と方便涅槃（〝取り組みの結果として清淨である涅槃〟）ともやはりそうである。このことは、昔の〔成論人の〕、本有（〝もとからあるもの〔である涅槃〕〟）や始有（〝始まりがあってあるもの〔である涅槃〕〟）という主張に似ている。〔↓『淨名玄論』にほぼ同文〕

有人言〝佛有三種。一者法身、二者報身、三者化身佛。實相卽法身佛。實相可軌、名之爲法。此法有體、故名爲身。而實相非佛、能生佛故、所以名佛。二者報身。即修行會實相理。實相既常、報佛亦常。以法常故、諸佛亦常。三化佛。即應物之用〟。此北土論師釋也。（『大乘玄論』巻四、二智義。T45, 53b）

ある人は〝佛は三種類ある。第一は法身佛、第二は報身佛、第三は化身佛である。實相が法身佛である。實相は軌範たりうるものなので、それを法と規定する。この法は體（〝ありかた〟）を有しているから、身と名づけられる。實相は佛ではないが、佛を生ずることができるから、ゆえに佛と名づけられる。第二は報身である。すなわち、修行し、實相という眞理に契合する者である。實相が常である以上、報佛も常となる。法（實相）が常であるから、諸佛（報身）も常なのである。第三は化佛である。すなわち、物（衆生）に對應する用（〝はたらき〟）である〟と言っている。これは北土論師の解釋である。〔↓『淨名玄論』にほぼ同文〕

北土人云〝『淨名』是圓頓之教、非染非淨、染淨雙遊〟。（『大乘玄論』巻四、二智義。T45, 58a）

北土人は〝『維摩經』は圓頓教であり、〔維摩は〕汚染にでもなく、清淨にでもなく、汚染と清淨とにともに遊ぶ〟と言っている。〔↓『淨名玄論』にほぼ同文〕

北土論師云〝初地已上即有常住法身、亦即有常智〟。（『大乘玄論』巻四、二智義。T45, 62c）

北土論師は〝初地以上にはただちに常住なる法身があるし、ただちに常住なる智がありもする〟と言っていた。〔↓『淨名玄論』にほぼ同文〕

地論師云〝有三宗四宗。三宗者、一立相教、二捨相教、三顯眞實教。爲二乘人說有相教。『大品』等經廣明無相、故云捨相。『華嚴』等經名顯眞實教門。四宗者、毘曇是因緣宗、『成實』謂假名宗、三論名不眞宗、『十地論』爲眞宗[189]〟。（『大乘玄論』巻五、教迹義。T45, 63c）

地論師は〝三宗や四宗がある。三宗とは、第一に立相教、第二に捨相教、第三に顯眞實教である。二乘の人のために有相教を説く〔から、立相と呼ばれる〕。『大品』などの經は廣く無相を明らかにするから、捨相と呼ばれる。『華嚴』などの經は顯眞實教門と呼ばれる。四宗とは、阿毘曇は因緣宗であり、『成實論』は假名宗と言われ、三論は不眞宗と呼ばれ、『十地經論』は眞宗と規定される〟と言っていた。

問。諸佛菩薩體不二能應者、未詳不二。是何等法。答。成論師眞諦謂爲不二法門。智度論師謂實相般若。地論師用阿梨耶識。攝論師眞諦三藏卽阿摩羅識。（『大乘玄論』卷五、敎迹義。T45, 66c）

質問。諸佛菩薩が不二を體得して應現できるということであるが、不二についてまだよくわからない。〔不二とは〕いかなる法なのか。回答。成論師は眞諦を不二法門と規定する。智度論師は實相般若だと言っている。地論師は阿梨耶識を用いている。攝論師と眞諦三藏とにとっては阿摩羅識である。

第三章　慧均所傳

『無依無得大乘四論玄義記』

第九地論師云〝第八無沒識爲正因體〟。第十攝論師云〝第九無垢識爲正因體〟。故彼兩師云〝從凡至佛、同以自性淸淨心、爲正因佛性體〟。故彼云〝自性住佛性、引出佛性、得果佛性〟也。此引出得果兩性。彼師解不同。一云〝三性竝是正因性〟。一云〝自性住是正因性、餘二性非。何者、果與果果兩性是得果性。引出性卽是十二因緣所生法、觀知了因性。自性住是非因非果佛性、正因性也〟。地論師云〝分別而言之、有三種。一是理性、二是體性、三是緣起性。隱時爲理性、顯時爲體性、用時爲緣起性〟也。地攝兩論義玄同昔時曇無遠師義也[190]。（『無依無得大乘四論玄義記』卷七、佛性義。慧均・崔鈆植『校勘 大乘四論玄義記』pp. 349-350）

第九に、地論師は〝第八無沒識を正因〔佛性〕の體（〝ありかた〟）と規定する〟と言っている。第十に、攝論師は〝第九無垢識を正因〔佛性〕の體と規定する〟と言っている。ゆえに彼ら二師は〝凡夫から佛に至るまで、同じく自性清淨心を正因佛性の體と規定する〟と言っている。ゆえに彼（攝論師）は〝自性住佛性と、引出佛性と、得果佛性と〟を言っているのである。これら引出佛性と得果佛性との二つについては、かの師の間で理解がばらばらである。ある者は〝三性はいずれも正因佛性である〟と言っている。ある者は〝自性住佛性は正因佛性であるが、残った二佛性は違うのである。なぜかといえば、果性と果果性との二つは得果佛性である。引出佛性は十二因緣によって生ぜられる法であって、觀知という了因佛性である。自性住佛性は因でもなく果でもない佛性であり、正因佛性である〟と言っている。地論師は〝分けてそれ（佛性）を言えば、三種類ある。第一には理性、第二には體性、第三には緣起性である。隱れている時を理性と規定し、顯わになった時を體性と規定し、用（〝はたらき〟）である時を緣起性と規定する〟と言っている。地論師と攝論師との二主張は昔の曇無遠師の主張と同じである。

地論師云〝大無大相。小無小相。故小能容大〟。……攝論師宗法師云〝分別性入解〟也。

（『無依無得大乘四論玄義記』卷九、二智義。慧均・崔鉛植『校勘 大乘四論玄義記』p. 462）

地論師は〝大なるものには大なるものという相（〝固定的なありさま〟）がない。小なるものには小なるものという相がない。ゆえに小なるものは大なるものを入れることができる〟と言っている。……攝論師宗法師は〝分別性（遍計所執性。〝空想上のもの〟）なので入る、という理解である〟と言っている。

又地論師云〝大無大相。小無小相。所以得入〟。……攝論云〝我唯識義能入小〟也。

（『無依無得大乘四論玄義記』卷九、二智義。慧均・崔鉛植『校勘 大乘四論玄義記』p. 464）

さらに、地論師は〝大なるものには大なるものという相（〝固定的なありさま〟）がない。小なるものには小なるものという相がない。ゆえに〔大なるものと小なるものとは互いに〕入り得る〟と言っている。……攝論〔師〕は〝わが唯識説によって〔は大なるものも小なるものも心にすぎないので〕、〔大なるものは〕小なるものに入ることができる〟と言っている。

如地論人云〝獨眞如〟。（『無依無得大乘四論玄義記』巻九、二智義。慧均・崔鉛植『校勘 大乘四論玄義記』p. 472）

地論人のごときは〝ただ眞如のみが實在している〟と言っている。

第四章　智顗所傳

A『維摩詰經三觀玄義』（開皇十五年〔595〕）

今初修空三昧、觀此無明。不自生。不從法性生也。不他生。非離法性外別有依他之無明生。不共生。亦非法性共無明生。非無因緣生。非離法性離無明而有生也。若四句撿、無明本自不生、生源不可得。即是無始空。是名空三昧。空無住之本立一切法也。若爾、豈全同地論師計眞如法性生一切法。豈全同攝大乘師計黎耶識生一切法也。問曰。各計何失。答曰。若本理無二、是二大乘論師俱稟天親、何俟諍同水火。（『維摩詰經三觀玄義』巻上。Z1.2.4.1, 41d）

今、初めに空三昧を修習するとは、この無明を觀察するのである。①〔無明は〕自らからは生じない。法性からは生じないのである。②〔無明は〕他のものからは生じない。法性と無關係に、〔無明が〕もうひとつの無明〔である阿黎耶識〕によって生ずることはありえないのである。③〔無明は自らと他のものとの〕兩方からは生じない。〔無明は〕法性と〔もうひとつの〕無明とから生ずるのでもないのである。④〔無明は〕無原因からは生じない。法性と無關係に、かつ、〔もうひとつの〕無明と無關係に、〔無明が〕生ずることはありえないのである。

〔以上、〕四つの選択肢によって検討してみれば、無明はもともと生じていないのであり、生ずることはそもそも不可得なのである。〔それが〕無始空（〝始まりを缺くので空っぽであること〟）である。以上が空三昧と呼ばれる。空という、とどまりのないものを根本としてあらゆる法を立てるのである。もしそうならば、〔そのことは〕どうして地論師が〝眞如である法性があらゆる法を生ずる〟と考えるのとまったく同じであったりしようか、どうして攝大乘師が〝阿黎耶識があらゆる法を生ずる〟と考えるとまったく同じであったりしようか。

質問。〔地論師と攝大乘師との〕それぞれの考えにはいかなる過失があるのか。回答。もし〔天親の〕もともとの道理が二つに分かれておらず、これら二大乘論師がともに天親を繼承しているならば、どうして水と火とのように論争する必要があろうか。〔→『維摩經玄疏』にほぼ同文〕

次觀無相三昧者、卽觀無生實相。非有相。不如暗室瓶瓫之有相也。非無相。非如乳内無酪性也。非亦有亦無相。不如智者見空及不空也。非非有相非無相。非取著卽是愚癡論(191)。若不取四邊之定相、卽是無相三昧、入實相也。若爾、豈全同地論師用本有佛性如闇室瓫、亦不全同三論師破乳中酪性畢竟淸淨無所有性義也。

問曰。各計何失。答曰。若無失者、二大乘論師何得諍同水火也。（『維摩詰經三觀玄義』卷上。ZI.24.1, 41d-42a）

次に、無相三昧を觀察するとは、生ずることなき實相（〝まことのありさま〟）を觀察するのである。①〔實相は〕有という相（〝ありさま〟）ではない。闇室において瓶や瓫が有であるという相のようではないのである。②〔實相は〕無という相ではない。乳において酪性が無であるようではないのである。③〔實相は〕亦有亦無という相ではない。智者が空と不空とを見るようではないのである。④〔實相は〕非有非無という相ではない。〔非有非無という〕執着が愚か者の論であるようではないのである。

もし〔有、無、亦有亦無、非有非無である〕四邊という定まった相（〝ありさま〟）に執着しないならば、〔それが〕ただちに無相三昧なのであって、實相に入るのである。もしそうならば、〔それは〕どうして地論師が闇室のうちの盆のような本有佛性（〝もとからあるものである佛性〟）を採用することとまったく同じであったり、あるいは、三論師が乳のうちに酪性があることを否定して究極的にきれいさっぱり佛性がありえないと主張することとまったく同じでなかったりしようか。

質問。〔地論師と三論師との〕それぞれの考えにいかなる過失があるのか。回答。もし過失がないならば、〔地論師と三論師との〕二大乘論師はどうして水と火とのように論争したりできようか。〔↓『維摩經玄疏』にほぼ同文〕

次明修無作三昧、觀眞如實相。不見縁修作佛、亦不見眞修作佛、亦不見眞縁二修合故作佛、亦不見離眞縁二修而作佛也。四句明修卽是四種作義。若無四修、卽無四作。是無作三昧也。若爾、豈同相州北道明義縁修作佛。南土大小乘師亦多用縁修作佛也。亦不同相州南道明義用眞修作佛。

問曰。偏用何過。答曰。中道無諍、何得諍同水火。（『維摩詰經三觀玄義』巻上。Z1.2.4.1, 42a）

次に、無作三昧を修習することを明らかにするとは、眞如という實相（〝まことのありさま〟）を觀察するのである。〝縁修（〝所縁による修習〟）によって佛となる〟とも見ないし、〝眞修（〝眞如による修習〟）によって佛となる〟とも見ないし、〝眞縁二修ともによって佛となる〟とも見ないし、〝眞縁二修と無關係に佛となる〟とも見ない。四つの選擇肢によって修（〝修習〟）を説明することは、四種類の作（〝〔佛の〕なりかた〟）を主張することである。もし四種類の修がないならば、四種類の作はない。〔以上のように觀察することが〕無作三昧である。もしそうならば、どうして、相州北道による教義説明である、縁修によって佛となることと同じであったりしようか。南土の大小乘師も、多くは、縁修によって佛となることを採用している。〔南土の大小乗師も〕やはり相州南道が、教義説明として、眞修によって佛となることを採用しているのと同じではない。

質問。〔眞修か緣修かを〕一方のみ採用することにいかなる過失があるのか。回答。中道は論爭がないものである以上、どうして水と火とのように論爭したりし得ようか。〔↓『維摩經玄疏』にほぼ同文〕

十地論師說〝七識是智識〟、攝大乘說〝七識但是執見識〟、諍論云云。（『維摩詰經三觀玄義』卷下。Z1.2.4.1, 46c）

十地論師は〝第七識は智識（〝智である識〟）である〟と說き、攝大乘〔論師〕は〝第七識はただ執見識（〝我執の見である識〟）であるにすぎない〟と說き、論爭していた。云云。〔↓『維摩經文疏』にほぼ同文〕

B『四教義』（開皇十五年〔五九五〕）

如開善光宅五時明義、莊嚴四時判教、地論四宗五宗六宗、攝山單複中假、興皇四假、竝無明文、皆是隨情所立、助揚佛化。（『四教義』卷一。T46, 723b）

開善（開善寺智藏）と光宅（光宅寺法雲）との五時による教義說明や、莊嚴（莊嚴寺僧旻）の四時による教相判釋や、地論師の四宗や五宗や六宗や、攝山（棲霞寺僧朗）の單と複との中假や、興皇（興皇寺法朗）の四假のようなものは、いずれもはっきりした〔經論の〕文がなく、いずれも凡人の感情にまかせて設定され、佛の教化を助けるものである。

問曰。四教義與地論人四宗義同不。答曰。若人問言〝四諦卽是四大不〟、此爲非問。（『四教義』卷一。T46, 724b）

質問。〔天台宗の〕四教の主張と、地論人の四宗の主張とは同じか否か。回答。もし人が〝四諦は四大種であるか否か〟と質問したならば、それは惡しき質問というものだ。〔↓『維摩經玄疏』にほぼ同文〕

又護身法師用五宗明義。彼四宗如前、長立法界宗。（『四敎義』卷一。T46, 724c）

さらに、護身法師（護身寺自軌）は五宗による教義説明を用いた。その四宗は前のとおりであり、のちに法界宗を立てたのである。〔↓『維摩經玄疏』にほぼ同文〕

耆闍法師用六宗明義。（『四敎義』卷一。T46, 724c）

耆闍法師（耆闍寺安廩）は六宗による教義説明を用いた。〔↓『維摩經玄疏』にほぼ同文〕

但地論師明阿梨耶識是如來藏。卽是用別教有門入道。三論人云〝汝是不見眞空、亦是唼水義〟。三論師明諸法畢竟無所有、此是別教空門。地論師云〝汝是外人冥初生覺義、亦是黃蜂黃巢義〟。執諍不槮。何可融會也。

（『四敎義』卷三。T46, 730c）

ただ地論師が阿梨耶識は如來藏であると明らかにするのは、〔天台宗の〕別教のうち有門（〝有の側面〟）を用いて道に入るのである。三論人は〝汝は眞空を見ていないし、〔汝の主張は、摩尼珠より低級な、〕水精珠のような主張でもある〟と言っている。三論師が諸法は究極的に無所有であると明らかにするのは、これは〔天台宗の〕別教のうち空門（〝空の側面〟）である。地論師は〝汝〔の主張〕は、外道の人の、プラクリティ（prakṛti）からブッディ（buddhi）を生ずるという主張であり、黄色い蜂から黄色い巣があるという主張でもある〟と言っている。固執し論争して収まらない。どうして和會させることができようか。

地論師通敎判位云〝初地斷見、二地斷欲愛、三地斷色愛、四地斷無色愛〟。地論師通宗判位有用〝三地斷見名須陀洹、從四地至六地名斯陀含、第二依法師。七地名阿那含、第三依法師。十地等覺名阿羅漢、是第四依法師(192)〟。

（『四敎義』卷十。T46, 759b）

地論師は通教について位を判定して〝初地に見を斷ちきり、第二地に欲愛を斷ちきり、第三地に色愛を斷ちきり、第四地に無色愛を斷ちきる〟と言っていた。地論師は通宗について位を判定して〝第三地に見を斷ちきった者を須陀洹と呼び、第四地から第六地までを斯陀含と呼び、〔それら二つは〕第二依の法師である。第七地を阿那含と呼び、〔それは〕第三依の法師である。第十地と等覺とを阿羅漢と呼び、〔それは〕第四依の法師である〟ということがあった。〔↓『維摩經玄疏』にほぼ同文〕

八不動地卽是別教辟支佛地。地論師云〝從此、明無學道(193)〟。未知的出經論。（『四教義』卷十。T46, 759b）

第八の不動地は〔天台宗の〕別教の辟支佛地である。地論師は〝ここ（第八地）からは、無學道を明らかにする〟と言っていた。經論に的確に出ているのか、わたしはいまだ知らない。〔↓『維摩經玄疏』にほぼ同文〕

故十地論師作教道證道二道明義、或作地相地實二種明義(194)。（『四教義』卷十二。T46, 765a）

ゆえに十地論師は教道（〝教說上の道〟）と證道（〝證得上の道〟）との二道による教義說明を行なったり、あるいは、地相（〝十地の外相〟）と地實（〝十地の內實〟）との二種類による教義說明を行なったりしていた。

C 『維摩經玄疏』（開皇十七年〔五九七〕）

今初修空三昧、觀此無明。不自生。不從法性生也。不他生。非離法性外別有依他之無明生。不共生。亦非法性共無明生。非無因緣生。非離法性離無明而有生也。

若四句檢、無明本自不生、生源不可得。卽是無始空。是名空三昧。空無住之本（+立?）一切法也。若爾、豈全同地論師計眞如法性生一切法、豈全同攝大乘師計黎耶識生一切法也。

問曰。各計何失。答曰。理無二。是二大乘論師倶稟天親、何得諍同水火。（『維摩經玄疏』卷二。T38.528b）

今、初めに空三昧を修習するとは、この無明を觀察するのである。①〔無明は〕自らからは生じない。法性からは生じないのである。②〔無明は〕他のものからは生じない。法性と無關係に、〔無明が〕もうひとつの無明〔である阿黎耶識〕によって生ずることはありえないのである。③〔無明は自らと他のものとの〕兩方からは生じない。〔無明は〕法性と〔もうひとつの〕無明とから生ずるのでもないのである。④〔無明は〕無原因からは生じない。法性と無關係に、かつ、〔もうひとつの〕無明と無關係に、〔無明が〕生ずることはありえないのである。

〔以上、〕四つの選擇肢によって檢討してみれば、無明はもともと生じていないのであり、生ずることはそもそも不可得なのである。〔それが〕無始空（〝始まりを缺くので空っぽであること〟）である。これが空三昧と呼ばれる。空という、とどまりのないものを根本としてあらゆる法を立てるのである。もしそうならば、〔そのことは〕どうして地論師が〝眞如法性があらゆる法を生ずる〟と考えるのとまったく同じであったりしようか、どうして攝大乘師が〝阿黎耶識があらゆる法を生ずる〟と考えるのとまったく同じであったりしようか。

質問。〔地論師と攝大乘師との〕それぞれの考えにはいかなる過失があるのか。回答。〔天親の〕もともとの道理は二つに分かれていないものである。これら二大乘論師は、ともに天親を繼承している以上、どうして水と火とのように論爭したりし得ようか。〔↓『維摩詰經三觀玄義』にほぼ同文〕

次觀無相三昧者、卽觀無生實相。非有相。不如闇室瓶盆之有相也。非無相。非如乳內無酪性也。非亦有亦無相。不如智者見空及不空。非非有非非（－非？）無相。（＋非？）取著卽是愚癡論[195]。若不取四邊之定相、卽是無相三昧、入實相也。若爾、豈全同地論師用本有佛性如闇室瓶盆、亦不全同三論師破乳中酪性畢竟盡淨無所有性也。

問曰。各許何失。答曰。若無失者、二大乘論師何得諍同水火也。（『維摩經玄疏』巻二。T38, 528b）

次に、無相三昧を観察するとは、生ずることなき實相を觀察するのである。①〔實相は〕有という相（〝ありさま〟）ではない。闇室において瓶や盆が有であるという相のようではないのである。②〔實相は〕無という相ではない。乳において酪性が無であるようではないのである。③〔實相は〕亦有亦無という相ではない。智者が空と不空とを見るようではないのである。④〔實相は〕非有非無という相ではない。〔非有非無という〕執着が愚か者の論であるようではないのである。

もし〔有、無、亦有亦無、非有非無である〕四邊という定まった相に執着しないならば、〔それが〕ただちに無相三昧なのであって、實相に入るのである。もしそうならば、〔それは〕どうして地論師が闇室のうちの瓶や盆のような本有佛性（〝もとからあるものである佛性〟）を採用することとまったく同じであったり、あるいは、三論師が乳のうちに酪性があることを否定して究極的にきれいさっぱり佛性がありえないと主張することとまったくは同じでなかったりしようか。

質問。〔地論師と三論師との〕それぞれの考えにいかなる過失があるのか。回答。もし過失がないならば、〔地論師と三論師との〕二大乘論師はどうして水と火とのように論争したりできようか。〔↓『維摩詰經三觀玄義』にほぼ同文〕

次明修無作三昧、觀眞如實相。不見緣修作佛、亦不見眞修作佛、亦不見眞緣二修合故作佛、亦不離眞緣二修而作佛也。四句明修卽是四種作義。若無四修、卽無四依（作？）。是無作三昧也。若爾、豈同相列（州？）北道明義緣修作佛。南土大小乘師亦多用緣修作佛也。亦不同相州南道明義用眞修作佛。

問曰。偏用何過。答曰。正（中？）道無諍。何得諍同水火。（『維摩經玄疏』巻二。T38, 528bc）

次に、無作三昧を修習することを明らかにするとは、眞如という實相（〝まことのありさま〟）を觀察するのである。〝緣修（〝所緣による修習〟）によって佛となる〟とも見ないし、〝眞修（〝眞如による修習〟）によって佛となる〟とも見ないし、〝眞緣二修ともによって佛となる〟とも見ないし、眞緣二修と無關係に佛となりもしない。四つの選擇肢によって修（〝修習〟）を說明することは、四種類の作（〝〔佛の〕なりかた〟）を主張することである。もし四種類の修がないならば、四種類の作はない。〔以上のように觀察することが〕無作三昧である。もしそうならば、どうして、相州北道による教義說明である、緣修によって佛となることと同じであったりしようか。南土の大小乘師も、多くは、緣修によって佛となることを採用している。〔南土の大小乘師も〕やはり相州南道が、教義說明として、眞修によって佛となることを採用しているのと同じではない。質問。〔眞修か緣修かを〕一方のみ採用することにいかなる過失があるのか。回答。中道は論爭がないものである。どうして水と火とのように論爭したりできようか。〔↓『維摩詰經三觀玄義』にほぼ同文〕

問曰。四教義與地論人四宗義同不。答曰。若人問言〝四諦與四大同不〟、此云何。（『維摩經玄疏』卷二。T38, 533b）

質問。〔天台宗の〕四教の主張と、地論人の四宗の主張とは同じか否か。回答。もし人が〝四諦と四大種とは同じか否か〟と質問したならば、それについてどう思うか。〔↓『四教義』にほぼ同文〕

又護身法師用五宗明義。四宗如前、長立法界宗。（『維摩經玄疏』卷二。T38, 534a）

さらに、護身法師（護身寺自軌）は五宗による教義說明を用いた。四宗は前のとおりであり、のちに法界宗を立てたのである。〔↓『四教義』にほぼ同文〕

耆闍法師用六宗明義。（『維摩經玄疏』卷二。T38, 534a）

耆闍法師（耆闍寺安廩）は六宗による教義説明を用いた。〔↓『四教義』にほぼ同文〕

地論師言〝二地至七地名修道、八地已去名無學道〟[196]也。（『維摩經玄疏』巻三。T38, 539b）

地論師は〝第二地から第七地までは修道と呼ばれ、第八地からは無學道と呼ばれる〟と言っていた。

地論師通教判位云〝初地斷見、二地斷欲愛、三地斷色愛、四地斷無色愛〟。地論師通宗判位有用〝三地斷見名須陀洹、從四地至六地名斯陀含、第二依法師。七地至九地名阿那含、第三依法師。十地等覺名阿羅漢、是第四依法師〟[197]。（『維摩經玄疏』巻三。T38, 539bc）

地論師は通教について位を判定して〝初地に見を斷ちきり、第二地に欲愛を斷ちきり、第三地に色愛を斷ちきり、第四地に無色愛を斷ちきる〟と言っていた。地論師は通宗について位を判定して〝第三地に見を斷ちきった者を須陀洹と呼び、第四地から第六地までを斯陀含と呼び、〔それら二つは〕第二依の法師である。第七地から第九地までを阿那含と呼び、〔それは〕第三依の法師である。第十地と等覺とを阿羅漢と呼び、〔それは〕第四依の法師である〟ということがあった。〔↓『四教義』にほぼ同文〕

八不動地即是別教辟支佛地。地論師云〝從此、明無學道〟。未知的出何經論。（『維摩經玄疏』巻三。T38, 539c）

第八の不動地は〔天台宗の〕別教の辟支佛地である。地論師は〝ここ（第八地）からは、無學道を明らかにする〟と言っていた。いかなる經論に的確に出ているのか、わたしはいまだ知らない。〔↓『四教義』にほぼ同文〕

五地論諸師解釋「不思議解脱」者、通教緣修、用七識智、照佛性眞理、斷界內見思界外無明。若發眞解斷結、則七識圓智蕭然累外、名爲解脱。此是不眞宗明解脱、非不思議解脱也。若眞宗、八識眞修體顯、離二障、皆融無得無累、名「不思議解脱」也。（『維摩經玄疏』巻五。T38, 549bc）

第五に地論諸師が「不思議解脱」を解釋するのによるならば、通教は緣修（〝所緣による修習〟）であり、第七識という智を用いて佛性という眞理を觀照し、三界内の見思（＝煩惱障）と三界外の無明（＝智障）とを斷ちきる。眞なる知解を發して煩惱を斷ちきる場合に、第七識という圓智が寂靜のうちに〔第七識の〕外部〔の所緣である眞如〕を累する（＝緣ずる）ことを、解脱と呼ぶ。以上は不眞宗によって解脱を明らかにしたのであり、「不思議解脱」ではない。もし眞宗ならば、第八識は眞修（〝眞如による修習〟）であって、體（〝ありかた〟）として顯らかであり、〔煩惱障、智障という〕二障を離れており、〔第八識と眞如とが〕いずれも〔眞如であって〕融けあっているので、〔第八識が眞如を〕得ることがなく〔第八識が眞如を〕累することがないのを、「不思議解脱」と呼ぶのである。

五地論師明八識眞修體顯斷二障明「不思議解脱」者、正是別教明義也。若依地論地相明義、即是別教明「不思議解脱」。就地實明義、即是圓教明「不思議解脱」也。（『維摩經玄疏』巻五。T38, 549c-550a）

第五に、地論師が〝第八識は眞修（〝眞如による修習〟）によってその體（〝ありかた〟）が顯現し、〔煩惱障、智障という〕二障を斷ちきる〟と説明することによって「不思議解脱」を説明することは、まさしく〔天台宗の〕別教における教義説明である。もし地論師が地相（〝十地の外相〟）によって教義説明することによるならば、〔それは天台宗の〕別教における「不思議解脱」の説明である。地實（〝十地の内實〟）によって教義説明することは、〔天台宗の〕圓教における「不思議解脱」の説明である。

八類通三種涅槃者、一性淨涅槃、二圓淨涅槃、三方便淨涅槃[198]。圓淨之名、未見經文。有地論師云〝方便淨涅槃

出經文。義立應化涅槃、以爲三涅槃[199]也。（『維摩經玄疏』卷五。T38, 553c）

第八に、三種類の涅槃に該當させるとは、第一に性淨涅槃（〝自性として清淨である涅槃〟）、第二に圓淨涅槃（〝完全に清淨である涅槃〟）、第三に方便淨涅槃（〝取り組みの結果として清淨である涅槃〟）である。圓淨涅槃という名稱を、わたしは經文のうちに見たことはない。ある地論師は〝方便淨涅槃は經文のうちに出る。道理によって應化涅槃（〝化現された涅槃〟）を設定し、そのことによって、〔性淨涅槃、方便淨涅槃、應化涅槃という〕三涅槃と規定する〟と言っている。

若是地論四宗明義、此經卽是眞宗大乘緣起反出之教。（『維摩經玄疏』卷六。T38, 561c）

もし地論の四宗による教義說明であるならば、この『〔維摩〕經』は、眞宗大乘であり、緣起に關する逆說（?）の教である。

D 『維摩經文疏』（開皇十七年〔五九七〕）

若北方地論師、用佛國一品爲序說、方便品訖見阿閦佛十一品爲正說、後兩品爲流通[200]。（『維摩經文疏』卷一。Z1.1.27.5, 431a）

もし北方の地論師ならば、佛國品ただ一品を序說と規定し、方便品から見阿閦佛品までの十一品を正說と規定し、最後の二品を流通と規定していた。

十地論師說〝七識是智識〟、攝大乘說〝七識但是執見識〟、諍論云云。（『維摩經文疏』卷二十五。Z1.1.28.2, 152d）

十地論師は〝第七識は智識（〝智である識〟）である〟と說き、攝大乘〔論師〕は〝第七識はただ執見識（〝我執の見である識〟）であるにすぎない〟と說き、論爭していた。云云。〔↓『維摩詰經三觀玄義』にほぼ同文〕

眞諦三藏云〝更有第九識。是眞識。八識猶是虚妄、生死種子所依〟、若地論師解、〝用七識、斷六識。智障滅、八識眞修方顯〟者、此須取『中論』自他四句撿破。（『維摩經文疏』巻二十五。Z1.1.28.2, 156a）

眞諦三藏が〝さらに第九識があって、眞識である。第八識はなおも虚妄であって、輪廻に屬する種子にとって所依である〟と言っていたり、あるいは、地論師が〝第七識を用いて六識を斷ちきる。智障（〝智という障〟）〔である第七識〕が滅したならば、第八識の眞修（〝眞如による修習〟）がようやく顯現する〟と理解していたりすることについては、そのことについては『中論』の「自らからは生じない。他のものからは生じない。〔自らと他のものとの〕兩方からは生じない。無原因からは生じない」という四選擇肢を採用して檢討することによって論破しなければならない。

小乘但取夢幻空、菩薩得有。若地論師以十喩[201]爲誑相者、此乃得小乘之空、永失大乘之有。（『維摩經文疏』巻二十七。Z1.1.28.2, 177b）

小乘はただ夢や幻を空と受け取るだけであるが、菩薩は有とも受け取る。もし地論師が〔『大品經』における〕十の喩えを〔四宗のうちの〕誑相宗と規定するならば、それは小乘における空を得るが、大乘における有を永遠に失ってしまう。

第五章　智顗灌頂所傳

A　『妙法蓮華經玄義』（修治本：仁壽二年〔六〇二〕）

北地師云〝理則非三。三教爲麤、非三之旨爲妙〟。（『妙法蓮華經玄義』巻一下。T33, 691b）

〔『妙法蓮華經』という題名について、〕北地師は〝眞理は三つのものではない。〔三乘という〕三つの教は麤であり、三つのものではない旨（＝眞理）が妙である〟と言っていた。

又北地師以前五爲權、後五爲實。（『妙法蓮華經玄義』巻二上。T33, 693c）

さらに、北地師は〔『妙法蓮華經』の十如是のうち〕前半の五を方便と規定し、後半の五を眞實と規定していた。

『攝大乘』明十勝相義、咸謂深極、使地論翻宗。（『妙法蓮華經玄義』巻二下。T33, 704c）

『攝大乘論』は十勝相なる内容を明らかにしたので、みなは甚深の極みと思い、〔そのことが〕地論〔師〕を改宗させたのである。

又別教四智三麤一妙。圓教四智悉皆稱妙。何者地人云〝中道乃是果頭能顯〟。初心學者仰信此理。如藕絲懸山。（『妙法蓮華經玄義』巻三上。巻 T33, 709c）

さらに、〔天台宗の〕別教における四智（十信の智、三十心〔十住・十行・十迴向〕の智、十地の智、佛の智）は、〔前〕三つが麤であり、〔後〕一つが妙である。〔天台宗の〕圓教における四智はすべて妙と呼ばれる。なぜかといえば、〔天台宗の別教を最高と規定する〕地人は〝中道はようやく〔佛という〕果の初頭において顯れることができる〟と言っている。初心者である習學者はこの〔中道という〕眞理を仰信する。あたかも蓮の莖の纖維が須彌山に懸かっているかのように〔不思議なものとして〕。

故地論師云〝緣修顯眞修、眞修發時、不須緣修〟。（『妙法蓮華經玄義』巻三下。T33, 714a）

ゆえに地論師は〝〔第七識の〕緣修（〝所緣による修習〟）は〔第八識の〕眞修（〝眞如による修習〟）を顯現させるが、眞修が起こる時には緣修を要しない〟と言っていた。

成論地論師祇見共般若意、不見不共意。[202] 中論師得不共意、失共意。（『妙法蓮華經玄義』巻五上。T33, 738a）

　成論師と地論師とはただ共般若の意味合いについて判ったにすぎず、不共〔般若〕の意味合いについては判らなかった。中論師は不共〔般若〕の意味合いについて判ったにすぎず、共〔般若〕の意味合いについては判り損ねた。

若地人明、〝阿黎耶是眞常淨識〟、攝大乘人云〝是無記無明隨眠之識、亦名無沒識。九識乃名淨識〟、互諍〈云云〉。（『妙法蓮華經玄義』巻五下。T33, 744b）

　地人は〝阿黎耶識は、眞なる、常なる、淨識である〟と說明し、攝大乘人は〝〔阿黎耶識は、〕無記の無明である、隨眠の識であり、無沒識と呼ばれもする。第九識に至ってようやく淨識と呼ばれる〟と言い、互いに論争していた〈云云〉。

地人言〝但有性淨方便淨。實相名爲性淨涅槃。修因所成爲方便淨涅槃〟。（『妙法蓮華經玄義』巻五下。T33, 745bc）

　地人は〝〔涅槃としては〕ただ性淨（〝自性として清淨〔である涅槃〕〟）と方便淨（〝取り組みの結果として清淨〔である涅槃〕〟）とがあるのみである。〔諸法の〕實相（〝まことのありさま〟）が性淨涅槃と呼ばれる。因を修習することによって成就されるものが方便淨涅槃である〟と言っていた。

若地人云〝緣修顯眞修、菩提果滿、成大涅槃、亦稱爲方便淨涅槃〟。（『妙法蓮華經玄義』巻七下。T33, 768c）

　地人は〝〔第七識の〕緣修（〝所緣による修習〟）によって〔第八識の〕眞修（〝眞如による修習〟）を顯現させ、菩提という果が圓滿し、大涅槃を成就することが、方便淨涅槃（〝取り組みの結果として清淨である涅槃〟）と呼ばれもする〟と言っていた。

北地師用一乘爲體。（『妙法蓮華經玄義』巻七下。T33, 779a）

北地師は一乘を〔『妙法蓮華經』の〕體と規定していた。

今時學地論人反道還俗、竊以此義、偸安莊老、金石相糅、遂令邪正混淆、盲瞑之徒不別涇渭。（『妙法蓮華經玄義』巻九上。T33, 788a）

今どきの學地論人は道を退いて還俗し、〔有・空・亦空亦有・非空非有が各別であるにせよ、部分的にそれぞれ通じ合っているという〕この主張をひそかに老莊思想のうちに持ち込み、金と石とを一緒にし、ついには邪と正とを混亂させたので、見る目のない連中は〔濁った〕涇水と〔澄んだ〕渭水との區別もつかなくなった。

如地人云〝初地具足檀波羅蜜、於餘非爲不修、隨力隨分。[203] 檀滿初地、不通上地。餘法分有、而不具足〟。（『妙法蓮華經玄義』巻九上。T33, 789a）

地人が〝初地においては檀波羅蜜を圓滿するが、ほかのものが修習されないわけでなく、能力が許すかぎり、器量が許すかぎり〔修習されるの〕である。檀〔波羅蜜〕は初地において圓滿され、のちの諸地と共通しない。ほかのものは〔初地において〕部分的にあるが、圓滿されない〟と言っていたとおりである。

如地論有南北二道、加復攝大乘興、各自謂眞、互相排斥、令墮負處。（『妙法蓮華經玄義』巻九上。T33, 792a）

地論〔師〕の場合、南北二道があり、加えてさらに攝大乘〔師〕が興こり、それぞれ自らを眞と考え、互いに排斥しあい、敗北の立場に貶めていた。

又師云〝此名『妙法蓮華』、卽以名爲宗。「妙法」是佛所得根本眞實法性。此性不異惑染、不與惑同、故稱「妙」。卽宗爲名耳〟。此是地師所用、據八識是極果。今攝大乘破之、謂〝是生死根本〟。

（『妙法蓮華經玄義』巻九下。T33, 794c-795a)

さらに、ある師は〝これが『妙法蓮華』と名づけられている以上、ただちに〔「妙法蓮華」という〕名を宗と規定するのである。「妙法」とは、佛によって得られた、根本眞實である法性である。この法性は煩惱という雜染と異なるのでもなく、煩惱と同じでもないから、「妙」と呼ばれる。宗を名と規定しているだけである〟と言っていた。これは地師によって採用されていたのであり、第八識が〔佛という〕究極の果であることに據るのである。今、攝大乘〔師〕はそれを論破し、〝〔第八識は〕生死の根本である〟と考えている。

〔→吉藏『法華玄論』からの轉用〕

四者北地師亦作五時教。而取『提謂波利』爲人天教、合『淨名』『般若』爲無相教。餘三不異南方。

（『妙法蓮華經玄義』巻十上。T33, 801b)

第四に、北地師も五時教を設定した。『提謂波利經』を人天教と規定し、『淨名經』と『般若經』とを合わせて無相教と規定し、殘りの三つ〔である有相教、同歸教、常住教〕については南方と異ならなかった。

六者佛馱三藏學士光統所辨四宗判教。一因緣宗、指毘曇六因四緣。二假名宗、指成論三假。三誑相宗、指『大品』三論。四常宗、指『涅槃』『華嚴』等常住佛性本有湛然也。（『妙法蓮華經玄義』巻十上。T33, 801b)

第六には、佛馱三藏と學士光統とによって辨ぜられた四宗判教である。第一は因緣宗であり、阿毘曇の六因や四緣を指している。第二は假名宗であり、『成實論』の三假を指している。第三は誑相宗であり、『大品』や三論を指している。第四は常宗であり、『涅槃經』『華嚴經』などにおいて常住なる佛性が本有（〝もとからあるもの〟）であり湛然としていることを指している。

七者有師、開五宗教。四義不異前、更指『華嚴』爲法界宗。卽護身自軌大乘所用也。（『妙法蓮華經玄義』巻十上。T33, 801b）

第七には、ある師は五宗教を開いた。四つは前〔の四宗〕と異ならず、あらためて『華嚴經』を指して法界宗と規定した。すなわち、護身自軌大乘（護身寺自軌）が用いていたものである。

八者有人稱光統云〝四宗有所不收〟、更開六宗。指『法華』萬善同歸「諸佛法久後　要當說眞實[204]」、名爲眞宗[205]。『大集』染淨俱融、法界圓普、名爲圓宗。餘四宗如前。卽是耆闍凜師所用。（『妙法蓮華經玄義』巻十上。T33, 801b）

第八には、ある人は光統が〝四宗のうちには収められないものがある〟と言っていたと称して、あらためて六宗を開いた。『法華經』が、あらゆる善が等しく歸するところであり、「諸佛は法が久しくなってのち、必ず眞實を說くべきである」といわれるのを指して、眞宗と呼んだ。『大集經』において、染汚と清淨との二つが融けあって、〔ただ一つの〕法界が圓かに普遍していることが、圓宗と呼ばれる。殘った四宗は前のとおりである。耆闍稟師（耆闍寺安稟）が用いていたものである。

B　『妙法蓮華經文句』（丹丘添削本：貞觀三年〔六二九〕前後）

地師云〝十住是證不退、十行是位不退、十迴向是行不退、十地是念不退[206]〟。（『妙法蓮華經文句』巻二上。T34, 21b）

地師は〝十住は證不退であり、十行は位不退であり、十迴向は行不退であり、十地は念不退である〟と言っていた。

北地師云〝三乘法皆有相性果報本末也〟。（『妙法蓮華經文句』巻三下。T34, 42b）

北地師は〝三乘の法はいずれも〔『法華經』方便品における十如是のうち〕相と性と果報と本末とを有している〟と言っていた。

次地論師云〝第五恆沙得八分解[207]、卽三十心位爲「開」[208]。從初地至六地、見思盡、解轉分明如「示」[209]。七地至八地、空有竝觀、無礙如「悟」[210]。十地爲「入」[211]〟、引『經』「十地名爲眼見」[212]。（『妙法蓮華經文句』巻四上。T34, 50a）

次に地論師は〝〔『涅槃經』如來性品に〕第五恆沙〔の諸佛のもとで十六分中の〕八分についての知解を得るとあるのは〔十住、十行、十迴向という〕三十心位であって「開」と規定される。初地から第六地において、見惑と思惑とが盡き、知解の活動がはっきりするのはあたかも「示」のようである。第七地から第八地において、空と有とを同時に觀察することが無礙自在であるのはあたかも「悟」のようである。十地が「入」と規定される〟と言い、『〔涅槃〕經』に「十地〔の菩薩〕は眼で見る者と呼ばれる」とあるのを引用していた。

地師解云〝「童子」[213]是童眞地、無二乘凡夫二邊欲心。「聚砂爲塔」、「砂」是無著、「塔」是衆行積集。含藏正覺之心〟。彼謂〝義會無生〟、以爲深詣。（『妙法蓮華經文句』巻四下。T34, 56c-57a）

地師は解釋して〝「童子」とは、童眞地であって、二乘と凡夫との二極端の欲の心がないのである。「砂を集めて塔を作る」とは、「砂」は執着がないことであり、「塔」は多くの行の集積であって、正覺の心を内包しているのである〟と言っていた。彼〔地師〕は〝内容的に無生〔法忍〕に符合している〟と思い、深く達していると見なしていた。

北人用分身爲「親族」、多寶爲「國王」也。十地爲「大臣」、八地爲「刹利」、三十心爲「居士」[214]。若爾、迹門説法、分身多寶竝未現前、何得指此耶。彼解云〝正是身子懷疑之時、於『法華』中、未能生信。是故多寶分身一時來證。若疑除信解受記已竟、復用多寶、何所證耶。故知法説之時多寶已出。但出經者、言不疊安、爲作次第、置因門後耳〟。(『妙法蓮華經文句』卷六下。T34, 87b)

北人は〔釋迦牟尼の〕分身を「親族」と規定し、多寶如來を「國王」と規定していた。第十地を「大臣」と規定し、第八地を「刹利」と規定し、〔十住、十行、十迴向という〕三十心を「居士」と規定していた。もしそうならば、迹門の説法においては、分身と多寶如來とはいずれもいまだ現れていないのに、どうしてそれらを指し得ようか。彼(北人)は解釋して〝〔迹門の説法は〕まさしく身子(舍利弗)が疑いを懷いた時であって、彼は『法華』についていまだ信を生ずることができなかった。それゆえに、多寶如來と分身とが同時に來たって〔『法華經』の正しさを〕證明したのである。もし疑いが除かれ信解し受記し終わったならば、ふたたび多寶如來によって何が證明されようか。ゆえに、〔方便品から譬喩品前半までの〕法説周の時において、多寶如來はすでに現れていたのだとわかる。ただ、經の編纂者は、ことばを疊み掛けず、順序だてるために、〔方便品から授學無學人記品までの〕因門の後〔である見寶塔品〕のうちに〔分身と多寶如來とを〕置いたにすぎない〟と言っていた。

北地師云〝佛爲身子説經時、寶塔已現、爲作證明。若説經竟、來證何等。經家作次第、安置三周後耳〟。
(『妙法蓮華經文句』卷八下。T34, 113a)

北地師は〝佛が身子(舍利弗)のために經を説いた時、寶塔はすでに現れており、證明していたのである。もし經を説き終わったならば、〔多寶如來は〕來たって何を證明しようか。經の編纂者は順序だてて、〔(方便品から譬喩品前半までの)法説周、(譬喩品後半から授記品までの)譬説周、(化城喩品から授學無學人記品までの)因緣周という〕三周の後〔である見寶塔品〕に〔多寶如來を〕置いたにすぎない〟と言っていた。

地師說〝多寶是法身佛[215]〟。『釋論』說「多寶誓願、化身來、證『經』[216]」。（『妙法蓮華經文句』卷八下。T34, 113a）

　地師は〝多寶如來は法身佛である〟と說いていた。『大智度論』は「多寶如來は誓願にもとづいて、化身によって來、『〔法華〕經』〔の正しさ〕を證明した」と說いている。

地人呼『華嚴』爲圓宗、『法華』爲不眞宗[217]。（『妙法蓮華經文句』卷九上。T34, 125c）

　地人は『華嚴經』を圓宗と名づけ、『法華經』を不眞宗と名づけていた。

南方解〝「五十人[218]」爲三。一展轉勝、二展轉平、三展轉劣。勝者難得。平者亦希。劣者比是格劣。況出平勝[219]〟。

北方人解〝最初妙覺爲第十地人說、十地人爲第九地人說、如是展轉、至于十信。格後況初[220]〟。

（『妙法蓮華經文句』卷十上。T34, 138c）

　南方は〝「五十人」を三つに分ける。第一はめぐりめぐって勝るものであり、第二はめぐりめぐって均しいものであり、第三はめぐりめぐって劣るものである。勝るものは得難い。均しいものも稀である。劣るものはこれらに較べて劣っている。〔劣るものを〕均しいものと勝るものとに較べて提示するのである〟と解釋していた。北方人は〝最初に妙覺が第十地の人のために說き、第十地の人は第九地の人のために說き、このようにめぐりめぐって十信に至るのである。最後の者を擧げて、最初の者に較べるのである〟と解釋していた。

C 『摩訶止観』（大業三年〔六〇七〕以降貞觀六年〔六三二〕以前）

地人云〝一切解惑眞妄依持法性。法性持眞妄、眞妄依法性也[221]〟。攝大乘云〝法性不爲惑所染。不爲眞所淨。故法性非依持。言依持者阿黎耶是也。無沒無明盛持一切種子〟。（『摩訶止觀』巻五。T46, 54a）

地人は〝すべて、知解と煩惱とである、眞なるものと妄なるものとは、法性との間に依持（〝依ったり持ったり〟）の關係を有している。法性は眞なるものと妄なるものとを持ち、眞なるものと妄なるものとは法性に依るのである〟と言っていた。攝大乘〔人〕は〝法性は煩惱によっては雜染されず、眞なるものによっては淨化されない。ゆえに法性は依持（〝依りどころや持つもの〟）ではない。依持と言うのは、阿黎耶識がそれである。無沒の無明〔である阿黎耶識〕はあらゆる種子を持つのである〟と言っていた。

攝大乘人以三界爲三百、方便因縁兩生死足爲五百、則攝義不盡。更有有後生死無後生死、屬何百耶。地人以十信住行向地爲五百。此與『法華』乖。『法華』過三百由旬作化城[222]。此則二百由旬作化城。（『摩訶止觀』巻七上。T46, 86ab）

〔『法華經』化城喩品の「五百ヨージャナ」について、〕攝大乘人が三界を三百と計算し、〔『攝大乘論釋』における〕方便生死と因緣生死とを足して五百と計算していたのは、内容を收め盡くしていない。〔『攝大乘論釋』においては、方便生死と因緣生死とのほかに〕さらに有後生死（有有生死）と無後生死（無有生死）とがあるが、それは何百に屬するというのか。地人は十信と十住と十行と十迴向と十地とを五百と計算していたが、これは『法華經』に乖いている。『法華經』においては、三百ヨージャナを過ぎて化城を作っているが、これは二百ヨージャナを過ぎて化城を作っている。

D　**『金光明經玄義』**（大業元年〔六〇五〕以降貞觀六年〔六三二〕以前）

地人云〝「金」質之上自有「光明」之能、譬於法性從體起用、自有般若解説（脱?）之力〟。但作體用二義、不須分「光」「明」異也。（『金光明經玄義』巻上。T39, 1c）

〔『金光明經』の題名について、〕地人は〝「金」という本質においておのずから「光明」という功能があることは、法性がその體（〝ありかた〟）にもとづいて用（〝はたらき〟）を起こし、おのずから般若と解脱との力があることを譬えている〟と言っていた。ただ〔「金光明」を「金」という〕體と〔「光明」という〕用との二つの内容であると規定していたにすぎず、「光」と「明」との異なりを區別していなかった。

E　**『金光明經文句』**（大業元年〔六〇五〕以降貞觀六年〔六三二〕以前）

次緒之序、舊云五事。地人開佛、是爲六事。[223]（『金光明經文句』巻一。T39, 47a）

順序による序を、古くは〔如是、我聞、一時、住處、同聞の〕五事と言った。地人は佛を別開したので六事となった。

F　**『觀音玄義』**（開皇十七年〔五九七〕以降貞觀三年〔六二九〕以前）

若依他（地?）人、明闡提斷善盡、爲阿梨耶識所熏、更能起善。梨耶卽是無記無明、善惡依持、爲一切種子。闡提不斷無明（記?）無記（明?）、故還生善。佛斷無記無明盡、無所可熏、故惡不復還生。若欲以惡化物、但作神通變現、度衆生爾。（『觀音玄義』巻上。T34, 882c）

もし地人によるならば、一闡提は善をことごとく斷ちきっても、阿梨耶識によって熏ぜられるので、あらためて善を起こすことができると説明している。阿梨耶識は無記の無明であり、善惡にとって依持（〝依りどころや持つもの〟）であり、あらゆる種子である。一闡提は無記の無明を斷ちきらないから、ふたたび善を生じる。佛は無記の無明をことごとく斷ち、〔無明によって〕熏ぜられることがないから、惡はふたたびは生じない。もし惡によって衆生を教化したいと願う場合には、ただ神通による變現をおこなって、衆生を濟度するにすぎない。

G　**『觀音義疏』**（開皇十七年〔五九七〕以降貞觀三年〔六二九〕以前）

地人見文廣、判爲圓宗、見『法華』文略、判爲不眞宗。(224)（『觀音義疏』卷下。T34, 935a）

地人は經文の廣博であるのを見ては圓宗と判斷し、『法華經』の文が簡略であるのを見ては不眞宗と判斷していた。

第六章　灌頂所傳

A　**『四念處』**（仁壽二年〔六〇二〕以降貞觀六年〔六三二〕以前）

地人以五佛子、謂四果支佛、開五爲十、對十住。(225)（『四念處』卷二。T46, 571c）

地人は〔小乘の〕五佛子、具體的に言えば、〔須陀洹、斯陀含、阿那含、阿羅漢という〕四果と辟支佛とについて、五を十へと分開し、〔大乘の〕十住に對置していた。

B　**『大般涅槃經玄義』**（大業十四年〔六一八〕）

六地論解〝大無大相、不無無相之大。小無小相、不無無相之小。以無相之小、容無相之大、無相之大、還入無相之小〞。（『大般涅槃經玄義』卷二。T38, 11c）

第六に地論〔人〕は〝大なるものには大なるものという相（〝固定的なありさま〞）がないが、相なき大なるものがないわけではない。小なるものには小なるものという相がないが、相なき小なるものがないわけではない。相なき小なるものに、相なき大なるものを入れ、相なき大なるものは、相なき小なるものに入る〟と解釋していた。

地人云〝『涅槃』六行[226]俱明是滿字。『法華』是大乘、非滿字。由是無常〟。（『大般涅槃經玄義』卷一。T38, 12c）

地人は〝『涅槃經』は〔聖行、梵行、天行、嬰兒行、病行、如來行という〕六行がすべて明らかになるので滿字である。『法華經』は大乘であるが、滿字ではない。無常だからである〟と言っていた。

C 『大般涅槃經疏』（大業十四年〔六一八〕）

地師以第一卷爲神通反示分。……彼以第二卷爲種性破疑除執分。第三卷至大衆問爲正法實義分。……彼以五行十功德爲方便修成分。彼以師子吼爲不放逸入證分。……彼以迦葉爲慈悲住持分。陳如爲顯相分。[227]（『大般涅槃經疏』卷一。T38, 43b）

地師は〔南本『涅槃經』の〕第一卷を神通反示分と規定していた。……彼は第二卷を種性破疑除執分と規定していた。第三卷から一切大衆所問品までを正法實義分と規定していた。……彼は五行と十功德とを方便修成分と規定していた。彼は師子吼品を不放逸入證分と規定していた。……彼は迦葉品を慈悲住持分と規定していた。憍陳如品を顯相分と規定していた。

地人雖無五時之執、以當現常、破無常義。義勢相似、已同舊壞（懷?）。（『大般涅槃經疏』卷三。T38, 56c）

地人は、〔常住を說く『涅槃經』を最高と規定する〕五時教判を持たないにせよ、當常（〝當來において常住となる〟）や現常（〝現今において常住である〟）という主張によって、無常という主張を否認する。內容上似通っている以上、昔の人の考えかた（五時教判）と同じである。

地人云〝阿梨耶識在妄惑内稱祕密藏〟。成論人云〝當來果佛在衆生外、一切衆生當得佛果。此理屬人、是亦内、卽時未有、是亦外。外故非内、内故非外、名祕密藏〟。『涅槃本有論』云「衆生身内有佛亦非密。身外有、非身内非身外有、非非内非非外有、竝非密也。衆生卽是故名爲密[228]」。前兩種解爲此『論』破〈云云〉。

（『大般涅槃經疏』巻六。T38, 69a）

地人は〝阿梨耶識が煩悩の内にある狀態が祕密藏と呼ばれる〟と言っていた。成論人は〝來たるべき、佛という果は衆生の外にあり、あらゆる衆生は佛という果を得べきである。この道理が衆生に屬することは、〔佛が衆生の〕内にあることでもあるし、卽時には〔佛という果が〕いまだないことは、〔佛が衆生の〕外にあることでもある。外であるから内でなく、内であるから外でない狀態が、祕密藏と呼ばれる〟と言っていた。『涅槃本有論』は「衆生の身の内に佛があるというのも祕密ではない。身の外に〔佛が〕あるというのも、身の内にでもなく身の外にでもなく〔佛が〕あるというのも、〔身の〕内にないわけでもなく〔身の〕外にないわけでもなく〔佛が〕あるというのも、いずれも祕密ではない。衆生がそのままそれ（佛）であるゆえに、祕密と呼ばれる」と言っている。前の二つの理解はこの『論』によって論破されたのである〈云云〉。

成論人謂〝此是權巧、於凡不解〟。……地人云〝是法界用〟。（『大般涅槃經疏』巻九。T38, 90a）

〔佛が須彌山を芥子に入れることについて、〕成論人は〝これは方便善巧であり、凡夫にとってはわからないものである〟と言っていた。……地人は〝法界の用（〝はたらき〟）である〟と言っていた。

舊明四依、位行不同。地論人、三十心前是弟子位、三十心是師位、初地已上是第二依、皆師位。成論人、十住六心已前是弟子位、七住已上是初依師位。又云〝十二心已前是弟子位、十三心是初依師位〟。彼見『華嚴』十三心、爲主爲導爲尊爲勝。又十七心已前弟子位、十八心已上是初依師位、又十九心已前是弟子位、二十心道種終心是初依師位。中論師、十信皆非師位、十住初心去至六住是初依師位、從七住至七地是第二依位、八地九地是第三依位、第十地是第四依位。（『大般涅槃經疏』卷十。T38, 94a）

〔『涅槃經』如來性品における〕四依に對する昔の說明は、位や行がさまざまである。地論人によれば、〔十住、十行、十迴向という〕三十心より前は弟子の位であり、三十心は師の位であり、初地からは第二依であってすべて師の位である。成論人によれば、十住の第六心（第六住）までは弟子の位であり、第七住からは初依であって師の位である。さらに、〔三十心のうち〕〝第十二心までは弟子の位であり、第十三心は初依であって師の位である〟と言っていた。彼らは『華嚴經』の第十三心を主なものと見なし、導くものと見なし、尊いものと見なし、勝れたものと見なしたのである。さらに、第十七心までは弟子の位であり、第十八心からは初依であって師の位である。さらに、第十九心までは弟子の位であり、第二十心から道種性（十迴向）の終心（第三十心）までは初依であって師の位である。中論師によれば、十信はいずれも師の位でなく、十住の初心（初住）から第六住までは初依であって師の位であり、第七住から第七地までは第二依の位であり、第八地と第九地とは第三依の位であり、第十地は第四依の位である。

地人云〝惑覆於理、名之爲藏〟。（『大般涅槃經疏』卷十一。T38, 102a）

地人は〝煩惱が眞理を覆っている狀態、それを〔如來〕藏と呼ぶ〟と言っていた。

地人云〝惑覆黎耶〟。（『大般涅槃經疏』卷十一。T38, 102a）

地人は〝煩惱が阿黎耶識を覆っている〟と言っていた。

地人明〝法界之體有善惡用。體用具足、在妄惑內。如土覆金、無能沮壞〟。（『大般涅槃經疏』卷十一。T38, 102c）

地人は〝法界という體（〝ありかた〟）は善悪という用（〝はたらき〟）を有している。體と用とは完全なかたちで具わったまま、煩惱のうちにある。あたかも土が金を覆っており、誰も〔金を〕壊すことができないのに似ている〟と說明していた。

地人以梨耶爲佛性、爲惑所覆。（『大般涅槃經疏』卷十一。T38, 104b）

地人は阿梨耶識を煩惱に覆われている佛性と規定していた。

地人云〝常法非是始得、本來體用具足、但爲妄惑所覆、後時方顯〟。（『大般涅槃經疏』卷十二。T38, 116c）

地人は〝常なる法〔である眞理〕は初めて得られるものではなく、もともと〔衆生のうちに〕體（〝ありかた〟）と用（〝はたらき〟）とが完全なかたちで具わっており、ただ煩惱に覆われているため、後になってようやく顯れるのである〟と言っていた。

地人云〝除妄顯黎耶卽是實諦〟。（『大般涅槃經疏』卷十五。T38, 131c）

地人は〝妄なるものを除去して阿黎耶識を顯すことが一實諦慧聖行である〟と言っていた。

地人云〝自覺、覺他〟、復言〝他覺〟[229]。（『大般涅槃經疏』卷十八。T38, 145c）

地人は〔佛の語義を〕〝自覺、覺他〟と言い、さらに〝他覺〟と言っていた。

地師名前三種四句[230]約教行證。（『大般涅槃經疏』卷二十。T38, 158a）

地師は前の〔光明遍照高貴德王菩薩品における、聞と生と到とについての〕三種類の四句を、教と行と證とを念頭に置くものと呼んでいた。

地人別分教證淺深之異。（『大般涅槃經疏』巻二十。T38, 159a）

地人は、教道（〝教說上の道〟）および證道（〝證得上の道〟）という、淺と深との違いを區別していた。

地人作眞緣兩修釋、言〝眞修是本有、緣修是始有〟。三論師用正因緣因釋。正因是本有。緣因是始有。（『大般涅槃經疏』巻二十。T38, 159a）

地人は眞修（〝眞如による修習〟）と緣修（〝所緣による修習〟）という解釋を行ない、〝眞修は本有（〝もとからあるもの〟）であり、緣修は始有（〝始まりがあってあるもの〟）である〟と言っていた。三論師は正因と緣因とによって解釋していた。正因は本有であり、緣因は始有である。

地人呼此品是入證分。（『大般涅槃經疏』巻二十三。T38, 173b）

地人はこの〔師子吼〕品を入證分と呼んでいた。

地人云〝衆生是佛、具足在妄、便不用修道〟、正當此難。若成論人云〝佛果在當〟、則不當此難。（『大般涅槃經疏』巻二十四。T38, 177c）

地人が〝衆生は佛であり、完全な狀態のまま、煩惱のうちにある。つまり、〔佛は〕修道によらないのである〟と言っていたのは、まさしくこの論難にあてはまる。成論人が〝佛という果は當來（未來）においてある〟と言っていたのは、この論難にあてはまらない。

地人解云〝眞神佛性如敝帛裏金。大慈、大悲、十力、相好、此事具有、爲惑所覆。若除煩惱、卽得見之。除敝帛已、卽得黃金〟。(『大般涅槃經疏』巻二十四。T38, 179a)

地人は解釋して〝眞心である佛性は布に覆われた黃金のようである。大慈、大悲、十力、相好という、これらのものは完全な狀態で存在するが、煩惱に覆われている。もし煩惱を除去したならば、ただちにそれを見ることができる。布を除去したならば、ただちに黃金を得られるのである〟と言っていた。

地人云〝一切衆生同梨耶識法界體性〟。……成論師云〝衆生各有佛性、但成佛時、權智齊等、同一法身。力無畏等亦復如是〟。(『大般涅槃經疏』巻二十六。T38, 187c)

地人は〝あらゆる衆生は同一の阿梨耶識である法界という體性を有している〟と言っていた。……成論師は〝衆生はそれぞれ〔別々の〕佛性を有しているが、ただ、佛となる時には、〔誰もが〕方便や般若を同じくらい有するので、同一の法身を有するのである。〔十〕力や〔四〕無畏などもそうである〟と言っていた。

地師爲慈光善巧住持分。(『大般涅槃經疏』巻二十八。T38, 197a)

〔迦葉品を〕地師は慈光善巧住持分と規定していた。

第七章　敦煌本『維摩經疏』所傳

問曰。爲當唯緣空之心是病、爲當所緣空境亦是病。答曰。兩釋不同。若依南道師解、空心空境悉皆是病。所以然者、境由心變、境不離心。心旣是病、境亦是病。若也斷時、唯斷其心、境自不起。若依北道師釋、緣空之心是病、空境不病。所以然者、空境眞法、何得是病。心緣於境、橫起執著、故心是病。是故斷時唯斷其心、不斷其境。雖有兩家、今依前義。(『維摩經疏』。T85, 371bc)

質問。いったい、ただ空性を所縁とする心だけが病なのか、それとも、所縁である空性という境もやはり病なのか。回答。二つの解釋があってばらばらである。①もし南道派の解釋によるならば、空性を所縁とする心（第七識）と、空性という境（第七識內部の境）とはいずれも病である。そうである理由は、境は心によって轉變され、境は心を離れないからであり、心が病である以上、境も病である。斷ちきる時には、ただその心を斷ちきるだけで、境はおのずから起きなくなる。②もし北道派の解釋によるならば、空性を所縁とする心（第七識）は病であるが、空性という境（第八識）は病でない。そうである理由は、空性という境は眞如という法だからであり、どうして病であり得ようか。心は境を所縁として橫しまに執着を起こす。ゆえに心は病である。それゆえに、斷ちきる時にはただその心を斷ちきるにすぎず、その境を斷ちきらない。二派あるにせよ、今は前者の主張に依據しておく。

第八章　遁倫（道倫）所傳

『瑜伽論記』

若南道諸師、引『楞伽』等、云〝如來藏性具足一切恆沙功德。本自有之、非適今也。又卽彼『經』云「三十二相八十種好結伽趺坐、而爲無量無（－無？）覆隱、而不顯現[231]」。又『涅槃經』云「大般涅槃、本自有之、具足一切恆沙功德」。又『華嚴經』云「佛子、一切衆生皆有佛如來藏、性具諸功德[232]」。又『地持論』云「性種姓者、六入殊勝、展轉相續、無始法爾[233]」。如是經論皆證本來具諸功德。若如北道、說無有本來一切功德者、便同外道斷見過失〟。北道諸師云〝立本有一切功德、不從因生、先來自有者、全同僧伽自體之過。何以得知無本有功德者、如『楞伽經』、大慧白佛言「若如來藏性具諸功德者、何故世尊復說一切諸法皆悉空無生無滅。佛告。大慧、我爲斷見衆生故、說本來具諸功德[234]」。卽將此文、通釋一切經意〟。（『瑜伽論記』卷二十上。T42, 764ab）

南道の諸師の場合、『楞伽經』などを引用して〝如來藏は、本性上、ガンジス河の砂の數ほどのあらゆる功德を具足している。本來おのずからそれを有しているのであり、今になってあるのではない。さらに、かの『經』は「三十二相八十種好を有するものが結伽趺坐しているが、無量のもののせいで覆い隱され、顯現しない」と言っている。さらに、『涅槃經』は「大般涅槃、〔衆生は〕本來おのずからそれを有しているのだ。ガンジス河の砂の數ほどのあらゆる功德を具足しているのだ」と言っている。さらに、『華嚴經』は「佛子よ、あらゆる衆生はみな佛の如來藏を有し、本性として諸功德を具足している」と言っている。さらに、『地持論』は「性種姓とは、六入殊勝が、展轉して相續し、無始であり、法爾であるものである」と言っている。このような經論はみな〔衆生が〕本來、諸功德を具足しているということを證明している。もし北道のように、本來のあらゆる功德はないと說くならば、ただちに外道の斷見に同ずる過失となる〟と言っていた。北道の諸師は〝〔南道の諸師が〕本有（〝もとからあるもの〟）であるあらゆる功德は因から生ぜず本來おのずからあると主張することは、サーンキヤ（Sāṃkhya）におけるプラクリティ（prakṛti）にまったく同ずる過失となる。どうして本有の功德がないとわかるかといえば、『楞伽經』において大慧が佛に「もし如來藏が本性として諸功德を具足しているならば、どうして世尊はさらに『あらゆる諸法はすべて空であって生ぜず滅しない』とも說きたまうたのですか」と申し上げ、佛が大慧に「わたしは斷見を有する衆生のために『本來、諸功德を具足している』と說いたのである」とおっしゃったとおりである。この文を用いてあらゆる經の意圖を同じように解釋するのである〟と言っていた。

第九章　法藏所傳

A『華嚴一乘敎義分齊章』

三依光統律師、立三種敎。謂漸頓圓。光師釋意、以根未熟、先說無常、後說常、先說空、後說不空深妙之義。如是漸次而說、故名漸敎。爲根熟者、於一法門、具足演說一切佛法。常與無常、空與不空、同時俱說、更無漸次、故名頓敎。爲於上達分階佛境者、說於如來無礙解脱究竟果海圓極祕密自在法門。卽此『經』是也。後光統門下遵統師等諸德竝亦宗承大同此說。（『華嚴一乘教義分齊章』巻一。T45, 480b）

第三に、光統律師によれば、三種教を立てる。具體的に言えば、漸と頓と圓とである。光師の解釋の大意は、未熟な素質の者たちのために、まず無常を說いてやり、のちに常を說いてやる。まず空を說いてやり、のちに不空という深妙な内容を說いてやる。このように漸次に說いてやるゆえに、漸敎（〝だんだんの教え〟）と呼ばれる。成熟した素質の者たちのために、一つの法門において完全なかたちであらゆる佛法を說いてやる。常と無常、空と不空を、同時に、ふたつながら說いてやり、漸次がないゆえに、頓敎（〝すぐさまの教え〟）と呼ばれる。上達し佛の境地に部分的に適合した者たちのために、如來の無礙なる解脱という、究極の果海（〝海のような結果〟）、圓かに極まって祕密である、自在なる法門を說いてやる。すなわち、この『〔華嚴〕經』がそれである。後の光統の門下の遵統師（曇遵）ら諸德もみな宗旨として繼承しておおむねこの說に同じていた。

四依大衍法師等一時諸德、立四宗敎、以通收一代聖敎。一因緣宗。謂小乘薩婆多等部。二假名宗。謂成實經部等。三不眞宗。謂諸部『般若』說卽空理、明一切法不眞實等。四眞實宗。『涅槃』『華嚴』等明佛性法界眞理等。（『華嚴一乘教義分齊章』巻一。T45, 480c）

第四に、大衍法師（東大衍寺曇隱）ら、ある時の諸德によれば、四宗敎を立てて、それによって〔釋迦牟尼〕一代の聖教をあまねく收めた。第一は因緣宗である。具體的に言えば、小乘の薩婆多（說一切有部）などの部である。第二は假名宗である。具體的に言えば、『成實論』や經部などである。第三は不眞宗である。具體的に言えば、ただちに空であるという道理を說いたり、あらゆる法が不眞實であることを明らかにしたりする、『般若』部の諸經である。第四は眞實宗である。佛性や法界や眞理などを明らかにする、『涅槃經』

『華嚴經』などである。

五依護身法師、立五種教。三種同前衍師等。第四名眞實宗教。謂『涅槃』等經明佛性眞理等。第五明（甲本乙本作名）法界宗。謂『華嚴』明法界自在無礙法門等。（『華嚴一乘教義分齊章』巻一。T45, 480c）

第五に、護身法師（護身寺自軌）らによれば、五種教を立てる。三種は先の衍師（東大衍寺曇隱）らと同じである。第四は眞實宗教と呼ばれる。具體的に言えば、佛性や眞理などを明らかにする『涅槃』などの經である。第五は法界宗と呼ばれる。具體的に言えば、法界自在無礙法門などを明らかにする『華嚴經』である。

六依耆闍法師、立六宗教。初二同衍師。第三名不眞宗。明諸大乘通説諸法如幻化等。第四名眞宗。明諸法眞宗理等。第五名常宗。明説眞理恆沙功德常恆等義。第六名圓宗。明法界自在緣起無礙德用圓備。亦『華嚴』法門等是也。（『華嚴一乘教義分齊章』巻一。T45, 480c）

第六に、耆闍法師（耆闍寺安廩）によれば、六宗教を立てる。初めの二つは衍師（東大衍寺曇隱）と同じである。第三は不眞宗と呼ばれる。諸大乘の通説である「諸法は幻や化術のごとし」などを明らかにする。第四は眞宗と呼ばれる。諸法の眞宗（〃まことの宗旨〃）である、眞理などを明らかにする。第五は常宗と呼ばれる。眞理のうちに具わっている、常なることや恆なることなど、ガンジス河の砂の數を超える功德を明らかにする。第六は圓宗と呼ばれる。法界における、自在なる緣起のうちに、無礙なる、功德と用（〃はたらき〃）とが圓かに具わっていることを明らかにする。『華嚴經』の法門などがそれでもある。

B 『華嚴經探玄記』

三後魏光統律師承習佛陀三藏立三種教。謂漸頓圓。光師釋意、一爲根未熟、先説無常、後乃説常。先空、後不空等、如是漸次、名爲漸教。二爲根熟之輩、於一法門、具足演説一切佛法、謂常與無常、空不空等、一切具説、更無由漸、故名爲頓。三爲於上達分階佛境之者、説於如來無礙解脱究竟果德圓極祕密自在法門、故名爲圓。即以此『經』是圓頓所攝。後光統門下遵統師等亦皆宗承同於此説。（『華嚴經探玄記』巻一。T35, 110c-111a）

第三に、後魏の光統律師は佛陀三藏を繼承して三種教を立てた。具體的に言えば、漸と頓と圓とである。光師の解釋の大意は、第一には、未熟な素質の者たちのために、まず無常を説いてやり、のちにようやく常を説いてやる。まず空、のちに不空など、このように漸次であるのが漸教（〝だんだんの教え〟）と呼ばれる。第二には、成熟した素質の者たちのために、一つの法門において完全なかたちであらゆる佛法を説いてやる。具體的に言えば、常と無常、空と不空など、あらゆるものを完全なかたちで説いてやる。あらためて漸教を經由することがないゆえに、頓教（〝すぐさまの教え〟）と呼ばれる。第三には、上達し佛の境地に部分的に適合した者たちのために、如來の無礙なる解脱という、究竟の果である功德、圓かに極まって祕密である、自在なる法門を説いてやるゆえに、圓教（〝まどかな教え〟）と名づけられる。すなわち、そういうわけで、この『〔華嚴〕經』は圓教と頓教とのうちに含まれるものである。後の光統の門下の遵統師（曇遵）らもみな宗旨として繼承してこの説に同じていた。

四齊朝大衍法師等立四宗教。一因緣宗。謂即小乘薩婆多等部。二假名宗。謂『成實論』及經部等説。三不眞宗。謂諸部『般若』説即空理、明一切法不眞實等。四眞宗。謂『華嚴』『涅槃』。明法界眞理佛性等故。

（『華嚴經探玄記』巻一。T35, 111a）

第四に、北齊の大衍法師（東大衍寺曇隱）らは四宗教を立てた。第一は因緣宗である。具體的に言えば、小乘の薩婆多（説一切有部）などの部である。第二は假名宗である。具體的に言えば、『成實論』や經部などの説である。第三は不眞宗である。具體的に言えば、ただちに空であるという道理を説いたり、あらゆる法が不眞實であることを説いたりする、『般若』部の諸經である。第四は眞宗である。具體的に言えば、『華嚴經』『涅槃經』である。法界や眞理や佛性などを明らかにするからである。

五護身法師等立五宗敎。謂此於前第四宗内、開眞佛性、以爲眞宗、即『涅槃』等經、第五名法界宗、即『華嚴』明法界自在無礙法門。（『華嚴經探玄記』巻一。T35, 111a）

第五に、護身法師（護身寺自軌）らは五宗敎を立てた。具體的に言えば、これは前の第四宗から、眞なる佛性を別開して、眞宗、すなわち、『涅槃』などの經と規定し、第五を法界宗、すなわち、法界自在無礙法門を明らかにする『華嚴經』と規定したのである。

＊＊＊

略號

『第一集』：青木隆、方廣錩、池田將則、石井公成、山口弘江『藏外地論宗文獻集成』ソウル、圖書出版ＣＩＲ、二〇一二年。

『續集』：青木隆、荒牧典俊、池田將則、金天鶴、李相旻、山口弘江『藏外地論宗文獻集成　續集』ソウル、圖書出版ＣＩＲ、二〇一三年。

BoBh: *Bodhisattvabhūmi*, ed. by Nalinaksha Dutt, Patna 1966.

D: Derge.

DBZ: 大日本佛教全書。

DBhS: *Daśabhūmīśvaro nāma mahāyānasūtram*, ed. by Ryūkō Kondō, Tokyo 1936.

GVS: *Gaṇḍavyūhasūtra*, ed. by P. L. Vaidya, Darbhanga 1960.

KPcom: *A commentary to the Kāçyapaparivarta*, ed. by Anton Staël-Holstein, Peking 1933.

LAS: *Laṅkāvatārasūtra*, ed. by Bunyiu Nanjio, Kyoto 1923.

LV: *Lalitavistara Teil I*, ed. by Salomon Lefmann, Halle 1902.

P: Peking.

PVSPP I-1: *Pañcaviṃśatisāhasrikā Prajñāpāramitā* I-1, ed. by Takayasu Kimura, Tokyo 2007.

PVSPP I-2: *Pañcaviṃśatisāhasrikā Prajñāpāramitā* I-2, ed. by Takayasu Kimura, Tokyo 2009.

PVSPP VI-VIII: *Pañcaviṃśatisāhasrikā Prajñāpāramitā* VI-VIII, ed. by Takayasu Kimura, Tokyo 2006.

RGV: *Ratnagotravibhāga*, ed. by Edward H. Johnston, Patna 1950.

SPS: *Saddharmapuṇḍarīkasūtra*, ed. by Hendrik Kern and Bunyiu Nanjio, St. Petersburg 1897-1937.

SV: *Sukhāvatīvyūha*, ed. Atsuuji Ashikaga, Kyoto 1965.

ŚSS: *Śrīmālādevīsiṃhanādasūtra*, in: 寶幢會編、『藏・漢・和三譯合璧勝鬘經・寶月童子所問經』京都、興教書院、一九四〇年。

T: 大正新脩大藏經。

VKN: *Vimalakīrtinirdeśa*, ed. by Study group on Buddhist Sanskrit literature (Institute for comprehensive studies of Buddhism, Taisho University), Tokyo 2006.

Z: 大日本續藏經。

参考文獻

大屋德城『高麗續藏雕造攷』京都、便利堂、一九三七年（東京、國書刊行會、一九八八年）。

岡本一平「慧光の頓漸圓三種教について」『東洋學研究』五三、東京、東洋大學東洋學研究所、二〇一六年。

坂本幸男『華嚴教學の研究』京都、平樂寺書店、一九五六年。

佐藤哲英『天台大師の研究』京都、百華苑、一九六一年。

佐藤哲英『續・天台大師の研究』京都、百華苑、一九八一年。

塚本善隆編『肇論研究』京都、法藏館、一九五五年。

平井俊榮『中國般若思想史研究　吉藏と三論學派』東京、春秋社、一九七六年。

牧田諦亮『疑經研究』京都、京都大學人文科學研究所、一九七六年。

村上明也「韓國・松廣寺所藏の辯空撰『大般涅槃經義記圓旨抄』について」『東アジア佛教研究』一四、東京、東アジア佛教研究會、二〇一六年。

吉津宜英「大乗義章の成立と淨影寺慧遠の思想（一）」『三藏』一六五、東京、大東出版社（國譯一切經月報）、一九七八年。

吉津宜英「大乗義章の成立と淨影寺慧遠の思想（二）」『三藏』一六六、東京、大東出版社（國譯一切經月報）、一九七八年。

法寶『大般涅槃經疏』京城、朝鮮總督府、一九二四年。

慧均・崔鉛植『校勘 大乘四論玄義記』（金剛學術叢書二）、金剛大學校佛教文化研究所、二〇〇九年。

均如・金知見『均如大師華嚴學全書』東京、後樂出版、一九七七年。

註

（1）de nas bcom ldan 'das kyis de'i tshe byang chub sems dpa' de dag gi sems kyi yongs su rnam par rtog pa thugs kyis thugs su chud nas | zhal gyi sgo tshems kyi mtshams kyi gseb nas 'od gzer | sangs rgyas kyi zhing gi rdul shin tu phra ba snyed rab tu bskye ba |（P no. 761, Yi 72b7-8)

（2）「面門」、口也。（灌頂『大般涅槃經疏』巻一。T38, 46a)

（3）言「面門」者、面之正容、非別口也。（智儼『大方廣佛華嚴經搜玄分齊通智方軌』巻一上。T35, 20c)

（4）de nas byang chub sems dpa' de dag 'di snyam du sems te | bcom ldan 'das kyis bdag cag la thugs brtse bar dgongs te | byang chub sems dpa' rnams kyi bsam pa ji lta ba bzhin du sangs rgyas kyi zhing yongs su bstan gyang rung | sangs rgyas kyi spyod pa yongs su bstan gyang rung | sangs rgyas kyi zhing gi rgyan yongs su bstan gyang rung | sangs rgyas kyi chos nyid yongs su bstan gyang rung | sangs rgyas kyi zhing yongs su dag pa bstan gyang rung | sangs rgyas kyi chos bshad pa yongs su bstan gyang rung | sangs rgyas kyi zhing gi rang bzhin yongs su bstan gyang rung | sangs rgyas kyi mthu yongs su bstan gyang rung || sangs rgyas kyi zhing gi rgyan yongs su bstan kyang rung || sangs rgyas kyi byang chub yongs su bstan kyang rung | phyogs bcu'i 'jig rten gyi khams su sangs rgyas bcom ldan 'das rnams kyis byang chub sems dpa'i rnam par dgod pa bcu ji ltar rnam par dgod pa de ltar yongs su bstan kyang rung | byang chub sems dpa' spyod pa bcu yongs su bstan gyang rung | byang chub sems dpa'i tshad med pa bcu yongs su bstan gyang rung || byang chub sems dpa'i gter rnams yongs su bstan gyang rung | byang chub sems dpa'i sa rnams yongs su bstan gyang rung | byang chub sems dpa'i smon lam rnams yongs su bstan gyang rung | byang chub sems dpa'i ting nge 'dzin bcu rnams yongs su bstan gyang rung | byang chub sems dpa'i rnam par 'phrul ba bcu yongs su bstan gyang rung byang chub sems dpa'i mgo bcu yongs su bstan gyang rung | byang chub sems dpa' thams cad yang dag par 'byung ba'i phyir | de bzhin gshegs pa'i gdung mi gcad pa dang | sems can thams cad yongs su bskyab pa dang | 'jig rten gyi khams thams cad nye bar nyon mongs pa med par bya ba dang | 'du byed thams cad yongs su shes par bya ba dang | chos thams cad yang dag par bstan par bya ba dang | kun nas nyon mongs pa thams cad rnam par dag par bya ba dang | the tshom thams cad yongs su gcad pa dang | nem nur thams cad shin tu bstsal pa dang | gnas thams cad rab tu gzhom bar bya ba'i phyir | gong du de bzhin gshegs pa'i sa bstan gyang rung | gong du de bzhin gshegs pa'i spyod yul bstan kyang rung | gong du de bzhin gshegs pa'i byin gyis brlabs bstan gyang rung | gong du de bzhin gshegs pa'i yul (corr. : spyod yul P) bstan gyang rung | gong du de bzhin gshegs pa'i stobs bstan gyang rung | gong du de bzhin gshegs pa'i mi bsnyengs pa bstan kyang rung | gong du de bzhin gshegs pa'i ting nge 'dzin bstan gyang rung | gong du de bzhin gshegs pa'i rdzu 'phrul bstan kyang rung | gong du de bzhin gshegs pa'i mnga' chen po bstan kyang rung | gong du de bzhin gshegs pa'i mi 'phrogs pa bstan kyang rung | gong du de bzhin gshegs pa'i snyan bstan kyang rung | gong du de bzhin gshegs pa'i shangs bstan kyang rung | gong du de bzhin gshegs pa'i ljags bstan kyang rung | gong du de bzhin gshegs pa'i sku bstan gyang rung | gong du de bzhin gshegs pa'i thugs bstan gyang rung | gong du de bzhin gshegs pa'i spobs pa bstan gyang rung | gong du de bzhin gshegs pa'i ye shes bstan kyang rung | gong du de bzhin gshegs pa'i khyu mchog gi mthu bstan kyang rung snyam pa |（P no. 761, Yi 189b8-190b7）

（5）　kye rgyal ba'i sras dag | 'di la byang chub sems dpa' thog mar [1] phun sum tshogs pa'i tshul khrims dang ldan pa yin | [2] byin gyis ma brlabs pa'i tshul khrims dang ldan pa yin | [3] mi gnas pa'i tshul khrims dang ldan pa yin | [4] lhag pa'i lta ba med pa'i tshul khrims dang ldan pa yin | [5] 'gal ba med pa'i tshul khrims dang ldan pa yin | [6] gzhan la mi gnod pa'i tshul khrims dang ldan pa yin | [7] ma 'dres pa'i tshul khrims dang ldan pa yin | [8] nye ba'i nyon mongs pa med pa'i tshul khrims dang ldan pa yin | [9] skyon med pa'i tshul khrims dang ldan pa yin | [10] kha na ma tho ba med pa'i tshul khrims dang ldan pa yin ||（P no. 761, Ri 94a6-94b1）

（6）　byang chub sems dpa' ni dge ba'i rtsa ba gang yang rung ste | [...] brtson pa dang | yang dag par brtson pa dang | sgrub pa dang | yang dag par sgrub pa dang | skyed pa dang | yang dag par bskyed pa dang | dmigs pa chen pos yang dag par sdud pa dang | grub par byed pa dang | rgya cher byed pa dang | yongs su rdzogs par byed pa |（P no. 761, Ri 151b4-152a1）

（7）　zas yongs su gtong ba'am | btung ba'am | [...] de sbyin pa dmigs pa'i dngos po thams cad yongs su gtong ba'i tshe [...]（P no. 761, Ri 171a7-171b8）

（8）　sna rnam par dag par yongs su yongs su bsngo ste | [...] sems can thams cad ngo la mi sdug pa med pa dang [...] ldan par gyur cig ces [...]（P no. 761, Ri 201a2-6）

（9）「面門」、口也。（灌頂『大般涅槃經疏』巻一。T38, 46a）

（10）'di la byang chub sems dpa' sems dpa' chen po [...] de dge ba'i rtsa ba chung ngu nye bar stsogs kyang rung | dge ba'i rtsa ba chen po nye bar stsogs kyang rung | dge ba'i rtsa ba yangs pa nye bar stsogs kyang rung [...]（P no. 761, Ri 245b3-7）

（11）[1] sgra khong du chud pa'i bzod pa dang | [2] 'thun pa'i bzod pa dang | [3] mi skye ba'i chos kyi bzod pa dang | [4] sgyu ma lta bu'i bzod pa dang | [5] smig rgyu lta bu'i bzod pa dang | [6] rmi lam lta bu'i bzod pa dang | [7] sgra snyan lta bu'i bzod pa dang | [8] gzugs brnyan lta bu'i bzod pa dang | [9] sprul pa lta bu'i bzod pa dang | [10] nam mkha' lta bu'i bzod pa'o ||（P no. 761, Li 250b3-5）

（12）Cf. 又如電、現在法亦如是。以刹那不住故。（『金剛般若波羅蜜經論』巻下。T25, 797a）

（13）kye rgyal ba'i sras chos kyi rnam grangs rnam pa 'di lta bu dag ni [1] de bzhin gshegs pa'i gsang ba'i gnas shes bya'o || [2] 'jig rten thams cad kyis shes par dka' ba zhes bya'o || [3] de bzhingshegs pa'i phyag rgya dang ldan pa zhes bya'o || [4] ye shes kyi mthu chen po rdzogs pa zhes bya'o || [5] de bzhin gshegs pa'i rigs ston pa zhes bya'o || [6] byang chub sems dpa' thams cad yang dag par sgrub pa zhes par bya'o || [7] 'gro ba thams cad kyis mi 'phrogs pa zhes bya'o || [8] shin tu nges par de bzhin gshegs pa'i spyod yul gyis rjes su song ba zhes bya'o || [9] sems can gyi khams ma lus pa thams cad rnam par spyod pa zhes bya'o || [10] de bzhin gshegs pa thams cad kyis bstan pa'i dge ba'i rtsa ba zhes bya'o ||（P no. 761, Shi 136b8-137a3）

（14）samanantarasamāpannasya ca bhagavato mahāvyūhaḥ kūṭāgāro 'nantamadhyavipulaḥ saṃsthito 'bhūt, aparājitavajradharaṇītalavyūaḥ [...] sarvaṃ ca jetavanaṃ vipulāyāmavistāraṃ saṃsthitam abhūt, tāny api ca buddhānubhāvena anabhilāpyabuddhakṣetraparamāṇurajaḥ-samāni buddhakṣetrāṇi vipulāyāmavistārāṇi saṃsthitāny abhūvan, sarvaratnavicitravyūhāni [...] sarvāvac ca jetavanam acintyadivyavimānameghagaganatalālaṃkāraṃ saṃsthitam abhūt, asaṃkhyeyasarvagandhavṛkṣameghasaṃchannālaṃkāram, anabhilāpyasarvavyūhasumerusaṃchannālaṃkāram [...]（GVS 5, 1 f）

（15）[1] bodhicittaṃ hi kulaputra bījabhūtaṃ sarvabuddhadharmāṇām. [2] kṣetrabhūtaṃ sarvajagacchukladharmavirohaṇatayā. [...]（GVS 396, 17 f）

（16）『大乘義章』巻十一、人四依義（T44, 677a-c）。

（17）惡賤是厭、不求是無欲、心無垢是解脱、捨擔是涅槃。（『阿毘曇毘婆沙論』巻十五。T28, 114a）

（18）當於爾時、佛神力故、有如來像、當立其前、而告之言「馬師滿宿、我有四句之法。……」。問曰。云何名四句法。答曰。或有説者。是四諦法。何以故。彼二人、以不見諦故、造斯惡行。復有説者。四念處是。何以故。彼二人、以顚倒故、造斯

惡行。……（『阿毘曇毘婆沙論』卷三。T28, 20b）

(19) Cf.「是人未得第二第三住處」者、七地無相修、八地已上無相果、六地已還功用相修未得後二、故云「未得第二第三」也。法先（上?）有一解。第二依人偏順料簡何故也。第二依束二果二忍合爲一依故也。今云「未得」者、初果未得第二果人住處也。第二果人未得第三果人住處也。（『涅槃經疏』。『續集』p. 477）

(20) 第二人者名須陀洹斯陀含。若得正法、受持正法、從佛聞法、如其所聞、聞已書寫、受持讀誦、轉爲他說。若聞法已、不寫不受不持不說、而言「奴婢不淨之物。佛聽畜」者、無有是處。是名第二人。如是之人未得第二第三住處、名爲菩薩已得受記。（『大般涅槃經』卷六、如來性品。T12, 397a）
de la rgyun tu zhugs pa dang | lan cig phyir 'ong ba zhes bya ba ni gang thob nas dam pa'i chos 'dri ba dang | 'chad pa dang 'bar bar 'gyur ba mi srid pa dang | gzhan dag la yang sangs rgyas kyis gsungs pa ma yin pa rang bzo'i tshig dang | yi ge sna tshogs dang | bran dang bran mo yongs su 'dzin pa ston mi srid pa ste | rgyun tu zhugs pa dang | lan cig phyir 'ong ba'i grangs su ni gtogs mod kyi rgyun tu zhugs pa dang | lan cig phyir 'ong ba ni ma yin no ‖ de ltar sa dang po dang gnyis pa dang gsum pa thob pa'i byang chub sems dpa' sems dpa' chen po ni mngon sum du lung bstan pas sangs rgyas kyi gnas su sangs rgyas su 'gyur bar lung bstan to ‖ (P no. 738, Tu 81b5-7)

(21) 復次一一法有九種。一者有體。二者各各有法。如眼耳雖同四大造、而眼獨能見、耳無見功。又如火以熱爲法、而不能潤。三者諸法各有力。如火以燒爲力、水以潤爲力。四者諸法各自有因。五者諸法各自有緣。六者諸法各自有果。七者諸法各自有性。八者諸法各有限礙。九者諸法各各有開通方便。（『大智度論』卷三十二。T25, 298c）

(22)「達磨」者、有二十卷『諸經雜集』。（道暹『法華天台文句輔正記』卷三。Z1.45.1, 62b）
『疏』「達摩鬱多羅將此九種、會『法華』十如」者、兼（廣?）如二十卷『諸經雜集』。（道邃『天台法華疏記義決』卷二。DBZ15, 147a）

(23) 長者提謂聞佛廣說人行本、卽得不起法忍、三百人得須陀洹證、四天王皆得柔順忍、三百龍王皆得信根……。（Pelliot 3732. 牧田諦亮『疑經研究』p. 190）

(24) 以是德本、於將來世、諸賈客等當得作佛、名曰蜜成如來・至眞・等正覺・明行成、爲善逝・世間解・無上士道法・御天人師、爲佛・世尊。（『普曜經』卷七。T3, 527a）
anena yūyaṃ kuśalena karmaṇā madhusaṃbhavā nāma jinā bhaviṣyatha ‖ (LV 391, 22)

(25) 善男子、我起樹王、詣波羅奈、鹿野園中、爲阿若拘隣等五人、轉四諦法輪時、亦說諸法本來空寂代謝不住念念生滅。中聞於此及以處處、爲諸比丘幷衆菩薩、辯演宣說十二因緣六波羅蜜、亦說諸法本來空寂代謝不住念念生滅。今復於此、演說『大乘無量義經』、亦說諸法本來空寂代謝不住念念生滅。(『無量義經』。T9, 386b)

(26) 我今如來出現於世、一會聖衆千二百五十人、十二年中、無有瑕穢、亦以一偈爲禁戒。「護口意清淨　身行亦清淨　淨此三行跡　修行仙人道」。十二年中、說此一偈、以爲禁戒。(『增壹阿含經』卷四十四。T2, 787b)

(27) 世尊、如來爲太子時、出於釋宮、去伽耶城不遠、坐於道場、得成阿耨多羅三藐三菩提。從是已來、始過四十餘年。(『妙法蓮華經』卷五、從地踊出品。T9, 41c)

bhagavaṃs tathāgatena kumārabhūtena kapilavastunaḥ śākyanagarān niṣkramya gayānagarān nātidūre bodhimaṇḍavarāgragatenānuttarā samyaksaṃbodhir abhisaṃbuddhā. tasyādya bhagavan kālasya sātirekāṇi catvāriṃśad varṣāṇi. (SPS 311, 2-4)

(28) 復次須菩提聞『法華經』中說「於佛所、作少功德、乃至戲笑一稱南無佛、漸漸必當作佛」、又聞阿鞞跋致品中「有退不退」、又復聞「聲聞人皆當作佛」。若爾者、不應有退。如『法華經』中說「畢定」、餘『經』說「有退、有不退」。是故今問爲畢定爲不畢定。(『大智度論』卷九十三。T25, 713bc)

(29) 何等爲第一義空。第一義名涅槃。涅槃涅槃空。非常非滅故。何以故。性自爾。是名第一義空。(『摩訶般若波羅蜜經』卷五。T8, 250b)

tatra katamā paramārthaśūnyatā. paramārtha ucyate nirvāṇam. tac ca nirvāṇena śūnyam. akūṭasthāvināśitām upādāya. tat kasya hetoḥ. prakṛtir asyā eṣā. iyam ucyate paramārthaśūnyatā. (PVSPP I-2, 61, 21-23)

(30) 不誑相涅槃是法非變化。(『摩訶般若波羅蜜經』卷二十六。T8, 416a)

asaṃmoṣadharmo na nirmitaḥ. (PVSPP VI-VIII, 179, 2)

(31) 諸仁者、是身無常、無強、無力、無堅、速朽之法、不可信也。……諸仁者、此可患厭、當樂佛身。所以者何。佛身者卽法身也。(『維摩詰所說經』卷上。T14, 539bc)

evam anityo 'yaṃ mārṣāḥ kāyaḥ, evam adhruvaḥ, evam anāśvāsikaḥ, evaṃ durbalaḥ, evam asāraḥ, evaṃ jarjaraḥ, evam itvaraḥ. [...] tatra yuṣmābhir evaṃrūpe kāye nirvidvirāga utpādayitavyas tathāgatakāye ca spṛhotpādayitavyā. dharmakāyo hi mārṣāḥ tathāgatakāyaḥ. (VKN 17, 11-18, 23)

(32) 不空者謂大涅槃。(『大般涅槃經』卷二十七、師子吼菩薩品。T12, 523b)

(33) 知衆樂小法　而畏於大智　是故諸菩薩　作聲聞緣覺(『妙法蓮華經』卷四、五百弟子授記品。T9, 28a)

hīnādhimuktā ima sattva jñātvā udārayāne ca samuttrasanti |
tatu śrāvakā bhontimi bodhisattvāḥ pratyekabodhiṃ ca nidarśayanti ‖（SPS 203, 6-7）

（34）我法最長子　是名大迦葉　阿難勤精進　能斷一切疑　汝等當諦觀　阿難多聞士　自然當解了　是常及無常　以是故不應心懷於憂惱（『大般涅槃經』卷十、一切大衆所問品。T12, 428a）
nga yi sras mchog thu bo 'od srung dang ‖ blo ldan kun dga' khyod kyi the tshom gcod ‖
khyod kyis nga yi zhal rtas rtag pa dang ‖ mi rtag shes byos mya ngan ma byed cig ‖（P no. 788, Tu 156a8-b1）

（35）一切世間天人及阿修羅皆謂「今釋迦牟尼佛出釋氏宮、去伽耶城不遠、坐於道場、得阿耨多羅三藐三菩提」。然善男子、我實成佛已來無量無邊百千萬億那由他劫。（『妙法蓮華經』卷五、如來壽量品。T9, 42b）
ayaṃ kulaputrāḥ sadevamānuṣāsuro loka evaṃ saṃjānīte: sāṃpratam bhagavatā śākyamuninā tathāgatena śākyakulād abhiniṣkramya gayāhvaye mahānagare bodhimaṇḍavarāgragatenānuttarā samyaksaṃbodhir abhisaṃbuddheti. naivaṃ draṣṭavyam. api tu khalu punaḥ kulaputrāḥ bahūni mama kalpakoṭīnayutaśatasahasrāṇy anuttarāṃ samyaksaṃbodhim abhisaṃbuddhasya.（SPS 316, 1-5）

（36）我又示現閻浮提中出於世間。衆生皆謂「我始成佛」。然我已於無量劫中所作已辦、隨順世法故、復示現於閻浮提初出成佛。（『大般涅槃經』卷四、如來性品。T12, 389b）
'jam bu'i gling la lar ni skye bar ston te sems can rnams kyis skyes so snyam du yang dag par shes so | nga ni bskal pa bye ba phrag grangs med pa nas bya ba byas zin mod kyi der yang go 'phang thams cad kyi don thob pa'i mthar thug par bstan te 'di ni 'jig rten dang 'thun par bya ba tsam du zad do ‖（P no. 788, Tu 64a4-6）

（37）『般若波羅蜜』非祕密法。而『法華』等諸經說「阿羅漢受決作佛」。大菩薩能受持用。譬如大藥師能以毒爲藥。（『大智度論』卷百。T25, 754b）

（38）十二部經、唯方廣部是菩薩藏、餘十一部是聲聞藏。（『菩薩地持經』卷三、力種性品。T30, 902c）
tatra dvādaśāṅgād vacogatād yad vaipulyaṃ tad bodhisattvapiṭakam, avaśiṣṭaṃ śrāvakapiṭakaṃ veditavyam.（BoBh 68, 3-4）

（39）復次有人言。如摩訶迦葉將諸比丘在耆闍崛山中集三藏、佛滅度後、文殊尸利彌勒諸大菩薩亦將阿難集是摩訶衍。（『大智度論』卷百。T25, 756b）

（40）除十一部、惟毘佛略、受持讀誦書寫解說、亦名菩薩具足多聞。（『大般涅槃經』卷二十六、光明遍照高貴德王菩薩品。T12, 520b）

（41） Cf. 世尊、此四聖諦、三是無常、一是常。（『勝鬘師子吼一乘大方便方廣經』。T12, 221c）
bcom ldan 'das 'phags pa'i bden pa bzhi po 'di dag la bden pa gsum ni mi rtag pa lags so || bden pa gcig ni rtag pa lags so ||（ŚSS 132, 15-133, 1）

（42） Cf. 何以故。三諦入有爲相。入有爲相者是無常。無常者是虛妄法。虛妄法者非諦、非常、非依。是故苦諦集諦道諦非第一義諦、非常、非依。（『勝鬘師子吼一乘大方便方廣經』。T12, 221c）
de ci'i phyir zhe na | bcom ldan 'das bden pa gsum ni 'dus byas kyi mtshan nyid du gtogs pa de ni mi rtag pa lags so || gang mi rtag pa de brdzun bslu ba'i chos can lags so || bcom ldan 'das gang brdzun bslu ba'i chos can de ni mi bden pa dang mi rtag pa lags te skyabs ma lags so || bcom ldan 'das de lta lags pas 'phags pa'i sdug bsngal bden pa dang | sdug bsngal kun 'byung ba bden pa dang | sdug bsngal 'gog par 'gro ba'i lam 'phags pa'i bden pa yang yang dag par ni mi bden pa dang mi rtag pa lags te | skyabs ma lags so ||（ŚSS 134, 1-10）

（43） Cf. 一苦滅諦離有爲相。離有爲相者是常。常者非虛妄法。非虛妄法者是諦、是常、是依。（『勝鬘師子吼一乘大方便方廣經』。T12, 222a）
bcom ldan 'das 'di la bden pa gcig ni 'dus byas kyi mtshan nyid kyi yul las 'das pa lags te | bcom ldan 'das gang 'dus byas kyi mtshan nyid kyi yul las 'das pa de ni rtag pa lags so || gang rtag pa de ni mi slu ba'i chos can lags so || bcom ldan 'das gang mi slu ba'i chos can de ni bden pa dang | rtag pa dang | skyabs lags so ||（ŚSS 134, 11-16）

（44） Cf. 是故滅諦是第一義。……不思議是滅諦。……（『勝鬘師子吼一乘大方便方廣經』。T12, 222a）
bcom ldan 'das de lta lags pas 'di la sdug bsngal 'gog pa'i bden pa nyid ni yang dag par na bden pa dang | rtag pa dang | skyabs lags so || bcom ldan 'das sems can thams cad kyi rnam par shes pa'i yul las 'das pa sdug bsngal 'gog pa'i bden pa ni bsam gyis mi khyab ste | nyan thos dang rang sangs rgyas thams cad kyi shes pa'i spyod yul ma lags so ||（ŚSS 134, 16-136, 6）

（45） Cf. 世尊、非壞法故名爲苦滅。（『勝鬘師子吼一乘大方便方廣經』。T12, 221c）
bcom ldan 'das sdug bsngal 'gog pa ni chos chud gson pa ma lags so ||（ŚSS 128, 14-15）

（46） Cf. 所言苦滅者、名無始無作無起無盡離盡常住自性清淨離一切煩惱藏。世尊、過於恆沙不離不脫不異不思議佛法成就、說如來法身。（『勝鬘師子吼一乘大方便方廣經』。T12, 221c）
bcom ldan 'das de bzhin gshegs pa'i chos kyi sku thog ma ma mchis pa'i dus nas mchis pa | ma bgyis pa | ma skyes pa | mi bas pa | bas pa ma mchis pa rtag pa | brtan pa | rang bzhin gyis yongs su dag pa | nyon mongs pa thams cad kyi sbubs nas nges par grol ba | sangs rgyas

kyi chos tha dad du mi gnas pa | grol bar shes pa bsam gyis mi khyab pa gang ga'i klung gi bye ma las 'das pa snyed dang ldan pa ni sdug bsngal 'gog pa'i ming gis bstan pa'i slad du ste |（ŚSS 128, 16-130, 6）

(47) Cf. 世尊、如是如來法身不離煩惱藏名如來藏。（『勝鬘師子吼一乘大方便方廣經』。T12, 221c）
bcom ldan 'das de nyid la den bzhin gshegs pa'i snying po chos kyi sku nyon mongs pa'i sbubs nas nges par grol ba zhes bgyi'o ‖（ŚSS 130, 6-8）

(48) Cf. 世尊、如來藏智是如來空智。世尊、如來藏者、一切阿羅漢辟支佛大力菩薩本所不見本所不得。（『勝鬘師子吼一乘大方便方廣經』。T12, 221c）
bcom ldan 'das de bzhin gshegs pa'i snying po shes pa nyid ni de bzhin gshegs pa rnams kyi stong pa nyid kyi ye shes lags te | de bzhin gshegs pa'i snying po ni nyan thos dang | sang sangs rgyas thams cad kyis sngon ma mthong ma rtogs lags so ‖（ŚSS 130, 9-12）

(49) 善男子、何等名爲修多羅經。從「如是我聞」乃至「歡喜奉行」、如是一切名修多羅。（『大般涅槃經』卷十五、梵行品。T12, 451b）

(50) 何等名爲伽陀經。除修多羅及諸戒律、其餘有說四句之偈。（『大般涅槃經』卷十五、梵行品。T12, 451c）

(51) 祇夜者、以偈、頌修多羅。（『成實論』卷一。T32, 244c）

(52) 從佛出生十二部經、從十二部經出修多羅。（『大般涅槃經』卷十四、聖行品。T12, 449a）

(53) 復聞是『法華經』八百千萬億那由他甄迦羅頻婆羅阿閦婆等偈。（『妙法蓮華經』卷六、藥王菩薩本事品。T9, 53b）
ayaṃ ca saddharmapuṇḍarīko dharmaparyāyo 'śītibhir gāthākoṭīnayutaśatasahasraiḥ kaṅkaraiś ca vivaraiś ca akṣobhyaiś ca tasya bhagavato 'ntikāc chruto 'bhūt.（SPS 409, 5-6）

(54) 有胡道人、應期送到此經胡本都二萬五千偈。（『出三藏記集』序卷第八、未詳作者「大涅槃經記」。T55, 60a）

(55) 除斷愛故心得解脫、斷無明故慧得解脫。（『大般涅槃經』卷三十八、迦葉菩薩品。T12, 587c）

(56) 未詳。

(57) Cf. 捨離一切無明穢汚、一切所知、無礙自在。是名智淨。（『菩薩地持經』卷十、行品。T30, 956a）
pūrvavat sarvāvidyāpakṣyadauṣṭhulyāpagamāt sarvatra ca jñeye jñānasyānāvaraṇāt jñānavaśavartitā sarvākārā jñānaviśuddhir ity ucyate.（BoBh 265, 12-13）

(58) Cf. 智所知礙、是名爲障。（『菩薩地持經』卷十、眞實義品。T30, 893a）

jñeye jñānasya pratighāta āvaraṇam ity ucyate.（BoBh 26, 9-10）

（59） 出世間無明名爲智障。猶如娑羅留枝『本行』中說偈。「無明有二種　世間出世間　世間無明行　賢聖已遠離」。（『入大乘論』卷下。T32, 45c）

（60） Cf. 四住煩惱是異心之惑、名「外貪」。二地所除是卽心之闇、同體之□（惑？）、故名「自體明垢」也。（法上『十地論義疏』卷三。T85, 782b）

（61） 云何煩惱障淨智所行處法眞實義耶。一切聲聞緣覺無漏智、若無漏方便、若隨生世智、修行境界、於彼智緣中、煩惱障淨、未來世障畢竟不起、是名煩惱障淨智所行處法眞實義也。（『菩薩地持經』卷一、眞實義品。T30, 893a）

kleśāvaraṇaviśuddhijñānagocaras tattvaṃ katamat. sarvaśrāvakapratyekabuddhānām anāsraveṇānāsravāvāhakena cānāsravapṛṣṭalabdhena ca laukikena jñānena yo gocaraviṣayaḥ, idam ucyate kleśāvaraṇaviśudvijñānagocaras tattvam.（BoBh 25, 22-24）

（62） 云何智障淨智所行處法眞實義耶。智所知礙是名爲障。彼智障解脫智修行境界、是名智障淨智所行處法眞實義也。（『菩薩地持經』卷一、眞實義品。T30, 893a）

jñeyāvaraṇaviśuddhijñānagocaras tattvaṃ katamat. jñeye jñānasya pratighāta āvaraṇam ity ucyate. tena jñeyāvaraṇena vimuktasya jñānasya yo gocaraviṣayas taj jñeyāvaraṇaviśuddhijñānagocaras tattvaṃ veditavyam.（BoBh 26, 9-11）

（63） Cf. 智所知礙、是名爲障。（『菩薩地持經』卷十、眞實義品。T30, 893a）

jñeye jñānasya pratighāta āvaraṇam ity ucyate.（BoBh 26, 9-10）

（64） 又如佛言「於福莫畏」者、助道應行故。（『百論』卷上。T30, 170b）

（65） dper na mnyan pa ni pha rol tu 'gro ga yang ma yin no ‖ tshu rol tu 'gro ba'ang ma yin | chu klung gi gzhung la gnas pa'ang ma yin | 'gro ba dang 'ong ba rgyun mi 'chad pa'i phyir pha rol ma yin par sems can rnams kyang sgrol lo ‖ de bzhin du byang chub sems dpa' yang 'khor bar 'gro ba yang ma yin | mya ngan las 'das par 'gro ba yang ma yin | 'khor ba'i rgyud la gnas pa yang ma yin te | tshu rol gyi mu nas sems can rnams bskyong nge | pha rol gyi ngogs bde ba | 'jigs pa med pa | 'tshe ba med pa | 'khrug pa med par rab tu bzhag kyang sems can gyi khams bgrong ba'i tshul gyis mngon par chags pa med do ‖（P no. 761, Ri 79a6-79b1）

（66） 'dus ma byas kyi chos rnams gang zhe na | nam mkha' dang | mya ngan las 'das pa dang | so sor brtags te 'gog pa dang | so sor ma brtags par 'gog pa dang | rten cing 'brel par 'byung ba dang | chos kyi gnas nyid de | 'di dag ni 'dus ma byas pa'i chos so ‖（P no. 761, Ri 97b1-2）

（67）　Cf. 問曰。因緣是生死法。云何名常。釋有兩義。第一攝法從人就事、三世流轉實是無常。第二癡人以論其法、清淨法界緣起集成因緣法門、無所屬著、無有彼此、古今恆定、故名爲常。故下文言「十二因緣無有住處故得爲常」。下文復言「十二因緣有佛無佛性相常住」。『華嚴』亦說「十二因緣是無爲法」。此等皆說因緣法門、不論其事。如十二因、一切諸法例皆同爾。故下文中宣說「法陰法界法入悉無住處故齊名常」。（慧遠『大般涅槃經義記』卷八。T37, 840c）

（68）　善男子、我『經』中說「云何名爲十二因緣。從無明生行。從行生識。從識生名色。從名色生六入。從六入生觸。從觸生受。從受生愛。從愛生取。從取生有。從有生生。從生則有老死憂苦」。善男子、我諸弟子聞是說已、不解我意、唱言「如來說十二緣定是有爲」。我又一時告喩比丘而作是言「十二因緣有佛無佛性相常住」。善男子、有十二緣不從緣生。有從緣生非十二緣。有從緣生亦十二緣。有非緣生非十二緣。有十二緣非緣生者、謂未來世十二支也。有從緣生非十二緣者、謂阿羅漢所有五陰。有從緣生亦十二緣者、謂凡夫人所有五陰十二因緣。有非緣生非十二緣者、謂虛空涅槃。善男子、我諸弟子聞是說已、不解我意、唱言「如來說十二緣定是無爲」。（『大般涅槃經』卷三十四、迦葉菩薩品。T12, 567a）

（69）　byang chub sems dpa' ni dge ba'i rtsa ba gang yang rung ste | [...] brtson pa dang | yang dag par brtson pa dang | sgrub pa dang | yang dag par sgrub pa dang | skyed pa dang | yang dag par bskyed pa dang | dmigs pa chen pos yang dag par sdud pa dang | grub par byed pa dang | rgya cher byed pa dang | yongs su rdzogs par byed pa |（P no. 761, Ri 151b4-152a1）

（70）　'khor ba'i rnam pa tha dad pa gcig du mi byed do || zhi ba'i rnam par brtags pa med pas rlom sems mi skyed do || de bzhin gshegs pa rnams kyis de bzhin gshegs pa'i yul gyis snyems par mi byed do || chos gang gis kyang chos la gnas par mi byed de |（P no. 761, Ri 167a4-6）

（71）　de ltar byang chub sems dpa' sems dpa' chen po sems kyi skad cig re re la nye bar bstsags pa'i dge ba'i rtsa ba de dag yongs su bsngo ste | [...] de ltar byang chub sems dpa' sems dpa' chen po snying brtse ba dang ldan pa [...]（P no. 761, Ri 249a2-254a5）

（72）　las bya ba las dang 'gal bar mi byed do || las las bya ba dang 'gal bar mi byed do ||（P no. 761, Ri 256b6-7）

（73）　de bzhin nyid ji lta ba de bzhin du dge ba'i rtsa ba de dag chos thams cad kyi de kho na rab tu rtogs par bya ba'i phyir yongs su bsngo'o || de bzhin nyid kyi ngang tshul can gang yin pa de'i ngang tshul du gyur par dge ba'i rtsa ba de dag yongs su bsngo'o || [...]（P no. 761, Ri 264a5-6）

（74）　ji ltar de bzhin nyid sngon gyi mthas zad par ma gyur pa dang | phyi ma'i mthas rgyas par 'gyur ba med cing da ltar byung bas rnam pa tha dad par ma gyur pa de bzhin du dge ba'i rtsa ba 'dis 'khor ba thams cad las rnam par 'das pa'i phyir | byang chub kyi sems sar pa gsar pa'i smon lam gyis 'gro ba thams cad rnam par dag pa dang ldan par gyur cig |（P no. 761, Ri 269a3-4）

（75） 前出（第1章）。

（76） kye rgyal ba'i sras bcu po 'di dag ni byang chub sems dpa' rnams kyi 'gro ba ste | bcu gang zhe na 'di ltar [1] chos 'dod pas chos nyan du 'gro ba dang | [2] sems can gyi don du chos ston du 'gro ba dang | [3] rang gi sems nges par rtogs pas 'dod pa med pa dang zhe sdang ba med pa dang gti mug med pa dang 'jigs med par 'gro ba dang | [4] sems can yongs su smin par bya ba'i phyir 'dod pa'i khams su 'gro ba dang | [5] myur du phyir ldog par bya bas gzugs dang gzugs med pa'i snyoms par 'jug par 'gro ba dang | [6] shes rab myur ba 'thob pa'i phyir don dang chos kyi rgyud du 'gro ba dang | [7] 'dul ba'i dbang gis skye ba thams cad du 'gro ba dang | [8] de bzhin gshegs pa blta ba dang phyag bya ba dang bsnyen bkur ba'i phyir sangs rgyas kyi zhing thams cad du mngon par shes pas 'gro ba dang | [9] 'khor ba'i rgyud kyi rgyud mi gnod pa'i phyir mya ngan las 'das pa'i rgyun du 'gro ba dang | [10] byang chub sems dpa'i spyod pa rgyun mi gcod pa'i phyir sangs rgyas kyi chos thams cad yongs su rdzogs par bya bar 'gro'o || kye rgyal ba'i sras bcu po de dag ni byang chub sems dpa' rnams kyi 'gro ba ste | de dag la gnas shing byang chub sems dpa' rnams de bzhin gshegs pa'i gzhud ba dang gshegs pa dang byon pa med pa bla na med pa 'thob par 'gyur ba dag go ||（P no. 761, Shi 232b1-7）

（77） kye rgyal ba'i sras bcu po 'di dag ni byang chub sems dpa' rnams kyi spyod yul ste | bcu gang zhe na 'di ltar [1] dran pa nye bar gzhag pa yongs su rdzogs par bya ba'i phyir dran pa'i spyod yul dang | [2] chos kyi tshul rtogs par bya ba'i phyir rtogs pa'i spyod yul dang | [3] sangs rgyas thams cad mnyes par bya ba'i phyir blo gros kyi spyod yul dang | [4] thams cad mkhyen pa nyid kyi ye shes yongs su rdzogs par bya ba'i phyir pha rol tu phyin pa'i spyod yul dang | [5] sems can yongs su smin par bya ba'i phyir bsdu ba'i dngos po'i spyod yul dang | [6] dge ba'i rtsa ba thams cad dran pa'i phyir mthong ba'i spyod yul dang | [7] 'du 'dzi bsal zhing sems can mos pa ji lta ba bzhin du 'dul ba'i phyir sems can thams cad dang 'grogs pa'i spyod yul dang | [8] sems can thams cad kyi dbang po dang yul khong du chud par bya ba'i phyir mngon par shes pa bskyod pa'i spyod yul dang | [9] shes rab kyi pha rol tu phyin pa'i mtshon cha gangs pa'i phyir thabs mkhas pa'i spyod yul dang | [10] thams cad mkhyen pa'i ye shes mngon par sangs rgyas kyang byang chub sems dpa'i spyod pa rgyun mi gcod pa'i phyir snying po byang chub kyi spyod yul lo || kye rgyal ba'i sras bcu po de dag ni byang chub sems dpa' rnams kyi spyod yul te | de dag la gnas shing byang chub sems dpa' rnams de bzhin gshegs pa'i ye shes chen po'i spyod yul bla na med pa 'thob par 'gyur ba dag go ||（P no. 761, Shi 234a6-234b3）

（78） tad yathāpi nāma gaṅgāyā mahānadyā ubhayatas tīre bahūni pretaśatasahasrāṇi samāgatāni kṣutpipāsāprapīḍitāni nagnāni nirvasanāni vidagdhagātracchavivarṇāni vātātapapariśuṣkāṇi kākasaṃghopadrutāni vṛkaśṛgālair vitrāsyamānān: tāṃ gaṅgāṃ mahānadīṃ na paśyanti. kecit punaḥ śuṣkāṃ paśyanti nirudakāṃ bhasmaparipūrṇām. āvaraṇīyakarmāvṛtatvāt.（GVS 14, 13-16）

（79）爾時諸大聲聞、舍利弗、目揵連、摩訶迦葉、離婆多、須菩提、阿泥盧豆、難陀、金毘羅、迦旃延、富樓那彌多羅尼子、如是等諸大聲聞在祇洹林、而悉不見①如來自在②如來莊嚴③如來境界④如來變化⑤如來師子吼⑥如來妙功德⑦如來自在行⑧如來勢力⑨如來住持力⑩清淨佛刹、如是等事皆悉不見。（『大方廣佛華嚴經』卷四十四、入法界品。T9, 679bc）

na ca te mahāśrāvakāḥ śāriputramaudgalyāyanamahākāśyaparevatasubhūtyaniruddhanandikakapphiṇakātyāyanapūrṇamaitrāyaṇīputra-pramukhā jetavane tathāgatavikurvitam adrākṣuḥ. na ca tān buddhavyūhān buddhavṛṣabhitāṃ buddhavikrīḍitaṃ buddhaprātihāryaṃ buddhādhipateyatāṃ buddhacaritavikurvitaṃ buddhaprabhāvaṃ buddhādhiṣṭhānaṃ buddhakṣetrapariśuddhim adrākṣuḥ.（GVS 12, 26-29）

（80）前出（註（69））。

（81）前出（註（74））。

（82）一中解無量　無量中解一　展轉生非實　智者無所畏（『大方廣佛華嚴經』卷五、如來光明覺品。T9, 423a）

gang gis gcig la mang shes shing || mang po'ang gcig tu rab rtogs te || gnas kyi rnams su'ang byung gyur pa || de dag 'jigs pa med par 'gyur ||（P no. 761, Yi 207b6）

（83）前出（註（70））。

（84）sems can thams cad dge ba'i rtsa ba tshogs chen po rnam par dag pa | khams gsum pas zil gyis mi non pa'i star rab tu thob par gyur cig |（P no. 761, Ri 189b2）

（85）gzugs shin tu phra ba dang | lus shin tu phra ba dang | [...] shin tu phra ba 'di dag thams cad sems kyi skad cig gcig tu sbyangs pa'i ye shes byang chub sems dpa' kun tu bzang po'i rjes su song bas yang dag pa ji lta ba bzhin du rab tu shes par gyur cig |（P no. 761, Li 11a4-7）

（86）kye rgyal ba'i sras de bzhin du de bzhin gshegs pa dgra bcom pa yang dag par rdzogs pa'i sangs rgyas rnams kyi ye shes rgya mtsho chen po'i nang na ye shes kyi rin po che chen po bsod nams dang ye shes dang yon tan phun sum tshogs pa bzhi yod de | ye shes rin po che chen po de dag gi gzi brjid dang mthus de bzhin gshegs pa'i ye shes rgya mtsho chen po'i nang nas slob pa dang mi slob pa thams cad dang | rang sangs rgyas thams cad dang | byang chub sems dpa' thams cad kyi ye shes rin po che 'byung ste | kye rgyal ba'i sras gal te de bzhin gshegs pa'i ye shes rgya mtsho chen po'i nang na ye shes rin po che chen po de bzhi med du zin na ni | de bzhin gshegs pa'i ye shes rgya mtsho chen po'i nang nas chung ngu na byang chub sems dpa' gcig gi ye shes rin po che yang 'byung bar mi 'gyur ro || bzhi po de dag kyang gang zhe na | 'di lta ste | [1] thabs mkhas pa chags pa med pa'i ye shes rin po che chen po dang | [2] 'dus byas dang 'dus ma byas su mnyam pa'i chos rab tu rtog pa'i ye shes rin po che chen po dang | [3] chos kyi dbyings tha mi dad kyang rnam pa tha dad du shin tu ston pa'i ye shes rin po che chen po dang | [4] dus dang dus ma yin pa las mi 'da' zhing dus la phebs par byed pa'i ye shes rin po che chen po ste | de bzhin gshegs pa'i ye shes rin po che chen po de bzhi yod do ||（P no. 761, Shi 112b1-6）

（87） sarvajagadrakṣāpraṇidhānavīryaprabhāyā rātridevatāyā buddhakṣetraparamāṇurajaḥsamā bodhisattvasabhāgatāḥ pratyalabhata.（GVS 265, 30-31）

（88） Cf. 故『經』中說「一闡提人墮邪定聚、有二種身。一本性法身、二隨意身。佛日慧光照此二身」。（『佛性論』卷二。T31, 800c）

（89） 無盡平等妙法界、悉皆充滿如來身、無取無起永寂滅、爲一切歸故出世（『大方廣佛華嚴經』卷一、世間淨眼品。T9, 397b）

mi zad chos kyi dbyings ni mtha' yas te || kun kyang sangs rgyas sku la rab tu gsal ||
de ni gzugs med dngos med rab tu zhi || 'gro ba'i skyabs su 'byung ba skyes shing byung ||（P no. 761, Yi 14b7-8）

（90） 前出（註（4））。

（91） 前出（註（73））。

（92） 前出（註（74））。

（93） kye rgyal ba'i sras dag | de la byang chub sems dpa'i spyod pa dang po dga' ba byed pa zhes bya ba gang zhe na | [...] kye rgyal ba'i sras dag 'di ni byang chub sems dpa'i spyod pa dang po'o || spyod pa de la gnas pa'i byang chub sems dpa' ni [...]（P no. 761, Ri 65b8-66a4）

（94） 前出（註（73））。

（95） atha khalu teṣāṃ bodhisattvānāṃ saparivārāṇāṃ teṣāṃ ca śrāvakamaharddhikānāṃ teṣāṃ ca lokendrāṇāṃ saparivārāṇām etad abhavat.（GVS 4, 4-5）

（96） 前出（註（73））。

（97）　前出（註（74））。

（98）　前出（註（73））。

（99）　前出（註（74））。

（100）　前出（註（86））。

（101）　kye rgyal ba'i sras de bzhin du de bzhin gshegs pa dgra bcom pa yang dag par rdzogs pa'i sangs rgyas rnams kyi ye shes kyi rgya mtsho chen po la ye shes rin po che chen po mthu dang 'od shin tu che ba bzhi yod de | ye shes rin po che chen po bzhi'i mthu dang 'od kyis phog na | byang chub sems dpa'i smon lam gyi bsam pas byung ba'i bsod nams kyi chu'i phung po yongs su 'grib par 'gyur te | de dag yod pas de bzhin gshegs pa'i ye shes kyi rgya mtsho chen po gang ba dang 'grib par mi mngon no || bzhi po de dag kyang gang zhe na | 'di lta ste [1] dpa' rlabs thams cad zhi bar byed pa'i ye shes rin po che chen po dang | [2] chos kyi rjes su 'brang zhing sred pa yongs su zad par byed pa'i ye shes rin po che chen po dang | [3] shes rab kyi 'od chen pos shin tu snang ba'i ye shes rin po che chen po dang | [4] mun pa med cing snang bar byed pa de bzhin gshegs pa'i mnyam pa nyid kyi ye shes rin po che chan po ste | de bzhin gshegs pa'i ye shes rin po che mthu dang gzi brjid shin tu che ba 'di bzhi yod do ||（P no. 761, Shi 113b1-6）

（102）　若衆生下劣　其心厭沒者　示以聲聞道　令出於衆苦（『大方廣佛華嚴經』卷二十六、十地品。T9, 567c）
yatra sattva hīnacitta dīnamānaniratās tatra vidu śrāvakācarī deśenti vṛṣabhī |（DBhS 154, 15-155, 1）

（103）　若復有衆生　諸根少明利　樂於因緣法　爲說辟支佛（『大方廣佛華嚴經』卷二十六、十地品。T9, 567c）
yatra sattva tīkṣṇacitta pratyayāna niratās tatra jñāna pratyayāna darśayanti virajāḥ |（DBhS 155, 2-3）

（104）　除先修習學小乘者。如是之人、我今亦令得聞是經入於佛慧。（『妙法蓮華經』卷五、從地踊出品。T9, 40b）
yatra ye 'pi śrāvakabhūmau vā pratekabuddhabhūmau vā kṛtaparicaryā abhuvan, te 'pi mayaivaitarhi buddhadharmajñānam avatāritāḥ saṃśrāvitāś ca paramārtham.（SPS 302, 1-2）

（105）　若人根明利　饒益於衆生　有大慈悲心　爲說菩薩道（『大方廣佛華嚴經』卷二十六、十地品。T9, 567c）
ye tu santi sattvahitamaitramananiratās tatra tyaṃ jinaputrāna darśayanti caraṇam |（DBhS 155, 4-5）

（106）　是諸衆生、世世已來、常受我化、亦於過去諸佛、供養尊重、種諸善根。此諸衆生始見我身、聞我所說、卽皆信受入如來慧。（『妙法蓮華經』卷五、從地踊出品。T9, 40b）
mamaiva hy ete kulaputrāḥ sattvāḥ paurvakeṣu samyaksaṃbuddheṣu kṛtaparikarmāṇaḥ. darśanād eva hi kulaputrāḥ śravaṇāc ca

mamādhimucyante buddhajñānam avataranty avagāhante.（SPS 301, 11-302, 1）

(107) 若有無上心　決定樂大事　爲示於佛身　說無量佛法（『大方廣佛華嚴經』卷二十六、十地品。T9, 567c）

ye tu sattva agraśreṣṭhamatimānaniratās tatra amī buddhakāya darśayanti atulam |（DBhS 155, 6-7）

(108) 「未曾受持」者、雖至耳識道、不誦持。諸頓說教及諸脩多羅法謗、以是義故如來說此脩多羅。（『大寶積經論』卷一。T26, 208c）

ma zin pa zhes bya ba ni thos pa'i lam du gyur kyang ma zin pa ste | nges pa'i don gyi mdo sde rnams spong zhing 'di las dgongs nas bcom ldan 'das kyis mdo 'di gsungs so zhes bya ba ste |（KPcom 43）

(109) 未定根性聲聞令直修佛道。（『攝大乘論釋』卷十五。T31, 266a）

(110) 問曰。若菩薩皆畢定佛、何以故種種呵二乘、不聽菩薩取二乘證。答曰。求佛道者應遍知法性。是人畏老病死、故於法性、少分取證、便自止息、捨佛道、不度衆生。諸佛菩薩之所呵責。汝欲捨去、會不得離。得阿羅漢證時、不求諸菩薩深三昧、又不廣化衆生。是則迂迴、於佛道稽留。問曰。阿羅漢先世因緣所受身必應當滅。住在何處、而具足佛道。答曰。得阿羅漢時、三界諸漏因緣盡、更不復生三界。有淨佛土、出於三界、乃至無煩惱之名。於是國土佛所、聞『法華經』、具足佛道。如『法華經』說「有羅漢、若不聞『法華經』、自謂得滅度。我於餘國、爲說是事、汝皆當作佛」。問曰。若阿羅漢往淨佛國土、受法性身、如是應得疾作佛。何以言迂迴稽留。答曰。是人著小乘因緣、捨衆生、捨佛道、又復虛言得道。以是因緣、故雖不受生死苦惱、於菩薩根鈍、不能疾成佛道、不如直往菩薩。（『大智度論』卷九十三。T25, 714a）

(111) 復次有人言〝如摩訶迦葉將諸比丘在耆闍崛山中集三藏、佛滅度後、文殊尸利彌勒諸大菩薩亦將阿難集是摩訶衍〟。（『大智度論』卷百。T25, 756b）

(112) 如來爲諸菩薩聲聞緣覺、行出苦道、說修多羅。結集經藏者、以說菩薩行、立菩薩藏、說聲聞緣覺行、立聲聞藏。（『菩薩地持經』卷七、建立品。T30, 958c）

evam etat sūtrapadaṃ tathāgatena deśitam, yo vā me bodhisattvānāṃ śrāvakāṇāṃ ca nairyāṇiko mārgo deśita iti vistaraḥ. sa ca bodhisattvāpadeśaḥ saṃgītikāraiḥ śrāvakapiṭakādhikārād apanītaḥ. bodhisattvapiṭake punar bodhisattvopadeśa eva kevalaḥ paṭhyate.（BoBh 278, 2-6）

(113) 十二部經唯方廣部是菩薩藏、餘十一部是聲聞藏。（『菩薩地持經』卷三、力種性品。T30, 902c）

tatra dvādaśāṅgād vacogatād yad vaipulyaṃ tad bodhisattvapiṭakam, avaśiṣṭaṃ śrāvakapiṭakaṃ veditavyam.（BoBh 68, 3-4）

（114）此三由上下乘差別故成二種。謂聲聞藏、菩薩藏。（『攝大乘論釋』卷一。T31, 154b）
gsum po de dag nyid theg pa dman pa dang | theg pa mchog gi bye brag gis gnyis su 'gyur te | nyan thos kyi sde snod dang | byang chub sems dpa'i sde (D : P om. sde) snod do ‖（D no. 4050, Ri 122b3; P no. 5551, Li 143a3）

（115）大慧、宗通者、謂緣自得勝進相、遠離言說文字妄想、趣無漏界、自覺地自相、遠離一切虛妄覺想、降伏一切外道衆魔、緣自覺趣、光明暉發。是名宗通相。云何說通相。謂說九部種種教法、離異不異有無等相、以巧方便、隨順衆生、如應說法、令得度脫。是名說通相。（『楞伽阿跋多羅寶經』卷三。T16, 499bc）
tatra siddhāntanayo mahāmate yad uta pratyātmādhigamaviśeṣalakṣaṇaṃ vāgvikalpākṣararahitam anāsravadhātugatiprāpakaṃ pratyātmagatibhūmigatisvalakṣaṇaṃ sarvatarkatīrthyamāravarjitam, vinihatya ca tāṃs tīrthyamārān pratyātmagatir virājate. etan mahāmate siddhāntanayalakṣaṇam. tatra deśanānayaḥ katamaḥ. yad uta navāṅgaśāsanavicitropadeśo 'nyānanyasadasatpakṣavarjitaḥ upāyakuśalavidhipūrvakaḥ sattveṣu darśanāvatāraḥ. yad yenādhimucyate tat tasya deśayet. etan mahāmate deśanānayalakṣaṇam.（LAS 148, 10-18）

（116）知衆生根熟　往詣大衆所　顯現自在力　演說圓滿經（『大方廣佛華嚴經』卷五十五、入法界品。T9, 730b）
upetya tasyāṃ pariṣady athāsau tathāgatavyūhavikurvitena |
dharmapradīpāmbudadharmaghoṣasūtrāntarājaṃ sugato babhāṣe ‖（GVS 281, 1-2）

（117）前出（註（69））。

（118）前出（註（76））。

（119）前出（註（77））。

（120）ahaṃ kulaputra adhimuktibalādhipateyatayā [...]（GVS 48, 23）

（121）Cf. 由本識功能漸減、聞熏習等次第漸增、捨凡夫依、作聖人依。聖人依者、聞熏習與解性和合、以此爲依。（『攝大乘論釋』卷三。T31, 175a）

（122）tena ca samayena jayoṣmāyatano brāhmaṇa ugraṃ tapaḥ tapyati sarvajñatām ārambaṇīkṛtya. tasya caturdiśaṃ mahān agniskandhaḥ parvatamātrojjvalitaḥ. abhyudgatamahāparvataprapātaḥ kṣuradhārāmārgaḥ saṃdṛśyate.（GVS 90, 18-20）

（123）前出（註（69））。

（124）如佛迴向開化一切衆生聲聞緣覺及諸菩薩、菩薩善根迴向一切衆生亦復如是……。（『大方廣佛華嚴經』卷十五、金剛幢菩

薩十迴向品。T9, 493c）

ji ltar nyan thos dang rang sangs rgyas rnam par dag pa bstan pa la spyod pa'i sems can rnams la yongs su bsngo ba de bzhin du | byang chub sems dpa' sems dpa' chen po de dge ba'i rtsa ba de dag sems thams cad la'ang yongs su bsngo ste | [...]（P no. 761, Ri 151a8-151b1）

(125) 前出（註（70））。

(126) 前出（註（84））。

(127) sems can thams cad ye shes rin po che shin tu yangs pa'i mthar thug pas ye shes rin po che bcu drug gi snyoms par 'jug pa rab tu thob par gyur cig |（P no. 761, Ri 193b8-194a1）

(128) 前出（註（72））。

(129) dge ba'i rtsa ba de dag 'di ltar yongs su bsngo ste | 'di ltar chags pa med pa dang | grol zhing bcings pa med pa'i sems su kun tu bzang po'i lus kyi las rab tu grub par gyur cig | [...] dge ba'i rtsa ba 'dis chags pa med pa dang grol zhing bcings pa med pa'i sems su kun tu bzang po'i rgyan gyi pha rol tu phyin pa thob ste | dmigs pa re re zhing thams cad mkhyen pa nyid thams cad la zhugs kyang nye bar bzung ste phyi ma'i mtha' | thams cad mkhyen pa'i ye shes mthar thug par mi 'gyur ba'i tshul gyi gyal po de lta bu thob par gyur cig |（P no. 761, Li 2a7-4b5）

(130) 前出（註（85））。

(131) rang gi sa pa'i nyon mongs pas mi shig pa'i dbang du byas nas drug pa ste | gang gi phyir sra ba'i sems kyi bsam pa yid la byed pa zhes gsungs pa'o ||（P no. 5494, Ngi 215b2-3）

(132) 前出（註（86））。

(133) 前出（註（78））。

(134) atha khalu mañjuśrīḥ kumārabhūtas tān bhikṣūn anuttarāyāṃ samyaksaṃbodhau pratiṣṭhāpya anupūrveṇa janapadacaryāṃ caran yena dakṣiṇāpathe dhanyākaraṃ nāma mahānagaraṃ tenopajagāma. upetya dhanyākarasya mahānagarasya pūrveṇa vicitrasāradhvajavyūhaṃ nāma mahāvanaṣaṇḍam [...] tatra mañjuśrīḥ kumārabhūto dharmadhātunayaprabhāsaṃ nāma sūtrāntaṃ prakāśayāmāsa daśasūtrāntakoṭī-niyutaśatasahasraprasravam.（GVS 39,4-11）

(135) Cf. 如菩薩地盡、滿足方便、一念相應、覺心初起、心無初相。（『大乗起信論』。T32, 576b）

(136) asti kulaputra ihaiva dakṣiṇāpathe rāmāvarānto nāma janapadaḥ tatra sugrīvo nāma parvataḥ. tatra meghaśrīr nāma bhikṣuḥ prativasati.（GVS 47, 19-20）

(137) Cf. 聖人依者、聞熏習與解性和合、以此爲依。一切聖道皆依此生。（『攝大乘論釋』卷三。T31 175a）

(138) 世尊、如『經』中說「若施畜生、得百倍報。施一闡提、得千倍報。施持戒者、百千倍報。若施外道斷煩惱者、得無量報。奉施四向及以四果至辟支佛、得無量報。施不退菩薩及最後身諸大菩薩如來世尊、所得福報無量無邊不可稱計不可思議」。（『大般涅槃經』卷三十一、師子吼菩薩品。T12, 549c）

(139) 唯除如此一闡提輩、施其餘者、一切讚歎。（『大般涅槃經』卷十、一切大衆所問品。T12, 425b）'dod chen po de dag ma gtogs par sbyin pa thams cad du bsngags so ‖（P no. 788, Tu 149b1）

(140) Cf.「一住（柱？）殿」者、本有其四柱、任持郎彊。三柱既無、唯有一柱、崩倒不久。内合時明（？）。欲界爲九品善、以斷八品盡、唯一微品善在、不能不作闡提、昇持處弱、名「一柱」也。（『涅槃經義記』。T85, 286c）

(141) 復次世尊、凡因莊嚴而得成者、悉名無常。涅槃若爾、應是無常。何等因緣。所謂三十七品、六波羅蜜、四無量心、觀於骨相、阿那波那、六念處、破析六大、如是等法皆是成就涅槃因緣。故名無常。（『大般涅槃經』卷二十一、光明遍照高貴德王菩薩品。T12, 491c）

(142) Cf.「大衆」喩於五欲境界。寛多名「大」。「滿二十里」明其所在。於彼二十五有之中、除下地獄及四空處。是故但言「滿二十里」。亦有『經』言「二十五里」、通相具論。（慧遠『大般涅槃經義記』卷七。T37, 796c）

(143) 十法雲地……斷十品無明也。六等覺地者……斷無明習也。（智顗『維摩經玄疏』卷三。T38, 539c）

(144) asmin khalu punaḥ prajñāpāramitānirdeśe nirdiśyamāne trīṇi bhikṣuṇīśatāni bhagavantaṃ yathāvṛtaiś cīvarair abhicchādayāmāsur anuttarāyāṃ samyaksaṃbodhau cittāny utpādayāmāsuḥ.（PVSPP I-1, 103, 19-21）

(145) 問曰。如佛結戒、比丘三衣不應少。是諸比丘、何以故、破尸羅波羅蜜、作檀波羅蜜。答曰。有人言〝佛過十二歲、然後結戒。是比丘施衣時、未結戒〟。（『大智度論』卷四十。T25, 353c）

(146) etāny ānanda trīṇi bhikṣuṇīśatāni ekaṣaṣṭitame kalpe mahāketunāmānas tathāgatā arhantaḥ samyaksaṃbuddhā loke utpatsyante, tārakopame kalpe itaś cyutāni santi akṣobhyasya tathāgatasyārhataḥ samyaksaṃbuddhasya buddhakṣetre upapatsyete.（PVSPP I-1, 103, 28-31）

(147) 是諸比丘未得天眼、故自疑不知生何處、恐不能得集諸功德不得至道。是故佛言「捨是身、當生阿閦佛世界」。（『大智度

論』卷四十。T25, 354a)

(148) 問曰。若辟支佛道亦如是者、云何分別聲聞辟支佛。答曰。道雖一種、而用智有異。若諸佛不出、佛法已滅、是人先世因縁故獨出智慧、不從他聞、自以智慧得道。如一國王出在園中遊戲、清朝見林樹華果蔚茂甚可愛樂。王食已而臥。王諸夫人婇女皆共取華、毀折林樹。王覺、已見林毀壞、而自覺悟。一切世間無常變壞皆亦如是。思惟是已、無漏道心生、斷諸結使、得辟支佛道、具六神通、卽飛到閑靜林間。如是等因縁、先世福德願行果報、今世見少因縁、成辟支佛道、如是爲異。復次辟支佛有二種。一名獨覺、二名因縁覺。因縁覺如上說。獨覺者、是人今世成道、自覺不從他聞、是名獨覺辟支迦佛。(『大智度論』卷十八。T25, 191ab)

(149) 今明因縁覺者、因聞十二因縁、覺悟成辟支佛也。(智顗『四教義』卷六。T46, 741b)
若出佛世、聞十二因縁法、稟此得道、故名因縁覺。(智顗・灌頂『妙法蓮華經玄義』卷四下。T33, 729b)

(150) 憐愍爲葉智慧花　三昧爲鬚解脱敷　菩薩蜂王食甘露　我今禮佛法蓮花（『大方等大集經』卷一、瓔珞品。T13, 2a)

(151) Cf. 成論師云〝佛教不出二。一者頓教。如『華嚴』『大乘（集?）』等也。二者偏方不定教。如『勝鬘』『金光明』『遺教』『佛藏經』等也。三者漸教。如四『阿含』及『涅槃』是也〟。就漸教中、有二教。一者、諸法師作四教。『阿含』爲初。『波若』『維摩』『思益』『法鼓』『楞伽』等爲第二。『法華』爲第三。『涅槃』爲第四也。所以『波若』『思益』合爲第二者、『大品經』諸天子云「見第二法輪」、『思益』云「見第二法輪」也。作五教師不同。兩義本是慧觀師所說也。一家云〝『阿含』爲初。『禪經』爲第二。『波若』『維摩』『法鼓』等爲第三。『法華』爲第四。『涅槃』爲第五也〟。一家云〝『阿含』爲初經。『維摩』『思益』『法鼓』爲第二。『法華』爲第三。『波若』爲第四。『涅槃』爲第五〟。所以『波若』爲第四者、『釋論』云「須菩提聞『法華』「擧手低頭皆成佛道」、是故今問退不退」、故知『法華』故（－故?）後也。廣州大亮法師云〝五時、『阿含』爲初。離三藏爲第二、如『優婆塞經』也。『波若』『維摩』『思益』『法鼓』爲第三。『法華』爲第四。『涅槃』爲第五也〟。慧觀法師云〝『阿含』爲初。『波若』爲第二。『維摩』『思益』等爲第三。『法華』爲第四。『涅槃』爲第五也〟。二『經』同云「見第二法輪」者、一是爲小中第二、（十二?）是大中第二也。開善寺所述也。(吉藏〔慧均〕『大品遊意』。T33, 66bc)

(152) 此中佛說遠道、所謂六波羅蜜菩薩道也。近道、所謂三十七品菩提道也。六波羅蜜中布施持戒等雜故遠。三十七品但有禪定智慧故近。六波羅蜜有世間出世間雜故遠。三十七品三解脱門等乃至大慈大悲畢竟清淨故近。(『大智度論』卷五十三。T25, 440c)

(153) 於中、隨義曲分、凡有十二段。始從序分、終訖流通。卽其事也。十二段解名生起、如下次第廣釋。釋可知也。(『金剛仙

論』卷一。T25, 800a)

(154) 昔劫初有仙兄弟二人。弟名舍婆、魏云幼小。兄阿婆提、魏云不可害。此二人住彼處求道、卽因爲名。弟略去婆、兄略去阿。二名雙存、故曰「舍婆提城」。亦言舍衞城。（『金剛仙論』卷一。T25, 801c)

(155) 「爾時諸比丘」以下訖「善付囑諸菩薩」。此是第二段經、名爲善護念分也。（『金剛仙論』卷一。T25, 802c)

(156) Cf.「善護念諸菩薩、善付屬諸菩薩」者、汎論菩薩有二種。一者初地以上出世間菩薩、二者地前世間菩薩。地前菩薩復有二種。一者外凡、二者内凡。就内凡菩薩復有二種。一根熟、二者根未熟。今言「善護念」者、嘆如來善護地前姓（性？）種解行根熟菩薩。「善付屬」者、嘆付屬習種性中根未熟菩薩。（『金剛仙論』卷一。T25, 803a)

(157) 「佛告。須菩提、菩薩生如是心」以下一段經文答初問「云何住」也。（『金剛仙論』卷二。T25, 805b)

(158) 此言「燃燈」者、凡有四種三時授記。一是習種性中。二性種性中不現前授記。三是初地中現前授記。四在佛地中無生忍授記。今言「燃燈記」者、釋迦爾時猶是習種性菩薩、未得初地以上無生忍證法也。（『金剛仙論』卷四。T25, 826a)

(159) 薄地者、或須陀洹、或斯陀含、欲界九種煩惱分斷、故於菩薩、過阿鞞跋致地、乃至未成佛、斷諸煩惱、餘氣亦薄。（『大智度論』卷七十五。T25, 586a)

(160) 復次舍利弗、菩薩摩訶薩行般若波羅蜜時、不見有法出法性者。（『摩訶般若波羅蜜經』卷一、習應品。T8, 224c)

punar aparaṃ Śāriputra bodhisattvo mahāsattvaḥ prajñāpāramitāyāṃ caran na kiñcid dharmadhātor vyatiriktaṃ samanupaśyati.（PVSPP I-1 77, 26-27)

Cf. 故『大品經』云「無有一法出法性者」「乃至涅槃、我亦說言如幻如化」。（『金剛仙論』卷三。T25, 813c)

(161) 初地名見道、二地至七地名修道、八地以後名無學道。（『法界圖』。『第一集』p. 588)

Cf. 或離爲四。一方便道在於地前、二者見道在於初地、三者修道在二地上、四無學道在於佛地。（慧遠『大乘義章』卷十二、七地義。T44, 716b)

(162) 次辨體相。於中略以三義辨之。一明別相、二明一體、三明住持。（『大乘義章』卷十、三歸義。T44, 654b)

(163) Cf. 道身『章』云。儼師還神十個日前、學徒進所問訊。師問大衆曰〝經中一微塵中含十方世界與無量劫卽一念等言、汝等作何物看〟。衆人白云〝緣起法無自性、小不住小、大不住大、短不住短、長不住長、故爾耶〟。師曰〝然之然矣〟。（『法界圖記叢髓錄』卷上一。T45, 725c-726a)

Cf. 沙門曰〝然則一心全體唯作一小毛孔、復全體能作大城。心既是一、無大小、故毛孔與城俱全用一心爲體。當知毛孔與城體融平等也。以是義故、擧小收大、無大而非小。擧大攝小、無小而非大。無小而非大、故大入小、而大不減。無大而非小、故小容大、而小不增。是以小無異增、故芥子舊質不改。大無異減、故須彌大相如故。此卽據緣起之義也。若以心體平等之義望彼、卽大小之相本來非有、不生不滅、唯一眞心也〟。（慧思〔曇遷〕『大乘止觀法門』卷二。T46, 650c）

（164）Cf. 下次明其三會、別經。盡此品來、是期初會。方便品下、是第二會。菩薩行品下、是第三會。（慧遠『維摩義記』卷一本。T38, 424b）

（165）是故寶積、若菩薩欲得淨土、當淨其心。隨其心淨、則佛土淨。（『維摩詰所說經』卷上。T14, 538c）
tasmāt tarhi kulaputra buddhakṣetraṃ pariśodhayitukāmena bodhisatvena svacittapariśodhane yatnaḥ karaṇīyaḥ. tat kasya hetoḥ. yādṛśī bodhisatvasya cittapariśuddhis tādṛśī buddhakṣetrapariśuddhiḥ saṃbhavati.（VKN 11, 22-12, 1）

（166）善來、文殊師利、不來相而來、不見相而見。（『維摩詰所說經』卷中。T14, 544b）
svāgataṃ mañjuśriyo 'svāgataṃ mañjuśriyo 'nāgatasyādṛṣṭaśrutapūrvasya darśanam.（VKN 46, 10-11）

（167）Cf. 今案。硯『疏』云。『論』又有三種去來。一則假名道中、有來有去、實法道中、無來無去。道燒爛（?）去來、假名故有、實法道中、無如是事。一（甲本作二）者世諦有來有去、眞諦無來無去。三者應身有來有去、法身無來無去。（安澄『中論疏記』卷五本。T65, 109c）

（168）Cf. 問。義宗乃廣陳不二。未詳不二定何等法。答。有人言〝不二法門則眞諦理也〟。有人言〝不二法門謂實相般若〟。有人言〝不二法門則性淨涅槃阿梨耶識〟。有人言〝不二法門謂阿摩羅識自性淸淨心〟。（吉藏『淨名玄論』卷一。T38, 856c）

（169）Cf. 下次明其三會、別經。盡此品來、是期初會。方便品下、是第二會。菩薩行品下、是第三會。（慧遠『維摩義記』卷一本。T38, 424b）

（170）於此門中、眞妄同體、以爲不二。……言無明卽是明者、會妄卽眞。妄心體實卽是眞心、故無明性卽是明也。（慧遠『維摩義記』卷四本。T38, 496a）

（171）又人立四、別配部黨、言〝阿毘曇是因緣宗。『成實論』者是假名宗。『大品』『法華』如是等經是不眞宗。『華嚴』『涅槃』『維摩』『勝鬘』如是等經是其眞宗〟。前二可爾、後二不然。是等諸經乃可門別、淺深不異。（慧遠『大乘義章』卷一、二諦義。T44, 483b）

（172）善來、文殊師利、不來相而來、不見相而見。（『維摩詰所說經』卷中。T14, 544b）
svāgataṃ mañjuśriyo 'svāgataṃ mañjuśriyo 'nāgatasyādṛṣṭaśrutapūrvasya darśanam.（VKN 46, 10-11）

(173) Cf. 明阿羅漢現無煩惱故無子縛、陰身未滅故有果縛。（慧遠『大般涅槃經義記』卷八。T37, 843a）

(174) 猶如伊字三點、若竝則不成伊、縱亦不成、如摩醯首羅面上三目、乃得成伊三點、若別亦不得成、我亦如是、解脱之法亦非涅槃、如來之身亦非涅槃、摩訶般若亦非涅槃、三法各異亦非涅槃、我今安住如是三法、爲衆生故、名入涅槃。（『大般涅槃經』卷二、壽命品。T12, 376c）

(175) Cf. 至長安、見攝論師立二義。一立〝聞熏習不滅。作報佛〞。二立〝聞熏習滅、不作報佛〞。（吉藏『中觀論疏』卷九本。T42, 133b）

(176) Cf. 若其法體、相別有三。一方便涅槃、二性淨涅槃、三圓寂涅槃。性淨方便據體義兩分。圓寂涅槃據體用無二。（S. 4303.『第一集』p. 223）

(177) 所言般者、此翻名入。入義有三。一就實論入、息妄歸眞、從因趣果。二眞應相對、息化歸眞、故名爲入。三唯就應現、捨有爲過、趣入無爲、故名入。（慧遠『大乘義章』卷十八、涅槃義。T44, 814a）

Cf. 所言般者、此翻名入。入義有三。一就實以論、息妄歸眞、從因趣果、名之爲入。二據化辨入、示滅有因、現亡身智、趣入無爲。三就眞應相對、説入、息化歸眞。（慧遠『大般涅槃經義記』卷一。T37, 613c）

(178) 諸善男子、我本行菩薩道所成壽命、今猶未盡、復倍上數。（『妙法蓮華經』卷五。T9, 42c）

āyuṣpramāṇam apy aparipūrṇam. api tu khalu punaḥ kulaputrā adyāpi taddviguṇena me kalpakoṭīnayutaśatasahasrāṇi bhaviṣyanty āyuṣpramāṇasyā paripūrṇatvāt.（SPS 319, 2-4）

(179) Cf. 又『涅槃疏』云。三十心中、後二十心、法空位、爲師位〈是一途爲言。云云〉。（珍海『三論玄疏文義要』第十。T70, 378b）

Cf. 又『涅槃疏』云。三十心中、後二十心、法空位、爲師位也〈云云〉。（珍海『三論名教抄』卷十五。T70, 828c）

(180) 成佛已來、凡歴十劫。（『佛説無量壽經』卷上。T12, 270a）

daśakalpās tasya bhagavato 'mitāyuṣas tathāgatasyotpannasyānuttarāṁ samyaksaṁbodhim abhisaṁbuddhasya.（SV 29, 24-30, 1）

(181) Cf. 但解法身不同。若依『智度論』、六地爲肉身、七地已上爲法身。什肇『注淨名』大意亦爾。有人言〝依『地經』及此『經』義、七地已前爲色身、八地已上爲法身〞。（吉藏『勝鬘寶窟』卷上本。T37, 3a）

(182) 爰至北土、還影五教、製於四宗。今依大乘經論、詳其得失。……（『法華玄論』卷三。T34, 382b）

(183) 善男子善女人捨身者、生死後際等、離老病死、得不壞常住無有變易不可思議功德如來法身。（『勝鬘師子吼一乘大方便方

廣經』。T12, 219a)
'bcom ldan 'das rigs kyi bu'am rigs kyi bu mo lus yongs su gtong bas ni sangs rgyas kyi sku 'khor ba'i phyi ma'i mtha'i mu dang mnyam pa | rga ba dang na ba dang 'chi ba dang bral ba | mi shigs pa | rtag pa | brtan pa | zhi ba | ther zug pa | 'chi 'pho dang bral ba | mtha yas pa | yon tan bsam gyis mi khyab pa dang ldan pa 'thob par 'gyur ro ||（ŚSS 56, 4-9)

(184)「生死後際等」者、生死爲先際、涅槃爲後際。此是無爲之行、故名「等」(『勝鬘經疏』〔S.6388/ BD02346〕。『續集』pp. 369-370)

「生死後等」、出「捨」得處。生死前際、涅槃後際。(慧遠『勝鬘經義記』卷一。Z1.30.4, 291d)

(185) 如來藏者、墮身見衆生、顚倒衆生、空亂意衆生、非其境界。(『勝鬘師子吼一乘大方便方廣經』。T12, 222b)
agocaro 'yaṃ bhagavaṃs tathāgatagarbhaḥ satkāyadṛṣṭipatitānāṃ viparyāsābhiratānāṃ śūnyatāvikṣiptacittānām.（RGV 74, 5-6)

(186) 佛眞法身　猶如虛空　應物現形　如水中月（『合部金光明經』卷二、四天王品。T16, 344b)

(187) 常樂觀察無二法相、斯有是處、初發心時、便成正覺、知一切法眞實之性、具足慧身、不由他悟。(『大方廣佛華嚴經』卷八、梵行品。T9, 449c)
des chos de dag gnyis su med par rtogs pas sems dang po skyed pa nyid kyis bla na med pa yang par rdzogs pa'i byang chub tu mngon par 'tshang rgya ba'i gnas yod de | chos thams cad sems kyi rang bzhin du shes pas gzhan gyi dring mi 'jog par shes rab kyi phung po dang yang ldan par 'gyur ro ||（P no. 761, Ri 18b1-2)

(188) 猶如伊字三點、若竝則不成伊、縱亦不成、如摩醯首羅面上三目、乃得成伊三點、若別亦不得成、我亦如是、解脱之法亦非涅槃、如來之身亦非涅槃、摩訶般若亦非涅槃、三法各異亦非涅槃、我今安住如是三法、爲衆生故、名入涅槃。(『大般涅槃經』卷二、壽命品。T12, 376c)

(189) 言分宗者、宗別有四。一立性宗、亦名因縁。二破性宗、亦曰假名。三破相宗、亦名不眞。四顯實宗、亦曰眞宗。(慧遠『大乘義章』卷一、二諦義。T44, 483a)

又人立四、別配部黨、言〝阿毘曇是因縁宗。『成實論』者是假名宗。『大品』『法華』如是等經是不眞宗。『華嚴』『涅槃』『維摩』『勝鬘』如是等經是其眞宗〟。(慧遠『大乘義章』卷一、二諦義。T44, 483b)

(190) 二曇此（→無）遠法師執云〝本有中道眞如爲佛性體〟也。(慧均・崔鉛植『校勘 大乘四論玄義記』p. 347)

(191) Cf. 若諸法非有常非無常、是爲愚癡論。所以者何。若非有、則破無。若非無、則破有。若破此二事、更有何法可說。(『大

智度論』卷十五。T25, 170c)

(192) Cf. 性地解行二十心、現得生法二空、能深伏煩惱、制爲初依。從初地至六地得眞空無漏、能永斷三界見諦修道二輪煩惱、制爲第二依。七地斷愛佛功德、八地斷色塵無知、九地斷心塵無知、名那含菩薩、制爲第三依。十地斷色心集起無知、名阿羅漢菩薩、制爲第四依。(Pelliot chinois 2908.『第一集』p. 131)

(193) 初地名見道、二地至七地名修道、八地以後名無學道。(『法界圖』。『第一集』p. 588)
Cf. 或離爲四。一方便道在於地前、二者見道在於初地、三者修道在二地上、四無學道在於佛地。(慧遠『大乘義章』卷十二、七地義。T44, 716b)

(194) Cf. 地體地相、有何差別。答曰。言地體者、如本分地中說「菩薩十地、具六決定。一者無雜、二者不可見、三者廣大如法界、四者究竟如虛空、五者盡未來際、六者遍覆一切衆生界、入三世諸佛智地」。此是諸地體實、平等勝妙、不可得說。言地相者、如言「初地檀、二地戒」乃至「十地智波羅蜜」。豈可初地唯有一檀。此乃隱顯標相、□彰優劣耳。(S. 4303.『第一集』pp. 214-215)

(195) Cf. 若諸法非有常非無常、是爲愚癡論。所以者何。若非有、則破無。若非無、則破有。若破此二事、更有何法可說。(『大智度論』卷十五。T25, 170c)

(196) 初地名見道、二地至七地名修道、八地以後名無學道。(『法界圖』。『第一集』p. 588)
Cf. 或離爲四。一方便道在於地前、二者見道在於初地、三者修道在二地上、四無學道在於佛地。(慧遠『大乘義章』卷十二、七地義。T44, 716b)

(197) Cf. 性地解行二十心、現得生法二空、能深伏煩惱、制爲初依。從初地至六地得眞空無漏、能永斷三界見諦修道二輪煩惱、制爲第二依。七地斷愛佛功德、八地斷色塵無知、九地斷心塵無知、名那含菩薩、制爲第三依。十地斷色心集起無知、名阿羅漢菩薩、制爲第四依。(Pelliot chinois 2908.『第一集』p. 131)

(198) Cf. 若其法體、相別有三。一方便涅槃、二性淨涅槃、三圓寂涅槃。性淨方便據體義兩分。圓寂涅槃據體用無二。(S. 4303.『第一集』p. 223)

(199) Cf. 大有三種。一者體大。性淨涅槃、體窮眞性、義充法界。二者相大。方便涅槃、過無不盡、德無不備。三者用大。應化涅槃、妙用曠博、化現無盡。故『涅槃』云「大般涅槃能建大義」。義猶用也。(慧遠『大乘義章』卷十八、涅槃義。T44, 814a)

(200) 下次明其三會、別經。盡此品來、是期初會。方便品下、是第二會。菩薩行品下、是第三會。(慧遠『維摩義記』卷一本。T38, 424b)

(201) 【經】解了諸法如幻如焰如水中月如虛空如響如揵闥婆城如夢如影如鏡中像如化。【論】是十喩爲解空法故。(『大智度論』卷六。T25, 101c)
māyā-marīci-dakacandra-svapna-pratiśrutkā-pratibhāsa-pratibimba-nirmāṇopama-dharmādhimuktaiḥ (PVSPP I-1, 1, 24-26)

(202) 有人言〝般若有二種。一者唯與大菩薩說。二者三乘共說〟。(『大智度論』卷七十二。T25, 564a)

(203) 是菩薩、十波羅蜜中、檀波羅蜜增上。餘波羅蜜非不修集、隨力隨分。(『十地經論』卷三。T26, 143b)
tasya daśabhyaḥ pāramitābhyo dānapāramitātiriktatamā bhavati, na ca pariśeṣāsu na samudāgacchati yathābalaṃ yathābhajamānam. (DBhS 26, 13-14)

(204) 世尊法久後　要當說眞實(『妙法蓮華經』卷一、方便品。T9, 6a)
ananyathāvādi jino maharṣī cireṇa pi bhāṣati uttamārtham | (SPS 32, 16)

(205) Cf. 又人立四、別配部黨、言〝阿毘曇是因緣宗。『成實論』者是假名宗。『大品』『法華』如是等經是不眞宗。『華嚴』『涅槃』『維摩』『勝鬘』如是等經是其眞宗〟。前二可爾、後二不然。是等諸經乃可門別、淺深不異。(慧遠『大乘義章』卷一、二諦義。T44, 483b)

(206) Cf. 四有人言〝有四種不退。十信十住是信不退、十行是位不退、十迴向是行不退、十地是念不退〟。(吉藏『法華義疏』卷一。T34, 461c)

(207) 若有衆生、於五恆河沙等佛所、發菩提心、然後乃能於惡世中不謗是法、受持讀誦書寫經卷、廣爲人說十六分中八分之義。(『大般涅槃經』卷六、如來性品。T12, 398c)
gang dag gis sangs rgyas gang gā'i klung lnga'i bye ma snyed la byang chub tu sems bskyed pa de dag ni byi ma'i tshe mtshungs pa med pa spong bar mi 'gyur te | lung nod par byed | lta bar byed | 'dri bar byed de | 'dri nas kyang bdag nyid 'chad par byed la don ni brgyad cha gcig rtogs par 'gyur te | don rdzogs par rtogs par mi 'gyur ro || (P no. 788, Tu 86a3-4)

(208) 諸佛世尊、欲令衆生開佛知見使得清淨故、出現於世。(『妙法蓮華經』卷一、方便品。T9, 7a)
tathāgatajñānadarśanasamādāpanahetunimittaṃ sattvānāṃ tathāgato 'rhan samyaksaṃbuddho loka utpadyate. (SPS 40, 3-4)

(209) 欲示衆生之知見故、出現於世。(『妙法蓮華經』卷一、方便品。T9, 7a)

tathāgatajñānadarśanasaṃdarśanahetunimittaṃ sattvānāṃ tathāgato 'rhan samyaksaṃbuddho loka utpadyate.（SPS 40, 4-5）

（210）欲令衆生悟佛知見故、出現於世。（『妙法蓮華經』卷一、方便品。T9, 7a）
tathāgatajñānapratibodhanahetunimittaṃ sattvānāṃ tathāgato 'rhan samyaksaṃbuddho loka utpadyate.（SPS 40, 6-7）

（211）欲令衆生入佛知見道故、出現於世。（『妙法蓮華經』卷一、方便品。T9, 7a）
tathāgatajñānadarśanamārgāvatāraṇahetunimittaṃ sattvānāṃ tathāgato 'rhan samyaksaṃbuddho loka utpadyate.（SPS 40, 7-8）

（212）諸佛如來十住菩薩眼見佛性。（『大般涅槃經』卷二十七。T12, 528a）

（213）乃至童子戲　聚沙爲佛塔　如是諸人等　皆已成佛道（『妙法蓮華經』卷一、方便品。T9, 8c）
sikatāmayān vā puna kūṭa kṛtvā ye kecid uddiśya jināna stūpān |
kumārakāḥ krīḍiṣu tatra te sarvi bodhāya abhūṣi lābhinaḥ ||（SPS 50, 11-12）

（214）臨欲終時、而命其子、幷會親族、國王大臣刹利居士皆悉已集、卽自宣言。（『妙法蓮華經』卷二、信解品。T9, 17b）
maraṇakālasamaye pratyupasthite taṃ daridrapuruṣam ānāyya mahato jñātisaṃghasyopanāmayitvā rājño vā rājamātrasya vā purato naigamajānapadānāṃ ca saṃmukham evaṃ saṃśrāvayet（SPS 108, 7-8）

（215）略者、示現多寶佛身一體攝取一切諸佛眞法身故。（『妙法蓮華經憂波提舍』卷下。T26, 9c）

（216）復次有諸佛無人請者。便入涅槃而不說法。如『法華經』中多寶世尊、無人請故、便入涅槃、後化佛身及七寶塔、證說『法華經』故、一時出現。（『大智度論』卷七。T25, 109b）

（217）又人立四、別配部黨、言〝阿毘曇是因緣宗、『成實論』者是假名宗、『大品』『法華』如是等經是不眞宗、『華嚴』『涅槃』『維摩』『勝鬘』如是等經是其眞宗〟。前二可爾、後二不然。是等諸經乃可門別、淺深不異。（慧遠『大乘義章』卷一、二諦義。T44, 483b）

（218）阿逸多、如是第五十人展轉聞『法華經』、隨喜、功德尚無量無邊阿僧祇。何況最初於會中聞而隨喜者。（『妙法蓮華經』卷六、隨喜功德品。T9, 46c-47a）
evam aprameyam asaṃkhyeyam ajita so 'pi tāvat pañcāśattamaḥ paraṃparāśravaṇe puruṣa ito dharmaparyāyād antaśa ekagāthām api ekapadam api anumodya ca puṇyaṃ prasavati. kaḥ punar vādo 'jita yo 'yaṃ mama saṃmukham imaṃ dharmaparyāyaṃ śṛṇuyāt, śrutvā cābhyanumodet.（SPS 349, 3-6）

（219）五十人相敎不同有三種。一者轉勝、二者平等、三者轉不如。今就此三中、有難有易。轉勝者難得。平等者希有。唯有轉

不如者多。（法雲『妙法蓮華經義記』巻八。T33, 673c）

(220) Cf. 初明隨喜有五十人。即十信十解十行十迴向十地爲五十。此中從勝向劣而爲次第故、以法雲地爲最初人、信心爲最後人。初隨喜爲最勝、後隨喜爲最劣。是故數至五十、不多不少。（『法華經疏』〔Stein 520〕。T85, 184a）

(221) Cf. 眞妄相對依持如何。前七妄識、情有體無、起必詑眞、名之爲依。故『勝鬘』云「生死二法依如來藏」。『地持經』亦云「十二因縁皆依一心」。第八眞心、相隱性實、能爲妄本、住持於妄、故說爲持。故『勝鬘』云「若無藏識、七法不住、不得種苦樂求涅槃」。此是眞妄依持義也。（『大乘義章』巻三末、八識義。T44, 532c）

(222) 以方便力、於險道中、過三百由旬、化作一城。（『妙法蓮華經』巻三、化城喩品。T9, 26a）
tasyā aṭavyā madhye yojanaśataṃ vā dviyojanaśataṃ vā triyojanaśataṃ vātikramyarddhimayaṃ nagaram abhinirmimīyāt. (SPS 187, 11-188, 1)

(223) 昔來相傳、言〝證信中、句別有五。一如是、二我聞、三一時、四住處、五同聞〟。後來釋者、更加一佛、通餘說六。（慧遠『大般涅槃經義記』巻一上。T37, 615b）

(224) 又人立四、別配部黨、言〝阿毘曇是因縁宗。『成實論』者是假名宗。『大品』『法華』如是等經是不眞宗。『華嚴』『涅槃』『維摩』『勝鬘』如是等經是其眞宗〟。前二可爾、後二不然。是等諸經乃可門別、淺深不異。（慧遠『大乘義章』巻一、二諦義。T44, 483b）

(225) 一名須陀洹、二名斯陀含、三名阿那含、四名阿羅漢、五名辟支佛。在十住中、一人配二住、合五品也。（『法界圖』。『第一集』p. 584）

(226) 爾時佛告迦葉菩薩。善男子、菩薩摩訶薩應當於是『大般涅槃經』專心思惟五種之行。何等爲五。一者聖行、二者梵行、三者天行、四者嬰兒行、五者病行。善男子、菩薩摩訶薩常當修習是五種行。復有一行、是如來行。所謂『大乘大涅槃經』。（『大般涅槃經』巻十一、聖行品。T12, 432a）

(227) Cf. 從初「如是」至「流血灑地」名不思議神通反示分。純陀哀歎二品名成就種性遣執分。從三告以下訖大衆問品名正法實義分。五行十功德名方便修成分。師子吼品名離諸放逸入證分。迦葉品名慈光善巧住持分。憍陳如品名顯相分。（『涅槃論』。T26, 277c）

(228) 身外有佛亦不密。身內有佛亦非密。非有非無亦非密。衆生是佛故微密。（『涅槃論』。T26, 278a）

(229) Cf. 佛者名覺。覺有三種。一者自覺、二者覺他、三者他覺。所言自覺者、自體內照、名爲自覺。攝緣入實、名爲覺他。他覺者、十地菩薩授佛智職位時、十方諸佛同共讃嘆。〝某世界中、有某菩薩、今日時中、成阿耨多羅三藐三菩提〟。十方諸佛同共讃嘆故、故曰他覺。（俄Φ180.『第一集』p. 288）

（230）善男子、有不聞聞、有不聞不聞、有聞不聞、有聞聞。善男子、如不生生、不生不生、生不生、生生。如不到到、不到不到、到不到、到到。（『大般涅槃經』卷二十一、光明遍照高貴德王菩薩品。T12, 490a）

（231）世尊、世尊如修多羅說「如來藏、自性清淨、具三十二相、在於一切衆生身中、爲貪瞋癡不實垢染陰界入衣之所纏裹、如無價寶垢衣所纏」、如來世尊復說「常恆清涼不變」。（『入楞伽經』卷三。T16, 529b）

tathāgatagarbhaḥ punar bhagavatā sūtrāntapāṭhe 'nuvarṇitaḥ. sa ca kila tvayā prakṛtiprabhāsvaraviśuddhādiviśuddha eva varṇyate dvātriṃśallakṣaṇadharaḥ sarvasattvadehāntargato mahārghamūlyaratnaṃ malinavastupariveṣṭitam iva skandhadhātvāyatanavastuveṣṭito rāgadveṣamohābhūtaparikalpamalamalino nityo dhruvaḥ śivaḥ śāśvataś ca bhagavatā varṇitaḥ.（LAS 77, 14-78, 1）

（232）復次佛子、如來智慧無處不至。何以故。以於一切衆生界中終無有一衆生身中而不具足如來功德及智慧者。（『究竟一乘寶性論』卷二。T31, 827ab）

na sa kaścit sattvaḥ sattvanikāye saṃvidyate yatra tathāgatajñānaṃ na sakalam anupraviṣṭam.（RGV 22, 10-11）

復次佛子、如來智慧無處不至。何以故。無有衆生無衆生身如來智慧不具足者。（『大方廣佛華嚴經』卷三十五、寶王如來性起品。T9, 623c）

（233）性種性者、是菩薩六入殊勝、展轉相續、無始法爾。（『菩薩地持經』卷一、種性品。T30, 888b）

tatra prakṛtisthaṃ gotraṃ yad bodhisattvānāṃ ṣaḍāyatanaviśeṣaḥ. sa tādṛśaḥ paraṃparāgato 'nādikāliko dharmatāpratilabdhaḥ.（BoBh 2, 5-6）

（234）大慧、我說如來藏、空實際涅槃不生不滅無相無願等文辭章句、說名如來藏。大慧、如來應正遍知、爲諸一切愚癡凡夫聞說無我生於驚怖、是故我說有如來藏。（『入楞伽經』卷三。T16, 529c）

kiṃ tu mahāmate tathāgatāḥ śūnyatābhūtakoṭinirvāṇānutpādānimittāpraṇihitādyānāṃ mahāmate padārthānāṃ tathāgatagarbhopadeśaṃ kṛtvā tathāgatā arhantaḥ samyaksaṃbuddhā bālānāṃ nairātmyasaṃtrāsapadavivarjanārthaṃ nirvikalpanirābhāsagocaraṃ tathāgatagarbhamukhopadeśena deśayanti.（LAS 78, 6-11）

二　北朝經錄斷片集成

大竹　晉

解題

本稿は北朝において編纂された三つの經錄、すなわち、李廓『衆經錄目』、法上『衆經目錄』、達摩欝多羅『錄』の斷片の集成である。法上『衆經目錄』については、法上が武平七年（五七六）に高句麗國の大丞相である王高徳に宛てた書簡の斷片とその和譯とを附す。

まず、李廓『衆經錄目』一巻は、隋の費長房『歷代三寶紀』巻九（T49, 87b）によれば北魏の宣武帝の永平年間（五〇八―五一二）に、巻十五（T49, 126a）によれば孝武帝の永熙年間（五三二―五三四）に、舍人であった李廓によって編纂された、敕撰の經錄である。

永平年と永熙年とのどちらが正しいかについては、收錄文獻が手がかりになる。逸文から知られるかぎり、李廓『衆經錄目』は、宣武帝の在位期（四九九―五一五）に漢譯された、菩提流支譯『十地經論』十二巻――菩提流支のおそらく初めての譯業――までを收錄していたが、その後の菩提流支譯を收錄していなかったようである。したがって、このことを基準とするならば、おそらく永平年間が正しいと考えられる。

李廓『衆經錄目』は『歷代三寶紀』のうちに引用されているから隋までは存在していたが、その後は失われたらしい。その後の諸經錄における李廓『衆經錄目』の情報は『歷代三寶紀』の引き寫しにすぎない。本稿においては、『歷代三寶紀』からのみ斷片を收集した。

次に、法上『衆經目錄』は、『歷代三寶紀』巻九（T49, 126a）によれば北齊の後主の武平年間（五七〇―五七六）に、沙門統であった法上（四九五―五八〇）によって編纂された、私撰の經錄である。

法上『衆經目錄』は『歷代三寶紀』のうちに引用されているから隋までは存在していたが、ここで問題となるのは、達摩欝多羅『錄』なるものが周（唐）の明佺等『大周刊定衆經目錄』のうちに多く引用されていることである。法上が梵名で達摩欝多羅（Dharmottara）と呼ばれていたことは智顗・灌頂『妙法蓮華經玄義』『摩訶止觀』などによって明らかであるが、法上『衆經目錄』と達摩欝多羅『錄』とを同一視することは難しい。と言うのも、費長房『歷代三寶紀』において引用されている法上『衆經目錄』と、『大周刊定衆經目錄』において引用されている達摩欝多羅『錄』とは重複していないし、法上『衆經目錄』の內容がおおむね信頼に値するのに較べ、達摩欝多羅『錄』はきわめて多くの誤謬を含んでいるからである。後代の經錄、たとえば唐の智昇『開元釋敎錄』は法上『衆經目錄』と達摩欝多羅『錄』とを同一視し、ともに法上『錄』と呼稱しているが、そこには疑問の餘地がある。

譯經史の研究で知られる林屋友次郎はこの問題に注目し、大著『譯經研究　前篇』（東京、岩波書店、一九四一年）において、次のように述べている。

この「達摩欝多羅錄」はこれをその文字通りの意味に解すれば、「法上錄」でなければならないけれども、何れ「大周刊定衆經目錄」を説明する際に詳しく述べる如く、同錄の引用する「達摩欝多羅錄」は、どうしても本來の「法上錄」とは見られ得ないものである。（p. 733）

但し、斯る安世高譯なるものを新に認めしめた典據に供せられた「達摩欝多羅錄」なるものは、隋代迄存した「法上錄」とは全然別個のものであつて、餘り信用すべき經錄でないことは、前にも一二回指摘したことがあり、更に本研究第六部に於ける「法上錄」の説明中に詳しい論證が載せられて居るから、今爰で再說することを避ける。（pp. 845-846）

法上『衆經目錄』を説明する『譯經研究　中篇』や、『大周刊定衆經目錄』を説明する『譯經研究　後篇』は遂に出版されなかったが（『譯經研究』の構成については、前篇 pp. 208-209に記載がある）、林屋は法上『衆經目錄』と達摩欝多羅『錄』とが異なっており、前者こそが本來の法上の著作であると考えていたのである。

筆者も林屋に贊成する。ただし、逸文から知られるかぎり、達摩欝多羅『錄』は北齊の那連提耶舍共法智譯『別譯法勝阿毘曇心』までを收錄しており、おそらく北朝の經錄であったと考えられる。したがって、本稿においては、法上『衆經目錄』と達摩欝多羅『錄』との兩方の斷片を別々に收錄することにした。

李廓や法上の經錄を含む、南北朝期の諸經錄について、林屋友次郎は『經錄研究　前篇』において次のように述べている。

更にこの時代に撰集された經錄の內容に就て見るに、この時代の經錄內容中特に感ぜられる遺憾は、其等の經錄が何れも南北朝期の割據時代に撰集された現藏錄的色彩の強いものであつた爲に、そこに收錄されたものが、その地方に流行せるものに限定せられ、前代經錄を其儘繼承せる部分を除いては、他の地方に流行せる經を無視し勝であつたことである。換言すれば、其等の經錄は孰れの經錄を見ても皆地方的經錄となつて居つて、全國的經錄となつて居るものがなかつたことである。(pp. 57-58)

ただし、北朝佛教研究の見地から言えば、李廓や法上の經錄が地方的經錄であることは利點である。彼らの經錄は當時の北朝において現實に流通していた諸經論をわれわれに教えてくれるのであり、彼らの經錄によって、われわれは北朝のいわゆる地論宗の人々がある時期において實見していた諸經論の範圍を知ることができるのである。

＊＊＊

凡例

一、「　」は文獻からの引用文を指す。
一、『　』は文獻の題名や、「　」の內部の更なる引用文を指す。
一、〈　〉は漢文における雙行註を指す。

一、（　）は漢文における訂正案を指す。ほかは通常の用例に準ずる。
一、斷片の配列は經律論の順に従い、それぞれ、王朝別、譯者別に、おおむね引用元の配列に準ずる。

＊＊＊

第一部　李廓『衆經錄目』

〔1　書誌情報〕

『衆經錄目』一卷

右一錄一卷、武帝世、雒陽信士李廓、魏永平年、奉敕撰。廓內外學、注述經錄、甚有條貫。

（『歷代三寶紀』卷九。T49, 87b）

魏世『衆經錄目』。永熙年、敕舍人李廓撰。

大乘經目錄一　二百一十四部

大乘論目錄二　二十九部

大乘經子注目錄三　一十二部

大乘未譯經論目錄四　三十三部

小乘經律目錄五　六十九部

小乘論目錄六　二部

有目未得經目錄七　一十六部
非眞經目錄八　六十二部
非眞論目錄九　四部
全非經愚人妄稱目錄十　十一部
都十件、經律論眞僞、四百二十七部、[1]二千五十三卷。（『歴代三寶紀』卷十五。T49, 126a）

〔2　斷片〕

後漢・安世高譯『安般守意經』二卷[2]
『安般守意經』二卷〈或一卷。道安云『小安般』。見朱士行『漢錄』及僧祐。李廓『錄』同〉。（『歴代三寶紀』卷四。T49, 50b）

後漢・支婁迦讖譯『大集經』二十七卷[3]
『大集經』二十七卷〈初出。見李廓『錄』〉。（『歴代三寶紀』卷四。T49, 52c）

魏・朱士行譯『放光般若經』二十卷[4]
『放光般若經』二十卷……而竺道祖僧祐王宗寶唱李廓法上靈裕等諸『錄』述著衆經、竝云「朱士行翻此」。（『歴代三寶紀』卷六。T49, 65b）

西晉・竺法護譯六部十六卷[5]
又李廓『錄』及雜別錄竝云「支菩薩譯經六部一十六卷」。（『歴代三寶紀』卷六。T49, 65a）

姚秦・鳩摩羅什譯『大方等大集經』三十卷[6]

『大方等大集（三本宮本加〝經〟）』三十卷〈第二出。與漢世支讖譯二十七卷者小異。見李廓『錄』。今別錄及二秦錄、題上竝有新字。知舊出明矣。今有六十卷〉。（『歷代三寶紀』卷八。T49, 77c）

姚秦・鳩摩羅什譯『發菩提心經』二卷[7]

『發菩提心經』二卷〈見李廓『錄』〉。（『歷代三寶紀』卷八。T49, 78a）

姚秦・鳩摩羅什譯『善信摩訶神呪經』二卷[8]

『善信摩訶神呪經』二卷〈見李廓『錄』〉。（『歷代三寶紀』卷八。T49, 78a）

姚秦・鳩摩羅什譯『大善權經』二卷[9]

『大善權經』二卷〈見李廓『錄』〉。（『歷代三寶紀』卷八。T49, 78a）

姚秦・鳩摩羅什譯『燈指因緣經』一卷[10]

姚秦・鳩摩羅什譯『觀普賢菩薩經』一卷[11]

姚秦・鳩摩羅什譯『睒本起經』一卷[12]

姚秦・鳩摩羅什譯『觀佛三昧經』一卷[13]

姚秦・鳩摩羅什譯『寶網經』一卷[14]

姚秦・鳩摩羅什譯『樂瓔珞莊嚴經』一卷[15]

姚秦・鳩摩羅什譯『請觀世音經』一卷[16]

『燈指因縁經』一卷、『觀普賢菩薩經』一卷、『睒本起經』一卷〈亦云『睒經』〉、『觀佛三昧經』一卷、『寶網經』一卷、『樂瓔珞莊嚴經』一卷、『請観世音經』一卷〈已上七經、見李廓『錄』、云「什譯」〉。

（『歷代三寶紀』卷八。T49, 78c）

北涼・曇無讖譯『方等大雲經』六卷⒄

『方等大雲經』六卷〈一名『方等無相大雲經』、一名『大雲無相經』、一名『大雲密藏經』。於涼州内苑寺出。見僧叡二秦及李廓『錄』。『呉錄』亦載〉。（『歷代三寶紀』卷九。T49, 84b）

宋・智嚴譯『無盡意菩薩經』六卷⒅

『無盡意菩薩經』六卷〈亦云『阿差末經』〉。見李廓『錄』〉。（『歷代三寶紀』卷十。T49, 89b）

宋・法雲譯『付法藏經』六卷⒆

『付法藏經』六卷〈見李廓『錄』〉。（『歷代三寶紀』卷十。T49, 89c）

宋・求那跋陀羅譯『過去現在因果經』四卷⒇

『過去現在因果經』四卷〈於荊州辛寺譯。是第三出。與漢世竺大力呉世（三本宮本加〝支〞）謙所出『本起』『瑞應』等本大同、文少異。見『始興』及僧祐李廓等『錄』〉。（『歷代三寶紀』卷十。T49, 91b）

宋・求那跋陀羅譯『大方廣寶篋經』三卷(21)

『大方廣寶篋經』三卷〈見李廓『錄』〉。（『歷代三寶紀』卷十。T49, 91b）

宋・求那跋陀羅譯『菩薩行方便神通變化經』三卷㉒
『菩薩行方便神通變化經』三卷〈見李廓『錄』〉。（『歷代三寶紀』卷十。T49, 91b）

宋・求那跋陀羅譯『淨度三昧經』三卷㉓
『淨度三昧經』三卷〈見李廓『錄』〉。（『歷代三寶紀』卷十。T49, 91b）

宋・求那跋陀羅譯『相續解脫了義經』二卷㉔
『相續解脫了義經』二卷〈於東安寺譯。見道慧僧祐李廓法上等四『錄』〉。（『歷代三寶紀』卷十。T49, 91b）

宋・求那跋陀羅譯『大法鼓經』二卷㉕
『大法鼓經』二卷〈於東安寺譯。見道慧僧祐李廓及別錄等〉。（『歷代三寶紀』卷十。T49, 91b）

宋・求那跋陀羅譯『阿蘭若習禪經』二卷㉖
『阿蘭若習禪經』二卷〈見李廓『錄』〉。（『歷代三寶紀』卷十。T49, 91b）

宋・求那跋陀羅譯『勝鬘師子吼一乘大方便經』一卷㉗
『勝鬘師子吼一乘大方便經』一卷〈於丹陽郡譯。寶雲傳語、慧觀筆受。見道慧宋齊『錄』。祐廓同〉。
（『歷代三寶紀』卷十。T49, 91b）

宋・求那跋陀羅譯『無量義經』一卷㉘

『無量義經』一卷〈見李廓『錄』〉。（『歷代三寶紀』卷十。T49, 92a）

宋・求那跋陀羅譯『貧子須頼經』一卷[29]

『貧子須頼經』一卷〈見李廓『錄』〉。（『歷代三寶紀』卷十。T49, 92a）

宋・曇摩蜜多譯『諸法勇王經』一卷[30]

宋・曇摩蜜多譯『佛昇忉利天爲母說法經』一卷[31]

宋・曇摩蜜多譯『轉女身經』一卷[32]

宋・曇摩蜜多譯『象腋經』一卷[33]

宋・曇摩蜜多譯『郁伽長者所問經』一卷[34]

宋・曇摩蜜多譯『虛空藏菩薩神呪經』一卷[35]

『諸法勇王經』一卷〈見李廓『錄』〉、『佛昇忉利天爲母說法經』一卷、『轉女身經』一卷、『象腋經』一卷、『郁伽長者所問經』一卷、『虛空藏菩薩神呪經』一卷〈已上六經竝見李廓『魏世錄』〉。

（『歷代三寶紀』卷十。T49, 92b）

宋・曇無竭譯『觀世音菩薩受記經』一卷[36]

『觀世音菩薩受記經』一卷〈第二出。與晉世竺法護譯者小異〉、『外國傳』五卷〈竭自遊西域事〉。……見王宋僧祐慧皎李廓法上等『錄』。（『歷代三寶紀』卷十。T49, 92c）

宋・曇陀羅譯『法界體性無分別經』二卷[37]

『法界體性無分別經』二卷〈見李廓及寶唱『錄』〉。（『歷代三寶紀』卷十一。T49, 98b）

宋・曼陀羅譯『文殊師利般若波羅蜜經』二卷[38]

『文殊師利般若波羅蜜經』二卷〈一云『文殊師利說般若波羅蜜經』。見李廓『錄』。初出〉。

（『歷代三寶紀』卷十一。T49, 98b）

北魏・菩提流支譯『十地經論』十二卷[39]

『十地經論』十二卷〈李廓『錄』云「初譯。宣武皇帝御親於大殿上一日自筆受、後方付沙門僧辯訖」〉。

（『歷代三寶紀』卷九。T49, 86a）

李廓『錄』稱「三藏法師房内、婆羅門經論本可有萬甲、所翻經論筆受草本滿一間屋。然其慧解與勒那相亞、而神聰敏、洞善方言、兼工雜術。嘗坐井口、澡瓶内空。弟子未來、無人汲水。三藏乃操柳枝、聊撝井口、密心誦呪、纔始數遍、泉遂涌上、平至井脣。三藏卽以鉢盂酌用。傍僧見之、竝歎稱聖。法師乃曰〝斯是術法、外國共行、此方不習、乃言是聖〟。懼惑世人、因爾雜法、悉祕不爲」。（『歷代三寶紀』卷九。T49, 86b）

第二部　法上『衆經目錄』

〔1　書誌情報〕

『齊世衆經目錄』。武平年、沙門統法上撰。

雜藏錄一　　二百九十一部八百七十四卷

修多羅錄二　百七十九部三百三十卷
毘尼錄三　一十九部二百五十六卷
阿毘曇錄四　五十部四百二十一卷
別錄五　三十七部七十四卷
衆經抄錄六　一百二十七部一百三十七卷
集錄七　三十三部一百四十七卷
人作錄八　五十一部一百六卷
都八件、經律論眞僞、七百八十七部、二千三百三十四卷。(40)（『歷代三寶紀』卷十五。T49, 126ab）

〔2　斷片〕

魏・安法賢譯『羅摩伽經』三卷(41)
『羅摩伽經』三卷〈見竺道祖寶唱法上靈祐等四『錄』〉。（『歷代三寶紀』卷五。T49, 56c）

魏・朱士行譯『放光般若經』二十卷(42)
『放光般若經』二十卷。……而竺道祖僧祐王宗寶唱李廓法上靈裕等諸『錄』述著衆經、竝云「朱士行翻此」。（『歷代三寶紀』卷六。T49, 65b）

西晉・難提譯『請觀世音消伏毒害陀羅尼經』一卷(43)
『請觀世音消伏毒害陀羅尼經』一卷〈第二出。見法上『錄』〉。（『歷代三寶紀』卷七。T49, 72a）

西晉・聖堅譯『方等王虛空藏經』八卷[44]
西晉・聖堅譯『演道俗業經』一卷[45]
西晉・聖堅譯『孛經』一卷[46]
西晉・聖堅譯『婦人遇辜經』一卷[47]
西晉・聖堅譯『大子須大拏經』一卷[48]
西晉・聖堅譯『睒子經』一卷[49]
西晉・聖堅譯『無涯際持法門經』一卷[50]
西晉・聖堅譯『除恐災患經』一卷[51]
西晉・聖堅譯『阿難問事佛吉凶經』一卷[52]

『方等王虛空藏經』八卷〈亦云『虛空藏所問經』。或五卷六卷。第二出。與法賢所譯『羅摩伽經』本同文異[53]。見晉世雜錄、出『大集經』〉。

『演道俗業經』一卷〈第二出。與支謙譯者小異〉。

『孛經』一卷。

『婦人遇辜經』一卷〈見『始興錄』〉。

『大（三本宮本作〝太〞）子須大拏經』一卷〈於江陵辛寺（三本宮本聖本加〝出〞）、庾爽筆受。見『始興錄』及寶唱『錄』。應入晉世。隨人附秦〉。

『睒子經』一卷〈一名『孝子睒經』、一名『菩薩睒經』、一名『佛說睒經』、一名『睒本經』、一名『孝子隂經』。凡六名。第二出。與羅什譯者小異。見『始興錄』〉。

『無涯際持法門經』一卷〈一名『無際經』、一名『上金光首女所問經』。見『始興錄』〉。

『除恐災患經』一卷〈第二出。與魏世白延出者小異。見始興及寶唱二『錄』〉。

『阿難問事佛吉凶經』一卷〈一名『阿難分別經』、一名『分別經』。與『弟子慢多爲耆域述經』同本異出。見『始興錄』。已上九經竝法上『錄』載、亦云「出別『錄』」。未詳〉。（『歴代三寶紀』卷九。T49, 83bc）

西晉・僧伽陀譯『慧上菩薩問大善權經』二卷[54]

『慧上菩薩問大善權經』二卷〈第二出。與法護譯『善權方便經』同。見『始興錄』。一名『大善權經』、一名『大乘方便經』、一名『慧上菩薩經』。凡五名、本竝同〉。

右一經二卷、晉安帝世、西域沙門僧伽陀、涼言饒善、於張掖、爲河西王沮渠氏出。見法上『錄』。

（『歴代三寶紀』卷九。T49, 84a）

元魏・法場譯『辯意長者子所問經』一卷[55]

『辯意長者子所問經』一卷〈一名『長者辯意經』〉。

右一部一卷、梁武帝世、天監年中、元魏沙門釋法場於雒陽出。見沙門法上『錄』。

（『歴代三寶紀』卷九。T49, 85c）

元魏・菩提流支譯『金色王經』一卷[56]

『金色王經』一卷〈正始四年出。出（三本宮本聖本無〝出〟）法上『錄』云「菩提流支」。後更重勘〉。

（『歴代三寶紀』卷九。T49, 85c）

元魏・菩提流支譯『法集經』八卷[57]

『法集經』八卷〈延昌四年、於雒陽出。僧朗筆受。或六卷。見法上『錄』〉。（『歴代三寶紀』卷九。T49, 85c）

元魏・菩提流支譯『勝思惟梵天所問經』六卷[58]
『勝思惟梵天所問經』六卷〈神龜元年、於洛陽譯。是第三出。與晉世法護六卷『持心經』秦世羅什四卷『思益經』同本異出。見法上『錄』〉。（『歷代三寶紀』卷九。T49, 85c）

元魏・菩提流支譯『深密解脫經』五卷[59]
『深密解脫經』五卷〈延昌三年、於洛陽出。僧辯筆受。見法上『錄』〉。（『歷代三寶紀』卷九。T49, 85c）

元魏・菩提流支譯『金剛般若波羅蜜經』一卷[60]
『金剛般若波羅蜜經』一卷〈永平二年於胡相國第譯。是第二出。僧朗筆受。與秦世羅什出者小異。見法上『錄』〉。（『歷代三寶紀』卷九。T49, 85c）

宋・求那跋陀羅譯『楞伽阿跋多羅寶經』四卷[61]
『楞伽阿跋多羅寶經』四卷〈元嘉二十年、於道場寺譯。慧觀筆受。見道慧僧祐法上等『錄』〉。
（『歷代三寶紀』卷十。T49, 91a）

宋・求那跋陀羅譯『央掘魔羅經』四卷[62]
『央掘魔羅經』四卷〈亦道場寺出。見道慧宋齊及僧祐法上『別錄』等〉。（『歷代三寶紀』卷十。T49, 91a）

宋・求那跋陀羅譯『相續解脫了義經』一卷[63]
『相續解脫了義經』一卷〈於東安寺譯。見道慧僧祐李廓法上等四『錄』〉。（『歷代三寶紀』卷十。T49, 91b）

宋・曇無竭譯『觀世音菩薩受記經』一卷(64)
『觀世音菩薩受記經』一卷〈第二出。與晉世竺法護譯者小異〉。『外國傳』五卷〈竭自遊西域事〉。……見王宋僧祐慧皎李廓法上等『錄』。（『歷代三寶紀』卷十。T49, 92c）

宋・道嚴譯『瓔珞本業經』二卷(65)
宋・道嚴譯『佛藏大方等經』一卷(66)
『瓔珞本業經』二卷。
『佛藏大方等經』一卷〈亦名『問明顯經』〉。
右二經合三卷、宋世不顯年、未詳何帝譯。群錄直註云「沙門釋道嚴出」。見『始興錄』及法上『錄』竝載。（『歷代三寶紀』卷十。T49, 94a）

宋・勇公譯『空淨三昧經』一卷(67)
宋・勇公譯『車匿經』一卷(68)
宋・勇公譯『勸進學道經』一卷(69)
宋・勇公譯『梵女首意經』一卷(70)
『空淨三昧經』一卷〈亦名『空淨大感應三昧經』〉。
『車匿經』一卷〈亦名『車匿本末經』〉。
『勸進學道經』一卷〈與梁史共出。亦名『勸進經』〉。
『梵女首意經』一卷〈亦名『首意女經』〉。
右四部合四卷、宋世不顯年、未詳何帝譯。群錄直註云「沙門釋勇公出」。見『始興』及『趙錄』。法上『錄』

亦載。（『歴代三寶紀』卷十。T49, 94a）

宋・法海譯『樂瓔珞莊嚴方便經』一卷(71)

宋・法海譯『寂調音所問經』一卷(72)

『樂瓔珞莊嚴方便經』一卷〈一名『大乘瓔珞莊嚴經』、一名『轉女身菩薩問答經』。與晉世竺法護『順權方便經』同本異出〉。

『寂調音所問經』一卷〈一名『如來所說淸淨調伏經』。與晉世竺法護『文殊行律』同本異出〉。

右二經合二卷、宋世、不顯年、未詳何帝譯。群錄直註云「沙門釋法海出」。見『始興錄』。法上『錄』亦載。（『歴代三寶紀』卷十。T49, 94a）

宋・先公譯『月燈三昧經』一卷(73)

『月燈三昧經』一卷〈一名『文殊師利菩薩十事行經』、一名『逮慧三昧經』〉。

右一經一卷、宋世不顯年、未詳何帝譯。群錄直注云「沙門釋先公出」。見『趙錄』。及法上『錄』亦載。（『歴代三寶紀』卷十。T49, 94a）

齊・曇摩伽陀耶舍譯『無量義經』一卷(74)

齊『無量義經』一卷〈見僧祐法上等『錄』〉。（『歴代三寶紀』卷十一。T49, 95b）

齊・曇景譯『摩訶摩耶經』二卷(75)

『摩訶摩耶經』二卷〈亦名『摩耶經』。竝見王宗寶唱法上等三『錄』〉。（『歴代三寶紀』卷十一。T49, 96a）

齊・釋法尼譯『益意經』二卷(76)

『益意經』二卷〈祐云「失譯」。見法上『錄』〉。（『歴代三寶紀』巻十一。T49, 96b）

〔3 附：王高德宛書簡及和譯〕

致句麗國大丞相王高德深懷正信、崇重大乘、欲以釋風被之海曲。然莫測法敎始末緣由自西徂東年世帝代、故從彼國、件錄事條、遣僧義淵乘帆向鄴啓發未聞。事條略云〃釋迦文佛入涅槃來、至今幾年。又在天竺、經歴幾年、方到漢地。初到何帝、年號是何。又齊陳國佛法誰先。從爾至今、歴幾年帝。請乞具註。其『十地』『智度』『地持』『金剛般若』等諸論、本誰述作。著論緣起、靈瑞所由、有傳記不。謹錄諮審、請垂釋疑〃。上荅〃佛以姫周昭王二十四年甲寅歲生。十九出家三十成道。當穆王二十四年癸未之歲。穆王聞西方有化人出、便卽西入、至竟不還。以此爲驗。四十九年在世。滅度已來、至今齊世武平七年丙申、凡一千四百六十五年。後漢明帝永平十年、經法初來、魏晉相傳、至今。孫權赤烏年、康僧會適呉、方弘敎法。『地持』是阿僧佉比丘從彌勒菩薩受得。其本至晉安帝隆安年曇摩讖於姑臧爲河西王沮渠蒙遜譯。『摩訶衍論』是龍樹菩薩造。晉隆安年鳩摩什波至長安爲姚興譯。『十地論』『金剛般若論』竝是僧佉弟婆藪槃豆造。至後魏宣武帝時、三藏法師菩提留支始翻〃。上荅指訂由緣甚廣。今略擧要、以示異同。（『歴代三寶紀』巻十二。T49, 104c-105a）

さらに、高句麗國の大丞相である王高德は深く正信を懷き、大乘を崇敬して、釋尊の遺風を瀛岸（高句麗）に被らせようと望んでいた。しかるに、法の敎の本末や由緣や、西から東に至ってからの年號や帝代を測り知るすべがなかったので、かの國から、條目を一件ずつ記錄して、僧侶である義淵を帆船に乘せ、〔北齊の都であった〕鄴に向かわせ、未聞のことがらについて啓發させた。條目は、まとめれば、〃釋迦牟尼佛が般涅槃したまうてのち、今に至るまで幾年なのか。さらに、天竺において幾年を經てのち、ようやく漢地に到ったのか。初めて到ったのはどの帝代で、年號は何なのか。さらに、北齊（北朝）と陳（南朝）との佛法は誰が始めたのか。そこから今に至るまで、幾年と幾帝とを經たのか。どうかつぶさに註したまえ。かの『十地』『智度』『地持』『金剛般若』などという諸論はもともと誰の作なのか。論を著した由來や、靈驗の由縁について、傳記はあるのかどうか。謹んで質問を記錄したので、どうか解決を示したまえ〟と言うものであった。法上は〝佛は、姫周の昭王二十四年、甲寅の歳にお生まれになった。十九歳で出家したまい、三十歳で成道したまうた。穆王二十四年、癸未の歳に當たる。穆王は西方に化人が出たと聞き、ただちに西方に入って、ついに還らなかった。そのことを證據とする。〔成道したまうてのち、〕四十九年、在世したまうた。般涅槃したまうてのち、今の北齊の武平七年（五七六）丙申の歳に至るまで、全部で千四百六十五年である。後漢の明帝の永平十年（六七）に佛教が初めて〔漢地に〕來たった。魏と晉とが相傳し、〔北齊の〕今に至っている。孫權（一八二―二五二）の赤烏年間（二三八―二五一）に、康僧會が呉に至って、ようやく佛教を弘めた。『地持論』は阿僧佉比丘が彌勒菩薩から受けたものである。その本を、晉の安帝の隆安年間（三九七―四〇一）に至って、曇摩讖（曇無讖）が姑臧において河西王である沮渠蒙遜（三六八―四三三）のために譯した。『摩訶衍論』（『大智度論』）は龍樹菩薩の作である。晉の隆安年間に鳩摩什波（Kumārajīva. 鳩摩羅什）が長安に至って姚興（三六六―四一六）のために譯した。『十地論』『金剛般若論』はいずれも阿僧佉の弟である婆藪槃豆の作である。後魏の宣武帝の代（四九九―五一五）に至って、三藏法師菩提留支が初めて譯した〟と答えた。法上の答えは由縁を指示し訂正することが甚だ廣かった。今はまとめて要點を擧げ、それによって、同異を示したのである。

依沙門法上答高句麗國問、則當前周第五主昭王瑕二十四年甲寅、至今丁巳、則一千四百八十六年。引『穆天子別傳』爲證。稱瑕子滿嗣位（宮本作〝爲〟）穆王、聞佛生迦維、遂西遊不返。（『歴代三寶紀』巻一。T49, 23a）

沙門法上が高句麗國の問いに答えたのによれば、〔佛がお生まれになったのは前周の第五主である昭王瑕の二十四年甲寅であり、丁巳の今（隋の開皇十七年〔五九七〕）に至るまで千四百八十六年である。〔法上は〕『穆天子別傳』を引用して證據とした。瑕子満は位を嗣いで穆王となり、佛がカピラヴァストゥにお生まれになったと聞いて、西遊して歸らなかったと稱している。

第三部　達摩欝多羅『錄』

〔1　書誌情報〕

（缺）

〔2　斷片〕

後漢・支婁迦讖譯『象腋經』一卷[77]
『象腋經』一卷〈十八紙〉。
右後漢中平二年、支讖於洛陽譯。出達摩欝多羅『錄』。（『大周刊定衆經目錄』卷三。T55, 391a）

後漢・支婁迦讖譯『諸法勇王經』一卷[78]
『諸法勇王經』一卷〈二十一紙〉。
右後漢支讖譯。出達摩欝多羅『錄』。（『大周刊定衆經目錄』卷四。T55, 396c）

後漢・安世高譯『法律三昧經』一卷[79]

『法律三昧經』一卷〈八紙〉。
右後漢安世高譯。出達摩欝多羅『錄』。（『大周刊定衆經目錄』卷六。T55, 405a）

後漢・安世高譯『恆水經』一卷[80]
『恆水經』一卷〈寶唱『錄』云『恆水誡經』。四紙〉。
右後漢代、安世高譯、出達摩『錄』及王宗『錄』。（『大周刊定衆經目錄』卷八。T55, 422c）
『恆水不說戒經』一卷。
右後漢代、安世高譯。出達摩『錄』及王宗『錄』。（『大周刊定衆經目錄』卷十。T55, 433a）

〔後漢・竺法蘭譯〕『法海藏經』一卷[81]
『法海藏經』一卷〈達摩『錄』云「與『海八德經』同。四紙」〉。
右漢明帝代、沙門竺法蘭譯。出長房『錄』。（『大周刊定衆經目錄』卷八。T55, 424a）

呉・支謙譯『金剛三昧本性清淨不壞不滅經』一卷[82]
『金剛三昧本性清淨不壞不滅經』一卷〈一名『金剛清淨經』。八紙〉。
右呉建興年、支謙譯。出達摩欝多羅『錄』。（『大周刊定衆經目錄』卷一。T55, 373c）

呉・支謙譯『九色鹿經』一卷[83]
『九色鹿經』一卷〈三紙〉。
右呉代、支謙譯。出達摩欝多羅『錄』。（『大周刊定衆經目錄』卷一。T55, 373c）

呉・支謙譯『隨願往生經』一卷[84]
『隨願往生經』一卷〈一名『普廣經』〉。
右呉黄武年、支謙譯。出達摩欝多羅『録』。(『大周刊定衆經目録』卷四。T55, 393c)

呉・支謙譯『犢子經』一卷[85]
『犢子經』一卷〈二紙〉。
右呉黄武年、支謙譯。出達摩欝多羅『録』。(『大周刊定衆經目録』卷四。T55, 395c)

呉・支謙譯『太子和休經』一卷[86]
『太子和休經』一卷〈四紙〉。
右呉支謙譯。出達摩欝多羅『録』。(『大周刊定衆經目録』卷五。T55, 400b)

呉・竺律炎共支謙譯『摩登伽經』三卷[87]
『摩登伽經』一部三卷〈或二卷。三十七紙〉。
右呉代、竺律炎支謙於武昌譯。出達摩欝多羅『録』。(『大周刊定衆經目録』卷八。T55, 416b)

西晉・竺法護譯『心明經』一卷[88]
『心明經』一卷〈三紙。一名『心明女梵志婦飯汁施經』〉。
右西晉竺法護譯。出達摩欝多羅『録』。(『大周刊定衆經目録』卷一。T55, 374a)

西晉・竺法護譯『菩薩夢經』二卷[89]
『菩薩夢經』一部二卷〈四十紙〉。
右西晉大安年、竺法護譯[90]。出達摩欝多羅『錄』。（『大周刊定衆經目錄』卷一。T55, 374b）

西晉・竺法護譯『師子月佛本生經』一卷[91]
『師子月佛本生經』一卷〈七紙〉。
右西晉代、惠帝太安年、竺法護譯。出達摩欝多羅『錄』。（『大周刊定衆經目錄』卷一。T55, 374c）

西晉・竺法護譯『文殊師利淨律經』一卷[92]
『文殊師利淨律經』一卷〈一名『淨律經』。十五紙〉。
右西晉代、竺法護於白馬寺譯。出達摩欝多羅『錄』及長房『錄』。（『大周刊定衆經目錄』卷六。T55, 403c）

西晉・竺法護譯『淨業障經』一卷[93]
『淨業障經』一卷〈十八紙〉。
右晉武帝代、竺法護譯[94]。出達磨欝多羅『錄』。（『大周刊定衆經目錄』卷六。T55, 405a）

西晉・竺法護譯『四輩經』[95]
『四輩經』一卷〈三紙〉。
右西晉竺法護譯。出達摩欝多羅『錄』。（『大周刊定衆經目錄』卷七。T55, 410c）

西晉・竺法護譯『清淨法行經』一卷(96)
『清淨法行經』一卷。
右西晉代、竺法護譯。出達摩欝多羅『錄』。(『大周刊定衆經目錄』卷七。T55, 411a)

西晉・法炬譯『貧窮老公經』一卷(97)
『貧窮老公經』一卷〈三紙。一名『貧老經』〉。
右西晉、法炬法立譯。出達摩欝多羅『錄』。(『大周刊定衆經目錄』卷八。T55, 417c)

〔西晉・法炬共法立譯〕『瞻波比丘經』一卷(98)
『瞻波比丘經』一卷〈達摩『錄』云「與『恆水經』同」。四紙〉。
右西晉代、法炬法立共譯。出長房『錄』。(『大周刊定衆經目錄』卷八。T55, 420b)

〔東晉・僧伽提婆〕『中阿含經』二百二十二卷(99)
『中阿含經』一部六十卷〈或五十八卷。合一千二百八十七紙。右達摩鬱多羅『錄』云「有二百二十二卷」。長房『錄』云「六十九經」〉。
右東晉安帝隆安元年、僧伽提婆於楊州譯。出長房『錄』。(『大周刊定衆經目錄』卷八。T55, 419b)

〔東晉・失譯〕『彌勒來時經』一卷(100)
『彌勒來時經』一卷〈三紙〉。
右出達摩欝多羅『錄』。(『大周刊定衆經目錄』卷四。T55, 396a)

姚秦・鳩摩羅什譯『千佛因緣經[101]』
『千佛因緣經』一卷〈廿一紙〉。
右後秦代、弘始七年、羅什譯。出達摩欝多羅『錄』。（『大周刊定衆經目錄』卷一。T55, 377a）

姚秦・鳩摩羅什譯『長者法志妻經』一卷[102]
『長者法志妻經』一卷〈三紙〉。
右後秦代、羅什譯。出達摩欝多羅『錄[103]』。（『大周刊定衆經目錄』卷一。T55, 377a）

姚秦・鳩摩羅什譯「一切施主所行檀波羅蜜經」一卷[104]
「一切施主所行檀波羅蜜經」一卷〈四紙〉。
右後秦代、羅什譯。出達摩欝多羅『錄』。（『大周刊定衆經目錄』卷一。T55, 377a）

姚秦・鳩摩羅什譯『薩羅國王經』一卷[105]
『薩羅國王經』一卷〈四紙〉。
右後秦代、羅什譯。出達摩欝多羅『錄』。（『大周刊定衆經目錄』卷一。T55, 377a）

姚秦・鳩摩羅什譯『善臂菩薩所問經』二卷[106]
『善臂菩薩所問經』一卷〈二十九紙〉。
右達摩欝多羅『錄』云「後秦沙門羅什譯。與『持人菩薩所問經』同本異譯」。
（『大周刊定衆經目錄』卷四。T55, 392c）

姚秦・鳩摩羅什譯『法界體性無分別經』二卷[107]
『法界體性無分別經』一部二卷〈三十六紙〉。
右一本羅什譯。出達摩欝多羅『錄』。(『大周刊定衆經目錄』巻五。T55, 400c)

姚秦・鳩摩羅什譯『未曾有因緣經』二卷[108]
『未曾有因緣經』一部二卷〈四十八紙〉。
右秦弘始年、羅什於長安譯。出達摩欝多羅『錄』。(『大周刊定衆經目錄』巻五。T55, 400c)

姚秦・鳩摩羅什譯『佛藏經』四卷[109]
『佛藏經』一部四卷〈或三卷。亦名『選擇諸法經』〉。
右秦弘始七年、羅什譯。出達摩欝多羅『錄』及長房『錄』。(『大周刊定衆經目錄』巻六。T55, 403c)

姚秦・鳩摩羅什譯『舍利弗悔過經』一卷[110]
『舍利弗悔過經』一卷。
右秦羅什譯。出達摩欝多羅『錄』。(『大周刊定衆經目錄』巻六。T55, 404c)

姚秦・鳩摩羅什譯『清淨毘尼方廣經』一卷[111]
『清淨毘尼方廣經』一卷〈二十紙〉。
右秦羅什譯。出達摩欝多羅『錄』。(『大周刊定衆經目錄』巻六。T55, 405a)

姚秦・鳩摩羅什譯『栴檀樹經』一卷(112)
『栴檀樹經』一卷〈三紙〉。
右後秦羅什譯(113)。出達摩欝多羅『錄』。（『大周刊定衆經目錄』卷七。T55, 412b）

姚秦・鳩摩羅什譯『海八德經』(114)
『海八德經』一卷〈達摩『錄』云「與『瞻波比丘』同」。三紙〉。
右秦代、羅什譯(115)。出達摩多羅『錄』。（『大周刊定衆經目錄』卷八。T55, 424a）

北涼・曇無讖譯『大方廣三戒經』三卷(116)
『十（宋本作〝大〟）方廣三戒經』一部三卷〈五十四紙〉。
右北涼曇無讖譯。出達摩欝多羅『錄』。（『大周刊定衆經目錄』卷六。T55, 405a）

北涼・道龔譯『寶梁經』二卷(117)
『寶梁經』一部二卷〈四十四紙〉。
右北涼道龔譯。出達摩欝多羅『錄』。又出長房『錄』。（『大周刊定衆經目錄』卷六。T55, 405a）

〔北涼・沮渠京聲譯〕『清信士阿夷扇父子經』一卷(118)
『清信士阿夷扇持經』一卷〈達摩鬱多羅『錄』云『清信士阿夷扇父子經』。出第五卷〉。
右宋孝武帝代、北涼沮渠京聲譯。出『長房錄』。（『大周刊定衆經目錄』卷八。T55, 419b）

北涼・失譯『決定毘尼經』一卷(119)
『決定毘尼經』一卷〈二十二紙〉。
右於涼州北涼燉煌譯、不顯人名。出達摩欝多羅『錄』。(『大周刊定衆經目錄』卷六。T55, 405a)

元魏・曇曜譯『大吉義呪經』四卷(120)
『大吉義呪經』一部四卷〈四十四紙。或二卷〉。
右後魏太和十年、曇曜譯。出達摩欝多羅『錄』。(『大周刊定衆經目錄』卷一。T55, 377b)

元魏・佛陀扇多譯『轉有經』一卷(121)
『轉有經』一卷〈二紙〉。
右魏代、佛陀扇多譯。出達摩欝多羅『錄』。(『大周刊定衆經目錄』卷四。T55, 396a)

宋・求那跋摩譯『菩薩内戒經』一卷(122)
『菩薩内戒經』一卷〈二十紙〉。
右宋文帝代、求那跋摩譯。出達摩欝多羅『錄』。(『大周刊定衆經目錄』卷六。T55, 404b)

宋・沮渠京聲譯『諌王經』一卷(123)
『諌王經』一卷〈四紙。亦云『大小諌王經』〉。
右宋代、安陽侯沮渠京聲譯。出達磨欝多羅『錄』。(『大周刊定衆經目錄』卷七。T55, 413c)

東晉・符蘭譯『毘尼母經』八卷[124]
『毘尼母論』一部八卷〈一百一十二紙〉。
右東晉太安年、符蘭譯。出達摩欝多羅『錄』[125]。（『大周刊定衆經目錄』卷十。T55, 433b）

東晉・僧伽提婆譯『阿毘曇心偈』四卷[126]
『阿毘曇心偈』一部四卷〈八十紙〉。
右東晉太安元年、僧伽提婆譯。出達摩欝多羅『錄』。（『大周刊定衆經目錄』卷十。T55, 433b）

西晉・竺法護譯『分別功德論』四卷[127]
『分別功德論』一部五卷〈或四卷、或三卷。七十二紙〉。
右西晉代、竺法護譯。釋『增一阿含』義。出達摩欝多羅『錄』[128]。（『大周刊定衆經目錄』卷十。T55, 434b）

姚秦・僧伽跋澄誦、竺佛念譯『法勝阿毘曇論』六卷[129]
『法勝阿毘曇論』一部六卷〈一百三紙〉。
右後齊天統年、耶舍共法智譯。又達摩欝多羅『錄』云「姚秦代、跋澄誦、佛念譯」。出『内典錄』。（『大周刊定衆經目錄』卷十。T55, 435b）

北齊・那連提耶舍共法智譯『別譯法勝阿毘曇心』六卷[130]
『別譯法勝阿毘曇心』一部六卷〈一百二十二紙〉。
右齊天統五年、耶舍共法智譯。出達摩欝多羅『錄』。（『大周刊定衆經目錄』卷十。T55, 435b）

梁・眞諦譯『釋大乘論』二十卷[131]

『釋大乘論』一部二十卷〈四百紙〉。

右梁太清二年、頗羅墮拘羅那他譯。出達磨欝多羅『錄』[132]。（『大周刊定衆經目錄』卷六。T55, 406a）

〔參考〕

晉・帛延譯『無量清淨平等覺經』二卷[133]

興『記』上云。……一『無量清淨平等覺經』二卷〈魏世帛延譯。曇摩欝多羅『錄』云「晉世帛延譯」〉。

（唐・龍興『觀無量壽經記』卷上〔『安養抄』卷五所引〕。T84, 176a）

＊＊＊

略號

T: 大正新脩大藏經。

參考文獻

林屋友次郎『經錄研究　前篇』東京、岩波書店、一九四一年。

註

（1）實數四百五十二部。
（2）現缺。
（3）現缺。
（4）T no. 221: 西晉・無羅叉譯『放光般若經』二十卷。
（5）詳細不明。

(6) 現缺。

(7) 現缺。

(8) 現缺。

(9) 現缺。

(10) T no. 703: 姚秦・鳩摩羅什譯『燈指因緣經』一卷。

(11) T no. 277: 宋・曇無蜜多譯『佛說觀普賢菩薩行法經』一卷。

(12) 現缺。

(13) 現缺。

(14) T no. 433: 西晉・竺法護譯『佛說寶網經』一卷。

(15) T no. 566: 姚秦・曇摩耶舍譯『樂瓔珞莊嚴方便品經』一卷。

(16) T no. 1043: 東晉・難提譯『請觀世音菩薩消伏毒害陀羅尼呪經』一卷。

(17) T no. 387: 北涼・曇無讖譯『大方等無想經』六卷。

(18) 現缺。

(19) 現缺。

(20) T no. 189: 宋・求那跋陀羅譯『過去現在因果經』六卷。

(21) T no. 462: 宋・求那跋陀羅譯『大方廣寶篋經』六卷。

(22) T no. 271: 宋・求那跋陀羅譯『佛說菩薩行方便境界神通變化經』三卷。

(23) 現缺。

(24) T no. 678: 宋・求那跋陀羅譯『相續解脫地波羅蜜了義經』一卷。T no. 679: 宋・求那跋陀羅譯『相續解脫如來所作隨順處了義經』一卷。

(25) T no. 270: 宋・求那跋陀羅譯『大法鼓經』二卷。

(26) 現缺。

(27) T no. 353: 宋・求那跋陀羅譯『勝鬘師子吼一乘大方便方廣經』一卷。

(28) 現缺。

(29) 現缺。
(30) T no. 822: 宋・曇摩蜜多譯『佛說諸法勇王經』一卷。
(31) 現缺。
(32) T no. 564: 宋・曇摩蜜多譯『佛說轉女身經』一卷。
(33) T no. 814: 宋・曇摩蜜多譯『佛說象腋經』一卷。
(34) 現缺。
(35) T no. 407: 宋・曇摩蜜多譯『虛空藏菩薩神呪經』一卷。
(36) T no. 371: 宋・曇無竭譯『觀世音菩薩授記經』一卷。
(37) T no. 310:『大寶積經』卷二十六—卷二十七、梁・曼陀羅譯「法界體性無分別會」。
(38) T no. 232: 梁・曼陀羅仙譯『文殊師利所說般若波羅蜜經』二卷。
(39) T no. 1522: 元魏・菩提流支譯『十地經論』十二卷。
(40) 實數二千三百四十五卷。
(41) T no. 294: 西秦・聖堅譯『佛說羅摩伽經』三卷。
(42) T no. 221: 西晉・無羅叉譯『放光般若經』二十卷。
(43) T no. 1043: 東晉・竺難提譯『請觀世音菩薩消伏毒害陀羅尼呪經』一卷。
(44) 現缺。
(45) T no. 820: 乞伏秦・聖堅譯『佛說演道俗業經』一卷。
(46) 現缺。
(47) T no. 571: 乞伏秦・聖堅譯『佛說婦人遇辜經』一卷。
(48) T no. 171: 西秦・聖堅譯『太子須大拏經』一卷。
(49) T no. 175: 西晉・聖堅譯『佛說睒子經』一卷。
(50) 現缺。
(51) T no. 744: 乞伏秦・聖堅譯『佛說除恐災患經』一卷。
(52) T no. 495: 乞伏秦・法堅譯『佛說阿難分別經』一卷。

(53) Cf.『方等主虛空藏經』八卷〈亦云『虛空藏所問經』、一名『勸發菩薩莊嚴菩提經』。或五卷。是『大集』虛空藏品異譯。見晉世雜錄。及法上『錄』云「與『羅摩伽經』同本」、非也〉。(『開元釋敎錄』卷四。T55, 518a)
(54) 現缺。
(55) T no. 544: 元魏・法場譯『辯意長者子經』一卷。
(56) 現缺。
(57) T no. 761: 元魏・菩提流支譯『佛說法集經』六卷。
(58) T no. 587: 元魏・菩提流支譯『勝思惟梵天所問經』六卷。
(59) T no. 675: 元魏・菩提流支譯『深密解脫經』五卷。
(60) 現缺。
(61) T no. 670: 宋・求那跋陀羅譯『楞伽阿跋多羅寶經』四卷。
(62) T no. 120: 宋・求那跋陀羅譯『央掘魔羅經』四卷。
(63) T no. 678: 宋・求那跋陀羅譯『相續解脫地波羅蜜了義經』一卷。T no. 679: 宋・求那跋陀羅譯『相續解脫如來所作隨順處了義經』一卷。
(64) T no. 371: 宋・曇無竭譯『觀世音菩薩授記經』一卷。
(65) 現缺。
(66) 現缺。
(67) 現缺。
(68) Cf.『車匿經』〈亦名『車匿本末經』出『六度集』中、是『尸呵遍王經』異名。群錄雖云「勇公所出」、今以是別生抄經、故刪之不存也〉。(『開元釋敎錄』卷五。T55, 532b)
(69) T no. 798: 宋・沮渠京聲譯『佛說進學經』一卷。
(70) 現缺。
(71) T no. 566: 姚秦・曇摩耶舍譯『樂瓔珞莊嚴方便品經』一卷。
(72) T no. 1490: 宋・法海譯『寂調音所問經』一卷。
(73) T no. 640: 宋・先公譯『佛說月燈三昧經』一卷。

(74) T no. 276: 蕭齊・曇摩伽陀耶譯『無量義經』一卷。
(75) T no. 383: 蕭齊・曇景譯『摩訶摩耶經』二卷。
(76) 現缺。
(77) T no. 814: 宋・曇摩蜜多譯『佛說象腋經』一卷。
(78) T no. 822: 宋・曇摩蜜多譯『佛說諸法勇王經』一卷。
(79) T no. 631: 呉・支謙譯『佛說法律三昧經』一卷。
Cf.「兎に角、本經は前述の如く現存して居るものであるから、その經に就てその譯語文體を見るに、この經の譯語文體は明かに西晉代若くはその以前のものと見られ得るものである。然し、安世高の譯語とは全然違つて居るのみならず、これを支謙譯として見ても、その標準譯語とは多少違つたところが存して居る。加之もこの經を支謙譯と查定した「三寶紀」の典據が全く薄弱なものであつた點からこれを考へるならば、本經は當然西晉代若くはその以前の失譯經として殘されるべきものであらう。」(林屋友次郎前掲書、p. 847)
(80) T no. 33: 西晉・法炬譯『佛說恆水經』一卷。
(81) T no. 34: 西晉・法炬譯『法海經』一卷。
(82) T no. 644: 三秦・失譯『佛說金剛三昧本性清淨不壞不滅經』一卷。
(83) T no. 181: 呉・支謙譯『佛說九色鹿經』一卷。
(84) T no. 1331: 東晉・帛尸梨蜜多羅譯『佛說灌頂七萬二千神王護比丘呪經』卷十一、「佛說灌頂隨願往生十方淨土經」。
(85) T no. 808: 呉・支謙譯『佛說犢子經』一卷。
(86) T no. 344: 西晉・失譯『佛說太子和休經』一卷。
(87) T no. 1300: 呉・竺律炎共支謙譯『摩登伽經』三卷。
(88) T no. 569: 西晉・竺法護譯『佛說心明經』一卷。
(89) T no. 310:『大寶積經』卷十五―十六、西晉・竺法護譯「淨居天子會」二卷。
(90) Cf.『菩薩說夢經』二卷〈見法上『錄』。今編入『寶積』當第四會、改名「淨居天子會」。法上『錄』云「護公所出」。詳文乃非。且依上『錄』爲定〉。(『開元釋教錄』卷二。T55, 493b)
第四「淨居天子會」二卷。西晉三藏竺法護譯〈出法上『錄』。勘同編入〉。右舊譯單本。本名『菩薩說夢經』。新改名「淨居天子會」。當第十五及十六卷〈細詳文句、與竺法護經、稍不相類。長房等『錄』皆云「失譯」。法上『錄』中云「竺護出」。今者且依法上『錄』定〉。(『開元釋敎錄』卷十一。T55, 584b)

(91) T no. 176: 三秦・失譯『佛說師子月佛本生經』一卷。

(92) T no. 460: 西晉・竺法護譯『佛說文殊師利淨律經』一卷。

(93) T no. 1494: 秦・失譯『佛說淨業障經』一卷。

(94) Cf.〈其『淨業障經』、法上『錄』云「竺法護譯」。詳其文句、與護公譯經、文勢全異、故爲失譯〉。(『開元釋敎錄』卷十二。T55, 606a)

(95) T no. 769: 西晉・竺法護譯『佛說四輩經』一卷。

(96) 現缺。僞經。

(97) 現缺。= T no. 797: 宋・慧簡譯『佛說貧窮老公經』一卷?

(98) 現缺。= T no. 33: 西晉・法炬譯『佛說恆水經』一卷?

(99) T no. 26: 東晉・瞿曇僧伽提婆譯『中阿含經』六十卷。

(100) T no. 457: 東晉・失譯『佛說彌勒來時經』一卷。

(101) T no. 426: 姚秦・鳩摩羅什譯『佛說千佛因緣經』一卷。

(102) T no. 572: 涼・失譯『佛說長者法志妻經』一卷。

(103) Cf.『長者法志妻經』一卷。失譯〈安公『涼土異經錄』中有名。今亦附涼錄〉。
『薩羅國經』一卷〈或云『薩羅國王經』〉失譯〈今附東晉錄〉。

右二經、法上『錄』中竝云「姚秦三藏鳩摩羅什譯」。今詳二經文句、竝非什公所翻、似是晉魏代譯。其『法志妻經』、安公『涼土異經錄』中、先有其名。今亦附涼錄。『薩羅國經』、附於晉錄。(『開元釋敎錄』卷十二。T55, 605b)

(104) 現缺。
Cf.「又智昇の「行檀波羅蜜經」に對する註釋中に於て、「群錄竝云羅什所譯」とあるものは、「大周刊定錄」とそれが引用して居る「達摩欝多羅錄」を指したものであらうが、この「達摩欝多羅錄」は全くその性質の解らない經錄である上に、「大周刊定錄」が「達摩欝多羅錄」に依て査定して居るものの殆ど總てが皆否定されるといふ事實から推しても、この羅什譯なるものは殆ど信用し得ないものである。現に、「經律異相」卷二十六所引の「一切施主所行檀波羅蜜經」の譯語文體は

明かに羅什譯ではない。」（林屋友次郎前掲書、p. 616）

(105) T no. 520: 東晉・失譯『佛說薩羅國經』一卷。

(106) T no. 310:『大寶積經』卷九十三―九十四、姚秦・鳩摩羅什譯「善臂菩薩會」二卷。

(107) T no. 310:『大寶積經』卷二十六―二十七、梁・曼陀羅譯「法界體性無分別會」。

(108) 現缺。＝T no. 754: 蕭齊・曇景譯『佛說未曾有因緣經』二卷？

(109) T no. 653: 姚秦・鳩摩羅什譯『佛藏經』三卷。

(110) 現缺。＝T no. 1492: 後漢・安世高譯『佛說舍利弗悔過經』一卷？

(111) T no. 1489: 姚秦・鳩摩羅什譯『清淨毘尼方廣經』一卷。

(112) T no. 805: 漢・失譯『佛說栴檀樹經』一卷。

(113) Cf.『栴檀樹經』一卷。僧祐『錄』云「安公古典經」〈法上『錄』云「羅什譯」者非也。今附漢錄〉。（『開元釋教錄』卷十三。T55, 617c）

(114) T no. 35: 姚秦・鳩摩羅什譯『佛說海八德經』一卷。

(115) Cf. 按此經文、決非羅什之譯、似是後漢之經。疑此是彼竺法蘭爲失本者。藏中錯爲羅什譯耳。（『佛說海八德經』。T1, 819c）

(116) T no. 311: 北涼・曇無讖譯『大方廣三戒經』三卷。

(117) T no. 310:『大寶積經』卷百十四、北涼・道龔譯「寶梁聚會」。

(118) T no. 154: 西晉・竺法護譯『生經』卷五、「佛說清信士阿夷扇持父子經」。

(119) T no. 325: 燉煌三藏譯『佛說決定毘尼經』一卷。

(120) T no. 1335: 元魏・曇曜譯『大吉義神呪經』四卷。

(121) T no. 576: 元魏・佛陀扇多譯『佛說轉有經』一卷。

(122) T no. 1487: 宋・求那跋摩譯『佛說菩薩内戒經』一卷。

(123) T no. 514: 宋・沮渠京聲譯『佛說諫王經』一卷。

Cf.「爰に於て本經の譯語文體を見るに、本經は明かに魏呉代若くは西晉代初期の譯出であつて、絕對に京聲譯といふが如き新しいものではない。加之もこの經が「道安錄」にあつたといふ事實から考へるならば、「三寶紀」がこれを京聲譯と査定したことは、根本的な誤りであつたと云はなければならない。從て、本經は斯る誤つた査定を捨てて西晉代又はそれ以前の失譯經に復活せしめられるべきものである。」（林屋友次郎前掲書、p. 734）

(124) T no. 1463: 秦・失譯『毘尼母經』八卷。

(125) Cf. 其『毘尼母經』、『大周錄』云「東晉太安年、符蘭譯。出法上『錄』」。謹按『帝王代錄』、於東晉代、無太安年。其太安年乃在西晉惠帝代。其法上『錄』、尋之、未獲年代。既錯、未可依憑。又檢文中、有翻梵語處、皆曰「秦言」。故是秦時譯也。今爲失譯、編於秦錄。（『開元釋敎錄』卷十三。T55, 620a）

(126) T no. 1550: 東晉・僧伽提婆共慧遠譯『阿毘曇心論』四卷。

(127) T no. 1507: 失譯『分別功德論』五卷。

(128) Cf.『分別功德論』四卷〈或云『分別功德經』。或三卷、或五卷〉。失譯〈在後漢錄。單本。右此一論釋『增壹阿含經』義從初序品至弟子品過半、釋王比丘即止。法上『錄』云「竺法護譯」者、不然。此中牒經解釋文句竝同本經似與『增壹阿含』同一人譯。而餘『錄』竝云「失源」。且依此定。僧祐『錄』云「迦葉阿難撰」者、此亦不然。如『論』第一卷中引外國師及薩婆多說。故知非是二尊所撰〉。（『開元釋敎錄』卷十三。T55, 621b）

(129) = T no. 1549: 僧伽跋澄譯『尊婆須蜜菩薩所集論』十卷?

(130) T no. 1551: 高齊・那連提耶舍譯『阿毘曇心論經』六卷。

(131) 現缺。

(132) Cf. 又法上『錄』云「梁太淸二年、眞諦三藏譯『攝大乘論』二十卷」者、此應誤也。多是「十二」。傳寫者錯。今按長房等『錄』、諦譯『攝論』在於陳代。梁錄既無、故不存也。（『開元釋敎錄』卷十四。T55, 637c）

(133) 現缺。= T no. 361: 後漢・支婁迦讖譯『佛說無量淸淨平等覺經』四卷?

三　慧影『大智度論疏』逸文集成

大竹　晋

解題

本稿は慧影『大智度論疏』の散逸箇所の逸文の集成である。

慧影についての最も古い記録は隋の費長房『歴代三寶紀』のうちに現れる。同書に次のようにある。

『述釋道安智度論解』二十四卷〈幷道安自制序〉。

『傷學論』一巻。

『存廢論』一巻。

『厭修論』一巻。

右四部、合二十七巻、舍衞寺沙門釋慧影撰。影俗緣江氏、巴西人。周世智度論師釋道安解之神趾。傳燈注水、繼踵法輪、述而不作、弘〈摩訶衍。亦爲二十五衆主〉。潛形寺宇、汎志慧流。跡罕人閒、情多物外。文鋒出口、理窟入神。觀夫論興、厥意可覩。『傷學論』者、爲除謗法之愆。『存廢』爲防姦求之意。『厭修』令人改過服道者也。（巻十二。T49, 106c）

『述釋道安智度論解』（〝『釋道安の大智度論理解の祖述』〟）二十四巻〈ならびに道安がみずから制作した序〉。

『傷學論』一巻。

『存廢論』一巻。

『厭修論』一巻。

右の四部、合計二十七巻は、舍衞寺の沙門、釋慧影の撰述である。慧影は俗姓を江氏といい、巴西（現在の四川省）の人であった。北周の世の大智度論師、釋道安の理解の、卓れた後繼者であった。〔道安の〕法燈を傳え、〔道安の器から〕水をそっくり移し、法輪について〔道安の〕踵を繼ぎ、〔道安を〕祖述して〔自分では〕作らず、〈摩訶衍を〉弘めた〈さらに、〔隋の僧官〕二十五衆の主となりもした〉。寺の中に身を潛め、汎く智慧の流れに志した。人の閒に足跡を殘さず、志は多く世外にあった。文勢は口から出、道理は心に入っていた。かの〔三つの〕論の興ったわけを觀察するに、その意圖はわかりやすい。『傷學論』は法を謗るという過ちを除去するものである。『存廢論』はよこしまに求める心を豫防するものである。『厭修論』は過度に修道に服することを人に改めさせるものである。

唐の道宣『續高僧傳』道安傳に附された慧影の小傳は基本的に『歴代三寶紀』を踏襲しているが、慧影の沒年を追加している。同傳に次のようにある。

影傳燈『大論』、繼踵法輪、汎迹人間、情多野外。著『傷學』『存廢』『厭修』等三論。『傷學』除謗法之愆、『存廢』防奸求之意、『厭修』令改過服道、竝藻逸霞爛、煥然可遵。後卒開皇末歳。（巻二十三。T50, 630b）

慧影は『大智度論』について〔道安の〕法燈を傳え、法輪について〔道安の〕踵を繼ぎ、人の間に汎く足跡を殘したが、志は多く野外〔の修行〕にあった。『傷學論』『存廢論』『厭修論』という三つの論を著した。『傷學論』は法を謗るという過ちを除去するものであり、『存廢論』はよこしまに求める心を豫防するものであり、『厭修論』は過度に修道に服することを改めさせるものであり、いずれも文藻は高逸、文彩は絢爛であり、煥然としていて遵うべきものである。後に開皇の末年〔六〇〇〕に沒した。

すなわち、本稿において逸文が集成される『大智度論疏』は、『歴代三寶紀』において言及される『述釋道安智度論解』二十四巻に他ならない。本書がかつて奈良時代以降に日本に存在したことは明らかであるが、現存箇所はわずかに巻一、巻六、巻十四、巻十五、巻十七、巻二十一、巻二十四にすぎず、しかも、現存箇所のうちにも、大幅な缺損が確認される。本稿においては、散逸箇所について、逸文を日本の文獻から回收し、『大智度論』の巻の順に整理する。現存箇所と逸文とから判明するかぎり、『大智度論疏』と『大智度論』との對應關係は次頁の表のとおりである。

道安や慧影は北周から隋にかけての大智度論師であるが、北朝における『大智度論』研究は地論宗を基礎として行なわれていた。『大智度論疏』の逸文のうちにも、地論宗に關係する情報が多く含まれている。とりわけ、資料が乏しい西魏・北周の地論宗について、貴重な情報を與えると考えられる。

慧影『大智度論疏』	『大智度論』
巻一（一部存、逸文）	巻一
巻二（缺、逸文）	巻二～巻六～?
巻三（缺、逸文）	?～巻十～?
巻四（缺、逸文）	?～巻十二～巻十五～?
巻五（缺）	?～巻十九中途
巻六（存）	巻十九中途～巻二十一
巻七（缺）	巻二十二～?
巻八（缺）	?～?
巻九（缺、逸文）	?～巻二十三～?
巻十（缺）	?～?
巻十一（缺）	?～?
巻十二（缺、逸文）	?～巻二十七～?
巻十三（缺）	?～巻三十一
巻十四（存）	巻三十二～巻三十三
巻十五（存）	巻三十四～巻三十六
巻十六（缺）	巻三十七～巻四十中途
巻十七（存）	巻四十中途～巻四十四
巻十八（缺）	巻四十五～?
巻十九（缺）	?～?
巻二十（缺）	?～巻五十八
巻二十一（存）	巻五十九～巻六十四
巻二十二（缺）	巻六十五～?
巻二十三（缺）	?～巻七十五中途
巻二十四（存）	巻七十五中途～巻八十二

『大智度論疏』の現存箇所を翻譯しないまま逸文のみを翻譯しても不完全になるため、今回、筆者は逸文に翻譯を附さなかった。ただし、『大智度論疏』がさまざまな情報を含む北朝佛教の一大寶庫であることについては疑問の餘地がないので、今後、逸文を含む『大智度論疏』全體の翻譯研究が進められ、北朝佛教の實態が解明されることを筆者は願っている。もし要請があるならば、筆者みずからもその研究に協力を惜しまないつもりである。

なお、慧影の別の著作『傷學論』『存廢論』『厭修論』の現存は確認されていない。『大智度論疏』においては、「廣解如『章』」あるいは「廣釋如『章』」というふうに、解說を『章』という文獻に讓っている箇所が幾つか見られるが、この『章』の現存も確認されていない。道安の著作『二教論』は『廣弘明集』卷八のうちに收められているので、『大智度論疏』と併せて檢討が望まれる。

本稿を草するにあたり、一言すべきなのは、寶地房證眞『大智度論略鈔』二卷についてである。平安時代後期の著作であるこの文獻は、慧影、僧侃、靈見ら、南北朝から隋にかけての大智度論師による『大智度論』註釋からの引用を多く含んでおり、その資料的價値は夙に知られていた（小寺文頴「寶地房證眞の大智度論略抄について」『龍谷大學佛教文化研究所紀要』九、一九七〇年）。しかし、江戸時代に木版が作られたのみで、近代に活字印刷されたことがない稀覯本という事情から、今までほとんど活用されてこなかった。今回はここからも逸文を回收した。

證眞『大智度論略鈔』においては、『大智度論疏』の現存箇所からも多くの文が引用されており、それらの文によって、現存箇所の文字の誤脱を訂正することが可能である。『大智度論略鈔』そのものも少なからぬ文字の誤脱を含んでいるので、今後は、『大智度論疏』と『大智度論略鈔』を共觀的に用いつつ、研究が進められることが望ましい。

＊　＊　＊

凡例

一、「　」は經論からの引用文を指す。
一、『　』は經論の題名を指す。
一、〈　〉は漢文における雙行註を指す。
一、（　）は漢文における訂正案を指す。ほかは通常の用例に準ずる。
一、〃　〃は漢文における會話文を指す。
一、「○」は原漢文において用いられている省略記號である。
一、「□」は原漢文において示されている欽字である。
一、逸文については、あくまで初出（に近いもの）のみを収錄した。たとえば、宥快『大日經疏鈔』において引用されている逸文は賴瑜『大日經疏指心鈔』において引用されている逸文の引き寫しにすぎないから、これを収錄しなかった。
一、漢文の訂正案については、可能なかぎりこれを提示した。ただし、どうしても訂正案を思いつかず、意味不通のまま殘した箇所もある。諒とされたい。

＊　＊　＊

逸文

如嘉祥『大品疏』、彼『經』三處各明三周。謂般若體、次明功德、後說留難。竝有三周。慧影『疏』亦明三周。

（證眞『法華疏私記』卷四本。DBZ21, 496a）

【疏】又『智度論疏』第一〈惠影述〉云。羅什法師言。如來般泥洹後三百七十年、有馬鳴菩薩、出興於世、敷演無上大乘之化。其後五百三十年、有龍樹菩薩、出興於世、敷演無上大乘記。龍樹一身、假服仙藥、乃三百餘年、任（住？）持佛法、至八百年後、始付提婆〈云云〉。（湛睿『起信論義記教理抄』卷五。DBZ94, 11Cb）

【疏】慧影師云。龍樹一身、假服仙藥、乃三百餘年、住持佛法、至八百年後、始付提婆。

（安澄『中論疏記』卷二末。T65, 54b）

【疏】又『智論』慧影『疏』云。龍樹遂造千餘卷論、以釋此『論』。但什法師以秦人好簡、裁而略之、十分取一、得此百卷。（鳳潭『華嚴五教章匡眞鈔』卷五。T73, 505a）

【疏】『大論』慧影『疏』云。『付法藏』中、龍樹第十三、天親二十一。（證眞『止觀私記』卷一本。DBZ22, 243b）

【疏】『大論』慧影『疏』云。『付法藏』二十三人中、龍樹第十三、天親二十一〈已上〉。

（良忠『無量壽經論註記』卷一。JZ1, 265b）

『大智度論』卷一

【論】答曰。佛於三藏中、廣引種種諸喩、爲聲聞說法、不說菩薩道。唯『中阿含』本末經中、佛記彌勒菩薩「汝當來世當得作佛、號字彌勒」、亦不說種種菩薩行。佛今欲爲彌勒等、廣說諸菩薩行。是故說摩訶般若波羅蜜經。

（T25, 57c-58a）

【疏】慧影師云。「答曰」下、第二明論主既欲釋此經宗致。就中有三意。言「佛於三藏」等者、第一明小法不說大義。何者、果不孤成、必由其本。本者是何。謂六波羅蜜。是法身之本業行。所以創言也。三藏□（經?）各有十萬偈三百二十萬言、合有三十萬偈九百六十萬言、爲三藏經體。周稱「藏」者、以蘊積爲義。明小不說大。蘊積大義、故名爲藏。言「唯『中阿含』」下、第二明說當果不說因義。四阿含中、『增一阿含』者、卽是短阿含。其中明事短。但一一事增、故云『增一』。若其中、明事長者、名『長阿含經』。明諸事故、名『雜阿含』。明事處中故、言『中阿含』。而『中阿含』中、多明本末。於此本末經中、說授記事。故云「『阿含』本末經」也。言「佛今欲爲」下、第三結答。（安澄『中論疏記』卷二末。T65, 45c-46a）

【論】是佛法中、亦有犢子比丘、說〝如四大和合有眼法、如是五衆和合有人法〟。犢子阿毘曇中、說〝五衆不離人、人不離五衆。不可說〝五衆是人〟〝離五衆是人〟。人是第五不可說法藏中所攝〟。（T25, 61a）

【疏】慧影『疏』第一卷解云。犢子執云。亦不可說五衆。是人亦不可說離五衆。有人云。此家執言實有人。雖言有人、仍此人都不可說。故屬第五不可說法藏中攝。五法藏者、謂三世爲三法藏、無爲法藏、不可說法藏等也。此家立此五法藏義、以攝一切法、悉在此五法藏中、故云爾也。此阿毘曇論不來他家經論、但出其所執之意耳。此是佛法中執見、非外道也。（安澄『中論疏記』卷一本。T65, 18a）

【論】更有佛法中方廣道人言〝一切法不生不滅、空無所有。譬如兎角龜毛常無〟。（T25, 61ab）

【疏】慧影師云。此是方廣部中所執道人、故云「方廣道（+人?）」。此人雖學大乘、而失大乘旨、執之太過。執言。一切法無間假實生之與法悉皆常無、如兎角無也。（安澄『中論疏記』卷五本。T65, 128a）

【疏】『智論疏』第一〈惠影〉云。「方廣道人」者、◯此是方廣部中所執道人、故云「方廣道人」。此人雖學大乘、而失大乘旨、執之大（太?）過、執言。一切法無間假實之生（之生→生之?）與法悉皆（+常?）無、如兎角無〈文〉。
（賴瑜『大日經疏指心鈔』卷一一。T59, 730a）

【論】時舍利弗聞是語、得阿羅漢。是長爪梵志出家作沙門、得大力阿羅漢。若長爪梵志不聞『般若波羅蜜』氣分離四句第一義相應法、小信尚不得。何況得出家道果。佛欲導引如是等大論議師利根人故、說是『般若波羅蜜經』。（T25, 62a）

【疏】影云。說『般若』氣分也。（證眞『大智度論略鈔』卷上、二表）

【論】如說『阿他婆耆經』摩犍提難偈言。

決定諸法中　橫生種種想　悉捨內外故　云何當得道

佛答言

非見聞知覺　亦非持戒得　非不見聞等　非不持戒得
如是論悉捨　亦捨我我所　不取諸法相　如是可得道

摩犍提問曰

若不見聞等　亦非持戒得　非不見聞等　非不持戒得
如我心觀察　持啞法得道

佛答言

汝依邪見門　我知汝癡道　汝不見妄想　爾時自當啞（T25, 63c-64a）

【疏】慧影師『疏』解云。此中問答、臨文當廣說。而難言「決定法」者、彼執言。但外法可捨、不捨內法。決定如此。內法者、卽是神我。佛云何於此決定法中、或復說有、或復說無。故難佛云「橫生種種想」。若捨內法者、則無得道人。内法既捨、誰復得道。執此義故、所以難佛、云「悉捨」等也。此人執云。外法一向定可捨。是斷見。内法決定不可捨。是常見。故佛擧非見非不見聞等中道實義、來破其境、令入中道。不知佛法聖（甲本作〝啞〞）人、若其則已般若爲心、論其語也、則詮談實相。文字性離、語無語相、即是解脱。不解脱不解其指（甲本作〝旨〞）。故言「行（持？）亞（啞？）法得道」也。佛答意云。汝之妄想、不見此理、故自言「持亞（啞？）法得道」。若如汝所見者、明若離持戒亦不得道、執著持戒相。亦汝自當行亞（啞？）法、非佛法中持亞（啞？）法也。應云。汝妄相不見、爾時自當亞（啞？）。但婆羅門語多倒故、乃云「汝不見妄想心（－心？）」耳。一云。「非見聞」等已下二句、明離有見。「非不見聞」等已下、明離無見。「如是論悉捨」一句、雙離二見。「亦捨我我所」一句、離非有非無見也。不得道（－道？）内外兩妄、乃可成聖。故云「如是可得道」也。（安澄『中論疏記』巻七末。T65, 193c-194a）

【論】 復次有人言〝一切天地好醜皆以時爲因〞。如『時經』中偈説。

時來衆生熟　時至則催促　時能覺悟人　是故時爲因
世界如車輪　時變如轉輪　人亦如車輪　或上而或下（T25, 65b）

【疏】 慧影師『疏』云。此下第二師執。彼人計云。微塵世性時方虚空涅槃等是常〈乃至〉一切萬物由之而生。故云「以時爲因」。言「時來衆生熟（熱？）」者、由夏時來故所以熱、春時涼。若使然者、那無實有時。云〝時來衆生寒冷〞等悉得。言〝涼時衆生寒之與冷〞等皆得。今者、據熱時爲語、故云「熱」耳。言語（－語？）「時能覺悟人」者、即是令人知寒熱等事也。「或上或下」者、明或復生天、或墮地獄、須臾即富、須臾即貧、猶若車輪上下廻轉也。（安澄『中論疏記』巻二本。T65, 34b）

【論】 更有人言〝雖天地好醜一切物非時所作、然時是不變。因是實有。時法細故、不可見不可知。以華果等果故、可知有時。往年今年久近遲疾見此相。雖不見時、可知有時。何以故。見果知有因故。以是故、有時法。時法

不壞故常〟。（T25, 65b）

【疏】慧影師云。已下此明更有異執。言諸萬物等「非時所作」、但時旣常、故以時爲生因。華菓等爲了因。時旣常。常法微細。不可見故。以華菓等來證取了出時、當知有時是常法。是第三家執也。

（安澄『中論疏記』卷三本。T65, 34a）

『大智度論』卷二

【論】大迦葉言〝汝更有罪。佛意不欲聽女人出家。汝慇懃勸請佛聽爲道。以是故佛之正法五百歲而衰微。是汝突吉羅罪〟。（T25, 68a）

【疏】影云。結罪不盡、故云「汝更有罪」〈云云〉。（證眞『大智度論略鈔』卷上、三表）

【論】長老阿泥盧豆言〝舍利弗是第二佛。有好弟子、字憍梵波提〈秦言牛齝〉、柔軟和雅、常處閑居、住心寂燕、能知毘尼法藏、今在天上尸利沙樹園中住。遣使請來〟。（T25, 68b）

【疏】影云。『付法藏』以迦葉爲第二師。此明佛在世爲右面侍者。佛說法意、爲大衆覆說、隨佛轉法輪覆說之師、故言「第二」鈔〈鈔〉?）。（證眞『大智度論略鈔』卷上、三表）

【論】下坐比丘、頭面禮僧、右繞三匝、如金翅鳥、飛騰虛空、往到憍梵波提所、頭面作禮、語憍梵波提言〝軟善大德、少欲知足、常在禪定。大迦葉問訊有語。今僧有大法事。可疾下來觀衆寶聚〟。（T25, 68c）

【論】憍梵波提言〝佛滅度大疾、世間眼滅。能逐佛轉法輪將、我和上舍利弗、今在何所〟。（T25, 68c）

【疏】影云。佛入滅時、遍動十方、一切皆知。此人不知者、當時入滅定。故前文言「常在禪定」。

（證眞『大智度論略鈔』卷上、三表裏）

【論】如栴檀香　出摩梨山　除摩梨山　無出栴檀　如是除佛　無出實語（T25, 66b）

【疏】『同論疏』〈惠影〉第二云。「除摩梨山、無栴檀」者、此是牛頭栴檀、非餘者。燒明時、逆風薫五百里香也。或云一由旬〈已上〉。（杲寶『大日經疏演奧鈔』卷二十四。T59, 255c）

【論】復有異名、名多陀阿伽陀等。云何名多陀阿伽陀。如法相解、如法相說、如諸佛安隱道來、佛亦如是來、更不去後有中。是故名多陀阿伽陀。（T25, 71b）

【疏】同論『疏』第二〈惠影〉云。「多陀阿伽度」、此正明義合三號。如來如去如說等義、臨文當說〈文〉。

（賴瑜『大日經疏指心鈔』卷五。T59, 633b）

『大智度論』卷三

【論】憍薩羅國是佛所生地。（T25, 77a）

【疏】影云。憍薩是總國之名。此有二城。謂舍婆提、迦毘羅也。（證眞『大智度論略鈔』卷上、四表）

【論】我年一（宮本作〝二〟）十九　出家學佛道　我出家已來　已過五十歲（T25, 80c）

【疏】惠影師云。「我（＋年？）二十九出家」者、此字錯、十九當是。「已過五十歲」者、從出家來、至十九入涅槃、不滿六十。正是其義。（安澄『中論疏記』卷二末。T65, 48a）

【疏】惠影云。「我年二十九」者、此字錯、十九當是。「已過五十歲」者、從出家來、至五十九云（〈文〉？）。

（珍海『三論名敎抄』卷十。T70, 784a）

【疏】慧影云。十九出家、三十成道、凡十二歲苦行、有前六年後六年。羅云在胎六年、至佛年二十四、始生羅云、屬前六年。至成道、王請入宮時、已年七歲。故有前後六年苦行也〈云云〉。

（證眞『法華疏私記』卷二。DBZ21, 434a）

『大智度論』卷四

【論】從剌那尸棄佛、至燃燈佛、爲二阿僧祇。是中菩薩、七枚青蓮華、供養燃燈佛、敷鹿皮衣、布髮掩泥。是時燃燈佛便授其記「汝當來世作佛、名釋迦牟尼」。（T25, 87a）

【疏】惠影『疏』第二云。燃燈佛者、是定光佛〈文〉。（賴瑜『大日經疏指心鈔』卷五。T59, 636c）

【疏】又『智論』惠影『疏』第二釋儒童云。西國云〃摩那斯〃、亦云〃摩納〃。故『大本經』乃云「摩納、汝當作佛」者。此卽言儒童也。「摩納」者、梵下之辭耳〈文〉。（賴瑜『大日經疏指心鈔』卷八。T59, 681c-682a）

【論】摩訶衍人言。是迦旃延尼子弟子輩、是生死人、不誦不讀摩訶衍經、非大菩薩、不知諸法實相、自以利根智慧、於佛法中、作論議、諸結使智定根等、於中作義、尚處處有失。何況欲作菩薩論議。譬如少力人跳小渠尚不能過。何況大河。於大河中則知沒失。……汝言〃初阿僧祇劫中、不知當作佛不作佛。二阿僧祇劫中、知當作佛〃。不自稱說〃三阿僧祇劫中、知得作佛、能爲人說〃。佛何處說是語。何經中有是語。若聲聞法三藏中說、若摩訶衍中說。（T25, 91c-92a）

【疏】慧影師云。「摩訶衍人言」已下、卽是大分第三。論主廣破尼子等所說非義。就中有二。一總出其失。謂雖得羅漢、不脫變易。雖斷煩惱、報身未亡。此報身猶屬分段生死、故云「是生死人」也。得「諸法實相」少、故言「不得（知？）」。如美（羹？）中少鹽名無鹽美（羹？）也。當說。於小乘中、以諸戒（結？）使定智業與大見根等爲八法聚、釋猶「有失」。何況乃欲解大乘義耶。未得三藏意□、故言「失」耳。「汝言。初阿僧祇劫中」下、第三破未知是菩薩不是菩薩義。汝言〃三阿僧祇劫中、既未種佛相、故不知是菩薩〃者、汝第二僧祇劫時、已得授記、能上昇虛空、見十方佛、爾時授記、卽是大相。豈得不知是菩薩、而取小相也。三藏經、摩訶衍經、竝無此言。汝體

（於？）何處得此義也。（安澄『中論疏記』卷三本。T65, 67bc）

【論】難陀提婆達等皆有三十相。（T25, 92a）

【論】如提婆達欲令足下有千輻相輪、故以鐵作模、燒而爍之。（T25, 313b）

【疏】餘一相者、慧影『弘決』同云〝白毫〟。（良忠『無量壽經論註記』卷三。JZ1, 291b）

Cf. 如調達者……具三十相、唯少白毫千輻而已。（湛然『止觀輔行傳弘決』卷一之三。T46, 161b）

『大智度論』卷五

【論】復次、大人相成就、故名摩訶薩埵。（T25, 94a）

【疏】惠影『疏』第二云。「大人」者、以其諸德斯修、故得稱〈文〉。（賴瑜『大日經疏指心鈔』卷四。T59, 617b）

【論】是陀羅尼、或心相應、或心不相應。（T25, 95c）

【疏】惠影『疏』云。「或心相應」者、修得此陀羅尼已、若恆心俱起、故言「心相應」。○不作念時、亦能有用。或不作意、不與心俱起、故言「或不相應」也〈文〉。（貞慶『法華開示抄』帳二十七。T56, 469b）

【論】魔有四種。一者煩惱魔、二者陰魔、三者死魔、四者他化自在天子魔。（T25, 99b）

【疏】慧影師云。五住煩惱竝名煩惱魔。分段變易二種之身爲陰魔。二種之死爲死魔。第六天魔名他化自在天魔。（安澄『中論疏記』卷五本。T65, 124bc）

【論】復次、除諸法實相、餘殘一切法、盡名爲魔。如諸煩惱結使欲縛取纏陰界入魔王魔民魔人、如是等盡名爲

魔。（T25, 99b）

【疏】　慧影師云。但有所分別者、違於實相。不隔生死、故通名「魔」也。（安澄『中論疏記』卷五本。T65, 124b）

『大智度論』卷六

【經】解了諸法如幻如焰如水中月如虛空如響如犍闥婆城如夢如影如鏡中像如化。（T25, 101c）

【論】是十喩爲解空法故。（T25, 101c）

【疏】　慧影師云。然此十喩有五相對。一者、「幻」「炎」、内外相對。二者、「水月」「虛空」、有無相對。三者、「響」「城」、見聞相對。四者、「夢」「影」、寢覺相對。五者、「像」「化」、集散相對。欲顯諸法内外俱空、有無雙寂、見聞悉寂（ー寂？）虛、夢覺無實、合散同玄、終歸莫二。此明菩薩解空達理。諸法皆然。不可得故。列此十名、以之爲喩。『大論』第六卷云。問曰。若一切諸法空如幻、何以故、諸法有可見〈乃至〉可識。答曰。諸法相雖空、亦有分別可見不可見。譬如幻作象馬及種種諸物、雖知無有實、然與六情相對、不相錯亂。〈乃至〉如化者、十四變化心。復次化生無定物、但以心生、（甲本加〝更〞）有所作、皆無有實。人身亦如是、本無所有。又云。諸法雖空、而有分別。有難解空、有易解空。今以易解空、喩難解空。故十喩空、喩諸法空也。具明如彼。

（安澄『中論疏記』卷五本。T65, 124ab）

【疏】『智論疏』第二〈惠影〉云。名喩雖十、相對卽五。「如幻」「焰」者、内外相對也。「水月」「虛空」、有無相對。「如響」「如城」、見聞相對。「如夢」「如影」、寢覺相對。「如像」「如化」、合散相對〈文〉。

（賴瑜『大日經疏指心鈔』卷十六。T59, 789c）

【論】　如幻息、幻所作亦息、無明亦爾、無明盡、行亦盡。乃至衆苦集皆盡。復次是幻譬喩。示衆生一切有爲法空不堅固。如說一切諸行如幻欺誑小兒。屬因緣不自在不久住。是故說「諸菩薩知諸法如幻」。（T25, 102ab）

【疏】『智論疏』第二〈惠影〉云。「幻息、所作亦息」者、顚倒分別心若盡、虛妄分別法亦自無。非是際蕩萬物已方乃致無。如無明盡、業報則盡、故言「知諸法如幻」也〈文〉。（賴瑜『大日經疏指心鈔』卷十六。T59, 790b）

【論】「如炎」者、炎以日光風動塵、故曠野中、見如野馬。無智人初見、謂之爲水。（T25, 102b）

【疏】故惠影『疏』第二云。陽春之月有日光動塵。西國名爲陽炎、此間名爲野馬。無智見之、執言是水、而實非水〈文〉。（賴瑜『大日經疏指心鈔』卷十六。T59, 791b）

【論】復次譬如靜水中、見月影、攪水則不見。無明心靜水中、見吾我憍慢諸結使影。實智慧杖攪心水、則不見吾我等諸結使影。以是故說「諸菩薩知諸法如水中月」。（T25, 102b）

【疏】『智論疏』第二云。月本在天、唯有一月、有衆水故、見衆多月、諸法亦爾、本來一相、以衆生無明心水有（甲本作〝不一〟）故、遂見諸法有種種相。生我我所、迷實相。諸法本來唯一實相。實相者何。所謂無相也〈文〉。（賴瑜『大日經疏指心鈔』卷十六。T59, 796b）

【論】「如響」者、若深山狹谷中、若深絕澗中、若空大舍中、若語聲、若打聲、從聲有聲、名爲響。（T25, 103a）

【疏】『智論疏』云。谷中空故、故有響應。如樂器等空故有出聲、衆生亦爾、內外俱空、俱以虛妄顚倒因緣、從聲出聲、故名爲響〈文〉。（賴瑜『大日經疏指心鈔』卷十六。T59, 795c）

【論】揵闥婆城、衆緣亦無。如旋火輪、但惑人目。（T25, 103b）

【疏】『智論疏』第二云。「如旋火輪」者、被火燒頭、名作火槽。投之急轉、遙看似如火輪、其實無輪。萬法〈云云〉亦爾無實。衆生遠離諸法實相、故見諸法似有。觀之則無也〈文〉。（賴瑜『大日經疏指心鈔』卷十六。T59, 799b）

【論】聲聞法中、爲破吾我、故以城爲喩。此中菩薩利根深入諸法空中、故以揵闥婆城爲喩。以是故説「如揵闥婆城」。(T25, 103b)

【疏】同『疏』第二云。聲聞經中、但得生空、不得法空。不無陰體。猶在不無、成城因緣。揵闥婆城、因緣幷無。是故不説。今曰（甲本無〝曰〟）大乘生法幷空。所以得明也〈文〉。（賴瑜『大日經疏指心鈔』卷十六。T59, 794b）

【論】復次夢者、眠力故、無法而見。人亦如是、無明眠力、故種種無而見有。所謂我我所男女等。復次如夢中無喜事而喜、無瞋事而瞋、無怖事而怖。三界衆生亦如是、無明眠故、不應瞋而瞋、不應喜而喜、不應怖而怖。(T25, 103c)

【疏】惠影『疏』第二云。凡論夢法、睡眠時始夢、不眠不夢。如人睡眠、夢中見虎、畏號叫、覺者見之、知其夢爾、○夢虎自無、衆生亦爾、臥生死床、覆無明、被昏睡眠、隨眠生五塵夢、起五欲想、取著諸法、生我我所、見生死中男女等相、相愛經（甲本作〝纏〟）著、或時怖畏、或乍歡喜、迷實法相。聖人覺悟、知其如夢、故以諸法實相、方便示説、而覺悟之。若知實相、則五塵自無、不生分別。〈文〉（賴瑜『大日經疏指心鈔』卷十六。T59, 792a）

【論】如『鞞婆沙』中説。「微塵至細、不可破不可燒、是則常有。復有三世中法、未來中出、至現在、從現在、入過去、無所失、是則爲常」。(T25, 104b)

【疏】慧影師云。汝『毘婆沙』中、薩婆多家執微塵等常、同外道義。（安澄『中論疏記』卷三本。T65, 71c）

【論】復次如鏡中像實空不生不滅、誑惑凡人眼、一切諸法亦復如是、空無實不生不滅、誑惑凡夫人眼。(T25, 104c)

【疏】惠影『疏』第二云。是諸衆生不知諸法唯有一相本來是空、無明心中、橫生取著、起我我所、造種種業、生種種煩惱、執虛誑法。菩薩聖人解諸法實相、故皆悉了達知是誑法、所以不著。見凡夫執之、是以致咲耳〈文〉。

（賴瑜『大日經疏指心鈔』卷十六。T59, 796c）

【論】是變化復有四種。①欲界藥物寶物幻術能變化諸物。②諸神通人神力故能變化諸物。③天龍鬼神輩得生報力、故能變化諸物。④色界生報修定力、故能變化諸物。（T25, 105a）

【疏】同『疏』第二〈惠影〉云。「復有四種」者、謂藥草等亦能變物延年也。「寶物」者、如意珠亦能變物、令成寶也。「幻術」亦能變諸物也。說勒那留支等用呪事、亦善能呪井水令滿、方方（一方?）自取之、※能呪幻博、貪向墓也（?）。「諸神通」者、明神通人亦能變化也。前言「八種變化」、變化若得禪時、卽能得者、今此中別明修通除障。通無明所得、故別出之耳。諸龍神鬼色界修定所得生報力能變化等不入四種。四種中但取修習所得者耳。前言變化據身在欲界修得諸禪作者。是故此中別出初禪生報所得者也〈文〉。

（賴瑜『大日經疏指心鈔』卷十六。T59, 798c）

※三藏乃操柳枝、聊撝井口、密心誦呪、纔始數遍、泉遂涌上、平至井脣。三藏卽以鉢盂、酌用。

（『歷代三寶紀』卷九。T49, 86b）

【論】婬欲卽是道　恚癡亦如是　如此三事中　無量諸佛道　若有人分別　婬怒癡及道　是人去佛遠　譬如天與地　道及婬怒癡　是一法平等　若人聞怖畏　去佛道甚遠（T25, 107c）

【疏】慧影釋云。釋偈中義。若能婬欲無婬欲者、婬欲實相卽是於（甲本無〝於〞）道、於慧（恚?）癡等亦爾。此明實相義、明婬欲實相卽是道義也。說時當廣出其意。了道實相卽是婬欲實相、故言「一」也。故『華嚴』云「生死非雜亂、涅槃非寂靜」。（安澄『中論疏記』卷五末。T65, 157a）

『大智度論』巻七

【論】纏者十纏。瞋纏、覆罪纏、睡纏、眠纏、戯纏、掉（宋本、宮本、石本作〝調〟）纏、無慚纏、無愧纏、慳纏、嫉纏。（T25, 110a）

【疏】「瞋」者是忿。「睡」者睡眠。「眠」者涽沈。「戯」者悔。「調」者是掉也〈侃影意〉。

（證眞『大智度論略鈔』巻上、十裏）

『大智度論』巻八

【論】若月至昴宿張宿氐宿婁宿室宿胃宿、是六種宿中、爾時地動若崩。（T25, 117a）

【疏】『智論』慧影『疏』云。比（此？）別列地動中、何故不列牛宿者、星書云「日月如合璧、五星如連珠、皆起牛宿」。又堯舜嗟歎四時之辭。日月倶起於牽牛之初、以牛宿爲根本。故不論也。〈已上〉

（杲寶『大日經疏演奥鈔』巻六。T59, 53ab）

【論】問曰。後三業道非業、前七業道亦業。云何言十善業道。（T25, 120c）

【疏】慧影師『疏』解云。「後三業道非業」者、就七善十惡爲語。凡論行殺盜婬等事者、要須先意地起心、方得造作義事。猶意地三種、通生前七業、故言「後三是業道」也。不善既爾、義善亦然。意地微隱、造作義晦、故言「非業」。前之七種、造作義彰、是故名「業」。復能通暢意地三思、故言「業道」也。此意地三種思、若以名字數者、其卽在後、故言「後三」。若相生次第爲論者、要須意地起心、始能行於七事。此三復須在前。故『成實論』云「前行後三中、後行前七中」。廣說如彼。（安澄『中論疏記』巻七本。T65, 184c）

【疏】慧影師云。『經※』『論』一倍翻。此義云何。師解云。『經』意、以身口等非是正業、但是業具、故名「業」。

後三言「業」者、此唯據意地三思、不取煩惱及諸業具等也。此之三思正能得於來果。是故名「業」。是不自通。是故非「道」。『論』意、前之七惡亦以意三爲根本、七善亦以意三爲根本。今唯以三善根爲根本名、但取其根本能通生業義、故名「業道」。而「非業」者、此但據根本能生七業義爲言。各取一義、故作如此不同也。
（安澄『中論疏記』卷七本。T65, 184c）

※如是十事、三名爲業、不名爲道。身口七事、亦業亦道。（『優婆塞戒經』卷六。T24, 1067a）

『大智度論』卷九

【論】是法性身滿十方虛空、無量無邊、色像端正、相好莊嚴、無量光明、無量音聲。聽法衆亦滿虛空〈此衆亦是法性身。非生死人所得見也〉。（T25, 121c-122a）

【疏】故影云。法身菩薩、道理見之。令（今？）以佛神力、欲令生身菩薩及諸天人蹔得見之〈云云〉。
（證眞『大智度論略鈔』卷上、十四表）

【論】佛經雖言「世界無量」、此方便說、非是實敎。如實無神、方便故說言「有神」。此十四難、世界有邊無邊俱爲邪見。若無邊、佛不應有一切智。何以故。智慧普知、無物不盡、是名一切智。若世界無邊、是有所不盡。若有邊、如先說咎。此二俱邪見。何以故。依無邊、以破有邊故。是多寶世界非一切世界邊、是釋迦牟尼佛因緣衆生可應度者最在邊。譬如一國中最在邊、不言一閻浮提最在邊。若無邊、佛不應一切智者、如上佛義中答。佛智無量故應知。譬如函大故蓋亦大。（T25, 124a）

【疏】慧影云。但逐佛智照窮、故言「非實」。佛智旣無盡、世界復無盡〈云云〉。
（證眞『止觀私記』卷二末。DBZ22, 308a）

【疏】影云。『華嚴』十不可盡皆是理說。何言「非實」。解云。但遂佛智照窮、故言「非定（是？）實」。佛智旣

無盡、世界復無盡〈云云〉。（證眞『大智度論略鈔』卷上、十五表）

『大智度論』卷十

【論】婬欲、瞋恚、嫉妬、慳貪、憂愁、怖畏等種種煩惱、九十八結、五百纒、種種欲願等、名爲心病。（T25, 131c）

【疏】影云。佛實無病及諸煩惱。但問訊家辭法須爾耳。（證眞『大智度論略鈔』卷上、十六裏）

【論】如七住菩薩観諸法空無所有不生不滅、如是観已、於一切世界中、心不著、欲放捨六波羅蜜、入涅槃。譬如人夢中、作筏、渡大河水、手足疲勞、生患厭想、在中流中、夢覺已自念言、何許有河而可渡者。是時勤心都放、菩薩亦如是立七住中得無生法忍、心行皆止、欲入涅槃。爾時十方諸佛、皆放光明、照菩薩身、以右手摩其頭、語言「善男子、勿生此心。……」。（T25, 132a）

【疏】侶『疏』對『十地經』「在第八地、諸佛七勸」云文、會相違云〝『十地』就終、云在八地。『智論』剋實、說七地終心〟〈云云〉。清（甲本乙本作〝慧〟）影同之。（良算『唯識論同學鈔』第二。T66, 213a）

【疏】言「七住」者、卽是七地。所以知者、僧侶『疏』會『十地經』違言〝『十地』就終、云在八地。『智論』剋實、說七地終心〟。慧影同之。（道忠『釋淨土群疑論探要』卷十二。JZ6, 497b）

【經】譬如華積世界普華世界、妙德菩薩、善住意菩薩、及餘大威神諸菩薩皆在彼住。（T25, 134ab）

【論】問曰。何以言「譬如華積世界」。……復次「及諸大威神菩薩」者、亦應總說遍吉等諸大菩薩。（T25, 134b）

【疏】惠影『疏』第三幷僧侃『疏』第三俱無別釋。（宗性『華嚴宗香熏抄』第一。T72, 122b）

【論】今說天是欲界中夜摩兜率陀化樂愛身天等。愛身在六天上。形色絕妙、故言愛身。（T25, 135a）
【疏】影云。是末（未？）到（至？）生處。以未到（至？）定時死、不可退生六天、又不得生初禪。但經論不說、亦未可爲定也。又云。六夭（天？）攝也。（證眞『大智度論略鈔』卷上、十七表）

『大智度論』卷十一

【經】菩薩摩訶薩欲以一切種知一切法、當習行般若波羅蜜。（T25, 137c）
【論】菩薩摩訶薩義如先讚菩薩品中說。問曰。云何名一切種。云何名一切法。答曰。智慧門名爲種。有人以一智慧門觀。有以二三十百千萬乃至恆河沙等阿僧祇智慧門觀諸法。今以一切智慧門、入一切種、觀一切法。是名一切種。（T25, 137c-138a）
【疏】慧影解云。今言「菩薩欲以一切種」者、卽是經之宗旨。一切種智一切法。卽是一切種智。是於果德般若。「問曰」已下、上旣告身子、辨經宗致。「欲以一切種知一切法」者、此義云何也。「答曰」。「一切種」者、卽是一切種種智門。「法」者、卽是一切諸法。如來具一切種種智門、知一切法種別、皆知無不罄盡。欲得如此智慧能如是知者、常習行般若。（安澄『中論疏記』卷八末。T65, 235b）

『大智度論』卷十二

【論】如是等種種身及妻子、施而無吝、如棄草木。觀所施物、知從緣有、推求其實都無所得、一切淸淨、如涅槃相。乃至得無生法忍。是爲結業生身行檀波羅蜜滿。（T25, 146b）
【疏】影云。七地是生身之終、法身之始。結業雖盡、報身未滅、故亦（不？）名法身〈鈔〉。（證眞『大智度論略鈔』卷上、十九裏）

【論】若神無常相者、亦無罪無福。若身無常、神亦無常。二事俱滅、則墮斷滅邊。墮斷滅、則無到後世受罪福者。若斷滅、則得涅槃、不須斷結、亦不用後世罪福因緣。如是等種種因緣、可知神非無常。（T25, 149a）

【疏】『智論疏』第四〈惠影〉云。無常者、名爲滅失法。若言〝一向是無常〟者、則無相感致義。何以性（甲本作〝故〟）。以因無常故、則有滅失。因滅失故、不得於果。果滅失故、不酬於因。當知則是無福。若有罪福果報者、以因不滅故、所以得果。以果不無故、所以酬因。若定是無常者、定無罪福因果相感也。佛法中以罪福果報從因緣起。因緣起故、則不可說一向無常。何以故。凡因緣生法、以因緣聚故不可說其無常、以緣散故不可說其常、從緣起故不可說其有、緣起故不可說其無、相續故不斷、生滅故不常。不同外道說〝常則一向是常。若言無常、則一向滅失〟也〈文〉。（賴瑜『大日經疏指心鈔』卷八。T59, 678a）

【論】若神自在相作相者、則應隨所欲得皆得。今所欲更不得。非所欲更得。若神自在、亦不應有作惡行墮畜生惡道中。復次一切衆生皆不樂苦。誰當好樂、而更得苦。以是故知、神不自在、亦不作。又如人畏罪故自強行善。若自在者、何以畏罪、而自強修福。又諸衆生不得如意、常爲煩惱愛縛所牽。如是等種種因緣、知神不自在不自作。若神不自在不自作者、是爲無神相。（T25, 149ab）

【疏】『智論疏』第四〈惠影〉云。爾執我云〝神作自在〟、是於作著。破云。神若自在自作者、應自在作樂。何故作苦。以欲樂於樂、反得苦故、當知不自在不自作。非作者故。◯又神若自在者、不應造惡墮二塗、亦不應有種種不如意事怨憎聚會恩愛別離等事。何以故。自在故。若有此等事者、當知不自在也。我是自在相。若不自在、當知無也〈文〉。（賴瑜『大日經疏指心鈔』卷八。T59, 678b）

【論】復次是名色和合、假名爲人。是人爲諸結所繫、得無漏智慧爪、解此諸結。是時名人得解脫。如繩結繩解、繩卽是結、結無異法、世界中說結繩解繩、名色亦如是、名色二法和合、假名爲人、是結使與名色不異、但名爲名

色結、名色解受。（T25, 150a）

【疏】慧影師解云。下復破假我。四陰名名、色陰名色。但有名色和合、強呼爲人。何家有人。如薩波車多名爲蛇蓋、低羅波夷名爲食油等義、但強呼之、涅槃無名、強名涅槃、人亦如是、但有名色、強喚爲人、實無人也。假人尚無。況有神人。言有繫縛者、其義亦然。實無有人、何所繫縛。爾時但有名色二法。此之二法、有煩惱時、說爲繫縛。若得無漏慧解時、斷此煩惱、名得解脫。以此斷用、名「智慧抓（甲本作〝爪〟）解諸結」也。如繩結時亦是繩、繩解時亦是繩、更無異繩、名色亦爾、有煩惱時、名名色縛、無煩惱時、名名色解、亦是名色。無異名色別有衆生有縛解也。故『大本』中、問云「若言名色繫縛衆生、衆生繫縛名色者、諸阿羅漢名色應有繫縛」。佛答言「斷有二種。一者子斷、二果斷」。（安澄『中論疏記』卷七本。T65, 174c-175a）

『大智度論』卷十三

【論】如餘阿毘曇中言〝不殺戒、或善或無記。何以故。若不殺戒常善者、持此戒人應如得道人常不墮惡道。以是故、或時應無記。無記無果報。故不生天上人中。問曰。不以戒無記故墮地獄。更有惡心生故墮地獄。答曰。不殺生得無量善法。作無作福、常日夜生故。若作少罪、有限有量。何以故。隨有量而不隨無量〟。（T25, 154c-155a）

【疏】准影師、此非論主正義。（證眞『大智度論略鈔』卷上、二十一表）

【論】以是故知不殺戒中或有無記。復次有人、不從師受戒、而但心生自誓〝我從今日、不復殺生〟。如是不殺、或時無記。（T25, 154c-155a）

【疏】次云「不從師受戒、自誓不殺、是或時無記」是論主自說。（證眞『大智度論略鈔』卷上、二十一表）

【疏】影以（云?）。不殺亦名戒。但未必行、善息惡意、故或無記〈云云〉。（證眞『大智度論略鈔』卷上、二十一表）

『大智度論』巻十五

【論】方便語者、爲人爲因緣故。爲人者爲衆生説〝是常〞〝是無常〞。如對治悉檀中説。(T25, 170c)

【疏】影云。上文在「爲人※」中。今云「對治」者、通言、悉檀皆治病故〈取意〉。(證眞『大智度論略鈔』巻上、二十三裏)

※云何各各爲人悉檀者、觀人心行、而爲説法。於一事中、或聽或不聽。(『大智度論』巻一。T25, 60a)

『大智度論』巻十六

【論】馬井二比丘　懈怠墜惡道　雖見佛聞法　猶亦不自免(T25, 173b)

【疏】『大論』慧影『疏』四云。「馬井」比丘者、卽是馬星、非是好星比丘也。赤(亦?)名馬師。今此中乃言馬星。是星名。「二」是滿宿。此二比丘、以放逸故、無有善法也〈已上〉。(良忠『往生要集巻中義記』巻六。JZ15, 294b)

【論】非有想非無想天中死、阿鼻地獄中生。(T25, 175b)

【疏】影云。四重亦通順後也。(證眞『大智度論略鈔』巻上、二十五表裏)

『大智度論』巻十八

【論】如『讃般若波羅蜜偈』説。(T25, 190b)

【疏】慧影師解云。明此般若其徳特尊能出三世諸佛等四種大人、故就體相中、應須讃歎。(安澄『中論疏記』巻八末。T65, 248a)

【論】空門者、生空、法空。如『頻婆娑羅王迎經』中、佛告大王、「色生時、但空生、色滅時、但空滅。諸行生時、但空生、滅時、但空滅。是中無吾我、無人、無神、無人、從今世至後世。除因緣和合名字等衆生。凡夫愚人逐名求實」。如是等『經』中、佛說生空。法空者、如佛說『大空經』中、十二因緣、無明乃至老死、若有人言〝是老死〟、若言〝誰老死〟、皆是邪見。生有取愛受觸六入名色識行無明亦如是。若有人言〝身卽是神〟、若言〝身異於神〟、是二雖異、同爲邪見。佛言。「身卽是神、如是邪見、非我弟子。身異於神、亦是邪見、非我弟子」。是『經』中、佛說法空。若說〝誰老死〟、當知是虛妄、是名生空。若說〝是老死〟、當知是虛妄、是名法空。乃至無明亦如是。（T25, 192c-193a）

【疏】慧影『疏』解云。此就小乘解。先引『大空』者、聲聞法中、以法空爲大、故引『大空經』、解法空也。凡小乘經明生空亦不盡、明法空亦不盡。於衆法中有、是故名衆生也。「若說〝誰老死〟、是邪見、名生空」者、「誰」卽是人我等。爲執實有人我等法是老死、故是「邪見」。誰老死、誰老死不可得。此明無人可老死、故云「〝誰老死〟、是生空」也。「是老死」者、若執着實有此老死法、定是老死、故是邪見。「是老死」者、明是老死法無實不可得。是老死法空故。故云「〝是老死〟、法空」。今欲取法空、但擧生空、成法空義。

（安澄『中論疏記』卷七末。T65, 194c-195a）

『大智度論』卷十九

【論】復次聲聞辟支佛法中、不說世閒卽是涅槃。何以故。智慧不深入諸法故。菩薩法中、說世閒卽是涅槃。智慧深入諸法故。如佛告須菩提、「色卽是空、空卽是色。受想行識卽是空。空卽是受想行識。空卽是涅槃。涅槃卽是空」。（T25, 197c-198a）

【疏】惠影師云。此意明小乘經中既都無此義。故二乘所行道品非摩訶衍。今日所明菩薩智慧深入諸法、解知世閒卽是涅槃、色卽是空。何況三十七而獨是小乘法。此中明菩薩摩訶薩諸法不實故無性、無性故卽空、空故不可得、不可得故清涼不變、清涼不變故常、常故卽是涅槃。不破於色始得是空、卽色是空。不除世間始得出世間、出世間賓相卽是涅槃。此是性淨涅槃。據其體實爲語也。本來自淨、不假修習然後始淨。若據德爲言、則名方便。方便淨體卽是性淨〈文〉。（澄禪『三論玄義檢幽集』卷四。T70, 424ab）

【論】問曰。法念處是外入攝。云何言觀内法。答曰。除受、餘心數法、能緣内法心數法是内法。緣外法心數法及無爲心不相應行是爲外法。復次意識所緣法是名爲法。如佛所說「依緣、生意識」。是中除受、餘心數法是爲内法。餘心不相應行及無爲法是爲外法。（T25, 202b）

【疏】慧影『疏』解云。「問曰。法念處」下、第四次釋法念處中三種觀也。法念處旣是法入、爲意入所緣、故云「外入攝」也。「答曰。除受」者、乃屬法入攝、但四念處分受旣屬受念處、故云「除受」也。「餘心數」者、卽是想數行數。法念處中、此之二數、是心法故、能緣内外。若緣内法者、卽屬内法念處也。此數等若緣外者、卽屬外法「心不相應行」等、故宜是外法也。「如佛所說」以下、明依緣生識。緣内法名内、緣外法名外耳。緣能生識、故意識緣時、諸數必隨。除於受數、餘隨意想行數等。以隨意故。意識屬内、此數亦隨。得云屬於内法外法。内外法亦如是也。（安澄『中論疏記』卷七末。T65, 192c）

【論】正業者、菩薩知一切業邪相虛妄無實皆無作相。何以故。無有一業可得定相。問曰。若一切業皆空、云何佛說〝布施等是善業。殺害等是不善業。餘事動作是無記業〟。答曰。諸業中、尚無有一。何况有三。何以故。如行時已過、則無去業。未至、亦無去業。現在去時、亦無去業。以是故、無去業。問曰。已過處則應無。未至處亦應無。今去處應是有去。答曰。今去處亦無去。何以故。除去業、今去處不可得。若除去業、今去處可得者、是中應有去、而不然。除今去處、則無去業。除去業、則無今去處。是相與共緣故。不得但言〝今去處有去〟。復次若今去處有去業、離去業、應當有今去處。離今去處、應當有去業。問曰。若爾者、有何咎。答曰。一時有二去業故。

若有二去業、則有二去者。何以故。除去者、則無去。若除去者、今去處不可得。無今去處、故亦無去者。復次不去者亦不去、故無去業。若除去者不去者、更無第三去者。問曰。不去者不去應爾。去者何以故言〃不去〃。答曰。除去業、去者不可得。除去者、去業不可得。如是等一切業空。是名正業。諸菩薩入一切諸業平等、不以邪業爲惡、不以正業爲善、無所作、不作正業、不作邪業。是名實智慧、卽是正業。復次諸法等中、無正無邪。如實知諸業。如實知已、不造不休。如是智人常有正業、無邪業。是名爲菩薩正業。

正命者、一切資生活命之具悉正不邪。住不戲論智中、不取正命、不捨邪命、亦不住正法中、亦不住邪法中、常住清淨智中、入平等正命、不見命、不見非命、行如是實智慧。以是故、名正命。（T25, 205bc）

【疏】 慧影師、「正業」中有三。一正業、二問答破執、三結成正業。「問曰」已下、卽引佛語。爲難佛說云。若善惡等皆有作業及無作業、無記但有作業、不得報故、無無作業、如造井橋等後時旣不更作而能得報、故但有無作業、如是等義、云何說言一切業相不可得也。「答曰」已下、正明破業相。若使（是？）深行菩薩、卽懸知諸法無有自性、從緣生故、卽體皆空、不假拆法。若鈍根小行之徒、旣懸解未深、要假拆法、後得解故、推而示之。故以行爲喩。一明三業、二明去業。如欲行去時。若行時已過、已過卽無去業。時若未到、亦無去業。現在不住、亦無去業。若『中論』言「去者」。此中乃云去業皆不可得也。一云。「去業」者、如正動脚行時、名「去業」。「去處」者、如脚足所行履處也。「去者」卽是假人。以此三法互相推覺、覓求去業等、不可得也。「問曰」已下、問意云。若已過處亦應無去、未至處亦應無去、而今現在去處時應有去耶。得云悉無去處及以去者。向先建三門。就三世業、等不可得。今執家執現在去時業、應實爲難也。「答曰」已下、答意云。今去處亦不可得。何以然。除去業、去處不可得。除去處、去業不可得。今旣衆緣和合、故有行者行步所行地等。衆緣和合、故始名去。若法從緩和合生、卽體是空。以此空故、去處去業皆不可得。如現在去、時始正移、亦未是去。若更移彼足、去時已過、復非去。是故今去處亦無、皆不可得也。「復次」已下、若爾者、卽有二去。去業去處皆各有一去。若有二去者、卽是二行者。若除去者、卽無去業。若無去業、卽無去者。今生法空、故無去業。又亦此和合故有去。故就此去者等相推也。

「復次」已下、此就情責破云。若除去者、卽爲一去者、卽爲第二去者。去者已去、故除之。未去者未去、故除之。今既除此二。□去者、更無第三去者。生者無故。去業不可得故。「問曰」已下、問意、又執云。若不去者、可言無去。若今去者、那得言無去。此現在有去義也。「答曰」已下、破義等、一一臨文當説。可（言？）「清淨智」者、實相智也。今取意略引之。（安澄『中論疏記』卷五本。T65, 114c-115a）

『大智度論』卷二十

【論】　復次四大及造色圍虛空故名爲身。是中内外入、因緣和合、生識種身、得是種和合、作種種事、言語坐起去來。於空六種和合中、強名爲男、強名爲女。（T25, 206b）

【疏】　慧影師『疏』云。此約三藏敎、辨無相解脫門。但以六大因緣合故、強名男女等。身肉等是地大。其中濕等是水大。其中熱是火大。喘息等是風大。有盛愛等是空大。了別是識大。身屬造色。如是求其人及男女等相、實不可得也。曇影師云。四大圍空、有識處之、結而爲身。此爲衆生本性、故名曰「種」也。

（安澄『中論疏記』卷五末。T65, 150a）

【論】　是三解脫門、摩訶衍中、是一法。以行因緣、故說有三種。觀諸法空、是名空。於空中、不可取相。是時空、轉名無相。無相中、不應有所作爲三界生。是時無相、轉名無作。譬如城有三門。一人身不得一時從三門入。若入、則從一門。諸法實相是涅槃城。城有三門。空、無相、無作。若人入空門、不得是空、亦不取相、是人直入事辦、故不須二門。若入是空門、取相、得是空、於是人、不名爲門。通塗更塞。若除空相、是時從無相門入。若於無相相、心著生戲論、是時除取無相相、入無作門。（T25, 207c）

【疏】　慧影師釋。「是三解脫門」下、明此三慧、體不曾異、但隨時受名。若小乘三種、爲緣諦不同、故三智各別。今大乘三三昧、唯同緣諸法實相、同是實智。但隨時、受名不同。如『論』說。若從無作門入者、卽具空無相二義。

若使（從?）無相門入者、則具空無作二義。若從空門入者、則具無相無作二義。此約三種人根不同、故說二（三?）門。非是一人一時併從三門入也。（安澄『中論疏記』卷五末。T65, 149a）

【論】復次若一佛盡度一切衆生、餘佛則無所復度。是則無未來佛、爲斷佛種。有如是等過。（T25, 210b）

【疏】影云。則違十不可盡義。有佛世盡過。又有更無後佛過。又有衆生可盡。（證眞『大智度論略鈔』卷上、二十九裏—三十表）

『大智度論』卷二十一

【論】欲得背捨、先入無色定。無色定是背捨之初門。（T25, 215c）

【疏】影云。四我（無?）色四空處更背色故、背身（捨?）初門也。（證眞『大智度論略鈔』卷上、三十一裏—三十二表）

【論】無所有處、非有想非無想處、遠無色因緣故、非一切處。……一切處是有漏。（T25, 216c）

【疏】問。何故空識二處不通無漏。例如無色背捨亦通無漏。答。侃云。但是假（憶?）想、故有漏〈云云〉。影作兩釋〈云云〉。（證眞『大智度論略鈔』卷上、三十二表裏）

『大智度論』卷二十三

【論】佛種種異名說道。或言〝四念處〞、或言〝四諦〞、或言〝無常想〞。如『經』中說「善修無常想、能斷一切欲愛色愛無色愛掉慢無明盡、能除三界結使」。以是故卽名爲道。（T25, 229c）

【疏】影云。準此、無常想通見修道。（證眞『大智度論略鈔』卷上、三十三裏）

【論】若我無常者　則應隨身滅　如大岸墮水　亦無有罪福（T25, 231a）

【疏】同『疏』第九云。「若我無常者」、本由我、便作罪福。若我無常者、則我隨身滅。如「岸墮水」消散。故作者既無、則無作法、則「無罪福」也〈文〉。（賴瑜『大日經疏指心鈔』卷八。T59, 678a）

『大智度論』卷二十四

【論】知是人見諦所斷根鈍、思惟所斷根利、思惟所斷鈍、見諦所斷利。（T25, 239a）

【疏】影云。互轉根也。『大集經』明互轉〈取意〉。（證眞『大智度論略鈔』卷上、三十六裏）

『大智度論』卷二十六

【論】復次佛以佛眼、一日一夜、各三時、觀一切衆生、誰可度者、無令失時。（T25, 248a）

【疏】影云。六時各有三分。攝時卽盡。常照也〈云云〉。（證眞『大智度論略鈔』卷上、三十八表）

【論】如無名指、亦長亦短。觀中指、則短。觀小指、則長。長短皆實。有說無說亦如是、說有或時是世俗、或時是第一義、說無或時是世俗、或時是第一義。佛說是有我無我皆是實。（T25, 254ab）

【疏】惠影『疏』解云。「如無名指」已下、就五指中、若大、名爲大指、小者、名爲小指、中者、名爲長指。其次小指者、既無此等名、故名爲「無名指」。此明相形雖復不定、皆有實義。所以將此喩來者、欲明空有二法對遣爲論。相形盡有實義。既相形故說皆實。（安澄『中論疏記』卷八本。T65, 225ab）

【論】復次諸阿羅漢說〝有力〟。無有處說有〝有不共法〟。汝不信摩訶衍、故不受眞十八不共法、而更重數十力等。是事不可。如汝所信八十種好、而三藏中無。何以不更說。（T25, 255c）

【疏】影云。『經』說〝羅漢有力〟。無『經』說〝有不共〟者、汝若無『經』說〝有不共〟、以信十力等、故重數十力等、爲不共者、亦三藏『經』無說八十好處。汝等信有之、何不別重說也〈已上〉。

（證眞『大智度論略鈔』卷上、三十九表）

『大智度論』卷二十七

【論】所緣法、能緣法、非所緣非能緣法。（T25, 259c）

【疏】影云。實相非識識、故「非所緣」。其體實、故「非能緣」也。（證眞『大智度論略鈔』卷上、四十表）

【論】道智名金剛三昧。佛初心卽是一切智一切種智。是時煩惱習斷。（T25, 260b）

【疏】影云。解脫道無惑是小乘義。解脫斷盡是大乘。故處處經論皆云「斷」。大小兩義異。

（證眞『大智度論略鈔』卷上、四十裏）

【疏】慧影云。佛初習盡、文極分明。（證眞『法華玄義私記』卷三末。DBZ21, 118b）

【論】菩薩摩訶薩大慈愍一切、故多求度脫衆生老病死苦、不求分別種種戲論。譬如長者有一子、愛之甚重、其子得病、但求良藥能差病者、不求分別諸藥名字、取之時節合和分數。以是故、諸菩薩從果觀十二因緣、不從因觀。

（T25, 262b）

【疏】慧影師云『疏』（云『疏』→『疏』云?）。「長者」喩菩薩、「子」喩衆生也。「從果觀十二因緣」下、若從無明行觀、名從因觀。今菩薩唯爲衆生生老病、生憐愍心、欲救拔之、故云「從果觀」也。今取意引之。

（安澄『中論疏記』卷五末。T65, 155bc）

【論】見多者從因觀。愛多者從果觀。（T25, 262b）
【疏】慧影師『疏』云。所以經中恆作二種明觀十二因緣者、爲衆生雖諸煩惱無邊、以惑大分之、不過見愛。爲此二人、故恆說此二說也。『疏』主釋云。利根出家外道起見、鈍根在家衆生起愛。
（安澄『中論疏記』卷五末。T65, 155b）
【論】問曰。何等是阿鞞跋致地。答曰。若菩薩能觀一切法不生・不滅・不不生・不不滅・不共・非不共、如是觀諸法、於三界得脫。不以空、不以非空、一心信忍十方諸佛所用實相智慧無能壞無能動者、是名無生忍法。無生忍法卽是阿鞞跋致地。（T25, 263c）
【疏】慧影『疏』第十二卷云。以下、次出其位地。若論正位、卽是七地。明七地菩薩得無生忍、觀一切法本來無生亦復無滅。此無生無滅亦不可得、故云「不不生・不不滅」也。「不共」已下、明空有雙觀。萬法參差、不一故云「不共」。同是一如、莫二故云「非不共」。又解。諸法因緣相生、是故名「共」。因緣卽空、故名「不共」。緣起及空皆不可得、故言「不共・非不共」。又色心各異、名「不共」。境智俱冥、名爲「共」。反覆作之、悉得也。於實相中、無所疑惑、故云「一心信忍」也。今略引答文也。（安澄『中論疏記』卷三末。T65, 91bc）

『大智度論』卷二十八

【論】問曰。如『禪經』中說〝先得天眼、見衆生。而不聞其聲、故求天耳通。既得天眼天耳、見知衆生身形音聲。而不解語言種種憂喜苦樂之辭、故求辭無礙智。但知其辭、而不知其心、故求知他心智。知其心已、未知本所從來、故求宿命通。既知所來、欲治其心病、故求漏盡通。得具足五通已、不能變化、故所度未廣、不能降化邪見大福德人。是故求如意神通〟。應如是次第。何以故先求如意神通。答曰。衆生麤者多、細者少。是故先以如意神通。如意神通能兼麤細、度人多故、是以先說。（T25, 264c-265a）

【疏】影云。『禪經』明聲聞修入遂易次第故爾。今菩薩大乘中、以度物爲先、故如意爲初耳。（證眞『大智度論略鈔』卷上、四十二裏）

『大智度論』卷二十九

【論】復作是念。三界所有皆心所作。何以故。隨心所念、悉皆得見。以心見佛、以心作佛。心卽是佛、心卽我身。心不自知、亦不自見。若取心相、悉皆無智。心亦虛誑、皆從無明出。因是心相、卽入諸法實相。所謂常空。（T25, 276b）

【疏】慧影師『疏』云。明心造天堂、心作地獄。二十五有、三界果報、皆由心作。心若造惡、卽爲地獄。心若作善、卽是天堂。心不起惑、卽成於聖。心若解脱、卽得涅槃。（安澄『中論疏記』卷五末。T65, 154c-155a）

『大智度論』卷三十一

【經】復次舍利弗、菩薩摩訶薩欲住内空・外空・内外空・空空・大空・第一義空・有爲空・無爲空・畢竟空・無始空・散空・性空・自相空・諸法空・不可得空・無法空・有法空・無法有法空、當學般若波羅蜜。（T25, 285b）

【疏】慧影師釋云。十八空者、蓋是涅槃之梯橙、解脱之初門、悟理之大掃、遣相之根本。將欲解釋、故以品題品因也。「復次舍利弗」下、次擧行十八空、勸學般若。論其空也、體未曾有二。但隨於對法、有十八名。此是經文。（安澄『中論疏記』卷五末。T65, 149a）

【論】大空者、聲聞法中、法空爲大空。如『雜阿含』大空經説「生因緣、老死。若有人言〝是老死。是人老死〞、二俱邪見」。「是人老死」則衆生空。「是老死」是法空。摩訶衍經説十方。十方相空、是爲大空。（T25, 288a）

【疏】慧影師云。「大空者」已下、論於二乘不得法空。而言「聲聞法中、以法空爲大」者、師言〝其實不得法空。

但其觀法故〃。註云。如羅他茂樹、樹雖已臥、灰炭等在時、樹想猶生。至灰炭都盡、樹想乃滅。爾時、來得法空。而所以除灰炭者、只追樹想、故說言「法空爲大」耳。今解。若謂其觀法不得空者、云何乃說法空、法空爲大。而所以爾者、有二意。一者、諸小聲聞不得法空。唯大者得。故云「法空爲大」。二者、於聲聞中、以法空難得、故云「法空爲大」。不得言爾時但觀法故言「法空爲大」。人人讚歎法空、故云是大。「如『雜阿含』大空經」已下、所以引此經來者、欲明聲聞但以十二因緣等空爲大空、爲大空義。言誰老死等空爲生空、樂小空者。爾時但得誰空、故云爾（是?）小也。老死等空爲法空者、屬大空人。欲明此大空義、□（是?）故所以引來也。「摩訶衍經」「十方空」者、欲大乘中大空廣義。此中以十方爲大空。若『大本經』、乃以般若空爲大空者、此就世間法、明大空義、彼就出世間、明之。各有一意、不相違也。今取意引之。（安澄『中論疏記』卷三本。T65, 69bc）

【論】第一義空者、第一義名諸法實相。不破不壞故。是諸法實相亦空。何以故。無受無著故。若諸法實相有者、應受應著。以無實故、不受不著。若受著者、卽是虛誑。復次諸法中第一法名爲涅槃。如『阿毘曇』中說。「云何有上法。一切有爲法及虛空非智緣盡。云何無上法。智緣盡」。智緣盡是卽涅槃。涅槃中亦無涅槃相。涅槃空是第一義空。問曰。若涅槃空無相、云何聖人乘三種乘、入涅槃。又一切佛法皆爲涅槃故說。譬如衆流皆入于海。答曰。有涅槃是第一寶無上法。是有二種。一者有餘涅槃、二無餘涅槃。愛等諸煩惱斷、是名有餘涅槃。聖人今世所受五衆盡、更不復受、是名無餘涅槃。不得言涅槃無。以衆生聞涅槃名、生邪見、著涅槃音聲、而作戲論、若有若無。以破著故、說涅槃空。若人著有、是著世間。若著無、則著涅槃。破是凡人所著涅槃。不破聖人所得。何以故。聖人於一切法中不取相故。復次愛等諸煩惱假名爲縛。若修道解、是縛得解脫、卽名涅槃。更無有法名爲涅槃。如人被械得脫、而作戲論、是械是脚、何者是解脫、是人可怪、於脚械外、更求解脫、衆生亦如是、離五衆械、更求解脫法。（T25, 288bc）

【疏】慧影師『疏』云。「第一義空者」已下、明諸法實相卽是第一義。此實相中、都無一法可得。而『大涅槃經』云「第一義中、有三種樂。謂涅槃佛性實相等樂」者、是修相道說此義。據行人得此法時能得此三樂。就實相道中、實無樂可得。又能生三樂故也。「如『阿毘曇』說」已下、明欲以小況大。取彼云〝無上義成證。涅槃是第一義〞故引成也。「答曰。有涅槃是第一」已下、此意明就世諦中實有涅槃是第一無上法也。「是有二種」已下、次釋有涅槃義。何物爲有二種涅槃也。「不得言涅槃無」已下、所以言無者、有二義。一以從緣生、故說無。二以除著、故說無。此竝是卽法說無。非是世諦中涅槃事等亦實無也。（安澄『中論疏記』卷五本。T65, 111b）

【論】復次若人捨有爲、著無爲、以著故、無爲卽成有爲。以是故、雖破無爲、而非邪見。是名有爲無爲空。（T25, 289b）

【疏】慧影『疏』解云。「若人」下、明此之無爲則與有爲俱悉被著、故云「卽成」。以生着處不殊、故云「成」也。「以是故、雖破無爲」言「無爲空」、以破着故、「而非邪見」。「邪見」者、盡撥無一切所有法等。此言無者、但卽法明無、破着。明無有二意、故爲異也。（安澄『中論疏記』卷八末。T65, 233ab）

【論】復次諸法合集、故各有名字。凡夫人隨逐名字、生顚倒染著。佛爲說法、當觀其實、莫逐名字、有無皆空。如『迦旃延經』說「觀集諦、則無無見。觀滅諦、則無有見」。如是種種因緣是名散空。（T25, 292a）

【疏】慧影師『疏』云。『迦旃延經』者、『離有無經』也。（安澄『中論疏記』卷五末。T65, 154c）

【論】復次、諸法別性是亦不然。何以故。如火能燒造色能炤。二法和合、故名爲火。若離是二法有火者、應別有火用。而無別用。以是故知火是假名、亦無有實。若實無火法、云何言熱是火性。復次熱性從衆緣生。內有身根、外有色觸、和合生身識、覺知有熱。若未和合時、則無熱性。以是故知無定熱爲火性。（T25, 292c-293a）

【疏】慧影師云。「復次、諸（＋法?）別性」已下、總性既空、次破別性義也。如能燒義是火大、能照義屬造色、有此二法、成火義。離此二法、更無別有一火實用。若爾者、火則是假名無實。若無實火、云何言熱是火性。火之與熱、不一不異。如是一異中求火、火不可得。火既尚無、何得有性。如是推之、悉至實相。實相之義、聲聞亦得。而『大本經』明極微色心中言「如是塵相非諸二乘境界」者、今依經論釋者、此據極微之塵實相爲語、故云爾耳。「復次熱性」下、明有性之法不從緣生。火若實有熱性者、則不假緣生。既假內外因緣、故知有熱。未和合時、熱性子（全?）無。以是故知熱非火性也。（安澄『中論疏記』卷五本。T65, 132a）

『大智度論』卷三十二

【論】問曰。若欲廣知四緣義、應學阿毘曇。云何此中欲知四緣義當學般若波羅蜜。答曰。阿毘曇四緣義、初學如得其實。求之轉深、入於邪見。如汝上破四緣義中說。復次諸法所因因於四緣。四緣復何所因。若有因、則無窮。若無窮、則無始。若無始、則無因。若然者、一切法皆應無因。若有始、始則無所因。若無所因而有、則不待因緣。若然者、一切諸法亦不待因緣而有。復次諸法從因緣生、有二種。若因緣中先有、則不待因緣而生、則非因緣。若因緣中先無、則無各各因緣。以戲論四緣故。有如是等過。如般若波羅蜜中、不可得空、無如是等失。如世間人耳目所覩、生老病死是則爲有。細求其相、則不可得。以是故、般若波羅蜜中、但除邪見、而不破四緣。是故言欲知四緣相當學般若波羅蜜。（T25, 297b）

【疏】慧影釋曰。「問曰」已下、第七就毘曇破也。此意言。毘曇名分別法相。此中廣釋四緣相義。若學四緣、應當學般若度。般若度中、乃無四緣相。云何勸學也。「答曰」已下、當臨文一一解釋。「復次諸法所（從?）因」下、正明破執四緣相義。以推尋不已、不可得破、而生邪見。若能因波羅蜜學者、則離是今患也。

（澄禪『三論玄義檢幽集』卷三。T70, 414bc）

【疏】慧影師『疏』云。明破執四緣相義也。（安澄『中論疏記』卷五末。T65, 147c）

『大智度論』卷三十四

【論】復次法身佛威儀者、過東方如恆河沙等世界、以爲一步。（T25, 310a）

【疏】影云。據法身、假使以相示人也〈云云〉。（證眞『大智度論略鈔』卷下、四表）

【論】釋迦文佛壽百歲少有過者。彌勒佛壽八萬四千歲。（T25, 311c）

【疏】影云。此擧衆生壽、明於佛〈云云〉。（證眞『大智度論略鈔』卷下、四裏）

『大智度論』卷三十六

【論】復次有人言〝色非實空。行者入空三昧中、見色爲空。以是故言〝色空中都無有色〟。受想行識亦如是〟。（T25, 327c）

【疏】影云。有人言錯說〈云云〉。（證眞『大智度論略鈔』卷下、七表）

『大智度論』卷三十七

【論】有菩薩、以著心故、行三十七品、多迴向涅槃。是故佛說不合。（T25, 330b）

【疏】影云。漸漸釋之、未是正解。例（何？）以然。此中佛解極正。但論主旣以『論』釋『經』、故、但今可得有此道理等者、則使出之、故作種釋、終還引佛自說因緣、始成正解也。（證眞『大智度論略鈔』卷下、七表）

【經】佛十力乃至十八不共法不與薩婆若合。佛十力乃至十八不共法不可見故。舍利弗、菩薩摩訶薩如是習應。是名與般若波羅蜜相應。（T25, 330c）

【論】復次佛十力等法有三種。一者菩薩所行。雖未得佛道、漸漸修習。二者佛所得。而菩薩憶想分別求之。三者佛心所得。上二種不應與合。下一種雖可合、而菩薩未得。是故不合。復次空故不可見。不可見故不合。是以皆言「不可見故」。(T25, 330c)

【疏】影云。復次「十力」已下、初一者、雖似上如(文?)、上明有義、今明習義。二者以因望果、懸佛所得法、相望爲義。三者旣云「佛得」、故不應作(合?)。二種說但爲就因果相望義明、故義不同〈云云〉。(證眞『大智度論略鈔』卷下、七裏)

【論】復次此『經』中佛自說不合因緣。(T25, 331a)

【疏】影云。第三「復次」始是正釋〈如上〉。(證眞『大智度論略鈔』卷下、八表)

【論】一切世間著二見、若有若無。順生死流者多著有、逆生死流者多著無。我見多者著有、邪見多者著無。復次四見多者著有、邪見多者著無。二(三?)毒多者著有、無明多者著無。(T25, 331a)

【疏】慧影『疏』解云。凡夫多著有、二乘小聖多著無。明(甲本作〝今〟)爲明菩薩有無二見悉捨、故先出他家所見等也。「復次四見」下、明就五利使分有無二見也。「二毒多者」下、次就鈍使明於二見也。「無明」者、此據邪見無明、故云「著無」。(安澄『中論疏記』卷七本。T65, 169c)

【疏】影云。「無明」者、此據邪見無明、故云「著無」。又愛惑多緣事生、故「著有」、見惑緣理、故「著無」。(證眞『大智度論略鈔』卷下、七裏)

【論】愛多者著有見、見多者著無見。如是等衆生著有見無見。是二種見虛妄非實、破中道。譬如人行狹道、一邊深水、一邊大火、二邊俱死、著有著無、二事俱失。(T25, 331b)

【疏】慧影師解云。愛惑多緣事生、故曰「著有」。見惑多緣理生、故云「著無」也。「陝道」者、喩「中道」。「深水」者、喩「無見」。「大火」喩「有見」也。以衆生於此二見強、故説爲「深水」等也。

（安澄『中論疏記』卷七本。T65, 169c）

【論】是菩薩所有重罪現世輕受。（T25, 332c）

【疏】影云。『大本經』亦亦（云?）「能令定業不定業（不定業→得輕報?）故、令不定業無果報故」。「決定業」者、只可輕受。必得果故、名爲「定」也〈云云〉。（證眞『大智度論略鈔』卷下、八表）

【經】復次舍利弗、菩薩摩訶薩行般若波羅蜜時、不作是念。〝有法與法若合若不合、若等若不等〟。何以故。是菩薩摩訶薩不見是法與餘法若合若不合、若等若不等。舍利弗、菩薩摩訶薩如是習應。是名與般若波羅蜜相應。

（T25, 333c）

【論】不可見故、無等不等。等與合是習相應。不合不等是不相應。（T25, 333c）

【疏】影云。只爲明相應義、故云「不相應」也。是「不相應」即是相應義也。恐人言〝唯不合是相應〟、故復言「等合是相應」〈抄〉。（證眞『大智度論略鈔』卷下、八裏）

『大智度論』卷三十八

【論】或有人言〝一切無色定通名長壽天。以無形不可化故。不任得道。常是凡夫處故〟。（T25, 339a）

【疏】影云。今爲明難處、聖生於此、而非爲難、以難所不能難、故唯據凡夫、爲言「常凡」也。

（證眞『大智度論略鈔』卷下、十表）

『大智度論』卷三十九

【論】未證四諦者、故留不證。若取證者、成辟支佛。（T25, 343c）

【疏】慧影云。補處出無佛世、恐成支佛、故不取證。（證眞『法華玄義私記』卷一末。DBZ21, 39a）

【疏】影云。補處但出無佛世、恐成支佛、故不取證。（證眞『大智度論略鈔』卷下、十一表）

【經】有菩薩肉眼見三千大千世界。（T25, 347a）

【論】問曰。若三千大千世界中百億須彌山諸山鐵圍山阜樹木等、是事障礙。云何得遍見。若能得見、何用天眼。若不能見、此中云何說「見三千大千世界」。答曰。不以障礙故見。若無障礙、得見三千世界、如觀掌無異。復次有人言〝菩薩天眼有二種。一者從禪定力得、二者先世行業果報得。業報生天眼常在肉眼中。以是故三千世界所有之物不能爲礙。因天眼開障、肉眼得見。是故肉眼得名果報生。天眼常現在前、不待攝心〟。（T25, 347ab）

【疏】影云。肉眼見無障礙、還如障內所見。若天眼見者、則障內障外俱見。次一釋是出人所見。可未必全然也。（證眞『大智度論略鈔』卷下、十一裏）

【論】問曰。佛爲世尊力皆周遍。何以但見一三千大千世界、不能見多。（T25, 347b）

【疏】影云。『經』明菩薩五眼。但論主欲廣釋之、故設此問耳。又但將是、欲彰天眼功德、故作此說〈已上〉。（證眞『大智度論略鈔』卷下、十一裏）

『大智度論』卷四十

【論】菩薩以天耳淨過於人耳。聞二種聲。天聲人聲。（T25, 351b）

【疏】影云。有六道聲。此中唯二者、天人是受道器、故偏言耳〈已上〉。（證眞『大智度論略鈔』卷下、十二裏）

【經】說是『般若波羅蜜品』時、三百比丘從坐起、以所著衣、上佛、發阿耨多羅三藐三菩提心。佛爾時微笑、種種色光從口中出。爾時慧命阿難從坐起、整衣服、合掌、右膝著地、白佛言〝佛何因緣微笑〟。（T25, 353b）

【論】問曰。如佛結戒、比丘三衣不應少。是諸比丘何以故破尸羅波羅蜜、作檀波羅蜜。答曰。有人言〝佛過十二歲、然後結戒。是比丘施衣時未結戒〟。（T25, 353c）

【疏】影云。問。若阿難是佛得道夜生、年始可十許。那已能問此『經』。解云。此人得佛覺三昧。如身子七年猶尚論議〈云云〉。（證眞『大智度論略鈔』卷下、十二裏）

『大智度論』卷四十一

【論】問曰。是一事何以故名爲頂、名爲位、名爲不生。答曰。於柔順忍無生忍中閒所有法名爲頂。住是頂上、直趣佛道、不復畏墮。譬如聲聞法中、煖忍中閒名爲頂法。（T25, 362a）

【疏】『同論抄』云。○初地始心名爲頂、住地心名無生忍。是故言「中閒（＋所？）有法、名爲頂燸（－燸？）」。忍中閒名爲頂者、取中義同。不用有漏爲喩〈云云〉。惠影『疏』同之。（『成唯識論本文抄』卷四十。T65, 736b）

『大智度論』卷四十四

【論】是一切法皆不合不散、無色無形無對、一相、所謂無相。（T25, 380b）

【疏】慧影『大論疏』云。諸法非一、故言「不合」也。非二、故言「不散」也。就諸色中、聚對眼者、名「色」。對餘四情者、名「對」。此等皆有狀貌、故名「形」。此等皆不可得、故云「無色無形無對」也。「一相所謂無相」者、此有二解。一解云。雖復百花異、同是一陰。萬法雖殊、同一如相、故云「一相一相（－一相？）」。此如相亦不可得、故云「無相」也。一解云。諸法皆是一畢竟空相、故云「一相」。此畢竟空相亦無、故云「無相」。今略引之。（安澄『中論疏記』巻五末。T65, 154b）

【疏】慧影等云。通凡聖而據不退者。故云〝聖人得〟。（證眞『止観私記』巻九。DBZ22, 565b）

【論】又八背捨九次第定等、凡夫人所不得、名爲出世間。（T25, 382a）

『大智度論』巻四十五

【論】復次菩薩摩訶薩行慈心、作是念。〝我當安樂一切衆生入悲心。我當救濟一切衆生入喜心。我當度一切衆生入捨心。我當令一切衆生得諸漏盡〟。是名菩薩摩訶薩行無量心時檀波羅蜜。（T25, 388b）

【疏】影云。聲聞四等捨行起時、捨前三行。若菩薩行時、其心平等、不但捨三行、令衆生捨諸煩惱、平等盡漏也。（證眞『大智度論略鈔』巻下、十六表）

『大智度論』巻四十六

【論】復次檀波羅蜜尸羅波羅蜜因縁故、人中富貴、作轉輪聖王。餘波羅蜜或作梵王、或作法身菩薩。（T25, 391c）

【疏】影云。禪感梵王、慧感法身。餘度助成。（證眞『大智度論略鈔』巻下、十六裏）

【論】此諸經中『般若波羅蜜』最大故、說摩訶衍。（T25, 394b）

【疏】影云。只欲明『般若』力大、非言『般若』教勝。故引多經來也〈云云〉〈他抄〉。（證眞『大智度論略鈔』巻下、十七表）

【論】十善道爲舊戒。餘律儀爲客。復次、若佛出好世、則無此戒律。如釋迦文佛雖在惡世、十二年中、亦無此戒。以是故知是客。（T25, 395c）
【疏】慧影師解云。此中一意、復作客舊解、引佛出爲證客舊之義。（安澄『中論疏記』卷七本。T65, 184b）

『大智度論』卷四十八

【論】是十二法、鈍根人中、名爲根。如樹有根、未有力。若利根人中、名爲力。（T25, 405c）
【疏】影云。復次意約強弱、論根力耳〈取意〉。（證眞『大智度論略鈔』卷下、十七裏）

『大智度論』卷四十九

【論】復次菩薩與衆生共事惡口綺語兩舌。或時有妄語、罪重故、初地應捨。是菩薩行初地未能具足行此四業、故但說實語。（T25, 412c）
【疏】影云。有何菩薩行不（行不→不行？）此四。是奇標優劣、欲顯二地戒增上也。（證眞『大智度論略鈔』卷下、十八表）
【論】遠離顚倒者、一切法中常樂淨我不可得故。（T25, 416a）
【疏】又影云。四念處已離四倒。今於此乃明之者、留支三藏云〝凡諸地行不可以解地義執之爲正。正在出此。論諸行中、或就無而後無、就有而後有、相增數不可定也。或據習爲言〟。（證眞『大智度論略鈔』卷下、十八裏）
【論】是菩薩住六地中、具足六波羅蜜、觀一切諸法空、未得方便力、畏墮聲聞辟支佛地。佛將護故說〝不應生聲聞辟支佛心〟。（T25, 416a）

【疏】影云。菩薩從初心已過二。此中何言「畏」。解云。此是縈行之畏、非爲實畏〈云云〉。

（證眞『大智度論略鈔』卷下、十九表）

『大智度論』卷六十三

【論】是聲聞人著聲聞法佛法、過五百歳後、各各分別有五部、從是已來、以求諸法決定相、故自執其法、不知佛爲解脱故説法、而堅著語言、故聞説般若諸法畢竟空、如刀傷心、皆言〝決定之法、今云何言無〟、於般若波羅蜜無得無著相中、作得作著相、故毀呰破壞、言非佛教。（T25, 503c）

【疏】慧影師云。般若雖言其無、而不傷其有。但以緣集假聚、故名有、説爲非無。無忤故、説爲無、名爲非有。不解此義、故「如刀傷心」也。（安澄『中論疏記』卷三本。T65, 67c）

『大智度論』卷七十

【論】此中佛説所謂神及世間常。……如去者、如人來此間生、去至後世亦如是。有人言〝先世無所從來、滅亦無所去〟。有人言。〝身神和合爲人、死後神去身不去。是名如去不如去〟。（T25, 546b-547b）

【疏】慧影師解云。若略則就十四難明、廣則六十二見也。「神及世間常」下、「神」卽是衆生。「世間」者、卽是二種世間也。上常無常既有四句、□（甲本作〝於〟）五陰上盡爾、四五則成二十見。次「邊無邊」歷五陰上、復二十。足前、成四十、卽是十四難中八句。「神卽是身」「神異身異」名卽陰離陰、兩我合爲二句。次「如去不如去」有四句、歷五陰上、復二十。足前、合成十四難、離爲六十二見。（安澄『中論疏記』卷八末。T65, 235bc）

【論】得禪者、宿命智力、乃見八萬劫事、過是已往、不復能知。但見身始中陰識、而自思惟、此識不應無因無緣、必應有因緣、宿命智所不能知、但憶想分別〝有法名世性、非五情所知。極微細故。於世性中、初生覺。覺卽是中陰識。從覺生我、從我生五種微塵、所謂色聲香味觸。從聲微塵、生空大。從聲觸、生風大。從色聲觸、生火大。從色聲觸味、生水大。從色聲觸味香、生地大。從空、生耳根。從風、生身根。從火、生眼根。從水、生舌根。從地、生鼻根。如是等漸漸從細至麤。世性者、從世性已來至麤、從麤轉細、還至世性〟。（T25, 546c）

【疏】慧影師解云。此明得禪之人得五通、能見八萬劫事、過已不知、即起邊邪之見。當知三界見諦得禪人不能斷。又既言〝有梵王等、起於邪見〟。當知見惑上界有之。諸總論皆云〝見通三界〟也。「過是已往、不復能知」下、明外得禪人極知八萬劫事、過即冥然不知、故謂〝此八萬劫之初爲世間之性、一切世間從此性中出〟、故云「世性」。又提婆『論』云「僧佉論師說。二十五諦自性因、生諸衆生。從性生大、從大生意、從意生智、從智生五分、從五分生五知根、從五知根生五業根、從五業根生五大」。所言「自性」即「世性」也。是涅槃因也。

（安澄『中論疏記』卷二本。T65, 35a）

『大智度論』卷七十六

【論】有二因緣、故得無上道。一者內、二者外。內名正憶念思惟籌量諸法、外名諸善知識。（T25, 598a）

【疏】慧影云。內智由外知識敎導。無則不得。故善知識名全梵行〈已上〉。（證眞『止觀私記』卷四。DBZ22, 391a）

該當箇所不明（順不同）

【疏】『大論』慧影師『疏』云。毘婆尸佛乃是過去第九十一劫中一佛。次尸棄毘輪婆附二佛是過去第三十二劫中二佛。今賢劫中、始有四佛。拘留秦佛是賢劫初劫（甲本無〝劫〟）佛。以前劫中三佛、足爲七佛。今釋迦第四。若彌勒出時、七佛則以尸棄爲頭。若師子佛出、則以迦葉佛爲頭〈云云〉。（圓珍『授決集』卷下。T74, 309a）

【疏】慧影云。身子神通實勝目連。但目連凡所爲作多用神通、故云第一。（證眞『法華疏私記』卷一。DBZ21, 423a）

【疏】又惠影『疏』云。始從乾惠地、悉名斷惑。（貞舜『宗要柏原案立』卷三。T74, 478a）

【疏】慧影『疏』引第六名云。※聞法功德。（證眞『止觀私記』卷一末。DBZ22, 265b）

※是七心中、①佛觀其根本、敎令發心、必得成。以不空言故。②若爲尊重佛法、爲欲守護。③若於衆生、有大悲心。如是三心必得成就。根本深故。④餘菩薩敎令發心。⑤見菩薩所行、發心。⑥因大布施、發心。⑦若見若聞佛相、發心。是四心多不成。或有成者。根本微弱故。（『十住毘婆沙論』卷三。T26, 36a）

【疏】惠影師『大論疏』釋云。南方屬夏、是成長之義、故云南示福田。西是屬秋、秋是收義、故示生盡。北是屬冬、冬是藏義、故度生死。東是上方、日出之處、開人眼目、故示爲導首也。四維是不正之方、故於此方、除於邪僞之法。※（平井俊榮、伊藤隆壽「安澄撰『中觀論疏記』校註――東大寺古寫本卷六末」『南都佛敎』三八、一九七七年、p. 91）

※南行七歩示現欲爲無量衆生作上福田。西行七歩示現生盡永斷老死是最後身。北行七歩示現已度諸有生死。東行七歩示爲衆生而作導首。四維七歩示現斷滅種種煩惱四魔種性、成於如來應正遍知。（『大般涅槃經』卷四。T12, 388c）

【疏】既得那含、那生欲界、又何重得前三果。惠影云。一云初二果非第三果。一云是權人故亦那含向。又現身作毱多、非隔生也。※（證眞『止觀私記』卷一本。DBZ22, 241b）

※『薩遮經』（未詳。菩提流支譯『大薩遮尼乾子所説經』ではない）によれば、憂波鞠多は前世において十二支縁起のうち生支を除外する十一縁起を聴いて阿那含果を得、今世において阿羅漢果を得た。しかし、『付法藏因縁傳』によれば、憂波鞠多は今世において須陀洹果から阿羅漢果までを順次に得た。『薩遮經』と『付法藏因縁傳』とを併せると、憂波鞠多は阿那含果を得たのに欲界に生まれているし、前世と今世とにおいて前三果を重複して得ている。慧影はそれを會通している。なお、證眞は『薩遮經』を次のように抄出している。

『薩遮經』云。佛告尼乾子言〝汝若出家、於來世作憂婆掘多、廣宣佛法〟。尼乾子卽出家、佛爲說十二因緣、唯除生一法、則得阿那含、於滅後未來易身、始得羅漢、入二十三法師〈略抄〉。（證眞『止觀私記』巻一本。DBZ22, 241b）

これによれば、『薩遮經』は『大般涅槃經』の次のような說と關係するらしい。

或說十一。如爲薩遮尼犍子說。除生一法、其餘十一。（巻十五、梵行品。T12, 453a）

『薩遮經』は『大般涅槃經』に基づく僞經か。後考を俟つ。

＊＊＊

略號

DBZ: 大日本佛教全書。
JZ: 淨土宗全書。
T: 大正新脩大藏經。
證眞『大智度論略鈔』: 『大智度論略鈔』全二册、京都、貝葉書院、無刊記（近代再刷）。

參考文獻

小寺文頴「寶地房證眞の大智度論略抄について」『龍谷大學佛教文化研究所紀要』九、一九七〇年。
平井俊榮、伊藤隆壽「安澄撰『中觀論疏記』校註――東大寺古寫本巻六末」『南都佛教』三八、一九七七年。

四　地論宗・淨影寺慧遠研究文獻一覽

一、和文・韓文・中文・英文の區別なく、すべて日本語の發音により、著者名の五十音順に配列した。
一、本一覽は地論宗關係の研究文獻を李相旻、淨影寺慧遠關係の研究文獻を岡本一平が收集し、池田將則が最終的に整理・補充したものである。

あ

青木　隆

「『維摩經文疏』における智顗の四土説について」（『早稻田大學大學院文學研究科紀要別册』一一、一九八五）
「天台智顗における三惑説について」（『印度學佛教學研究』三四―一、一九八五）
「天台行位説形成の問題――五十二位説をめぐって」（『早稻田大學大學院文學研究科紀要別册』一二、一九八六）
「中國地論宗における緣集説の展開」（『フィロソフィア』七五、早稻田大學哲學會、一九八七）
「『法界性論』について」（『印度學佛教學研究』三六―一、一九八八）
「天台行位説の形成に關する考察――地論宗説と比較して」（三崎良周編『日本・中國　佛教思想とその展開』山喜房佛書林、

一九九二）
「天台行位說に關する一、二の問題」（『印度學佛教學研究』四一―二、一九九三）
「敦煌出土地論宗文獻『法界圖』について」（『東洋の思想と宗教』一三、早稻田大學東洋哲學會、一九九六）
「敦煌出土地論宗文獻「俄Φ一八〇」について」（『印度學佛教學研究』四五―一、一九九六）
「地論宗南道派の眞修・緣修說と眞如依持說」（『東方學』九三、一九九七）
「天台大師と地論宗教學」（『天台大師研究　天台大師千四百年御遠忌記念』祖師讚仰大法會事務局・天台學會、一九九七）
「敦煌出土地論宗文獻「涅槃經疏」に說かれる教判と因果說」（『印度學佛教學研究』四六―一、一九九七）
「地論宗の融卽論と緣起說」（荒牧典俊編『北朝隋唐中國佛教思想史』法藏館、二〇〇〇）
「地論宗」（大久保良峻編『新・八宗綱要　日本佛教諸宗の思想と歷史』法藏館、二〇〇一）
「敦煌出土地論宗文獻『融卽相無相論』について」（『東洋の思想と宗教』二〇、早稻田大學東洋哲學會、二〇〇三）
「中國佛教における體用論の一展開」（『多田孝正博士古稀記念論集　佛教と文化』山喜房佛書林、二〇〇八）
「地論と攝論の思想史的意義」（沖本克己編『新アジア佛教史七　中國Ⅱ隋唐　興隆・發展する佛教』第二章の一、佼成出版社、二〇一〇）
青木隆・荒牧典俊・池田將則・金天鶴・李相旻・山口弘江
『藏外地論宗文獻集成　續集』（ソウル、圖書出版ＣＩＲ、二〇一三）
青木隆・方廣錩・池田將則・石井公成・山口弘江
『藏外地論宗文獻集成』（ソウル、圖書出版ＣＩＲ、二〇一二）
阿川貫達
「淨土列祖より見たる淨影」（『淨土學』五・六、大正大學、一九三三）

秋田光兆
「『大乘義章』の行位説について」（『天台學報』二三、一九八一）
荒牧典俊
「中國佛教とは何か――「祖師西來意」の意味するもの」（『中國　社會と文化』一二、一九九七）
「北朝後半期佛教思想史序説」（荒牧典俊編『北朝隋唐 中國佛教思想史』法藏館、二〇〇〇）
「隋佛教の一側面――玄奘三藏の勉學時代」（『佛教史學研究』五六―二、佛教史學會、二〇一四）
安藤俊雄
「淨影慧遠の淨土思想」（『大谷學報』四四、一九六五）
『天台學――根本思想とその展開』（平樂寺書店、一九六八）
池田將則
「及法師撰『大義章』（北京八三九二）と隋仁壽元年（六〇一）寫『攝論章』卷第一（Stein 2048）――明及と智凝」（『佛教學レビュー（불교학리뷰）』一一、論山、金剛大學佛教文化研究所、二〇一二）
「北朝「地論宗」における佛典注釋の一類型――敦煌寫本『十地經論疏』（BD〇六三七八）の紙背に書寫された三つの斷片、某經疏・『仁王疏』・『維摩疏』と淨影寺慧遠撰述の諸經論疏との比較を通して」（『佛教學研究（불교학연구）』三六、ソウル、佛教學研究會、二〇一三）
池田魯參
「天台教學と地論攝論宗」（『佛教學』一三、佛教思想學會、一九八二）
「天台智顗の地論攝論學について」（『印度學佛教學研究』三〇―二、一九八二）
石井公成
『華嚴思想の研究』（春秋社、一九九六）

「敦煌寫本中の靈辯『華嚴經論』斷簡」（『華嚴學論集』大藏出版、一九九七）
「隨緣の思想」（荒牧典俊編『北朝隋唐中國佛教思想史』法藏館、二〇〇〇）
「元曉の和諍思想の源流」（『印度學佛教學研究』五一―一、二〇〇二）
「朝鮮華嚴の特質――義湘系に見られる禪宗と地論教學の影響」（『ザ・グレイトブッダ・シンポジウム論集』法藏館、二〇〇三）
「『大乘五門實相論』について――敦煌寫本中の地論宗系『大集經』注釋書」（『印度學佛教學研究』六〇―一、二〇一一）

石垣源瞻
「善導大師の「古今楷定」考（上）――特に經題の「觀」を中心として」（『西山學報』二八、西山短期大學、一九八〇）

石川信昭
「四種淨土說についての一考察」（『印度學佛教學研究』二三―二、一九七五）

石塚達雄
「淨影の佛身思想と善導の報應同體說」（『大谷學報』一六―四、一九三五）

石橋眞誠
「地論學派の思想的系譜」（『佛教論叢』二九、淨土宗教學院、一九八五）
「華嚴教學に於ける如來藏思想」（『印度學佛教學研究』三五―二、一九八七）

伊藤瑛梨
「淨影寺慧遠の『觀無量壽經義疏』「第九、佛身觀」について――「觀佛」と「見佛」」（『印度學佛教學研究』五六―一、二〇〇七）
「淨影寺慧遠の『觀無量壽經義疏』「第九佛身觀」について――「光明攝取」文の解釋をめぐって」（『印度學佛教學研究』五七―一、二〇〇八）

「淨影寺慧遠『觀經義疏』「第九佛身觀」における「光明攝取文」釋の特殊性」（『佛教大學大學院紀要　文學研究科篇』二〇一〇）
「淨影寺慧遠『觀經義疏』における「觀佛」の位置付けについて」（『印度學佛教學研究』五九―一、二〇一〇）

伊藤瑞叡
「『法華論』よりみたる『十地經論』の性格について」（『宮崎英修先生古稀記念　日蓮教團の諸問題』平樂寺書店、一九八三）
『增補 華嚴菩薩道の基礎的研究』（國書刊行會、二〇一三。原刊一九八八）

井上克人
「緣起と性起　『大乘起信論』と法藏教學の實證的研究」（平成十三年度～平成十五年度科學研究費補助金（基盤研究（B）（二））研究成果報告書、二〇〇四）

井上智裕
「『維摩經義記』における心について」（『天台學報』五三、二〇一一）

伊吹　敦
「地論宗南道派の心識說について」（『印度學佛教學研究』四七―一、一九九八）
「地論宗北道派の心識說について」（『佛教學』四〇、佛教思想學會、一九九九）
「『二入四行論』の成立について」（『印度學佛教學研究』五五―一、二〇〇六）

宇井伯壽
「阿黎耶識と無沒識」（『日本佛教學協會年報』四、一九三三）
「眞諦三藏傳の研究」（宇井伯壽『印度哲學研究　第六』岩波書店、一九六五）

上田本昌
「地論天台を通してみた中國佛教の形成」(『大崎學報』一一三・一一四、一九六一)
宇野禎敏
「淨影寺慧遠『觀無量壽經疏』の三乘觀」(『印度學佛教學研究』三一—一、一九八二)
「淨影寺慧遠の九品往生」(『宗教研究』五六—四、一九八三)
慧　嶽
「華嚴南道地論系的思想」(『現代佛教學術叢刊 三三　華嚴思想論集』臺灣、大乘文化、一九七八)
榎本正明
「『大乘義章』における頭陀說について」(『高橋弘次先生古稀記念論集　淨土學佛教學論叢』山喜房佛書林、二〇〇四)
横超慧日
「中國佛教に於ける大乘思想の興起」(横超慧日『中國佛教の研究　第一』法藏館、一九五八。初出一九四三)
「中國南北朝時代の佛教學風」(横超慧日『中國佛教の研究　第一』法藏館、一九五八。初出一九五一)
「北魏佛教の基本的課題」(横超慧日編『北魏佛教の研究』平樂寺書店、一九七〇)
「淨土教における聲聞思想の發展」(横超慧日『中國佛教の研究　第三』法藏館、一九七九)
「慧遠と吉藏」(横超慧日『中國佛教の研究　第三』法藏館、一九七九)
「釋經史考」(横超慧日『中國佛教の研究　第三』法藏館、一九七九)
大内文雄
「隋唐時代の寶山靈泉寺——寶山靈泉寺石窟塔銘の研究」(大内文雄『南北朝隋唐期佛教史研究』法藏館、二〇一三)
大田利生
「淨影寺慧遠と善導——その『觀無量壽經』理解」(『龍谷大學論集』四四四、一九九四)

大竹　晉
「『金剛仙論』の成立問題」（『佛教史學研究』四四―一、二〇〇一）
「菩提留支の失われた三著作」（『東方學』一〇二、二〇〇一）
「瑜伽行派文獻と『大乘起信論』」（『哲學・思想論叢』二〇、筑波大學哲學・思想學會、二〇〇二）
「『大乘起信論』の唯識説と『入楞伽經』」（『哲學・思想論叢』二一、筑波大學哲學・思想學會、二〇〇三）
『新國譯大藏經　釋經論部一一　上・下　金剛仙論』（大藏出版、二〇〇三・二〇〇四）
「『大乘起信論』の引用文獻」（『哲學・思想論叢』二二、筑波大學哲學・思想學會、二〇〇四）
『新國譯大藏經　釋經論部一六・一七　十地經論Ⅰ・Ⅱ』（大藏出版、二〇〇五・二〇〇六）
『唯識説を中心とした初期華嚴教學の研究――智儼・義湘から法藏へ』（大藏出版、二〇〇七）
「『大乘起信論』成立問題に關する近年の動向をめぐって」（『佛教學レビュー（불교학리뷰）』一二、論山、金剛大學佛教文化研究所、二〇一二）
『元魏漢譯ヴァスバンドゥ釋經論群の研究』（大藏出版、二〇一三）
「菩提達摩「二入四行」をめぐって」（『駒澤大學禪研究所年報』二五、二〇一三）
「初期天台宗文獻における北朝禪師」（『駒澤大學禪研究所年報』二六、二〇一四）

大野榮人
「『大智度論』の中國的展開」（『人間文化　愛知學院大學人間文化研究所紀要』一六、二〇〇一）

岡本一平
「佛駄跋陀羅の思想背景」（『駒澤大學大學院佛教學研究會年報』三四、二〇〇一）
「佛駄跋陀羅の傳記研究」（『佛教學』四三、佛教思想學會、二〇〇一）
「淨影寺慧遠の二諦説」（『駒澤短期大學佛教論集』一〇、二〇〇四）

「『大乘義章』の思想形式について」（『印度學佛教學研究』五三―二、二〇〇五）
「『大乘義章』の研究（一）――「三藏義」「十二部經義」注釋研究」（『駒澤短期大學佛教論集』一一、二〇〇五）
「『大乘義章』の研究（二）――「佛性義」注釋研究」（『駒澤短期大學佛教論集』一二、二〇〇六）
「清淨法界と如來藏――理性・行性の思想背景」（『駒澤大學佛教學部論集』三七、二〇〇六）
「『大乘義章』「佛性義」における「行性」について」（『印度學佛教學研究』五五―一、二〇〇六）
「淨影寺慧遠の聲入・色法教體說」（『印度學佛教學研究』五四―二、二〇〇六）
「淨影寺慧遠の佛性思想（上）」（『駒澤大學佛教學部研究紀要』六五、二〇〇七）
「淨影寺慧遠の佛性思想（下）」（『駒澤大學佛教學部論集』三八、二〇〇七）
「三聚法――玄奘以前の法の範疇と體系」（『印度學佛教學研究』六〇―二、二〇一二）
「淨影寺慧遠『大乘起信論義疏』の成立問題」（『比較經學　二〇一四年第三輯　比較經學與『大乘起信論』』北京、宗教文化出版社）
「淨影寺慧遠の三佛性と二種性」（『東アジア佛教學術論集』二、東洋大學東洋學研究所、二〇一四）
「『大乘義章』の寫本の諸系統について」（『東アジア佛教寫本研究』國際佛教學大學院大學日本古寫經研究所　文科省戰略プロジェクト實行委員會、二〇一五）
「三聚法の形成と變容――『大乘義章』を中心として」（『東洋學研究』五二、東洋大學東洋學研究所、二〇一五）
「『大乘義章』と眞諦譯書」（『印度學佛教學研究』六三―二、二〇一五）
「慧光の頓漸圓三種教について」（『東洋學研究』五三、東洋大學東洋學研究所、二〇一六）

小川弘貫

『中國如來藏思想研究』（中山書房、一九七六）

織田顯祐
「地論宗の教判と佛陀三藏」（『宗教研究』二七一、一九八七）
「道憑の五時判について」（『印度學佛教學研究』三六―一、一九八七）
「華嚴一乘思想の成立史的研究――地論宗教判史より見た智儼の教學」（『華嚴學研究』二、華嚴學研究所、一九八八）
「地論宗における依持と緣起の概念について」（『宗教研究』二七九、一九八九）
「淨影寺慧遠における「依持と緣起」の背景について」（『佛教學セミナー』五二、一九九〇）
「菩提流支譯出經論における如來藏の概念」（『印度學佛教學研究』四一―二、一九九三）
「地論宗の法界緣起說」（『東海佛教』五三、二〇〇八）
落合俊典
「淨影寺慧遠撰『大乘義章』のテキストについて」（『淨土宗學研究』三七、知恩院淨土宗學研究所、二〇一一）
小野嶋祥雄
「法寶撰『一乘佛性究竟論』の基底――特に淨影寺慧遠の思想と對比して」（『印度學佛教學研究』六〇―一、二〇一一）

か

可　祥
「慧光「四宗」判教之略探」（『世界宗教研究』二〇一三―五、北京、中國社會科學院世界宗教研究所）
鍵主良敬
「淨影寺慧遠の如來藏思想」（『印度學佛教學研究』一〇―二、一九六二）
「十地經論における阿梨耶識と自性清淨心――地論宗心識說成立基盤への一考察」（『大谷學報』四四、一九六五）

「大乘義章に於ける虚妄識について」（『印度學佛教學研究』一四―二、一九六六）

梶　信隆

「中國佛教における慧遠の位置」（『龍谷大學大學院紀要』一三、一九九二）

勝又俊教

『佛教における心識説の研究』（山喜房佛書林、一九八九）

加藤善淨

「地論宗の形成」（『印度學佛教學研究』五―一、一九五七）

加藤　勉

「『大乘義章』十二因緣義について」（『天台學報』三一、一九八九）

「『法華玄義』「雜錄」と『大乘義章』」（『天台大師研究　天台大師千四百年御遠忌記念』祖師讃仰大法會事務局・天台學會、一九九七）

鎌田茂雄

「淨影寺慧遠における大乘思想の展開」（『東洋文化研究所紀要』三四、東京大學東洋文化研究所、一九六四）

「淨影寺慧遠の法觀念」（『印度學佛教學研究』一四―二、一九六六）

『中國佛教思想史研究』（春秋社、一九六八）

『中國佛教史　第四卷　南北朝の佛教（下）』（東京大學出版會、一九九〇）

「靈泉寺石窟の思想史的意義」（『鹽入良道先生追悼論文集　天台思想と東アジア文化の研究』山喜房佛書林、一九九一）

「中國における佛教傳播經路に關する實態調査――平成三年度調査報告書」（『禪研究所紀要』二二、愛知學院大學禪研究所、一九九四）

韓　廷傑
「地論師的師承及其哲理」（『魏晉南北朝學術國際研討會發表論文彙編』上、臺灣、中國文化大學文學院、一九九八）
Kantor, Hans-Rudolf
「天台宗的心識說及其背景關係」（『現代佛教學會通訊』一七、臺灣、中華民國現代佛教學會、二〇〇四）
菅野博史
『中國法華思想の研究』（春秋社、一九九四）
『南北朝・隋代の中國佛教思想研究』（大藏出版、二〇一二）
北塔愛美子
「法上述『十地論義疏』における圓融思想」（『禪學研究』八二、禪學研究會、二〇〇三）
「『大乘義章』に見る圓融思想」（『印度學佛教學研究』五四—二、二〇〇六）
木村清孝
「金剛般若經略疏の三種般若思想」（『印度學佛教學研究』一八—二、一九七〇）
『初期中國華嚴思想の研究』（春秋社、一九七七）
「淨影寺慧遠における佛典解釋の方法」（木村清孝『東アジア佛教思想の基礎構造』春秋社、二〇〇一）
木村宣彰
「元曉の『涅槃宗要』——特に淨影寺慧遠との關連」（木村宣彰『中國佛教思想研究』法藏館、二〇〇九。初出一九七七年）
金　天鶴（김천학）
「『華嚴經要決問答』における地論思想受容の意義（『화엄경요결문답』에서의 지론사상 수용의 의의）」（『口訣研究』二三、ソウル、口訣學會、二〇〇九）
「法上撰『十地論義疏』についての一考察」（『印度學佛教學研究』六一—二、二〇一三）

「新羅佛教における『大乘義章』の影響」（『東アジア佛教寫本研究』國際佛教學大學院大學日本古寫經研究所　文科省戰略プロジェクト實行委員會、二〇一五）
「新羅佛教における慧遠の受容の様相――『大乘義章』を中心に（신라불교에서의 혜원 수용 양상――『대승의장』을 중심으로』）」（『佛教學研究（불교학연구）』四〇、ソウル、佛教學研究會、二〇一四）
「法上『十地論義疏』「加分」釋の三種盡について」（『東アジア佛教學術論集』二、東洋大學東洋學研究所、二〇一四）
『平安期華嚴思想の研究――東アジア華嚴思想の視座より』（山喜房佛書林、二〇一五）

金　東華（김동화）
『金東華全集七　佛教唯心思想の發達（김동화전집 七　佛教唯心思想의 發達）』（ソウル、雷虚佛教學術院、二〇〇一）

日下俊文
「大乘義章の方便思想について」（『西山學報』三三、西山短期大學、一九八五）

工藤量導
『迦才『淨土論』と中國淨土教　凡夫化土往生説の思想形成』（法藏館、二〇一三）
「中國アビダルマ研究と淨土教の接點――迦才における處不退説の思想的淵源をめぐって」（『印度學佛教學研究』六四―二、二〇一六）

古泉圓順
「S二四三〇敦煌本『勝鬘經注釋書』斷簡」（『奥田慈應先生喜壽記念　佛教思想論集』平樂寺書店、一九七六）
「敦煌出土佛典注釋書の「圓宗」」（『四天王寺國際佛教大學文學部紀要』一五、一九八三）
「「自分行」「他分行」」（『日本佛教學會年報』五一、一九八六）
「慧遠『法花經義疏』寫本」（『四天王寺國際佛教大學文學部紀要』一九、一九八七）
「『勝鬘經』の受容」（川岸宏教編『論集日本佛教史　第一巻　飛鳥時代』雄山閣、一九八九）

黄　懺華

『魏晉南北朝佛教小史』（臺灣、大乘文化、一九七九）

耿　晴

「淨影寺慧遠の「佛種姓」と「佛性」に對する論義」（『東アジア佛教學術論集』一、東洋大學東洋學研究所、二〇一三）

"A Re-examination of the Relationship between the *Awakening of Faith* and Dilun School Thought, Focusing on the Works of Huiyuan," *A Distant Mirror: Articulating Indic Ideas in Sixth and Seventh Century Chinese Buddhism*, Hamburg University Press, 2014

郡嶋昭示

「聖光『淨土宗要集』における淨影寺慧遠について」（『宗教研究』七九―四、二〇〇六）

金剛大學校佛教文化研究所

『地論思想の形成と變容』（國書刊行會、二〇一〇）

權田快壽

「初期地論學派の識說に就て」（『密教論叢』一九、大正大學、一九四〇）

さ

才川雅明

「慧遠の三身說」（『論集（The Religious Studies East and West）』一〇、東北印度學宗教學會、一九八二）

「大乘義章における二種種性について」（『曹洞宗研究員研究紀要』二〇、一九八八）

坂本廣博
「涅槃經玄義文句について――道暹作を疑う」（『天台學報』一六、一九七三）
「『涅槃經義記』について」（『印度學佛教學研究』二六―二、一九七八）
「『大乘義章』の涅槃義について」（『天台學報』二〇、一九七八）
「化法四教と二藏教判」（『印度學佛教學研究』三六―一、一九八七）
「通教と緣覺」（『天台大師研究　天台大師千四百年御遠忌記念』祖師讃仰大法會事務局・天台學會、一九九七）
坂本幸男
『華嚴教學の研究』（平樂寺書店、一九五六）
『大乘佛教の研究　坂本幸男論文集第二』（大東出版社、一九八〇）
櫻部　建
「世親の釋經論と菩提流支の譯業とについての一考察」（横超慧日編『北魏佛教の研究』平樂寺書店、一九七〇）
櫻部文鏡
『國譯一切經　和漢撰述部 經疏部二　勝鬘寶窟』（大東出版社、一九五九）
佐々木月樵
『漢譯四本對照　攝大乘論』（臨川書店、一九七五。原刊一九三一）
『支那淨土教史』（『佐々木月樵全集』二、うしお書店、二〇〇〇。原刊一九二六）
里道德雄
「地論宗の興起と展開について」（『東洋學術研究』二〇、東洋哲學研究所、一九七三）
「慧光傳をめぐる諸問題」（『大倉山論集』一一、一九七四）
「慧光傳をめぐる諸問題（二）」（『大倉山論集』一三、一九七八）

「地論宗北道派の成立と消長――道寵傳を中心とする一小見」（『大倉山論集』一四、一九七九）

史　經鵬

「南北朝時代の佛性說に關する一考察――P.3291を中心に」（『東アジア佛教研究』一三、東アジア佛教研究會、二〇一六）

柴田　泰

「菩提流支譯『佛名經』の構成について」（『印度學佛教學研究』二四―一、一九七五）

「彌陀法身說とその展開」（『印度哲學佛教學』五、北海道印度哲學佛教學會、一九九〇）

聖　凱

「『大集經』與地論學派――以判教爲中心」（『法音』一、北京、中國佛教協會、二〇〇八）

「敦煌文獻中的西魏・北周佛教思想――一百二十法門與『菩薩藏衆經要』」（『世界宗教研究』二〇〇九―二、北京、中國社會科學院世界宗教研究所）

『中國佛教通史　第三卷』（賴永海主編、南京、江蘇人民出版社、二〇一〇）

「地論學派における南北道分裂の「眞相」と「虛像」」（『佛教學セミナー』九九、二〇一四）

章　輝玉

「淨影寺慧遠の淨土觀」（『印度學佛教學研究』三三―二、一九八五）

昌　如

「〝學地經人〟與〝地經學〟考辨」（『中國佛學』總三六、北京、社會科學文獻出版社、二〇一四）

「略述〝地論學派〟的〝融〟思想――以敦煌文獻『融即相無相論』爲中心」（『佛學研究』總二三、北京、中國佛教文化研究所、二〇一四）

「〝北地師〟考辨」（『佛學研究』總二四、北京、中國佛教文化研究所、二〇一五）

「〝地論學派〟的三種緣集說略述」（『法音』二〇一五―二、北京、中國佛教協會）

昭和新纂國譯大藏經編輯部
『昭和新纂國譯大藏經　宗典部一九―二一　大乘義章』（東方書院、一九三一）
末光愛正
「『大乘義章』「衆經教迹義」に於ける淨影寺慧遠撰の問題――吉藏著書との對比」（『曹洞宗研究員研究生研究紀要』一三、一九八一）
「吉藏の成佛不成佛觀（三）」（『駒澤大學佛教學部研究紀要』四六、一九八八）
諏訪義純
『中國中世佛教史研究』（大東出版社、一九八八）
石　吉岩（석길암）
「元曉『二障義』における隱密門形成に關する再檢討」（『印度學佛教學研究』五九―一、二〇一〇）
「地論宗南道派の阿梨耶識理解に關する一考察――眞智・緣智と二障說とを中心に（地論宗 南道派의 阿梨耶識 이해에 대한 일고찰――眞智・緣智와 二障說을 중심으로）」（『普照思想』三四、ソウル、普照思想研究院、二〇一〇）
「『起信論』と『起信論』注釋書の阿梨耶識觀」（『東アジア佛教學術論集』四、東洋大學東洋學研究所、二〇一六）
相馬一意
「菩提流支譯經論における佛身說」（『印度學佛教學研究』四五―二、一九九七）

た

高野淳一
「吉藏と淨影寺慧遠をめぐって――維摩經解釋を中心に」（高野淳一『中國中觀思想論　吉藏における「空」』大藏出版、二

（一二）

高峰了州
『華嚴思想の研究』（百華苑、一九七六。原刊一九四二）
田熊信之
「大齊故昭玄沙門大統僧賢墓銘疏考」（『學苑』八三三、二〇一〇）
竹村牧男
「地論宗・攝論宗・法相宗」（『講座・大乘佛教八　唯識思想』春秋社、一九八二）
「菩提流支の譯業と『大乘起信論』」（『印度學佛教學研究』三二―一、一九八三）
「『起信論』と『十地經論』」（『東方學』七二、一九八六）
「地論宗と『大乘起信論』」（平川彰編『如來藏と大乘起信論』春秋社、一九九〇）
『改訂版　大乘起信論讀釋』（山喜房佛書林、一九九三。初版一九八五）
多田孝正
「地論教學と別教について」（『天台學報』二三、一九八一）
「地論教學と天台別教」（『佛教教理の研究　田村芳朗博士還暦記念論集』春秋社、一九八二）
田戸大智
「大乘義章三十講について」（『印度學佛教學研究』六一―一、二〇一二）
「『大乘義章』の修學について――論義關連資料を中心に」（『東アジア佛教寫本研究』國際佛教學大學院大學日本古寫經研究所　文科省戰略プロジェクト實行委員會、二〇一五）
Tanaka, Kenneth
「中國淨土敎における淨影寺慧遠の貢獻――『觀無量壽經義疏』を中心として」（『印度學佛教學研究』三七―二、一九八九）

The Dawn of Chainese Pure Land Buddhist Doctrine: Ching-Ying Hui-Yuan's Commentary on Visualization Sutra, New York: The State University of New York Press, 1990

玉置韜晃
「菩提流支の思想體系」(『顯眞學報』二、一九三〇)
「金剛仙論に就いて」(『顯眞學報』三、一九三一)

池　麗梅
『石山寺一切經本『續高僧傳』巻八——翻刻と書誌學的研究』(鶴見大學佛教文化研究所モノグラフシリーズI、二〇一四)

趙　立春
「鄴城地區新發現的慧光法師資料」(『中原文物』二〇〇六—一、鄭州、河南博物院)

陳　寅恪
「大乘義章書後」(『陳寅恪集　金明館叢稿二編』北京、生活・讀書・新知三聯書店、二〇〇一。初出一九三〇)

塚本善隆
『塚本善隆著作集　第一巻　魏書釋老志の研究』(大東出版社、一九七四)

辻本俊郎
「『無量壽經論』の流傳」(『印度學佛教學研究』五二—一、二〇〇三)

辻森要修
「淨影寺慧遠の仁王般若經疏に就いて」(『ピタカ』五年四號、一九三七)
『國譯一切經　和漢撰述部 諸宗部一〇—一三　大乘義章』(大東出版社、一九五八)

妻木直良
「淨影寺慧遠と其觀經釋」(『六條學報』六七、一九〇七)

鶴見良道
「勝鬘寶窟の染淨依持説」（『駒澤大學佛教學部論集』六、一九七五）
「ペリオ三三〇八淨影寺慧遠の『勝鬘義記』殘卷について」（『宗教研究』五一—三、一九七七）
「ペリオ三三〇八慧遠撰『勝鬘義記』殘缺及び逸文の研究」（『聖德太子研究』一一、聖德太子研究會、一九七八）
「慧遠撰『勝鬘義記』の基礎的研究」（『聖德太子研究』一三、聖德太子研究會、一九七九）
「慧遠の著作における『勝鬘義記』撰述の前後關係考」（『印度學佛教學研究』二八—一、一九七九）
「吉藏の如來藏義考」（『印度學佛教學研究』二九—一、一九八〇）
寺井良宣
「『法華玄贊』撰述の一側面——『大乘義章』との關係を中心として」（『天台學報』三〇、一九八七）
湯　用彤
『漢魏兩晉南北朝佛教史』（北京、中華書局、一九八一。原刊一九三八）
藤堂恭俊
「如來藏の識說的理解」（『印度學佛教學研究』二—一、一九五三）
常盤大定
「慈潤寺故大論師慧休法師刻石」（常盤大定『支那佛教史蹟評解』三、佛教史蹟研究會、一九二六）
「淨影寺の慧遠法師」（常盤大定『支那佛教の研究　第三』春秋社、一九四三）
「三階教の母胎としての寶山寺」（常盤大定『支那佛教の研究　第一』春秋社、一九三八。初出一九二七）
『佛性の研究』（國書刊行會、一九七二）
戶次顯彰
「四分律と地論宗南道派に見られる學道の一側面——道宣撰『淨心誡觀法』の學問批判をめぐって」（『大谷大學大學院研

究紀要』二五、二〇〇八)
「道宣による『七種禮法』引用の意圖」(『東アジア佛教研究』九、東アジア佛教研究會、二〇一一)

利根川浩行
「淨影寺慧遠の戒律觀」(『印度學佛教學研究』三三―二、一九八五)

な

成川文雅
「地論師の阿梨耶識生法説に對する天台の批判」(『大崎學報』一一二、一九六〇)
「地論師の六相說」(『印度學佛教學研究』八―二、一九六〇)
「地論宗南道派に於ける二系譜」(『印度學佛教學研究』九―一、一九六一)

新田雅章
「智顗における菩提心の成立根據について――淨影寺慧遠との比較において」(『印度學佛教學研究』一六―二、一九六八)

沼倉雄人
「良忠述『觀經疏傳通記』における引用典籍について――淨影寺慧遠『觀經義疏』を中心に」(『大正大學大學院研究論集』三四、二〇一〇)

は

袴谷憲昭
「是報非化説考」（『駒澤短期大學研究紀要』二九―一、二〇〇一）
「フラウワルナー教授の識論再考」（袴谷憲昭『唯識文獻研究』大藏出版、二〇〇八）
橋本芳契
「慧遠の維摩經義記について」（『印度學佛教學研究』五―一、一九五七）
長谷川岳史
「隋代佛教における『観無量壽經』理解――慧遠の「五要」を中心として」（『佛教學研究』六四、龍谷大學佛教學研究會、二〇〇八）
「中國唯識における悟りの構造」（楠淳證編『唯識　こころの佛教』自照社出版、二〇〇八）
花野充道
「智顗と慧遠の佛身論の對比」（『天台學報』四一、一九九九）
「智顗の地論師・攝論師批判について」（『天台學報』五六、二〇一三）
原　隆政
「華嚴宗・地論宗上での世親の十地について――「六相」の變遷を中心に」（『智山學報』五四、一九九一）
「淨影寺慧遠の佛性義について」（『智山學報』五五、一九九二）
日置孝彦
「『大乘義章』佛性義における佛性」（『駒澤大學大學院佛教學研究會年報』一、一九六七）

「慧遠の二諦義」(『駒澤大學大學院佛教學研究會年報』二、一九六八)
「八識に關する慧遠の解釋」(『印度學佛教學研究』一九―一、一九七〇)

平井俊榮
「吉藏著『大般涅槃經疏』逸文の研究(上)」(『南都佛教』二七、一九七一)
「吉藏著『大般涅槃經疏』逸文の研究(下)」(『南都佛教』二九、一九七二)
「吉藏の佛身論――三身説を中心に」(『佛教學』六、一九七八)
「三種般若説の成立と展開」(『駒澤大學佛教學部研究紀要』四一、一九八三)
『法華文句の成立に關する研究』(春秋社、一九八五)
「東アジア佛教の佛陀觀」(『シリーズ・東アジア佛教 第一巻 東アジア佛教とは何か』春秋社、一九九五)

平井宥慶
「敦煌本・佛教綱要書類考」(『日本佛教學協會年報』五一、一九七五)
「敦煌本・佛教綱要書の研究(一)」(『大正大學綜合佛教研究所年報』一、一九七九)
「敦煌本・佛教綱要書の變遷」(『大正大學綜合佛教研究所年報』二、一九八〇)
「敦煌本・南北朝期維摩經疏の系譜」(『印度學佛教學研究』三〇―二、一九八二)

平田 寛
「三論祖師の畫像――傳統の繼承」(『南都佛教』二九、一九七二)

馮 煥珍
「六世紀華嚴學傳承考辨」(『世界宗教研究』二〇〇一―二、北京、中國社會科學院世界宗教研究所)
「淨影寺慧遠著述考」(『中山大學學報』二〇〇一―五)
「淨影寺慧遠的行持・著述及其顯實宗」(『中華佛學學報』一五、臺灣、中華佛學研究所、二〇〇二)

『回歸本覺——淨影寺慧遠的眞識心緣起思想研究』（北京、中國社會科學出版社、二〇〇六）
深浦正文
『唯識學研究　上卷　教史論』（永田文昌堂、一九五四）
深貝慈孝
「淨影寺慧遠の彌陀淨土觀——大乘義章淨土義と觀無量壽經義疏・無量壽經義疏との關連において」（『佛教大學研究紀要』五五、一九七一）
「淨影寺慧遠の淨土觀——心識說との關係において」（『人文學論集』九、佛教大學文學部學會、一九七五）
「地論學派淨影寺慧遠の淨土教について——『大乘義章』卷第十九淨土義六門分別を中心に」（戶松啓眞ほか編『善導教學の成立とその展開』山喜房佛書林、一九八一）
「淨影寺慧遠の身土觀——諸師淨土教の研究」（『佛教大學研究紀要』六六、一九八二）
富貴原章信
『富貴原章信佛教學選集　第一卷　中國日本佛性思想史』（國書刊行會、一九八八）
福島光哉
「淨影寺慧遠の止觀思想」（『東方學』三六、一九六八）
藤　隆生
「中國初期唯識說の問題點——印度から中國への地論思想史の一斷面」（『佛教文化研究所紀要』二、龍谷大學佛教文化研究所、一九六三）
「地論唯識說の二傾向に對する教學史的試論」（『印度學佛教學研究』一二—二、一九六四）
藤井教公
「Pelliot ch. 2091『勝鬘義記』卷下殘缺寫本について」（『聖德太子研究』一三、聖德太子研究會、一九七九）

「『涅槃經』における一、二の問題――淨影寺慧遠と吉藏における佛性理解」（『印度學佛教學研究』二八―二、一九八〇）
「北朝における涅槃研究――慧遠の『涅槃經』理解の特徴」（『印度學佛教學研究』二九―二、一九八一）
「慧遠と吉藏――兩者の『觀無量壽經義疏』を中心として」（平井俊榮編『三論教學の研究』春秋社、一九九〇）
「淨影寺慧遠撰『勝鬘義記』巻下と吉藏『勝鬘寶窟』との比較對照」（『常葉學園濱松大學研究論集』二、一九九〇）
「元曉『涅槃宗要』における引用文の檢討」（『印度學佛教學研究』六三―二、二〇一五）

藤井孝雄

「慧遠と吉藏の『勝鬘經』如來藏說の解釋をめぐって」（『印度學佛教學研究』二八―一、一九七九）

藤谷昌紀

「敦煌本『本業瓔珞經疏』の引用經論について」（『大谷大學大學院研究紀要』一九、二〇〇二）

布施浩岳

『涅槃宗之研究　前・後篇』（國書刊行會、一九七三。原刊一九四二年）

船山　徹

「地論宗と南朝教學」（荒牧典俊編『北朝隋唐中國佛教思想史』法藏館、二〇〇〇）
"Chinese Translations of *Pratyakṣa*," *A Distant Mirror: Articulating Indic Ideas in Sixth and Seventh Century Chinese Buddhism*, Hamburg University Press, 2014

邊　在亨

「中國華嚴宗的譜系和心識說淵源考探――北學派爲中心」（『五臺山研究』一、太原、五臺山研究會、二〇一二）

方　立天

「從地論師與攝影師的心識本原之辨到天台・華嚴心本說的闡發」（『人海燈』一四、廣東、人海燈編輯部、一九九九）

ま

牧田諦亮
「寶山寺靈裕傳」（『牧田諦亮著作集　第二卷　中國佛教史研究Ⅰ』臨川書店、二〇一五。初出一九六四）

正木晴彦
「『觀經疏』に於ける科文の問題」（『中村元博士還曆記念論集　インド思想と佛教』春秋社、一九七三）
「諸『觀經疏』に見る定善と散善の問題」（『橋本博士退官記念　佛教研究論集』清文堂出版、一九七五）
「『觀經疏』における九品の問題」（『田村芳朗博士還曆記念論集　佛教教理の研究』春秋社、一九八二）
「諸『觀經疏』に於ける佛身及び國土觀の特色とその意味」（『高崎直道博士還曆記念論集　インド學佛教學論集』春秋社、一九八七）

松尾得晃
「道綽淨土教における阿彌陀佛論の展開――淨影寺慧遠の佛教思想を背景として」（『龍谷大學大學院研究紀要』二六、二〇〇四）
「中國の淨土教における凡夫の概念」（『眞宗學』一一一、眞宗學會編集委員會、二〇〇五）

松森秀幸
『唐代天台法華思想の研究』（法藏館、二〇一六）

圓山亞美
「善導の佛身佛土觀――淨影寺慧遠との比較を通して」（『大谷大学大學院研究紀要』二五、二〇〇八）

南　宏信
「『無量壽經』末疏における八相示現の解釋――義寂撰『無量壽經述記』を中心に」（『印度學佛教學研究』六一―二、二〇一三）

Muller, A. Charls
「『起信論』の二障に於ける慧遠と元曉」（『印度學佛教學研究』五五―一、二〇〇六）
"A Pivotal Text for the Definition of the Two Hindrances in East Asia: Huiyuan's 'Erzhang yi'," *A Distant Mirror: Articulating Indic Ideas in Sixth and Seventh Century Chinese Buddhism*, Hamburg University Press, 2014

三輪晴雄
「淨影寺慧遠――その教學と義疏について」（『佛教文化研究』二九、一九八四）

村上明也
「圓珍『辟文佛義集』における『圓愔』の引用について――法寶以後に活躍した辯空法師とその學系」（『佛教學研究』七一、龍谷大學佛教學研究會、二〇一五）
「韓國・松廣寺所藏の辯空『大般涅槃經義記圓旨鈔』について」（『東アジア佛教研究』一四、東アジア佛教研究會、二〇一六）

村田常夫
「十地經傳譯小論」（『大崎學報』一〇〇、一九五三）
「十地經論にいう三界唯心の心に就て」（『大倉山學院紀要』二、一九五六）
「地論師の教判について」（『大崎學報』一〇八、一九五八）
「天台の十如と華嚴の六相」（『大崎學報』一一〇、一九五九）
「地論師の教判に於ける頓教論」（『印度學佛教學研究』七―二、一九五九）

村中祐生
「嘉祥大師「二藏」義の成立考」（村中祐生『天台觀門の基調』山喜房佛書林、一九八六）
「嘉祥大師の諸經疏の撰修について」（村中祐生『天台觀門の基調』山喜房佛書林、一九八六）
望月信亨
『大乘起信論之研究』（金尾文淵堂、一九二二）
『講述　大乘起信論』（冨山房百科文庫、一九三八）
『中國淨土教理史』（法藏館、一九六四。原刊一九四二）
Monteiro, Joaquin
「二種深信の思想的意味について」（『同朋大學佛教文化研究所研究紀要』一六、一九九七）

や

柳　幹康
「慧可と慧遠の『楞伽經』四種佛身理解」（『印度學佛教學研究』五六—二、二〇〇八）
柳田聖山
「ダルマ禪とその背景」（横超慧日編『北魏佛教の研究』平樂寺書店、一九七〇）
矢吹慶輝
『鳴沙餘韻　敦煌出土未傳古逸佛典開寶　圖錄篇・解說篇』（臨川書店、一九八〇。原刊一九三〇・一九三三）
山口弘江
「天台智顗の地論四宗義批判について」（『印度學佛教學研究』五六—二、二〇〇八）

「『十地論義疏』と『大乘五門十地實相論』――周叔迦説の検討を中心として」（『東洋學研究』四八、東洋大學東洋學研究所、二〇一一）
「中國佛教における實相解釋に關する一考察――地論宗の用例を中心として」（『東洋學研究』四九、東洋大學東洋學研究所、二〇一二）
山崎　宏
「地論師の『十地經論』注釋について」（『印度學佛教學研究』六二―二、二〇一四）
山田亮賢
『支那中世佛教の展開』（法藏館、一九七一）
山本啓量
「唯識教學に於ける染汚観――特に支那唯識教理の展開に就て」（『大谷大學研究年報』三、一九四四）
山本幸男
「大乘義章に於ける認識論的考察」（『印度學佛教學研究』一八―一、一九六九）
結城令聞
『奈良朝佛教史攷』（法藏館、二〇一五）
「中國唯識學史上に於ける楞伽師の地位」（『結城令聞著作選集　第一巻　唯識思想』春秋社、一九九九）
「地論宗北道派の行方」（『結城令聞著作選集　第二巻　華嚴思想』春秋社、一九九九）
湯次了榮
「淨影寺惠遠の緣起説」（『六條學報』七七、一九〇八）
『華嚴大系』（國書刊行會、一九七五。原刊一九一五）

楊　維中

『中國唯識宗通史』（南京、鳳凰出版社、二〇〇八）

吉田道興

「中國南北朝・隋・唐初の地論・攝論の研究者達――「續高僧傳」による傳記一覽表」（『駒澤大學佛教學部論集』五、一九七四）

「初期地論學派における諸問題」（『印度學佛教學研究』二三―二、一九七五）

「法上と慧遠の法界觀」（『印度學佛教學研究』二四―一、一九七五）

吉津宜英

「慧影の『大智度論疏』をめぐる問題點」（『印度學佛教學研究』一六―一、一九六七）

「吉藏の唯識大乘義批判」（『印度學佛教學研究』一八―一、一九六九）

「經律論引用より見た『大乘義章』の性格」（『駒澤大學佛教學部論集』二、一九七一）

「『大乘義章』「八識義」について」（『印度學佛教學研究』二〇―一、一九七一）

「中國佛教における大乘と小乘」（『駒澤大學佛教學部論集』一、一九七一）

「大乘義章八識義研究」（『駒澤大學佛教學部研究紀要』三〇、一九七二）

「大乘義章の構成について」（『宗教研究』四五―三、一九七二）

「慧遠の『起信論疏』をめぐる諸問題（上）」（『駒澤大學佛教學部論集』三、一九七二）

「淨影寺慧遠の『起信論疏』について――曇延疏との比較の視點から」（『印度學佛教學研究』二一―一、一九七二）

「淨影寺慧遠研究について」（『曹洞宗研究員研究生研究紀要』四、一九七二）

「四卷楞伽と十卷楞伽」（『宗學研究』一四、曹洞宗宗學研究所、一九七二）

「地論師という呼稱について」（『駒澤大學佛教學部研究紀要』三一、一九七三）

「淨影寺慧遠の眞妄論について」（『宗教研究』四六―三、一九七三）
「淨影寺慧遠の涅槃義」（『印度學佛教學研究』二三―一、一九七四）
「淨影寺慧遠の「眞識」考」（『印度學佛教學研究』二二―二、一九七四）
「淨影寺慧遠の「妄識」考」（『駒澤大學佛教學部研究紀要』三二、一九七四）
「慧遠の佛性緣起說」（『駒澤大學佛教學部研究紀要』三三、一九七五）
「地論學派の學風について」（『宗教研究』二三九、一九七六）
「四宗判と空義」（『印度學佛教學研究』二四―二、一九七六）
「慧遠『大乘起信論義疏』の研究」（『駒澤大學佛教學部研究紀要』三四、一九七六）
「淨影寺慧遠の教判論」（『駒澤大學佛教學部研究紀要』三五、一九七七）
「法身有色說について」（『佛教學』三、佛教思想學會、一九七七）
「『大乘義章』の成立と淨影寺慧遠の思想（一）」（『三藏』一六五〈國譯一切經　和漢撰述部　諸宗部一〇〉、大東出版社、一九七八）
「『大乘義章』の成立と淨影寺慧遠の思想（二）」（『三藏』一六六〈國譯一切經　和漢撰述部　諸宗部一一〉、大東出版社、一九七八）
「華嚴教學における生死觀序說――十地品第六現前地の注釋を中心として」（『日本佛教學會年報』四六、一九八〇）
「「緣起」の用例と法藏の法界緣起說」（『駒澤大學佛教學部研究紀要』四〇、一九八二）
『華嚴一乘思想の研究』（大東出版社、一九九一）
「慧遠の大乘義章における起信論思想」（『福井文雅博士古稀記念論集　アジア文化の思想と儀禮』春秋社、二〇〇五）

吉村　誠

「中國唯識諸學派の展開」（福井文雅編『東方學の新視點』五曜書房、二〇〇三）

『中國唯識思想史研究——玄奘と唯識學派』（大藏出版、二〇一三）

ら

李　子捷
「杏雨書屋所藏敦煌寫本『入楞伽經疏』（擬題、羽七二六R）について」（『南都佛教』九八、二〇一三）
「『大乘起信論』の眞如說の一考察——『究竟一乘寶性論』の如來藏說との關係を中心として」（『東アジア佛教學術論集』四、東洋大學東洋學研究所、二〇一六）

李　相旻（이상민）
「淨影寺慧遠と『菩薩地持經』」（『佛教學研究』七二、龍谷大學佛教學研究會、二〇一六）
「『入楞伽經』注釋書にみられる初期地論學派の特徴——敦煌寫本羽七二六R（『大乘十地論義記』）を中心に（『入楞伽經주석서에 나타난 초기 地論學派의 특징 ——돈황사본 羽七二六R（『大乘十地論義記』）을 중심으로）」（『禪文化研究』一六、ソウル、韓國佛教禪理研究院、二〇一四）

李　萬（이만）
「高句麗義淵の唯識佛教——中國地論宗の法上との關係を中心に（高句麗 義淵의 唯識佛教——中國 地論宗의 法上과의 關係를 중심으로）」（『韓國佛教學（한국불교학）』二一、ソウル、韓國佛教學會、一九九六）

劉　朝霞
『早期天台學對唯識古學的吸收與抉擇』（成都、巴蜀書社、二〇〇九）

劉　萬然
「地論宗的心意識說的源流及其演變」（『能仁學報』一、香港能仁書院、一九八三）

廖　明活

「地論師・攝論師的判教學說」（『中華佛學學報』七、臺灣、中華佛學研究所、一九九三）

「淨影寺慧遠的淨土思想」（『中華佛學學報』八、臺灣、中華佛學研究所、一九九五）

「理・行兩種佛性說法的形成和演變」（『佛學研究中心學報』一〇、國立臺灣大學佛學研究中心、二〇〇五）

林　鎮國

"Epistemology and Cultivation in Jingying Huiyuan's *Essay on the Three Means of Valid Cognition*," *A Distant Mirror: Articulating Indic Ideas in Sixth and Seventh Century Chinese Buddhism*, Hamburg University Press, 2014

わ

渡邊顯正

「憬興師の末法思想について」（『印度學佛教學研究』三〇—一、一九八一）

渡邊隆生

「廃佛をめぐる淨影寺慧遠の教學史的背景」（『龍谷大學論集』三八八、一九六九）

執筆者紹介（本書掲載順）

王　頌（Wang Song）

一九七一年生まれ。中國・北京大學哲學系教授。主な著書に、『宋代華嚴思想研究』（北京、宗教文化出版社、二〇〇八年）、『華嚴法界觀門校釋研究』（宗教文化出版社、二〇一六年）など。

聖　凱（Shengkai）

一九七二年生まれ。中國・清華大學哲學系副教授。主な著書に、『攝論學派研究』（北京、宗教文化出版社、二〇〇六年）、『晉唐彌陀淨土的思想與信仰』（北京、中國社會科學出版社、二〇〇九年）など。

昌　如（Changru）

一九七七年生まれ。北京・中國佛學院講師。主な論文に、「〃學地經人〃與〃地經學〃考辨」（『中國佛學』總第三六期、北京、社會科學文獻出版社、二〇一四年）、「〃北地師〃考辨」（『佛學研究』總第二四期、北京、中國佛教文化研究所、二〇一五年）など。

大竹　晉（おおたけ　すすむ）

一九七四年生まれ。佛典翻譯家。主な著書に、『元魏漢譯ヴァスバンドゥ釋經論群の研究』（大藏出版、二〇一三年）、『宗祖に訊く――日本佛教十三宗・教えの違い總わかり』（國書刊行會、二〇一五年）など。

朴ボラム（박보람）

一九七一年生まれ。韓國・東國大學佛教文化研究院研究招聘教授。主な論文に、「自己を観る二つの視角、如來出現と如來藏（나를 바라보는 두 시각, 여래출현과 여래장）」（『佛教學レビュー（불교학리뷰）』第一〇號、論山、金剛大學佛教文化研究所、二〇一一年）、「……煩惱を斷つという煩惱を斷つことはないという……──義湘華嚴の斷惑説（……번뇌를 끊음이라는 번뇌를 끊음 없다는……──의상화엄의 단혹설）」（『韓國佛教學（한국불교학）』第七六號、ソウル、韓國佛教學會、二〇一五年）など。

李　相旻（이상민）

一九八〇年生まれ。韓國・高麗大學哲學科東洋哲學專攻博士課程修了。主な論文に、「『大乘起信論同異略集』における心識説の研究（『大乘起信論同異略集』의 心識說 研究）」（高麗大學哲學科修士論文、二〇一〇年）、「『入楞伽經』注釋書にみられる初期地論學派の特徴──敦煌寫本羽七二六R（『大乘十地論義記』）を中心に（『入楞伽經』주석서에 나타난 초기 地論學派의 특징 ──둔황사본 羽七二六R（『大乘十地論義記』）을 중심으로）」（『禪文化研究（선문화연구）』第一六號、ソウル、韓國佛教禪理研究院、二〇一四年）など。

金　天鶴（김천학）

一九六二年生まれ。韓國・東國大學佛教文化研究院人文韓國研究センター教授。主な著書・論文に、『平安期華嚴思想の研究──東アジア華嚴思想の視座より』（山喜房佛書林、二〇一五年）、「『法華經論子注』寫本の流通と思想（『법화경론자주』사본의 유통과 사상）」（『東アジア佛教文化（동아시아불교문화）』第二四集、釜山、東アジア佛教文化學會、二〇一五年）など。

池田將則（いけだ　まさのり）
一九七四年生まれ。韓國・金剛大學佛教文化研究所人文韓國研究センター教授。主な論文に、「道基の生涯と思想――敦煌出土『雜阿毘曇心章』卷第三（S二七七＋P二七九六）「四善根義」を中心として」（船山徹編『眞諦三藏研究論集』京都大學人文科學研究所、二〇一二年）、「天津市藝術博物館舊藏敦煌文獻『成實論疏』（擬題、津藝〇二四）と杏雨書屋所藏敦煌文獻『誠實論義記』卷第四（羽一八二）」（『杏雨』第一七號、武田科學振興財團 杏雨書屋、二〇一四年）など。

史　經鵬（Shi Jingpeng）
一九八四年生まれ。中國・中央民族大學哲學與宗教學學院講師。主な著書に、『中國南北朝時期涅槃學基礎研究――研究史與資料』（上海師範大學博士後研究工作報告、二〇一四年）、『從法身至佛性――廬山慧遠與道生思想研究』（北京、人民出版社、二〇一六年）など。

池　麗梅（Chi Limei）
一九七三年生まれ。鶴見大學佛教文化研究所准教授。主な著書に、『唐代天台復興運動研究序說――荊溪湛然とその『止觀輔行傳弘決』』（大藏出版、二〇〇八年）、『石山寺一切經本『續高僧傳』卷八――翻刻と書誌學的研究』（鶴見大學佛教文化研究所モノグラフシリーズI、二〇一四年）など。

馮　煥珍（Feng Huanzhen）
一九六四年生まれ。中國・中山大學哲學系教授。主な著書・論文に、「現代中國佛學研究的方法論反省」（『鑑往知來――兩岸佛學教育研究現況與發展前景學術研討會文集』臺北、中華佛學研究所、二〇〇二年）、『回歸本覺――淨影寺慧遠的眞識心緣起思想研究』（北京、中國社會科學出版社、二〇〇六年）など。

岡本一平（おかもと　いっぺい）

一九七一年生まれ。慶應義塾大學非常勤講師。主な論文に、「淨影寺慧遠の著作の前後關係に關する試論」（金剛大學校佛教文化研究所編『地論思想の形成と變容』國書刊行會、二〇一〇年）、「三聚法の形成と變容――『大乘義章』を中心として」（『東洋學研究』第五二號、東洋大學東洋學研究所、二〇一五年）など。

田戸大智（たど　たいち）

一九七一年生まれ。早稲田大學非常勤講師。主な論文に、「中世における密教と諸思想の交流」（『日本佛教學會年報』第七九號、二〇一四年）、「『大乘義章』の修學について――論義關連資料を中心に」（『東アジア佛教寫本研究』國際佛教學大學院大學日本古寫經研究所 文科省戰略プロジェクト實行委員會、二〇一五年）など。

金剛大學外國語叢書
地論宗の研究
ISBN978-4-336-06113-3

2017 年 3 月 23 日　初版第 1 刷発行

編　者　金剛大學佛教文化研究所

発行者　佐　藤　今　朝　夫

〒 174-0056　東京都板橋区志村 1-13-15
発行所　株式会社　国　書　刊　行　会
TEL.03(5970)7421(代表)　FAX.03(5970)7427
E-mail: sales@kokusho.co.jp　http://www.kokusho.co.jp

装幀　鈴木正道(Suzuki Design)
印刷　創栄図書印刷株式会社
製本　株式会社ブックアート

索引

凡例

一、本索引は本書「論文篇」所收の全論文と「資料篇」所收の資料一～三とに出る近代以前の主要な用語を對象とする。ただし「地論宗」「敦煌」「淨影寺慧遠」「續高僧傳」「佛性」「眞如」等、本書全體にわたって頻出し、かつ索引に採る意義が乏しいと考えられる語は採錄しない。

一、敦煌文獻の整理番號以外の見出し語はすべて日本語の慣用音に従い、五十音順に配列する。

一、敦煌文獻の整理番號は次の略號を用いて表記し、「Ⅰ　書名・大藏經名・敦煌文獻整理番號索引」の最後に一括して掲げる。

BD: 中國國家圖書館所藏敦煌漢文文獻
F: ロシア科學アカデミー東洋寫本研究所所藏敦煌漢文文獻 フルーク（К. К. Флуг）氏整理分
P: パリ國立圖書館所藏ペリオ（Paul Pelliot）將來敦煌漢文文獻
S: 大英圖書館所藏スタイン（Sir Aurel Stein）將來敦煌漢文文獻
Дх: ロシア科學アカデミー東洋寫本研究所所藏敦煌漢文文獻 メンシコフ（Л. Н. Меньшиков）氏等整理分
津藝 : 天津市藝術博物館舊藏（現天津博物館所藏）敦煌文獻
石谷風 : 石谷風『晉魏隋唐墨迹』（安徽美術出版社、1992 年）所收資料
臺北 : 國立臺灣圖書館所藏敦煌文獻
羽 : 武田科學振興財團 杏雨書屋所藏 羽田亨（1882-1955）氏舊藏資料（羽田文庫）
R: recto（表）
V: verso（裏）

一、『大般涅槃經』・『大方廣佛華嚴經』・慧遠『大乘義章』の三書に限り、品名・章名（義科名）も見出しに採る。本文中に品名・章名が明示されていない場合も、可能な限り該當する品・章の項目に振り分けた。

一、同一の見出し語が連續して現れる場合は原則として「――」で表す。

一、見出し語に複數の表記がある場合は（　）内にヴァリエーションを示す。

一、省略は〔　〕で表す。

一、見出し語に補足說明を附す時は［　］で括る。

一、見出し語が各論文・資料の章節名等として出る場合、ページ數の右上に「＊」を附してその章節内の用例を代表させる。

一、「→」は參照先を表す。

I　書名・大藏經名・敦煌文獻整理番號索引

さ

た

な

は

ま

や

ら

敦煌文獻

Ⅱ　人名・學派名・宗派名索引

あ

か

さ

た

な

は

ま

や

ら

Ⅲ　地名・寺名・建造物名・機關名・僧官名索引

あ

か

さ

Ⅳ　術語索引

あ

か

さ

た

な

は

ま

や

ら

中文摘要

昭如白日的晦蔽者
重议宗派问题

王　颂

宗派问题关涉到对于中国佛教发展史的整体理解，是一个不容忽视的重要问题。本文在汤用彤等前辈学者的研究基础上，探讨了中国佛教宗派问题的特殊性和普遍性，试图在汉语佛教圈的大背景下勾勒出宗派的特质。由此，本文着重归纳总结了宗派的诸种要素，概略探讨了宗派形成的时点问题，否定了中国佛教宗派在唐代既已全面建立的传统观点。

僧贤与地论学派
以《大齐故沙门大统僧贤墓铭》等考古资料为中心

圣　凯

本文以近年出土《大齐故沙门大统僧贤墓铭》为中心，结合《兴圣寺造像碑》、小南海石窟和北响堂石窟的刻经，梳理了僧贤的生平与思想。僧贤作为僧稠的弟子，参与小南海石窟的刻经活动；他先后担任沙门都、沙门统，主持了大总持寺、大兴圣寺，是著名的“地论师”。同时，僧贤继承了僧稠的禅学思想，重视《涅槃经》的四念处，提倡《华严经》与《法华经》。最后，《僧贤墓志》等石刻中的用语反映了地论学派的判教思想。

“地论师”考辨

昌　如

本文就《大正大藏经》和《卍新纂续藏经》，在慧达、智者、吉藏等著作中频繁出现的“地论师”，运用近年来新发现的敦煌“地论学派”文献，来查考他们在著作中所记载的“地论师”思想的真实性与精确性。通过考辩发现，慧达、智者、吉藏等所记载的“地论师”的思想基本保持了原本的“地论学派”思想，从而证明“地论学派”真实存在。

中文摘要

地论宗的佛身说

大竹　晋

通过本文的分析探讨，可得出以下结论。

(1) 印度唯识派的佛身说（三身说）认为三身分别属于不同的次元。具体而言，规定法身为常，报身与化身为无常。

(2) 菩提流支（Bodhiruci. ?-508-535-?）一门的讲义录《金刚仙论》的佛身说是以法身和报身为常，以化身为无常。《金刚仙论》中可见法身本来就包含有物质（rūpa）这种说法，以及报身与法身同为常的主张。这其中可见法身有色说和报身常住说表里一体。

(3) 吉藏（549-623）所传的地论宗的佛身说与《金刚仙论》的佛身说一致。

(4) 慧远（523-592）的佛身说将三身在种种次元规定为常或无常。但是，慧远极力主张法身有色说，这种情况下也必然主张报身常住说，即《金刚仙论》所见的佛身说。

(5) 教理集成文献（S. 4303）的佛身说在通宗的立场上规定三身是常。

(6) 在地论宗中，主张众生内部的佛身在未来会为常的 α 说和认为其现在已经为常的 β 说共存。α 说基于菩提流支之前的传统，β 说基于菩提流支之后的传统。β 说认为法身本来包含有报身这种物质（rūpa），《金刚仙论》的佛身说也属于该说。在地论宗之中，南道派遵从菩提流支之后的传统，主张法身有色说（即现常说）。北道派则基于菩提流支之前的传统，主张当常说。

(7) 勒那摩提（Ratnamati）是南道派之祖，菩提流支是北道派之祖，这种理解是后来成立的说法，与历史事实有所不符。

地论宗的烦恼说

大竹　晋

通过本文的探讨，可得出以下结论。

(1) 在《胜鬘师子吼一乘大方便方广经》（*Śrīmālādevīsiṃhanādasūtra*）中，烦恼被分为两种，即“住地”（*vāsabhūmi. “潜伏的状態”）和“起”（*samutthāna. “显在的状態”）。“住地”意味着唯识说中的种子（bīja. “潜在的状態”），而“起”则意味着现行（samudācāra. “显在的状態”）。

(2) 菩提流支（Bodhiruci. ?-508-535-?）来华（508）之前的北魏洛阳时期，该经的烦恼说遭到了很大的误解。此误解大致可分为以下两种。

【误解 1】将住地误认为现行。

【误解 2】将住地的五种中的无明住地误认为是心。

(3) 菩提流支一门的讲义录《金刚仙论》、著者不明的《大乘五门十地实相论》、法上（495-580）、慧远（523-592）都沿袭了这种误解。

(4) 关于诸烦恼被断的时期，即便是同样在地论宗内部，也有着不同的意见。

六相说变迁过程考察

从《十地经》到净影寺慧远

朴 普蓝

六相说这一名相从《十地经》开始，经过《十地经论》而扩散成为东亚的地论宗以及华严宗，並在这一过程中发生了许多的变化。所以不能把六相说理解为只是一个单一的体系。本文正是基于这样的观点，就六相各条目间的关系及其意义的变化过程，从《十地经》开始到东亚地论宗净影寺慧远为对象做了考察。

《十地经》中，“六相”这一概念还未出现，有的只是六相每个条目，其构造是“总别一同异成坏”。《十地经论》中的六相的六种条目从被称作“六种相”开始，才被概念化、理论化。其构造成为“总别←同异成坏”。即，经典中的十句首先从总别来解释，同异和成坏分别是对总别的说明方式。

有关六相说的这种理解方式在东亚的传播过程中经历到了相当的变化过程。法上在《十地论义疏》中除了保持对《十地经论》的理解方式，还有独创性的思考。即，同异不同于《十地经论》中的“总和别的同异”，而是对别相各条目（众缘）的同异；成坏也不是对总别的成坏，总与别，同与异相互随顺。在敦煌出土的地论宗文献 S. 4303 和 S. 613 中对于六相各条目间关系的理解与《十地经论》不同。即对于总别的关系，强调《十地经论》中也沒有的总别之间的相互互换性，同异不是总别间的同异，而是别相内各条目的同异，成坏定义为针对总别同异的成坏。被称为是地论宗集大成者的慧远的见解大体上与 S. 4303/613 所见基本相同，但是慧远更进一步认为六相中若总别同异充分具足，就不需要成坏的主张。

通过以上内容可以了解六相说在传播的每个階段，根据情況和需要而经历了构造的变化。所以在理解六相说时一定要注意从以下几点开始，即何时、何人、为何而说六相说。

对地论学派“四量说”的考察

以教理集成文献 S. 4303“广四量义”，S. 613“四量义”、“又解四量”为中心

李　相旻

本文以考察存在于六世纪的地论学派教学中非常有特色的四量说的发展过程为目的。四量是指现量、比量、信言量、教量，这种具有特徵的名称与印度佛教的三量理论有着密切的关系。但是从印度佛教的脉络来看，三量主要是从理论性论证而展开，与之不同，四量是从修行论的脉络来展开，这是两者的不同。

文中从四量的引入、四量的意义、四量的思想展开等三个方面做了考察，其结果整理如下。

首先，在法上的《十地论义疏》中依托《相续解脱经》中所说“证成道理”而提出现量、比量、信言量之三量。在著者不详的敦煌本《大乘五门十地实相论》中以概要的方式对《十地论义疏》的三量展开说明，並在这里加上教量，一共对四种“量”展开了议论。所以在初期地论学派中，四量说的出现经历了三量→四量的一个变化过程。

下面通过包含四量内容的敦煌写本 S. 4303、S. 613 对“量”的意义做一个考察。从结论上来说，作为独立“知”的手段之三量，对于在地论学派的四量说出现后而无法理解的教说的信（教量），逐渐向著真理之知（现量）而演变，从而再次组成了修行论的构造。利用四量来理解“知”的问题与印度的论证理论相通，结果因为论议展开的基础差异而导致与印度发展而来的理论呈现完全不同的发展方向。

最后，对 S. 4303、S. 613 中的内容做一番探讨，並对两文献中对四量说明的前后关系做一番考察。一般认为相比 S. 4303、S. 613 的出现年代更早，但是根据本文的考察认为，在对四量的说明方面，S. 613 是以 S. 4303 为基础的。此外，两文献中的階位体系或者说明方式也存在不同的情况也得以确认。敦煌出土的教理集成文献中出现的地论学派四量说作为印度的学说，如何在东亚进行传播和发展，这是一个非常有意思的事件。

大正藏第 85 卷・第 2799 号《十地论义疏》原典问题考察

金　天鶴

收录在大正大藏经第 85 卷的法上编纂的《十地论义疏》被认为是地论宗的早期文献。但是围绕这一文献存在两个问题。第一，是作者的问题，即法上是否是原作者。

第二，卷一和卷三是否都是法上的著作。第一个问题是因为作者名字部份的汉字不太容易看清楚的原因。第二个问题是不能确定卷一和卷三是同一文献的基准参考。笔者在这里对敦煌写本以及收录在大藏经的原典再提出一个问题。

本文对于作者问题还是沿用通常认为的是法上的著作，主要针对第二第三个问题进行探讨。第二个问题通过对卷一和卷三的词语装饰乃至语法同异等方面做一个证明。第三个问题通过考据原典而找出原本的汉字。因为比较敦煌写本和大藏经本，发现了有二百多处不同。

首先，对于第二个问题从结论上来说两卷是同一种文献。这是通过从用法来比较卷一和卷三与法上的弟子慧远的卷一和卷三有着怎样的关系而旁证得来。对于第三个问题，可以归结为是原典在流传过程中的变化现象。

(1) 大正藏第 85 卷《义疏》虽然与敦煌写本是同一版本，但是有很多字义不明的抄写错误，或者连字、缺漏现象。

(2) 有很多类似的的文字所以有時不能判读。

(3) 错误的解读敦煌写本中的補入、删除、换字等符号，或者疏漏。

(4) 根据《十地经论》而进行了部份補正。

(5) 因为意思相同而任意改字、添加甚至删除。

通过以上工作，在以后的研究中活用原典，以期能更好的解读地论宗初期思想。

法上《十地论义疏》“加分释”的展开

金　天鶴

本文以初期地论宗法上的《十地论义疏》（以下《义疏》）之《十地经论》“加分释”为出发点，就其解读与其弟子慧远之间的传承呈现不同的过程而做考察，从一个断面来说明地论思想的传承以及展开过程。

《十地经论》“加分”作为了解地论思想的重要经典，通过三昧、言说、六相、三宗之尽等教理为主轴。本文考察《十地经论》“加分”的科文和《义疏》的科文，同時与慧远相关联考察其解读的意义。同時对于《义疏》“加分释”中的，作为后代说法根据的、提供重要观点的三昧、言说等问题与慧远相联系而进行了详细的探讨。

《义疏》“加分释”中相当于加分的《经》文的一部份与《论》文全体通过科文而被解释。在解释《十地经论》时，把经文和科文区分开、设定科目的方式到了慧远时已经很完全的在使用。但是在科文的名目上並沒有继承慧远的部份。通过“加分释”

的解释来看时，慧远在其《十地论义记》（以下《义记》）中参考了《义疏》的内容，同时也有批判《义疏》的一些解释。比如，对于“信行地”菩萨的《义疏》的解读不只是被收录在《义记》中，还通过《大乘义章》而更加广泛的传播开来。另外，有关《义记》中的十种入的《义疏》的解读，通过“有人”而给予非常明显的批判。

三昧、言说的问题，《义疏》中对于佛陀在三昧中也可言说，菩萨从三昧而起才有可能教化，《义记》中则强调从三昧起才可能说法。但是作为继承了地论宗的华严宗对于三昧和言说的问题採用了与《义疏》一样的解读。

敦煌出土地论宗教理集成文献 S.613V 第 21 章

“经辨五住地烦恼义”所见的阿毗达磨教理

池田将则

众所周知，敦煌写本中现存的与地论宗相关的文献，对地论宗研究来说是重要的一手材料。但关于其中各文献的具体成书的时间、地点、顺序等问题，仍存在诸多尚待进一步研究的部分。在本论文中，笔者将对其中颇具代表性的文献之一，S.613V 第 21 章“经辨五住地烦恼义”所见的阿毗达磨教理进行分析，以期其在思想史上的地位和作用。本论文的考察结论如下。

(1) S.613V 第 21 章“经辨五住地烦恼义”的“章”部分中的关于无明的定义以及见一处住地·三爱住地·无明住地的定义所见的阿毗达磨教理，几乎是基于《成实论》。

(2) 这当中尤其值得注目的是“见一处住地”定义中所见的“四谛平等”这一概念。这是基于《成实论》的灭谛断惑说，在《大般涅槃经集解》的宝亮释以及西魏大统五年（539）书写的《大涅槃经义记》卷第四中也可见到同样的例子。

(3) 如果比较南北朝时期《涅槃经》注释书关于“四谛平等”概念的解释内容，即可发现，《大般涅槃经集解》→大统五年书写《大涅槃经义记》卷第四→敦煌写本《涅槃经疏》（BD00260）→慧远《大般涅槃经义记》这一顺序，即在解释上从《成实论》向“毗昙”的转移。

(4) 与 S.613V 第 21 章“经辨五住地烦恼义”所说的“五住地无明”的定义及“见一处住地”基本相同的内容，在敦煌写本《胜鬘经疏》（S.6388）中也可见到。

(5) S.613V 第四章“八识义”与第 21 章“经辨五住地烦恼义”之间存在相互并不一致的解释。这表明了这两章之间在成立背景上的不同。

敦煌遗书地论学派《涅槃经疏》（拟）中的佛性思想

以 BD02224、BD02316、BD02276 为中心

史　经鹏

佛性论上中国佛教史上关注的焦点。南北朝时期，中国佛教迅猛发展，众多佛性论顺势而起，竞擅风流。敦煌遗书中保存的以 BD02224、BD02316、BD02276 缀接而成的《涅槃经疏》（拟），属于地论学派文献，表现了地论学派发展过程中的一种佛性思想。《涅槃经疏》（拟）在借鉴《仁王般若波罗蜜经》的五忍思想基础上，重新诠释了《涅槃经》中的熙连、八恒及四依概念，构建了较为完整的修行阶段论。在此基础上，《涅槃经疏》（拟）提出了既非本有、亦非始有的佛性论，即佛性在众生修行的性种性阶段才出现，通过主体与佛性的互动，保障众生提升修行，以至解脱。

《续高僧传》的文本及其特色

以卷八所收净影寺慧远传为例

池　丽梅

《续高僧传》的现存文本多达几十种，根据它们的形态、书写内容以及流传地域，大致可以分为中国、朝鲜刊本大藏经系统和日本古写经系统的两大类。有关前者，即中朝的刊本大藏经《续高僧传》的文本变迁，笔者业已另文讨论。本篇论文将着重介绍那些自古传抄于日本的写本一切经（以下简称“日本古写经”）中的《续高僧传》的现存文本及其特色。

在日本，佛教一切经的书写传统可以上溯到奈良时代，此后历经平安时代，一直延续乃至镰仓、室町、江户时代。作为整套大藏经传世的日本古写一切经，大多抄写于平安中期乃至江户时代之间。其中的古逸佛典文本引起学者的重视，近年来更是展开大规模的调查和研究，初步证实日本古写一切经在整体上继承的是奈良平安时代的写经传承，若究其源头甚至可以上溯至隋唐时代的写经。其中，日本古写经本《续高僧传》，仅限于平安、镰仓时代的写本，就有十种、一百九十一卷传世。其中，最广为人知的就是金刚寺本（卷十、卷二十一缺本）、七寺本、兴圣寺本这三种，合计八十八卷。种种迹象显示，在所有的《续高僧传》现存文本当中，日本古写经本的内容更为接近该文献的原初形态，它们的来源並非任何中朝刊本大藏经，而是奈良时代以来流传于日本的古写经。

本篇论文，首先简单介绍最具代表性的几种日本古写经本 —— 金刚寺本、七寺本、

兴圣寺本及其在研究中的应用现状。然后，笔者将以该文献卷八所收的慧远传为具体实例，通过各种文本的比对，具体了解该文献的不同种类文本在内容上的差异及其相互之间的影响，並且指出使用日本古写经本《续高僧传》时必须给予重视的问题点。

慧远《大般涅槃经义记》的成立过程

以现行本《大般涅槃经义记》卷七与敦煌写本《涅槃义疏》第七卷（Pelliot chinois 2164）的比较为中心

池田将则

本文是对地论宗的代表性学僧之一、净影寺慧远（523-592）的主要著作之一《大般涅槃经义记》的现行文本是经历了何种过程而成书的探究，尤其是以通过比较敦煌写本《涅槃经疏》第七卷（P.2164）与现行本《大般涅槃经义记》而论证《涅槃义疏》第七卷（P.2164）所见的有修改痕迹处反映了慧远的撰述过程为目的。本论文的考察结果如下。

(1) 慧远《大般涅槃经义记》存在慧远在讲义前、讲义中，乃至讲义后撰写并修改的多个改订稿，并非一次性写成。

(2) 敦煌写本《涅槃义疏》第七卷（P.2164）是由两个文本组成的，即书写者 A 最初撰写的文本和书写者 B 在此之后修订增补的文本。

(3) 与现行本基本一致的是修订之后的版本，但就文中所提及的“别章”的情况来看，《涅槃义疏》第七卷（P.2164）修订之后的版本也应比现行版本略早成书。

(4) 因此，《涅槃义疏》第七卷（P.2164）所见的修改痕迹，可以说一定程度上反映了慧远在完成《大般涅槃经义记》最终稿的整个过程中的修改情况。

敦煌遗书所见净影寺慧远《地持义记》研究

冯　焕珍

地论学派的文献多有佚失，因此对地论学派思想的研究来说，文献的搜集、考辨和整理是一个相当迫切和艰巨的任务。敦煌遗书所藏，经日本佛学专家释读刊佈于《大正藏》第 85 册的 P.2141V⁰《地持义记》残卷，实际上是净影寺慧远《地持论义记》卷四下的绝大部分，理由在于：一、敦煌本《义记》与慧远其他著作的文体具有高度一致性；二、敦煌本《义记》多次出现慧远著作中大量使用的提示读者参考其《大乘义章》相关法义的提示语，並且两书的相关内容存在著相互呼应、互为補充的关系；三、

敦煌本《义记》的遣词造句与慧远其他著作如出一人之手；四、敦煌本《义记》与传本慧远《地持论义记》在文本结构上具有紧密的衔接性。敦煌本《义记》的考定，对于发现和考订慧远《地持论义记》的其他佚文、校勘《大乘义章》以及认识南北朝隋唐佛教的展开，都是一个难得的新文献，值得重新录文標校出来，贡献于地论学研究界。

净影寺慧远初期的心识说

冈本一平

本论文的目的在于通过净影寺慧远（523-592）的《胜鬘义记》和《十地义记》对其初期的心识说进行考察。

根据笔者的假说，可以将慧远的注释书的成书顺序分为五个阶段。根据《续高僧传》第八卷“慧远传”，第一期《胜鬘义记》成书于549年以前（27岁以前），《十地义记》成书于549年左右，应当属于鄴时代的著作。第二期《涅槃义记》成书于553年至578年之间，应当属于泽州时代的著作。在慧远的第一期著作中，已经引用了《大乘起信论》，因此，《起信论》应当在549年的鄴已有流传。

慧远初期的心识论，应当是在《起信论》的影响下形成的，但不仅限于《起信论》。《胜鬘义记》中，将“心法智”解释为“迷时名心，解名法智”。这种解释笔者认为受到了S.6388的影响。此外，在《胜鬘义记》中，也可见中国的说一切有部和《成实论》的影响。在《胜鬘义记》的阶段，慧远将前七识解释为“妄心”，将第八识以“真心”＝“藏识”＝“如来藏”的形式来解释。在初期心识说的阶段，《胜鬘经》的“七法刹那不住”成为重要的依据。如果这一论证妥当的话，就意味着“妄心”即“有为之心”，“真心”即“无为之心”。

在《十地义记》中，有以“和合”来解释心识的部分。“和合”即“真心”与“妄想”的和合，即第八识与前七识（或第七识）的“和合”。“真心”若为“妄想”之所依，换言之，即“真妄依持”。从这一点来看，并不能将慧远所说的阿梨耶识看作“真妄和合”。阿梨耶识即“真心”＝“真识”，与“妄想”＝“妄心”有所不同。这应当是从《胜鬘经》的“七法刹那不住”这一原文所来。

《十地义记》受了《大乘起信论》的影响，主要是无明熏真如的学说。

由此可知，慧远初期的心识说，主要是在《胜鬘经》和《大乘起信论》的影响下成立的。

中文摘要

净影寺慧远的《别章》

对《大乘义章》成书的试论

冈本一平

本论文的目的在于对净影寺慧远（523-592）的注释书中频繁出现的《别章》进行考察。此前的研究认为，《别章》是《大乘义章》的别名。但《大乘义章》是一部大部头著作，如果《大乘义章》的全文成立于同一时期的话，因为对《别章》的提示在最初期的著作《胜鬘义记》中已存在，则《大乘义章》的成书就应当早于《胜鬘义记》。而这种情况显然存在问题。

对《别章》的提示，以“广如别章”这四个字为基本，大约有八种。其中大部分都属于慧远特有的文体。由此可见，对《别章》的提示，即便是后来插入的，其为慧远本人加入的可能性很高。

不仅是《别章》，明确提及《四谛章》等章名的情况也存在。这意味着这些著作先于《大乘义章》而成书的可能性。对其章名的提示方式大约有五种，其中大部分都与《大乘义章》中所使用的方式一致。由此可见，这种方法属于慧远特有的文体。因此，编纂《大乘义章》的人就是慧远本人的可能性最高。

《大乘义章》在日本的受容与发展

田户大智

本论文的目的在于通过对现存的《大乘义章》的论义古写本的调查，来考察净影寺慧远（523-592）的《大乘义章》在古代日本是如何被理解和学习的。

笔者在另一篇文章（“『大乘義章』の修學について —— 論義關連資料を中心に”，國際シンポジウム報告書『東アジア佛教寫本研究』所收。國際佛教學大學院大學日本古寫經研究所，2015）中考察了与《大乘义章》有关联的论义古写本的现存情况，尤其是对劝修寺法务宽信（1084-1153）抄写的身延文库藏《大乘义章抄》十三帖及赖超（-1174-）所记东大寺图书馆藏、正仓院圣语藏《义章问答》四卷（二・三・四・五卷现存，其中只有第二卷保存在东大寺图书馆），还有增玄（-1195-）记・真福寺大须文库藏《义章要》二帖（目前仅存第五・第六合册）等资料进行活用，通过比较分析来探究《大乘义章》在兼修密教的三论宗中的实际修学状况。

本论文在上述成果的基础上，着重以院政期在各个寺院法会中钻研《大乘义章》的主要人物，即东南院觉树（1081-1139）及其门下宽信、禅那院珍海（1092、一说 1091-

1152）等学僧为中心，对本著作在当时的教学思想背景下是如何被学习研究这一问题加以考证，并对基于本著作的各种法会是如何发展这一议题进行考察。

最初言及《大乘义章》在日本的受容，并将本著作作为三论与密教兼学的基础予以全面研究，以此弘扬三论学的是日本三论宗的愿晓（?-874）。这种学问的思考，在兴福寺维摩会为中核的教学振兴中，将当时盛行的三论与法相的论争也置于射程之内，以振兴自宗为目的，在各种项目的分类上充分的活用了《大乘义章》。这种方向性以其弟子圣宝（832-909）为媒介，不仅是东大寺及醍醐寺等中核寺院，还流传到了如劝修寺及仁和寺等密教寺院。

到院政期为止的《大乘义章》的修学的实际情况，因为资料方面的限制，存在着不明确的地方。但如果浏览上述古写本，尤其是身延文库藏《大乘义章抄》的话，可知其确实长期被学习和研修。正因为有这些积累，后来觉树才能将其以法会的题材进一步利用。

觉树顺应以三讲（宫中最胜讲・法胜寺御八讲・仙洞最胜讲）为顶点的僧侣晋升体系的时代潮流，以东大寺东南院为据点，同时推进俱舍学和《大乘义章》的研究，致力于寺僧的培养和教育。其弟子中有宽信和珍海等人。

此外，《大乘义章》超出了寺内法会钻研的范围，在宫中最胜讲及法胜寺御八讲等高规格的法会中也占据了重要地位。在这样的法会上，各宗的僧侣之间会进行论义，因此对对方文献的熟悉是必要的。学僧们就不仅限于自宗，而会被要求对其他宗派的教学也要有所了解。或许还未跳出推测的层面，笔者认为，镰仓时代以后，《大乘义章》仍然作为三论宗的基本修学资料，继续被学习和研究。

总而言之，在当时试图振兴佛教教学思想的背景下，三论宗在与其他宗派争论的过程中，为了充实自身的教学理论，积极的活用《大乘义章》。尤其在院政期，即觉树－宽信－珍海活跃的时期最为明显。

最后，作为参考资料，本论文将呈上身延文库藏《大乘义章第八抄》所收“二种生死义”的翻刻释读部分。二种生死即以《胜鬘经》为依据的分段生死和不思议变易生死。这一问题在中国佛教中，自古以来就属于被讨论的要点。《大乘义章》中的讨论自不必说，《胜鬘经》的各种注释书中也对此提供了种种解释。围绕着这一义科，在日本佛教中也得以延续，即法相宗和三论宗之间产生的争论。通过此翻刻工作，以期对日本三论宗是如何理解“二种生死义”这一问题进行探究。

地论宗断片集成

大竹　晋

本文是对地论宗文献断片的汇总集成。每段原文都附以现代日语翻译和相关的注释。

第一部分为逸文篇，包括了以下地论宗诸文献：

(1) 慧光（469-538）《华严经》诸疏。

(2) 法上（495-580）《增一数法》，《诸经杂集》，《大乘义章》等。

(3) 慧远（523-592）《华严经疏》。

(4) 僧范（476-555）《华严经疏》。

(5) 昙衍（503-581）《华严经疏》。

(6) 灵裕（518-605）《华严经疏》以及《总忏十恶偈文》。

(7) 北台意（公元六世纪）《华严经疏》。

(8) 智炬（公元六世纪）《华严经疏》。

(9) 道英（550-639）《华严经疏》。

(10) 智正（559-639）《华严经疏》。

(11) 灵辨（584-663）《华严经疏》。

(12) 昙延（516-588）《涅槃经疏》。

(13) 懍（公元六至七世纪）《大品般若经疏》。

(14) 憬（公元六至七世纪）《大集经疏》。

第二部分为教理引用文篇，包括了如惠达（公元六世纪）、吉藏（549-623）、慧均（公元六至七世纪）、智顗（538-597）、灌顶（561-632）、遁伦（公元七至八世纪）、法藏（643-712）等人在著作中对地论宗的教理思想的引用及逸文。

北朝经录断片集成

大竹　晋

本论文是关于六世纪于中国北朝编纂的三种经录断片的集成。

(1) 李廓《众经录目》

(2) 法上《众经目录》

(3) 达摩欝多罗《录》

李廓《众经录目》是在北魏永平（508-512）或永熙（532-534）年间由李廓编纂而成。

法上《众经目录》是在北齐武平（570-578）年间由法上（495-580）编纂而成。

达摩欝多罗《录》的编纂者被认为是达摩欝多罗（Dharmottara），即法上。但其与法上《众经目录》有所不同，究竟是由谁编纂而成，目前不详。

通过这三种经录断片，我们可以了解到，北朝地论宗的人们在六世纪时实际看到的各种经论的情况。

慧影《大智度论疏》逸文集成

大竹　晋

本论文是对作为《大智度论》的隋代注释书——慧影《大智度论疏》的散逸部分的逸文集成。慧影是中国北朝时期道安（六世纪）的弟子，其基于道安对《大智度论》的理解，撰写了二十四卷的《大智度论疏》。日本曾经保存有其全部内容，但遗憾的是，目前仅存卷一、卷六、卷十四、卷十五、卷十七、卷二十一、卷二十四。本论文针对该文献的散逸部分，从日本文献中进行收集，按《大智度论》各卷的顺序进行整理。

北朝的《大智度论》研究是以地论宗为基础的。通过《大智度论疏》的这些逸文，我们可以获得关于地论宗更多的相关情报和信息。